LES PLANTES POTAGÈRES

LES
PLANTES POTAGÈRES

DESCRIPTION ET CULTURE

DES

PRINCIPAUX LÉGUMES DES CLIMATS TEMPÉRÉS

PAR

VILMORIN-ANDRIEUX & Cie

Présentation de Daniel Gélin.

LES EDITIONS 1900

ISBN 2-7144-4325-7

Copyright © 1989 by *Les Editions 1900*

Quel qu'il soit, l'homme a toujours eu besoin de lieux privilégiés pour effectuer ses flâneries vagabondes. L'homme des villes s'en va respirer l'air de la Beauté dans les musées, ou celui du Sacré dans les églises. À moins qu'il ne se délecte du clapotis des vagues — lorsque sa ville est située au bord de la mer — ou encore de la vue de l'eau qui coule sous les ponts enjambant les rivières. Sans oublier les jardins publics, squares, bibliothèques, cafés, rues ou autres lieux, les uns discrets et silencieux, les autres bruissant de vie, où il ira s'oxygéner au propre ou au figuré.

Les gens de la campagne, au nombre desquels on peut ajouter tous les citadins des week-ends ou des vacances, ont l'embarras du choix. Mais alors le végétal et parfois le minéral entrent en jeu : vagabondages dans les sentiers, en terre cultivée ou sauvage, plaine ou vallée, forêt où l'on peut se perdre, clairière où s'égaillent les enfants et les bêtes apeurées ou familières. Je suis de cette sorte de gens-là, et le jardin qui entoure ma maison, je le porte en moi, même si j'en suis loin, comme un privilège accordé par la chance mais aussi le travail et la volonté. Je m'y ressource, m'y repose et m'y métamorphose, en me conduisant en jardinier passionné mais paisible. Mon jardin et moi avons besoin l'un de l'autre. J'ai besoin de son allure, de ses qualités décoratives et nourricières. Nous vieillissons ensemble ; il me donne des leçons par le courage et la patience de ses arbres, son dialogue avec les saisons qui deviennent alors les nouvelles horloges d'un temps plus largement souple, et j'y puise la philosophie de l'éternel renouvellement. Ce que j'appelle encore vagabondages, malgré la présence de frontières et délimitations, je peux les effectuer, suivant mon humeur, ou le besoin de m'y livrer à quelques travaux.

C'est lui alors qui me réclame. Je taille, soigne, tonds la pelouse, ou simplement l'observe avec un peu plus d'attention, pour y noter tout ce qui pourrait y apporter l'harmonie. Il a conservé, malgré un plan précis, un aspect sauvage, qui me convient bien et me fait oublier les masques, les simulacres et tous les artifices que réclame mon métier officiel. Quels sont alors les lieux où je savoure avec plus d'évidence, où parfois s'élabore ma méditation ou plus modestement mon bonheur de vivre ? Bien sûr, je suis heureux, me reposant sur un coin de pelouse dont le vert augmente mon désir de paix, rêvant sur la terrasse qui surplombe légèrement l'ensemble et où le soleil me caresse de ses rayons, le long de mes parterres où, cerné de corolles, de teintes chatoyantes, je *conçois des bouquets qui seront, plus tard, à l'intérieur du logis, des exquis chefs-d'œuvre, preuves, messages, résumés, illustrations de mon dialogue entre les fleurs et moi, fraternel parce que porteur léger de l'Ephémère, dont je fais aussi partie. Ce peut être un recoin où se tient un banc hospitalier, un sous-bois retiré où les oiseaux frémissent, volettent, font le bilan du jour ou la glorification du soleil. J'y pressens souvent dans leur piaillement des projets de migration. Mais le lieu qui m'attire le plus volontiers, où je vais le plus fidèlement poursuivre des épousailles heureuses, c'est le potager. Aussitôt la porte de l'enclos ouverte, et derrière moi refermée, une magie s'opère, faite de mille rêveries et de petits bonheurs au ras de terre. La terre, très justement, sa présence, son odeur, sa richesse agit sur moi directement, et c'est elle qui, à sa façon, me remercie de mes soins attentifs et patients, en brandissant les légumes débonnaires et où je décèle, comme en tout, non seulement de la poésie, mais une simpliste et noble philosophie des jardins.*

Il y a quelques années, à Villers-Robert, village d'enfance de Marcel Aymé, je tournais un film pour la télévision sur cet auteur que j'ai connu, aimé et si cher à mon cœur, peut-être justement parce qu'il a su faire vivre dans ses œuvres les souvenirs enchantés de végétal de son enfance. J'y avais fait la connaissance d'un vieux paysan solide, débordant de sagesse et de caractère, et qui avait l'air tout droit sorti des pages de Marcel Aymé. Pendant une pause, il m'observa, ironique, et un peu brutalement me jeta: « On m'a raconté que t'étais jardinier, toi! C'est vrai? » Un peu impressionné par son ton et son aspect nettement plus rustique que le mien, je répondis: « Eh bien oui! J'ai un jardin et je m'en occupe avec passion. — Ah oui? Eh ben on va voir! Je vais te poser une question et tu vas me répondre franchement, on verra ben si t'es vraiment jardinier! Est-ce que tu manges la soupe de ton jardin? » Et c'est un peu fièrement et heureux de la justesse de la question que je répondis: « Oui, je mange la soupe de mon jardin. » Il me tendit sa vieille main rugueuse, forte et parcheminée: « Alors c'est vrai, t'es un vrai jardinier! »

En effet, le potager est l'endroit du jardin où l'on cultive les légumes qui vont finir dans le « pot », récipient noble et combien familier, presque chargé d'animisme, que tous les paysans du monde connaissent. Rituel essentiel et vital.

Outre la récompense reçue à l'observation de mes légumes, quelle que soit leur période, celle duveteuse des semis de pleine terre ou châssis, adolescente au moment du repiquage ou à leur maturité, plénitude qui a précédé la cueillette ou le prélèvement; outre l'harmonie chlorophyllienne des feuilles, je ne peux m'empêcher de penser, de me laisser aller à la divagation des origines végétales. Et ce sont alors des images de ports marchands, de traversées paisibles ou périlleuses, d'appareillages ou de retours toutes voiles dehors des grands navires d'antan, de paysages tropicaux, de contrées lointaines alors mystérieuses. Par exemple, j'ai appris que les tomates sont originaires de l'Amérique du Sud, et plus précisément du Pérou. J'ai su que chez les Aztèques ce fruit, car c'est un fruit, est jaune. Je sais que les navets étaient très cultivés au Moyen Age, en Europe du Nord, et que ce sont des navigateurs comme Jacques Cartier, des envahisseurs comme Cortez qui les firent connaître dans les Amériques d'où ils rapportèrent les haricots, dont à l'époque on ne consommait que le pois. La betterave vient d'Afrique et de Perse. Les carottes dont raffolait Louis XIV, grand amateur de légumes, ont été apportées en France auparavant par Catherine de Médicis qui introduisit énormément de végétaux comestibles que les Italiens connaissaient avant nous, grâce aux fabuleux commerces de produits déchargés à Venise, formidable et miraculeux lieu d'échanges marchands. L'oignon et l'ail viennent de Chine. Ils furent introduits, il y a fort longtemps, en Égypte où ils servirent même de monnaie pour le paiement des travaux pharaoniques. Il est amusant de savoir que le légume le plus modeste et aussi probablement le plus ancien est le radis. On en découvrit l'existence sur des tablettes chinoises de 1500 ans avant Jésus-Christ. Les Égyptiens, encore, en utilisaient les graines pour extraire une huile d'une finesse extrême. L'artichaut nous arriva des contrées arabes et fit longtemps escale dans les cultures de la Sicile, avant de parvenir jusqu'à nos potagers. J'ai gardé, pour la fin des épopées légumineuses, la pomme de terre. Venue du Mexique, connue en Allemagne, elle fut répandue par Antoine Parmentier (renseigné par Vilmorin), qui en développa la culture pour lutter contre la famine. Mon ami Jean-Pierre Coffe, quand il me parle de l'histoire du fameux tubercule, avec sa verve et son enthousiasme contagieux, n'a pas peur de dire: « L'histoire de la pomme de terre? Mais c'est un véritable roman de cape et d'épée!»

Trêve d'anecdotes et place au sérieux. A la lecture approfondie de ce catalogue des plantes potagères (il faudrait d'ailleurs trouver un autre nom que catalogue pour un ouvrage aussi important), on s'aperçoit de l'énorme quantité de légumes que la culture industrielle a fait sombrer dans l'oubli. L'éternelle histoire du progrès à l'envers est flagrante. Pour des problèmes de rendement, de transport, d'emballage et de calibrage, on force le consommateur à un choix extrêmement restreint, et l'homme moderne, toujours pressé, a oublié les saveurs d'antan. Beaucoup ne les ont même pas soupçonnées.

Parmi les plantes potagères les plus courantes: haricots, laitues, choux, chicorée, navets, poireaux, oignons, concombres, artichauts, etc.; les légumes-fruits: melons, tomates, fraisiers, etc., il y a des espèces complètement négligées. Sauf peut-être dans quelque fin fond de province où le caractère du sol, le goût de la tradition des habitants n'ont pas encore été atteints par les restrictions du choix des maraîchers industrialisés et la peur de l'invendu dans les grandes surfaces. Ce qui, d'une certaine façon, se comprend.

Cet ouvrage recense d'innombrables variétés avec la minutie qui caractérisait les jardiniers des années 1900.

Ce serait pour les grands cuisiniers une occasion unique d'orchestrer leurs chefs-d'œuvre culinaires par des produits remis à la mode, et ce, pour l'amélioration de la cuisine française. Ces légumes retrouvés, avec leurs caractères, inspireraient, j'en suis convaincu, de nouveaux plats simples et, bien que rustiques, d'un très grand raffinement. Il suffirait d'une complicité moins machinale entre le maraîcher curieux et le chef talentueux pour que la merveille existe et perdure.

Ce livre primordial devrait séduire les hommes épris de nouveautés, mais qui, au lieu d'aller puiser dans quelque exotisme pour la « bouffe à l'esbroufe », trouveraient dans le terroir la rareté à la façon d'un collectionneur d'art chez les antiquaires.

Le travail des jardiniers qui ont bâti ce livre est un exemple d'amour, de science et de patience. Tout y est, l'étude du sol, le mode de culture, les amendements. Ces derniers comprennent évidemment les trois éléments essentiels — acide phosphorique, potasse puis azote — que les fumiers d'antan prodiguaient. Les maladies étaient guéries par le soufre, le cuivre, mais aussi par des infusions de feuilles de noyer, de tabac et de dilution de savon noir ! Pour le jeu et quelquefois la découverte, il est intéressant de retrouver des légumes rares : la baselle, le chevis, le crambé maritime, la dolique, le gombo, le souchet, et bien d'autres. Et je ne parle pas des aromates dont la culture nous paraît insolite alors qu'elle n'est qu'abandonnée. Il est facile de rencontrer, parmi ces légumes, des espèces non seulement succulentes, mais aussi décoratives et qui ont leur place dans les parterres. Puisque, dans le potager, nous réservons un coin pour les fleurs à couper, pourquoi ne pas mêler aux roses le plumeux de l'aneth ? La fleur de l'artichaut est d'un bleu réconfortant, et la fleur de la carotte la plus élégante des ombellifères. Ce livre que j'utilise pour mon potager comme celui concernant les fleurs de pleine terre, soupesez-le, il déborde de saveurs et de merveilles.

Daniel Gélin

La faveur qu'ont trouvée auprès du public horticole les précédentes éditions des Plantes potagères nous a encouragés à refondre encore une fois cet ouvrage et à le mettre au courant des progrès réalisés, des variétés introduites ou perfectionnées au cours des dix dernières années. Nous reproduisons ci-après les préfaces des deux premières éditions, dues à la plume du regretté M. Henri de Vilmorin. On y trouvera, expliquées avec clarté et concision, les causes pour lesquelles les races légumières se multiplient sans cesse en même temps qu'elles se spécialisent. Tout récemment encore, le grand essor qu'ont pris les cultures méridionales et algériennes pour l'approvisionnement du marché parisien, a nécessité la sélection de variétés nouvelles appropriées à ces climats chauds et hâtifs.

Nous avons donc, autant que cela nous a été possible, donné la description de toutes les plantes potagères d'un usage suffisamment répandu, en indiquant à quel genre de culture elles se prêtent le mieux.

Ceux des articles qui n'ont pas été remaniés ont du moins été contrôlés en présence même du modèle et nous nous sommes rendu compte que la description en est toujours bien exacte.

Pour faire de la place aux nouvelles introductions, il a été nécessaire d'abréger les paragraphes relatifs aux variétés d'un emploi moins courant ou tombées en désuétude, et d'imprimer ces paragraphes dans un caractère plus fin qui indique bien l'importance secondaire de ces variétés.

A part ce détail, le plan suivi est le même que dans les anciennes éditions et l'ouvrage reste avant tout descriptif. On remarquera cependant que nous avons donné une plus large place aux questions de culture et indiqué les différents traitements que peut recevoir une même plante suivant le but poursuivi. Il nous a aussi paru utile d'ajouter quelques notes sur l'emploi des différents engrais, sur les maladies propres à chaque variété, et d'indiquer les remèdes que l'expérience a montré être les plus efficaces pour combattre ces parasites dont le nombre semble s'accroître à mesure que les races végétales atteignent un plus haut degré de perfection.

Paris, Juillet 1904.

INTRODUCTION

En préparant ce travail, nous n'avons jamais eu la prétention d'écrire un traité complet sur les plantes potagères. Un tel ouvrage serait au-dessus de nos forces, et ne répondrait pas au programme que nous nous sommes tracé et qui est celui-ci : appeler l'attention du plus grand nombre de lecteurs possible sur l'extrême diversité des plantes potagères connues et sur l'utilité qu'il y a à faire un bon choix parmi elles ; rappeler brièvement les aptitudes variées et les qualités principales de chacune, et surtout indiquer les caractères au moyen desquels on peut distinguer les diverses variétés les unes d'avec les autres. C'est ce cadre modeste que nous nous sommes efforcés de remplir de notre mieux, cherchant autant que possible à n'en pas sortir.

Nous avons eu quelque embarras, tout d'abord, pour en tracer les limites. Il n'est pas toujours aisé de définir exactement ce qu'est un légume, et de déterminer quelles sont les plantes auxquelles cette désignation s'applique et celles qu'elle exclut. Il nous a semblé qu'à ce point de vue, il valait mieux être un peu trop accueillants que trop sévères, et nous avons fait place dans cet ouvrage non seulement aux plantes qui sont usuellement cultivées pour la consommation à l'état frais, mais à celles aussi qui servent simplement à l'assaisonnement des autres, et à quelques-unes même de celles qui ont en général disparu aujourd'hui des cultures potagères, mais que l'on trouve mentionnées comme plantes légumières dans les anciens ouvrages d'horticulture. Cependant, nous avons borné notre énumération aux plantes des climats tempérés, laissant en dehors les légumes exclusivement tropicaux, avec lesquels nous ne sommes pas suffisamment familiers, et qui n'intéresseraient, au surplus, qu'une classe restreinte de lecteurs. Il est à peine nécessaire d'ajouter que, dans tout le cours de cet ouvrage, nous avons tâché de proportionner le développement de la notice consacrée à chaque plante à son intérêt réel et pratique.

Le peu de fixité et de précision qu'ont en général les dénominations horticoles, lesquelles ne sont le plus souvent que des désignations empruntées au langage vulgaire, nous a engagés à préciser immédiatement, par l'emploi du nom scientifique de l'espèce dont elle dérive, l'identité botanique de toute plante dont nous parlons dans cet ouvrage. — Non pas que nous forgions un nom latin, d'aspect scientifique, pour chaque variation, comme on a pro-

posé de le faire il y a quelques années : nous voulons dire qu'avant d'aborder la description d'aucune forme végétale cultivée, nous tenons à indiquer d'une façon rigoureuse la place occupée dans la classification botanique par le type sauvage ou primitif d'où cette forme est regardée comme procédant.
— Nous commençons donc tout article consacré à une ou plusieurs plantes domestiques en donnant un nom botanique à l'ensemble des êtres réunis dans cet article, nom qui indique le genre et l'espèce auxquels toutes ces formes plus ou moins modifiées par la culture doivent être rapportées. Ainsi, toutes les races de pois potagers, toutes nombreuses qu'elles sont, se rapportent au *Pisum sativum* L. ; celles de betteraves au *Beta vulgaris* L. ; celles de haricots aux *Phaseolus vulgaris* L., *Ph. lunatus* L., et *Ph. multiflorus* Willd., et ainsi des autres.

Et à ce propos, il nous sera permis de faire la réflexion que la fixité de l'espèce botanique (quelle qu'en soit la valeur absolue si on la considère dans l'ensemble des temps) est bien remarquable et bien digne d'admiration si on l'envisage seulement dans la période que nos investigations peuvent embrasser avec quelque certitude. Nous voyons, en effet, des espèces soumises à la culture dès avant les temps historiques, exposées à toutes les influences modificatrices qui accompagnent les semis sans cesse répétés, le transport d'un pays à un autre, les changements les plus marqués dans la nature des milieux qu'elles traversent, et ces espèces conservent néanmoins leur existence bien distincte, et, tout en présentant perpétuellement des variations nouvelles, ne dépassent jamais les limites qui les séparent des espèces voisines.

Dans les courges, par exemple, plantes annuelles si anciennement cultivées, qu'elles ont vu assurément plusieurs milliers de générations se succéder dans les conditions les plus propres à amener des modifications profondes de caractères, on retrouve, pour peu qu'on veuille y regarder, les trois espèces qui ont donné naissance à toutes les courges comestibles cultivées ; et ni les influences de la culture et du climat, ni les croisements qui peuvent se produire de temps en temps, n'ont créé de type permanent ni même de forme qui ne retourne promptement à l'une des trois espèces primitives. Dans chacune, le nombre des variations est presque indéfini ; mais la limite de ces variations semble fixe, ou plutôt elle semble pouvoir se reculer indéfiniment sans jamais atteindre ni pénétrer les limites de variation d'une autre espèce.

Est-il une plante qui présente de plus nombreuses et de plus grandes variations de forme que le chou cultivé? Quelles plus profondes dissemblances que celles qui existent entre un chou pommé et un chou-navet, entre un chou-fleur et un chou de Bruxelles, entre un chou-rave et un chou cavalier? Et cependant ces variations si étonnamment amples des organes de la végétation n'ont pas influé sur les caractères des organes essentiels de la plante, sur les organes de la fructification, de façon à masquer ni même à obscurcir l'évidente identité spécifique de toutes ces formes. Jeunes, on pourra prendre ces choux pour des plantes d'espèces différentes ; pris en fleur et en graine, ce sont tous des *Brassica oleracea* L.

Il nous semble que la culture prolongée d'un très grand nombre de plantes potagères, en même temps qu'elle fait toucher du doigt l'extrême variabilité des formes végétales, confirme la croyance dans la fixité des espèces contemporaines de l'homme, et les fait concevoir chacune comme une sorte de système ayant un centre précis, quoiqu'il ne soit pas toujours représenté par une forme type, et autour de ce centre un champ de variation presque indéfini et cependant contenu dans des limites positives, tout en étant indéterminées.

Mais revenons au plan de notre ouvrage. Après avoir fait connaître la place qu'occupe dans la classification des espèces végétales chacune des plantes dont nous parlons, nous nous efforçons d'indiquer les différents noms sous lesquels la plante en question est connue, tant en France que dans les principaux pays étrangers. Vu le peu de rigueur des dénominations usuelles, cette synonymie nous a paru indispensable dans un ouvrage qui a pour but de faire connaître un peu partout les plantes potagères. Il ne faut pas que nos descriptions et les renseignements que nous donnons profitent uniquement aux Parisiens; il faut que les horticulteurs et amateurs disséminés dans la France entière puissent reconnaître dans nos articles les légumes qui leur sont familiers, et pour cela il faut qu'ils les trouvent sous leurs noms locaux, qui parfois sont tout à fait différents des dénominations parisiennes.

Nous avons fait de même pour les noms étrangers, nous appliquant par-dessus tout à ne donner que des noms réellement usuels et répandus, et non pas de simples traductions du nom français. Il y a bien des cas cependant où les noms vulgaires étrangers ne sont que le nom français traduit, c'est lorsqu'une race française a été adoptée à l'étranger. Le même cas se présente en sens inverse quand une race étrangère est devenue usuelle en France; dans ce cas, le nom est adopté en même temps que la plante. Mais fréquemment aussi les races potagères ont à l'étranger des noms tout à fait différents de leur appellation française. On trouvera dans l'ouvrage que nous publions aujourd'hui des indications que ne pourrait fournir aucun livre qui nous soit connu, indications de synonymie et de concordance entre les divers noms de variétés et de sous-variétés qui sont extrêmement difficiles à obtenir autrement que par des relations internationales très étendues et très prolongées.

Dans la publication des synonymes, tant français qu'étrangers, nous avons été très circonspects, nous attachant par-dessus tout à n'accepter que des synonymies parfaitement établies et le plus souvent vérifiées par une culture comparative des plantes que nous croyions identiques. Le temps et l'expérience n'ont fait que fortifier chez nous l'opinion déjà exprimée en 1851 par M. Louis Vilmorin dans l'Introduction à son *Catalogue synonymique des Froments*, à savoir, que, dans l'étude des races végétales cultivées, *il y a moins d'inconvénient à distinguer inutilement qu'à réunir à tort.*

L'identité de la plante à l'étude se trouvant bien précisée et déterminée par son nom botanique et ses divers noms vulgaires, nous en faisons connaître le pays d'origine et en quelques mots l'histoire, quand nous possédons à ce sujet quelques données positives. Nous devons exprimer à ce propos un vif regret, c'est que notre ouvrage se soit trouvé presque complètement imprimé quand a paru le très remarquable livre de M. A. De Candolle sur l'*Origine des plantes cultivées*. Nous y aurions puisé de précieux renseignements, de nature à nous permettre de rectifier quelques indications inexactes données sur la foi d'auteurs moins bien informés (1).

Après les données sur la patrie et l'histoire de la plante vient l'indication de son mode de végétation, selon qu'elle est annuelle, bisannuelle ou vivace. On doit remarquer ici que bien des plantes sont cultivées comme annuelles dans le potager, qui sont bisannuelles ou vivaces au point de vue de la fructification. Il suffit pour cela qu'elles atteignent dans le cours de la première année le degré de développement où elles sont utilisables comme légumes. C'est le cas notamment de la plupart des plantes dont on consomme la racine : carottes, betteraves, navets, radis d'hiver, etc.

Les descriptions proprement dites des diverses plantes potagères ont été pour nous l'objet d'un long travail et de beaucoup de soin. Quelques personnes les trouveront peut-être un peu vagues et élastiques dans leurs termes. Nous reconnaissons que pour beaucoup d'entre elles cette remarque est juste ; mais, d'un autre côté, nous affirmons que plus précises et formulées en termes plus absolus, les descriptions auraient été moins vraies. Il faut en effet tenir compte de la variabilité d'aspect des plantes cultivées suivant les conditions diverses dans lesquelles elles se sont développées. Une saison plus ou moins favorable, ou, dans la même saison, un semis plus ou moins tardif, suffisent à modifier assez profondément l'aspect d'une plante, et alors une description trop précise semble exclure des formes qu'elle aurait dû embrasser. Rien n'est plus facile que de décrire de la façon la plus rigoureuse un individu unique, de même qu'il est extrêmement aisé de tirer des conclusions précises d'une seule expérience ; mais, quand la description doit s'appliquer à un grand nombre d'individus, fussent-ils d'une même variété et d'une même race, la tâche est plus difficile, comme lorsqu'il s'agit de conclure à la suite d'une série d'expériences donnant des résultats divergents et parfois opposés. Presque toutes nos descriptions, faites une première fois avec les plantes vivantes sous les yeux, ont été, à plusieurs reprises, et dans des saisons successives, relues en présence de nouvelles cultures des mêmes sujets, et ce sont les variations constatées dans les dimensions et dans l'aspect de plantes identiques, mais s'étant développées dans des conditions différentes, qui nous ont amenés à donner aux descriptions une largeur qui leur permît d'embrasser les formes diverses que revêt une même race végétale suivant les circonstances variables qui en accompagnent la croissance.

Quand nous avons pu saisir un trait saillant et tout à fait fixe dans les caractères d'une race, qu'il résidât dans une particularité matérielle ou dans un rapport constant entre les dimensions ou les formes d'organes variables, nous nous sommes attachés à le mettre en relief comme le plus sûr moyen de reconnaître la variété en question. Le plus souvent, en effet, le véritable

---

(1) Dans les éditions subséquentes, l'historique des différentes plantes a été mis d'accord avec le résultat des recherches de M. A. De Candolle.

connaisseur en plantes potagères reconnaît les différentes variétés les unes d'avec les autres à un certain aspect d'ensemble, à un *facies* particulier qui tient plus souvent à de certains rapports dans la situation et les proportions relatives des divers organes qu'à des caractères de structure précis. Ces signes distinctifs auxquels ne se trompe pas un regard exercé échappent en général à la description et à la définition ; l'observation et l'habitude peuvent seules enseigner à les percevoir et à les reconnaître sûrement : aussi est-on heureux, quand une race est distinguée par un caractère fixe et tangible, de pouvoir la différencier des autres par un seul mot ou par une courte phrase. On tire des indications caractéristiques de ce genre de la présence des épines sur la feuille du Cardon de Tours, de leur absence sur celle de l'Ananas de Cayenne, de la courbure renversée des cosses dans le Pois sabre, de la couleur verdâtre des fleurs dans le Pois nain vert impérial, et ainsi de beaucoup d'autres.

Une partie de la description à laquelle nous avons donné une grande attention, c'est celle qui concerne la graine. Outre ses caractères d'aspect extérieur, nous avons tenu à en indiquer aussi exactement que nous avons pu le faire le volume réel et le poids spécifique ; enfin, nous avons fait connaître la durée de la faculté germinative de chaque espèce. Ce renseignement, comme on le comprendra facilement, ne peut être exprimé que par un chiffre représentant une moyenne. La durée de la faculté germinative dépend grandement en effet des conditions plus ou moins favorables dans lesquelles les graines ont été récoltées et conservées. Les chiffres que nous publions sont la moyenne d'essais extrêmement nombreux et faits avec le plus grand soin. Le nombre d'années indiqué est celui pendant lequel les graines en expérience ont continué à germer d'une façon tout à fait satisfaisante. Nous avons considéré, pour l'objet que nous avons ici en vue, les graines comme ne levant plus quand il en germait moins de 50 pour 100 reconnues bonnes par le premier essai, fait l'année même de la récolte. Si, par exemple, un lot de graines germait à raison de 90 pour 100 la première année, nous le regardions comme ne levant plus quand il commençait à ne germer qu'à raison de moins de 45 pour 100. Dans un tableau qu'on trouvera à la fin du volume nous indiquons, à côté de cette durée germinative moyenne, les durées extrêmes que nous avons constatées en semant les mêmes graines jusqu'au moment où elles n'ont plus levé du tout. On arrive de cette façon à des chiffres bien autrement élevés. Telle graine dont la faculté germinative se conserve en moyenne quatre ou cinq ans ne l'a pas encore complètement perdue au bout de dix ans et plus. Il convient d'ajouter que les essais ont été faits sur des graines bien conservées. Rien, en effet, ne contribue plus à faire perdre aux semences leur faculté germinative que l'influence de l'humidité et de la chaleur ; c'est ce qui fait que le transport à travers les régions tropicales est si souvent fatal à la bonne qualité des graines. On n'a pas jusqu'ici trouvé de meilleur procédé de conservation que de mettre les graines, enfermées en sacs de toile, dans un endroit sec, frais et bien aéré.

Le plus souvent que nous l'avons pu, nous avons complété nos descriptions par une figure de la plante elle-même. Le format du livre ne nous a pas permis de donner en général de grandes dimensions à ces figures, mais nous avons tâché de les rendre au moins comparatives, en ce sens que les diverses variétés d'un même légume ont été, autant que faire se pouvait, représentées avec une échelle de réduction uniforme. La réduction a dû nécessairement être plus forte pour les très gros légumes, comme pour les betteraves, les choux et les courges, que pour les plantes de petit volume ; cependant, nous espérons que, grâce au talent du dessinateur, M. E. Godard, les figures même les plus réduites donneront encore une idée suffisamment exacte de la plante qu'elles représentent. Les fraises, les pois en cosses et les pommes de terre sont à peu près les seuls objets qu'il ait été possible de reproduire en grandeur naturelle. Nous indiquons, au reste, sous chaque figure, l'échelle de réduction en fractions du diamètre réel de la plante : quand un objet est dit réduit au sixième, par exemple, cela veut dire que dans la nature il est six fois aussi haut et six fois aussi large que la figure que le lecteur a sous les yeux. Nous nous sommes attachés à ne prendre comme modèles pour nos figures que des individus parfaitement caractérisés et de dimensions moyennes. Il peut se faire que là, comme dans l'appréciation des caractères, nous nous soyons quelquefois trompés. Nous reconnaîtrons volontiers nos erreurs et les rectifierons quand ce sera possible. Notre seule prétention, en rédigeant cet ouvrage, a été de le faire de bonne foi et sans aucun parti pris.

Longtemps nous avons hésité à donner des indications sur la culture des divers légumes. La « *Description des plantes potagères* » publiée en 1855, qui était l'ébauche plutôt que la première édition de notre travail actuel, ne contenait pas de renseignements culturaux et renvoyait aux articles consacrés à chaque légume dans le « *Bon Jardinier* ». Depuis lors l'industrie horticole, comme toutes les autres, s'est spécialisée : il a paru un bon nombre de traités sur la culture de certaines espèces ou de certains groupes d'espèces de plantes potagères ; il s'est formé, en un mot, une bibliothèque horticole spéciale, qui oblige à des recherches assez longues, si l'on veut réunir, en les prenant aux meilleures sources, toutes les indications nécessaires à la conduite d'un potager. Nous avons pensé rendre service à nos lecteurs en leur donnant très brièvement, en tête de l'article concernant chaque légume, des indications sommaires sur les principaux soins de culture qu'il exige ; mais nous nous empressons d'ajouter que ces indications ne doivent être considérées que comme un *aide-mémoire*, et que nous ne les donnons en aucune façon comme propres à suppléer aux enseignements des ouvrages classiques d'horticulture, ni à ceux des traités spéciaux dont nous parlions tout à l'heure.

Enfin, nous terminons l'article consacré à chaque plante par quelques données sur l'usage auquel on l'emploie et sur les parties de la plante qui sont utilisées. Dans bien des cas ce renseignement peut paraître oiseux, et pourtant il aurait été utile quelquefois de l'avoir dès les premiers essais de culture de plantes nouvelles. C'est ainsi que pendant longtemps on a traité de détestable épinard la Bardane géante du Japon, parce qu'on voulait en utiliser les feuilles, tandis qu'elle est cultivée dans son pays pour ses racines tendres et charnues.

Voilà le plan que nous avons suivi dans la rédaction de cet ouvrage. Nous n'avons pas réussi, nous le savons bien, à donner un tableau exact de ce qu'est l'ensemble des plantes potagères connues, et cela par la simple raison qu'on ne saurait fixer par le langage, pas plus que par le dessin, ce qui est par son essence instable et perpétuellement changeant. Si le règne végétal présente sans cesse à l'observateur le spectacle de modifications de toutes sortes dans les caractères des plantes, c'est surtout dans les végétaux soumis à la culture que ces changements de forme, d'aspect, d'importance relative des différents organes sont principalement remarquables et importants. Profitant de la tendance qu'ont tous les végétaux à varier sous l'influence des conditions extérieures où ils se trouvent placés, mettant en œuvre l'action de la reproduction sexuelle, qui combine et parfois exagère dans le produit les particularités individuelles de structure ou d'aptitude des deux auteurs, l'homme pétrit, pour ainsi dire, à son gré la matière vivante, et façonne les plantes suivant ses besoins ou ses caprices, les pliant aux formes les plus imprévues et leur faisant subir les transformations les plus étonnantes; mais toujours dans les limites de variation de l'espèce. Cette action de l'homme n'a en définitive pour résultat que la production et la fixation de races plus ou moins différentes de celles que l'on connaissait antérieurement; elle ne modifie en rien le nombre ni la position des espèces botaniques légitimes. L'espèce, en effet, est fondée sur ce fait que tous les individus qui la composent sont indéfiniment féconds entre eux et ne le sont qu'entre eux. Or, tant qu'on n'aura pas prouvé qu'une race produite de main d'homme a cessé d'être féconde croisée avec des individus de l'espèce dont elle est sortie, tandis qu'elle se reproduit indéfiniment fécondée par elle-même, on ne pourra pas dire qu'on a créé une espèce nouvelle, — et jusqu'ici personne, que nous sachions, n'a avancé chose semblable.

Au contraire, cette fécondité par elle-même, et seulement par elle-même, c'est pour ainsi dire l'espèce tout entière. C'est à la fois ce qui assure sa perpétuité, sa flexibilité et sa faculté d'adaptation aux divers milieux où il lui faut vivre. On peut concevoir que, dans les conditions ordinaires de l'habitat primitif d'une plante, l'espèce se maintient semblable à elle-même par le fait de fécondations croisées continuelles, qui noient, pour ainsi dire, les quelques cas rares et faibles de variation qui peuvent se produire (car partout et toujours les êtres vivants tendent à varier). Dans le cas d'un transport de l'espèce vers une localité nouvelle, où les conditions de vie sont un peu différentes, des caractères nouveaux, en harmonie avec le milieu, se manifestent chez un certain nombre d'individus, et du croisement des mieux adaptés devra sortir, semble-t-il, une race locale qui se fixera par l'influence de l'hérédité agissant dans le même sens que celle du milieu. Mais, dans notre hypothèse, cette race reste intimement liée à l'espèce dont elle est sortie, en ce sens qu'elle est toujours féconde avec elle. Du croisement des deux formes naissent des individus intermédiaires à divers degrés entre leurs parents, mais aussi, nous croyons en être sûrs par de nombreuses observations, quelques-uns chez lesquels les variations déjà survenues dans les caractères primitifs sont amplifiées et pour ainsi dire exagérées par la fécondation croisée. Dans l'état spontané, la plupart de ces formes nouvelles, sans doute, sont perdues et disparaissent, ou elles rentrent graduellement dans le niveau commun de l'espèce ou de la race dont elles sont sorties; mais dans les cultures elles sont conservées, protégées, multipliées à l'abri de l'influence d'individus de la même espèce qui les solliciterait à retourner au type primitif, et alors les variations qu'elles ont présentées sont fixées par l'intervention de l'homme, quand elles lui sont utiles ou agréables. Voilà, croyons-nous, pourquoi tant de races nouvelles ont pour point de départ une fécondation croisée.

La pratique horticole a depuis longtemps mis ce fait à profit pour l'obtention des variétés, appelant à tort *hybrides* les formes qui proviennent d'un simple métissage, mais reconnaissant avec raison la tendance à varier de la descendance de parents un peu différents l'un de l'autre. Or il est facile de s'expliquer, dans cet ordre d'idées, pourquoi l'apparition des races et variétés nouvelles est aujourd'hui plus fréquente que jamais : c'est que la facilité des échanges entre les divers pays rend beaucoup plus communs les croisements de races diverses d'une même espèce, croisements qui ont lieu dans les cultures, soit spontanément, soit par la volonté de l'homme, et qui sont le point de départ de variations sans nombre, parmi lesquelles celles qui ont un intérêt quelconque ont de grandes chances d'être remarquées et propagées.

Mais il y a une erreur contre laquelle doivent se tenir en garde les semeurs de profession et les amateurs, ceux surtout qui n'ont pas encore beaucoup d'expérience. C'est l'illusion qui consiste à se figurer qu'on est en possession d'une race nouvelle parce qu'on a trouvé dans un semis une forme qui paraît intéressante. Les individus issus d'un semis de graines obtenues par croisement ne doivent être d'abord considérés que comme des unités, pouvant avoir une certaine valeur s'il s'agit d'arbres ou de plantes à existence prolongée et se multipliant par division, mais enfin comme de simples unités. Leur ensemble ne mérite le nom de race ou de variété que si la reproduction s'en fait, pendant plusieurs générations, avec un certain degré de fixité dans les caractères; et presque toujours le travail vraiment difficile et méritoire, c'est celui de la fixation, travail long et délicat, par lequel on parvient, quand il est couronné de succès, à donner à la race nouvelle la régularité et l'uniformité de caractères sans lesquelles elle ne mérite pas d'être décrite et mise dans le commerce.

Beaucoup de races ainsi obtenues restent locales faute d'être connues suffisamment; quelques-unes ne peuvent pas se reproduire fidèlement en dehors des conditions où elles ont pris naissance, et doivent être tirées à nouveau de leur lieu d'origine si l'on veut les conserver bien pures; de là ces réputations locales qui sont un des ressorts du commerce horticole. On peut dire, d'une façon générale, que la plupart des races domestiques, tout en se conservant suffisamment pures et franches quand elles sont cultivées et reproduites avec soin, gagnent néanmoins à être rajeunies de temps en temps par l'importation de semence reprise au berceau même de la race, ou dans l'endroit où l'expérience a démontré qu'elle se conserve le plus pure et le plus semblable à elle-même.

On peut se figurer aisément à combien de races diverses les plantes potagères les plus usuelles, répandues avec la civilisation sur la surface de la terre entière, ont dû donner naissance sous l'influence de climats si variés. Il serait impossible d'en dresser une liste tant soit peu complète; aussi n'avons-nous cherché à décrire que les plus distinctes et les plus dignes d'être cultivées, mentionnant en outre quelques-unes des plus intéressantes à divers titres, parmi celles que nous ne pouvions décrire.

Autant que possible nous avons cultivé et vu vivantes les variétés décrites ou même simplement mentionnées; mais aux renseignements ainsi recueillis *de visu* nous avons dû en joindre d'autres que nous avons puisés auprès des autorités horticoles et botaniques des divers pays, ainsi que dans les publications spéciales tant étrangères que françaises. Nous devons en particulier des remerciements, et nous sommes heureux de les exprimer ici, à M. le docteur Robert Hogg, secrétaire général, et à M. A. F. Barron, jardinier en chef de la Société royale d'horticulture de Londres, pour l'obligeance avec laquelle ils nous ont aidés à éclaircir les questions de synonymie des diverses variétés anglaises et françaises; nous avons les mêmes obligations à M. G. Carstensen, de Copenhague, pour les synonymies danoises. Nous donnons en outre, ci-après, la liste des principaux ouvrages que nous avons consultés utilement pour la rédaction de notre travail.

Bien loin de nous dissimuler les imperfections du livre que nous offrons au public, nous avons commencé, avant que l'impression en fût achevée, à prendre des notes pour le corriger, si nous en avons plus tard l'occasion. C'est dire que nous serons reconnaissants à tous ceux de nos lecteurs qui voudront bien nous faire part de leurs observations et de leurs critiques, nous donnant ainsi le moyen de faire disparaître non seulement les fautes que nous aurons remarquées nous-mêmes, mais aussi celles qui nous auraient échappé.

Paris, 31 Octobre 1882.

Des modifications fréquentes et rapides sont inévitables dans un sujet aussi mobile et aussi variable que le sont les plantes légumières, pour la plupart annuelles ou au plus bisannuelles, chez lesquelles les générations se succèdent rapidement, apportant, au gré des préférences et des intérêts des cultivateurs, de nouveaux caractères qui se fixent dans de nouvelles variétés. Il ne se passe pas d'année, pour ainsi dire pas de jour, sans que quelque forme végétale fasse son apparition, forme souvent susceptible de devenir permanente par hérédité et souvent digne par quelque particularité d'être conservée et fixée. Or, plus la culture se perfectionne, plus sous l'influence de la concurrence et de l'émulation chaque branche de la production horticole améliore sa pratique propre, plus les races avantageuses sous quelque rapport et particulièrement bien adaptées aux services qu'on attend d'elles ont de chances d'être remarquées et adoptées.

On reproche souvent aux horticulteurs en général, et aux marchands de graines en particulier, le nombre trop considérable de variétés d'une même plante qu'ils énumèrent dans leurs catalogues. Réfléchit-on bien, en le faisant, que la culture est aujourd'hui incomparablement plus spécialisée qu'elle ne l'était il y a vingt ans ? A cette époque, on aurait pu donner en faveur de la multiplicité des races, qui sont les outils spéciaux appropriés aux diverses opérations horticoles, d'excellentes raisons qui aujourd'hui sont plus fortes encore qu'elles ne l'étaient dans ce temps-là. Outre les différences de forme, de couleur, de saveur, qui décident en bien des endroits de l'adoption d'une race ou de son rejet, les diversités dans la production plus ou moins abondante, plus ou moins hâtive et plus ou moins prolongée des races cultivées, présentent une importance économique qui influe à bon droit sur la faveur ou le discrédit dont chacune est l'objet.

A toutes les considérations qui ont eu leur poids de tout temps pour ou contre l'adoption d'une race donnée, vient s'ajouter le motif de préférence qui se tire de la possibilité d'apporter chaque produit sur le marché à la saison où la vente en est profitable et seulement pendant cette saison. On conçoit que pour un maraîcher il soit d'une importance capitale de vendre sa récolte d'un légume donné, et toute sa récolte, pendant que le prix en est avantageux. De là une tendance à rechercher et à fixer des races à production hâtive et simultanée, qui donnent de bonne heure et tout d'un coup, puis laissent le terrain libre pour une autre culture. Ce sont les races maraîchères modernes par excellence et elles sont imposées par l'usage des transports à grande distance qui, permettant les envois des divers centres maraîchers vers les divers centres de consommation, mettent en concurrence constante des climats très divers et laissent peu de temps à chacun pour écouler dans les meilleures conditions ses produits spéciaux.

Mais, à côté des jardins maraîchers qui visent à la production industrielle, il y a les potagers particuliers où chaque légume, au contraire, doit être produit pendant longtemps et peu à la fois. Les races maraîchères y nécessiteraient des semis constamment répétés; aussi des races plus lentes à se former, d'une production plus successive y seront-elles préférées. Voilà donc une double tendance qui exige presque une double série de races dans chaque genre de légumes et qui tend à multiplier de nos jours le nombre des variétés cultivées. Il en existe bien d'autres qu'il serait trop long de développer et parmi lesquelles il convient cependant de signaler la grande augmentation des publications horticoles et des relations internationales. Par là un grand nombre de variétés locales sont portées à la connaissance du public et de nombreux échanges se font entre les diverses nations, là où les conditions de climat n'y mettent point obstacle.

Nous avons, en particulier, fait depuis dix ans de nombreuses acquisitions légumières par l'introduction de variétés obtenues dans l'Amérique du Nord : pommes de terre, haricots, maïs, courges et surtout tomates. Les Américains apportent dans l'horticulture l'esprit vif et pratique qui caractérise toutes leurs entreprises, et s'appliquent immédiatement à créer, dans chaque centre de production, les races les mieux adaptées au but à atteindre et aux conditions locales. Comme, dans la vaste étendue des États-Unis, il se trouve d'immenses espaces assez analogues, au point de vue du climat, à l'Europe centrale, nous avons pu et nous pourrons encore tirer de chez eux des races avantageuses, en échange de nos races françaises que nous continuons à leur envoyer en quantités croissantes.

On conçoit aisément que le nombre des variétés horticoles s'accroisse de jour en jour, lorsque tant de nouveautés méritantes sont introduites chaque année, tandis que par la force de l'habitude prise, les variétés anciennement connues sont si lentement abandonnées.

Nous avons confiance que cette multiplication même des objets dont il traite, sera pour notre livre un motif de succès de plus. Plus en effet le nombre des plantes à connaître devient grand, plus utile est un ouvrage qui permet de les reconnaître les unes des autres et qui, les classant méthodiquement, donne sur chacune, sans demander de longues recherches, les indications descriptives et pratiques qui la concernent.

Nous nous sommes efforcés dans nos appréciations d'être complets dans la mesure que comporte l'espace consacré à chaque article, clairs et précis autant que possible, et vrais par-dessus tout. Nous n'avons pas apporté moins de soin au choix des plantes qui ont servi de modèles pour les illustrations de cet ouvrage.

Henry L. de Vilmorin.

Paris, 20 Décembre 1890.

LISTE DES OUVRAGES CONSULTÉS

Collection du **Bon Jardinier** et de la **Revue horticole**, publiés par la Librairie agricole.
— — **Nouveau Jardinier illustré**, publié par la Librairie centrale d'agriculture et de jardinage.
— — **Bulletin de la Société royale toscane d'horticulture** de Florence.
— — **Garden**, publié par W. Robinson. F. L. S.
— — **Gardener's Chronicle**, publié par M. T. Masters, F. R. S.
— — **Journal of Horticulture** et du **Gardener's Year-book**, publiés par Robert Hogg, L. L. D., F. L. S.
Cultivo perfeccionado de las hortalizas, par don Diego Navarro Soler.
Culture de l'Asperge, par T. Lenormand.
Culture des asperges en plein air, par Lhérault-Salbœuf.
Culture forcée du Fraisier par le thermosiphon, par le comte Léonce de Lambertye.
Culture ordinaire et forcée de toutes les plantes potagères connues, par F. Gerardi, président du Comice agricole de Virton (Luxembourg).
Culture potagère de primeurs et de plein air, par C. Potrat.
Culture potagère et culture maraîchère, par L. Bussard.
Cultures sur le littoral de la Méditerranée, par E. Sauvaigo.
Dictionnaire d'Horticulture et de Jardinage, de G. Nicholson. — Traduit par S. Mottet.
Histoire naturelle du Fraisier, par Duchesne.
Illustrirte Gemüse und Obstgärtnerei, par Th. Rümpler.
L'École du jardin potager, par de C. auteur du *Traité du Pêcher*, Paris, 1749.
La Culture maraîchère, traité pratique pour le Midi, etc., par A. Dumas, professeur d'horticulture à l'École normale d'Auch.
La Culture maraîchère pratique des environs de Paris, par I. Ponce.
La Culture potagère à la portée de tous, par F. Burvenich, professeur à l'École d'horticulture de l'État à Gendbrugge.
Le Champignon, sa culture en plein air, dans les caves et dans les carrières, par Laizier.
Le Cresson, par Ad. Chatin, directeur de l'École de pharmacie.
Le Fraisier, sa culture en pleine terre et à l'air libre, par le comte Léonce de Lambertye.
Le Jardin potager, par P. Joigneaux.
Le Théâtre d'agriculture et Ménage des champs, par Olivier de Serres, seigneur du Pradel.
Les Ananas à fruit comestible, par Gontier.
Les Plantes alimentaires, par Heuzé, inspecteur général de l'agriculture.

Manuel de l'amateur des jardins, par J. Decaisne, professeur de culture au Muséum d'histoire naturelle, et Ch. Naudin, membres de l'Institut.
Manuel pratique de culture maraîchère, par Courtois-Gérard.
Pommes de terre, choix, culture ordinaire et forcée, par le même.
Semis, plantation et culture des asperges, méthode d'Argenteuil, par Bossin.
Synopsis of the vegetable products of Scotland, in the Museum of the Royal Botanic Gardens of Kew, par Peter Lawson and Son.
The Gardener's Assistant, par Robert Thompson.
The Treasury of Botany, par John Lindley, M. D., F. R. S., et Thomas Moore, F. L. S.
Traité de Culture potagère, par J. Dybowski.
Traité général de la culture forcée, par le thermosiphon, des fruits et légumes de primeur, par le comte Léonce de Lambertye.
Tratado completo del cultivo de la Huerta, par D. Buenaventura Arago.
Useful plants of Japan, publié par Agricultural Society of Japan, Tokio, 1895.

LISTE DES AUTEURS CITÉS

Ait......	Aiton.	L............	Linné.
All......	Allioni.	Lamk........	Lamarck.
DC	De Candolle.	Lindl........	Lindley.
Dcne	Decaisne.	Lodd........	Loddiges.
Desf......	Desfontaines.	Lozano......	Lozano.
Desv......	Desvaux.	Mérat.......	Mérat.
Don.......	Don.	Mill., Miller.	Miller.
Duch	Duchesne.	Mœnch......	Mœnch.
Dun.......	Dunal.	Ndn.........	Naudin.
Ehrh	Ehrhard.	Pers	Persoon.
Fisch	Fischer.	R. et P.......	Ruiz et Pavon.
Gærtn....	Gærtner.	R. Br........	Robert Brown.
Gouan....	Gouan.	Savi.........	Savi.
H. B......	Humboldt et Bonpland.	Schrad.......	Schrader.
H. Bn.....	Henri Baillon.	Scop.........	Scopoli.
Hoffm....	Hoffmann.	Ser..........	Seringe.
Hort......	Hortulanorum (Nom horticole).	Sims........	Simson.
Jacq......	Jacquin.	Wall........	Wallich.
Koch	Koch.	Will., Willd.	Willdenow.

LES
PLANTES POTAGÈRES

DESCRIPTION ET CULTURE
DES
PRINCIPAUX LÉGUMES DES CLIMATS TEMPÉRÉS

ABSINTHE
Artemisia Absinthium L.
Fam. des *Composées*.

Synonymes : Aluyne, Artémise amère.

Noms étrangers : angl. Wormwood. — all. Wermuth. — flam. Alsem. — dan. Malurt. ital. Assenzio. — esp. Ajenjo. — russe Polyne. — pol. Piolun. — jap. Yomogi.

Indigène. — *Vivace.* — Cette plante est souvent cultivée dans les jardins à cause de ses propriétés médicinales. Les tiges, rudes, et hautes de 1 mètre à 1^{m}50, sont rameuses et abondamment garnies d'un feuillage léger, très découpé et grisâtre, surtout à la face inférieure. Les fleurs, très insignifiantes et verdâtres, sont réunies en grappes au bout des rameaux. La graine est grise, très fine, au nombre d'environ 11 500 dans un gramme ; elle pèse 650 grammes par litre, et sa durée germinative moyenne est de quatre années.

Absinthe.
Réd. au vingtième.

Culture. — L'Absinthe se plaît à peu près en toute terre ; dans la culture en grand, il est bon de la faire succéder à une plante sarclée et de fumer fortement. La multiplication s'opère par division des pieds ou par semis. Celui-ci s'effectue en Avril-Mai, en pépinière, à la volée ou en lignes. Après la levée, on bine à diverses reprises, puis on éclaircit. La mise en place des jeunes plants de semis ou des éclats de vieux pieds se fait en Septembre ou de préférence au printemps ; on laisse 0^{m}30 d'écartement entre chaque plant sur des lignes espacées de 0^{m}50.

Les soins d'entretien consistent uniquement en binages plus ou moins nombreux, de façon à tenir le terrain absolument propre. Une plantation à laquelle les soins de culture et d'engrais n'ont pas fait défaut peut rester productive pendant une dizaine d'années.

Usage. — L'Absinthe est quelquefois employée comme assaisonnement ; mais c'est surtout dans la composition de différentes liqueurs qu'elle est le plus utilisée.

ACHE DE MONTAGNE, Livèche, Céleri batard (*Levisticum officinale* Koch ; *Ligusticum Levisticum* L.). (angl. Lovage ; all. Liebstock). — Ombellifère.

Très grande plante vivace à feuilles radicales grandes, luisantes, d'un vert foncé ; tige épaisse, creuse, dressée, se divisant au sommet en rameaux opposés et verticillés ; fleurs jaunes, en ombelle. Graine fortement aromatique, d'une durée germinative moyenne de trois années.

L'Ache de montagne se multiplie par semis ou par division des touffes. La graine se sème aussitôt qu'elle est mûre, c'est-à-dire vers le mois d'Août. Dès l'automne ou le commencement du printemps, on met les jeunes plantes en place, en bonne terre fraîche. C'est aussi au printemps que doit se faire la multiplication par division des racines. La plantation peut durer plusieurs années sans être renouvelée. Les soins à lui donner sont exactement ceux que demande l'Angélique.

Aujourd'hui, l'Ache de montagne n'est plus guère employée que pour la confiserie ; autrefois les pétioles et la base des tiges se mangeaient blanchis, de la même manière que le Céleri.

ACHE DOUCE. — Voy. Céleri.

AIL BLANC ou COMMUN

Allium sativum L.

Famille des *Liliacées*.

Noms étr. : angl. Common garlic. — all. Gewöhnlicher Knoblauch. — flam. Look. — holl. Knoflook. — dan. Hvidlog. — suéd. Vanlig hvitlök. — ital. Aglio. — esp. Ajo. — port. Alho. — russe Tchesnók obyknovenny. — pol. Czosnek.

Europe méridionale. — *Vivace.* — Plante bulbeuse dont toutes les parties, et principalement la portion souterraine, possèdent une saveur forte et brûlante bien connue ; tige haute de 0^m40 à 0^m60. Les bulbes, ou têtes d'ail, se composent d'une dizaine de caïeux ou gousses réunis par une pellicule très mince, blanche ou rosée.

L'Ail ne fleurit presque jamais, au moins sous notre climat, et se multiplie exclusivement par ses caïeux. On préfère pour la plantation ceux du pourtour de la tête à ceux du centre, qui sont d'ordinaire moins bien développés.

L'Ail blanc ou commun est la variété la plus généralement cultivée ; l'enveloppe des têtes y est d'un blanc argenté.

Ail blanc ou commun (Réd. au quart).

Culture. — Sous le climat de Paris, l'Ail blanc se plante ordinairement à la sortie de l'hiver ; quelquefois, et surtout dans le Midi, on peut planter en Octobre pour récolter au commencement de l'été. On place les caïeux à 0^m10 ou 0^m12 les uns des autres, en lignes espacées d'environ 0^m25, et à environ 0^m05 de profondeur. L'Ail aime une terre riche, profonde et saine ; dans les sols humides, ou sous l'influence d'arrosements trop copieux, il lui arrive souvent de pourrir. Quand la tige de l'Ail a pris tout son développement, les jardiniers ont l'habitude de la tordre et de la nouer pour favoriser l'accroissement des bulbes. On arrache ces derniers à mesure que les tiges se dessèchent, et on les conserve facilement d'une année sur l'autre.

Maladies. — L'Ail est quelquefois attaqué par la « *Teigne des aulx* », dont les ravages sont toutefois assez restreints.

La maladie appelée la « *Graisse* », due vraisemblablement à la présence d'un champignon parasite qui détermine rapidement la pourriture des bulbes, est beaucoup plus redoutable ; dans certaines contrées, il est même difficile de s'en préserver. Les moyens curatifs ne sont pas connus ; on recommande simplement de n'employer pour la plantation que des gousses parfaitement saines, de faire la culture en terrain très perméable et d'éviter de la faire revenir trop fréquemment au même endroit.

Usage. — On fait grand usage de l'Ail dans la cuisine des pays méridionaux ; dans le Nord, ce condiment est beaucoup moins apprécié : il est vrai de dire que la saveur en est plus âcre et plus violente dans les climats froids que dans les pays chauds.

AIL ROSE HATIF.

Noms étrangers : angl. Early pink garlic. — all. Früher rosenroter Knoblauch.

Variété plus précoce que l'Ail commun, s'en distinguant aussi par la teinte rose de la pellicule qui enveloppe les caïeux. Aux environs de Paris, cette variété se plante presque toujours à l'automne, et passe pour ne pas bien réussir quand elle est faite de printemps.

On donne le nom d'*Ail rouge* à une variété assez répandue en France, surtout dans l'Est. Les caïeux, gros et courts, sont d'un rouge vineux. Comme ils sont notablement plus gros que ceux de l'Ail blanc, il faut compter deux litres et demi de gousses pour la plantation d'un are, tandis que la même étendue peut être plantée avec un litre et demi de caïeux d'Ail blanc. L'Ail rouge demande aussi une terre plus riche et plus substantielle.

Il a été question, il y a une trentaine d'années, sous le nom d'*Ail rond du Limousin*, d'une variété qui ne nous a pas semblé différer sensiblement de l'Ail commun. On peut toujours obtenir de celui-ci des têtes arrondies en le plantant tard en saison. Ces mêmes têtes, replantées entières l'année suivante, donnent naissance à des bulbes d'un volume énorme.

AIL ROCAMBOLE

Allium Scorodoprasum L.

Synonymes : Ail d'Espagne, Échalote d'Espagne, Rocambole.

Noms étrangers : angl. Rocambole. — all. Roccambolle, Schlangen-Knoblauch.
dan. Rokambol. — suéd. Spansk hvitlök. — ital. Aglio d'India.
port. Alho de Hespanha. — russe Ispansky tchesnók.
pol. Rokambuł.

Europe méridionale. — *Vivace.* — La tige, contournée en spirale à sa partie supérieure, porte à son sommet un groupe de bulbilles pouvant servir à la reproduction ; mais ce moyen est peu employé, la plantation des caïeux donnant des résultats plus rapides.

Culture. — La plantation doit se faire à l'automne ou au plus tard en Février ; on place les caïeux à 0^{m}10 les uns des autres, sur des rangs espacés entre eux de 0^{m}30.

L'usage en est le même que celui de l'Ail ordinaire.

AIL D'ORIENT, Ail a cheval, Pourrat, Pourriole (*Allium Ampeloprasum* L.). (angl. Great-headed garlic ; all. Pferde-Knoblauch ; ital. Porrandello).

Originaire de l'Europe méridionale, il donne un bulbe très gros divisé en caïeux comme l'Ail ordinaire, mais d'une saveur moins forte. L'ensemble de son appareil végétatif porte à croire qu'il est une modification culturale du Poireau.

ALKÉKENGE JAUNE DOUX

Physalis peruviana L. var. — **Physalis edulis** Sims.

Fam. des *Solanées*.

Synonymes : Alkékenge du Pérou, Capuli. Coqueret comestible, Groseille du Cap.

Noms étrangers : angl. Alkekengi, Ground cherry, Husk tomato, Strawberry tomato, Barbadoes gooseberry. — all. Gelber Alkekengi, Capische Stachelbeere, Judenkirsche. — flam. Jodekers. — suéd. Gul judekörs. — ital. Alchechengi giallo, Erba rara, Agro-dolce. — esp. Alquequenje. — port. Alkekengi. russe Jidovskaïa vichnïa. — pol. Garliczka, Zórawinka.

Amérique méridionale. — *Annuel; vivace sous les tropiques et dans le Midi.* — Plante à tige anguleuse, de 0^{m}70 à 1 mètre de haut, très rameuse; feuilles cordiformes ou ovales, molles, velues, un peu visqueuses ; fleurs solitaires, petites, jaunâtres, marquées au centre d'une tache brune ; calice vésiculeux, très ample, renfermant un fruit juteux, jaune orange, de la grosseur d'une cerise. Graine petite, lenticulaire, lisse, jaune pâle; un gramme en contient environ 1000 ; le litre pèse 650 grammes ; sa durée germinative est ordinairement de huit années.

Alkékenge jaune doux.
Plante réd. au dixième; fruit demi-grandeur.

Culture. — Dans le Midi, l'Alkékenge réussit en pleine terre sans réclamer aucun soin particulier ; sous le climat de Paris, il est bon de le semer sur couche et de lui donner la culture des Aubergines et des Tomates.

Usage. — Dans les pays méridionaux, on recherche le fruit à cause de sa saveur légèrement acide. Il se mange cru ou confit.

On cultive encore quelquefois, pour leurs fruits, le *Physalis barbadensis* Jacq. et le *Physalis pubescens* L.

L'Alkékenge introduit il y a quelques années sous le nom de *Petite tomate du Mexique* (*Ph. philadelphica* Lamk.?, *Ph. violacea* Carr.!) est une espèce franchement annuelle et d'une croissance rapide, qui mûrit parfaitement ses fruits sous le climat de Paris. On doit la considérer comme plante médicinale plutôt qu'alimentaire.

L'*Alkékenge officinal*, espèce vivace, se cultive quelquefois comme plante ornementale sous le nom de Cerise d'hiver, Amour en cage (angl. *Winter-cherry*; all. *Blasenkirsche*).

Le *Physalis Francheti*, d'introduction récente, est une variété japonaise de l'Alkékenge officinal. Il est remarquable par la taille de ses fruits et surtout de ses calices, nombreux et très persistants, qui atteignent 20 et 25 centimètres de circonférence et se colorent de jaune foncé passant ensuite au rouge orangé vif. — Cette plante, d'une culture très facile, est plus intéressante pour l'ornementation des jardins ou des appartements que pour la consommation.

AMARANTE DE CHINE (*Amarantus spec.*). — Plusieurs formes (espèces ou variétés) d'Amarantes sont cultivées et employées comme légumes dans les parties chaudes de l'Asie, principalement en Chine et dans les Indes. Il en a été, à plusieurs reprises, apporté des graines en Europe, où il ne semble pas que ces plantes aient jamais été admises dans les cultures usuelles, malgré les avantages incontestables qu'elles présentent. Le produit, en effet, est considérable, la qualité, comme légume, tout à fait égale à celle des Épinards, et la culture très facile.

C'est notamment le cas pour l'A. de Chine, plante rameuse qui ressemble beaucoup à l'*Amarantus tricolor* lorsque celui-ci dégénère et tourne au vert ou au rouge brun. Son principal défaut est d'être tardive et de mûrir difficilement ses graines sous le climat de Paris.

Deux autres variétés potagères d'Amarante ont été introduites en Europe, mais ne sont pas plus cultivées que la précédente, malgré l'intérêt qu'elles pourraient présenter pour les localités chaudes et sèches. Ce sont :

L'*Amarantus Mirza*, originaire des Indes orientales ;

Et l'*Amarantus Hantsi Shangaï*, rapporté par Robert Fortune à la Société d'horticulture de Londres.

ANANAS

Ananas sativus Schult. — **Bromelia Ananas** L. — **Ananassa sativa** Lindl.

Fam. des *Broméliacées*.

Noms étrangers : angl. Pine-apple. — all. Ananaspflanze. — ital. Ananasso. esp. Ananas, Piña de Indias, Piña de America. — port. Ananaz. — russe Ananase.

Amérique tropicale. — Vivace. — L'Ananas paraît avoir été cultivé de tout temps aux Indes occidentales. La culture en a été introduite en Europe dans la seconde moitié du dix-huitième siècle et n'a cessé de se perfectionner depuis lors. Bien qu'elle demande des soins tout particuliers et, jusqu'à un certain point, un matériel spécial, nous n'avons pas cru devoir l'exclure de ce travail, car on peut dire qu'aujourd'hui elle peut se faire partout sans entraîner de dépense excessive.

La plante se compose d'une tige courte, portant de nombreuses feuilles canaliculées, beaucoup plus longues que larges, garnies sur les bords de dents très dures et très aiguës, au moins dans la plupart des variétés. Les fleurs, assez insignifiantes, sont sessiles et réunies tout autour de la tige, au-dessus des

Ananas de Cayenne.
Réd. au vingtième.

feuilles, en un épi allongé, couronné d'un bouquet de feuilles semblables aux autres, mais beaucoup plus courtes. Après la floraison, l'épi tout entier se gonfle et devient charnu, formant à la maturité un fruit oblong dont la surface imite assez bien les écailles d'un cône de Pin pignon. C'est cette apparence qui a fait donner au fruit ses noms anglais et espagnol qui signifient l'un et l'autre « *pomme de pin* ».

CULTURE. — La culture des Ananas demande beaucoup de soins et de précautions, qu'il n'est pas possible de mentionner ici par le détail; nous en indiquerons simplement les principales opérations, renvoyant pour le reste aux traités spéciaux.

Originaire de pays tropicaux, où la chaleur est presque constante sans être excessive, l'Ananas n'exige pas une période de repos annuel. La végétation doit au contraire en être poussée constamment au moyen de la chaleur artificielle. Pour en obtenir de beaux fruits dans le plus court espace de temps possible, il faut faire en sorte que les plantes soient constamment tenues à une température à peu près régulière de 22 à 25 degrés l'hiver et de 25 à 30 degrés l'été. Les bâches à Ananas peuvent être chauffées soit au thermosiphon, soit par le moyen de réchauds composés de fumier, de tannée ou d'autres substances végétales en fermentation. Le chauffage au thermosiphon est plus coûteux, mais par contre il permet de régler la température d'une manière bien plus sûre et plus facile.

La multiplication se fait par graines, par œilletons, ou par boutures de couronnes : on appelle « couronne » le bouquet de feuilles qui surmonte le fruit. Le semis n'est guère employé qu'en vue d'obtenir des variétés nouvelles; il faut trois ou quatre ans au moins pour avoir des fruits sur les plantes de semis. Les couronnes ont été longtemps employées pour la multiplication de l'Ananas; on leur préfère aujourd'hui les œilletons, dont l'emploi donne des résultats beaucoup plus rapides. Les œilletons doivent être détachés avec soin, parés à la base, et plantés immédiatement autant que possible avec toutes leurs feuilles. Ceux qui sont pris le plus près de la base des tiges sont les meilleurs. On peut laisser les œilletons attachés à la tige-mère après que le fruit en a été coupé, si la saison est peu avancée : ils prennent alors de la force avant d'être sevrés; mais il est désirable que cette opération ne se fasse pas plus tard que le mois d'Août ou de Septembre.

La terre qui convient le mieux aux Ananas est une terre légère, moelleuse, contenant une forte proportion de matière végétale à l'état fibreux, et ne se battant pas par les arrosements. On peut l'obtenir en mélangeant un tiers de bonne terre avec un tiers de terre de bruyère et un tiers de terreau de feuilles. Ce mélange doit être ensuite enrichi, suivant le besoin, avec du fumier bien décomposé.

Pendant le premier hiver, les jeunes plants sont tenus en bâche aussi près du verre que possible; pendant l'été, on peut les dépoter et les tenir dans une bâche ouverte, que l'on couvre seulement quand l'abaissement de la température l'exige. A la fin de l'été, on rempote les plantes dans des pots plus grands et on les hiverne de nouveau dans une bâche bien chauffée. Au printemps, la plupart des plantes doivent se préparer à fleurir. On en choisit alors quelques-unes prises parmi les plus belles pour les faire fructifier en pleine terre en serre, si l'on en a le moyen; le reste fructifie en pots, et l'on peut échelonner la production en poussant d'abord les pieds les plus avancés, puis les autres successivement, au fur et à mesure des besoins et de l'espace dont on dispose.

En opérant dans les meilleures conditions et avec les variétés les plus précoces, on peut arriver à obtenir des fruits en dix-huit mois, ou même un peu moins, à compter du moment où l'œilleton a été détaché de la plante-mère.

USAGE. — Le fruit, de saveur fine et agréablement parfumé, se mange cru, ou apprêté et confit de diverses manières.

Les horticulteurs distinguent un assez grand nombre de variétés d'Ananas; les plus estimées sont les suivantes :

I. — VARIÉTÉS A FEUILLES LISSES.

A. de Cayenne ou *Maïpouri*. — Fruit pyramidal, très gros. Variété assez tardive, d'excellente qualité.

A. de la Havane. — Bonne variété, mais inférieure à l'A. de Cayenne.

II. — **Variétés a feuilles épineuses.**

Var. hâtives.

A. de la Providence. — Fruit oblong ou ovale, d'un jaune rougeâtre, d'une beauté remarquable, et très précoce.

A. du Montserrat. — Également très précoce. Fruit cylindrique, quelquefois plus large au sommet qu'à la base, de couleur cuivrée; chair ferme, juteuse et d'une qualité excellente.

A. Enville. — Fruit pyramidal, de couleur orangé foncé, couronne petite; chair jaune pâle, juteuse, parfumée.

Var. de moyenne saison.

A. de la Martinique ou *A. commun.* — Fruit moyen ou petit, orangé; chair ferme, extrêmement parfumée.

A. Comte de Paris. — Variété sortie de l'A. commun; s'en distingue par son fruit beaucoup plus gros et plus beau.

A. de la Jamaïque. — Fruit ovale-allongé, brunâtre, de grosseur médiocre, mais à chair ferme, juteuse et très parfumée. Excellente variété pour l'hiver.

A. Enville Pelvillain. — Gros fruit pyramidal.

A. Enville Gonthier. — Gros fruit cylindrique.

A. pain de sucre. — Fruit cylindrique, jaune foncé; chair jaune, sucrée et parfumée. Il en existe une variété à feuilles rayées de blanc.

Var. tardives.

A. Charlotte Rothschild. — Fruit régulièrement cylindrique ou un peu ovale, jaune d'or; chair jaune, très juteuse. Bonne variété d'hiver. Plante vigoureuse et prompte à se mettre à fruit.

A. d'Antigoa vert. — Bonne variété d'hiver, très juteuse, très parfumée.

ANETH

Anethum graveolens L. — **Peucedanum graveolens** Benth. et Hook.

Fam. des *Ombellifères*.

Synonyme : Fenouil bâtard.

Noms étrangers : angl. et all. Dill. — flam. Dille. — dan. Dild. — suéd. Dill. ital. Aneto. — esp. Eneldo. — russe Onkrope agarodny. — pol. Tulejka. — jap. Inondo.

Europe méridionale. — *Annuel.* — Plante atteignant 0^m60 à 0^m80 de hauteur, à feuilles excessivement découpées, à divisions filiformes; tige d'un vert glauque, creuse, très lisse, ramifiée; ombelles composées, sans bractées; fleurs jaunâtres, à pétales très petits, roulés en dedans et très caducs. Graine ovale, très aplatie, d'une saveur forte et amère; au nombre de 900 dans un gramme et pesant environ 300 grammes par litre; sa durée germinative est de trois années.

L'ensemble de la plante rappelle beaucoup par son aspect celui du Fenouil commun; toutes les parties vertes ont une saveur qui se rapproche à la fois de celle du Fenouil et de celle de la Menthe.

Culture. — L'Aneth réussit bien en pleine terre dans tout sol bien sain, et surtout à une exposition chaude. Semer clair en place, en Avril. La récolte des graines a lieu en Septembre.

Usage. — Les graines sont souvent employées comme condiment ou pour confire avec les cornichons; on s'en sert aussi fréquemment dans le Nord pour aromatiser les conserves d'hiver; elles entrent en outre dans la composition de plusieurs liqueurs de table.

ANGÉLIQUE OFFICINALE

Archangelica officinalis Hoffm. — Angelica Archangelica L.
Fam. des *Ombellifères*.

Synonymes : Angélique de Bohême, Archangélique.

Noms étrangers : angl. Angelica. — all. Angelica, Engelwurz. — flam. Engelkruid. holl. Engelwortel. — suéd. Ädel kvanne, Strätta. — ital., esp. et port. Angelica. russe Diaghile. — pol. Dzięgiel.

Alpes. — Vivace. — Tige herbacée, très grosse, creuse, haute d'environ 1m30; feuilles radicales très grandes, engainantes, de 0m30 à 1 mètre, rouge violet à la base, à pétiole long, terminées par trois divisions principales dentées, qui se subdivisent elles-mêmes en trois ; fleurs petites, nombreuses, jaune pâle, disposées en ombelles et formant par leur réunion une tête arrondie. Graine jaunâtre, oblongue, aplatie d'un côté, convexe de l'autre, marquée de trois côtes saillantes, membraneuse sur les bords ; un gramme en contient 170 et le litre pèse 150 grammes ; sa durée germinative ne dépasse ordinairement pas un an ou deux.

Angélique officinale.
Réd. au quinzième.

Culture. — L'Angélique demande une bonne terre riche, fraîche et profonde ; les sols argileux ne lui conviennent pas. La graine, qui doit être peu recouverte, se sème au printemps ou, de préférence, à la fin de l'été, en pépinière ; avoir soin de tenir la terre constamment fraîche, sans excès, par de fréquents arrosages ; le plant est ensuite mis en place à l'automne ou au printemps suivant, selon l'époque du semis, en conservant un espacement de 0m80 à 1 mètre en tous sens entre chaque pied.

Pendant la végétation, biner et arroser quand cela sera nécessaire ; il est même bon de pailler le sol au printemps, de façon à conserver l'humidité pendant la saison chaude.

On peut commencer à couper les feuilles dès la seconde année. La troisième année au plus tard, la plante monte à graine ; on coupe alors les tiges et les feuilles, et on détruit la plantation.

Les graines d'Angélique semées aussitôt leur maturité, qui s'achève en Juillet-Août, ne lèvent qu'au printemps suivant, mais beaucoup plus abondamment que celles mises en terre seulement après l'hiver.

Usage. — On mange, comme friandise, confits au sucre, la tige et les pétioles des feuilles, dont les confiseurs, pâtissiers et liquoristes font un grand usage ; on les consomme aussi crus ou cuits, comme légume, dans quelques pays du Nord. La racine, qui est fusiforme, est employée en médecine ; on l'appelle quelquefois *Racine du Saint-Esprit*. Les graines entrent dans la composition de diverses liqueurs de table et fournissent, en outre, une huile essentielle très aromatique.

ANIS VERT
Pimpinella Anisum L.
Famille des *Ombellifères*.

NOMS ÉTRANGERS : ANGL. Anise. — ALL. Anis. — FLAM. et HOLL. Anijs. — DAN. Anis.
ITAL. Aniso, Anacio. — ESP. Anis, Matalahuga *ou* Matalahuva.
PORT. Anis. — RUSSE Anise. — POL. Anyż.

Orient. — *Annuel.* — Plante de 0^m35 à 0^m40, ayant les feuilles radicales à divisions larges, dans le genre de celles du Céleri, et les feuilles caulinaires extrêmement découpées, à divisions presque filiformes comme celles du Fenouil. Fleurs petites, blanches. La graine, petite, oblongue et grisâtre, est connue de tout le monde à cause de son goût fin et parfumé ; un gramme en contient 200 et le litre pèse 300 grammes ; sa durée germinative est de trois années.

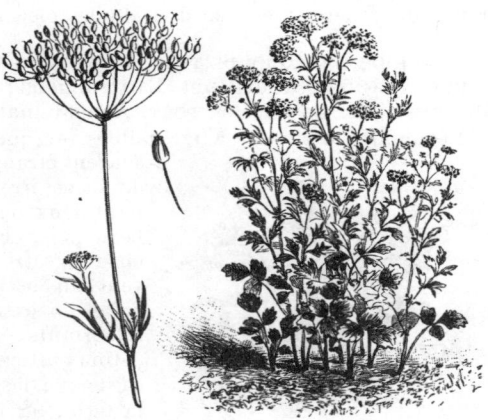

CULTURE. — L'Anis se sème en place au mois d'Avril, sur des terres chaudes et saines, bien travaillées, à raison de 10 à 12 kilogr. de graines par hectare, à la volée. Herser légèrement pour recouvrir les semences.

La végétation de cette plante est très rapide ; elle ne réclame d'autres soins que des sarclages suffisants pour tenir la terre exempte de mauvaises herbes.

Anis vert (Réd. au huitième).

La graine mûrit au mois d'Août ; on peut en récolter de 500 jusqu'à 700 kilog. à l'hectare.

USAGE. — Les graines sont très fréquemment employées comme condiment ou pour la composition des liqueurs et la fabrication des dragées. Quelquefois, en Italie notamment, on en met dans le pain.

L'ANIS ÉTOILÉ, *A. des Indes*, *A. de Chine*, *Badiane*, fruit d'un arbre de l'Asie orientale du genre *Illicium*, lui est souvent substitué dans la fabrication des liqueurs.

ANSÉRINE BON-HENRI. — Voy. ARROCHE BON-HENRI.

ANSÉRINE QUINOA BLANC (*Chenopodium Quinoa* WILLD.). (ANGL. White quinoa ; ALL. Peruanischer Reis-Spinat, Reis-Gewächs). — Chénopodée annuelle du Pérou, où l'on emploie ses graines en potages, en gâteaux et même pour fabriquer une sorte de bière, après avoir fait bouillir les graines dans une première eau pour les débarrasser d'un principe âcre, qui autrement en rend le goût désagréable. — En Europe, on mange les feuilles en guise d'épinards.

Sa culture est la même que celle de l'Arroche blonde et de l'A. rouge foncé, mais elle demande des arrosages fréquents pendant les grandes chaleurs.

APIOS TUBÉREUX, GLYCINE TUBÉREUSE (*Apios tuberosa* MŒNCH. ; *Glycine Apios* L.) (ANGL. Tuberous glycine). — Plante légumineuse vivace de l'Amérique septentrionale, à racines traçantes, garnies de renflements tubéreux de la grosseur d'un œuf de poule ; tiges velues, volubiles, s'élevant à plusieurs mètres ; feuilles ailées, à six folioles avec impaire, pubescentes ; fleurs portées par des pédoncules axillaires en grappes serrées, de plusieurs nuances de pourpre. La graine n'arrive pas à mûrir sous notre climat.

L'Apios tubéreux se multiplie par division des pieds, en Mars-Avril ou à la fin de l'été ; les tiges doivent être soutenues au moyen de perches ou de rames, comme celles de l'Igname de Chine. Ce n'est guère qu'à la seconde ou à la troisième année que les renflements des racines sont assez développés pour mériter d'être récoltés ; on comprend donc que cette plante n'ait pas été adoptée, ainsi qu'on l'avait proposé, comme succédané de la Pomme de terre.

ARACACHA (*Aracacha moschata* DC; *Conium moschatum* H. B.). Ombellifère. — Cette plante vivace, originaire de l'Amérique méridionale, produit des racines fasciculées, à peu près comme notre Chervis, mais beaucoup plus volumineuses, atteignant environ la grosseur du bras.

Il en existe plusieurs variétés, qui sont employées en Amérique, et particulièrement en Colombie, à la manière des Pommes de terre et des Patates. L'Aracacha se reproduit généralement par division des pieds.

ARACHIDE, Pistache de terre, Pois de terre, Cacaouth (*Arachis hypogea* L.). (ANGL. Pea-nut, Ground-nut, Earth-almond ; ALL. Erdnuss, Erdeichel ; ITAL. Cece di terra ; ESP. Cocahueta ; PORT. Amenduinas ; POL. Rzepnik ; JAP. Tojin mamé). Légumineuse annuelle à tiges faibles, presque rampantes; fruits ou gousses oblongs, souvent étranglés vers le centre, ou en calebasse, de forme irrégulière, réticulés, jaunâtres, contenant deux ou trois amandes de la grosseur d'un beau pois, oblongues, revêtues d'une peau brune ou rougeâtre. — Ces amandes se mangent souvent dans les pays chauds, crues ou grillées. L'huile qu'on en extrait a des emplois économiques très importants.

Arachide.
Réd. au douzième ; les fruits à la moitié.

Une particularité remarquable dans cette plante, c'est que les fleurs insinuent leurs ovaires dans la terre, où ils achèvent leur évolution et où les graines mûrissent à 0^m05 ou 0^m10 de profondeur.

En Amérique, on en distingue plusieurs variétés, qui diffèrent surtout par le volume des amandes ou leur nombre dans la cosse.

L'Arachide se sème au printemps en lignes ou en poquets, comme les Haricots, dès que les gelées ne sont plus à craindre ; elle vient de préférence dans les terres saines très légères et très ameublies. C'est une plante tropicale qui peut vivre et quelquefois mûrir ses fruits sous notre climat, mais qui ne peut pas y être cultivée avec profit.

ARALIA CORDATA Thunberg. (JAP. Udo). — Plante vivace de la famille des *Araliacées*, à feuilles très divisées et à petites fleurs blanches en ombelles. Spontanée dans les montagnes du Japon et cultivée dans tout ce pays. — Il en existe plusieurs variétés donnant leur produit depuis le commencement du printemps jusqu'en été ; on en utilise les jeunes pousses, très tendres et savoureuses, qui se mangent cuites ou en salade. C'est un des rares légumes japonais qui mériteraient d'être introduits dans nos cultures.

ARMOISE, Herbe a cent gouts (*Artemisia vulgaris* L.). (ANGL. Mugwort, Motherwort ; ALL. Beifuss ; RUSSE Tchernobylnik ; POL. Bylica, Draganek ; JAP. Yomagi). Composée vivace, extrêmement rustique, formant des touffes très durables, de 0^m60 à 1 mètre de hauteur ; feuilles d'un vert foncé en dessus, blanchâtres en dessous, pennées, à segments ovales-lancéolés. Ces feuilles ont un goût fort, amer, aromatique ; on les emploie quelquefois comme condiment, mais plus souvent au point de vue médicinal.

L'Armoise demande les mêmes soins de culture que l'Absinthe.

ARROCHE
Atriplex hortensis L.
Fam. des *Chénopodées*.

SYNONYMES : Armol, Arrode, Arronse, Belle-Dame, Bonne-Dame, Épinard géant (Bretagne), Érible, Éripe, Érode, Follette, Iribe, Irible, Prude femme.

NOMS ÉTRANGERS : ANGL. Orache, Mountain spinach. — ALL. Gartenmelde. — FLAM. et HOLL. Melde, Hofmelde. — SUÉD. Trädgårdsmålla. — ITAL. Atreplice. ESP. Armuelle. — PORT. Armolas. — RUSSE Lébédá.

Tartarie. — Annuelle. — Plante à feuilles sagittées, larges, légèrement cloquées, molles et souples ; tiges de 0^m80 à 1 mètre ou plus, anguleuses, cannelées ; fleurs apétales, très petites, verdâtres ou rouges, suivant la variété ; graine plate, rousse, entourée d'une membrane foliacée d'un jaune blond. L'Arroche produit aussi des graines noires, petites, discoïdes, sans enveloppe ; ces graines ne sont pas toujours fertiles. Les bonnes graines pèsent environ 140 grammes par litre et le gramme en contient 250 ; leur durée germinative est de six ans.

CULTURE. — L'Arroche se sème en place, en pleine terre, à partir du mois de Mars. Le semis se fait d'ordinaire en rayons ; le plant doit être éclairci quand il a trois ou quatre feuilles, après cela il ne demande d'autres soins que quelques arrosages en cas de grande sécheresse. Cette plante résiste assez bien à la chaleur, mais elle monte assez promptement à graine : pour obvier à cet inconvénient, il est bon de faire plusieurs semis successifs, de mois en mois.

Arroche blonde.
Réd. au douzième.

USAGE. — On consomme les feuilles, cuites, à la manière des Épinards et de l'Oseille ; on les mêle fréquemment à cette dernière pour en adoucir l'acidité parfois trop forte.

On cultive habituellement en France les deux variétés suivantes :

ARROCHE BLONDE.
NOMS ÉTRANGERS : ANGL. White *or* yellow orache. — ALL. Gelbe Gartenmelde. HOLL. Gele melde. — ITAL. Atreplice bianca.

Cette variété est la plus communément cultivée ; les feuilles en sont d'un vert très pâle, presque jaune.

ARROCHE ROUGE FONCÉ.
NOMS ÉTRANGERS : ANGL. Deep red orache. — ALL. Dunkelrote Gartenmelde. HOLL. Roode melde.

La tige et les feuilles de cette variété sont d'une couleur rouge très intense qui leur donne un aspect bien distinct, mais cette couleur disparaît à la cuisson, et elles deviennent vertes comme celles de la variété précédente.

L'*Arroche verte*, qui ne diffère guère de l'Arroche blonde que par la teinte vert foncé de ses feuilles, est à peu près délaissée maintenant.

Il existe encore une variété d'Arroche dont les feuilles sont d'un rouge pâle ou cuivré. Elle ne se distingue par aucun mérite spécial.

ARROCHE BON-HENRI
Chenopodium Bonus-Henricus L.
Fam. des *Chénopodées*.

SYNONYMES : Ansérine Bon-Henri, Bon-Henry, Épinard sauvage, Patte-d'oie triangulaire, Sarron, Serron.

NOMS ÉTRANGERS : ANGL. Goosefoot, Good king Henry. — ALL. Gemeiner Gänsefuss. FLAM. et HOLL. Ganzevoet. — SUÉD. Lungört, Mjölkrot. — ITAL. Bono Enrico. RUSSE Lousinaïa lapka. — POL. Gęsia stopa, Mączyniec.

Indigène. — *Vivace.* — Tige de 0^m80, légèrement cannelée, glabre ; feuilles alternes, longuement pétiolées, sagittées, ondulées, glabres, d'un vert foncé, pruineuses à la surface inférieure, assez épaisses et charnues ; fleurs petites, nombreuses, verdâtres, en grappe resserrée, compacte. Graine noire, réniforme, petite, au nombre de 430 dans un gramme et pesant 625 grammes par litre ; durée germinative cinq ans.

CULTURE. — L'A. Bon-Henri, vivace et extrêmement rustique, peut durer et produire abondamment pendant plusieurs années sans autres soins que quelques binages. La multiplication se fait facilement par graines, qui se sèment de préférence au printemps, en place ou mieux en pépinière. On repique une fois le plant, avant de le mettre en place à environ 0^m40 en tous sens.

USAGE. — On mange les feuilles en guise d'épinards. On a proposé aussi d'employer comme légume très hâtif, à la manière des asperges, les pousses blanchies au moyen d'un simple buttage.

On a beaucoup recommandé, il y a quelques années, le *Chenopodium auricomum* Lindl., grande plante branchue à assez petites feuilles, qui ne paraît en rien supérieure à l'Arroche des jardins, si ce n'est peut-être pour les pays chauds.

ARTICHAUT
Cynara Scolymus L. — Cynara Cardunculus L. var.
Fam. des *Composées*.

NOMS ÉTRANGERS : ANGL. Artichoke.— ALL. Artischoke.— FLAM. Artisjok.— DAN. Artiskok. SUÉD. Krönartskocka. — ITAL. Carciofo, Articiocca. — PORT. Alcachofra. ESP. Alcachofa, Alcaucil (Rép. Argentine). — RUSSE Artichoke. — POL. Karczochy.

Barbarie et Europe méridionale. — *Vivace* (mais, par le fait, *bisannuel* ou *trisannuel* dans la culture). — Tige de 1 mètre à 1^m20, droite, cannelée ; feuilles grandes, longues d'environ 1 mètre, d'un vert blanchâtre en dessus, cotonneuses en dessous, décurrentes sur la tige, pinnatifides, à lobes étroits ; fleurs terminales très grosses, composées d'une réunion de fleurons de couleur bleue, recouverts par des écailles membraneuses imbriquées et charnues à la base dans les variétés cultivées. Graine oblongue, légèrement déprimée, un peu anguleuse, grise, rayée ou marbrée de brun foncé, au nombre d'environ 25 dans un gramme et pesant en moyenne 610 grammes par litre ; sa durée germinative est de six années.

CULTURE. — L'Artichaut peut se multiplier par semis ou par éclats de pieds ou œilletons ; ce dernier procédé est de beaucoup le plus généralement suivi, car il est le seul par lequel on conserve sûrement les diverses variétés avec leurs caractères propres. Les vieux pieds d'artichauts produisent en terre, autour de leur collet, un certain nombre de rejetons destinés à remplacer les tiges qui ont fleuri l'année précédente. Ces rejets sont généralement en trop grand nombre sur chaque tige pour pouvoir se développer tous également. On est dans l'usage de déchausser, au printemps, jusqu'au-dessous du point d'insertion des œilletons, les vieux pieds qu'on avait garantis pendant l'hiver avec de la terre ou des feuilles. On détache alors du pied tous les œilletons, à l'exception des deux ou trois plus beaux, qui sont laissés en place et qui devront servir à la production de l'année.

L'opération de l'œilletonnage doit se faire avec précaution et demande une main assez exercée, car il est important de détacher avec le rejet une portion de la plante-mère à laquelle il est adhérent, et qu'on appelle le *talon*, et en même temps il faut éviter de blesser trop gravement le vieux pied, ce qui pourrait en amener la pourriture. Les œilletons, une fois détachés, doivent être parés et dressés à la serpette, c'est-à-dire qu'on doit retrancher du talon les portions froissées ou déchirées et raccourcir un peu les feuilles ; c'est dans cet état que les œilletons doivent être plantés.

La plantation peut se faire immédiatement en place. On doit choisir, pour établir une plantation d'artichauts, une terre bien défoncée, riche, profonde, fraîche et presque humide, sans cesser d'être saine. Les plaines basses, les fonds de vallée à terre noire et presque tourbeuse, conviennent tout particulièrement à la culture de l'Artichaut. Les pieds sont plantés en lignes et espacés entre eux en tous sens de 0ᵐ80 à 1 mètre, selon la richesse de la terre et la variété à cultiver. On affermit solidement l'œilleton en terre au moment de la plantation, sans l'enterrer très profondément, puis on donne un bon arrosage, et l'on se contente ensuite de tenir la terre propre pendant toute la belle saison par des binages répétés, et d'arroser abondamment toutes les fois que cela est nécessaire. Si l'eau et l'engrais ne manquent

Artichaut perpétuel (*Voy.* l'article page 16).
Demi-grandeur naturelle.

pas à la jeune plantation d'artichauts, presque tous les pieds devront produire dès l'automne. — Quelquefois, au lieu de planter à demeure tout de suite après l'œilletonnage, on plante d'abord les œilletons en pépinière et on les met en place à la fin de Juin ou en Juillet. La réussite de la plantation est ainsi plus assurée et la production au moins aussi abondante à l'automne.

Les semis d'artichauts doivent se faire sur couche tiède en Février ou en Mars, et l'on met le plant en place au mois de Mai. Les plantes ainsi obtenues peuvent produire dès l'automne de la première année. On peut aussi semer en place à la fin d'Avril ou en Mai, mais la production est alors retardée jusqu'à l'année suivante.

ARTICHAUT

A l'entrée de l'hiver, il faut s'occuper de protéger les plants d'artichauts contre les froids, qui peuvent souvent les faire périr dans notre climat. Pour cela, on nettoie les pieds en les débarrassant des tiges qui ont fleuri, et que l'on coupe aussi près que possible de la racine. On retranche aussi les feuilles les plus longues, et l'on butte les pieds en ramenant la terre tout à l'entour jusqu'à 0m20 ou 0m25 au-dessus du collet de la racine, mais en évitant d'en faire pénétrer dans le cœur de la plante. Si les gelées sont très fortes, il est bon de recouvrir, en outre, les pieds d'artichauts de feuilles sèches ou de paille ; mais il est important de les découvrir quand le temps se radoucit, afin d'éviter la pourriture. A la fin de Mars ou au commencement d'Avril, quand les gelées ne sont plus à craindre, on détruit les buttes qui entouraient chaque pied, on fume, et, tout en labourant, on procède à l'œilletonnage tel qu'il a été décrit plus haut.

Il est bon de renouveler partiellement tous les ans ses plantations d'artichauts, et de ne pas les faire durer au delà de trois ans.

Pour obtenir un produit plus précoce, on œilletonne quelquefois à l'automne, et les œilletons sont mis en godets de 0m08 en terre ordinaire. Ces godets sont ensuite placés sous châssis froid ; on les protège pendant les fortes gelées au moyen de paillassons, de feuilles ou de fumier mis dans les sentiers ou autour des coffres. On donnera de la lumière et on aérera aussi souvent que la température le permettra.

Culture forcée. — Dans cette culture, il importe avant tout de préparer les plants de telle sorte qu'ils soient bien établis avant l'hiver, sans être cependant arrivés au point de produire à l'arrière-saison. Pour cela on œilletonne vers la fin de Juin ou en Juillet, puis on plante les œilletons à demeure ou en pots, en terre substantielle, en ayant soin de régler l'arrosage suivant la marche de la végétation. Il va de soi que l'eau ne devra pas être ménagée au début jusqu'à reprise complète des œilletons.

Pour obtenir à l'époque indiquée les œilletons nécessaires, on provoquera par des arrosages abondants l'émission des rejets sur les plantes qui ont déjà commencé à donner une première production.

Au début de l'hiver, on enlève les plus grandes feuilles et l'on recouvre de châssis la plantation, qui aura été faite naturellement à demeure dans des planches correspondant aux dimensions des châssis dont on dispose ; puis, vers la fin de Janvier on chauffe à l'aide de réchauds de fumier ou au moyen d'un thermosiphon portatif. On devra maintenir pendant toute la durée du forçage, qui n'excède généralement pas 70 à 80 jours, une température de 10 à 15° centigrades, et aérer chaque fois que la température du dehors le permettra. Arroser copieusement, mais sans excès, surtout au début ; quand les têtes commencent à se montrer, on ajoute à l'eau des arrosages de l'engrais liquide.

Les œilletons élevés en pots seront hivernés sous châssis froids ou en local aéré garanti du froid et bien éclairé ; on les transportera successivement sur couche tiède pour les forcer et en échelonner la production.

Engrais. — L'Artichaut est très sensible à l'influence des engrais. Dans les potagers d'amateurs, on pourra se contenter d'incorporer à la terre une bonne dose de terreau de couches. — Dans la culture en grand, l'emploi du fumier bien décomposé additionné d'engrais chimiques sera plus économique. Nous indiquons ci-après une formule qui devra donner d'excellents résultats dans les terres de qualité moyenne :

Fumier de ferme	25 à 30,000 kil.	
Nitrate de soude	160 kil.	à l'hectare.
Superphosphate de chaux	300 kil.	
Chlorure de potassium	100 kil.	

Insectes nuisibles. — L'Artichaut est assez fréquemment attaqué par le *Puceron noir* qui se porte de préférence sur les organes floraux, et par le *Puceron blanc* des racines qui se tient au collet de la plante ; des bassinages au Jus de tabac, ou mieux au Solutol Lignières en solution au dixième (1 litre de Solutol dans 10 litres d'eau) ont vite raison de ces insectes.

Mais le plus grand ennemi des artichauts est assurément la *Casside verte* qui exerce ses ravages aussi bien à l'état de larve qu'à celui d'insecte parfait. Dans ce dernier cas, le ramassage des insectes et des larves est le seul procédé pratique qui permette d'atténuer les ravages de cette peste.

Usage. — On mange la base des écailles de la fleur et le réceptacle ou *fond* de l'artichaut, soit cuits, soit crus. Les tiges et les feuilles peuvent être utilisées blanchies comme celles des Cardons et ne leur sont pas inférieures en qualité.

On a souvent proposé de rendre les têtes d'artichauts plus tendres et d'en augmenter la partie comestible en les étiolant plus ou moins complètement; on a conseillé à cet effet de les entourer, jeunes, d'un capuchon de laine interceptant la lumière, ou même d'un simple papier fort non transparent; il ne semble pas que ce procédé ait jamais été pratiqué d'une façon bien suivie.

ARTICHAUT GROS VERT DE LAON.

Noms étrangers : angl. Large globe *or* Paris artichoke.
all. Artischoke von Laon, grüne sehr grosse.

Plante vigoureuse, relativement rustique, de moyenne hauteur, à feuillage grisâtre argenté, côtes rougeâtres, surtout à la base, non épineuses. Tiges raides, dressées, portant ordinairement deux ou trois ramifications secondaires. Pommes grosses, plus larges que hautes, remarquables surtout par la largeur du réceptacle ou *fond* de l'artichaut. Les écailles sont très charnues à la base, d'abord très fortement appliquées les unes sur les autres, puis brisées pour ainsi dire et un peu renversées en arrière dans les deux tiers supérieurs. Elles sont entièrement d'un vert pâle, sauf à la base, où elles sont légèrement teintées de violet, peu ou point épineuses. La hauteur des tiges ne dépasse pas 0m75 à 0m85; les touffes de deux ans en portent trois ou quatre.

Cette variété est la plus répandue aux environs de Paris; elle n'est pas très hâtive, mais c'est la meilleure pour la production des artichauts à toute venue. Aucune n'a le fond aussi large, aussi épais ni aussi charnu; en outre elle se reproduit assez bien par le semis.

Artichaut gros vert de Laon.
Réd. au tiers.

ARTICHAUT VERT DE PROVENCE.

Noms étrangers : angl. Green globe *or* Provence artichoke. — all. Grüne Provencer Artischoke.

Plante de hauteur moyenne, à feuillage d'un vert assez foncé; pommes vertes, un peu plus allongées mais ordinairement moins grosses que celles de l'A. gros vert de Laon. Les écailles, d'un vert uni, sont longues, assez étroites et épineuses; elles sont médiocrement charnues à la base. Cette variété, très cultivée dans le Midi, est particulièrement estimée pour manger crue, à la poivrade, quand la pomme est à moitié développée.

Les graines de cet Artichaut donnent toujours par le semis une forte proportion de plantes très épineuses.

ARTICHAUT GROS CAMUS DE BRETAGNE.

Noms étr. : angl. Large flat Britanny artichoke. — all. Bretagner stumpfe Artischoke.

Plante haute et vigoureuse, atteignant 1 mètre et 1m30 ; feuillage ample ; pommes larges, courtes, grosses, de forme presque globuleuse, aplaties au sommet ; écailles vertes, brunâtres ou légèrement violacées sur les bords, courtes, élargies, assez charnues à la base.

Cette variété est très répandue dans l'Anjou et la Bretagne, provinces qui en envoient, dès le mois de Mai, de grandes quantités pour l'approvisionnement de la halle de Paris. — En raison du fort développement qu'elles atteignent, ses pommes sont plus particulièrement recherchées pour la cuisson.

Artichaut gros camus de Bretagne (Réd. au tiers).

ARTICHAUT PERPÉTUEL.

Noms étrangers : angl. Perpetual artichoke. — all. Immerwährende Artischoke.

Plante de 0m70 à 0m80 de haut ; feuillage vert grisâtre assez clair et très découpé ; côtes rougeâtres, surtout à la base ; pommes camuses, arrondies, violettes quand elles sont jeunes, puis passant au gris violacé en grossissant ; écailles larges, courtes, échancrées et non épineuses (*Voy.* la fig. page 13).

Variété très fertile sous le climat du Midi, où elle est particulièrement cultivée par les jardiniers de Cannes, Nice et Antibes. Elle a le mérite de produire de bonne heure au printemps et de continuer à donner presque toute l'année lorsque les plantes sont maintenues en végétation par des arrosages fréquents ; en arrosant copieusement à partir du 15 Août, la récolte peut commencer dès le mois de Janvier, sur le littoral méditerranéen, dans les endroits bien exposés au soleil.

Cet Artichaut se consomme surtout à l'état cru, quand les pommes sont encore peu développées ; elles sont ainsi très délicates.

ARTICHAUT VIOLET HATIF.

Noms étrangers : angl. Early purple globe artichoke.
all. Violette frühe Artischoke.

Plante assez naine, n'atteignant que 0m70 ; feuillage vert grisâtre, ample, mais très lacinié ; pommes rondes, vertes quand elles sont jeunes, se colorant de violet foncé à la maturité ; les écailles sont longues, pointues, légèrement épineuses. Quoique cette variété soit originaire du Midi, elle réussit bien dans toute la France à cause même de sa précocité. Comme la précédente, elle est surtout recommandable pour la consommation à l'état jeune.

Cette variété a remplacé dans les cultures l'A. violet de Provence cité plus loin ; comme lui, elle est un peu sensible au froid, et, par conséquent, il est prudent de ne pas la découvrir trop tôt au printemps.

Le nombre des variétés d'Artichauts étant extrêmement grand, nous nous contenterons de mentionner ci-après les variétés que nous considérons comme les plus remarquables après les cinq précédentes, qui sont les plus généralement cultivées :

A. cuivré de Bretagne. — Plante assez basse ; les pommes sont rondes, grosses, d'abord violettes, et prennent en se développant une teinte rougeâtre cuivrée ; écailles pointues.

A. gris (SYN. *A. violet long*). — Variété à pommes allongées, assez minces et assez lâches, élargies du bout ; elle se cultive spécialement aux environs de Perpignan et de Cavaillon, elle est très précoce et franchement remontante. Il en arrive en grandes quantités à la halle de Paris pendant l'hiver et au premier printemps.

A. noir d'Angleterre. — Race très distincte, à pommes nombreuses, de grosseur moyenne, presque rondes et tout à fait camuses, d'un beau violet-noir.

A. de Roscoff. — Plante très haute ; pommes ovoïdes, d'un vert assez pâle ; écailles épineuses.

A. de Saint-Laud oblong. — Pommes grosses, allongées, à écailles peu serrées à la base et beaucoup plus rapprochées au sommet, peu échancrées et légèrement mucronées.

A. sucré de Gênes. — Plante assez délicate ; pommes d'un vert pâle, allongées, épineuses ; la chair du réceptacle est jaune, sucrée et très fine.

A. violet de Provence. — Race de taille assez basse, à pomme renflée, courte, obtuse, d'un violet assez foncé dans le jeune âge et verdissant de plus en plus à mesure qu'elle grossit. Très fertile, mais un peu sensible au froid et ne produisant abondamment qu'au printemps.

A. violet camus ou *A. violet quarantain de Camargue.*— Plante moyenne ; têtes assez petites, à écailles rondes, dressées, d'un vert teinté de violet. Variété précoce.

A. violet de Saint-Laud. — Pommes moyennes ; écailles vertes dans leur portion libre et violettes dans la partie recouverte par les autres écailles ; queues violettes.

A. violet de Toscane. — Pommes très nombreuses, allongées, pointues, violet intense. Cette variété est très cultivée aux environs de Florence. Les pommes, cueillies très jeunes et tendres, sont généralement mangées cuites et entières.

Artichaut violet de Venise (Réd. au quart).

A. violet de Venise. — Pommes moyennes, longuement coniques, violet foncé, surtout quand elles sont jeunes ; écailles remarquablement charnues et d'un goût très délicat, caractérisées par une teinte jaune saumoné dans la partie soustraite à l'influence de la lumière. Plante assez rustique, mais peu productive.

ARTICHAUT DE JÉRUSALEM. — Voy. **COURGE PATISSON.**

ASPERGE

Asparagus officinalis L.

Fam. des *Liliacées*.

Noms étrangers : angl. Asparagus. — all. Spargel. — flam. et holl. Aspersie. — dan. Asparges. — suéd. Sparris. — ital. Sparagio. — esp. Esparrago. — port. Espargo. — russe Sparja. — pol. Szparagi.

Indigène. — *Vivace.* — Plante à racines nombreuses, simples, renflées, constituant un ensemble désigné sous le nom de *griffe*, et d'où s'élèvent plusieurs tiges de 1ᵐ 30, droites, rameuses, très glabres, légèrement glauques, à feuilles extrêmement menues, cylindriques, fasciculées ; fleurs pendantes, petites, d'un jaune verdâtre, auxquelles succèdent des baies sphériques de la grosseur d'un pois, se colorant à l'automne d'un vermillon très vif. Graines noires, triangulaires, assez grosses, au nombre de 50 dans un gramme ; pesant 800 grammes par litre et conservant leur qualité germinative pendant cinq années au moins.

Culture en pleine terre. — L'Asperge, un des premiers légumes que nous ramène le printemps, est aussi un des plus généralement appréciés et cultivés. Dans beaucoup de localités, et notamment aux environs de Paris, la production et la vente des asperges constituent une industrie de première importance. S'il est incontestablement des terrains et des localités où l'Asperge réussit d'une façon toute spéciale, il n'en est guère où l'on ne puisse créer de plantation de ce légume moyennant quelques soins et quelques travaux d'établissement et d'entretien. Quoique les sols sains et légers soient ceux qui conviennent le mieux pour faire une plantation d'asperges, il est possible d'en établir avec succès dans toutes les terres qui ne sont pas absolument mouillées ou imperméables : l'humidité stagnante étant ce que cette plante redoute le plus.

Semis. — Pour établir une plantation, on peut ou élever son plant soi-même, ou se le procurer tout venu. Pour faire son plant, il faut semer de Mars en Juin dans une bonne terre, riche, meuble et bien fumée à l'avance, de préférence en rayons distants de 20 à 25 centimètres, et recouvrir légèrement la graine de 1 centimètre environ de terre ou de terreau. Dès que la graine est bien levée et que le plant a pris un peu de force, on l'éclaircit de manière qu'il y ait entre chaque plant environ 5 centimètres d'écartement sur le rayon. Au bout d'un mois, on éclaircit de nouveau en supprimant les plants les plus faibles et de manière à laisser environ 10 centimètres d'espacement, ce qui est très important pour le développement ultérieur des *griffes* ou racines et pour la beauté du produit. Pendant tout le reste de l'été et de l'automne, il faut arroser abondamment toutes les fois que le besoin s'en fait sentir et tenir la terre très propre par des binages donnés avec beaucoup de précaution, de peur d'endommager les racines. Le plant ainsi traité sera bon à mettre en place dès le printemps suivant ; il sera d'une reprise plus assurée et donnera des résultats tout aussi prompts qu'avec celui de deux ans.

Si l'on ne veut pas prendre la peine d'élever le plant soi-même, il est aisé de s'en procurer dans le commerce, les jeunes griffes d'asperges se conservant parfaitement plusieurs jours et même plusieurs semaines hors de terre, sans aucun inconvénient pour la reprise ni pour la beauté de leur produit. La production des plants d'asperges est devenue une industrie importante dans les environs de Paris, et tous les ans, il s'en expédie au loin plusieurs millions des meilleures variétés.

Plantation. — Nous avons déjà dit que, pour établir une plantation d'asperges, il faut choisir de préférence un terrain sain et léger ; si l'on est réduit à planter sur une terre très forte et humide, il faut, dès les mois de Novembre, Décembre et Janvier, par un drainage énergique au moyen de divers matériaux, tels que branchages, plâtras, etc., l'assainir au moins jusqu'à une profondeur de 0ᵐ60 ou 0ᵐ75 et porter tous ses efforts sur l'amélioration de la surface en y incorporant du sable, du terreau de feuilles ou des terres de routes.

L'expérience des cultivateurs d'Argenteuil et autres localités des environs de Paris, qui depuis bientôt un demi-siècle ont porté la culture de l'Asperge à un degré de perfection inconnu jusque-là, paraît démontrer qu'on obtient de meilleurs résultats en fumant et en amendant à très fortes doses la couche superficielle de la terre où végète l'Asperge, et en s'occupant moins des couches profondes où les racines ont peu de tendance à descendre naturellement, si elles trouvent une nourriture abondante à la surface. Il y a lieu évidemment de tenir compte, dans les procédés d'établissement d'une aspergière, de la nature du sol dans lequel on opère, et par conséquent de le défoncer plus ou moins profondément ; mais on peut dire d'une façon générale que le grand point, celui d'où dépend principalement le succès, est de ne pas soustraire la griffe d'asperge à l'influence de la chaleur et de la placer en même temps dans un milieu où elle trouve en abondance la nourriture qui lui est nécessaire. Il faut donc que la griffe soit plantée à une petite profondeur et qu'elle ne soit recouverte d'une assez grande épaisseur de terre que pendant la saison de la pousse, alors que cela est absolument nécessaire pour obtenir des asperges d'une longueur suffisante.

Il n'y a pas de règle absolue à prescrire pour la disposition des plants d'asperges : on peut les placer, soit en lignes isolées, soit en planches de 1^{m}30 de large, par exemple, contenant deux rangs distants de 60 centimètres, et les espacer de 0^{m}60 sur la ligne et en quinconces. Dans les cultures destinées à la production des asperges de montre ou d'expédition, l'espacement indiqué ci-dessus doit être augmenté et peut même être doublé.

Si l'on voulait *chauffer* des griffes d'asperges sur place, il faudrait préparer, en vue de cette culture, des planches de même largeur, mais on ferait trois ou quatre rangs en les espaçant seulement de 0^{m}30 à 0^{m}40.

On ne connaissait guère autrefois qu'une méthode de plantation de l'Asperge : c'était la plantation en fosses, qui n'a plus maintenant de raison d'être que dans les sols argileux et humides. La plantation en planches étant aujourd'hui la plus usitée, la plus simple et la moins dispendieuse, c'est celle que nous allons décrire brièvement, les soins d'établissement et de culture étant du reste à peu près exactement les mêmes dans la plantation en lignes isolées :

Dans le courant de Mars ou d'Avril au plus tard, on dresse avec soin le terrain qu'on destine à la plantation, et qui doit avoir été labouré et copieusement fumé avant ou pendant l'hiver ; on creuse légèrement jusqu'à une profondeur d'environ 0^{m}20 la surface des planches en ramenant la terre dans les sentiers. On répand alors sur la surface de la planche du fumier bien consommé ou quelque autre engrais actif. Dans les environs de Paris, on se sert beaucoup pour cet usage des boues de ville ou gadoues. On marque ensuite la place que doivent occuper les griffes, sur deux rangs et en observant l'espacement que nous avons déjà indiqué ; à la place de chaque griffe, on fait un petit tas de terre bien amendée ou de terreau, élevé de 0^{m}05 environ, sur le sommet duquel on pose la griffe, en ayant soin de bien étendre les racines tout alentour et de les faire adhérer au sol en appuyant fortement.

— Une bonne précaution consiste à enfoncer dès le moment de la plantation une baguette qui marque l'emplacement occupé par chaque plant ; on peut de la sorte répandre l'engrais exactement sur les racines et éviter de les blesser en donnant les binages nécessaires pendant la première année. — Quand toutes les griffes sont en place, on recouvre les racines de terreau ou de terre additionnée d'engrais et l'on répand par-dessus ce qu'il faut de terre pour rétablir à peu près le niveau de la planche tel qu'il était avant la plantation ; de cette façon le collet de la griffe ne sera pas enterré de plus de 0^{m}08 à 0^{m}10, et l'extrémité des racines elles-mêmes de 0^{m}20 au plus.

A cause de la quantité de terreau et d'engrais qui a été employée, il restera entre les planches, c'est-à-dire dans les sentiers, une certaine hauteur de terre qui servira au printemps pour le buttage.

La plantation, pendant la première année, ne demande d'autres soins que des binages répétés et quelques arrosements. A l'entrée de l'hiver, on coupe les tiges à 0^{m}20 ou 0^{m}30 au-dessus du sol ; la portion qui reste sur pied servant à indiquer la place de chaque griffe. On enlève alors légèrement une partie de la terre qui recouvre la griffe en ne la laissant enterrée qu'à une profondeur de 3 ou 4 centimètres. C'est le bon moment pour appliquer sur les plantations d'asperges les engrais qu'on leur destine. Ceux que l'usage a fait reconnaître comme étant les plus efficaces sont : le fumier bien consommé, les boues de ville ou gadoues, auxquelles on ajoute quelquefois un peu de sel marin et des amendements

ASPERGE

calcaires : plâtre, marne, plâtras pulvérisés, sable de carrière, etc., ainsi que des engrais chimiques, tels que : sulfate d'ammoniaque, chlorure de potassium, superphosphate de chaux, nitrate de potasse, que l'on incorpore légèrement au sol au moyen d'une fourche (1).

Dans le courant de Mars, on recouvre les griffes de 5 à 6 centimètres de la terre mise de côté dans les sentiers, et à laquelle on ajoute, au moment du buttage, un peu de nitrate de soude qui activera la végétation. La surface de la terre est ensuite bien nivelée, et la plantation, pendant la seconde année, reçoit les mêmes soins que pendant la première. A l'automne de cette deuxième année, il convient de donner une nouvelle fumure que l'on incorpore au sol comme on l'a fait à l'automne de la première année.

Au printemps de la troisième année, on commence à butter sérieusement les asperges. Cette opération consiste à ramener sur chaque griffe de la terre prise dans les sentiers, et dont on forme un petit monticule haut de 0^{m}30 environ au-dessus du reste du terrain.

Les indications qui précèdent peuvent se résumer aux deux opérations suivantes : le buttage des *griffes*, qui a lieu au printemps et a pour but de fournir à la plante les éléments nécessaires à son bon développement ; l'opération contraire, consistant à découvrir les *turions* (bourgeons) à l'automne, pour permettre à ces derniers de se reposer, de profiter des engrais qui leur sont donnés et de bénéficier des premiers rayons du soleil avant d'être buttés.

Récolte. — Si la plantation a été bien soignée jusqu'ici, on peut commencer dès la troisième année à cueillir quelques asperges sur les plants les plus vigoureux, deux ou trois au plus par pied ; mais ce n'est qu'à partir de la quatrième année que la plantation est en plein rapport. En tout cas, il est très important de cueillir les asperges en les cassant sur le collet même de la griffe, et non pas en les coupant entre deux terres, comme on le fait souvent à tort, ce qui, entre autres inconvénients, a celui d'endommager fréquemment des bourgeons non encore développés. Il vaut beaucoup mieux déchausser l'asperge qu'on veut cueillir en écartant la terre de la butte et l'éclater nettement avec le doigt ou avec un instrument spécial, puis reformer la butte en remettant en place la terre qu'on a écartée. C'est ainsi qu'opèrent toujours les cultivateurs soigneux des environs de Paris.

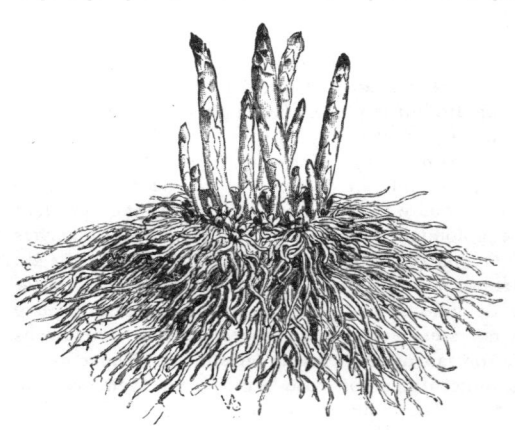

Griffe d'asperge, 7ᵉ année de végétation.

En pleine terre et sous le climat de Paris, les asperges produisent à partir du mois d'Avril. Dans l'intérêt de l'abondance et de la précocité de la récolte de l'année suivante, il est bon de ne pas prolonger la cueillette au delà du 15 Juin pour l'Asperge *hâtive* d'Argenteuil, alors que celle de la variété dite *tardive* peut durer encore une quinzaine de jours.

A partir de la quatrième année, les soins réclamés par une plantation d'asperges restent toujours les mêmes, c'est-à-dire consistent en binages et en fumures répétés. Il n'est pas absolument indispensable de fumer tous les ans ; cependant, comme l'Asperge est une plante extrêmement avide d'engrais, l'abondance et la beauté du produit seront toujours en raison de la nourriture donnée. — Une plantation bien faite et bien soignée peut rester productive pendant dix ans et plus.

Forçage. — Il est facile d'obtenir des asperges à partir de Décembre ou même dès la fin de Novembre en forçant des pieds sur place ou en mettant de vieux plants sur couche chaude et sous châssis, en bâche ou en serre chauffée au thermosiphon.

Quand on veut forcer sur place, on dispose des planches larges de 1^{m}35 (longueur d'un

---

(1) A titre de renseignement, voici une formule d'engrais chimique à employer comme *complément* à une demi-fumure au fumier de ferme :

Par are :
- 4 kil. Superphosphate de chaux.
- 2 kil. Chlorure de potassium.
- 1 k 800 Nitrate de potasse.
- 1 k — Sulfate d'ammoniaque.

châssis) ; puis on enlève un bon fer de bêche de terre sur toute la surface des planches, et l'on obtient ainsi une fosse profonde d'environ $0^m 35$. On compose ensuite un mélange par parties égales de fumier de vache, de fumier de cheval et de gadoue, que l'on répartit au fond de la fosse sur une épaisseur de $0^m 10$ à $0^m 15$ et que l'on recouvre d'une couche de $0^m 05$ de bonne terre. Dans cet emplacement ainsi préparé, on trace trois rangs, les deux premiers à $0^m 30$ du bord de la planche et le troisième au milieu des deux autres. Puis on établit de petits monticules hauts de $0^m 05$, et à $0^m 30$ d'écartement sur les rangs ; on y place des griffes d'un an, de préférence, en ayant soin de bien étaler les racines. (L'emplacement réservé pour un châssis peut contenir de 15 à 20 griffes.) On procède ensuite au remplissage des fosses avec de la bonne terre, et on laisse entre chaque planche une allée large de $0^m 60$ à $0^m 70$.

On soigne cette plantation pendant trois ans à l'air libre comme dans la culture en pleine terre. A l'automne de la troisième année, on place les coffres sur les planches, on creuse dans les allées et tout autour des coffres une tranchée profonde d'environ $0^m 60$; la terre provenant de ces fosses est rejetée dans les coffres de façon à former une couche dont l'épaisseur ne doit pas excéder $0^m 30$; on herse et on nivelle soigneusement, puis on place les châssis sur les coffres. Une vingtaine de jours avant l'époque à laquelle on veut commencer à récolter, on remplit les tranchées de fumier ayant séjourné trois semaines en tas et rendu homogène par deux brassages faits à dix jours d'intervalle, et on monte le fumier jusqu'au bord supérieur des coffres. Les châssis sont protégés pendant la nuit par des paillassons qu'on retire le matin. Tous les quinze jours environ on enlève un quart à un cinquième du fumier des réchauds et on le remplace par du fumier neuf.

La récolte dure environ un mois et demi ; pendant tout ce temps, il faut avoir soin de ne pas laisser tomber la température au-dessous de 13° centigrades.

La récolte finie, on laisse le fumier s'éteindre de lui-même, puis on le retire quand la température intérieure est tombée au niveau de la température extérieure. On démonte ensuite les châssis et les coffres, on comble les tranchées avec la terre qui en a été retirée et qui a servi à rehausser la planche, en ayant soin de ne pas blesser les plants pendant cette opération ; puis on laisse reposer ceux-ci pendant un an et on recommence la seconde année.

Une plantation traitée ainsi peut durer de douze à quinze ans et donner six à huit récoltes. Si l'on veut récolter tous les ans, il est donc nécessaire d'avoir deux carrés d'asperges à forcer dont l'un se repose pendant qu'on chauffe l'autre.

Culture des Asperges vertes. — On obtient les petites asperges vertes que l'on consomme en hiver, jeunes ou *en pointes*, avec du plant de l'Asperge verte ou de toute autre variété préparé spécialement à l'avance, ou avec de vieilles griffes provenant d'anciennes plantations en pleine terre ; toutefois, l'emploi de ces griffes n'est pratique que dans la culture bourgeoise, et on a intérêt, dans une exploitation faite dans un but commercial, à forcer exclusivement du plant de 3 à 4 ans élevé en pépinière.

Dans ce cas, le plant se prépare de la façon suivante : On repique, fin-Mars ou commencement d'Avril, en pépinière, en terrain bien préparé et fumé, en planches de $1^m 30$ de largeur, séparées par des sentiers de $0^m 30$, des griffes provenant d'un semis d'un an ou de dix-huit mois. On dispose ces griffes en échiquier ou en quinconce, bien étalées sur de petits monticules, et en laissant entre elles un intervalle de 12 à 15 centimètres en tous sens. Vers le 15 Mai, on paille la plantation, puis on tient le terrain frais par des arrosages copieux et fréquents. Les griffes restent ainsi en pépinière deux ou trois années, pendant lesquelles on n'a qu'à entretenir le terrain parfaitement propre et à arroser suivant les besoins ; les tiges sèches sont coupées à la fin de chaque automne à 15 ou 20 centimètres du sol, et on enlève le paillis de couverture ou la couche superficielle que l'on remplace par une même couche de bon terreau. Il va sans dire qu'il ne faut pas faire la moindre cueillette pendant ces années de pépinière.

Quand le moment de forcer est venu, on coupe les tiges en ayant soin d'en laisser une partie suffisamment apparente de façon à faciliter l'arrachage des griffes ; mais, si l'on dispose d'un local, il est préférable d'arracher, au moment de l'approche des gelées, la totalité des griffes bonnes à forcer. Si le manque de place oblige à laisser les griffes en terre, il sera prudent de les couvrir de litière, de feuilles sèches ou de menue paille, de façon à maintenir la terre en bon état, et surtout à l'empêcher de trop durcir pendant les fortes gelées, ce qui rendrait impossible l'arrachage des griffes.

On peut commencer à forcer à partir de la seconde quinzaine d'Octobre jusque dans le courant de Mars. Cette opération s'effectue sur couches chaudes d'environ 0^m50 de hauteur que l'on recouvre de 5 à 6 centimètres de terreau et sur lesquelles on dispose des coffres que l'on couvre de châssis et qu'on surélève au fur et à mesure de la croissance des asperges. Une fois le coup de feu passé, les griffes sont *habillées*, c'est-à-dire débarrassées de leurs tiges desséchées et des racines en mauvais état, puis placées sur le terreau, debout, les racines serrées les unes contre les autres, sans tenir compte de l'irrégularité des rangs ; on aura soin, toutefois, de mettre les griffes les plus petites sur le devant du coffre, les moyennes au milieu, les plus fortes au fond et de mettre les collets à la même hauteur en leur faisant suivre cependant une pente régulière, de façon qu'ils soient tous à égale distance du verre. Un châssis de 1^m35 de long peut tenir environ 500 griffes ainsi disposées. — La mise en place effectuée, on répand du terreau sec, très fin, que l'on fait pénétrer d'abord dans les intervalles des racines par un copieux arrosage, puis on charge avec du terreau ordinaire jusqu'à ce que les collets soient recouverts de 4 à 5 centimètres de terre ; après quoi, il ne reste plus qu'à remettre les châssis. Lorsque la chaleur commence à baisser, on dispose autour des coffres des réchauds de fumier que l'on entretient en remplaçant partiellement, de quinze jours en quinze jours, du fumier vieux par du fumier neuf.

Avec une température continue de 20 à 25 degrés centigrades à l'intérieur des coffres, la récolte peut commencer au bout d'une douzaine de jours et se prolonge ordinairement pendant six à sept semaines, et même quelquefois plus, surtout si l'on a soin de bassiner fréquemment, d'aérer chaque fois que le temps le permet, de couvrir les coffres pendant la nuit avec un paillasson, ou même plusieurs si le froid est vif, et de découvrir chaque matin pour éviter l'étiolement.

Il est préférable de cueillir à la main, soit tous les jours, soit tous les deux jours. Après le forçage, les griffes sont épuisées et bonnes à jeter au fumier.

Le forçage peut également se faire à l'aide d'un thermosiphon dans une bâche ou sous châssis ; on adopte dans ce cas le dispositif indiqué au bas de la page 20 et page 21.

Cultures intercalaires. — Pendant les deux ou trois années qu'exige l'élevage du plant en pépinière, il est possible de tirer un certain parti du terrain en cultivant, entre les lignes, des *Laitues, Carottes, Radis,* etc., et des *Choux hâtifs* dans les sentiers.

Insectes nuisibles. — Maladies. — L'Asperge est quelquefois attaquée par les vers blancs et les limaces ; mais son ennemi le plus redoutable est la *Criocère de l'asperge* qui, de même qu'une autre espèce voisine, la *Criocère à douze points,* cause souvent de grands ravages, aussi bien à l'état de larve qu'à celui d'insecte parfait. Les insecticides sont généralement inefficaces ; quand une plantation est fortement attaquée par la Criocère, le seul procédé pratique pour s'en débarrasser consiste à secouer les tiges au-dessus d'une toile ou d'un large récipient rempli d'eau de savon noir ou d'un insecticide liquide.

Dans les jeunes semis, on a obtenu d'assez bons résultats en bassinant, dès le matin, à la rosée, avec une solution de Solutol Lignières au quinzième ou par des saupoudrages de soufre à la nicotine.

L'Asperge est également attaquée, surtout dans les plantations pour la culture forcée sur place, par une rouille : *Puccinia Asparagi.*

Quand cette maladie a fait son apparition, il est indispensable, pour éviter sa propagation, de couper et de détruire par le feu les plants attaqués et d'arroser le sol avec une solution renfermant 3 kil. de sulfate de cuivre par hectolitre d'eau. L'année suivante, en Juin, il sera prudent de traiter préventivement la plantation par des pulvérisations à la bouillie bordelaise ou toute autre bouillie à base de sulfate de cuivre.

Usage. — On emploie comme légume les jeunes pousses blanchies par un buttage et cueillies au moment où elles commencent à sortir de terre. En Italie et dans certains autres pays, on ne cueille les asperges qu'après les avoir laissées croître assez pour qu'elles se colorent en vert sur une longueur de 0^m10 à 0^m15. En France, les asperges blanches à tête rose ou violette sont généralement préférées.

Les petites asperges que l'on consomme en hiver à la manière des petits pois ou en omelette, sous le nom d'*Asperges vertes,* ne sont autre chose que le produit de la culture spéciale indiquée à la page précédente.

Les variétés d'asperges sont assez nombreuses, ou plutôt chaque localité où la culture de l'Asperge se fait avec succès a donné son nom à une race plus ou moins distincte. C'est à cette circonstance que sont dues les désignations d'*A. d'Argenteuil, de Hollande, de Gand, de Marchiennes, de Vendôme, de Besançon,* etc.

Nous décrirons seulement celles qui paraissent avoir réellement quelques caractères distinctifs :

ASPERGE VERTE.

Synonymes : A. commune, A. d'Aubervilliers.

Cette variété paraît être celle qui se rapproche le plus de l'Asperge sauvage ; les pousses en sont plus minces que celles des variétés améliorées, plus pointues et se colorent plus promptement en vert.

Les petites *asperges vertes* des marchés s'obtiennent non seulement avec cette variété, mais aussi avec toutes les autres, en les soumettant au traitement indiqué plus haut (page 21) à l'article « *Culture des Asperges vertes* ».

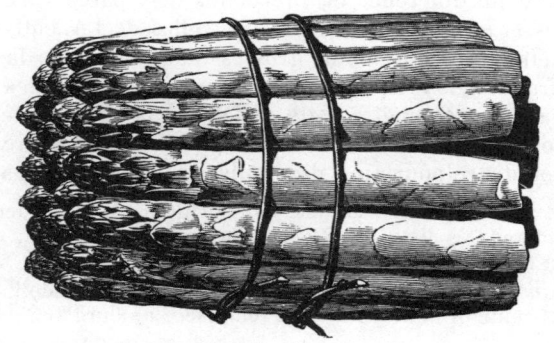

Asperge de Hollande (Réd. au quart).

ASPERGE DE HOLLANDE.

Synonyme : A. violette de Hollande.

Noms étrangers : angl. Purple dutch asparagus. — all. Dicker blauer Holländischer Spargel.

Les pousses (ou asperges proprement dites) de cette variété sont plus grosses et plus arrondies du bout que celles de l'Asperge verte ; leur grosseur dépend surtout des soins de culture et aussi de la qualité de la terre où elles sont plantées. Elles ne sont teintées à l'extrémité que de rose ou de rouge violacé tant qu'elles n'ont pas reçu l'influence de la lumière.

ASPERGE BLANCHE D'ALLEMAGNE.

Synonymes : A. grosse blanche de Darmstadt, A. d'Ulm.

Noms étrangers : angl. White german asparagus. — all. Grosser weisser Darmstädter Spargel, Ulmer Spargel.

Cette variété, très appréciée en Allemagne, est vraisemblablement issue de l'Asperge violette de Hollande, mais elle s'en distingue nettement par la teinte d'un blanc laiteux que présentent les pousses alors qu'elles sont déjà sorties de terre de plusieurs centimètres.

ASPERGE D'ARGENTEUIL HATIVE.

Noms étrangers : angl. Early giant Argenteuil asparagus ; (am.) Palmetto asparagus. all. Früher allergrösster Argenteuil Spargel.

Cette très belle race, obtenue par sélection de semis de l'A. de Hollande, fournit la plupart de ces belles bottes d'asperges qu'on admire au printemps à Paris. Les pousses sont très notablement plus grosses que celles de l'A. de Hollande ; l'extrémité en est un peu pointue, et les écailles dont elle est revêtue sont fortement appliquées les unes sur les autres. Elle commence à produire un peu avant l'A. de Hollande. — C'est aujourd'hui la variété la plus cultivée.

ASPERGE D'ARGENTEUIL TARDIVE.

Noms étrangers : angl. Late giant Argenteuil asparagus. — all. Später allergrösster Argenteuil Spargel.

Cette variété ne le cède pas en beauté à la variété hâtive, mais elle ne commence pas à produire tout à fait aussi tôt. Elle est appelée *tardive* non pas tant à cause de cette différence de précocité, que parce qu'elle continue à donner de belles et grosses pousses lorsque celles de l'A. hâtive d'Argenteuil commencent à être beaucoup moins grosses qu'au début de la saison. On se sert alors des produits de l'Asperge tardive pour parer les bottes. Les jardiniers expérimentés savent reconnaître cette variété de la précédente à l'apparence de sa pointe, dont les écailles sont un peu écartées à la manière de celles d'un artichaut, au lieu d'être pour ainsi dire collées les unes sur les autres.

L'*Asperge d'Argenteuil intermédiaire*, moins cultivée que les deux précédentes, n'a pas de caractères très distincts. Elle paraît être surtout un bon choix de l'A. de Hollande. Elle a l'extrémité pointue, en forme de pinceau.

L'*A. Lenormand* paraît avoir été une bonne race améliorée de l'A. de Hollande. Les variétés d'Argenteuil l'ont à peu près remplacée aujourd'hui.

Les Allemands distinguent un grand nombre de races d'Asperges, sous les noms de : *Grosse géante, Grosse d'Erfurt, Hâtive de Darmstadt, Blanche grosse hâtive*. Toutes nous paraissent se rapprocher beaucoup de l'Asperge de Hollande ou de l'A. d'Allemagne.

On vante beaucoup en Angleterre et en Amérique la variété dite *Conover's colossal*. Ce que nous en savons ne nous la fait pas considérer comme supérieure aux variétés d'Argenteuil.

ASPÉRULE ODORANTE. Syn. : Muguet des bois, Petit Muguet, Reine des bois, Hépatique étoilée (*Asperula odorata* L.). (angl. Woodruff ; all. Waldmeister ; holl. Lieve vrouw bedstroo). — Cette plante indigène, vivace, rustique, se rencontre dans les bois ou les endroits ombragés. Tige couchée, faible, garnie de verticilles de feuilles ovales-lancéolées, finement dentées sur les bords, très rudes, ainsi que les tiges ; fleurs petites, d'un blanc pur, réunies en corymbe étalé.

Toute la plante, surtout quand elle est desséchée, exhale un parfum assez agréable.

On l'emploie quelquefois comme condiment dans le nord de l'Europe, et surtout pour parfumer les boissons ; en Allemagne, on fait infuser la plante sèche dans du vin blanc pour composer la boisson connue sous le nom de *Vin de Mai* (*Mai-Wein*). Elle se cultive plus souvent comme plante d'ornement.

Aspérule odorante (Réd. au 1/10°).

AUBERGINE

Solanum Melongena L. — **Solanum esculentum** Dun.

Fam. des *Solanées*.

SYNONYMES : Albergine, Ambergine, Béringène, Bréhème, Bringèle, Marignan, Mayenne, Mélanzane, Mélongène, Mérangène, Méringeane, Mérinjeane, Vérinjeane, Viadase, Viédase.

NOMS ÉTRANGERS : ANGL. Egg-plant, Jew's apple. — ALL. Eierfrucht, Eierpflanze. — SUÉD. Ägg-fruckts-planta. — FLAM. Eier-plant. — ITAL. Petronciana, Melenzana, Melanzacca, Maringiani. — ESP. Berengena. — PORT. Beringella. — RUSSE Baklaïaïc. POL. Jajko krzewiste. — JAP. Nasu, Nasubi.

Inde. — Annuelle. — Tige dressée, ramifiée, feuilles entières, oblongues, d'un vert grisâtre, plus ou moins poudreuses, souvent épineuses sur les nervures; fleurs solitaires dans les aisselles des branches, courtement pédicellées, à corolle monopétale, d'un violet terne; calice souvent épineux, se développant avec le fruit. Graine petite, déprimée, réniforme, jaunâtre, au nombre de 250 dans un gramme et pesant 500 grammes par litre; sa durée germinative est de six ou sept ans.

CULTURE DE PLEINE TERRE. — Sous le climat de Paris, la culture de l'Aubergine ne peut guère se faire sans le secours de la chaleur artificielle. On sème d'ordinaire sur couche chaude en Février ou Mars et l'on repique également sur couche trois semaines à un mois plus tard. La mise en place en pleine terre des variétés hâtives élevées jusqu'à ce moment sur couche peut s'effectuer vers la fin de Mai, quand la terre est bien échauffée. Les Aubergines demandent une situation chaude et bien abritée, ainsi que des arrosements abondants ; le paillage du sol est également à recommander. Il est facile dans les potagers d'amateurs d'avancer d'au moins un mois l'époque de production, en repiquant sur couche ordinaire, vers la mi-Avril, les plants les plus forts provenant des premiers semis.

CULTURE FORCÉE. — Dans la région de Paris, on sème d'ordinaire vers fin-Novembre, en rayons ou à la volée, sur couche chaude entourée de réchauds et lorsque la chaleur se maintient entre 20 et 22 degrés centigrades. La levée des graines demande une huitaine de jours pendant lesquels il ne faut pas donner d'air ; on couvre au contraire les châssis de paillassons que l'on double si la température l'exige ; après la levée, on enlève les paillassons pendant le jour et on les replace pour la nuit.

Au bout d'un mois, ou lorsque les deux premières feuilles se sont développées, on repique, toujours sur couche chaude, en laissant 0^{m}08 à 0^{m}10 entre chaque plant ; on mouille et on tient les châssis fermés pendant quelques jours pour faciliter la reprise, en ombrant au besoin si le soleil se montre ; la reprise effectuée, on donne de l'air progressivement pour endurcir le plant et l'empêcher de s'emporter. Certains spécialistes pratiquent un second repiquage quinze jours après le premier en écartant un peu plus les plants. Ce repiquage n'est pas absolument indispensable pour la réussite de cette culture ; mais, si l'on dispose de coffres en nombre suffisant, il ne faut pas hésiter à l'effectuer, le plant ne pouvant qu'y gagner.

Deux mois après le semis, on met en place sur couche dégageant environ 18 degrés de chaleur, et chargée de 0^{m}20 d'un mélange en parties égales de fumier gras et de terre franche de jardin. Les plants, arrachés avec leur motte, sont disposés à raison de 6 ou 9 par châssis de 1^{m}30. On arrose fortement et l'on tient les châssis fermés et couverts pendant deux ou trois jours pour assurer la reprise ; celle-ci effectuée, il faut alors aérer le plus possible, pour obtenir des plantes naines, trapues et de belle venue. On peut utiliser les espaces laissés libres par des semis de *Radis hâtifs* ou par des repiquages de *Laitues gottes* ou autres variétés de *Laitues à forcer*.

Taille. — Dans la culture forcée, comme dans la culture ordinaire, il est indispensable, pour obtenir de beaux fruits bien développés, de soumettre les plantes à une taille raisonnée. Nombre de jardiniers se contentent de ne laisser qu'un nombre restreint de fruits par pied et de pincer vers la fin de l'été l'extrémité des tiges, mais, à notre avis, il est préférable de pincer la tige principale au-dessus de la deuxième fleur ou mieux du deuxième étage de fleurs, car l'Aubergine donne assez fréquemment des fleurs jumelles (quand ce cas se présente il faut en outre enlever une de ces fleurs), et on conserve quatre ou cinq branches en supprimant toutes les autres, y compris les rejets qui se développent au pied de la plante ; ces branches sont, à leur tour, taillées au-dessus de la deuxième fleur, après quoi on supprime tous les bourgeons en ayant soin toutefois de ménager les tire-sève.

Les autres soins à donner n'ont rien de compliqué, il n'y a plus qu'à aérer et donner des arrosages chaque fois que cela sera nécessaire, à tuteurer les plants qui en auront besoin, à rehausser les coffres ainsi que les réchauds au fur et à mesure de la croissance des plants, à traiter ces derniers contre le *Kermès*, au moyen de pulvérisations à la nicotine, ou mieux au Solutol Lignières étendu de vingt parties d'eau.

La récolte commence environ cinq mois après le semis ; chaque plant peut donner, pendant un mois à six semaines, de dix à douze fruits. Au moyen de semis successifs faits à intervalle d'un mois environ jusqu'au commencement de Mars, on peut s'assurer une production continue depuis Mai jusqu'en Août, époque à laquelle les premiers semis de variétés hâtives pour la culture de pleine terre commenceront à donner, ce qui prolongera la production jusqu'aux gelées.

CULTURE MÉRIDIONALE. — On sème en Février-Mars sur couche chaude ou sous bâche ; on repique en pépinière sous châssis froid quand le plant a 3 ou 4 feuilles, puis on met à demeure en Avril-Mai en terre riche, bien fumée, en laissant 50 à 60 centimètres entre chaque pied. Les soins de taille sont les mêmes que ceux indiqués plus haut, avec cette différence qu'on laisse un peu plus de branches fructifères tout en allongeant légèrement les pincements.

Le semis en plein air, en terre bien préparée et située à bonne exposition, se pratique assez fréquemment et a lieu le plus souvent en Avril. On repique en place quand le plant a développé trois ou quatre feuilles.

L'Aubergine exige des arrosages fréquents pendant l'été et des sarclages répétés ; il est bon également de pailler le sol quand la plantation ne peut pas être soumise à l'irrigation.

ENGRAIS. — L'Aubergine se montre très sensible à l'action des engrais humains liquides. On a obtenu aussi d'excellents résultats dans les cultures en grand avec la formule suivante, complément à une demi-fumure au fumier :

Par are :
- Nitrate de soude . . . . 2 kil.
- Superphosphate de chaux . . . . 3 kil.
- Chlorure de potassium . . . . 1 kil.

USAGE. — Le fruit se mange cuit de différentes manières. — Les diverses variétés d'Aubergines sont très recherchées comme légumes dans les pays méridionaux.

AUBERGINE VIOLETTE LONGUE.

SYNONYME : A. de Narbonne.

NOMS ÉTRANGERS : ANGL. Long purple egg-plant. — ALL. Lange violette Eierfrucht.
PORT. Beringella roxa comprida.

Plante assez haute, atteignant en moyenne 0ᵐ60 à 0ᵐ70. Tige verdâtre ou faiblement teintée de brun ; feuilles ovales, entières, un peu sinuées-lobées, munies de quelques épines violettes sur les nervures à la face supérieure ; les plus jeunes sont violacées à la base, les autres complètement vertes ; fleurs lilas, grandes, axillaires, à calice brun se développant beaucoup après la floraison, au point d'acquérir à l'époque de la maturité des dimensions trois ou quatre fois plus fortes qu'au moment de l'épanouissement de la fleur. Fruit ovale-oblong, un peu en forme de massue, plus renflé à l'extrémité qu'à la base, très lisse, vernissé, d'un violet pourpre foncé. Chair assez ferme et compacte, renfermant peu de graines, bonne surtout quand le fruit n'a pas encore tout à fait atteint son entier développement. A la maturité complète, il mesure environ 0m15 à 0m20 de longueur sur 0m06 ou 0m08 de diamètre moyen. Un pied bien venu, de cette variété, peut porter de huit à dix fruits.

L'Aubergine violette longue est la plus recommandable pour les usages culinaires dans tous les pays où l'été est long et chaud. Il lui faut de cinq à six mois de végétation pour mûrir ses fruits ; elle est donc surtout appropriée aux pays méridionaux.

Sous le climat de Paris, il convient de donner la préférence à la variété suivante (A. violette longue hâtive), plus précoce de quelques jours.

L'*Aubergine noire de Nagasaki* est très analogue, sinon tout à fait identique à l'A. violette longue.

Aubergine violette longue.
Réd. au cinquième.

Aubergine très hâtive de Barbentane.
Réd. au cinquième.

AUBERGINE VIOLETTE LONGUE HATIVE.

Noms étr. : Angl. Early long purple egg-plant. — All. Lange violette frühe Eierfrucht.

Sous-variété de l'A. violette longue. Tige presque noire ; feuilles ovales, à peine épineuses, le pétiole et les nervures fortement teintés de violet à la face supérieure. L'ensemble du feuillage est plus grisâtre que dans l'A. violette longue ; les fruits sont aussi gros que ceux de cette dernière, mais un peu moins longs, plus en forme de massue et d'un violet plus foncé. — Cette variété est une des meilleures sous le climat de Paris, à cause de sa précocité.

AUBERGINE TRÈS HATIVE DE BARBENTANE.

Noms étrangers : Angl. Barbentane very early long purple egg-plant. All. Sehr frühe Barbentane Eierfrucht.

Tige noire ; feuilles ovales, généralement sinuées, d'un vert foncé grisâtre ; pétioles noirs ; nervures très colorées, surtout à la face supérieure, et faiblement épineuses à la face inférieure ; fleurs grandes, violettes, à calice brun. Fruit mesurant 0m20 de long sur 0m05 à la partie la plus renflée, presque cylindrique et un peu pointu, de couleur très foncée, presque noire.

L'Aubergine de Barbentane offre l'avantage de pouvoir porter sur un même pied huit à dix fruits mûrissant bien, même dans les régions où l'été n'est pas très chaud. Elle est très précoce et c'est la plus productive des Aubergines pour la région parisienne.

AUBERGINE VIOLETTE NAINE TRÈS HATIVE.

Noms étrangers : angl. Dwarf very early purple egg-plant. — all. Violette Zwerg- sehr frühe Eierfrucht.

Variété très précoce, et par là même très précieuse pour notre climat. Plante ne dépassant pas 0^{m}30 de hauteur, ramifiée, un peu grêle, à tige noire, raide; fleurs violettes; feuilles d'un vert un peu grisâtre, allongées et légèrement sinuées sur les bords, à nervures noires en dessus; pétiole violet-noir, ainsi que les divisions du calice. Fruits de forme ovoïde, longs de 0^{m}08 à 0^{m}10, larges au gros bout de 0^{m}05 à 0^{m}06, nombreux, et d'un violet presque noir, mais mats, non vernissés comme ceux de l'Aubergine violette longue; ils sont ordinairement bons à cueillir un mois au moins avant ceux de toutes les autres variétés, et l'on peut en laisser jusqu'à une douzaine sur un même pied.

Cette variété, à cause de sa petite taille, se prête particulièrement bien à la culture de primeur sous châssis.

Aubergine violette naine très hâtive.
Réd. au dixième.

Aubergine violette ronde.
Réd. au quart.

Nous avons eu occasion de voir, il y a quelques années, sous le nom d'*Aubergine Délicatesse très hâtive,* une variété qui se rapproche beaucoup de l'A. violette naine très hâtive.

AUBERGINE VIOLETTE RONDE.

Noms étrangers : angl. Round purple egg-plant. — all. Runde violette Eierfrucht.

Tige brunâtre, ainsi que les pétioles et les nervures des feuilles; celles-ci sont assez amples, bien vertes, larges, peu sinuées sur les bords; les nervures, violacées en dessus, portent quelques épines; les pétioles en sont abondamment parsemés. Le fruit, très gros, et d'un violet plus pâle et plus terne que celui des variétés précédentes, n'est pas absolument rond, mais plutôt en forme de poire courte.

Variété plus tardive que les précédentes et, pour cette raison, convenant principalement aux régions méridionales. Un pied ne doit pas porter plus de trois ou quatre fruits.

AUBERGINE VIOLETTE RONDE TRÈS GROSSE.

Synonymes : A. monstrueuse de New-York, A. améliorée de New-York.

Noms étrangers : Angl. (Am.) New-York improved, large purple (spineless) egg-plant.
All. Runde violette Amerikanische sehr grosse Eierfrucht.

Plante vigoureuse, ne dépassant pas 0m50. Tige, pétioles et nervures légèrement brunâtres; feuilles grandes, d'un vert mat, sinuées et sans épines; fleurs grandes, lilas; calice vert. Fruit presque sphérique, violet foncé vernissé, coloré même sous les divisions du calice; chair ferme, contenant peu de graines.

Un peu tardive pour le climat de Paris; mais, dans le Midi, il n'est pas rare d'en obtenir des fruits énormes atteignant parfois le poids de deux kilog.

Pendant quelques années on a cultivé en Amérique une forme de l'A. violette ronde très grosse à feuilles fortement épineuses. Elle paraît avoir disparu maintenant, sans doute en raison des inconvénients résultant de la présence des épines.

Il en existe aussi une variété à fruits d'un blanc crème uni, assez appréciée aux États-Unis, où elle est connue sous le nom de *Pearl white egg-plant.*

A. violette ronde très grosse (Réd. au quart). A. ronde de Chine (Réd. au quart).

AUBERGINE RONDE DE CHINE ou NOIRE DE PÉKIN.

Noms étrang. : Angl. Black Pekin egg-plant. — All. Runde schwarze Eierpflanze.

Plante vigoureuse, de 0m50 de hauteur, presque entièrement violet-noir; feuilles légèrement épineuses sur les pétioles; fleurs violettes. Fruit à peu près exactement sphérique, de 0m12 à 0m15 de diamètre, d'un violet-noir lustré, présentant cette particularité que la peau reste complètement verte partout où les divisions du calice la recouvrent et la défendent de l'action du soleil.

Cette variété a peu d'intérêt pour le climat de Paris; dans le Midi, au contraire, elle mûrit très bien et peut porter jusqu'à cinq ou six fruits par pied.

AUBERGINE BLANCHE LONGUE DE CHINE.

Noms étr. : Angl. Long white China egg-plant. — All. Lange weisse Chinesische E.

Variété très distincte, à fruits blancs, longs d'environ 0m20, minces et presque toujours recourbés vers l'extrémité qui porte à terre. Plante tardive.

On connaît encore un grand nombre de variétés d'Aubergines, qui se rapprochent plus ou moins de celles que nous venons d'énumérer. Ce sont notamment :

A. de Catalogne. — Plante tardive, épineuse, se rapprochant de l'A. violette ronde.

A. de Madras. — Plante originaire de l'Inde et introduite par la Société d'acclimatation ; n'est qu'une variété de l'Aubergine commune (*Solanum Melongena* var. *Brissyal*). Elle est surtout intéressante comme plante ornementale, quoiqu'on l'emploie, paraît-il, dans l'Inde comme légume. Ses fruits, très nombreux, oblongs et piriformes, présentent cette particularité d'être, sur le même pied, violacés, jaunes et verts, ainsi que panachés de blanc et de jaune. C'est, en tout cas, une forme très primitive, et nous avons trop de bonnes variétés améliorées pour pouvoir la considérer autrement que comme une curiosité.

A. de Murcie. — Fruit violet, rond, marqué de quelques côtes ; tige et feuilles épineuses ; feuilles plus lobées et nervures plus colorées que chez l'A. violette ronde.

A. extra-monstrueuse des Antilles. — Plante vigoureuse, tardive, sans épines ; fruits ressemblant à ceux de l'A. violette ronde.

A. panachée de la Guadeloupe. — A fruits ovoïdes, striés en long de violet pâle sur fond blanc ; c'est une variété plutôt ornementale.

A. du Thibet. — Variété tardive, à fruit allongé, d'un blanc verdâtre, introduite il y a une quarantaine d'années ; ne paraît pas s'être conservée dans les cultures.

A. verte. — Ne paraît pas une variété distincte et fixée. On trouve souvent dans les Aubergines blanches des fruits plus ou moins verdâtres ou panachés de vert.

La culture de l'Aubergine est très répandue dans tous les pays tropicaux ou tempérés de l'Extrême-Orient ; il existe en Indo-Chine, entre autres variétés, une Aubergine verte et ronde, paraissant se rapprocher de celle appelée *Ao-Nasu* par les Japonais. Ces derniers possèdent un grand nombre de races assez perfectionnées, inférieures cependant aux nôtres.

Il en est de même en Chine. Nous avons cultivé, il y a quelques années, sous le nom d'*Aubergine Ta-houng-Tszé*, une race bien fixée, assez tardive, à gros fruits courtement ovoïdes, et à peu près exactement intermédiaire entre l'A. ronde de Chine et l'A. monstrueuse de New-York.

AUBERGINE BLANCHE. Syn. : Morelle a œufs, Œuf végétal, Plante aux œufs, Pondeuse (*Solanum ovigerum* Dun.). (anglais White egg-plant ; all. Weisse Eierpflanze ; suédois Hvit ägg-planta ; russe Biely baklajaney).

Plante assez basse, ramifiée ; tige et pétioles verts ou très faiblement violacés, munis de quelques épines blanches ; feuilles sinuées sur les bords ; fleurs lilas. Fruit blanc, rappelant exactement l'apparence d'un œuf de poule, mais jaunissant à la maturité. Cette variété n'est, à vrai dire, qu'ornementale et non potagère.

L'A. blanche se cultive exactement comme l'Aubergine ordinaire. Les fruits ne se mangent pas, mais peuvent servir pour l'ornementation des desserts, entrer comme surprise innocente dans la composition des corbeilles de fruits variés, etc.

Aubergine blanche. Plante aux œufs.
Réd. au cinquième.

Il en existe une variété plus basse, à fruits beaucoup plus petits, qu'on désigne sous le nom d'*Aubergine blanche naine*, et une autre à fruits de couleur *écarlate*, cultivée dans les jardins comme curiosité.

AULNÉE, Aromate germanique, Aunée, Œil-de-cheval (*Inula Helenium* L. ; *Corvisartia Helenium* Mérat). (angl. Elecampane ; all. Alant ; suéd. Alandsrot).

Grande composée vivace, à feuilles larges et longues, ovales-lancéolées, longuement atténuées en pétiole, les caulinaires sessiles, cordiformes embrassantes ; tige dressée, rameuse au sommet, de 1 mètre et plus, portant à l'extrémité des rameaux des capitules larges, solitaires, d'un jaune vif.

On en utilisait jadis les racines, épaisses et charnues, à la manière des Salsifis. On n'en fait plus cas aujourd'hui que comme plante médicinale.

AURONE, Citronnelle, Garde-robe, Herbe royale, Vrogne (*Artemisia Abrotanum* L.). (angl. Southernwood ; all. Eberraute ; ital. Abrotano, Abrotino).

Composée vivace, buissonnante, de 1 mètre de haut, à rameaux très nombreux ; feuilles d'un vert pâle, divisées en segments extrêmement étroits ; fleurs nombreuses, petites, jaunâtres.

L'Aurone se multiplie de graines ou plus souvent de boutures, qui s'enracinent très facilement, surtout au commencement de l'été. Il est bon d'en rentrer toujours un pied ou deux en orangerie ou en serre, la plante étant sensible au froid.

On la cultive à cause de son goût agréable et de ses propriétés médicinales, qui sont celles de l'Absinthe.

BARBE-DE-CAPUCIN. — Voy. Chicorée sauvage.

BARDANE GÉANTE A TRÈS GRANDE FEUILLE
Arctium majus Bernh. — Lappa edulis Siebold.
Fam. des *Composées*.

Noms étr. : angl. Giant edible-rooted burdock. — all. Riesen-Klette, Japanische Kl. suéd. Aatlig kardborre-rot. — ital. Lappola. — russes Repienick, Lapouchnik. pol. Łopian, Czepiec. — jap. Gobo.

Japon. — *Bisannuelle.* — Feuilles radicales très grandes, cordiformes, ressemblant un peu à celles de l'Oseille-Patience, mais moins allongées ; tige rougeâtre, très ramifiée ; fleurs rouge violacé en capitules garnis d'écailles crochus, comme celles de la Bardane ordinaire ; racines pivotantes, presque cylindriques, assez tendres et charnues quand elles sont jeunes. Graine oblongue, grisâtre, à enveloppe dure, ressemblant beaucoup à celle de l'Artichaut ; un gramme en contient 80 et le litre pèse 630 grammes ; la durée germinative en est de cinq années.

Il est douteux que cette plante soit spécifiquement distincte de la B. commune (*Arctium Lappa* Willd.), mauvaise herbe très répandue en Europe. Celle dont nous nous occupons ici est plus grande dans toutes ses parties, ce qui peut tenir à l'influence de la culture. Il y a longtemps,

Bardane géante à très grande feuille.
(Réd. au huitième).

en effet, qu'elle est cultivée au Japon comme le sont chez nous les Salsifis et Scorsonères. — On la traite exactement de la même manière que ces racines.

CULTURE. — La Bardane étant une plante à racine pivotante et longue, a besoin d'un terrain bien défoncé à 0^m50 ou 0^m60 et aussi bien épierré que possible, en même temps que fumé au moyen de fumier bien décomposé. On sème soit au printemps, soit de préférence en Juillet, en rayons distants de 0^m25 à 0^m30 ; un peu plus tard on éclaircit le plant pour que le même espacement soit donné en tous sens. On arrose copieusement et aussi fréquemment que possible, surtout pendant les chaleurs, ce qui attendrira d'autant plus les racines. La récolte peut commencer trois mois après le semis et se continuer pendant tout l'hiver, si l'on a eu soin de couvrir le sol de litière pour l'empêcher de durcir.

USAGE. — Les racines, qui peuvent atteindre une longueur de 0^m30 à 0^m40, se mangent bouillies et accommodées de diverses manières; les jeunes pousses, récoltées au printemps, peuvent être consommées comme les asperges. — Ce légume a été introduit du Japon en Europe par le fameux voyageur et botaniste von Siebold, qui dit en avoir obtenu dans son jardin de Leyde de fort bons résultats. Pour que la chair en soit tendre et agréable, il faut arracher au bout de deux mois et demi ou trois mois de végétation : si l'on attend que la racine ait pris tout son développement, elle se ramifie et devient dure et presque ligneuse ; il n'est donc pas surprenant que dégusté dans ces conditions, ce légume ait été à plusieurs reprises déclaré détestable. Consommé jeune, comme chez les Japonais, il n'est pas délicieux, mais il est assurément fort passable.

BASELLE BLANCHE

Basella rubra L. var. **alba**. — **B. alba** L.

Fam. des *Chénopodées*.

SYNONYMES : Épinard blanc d'Amérique, Épinard blanc de Malabar.

NOMS ÉTR. : ANGL. Common white basella, White Malabar nightshade. — ALL. Grüner Indischer Spinat, Malabar Spinat, Weisse Klimmelde. — SUÉD. Hvit indisk spenat. FLAM. Meier. — ITAL. Basella. — ESP. Basela. — PORT. Bretalha branca. RUSSE Biely amerikansky chpinate.

Indes orientales. — *Bisannuelle (annuelle dans la culture)*. — Plante à tiges sarmenteuses pouvant atteindre 1^m50 à 2 mètres, garnies de feuilles alternes, ovales-cordiformes, un peu ondulées, charnues, vertes; fleurs petites, verdâtres ou rouges, disposées en épi. Graine ronde, portant les vestiges du pistil et du calice, qui sont persistants; un gramme en contient 35 ; le litre pèse environ 460 grammes ; la durée germinative de cette graine est de cinq ans au moins.

CULTURE. — La Baselle blanche se sème de bonne heure, en Mars-Avril sur couche chaude ; on la repique à la fin de Mai ou en Juin au pied d'un mur exposé au Midi, et l'on n'a plus qu'à l'arroser suffisamment pour en entretenir la production pendant tout l'été. Elle demande l'appui d'un treillage ou de rames.

USAGE. — Les feuilles se mangent à la manière des Épinards, et fournissent abondamment pendant tout l'été, la plante poussant d'autant plus vigoureusement qu'il fait plus chaud. On doit avoir soin, toutefois, de ne pas la dépouiller de tout son feuillage à la fois, ce qui retarderait la végétation.

Baselle blanche (Réd. au quinzième).

La *Baselle rouge* (*Basella rubra* L.) ne diffère seulement de la précédente qu'en ce que toutes ses parties sont teintées de rouge pourpre. L'emploi et le mode de culture sont absolument les mêmes pour les deux variétés.

BASELLE A FEUILLE EN CŒUR
Basella cordifolia Lmk.

Synonyme : Baselle de Chine à très large feuille.

Nom étranger : all. Ganzblättriger Indischer Spinat.

Chine. — *Bisannuelle (annuelle dans la culture).* — Cette Baselle, importée de Chine en 1839 par le capitaine Geoffroy, est également sarmenteuse ; elle se distingue de la B. blanche et lui est préférable, comme aussi à la B. rouge, par ses feuilles plus larges, plus charnues, d'un vert plus foncé et donnant un produit plus abondant. Elle se montre aussi très lente à monter. La graine est de même forme, mais un peu plus grosse que dans la précédente espèce.

Culture. — La Baselle à feuille en cœur est principalement un légume des pays chauds ; elle peut rendre néanmoins de grands services dans les régions tempérées où la production des Épinards est rendue difficile par la sécheresse.

Sa culture ne diffère pas de celle de l'espèce précédente : on la sème sur couche au mois d'Avril pour la repiquer en Mai dans un endroit chaud et abrité ; il faut lui donner un soutien, car elle ne s'attache pas spontanément sur un mur lisse : une simple ficelle tendue ou une baguette de bois ou de roseau lui suffira amplement.

Usage. — Se consomme en guise d'Épinards comme la Baselle blanche.

BASILIC GRAND
Ocimum Basilicum L.
Fam. des *Labiées*.

Synonymes : Basilic aux sauces, B. des cuisiniers, B. romain, Grand basilic, Herbe royale.

Noms étrangers : angl. Large sweet basil. — all. Grosser Basilikum. — flam. Basilik. dan. Basilikum. — suéd. Storbladigbasilik. — ital. Basilico. — esp. Albaca, Albahaca. port. Manjericao. — russe Bazilike kroupnolistny. — pol. Bazylika.

Inde. — *Annuel.* — Tige haute de 0^m30, très rameuse ; feuilles vertes, ovales-lancéolées ; fleurs blanches en grappes verticillées, feuillées. Graine petite, noire, oblongue, entourée d'une substance mucilagineuse qui se renfle dans l'eau comme celle de la graine de lin ; un gramme en contient 800 et le litre pèse 530 grammes ; la durée germinative de cette graine est de huit années.

Culture. — Le Basilic étant une plante des pays chauds, il est bon de le semer très clair sur couche au mois de Mars ou d'Avril ; on le repique en Mai en pleine terre, de préférence à une exposition chaude, en laissant un espace de 0^m20 à 0^m25 entre chaque plant, suivant les variétés.

Tous les Basilics se prêtent à la culture en pots.

Dans le Midi on sème très clair en Avril, en place ou en pépinière, dans un endroit bien abrité et exposé au soleil.

Basilic grand.
Réd. au huitième.

Usage. — Les feuilles sont très aromatiques et s'emploient beaucoup comme condiment dans les sauces et préparations culinaires.

On a prêté autrefois au Basilic et on lui attribue encore, dans certains pays, des vertus médicinales des plus actives. Son parfum et son goût agréable suffisent à le recommander comme plante potagère.

BASILIC GRAND VERT.

Noms étrangers : angl. Large green basil. — all. Grosser grüner Basilikum.
ital. Basilico maggiore.— esp. Albaca grande verde, A. romana, A. real.

Paraît être le type de l'espèce. C'est une plante trapue, formant des touffes compactes et ramassées, de 0^m25 à 0^m30 de hauteur, sur un diamètre à peu près égal ; feuilles vertes, luisantes, courtement ovales, de 0^m02 à 0^m03 de longueur ; fleurs blanches, en longues grappes.

Le *Basilic anisé* (esp. Albaca anisada) ne se distingue du B. grand vert que par son odeur plus aromatique et comparable à celle de l'Anis.

BASILIC GRAND VIOLET.

Noms étrangers : angl. Large purple basil. — all. Grosser violetter Basilikum.
ital. Basilico maggiore nero. — esp. Albaca grande violada.

Absolument de même taille et de même port que le B. grand vert ; il en diffère par ses feuilles et ses tiges fortement teintées d'un violet-brun foncé ; ses fleurs, en grappes, sont lilacées.

BASILIC A FEUILLE DE LAITUE.

Noms étr. : angl. Lettuce-leaved basil. — all. Lattichblättriger grosser grüner Basilikum.
esp. Albaca de hojas de lechuga.

Variété à feuilles larges, cloquées, ondulées, atteignant 0^m05 à 0^m10 de longueur ; plante trapue, basse, un peu moins ramifiée que les précédentes, mais paraissant bien dériver du même type. Les fleurs, réunies en grappe serrée, se montrent un peu plus tard dans cette race que dans la précédente.

Il est à remarquer que les feuilles de ce Basilic, beaucoup plus grandes que celles de tous les autres, sont aussi beaucoup moins nombreuses. Il en est presque toujours ainsi dans la nature : les organes qui prennent un grand développement diminuent de nombre. De même, dans les plantes d'ornement, quand les fleurs sont très grandes ou très doubles, elles sont généralement moins nombreuses que dans les formes à petites fleurs de la même espèce.

Basilic à feuille de Laitue (Réd. au cinquième).

BASILIC FRISÉ.

Synonyme : B. à feuille d'Ortie.

Noms étr. : angl. Curled basil.— all. Krausblättriger Basilikum.— ital. Basilico arriciuto.
esp. Albaca de hojas de ortiga.

Variété à feuilles vertes, laciniées et crépues, qui lui donnent une apparence tout à fait distincte.

BASILIC FIN
Ocimum Basilicum var. **minimum** L.
Fam. des *Labiées*.

Noms étr. : angl. Bush basil. — all. Feinblättriger Basilikum. — suéd. Dvärgbasilik. esp. Albaca menuda, A. fina. — russe Malarossly bazilike.

Plante plus naine, plus compacte et plus ramifiée que le Basilic grand ; feuilles beaucoup plus petites ; tiges d'environ 0m20 de haut ; fleurs blanches verticillées. Graine semblable à celle du B. grand. — Mêmes culture et usage.

BASILIC FIN VERT.
Synonymes : Petit basilic, B. des moines.

Noms étrangers : angl. Green bush basil. — all. Feinblättriger grüner Basilikum. ital. Basilico minore, B. dei monaci. — esp. Albaca menuda verde.

Plante entièrement verte, à feuilles ovales, petites. Convient particulièrement pour la culture en pots et s'emploie très communément pour cet usage.

Le Basilic fin vert se voit très souvent sur les fenêtres des plus pauvres habitations, principalement dans les pays chauds. On l'apprécie surtout à cause de sa verdure fraîche et vive et de son parfum remarquablement fin et pénétrant. Il forme de jolies touffes compactes, qui se couvrent en été d'une multitude de petites grappes de fleurs d'un blanc rosé, se détachant agréablement sur le feuillage qui est d'un vert intense.

Basilic fin vert (Réd. au huitième).

BASILIC FIN VERT NAIN COMPACT.
Noms étr. : angl. Green compact bush basil. — all. Feinblättriger grüner Zwerg-B.

Diffère du précédent par le plus grand nombre de ses tiges, qui sont extrêmement ramifiées et garnies d'un feuillage très fin, luisant, et agréablement parfumé.

Ce Basilic forme des potées touffues, très compactes et arrondies, d'un très joli effet ; il se développe rapidement et possède au point de vue du goût et de l'odeur toutes les qualités des autres variétés de Basilic fin.

Ses fleurs forment, au sommet des tiges, des petites grappes très courtes, mais extrêmement nombreuses.

Cette variété, originaire de Marseille, est tout particulièrement appropriée à la culture en pots ; c'est celle qu'emploient de préférence un grand nombre de jardiniers du Midi.

Basilic fin vert nain compact.
Réd. au cinquième ; rameau grandeur naturelle.

BASILIC FIN VIOLET.

Noms étrangers : ANGL. Purple bush basil. — ALL. Feinblättriger violetter Basilikum. ITAL. Basilico minore nero. — ESP. Albaca menuda violada.

De même taille que le Basilic fin vert, cette plante est d'une teinte violet foncé dans toutes ses parties ; fleurs blanc lilacé. Elle forme une petite touffe compacte et très garnie de rameaux et de feuilles.

BASILIC FIN VIOLET NAIN COMPACT.

Cette petite variété est à la précédente ce que le B. fin vert nain compact est au B. fin vert. Trapue, très compacte, à feuillage extrêmement fin et d'un violet très foncé, elle forme de jolies potées très touffues qui contrastent agréablement avec la variété verte.

BASILIC EN ARBRE
Ocimum gratissimum L.
Fam. des *Labiées*.

Noms étrangers : ANGL. Tree basil, East-Indian basil. — ALL. Strauch-Basilikum, Grosser Baum-B. — SUÉD. Ostindisk Basilik. — RUSSE Koustarny bazilike.

Ce qu'on trouve ordinairement dans les cultures sous le nom de Basilic en arbre ne paraît pas être le véritable *O. gratissimum* L., mais plutôt l'*O. suave* Willd. C'est une plante annuelle, à tige dressée, ramifiée dès la base, formant une pyramide de 0m50 à 0m60 de haut sur 0m30 à 0m40 dans la partie la plus large ; feuilles oblongues, pointues, dentées ; fleurs lilas, en épis interrompus, occupant les sommités des tiges.

Le parfum en est très agréable, mais c'est une plante tardive, qui convient principalement aux climats chauds. La graine en est très fine ; un gramme en contient environ 1500, et le litre pèse 580 grammes.

Même culture et même usage que les espèces précédentes de Basilic.

BAUME-COQ (*Chrysanthemum Balsamita* L.). Composée. — Cette plante, indigène et vivace, se multiplie facilement par la division des touffes à l'automne ou au printemps. Ses feuilles ovales, plus ou moins dentelées, sont assez fréquemment employées comme condiment. En Angleterre, on s'en servait autrefois pour parfumer la bière appelée « *ale* ». Préfère les terrains frais.

BELLE-DAME. — Voy. ARROCHE.

BENINCASA
Benincasa cerifera SAVI. — Cucurbita cerifera FISCH.
Fam. des *Cucurbitacées*.
Synonyme : Courge à la cire.

Noms étrangers : ANGL. Wax gourd, White gourd. — ALL. Wachs-Kürbiss. SUÉD. Vax kürbits. — RUSSE Voskavaïa tykva. — POL. Woskowe ogórki.

Inde et Chine. — *Annuel.* — Plante sarmenteuse, étalée sur terre comme les Courges et les Concombres ; tiges minces à cinq angles saillants, atteignant 1m50 à 2 mètres de longueur ; feuilles grandes, légèrement velues, arrondies-cordiformes et quelquefois à trois ou cinq lobes peu marqués ; fleurs axillaires jaunes, partagées en cinq divisions presque jusqu'à la base de la corolle.

ouvertes en forme de coupe évasée, de 0^m05 ou 0^m06 de diamètre ; calice réfléchi, assez ample, souvent pétaloïde. Fruit oblong, cylindrique, très velu jusque vers l'époque de la maturité, où il atteint une longueur de 0^m35 à 0^m40 sur 0^m10 à 0^m12 de diamètre. Il est alors revêtu d'une sorte de fleur ou pruine blanchâtre, analogue à celle qui couvre les prunes, mais plus blanche, beaucoup plus abondante, et constituant une véritable cire végétale. Graine plate, grisâtre, tronquée, au nombre de 21 par gramme ; le litre pèse 300 grammes ; la durée germinative de cette graine est de dix années.

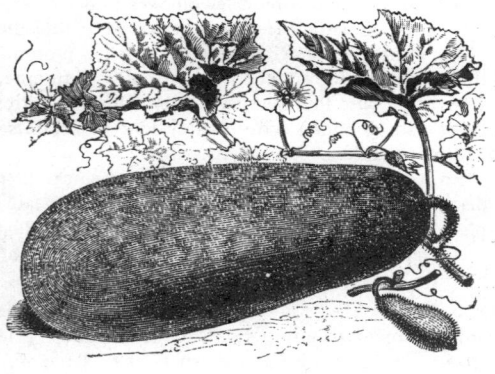

Benincasa cerifera (Réd. au sixième).

CULTURE. — La culture du Benincasa cerifera est la même que celle des Courges en général.

USAGE. — Les fruits s'emploient également à la manière des Courges ; la chair en est extrêmement légère, faiblement farineuse et intermédiaire entre la courge et le concombre. On peut les conserver assez avant dans l'hiver.

BETTE. — Voy. POIRÉE.

BETTERAVE

Beta vulgaris L.

Fam. des *Chénopodées*.

NOMS ÉTRANGERS : ANGL. Beet, Garden-beet. — ALL. Beete, Salat-Rübe, Runkelrübe. SUÉD. Rödbeta. — ITAL. Barbabietola d'insalata. — ESP. Remolacha hortelana. PORT. Betteraba. — RUSSE Sveklovitsa obyknovennaïa. POL. Buraki ćwikłowe. — JAP. Tö-jisa.

Europe méridionale. — Bisannuelle. — Plante formant, la première année, une racine plus ou moins longue, plus ou moins épaisse et charnue, et montant à graine la seconde année. Feuilles radicales ovales, longuement pétiolées, souvent cloquées et ondulées ; tige haute de 1^m50, cannelée, droite, anguleuse, ramifiée ; fleurs petites, verdâtres, par groupes de deux à six le long des rameaux. Les calices des fleurs continuent à s'accroître après la floraison ; ils enveloppent complètement la graine, prennent une consistance et une apparence subéreuses, et constituent par leur réunion ce qu'on appelle communément la graine de betterave, mais ce qui est en réalité un véritable fruit ou glomérule, à peu près de la grosseur d'un pois, contenant presque toujours plusieurs semences ; un gramme contient environ 50 de ces fruits, qui pèsent 250 grammes au litre. La graine elle-même est très petite, réniforme, brune, luisante ; l'enveloppe en est extrêmement mince ; elle conserve sa faculté germinative six ans et plus.

On ne sait pas exactement à quelle époque la Betterave est entrée dans les cultures. Les anciens la connaissaient, mais il n'est pas certain qu'ils l'aient cultivée. Olivier de Serres en fait mention comme introduite d'Italie peu avant l'époque où il écrivait.

CULTURE. — Les Betteraves se sèment en place en pleine terre, en Avril-Mai, c'est-à-dire aussitôt que les gelées ne sont plus à craindre. On sème de préférence en rayons distants de 0^m35 à 0^m40, ce qui rend les binages plus faciles ; on éclaircit en laissant 0^m20 à 0^m30 entre les plants, suivant leur force et selon la qualité du sol.

Les Betteraves préfèrent une terre riche, profonde, bien fumée et profondément ameublie. Il est bon que le fumier soit enterré dès l'automne, l'engrais frais et pailleux ayant l'inconvénient de faire fourcher les racines. Quelques arrosages pendant les sécheresses complètent les soins à donner à cette plante, dont la récolte se continue du mois de Juillet à la fin de l'automne, selon l'époque du semis.

En Angleterre et en Amérique, pour avancer la production, on sème aussi sous châssis, dès la mi-Mars, sur couche tiède. Ce semis se fait clair, en rayons ou à la volée ; on met en place dès que les racines ont atteint la grosseur du petit doigt.

Au Japon, on sème la Betterave deux fois par an, à l'automne et au printemps, d'où le nom de *Fudansô* qui signifie « *herbe perpétuelle* ».

INSECTES NUISIBLES. — Plusieurs insectes s'attaquent à la Betterave, mais leurs dégâts sont ordinairement peu importants dans le potager ; le plus redoutable d'entre eux, le *Sylphe opaque*, se combat à l'aide d'aspersions à l'arséniure de cuivre.

USAGE. — Les Betteraves potagères se cultivent pour leurs racines que l'on consomme soit simplement cuites, soit confites au vinaigre ; coupées en rondelles, on les emploie souvent dans les salades où leur couleur vive est d'un très joli effet.

Les Japonais cultivent la Betterave pour ses feuilles, qu'ils consomment cuites, comme les Épinards. Les feuilles des variétés rouges (*Kwa-Yen-Sai* et *Sangojuna*) servent à orner les plats.

Sous l'influence de la culture, la Betterave sauvage a donné naissance à un grand nombre de races, que l'on peut diviser en trois catégories :

1° Les BETTERAVES POTAGÈRES, chez lesquelles la sélection a développé les éléments colorants et les principes sucrés de la racine ;

2° Les BETTERAVES FOURRAGÈRES, plus volumineuses et plus productives, cultivées en grand pour l'alimentation du bétail ;

3° Les BETTERAVES A SUCRE OU A ALCOOL, d'une culture et d'un emploi uniquement industriels.

Nous ne nous occuperons que de la première catégorie, les deux autres sortant du cadre de cet ouvrage (1).

I. — *Betteraves potagères à chair rouge.*

BETTERAVE ROUGE GROSSE.

SYNONYMES : B. rouge écarlate, B. rouge longue.
NOMS ÉTRANGERS : ANGL. Long smooth blood red (out of ground) beet.
ALL. Grosse lange dunkelrote Salat-Rübe.

La plus généralement cultivée en France, presque intermédiaire entre les races potagères et fourragères ; elle est très productive, très rustique, et en même temps d'une bonne qualité comme légume. C'est celle qu'à Paris on apporte le plus fréquemment cuite sur les marchés.

Racine presque cylindrique, de la grosseur du bras, longue de 0^m30 à 0^m35 environ, s'élevant à un peu plus du tiers hors de terre, quelquefois racineuse et fourchue dans la partie enterrée lorsqu'elle est cultivée dans un terrain

---

(1) Pour les Betteraves fourragères et les Betteraves à sucre et de distillerie, voyez notre Ouvrage : LES PLANTES DE GRANDE CULTURE.

insuffisamment ameubli ; la peau est d'un rouge foncé uni, tandis que la partie hors de terre est plus ou moins rougeâtre et rugueuse ; chair rouge foncé; feuillage ample et vigoureux, vert, marbré et veiné de rouge; pétioles très rouges.

Le fort volume des racines de la Betterave rouge grosse et son grand rendement doivent la faire préférer aux autres variétés potagères pour la grande culture. — Depuis quelque temps on recherche pour divers usages industriels les betteraves à chair et à jus très rouges ; celle-ci est éminemment convenable pour ce genre d'emploi.

La B. de Gardanne, très estimée dans le midi de la France, se rapproche beaucoup de la B. rouge grosse ; elle est seulement un peu plus épaisse du collet et plus enterrée. C'est cette race qui a été surtout préconisée, il y a une vingtaine d'années, pour la fabrication du *vin de betterave*.

BETTERAVE ROUGE LONGUE LISSE.

Noms étrangers : angl. (am.) Long smooth blood red (in ground) beet, Long smooth Rochester B. — all. Grosse lange glatte dunkelrote Salat-Rübe.

Racine très longue, presque cylindrique, atteignant facilement 0^m35, avec un diamètre ne dépassant guère 0^m05, presque entièrement enterrée; peau bien lisse, unie, rouge foncé; chair rouge-noir.

Belle variété, de bonne qualité et se conservant bien ; elle demande, pour se développer parfaitement, un sol profond, substantiel, bien défoncé et bien amendé.

On la cultive beaucoup en Amérique, où elle est particulièrement appréciée.

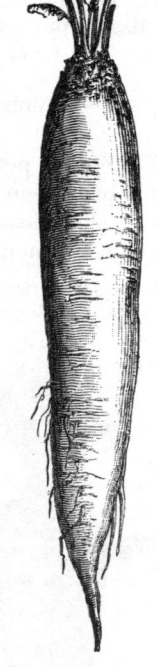

B. rouge grosse.
Réd. au cinquième.

BETTERAVE ROUGE CRAPAUDINE.

Synonymes : Betterave écorce, B. écorce de chêne, B. noire écorce de sapin, B. précoce noire.

Noms étrangers : angl. Crapaudine *or* Rough skin beet. — all. Dunkelrote Crapaudine rauhhäutige Salat-Rübe.

Une des plus anciennes variétés connues; très facile à distinguer de toutes les autres par l'apparence particulière de sa peau, qui est noire, crevassée, et qui rappelle l'aspect de l'écorce d'un jeune arbre, ou mieux encore d'un Radis noir d'hiver. Racine assez longue, presque complètement enterrée, de forme souvent un peu irrégulière; chair très rouge, sucrée, ferme; feuilles nombreuses, un peu tourmentées, plutôt étalées que dressées, à pétiole rouge et limbe presque entièrement vert (*Voy.* la fig. page 40).

La B. crapaudine donne un exemple frappant de l'absence de liaison nécessaire entre la couleur de la chair d'une betterave et celle de son feuillage. Aucune autre race n'a la chair plus colorée et pourtant beaucoup ont le feuillage plus fortement teinté de rouge. L'abondance du produit que donne cette variété et l'excellente qualité de sa racine paraissent donner raison à ceux qui prétendent que l'on fait fausse route en recherchant des betteraves à feuillage très coloré, soutenant qu'il vaudrait mieux concentrer la matière colorante dans la racine, où elle est réellement utile, et laisser au feuillage la teinte verte qui est la plus favorable à l'accomplissement de ses fonctions de respiration.

La Betterave dite *Petite négresse de Rennes* et la *B. rouge des Diorières* ne paraissent pas différer de la B. crapaudine commune.

BETTERAVE ROUGE DE CASTELNAUDARY.

Noms étrangers : angl. Castelnaudary deep blood red beet.
all. Schwarzrote Castelnaudary Salat-Rübe.

Variété de petite taille, très enterrée, assez mince, droite, parfois un peu racineuse; peau rouge-noir; chair d'un rouge très foncé, serrée, compacte, très sucrée; feuilles rouge foncé, à longs pétioles. — Cette variété n'est pas d'un grand rendement, mais elle est d'excellente qualité.

Les deux variétés anglaises : *Very dark red beet* et *Goldie's superb black*, peuvent être assimilées à la B. de Castelnaudary ; la dernière a seulement la racine un peu plus renflée.

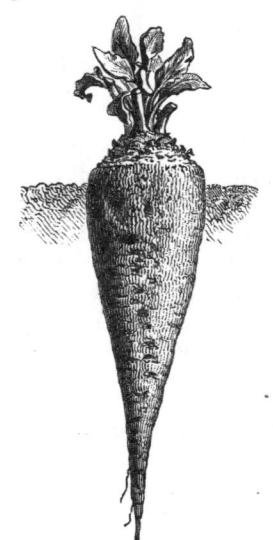

| B. rouge crapaudine. | B. rouge foncé de Whyte. | B. rouge de Castelnaudary. |
| Réd. au cinquième. | Réd. au cinquième. | Réd. au cinquième. |

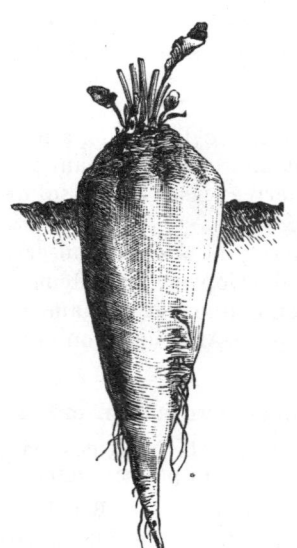

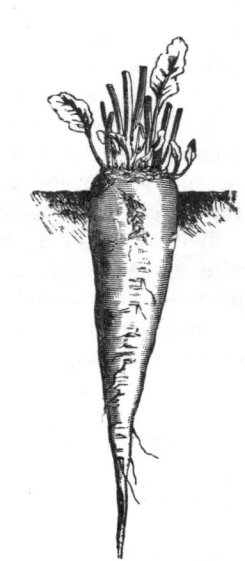

BETTERAVE ROUGE FONCÉ DE WHYTE.

Noms étrangers : angl. Whyte's very deep blood red beet, Barratt's crimson B., Oldacre's blood red B., Perkin's black B.

Belle race de grosseur moyenne. Racine longue, un peu large du collet, quelquefois plutôt un peu anguleuse que régulièrement arrondie; peau lisse, d'une teinte ardoisée très foncée; chair rouge-noir, ferme et de bonne qualité; feuillage assez vigoureux, pétioles rouges, limbe un peu cloqué et ondulé, d'un rouge brun plus ou moins lavé et mêlé de vert.

C'est une des plus recommandables; elle a la chair extrêmement colorée, et la teinte grisâtre ou plombée de sa peau permet de la reconnaître aisément entre toutes les autres. Elle est passablement productive et de bonne garde.

BETTERAVE ROUGE NAINE.

Noms étrangers : ANGL. Nutting's dwarf improved deep blood red beet.
ALL. Schwarzrote Zwerg- Salat-Rübe.

Très jolie race, petite, fine, mince, effilée, enterrée. Racine de forme bien régulière; feuilles rouge foncé, demi-dressées, à limbe uni, très peu ondulé et beaucoup plus long que large. Chair très rouge et de qualité remarquable.

BETTERAVE ROUGE NAINE DE DELL.

Noms étrangers : ANGL. Dell's crimson beet, Osborn B., Dell's black leaf B.

D'origine anglaise, assez voisine de la B. rouge naine; racine petite, régulière, fine du collet, mince et très effilée; feuillage rouge foncé, plus ample que dans la B. rouge naine, largement cloqué, à reflets glacés, et retombant vers la terre; pétioles assez gros et très rouges; chair très colorée et très sucrée.

Cette variété et la précédente donnent de petites racines, mais par contre elles peuvent être cultivées très serré; elles sont de précocité moyenne.

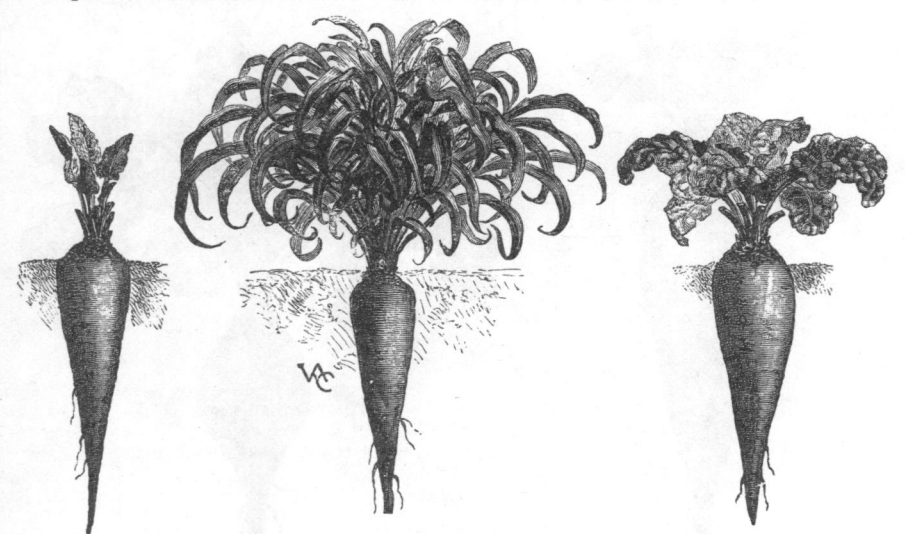

| B. rouge naine. | B. rouge à feuillage ornemental. | B. rouge naine de Dell. |
| Réd. au cinquième. | Réd. au cinquième. | Réd. au cinquième. |

Plusieurs autres variétés anglaises se rapprochent beaucoup de la Betterave rouge naine et de la B. rouge de Dell, sans qu'on puisse les dire absolument identiques à l'une ou à l'autre. De ce nombre sont les suivantes :

Bailey's fine red, Sang's dwarf crimson, Saint-Osyth, Dickson's exhibition, Dobbie's purple; Omega dwarf topped et *Non-pareil dwarf green top.*

BETTERAVE ROUGE A FEUILLAGE ORNEMENTAL.

Synonyme : B. à feuille de Dracæna.

Noms étr. : ANGL. Dracæna leaf beet. — ALL. Dracæna-blättrige *oder* Zier- Salat-Rübe.

Cette jolie et curieuse variété a la racine mince, effilée, assez longue et presque semblable, en plus petit, à celle de la B. rouge naine, mais elle en diffère tout à fait par ses feuilles beaucoup plus étroites, plus longues, plus nombreuses et généralement arquées en forme de faucille; leur réunion forme un bouquet arrondi, très élégant, et qu'on prendrait volontiers, à première vue, pour le feuillage d'une plante de serre, *Dracæna* ou *Croton*.

C'est bien plutôt comme plante d'ornement que cette variété est à recommander, quoiqu'elle ne soit pas sans mérite comme légume.

BETTERAVE ROUGE DE COVENT-GARDEN.

Noms étrangers : angl. Covent-Garden red beet. — all. Schwarzrote Covent-Garden Salat-Rübe.

Très jolie betterave potagère, plutôt longuement ovoïde que fusiforme, mais en même temps complètement enterrée et parfaitement nette. La chair en est fortement colorée en rouge sang ; le feuillage, relativement léger, est largement teinté de violet et devient complètement brun-noir à l'arrière-saison.

Les variétés : *Dewar's dwarf red, Drummond's Non such, Ferry's half long* et *Half long blood,* peuvent être rapportées comme synonymes à la B. de Covent-Garden, dont elles différeraient, tout au plus, par un peu moins de longueur dans la racine, mais la nuance est si légère qu'on peut la regarder comme négligeable.

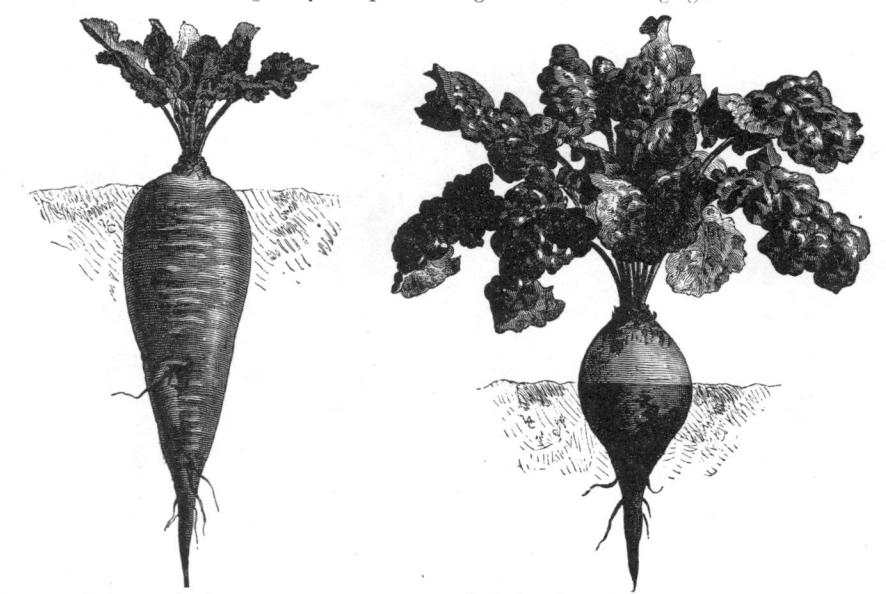

B. rouge de Covent-Garden (Réd. au cinquième).   B. Reine des noires (Réd. au cinquième).

BETTERAVE REINE DES NOIRES.

Synonyme : B. rouge foncé à salade de Montreux.

Noms étrangers : angl. Black Queen beet. — all. Königin der Schwarzen Salat-Rübe.

Par certains caractères, cette race se rapproche de la B. piriforme de Strasbourg, mais elle a le feuillage moins développé, plus ramassé et bien mieux en proportion avec les dimensions de la racine ; celle-ci est conique au sommet et à la base, mais plus allongée dans la partie inférieure. La chair en est d'un rouge tellement foncé qu'elle est presque noire. Les feuilles, de leur côté, présentent un coloris non moins intense ; elles sont relativement larges, un peu cloquées, très courtes et presque obtuses ; à aucune période de leur végétation, elles ne sont franchement vertes, ce qui est extrêmement rare, même dans les races qui ont le feuillage le plus fortement coloré à l'automne.

La Betterave Reine des noires peut très bien, comme la B. rouge de Dell ou la B. rouge à feuillage ornemental, être utilisée pour faire des bordures ou des corbeilles de coloris foncé.

BETTERAVE PIRIFORME DE STRASBOURG.

Synonymes : B. rouge de Strasbourg, B. piriforme de Cologne.

Noms étrangers : Angl. Pear-shaped Strasburg beet, Bastian's half-long dark B., Non plus ultra B. — All. Schwarzrote Strassburger birnförmige Salat-Rübe.

Racine demi-longue, à peu près complètement enterrée ; peau et chair d'un rouge extrêmement foncé ; feuillage et pétioles très colorés aussi et presque noirs. — C'est la plus fortement colorée des betteraves potagères. On doit reconnaître, par contre, qu'elle n'est pas très productive et que le développement de ses feuilles et de ses pétioles est un peu disproportionné avec le volume des racines. A l'opposé de la B. rouge naine, elle ne tient pas, à l'arrachage, ce que promet l'apparence de son feuillage.

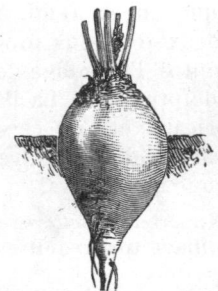

B. piriforme de Strasbourg.
Réd. au cinquième.

B. rouge à salade de Trévise.
Réd. au cinquième.

B. rouge hâtive de Dewing.
Réd. au cinquième.

BETTERAVE ROUGE A SALADE DE TRÉVISE.

Synonyme : B. rouge printanière de Turin.

Noms étr.: Angl. Trevise or Columbia beet. — All. Dunkelrote plattrunde Trevise Salat-R.

Jolie petite race potagère, qui peut être considérée comme intermédiaire entre les variétés demi-longues et les variétés rondes ou aplaties.

En effet, quoiqu'elle ait la racine plus large qu'épaisse, la B. de Trévise indique bien, par la forme en toupie de son extrémité inférieure, sa parenté avec les betteraves à racines allongées. Elle est surtout remarquable par la légèreté de son feuillage et la finesse de ses pétioles ; aucune autre race de betterave ne produit aussi peu de feuillage : c'est là un mérite très appréciable.

La *Betterave Excelsior* est une variété anglaise ayant beaucoup d'analogie avec la B. rouge de Trévise, dont elle ne paraît différer que par une plus grande épaisseur de la racine et moins de précocité.

BETTERAVE ROUGE HATIVE DE DEWING.

Noms étr.: Angl. Dewing's blood turnip beet. — All. Dewing's runde frühe Salat-Rübe.

Cette jolie race, d'origine américaine, forme assez exactement la transition entre la B. rouge ronde et la B. Éclipse, dont il sera question ci-après. Elle a la racine épaisse, bien lisse, hémisphérique au-dessus du sol, mais légèrement conique et en forme de toupie dans la partie enterrée ; la chair en est bien colorée sans être particulièrement foncée. Le feuillage est moyen, plutôt léger, vert veiné et marbré de rouge pendant l'été et se colorant d'une façon plus uniforme en rouge-brun à l'approche des froids ; il présente beaucoup d'analogie avec celui de la B. plate d'Égypte.

La *Betterave Arlington favorite*, bonne race américaine bien colorée et à petit feuillage, ne paraît différer que très peu de la B. hâtive de Dewing.

BETTERAVE ÉCLIPSE.

Noms étrangers : angl. Eclipse dark red turnip beet. — all. Eclipse kugelrunde Salat-Rübe.

Très jolie race potagère qu'on peut décrire en peu de mots, en disant que c'est une Betterave d'Égypte sphérique ; comme la B. d'Égypte, en effet, elle est très précoce, très nette et a le feuillage très léger ; elle est caractérisée, d'autre part, à la différence de la B. plate d'Égypte, par sa racine tout à fait sphérique qui la rend, à diamètre égal, presque deux fois plus productive et lui donne en outre l'avantage de pouvoir grossir sans se déformer. — La B. Éclipse est d'origine américaine et c'est certainement la meilleure variété de betterave potagère qui nous soit venue de ce pays.

A cette variété on peut rapporter la *Betterave Model*, race anglaise à feuillage très réduit et chair très colorée.

Betterave Éclipse.
Réd. au cinquième.

La *B. crimson globe*, variété anglaise d'introduction récente, paraît aussi se rapprocher par ses caractères de la B. Éclipse. Racine nette, bien lisse, légèrement plus longue que large, parfaitement pincée aux extrémités et bien colorée. Chair violet foncé, légèrement zonée, tendre et sucrée. Feuillage léger, rouge-brun.

BETTERAVE ROUGE RONDE PRÉCOCE.

Synonymes : B. rouge-noir plate, B. rouge ronde à feuilles noires.

Noms étrangers : angl. Early blood red turnip beet. — all. Runde frühe rote Turnip Salat-Rübe.

Variété hâtive, à racine arrondie et demi-aplatie, à peine à moitié enterrée ; peau rouge violacé foncé, un peu rugueuse ; chair assez serrée et d'un beau rouge ; feuillage passablement ample, à fond vert, très largement marbré et veiné de rouge-brun, pétioles rouges ou roses.

Parmi les variétés américaines qui se rapprochent de la Betterave rouge ronde précoce, quoique distinctes pourtant, nous citerons les suivantes comme étant les plus intéressantes et les plus répandues :

B. Detroit dark red turnip. — Une des variétés les plus cultivées aux États-Unis. Elle paraît être une sélection de la B. rouge ronde précoce. Racine ronde ou légèrement ovoïde, bien lisse, d'une belle couleur rouge sang foncé ; chair rouge vif, tendre et de bonne qualité ; le feuillage est érigé, léger, à fond vert veiné de rouge foncé.

B. Electric. — Se rapproche de la B. Detroit dark red turnip, mentionnée plus haut. Comme elle, hâtive, presque sphérique, lisse. Racine rouge très foncé ; chair rouge vif marquée de zones plus pâles.

B. Bastian's early blood turnip. — Racine en forme de toupie, rouge vif ; chair violacée, zonée de blanc, tendre, très sucrée et de bonne qualité ; feuillage léger, vert à pétioles teintés de violet.

B. Edmand's early blood turnip. — Racine arrondie ou en forme de toupie, lisse, de couleur rouge foncé ; chair rouge violacé marquée de zones plus pâles, tendre et sucrée ; feuillage court, étalé ; limbe vert, à bord ondulé ; pétioles et nervures rouge foncé.

B. dark Stinson. — Race voisine de la B. Edmand's blood turnip ; s'en distinguant par une racine peut-être un peu plus épaisse et un feuillage plus fin.

Betterave
rouge ronde précoce.
Réd. au cinquième.

Betterave
rouge plate de Bassano.
Réd. au cinquième.

Betterave
rouge-noir plate d'Égypte.
Réd. au cinquième.

BETTERAVE ROUGE-NOIR PLATE D'ÉGYPTE.

SYNONYME : Carotte à salade (Loire).
NOMS ÉTRANGERS : ANGL. Extra early Egyptian beet, Dark red flat Egyptian B. — ALL. Ægyptische *oder* Athener schwarzrote plattrunde Salat-Rübe.

Race extrêmement précoce et certainement la meilleure des variétés potagères hâtives. Racine arrondie, aplatie, surtout en dessous, ne faisant presque que poser sur la terre, où elle ne s'enfonce que par un pivot assez fin ; très régulière tant qu'elle ne dépasse pas la grosseur du poing, devenant fréquemment irrégulière ou sinueuse en grossissant. Peau très lisse, rouge violacé ou ardoisé ; chair rouge sang foncé ; feuillage léger, rouge-brun plus ou moins mélangé de vert, porté sur des pétioles longs et minces d'un rouge vif.

Semée en pleine terre dans de bonnes conditions, la B. d'Égypte peut être consommée dès le mois de Juin, quand elle a la grosseur d'une petite orange ; c'est aussi le moment où la qualité en est la meilleure. Semée sur couche, elle peut se récolter plus tôt encore. Elle peut se cultiver très serré.

BETTERAVE ROUGE PLATE DE BASSANO.

NOMS ÉTR. : ANGL. Bassano flat early beet. — ALL. Plattrunde Bassano Salat-Rübe.

Variété vigoureuse, large, aplatie ; feuillage abondant, mais assez fin, vert, à pétioles lavés de rouge ; peau rouge grisâtre, surtout dans la portion non enterrée ; chair zonée de blanc et de rose, ferme, sucrée, fine.

Très estimée dans certains pays ; productive et de précocité moyenne.

Nous devons mentionner encore, comme étant bien distinctes, les variétés dont les noms suivent :

Cheltenham green top B. (B. de Cheltenham, B. rouge sang à feuille verte). — Variété d'origine anglaise, à racine assez longue, nette, régulièrement effilée et très enterrée. Plus encore que la B. crapaudine, celle-ci offre une opposition très marquée entre la couleur du feuillage, qui est vert pâle, et celle de la racine, dont la chair est d'un rouge très intense.

Crosby's Egyptian B. — Variété très estimée aux États-Unis, ne ressemblant à la B. rouge-noir plate d'Égypte que par sa grande précocité. Elle est plus épaisse et plus volumineuse que cette dernière, mais moins colorée. Couleur vermillon distincte, feuillage léger. Une des variétés les plus hâtives.

Lentz B. — Race américaine très précoce. Racine en toupie, à chair rouge marquée de zones plus pâles ; feuillage court, vert teinté de brun.

Short's pine-apple B. (SYN. *Pine-apple dwarf red, Henderson's pine-apple*). — Racine assez courte, pivotante, de 5 à 6 centimètres de diamètre ; chair très foncée ; feuilles rouges, étalées, raides, à pétioles orangés.

Victoria B. — D'origine allemande, à racine demi-longue, d'un rouge foncé ; moins remarquable par son mérite comme légume que par l'aspect particulier et pour ainsi dire métallique de son feuillage, qui la rend assez ornementale.

II. — *Betteraves potagères à chair jaune.*

BETTERAVE JAUNE GROSSE.

SYNONYMES : B. jaune longue, Carotte jaune (Loire).

NOMS ÉTRANGERS : ANGL. Long yellow beet, Orange B. ALL. Grosse lange gelbe Salat-Rübe.

Variété aussi souvent usitée dans la grande culture que dans les jardins potagers, où l'on donne presque généralement la préférence aux betteraves à racines rouges. Elle est très estimée dans quelques régions, et c'est celle que cultivaient autrefois les nourrisseurs de Paris et des environs, qui la considéraient comme particulièrement nutritive et comme augmentant chez les vaches la production du lait, tout en lui donnant une couleur agréable. Aujourd'hui, ils l'ont presque tous remplacée par les variétés fourragères : Jaune des Barres, Jaune de Vauriac et Géante blanche demi-sucrière.

La racine est longue, presque cylindrique, sortant à peu près à moitié hors de terre ; feuilles dressées et vigoureuses, vertes, à pétioles jaunes ; peau d'un jaune orangé ; chair sucrée, jaune d'or, marquée de zones plus pâles, quelquefois presque blanches.

Bien productive, c'est en même temps une des meilleures betteraves à chair jaune.

Betterave jaune grosse.
Réd. au cinquième.

La *Betterave jaune de Castelnaudary*, petite variété à racine longue et enterrée, dégénère rapidement et facilement ; aussi a-t-elle à peu près complètement disparu des cultures malgré l'excellente qualité de sa chair, qui est d'un jaune foncé et extrêmement sucrée.

BETTERAVE JAUNE RONDE SUCRÉE.

Noms étrangers : angl. Round yellow beet, Early yellow turnip B. — all. Gelbe runde süsse Salat-Rübe.

Racine arrondie, un peu en forme de toupie, à fort pivot ; peau d'un jaune orangé ; chair jaune vif zonée de jaune pâle ou de blanc ; feuilles assez courtes et amples, cloquées, ondulées, à pétioles et nervures jaunes.

Les variétés de betteraves potagères à chair jaune sont peu nombreuses et celle-ci est certainement une des meilleures de la série ; sa racine est très sucrée et de qualité très fine, elle prend, quand elle est bien cuite, une jolie teinte orangée.

Bet. jaune ronde sucrée.
Réd. au cinquième.

Nous n'avons parlé ici que des Betteraves franchement potagères, laissant de côté les races spécialement cultivées comme racines fourragères ou pour l'industrie du sucre et de l'alcool. Ces dernières avaient été mentionnées dans la précédente édition par une extension qui serait moins justifiée, à présent que nous avons traité de ces races dans un ouvrage consacré aux *Plantes de grande culture,* où elles se trouvent mieux à leur place (1).

BON-HENRI. — Voy. **Arroche.**

BONNET D'ÉLECTEUR. — Voy. **Courge Patisson.**

BONNET TURC. — Voy. **Courge Giraumon.**

BOURRACHE OFFICINALE. (*Borago officinalis* L.). (angl. Borage, Cooltankard ; all. Borretsch, Gurkenkraut ; flam. Bernagie ; ital. Boragine, Borrana ; esp. Borraja ; russe Ogouretchnaïa trava). Fam. des *Borraginées.*

Plante annuelle à tige de $0^m 30$ à $0^m 50$, fistuleuse, hérissée de poils piquants ; feuilles alternes, ovales, rudes et piquantes ; fleurs en cyme scorpioïde, larges de $0^m 02$ à $0^m 03$, de belle couleur bleue dans la variété la plus commune, quelquefois rouge violacé ou blanches.

La Bourrache ne demande aucun soin de culture ; semée en place dans un coin du jardin, au printemps ou en automne, elle y fleurira au bout de quelques mois.

Les fleurs servent quelquefois pour l'ornement des salades, mais, à vrai dire, la Bourrache est bien plutôt une plante officinale qu'une plante potagère.

Bourrache officinale (Réd. au huitième).

BOURSETTE. — Voy. **Mache.**

BRICOLI. — Voy. **Chou frisé d'hiver.**

BROCOLI. — Voy. **Chou-Brocoli.**

---

(1) Les Plantes de grande culture, par Vilmorin-Andrieux et Cie, brochure illustrée, de 212 pages.

BUNIAS D'ORIENT (*Bunias orientalis* L.). (ANGL. Hill mustard, Turkish rocket; ALL. Orientalischer Meersenf ; SUÈD. Laangrofva ; RUSSE Sverbitchka).

Plante crucifère vivace et rustique, à feuilles nombreuses, allongées, entières, ressemblant un peu, par la forme, à celles du Raifort sauvage ; tige haute de 1 mètre environ, très ramifiée, portant des fleurs jaunes qui rappellent celles des Moutardes et font place à des silicules dures, très courtes.

Le Bunias d'Orient est d'une culture aussi facile que la Chicorée sauvage : on peut le semer en rayons, à l'automne ou au printemps, et la plantation reste vigoureuse et productive pendant plusieurs années.

On l'a recommandé comme légume vert à employer soit cuit, soit en salade ; il pousse, en effet, de très bonne heure au printemps, quand toute autre verdure est extrêmement rare, et, d'autre part, il résiste très bien au froid et à la sécheresse. Ce sont les feuilles encore tendres et les jeunes pousses que l'on mange.

CANTALOUP. — Voy. MELON CANTALOUP.

CAPRIER
Capparis spinosa L.
Fam. des *Capparidées*.

SYNONYME : Taperier des Provençaux.

NOMS ÉTRANGERS : ANGL. Caper-tree, Common Caper-bush. — ALL. Kapernstrauch. — SUÉD. Kapris-buske. — FLAM. HOLL. Kapper-boom. — ITAL. Cappero. — ESP. Alcaparra. — PORT. Alcaparreira. — RUSSE Kapersóvy kouste. — POL. Krzak kaprowy.

France méridionale. — *Vivace.* — Arbuste de 1 mètre à 1m 50, à rameaux étalés, nombreux, armés d'épines géminées, recourbées ; feuilles alternes, arrondies, épaisses et luisantes ; fleurs de 0m 04 à 0m 05 de diamètre, blanches, à nombreuses étamines violacées d'un très bel effet. Graine assez grosse, réniforme, d'un brun grisâtre, au nombre de 160 par gramme et pesant 460 grammes au litre.

Il en existe une variété *sans épines,* dont la cueillette est plus facile et moins dangereuse que celle de la race ordinaire. On doit donc recommander l'emploi de cette variété, qui se reproduit très bien de semis.

CULTURE. — Le Câprier ne peut se cultiver utilement que dans le climat de l'olivier, où on le plante de préférence dans les endroits pierreux et secs, dans les remblais, talus et autres situations arides difficiles à utiliser autrement.

Câprier.
Réd. au dixième ; rameau détaché, au tiers.

Il se multiplie par graines, par boutures, par marcottes ou par la greffe en fente.

Le semis s'effectue soit en pépinière, soit en pots ou en terrines ; on repique au bout d'un an, également en pépinière en pots ou en terrines, et on met définitivement en place au troisième printemps, après avoir supprimé les rameaux presque au ras du collet, dans un sol profondément défoncé, en donnant aux plants un écartement de 2 mètres en tous sens. Il est préférable de planter avec toute la motte, mais si la terre s'est détachée, il faut alors avoir soin d'étaler les racines et de les garnir de terre fine ; les plants taillés seront enterrés de telle sorte que le sommet arrive au niveau du sol et, pour faciliter la reprise et l'émission de nouveaux bourgeons, on formera au-dessus du tronc une petite butte de 2 ou 3 centimètres environ d'épaisseur.

Pendant tout l'été, les soins se borneront à deux ou trois binages. Un peu avant les premières gelées, on taillera tous les rameaux à 0^{m}15 ou 0^{m}20 de la souche et on buttera assez fortement pour protéger du froid.

Au printemps, les souches sont remises à jour ; on supprime tous les rameaux au ras du tronc, puis on recouvre de nouveau les souches d'une légère couche de terre. Ces opérations, qui seront complétées par des sarclages durant l'été, devront être renouvelées tous les ans, car le Câprier fructifie seulement sur les rameaux de l'année, de Juin à Septembre. La récolte des boutons se fait d'ordinaire tous les deux ou trois jours ; le rendement est très variable : suivant son âge et les soins dont il est l'objet, un pied peut fournir de o kil. 500 à 3 kil. de câpres. — La durée d'une câprière est ordinairement très longue ; il n'est pas rare d'en voir se maintenir en pleine production pendant trente ans et plus.

On doit fumer assez copieusement les Câpriers à partir de leur mise en place ; les engrais à décomposition lente, tels que fragments de corne, chiffons de laine, débris de cuir, sont ceux qu'il convient d'employer de préférence.

Usage. — On emploie, sous le nom de *câpres*, les boutons à fleur cueillis gros comme des pois et confits au vinaigre, à raison d'un litre de vinaigre par kilog. de boutons. Les câpres ont d'autant plus de valeur et sont d'autant plus recherchées qu'elles sont plus petites.

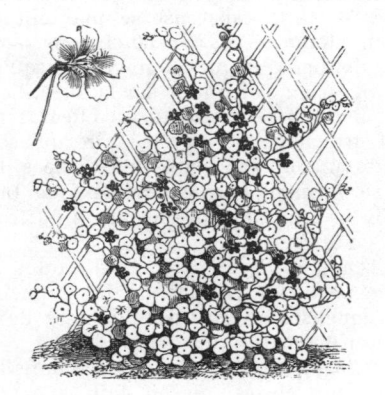

Capucine grande.
Réd. au trentième ; fleur détachée, au cinquième.

Capucine petite.
Réd. au dixième ; fleur détachée, au tiers.

CAPUCINE GRANDE, Cresson du Pérou, Cresson d'Inde (*Tropæolum majus* L.). (angl. Tall nasturtium, Tall indian cress ; all. Kapuziner Salat ; suèd. Hög indisk krasse ; ital. Nasturzio maggiore, Astuzzia maggiore ; esp. Capuchina grande ; port. Chagas ; russe Nastóurtsia vysokaïa. — Famille des *Tropéolées*.

Tiges grimpantes, pouvant s'élever jusqu'à 2 ou 3 mètres lorsqu'elles trouvent un appui ; feuilles alternes, longuement pétiolées, peltées, entières ou à cinq lobes obtus, presque glabres ; fleurs portées sur un long pédoncule, grandes, à cinq pétales de couleur orange, marquées de taches pourpres.

CAPUCINE PETITE (*Tropæolum minus* L.). — Plante plus petite dans toutes ses parties que la Capucine grande ; tige moins élancée et pouvant se passer d'appui ; feuilles presque rondes ; fleurs jaunes, à cinq pétales, les trois inférieurs surtout, et plus largement, marqués d'une tache pourpre.

On confond parfois à tort avec la Capucine petite les *variétés naines* de la Capucine grande.

La culture des capucines est des plus simples : semées en pleine terre en place, pendant tout le printemps et l'été, de préférence en terre légère et bien fumée, elles fleurissent et grènent abondamment au bout de deux ou trois mois et la floraison dure à peu près tout l'été. Sans craindre les fortes chaleurs, elles s'accommodent pourtant fort bien d'arrosements copieux pendant les jours les plus chauds.

Les fleurs sont employées comme ornement pour la salade ; les boutons à fleur et les fruits encore verts et tendres, confits au vinaigre, servent d'assaisonnement comme les câpres. Pour ce dernier usage, on préfère la Capucine petite, qui fleurit plus abondamment, et a sur la Capucine grande l'avantage appréciable de ne point exiger de soutien.

CAPUCINE TUBÉREUSE (*Tropæolum tuberosum*). (ANGL. Tuberous nasturtium ; ALL. Peruanische Knollen-Kresse ; SUÉD. Knölig indisk krasse ; FLAM. Knollkapucien ; ESP. Capuchina tuberculosa; (au Pérou) Mayna; (en Bolivie) Ysano ; RUSSE Nastóurtsia kloubnievidnaïa; POL. Rzeżucha pukłowa).

Plante vivace de l'Amérique méridionale, à racines tubéreuses, coniques, de la grosseur d'un œuf de poule, marquées de renflements en forme d'écailles, jaune fouetté de rouge, d'un aspect agréable ; tiges étalées, très ramifiées, faibles, longues d'environ 1 mètre; feuilles peltées, à pétioles rouges ; fleurs à long éperon et pétales assez peu développés, jaune nuancé d'orange. Graines mûrissant très rarement sous notre climat. La multiplication a lieu au moyen des tubercules.

Les tubercules de la C. tubéreuse se plantent en Avril ou Mai, en pleine terre, à 0ᵐ50 en tous sens ; il convient de donner quelques binages, jusqu'au moment où les tiges, en s'étendant sur la terre, l'ont couverte entièrement ; à ce moment, on effectue un léger buttage. L'arrachage ne doit se faire qu'assez avant dans l'automne, après les premières gelées, les tubercules ne se formant sur les racines que tard dans la saison et ne craignant pas les effets du froid tant qu'ils sont en terre.

Cuites dans l'eau, à la manière des Carottes ou des Pommes de terre, les racines de la Capucine tubéreuse sont aqueuses et ont un goût assez désagréable, quoique parfumé.

Capucine tubéreuse.
Réd. de moitié.

En Bolivie, où la plante est très cultivée dans les districts montagneux élevés, on en fait geler les tubercules après les avoir cuits. Dans cet état, ils sont regardés comme une friandise et très recherchés. Ailleurs on les expose au grand air dans des sacs de toile et on les mange à demi desséchés. Il ne faut donc pas s'étonner que le tubercule frais ne nous paraisse pas excellent, puisque même dans le pays d'origine on ne le mange que préparé.

La Capucine tubéreuse fait partie de ces plantes dont la liste est déjà longue et qui ont été proposées pour remplacer la Pomme de terre, depuis que celle-ci est atteinte de la maladie et devient dans certaines régions d'une culture difficile. Mais la Capucine tubéreuse, pas plus que l'*Oxalis crenata*, le *Canna comestible* (*Canna edulis*), l'*Olluco* (*Ullucus tuberosus*), la *Patate* (*Convolvulus Batatas*), le *Colocasia antiquorum* ou *Caladium esculentum*, l'*Igname* de la Chine (*Dioscorea divaricata*), le *Konyakù* du Japon (*Amorphophallus Rivieri*), n'ont pu remplacer la précieuse Solanée.

Plusieurs de ces légumes ont des qualités spéciales qui leur assurent une place dans les potagers d'amateurs, mais aucun ne peut être comparé à la Pomme de terre au double point de vue du rendement et de la qualité.

CARDE. — Voy. **POIRÉE**.

CARDON

Cynara Cardunculus L.

Fam. des *Composées*.

Synonymes : Cardonnette, Chardonnerette, Chardonnette.

Noms étrang. : angl. Cardoon. — all. Cardy, Carde, Kardon, Spanische Artischoke. flam. Kardoen, Cardonzen. — dan. et suéd. Kardon. — ital. Cardo, Cardone. esp. Cardo. — port. Cardo hortense. — russe Ispansky artichoke. — pol. Kardy.

Europe méridionale. — Vivace. — Malgré les noms botaniques différents qui leur ont été donnés, il semble que l'Artichaut et le Cardon doivent appartenir tous les deux à la même espèce, dans laquelle on aurait développé par la culture, ici les côtes des feuilles, là le réceptacle des fleurs. Le Cardon est plus grand que l'Artichaut, d'une végétation plus vigoureuse, mais les caractères botaniques et l'aspect général des deux plantes présentent la plus grande analogie.

Chez le Cardon, la tige, élevée de 1^m50 à 2 mètres, est cannelée, blanchâtre ; les feuilles sont très grandes, pinnatifides, d'un vert un peu grisâtre en dessus, presque blanches en dessous, armées dans plusieurs variétés, à l'angle de chaque division, d'épines à trois pointes très acérées, jaunes ou brunes, longues de 5 à 15 millimètres. Les côtes des feuilles, très charnues, constituent la portion comestible de la plante. Les fleurs, à écailles généralement pointues, piquantes, ressemblent, en plus petit, à celles de l'Artichaut. La graine est grosse, oblongue, un peu aplatie et anguleuse, grise, fouettée ou rayée de brun foncé ; un gramme en contient 25, et le poids du litre est de 630 grammes ; sa durée germinative est de sept années.

Culture. — A la différence des artichauts, qu'on multiplie le plus souvent par œilletons, les cardons s'obtiennent toujours de graines, qu'on sème d'ordinaire au mois de Mai, en place, dans des poquets remplis de terreau, et espacés de 1 mètre environ en tous sens. On peut semer plus tôt sur couche en godets, mais cette pratique offre peu d'avantages, le Cardon ayant amplement le temps de se développer pendant l'été et l'automne, et n'étant pas de ces légumes qu'on cherche à obtenir avant leur saison ordinaire. Il faut avoir soin de tenir la terre propre et de donner des arrosements abondants pendant l'été. Comme ce n'est pas avant le mois de Septembre que les cardons prennent assez de développement pour que les pieds se rejoignent, on pourra, afin d'utiliser le terrain, intercaler une autre culture dans les rangs. En Août, après avoir récolté les plantes intercalées, on bine, puis on commence à appliquer de copieux arrosages à l'engrais liquide au moins deux fois par semaine, jusqu'au moment de procéder à l'étiolage.

Avant de consommer les cardons, on blanchit les côtes en liant toutes les feuilles ensemble, et en entourant le tout de paille, qu'on fixe avec d'autres liens ; en butte le pied, et l'on attend trois semaines environ : au bout de ce temps, les côtes sont à point et doivent être cueillies ; laissées plus longtemps, elles courraient le risque de pourrir. Le Cardon craint les gelées ; il faudra donc, avant l'arrivée des grands froids, arracher et mettre dans la serre à légumes ce qui doit servir à la provision d'hiver.

Dans le Midi, on sème le Cardon en pépinière vers la fin de Mars ; on le repique en rangs espacés de $0^m 70$, et à $1^m 40$ sur chaque rang. Pour le blanchir, on se borne à ouvrir à son pied une jauge dans laquelle on le couche après l'avoir entouré d'une chemise de paille, et on le recouvre de terre en laissant libre l'extrémité des feuilles.

Usage. — On mange comme légume, principalement pendant l'hiver, les côtes blanchies des feuilles intérieures, ainsi que la racine principale, qui est grosse, charnue, tendre et d'une saveur agréable.

CARDON DE TOURS.

Noms étrangers : angl. Large solid Tours cardoon, Prickly solid cardoon.
all. Sehr vollrippige stachlige Cardy von Tours. — esp. Cardo espinoso.

Cette variété est une des moins grandes de taille ; les côtes en sont très épaisses et très pleines ; par contre, elle est la plus épineuse de toutes, ce qui ne l'empêche pas d'être une des plus cultivées et notamment celle que préfèrent les maraîchers de Tours et de Paris, en raison de son excellente qualité.

Cardon de Tours.
Réd. au quinzième.

Cardon blanc d'ivoire.
Réd. au quinzième.

CARDON BLANC D'IVOIRE.

Noms étrangers : angl. Ivory-white cardoon. — all. Elfenbeinweisse Cardy.

Un peu moins haut et beaucoup moins épineux que le C. de Tours ; à côtes nombreuses et très charnues, très fines et très tendres, le C. blanc d'ivoire est surtout remarquable par la teinte jaune très pâle de ses côtes, qui se blanchissent beaucoup plus facilement que celles de toutes les autres variétés.

CARDON PLEIN INERME.

Noms étrangers : angl. Smooth large solid cardoon. — all. Vollrippige ohne Stacheln Cardy. — ital. Cardo gigante a coste piene. — esp. Cardo inerme de pencas llenas.

A peu près complètement dépourvue d'épines, un peu plus grande que le Cardon de Tours, à feuilles et côtes plus longues, cette excellente variété peut atteindre 1^m20 à 1^m30 de hauteur.

Les côtes sont toujours plus larges et moins épaisses que celles du Cardon de Tours, mais elles deviennent plus facilement creuses si la plante souffre tant soit peu de la sécheresse ou du manque de nourriture. Le feuillage est un peu moins découpé et un peu moins blanchâtre que celui du C. de Tours.

CARDON D'ESPAGNE.

Synonymes : Cardon de Quairs, C. colossal.
Noms étrangers : angl. Smooth spanish cardoon. — all. Spanische Cardy.
ital. Cardo grosso precoce di Spagna. — esp. Cardo comun.

Grande et vigoureuse variété cultivée surtout dans la région méridionale ; à feuilles amples et à larges côtes qui, parfois, se montrent légèrement rougeâtres à la base. Elle n'est pas épineuse, mais les côtes n'en sont pas aussi pleines ni tout à fait aussi épaisses que celles des précédentes espèces.

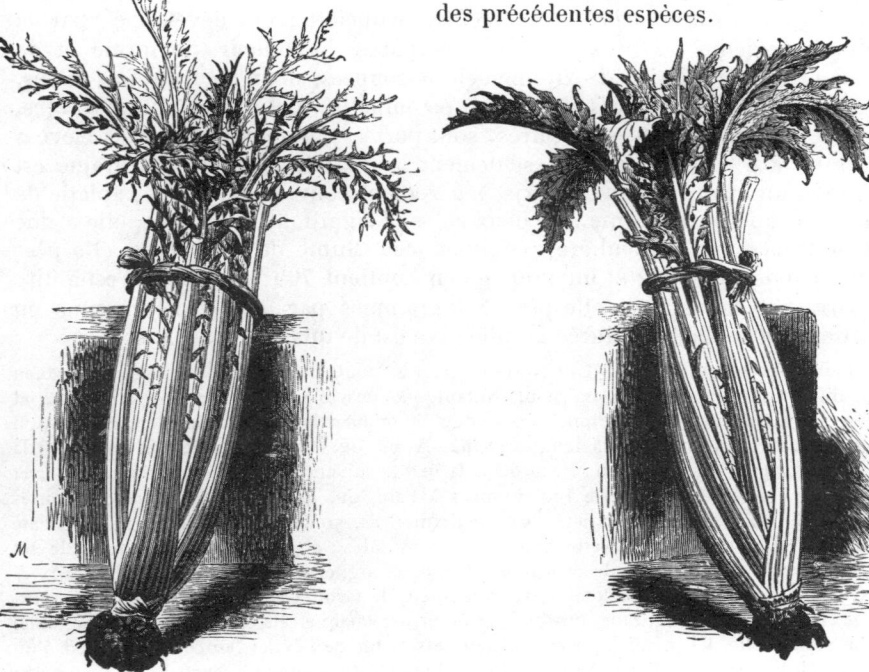

Cardon plein inerme.
Réd. au quinzième.

Cardon Puvis.
Réd. au quinzième.

CARDON PUVIS.

Synonymes : Cardon à feuilles d'Artichaut, C. à flèche.
Noms étr. : angl. Puvis very fine cardoon. — all. Artischokenblättrige *oder* Puvis Cardy.

Variété très distincte et complètement dépourvue d'épines; feuilles très larges, très amples, fort peu découpées, d'un vert assez foncé; plante vigoureuse, à larges côtes, généralement demi-pleines.

On la cultive principalement dans les environs de Lyon; elle atteint la même taille que le C. plein inerme, mais elle a plus d'ampleur dans toutes ses parties et notamment dans le feuillage.

Il existe des variétés de cardons dans lesquels la base des feuilles est plus ou moins teintée de rouge vineux, comme le sont souvent aussi les côtes des artichauts; tels sont : le *Cardon violet* et le *Cardon à côtes rouges,* variétés aujourd'hui presque abandonnées, car les côtes n'en sont généralement que demi-pleines et la couleur rougeâtre, qui du reste se rencontre aussi quelquefois dans le Cardon d'Espagne, n'ajoute rien à leur mérite.

CAROTTE

Daucus Carota L.

Famille des *Ombellifères*.

SYNONYMES : Girouille, Pastenade, Pastenailles, Pastonade, Racine jaune.

NOMS ÉTRANGERS : ANGL. Carrot. — ALL. Möhre, Gelbrübe, Carotte. — FLAM. Wortel. HOLL. Wortel, Peen.— DAN. Guleroden.— SUÉD. Morot.— ITAL. Carota. — ESP. Zanahoria. — PORT. Cenoura. — RUSSE Morkóff. — POL. Marchew. — JAP. Ninjin.

Indigène. — Bisannuelle. — La racine, artificiellement développée par la culture, présente les plus grandes différences de couleur, de forme et de volume. Les feuilles sont extrêmement découpées, deux ou trois fois ailées, à divisions incisées, aiguës; les fleurs, en ombelles, petites, blanches, serrées, avec de longues bractées linéaires, sont portées au sommet de tiges élevées de 0^m60 à 1^m50 et paraissent seulement la deuxième année. La graine est petite, d'un brun verdâtre ou gris, légèrement convexe d'un côté, aplatie de l'autre, cannelée, et garnie, sur deux côtés, d'aiguillons recourbés; elle a une odeur aromatique particulière très prononcée. Munie de ses barbes, elle pèse 240 grammes par litre et un gramme en contient 700; persillée, c'est-à-dire débarrassée des barbes, elle pèse 360 grammes par litre et un gramme en contient 900 à 1 000. Sa durée germinative est de quatre à cinq ans.

CULTURE EN PLEINE TERRE. — La Carotte se plaît surtout en terre de bonne qualité, bien ameublie et conservant de la fraîcheur. Autant que possible, le terrain doit être fumé et labouré profondément à l'automne, les mottes étant bien brisées, principalement lorsqu'il s'agit de cultiver des variétés à longue racine. Avant de semer, on ameublit la terre à la fourche crochue ; on nivelle au râteau ou à la herse, suivant l'importance de la culture, et l'on sème à la volée, à raison de 100 grammes à l'are, ou, de préférence, en rayons écartés de 0^m12 à 0^m25, suivant la variété. Dans ce dernier cas, 50 à 60 grammes de graines à l'are suffisent. La graine est recouverte à la herse ou au râteau et il est bon de plomber le sol à l'aide de la batte ou du rouleau, légèrement s'il est argileux, fortement s'il est léger.

Quand les plants ont 3 ou 4 feuilles, on éclaircit, de façon à laisser environ 8 ou 10 cent. entre chaque plant. — On bine, on sarcle et on arrose lorsque cela est nécessaire et possible.

En pleine terre, les premiers semis se font vers la fin de Février, en côtière au pied d'un mur au Midi, avec de la *C. très courte à châssis* dite *grelot* ou de la *C. courte hâtive.* — A partir du 15 Mars jusqu'à fin-Juillet, on peut faire des semis successifs de quinze en quinze jours avec la *C. courte hâtive*, les *Carottes demi-longues* et les *Carottes longues*.

Dans certaines régions, et chez quelques amateurs, on sème des carottes fin Août-Septembre en terre très saine et à bonne exposition ; les racines, après avoir été effeuillées, passent l'hiver en terre sous une couche de litière ou mieux sous une couverture de feuilles sèches, et, quand le froid n'a pas été trop rigoureux, on a des carottes bonnes à consommer au printemps. Les *Carottes demi-longues*, notamment la *C. nantaise*, conviennent particulièrement à ce mode de culture. — Certains jardiniers sèment également à la même époque de la *C. grelot* qu'ils protègent du froid par le même procédé et qu'ils vendent dans le cours de l'hiver comme carottes nouvelles, bien qu'elles soient dépourvues de fanes.

Rendement et Conservation en hiver. — Les Carottes demi-longues peuvent donner environ 300 kil. de racines à l'are, les Carottes longues 450 à 500 kil. et même plus.

L'arrachage des racines de moyenne saison se fait successivement, 2 mois et demi à 3 mois après le semis suivant les variétés, en commençant par les plus fortes, ce qui favorise le développement des autres.

Pour la consommation d'hiver, on arrache en Novembre les racines provenant des semis de printemps, et on les conserve, après avoir coupé les feuilles au ras du collet, enterrées dans du sable dans une cave ou un cellier, ou simplement déposées en petits silos, recouverts d'une bonne couche de litière que l'on enlève pour aérer quand le temps le permet.

ENGRAIS. — On doit, autant que possible, cultiver la Carotte dans des terres fumées depuis un an ou, sinon, faire usage de fumier bien décomposé et non pailleux que l'on enfouit à l'automne, au moment des façons préparatoires. — Le mieux est encore d'employer les engrais minéraux suivants, qui remplacent avantageusement le fumier dès l'instant où les terres seront en bon état de culture :

Chlorure de potassium. . . 2 kil. 500
Superphosphate de chaux. . 2 kil. »
} par are, à incorporer au sol avant l'hiver,

et 1 k. 500 Nitrate de soude, à répandre en couverture en une ou deux fois après l'éclaircissage.

CULTURE FORCÉE. — Le forçage de la Carotte se fait ordinairement sur couche, à partir de Novembre jusqu'à la fin de Février. Quelques spécialistes exécutent leurs premiers semis sous bâches ou coffres à thermosiphon. En tout cas, l'essentiel est d'avoir une température ne dépassant pas 20° centigrades et ne descendant pas au-dessous de 15°, ce qu'on obtient facilement en donnant à la couche, qui sera faite avec du fumier neuf, du fumier vieux et des feuilles en égales proportions, une épaisseur de 50 centimètres.

Dès que les coffres sont posés, on charge le fumier d'une épaisseur de 0^m15 à 0^m20 de terreau neuf mêlé d'un cinquième de terre franche, qu'on égalise bien et sur lequel on sème ensuite les graines, à raison de 3 à 4 grammes par mètre carré, en y ajoutant si l'on veut quelques graines de *Radis à forcer* qui seront les premiers à être récoltés ; on herse légèrement pour recouvrir les semences et l'on plombe le terreau avec une batte, afin qu'il n'y ait pas de creux à l'intérieur. Les graines semées, on repique à même le semis et en lignes tracées avec une baguette, six ou sept rangées de petites Laitues printanières : *gottes, crêpes, à forcer de Milly*, etc., provenant des semis d'automne. Un coffre peut ainsi contenir une quarantaine de petites Laitues ; quelques gouttes d'eau sont aussitôt données à chacune pour en faciliter la reprise. On place les châssis et l'on couvre de paillassons, si la température extérieure l'exige.

La levée des carottes s'effectue généralement vers le douzième ou le quatorzième jour ; il faut alors aérer fréquemment chaque fois que la température le permettra, puis éclaircir le plant, s'il est trop dru, et enfin sarcler et arroser modérément suivant le besoin, même par les temps froids. Après l'éclaircissage, il importe de regarnir avec un peu de terreau pour que le collet des carottes soit toujours enterré et ne verdisse pas, puis on donne un arrosage pour remettre en place les plants qui auraient pu se trouver dérangés pendant l'opération. Cette précaution est également bonne à prendre après l'enlèvement des cultures intercalaires (semis de *Radis*, contre-plantations de *Laitues* ou de jeunes *Choux-fleurs*) que les maraîchers ont l'habitude de faire dans les couches où ils forcent les carottes.

D'ordinaire on compte quatre saisons de carottes forcées :

1re *Saison*. — Semis dans la première quinzaine de Novembre. Récolte en Janvier, de racines aux deux tiers formées. Cette culture se fait d'ordinaire sous bâche ou coffre chauffé au thermosiphon.

2e *Saison*. — Semis au commencement de Décembre. Récolte à la fin de Mars ou dans la première quinzaine d'Avril.

3e *Saison*. — Semis au commencement de Janvier. Récolte, deuxième quinzaine d'Avril.

4e *Saison*. — Semis au commencement de Février. Récolte dans le courant de Mai.

Chez les maraîchers, cette dernière saison s'obtient souvent sur couches à l'air libre ; on sème des graines de carottes auxquelles on mêle quelques graines de *Radis hâtifs*, en prenant les mêmes soins que pour la culture forcée. On dispose trois rangs de cloches au milieu desquelles on plante une Romaine (*Romaine grise maraîchère*) et quatre *Laitues gottes* ou *Tom-Pouce*. L'intervalle existant entre les cloches est occupé par un *Chou-fleur nain très hâtif d'Erfurt* ou *Boule de neige*, et par d'autres *Romaines* que l'on recloche après les premières.

Une couche ainsi cultivée permet donc de récolter d'abord des Radis, puis de la Laitue, ensuite des Romaines. Après ces diverses récoltes, on répand une légère couche de terreau, de façon à recouvrir les carottes jusqu'au collet, et quelques semaines après on récolte les Carottes et enfin les Choux-fleurs.

RENDEMENT. — Le produit que peut fournir la culture forcée est très variable, suivant l'époque du semis, le moment de la récolte, la variété cultivée et les soins donnés ; néanmoins on peut tabler, pour un châssis de $1^m30 \times 1^m35$, sur un rendement de 5 à 6 bottes comportant chacune une cinquantaine de racines.

INSECTES NUISIBLES ET MALADIES. — Le *Ver de la carotte* est un de ses plus redoutables ennemis. Il creuse des galeries dans les racines, surtout dans celles qui sortent de terre : le collet noircit, les feuilles se fanent ou jaunissent, et souvent la plante meurt. En raison même de ses habitudes, il est difficile de détruire ce ver; quand on en constate la présence dans une planche de carottes, il n'y a qu'à arracher les plantes atteintes et à les brûler ou les détruire d'une façon quelconque ; on évite ensuite de faire revenir cette culture au même endroit avant deux ou trois ans. L'enfouissage dans le sol d'une certaine quantité de chaux vive constitue une bonne précaution contre cet insecte.

L'*Araignée rouge*, le *Perce-oreille*, l'*Araignée de terre* ou *Theudion* détruisent souvent les jeunes semis de carotte. On les écarte assez facilement par des arrosages avec une solution d'eau et de suie ou une infusion à froid de feuilles d'Absinthe, de Tabac ou de Noyer.

USAGE. — La racine de la Carotte est un des légumes les plus usités; c'est aussi une excellente nourriture pour les bestiaux. Le jus des carottes rouges sert à colorer le beurre, et la graine est employée dans la fabrication de quelques liqueurs.

Carotte rouge à forcer parisienne.
Réd. au cinquième.

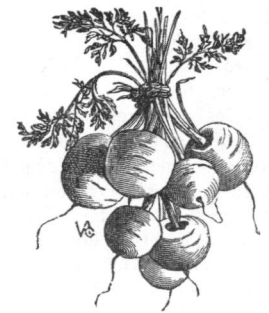

Carotte rouge très courte à châssis.
Réd. au cinquième.

CAROTTE ROUGE A FORCER PARISIENNE.

SYNONYMES : Carotte à couches, C. à châssis (environs de Paris).

NOMS ÉTR. : ANGL. Parisian forcing carrot. — ALL. Plattrunde Pariser Markt-Carotte.

La plus précoce et aussi la plus courte de toutes les carottes cultivées ; c'est une race spéciale choisie dans la C. très courte à châssis et façonnée particulièrement en vue de la culture en terreau sur couche et sous châssis; la racine est souvent plus large que longue, un peu aplatie des deux bouts, bien nette, d'un beau rouge orangé; le feuillage et le collet en sont remarquablement fins.

La Carotte rouge à forcer parisienne restant exclusivement affectée aux semis de couches et sur terreau, c'est, de même que son aînée la C. rouge très courte à châssis, une des plus employées par la culture maraîchère.

CAROTTE ROUGE TRÈS COURTE A CHASSIS.

SYNONYMES : Carotte carline, C. à châssis, C. grelot, C. toupie.

NOMS ÉTRANGERS : ANGL. French horn carrot, French forcing C., Earliest short horn C., Golden ball C. — ALL. Frühe Pariser Treib-Carotte.
FLAM. Korte ronde wortel. — HOLL. Allerkorste parijsche ronde broei wortel.
DAN. Pariser drive guleroden. — PORT. Cenoura redonda de Paris.

Racine presque globuleuse ou légèrement en forme de toupie, d'un rouge orangé demi-transparent, plus pâle vers la pointe ; collet très fin, très pincé, à feuillage très peu abondant.

Cette variété s'arrachant le plus souvent quand elle n'a que quatre ou cinq feuilles, on l'emploie, dans la culture en pleine terre, pour les semis très hâtifs ou très tardifs; elle convient surtout très bien à la culture forcée sous châssis, tant à cause de sa précocité que du peu de longueur de sa racine.

CAROTTE ROUGE COURTE HATIVE.

SYNONYMES : C. rouge courte de Hollande, C. Bellot, C. Boudon (env. de Paris), C. de Crécy courte, C. de Croissy, C. de Metz (Alsace), C. de Nancy (Lorraine), C. de Vichy, C. muscade (Manche), C. nine *ou* naine (Loiret), C. queue de souris, C. vitelotte.

NOMS ÉTRANGERS : ANGL. Dutch horn *or* Early scarlet horn carrot. — ALL. Frühe rote kurze Holländische Carotte. — HOLL. Vroege korte broei wortel.
PORT. Cenoura vermelha d'Hollanda.

Racine à peu près deux fois aussi longue que large, sensiblement plus grosse au collet qu'à la pointe, qui est ordinairement obtuse; collet fin; feuillage très peu abondant, tout en étant moins rare que celui de la C. rouge très courte.

Excellente pour la pleine terre, elle peut même convenir, en certains cas, pour la culture forcée. La C. rouge courte hâtive et la C. rouge très courte sont le plus souvent récoltées jeunes, avant d'avoir atteint leur entier développement.

La *Carotte rouge de Saint-Fiacre* ne diffère presque pas de la C. rouge courte hâtive.

Carotte rouge demi-courte obtuse de Guérande.
Réd. au cinquième.

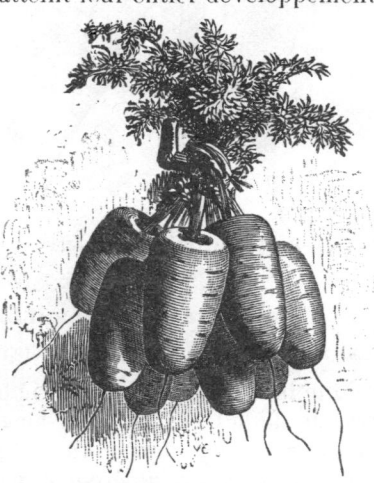

Carotte rouge courte hâtive.
Réd. au cinquième.

CAROTTE ROUGE DEMI-COURTE OBTUSE DE GUÉRANDE.

NOMS ÉTRANG. : ANGL. Guerande *or* Oxheart carrot, Early gem C., Summer favourite C.
ALL. Rote Guerande halblange kurze dicke Möhre.

Variété extrêmement distincte, et aussi remarquable par les fortes dimensions qu'elle peut atteindre que par la rapidité de son développement. On pourrait la décrire comme étant une énorme Carotte rouge courte; il arrive souvent, en effet, qu'elle n'est pas beaucoup plus longue que large, mais cela tient à ce qu'elle peut atteindre en largeur un diamètre de 0m 10. La chair en est très tendre, très délicate, d'un beau rouge orangé; la partie centrale est plus pâle, car ce n'est pas, comme la C. nantaise, une race sans cœur. Le feuillage est relativement léger et peu abondant.

C'est une excellente race potagère, mais elle doit être cultivée dans une terre douce, substantielle et bien fumée; elle ne doit pas non plus manquer d'eau pour se développer. rapidement et dans de bonnes conditions.

CAROTTE ROUGE DEMI-LONGUE POINTUE.

Noms étrangers : angl. English horn carrot, Early half long scarlet pointed-rooted C.
— all. Halblange rote spitze Holländische Möhre. — holl. Halflange hoornsche wortel.
— port. Cenoura d'Hollanda vermelha mediana.

Racine fusiforme, deux fois et demie ou trois fois aussi longue que large ; collet souvent teinté de vert ou de brun, affleurant le sol et légèrement creusé en gouttière autour de l'insertion des feuilles, qui sont un peu plus fortes que celles de la C. rouge courte. C'est une bonne variété, productive et suffisamment hâtive, qui, dans beaucoup de localités, se cultive en grand pour l'approvisionnement des marchés.

C. demi-longue intermédiaire de James.
Réd. au cinquième.

Carotte rouge demi-longue pointue.
Réd. au cinquième.

CAROTTE ROUGE DEMI-LONGUE INTERMÉDIAIRE DE JAMES.

Noms étr. : angl. James' intermediate carrot. — all. Halblange Englische James Möhre.

Cette belle et vigoureuse variété, d'origine anglaise, n'est qu'une sélection spéciale de la C. rouge demi-longue pointue ; mais elle est un peu plus forte que cette dernière dans toutes ses parties, feuillage et racine. Celle-ci est assez élargie du collet, régulièrement conique, tantôt complètement enterrée, tantôt sortant de terre d'un centimètre ou deux et alors légèrement teintée de vert ou de brun sur la partie exposée à l'action de la lumière.

La Carotte de James se prête bien à la culture en plein champ dans les terres douces et fraîches ; à ce titre elle peut être, dans bien des cas, intéressante à cultiver dans le voisinage des grandes villes.

CAROTTE ROUGE DEMI-LONGUE OBTUSE.

Noms étr. : angl. Stump-rooted half long carrot. — all. Halblange rote stumpfe Möhre.

Cette race peut être considérée comme une variété de la C. demi-longue pointue. La racine en est moins effilée et se termine en cône obtus ; les autres caractères, comme ceux du feuillage, ne présentent pas de différence. La C. demi-longue obtuse est la meilleure des deux comme plante potagère.

On peut la considérer comme la forme d'où sont sorties successivement la C. rouge courte hâtive, puis la C. rouge très courte à châssis, caractérisées comme elle par la forme arrondie de leur extrémité inférieure, la finesse de leur collet et le peu d'abondance de leur feuillage.

Il semble y avoir une sorte de dépendance réciproque et de corrélation intime entre la forme obtuse de l'extrémité inférieure des racines de carottes et la finesse de leur collet. Ainsi, les races qui ont le feuillage peu abondant et le collet bien pincé et bien fin ont à peu près régulièrement la racine obtuse, et réciproquement.

La grande précocité se lie aussi, en général, à ces caractères physiques.

Carotte rouge demi-longue obtuse.
Réd. au cinquième.

Carotte rouge demi-longue nantaise.
Réd. au cinquième.

CAROTTE ROUGE DEMI-LONGUE NANTAISE.

Synonymes : C. de Crécy demi-longue, C. cylindrique (Seine-Inf.), C. à beurre (Calvados).

Noms étrangers : angl. Early half long Nantes carrot, Harrison's early market carrot, Reading scarlet horn C. — all. Rote Nantes halblange stumpfe Möhre.

Racine à peu près complètement cylindrique, peu élargie du collet, à pointe obtuse et même arrondie ; peau très lisse ; collet fin, creusé autour des feuilles, qui sont peu développées ; chair entièrement rouge, presque totalement dépourvue du large cœur jaune qui se remarque dans la plupart des autres carottes rouges, très sucrée et d'une saveur douce.

Cette variété est devenue, depuis nombre d'années déjà, une des plus généralement cultivées de toutes les carottes potagères. Elle justifie, du reste, par un ensemble remarquable de qualités, la préférence dont elle est l'objet : elle l'emporte en précocité sur les autres variétés de carottes demi-longues, sans leur être inférieure en produit ; ses racines, bien nettes et bien égales, sont d'une récolte et d'une conservation faciles ; enfin, sa couleur un peu plus foncée et l'absence de cœur la font préférer aux autres comme légume.

Comme toutes les races perfectionnées et hâtives, la Carotte nantaise doit être cultivée avec un certain soin : elle souffre plus que les races ordinaires et grossières du manque de nourriture et d'arrosages. Elle ne développe toutes ses qualités que dans un sol meuble, profond, bien amendé au moyen de terreau ou de fumures précédentes, suffisamment substantiel et maintenu frais par des arrosements fréquents. La forme des racines est d'autant plus régulière et la peau d'autant plus lisse, que la terre est plus douce et mieux débarrassée de pierres et de graviers. Les soins de culture donnés à cette carotte seront largement payés par la plus grande abondance, et surtout par la plus belle apparence et la qualité plus fine du produit.

CAROTTE ROUGE DEMI-LONGUE DE CARENTAN, SANS CŒUR.

Noms étr. : angl. Carentan early half long carrot. — all. Rote Carentan halblange Möhre.

Très distincte, mince, presque cylindrique, à collet très fin ; feuilles très petites et très peu nombreuses ; peau lisse ; chair rouge, sans cœur. Cette variété peut se semer très serré et convient très bien par suite à la culture sous châssis. Il est préférable de la cultiver en terre très riche ou dans le terreau.

C'est une carotte de luxe et non pas une race de grande culture, mais c'est une des plus exquises qui existent, au point de vue de la perfection de la forme aussi bien que de la qualité de la chair.

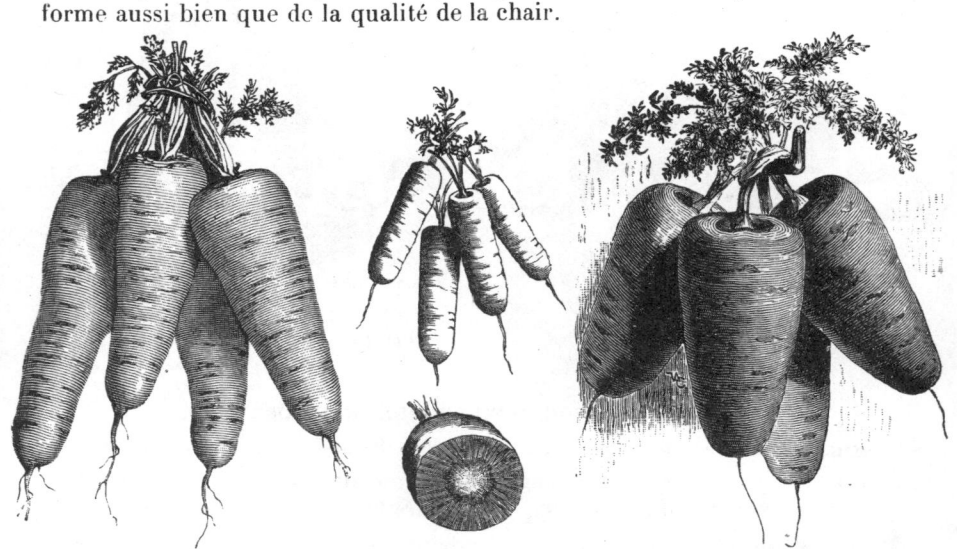

Carotte rouge
demi-longue de Luc.
Réd. au cinquième.

Carotte rouge
demi-longue de Carentan.
Réd. au cinquième.

Carotte rouge
demi-longue de Chantenay.
Réd. au cinquième.

CAROTTE ROUGE DEMI-LONGUE DE LUC.

Noms étrangers : angl. Luc half long carrot, New York market C.
all. Rote Luc halblange Möhre.

Racine assez élargie du collet et un peu plus longue que celle des variétés précédentes ; l'extrémité inférieure est généralement plutôt obtuse que pointue, quoique l'ensemble aille en s'amincissant régulièrement du collet à l'extrémité.

Cette variété est précoce et productive, et convient à la culture de primeur en pleine terre. Elle n'est pas précisément sans cœur, bien que la différence entre le centre et les couches extérieures de la chair soit moins accusée que dans beaucoup d'autres variétés.

La *Carotte de Tilques* en est une race très voisine, mais un peu plus volumineuse.

CAROTTE ROUGE DEMI-LONGUE DE CHANTENAY.

Synonyme : C. de Saint-Brieuc (Manche).

Noms étrangers : angl. Chantenay carrot, Model half long C., Select stump-rooted C., Sutton's Gem C. — all. Rote halblange Chantenay stumpfe Möhre.

Bien que rentrant parfaitement dans le groupe des carottes rouges demi-longues obtuses, celle-ci se distingue de toutes les autres par son fort volume et par sa forme tout à fait arrondie à l'extrémité ; c'est, à vrai dire, une Carotte de Guérande très allongée. Elle a aussi quelque analogie d'aspect avec la Carotte de Luc, mais elle est plus grosse, plus épaisse, plus obtuse et d'un rouge plus foncé.

De même que la Carotte demi-courte obtuse de Guérande, elle a la partie centrale un peu moins colorée que le reste, mais elle est, comme elle, très douce de goût, juteuse et sucrée.

La *Carotte d'Eysines*, très appréciée sur le marché de Bordeaux, est presque identique à la C. de Chantenay; elle est toutefois un peu plus allongée.

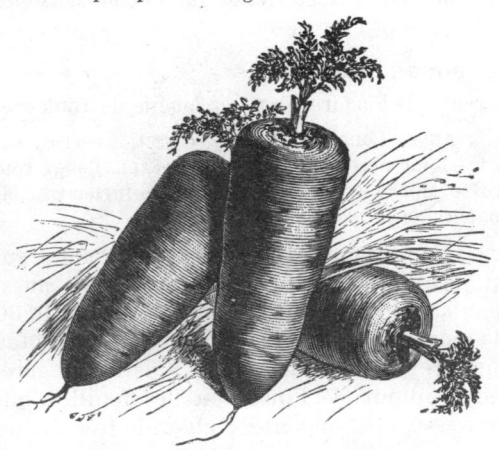

Carotte rouge demi-longue de Danvers.
Réd. au cinquième.

Carotte rouge longue de Saint-Valery.
Réd. au cinquième.

CAROTTE ROUGE DEMI-LONGUE DE DANVERS.

NOMS ÉTR. : ANGL. (AM.) Danvers half long carrot. — ALL. Rote halblange Danvers Möhre.

Cette variété d'origine américaine, présentait, lors de son introduction en Europe, une racine demi-longue, pointue, de grosseur moyenne, rouge, mais d'une teinte plutôt orange pâle que franchement rouge; la couleur en était alors tout à fait analogue à celle de la C. rouge pâle de Flandre.

Par une sélection persévérante, on est arrivé à la perfectionner et à en faire une belle carotte beaucoup plus colorée que précédemment, presque obtuse et se rapprochant passablement de la C. demi-longue de Luc. Le feuillage en est assez court, bien fourni, finement découpé et d'une teinte un peu bronzée.

CAROTTE ROUGE LONGUE DE SAINT-VALERY.

SYNONYMES : Carotte d'Amiens, C. de Boulogne (Manche).
NOMS ÉTRANGERS : ANGL. Saint-Valery carrot, New *or* Select intermediate C.
ALL. Saint-Valery rote lange Möhre.

Grosse et belle race de carotte rouge que l'on peut considérer comme faisant la transition entre les carottes demi-longues et les rouges longues. Sa racine, très droite, très lisse, d'un beau rouge vif, est assez fortement élargie au collet, où elle peut avoir un diamètre de 0^m06 à 0^m07; ce qui fait que sa longueur, tout en atteignant 0^m25 à 0^m30, ne dépasse guère le quadruple de la largeur, restant par conséquent à peu près dans les proportions des carottes demi-longues. La C. de Saint-Valery s'accommode de la culture en plein champ, mais elle devient surtout belle dans les terres légères, riches et bien défoncées. Le feuillage en est remarquablement léger, eu égard à la grosseur de la racine.

Cette belle variété de carotte est restée longtemps confinée dans son pays d'origine. Depuis qu'elle est plus généralement connue, elle est de plus en plus en faveur, car à sa beauté et à sa qualité, elle joint l'avantage de réunir les mérites des carottes de jardin à ceux des races de grande culture, c'est-à-dire rendement considérable en même temps que belle forme régulière, et en outre chair tendre, douce et épaisse.

La *Carotte Prizetaker*, assez répandue en Angleterre, se rapproche sensiblement de la C. de Saint-Valery.

CAROTTE ROUGE LONGUE.

Synonymes : C. longue de Croissy, C. rouge de Flandre, C. rouge longue de Toulouse.

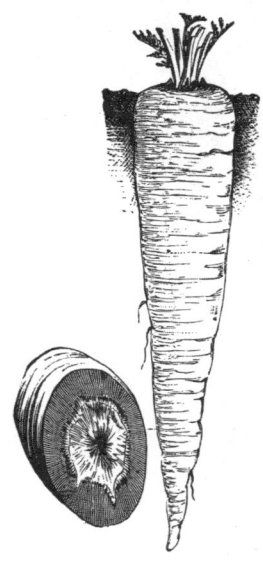

Noms étr. : angl. Long red Surrey carrot, Chertsey C., Studley C., Long orange improved C. — all. Lange rote sehr grosse Möhre. — holl. Roode Frankfurter wortel. esp. Zanahoria encarnada larga.

Racine longue, rouge, enterrée, s'amincissant régulièrement jusqu'à la pointe ; cinq ou six fois aussi longue que large et pouvant atteindre aisément 0^{m}30 à 0^{m}35 de longueur sur 0^{m}06 environ dans son plus grand diamètre; collet assez large, aplati ou légèrement creusé autour de l'insertion des feuilles, qui sont vigoureuses et abondantes ; chair de très bonne qualité.

Elle demande une terre assez profonde, mais donne en retour un produit très rémunérateur. Elle est très rustique, et en la protégeant par de la paille ou des feuilles, on peut la laisser en terre pendant l'hiver et ne l'arracher qu'au fur et à mesure des besoins.

Cette variété, dont le poids peut devenir considérable, est très employée dans la grande culture comme dans la culture maraîchère de tous les pays, ainsi que le montrent les nombreuses appellations sous lesquelles on la désigne aussi bien en France qu'à l'étranger. Pourtant, depuis quelques années, on lui préfère, dans beaucoup de régions, la C. rouge longue de Saint-Valery.

Carotte rouge longue.
Réd. au cinquième.

La *Carotte rouge longue de Brunswick*, sous-variété de la C. rouge longue, a la racine plus longue, un peu plus étroite du collet et la chair plus rouge.

CAROTTE ROUGE LONGUE OBTUSE SANS CŒUR.

Synonyme : C. des Ardennes.

Noms étr. : angl. Long red coreless carrot. — all. Lange rote ohne Herz Möhre.

La Carotte rouge longue obtuse sans cœur présente assez d'analogie avec la C. demi-longue nantaise, mais elle est très notablement plus longue et par là même plus productive. Elle est presque cylindrique, obtuse à l'extrémité inférieure, à chair extrêmement rouge, très fondante, sucrée et d'un goût fin. C'est avant tout une race potagère hâtive et à feuillage peu développé.

CAROTTE ROUGE LONGUE LISSE DE MEAUX.

Noms étr.: angl. Red long Meaux smooth carrot. — all. Lange rote Meaux Möhre.

Belle race de carotte potagère, cylindrique, lisse, plus grosse que la Carotte rouge longue obtuse sans cœur et non cordée; c'est une très bonne race maraîchère, qui demande une terre profonde, douce, fraîche et bien amendée; bien que de couleur très rouge, elle n'est pas sans cœur, et par là encore elle diffère de la race précédente, avec laquelle elle a par ailleurs certaines analogies.

Comme la plupart des races très améliorées à racine obtuse, la C. rouge longue lisse de Meaux a le feuillage très léger et peu abondant. De longue conservation, c'est la variété qu'on apporte le plus à la halle de Paris vers la fin de l'hiver.

Carotte rouge longue obtuse sans cœur.
Réd. au cinquième.

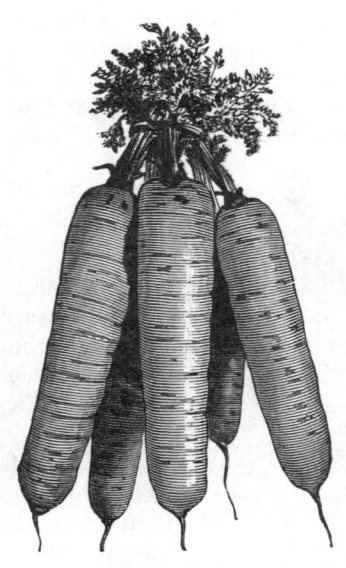

Carotte rouge longue lisse de Meaux.
Réd. au cinquième.

CAROTTE ROUGE LONGUE D'ALTRINGHAM.

Noms étr. : angl. Long scarlet Altringham carrot. — all. Rote Altringham Möhre.

D'origine anglaise; c'est une carotte très longue et très mince, à chair complètement rouge, comme celle des carottes dites *sans cœur*, et d'une excellente qualité. Le collet, au lieu d'être aplati et même creusé comme dans beaucoup d'autres variétés, s'élève en forme de cône arrondi; il est, le plus souvent, bronzé ou violacé dans la partie qui s'élève au-dessus de terre et qui peut avoir de 0ᵐ03 à 0ᵐ05. La racine atteint 0ᵐ50 et plus; malgré cela, elle est relativement fine, sa longueur pouvant être égale à huit ou dix fois sa largeur. La surface en est assez cordée, c'est-à-dire qu'elle présente une série de dépressions et de renflements, comme si elle avait été serrée fortement avec une corde mince (*Voy.* la fig. page 65).

La C. d'Altringham demande une terre riche et très profondément travaillée, et sa forme particulière fait qu'elle se brise quelquefois au moment de l'arrachage. Pour ces deux raisons, elle n'est pas cultivée aussi généralement qu'elle mériterait de l'être par sa qualité et son grand produit.

Les Anglais ont passablement modifié les caractères de leur C. d'Altringham. On trouve rarement dans le commerce aujourd'hui la race ancienne, très longue, très mince, cordée et sans cœur. La forme actuelle est notablement plus renflée, plus courte relativement, et beaucoup plus lisse.

CAROTTE LONGUE ROUGE SANG.

Noms étr. : angl. Long blood red carrot. — all. Lange blutrote *oder* Victoria Möhre.

Racine longue de 25 à 30 centimètres, lisse, bien faite, d'un coloris rouge foncé, très régulièrement effilée à partir du collet, qui est rond et sort à peine de terre. Chair tendre et d'un rouge orangé très foncé. Feuillage léger, peu développé ; les pétioles des feuilles sont habituellement violacés.

La C. longue rouge sang est demi-tardive ; c'est principalement une carotte d'automne, se conservant aisément avec quelques soins pendant l'hiver. Elle est très remarquable par l'intensité de sa coloration, qui devient presque violacée quand la racine reste quelque temps exposée à la lumière.

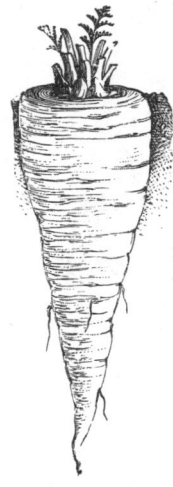

CAROTTE ROUGE PALE DE FLANDRE.

Noms étrangers : angl. Flanders large pale red carrot, Sandwich C.
all. Flandrische blassrote dicke Möhre.

Sorte de Carotte rouge demi-longue, adoptée par la grande culture à cause de son fort rendement. Le feuillage en est abondant, le collet aplati, large, et la racine, qui est à peu près complètement enterrée et d'un rouge orange assez vif, s'amincit régulièrement depuis le collet jusqu'à la pointe. Elle n'est guère que trois fois aussi longue que large, mesurant 0^m06 à 0^m08 de largeur au collet, sur une longueur de 0^m20 environ.

Cette variété, très anciennement connue, a pour mérite principal d'être grosse, productive et d'une très bonne conservation. — Autrefois, on l'apportait par chariots de la Flandre sur le marché de Paris, vers la fin de l'hiver, au moment où la Carotte rouge courte et la C. rouge longue commençaient à devenir rares. Elle en a, pour ainsi dire, à peu près complètement disparu depuis que, par l'usage des semis tardifs, nos cultivateurs ont trouvé le moyen d'être pourvus de carottes fraîches en tout temps.

Carotte rouge pâle de Flandre.
Réd. au cinquième.

CAROTTE ROUGE LONGUE A COLLET VERT.

Synonymes : C. jaune longue à collet vert, C. à beurre (Vire).

Noms étrangers : angl. Long orange belgian carrot, Large yellow green top C.
all. Rote (orange-gelbe) lange grünköpfige Riesen-Möhre.
holl. Lange gele belgische wortel.

Plus généralement employée dans la grande culture que dans le potager, cette variété, originaire de Belgique, est très rustique et d'un grand rendement.

La racine, à chair de très bon goût, est fusiforme très allongée, au moins six fois plus longue que large, presque cylindrique dans sa moitié supérieure, d'une couleur orangée assez pâle dans la portion enterrée, et franchement verte dans la partie hors de terre, qui comprend à peu près le quart de sa longueur ; de là vient qu'on appelle indistinctement cette variété : Carotte rouge ou Carotte jaune longue à collet vert.

Elle se conserve bien et passe pour être très nutritive. En raison de son excellente qualité et malgré son moindre volume, quelques agriculteurs lui donnent, dans certains cas, la préférence sur la C. blanche à collet vert pour la nourriture du bétail.

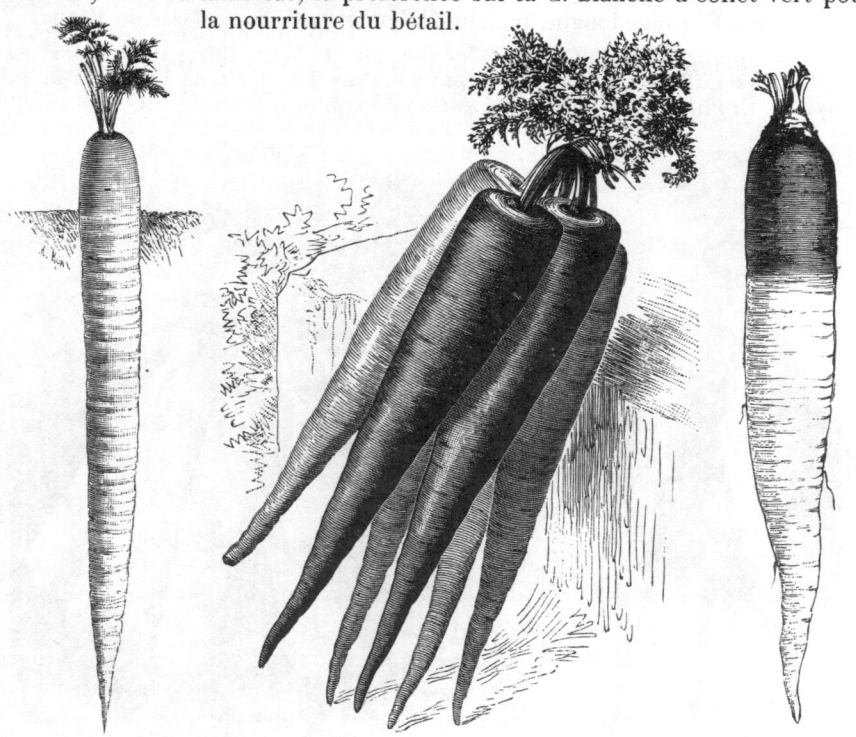

Carotte rouge longue d'Altringham.
Réd. au cinquième.

Carotte longue rouge sang.
Réd. au cinquième.

Carotte rouge longue à collet vert.
Réd. au cinquième.

CAROTTE JAUNE LONGUE.

SYNONYMES : Carotte jaune d'Achicourt, C. jaune de Schaerbeck ou de Schaibeck, C. de chevaux, C. de Gand, C. Clerette ou Clairette (Artois).

NOMS ÉTRANGERS : ANGL. Long lemon carrot. — ALL. Saalfelder gelbe lange Möhre, Lange grosse dicke goldgelbe süsse M. — HOLL. Gele lange roewortel.

Racine assez effilée, quatre ou cinq fois aussi longue que large, presque entièrement enterrée, et d'une couleur jaune vif, excepté au collet, qui est légèrement teinté de vert.

C'est une variété de grande culture répandue surtout dans le nord-ouest de la France ; elle ne manque pas de mérite cependant comme race potagère, surtout quand elle est jeune : en grossissant, elle devient quelquefois un peu ligneuse dans le cœur. La chair en est jaune. Quand on veut la conserver en terre pour l'hiver sans qu'elle devienne dure, il faut en faire le semis un peu tardivement, vers la fin de Mai ou dans les premiers jours de Juin.

La **Carotte jaune longue** est une des plus anciennes races françaises de la carotte cultivée. On la trouve décrite dans les vieux ouvrages horticoles bien avant qu'il y soit fait mention des carottes rouges ou oranges. Aujourd'hui ces dernières lui sont le plus généralement préférées, et sa place a été prise, dans les cultures faites pour l'approvisionnement des marchés, par la C. rouge longue ordinaire, laquelle tend à être remplacée à son tour dans une grande mesure par la C. rouge longue de Saint-Valery et la C. rouge lisse de Meaux.

On peut rapprocher de la C. jaune longue, comme n'en différant que par des caractères insignifiants, les variétés connues sous les noms de : *Carotte jaune champêtre, C. jaune de Belgique* et *C. new yellow intermediate*.

Carotte jaune longue.
Réd. au cinquième.

Carotte jaune obtuse du Doubs.
Réd. au cinquième.

CAROTTE JAUNE OBTUSE DU DOUBS.

NOMS ÉTRANGERS : ANGL. Long yellow stump-rooted carrot. — ALL. Goldgelbe lange stumpfe Doubs.

Racine de forme presque cylindrique, obtuse du bout, à chair et peau bien jaunes. Cette variété, qui se prête très bien à la culture en grand pour la nourriture du bétail, n'en est pas moins une excellente carotte potagère, partout où la couleur rouge de la chair n'est pas considérée comme une qualité primordiale.

La Carotte jaune obtuse du Doubs est très productive et, bien que très sucrée, se conserve parfaitement pendant l'hiver. On la cultive beaucoup dans la Franche-Comté, où elle est très estimée.

La *Carotte du Palatinat jaune d'or obtuse*, la *C. jaune de Lobberich* (*Lobberich's agricultural C.*), et la *C. jaune de Süchteln*, sont toutes trois des races très voisines de la Carotte jaune obtuse du Doubs.

CAROTTES BLANCHES.

Cette catégorie de Carottes ne comprenant guère que des variétés fourragères nous ne ferons que mentionner les principales :

C. blanche à collet vert. — Racine grosse et longue, aux trois quarts enterrée. Quoique issue de l'ancienne C. blanche longue, autrefois très cultivée comme carotte potagère, cette variété n'est utilisée que pour l'alimentation des animaux.

C. blanche améliorée d'Orthe. — Sous-variété de la précédente, à racine plus courte, plus large, et plus enterrée.

C. blanche lisse demi-longue (Improved short white carrot). — D'origine américaine. Racine renflée, courte, presque complètement enterrée. Peut être employée comme légume, quand elle n'a pas encore atteint toute sa grosseur.

C. blanche des Vosges. — Racine très courte, très large et très enterrée. Variété uniquement fourragère.

C. blanche des Vosges.
Réd. au cinquième.

C. blanche
à collet vert.
Réd. au cinquième.

C. blanche
améliorée d'Orthe.
Réd. au cinquième.

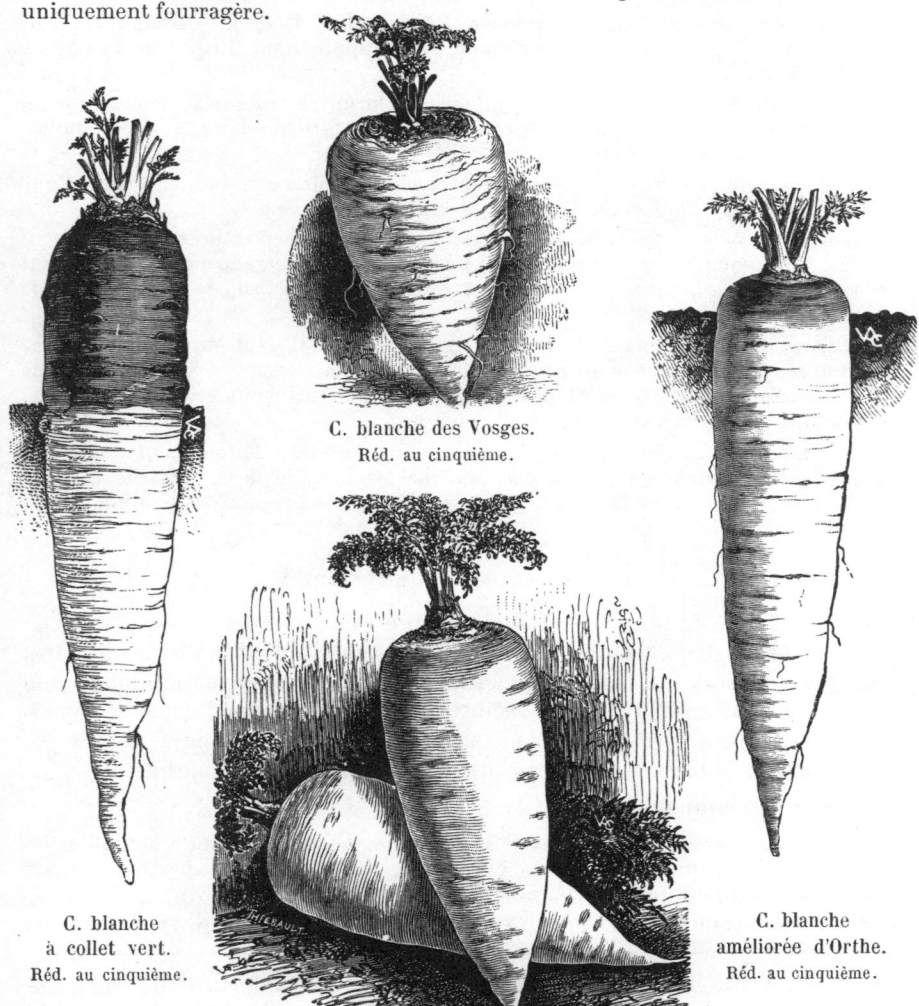

C. blanche lisse demi-longue (Réd. au cinquième).

Parmi les variétés de carottes qui ne rentrent pas dans les races que nous venons de décrire, nous devons citer :

La carotte hollandaise dite *de Duwick*. — Race un peu plus courte que les carottes rouges demi-longues, sans pouvoir pourtant être assimilée à la C. rouge courte de Hollande. Assez bonne pour la pleine terre ; cependant nos variétés demi-longues obtuses lui sont préférables.

La *C. Main crop*. — Race demi-longue, intermédiaire entre la C. de Guérande et la C. de Chantenay.

La *C. Monument*. — Se rapprochant de la C. de Carentan et de la C. nantaise, et intermédiaire entre ces deux races.

Les variétés anglaises *Matchless scarlet* et *Scarlet perfection*. — Ayant quelque analogie avec la C. rouge longue de Saint-Valery, quoique à racines un peu plus minces et plus effilées.

La *C. de Bardowick* (ALL. *Frühe rote Bardowicker Möhre*). — Bonne race de carotte rouge longue, presque sans cœur, et se rapprochant un peu de la Carotte d'Altringham.

La *C. violette*. — Racine enterrée, mince, fusiforme ; à peau lisse, violette ; chair violette à la périphérie et jaune au centre. Variété estimée dans les pays chauds, mais peu répandue en France.

La *C. jaune courte*. — Variété peu répandue. Racine conique, enterrée, d'une couleur jaune pâle, qui s'étend à la chair dans toute son épaisseur.

La *C. blanche de Breteuil*. — Vieille race française à peu près complètement tombée en désuétude. C'était une carotte blanche demi-longue, moins courtement conique que la C. blanche des Vosges et d'une qualité très supérieure au point de vue culinaire.

C'est, selon toute apparence, à la C. de Breteuil qu'il faut rapporter une race mentionnée par les anciens auteurs français et appelée *Carotte blanche ronde*. Elle avait la racine courte, en forme de toupie, et se cultivait comme variété potagère, surtout dans les terres fortes ou peu profondes.

La *C. blanche transparente*. — Variété à racine enterrée, longuement fusiforme, complètement blanche ; paraît avoir la même origine que la C. blanche à collet vert. Elle se distingue principalement par sa chair très blanche, fine et pour ainsi dire diaphane.

CAROTTES SAUVAGES AMÉLIORÉES.

Vers 1830, M. Vilmorin père a fait plusieurs essais ayant pour but d'obtenir de la carotte sauvage des racines plus renflées et comestibles, analogues à celles des races cultivées. Au bout de quelques années, ses semis lui ont donné une certaine proportion de plantes à racine charnue, de diverses couleurs. Quelques-unes de ces formes ont été conservées pendant plusieurs années, se reproduisant semblables à elles-mêmes d'une manière assez régulière.

Les plus remarquables étaient :

La *C. sauvage améliorée blanche*. — Assez analogue comme forme à la C. blanche de Breteuil que nous mentionnons ci-dessus, fine de goût et parfumée, mais peu sucrée.

La *C. sauvage améliorée rouge obtuse*. — Peu productive, mais d'une forme bien régulière, à collet très fin et feuillage très léger.

Cependant ces variétés, conservées quelque temps à titre de curiosité scientifique, n'ont pas pris place dans la culture usuelle et ont été par la suite abandonnées.

CARVI
Carum Carvi L.
Fam. des *Ombellifères*.

SYNONYMES : Anis des Vosges, Cumin des prés.

NOMS ÉTRANGERS : ANGL. Common caraway. — ALL. Karbe, Kümmel *oder* Feldkümmel. HOLL. Karvij. — DAN. Kommen. — SUÉD. Vanlig Kummin. — ITAL. Carvi. ESP. Carvi, Alcaravea. — PORT. Alcaravia. — RUSSE Polevoï tmine. — POL. Kminek polny.

Indigène. — Bisannuel. — Racine de la grosseur du doigt, longue, jaunâtre, à chair blanche, serrée, ayant une légère saveur de carotte ; feuilles radicales, nombreuses, à folioles opposées, verticillées, à pétiole replié en gouttière, creux, ondulé ; tige droite, haute de 0^m30 à 0^m60, rameuse, anguleuse, lisse, glabre ; fleurs blanches, petites, en ombelles. Graine oblongue, un peu courbée, marquée de cinq sillons, aromatique, de couleur brun clair ; un gramme en contient 350 et le litre pèse 420 grammes ; durée germinative, trois ans.

CULTURE. — Les graines du Carvi se récoltent fréquemment dans les prairies, où la plante vient spontanément. Quand on veut la cultiver, on sème les graines d'Août en Octobre, en place et en rayons ; lorsque le plant a pris un peu de force, on éclaircit, et l'on n'a plus qu'à tenir la terre propre jusqu'à la récolte, qui a lieu en Juillet-Août de l'année suivante.

Carvi.
Réd. au cinquième.

USAGE. — On peut employer la racine comme celle du Panais, mais elle est peu usitée ; on mange aussi quelquefois les feuilles et les jeunes pousses. Les graines surtout sont employées comme condiment ; en Allemagne, on les met dans le pain, et en Hollande dans certains fromages. Elles entrent aussi dans la préparation de diverses liqueurs de table.

CÉLERI
Apium graveolens L.
Famille des *Ombellifères*.

SYNONYMES : Ache douce, Ache des marais, Éprault, Api (France méridionale).

NOMS ÉTRANGERS : ANGL. Celery. — ALL. Sellerie. — FLAM. Selderij. — DAN., SUÉD. Selleri. ITAL. Apio, Sedano. — ESP. Apio. — PORT. Aipo. — RUSSE Selderéï. — POL. Selery.

Indigène. — Bisannuel. — Plante à racine fibreuse, assez charnue naturellement ; feuilles divisées, pinnatifides, glabres, à folioles presque triangulaires, dentées, d'un vert foncé ; pétioles assez larges, sillonnés, creusés en gouttière ; tige ne se développant que la deuxième année, haute de 0^m60, sillonnée, rameuse ; fleurs très petites, jaunâtres ou verdâtres, en ombelles. Graine petite, triangulaire, marquée de cinq arêtes, à odeur très aromatique, au nombre d'environ 2500 dans un gramme et pesant 480 grammes au litre ; sa durée germinative est de huit années.

Usage. — On emploie, selon les variétés, les côtes des feuilles ou la racine, crues ou cuites ; en Angleterre, on emploie beaucoup dans les potages la graine elle-même, ou des extraits préparés pour cet usage.

La culture, en développant dans le Céleri, soit les pétioles des feuilles, soit la racine, en a fait deux plantes très distinctes, autant par leur emploi que par les soins de culture qu'elles demandent. Nous allons donc décrire séparément les Céleris à côtes et les Céleris-raves :

CÉLERI A CÔTES.

Noms étrangers : angl. Celery. — all. Bleich-Sellerie. — dan. Blad-Selleri. pol. Selery do bielenia.

C'est assurément la classe la plus anciennement connue et celle qui est cultivée le plus généralement. — Comme le nom l'indique, c'est le pétiole ou côte que la culture a développé d'une façon particulière et qui est devenu plein et charnu. Les côtes du Céleri, blanchies par le buttage, sont consommées crues ou cuites et constituent un aliment délicat, apprécié par beaucoup d'amateurs ; elles servent aussi assez souvent de condiment dans certaines préparations culinaires.

Culture. — Ce Céleri demande une bonne terre, riche, douce, bien fumée, et plutôt humide que sèche. On n'a pas l'habitude de le semer en place. Les premiers semis se font sur couche tiède en Février ou Mars ; le plant se repique également sur couche tiède, quand il a quatre ou cinq feuilles ; on le mouille régulièrement, puis on l'habitue graduellement à l'air, après quoi on le met en place lorsqu'il a atteint 0^m12 à 0^m15 de hauteur, c'est-à-dire environ deux mois et demi après le semis.

Ces premiers semis sont toutefois généralement peu importants. La culture principale de ce légume se fait en effet en pleine terre, les semis commençant en Avril pour se continuer jusqu'en Juin, à raison de 200 à 250 grammes de graines à l'are. Le plus souvent on ne repique pas en pépinière, quoique cette pratique soit plutôt à recommander, et l'on se contente d'éclaircir le plant ; puis, lorsque celui-ci est assez fort, c'est-à-dire environ six semaines à deux mois après le semis, on le met en place, — après avoir raccourci un peu l'extrémité des plus grandes feuilles, — en laissant 0^m25 à 0^m30 en tous sens entre chaque plant.

La graine de Céleri est assez lente à germer ; on en favorise la levée par de fréquents bassinages.

Après la mise en place et jusqu'au moment de commencer l'étiolage ou le blanchiment, les soins à donner consistent exclusivement en sarclages et en arrosages aussi copieux que possible.

Blanchiment. — Avant d'employer les côtes du Céleri comme légume, on les blanchit en les privant de lumière. Ce résultat s'obtient de plusieurs manières : Quinze jours environ avant le moment où l'on désire récolter, on entoure chaque plant de paille jusqu'aux deux tiers de sa hauteur, ou bien on intercalle entre les rangs, également jusqu'aux deux tiers de la hauteur, des feuilles sèches ou de la grande paille. Ce procédé ne s'applique d'ordinaire qu'aux produits des semis faits sur couche, qui ont été mis en place en lignes régulières, ce qui facilite l'opération.

Quand les cultures sont tant soit peu importantes, on préfère enlever, trois semaines ou un mois avant de récolter, les pieds de céleris avec leur motte et les placer côte à côte dans une tranchée profonde de 0^m35 à 0^m40. On arrose assez copieusement, puis, lorsque de nouvelles feuilles commencent à se développer, ce qui est un indice que la reprise est complète, on remplit la tranchée de terre fine, meuble, et plutôt sèche qu'humide, jusqu'au tiers de la hauteur des plants ; huit à dix jours après, on ajoute une nouvelle quantité de terre semblable jusqu'aux deux tiers, et au bout de huit autres jours, on achève d'enterrer les pieds de façon à laisser seulement à l'air le haut du feuillage. Certains jardiniers, pour simplifier, enterrent d'abord les céleris à moitié, puis achèvent de les recouvrir quinze jours environ après le premier buttage. D'autres aiment mieux mettre directement leur plant en place, à l'écartement de 0m 25 à 0m 30, dans des fosses larges de 0m 40 et profondes de 0m 25 à 0m 30, au fond desquelles ils ont préalablement disposé une couche de terreau de 0m 08 à 0m 10, incorporé au sol par un coup de bêche peu profond. Chaque fosse est séparée de ses voisines par un intervalle de 0m 50 à 0m 60, sur lequel la terre extraite a été disposée régulièrement, de façon à former des ados sur lesquels ils plantent des Laitues ou autres légumes de croissance rapide, qui doivent être bons à enlever au moment de procéder au blanchiment, car la terre de ces ados sert alors à butter les céleris comme dans le procédé précédent.

Le buttage sur place a également de nombreux partisans, ce procédé étant celui qui exige le moins de main-d'œuvre tout en donnant d'excellents résultats. Le buttage proprement dit ne commence d'ordinaire qu'en Août ou Septembre, à moins qu'il ne s'agisse de plants avancés ou forcés provenant des premiers semis. Cependant, dès que les céleris ont atteint 0m 30 à 0m 35 de hauteur, il est d'usage de ramener une certaine quantité de terre autour du collet, de façon à recouvrir les racines qui pourraient se trouver à découvert ; puis, quand le moment de butter est venu, on enlève du pied tous les rejets, on lie les céleris avec un brin de paille et on forme un premier monticule jusqu'à la moitié de la hauteur des pieds, en ayant soin de choisir un temps bien sec, et d'éviter qu'il passe de la terre entre les feuilles ; huit jours après, on augmente le tas de terre qui devra s'arrêter à la couronne des feuilles. Certains praticiens opèrent même le buttage en trois fois, à une semaine d'intervalle, prétendant obtenir ainsi des côtes beaucoup plus fermes.

Lorsque les froids arrivent, on protège la plantation avec de la litière ou de vieux paillassons ; on peut aussi rentrer les céleris en cave et les y faire blanchir en les enterrant dans du sable ou de la terre sableuse.

Dans certaines régions, on se sert pour blanchir les céleris, de tuyaux en terre cuite de 0m 45 de hauteur, d'un diamètre de 0m 15 à la base et de 0m 12 dans le haut. Par une journée bien sèche, on rassemble les côtes et les feuilles des plantes avec une ficelle enroulée en spirale, on fait descendre un tuyau, le gros bout en bas, autour de chaque plante et on enlève la ficelle pour laisser les tiges s'écarter le long de ce tuyau et l'air arriver au cœur de la plante.

Céleri plein blanc.
Réd. au sixième.

INSECTES NUISIBLES ET MALADIES. — La *Mouche du céleri* (*Tephritis Onopordinis*) cause assez fréquemment de grands ravages dans les plantations. Ce sont les larves qui s'attaquent aux feuilles, dans le parenchyme desquelles elles creusent de longues galeries, arrêtant ainsi la croissance des jeunes plants qui jaunissent et finissent souvent par périr. Pour détruire ces larves, on pourra seringuer les feuilles avec du jus de Tabac ou bien du Solutol Lignières dilué dans vingt parties d'eau, en ayant soin de nettoyer ensuite les plantes à l'eau claire. Mais le mieux encore est de retrancher et de brûler les feuilles où l'on constatera leur présence. Il est bon de supprimer également tous les plants de céleri sauvage qui peuvent se trouver à proximité de la plantation.

Le Céleri est aussi quelquefois attaqué par une *rouille* qui se présente sous l'aspect de taches d'un jaune brun-roux. Pour enrayer l'extension de la maladie, on pourra avoir recours au sulfatage à la bouillie bordelaise, mais le plus simple est d'arracher et de détruire par le feu les plants attaqués, surtout s'ils sont peu nombreux.

CÉLERI PLEIN BLANC.

Noms étrangers : angl. Giant white solid celery. — all. Vollrippiger weisser Bleich-S. flam. Groote witte selderij. — esp. Apio lleno blanco.

Plante vigoureuse, haute de 0ᵐ40 à 0ᵐ50, à côtes charnues, pleines et tendres, vertes, prenant par l'étiolement une teinte blanc jaunâtre ; feuillage dressé, d'un vert brillant (*Voir* la fig. page 71).
C'est une race très répandue et la meilleure pour la culture en grand.

CÉLERI PLEIN BLANC DORÉ.

Synonyme : C. Chemin.

Noms étrangers : angl. (am.) Paris golden yellow celery, Golden self-blanching celery. all. Goldgelber Pariser vollrippiger selbstbleichender Bleich-Sellerie.

Très belle variété d'origine parisienne, obtenue en 1883 par M. Chemin, maraîcher, à qui l'on doit également plusieurs autres bonnes variétés de plantes potagères. C'est un céleri demi-court, compact, à feuillage vigoureux, et, jusqu'aux feuilles extérieures, d'un vert pâle à reflets dorés. Les côtes en sont grosses, larges, bien charnues et prennent d'elles-mêmes, sans être le moins du monde blanchies, une belle teinte chaude d'ivoire. Mais, comme tous les autres céleris, celui-ci doit être blanchi pour acquérir toutes ses qualités culinaires.

Le C. plein blanc doré est vigoureux et hâtif, facile à cultiver et de tous points recommandable. Néanmoins, il a besoin de quelques soins à l'arrière-saison, résistant moins bien à l'humidité que la plupart des autres variétés.

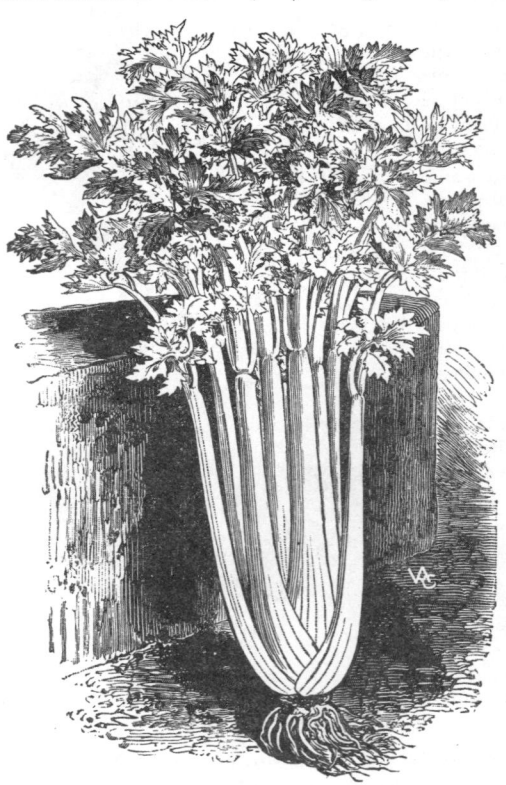

Céleri plein blanc doré (Réd. au sixième).

CÉLERI PLEIN DORÉ A COTE ROSE.

Noms étrangers : angl. Rose-ribbed Paris self-blanching celery, Golden rose C. all. Rosarippiger goldgelber Pariser Bleich-Sellerie.

Excellente variété issue de la précédente, dont elle a toutes les bonnes qualités. La plante ne dépasse pas 0ᵐ30 à 0ᵐ35 de hauteur ; son port est dressé et trapu ; son feuillage revêt une teinte dorée qui s'accuse et s'accentue surtout à l'arrière-saison. Les côtes larges, épaisses et ne creusant pas, se

CÉLERI A CÔTES

distinguent par leur teinte rose pâle; elles prennent, quand on les fait blanchir, une couleur d'ivoire légèrement rosée qui est très appétissante.

C'est un des meilleurs céleris pour la culture d'automne, et il est à ce point de vue préférable au C. plein blanc doré.

CÉLERI PASCAL.

Noms étr. : am. Giant Pascal white solid celery. — all. Weisser Pascal Bleich-Sellerie.

Variété très vigoureuse, extrêmement productive, à côtes courtes mais très larges et très épaisses, remarquablement tendres et charnues, très franchement vertes dans toute leur épaisseur quand elles sont exposées à la lumière, mais blanchissant très rapidement pour peu qu'elles soient liées ou enterrées. Feuillage dressé, vigoureux, mais court, et d'un vert foncé. Se conserve très bien l'hiver en cellier.

Le *Céleri Pascal doré*, qui ne se distingue du précédent que par la teinte de son feuillage, est peu cultivé, le C. plein blanc doré lui étant de tous points supérieur.

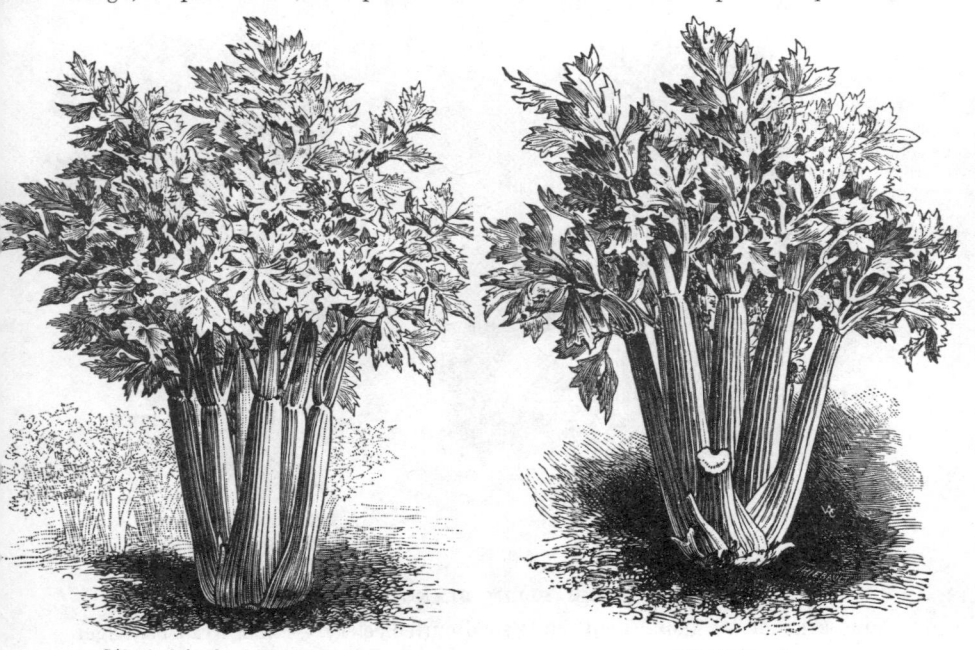

Céleri plein doré à côte rose.
Réd. au sixième.

Céleri Pascal.
Réd. au sixième.

CÉLERI D'AREZZO.

Noms étrangers : angl. Arezzo large solid celery. — all. Arezzo Bleich-Sellerie.

Variété très vigoureuse, atteignant 0^m50 et plus; côtes très épaisses, longues et bien pleines; feuillage dressé, très vigoureux, vert foncé, légèrement cloqué et à dentelure pointue.

Très estimé dans l'Italie méridionale, le C. d'Arezzo est introduit depuis déjà assez longtemps en France, où il réussit particulièrement bien dans les régions du Centre et surtout du Midi.

CÉLERI PLEIN BLANC COURT A GROSSE COTE.

Synonymes : Céleri sans drageons, C. hâtif de Dampierre.

Noms étrangers : angl. Dwarf large ribbed white solid celery, White gem celery. am. Kalamazoo C. — all. Vollrippiger weisser niedriger dicker Bleich-Sellerie.

Variété plus ramassée que le C. plein blanc ordinaire, à feuillage court et côtes extrêmement larges, très pleines et dressées, ce qui permet de la cultiver très serré et d'en obtenir, sur une même surface, autant de produit qu'avec de plus grandes variétés. Cet excellent céleri blanchit facilement, presque de lui-même, à cause du grand nombre de ses feuilles, qui se recouvrent les unes les autres ; on peut donc se contenter de le butter sans le lier, pour en obtenir des côtes bien blanches.

C'est, de tous les céleris, celui chez lequel les côtes prennent le plus grand développement comparativement aux dimensions des feuilles. Il a, de plus, la qualité précieuse de ne pas drageonner, c'est-à-dire de ne pas produire de rejets. Aussi est-il un des plus estimés et des plus cultivés dans les jardins.

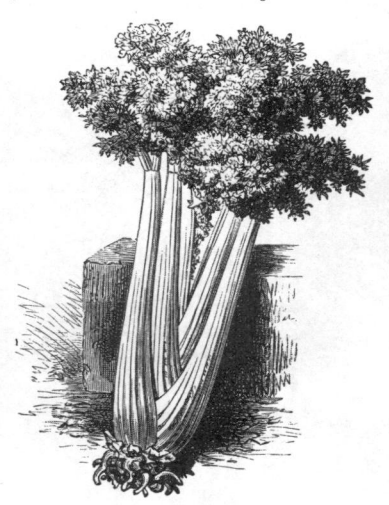

Céleri plein blanc court à grosse côte.
Réd. au sixième.

Céleri plein blanc frisé.
Réd. au sixième.

CÉLERI PLEIN BLANC FRISÉ.

Noms étrangers : angl. Giant white solid curled celery. — all. Krausblättriger vollrippiger weisser Bleich-Sellerie.

Variété très distincte, un peu courte et ramassée, à feuillage abondant, large ; folioles crispées et ondulées, d'un vert moins foncé et sensiblement plus blond que celui de la variété précédente ; les côtes en sont assez grosses et parfaitement pleines ; les feuilles elles-mêmes, au lieu d'être amères comme dans les autres variétés, ont une saveur douce qui permet de les employer dans la salade.

Cette race se montre peut-être un peu moins rustique et moins résistante au froid que celles à feuilles unies ; c'est en somme un céleri de bonne qualité, mais qui ne se recommande spécialement que par la particularité intéressante de son feuillage crispé.

CÉLERI PLEIN BLANC D'AMÉRIQUE.

Noms étrangers : angl. White plume celery. — all. Weisser Amerikanischer vollrippiger Bleich-Sellerie.

Race tout à fait distincte, introduite d'Amérique vers 1885 et caractérisée par la teinte blanc d'argent que ses feuilles présentent partiellement presque dès le début de la végétation et qui, plus tard, s'étend à toute la partie centrale et parfois même à la totalité du feuillage. Les côtes en sont naturellement blanches, mais, comme celles des autres variétés, demandent à être étiolées pour devenir complètement tendres.

Le C. plein blanc d'Amérique est à peu près de même taille que le C. plein blanc doré, mais de port plus étalé; il est un peu sensible au froid et pour cette raison doit être cultivé plutôt pour l'automne que pour l'hiver.

Céleri plein blanc d'Amérique.
Réd. au sixième.

Céleri corne-de-cerf.
Réd. au sixième.

Nous pouvons encore mentionner parmi les Céleris à côtes connus dans les cultures :

C. plein blanc court hâtif. — Variété plus courte du Céleri plein blanc ordinaire ; il blanchit très facilement.

C. turc (C. de Prusse). — Sous-variété du C. plein blanc ; très vigoureux, mais à côtes moins larges.

C. plein blanc à feuille de Fougère. — Variété très curieuse par la découpure très fine de son feuillage, et qui offre les mêmes qualités que les autres races de Céleri plein blanc.

C. à feuilles laciniées. — Un peu plus haut et plus blond que le précédent.

C. Scarole. — Dont il a été quelquefois question il y a une quinzaine d'années ; variété à côtes presque nulles et à feuillage étalé sur terre. C'est une plante d'un aspect assez original, mais n'offrant qu'un intérêt médiocre, puisque c'est précisément la partie utile qui s'y trouve, pour ainsi dire, réduite à presque rien.

C. corne-de-cerf. — Issu de la variété précédente, il a, comme elle, les côtes presque nulles ; mais s'en distingue franchement par son feuillage très découpé, rappelant, en plus grand, celui de la Chicorée fine de Rouen ou corne-de-cerf.

Parmi les bonnes variétés **anglaises** de Céleri blanc à côtes, il convient de citer les suivantes :

Danesbury ou *Veitch's solid white C.*, *Dickson's Mammoth white C.* et *Lockhurst giant white celery.* — Variétés compactes, à côtes très pleines, qui présentent quelque analogie avec le C. plein blanc court à grosse côte.

Dobbie's Invincible C., *Seymour's white C.* (SYN. *Goodwin's white C.*), *Northumberland champion white celery.* — Très grandes plantes se rapprochant un peu de notre Céleri plein blanc.

Dwarf white solid C., *Sandringham C.*, *Incomparable dwarf white celery.* — Variétés identiques ou à peu près, au Céleri plein blanc court hâtif.

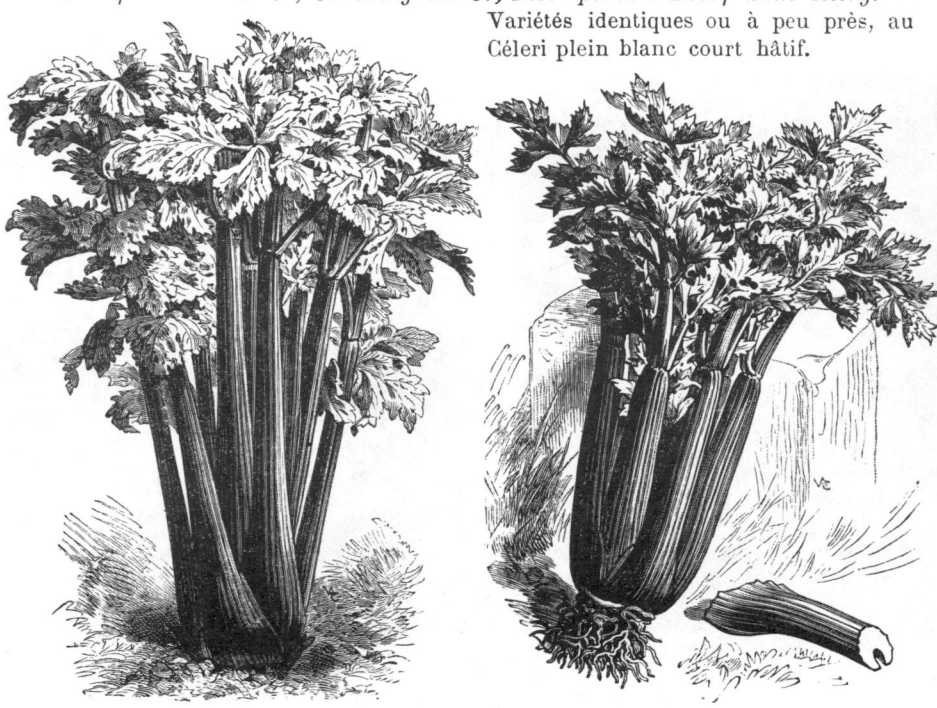

Céleri violet de Tours.
Réd. au sixième.

Céleri violet à grosse côte.
Réd. au sixième.

CÉLERI VIOLET DE TOURS.

SYNONYME : C. plein violet.

NOMS ÉTR. : ANGL. Red giant solid celery, London market red C., Ivery's Non-such C. ALL. Violetter Tours Bleich-Sellerie. — ESP. Apio lleno rosado.

Plante vigoureuse, à côtes très larges, d'un vert teinté de violet, très pleines, tendres et cassantes; feuillage demi-étalé, large, d'un vert foncé. C'est une variété bien rustique et d'une excellente qualité.

CÉLERI VIOLET A GROSSE COTE.

NOMS ÉTR. : ANGL. Red large ribbed celery.— ALL. Violetter dickrippiger Bleich-Sellerie.

Cette variété, un peu moins colorée que la précédente, mais plus forte dans toutes ses parties, se rapproche, par la forme, du Céleri Pascal dont elle est issue et qu'elle dépasse aussi par le volume et la consistance de ses très gros pétioles. C'est une plante courte, trapue, vigoureuse, rustique et se conservant bien ; les côtes en sont épaisses et tendres, et ne creusent pas en vieillissant, comme c'est souvent le cas pour les races hâtives. Elle se prête particulièrement bien à la culture d'automne.

Les Anglais cultivent un grand nombre de variétés de céleris à côtes rouges ou violettes ; nous citerons, en outre de celles qui sont identiques au Céleri violet de Tours et au C. violet à grosse côte :

Aylesbury prize red C. — Grand et bien coloré.

Early rose C. — A côtes un peu violacées et feuillage pointu.

Hood's dwarf red C. (SYN. *Carter's Incomparable crimson C.*). — Plus nain que les autres céleris rouges, mais bien plein et productif.

Major Clarke's solid red C. (SYN. *Wilcox's Dunham red C., Ramsey's solid red C., Turner's red C.*). — Plante vigoureuse, à peu près de la taille du C. violet de Tours, mais à feuillage plus touffu et d'un vert plus foncé.

Man of Kent C. — Plutôt rose que rouge, demi-compact et assez distinct.

Manchester red C. (SYN. *Laing's Mammoth C., Sulham prize pink C., Giant red C.*). — Plante extrêmement vigoureuse, de près de 1 mètre de hauteur.

Select red C., Standard bearer C. et *Winchester pink C.* — Bien colorés et un peu courts.

La culture du Céleri à côtes a pris aux États-Unis d'Amérique une extension considérable. Les trois États de Michigan, Ohio et New York à eux seuls, consacrent annuellement plusieurs milliers d'hectares à la production du céleri nécessaire à l'alimentation des grands marchés de l'Est et du Centre, durant la période de Juin à Janvier.

La Californie et la Floride suppléent pendant l'hiver aux cultures du Nord en approvisionnant ces marchés de Décembre à Avril.

L'étendue de cette culture s'explique par la place importante qu'occupe le Céleri à côtes dans l'alimentation publique et par le commerce considérable dont ce produit est devenu l'objet. Les pétioles ou côtes tendres du Céleri font, en effet, partie de tous les menus et sont généralement consommés crus à la croque au sel, comme hors-d'œuvre, ou pendant les repas. Il n'est donc pas surprenant qu'on cultive aux États-Unis un nombre de variétés beaucoup plus considérable que chez nous.

Les Céleris *plein blanc doré, plein blanc d'Amérique, Pascal* et *plein blanc court à grosse côte*, sont les plus cultivés, mais à côté d'eux on trouve un certain nombre de variétés qui se rapprochent plus ou moins de notre C. plein blanc court à grosse côte avec de légères différences dans la hauteur, la précocité et la coloration.

Parmi celles dont la culture a le plus d'importance, nous citerons :

Boston market C. — Compact, souvent drageonnant, à côtes épaisses, bien pleines, blanches. Très estimé sur le marché de Boston.

Crawford's half dwarf C. — Un peu plus haut que notre C. plein blanc court à grosse côte, à côtes pleines, pas très larges, prenant une teinte d'un blanc jaunâtre lorsqu'elles sont blanchies.

Evans' Triumph C. — Un des meilleurs céleris tardifs ; de taille moyenne, à côtes longues, blanches, bien pleines et de bonne qualité.

Golden heart ou *Golden dwarf C.* — Demi-court, drageonnant ; à côtes bien pleines, de bonne qualité, et d'un beau blond lorsqu'elles ont été étiolées. Rustique et très cultivé pour l'arrière-saison et l'hiver.

La variété *Perle Le Grand* paraît en être très voisine.

New rose C. — Beau céleri violet, ressemblant au C. violet de Tours, mais à côtes régulièrement pleines, tendres et d'excellente qualité.

Perfection heartwell C. — Variété tardive, un peu plus haute que notre C. plein blanc court à grosse côte ; à cœur jaune ; côtes moyennes, bien pleines, tendres et de bonne qualité.

Pink plume C. — Ne diffère du C. plein blanc d'Amérique que par la couleur plus ou moins rosée de ses côtes.

Winter Queen C. — Tardif, compact, blanchissant très facilement et prenant alors une teinte blanc-crème ; côtes bien pleines, charnues, très estimées.

Les céleris *Fin de Siècle* et *Schumacher* sont des variétés vigoureuses, hautes, a longues côtes, estimées dans certaines régions.

CÉLERI A COUPER.

Synonymes : Céleri petit, C. creux, C. fin de Hollande.

Noms étrangers : Angl. Soup-celery, Smallage. — All. Schnitt-Sellerie. Flam. Snijselderij. — Esp. Apio de cortar, A. pequeño.

Variété peu améliorée, se rapprochant très probablement du céleri à l'état sauvage. C'est une plante rustique, à feuillage abondant et dressé ; les côtes sont creuses, assez fines, tendres et cassantes ; drageons ou rejets très abondants.

Le Céleri à couper ou Céleri petit se cultive seulement pour son feuillage, qu'on emploie dans les potages ou comme assaisonnement ; aussi est-il beaucoup moins usité que les Céleris à côtes.

Céleri à couper.
Réd. au sixième.

Culture. — On le sème sur couche de Janvier à Mars, très clair si on ne veut pas le repiquer ; on éclaircit même au besoin, et c'est souvent le cas, les plants étant toujours trop drus quand le semis réussit bien. Le repiquage est toutefois préférable et s'opère de façon à laisser de 0^{m}08 à 0^{m}10 d'écartement entre chaque plant. La mise en place a lieu ordinairement en Avril-Mai à 0^{m}18 ou 0^{m}20 en tous sens.

La culture principale se fait en plein air. On sème d'Avril à Juillet, à raison de 200 grammes à l'are. On profite de la première récolte, qui a lieu d'ordinaire deux mois après le semis, pour éclaircir les plants trop serrés ; après quoi on donne de fréquents et copieux arrosages de façon à obtenir un feuillage très touffu et tendre. La cueillette des feuilles s'opère d'ordinaire tous les quinze jours, et on a soin de couper les pétioles un peu au-dessus du collet.

Après chaque récolte, il est nécessaire d'arroser assez abondamment, pour provoquer une nouvelle pousse de feuilles.

CÉLERI-RAVE.

Noms étr. : ANGL. Celeriac, Turnip-rooted *or* German celery. — ALL. Knollen-Sellerie.
FLAM. et HOLL. Knoll-Selderij.— DAN. Knold-Selleri. — ITAL. Sedano-rapa.
ESP. Apio-nabo, Apio-rabano. — RUSSE Seldereï vostorjennyi. — POL. Selery bulwiaste.

Dans cette classe de céleris, c'est la racine qui a été développée par la culture, et non pas les pétioles des feuilles, lesquels restent creux, d'une grosseur médiocre et d'une saveur amère qui les rend impropres à la consommation ; par contre, la racine, qui même dans le céleri sauvage, forme, avant de se diviser en une infinité de radicelles, un empâtement d'un certain volume, a été amenée par la culture à égaler facilement la grosseur du poing et à atteindre souvent un volume double.

Le Céleri-rave est un excellent légume dont la culture, d'introduction relativement récente, n'est pas encore aussi générale qu'il le mérite ; il se conserve parfaitement et constitue pour l'hiver une ressource très appréciable.

CULTURE. — Elle est à peu de chose près la même que celle des Céleris à côtes, avec cette différence qu'il n'y a pas lieu de butter ou de faire blanchir en fosses, puisque c'est la racine seule qui est utilisée.

On peut semer en Février-Mars sur couche et sous châssis pour avoir des produits de bonne heure ; les plants sont repiqués sous châssis, sur vieille couche, ou en côtière bien exposée, à $0^m 08$ ou $0^m 10$ d'écartement, quand ils ont deux ou trois feuilles, et sont mis en place en pleine terre dans le courant de Mai, à $0^m 35$ ou $0^m 40$ en tous sens. Comme pour le Céleri à côtes, les arrosages doivent être abondants et réguliers, surtout pendant l'été. On peut commencer à récolter dès le mois d'Août.

Pour la deuxième saison, qui est la plus importante, le semis se fait en Avril-Mai, en pleine terre ; la mise en place s'effectue fin-Juin en observant le même espacement que ci-dessus, et après un repiquage comme dans la culture précédente.

Beaucoup de maraîchers ont l'habitude de pratiquer un second repiquage avant la mise en place définitive, en écartant un peu plus les plants ; ils en suppriment le pivot, et les racines obtenues sont ainsi beaucoup plus nettes et plus volumineuses.

Après la mise en place, il ne reste plus qu'à biner, sarcler, pailler et à donner des arrosages copieux. On peut aussi supprimer en été les rejets, de même que les racines latérales et les plus grandes feuilles, afin d'obtenir des pommes plus belles et plus régulières.

La culture en pleine terre donne ses produits à partir de la mi-Octobre jusqu'aux gelées. A l'approche des froids, on procède à l'arrachage et on conserve les racines, après avoir supprimé les feuilles, soit en jauge dehors en les abritant d'un épais paillis, soit de préférence en cellier ou en cave en les couvrant de sable.

INSECTES NUISIBLES ET MALADIES. — Voir ce qui a été dit pour le Céleri à côtes (page 71).

CÉLERI-RAVE ORDINAIRE.

Noms étrangers : ANGL. Common celeriac. — ALL. Leipziger Knollen-Sellerie, Naumburger Riesen- Knollen-Sellerie.

Feuilles plus petites que celles des céleris à côtes pleines ; pétioles teintés de rouge ou au moins bronzés, et toujours creux, de saveur amère. Racine arrondie ou conique à la partie supérieure, et se divisant en dessous en un très grand nombre de ramifications plus ou moins charnues et entremêlées les unes dans les autres ; brune à l'extérieur et à chair blanche. Le poids de ce renflement, débarrassé des feuilles et des petites racines, peut atteindre en moyenne 200 à 300 grammes.

Cette variété est maintenant à peu près abandonnée au profit de la suivante, plus nouvelle et à racine plus nette et plus grosse.

CÉLERI-RAVE DE PARIS AMÉLIORÉ.

Noms étrangers : angl. Large improved Paris celeriac. — all. Pariser verbesserter Knollen-Sellerie.

Variété obtenue par M. Falaise, et se distinguant de la précédente par un développement beaucoup plus considérable de la racine. Feuillage assez haut, à pétioles minces, vert foncé et fortement teinté de rouge ; les feuilles elles-mêmes sont larges, assez découpées, d'un vert luisant et très foncé, surtout sur la partie supérieure du limbe.

C'est la race la plus appréciée par les maraîchers parisiens pour la culture sur terreau ; elle est un perfectionnement du *Céleri-rave gros lisse de Paris*, qu'elle a remplacé, et qui était lui-même une bonne sélection du Céleri-rave ordinaire.

Céleri-rave de Paris (Réd. au sixième)

CÉLERI-RAVE TRÈS HATIF D'AOUT.

Synonyme : Céleri-rave à feuille panachée.

Noms étrangers : angl. Large early august C. — all. Sehr früher August Knollen-S.

Racine presque sphérique, très charnue. Feuillage court et peu développé, à pétioles larges, blanc jaunâtre ; feuilles assez grandes, très déchiquetées et crispées, presque blanches à la partie inférieure, panachées de blanc à la partie supérieure avec des nervures fréquemment rouges.

Il se recommande par sa précocité, qui ne l'empêche pas d'ailleurs de donner d'excellents résultats lorsqu'on le cultive pour l'arrière-saison. Dans ce dernier cas surtout, son joli feuillage lui constitue un mérite spécial : on l'emploie pour former des bordures qui égayent à l'automne la monotonie du jardin potager.

CÉLERI-RAVE D'ERFURT.

Noms étrangers : angl. Large early Erfurt celeriac. — all. Früher Erfurter Knollen-Sellerie.

Variété plus petite que le Céleri-rave ordinaire, mais aussi plus précoce ; racine très nette, régulièrement arrondie, à collet fin.

CÉLERI-RAVE POMME A PETITE FEUILLE.

Noms étrangers : angl. Apple-shaped small-leaved celeriac. — all. Runder Apfel-kurzlaubiger Knollen-Sellerie.

Sous-variété du Céleri-rave d'Erfurt, à feuillage léger, demi-dressé, à pétioles longs, violacés ; sa racine, très régulière, arrondie, est tout à fait dépourvue de radicelles dans sa moitié supérieure.

Il existe un céleri-rave extraordinairement petit, à feuille longue de 0^m10 à 0^m12 seulement, dont la racine ne dépasse guère le volume d'une noix. Il est plutôt curieux que recommandable ; on l'appelle *Céleri-rave d'Erfurt Tom-Thumb*.

CÉLERI-RAVE GÉANT DE PRAGUE.

Noms étrangers : angl. Large smooth Prague celeriac. — all. Prager Riesenglatter zarter Knollen-Sellerie.

Vraisemblablement sorti du Céleri-rave d'Erfurt, mais remarquable par le très fort volume de ses racines arrondies, relativement très développées en comparaison du feuillage, qui n'est pas sensiblement plus grand que celui du Céleri-rave d'Erfurt.

C'est une belle et excellente variété, régulière de forme et bien nette dans sa partie supérieure, les radicelles étant toutes réunies à la base de la racine.

Céleri-rave géant de Prague.
Réd. au sixième.

Céleri-rave pomme à petite feuille.
Réd. au sixième.

CERFEUIL

Anthriscus Cerefolium Hoffm. — **Scandix Cerefolium** L.

Fam. des *Ombellifères*.

Noms étr. : angl. Chervil.— all. Kerbel. — flam. et holl. Kervel.— dan. Have kjorvel. suéd. Kyrfvelfloka. — ital. Cerfoglio. — esp. Perifollo.— port. Cerefolio. russe Kervel obyknavenny. — pol. Blekotek *v.* Trybula.

Russie méridionale. — *Annuel.* — Feuilles très découpées, à folioles ovales, incisées, pinnatifides; tige de 0^m40 à 0^m50, glabre, peu feuillée; fleurs en ombelles, petites, blanches. Graine noire, longue, pointue, marquée d'un sillon longitudinal; au nombre de 450 dans un gramme et pesant 380 grammes par litre; sa durée germinative est de deux ou trois ans.

Culture. — Le Cerfeuil se sème de Mars à Septembre en place, à la volée ou en rayons distants de 0ᵐ15 à 0ᵐ20, à raison de 500 à 600 grammes à l'are, en terrain sain et bien fumé. On choisit autant que possible une exposition chaude et abritée pendant les mois de Mars, Avril et Septembre, fraîche et ombragée pendant ceux de Juin, Juillet et Août. Il est bon de plomber la terre après le semis par un battage et un roulage, et de recouvrir le semis d'un léger paillis qui favorisera la germination. Les soins de culture consistent uniquement en sarclages et arrosages, qui doivent être aussi copieux et aussi fréquents que possible. La récolte peut commencer six semaines environ après les semis d'été.

On sème aussi d'Octobre en Février sur couche ou sous châssis. — Le Cerfeuil provenant des derniers semis faits en Septembre peut être conservé facilement pendant une partie de l'hiver, si l'on a la précaution de le recouvrir d'un châssis.

Presque tous les climats conviennent au Cerfeuil ; mais plus la chaleur est grande, plus il est nécessaire de le placer dans une situation ombragée.

Usage. — Les feuilles sont aromatiques et s'emploient dans la plupart des assaisonnements et dans les salades.

CERFEUIL COMMUN.

Noms étrangers : angl. Common or plain chervil. — all. Gewöhnlicher Kerbel. holl. Gewone kervel. — ital. Cerfoglio comune.

Feuillage léger, très découpé, d'un vert blond; tiges fines, légèrement renflées au-dessous des nœuds, cannelées, lisses; fleurs en ombelles légères, étagées sur toute la moitié supérieure de la tige.

Le Cerfeuil commun est une des plus répandues et des plus connues de toutes les plantes potagères. On ne l'emploie presque jamais seul, mais son goût fin, très aromatique et pénétrant, en fait l'accompagnement presque nécessaire d'un grand nombre de mets. — Il forme la base du mélange désigné en cuisine sous le nom de « *fines herbes* ».

Cerfeuil commun (Réd. au quart).    Cerfeuil frisé (Réd. au quart).

CERFEUIL FRISÉ.

Synonyme : Cerfeuil double.

Noms étrangers : angl. Curled chervil, Double Ch. — all. Krausblättriger Kerbel, Gefüllter K., Plumage-K. — holl. Gekrulde kervel. — ital. Cerfoglio ricciuto. esp. Perifollo risado.

Variété du Cerfeuil commun, à folioles crépues ou frisées ; elle a exactement le même parfum et la même saveur, et lui est préférable pour décorer les plats.

On devrait toujours cultiver cette forme de préférence à la race ordinaire, car elle en a tous les avantages : facilité de culture, précocité, vigueur et production, et, comme nous venons de le dire, elle est plus jolie et plus ornementale, mais surtout elle ne peut être confondue avec aucune autre plante et c'est là un grand mérite. Bien que l'œil le moins exercé puisse reconnaître presque sûrement le Cerfeuil d'avec les autres plantes de la famille des ombellifères, il y a une double sécurité à cultiver une forme de cerfeuil avec laquelle aucune plante sauvage nuisible ne puisse être confondue.

CERFEUIL MUSQUÉ, C. d'Espagne, C. anisé, Fougère musquée (*Myrrhis odorata*) (angl. Sweet-scented chervil ; all. Anis-Kerbel ; ital. Finocchiella).

Feuilles très grandes, ailées, pubescentes, à folioles pinnatifides, lancéolées ou incisées, d'un vert très pâle, grisâtre ; pétioles et nervures velus, ainsi que les tiges, qui s'élèvent à 0^{m}60 ou 1 mètre ; fleurs petites, blanches, en larges ombelles.

Il est bon de semer la graine de C. musqué aussitôt qu'elle est mûre, car elle est d'une conservation assez difficile. Semée à l'automne, elle germe au printemps ; semée au printemps, elle ne lève en général que l'année suivante. Quand le plant a quatre ou cinq feuilles, on peut le mettre en place en espaçant les pieds de 0^{m}50 à 0^{m}60 en tous sens et laisser la plantation pendant de longues années sans lui donner d'autres soins que quelques binages.

Les feuilles du C. musqué s'emploient quelquefois comme assaisonnement ; elles ont un goût un peu sucré et un parfum fortement anisé. La culture de cette plante est peu répandue.

CERFEUIL TUBÉREUX

Chærophyllum bulbosum L.

Fam. des *Ombellifères*.

Synonyme : Cerfeuil bulbeux.

Noms étrangers : angl. Tuberous chervil, Turnip-rooted Ch. — all. Kerbelrübe, Körbelrübe. — flam. et holl. Knoll-kervel. — dan. Kjorvelroe. — suéd. Hund-floka. — esp. Perifollo bulboso. — russe Kervel kloubnievidnyi.

Europe méridionale. — Bisannuel. — Plante velue, à feuilles très divisées, étalées sur le sol, à pétioles violacés. Racine très renflée, imitant à peu près la forme de celle de la Carotte courte, mais presque toujours plus petite ; à peau très fine, d'un gris foncé ; chair ferme, blanc jaunâtre. Tige très forte et très haute, s'élevant à 1 mètre et plus, renflée au-dessous des nœuds, d'une teinte violacée, garnie dans sa partie inférieure de longs poils blanchâtres. Graine longue, pointue, légèrement concave et d'un brun clair d'un côté, blanchâtre du côté opposé et marquée de trois sillons longitudinaux peu profonds ; un gramme en contient 450 et le litre pèse 540 grammes ; la durée germinative n'est ordinairement que d'un an ou deux.

Cerfeuil tubéreux (Réd. de moitié).

Culture. — La graine de Cerfeuil tubéreux doit être semée à l'automne, dans une terre bien préparée, douce et saine, et l'on doit avoir soin de la recouvrir très peu ; il suffit, le plus souvent, de bien tasser la terre après le semis. Il faut ensuite tenir la planche très propre et soigneusement sarclée, attendu que la graine ne germe qu'au printemps. — Il est possible de ne semer qu'au printemps, si l'on a eu la précaution de stratifier la graine à l'automne : elle lève alors immédiatement ; conservée de toute autre façon, elle ne germerait qu'au printemps de l'année suivante. — Le C. tubéreux ne réclame aucun soin pendant toute la durée de sa végétation, sauf de fréquents arrosages, surtout au printemps.

Vers le mois de Juillet, le feuillage commence à changer de couleur et à se dessécher ; c'est là le signe de la maturité prochaine des racines. Dès que le feuillage est éteint, il convient de récolter les racines pour employer le sol à une autre culture ; mais il est bon de ne les consommer qu'au bout d'un certain temps, car elles gagnent beaucoup en qualité à être conservées pendant quelques semaines ou même plusieurs mois, pourvu que ce soit dans un endroit sain et à l'abri de la gelée, et de préférence dans du sable sec.

Usage. — Les racines du Cerfeuil tubéreux se mangent cuites ; la chair en est farineuse et sucrée, avec un goût aromatique bien particulier. Elles se conservent facilement pendant tout l'automne et l'hiver.

On a essayé, ces dernières années, d'introduire dans les potagers la culture du *Cerfeuil de Prescott*, plante originaire de Sibérie, produisant des racines renflées et comestibles analogues à celles du C. tubéreux.

Les graines du C. de Prescott germent facilement, mais, si elles sont semées au printemps, les plantes qui en sortent montent rapidement à graine. Il faut retarder les semis jusqu'au mois de Juillet pour éviter cet inconvénient et obtenir une bonne formation des racines, qui sont plus volumineuses que celles du C. tubéreux, mais d'un goût moins fin et se rapprochant plutôt de celui du Panais.

CHAMPIGNON CULTIVÉ
Agaricus campestris L.
Famille des *Champignons*.

Synonymes : Champignon de couche, Agaric comestible.

Noms étrangers : angl. Mushroom. — all. Schwamm, Erdschwamm, Herrenpilz. — suéd. Akta champinjon.— flam. et holl. Kampernoelie.— ital. Fungo comestibile. esp. Seta, Hongo. — port. Cogumelo comestivel. — russe Grube champignon. pol. Pieczarki, Szampiony.

Le Champignon cultivé est le même que le *Champignon rose* (*Ch. des prés*, *Ch. de rosée*, ainsi désigné lorsqu'il se développe spontanément dans les prés et les pâtures).

Dans cette espèce, comme dans la plupart des champignons, on prend habituellement pour la plante entière ce qui ne représente en réalité que les organes de la fructification. La plante véritable, celle qui se nourrit, s'accroît et finalement doit se préparer à fleurir, c'est le réseau des filaments blanchâtres qui constitue ce qu'on appelle le « *blanc de champignon* » : c'est, en termes botaniques, le « *mycelium* » du champignon. La végétation de ce mycelium, suspendue par la sécheresse, reprend toute son activité sous l'influence de l'humidité accompagnée d'une chaleur suffisante ; elle est particulièrement vigoureuse dans le fumier de cheval, qui paraît être le milieu le plus favorable de tous pour le développement de cette espèce.

Quand le Champignon est sur le point de fructifier, il se renfle et produit de petites excroissances blanchâtres qui prennent bientôt la forme d'un petit parasol, ordinairement blanc à la surface supérieure, garni à la face inférieure de lames très minces, rayonnantes, d'un rose pâle d'abord, passant graduellement au brun. Ce parasol ou chapeau est porté sur un pied cylindrique, charnu, de couleur blanche ; la couleur des lames du chapeau permet de distinguer le Champignon comestible des espèces dangereuses, heureusement rares, avec lesquelles on pourrait le confondre.

Il existe dans les cultures de Paris et des environs un grand nombre de variétés et sous-variétés du Champignon de couche, qui diffèrent les unes des autres par la teinte et l'apparence de la peau, leur volume et leur poids ; on en connaît trois principales : la *blanche*, la *blonde* et la *grise*.

La variété *blanche*, généralement plus fine, est la plus recherchée; toutefois on a remarqué que certains types se rattachant à cette variété ont le défaut de se tacher vite et de supporter mal l'emballage et le transport.

La variété *blonde* est plus vigoureuse, plus productive, les fruits sont plus gros, plus lourds et moins fragiles aux manipulations.

La variété *grise* a un goût très prononcé, mais la teinte foncée qu'acquiert le fruit lorsqu'il est à l'état un peu avancé, est cause de son peu de vente sur les marchés.

Au bout de quelque temps, et en dehors des circonstances particulières où elles ont pris naissance, les variétés perdent leurs caractères et reproduisent un champignon très ordinaire, souvent inutilisable. Les champignonnistes ont tellement remarqué cette dégénérescence, qu'ils cultivent rarement une variété pendant plus de deux ou trois ans et qu'ils ont recours alors aux producteurs de *blanc vierge* de semis, à moins qu'ils n'en recherchent dans les vieux tas de fumier et d'ordures, où on en rencontre à l'état spontané.

Ce blanc vierge spontané a cependant un inconvénient : il provient d'un semis inconnu, et il faut quelquefois essayer cinq ou six variétés différentes avant d'en trouver une seule présentant de l'intérêt; au contraire, des procédés spéciaux et nouveaux permettent maintenant de sélectionner les champignons en reproduisant, par la germination directe des spores, les variétés choisies parmi les meilleures et les plus belles.

Champignon de couche.
Grandeur naturelle.

CULTURE. — Le Champignon de couche peut être produit facilement partout et en toutes saisons, moyennant quelques soins que nous allons nous efforcer d'indiquer aussi clairement et aussi brièvement que possible.

Les conditions essentielles pour obtenir un bon résultat consistent : 1° à avoir un blanc sain, vigoureux, non épuisé ; 2° à faire la culture du Champignon dans un terrain artificiel très riche et sous l'influence d'une température à peu près constante.

C'est pour satisfaire à cette dernière condition que les caves et les carrières sont le plus souvent employées à la culture du Champignon ; mais tout autre local peut également bien convenir, pourvu que l'air y circule librement, que sa température, après le montage des meules, n'excède pas 22° à 25° centigrades, et descende le moins possible au-dessous de 10 degrés ; la température la meilleure étant 12° à 15° centigrades.

La première chose dont il faut s'occuper après le choix d'un emplacement convenable, c'est la préparation de la couche qui doit servir à la production des champignons. L'élément essentiel en est le fumier de cheval et de préférence celui qui provient d'animaux vigoureux, bien nourris, travaillant beaucoup et ne recevant pas trop de litière. Il est désirable, en un mot, que le fumier soit chaud et pas trop pailleux ; il ne doit pas non plus être compact, ni chargé d'ammoniaque à l'excès.

Ce fumier ne peut servir à la confection des couches tel qu'il sort de l'écurie, la fermentation en serait trop violente et donnerait une chaleur excessive. On peut en tempérer la force en y mêlant, aussi intimement que possible, un cinquième ou un quart de bonne terre de jardin. — Les *couches* ou *meules* peuvent être immédiatement montées avec ce mélange dont la fermentation lente ne donne qu'une chaleur soutenue et modérée. Il faut avoir soin de monter la meule sur un emplacement très sain, et, quand elle est terminée, on doit la peigner avec soin pour enlever les brins de paille qui dépassent, de manière à rendre les faces bien unies et bien fermes.

Si l'on veut employer le fumier pur, comme font les champignonnistes des environs de Paris, il faut lui faire subir une préparation essentielle afin d'en rendre toutes les parties bien homogènes. — Pour cela, on transporte le fumier à la sortie de l'écurie sur l'emplacement où il doit être préparé ; là, on en forme un tas carré d'un mètre de hauteur environ, qu'on monte par couches successives, en ayant soin de retirer tous les corps étrangers qui pourraient s'y trouver, et de mouiller toutes les parties qui paraîtraient trop sèches ; on dresse ensuite proprement les côtés du tas et on les foule fortement ; c'est ce qu'on appelle *abattre un plancher*. On laisse le fumier dans cet état jusqu'à ce que la chaleur développée par la fermentation menace de devenir excessive, ce qui se reconnaît à la couleur blanche que commencent à prendre les parties les plus échauffées. Cette fermentation excessive se produit généralement entre le sixième et le dixième jour après l'établissement du plancher. Il faut alors défaire le tas et le remonter de la même façon et avec les mêmes précautions que la première fois. Il faut, en outre, avoir soin de placer dans l'intérieur du plancher le fumier qui se trouvait à l'extérieur en premier lieu et dont la fermentation est, par suite, moins avancée ; il est aussi utile de bassiner, en les remaniant, les parties qui sembleraient à peu près sèches.

En général, quelques jours après que le plancher a été retourné, la fermentation reprend avec assez de force pour qu'il soit nécessaire de l'abattre une troisième fois.

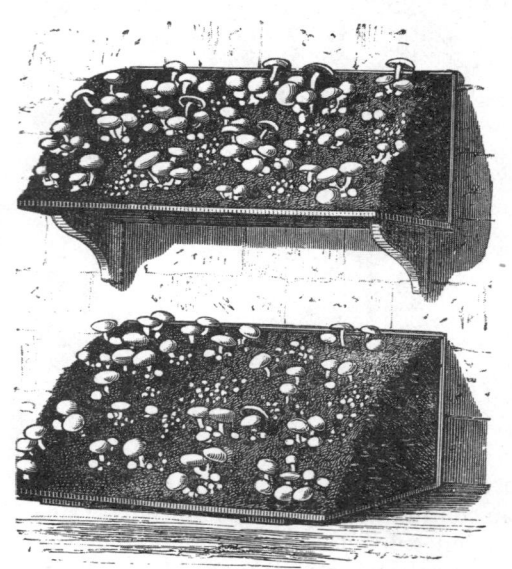

Petites meules mobiles, à une pente, superposées et adossées à une muraille.

Lorsque le fumier est devenu brun et onctueux, sans être pourri, que la paille dont il est composé a presque entièrement perdu sa consistance et que son odeur rappelle celle du champignon plutôt que celle du fumier frais, il est bon à être employé ; cela se produit généralement quelques jours après le troisième abatage.

Il est difficile d'obtenir une bonne préparation de fumier si l'on n'opère pas sur une certaine quantité à la fois, on ne peut guère traiter convenablement moins d'un mètre cube et c'est là une cause fréquente d'insuccès dans les cultures bourgeoises ; on doit tâcher de l'éviter et, si les meules à monter demandent une moins grande quantité, il faut en préparer néanmoins un mètre ; ce qui ne servira pas aux champignons conserve sa valeur pour toutes les autres cultures potagères. — Le fumier est ensuite transporté à l'endroit où doivent être faites les meules et mis en place immédiatement.

On peut donner aux meules la forme et les dimensions que l'on veut, mais l'expérience a montré que la meilleure manière d'utiliser complètement le fumier et l'espace dont on dispose consiste à donner aux meules une hauteur de 0^{m}50 à 0^{m}60, avec une largeur à peu près égale à la base ; ces mesures doivent être réduites si le local dont on dispose n'est pas bien aéré ou si la température y est naturellement élevée. Une élévation excessive de la température, par suite de la reprise de la fermentation, est aussi moins à craindre dans un petit local, si les meules sont moins volumineuses.

Lorsqu'on dispose d'un espace assez étendu, on préfère les meules à deux pentes ou en dos d'âne, auxquelles on peut donner une longueur illimitée tout en leur conservant la hauteur et la largeur indiquées plus haut. La largeur, au contraire, doit être moindre que la hauteur lorsque les meules doivent être appuyées d'un côté et, par conséquent, ne présenter qu'une pente ; c'est ce qu'on appelle des meules « *en accot* ».

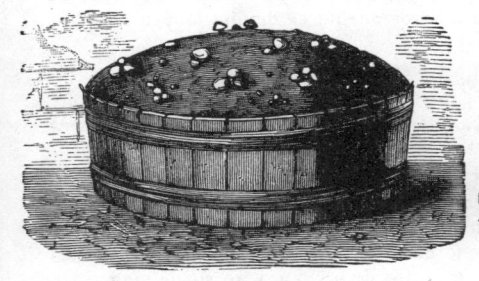

Culture du Champignon dans un baquet.

Petite meule portative à deux pentes.

On peut encore monter des meules, soit dans de vieux baquets, soit dans des tonneaux sciés en deux, soit sur de simples planchettes, en leur donnant la forme d'un cône, ou bien celle des tas de cailloux que l'on voit sur les routes. De cette façon, il devient possible d'introduire ces meules toutes montées dans les caves ou les portions d'habitation où l'on n'aimerait pas à faire entrer du fumier en nature et à faire le travail du montage des couches.

Les meules établies, il convient d'attendre quelques jours avant d'y placer le blanc, pour s'assurer que la fermentation n'y recommence pas d'une manière excessive. On peut, en général, juger approximativement au simple toucher s'il en est ainsi ; mais il est plus sûr d'employer un thermomètre. Il est en tout cas utile d'empêcher la température de monter au-dessus de 30° centigrades, en pratiquant avec un bâton quelques ouvertures par où s'échappera la chaleur.

Quand la température se maintient assez uniformément aux environs de 20° à 25°, le moment est alors venu de *larder*, c'est-à-dire d'insérer dans les meules les parcelles de blanc de champignon qui font l'office de boutures.

Galettes
de blanc de champignon.

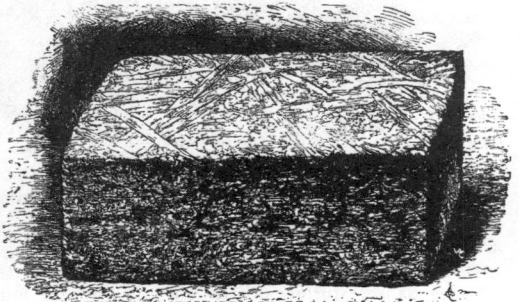

Briquette de blanc de champignon vierge.

Nous attirons particulièrement l'attention sur cette opération, appelée « *lardage* », et sur le choix du blanc ; ce sont choses essentielles.

On peut se servir de blanc frais ou sec. Le blanc frais se trouve assez difficilement, tandis qu'on peut se procurer en toutes saisons du blanc desséché qui se garde d'une année sur l'autre avec la plus grande facilité, et à l'aide duquel on obtient un succès à peu près assuré s'il provient de cultures spéciales faites en vue de la *reproduction*.

Le blanc destiné au lardage doit en effet provenir de meules saines, exemptes de maladies et n'ayant jamais fructifié ; c'est pourquoi nous conseillons de préférence l'emploi du *blanc de champignon vierge*, que l'on trouve dans le commerce sous la forme de briquettes.

Ce blanc, obtenu par ensemencement direct de variétés choisies et sélectionnées, réunit non seulement les qualités indispensables dont nous parlons plus haut, mais il joint à cela une vitalité extraordinaire qui augmente certainement les chances de réussite.

Cinq à dix jours avant d'introduire le blanc dans la meule, il est indispensable de le *faire revenir* : il suffit, pour cela, de l'exposer à l'influence d'une humidité tiède et modérée, soit en cave sur les meules elles-mêmes ou simplement sur le sol entre les meules ; soit encore sur une couche tiède (couche à melons, par exemple) ; soit enfin, et si la température le permet, enterré dans le jardin, à 0m15 ou 0m20 de profondeur ; ce dernier moyen est aussi bon, quoique plus lent que les précédents.

On reconnaît que le blanc est à point et qu'il est prêt à végéter :

1° A l'odeur caractéristique de champignon qui se perçoit nettement quand on aspire fortement les briquettes ou les galettes de blanc, après avoir eu soin d'en écarter légèrement les bords de façon à découvrir un peu l'intérieur ;

2° A l'aspect gras et onctueux que présente le fumier garni de mycelium.

Pour garnir les meules, on opère de la façon suivante : On divise, au préalable, les morceaux, briquettes ou galettes de blanc de champignon en fragments ayant 10 à 15 centimètres de longueur sur 2 ou 3 d'épaisseur, pour former ainsi des *lardons* ou *mises* ; ces mises sont introduites sur les faces de la meule en les espaçant de 0m30 à 0m40 sur le rang.

Sur les meules de 0m50 environ de hauteur on a l'habitude de faire deux rangs, en ayant soin de placer les lardons du rang supérieur au milieu de l'intervalle qui sépare ceux de l'autre rangée. On les introduit d'une main pendant que de l'autre on soulève et écarte le fumier pour leur faire place ; ils doivent être enfoncés entièrement dans le sens de leur largeur et avancés de 4 ou 5 centimètres dans l'intérieur de la meule ; puis on foule légèrement par-dessus pour rendre le contact plus intime. Si la meule est montée dans un endroit à température constante et suffisamment élevée, il n'y a plus qu'à attendre la reprise du blanc ; si, au contraire, elle est placée au dehors ou exposée à des changements de température, il faut la recouvrir d'une enveloppe de paille ou de fumier long qu'on appelle « *chemise* » et qui sert à confiner autour de la meule une certaine quantité d'air participant de sa température chaude et uniforme.

Lorsque le travail a été bien fait et si les conditions sont favorables, le blanc doit commencer à végéter huit à dix jours après le lardage des meules ; il est bon de s'en assurer à ce moment et de remplacer les lardons qui n'auraient pas pris : ceci se reconnaît à l'absence de filaments blancs dans le fumier qui les entoure. Quinze jours ou trois semaines après le lardage, le blanc doit avoir envahi en partie la meule et commencé à se montrer à la surface sous l'aspect de filaments plus gros. Il faut alors se préparer au « *gobetage* ».

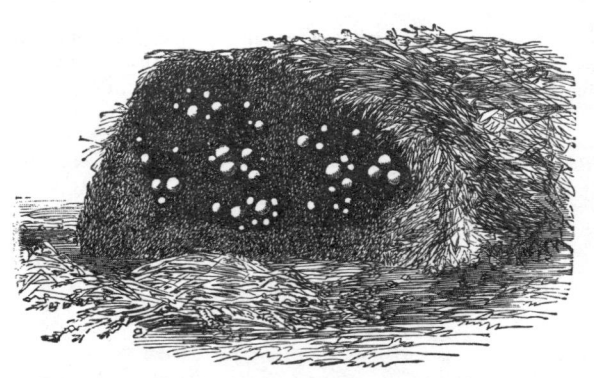

Meule à deux pentes en production, en partie découverte et en partie garnie de sa chemise.

Avant cette opération, qui consiste à recouvrir de terre la superficie de la meule, il faut retirer les mises, qui non seulement ne servent plus à rien mais seraient cause de maladies par la suite ; tasser avec soin la surface de la meule pour faire disparaître les vides qu'a laissés leur enlèvement ; tapoter entièrement la meule et la débarrasser de toutes ordures qui pourraient nuire à la réussite des champignons.

La terre à gobeter doit être légère plutôt que compacte, sableuse, riche en salpêtre, fraîche sans être mouillée ; les terres provenant de fouilles, criblées et mélangées avec des sables calcaires ou avec de vieux plâtras finement pulvérisés, conviennent parfaitement bien pour cet usage.

On se sert pour le gobetage d'une pelle en bois étroite ; la terre est appliquée sur la meule en commençant par la base et en remontant progressivement à la partie supérieure. La couche de terre ne doit pas dépasser un centimètre et demi d'épaisseur ; on la bassine légèrement et on la lisse avec le dos de la pelle.

Bien entendu, si la meule était recouverte d'une *chemise*, il faudrait la remettre en place après le gobetage pour lequel on l'aurait enlevée. Il est souvent possible de se dispenser entièrement d'arroser les meules à champignons ; en tout cas les bassinages doivent être modérés et ne se donner que quand la surface de la terre devient tout à fait sèche, il est même souvent préférable d'humecter seulement le sol environnant.

Trois ou quatre semaines après l'opération du gobetage, et plus ou moins rapidement, suivant la température, les champignons commencent à paraître. On doit avoir soin, à mesure qu'on les cueille, d'enlever les souches qu'ils laissent avec la pointe d'un couteau bien effilé et de reboucher les trous avec la même terre qui a servi à recouvrir la meule.

La production se prolonge généralement pendant deux ou trois mois, non pas d'une façon continue, mais en deux ou trois volées, séparées par des périodes de non-production pendant lesquelles le mycelium, travaillant à l'intérieur de la meule, puise de nouveaux éléments nutritifs pour fructifier une seconde et une troisième fois.

On peut entretenir plus longtemps la fertilité des meules au moyen d'arrosages faits avec de l'eau additionnée de purin et de salpêtre. Si l'eau des arrosages peut être donnée à une température de 20° à 30° centigrades le résultat est d'autant meilleur, mais il faut, en tout cas, arroser avec beaucoup de précaution pour ne pas salir ou endommager les champignons en voie de développement.

En montant à couvert trois ou quatre couches par an, on peut donc s'assurer une production continuelle.

Les couches qui servent aux autres cultures forcées peuvent être, sur leurs côtés et dans les intervalles des planches, lardées de blanc de champignon et donneront souvent de bons produits, pourvu que la température leur soit convenable, et qu'on ait soin de protéger les jeunes champignons en voie de développement contre les intempéries, par une légère couverture de terre ou de paille qu'on remettra après chaque cueille.

INSECTES NUISIBLES ET MALADIES. — Comme toutes les plantes cultivées, le Champignon n'est pas exempt des ravages causés par les insectes ou les maladies.

L'insecte le plus nuisible et le plus généralement rencontré, est un petit moucheron noir « *Sciara ingenua* » qui se multiplie avec une grande facilité et qui paraît se plaire énormément dans les fumiers en fermentation.

Ce moucheron pond presque toujours autour des mises, et ses œufs donnent naissance à de petits vers qui éclosent quinze à vingt jours après. Pendant ce temps on a démisé et gobeté les meules et c'est à l'intérieur du fumier que les petits vers en question prennent vie ; à ce moment, commencent leurs ravages. Pour arriver à la surface, les larves labourent et réduisent en poussière toute la terre recouvrant la meule et détruisent à peu près totalement les bouquets ou rochers de petits tubercules dont chacun représente l'ébauche d'un champignon.

On peut le combattre par l'aération des carrières, quand les meules sont en fermentation avant le gobetage, ou, quand celui-ci est fait, par des pulvérisations avec une solution de jus de Tabac au dixième, ou de nicotine titrée ramenée à 1 degré.

Les maladies qui ravagent le Champignon ont pour agents des cryptogames inférieures qui vivent les unes sur le fruit lui-même, les autres soit dans la meule, soit dans la terre qui la recouvre.

Au premier rang de ces maladies, on doit citer la « *molle* », champignon parasite appelé « *Mycogone rosea* », qui vit dans les tissus mêmes de l'agaric cultivé. Les fruits attaqués de « molle » se recouvrent d'un duvet rosé et, à l'époque qui devrait être celle de leur maturité, ils s'amollissent et tombent en déliquescence en exhalant une odeur infecte.

Pour éviter la propagation de cette maladie on enlève, au fur et à mesure, les fruits attaqués de « molle » pour les détruire au dehors avec la plus grande précaution.

Les autres ennemis de l'Agaric proviennent aussi de champignons, lesquels se contentent d'entrer en concurrence vitale avec le champignon comestible et qui l'évincent du milieu qui lui est destiné, si sa vigueur n'est pas supérieure à la leur ; ce sont : le « *vert de gris* », causé par une moisissure, le *Myceliophtora lutea* (Costantin); le « *plâtre* », autre moisissure dont les placards d'un blanc crème, étalés à la surface des meules, sont autant de colonies d'une sorte d'oïdium, le *Monitia fumicola* ; et enfin le « *chanci* », sorte de tissu de filaments ténus et entremêlés en réseaux, dus à deux agarics étrangers, le *Clitocyle candicans* et le *Pleurotus mutilus* (Costantin), qui prennent facilement le dessus sur les filaments ou mycelium du champignon cultivé.

Pour lutter contre ces maladies, il est très bon de désinfecter les locaux qu'on utilise par des aspersions de Lysol ou de Solutol et par des badigeonnages à la chaux; on peut aussi brûler du soufre à la dose de 25 à 30 grammes par mètre cube de vide. Mais, c'est une mauvaise préparation des fumiers qui, le plus souvent, cause les maladies.

Usage. — Cueilli encore jeune, le Champignon de couche constitue un aliment très sain, que l'on accommode quelquefois seul pour fournir un plat de légume ; mais, le plus souvent, il entre dans la composition de beaucoup de préparations culinaires auxquelles il donne un arome particulier très apprécié des gourmets.

Coupé et épluché, le Champignon noircit et s'altère rapidement au contact de l'air; il ne faut donc le préparer, autant que possible, qu'au moment de l'employer.

CHATAIGNE D'EAU. — Voy. Macre.

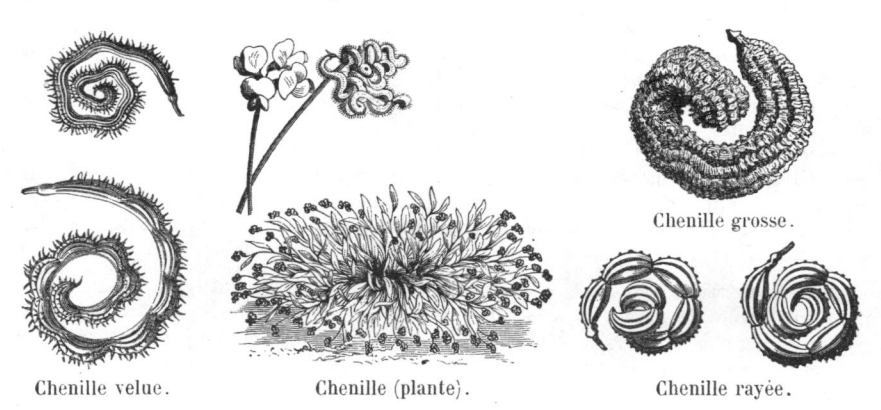

Chenille grosse.

Chenille velue.   Chenille (plante).   Chenille rayée.

CHENILLES (angl. Caterpillar; all. Raupenklee, Skorpionskraut). — On désigne sous ce nom différentes plantes de la famille des Légumineuses, appartenant au genre *Scorpiurus* :

Chenille grosse (*Scorpiurus vermiculata* L.) — Caractérisée par sa gousse pourvue de tubercules pédicellés non armés d'épines.

Chenille petite (*Scorpiurus muricata* L.). — Sa gousse plutôt étroite, est marquée de sillons longitudinaux surmontés de pointes aiguës et crochues.

Chenille rayée (*Scorpiurus sulcata* L.). — Gousse faisant deux tours complets sur elle-même et présentant six sillons longitudinaux séparés par des crêtes en relief, hérissées d'aspérités en forme de dents.

Chenille velue (*Scorpiurus subvillosa* L.). — Gousse plus ou moins teintée de brun violacé, fortement hérissée de pointes raides, aiguës et crochues.

La culture de toutes les espèces de Chenilles est des plus simples. On les sème en place en Avril ou Mai, et elles commencent à produire au bout de deux ou trois mois, sans exiger aucun soin.

Elles ne sont guère cultivées, du reste, qu'à titre de curiosité, à cause de la singulière apparence de leurs jeunes gousses, qui imitent d'une façon frappante diverses sortes de chenilles ; cette particularité les fait quelquefois introduire dans les salades, afin de causer aux personnes qui ne les connaissent pas des surprises innocentes, mais d'un goût médiocre.

CHERVIS

Sium Sisarum L.

Fam. des *Ombellifères*.

Synonymes : Chirouis, Giroles.

Noms étrangers : angl. Skirret. — all. Zuckerwurzel. — flam. Suikerwortel. dan. Sukkerrod. — suéd. Aleta socker rot. — ital. Sisaro. — esp. Chirivia tudesca. port. Cherivia, Sisaro. — russe Sakharnik nastoïyachetchy. — pol. Korzeń cukrowy.

Chine. — Plante vivace à racines nombreuses, renflées, d'un blanc grisâtre, formant un faisceau à partir du collet, un peu comme celles du Dahlia, mais beaucoup plus longues et plus minces; chair ferme, très blanche, sucrée, entourant une mèche centrale ligneuse, plus ou moins développée, qui nuit beaucoup à la qualité du légume si on la laisse, et qui, d'autre part est très difficile à enlever; feuilles composées, à folioles assez larges, luisantes, d'un vert foncé; produisant la seconde année, et souvent dès la première, des tiges de 1 mètre à 1^{m}50, cannelées, lisses; fleurs petites, blanches, en ombelles. Graine de couleur brune, oblongue, courbe, presque cylindrique, marquée de cinq sillons longitudinaux; un gramme en contient 600 et le litre pèse 400 grammes; sa durée germinative est de trois années.

Les auteurs s'accordent à dire que le Chervis est originaire de la Chine. On doit reconnaître au moins que l'importation en est fort ancienne, car il est déjà cité, par Ollivier de Serres, comme une plante d'une culture usuelle.

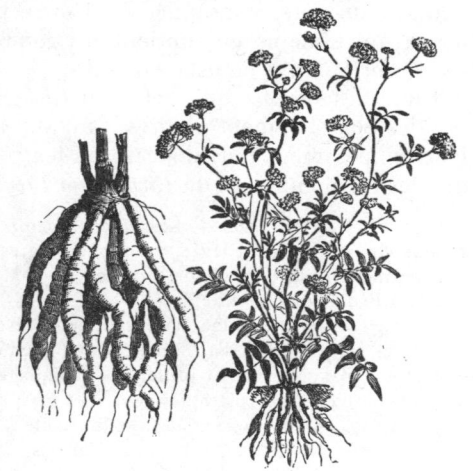

Chervis.
Réd. au vingtième; les racines au huitième.

Culture. — Le Chervis peut se propager, soit par semis, soit par éclats ou par divisions de racines. Le semis se fait à l'automne ou au premier printemps. Quand les jeunes pieds ont quatre ou cinq feuilles, on les plante à demeure dans une bonne terre fraîche, riche et bien fumée; dès l'automne suivant, le produit est assez considérable. Le Chervis, aimant beaucoup l'eau, doit recevoir pendant tout l'été des arrosements abondants. La plantation des racines ou des éclats de vieux pieds se fait au mois de Mars ou d'Avril, et les soins de culture sont les mêmes que pour les plants venus de semis.

On a prétendu que la racine des plantes obtenues par division présentait une mèche ligneuse moins prononcée que dans les plantes venues de graine; le fait n'est exact que si l'on choisit avec soin les pieds qu'on multiplie. Les plantes sortant d'un même semis sont très différentes les unes des autres au point de vue du développement de cette mèche : il est évident que, par un choix judicieux, on peut propager les meilleures, à l'exclusion de toutes les autres.

Le Chervis étant très rustique, les racines peuvent être laissées en terre pendant tout l'hiver et arrachées seulement au fur et à mesure des besoins.

Usage. — Les racines qui sont tendres, sucrées et légèrement farineuses, s'emploient à la manière des Salsifis ou des Scorsonères.

CHICON. — Voy. **Laitue-Romaine.**

CHICORÉE ENDIVE

Cichorium Endivia L.

Fam. des *Composées*.

Noms étrangers : angl. Endive. — all. Endivien. — flam. et holl. Andijvie. dan. Endivien. — suéd. Endiv-sikoria. — ital. Indivia ricciata. — esp. Endivia. port. Endivia. — russe Tsikory-endivia. — pol. Endywia. — jap. Kiku-jisha.

Inde. — *Annuelle et bisannuelle.* — Plante à feuilles radicales nombreuses, étalées en rosette, glabres, lobées et découpées plus ou moins profondément ; tige creuse, de 0^m50 à 1 mètre, cannelée, rameuse ; fleurs bleues, axillaires, sessiles. Graine petite, anguleuse, allongée, de couleur grise, terminée en pointe d'un côté, couronnée de l'autre par une sorte de collerette membraneuse ; un gramme en contient environ 600 et le litre pèse 340 grammes ; la durée germinative en est de dix ans.

Toutes les variétés qui sortent du *Cichorium Endivia* se reconnaissent à leurs feuilles complètement glabres, tant sur le limbe que sur les pétioles, et par leur tempérament plus délicat, qui les rend beaucoup plus sensibles au froid que les races cultivées du *Cichorium Intybus*.

Culture en pleine terre. — Les premiers semis se font en Février-Mars sur couche chaude et sous châssis ; après la levée, on donne progressivement de l'air ; on repique sous châssis, puis on met en place en pleine terre, en Avril-Mai, en espaçant de 30 à 35 centimètres. La récolte a lieu de Mai à Juillet.

La vraie saison de pleine terre commence avec les semis qui se font à partir d'Avril, en pépinière, sur couche à l'air libre, ou en pleine terre à bonne exposition ; ces semis se prolongent jusqu'en Juin et Juillet. Le repiquage n'est pas indispensable, mais on a généralement intérêt à le pratiquer. On met en place de Mai à Juillet-Août, en espaçant de 0^m30 à 0^m40, suivant les variétés, et la récolte s'effectue de Juillet à Octobre. Les variétés qui se prêtent le mieux à ces semis sont les *Ch. frisée de Meaux, de Ruffec, de Picpus, grosse pancalière*, etc.

Les chicorées dites *d'hiver*, comme la *Ch. frisée d'hiver* et la *Ch. Reine d'hiver*, cultivées pour être consommées au printemps, se sèment en Août pour être repiquées un mois après à demeure, à bonne exposition, en les espaçant de 0^m40 à 0^m50. On préserve des grands froids à l'aide de litière ou de paillassons.

C'est également de Juin en Juillet que l'on procède au semis des Scaroles dont la culture est, du reste, identique à celle des Chicorées frisées.

Étiolage. — Il est d'usage de blanchir les chicorées avant de les récolter. On attend pour cela que la plante ait pris à peu près tout son développement, puis, par un temps bien sec, on l'attache au moyen d'un ou deux liens, en réunissant toutes les feuilles ensemble, de manière à soustraire le cœur de la plante à l'action de la lumière ; on laisse en place et l'on continue les arrosements, si cela est nécessaire. La Chicorée ainsi traitée est bonne à consommer au bout de quinze à vingt jours.

Bien que les Chicorées d'hiver et les Scaroles supportent mieux le froid que les autres variétés, elles ne peuvent cependant passer l'hiver dehors sans abri sous le climat de Paris ; aussi, beaucoup de personnes, pour éviter d'avoir à couvrir et à découvrir constamment leur plantation d'hiver, préfèrent rentrer leurs salades vers la fin d'Octobre : les plantes sont enlevées avec leur motte, puis liées, si elles ne le sont déjà, et finalement transportées dans la serre à légumes ou tout autre local sec et à l'abri de la gelée, où on les place le pied enfoncé dans du sable.

On peut aussi très bien se contenter d'ouvrir dans un carré libre du jardin, bien abrité si possible, des tranchées larges de 0^m60 et profondes d'un fer de bêche, dans lesquelles les salades, préalablement liées et enlevées avec leur motte, sont déposées et serrées les unes contre les autres. Par-dessus ces tranchées, on place des fascines légères en quantité suffisante pour supporter une bonne couche de paille qui protégera les plantes contre les froids ; pendant les très fortes gelées, il sera bon d'ajouter un peu de fumier. Ce procédé très simple donne généralement de très bons résultats.

En Lorraine, où la rigueur des hivers ne permet pas d'espérer la conservation en pleine terre, on opère de la façon suivante : Lorsque les gelées sont à craindre, le matin d'une journée qu'on prévoit belle, les salades sont coupées entre deux terres d'un coup de bêche, puis on les laisse se ressuyer sur place. Dans l'après-midi, on lie toutes les feuilles et on dispose les salades ainsi liées, très rapprochées les unes des autres et la tête en bas, dans des jauges peu profondes ouvertes à la bêche ; puis on les recouvre de terre, en ayant soin que le tronçon de la racine sorte légèrement de cette terre. Pendant les gelées de — 7° et au-dessous, il est prudent de placer sur les jauges une couche de 15 à 20 centimètres de fumier pailleux bien sec. Dans ces conditions, les salades se conservent parfaitement pendant au moins deux mois.

CULTURE MÉRIDIONALE. — Dans le Midi, on sème les Chicorées frisées d'été en pépinière, de Mars en Septembre. Les Chicorées d'hiver et les Scaroles se sèment de Juillet en Septembre. On repique le plant à 0m30 ou 0m40 d'écartement et on le protège du grand soleil au moyen de paille brisée. — On cultive surtout, en Provence, pour l'approvisionnement des grands centres, les *Ch. frisée de Meaux*, *Ch. frisée fine d'été*, *Ch. frisée de Ruffec*, *Ch. frisée d'hiver* et *Ch. Reine d'hiver*, ainsi que les *Scarole ronde*, *Sc. blonde* et *Sc. du Var*.

CULTURE FORCÉE. — Les semis se font, d'ordinaire, très dru, de Janvier en Mars, sur couche très chaude (25 à 30° centigrades) et sous châssis. Il est important de n'employer que des semences d'excellente qualité, car les graines qui mettent plus de 48 heures à germer donnent généralement des plants montant à graine sans pommer. La graine doit être simplement appliquée sur le terreau à l'aide d'une batte ou être recouverte au plus d'un millimètre de terre. Le semis fait, on bassine avec un arrosoir à pomme finement trouée ; puis on recouvre les châssis de paillassons. La levée effectuée, on répand sur le semis une couche de terreau fin d'environ un demi-centimètre d'épaisseur, on aère dans la journée lorsque la température le permet ; au bout d'une douzaine de jours, on repique le plant également sous châssis et sur couche à 5 ou 6 centimètres d'écartement en tous sens, en ayant soin de ne l'enfoncer que jusqu'aux cotylédons. On mouille, on ombre et on prive d'air pendant un jour ou deux pour faciliter la reprise, et quand elle est effectuée, on découvre les châssis chaque fois que le temps le permet ; on aère peu à peu pour endurcir les plants ; si la saison est favorable, ceux-ci seront bons à repiquer sur couche tiède trois semaines après.

Depuis la mise en place du plant, jusqu'au moment de la récolte, qui peut commencer environ trois mois et demi à quatre mois après le semis, on devra avoir soin de couvrir les châssis toutes les nuits, de donner de l'air chaque fois que la température le permettra et d'arroser quand le besoin s'en fera sentir, mais naturellement sans excès afin d'éviter la pourriture. Lorsque les chicorées sont assez fortes, et quelque temps avant de les arracher, on les lie afin d'en faire blanchir le cœur.

Les maraîchers sèment ordinairement, en vue de la culture forcée, de Septembre à Octobre, sous cloche et à froid ; ils repiquent le plant sous cloche, puis mettent en place sous châssis froid en aérant fréquemment.

ENGRAIS. — Comme toutes les plantes, la Chicorée se développe d'autant mieux que le sol où elle croît est plus riche en éléments fertilisants. Dans la culture maraîchère, le fumier bien décomposé ou le terreau constituent l'engrais idéal ; dans les jardins d'amateurs et en grande culture, on pourra remplacer le fumier par les engrais minéraux suivants, qui devront être répandus en couverture après la reprise du plant :

Nitrate de soude	4 kil.	»	
Superphosphate de chaux	5 —	»	par are,
Sulfate de potasse	1 —	500	
Kaïnite	1 —	»	

mais, le mieux est encore de donner la moitié seulement des quantités ci-dessus indiquées, comme complément à un apport de 300 kilog. de fumier à l'are, incorporé au sol six mois au moins avant la mise en place des chicorées.

INSECTES NUISIBLES. — Dans les cultures sous châssis, on a souvent à redouter les attaques du *Puceron des racines* (*Aphus radicum*). On le reconnaît surtout à la présence de fourmis jaunes qui vivent avec lui et de ses sécrétions. On le combat par des saupoudrages faits au collet des plantes avec du soufre nicotiné, ou à l'aide d'arrosages fréquents à l'eau additionnée d'un dixième de nicotine ou de Solutol Lignières.

Le *Ver blanc*, la *Courtilière*, le *Ver gris* et la *Larve fil-de-fer*, causent quelquefois des ravages dans les cultures de chicorées. Jusqu'à présent, on ne connaît pas de procédé pratique de destruction de ces insectes, en dehors du traitement du sol au sulfure de carbone introduit à l'aide du pal injecteur ; le mieux encore est de s'attaquer aux insectes adultes et de rechercher les larves au pied des plantes fanées, pour les écraser. Les Scaroles sont attaquées quelquefois par une *rouille* spéciale (*Puccinia Hieracii*), contre laquelle on ne connaît d'autre moyen de défense que l'enlèvement et la destruction par le feu des feuilles atteintes.

USAGE. — Les feuilles s'emploient cuites ou en salade.

Chicorée frisée fine d'été, race d'Anjou.
Réd. au huitième.

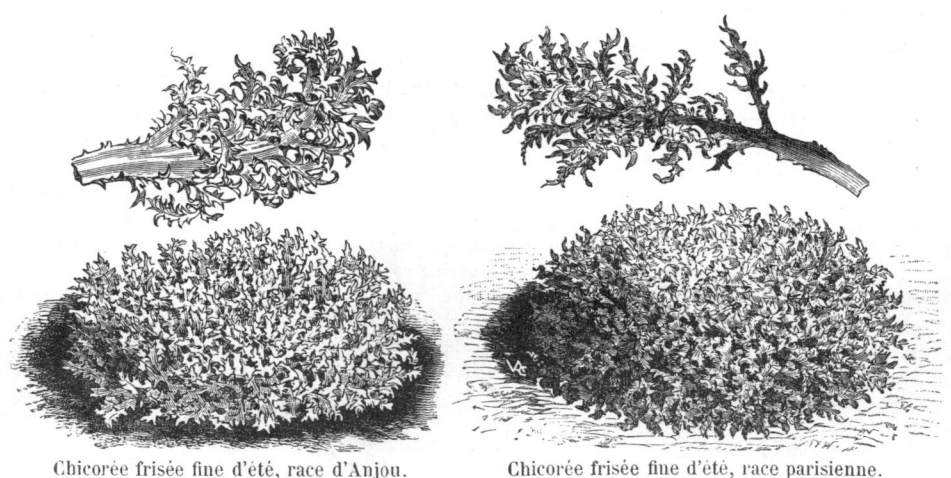

Chicorée frisée fine d'été, race parisienne.
Réd. au huitième.

CHICORÉE FRISÉE FINE D'ÉTÉ.

NOMS ÉTRANGERS : ANGL. Green very fine curled summer endive. — ALL. Feinkrause Italienische Sommer-Endivien, Plumage *oder* Feder-Endivien.

On rencontre sous ce nom, dans les cultures, des plantes appartenant à deux races bien distinctes ; toutes les deux sont fort répandues, nous allons donc les décrire l'une et l'autre :

La Chicorée fine d'été *race de Paris*, ou *Ch. fine d'Italie*, appelée aussi *Ch. demi-fine* ou *Ch. à couches*, est la plus anciennement connue. Elle a les feuilles disposées en rosette serrée, pleine, même au centre, et de 0^m30 à 0^m35 de diamètre. Les feuilles sont très découpées dans la moitié supérieure ; les segments en sont fins, très nombreux, peu frisés ; la moitié inférieure est réduite à une côte large de 7 à 8 millimètres et légèrement rosée, surtout à la base.

La Chicorée fine d'été *race d'Anjou*, connue également sous le nom de *Chicorée grosse Simone*, a commencé à se répandre surtout depuis une vingtaine d'années ; elle tend à remplacer l'ancienne race dans certaines régions où elle semble mieux s'accommoder du climat. Elle forme une rosette un peu moins large, mais plus compacte ; les feuilles en sont très nombreuses, serrées les unes contre les autres ; la côte en est complètement blanche à la base, large de 12 à 15 millimètres et bordée, dans sa moitié inférieure, de segments foliacés tout blancs et fins comme des fils. Dans la moitié supérieure de la feuille, la côte s'élargit sensiblement, se contourne souvent d'une manière plus ou moins marquée, prend une teinte verte, et enfin donne naissance à des divisions foliacées très découpées et déchiquetées, mais très peu frisées, d'un vert franc, passant au jaune beurre dans le cœur de la plante. Les extrémités des feuilles s'entre-croisent de telle façon qu'on a peine à les distinguer les unes des autres, et qu'une touffe de cette chicorée ressemble presque à une grosse plaque de mousse.

Les deux races de Chicorée fine d'été se cultivent de la même manière; elles conviennent l'une et l'autre à la culture forcée aussi bien qu'à la pleine terre, surtout pour l'été et le commencement de l'automne. A l'arrière-saison, elles ont l'inconvénient de pourrir facilement.

CHICORÉE FRISÉE DE MEAUX.

SYNONYMES : Ch. petite Simone, Ch. frisée Belle lyonnaise, Ch. fine (Amiens).

NOMS ÉTRANGERS : ANGL. Green fine curled winter endive. — ALL. Meaux krause Winter-Endivien.

Plus large, mais moins pleine que la Ch. fine d'été, et atteignant un diamètre de 0m40 à 0m45. Les feuilles sont plus longues, et leurs divisions plus frisées et crépues que dans la Ch. fine d'été. La côte, teintée de rose dans sa partie inférieure, atteint facilement 12 à 15 millimètres de largeur; elle est garnie, dans toute sa partie moyenne, de segments foliacés très découpés, crépus et frisés; la feuille se termine par une portion de limbe entière et presque unie, garnie sur le pourtour de découpures contournées et frisées.

Chicorée frisée de Meaux.
Réd. au huitième.

Un peu moins hâtive, mais, par contre, plus rustique que les précédentes, cette variété convient particulièrement pour l'automne et résiste bien à la chaleur et à la sécheresse.

CHICORÉE FRISÉE D'ÉTÉ A CŒUR JAUNE.

SYNONYME : Ch. frisée de Vendée.

NOMS ÉTRANGERS : ANGL. Golden heart curled summer endive. — ALL. Krause goldherzige Sommer-Endivien.

Race vigoureuse, rustique et productive, se rapprochant, comme aspect général et dimensions, de la Ch. frisée de Meaux; feuilles très déchiquetées et frisées; côtes larges et charnues; feuillage vert franc. Cette chicorée, modérément étalée, mesurant 0m40 à 0m45 de diamètre, se distingue par son cœur très plein, qui devient naturellement jaune au point de ressembler à celui des chicorées que l'on a fait blanchir artificiellement.

La *Chicorée Merveille de Tours* lui ressemble beaucoup lorsqu'elle est jeune; à complet développement, elle s'en distingue par ses feuilles moins frisées et à côtes roses.

CHICORÉE FRISÉE DE PICPUS.

Synonyme : Ch. de Germont (Beaujolais et Vivarais).
Noms étrangers : angl. Picpus fine curled endive. — all. Picpus krause Sommer-E.

Cette variété présente à peu près les mêmes dimensions que la Ch. de Meaux, le diamètre de la rosette étant d'environ 0^m35 à 0^m40, mais les divisions des feuilles sont beaucoup plus nombreuses et finement déchiquetées ; le cœur est aussi plus ferme et plus plein. Les deux diffèrent surtout par l'aspect des lobes extrêmes des feuilles, qui sont presque réduits à la côte dans la Ch. de Picpus, tandis que dans l'autre ils ont une certaine ampleur. En outre, la côte qui est ici beaucoup plus étroite, est complètement dépourvue de teinte rosée, et de place en place dégarnie, sur une certaine longueur, de toute expansion foliacée, ce qui lui donne un aspect tout particulier. — La Ch. de Picpus est très bonne et très rustique ; elle convient surtout pour la pleine terre.

Dans plusieurs communes des environs de Paris, les maraîchers donnent improprement le nom de *Chicorée de Picpus* à la Ch. fine de Rouen.

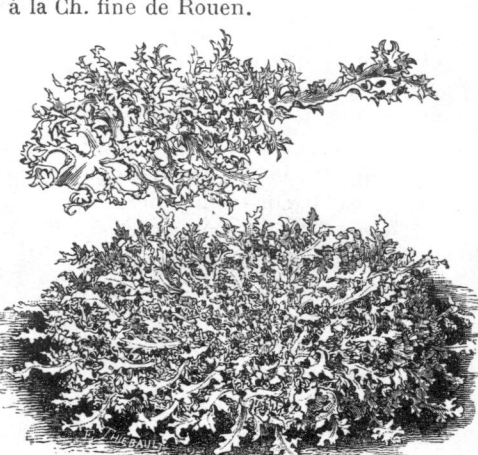

Chicorée frisée grosse pancalière.
Réd. au huitième.

Chicorée frisée de Picpus.
Réd. au huitième.

CHICORÉE FRISÉE GROSSE PANCALIÈRE.

Noms étrangers : angl. Large curled Pancalier endive. — all. Krause grosse harte (Pancalière) Sommer-Endivien.

Race voisine de la Ch. de Meaux par la forme et le genre de découpure de ses feuilles, mais plus hâtive, plus dressée, et formant d'elle-même une masse de feuillage qui blanchit naturellement par son épaisseur. Les côtes des feuilles sont légèrement teintées de rose, ce qui permet de distinguer cette variété de la Ch. de Ruffec, avec laquelle elle présente aussi quelque analogie, par l'épaisseur de son feuillage.

En raison de l'abondance de ses feuilles et de son développement rapide, cette variété est souvent employée comme chicorée à couper jeune, pour être consommée cuite ou en salade.

CHICORÉE FRISÉE FINE DE ROUEN.

SYNONYMES : Chicorée rouennaise, Ch. corne-de-cerf, Ch. perruque à Mathieu, Ch. frisée Nicolas.

NOMS ÉTRANGERS: ANGL. Rouen or Staghorn endive. — ALL. Rouener oder Hirschhorn feine Winter-Endivien. — DAN. Hjorteks Endivien.

Belle variété très distincte, formant de larges rosettes très pleines, atteignant un diamètre de 0ᵐ35 à 0ᵐ40. Les divisions des feuilles sont moins fines et beaucoup moins frisées que celles des variétés que nous avons énumérées jusqu'ici. L'ensemble du feuillage présente aussi une teinte générale plus terne et plus grise ; la côte épaisse, mais très étroite, est complètement blanche.

La Ch. fine de Rouen est une des plus cultivées à Paris et dans tout le nord de la France; elle convient particulièrement pour la pleine terre. Sa rusticité permet d'en continuer longtemps la récolte pendant l'arrière-saison.

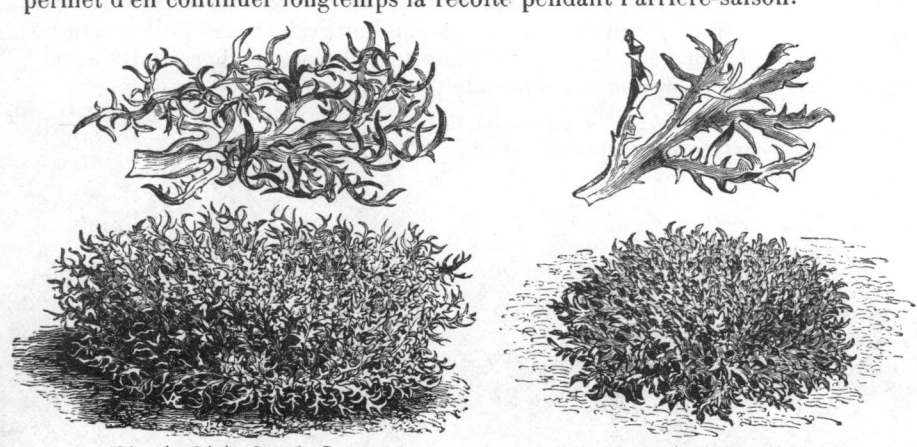

Chicorée frisée fine de Rouen.
Réd. au huitième.

Chicorée frisée fine de Louviers.
Réd. au huitième.

CHICORÉE FRISÉE FINE DE LOUVIERS.

SYNONYME : Chicorée très fine (Environs de Paris).

NOMS ÉTRANGERS : ANGL. Louviers fine laciniated endive, Carter's Model endive.
ALL. Louviers feinkrause Winter-Endivien.

Cette variété, qui paraît sortie de la Ch. fine de Rouen, constitue une forme bien distincte et recommandable; elle donne des rosettes moins larges, mais plus pleines, plus serrées et plus bombées que celles de la Ch. de Rouen. La teinte du feuillage est plus pâle, mais les divisions des feuilles sont plus régulières et plus étroites; le cœur en est extrêmement plein, de sorte que la Ch. de Louviers, tout en occupant moins de place que celle de Rouen, peut donner un produit tout aussi considérable. Il résulte aussi de sa forme presque hémisphérique que les feuilles blanches s'y trouvent en plus forte proportion que dans les autres races, eu égard au volume de la touffe.

CHICORÉE FRISÉE DE GUILLANDE.

Cette race, très appréciée en Normandie, diffère extrêmement peu de la Ch. frisée fine de Louviers. Son seul avantage sur cette dernière est d'avoir le cœur un peu plus bombé.

CHICORÉE FRISÉE DE RUFFEC.

Synonymes : Ch. Béglaise (de Bordeaux), Ch. à large feuille (Pas-de-Calais).
Noms étr. : angl. Ruffec large green curled endive. — all. Krause Ruffec Endivien.

Rosettes très amples, atteignant 0^m40 à 0^m45 de diamètre, ressemblant un peu à celles de la Ch. de Meaux, mais plus touffues et plus pleines dans le centre; côtes des feuilles très blanches, épaisses, très tendres et très charnues, larges de 0^m02 environ, mais paraissant beaucoup plus amples par le blanchissement d'une grande partie du limbe même de la feuille, qui, dans le reste de son étendue, est déchiqueté et frisé, à peu près à la manière de la Ch. de Meaux.

La Ch. de Ruffec est assurément une des meilleures variétés pour la culture en pleine terre; elle convient également bien pour l'été et pour l'automne, et nous n'en connaissons pas qui résiste mieux au froid : nous l'avons vue supporter en pleine terre, avec une simple couverture de feuilles, des hivers qui faisaient périr toutes les autres variétés; à plus forte raison sera-t-elle rustique dans le Midi, région pour laquelle elle mérite d'être particulièrement recommandée en vue de la production hivernale.

La *Chicorée frisée d'hiver d'Hyères* et la *Chicorée de Saint-Laurent* sont très voisines de cette variété.

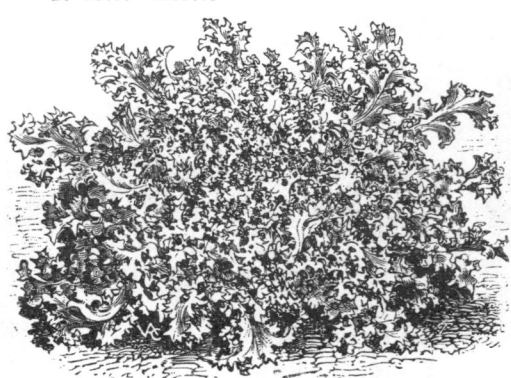

Chicorée frisée de Ruffec.
Réd. au huitième.

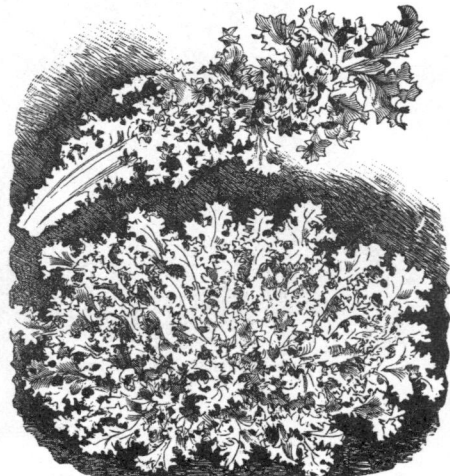

Chicorée frisée impériale.
Réd. au huitième.

CHICORÉE FRISÉE IMPÉRIALE.

Synonyme : Chicorée d'été jaune (Pas-de-Calais).

Noms étrangers : angl. Imperial curled endive. — all. Krause Imperial Endivien.

Belle chicorée frisée d'été, formant des rosettes larges d'environ 0^m35 à 0^m40, hautes et très fournies, et présentant plus d'analogie avec la Ch. de Ruffec qu'avec toute autre race. Elle en diffère bien, toutefois, par la teinte plus blonde de son feuillage et par la largeur plus grande des divisions de ses feuilles, qui sont moins finement découpées que celles de la Ch. de Ruffec, mais très frisées et plissées.

La Ch. impériale est surtout remarquable en ce que les feuilles n'y sont pas, comme dans les autres variétés, réduites, à la base, à une simple côte, mais larges de 0^m02 à 0^m04 jusqu'en bas, et complètement blanches sur la moitié au moins de leur longueur.

CHICORÉE MOUSSE.

Noms étrangers : angl. Moss green curled endive, Triple curled E. — all. Sehr feine krause Moos-Endivien.

Chicorée formant des rosettes assez petites, ne dépassant guère 0m25 à 0m30 de diamètre et rarement très compactes, à feuillage d'un vert franc, foncé, extrêmement découpé, déchiqueté, frisé et crépu au point qu'il devient presque difficile de distinguer les feuilles les unes des autres, et que l'ensemble de la plante rappelle l'aspect d'une touffe de mousse (d'où son nom); les côtes en sont étroites et très blanches.

Cette variété n'est pas d'un grand produit, mais occupant peu de place, elle se prête facilement à la culture sous cloche.

On rencontre parfois, sous le nom de *Chicorée courte à cloche,* une variété également très ramassée, qui paraît intermédiaire entre la Ch. mousse et la Ch. fine d'été, tout en se rapprochant davantage de cette dernière.

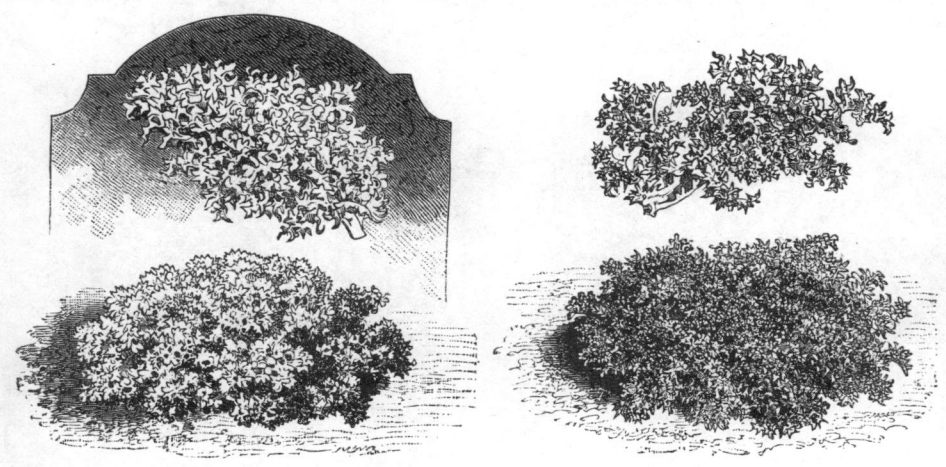

Chicorée blanche frisée mousse.
Réd. au huitième.

Chicorée mousse.
Réd. au huitième.

CHICORÉE BLANCHE FRISÉE MOUSSE.

Noms étrangers : angl. White moss curled endive. — all. Weisse krause Moos-Endivien.

Variété très distincte, petite, bien étalée, ne dépassant pas 0m30 à 0m35 de diamètre; côtes larges et légèrement teintées de rose; feuilles très découpées et frisées, d'un vert blond mais non doré, sauf au cœur où elles sont très blanches. Ce n'est pas une variété à grand produit, mais plutôt une chicorée d'amateur aussi agréable au goût qu'à la vue.

CHICORÉE FRISÉE TOUJOURS BLANCHE.

Synonymes : Ch. très frisée dorée, Ch. frisée à couper, Endivotte, Endivette (Nord).
Noms étrangers : angl. Ever-white curled endive. — all. Von Natur ganz gelbe extra-krause Endivien.

Rosettes peu garnies et peu pleines, de 0m35 à 0m40 de diamètre; côtes étroites, lavées de rose; feuillage d'une teinte extrêmement pâle, analogue à celle des parties blanchies artificiellement dans les autres chicorées. Cette teinte particulière est son principal avantage, car elle n'est ni très productive ni même d'une qualité bien remarquable; mais son apparence la fait toujours accueillir avec faveur sur les marchés.

On la consomme ordinairement jeune, comme la Laitue à couper; elle est assez tendre, mais elle fournit moins que les autres.

On cultivait autrefois une race de *Chicorée toujours blanche* à feuille plutôt ondulée et frisée que bien découpée; elle a été abandonnée depuis l'adoption de la race très finement laciniée que l'on cultive aujourd'hui.

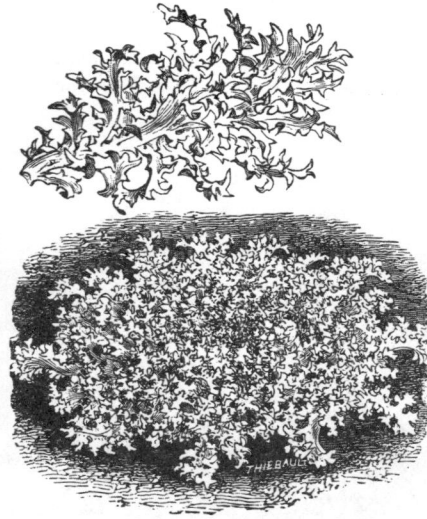

Chicorée frisée toujours blanche.
Réd. au huitième.

Chicorée frisée d'hiver (de Provence).
Réd. au huitième.

Ce n'est que dans les climats les plus chauds ou les plus maritimes de la France que les Chicorées Endives, même les variétés dites d'hiver, peuvent être sans danger laissées dehors pendant les mois rigoureux.

CHICORÉE FRISÉE D'HIVER (DE PROVENCE).

Noms étrangers : angl. Curled Christmas endive. — all. Neujahrstag- krause Winter-Endivien.

Cette race, très intéressante, a commencé à se répandre il y a une quinzaine d'années dans les environs de Saint-Rémy-de-Provence pour la culture d'hiver.

C'est une chicorée frisée, qui présente la particularité singulière d'avoir les feuilles extérieures simplement découpées et festonnées, tandis que les feuilles du centre sont longuement laciniées et divisées en lanières étroites, qui forment, par leur enchevêtrement, une pomme très compacte et très volumineuse, pouvant atteindre facilement le poids d'un kilogramme.

On en a attribué l'origine au croisement d'une race de Provence, la *Chicorée verte* ou *Ch. du Midi*, avec la Ch. frisée de Rouen. Son apparence rend cette supposition assez vraisemblable.

La Chicorée frisée d'hiver est cultivée très en grand en Provence, où elle passe bien l'hiver, repiquée en plein champ, en ados. Les Provençaux l'expédient en quantité pour l'approvisionnement des grandes villes du Centre et du Nord, en Janvier et Février.

Elle ne présente aucun intérêt pour la culture dans la région de Paris et le nord de la France.

A Bordeaux et dans la contrée environnante, on cultive sous le nom de *Chicorée bâtarde* une variété à feuilles grossièrement découpées qui forme bien la transition entre les Chicorées frisées et les Chicorées-Scaroles. Son plus grand mérite est d'avoir donné naissance à la race suivante :

Chicorée Reine d'hiver (Réd. au huitième).

CHICORÉE REINE D'HIVER.

Noms étrangers : angl. Queen of the winter endive. — all. Königin des Winters Endivien.

Cette vigoureuse variété, qui est à peu près exactement intermédiaire, comme port et feuillage, entre les Chicorées frisées et les Scaroles, a des feuilles plutôt lobées que déchiquetées, et dont chacune des divisions présente une assez grande largeur.

La Chicorée Reine d'hiver constitue une amélioration notable de l'ancienne Ch. bâtarde de Bordeaux, dont elle vient tout naturellement prendre la place. Elle a été obtenue par M. David, jardinier à Savigny-sur-Orge, il y a environ vingt-cinq ans, d'un semis de graines de cette dernière variété, et, bien qu'elle ait supporté plusieurs hivers sans aucun abri, chez son obtenteur, on ne peut cependant la considérer comme absolument rustique sous le climat de Paris, où elle ne résiste réellement bien que pendant les hivers relativement doux.

Chicorée verte d'hiver ou *Ch. de la Passion.* — Quoique recommandée souvent comme tout à fait rustique aux environs de Paris, elle est en réalité à peu près aussi sensible au froid que les autres variétés, et surtout que la Ch. de Ruffec, qui se montre une des plus résistantes.

Elle forme une rosette large de $0^m 50$ au plus, peu pleine dans le cœur, composée de feuilles longues, droites, très découpées et un peu frisées, d'un vert plus foncé que celui d'aucune autre chicorée endive. C'est, en somme, une variété peu perfectionnée, et qui est du reste à peu près délaissée maintenant ; elle diffère à peine de la race à demi sauvage cultivée en Provence sous le nom de *Chicorée verte* ou *Ch. frisée*, et appelée ailleurs *Chicorée du Midi*.

CHICORÉE SCAROLE

La Chicorée Scarole se distingue de la Chicorée Endive frisée par ses feuilles plus larges, presque entières, ondulées ou enroulées et dentées sur les bords, et se repliant vers le cœur de la plante. C'est surtout une salade d'arrière-saison alors que la Chicorée frisée se fait à peu près toute l'année.

CULTURE. — Le semis s'effectue d'ordinaire en Juin-Juillet, et les plantes se traitent de la même façon que les Chicorées frisées d'automne (*Voy*. page 92).

SCAROLE RONDE.

SYNONYMES : Scarole verte, Escarole, Scariole, Scarole bouclée, Sc. courte, Sc. langue-de-bœuf, Sc. de Meaux, Endive de Meaux, Scarole très grosse de Saint-Mihiel, Chicorée grosse (Picardie), Ch. camarde (Toulouse), Endive à large feuille (Alsace).

NOMS ÉTRANGERS : ANGL. Round *or* broad-leaved Batavian endive. — ALL. Rundblättrige vollherzige grüne Escariol. — HOLL. Escarol, Kropandijvie. — DAN. Bretbladet batavisk Endivien. — ITAL. Endivia scariola. — ESP. Escarola de hojas anchas.

Rosettes atteignant facilement 0m40 de diamètre; feuilles entières, dentées sur les bords et plus ou moins contournées, à côtes blanches, larges, épaisses. Les feuilles du centre, en parties repliées en dedans, tendent à couvrir le cœur de la plante, formant ainsi une sorte de pomme basse assez prononcée : lorsque la Scarole est dans cet état, les jardiniers disent qu'elle est *bouclée*.

Bien cultivée, cette plante fournit une des meilleures salades d'hiver : les feuilles intérieures, blanchies, sont particulièrement tendres, croquantes et d'un goût agréable. Elle est de beaucoup la plus cultivée des Scaroles.

Scarole grosse de Limay (Réd. au huitième).

Scarole ronde (Réd. au huitième).

SCAROLE GROSSE DE LIMAY.

SYNONYME : Scarole Batavia.

NOMS ÉTR. : ANGL. Large green Limay Batavian endive. — ALL. Limay grosse Escariol.

Feuilles très amples, disposées en rosette compacte et serrée, d'un vert un peu pâle, gaufrées, entières, les intérieures découpées en lobes assez profonds mais peu nombreux, gaufrées aussi et formant une sorte de cœur ou de pomme assez forte, pouvant se lier et blanchir facilement.

Cette variété devient plus grosse que la Scarole ronde; elle lui est préférée dans quelques localités des environs de Paris et de Versailles.

SCAROLE BLONDE.

Synonymes : Scarole à feuille de Laitue, Scarole jaune à cœur plein, Chicorée blanche large de Hollande, Ch. langue-de-vache.

Noms étrangers : angl. White lettuce-leaved Batavian endive.
all. Gelbe lattichblättrige vollherzige Escariol.

Rosettes un peu plus larges que celles de la Scarole ronde ou verte, mais, par contre, moins pleines et s'en distinguant surtout par la couleur très pâle de son feuillage.

La Scarole blonde pomme beaucoup moins que l'autre variété et se coupe généralement jeune, avant d'avoir pris tout son développement ; elle est aussi moins rustique que la Scarole ronde et, en outre, plus sujette à se tacher par l'humidité, mais sa couleur presque blanche et sa tendreté la font apprécier comme salade.

On la cultive surtout pour l'été et l'automne, et on l'obtient toujours tendre au moyen de semis successifs.

Scarole en cornet (Réd. au huitième).   Scarole blonde (Réd. au huitième).

SCAROLE EN CORNET.

Synonyme : Scarole d'hiver.

Noms étrangers : angl. Hooded *or* Hardy green winter Batavian endive.
all. Breite grüne krausblättrige Escariol.

Variété très différente, comme aspect, des autres Scaroles. Les feuilles sont, dans celle-ci, moins nombreuses, mais beaucoup plus amples, étant presque aussi larges que longues, découpées sur les bords en dents allongées et nombreuses. Les côtes paraissent se ramifier dès la base de la feuille et s'étendre en divergeant dans toutes les directions. La feuille, pliée d'abord dans le cœur de la plante, se développe en s'étalant un peu à la manière d'un cornet qui s'ouvre ; souvent elle forme une sorte de capuchon qui continue à envelopper assez longtemps les feuilles plus jeunes et plus intérieures, constituant ainsi une véritable pomme.

Améliorée de plus en plus dans ce sens, la Scarole en cornet donne une excellente salade d'hiver, car elle est relativement rustique et supporte en pleine terre les hivers ordinaires du climat de Paris, pourvu qu'on la protège avec des feuilles et des paillassons. C'est une variété qui convient particulièrement à l'ouest et au midi de la France.

La *Scarole en cornet de Bordeaux* ou *Scarole Béglaise* se distingue de la précédente par son feuillage un peu plus découpé ; elle est très fréquemment cultivée dans le sud-ouest de la France.

SCAROLE D'HIVER DU VAR.

Noms étrang. : angl. Var winter Batavian endive. — all. Winter- vom Var Escariol.

Grosse rosette compacte, formée de feuilles larges et à grosses côtes, dentées et d'un blond cendré, plus découpées que celles des variétés précédentes.

Elle convient admirablement pour la culture d'hiver en Provence, où aucune autre race ne l'égale. — Au moyen de semis échelonnés d'Août en Octobre, la Scarole du Var peut donner des plantes bien développées pendant tout l'hiver.

CHICORÉE SAUVAGE
Cichorium Intybus L.
Fam. des *Composées*.

Synonymes : Chicorée amère, Ch. barbe-de-capucin, Cheveux de paysan, Chicotin, Rhubarbe (Picardie).

Noms étrangers : angl. Common chicory, Succory. — all. Wilde *oder* Bittere Cichorie (Kapuzinerbart), Wilde Wegwarte. — dan. Sichorie. — suéd. Vanlig Sikoria. ital. Cicoria da taglio, C. a foglia lunga, Cicoria selvatica, Radicchio, Radicia. esp. Achicoria amarga o agreste. — port. Almeirão, Chicorea selvagem. russe Dikÿ tsikory. — pol. Dzika Cykorya.

Indigène. — *Vivace.* — Feuilles radicales, d'un vert foncé, sinuées, à lobes aigus, dentés ou découpés, à côtes étroites, velues, souvent rougeâtres ; tiges de 1m 50 à 2 mètres, cylindriques, pubescentes, vertes ou rougeâtres, à rameaux étalés ; fleurs bleues, grandes, presque sessiles, axillaires. Graine ordinairement plus petite, plus brune et plus luisante que celle de la Chicorée Endive ; au nombre d'environ 700 dans un gramme, et pesant 400 grammes par litre. Sa durée germinative est de huit années.

La Ch. sauvage, commune presque partout à l'état spontané, a été employée de tout temps comme salade et comme plante médicinale. La culture en rend le produit plus abondant et en améliore la qualité en atténuant l'amertume des feuilles. Dans le type sauvage, la feuille est très découpée, alors que dans les races cultivées actuellement, la feuille est à contour régulier, tout en étant beaucoup moins large que dans la race dite *améliorée*.

Forcée l'hiver, à l'abri de la lumière, la Ch. sauvage ordinaire fournit un produit très estimé sous le nom de *Barbe-de-capucin* et quelquefois de *Chicorée de Bruges* ; une de ses variétés, anciennement cultivée en Belgique, la *Chicorée à grosse racine*, donne, dans les mêmes conditions, un légume très apprécié sous le nom de *Witloof*, et plus connu à Paris sous celui d'*Endive*.

Culture. — La Chicorée sauvage ordinaire est d'une culture extrêmement facile. On la sème au printemps en place, en rayons et le plus souvent en bordures ; le semis se fait d'ordinaire très dru : les feuilles de Chicorées sont, par suite, très serrées les unes contre les autres. On les récolte au fur et à mesure des besoins, en les coupant un peu au-dessus de terre avec une faucille ou un couteau ; elles peuvent ainsi être coupées plusieurs fois dans l'année. Il est bon de faire chaque année de nouveaux semis et de détruire les anciens, dont le produit diminue et qui tendent à monter à graine.

Pour produire la *Barbe-de-capucin*, on sème clair en place, d'Avril en Juin, en rayons distants de 0^{m}30, en terre meuble, bien travaillée et bien fumée de l'année précédente. Cette culture ne demande pas d'autres soins que deux binages effectués à un mois et demi d'intervalle, le premier se faisant un peu après la levée. A l'entrée de l'hiver, on procède à l'arrachage des racines que l'on enjeauge pour les conserver jusqu'au moment de commencer l'étiolage ; cependant, il est préférable de les arracher seulement au fur et à mesure des besoins, en les abritant, s'il y a lieu, contre les fortes gelées. On choisit de préférence celles qui atteignent de 0^{m}01 à 0^{m}02 de diamètre au collet, après avoir eu soin de les débarrasser des racines secondaires et de couper les feuilles à 0^{m}01 environ au-dessus du collet de la racine ; puis on monte, dans un endroit obscur et à température plutôt douce, des sortes de talus composés de lits alternatifs de sable ou de terre saine, et de ces racines de chicorée, qu'on a soin de placer la tête ou le collet en dehors, de telle sorte que les feuilles puissent se développer librement. On arrose légèrement si la terre employée est trop sèche, puis on laisse le tas à lui-même, et, au bout de trois semaines environ, si la température se maintient douce, on peut commencer à récolter des feuilles longues de 0^{m}20 à 0^{m}30. — Depuis quelques années, on emploie, aux environs de Paris, pour ce genre de culture, la Chicorée à grosse racine, qu'on laisse parvenir à la grosseur du doigt avant de la faire blanchir. Ces racines, bien droites et bien régulières, sont faciles à placer en tas, et les feuilles en sont généralement plus larges et plus vigoureuses que celles de la Ch. sauvage ordinaire.

Les maraîchers opèrent aussi de la façon suivante pour la production *forcée* de la Barbe-de-capucin : Dans une cave ou un cellier dont tous les jours ont été soigneusement bouchés, ils établissent une couche pouvant dégager une chaleur de 18° à 22° centigrades, et la recouvrent de 0^{m}08

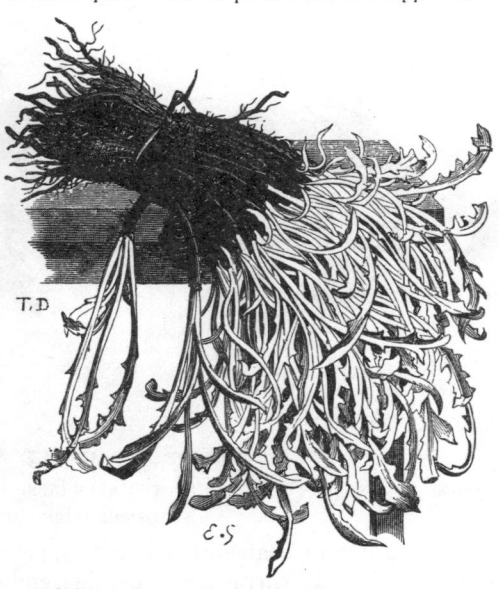

Chicorée Barbe-de-capucin (Réd. au sixième).

à 0^{m}10 de terreau pur. Lorsque la couche a donné son coup de feu, les racines, préparées comme il est dit plus haut, y sont placées, réunies en bottes et serrées les unes contre les autres ; on comble les intervalles avec du terreau, on arrose abondamment et on ferme hermétiquement le local où se fait le forçage. Au bout de quinze à dix-huit jours, les bottes sont bonnes pour la consommation. Pendant cette période, on arrose fréquemment au début, puis de moins en moins au fur et à mesure que les feuilles poussent, afin d'éviter la pourriture.

On se sert assez souvent, pour faire de la Barbe-de-capucin, de tonneaux défoncés par un bout et préalablement percés de trous de 4 à 5 centimètres de diamètre. Ces tonneaux sont remplis alternativement de terre légère ou de sable et de racines, deux ou trois de celles-ci étant placées devant chaque trou. Un bon arrosage pratiqué au-dessus du tonneau suivra la plantation. La récolte peut s'effectuer de trois semaines à un mois après, et successivement pendant au moins deux mois. Ce procédé de culture ne laisse pas que d'être très intéressant.

Sous le nom de *Mignonnette*, on obtient en moins de quinze jours, par des semis drus faits de Janvier en Mars sous châssis et sur couche, une petite chicorée excessivement tendre et de couleur blonde. C'est une sorte d'étiolement rapide que facilite la privation partielle de la lumière au moyen de paillassons.

Usage. — On mange les feuilles de la Chicorée sauvage en salade, soit à l'état naturel, soit blanchies par étiolement ; hachées en lanières étroites et assaisonnées à l'huile et au vinaigre, elles sont très employées dans certains pays comme assaisonnement du bœuf bouilli.

CHICORÉE SAUVAGE A FEUILLE ROUGE.

Synonyme : Ch. rouge de Lombardie.

Noms étr. : angl. Red leaved Lombardy chicory. — all. Buntblättrige Forellen-C.

Le mérite de cette variété consiste dans la panachure parfois étendue à la surface presque entière de son feuillage, panachure qui donne aux feuilles vertes une teinte bronzée et qui, sur les feuilles blanchies, se détache en rouge vif d'un très agréable effet. Au moyen de cette chicorée, on peut obtenir en hiver des salades panachées analogues à celles que donnent en été les Laitues et Romaines sanguines.

Chicorée sauvage améliorée.
Réd. au huitième.

Chicorée sauvage à feuille rouge.
Réd. au huitième.

CHICORÉE SAUVAGE AMÉLIORÉE.

Noms étrangers : angl. Improved very large leaved chicory. — all. Verbesserte grossblättrige Cichorie.

Plante différant beaucoup, comme aspect, de la Ch. sauvage ordinaire, dont elle est pourtant sortie par voie de semis successifs; feuilles larges, très amples, ondulées et parfois cloquées, toujours plus ou moins velues et rappelant souvent par leur forme et leur disposition celles de la Scarole en cornet.

Quand la plante monte à graine, ses tiges sont bien exactement celles de la Chicorée sauvage ; il semble donc très certain que la variété dont nous nous occupons ici est bien une modification du type indigène, et non pas un produit hybride de la Chicorée sauvage et de la Chicorée Endive, comme certaines personnes sont disposées à le croire. Nous serions beaucoup plus portés à admettre cette origine hybride pour la Chicorée sauvage frisée, dont nous allons parler.

La *Chicorée sauvage améliorée panachée*, à feuille maculée de rouge, qui est une variation de la précédente, et la *Ch. sauvage améliorée frisée*, variété peu rustique et provenant vraisemblablement d'un croisement avec la Chicorée Endive, sont des plantes curieuses et jolies, mais peu répandues.

M. Jacquin aîné, qui s'est occupé avec constance et succès de l'amélioration de la Chicorée sauvage, a réussi autrefois à fixer assez complètement un certain nombre d'autres formes qu'il désignait sous les noms de : Chicorée sauvage améliorée *demi-fine ; demi-fine à feuilles jaunes ; demi-blonde forme de laitue pommée ; brune forme de laitue pommée.* Nous ne croyons pas que la culture de ces diverses races ait été continuée après lui.

CHICORÉE SAUVAGE A GROSSE RACINE.

SYNONYME : Chicorée à café.

NOMS ÉTRANGERS : ANGL. Large rooted *or* Coffee chicory. — ALL. Cichorien-Wurzel. FLAM. et HOLL. Bittere pee, Suikerijwortel.

Cette variété se distingue par le développement de sa racine, qui est renflée, charnue, droite, longue d'environ 0^{m}35, sur 0^{m}04 de diamètre au niveau du sol.

C'est celle qui est employée dans l'industrie pour la préparation du *café de chicorée*. Ce produit s'obtient par la torréfaction des racines, qui sont débitées en tranches minces, puis grillées et pulvérisées. La culture de la Chicorée à café est surtout répandue en Allemagne, en Belgique et dans le nord de la France.

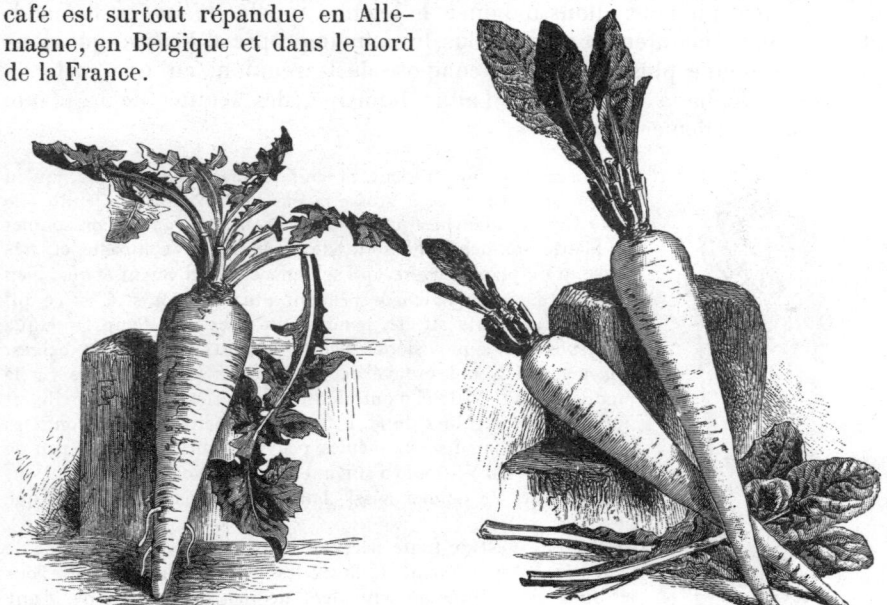

Chicorée à grosse racine de Brunswick.
Réd. au cinquième.

Chicorée à grosse racine de Magdebourg.
Réd. au cinquième.

On en distingue deux variétés bien nettement tranchées :

Celle de *Brunswick*, qui a les feuilles très découpées, divisées comme celles d'un Pissenlit et plus ou moins complètement étalées ; et celle de *Magdebourg*, dont les feuilles vigoureuses sont, au contraire, non déchiquetées, entières et tout à fait dressées. Cette dernière passe pour être la plus productive des deux races. Les racines en sont plus longues et plus grosses, quoiqu'un peu moins régulières de forme. Il n'est pas rare d'en voir dont le poids atteint de 400 à 500 grammes et dont l'apparence se rapproche beaucoup de celle des Betteraves blanches à sucre de petite race, telles que les betteraves allemandes, quand elles ont été cultivées à faible espacement.

Comme nous l'avons dit plus haut, la Ch. sauvage à grosse racine est souvent employée pour la production de la *Barbe-de-capucin*, en raison du grand développement qu'atteignent ses feuilles.

On cultive depuis quelques années, en Allemagne, une race de la Ch. de Brunswick, qui passe pour plus productive que le type, quoique sa racine ait la même forme. Les feuilles en sont entières comme celles de la Ch. de Magdebourg.

CHICORÉE SAUVAGE A GROSSE RACINE DE BRUXELLES.

Synonyme : Endive (à Paris).
Noms étrangers : angl. Large rooted Brussels (Witloof) chicory.
all. Brüsseler Cichorien-Wurzel. — flam. Verbeterde hofsuikerij, Witloof.

Cette plante peut être considérée comme une sous-variété de la Ch. à grosse racine de Magdebourg. Son principal mérite consiste dans la largeur de ses feuilles et dans le grand développement de leurs côtes. Elle produit, au moyen d'une culture que nous allons indiquer, le légume appelé *Witloof* en flamand, et plus connu maintenant à Paris sous le nom impropre d'*Endive*, que nous avons mentionné plus haut. Il se compose de la réunion, en une sorte de pomme analogue à un cœur de Laitue Romaine, des feuilles de la plante forcée, artificiellement blanchies.

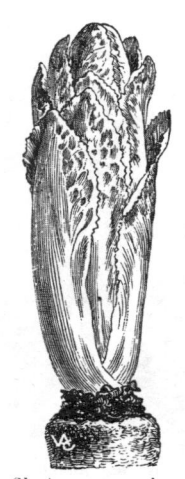

Culture. — On ne peut obtenir le *Witloof* ou *Endive* qu'au moyen de la Chicorée à grosse racine de Bruxelles. Les feuilles de cette variété, blanchies par le forçage souterrain auquel on soumet la plante, forment une sorte de pomme très compacte et très serrée, d'un blanc d'ivoire, qui se transporte facilement et qui, bien soignée, garde sa fraîcheur pendant plusieurs jours. C'est ce qui explique que Paris ait été, pendant un assez long temps, presque exclusivement approvisionné par le produit des cultures belges. Nos maraîchers ont prouvé depuis, que les soins réclamés par la production du Witloof n'ont rien de mystérieux ni de difficile, et qu'ils étaient capables de faire tout aussi bien que leurs confrères belges; les amateurs eux-mêmes peuvent, sans peine et à peu de frais, obtenir du Witloof en suivant les indications que nous allons nous efforcer de donner aussi clairement et aussi brièvement que possible :

D'abord, il est de toute nécessité de se procurer de la graine de Chicorée à grosse racine de Bruxelles parfaitement franche. Tous les soins de culture ne serviraient de rien si l'on employait une autre race de Chicorée, celle-là possédant seule la largeur de feuilles et de côtes nécessaires à la bonne formation des pommes.

Ch. à grosse racine de Bruxelles (Witloof).
(Réd. au tiers).

Le semis doit se faire de Mai en Juin et jusqu'au commencement de Juillet, en terre bien préparée et bien défoncée, de préférence en rangs espacés de 0^m15 à 0^m20, et les plants doivent ensuite être éclaircis de manière à laisser environ 30 à 40 racines au mètre carré. Les semis faits trop tôt donnent presque toujours une forte proportion de plantes qui montent à graine la première année. Il est parfois utile de repiquer le jeune plant, et cette opération est surtout à conseiller dans les cultures maraîchères où il est important d'occuper le terrain le moins longtemps possible. On peut, dans ce cas, semer en Juin en pépinière et repiquer les plants vers le 10 Juillet, également en pépinière, à environ 0^m15 en tous sens. En Octobre, les plantes ont acquis tout leur développement et les racines ont la grosseur d'un manche de bêche ordinaire. C'est le moment de les arracher, de couper les feuilles à environ 0^m04 du collet et de raccourcir les racines de manière à leur conserver 0^m15 de longueur environ. On les pare également en supprimant toutes les pousses latérales ainsi que celles qui pourraient s'être développées autour de la pousse principale, qui seule doit être conservée.

Ceci fait, on ouvre, dans une partie bien saine et ensoleillée du jardin, une ou plusieurs tranchées profondes de 0^m15, larges de 1 mètre à 1^m50 et de longueur proportionnée aux besoins de la consommation; puis on en ameublit le fond jusqu'à environ 0^m25 par un coup de bêche ou de fourche. On place ensuite les racines à forcer, debout dans la tranchée, espacées entre elles de 0^m03 à 0^m04 sur la ligne, en laissant entre les lignes un intervalle de 0^m10 et en se servant pour les enterrer d'une partie de la terre ameublie.

Au fur et à mesure qu'on avance dans cette opération, on comble les intervalles avec de la terre provenant de la tranchée, de façon que les racines soient parfaitement tenues en place et entourées de terre jusqu'au niveau des collets qui doivent être tous placés à la même hauteur. Ce travail peut être facilité au moyen d'une planche que l'on met en travers de la tranchée, au niveau du sol ferme, et qui permet à l'opérateur de planter à son aise sans piétiner la plantation. Il reste à combler la tranchée en y ajoutant encore $0^m 20$ d'épaisseur de terre relativement sèche, qu'on a eu soin de mettre en tas quelques semaines d'avance sous un hangar ou un abri quelconque ; le sable fin peut également convenir pour cet usage. Le terrain de la planche se trouve de cette façon surélevé de quelques centimètres au-dessus du niveau du sol. Une fois la plantation ainsi préparée, on en force les diverses parties successivement, selon les besoins, en procédant de la manière suivante :

On établit sur la partie à chauffer un tas de fumier en fermentation, de $0^m 40$ à $0^m 60$ d'épaisseur. En douze ou quinze jours, le sol est suffisamment échauffé pour la production du Witloof et l'on peut transporter ce même fumier sur la portion suivante de la fosse, en le réchauffant par l'addition de fumier neuf. Les pommes de Witloof ne sont complètement développées qu'au bout de vingt jours ; mais il suffit de couvrir la partie qui vient d'être chauffée de litière et de paillassons, pour que la chaleur du sol se conserve et achève de faire développer les pousses blanchies. Celles-ci sont détachées des racines avec une petite portion du collet pour que les pommes ne se divisent pas. — On compte que 30 pommes pèsent environ 1 kilogramme.

Aux environs de Paris, des spécialistes s'occupant de la culture par étiolement de la Barbe-de-Capucin, du Pissenlit et du Witloof, procèdent pour ce dernier d'une façon toute différente. C'est en cave obscure et à une température de 12 à 14° centigrades qu'ils forcent les racines. Ils font sur le sol, avec du fumier chaud, une couche de $0^m 30$, réduite par le tassement à $0^m 15$ et ensuite placent dessus, serrées les unes contre les autres, les racines, qui ont été à cet effet préparées d'avance. — Quinze jours à trois semaines après, ils récoltent des pommes aux feuilles plus ou moins écartées et non serrées comme dans le véritable Witloof, mais qui n'en sont pas moins tendres et de vente très courante à la Halle.

On a indiqué un moyen d'utiliser les racines débarrassées de leurs pommes, en les forçant de nouveau à mi-obscurité ; mais le produit ainsi obtenu est assez médiocre et trop peu abondant pour que ce procédé soit à conseiller.

La culture du Witloof, facile en tous pays, est de celles qu'on peut particulièrement recommander pour les potagers des châteaux et maisons de campagne éloignés des marchés.

USAGE. — On peut consommer le Witloof soit cru, en salade, soit cuit et assaisonné de diverses manières. Dans le premier cas, il rappelle la saveur de la Barbe-de-capucin ; dans le second, il présente quelque analogie avec la chicorée frisée cuite. C'est de toutes manières un légume agréable et sain, légèrement amer et particulièrement délicat.

CHOU CULTIVÉ
Brassica oleracea L.
Famille des *Crucifères*.

NOMS ÉTRANGERS : ANGL. Cabbage. — ALL. Kohl, Kraut. — FLAM. et HOLL. Kool. DAN. Kaal. — SUÉD. Vanlig Kål. — ITAL. Cavolo. — ESP. Col. — PORT. Couve. RUSSE Kapousta. — POL. Kapusta głowiasta.

Le Chou, plante indigène de l'Europe et probablement de l'Asie occidentale, est un des légumes dont la culture remonte le plus loin dans les temps passés. Les anciens le connaissaient et en possédaient certainement plusieurs variétés pommées. L'antiquité de sa culture peut se reconnaître au grand nombre de races qui existent et aux modifications profondes qui ont été apportées aux caractères de la plante primitive.

Le chou sauvage, tel qu'il existe encore sur plusieurs points des côtes de France et d'Angleterre, est une plante vivace, à feuilles lobées, larges, ondulées, épaisses, glabres, couvertes d'une pruine glauque. La tige s'élève de $0^m 60$

à 1 mètre ; elle est garnie de feuilles entières, embrassantes, et se termine par un épi de fleurs jaunes et quelquefois blanches. Toutes les variétés cultivées présentent ces mêmes caractères dans leur inflorescence, mais elles offrent jusqu'à la floraison les plus grandes différences entre elles et avec la plante sauvage.

Dans la plupart des choux, ce sont les feuilles qui ont été développées par la culture ; le plus souvent, elles sont imbriquées les unes par-dessus les autres, se rejoignant et se coiffant mutuellement, de manière à former une tête ou pomme plus ou moins serrée, enveloppant le bourgeon central ainsi que toutes les feuilles les plus jeunes. L'ensemble de ces feuilles affecte une forme sphérique, déprimée ou conique ; on réunit toutes les variétés qui présentent ce caractère sous la désignation générale de *Choux pommés*. D'autres variétés ont le feuillage très ample et très développé, sans former cependant de pomme ; on les désigne sous le nom de *Choux verts*.

Dans d'autres choux, ce sont les pousses portant les parties florales qui ont été modifiées au point de composer une masse épaisse, charnue et tendre, démesurément grossie au détriment des fleurs elles-mêmes, qui avortent presque complètement, mais produisent néanmoins suffisamment de tiges florales propres à la propagation de l'espèce. Cette classe de choux a été appelée : *Choux-fleurs* et *Brocolis*.

Dans d'autres, les feuilles ont conservé des dimensions très ordinaires, mais la culture a fait prendre un développement considérable à la tige, qui s'est renflée en boule, ou à la racine principale, qui a pris l'apparence d'un navet. On désigne en conséquence ces derniers sous le nom de *Choux-navets* ou *Rutabagas*, tandis qu'on donne aux autres le nom de *Choux-raves*.

Il y a, enfin, des variétés de choux dans lesquelles les modifications résultant de la culture et de la sélection ont porté, soit sur les côtes des feuilles (*Choux à grosses côtes*), soit sur les rejets qui se développent à leurs aisselles (*Choux de Bruxelles*), soit enfin sur plusieurs organes à la fois (*Choux moelliers, Chou-rave frisé de Naples*).

Nous ne parlons pas du *Colza*, autre race de chou dont le produit utile consiste surtout dans ses graines, et qui doit être rangé parmi les plantes industrielles oléifères.

Les diverses séries de Choux cultivés diffèrent assez sensiblement les unes des autres par le volume de leur graine : les *Choux verts non pommés* et les *Choux-raves* donnent les plus grosses graines ; ensuite viennent les *Choux pommés*, les *Choux-navets* et les *Rutabagas* ; et enfin les *Choux-fleurs* et les *Brocolis*, qui donnent les plus petites. Cependant, le poids moyen de toutes ces graines est à peu près uniformément de 700 grammes par litre, et leur durée germinative est ordinairement de cinq années. Le nombre des graines contenues dans un gramme varie de 300 à 550, selon les espèces.

CULTURE. — La diversité de tempérament et d'emploi des différentes races de choux est si grande qu'il n'est guère possible de donner autre chose, pour la culture de ces plantes, que des indications s'appliquant d'une façon générale à chacune des catégories que nous avons cru devoir adopter ou former pour la facilité de la classification. Nous compléterons lorsqu'il y aura lieu ces indications, en mentionnant dans la description des variétés les particularités de culture qui pourraient s'écarter des instructions générales.

Les climats frais et humides paraissent convenir à la culture des choux mieux que tous les autres. Les régions maritimes, les îles et les côtes, produisent généralement de plus beaux choux que les pays de plaines et les plateaux. La chaleur et la sécheresse leur sont contraires, tandis qu'ils se développent à merveille dans les saisons humides, brumeuses et même presque froides. Les choux aiment une terre forte un peu compacte, riche en engrais et en débris organiques ; ils ne craignent pas les sols un peu acides et viennent bien dans les terres nouvellement défrichées. On doit, dans le potager, leur donner les places les plus fraîches ; ce n'est que pour les choux de primeur qu'il faudra choisir une exposition chaude et abritée. Le terrain destiné aux choux doit être profondément labouré, tenu toujours propre et exempt de mauvaises herbes. Des arrosages donnés à propos, en été, assureront une végétation normale et permettront aux choux d'acquérir tout leur développement.

FUMURE. — Le Chou est très avide d'engrais ; le fumier de ferme bien décomposé lui convient particulièrement, ainsi que les gadoues, le sang et la chair desséchées, les eaux d'égouts, etc.

Il se montre également très sensible à l'action des engrais chimiques ; une fumure composée de :

Fumier de ferme	200 kil.	»
Nitrate de soude	2 —	»
Superphosphate de chaux	2 —	500
Sulfate de potasse	1 —	500

par are,

suffit aisément aux besoins d'une récolte de 800 à 900 kilog. de pommes à l'are, rendement que donnent couramment les gros Choux cabus d'été et d'automne. Certains d'entre eux, même, notamment le *Chou quintal d'Alsace* et le *Chou quintal d'Auvergne*, produisent jusqu'à 1200 kilog. et même plus à l'are. Pour ces variétés, on augmentera un peu les doses indiquées ci-dessus, de même qu'on les diminuera légèrement en vue de la culture des Choux de printemps, dont les variétés hâtives : *d'York*, *Cœur-de-bœuf* et variétés qui en dérivent, donnent rarement plus de 600 à 700 kilog. à l'are.

Des expériences récentes, dans lesquelles le nitrate de soude a été employé à la dose de 5 kilog. à l'are, répartie en plusieurs fois, ont permis d'établir que, sous l'influence d'une forte fumure azotée, le rendement augmente dans la proportion d'un cinquième à un quart, avec une avance d'environ un mois sur l'époque ordinaire de production.

Cultures particulières aux différentes classes de Choux :

CHOUX CABUS DE PRINTEMPS.— On les sème ordinairement dans les dix derniers jours du mois d'Août ou dans les dix premiers de Septembre, à raison de 100 à 125 grammes de graines au plus à l'are, les semis trop drus donnant ordinairement des plants faibles et mal conformés. On les laisse sur place jusqu'au mois d'Octobre, époque où ils sont bons à repiquer, soit définitivement en place, soit en pépinière d'attente, pour n'être plantés qu'au printemps. Dans les terres saines, chaudes et légères, on peut habituellement planter les choux à demeure dès la fin de l'automne, en rayons espacés de 0^{m}40 à 0^{m}45, et profonds d'environ 0^{m}10 ; dans les sols humides ou dans les localités exposées aux grands froids, aux neiges ou aux pluies excessives, il vaut mieux attendre que l'hiver soit passé. Les Choux d'York et autres variétés précoces de première saison se plantent dans une position chaude et abritée, le long d'un mur ou dans une planche exposée au Midi. Il est bon de faire, dès le mois de Février, un semis de choux hâtifs sur couche, pour remplacer, au moyen de plants ainsi obtenus et repiqués également sur couche, les pieds qui auraient péri par l'effet des intempéries, ou qui monteraient à graine prématurément, par suite de l'impulsion excessive donnée à la végétation par une température trop douce.

On peut commencer à récolter des choux à demi pommés depuis la fin d'Avril, et la production se prolonge jusqu'en Juin.

On sème aussi les choux hâtifs en Février-Mars, sur couche, en pépinière ou en terrain bien exposé, en abritant au besoin à l'aide de cloches ou de châssis, ou bien encore de Mars en Juin, en pépinière ; les plants sont ensuite mis en place aussitôt qu'ils sont assez développés ou qu'on a du terrain prêt à les recevoir. La récolte obtenue de ces semis de printemps succédera à celle provenant des semis d'automne. — Cette dernière culture est la plus simple et la plus facile, mais elle est cependant moins pratiquée que les semis d'automne, parce que ces variétés hâtives sont surtout cultivées pour primeurs, et que, du reste, les choux d'été, semés dans les mêmes conditions, sont plus productifs, tout en donnant leur produit à peu près à la même époque.

CHOUX CABUS D'ÉTÉ ET D'AUTOMNE. — On les sème le plus souvent au printemps, de Mars en Juin, suivant les variétés et selon l'époque où l'on désire en obtenir le produit. Le semis se fait en pleine terre ; le plant se repique le plus tôt possible en pépinière d'attente, et on le met en place dans un terrain bien travaillé et richement fumé, aussitôt que la tige a acquis la grosseur d'un tuyau de plume. L'écartement à laisser entre les plants varie, suivant les variétés, de 0^m40 à 0^m60. — Pour avancer la production, on sème assez fréquemment les Choux cabus d'été dès le mois de Février, sur couche, en abritant au besoin de cloches ou de châssis. On obtient ainsi des choux bons à récolter dès le mois de Juin, alors que les variétés les plus hâtives de cette section semées en Mars en pleine terre ne donnent généralement pas avant le mois de Juillet. — Les arrosages ne doivent pas être ménagés, d'abord pour assurer la reprise du plant, et ensuite pour faire face à l'évaporation considérable qui se produit pendant les longues et chaudes journées de l'été.

Les choux qui sont récoltés à l'automne ne demandent aucun soin particulier ; ceux qu'on veut réserver pour l'hiver ne peuvent être laissés en place que si l'on se trouve dans un climat très doux, ou s'ils ont été cultivés dans une situation très saine et très abritée ; partout ailleurs il faut les arracher, les débarrasser des feuilles qui commencent à pourrir, ainsi que de la plupart de celles qui entourent la pomme sans en faire partie, après quoi on les replante en rangs serrés, à demi couchés, le pied enterré et le sommet de la pomme tourné de préférence du côté du Nord. On peut même se dispenser de les arracher ; il suffit de creuser au pied de chacun d'eux une tranchée orientée de façon que le chou, une fois couché dans cette tranchée, ait le sommet de la pomme dirigé vers le Nord. — Dans certains pays, on conserve les choux par un procédé assez curieux, mais qui paraît donner de bons résultats : on fait une espèce de mur en terre dans lequel on engage la tige et la racine des choux, pendant que la pomme reste à l'extérieur ; ils peuvent se conserver de la sorte très avant dans l'hiver.

Parmi les gros choux cabus, très peu se prêtent à la culture automnale, c'est-à-dire : semis en Août pour pommer au commencement de l'été suivant. Soumis à ce traitement, la plupart montent à fleur sans pommer. Il ne faut donc les traiter en plantes bisannuelles que dans les localités où l'expérience de cette culture est déjà faite et réussit, et en se servant des races qui y sont notoirement appropriées.

CHOUX CABUS D'HIVER. — Ces choux se sèment d'ordinaire de Mars en Juin, en pépinière ; on laisse le plant prendre de la force, puis on le met en place environ six semaines après le semis, en terrain sain et bien fumé, en espaçant de 0^m50 à 0^m60. La récolte peut commencer en Novembre et se prolonge jusqu'en Mars. — Bien que ces choux puissent être semés aux mêmes époques que les Choux cabus d'été et d'automne, il est bien évident que si l'on a en vue un produit devant rester tout l'hiver en pleine terre et destiné à la consommation à l'arrière-saison, c'est-à-dire jusqu'au printemps, les premiers semis printaniers cessent de présenter de l'intérêt, d'autant que les choux obtenus de ces premiers semis n'offrent pas toute la rusticité de ceux obtenus des semis du mois de Juin.

CHOUX DE MILAN. — Leur culture est la même que celle des Choux cabus d'été, d'automne et d'hiver. — De même que les Choux cabus d'hiver, les Choux de Milan tardifs destinés à la consommation d'hiver et de printemps, devront être semés de préférence d'Avril en Juin.

CHOUX A GROSSES CÔTES. — On leur applique absolument la même culture qu'aux Choux cabus d'hiver.

CHOUX VERTS. — Ces choux, qui sont extrêmement rustiques, se cultivent de la même façon que les Choux cabus d'hiver ; ils sont très appréciés dans les régions à hivers rigoureux, car leurs feuilles, qui ne souffrent pas du froid, constituent un excellent légume que l'on prépare de la même façon que les autres choux et pour les mêmes usages.

INSECTES NUISIBLES ET MALADIES. — Les Choux sont exposés aux attaques de nombreux ennemis : Les *Altises* ou *Puces de terre* (*Altica brassicæ*), qui dévorent fréquemment les jeunes semis. On les éloigne par des bassinages à l'eau étendue de nicotine ou de quelque autre insecticide ; on en détruit également un grand nombre en promenant à diverses reprises, au-dessus des planches envahies, des plaquettes de bois recouvertes d'une couche de goudron liquide sur laquelle les insectes viennent se coller en sautant. On dit aussi, qu'on éloigne ces insectes en répandant sur les jeunes semis du superphosphate de chaux ou des scories de déphosphoration finement pulvérisées.

La *Piéride du chou* (*Pieris brassicæ*), ce grand papillon blanc que tout le monde connaît, ou plutôt sa larve, sorte de petite chenille gris bleuâtre avec trois raies jaunes longitudinales.

La *Piéride du navet* (*Pieris rapæ*), petit papillon blanc dont la chenille est verte avec une fine raie jaune sur le dos et une rangée de taches jaunes un peu plus bas de chaque côté.

La *Noctuelle du chou* (*Noctua brassicæ*, *Hadena brassicæ*), papillon gris ou roussâtre, dont la chenille, d'un gris tantôt verdâtre et tantôt noirâtre, présente des marbrures brunes ou noires avec une raie foncée sur le dos et une autre jaune sur chaque flanc.

Pour combattre ces trois insectes, le plus sûr moyen est de les chercher et de les prendre à la main. On peut aussi en détruire d'assez grandes quantités en répandant sur les choux de la poudre de chaux délitée à l'air, ou bien encore par des arrosages à l'eau additionnée de nicotine ou de Solutol. On aurait obtenu aussi d'excellents résultats en saupoudrant les plants attaqués de superphosphate de chaux finement pulvérisé, à la dose de 5 kilog. à l'are.

L'*Anthomye* ou *Mouche du chou* (*Anthomya brassicæ*) pond au collet des plantes ses œufs, qui donnent naissance à de petits vers blancs, cylindriques, sans pattes, amincis vers la tête et renflés à la partie postérieure. La présence de ces larves se révèle aisément au changement des feuilles, qui jaunissent et se fanent; il est bon alors d'utiliser de suite les pommes des choux attaqués et de brûler tout le reste, feuilles, tiges et racines, avec de la chaux vive.

Le *Charançon* ou *Lisette du chou* (*Ceuthorynchus sulcicollis*) fait des piqûres sur le pied ou vers le collet des choux et dépose un œuf dans chacune d'elles; il se forme alors aux endroits piqués des protubérances auxquelles on donne le nom de *bosses* ou *galles du chou* et qui, selon leur grosseur et leur nombre, entravent ou arrêtent même la végétation. Dans les localités où cet insecte est abondant, il est bon, avant de repiquer les jeunes plants de choux, de les tremper dans de la bouse de vache, ou de mettre, au moment de la plantation, une poignée d'un mélange de poussière de chaux et de terre légère autour du collet des plants. L'emploi des tourteaux de Ricin a, paraît-il, pour effet d'éloigner ces insectes.

Le *Puceron du chou* (*Aphis brassicæ*), qui est de couleur verte, a les ailes poudrées d'une pruine bleuâtre, la tête et le corselet noirs bigarrés de jaune. C'est surtout à l'automne qu'il exerce ses ravages. On recommande d'enlever et de brûler les feuilles sous lesquelles il se tient. On peut aussi employer contre lui le jus de Tabac dilué au dixième.

La *Punaise du chou* (*Pentatoma oleracea*), reconnaissable à ses ponctuations rouges et noires, et la *Punaise rouge des tilleuls* (*Lygæus apterus*), sont parfois abondantes au point d'arrêter la végétation des choux. On éloigne ces insectes par des pulvérisations de nicotine diluée, ou en projetant sur les choux attaqués de la poudre de chaux mélangée de terre légère.

Le Chou est encore fréquemment attaqué par une cryptogame, le *Plasmodiophora brassicæ*, qui détermine la maladie connue sous le nom de « *hernie du chou* ». Cette affection se reconnaît aux excroissances à surface raboteuse et de forme irrégulière qui se forment sur la tige et surtout sur les racines et les radicelles. Jusqu'à présent, on n'a pas trouvé de remède sûr contre ce mal : on recommande d'abord d'éviter de cultiver le Chou dans des terres humides non drainées; de choisir au repiquage des plants absolument sains; d'alterner le plus possible les cultures, c'est-à-dire éviter de faire des choux pendant au moins deux ou trois ans dans le terrain infesté; enfin, de détruire immédiatement, par le feu ou par la chaux vive, tout ce qui peut rester des choux après en avoir récolté la partie comestible.

On évite, paraît-il, ou tout au moins on réduit de beaucoup les chances d'infection, en déposant autour de chaque plant, au moment du repiquage, une bonne poignée de chaux vive. On a aussi préconisé le trempage des racines, toujours au moment du repiquage, dans une bouillie composée de bouse de vache dans laquelle on verse, par 10 litres de bouillie, 250 grammes de sulfate de cuivre préalablement délayé dans un lait de chaux.

USAGE. — On emploie dans les Choux pommés les feuilles, cuites de diverses manières, ou assaisonnées en salade, ou encore fermentées, et désignées alors sous le nom de « *choucroute* »; dans les Choux-fleurs, la tête ou pomme formée par les parties florales; dans les Choux-raves, la tige; dans les Choux-navets et les Rutabagas, la racine; dans les Choux de Bruxelles les petits rejets pommés qui naissent tout le long de la tige.

CHOUX POMMÉS
Brassica oleracea capitata DC.

Synonymes : Chou capu, Ch. en tête, Ch. pommé, Ch. pommé à feuille lisse.

Noms étrangers : Angl. Cabbage. — All. Kopfkohl, Kraut. — Flam. Kabuiscool. Holl. Slutkool. — Dan. Hoved kaal. — Suéd. Hufoud Kål. — Ital. Cavolo cappuccio. Esp. Col repollo, Repollo arrepollado (Rép. argentine). — Port. Couve repolho, Repolho. Russe Kotchannaïa kapousta. — Pol. Kapusta głowiasta.

On divise d'ordinaire les choux pommés en deux classes : les *Choux pommés à feuilles lisses* dits *Cabus,* et les *Choux à feuilles cloquées* ou *frisées,* désignés aussi sous le nom de *Choux de Milan.* — Nous nous conformerons à cette division, et, dans chacune des classes, nous décrirons les variétés en suivant, autant que possible, l'ordre de précocité, mais en tenant compte aussi des affinités des différentes races.

Chou d'York petit (hâtif).
Réd. au douzième.

Chou cœur-de-bœuf petit.
Réd. au douzième.

CHOUX POMMÉS A FEUILLES LISSES *ou* CABUS
Choux Cabus de printemps :

CHOU D'YORK PETIT (HATIF).

Noms étrangers : Angl. Early York cabbage, (Am.) Early May cabbage. All. Frühes kleines Yorker Kraut, Früher Zucker-Maispitzkohl.

Nous commençons la description des choux par cette variété, parce que, sans être la plus précoce de toutes, elle est une des plus anciennement connues et que, par suite, il sera plus facile de caractériser les autres variétés analogues en les comparant à celle-ci.

Pomme ovale ou en cône renversé, oblongue, presque deux fois aussi haute que large, petite, passablement serrée. Feuilles d'un vert foncé, un peu bleuâtres, glauques ou grisâtres à la surface inférieure, les plus extérieures de celles qui forment la pomme recouvrant les autres à la manière d'un capuchon ; les feuilles tout à fait extérieures, qui ne contribuent pas à former la pomme, peu nombreuses, renversées en dehors, souvent pliées dans le sens de la nervure médiane, très lisses ; nervures d'un blanc verdâtre, assez larges. Pied fin, à peu près de la moitié de la hauteur de la pomme.

Le *Chou superfin hâtif* ou *Chou cabbage,* est une sous-variété du Ch. d'York petit ; il en diffère peu par ses caractères extérieurs, et seulement par sa taille un peu moindre et sa précocité plus grande de huit jours environ.

CHOU D'YORK GROS.

Noms étrangers : ANGL. Large York cabbage. — ALL. Grosses Yorker Kraut.

Passablement plus fort dans toutes ses parties que le Chou d'York petit ; à pomme plus grosse, plus renflée relativement à sa longueur, qui égale à peine une fois et demie sa largeur. Feuilles extérieures plus raides, plus fermes, plus larges, d'une couleur généralement moins bleuâtre. Pied moins haut relativement.

Excellent chou hâtif, assez productif et de très bonne qualité. On peut lui reprocher seulement d'occuper un peu trop de place, relativement à la grosseur de sa pomme, à cause de ses grandes feuilles renversées et très amples.

Chou d'York gros.
Réd. au douzième.

Chou pain-de-sucre.
Réd. au douzième.

CHOU PAIN-DE-SUCRE.

Synonyme : Chou chicon.

Noms étrangers : ANGL. Sugar-loaf cabbage. — ALL. Zuckerhut Kraut. HOLL. Vroege suikerbroad kool. — PORT. Couve branco pao de assucar.

Pomme très longue, en forme de pain de sucre renversé, régulièrement oblongue et au moins deux fois aussi haute que large, rappelant beaucoup l'apparence d'une pomme de Romaine, ce qui lui a fait donner aussi le nom de « Chou chicon ». Feuilles d'un vert pâle et blond sur la surface supérieure, vert blanchâtre sur le revers, en forme de cuiller allongée, et se recouvrant en capuchon d'une manière remarquable pour former la pomme ; feuilles extérieures dressées comme celles d'une Laitue-Romaine. Pied relativement court, n'égalant guère que le tiers ou la moitié de la hauteur de la pomme.

Très distinct, productif, et à peu près aussi précoce que le Ch. d'York gros. Ainsi que les deux précédents, il convient pour les semis d'automne aussi bien que pour ceux de printemps. Haut et mince, il n'occupe pas beaucoup d'espace relativement au volume de sa pomme ; il est assez lent à monter à fleur. — Quoique très anciennement connu et répandu dans toute l'Europe, il ne paraît cependant faire nulle part l'objet de cultures très étendues.

CHOU CŒUR-DE-BŒUF PETIT.

Synon. : Chou hâtif pain-de-sucre, Ch. Camala (Ariège), Ch. Aphox, Ch. de Dieppe.

Noms étr. : ANGL. Early ox-heart cabbage. — ALL. Frühes kleines Ochsenherz Kr.

La forme de la tête de ce chou est très bien caractérisée par son nom : c'est un cône court, renflé, à pointe obtuse, tout au plus d'un quart ou d'un cinquième plus haut que large. Les feuilles extérieures sont amples, presque rondes, d'un vert moins glauque que celui des Choux d'York ; celles qui constituent la pomme se recouvrent plutôt en s'enroulant les unes sur les autres qu'en formant le capuchon.

Le Ch. cœur-de-bœuf petit a le pied assez court, comparativement à la hauteur de la pomme ; il se forme de très bonne heure, et peut se récolter à peu près en même temps que le Ch. d'York hâtif.

Les Choux cœur-de-bœuf peuvent être considérés comme le type d'une série assez nombreuse, à laquelle se rattachent les variétés suivantes :

Chou Express.
Réd. au douzième.

Chou très hâtif d'Étampes.
Réd. au douzième.

CHOU EXPRESS.

Synonymes : Ch. cœur-de-bœuf parisien extra-hâtif, Ch. pommé hâtif (Env. de Paris).

Chou tout à fait précoce, pommant dès la cinquième ou sixième feuille, court de pied et très prompt à se former. On ne peut mieux le décrire qu'en l'appelant un moulage réduit du Ch. très hâtif d'Étampes ; il en a tous les principaux caractères, avec un peu de taille en moins et quelques jours de précocité en plus. — De même que le Ch. cœur-de-bœuf petit et aussi le Ch. d'York hâtif, il peut être planté et cultivé très serré.

CHOU TRÈS HATIF D'ÉTAMPES.

Synonyme : Chou pommé gros (Environs de Paris).

Noms étrangers : angl. Very early Etampes cabbage, Sutton's earliest C.
all. Sehr frühes Etampes Kraut.

Dans plusieurs essais comparatifs, cette variété nous a paru être, après la précédente toutefois, le plus précoce des choux pommés. La plupart de ses caractères la rapprochent du Ch. cœur-de-bœuf petit, mais elle s'en distingue par sa pomme très sensiblement plus haute et plus conique, ainsi que par son volume un peu plus fort.

Elle a été obtenue par M. Bonnemain, secrétaire de la Société d'horticulture d'Étampes. Elle convient très bien pour la culture de primeur.

Les maraîchers des environs de Paris désignent fréquemment le Chou très hâtif d'Étampes sous le nom de *Chou cœur-de-bœuf gros* et, par comparaison, appellent le Chou Express : *Chou cœur-de-bœuf petit*. Ce fait est plutôt fâcheux, car il peut amener des confusions regrettables, étant donné que ces dénominations s'appliquent déjà à des variétés connues depuis longtemps et toujours en faveur dans les cultures.

Le *Chou Alpha* est très voisin du Chou très hâtif d'Étampes, pour ne pas dire identique.

CHOU CŒUR-DE-BŒUF DE JERSEY.

SYNONYME : Chou cœur-de-bœuf de Philadelphie.
NOM ÉTRANGER : ANGL. Early Jersey Wakefield cabbage.

Pied court, quoique plus haut que dans les autres variétés de Choux cœur-de-bœuf ; feuilles amples, vertes et légèrement glauques, peu cloquées, à nervures très nettement dessinées ; pommes larges, coniques, obtuses.

Cette variété, d'origine américaine, est aussi hâtive et beaucoup plus productive que le Ch. cœur-de-bœuf petit et se prête mieux que lui à la grande culture.

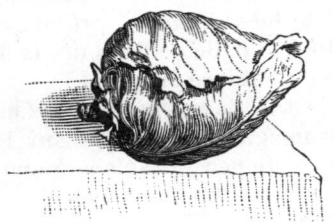

Chou cœur-de-bœuf moyen de la Halle.
Réd. au douzième.

Chou cœur-de-bœuf de Jersey.
Réd. au douzième.

CHOU CŒUR-DE-BŒUF MOYEN DE LA HALLE.

SYNONYMES : Chou cœur-de-bœuf parisien hâtif moyen, Ch. Roi des précoces, Ch. demi cœur-de-bœuf.
NOMS ÉTRANGERS : ANGL. Paris market very early cabbage. — ALL. Frühes Pariser Markt-Kraut.

Très belle variété hâtive en même temps qu'assez volumineuse, obtenue et cultivée par les maraîchers parisiens qui la tiennent en grande faveur.

La pomme en est un peu moins haute, mais plus arrondie et plus élargie à la base que celle du Ch. très hâtif d'Étampes. La pomme grossit très vite dès qu'elle a commencé à se former, et cette variété est une de celles qui peuvent donner le plus de produit dans le moins de temps.

CHOU PRÉFIN DE BOULOGNE AMÉLIORÉ.

Variété assez voisine du Ch. cœur-de-bœuf et remarquable par sa grande précocité. Pied assez court ; feuilles extérieures larges, vert blond, d'un aspect un peu gras ; pomme conique, généralement recouverte par la sixième ou la septième feuille, qui l'entoure comme un cornet.

Le *Chou précoce de Louviers*, autre sous-variété du Ch. cœur-de-bœuf, se rapproche beaucoup de celui d'Étampes ; il est un peu moins hâtif, et a la pomme un peu plus courte.

Le *Chou prompt de Saint-Malo*, un peu plus volumineux, à feuilles plus amples et à pomme plus courte et plus large que le précédent, a été, comme lui, remplacé avec avantage par le Ch. très hâtif d'Étampes.

CHOU PRÉCOCE DE TOURLAVILLE.

Synonyme : Ch. prompt de Caen.

Pomme assez haute et pointue, formée par l'enroulement des feuilles, dont quelques-unes ont une moitié libre et l'autre engagée dans la pomme. Feuilles larges et amples, d'un vert très foncé, à côtes très grosses et rondes près de la tige, se recourbant brusquement pour appuyer les feuilles contre la pomme. C'est une variété bien distincte, précoce et vigoureuse, qu'on voit arriver en grande quantité à la halle de Paris dès la fin de l'hiver, des environs de Cherbourg, où elle est cultivée en grand.

En dehors de son pays d'origine, le Chou précoce de Tourlaville ne paraît pas avoir d'avantage bien marqué sur les Choux cœur-de-bœuf. C'est, au surplus, une race un peu variable au point de vue de l'apparence des feuilles, qui sont tantôt lisses, tantôt cloquées.

Chou précoce de Tourlaville.
Réd. au douzième.

Chou cœur-de-bœuf gros.
Réd. au douzième.

CHOU CŒUR-DE-BŒUF GROS.

Synonymes : Chou grand-père (Artois), Ch. d'avant ou d'Avent, Ch. de Cherbourg.

Noms étrangers : angl. Large ox-heart cabbage. — all. Frühes grosses Ochsenherz Kraut. — port. Couve branco coracao de boi.

Variété vigoureuse et productive, prompte à pommer, d'environ quinze jours à trois semaines moins hâtive que le Ch. cœur-de-bœuf petit, mais atteignant un volume trois ou quatre fois supérieur à ce dernier. Feuilles extérieures grandes, arrondies, assez épaisses, de couleur plus foncée sur la surface que sur le revers. La pomme est grosse, très obtusément conique, d'un vert un peu grisâtre ; le pied assez court et dépassant rarement les deux tiers de la hauteur de la pomme.

Le Ch. cœur-de-bœuf gros est une bonne variété pour la grande culture maraîchère, qui se fait presque en plein champ. Il est assez rustique pour n'avoir pas besoin d'une culture très soignée, et quand il est formé, il peut attendre plus facilement que les autres variétés de choux cabus hâtifs le moment d'être cueilli, sans que la pomme se crève ou se déforme trop rapidement ; aussi, en raison de ces divers avantages, est-il des plus cultivés pour l'approvisionnement des marchés.

Sous le nom de *Chou de sucre*, les maraîchers des environs de Saint-Omer désignent indifféremment le Ch. cœur-de-bœuf petit ou le Ch. cœur-de-bœuf gros.

CHOU BACALAN HATIF.

SYNONYMES : Chou de Saint-Brieuc, Ch. d'Angerville, Ch. pommé de Craon, Ch. cobe.
NOMS ÉTR.: ANGL. Early Bacalan cabbage.— ALL. Frühes mittelgrosses Bacalaner Kraut.

Pomme oblongue, conique, grosse et assez serrée, ressemblant à celle du Ch. cœur-de-bœuf, mais sensiblement plus haute. Feuillage ample, très légèrement cloqué et ondulé sur les bords; pied assez haut.

Quoique plus volumineux que le Ch. cœur-de-bœuf gros, le Chou Bacalan n'est pas moins hâtif, mais il convient tout particulièrement aux climats maritimes et doux de l'ouest de la France. Il paraît originaire de Saint-Brieuc, d'où il a été transporté à Bordeaux; il est largement cultivé dans ces deux localités, et très estimé, surtout pour les semis d'automne.

Chou Bacalan hâtif.
Réd. au douzième.

Chou Bacalan gros.
Réd. au douzième.

CHOU BACALAN GROS.

SYNONYMES : Chou Bacalan tardif, Ch. de Tours.
NOMS ÉTRANGERS : ANGL. Large Bacalan cabbage. — ALL. Grosses Bacalaner Kraut.

Quand cette variété est bien franche, elle se distingue du Bacalan hâtif par son volume un peu plus fort et sa pomme plus serrée et un peu plus pointue; ces deux races, bien certainement, n'en faisaient qu'une à l'origine.

Le Ch. Bacalan gros n'est guère moins prompt à se former que le Ch. Bacalan hâtif, et il tient mieux la pomme.

CHOU JOANET HATIF.

SYNONYMES : Chou nantais, Ch. jaunet, Ch. de Chenillet, Ch. de Genillé, Ch. Colas, Ch. pommé d'Angers, Ch. Gaouin, Ch. Pisan (Algérie).
NOMS ÉTRANGERS : ANGL. St-John's day early cabbage, Miniature drumhead C.— ALL. Frühes Johannistag Kr.

Variété très distincte, à pied extrêmement court; pomme très dure et très serrée, plutôt aplatie qu'allongée, et cependant renflée à la partie supérieure; feuilles extérieures peu nombreuses, très lisses, d'un vert foncé; celles constituant la pomme, d'un vert plus pâle.

Chou Joanet hâtif (Réd. au 1/12e).

Cette variété est très répandue dans l'Anjou et la Basse-Bretagne ; aux environs de Paris, elle a quelque peine à supporter les hivers, quand ils sont très froids et très humides. Dans son pays d'origine, on la sème surtout à l'automne pour l'avoir au printemps : ainsi faite, elle produit des pommes moins plates que semée de printemps.

CHOU POMMÉ PLAT DE PARIS.

Synonyme : Chou plat d'été (Environs de Paris).
Noms étr. : angl. Flat Parisian *or* Early spring cabbage. — all. Flaches Pariser Kraut.

Variété à pied court. Feuillage vert franc un peu pâle ; les feuilles extérieures dressées, les autres constituant une pomme plate, régulière et très serrée, ne dépassant guère 0m 25 à 0m 30 de diamètre.

C'est un chou peu feuillu, convenant parfaitement à la culture maraîchère ; il est très hâtif, et, dans les environs de Paris, on le cultive ordinairement avec les Choux cœur-de-bœuf de seconde saison.

Chou petit hâtif d'Erfurt. — La petite race que nous mentionnons ici ressemble beaucoup, mais en miniature, au Chou quintal. Pied très court ; pomme très aplatie ; feuilles extérieures marquées de nombreuses nervures blanches. Ce chou convient bien aux semis de printemps, mais médiocrement à ceux d'automne, car alors il monte souvent sans pommer.

Chou petit hâtif d'Erfurt (au 1/12e).

Chou de Saint-Denis (Réd. au douzième).

Chou pommé plat de Paris (Réd. au douzième).

Choux Cabus d'été et d'automne :

CHOU DE SAINT-DENIS.

Synonymes : Chou d'Aubervilliers, Ch. de Bonneuil, Ch. cabus gros de Laon, Ch. des Vertus, Ch. Floris, Ch. des quatre-saisons.
Noms étrangers : angl. St-Denis large cabbage. — all. Grosses plattes St-Denis Kraut. Griechisches Centner-Kr., Angelberger mittelfrühes Kr.

Cette variété, qui est une des plus cultivées aux environs de Paris et l'une des plus anciennement répandues, peut servir très utilement de point de départ à l'énumération des diverses races de *gros Choux cabus à feuilles lisses*. Ses caractères, qui sont connus de tout le monde, nous serviront de points de comparaison auxquels nous rapporterons ceux des autres variétés d'origine étrangère ou d'introduction plus récente.

Pied assez haut, égalant au moins la hauteur de la pomme, qui est ronde, déprimée et presque aplatie quand elle est complètement formée, et colorée à son sommet de rouge lie de vin. Feuilles extérieures amples, assez raides, serrées à la base contre la pomme, se renversant ensuite en dehors, d'un vert très glauque, presque bleu par la sécheresse, à contour régulièrement arrondi, entier, ni denté, ni ondulé ; nervures assez grosses, d'un vert pâle.

Aux environs de Paris, où, comme nous l'avons dit, le Ch. de Saint-Denis est très cultivé, on le sème d'ordinaire de Mars en Mai, et il produit pendant l'automne et le commencement de l'hiver.

Une sous-variété un peu plus hâtive du Ch. de Saint-Denis, désignée sous le nom de *Chou de Bonneuil,* a été cultivée pendant longtemps ; elle paraît avoir disparu aujourd'hui ou s'être depuis confondue avec la race ordinaire. Cependant, si l'on s'en rapporte aux descriptions des deux races publiées dans la seconde moitié de l'avant-dernier siècle, il semblerait que c'est plutôt l'ancien Ch. de Saint-Denis qui aurait disparu, et qui aurait été graduellement remplacé par le Ch. de Bonneuil. Les caractères de ce dernier étaient, en effet, dès le xviiie siècle, ceux que nous connaissons aujourd'hui au Ch. de Saint-Denis, tandis que la race appelée alors Ch. de Saint-Denis avait la pomme plus renflée, moins aplatie, le pied plus haut, et se rapprochait jusqu'à un certain point du Ch. de Hollande tardif. — L'*Almanach du Bon Jardinier,* dans ses plus anciennes éditions, mentionne ces deux races comme distinctes ; ce n'est qu'à partir de 1818 qu'il donne les deux noms comme synonymes.

Chou Joanet gros (Réd. au douzième).   Ch. de Hollande pied court (Réd. au douzième).

CHOU JOANET GROS.

Synonymes : Chou capuche, Ch. Joanet tardif, Ch. Colas (à Nantes).

Noms étr. : angl. St-John's day large cabbage. — all. Grosses Johannistag Kraut.

Plus court de pied que le Chou de Saint-Denis, il a aussi la pomme plus ronde et moins large ; les feuilles extérieures, moins amples, sont plus arrondies et d'un vert plus foncé. Il occupe moins de place que lui et mûrit quelques jours plus tôt, mais il ne paraît pas être aussi résistant au froid. Le pied en est très court, de telle sorte que la pomme et les feuilles qui l'entourent paraissent souvent reposer sur terre.

CHOU DE HOLLANDE A PIED COURT.

Noms étrangers : angl. Early dwarf flat Dutch cabbage. — all. Holländisches kurzbeiniges Kraut, Bleichfelder Kr., Magdeburger Kr.

Cette variété a de très grandes analogies avec le Chou Joanet gros ; elle s'en distingue principalement par sa précocité un peu moins grande et par la teinte brune que sa pomme prend quelquefois à la partie supérieure. De même que le Chou Joanet gros, celui-ci a le pied court et les feuilles d'un vert foncé.

Ces deux variétés conviennent parfaitement à la grande culture en plein champ. Leurs pommes, très fermes et très serrées, présentent le grand avantage de bien supporter le transport.

CHOU DE BRUNSWICK A PIED COURT.

Synonymes : Chou tabouret, Ch. de Boston (Midi), Ch. des quatre-saisons, Ch. brebis, Ch. Baxton.

Noms étrangers : angl. Fottler's improved Brunswick cabbage, Large Brunswick short stem C. — all. Braunschweiger kurzbeiniges Kraut.

Excellente race bien distincte, très recommandable et avec raison grandement estimée dans la grande culture maraîchère.

Feuilles et pomme d'un beau vert franc, beaucoup moins glauque que le Chou de Saint-Denis et moins grisâtre que le Chou quintal d'Alsace. Pomme grosse, large, très déprimée et complètement aplatie sur le dessus; feuilles extérieures dégageant bien la pomme, qui paraît presque posée sur terre, tant le pied en est court. — On l'emploie aussi beaucoup pour la fabrication de la *choucroute*.

La précocité du Ch. de Brunswick à pied court est à peu près la même que celle du Ch. de Saint-Denis.

Le *Chou de Brunswick ordinaire,* à pied plus haut et à pomme moins aplatie, autrefois très répandu, se cultive peu depuis que la variété à pied court a commencé à être connue. Cette dernière lui est du reste de tous points supérieure.

Chou de Brunswick à pied court.
Réd. au douzième.

Chou de Schweinfurt.
Réd. au douzième.

CHOU DE SCHWEINFURT.

Noms étrangers : angl. Schweinfurt quintal cabbage. — all. Schweinfurter frühes sehr grosses Kraut.

Le plus volumineux, et l'un des plus productifs parmi tous les choux cabus, celui-ci est en même temps très hâtif : semé au mois d'Avril, il peut être consommé dès la fin d'Août ou le mois de Septembre.

La pomme du Chou de Schweinfurt est remarquablement large, atteignant fréquemment un diamètre de 0^m50 et même plus; elle est, comme les feuilles extérieures, d'un vert assez pâle et blond, sillonné de nervures blanches et fréquemment teinté de rouge violacé ou brunâtre. Les feuilles qui la composent sont peu serrées les unes contre les autres, ce qui fait que la pomme est assez molle, mais malgré cela, de bonne conservation; elle n'atteint pas, malgré son énorme volume, un poids très considérable.

Le Ch. de Schweinfurt est néanmoins une variété à recommander pour les potagers de ferme ou de grands établissements, à cause de son très fort rendement, joint à sa précocité.

CHOU DE FUMEL.

Synonymes : Chou femelle, Ch. d'Aleth.

Cette variété, ainsi que les deux suivantes, pourrait être considérée comme intermédiaire entre les Choux cabus à feuilles lisses et les Choux de Milan : elle a en effet le feuillage grossièrement cloqué, sinon frisé. Nous suivrons néanmoins l'usage en classant ces variétés avec les Choux cabus ordinaires, auprès du Ch. de Schweinfurt, dont elles se rapprochent par leur précocité et aussi par le peu de dureté de leur pomme.

Le Ch. de Fumel a le pied très court, les feuilles extérieures peu nombreuses, étalées sur terre, d'un vert assez foncé et largement cloquées. La pomme, au

Chou de Fumel.
Réd. au douzième.

contraire, est très blonde, peu serrée, large et très déprimée ; elle ne se conserve que très peu de temps. C'est un des plus hâtifs parmi les choux pommés, mais il paraît peu convenir aux climats du Nord, où il pourrit trop facilement.

Chou de Habas.
Réd. au douzième.

Chou de Dax.
Réd. au douzième.

CHOU DE HABAS.

Variété cultivée dans tout le sud-ouest de la France, où elle est quelquefois confondue avec le Ch. de Dax.

C'est un chou assez hâtif, à pied court, à feuillage abondant, cloqué, assez blond ; les feuilles inférieures sont presque étalées sur terre ; celles du cœur forment une pomme assez lâche et d'un vert jaunâtre.

CHOU DE DAX.

Pied assez haut ; feuillage très abondant, grossièrement cloqué, d'un vert plus foncé et plus glauque que celui du Ch. de Habas, se rapprochant jusqu'à un certain point de celui du Ch. Milan des Vertus. Pomme ronde, rarement très bien formée, au moins sous le climat de Paris, et toujours assez petite relativement à l'ampleur du feuillage.

C'est une variété demi-tardive, qui paraît présenter fort peu d'intérêt en dehors de son pays d'origine.

CHOU DE HOLLANDE TARDIF.

Synonyme : Chou cabus blanc de montagne.

Noms étrangers : angl. Late flat Dutch cabbage. — all. Grosses spätes Holländisches Kraut.

La pomme est assez grosse, ronde, un peu déprimée, très pleine et ferme ; les feuilles extérieures assez nombreuses, amples, embrassantes, arrondies, avec quelques larges cloqûres.

Ce chou est plus haut de pied, plus glauque et plus tardif que le Ch. de Saint-Denis. Son principal avantage consiste en ce qu'il est extrêmement rustique et supporte les plus grands froids.

Le *Chou d'Écury*, assez connu et estimé en Champagne, est une variété locale se rapprochant beaucoup du Chou de Hollande tardif.

Chou de Hollande tardif.
Réd. au douzième.

Chou quintal d'Alsace.
Réd. au douzième.

CHOU QUINTAL D'ALSACE.

Synonymes : Chou de Strasbourg, Gros chou d'Allemagne, Ch. d'Alsace, Ch. d'Audanville, Ch. à la pouquette (Manche).

Noms étrang. : angl. Quintal drumhead cabbage, Hundredweight C., (am.) Mason's C. all. Centner-Kraut, Strassburger Centner-Kr. — holl. Straatsburger kool. ital. Cavolo cappuccio grosso di Germania.— port. Couve branco d'Alsacia.

Un des plus anciens et des meilleurs choux d'arrière-saison. Pomme large, très aplatie, très grosse, très ferme ; feuilles d'un vert pâle, glauque ou cendré, à nervures blanches très nombreuses, à bords souvent découpés ou dentés, les extérieures assez abondantes, mais pas extrêmement développées, se renversant en dehors et découvrant bien la pomme.

Le Ch. quintal d'Alsace est tardif, très rustique et très productif ; c'est un de ceux qu'on emploie le plus fréquemment et de préférence pour faire la *choucroute*. Aucune autre variété de chou cabus n'occupe probablement une place aussi importante dans la grande culture.

Le *Chou de Melsbach* paraît être une sous-variété, un peu plus hâtive, du Chou quintal.

En Lorraine, on applique indistinctement la dénomination de *Joute* ou bien de *Joute de Metz* aux gros choux cabus à pomme dure qui sont employés à la fabrication de la *choucroute*, notamment au Chou quintal et au Chou de Brunswick à pied court.

CHOU QUINTAL D'AUVERGNE.

Synonyme : Chou géant des Causses.

Noms étrangers : Angl. Auvergne quintal cabbage. — All. Auvergner Centner-Kraut.

Cette variété, issue de la précédente, en diffère sensiblement par son développement beaucoup plus fort et sa végétation plus tardive. Elle est à pied très court; les feuilles extérieures, dressées, sont d'un vert grisâtre luisant, à grosses nervures blanches, peu cloquées, mais fortement ondulées sur les bords. La pomme, assez aplatie et très dure, atteint souvent 0^m 50 de diamètre avec un poids de 15 à 25 kilog.

Le Chou quintal d'Auvergne est par-dessus tout une variété extrêmement rustique à très grand rendement, recommandable pour la consommation d'automne et d'hiver dans les fermes et les grandes exploitations; malgré son introduction relativement récente, il occupe dès aujourd'hui une place très importante dans les cultures.

Chou pointu de Winnigstadt.
Réd. au douzième.

Chou conique de Poméranie.
Réd. au douzième.

CHOU POINTU DE WINNIGSTADT.

Noms étr. : Angl. Winnigstadt early cabbage. — All. Spitzes Winnigstädter Kraut, Spitzes Windelsteiner Kr., Spitzfielder Kr.

Par sa forme conique, cette variété se rapprocherait jusqu'à un certain point de la série des Choux cœur-de-bœuf; cependant, elle en diffère bien nettement par le mode d'enroulement très serré des feuilles qui composent sa pomme et par la grande dureté de celle-ci.

Le pied en est court; les feuilles extérieures assez amples, d'un vert glauque et passablement ondulées sur les bords; les feuilles intérieures sont repliées tout à fait en forme de cornet et constituent une pomme extrêmement pleine et ferme, presque sphérique, quoique terminée en haut par une pointe assez aiguë. Cette pomme présente un poids assez considérable sous un volume relativement médiocre.

Le Chou pointu de Winnigstadt est d'une précocité moyenne et d'un rendement très considérable; il ne saurait être trop recommandé. C'est une des variétés qui s'accommodent le mieux de la culture en grand, en plein champ. La réussite en est beaucoup plus assurée en été et en automne; et elle ne convient nullement, au contraire, à la culture d'arrière-saison pour pommer au printemps.

CHOU CONIQUE DE POMÉRANIE.

Noms étrangers : angl. Filderkraut *or* Pointed-headed Pomeranian cabbage.
all. Pommerisches spitziges Kraut, Filderkraut.

Pied haut, fort et généralement renflé au-dessous de la pomme; feuilles extérieures assez nombreuses, amples, d'un vert franc. Pomme en cône très allongé, très pleine et serrée, bien blanche à l'intérieur, se terminant en pointe par une feuille roulée en cornet sur elle-même. C'est une variété assez tardive, qui réussit mieux semée au printemps que faite d'automne, et qui se conserve bien pendant une partie de l'hiver (*Voy.* la fig. à la page précédente).

Ce chou est passablement cultivé dans le nord de l'Allemagne; il en existe un assez grand nombre de races locales, différant plus ou moins les unes des autres, soit par la hauteur du pied, la longueur de la pomme ou la teinte du feuillage. Celle que nous venons de décrire nous paraît la plus recommandable, parce qu'elle est productive sans être tardive à l'excès.

Chou rouge foncé hâtif d'Erfurt.
Réd. au douzième.

Chou rouge petit d'Utrecht.
Réd. au douzième.

CHOU ROUGE FONCÉ HATIF D'ERFURT.

Noms étrangers : angl. Dark red early Erfurt cabbage. — all. Erfurter schwarzrotes frühes Salat-Kraut.

Très jolie petite race naine, à pomme presque sphérique excédant peu le volume d'une grosse orange; feuillage arrondi, pas très abondant, d'une couleur rouge extrêmement foncée, presque noire; l'intérieur de la pomme n'est pourtant pas aussi coloré que sa teinte extérieure le ferait supposer. C'est néanmoins une très bonne petite variété potagère, hâtive et occupant peu de place. Le pied est court, mais bien dégagé, les feuilles extérieures se redressant autour de la pomme comme dans les Choux Joanet.

Le semis de printemps est le seul qui convienne à cette variété, tout au moins dans les environs de Paris.

CHOU ROUGE PETIT D'UTRECHT.

Synonymes : Chou noirâtre, Ch. rouge petit, Ch. tête de nègre.

Noms étrangers : angl. Dark red early Dutch cabbage, Utrecht red C., (am.) Pickling C.
all. Utrechter kleines schwarzrotes Kraut. — holl. Kleine Utrechtsche roode kool.
port. Couve vermelho escuro pequeno d'Utrecht.

Pied assez haut; pomme ronde, serrée, d'un rouge très foncé ou violacé; feuilles extérieures assez nombreuses, moyennes, arrondies et assez raides.

C'est une variété demi-hâtive, d'une dizaine de jours plus précoce que le Ch. rouge gros; l'intérieur de la pomme n'est pas extrêmement coloré.

CHOU ROUGE GROS.

NOMS ÉTRANGERS : ANGL. Large red drumhead cabbage, Large blood red cabbage. ALL. Grosses rotes spätes Kraut. — HOLL. Groote late roode kool. PORT. Couve vermelho grande, Couve roxo grande.

Pied assez haut. Les feuilles extérieures très amples, largement ondulées sur les bords, d'un rouge violacé quelquefois mêlé d'un peu de vert, et revêtues d'une pruine abondante qui leur donne une teinte bleuâtre. Pomme assez grosse, arrondie, légèrement déprimée, paraissant à l'extérieur moins colorée que celles des deux précédentes variétés, mais beaucoup plus rouge à l'intérieur.

Le Chou rouge gros est plus productif que le Chou rouge petit et n'est que de quelques jours plus tardif ; c'est par conséquent la race la plus recommandable pour la grande culture.

Chou rouge gros (Réd. au douzième).

Les choux américains *Mammoth Rock red C.* et *Acme red drumhead C.*, se rapprochent beaucoup de notre Ch. rouge gros, mais ils ont la pomme un peu plus forte.

Chou rouge de Pologne.
Réd. au douzième.

Chou rouge conique.
Réd. au douzième.

CHOU ROUGE DE POLOGNE.

NOMS ÉTRANG. : ANGL. Red Polish short stem cabbage. — ALL. Rotes Polnisches Kraut.

Variété très distincte, à pomme plate, rouge foncé, très dure et très ferme. Feuilles extérieures rouge foncé noirâtre, souvent veinées de vert, ondulées sur les bords, raides et fermes comme celles d'un Chou quintal. Le pied est très court, de sorte que la pomme et les feuilles qui l'entourent semblent être appliquées sur la terre.

C'est une variété d'automne et d'hiver, extrêmement rustique et pouvant être laissée très tard en pleine terre.

CHOU ROUGE CONIQUE.

Noms étrangers : Angl. Dark red pointed-headed cabbage. — All. Schwarzrotes spitzes Kraut.

Variété vigoureuse, à pied assez haut, à grandes feuilles, nombreuses, d'un rouge foncé, formant une pomme bien ferme et assez grosse, ovoïde et passablement pointue au sommet (*Voy.* la fig. à la page précédente).

Toutes les variétés de *Choux rouges* décrites ci-dessus peuvent servir aux mêmes usages que les autres choux pommés, mais on les consomme plus fréquemment crus, en salade ; coupés en lanières minces et assaisonnés au vinaigre, ils prennent une superbe couleur rouge vif très appétissante.

Chou marbré de Bourgogne.
Réd. au douzième.

Chou cabus panaché.
Réd. au douzième.

CHOU MARBRÉ DE BOURGOGNE.

Synonymes : Chou cabus blanc à côtes bleues, Ch. de Champ-d'or, Ch. de Constance, Ch. cristallin *ou* Cristollat, Ch. marbré de Saint-Claude.

Noms étr. : Angl. Red marbled Burgundy C. — All. Rot-marmorirtes Burgunder Kr.

Pied assez haut ; feuilles nombreuses, raides, arrondies, finement ondulées sur les bords, d'un vert pâle grisâtre, marquées de côtes et de nervures rouges. Pomme assez petite, très serrée, aplatie sur le sommet, composée de feuilles un peu courtes, qui souvent ne se recouvrent pas complètement et laissent au centre de la pomme une sorte de fossette. Outre la pomme principale, il se développe souvent à l'aisselle des premières grandes feuilles d'autres petites têtes très serrées et très dures, de la grosseur d'un œuf. C'est surtout l'intérieur de la pomme, quand on la coupe, qui présente l'aspect d'où vient apparemment le nom de « Chou marbré » appliqué à cette variété.

Le Ch. marbré de Bourgogne est considéré comme très rustique et sa culture est très répandue dans l'est de la France et en Suisse.

CHOU CABUS PANACHÉ.

Noms étrangers : Angl. Variegated heading cabbage. — All. Buntköpfiges Kraut.

Variété à pied assez court, à feuilles extérieures demi-dressées, ondulées, fortement lavées et marbrées de blanc, de rose, de rouge et de lilas sur un fond vert foncé. Ces panachures constituent le principal intérêt de ce chou et en font une plante très ornementale. D'un autre côté, sa pomme prend un développement suffisant pour ne pas le faire dédaigner comme légume.

Choux Cabus d'hiver :

CHOU DE NOËL.

SYNONYME : Chou ardoisé.
NOMS ÉTRANGERS : ANGL. Christmas cabbage. — ALL. Weihnachten-Kraut.

Bonne et utile variété de chou d'arrière-saison, rentrant bien dans la série des Choux nantais; il a, comme eux, le pied très court, les feuilles bien rondes et très entières. Celui-ci s'en distingue par la teinte très foncée, d'un vert noirâtre et bien ardoisé, de son feuillage. Il forme une pomme presque sphérique ou légèrement déprimée, très dure et se conservant longtemps, surtout si le chou a été cultivé à la saison pour laquelle il est le mieux approprié, c'est-à-dire pour l'entrée de l'hiver.

C'est essentiellement, comme nous l'avons dit, une variété d'arrière-saison, qu'il ne faut pas confondre avec une variété tardive. Si le Chou de Noël donne son produit à la saison que son nom indique, c'est qu'on ne le sème et le plante que dans le courant de l'été. Semé au printemps, il pommerait tout aussi tôt que le Ch. Joanet gros et que beaucoup d'autres choux d'été. Mais, semé tardivement, il a l'avantage de se former et de tenir la pomme à une saison où la plupart des autres choux d'automne gèlent ou pourrissent et n'arrivent plus sur le marché.

Chou de Noël.
Réd. au douzième.

Chou de Vaugirard.
Réd. au douzième.

CHOU DE VAUGIRARD.

SYNONYME : Chou d'hiver.
NOMS ÉTRANGERS : ANGL. Vaugirard winter cabbage. — ALL. Grosses spätes Vaugirard Winter-Kraut.

Pied assez court. Feuilles extérieures nombreuses, raides, d'un vert grisâtre assez foncé, souvent creusées en forme de cuiller, toujours ondulées et dentées sur les bords; nervures nombreuses et apparentes. Pomme arrondie, déprimée, assez aplatie, ferme et dure, colorée en dessus de rouge violacé, ainsi que le bord des feuilles extérieures.

Le Chou de Vaugirard est une des variétés les plus rustiques, et il est très cultivé aux environs de Paris pour la consommation de l'hiver. Cependant il résiste mieux au froid quand la pomme n'en est pas complètement formée avant les fortes gelées. Les cultivateurs des environs de Paris évitent en conséquence de le faire de très bonne heure, et ne le sèment guère qu'au mois de Juin, quand il doit passer l'hiver en pleine terre.

Le *Chou Tarbaise d'hiver* est un Chou de Vaugirard moins coloré de rouge.

CHOU GAUFRÉ D'HIVER.

Noms étrangers : angl. Plaited-leaved winter cabbage. — all. Krausgeränderts Winter-Kraut.

Race trapue, à pied très court, à feuilles extérieures curieusement ondulées sur les bords et serrées contre la pomme, qui est arrondie, dure, compacte et se conserve bien, même dans les hivers les plus rigoureux.

Ce chou présente un peu d'analogie avec le Ch. de Vaugirard, mais sans la moindre trace violacée, ni sur la pomme ni sur les feuilles; il est maintenant presque aussi apprécié que ce dernier pour la consommation et la vente sur les marchés à la fin de l'hiver.

Chou gaufré d'hiver.
Réd. au douzième.

Chou vert glacé d'Amérique.
Réd. au douzième.

CHOU AMAGER EXTRA-TARDIF.

Noms étrangers : angl. Extra hardy Amager cabbage, Danish Ball head C. all. Amager sehr spätes Winter-Kraut.

Pied haut; feuilles d'un gris argenté très particulier, lisses, arrondies et un peu festonnées sur les bords. Pomme ronde, très légèrement déprimée, d'un poids moyen de 2 à 3 kilog., se formant tard, mais devenant très dure et de bonne conservation. — Originaire du Danemark, où il supporte les hivers les plus rigoureux sans aucune protection, ce chou peut être considéré comme le plus rustique de tous les choux pommés.

CHOU VERT GLACÉ D'AMÉRIQUE.

Noms étrangers : angl. Green glazed American cabbage. — all. Grünglasirtes Amerikanisches Winter-Kraut.

Variété extrêmement distincte. Pied de hauteur moyenne; feuilles arrondies, très fermes et raides, d'un vert foncé et complètement glacé ou vernissé. Il est impossible, quand on a vu une fois ce chou, de le confondre avec aucune autre variété tant l'aspect particulier de son feuillage le rend différent de tous.

Il ne pomme que très imparfaitement et se rapproche jusqu'à un certain point des Choux verts, dont il diffère cependant par l'ampleur de ses feuilles et le peu de longueur de sa tige. C'est un chou qui convient surtout à la culture de printemps; il s'emploie souvent découpé en lanières minces et assaisonné au vinaigre à la manière des Choux rouges. — Il est très apprécié en Amérique pour sa résistance à la sécheresse et aux insectes.

En outre des variétés décrites ci-dessus, nous devons mentionner les suivantes, qui ont été autrefois plus ou moins en faveur et dont les ouvrages horticoles parlent encore, bien qu'on ne les rencontre plus aussi fréquemment dans les jardins.

Nous y comprenons quelques variétés locales dont la culture ne s'est pas propagée jusqu'ici en dehors d'un cercle peu étendu :

Ch. d'Alsace de deuxième saison. — Pied haut ; pomme grosse, serrée, aplatie, quelquefois un peu teintée de brun à la partie supérieure ; feuilles extérieures courtes, raides, arrondies. Ce chou se rapproche de celui de Saint-Denis, mais il est plus haut de pied et un peu plus hâtif.

Ch. gros cabus de la Trappe ou *Ch. de Mortagne.* — Cette belle variété n'est guère répandue qu'aux environs de Mortagne (Orne). Elle se rapproche assez, comme apparence, du Ch. de Saint-Denis, mais elle est plus tardive, beaucoup plus volumineuse et d'un vert plus foncé.

Chou hâtif de Rennes.
Réd. au douzième.

Chou de Lingreville.
Réd. au douzième.

Ch. hâtif de Rennes. — Très jolie variété, voisine des Choux Bacalans, à pomme ovoïde un peu pointue, très ferme et compacte, se conservant plusieurs mois de suite sans monter à graine.

Ch. de Lingreville ou *d'Ingreville.* — Variété à pomme oblongue et pointue, à feuilles d'un vert pâle presque blond, intermédiaire comme apparence et volume entre le Ch. de Tourlaville et le Ch. Bacalan hâtif.

On donne, en Normandie, le nom de *Chou grappé* ou *Ch. grappu*, à une variété du Ch. de Lingreville produisant à l'aisselle des feuilles inférieures de petites pommes qui atteignent à peu près le volume d'une orange.

Ch. petit parisien de Dreux. — Variété naine et hâtive, se rapprochant assez du Ch. cœur-de-bœuf moyen de la Halle et du Ch. Express.

Ch. hâtif rustique d'Ouchy. — Variété demi-tardive se rapprochant des Choux cœur-de-bœuf, mais un peu trop feuillu.

Ch. de rayon. — C'est une variété hâtive et naine présentant quelque analogie avec le Ch. Joanet.

Ch. gros cabus de Saint-Flour. — Variété plus tardive encore que le Ch. quintal d'Auvergne, avec lequel elle présente, d'ailleurs, de grandes analogies.

Ch. d'Arcy. — De même que le Ch. gros cabus de Saint-Flour, que nous venons de citer, c'est une variété passablement voisine du Ch. quintal d'Auvergne, mais plus feuillue et à pomme moins grosse.

Ch. tête de mort. — C'est une variété naine, très trapue. La pomme, de grosseur moyenne, est très serrée, très régulière, d'une couleur blonde et d'une forme presque exactement sphérique ; les feuilles extérieures arrondies et peu amples. Cette variété est bien franchement distincte, mais elle a été généralement remplacée dans les cultures par le Ch. Joanet gros.

Ch. rouge de Saint-Leu ou *de Deuil.* — Pied court ; pomme grosse, aplatie. Variété très productive relativement à sa taille.

Chou Non-pareil.
Réd. au douzième.

Chou rouge de Saint-Leu.
Réd. au douzième.

Nous indiquons ci-après les principales races locales de choux cultivées en Angleterre, ainsi que celles du reste de l'Europe et des États-Unis.

Il est assez remarquable que, tandis qu'un grand nombre de variétés de légumes sont à peu près exactement les mêmes en France et en Angleterre, la plupart des choux pommés les plus répandus dans les jardins soient, par contre, absolument dissemblables dans ces deux pays. C'est probablement un effet de la différence des climats, le chou étant une des plantes les plus sensibles aux influences de sécheresse et d'humidité. — Nous allons nommer simplement quelques-unes des variétés anglaises les plus usitées, en disant, autant que faire se pourra, de quelles variétés françaises elles se rapprochent le plus :

Atkin's Matchless cabbage (syn. *Matchless dwarf C.*). — Ressemble assez au Ch. très hâtif d'Étampes, mais il est moins précoce et a les feuilles plus ondulées.

Battersea C. (syn. *Enfield market C., Vanack C., Blenheim C., King of the cabbages,* etc.). — Un des plus cultivés pour l'approvisionnement du marché de Londres. Il se rapproche de notre Ch. cœur-de-bœuf, avec une tendance vers les caractères du Ch. de Tourlaville ou du Bacalan.

Les variétés *Cocoa-nut C.* et *Little Pixie C.* (syn. *Tom-Thumb C.*) sont des choux à feuilles très unies, arrondies, entières, à pomme ovale-obtuse, se rapprochant presque autant du Ch. d'York que du Ch. cœur-de-bœuf.

Non-pareil improved C. (syn. *Barne's early dwarf C., Veitch's Matchless C.*). — Variété hâtive du Battersea C. ; il est très répandu en Angleterre et on le rencontre même quelquefois dans les cultures françaises sous le nom de *Chou Non-pareil.*

Hurst's First and Best C. — Voisin du Non-pareil, mais plus gros et à feuilles plus abondantes et plus cloquées.

Comme variétés anglaises rentrant dans la série des Choux cœur-de-bœuf, on peut encore citer : *Eastham improved C., Le Pygmée C., Early Oppenheim C.*

Penton C. (syn. *Cornish Paignton C., Early cornish C.*). — Il offre quelque ressemblance avec notre Ch. Bacalan, mais il est moins serré et d'une couleur extrêmement blonde, analogue à celle du Ch. de Fumel. Il est peu rustique.

Parmi les variétés usitées dans le nord de l'Europe ou en Allemagne, nous citerons :

Ch. câpre (Kaper-Kohl). — Très rustique, à tête arrondie, un peu déprimée, teintée de violet-brun à la partie supérieure, ainsi qu'au bord des feuilles extérieures qui sont abondantes et assez ondulées. Il a quelque analogie avec le Ch. de Vaugirard.

Ch. de Cassel. — Variété hâtive du Ch. pointu de Winnigstadt.

Ch. de Lübeck. — De grosseur moyenne, à pomme aplatie, serrée ; le feuillage en est assez glauque et rappelle la nuance de celui du Ch. de Saint-Denis. C'est une variété très rustique et tardive.

Ch. plat géant de Gratscheff. — Grand chou cabus très feuillu, très tardif, dont le principal mérite paraît être de supporter les grands froids sans en souffrir.

Ch. rouge géant de Zittau. — Assez voisin du Ch. rouge foncé d'Erfurt, mais moins hâtif et à plus grosse pomme.

Les variétés de choux pommés originaires du midi de l'Europe ne sont pas nombreuses. Nous nous contenterons de mentionner :

Le *Ch. pommé très hâtif du Vésuve.* — Variété précoce à feuilles extérieures un peu gaufrées, à pomme conique, vert grisâtre, restant toujours assez molle.

Le *Ch. Baladi* (d'Égypte). — Gros chou pommé à feuilles très entières, à pomme ronde et molle. N'offre d'intérêt que pour les pays chauds.

Le *Ch. de Pise (Cavolo rotondo di Pisa).* — Variété très répandue et très estimée en Italie et en Algérie. C'est un chou dont la forme et l'apparence rappellent assez le Ch. Joanet gros : la pomme en est presque ronde, mais cependant terminée supérieurement en cône obtus ; le pied est assez élevé ; les feuilles extérieures, peu nombreuses, sont arrondies et un peu en cuiller. — Il en existe plusieurs sous-variétés différant les unes des autres par leur volume ou leur précocité.

Le *Ch. de Murcie (Couve Murciana,* Portugal). — Chou pommé extrêmement distinct, dont les larges feuilles presque rondes, épaisses, vert noir en dessus et presque grises sur le revers, se recouvrent les unes les autres à la manière d'une Laitue pommée. Il est très hâtif, mais sa pomme peu serrée ne se conserve que quelques jours. Variété sans intérêt pour le climat de Paris.

Aux États-Unis, on divise généralement les variétés de Choux cabus en trois groupes :

1º Celui des CHOUX HATIFS, comprenant les *Choux cœur-de-bœuf de Jersey, Express, très hâtif d'Étampes, Joanet hâtif, d'York hâtif, pommé plat de Paris,* décrits plus haut, et le *Chou Charleston Wakefield,* variété un peu plus tardive, à pomme plus grosse, plus arrondie et à feuilles plus larges que le Ch. cœur-de-bœuf de Jersey.

2º Le groupe des choux DE SECONDE SAISON ou D'ÉTÉ, comprenant, outre les *Choux de Hollande à pied court, pointu de Winnigstadt, conique de Poméranie, de Brunswick à pied court,* déjà décrits, les principales variétés américaines suivantes :

Henderson's early summer C. — Race de grosseur moyenne, à pied demi-haut ; pomme déprimée, aplatie ou légèrement renflée au sommet, d'un vert pâle ; feuilles extérieures relativement larges et étalées, assez minces, souvent légèrement ondulées sur les bords. Variété hâtive, prompte à pommer et très estimée aux États-Unis.

All head C. (SYN. *Faultless early C., Solid South C., Eclipse C.*). — Un peu plus hâtif, plus gros et à feuilles plus lisses et plus épaisses que le précédent ; pied assez court ; pomme arrondie, grosse et dure, bien régulière.

Succession C. — Présente de l'analogie avec le Henderson's early summer C., mais en diffère par ses feuilles moins amples, plus épaisses, sa pomme beaucoup plus grosse et plus aplatie et par une maturité de 8 ou 10 jours plus tardive.

All seasons C. (syn. *Vandergaw C.*). — Un peu plus tardif que le Ch. Succession. Port plutôt étalé ; pomme grosse, serrée, ronde ou légèrement aplatie, se conservant bien ; feuilles amples, d'un beau vert franc ; pied demi-court.

Deep head C. — De grosseur moyenne, bien compact, à pied court ; feuilles très amples, pas trop épaisses ; pomme ronde et bien serrée. Ce chou offre quelque ressemblance avec le Ch. de Brunswick à pied court, mais il est plus feuillu et sa pomme est plus épaisse.

Le 3ᵉ groupe comprend les RACES TARDIVES ou D'HIVER, dérivant presque toutes du Ch. de Hollande tardif. — Parmi les variétés les plus cultivées aux États-Unis, il faut mentionner, à côté des *Ch. de Hollande tardif* et *Ch. Amager* (syn. *Danish Ball head, Hollander, Dutch winter, German Export, Danish Emperor* et *Solid Emperor*) déjà décrits, les suivantes :

Excelsior late flat Dutch C. — Diffère du Ch. de Brunswick par une pomme plus grosse, parfois teintée de rouge ; feuilles glauques, à pétioles dénudés, apparents.

Premium late flat Dutch C. — Variété à pied élevé, un peu plus prompte à se former que le Ch. de Hollande tardif ; feuilles amples, glauques ; pomme grosse, déprimée, pleine et ferme, ayant quelque analogie avec celle du Ch. de Saint-Denis.

Houseman late flat Dutch C. — Variété rustique, à grandes et larges feuilles rondes, entières, se renversant en dehors, à pétioles apparents ; pomme grosse, ronde, serrée, portée sur un pied relativement élevé.

Acme late flat Dutch C. — Ne diffère du précédent que par son pied moins élevé et par ses feuilles extérieures plus nombreuses et plus minces.

Select late flat Dutch C. — Intermédiaire comme caractères entre le Houseman late flat Dutch et l'Acme late flat Dutch.

Stone Mason C. (syn. *Warren's Stone Mason C.*). — Chou assez distinct, à pied court ; feuilles relativement peu nombreuses, arrondies, entières, amples, épaisses, peu ondulées, très glauques ; pomme grosse, presque sphérique, bien serrée.

Surehead C. — Chou tardif du type Hollande. Pied assez haut ; pomme moyenne, serrée, bien régulière ; feuilles extérieures peu nombreuses, glauques et ondulées.

Louisville drumhead C. — Variété vigoureuse, tardive ; feuilles assez longues, entières, lisses, étalées et relativement minces ; pomme parfois plus épaisse que large. Ce chou est très répandu dans le sud des États-Unis, où il paraît mieux résister à la sécheresse que beaucoup d'autres variétés.

Premium late drumhead C. (syn. *Large late drumhead C.*). — Gros chou très tardif, à pied plus court que celui du Premium late flat Dutch, à nombreuses feuilles amples, étalées, vert foncé, généralement dentées et ondulées sur les bords ; pomme très grosse, serrée, arrondie, se conservant bien.

Autumn King C. (syn. *World beater C.*). — Chou distinct, très tardif, à feuilles relativement peu nombreuses, épaisses, arrondies, ondulées, très glauques, teintées de violet ; pied court ; pomme épaisse, très grosse, arrondie et bien serrée.

Bridgeport drumhead C. — Sous-variété du Late drumhead C. C'est une race très tardive, très glauque, à grosse côte blanche et à pomme forte, ronde et serrée ; cultivée sur une grande échelle autour de Chicago.

Marblehead Mammoth C. — Un des plus volumineux et pouvant acquérir un poids considérable. Race très tardive, assez haute de pied, à pomme relativement peu serrée, offrant quelque ressemblance avec notre Ch. quintal. Feuilles nombreuses, glauques, se renversant en dehors, à nervures très développées.

Luxembourg C. (syn. *Hard heading C.*). — Chou très tardif, bien rustique, à pied assez court ; feuilles rondes, très glauques ; pomme de grosseur moyenne, arrondie, très dure, colorée en dessus de rouge violacé comme le Ch. de Vaugirard ; se conservant très longtemps.

CHOUX POMMÉS A FEUILLES CLOQUÉES ou DE MILAN
Brassica oleracea bullata DC.

SYNONYMES : Chou Milan, Ch. cabus frisé, Ch. cloqué, Ch. de Hollande, Ch. Pancalier, Ch. de Savoie.

NOMS ÉTRANGERS : ANGL. Savoy cabbage. — ALL. Wirsing, Savoyerkohl, Börskohl. — FLAM. et HOLL. Savooikool. — DAN. Savoy-kaal. — SUÉD. Savoy kål. — ITAL. Cavolo ricciuto, C. di Milano, Verza. — ESP. Col de Milan, C. rizada, C. lombarda, Repollo de Milan (Rép. argentine). — PORT. Couve Saboia, Repolho Saboya, Repolho de Milao. RUSSE Kapousta savoyskaïa. — POL. Kapusta włoska.

On réunit sous ce nom toutes les variétés de choux qui, au lieu d'avoir les feuilles lisses, les ont entièrement cloquées, ou, comme on dit parfois improprement, *frisées*. Cette apparence tient, selon De Candolle, à ce que dans ces variétés le parenchyme se développe plus rapidement que les nervures, et que, par suite, l'espace qui existe entre elles dans le plan de la feuille ne suffit plus à le contenir. La surface des feuilles se trouve multipliée par ces nombreux replis, et la pomme, composée de toutes les feuilles encore jeunes, est, par suite, plus tendre qu'elle ne l'est d'ordinaire dans les choux cabus à feuilles lisses. Le goût des Choux de Milan passe aussi pour être plus doux et moins musqué.

Le nom de *Pancalier* donné aux Choux de Milan frisés tire son origine de Pancalieri, ville du Piémont d'où ces choux proviennent.

CULTURE. — La culture des Choux de Milan ne diffère pas de celle des Choux cabus de saisons correspondantes (*Voir* page 112).

Choux de Milan d'été :

Nous avons réuni dans ce groupe les variétés les plus hâtives de Choux de Milan, qui, dans la région parisienne et surtout dans le Nord et l'Est, ont quelquefois à souffrir des rigueurs de l'hiver ; aussi les réserve-t-on plus exclusivement pour les semis printaniers (Février-Avril), contrairement à ce qui se passe pour les Choux cabus hâtifs que l'on sème aussi bien à l'automne qu'au printemps.

CHOU MILAN TRÈS HATIF DE LA SAINT-JEAN.
SYNONYMES : Ch. Milan de Vendôme, Ch. cœur-de-bœuf frisé.

NOMS ÉTRANGERS : ANG. Extra early midsummer savoy, Earliest of all savoys. ALL. Sehr früher Johannis-Wirsing.

Variété très distincte de tous les autres choux de Milan ; c'est, à vrai dire, un Chou cœur-de-bœuf à feuilles cloquées. Le pied est extrêmement court, de sorte que la pomme, conique, renflée, assez obtuse, repose sur le sol même, entourée seulement de quelques feuilles arrondies, grossièrement cloquées et d'un vert très blond presque jaunâtre. C'est un des choux les plus prompts à se former.

Chou Milan très hâtif de la Saint-Jean.
Réd. au douzième.

Le *Chou Milan de Kitzing* et le *Ch. Milan de Strasbourg* sont des variétés un peu plus tardives du Ch. Milan de la Saint-Jean.

CHOU MILAN PETIT HATIF D'ULM.

SYNONYMES : Chou Milan petit hâtif, Ch. de Dieppe frisé (Seine-Inférieure), Ch. Pigne.

NOMS ÉTRANGERS : ANGL. Early Ulm savoy, Early green curled S. — ALL. Ganz früher krauser Ulmer Wirsing, Bamberger W.

Pied assez haut ; pomme petite, ronde ; feuillage peu abondant, d'un vert foncé, à cloques assez grosses, très saillantes.

Chou Milan petit hâtif d'Ulm.
Réd. au douzième.

C'est le plus petit et en même temps un des plus précoces de tous les choux de Milan.

Le *Chou Milan de Vienne* est une sous-variété du Ch. Milan petit hâtif d'Ulm, à feuilles un peu moins cloquées et à tête légèrement oblongue. C'est une race très petite et très précoce.

Le *Chou Milan très hâtif de Paris,* assez en faveur il y a quelques années pour la régularité de sa forme et sa précocité, est une variété voisine des deux précédentes. Pomme arrondie, ferme, d'un vert franc ; feuillage foncé, luisant, plus largement cloqué que celui du Ch. Milan petit hâtif d'Ulm.

Chou Milan court hâtif.
Réd. au douzième.

Chou Milan très hâtif de Paris.
Réd. au douzième.

CHOU MILAN COURT HATIF.

SYNONYMES : Ch. Milan nain, Ch. Marcellin, Ch. Milan de Caen, Ch. milané de Riez, Ch. riz (Nice), Ch. à perdreaux et Ch. ortolan (Artois).

NOMS ÉTRANGERS : ANGL. Dwarf early savoy. — ALL. Früher Marcellin Wirsing, Krauser niedriger andauernder Marcellin W.

Excellente variété, bien distincte et de première qualité. Pied très court ; feuilles larges et amples, d'un vert franc assez foncé, finement cloquées, s'étendant par terre en large rosette avant de former la pomme, qui est ferme et passablement déprimée.

Cette variété est très cultivée et appréciée aux environs de Paris pour l'approvisionnement du marché aussi bien pendant l'été et l'automne qu'en hiver. On en fait des semis durant tout l'été ; on laisse les choux en place à l'entrée de l'hiver, et on les apporte ensuite à la halle pendant toute la mauvaise saison.

Le plus souvent, leur pomme n'est pas encore arrivée à complet développement quand on les récolte, mais les feuilles nombreuses et serrées qui l'entourent, attendries par les gelées, en font un légume excellent.

Le *Chou Milan à pied court extra d'Avranches* est très voisin du Ch. Milan court hâtif, sinon identique.

CHOU MILAN TRAPU DE ROBLET.

Noms étrangers : angl. Dwarf Roblet savoy. — all. Niedriger Roblet Wirsing.

Très bonne petite variété excessivement naine, demi-hâtive, dont les feuilles extérieures d'un vert glauque, courtes et bien finement cloquées, s'étalent sur terre ; la pomme, plate et assez large, semble de même absolument appliquée sur le sol.

Sa petite taille et le peu de développement de ses feuilles extérieures permettent de la cultiver en plantation serrée et le produit qu'elle donne, eu égard au peu d'espace qu'elle occupe, la rend avantageuse aussi bien pour les petits potagers que pour la moyenne et même la grande culture.

CHOU MILAN HATIF OBUS.

Nom étranger : all. Früher Granatkopf Wirsing.

Variété originaire d'Allemagne, présentant quelque analogie comme forme avec le Ch. Milan à tête longue dont il sera parlé un peu plus loin, mais beaucoup plus hâtif que ce dernier. Son pied est demi-court, sa pomme très haute et un peu pointue ; les feuilles extérieures assez étroites et recourbées en dehors, sont fortement cloquées.

Chou Milan ordinaire.
Réd. au douzième.

Chou Milan trapu de Roblet.
Réd. au douzième.

Choux de Milan d'automne :

CHOU MILAN ORDINAIRE.

Synonymes : Chou Milan moyen de Monplaisir, Chou pousse-neige (Aube), Ch. Milan de Caen tardif et rustique (Normandie).

Noms étr. : angl. Green globe savoy, Early flat green curled S. — all. Französischer verbesserter Wirsing.

Pied assez haut ; feuilles d'un vert un peu glauque, assez amples et souples, plus grossièrement cloquées que celles du Ch. Milan court hâtif et plus finement que le Ch. Milan gros des Vertus dont il a un peu l'apparence, mais avec une pomme beaucoup moins grosse.

Cette variété est une des plus cultivées ; elle a pour principal mérite d'être rustique et peu exigeante sur la qualité du sol.

Les variétés américaines : *Perfection drumhead savoy*, *Globe curled savoy*, et *Improved American savoy*, diffèrent bien peu du Ch. de Milan ordinaire ; il en est de même du *Marvin's savoy*, qui est plus volumineux et se montre aussi un peu plus tardif.

CHOU MILAN PANCALIER DE TOURAINE.

Synonymes : Chou Pancalier, Ch. de Béthune (Artois).

Noms étrangers : angl. Tours'savoy. — all. Tours grüner krauser Wirsing.

Pied court. Feuilles très amples, nombreuses, d'un vert très foncé, à cloques grosses et larges; les plus extérieures presque complètement étalées sur terre. Pomme ronde, assez petite relativement aux dimensions de la plante, peu serrée et souvent incomplètement formée. — Comme dans le Ch. Milan court hâtif, le produit de cette variété réside autant dans ses larges feuilles extérieures que dans celles de la pomme.

Chou Milan Pancalier de Touraine.
Réd. au douzième.

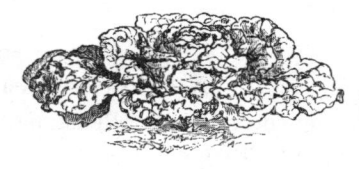

Chou Milan Pancalier hâtif de Joulin.
Réd. au douzième.

Le *Chou Pancalier petit hâtif de Joulin* ou *Ch. Milan nouveau de Neubourg*, est une variété plus hâtive, mais moins volumineuse, du Pancalier de Touraine.

Nous citerons ici, comme également très voisines de ce même chou, les variétés suivantes :

Chou Milan Rosette de Cambrai, Chou d'Abbeville, et *Sutton's Tom-Thumb savoy*.

Chou Milan d'Aire.
Réd. au douzième.

Chou Milan Victoria.
Réd. au douzième.

CHOU MILAN D'AIRE

Noms étr. : angl. Perfection savoy, Aire savoy. — all. Aire kurzstrunkiger Wirsing.

Variété très distincte, à pied court; feuilles extérieures d'un vert pâle un peu cendré, ondulées au centre et finement cloquées sur leur pourtour. Pomme presque sphérique, de grosseur moyenne, ferme et très pleine, arrivant à peser 2 kilog. quand elle est bien venue.

Le faible développement des feuilles extérieures permet de planter très serré le Chou Milan d'Aire, qui est une des meilleures variétés d'automne.

CHOU MILAN VICTORIA.

Synonyme : Chou quarantain.

Noms étr. : angl. Victoria savoy. — all. Englischer Victoria Wirsing, Waterloo W.

Pied de hauteur moyenne; feuilles assez abondantes, d'un vert franc, très finement cloquées, se distinguant très nettement, sous ce rapport, de toutes les autres races, sauf celle mentionnée ci-après. Pomme ronde, serrée, assez volumineuse, d'un vert blond.

Excellente variété de très bonne qualité et se conservant bien pendant l'hiver. Les feuilles de ce chou sont remarquablement tendres et délicates, et cependant elles résistent très bien au froid et à l'humidité. Dans aucune autre variété le parenchyme des feuilles n'est aussi développé comparativement à leurs nervures.

Le *Chou Milan du Cap*, variété haute de pied, à feuilles cloquées et pomme ronde, ressemble beaucoup au Ch. Milan Victoria, mais s'en distingue par sa teinte plus bleuâtre.

Chou Milan à tête longue.
Réd. au douzième.

Chou Milan doré.
Réd. au douzième.

CHOU MILAN DORÉ.

Noms étr. : angl. Golden savoy, Yellow curled S., Early yellow S. — all. Goldgelber runder Wirsing, Blumenthaler W. — holl. Gele Savooikool. — port. Saboia durada.

Pied court; feuilles extérieures assez amples, d'un vert franc assez foncé, largement cloquées et presque toutes renversées en arrière. Pomme un peu allongée, ovoïde, moyenne, peu serrée, prenant en hiver une teinte blonde presque jaune. Ce chou est très tendre à manger, surtout après les gelées.

Il en existe plusieurs races différant quelque peu par la grosseur et la précocité, mais présentant, toutes, les caractères principaux que nous venons d'indiquer. — La race dite *de Blumenthal*, assez grosse et tardive, est une des plus estimées.

CHOU MILAN A TÊTE LONGUE.

Synonymes : Chou frisé pointu, Ch. Milan pain-de-sucre.

Noms étrangers : angl. Long headed *or* Frankfurt savoy, Conical S. — all. Hafenkohl gelber langköpfiger *oder* Frankfurter Wirsing.

Pied de hauteur moyenne, égalant la moitié ou les deux tiers de la hauteur de la tête. Pomme oblongue, à peu près de la forme de celle du Ch. pain-de-sucre, peu serrée, d'un vert blond; feuilles extérieures assez étroites, allongées, dressées, assez largement cloquées et d'un vert un peu glauque.

Variété de précocité moyenne, de bonne qualité, et assez productive sous un petit volume. Ce chou possède l'avantage de bien pommer à l'arrière-saison, ce qui permet de le semer encore utilement à une époque assez tardive.

CHOU MILAN HATIF D'AUBERVILLIERS.

Synonyme : Chou de Milan des Vertus hâtif.

Noms étr. : angl. Large Aubervilliers savoy. — all. Grosser Aubervilliers Wirsing.

Race sortie du Ch. Milan gros des Vertus, dont il va être question ci-après, et devenue tout à fait distincte de lui par une longue sélection en grande partie involontaire : Autrefois, le Ch. de Milan des Vertus n'apparaissait guère sur le marché de Paris que vers la fin d'Octobre ; quelques maraîchers, désireux d'avancer l'époque où commençait une vente profitable pour eux, se sont mis à marquer et à réserver pour graines les plantes les plus promptes à pommer, il en est résulté, au bout d'un certain temps, une modification signalée par divers auteurs dans les caractères du Ch. de Milan des Vertus.

On s'aperçut bientôt que la race plus précoce avait perdu les caractères de rusticité et de durée qui faisaient rechercher cette variété, on est donc revenu à la race ancienne ; mais la sous-variété plus hâtive, qui a aussi ses mérites, a été conservée sous le nom de Chou de Milan hâtif d'Aubervilliers.

Elle diffère du type, non seulement par sa précocité plus grande, mais par son pied plus court, sa pomme un peu plus plate, sa teinte moins glauque et plus blonde, et aussi par ses feuilles plus finement cloquées.

Chou Milan hâtif d'Aubervilliers.
Réd. au douzième.

Chou Milan gros des Vertus.
Réd. au douzième.

CHOU MILAN GROS DES VERTUS.

Synonymes : Chou Milan gros frisé d'Allemagne, Ch. de Paris, Ch. d'huile, Ch. Floris vert (dans le Midi), Ch. maigre.

Noms étrangers : angl. Large Vertus drumhead savoy. — all. Allergrösster Vertus krauser Wirsing, Centner-Wirsing.

Pied haut de 0^{m}15 à 0^{m}20, fort, portant une tête large, épaisse, serrée, aplatie sur le sommet, et quelquefois légèrement lavée d'une teinte lie de vin, presque complètement lisse, ne laissant voir de cloques que sur le bord des feuilles. Les feuilles extérieures sont assez nombreuses, grandes, amples, raides, bien étalées, d'un vert assez foncé et légèrement glauque, moins cloquées que celles de la plupart des autres choux de Milan.

Le Chou Milan des Vertus est cultivé en grand dans les environs de Paris, et principalement dans la plaine d'Aubervilliers ; on le consomme à la fin de l'automne et au commencement de l'hiver. Lorsqu'il est bien franc, il n'achève de se former qu'à cette saison, et résiste assez bien aux premiers froids. On en apporte de véritables montagnes à la halle de Paris pendant une partie de l'hiver.

Le *Chou Milan de Vittefleur* est à peu près intermédiaire entre le Ch. Milan gros des Vertus et le Ch. Milan de Pontoise.

CHOU MILAN TÊTE-DE-FER.
Nom étranger : All. Eisenkopf Kraut.

Pied assez court; feuilles extérieures larges, raides, très cloquées, d'un vert très foncé. Pomme ronde, vert clair, ferme et de grosseur moyenne, formée de feuilles également cloquées et très serrées les unes contre les autres. Bonne variété d'arrière-saison.

Chou Milan Cressonnier.
Réd. au douzième.

Chou Milan de Pontoise.
Réd. au douzième.

Choux de Milan d'hiver :

Ce groupe comprend des variétés tardives d'une grande rusticité et donnant leur produit depuis le commencement de l'hiver jusqu'au printemps, si l'on en a échelonné les semis d'Avril en Juin.

CHOU MILAN DE PONTOISE.
Synonyme : Chou de l'Hermitage.
Noms étrangers : Angl. Large hardy winter drumhead savoy. — All. Sehr später grosser Pontoise Wirsing.

Pied assez haut; feuilles abondantes, amples, raides, grossièrement cloquées, d'un vert assez foncé et glauque. Pomme ronde, se formant tardivement, très pleine, serrée et très dure. — C'est une bonne variété d'hiver, qui produit après le Ch. Milan gros des Vertus.

D'après certaines personnes, ce chou serait la forme primitive du Ch. Milan des Vertus, lequel aurait été amené, par une sélection inconsciente de la part des maraîchers, à passer de ce type ancien à la forme plus hâtive et mieux pommée que nous connaissons aujourd'hui.

CHOU MILAN CRESSONNIER.
Synonymes : Chou de vignes, Ch. perdrix (Environs de Paris).

Pied assez court ; feuilles extérieures demi-dressées, d'un vert un peu glauque ; pomme serrée, quoique ne se recouvrant pas complètement, beaucoup plus ferme que celle des Choux de Vaugirard et Milan de Pontoise.

Cette variété, d'introduction récente, et déjà très cultivée par les maraîchers de Gennevilliers et de Pontoise, semble devoir prendre une place importante dans les cultures d'hiver, surtout dans la région du Nord.

CHOU MILAN PETIT TRÈS FRISÉ DE LIMAY

Synonyme : Chou de Linas.

Pied haut; feuilles extérieures amples, s'étalant horizontalement, à cloques assez grosses et très nombreuses. Pomme petite, arrondie, peu serrée. Cette variété est extrêmement rustique et résiste aux plus grands froids. Comme le Ch. Milan court hâtif, elle donne plutôt une large rosette de feuilles qu'une pomme proprement dite; elle n'en est pas moins estimée sur les marchés. On la cultive en grand autour de Limay, et aussi dans les environs de Montlhéry, Linas, etc.

Chou Milan petit très frisé de Limay.
Réd. au douzième.

CHOU MILAN PETIT DE BELLEVILLE.

Pied court; pomme serrée et bien ronde; feuilles extérieures foncées et très cloquées, complètement appliquées sur terre.

Ce chou supporte bien les froids, et une très légère couche de neige suffit à le couvrir et à le protéger. Il est, sous ce rapport, et aussi parce qu'il pomme mieux, très supérieur au Ch. Milan petit de Limay, avec lequel il a par ailleurs une analogie bien marquée. Comme lui, on pourra le semer en Juin, pour le consommer après le Ch. de Milan des Vertus, c'est-à-dire depuis l'arrière-saison jusqu'à la fin de l'hiver. On le cultive en grand dans tous les environs de Paris pour l'approvisionnement des marchés.

De cette variété, il convient de rapprocher le *Chou Bijou*, d'origine anglaise, à feuilles très foncées et à petite pomme.

Chou Milan petit de Belleville.
Réd. au douzième.

Chou Milan de Norvège.
Réd. au douzième.

CHOU MILAN DE NORVÈGE.

Noms étr. : angl. Norwegian savoy, Norway S. — all. Norwegischer Winter-Wirsing.

Cette variété a les feuilles si peu cloquées, qu'elle pourrait presque passer pour un chou cabus ordinaire. Le pied en est assez haut, le feuillage abondant, raide et redressé autour de la pomme. Celle-ci est ronde, relativement assez petite et ne se forme que très tard; tout le feuillage se teint, en hiver, d'une couleur rougeâtre ou violacée. Son pied plus élevé et ses feuilles un peu plus abondantes le distinguent bien du Ch. de Vaugirard. — C'est le plus tardif des Choux de Milan et celui qui supporte les froids les plus intenses.

On cultive en Belgique, sous le nom de *Chou de Mai, Ch. tordu* ou *Ch. à trois têtes* (*Drie-kropper*), une variété de Chou de Milan grossièrement cloquée, et dont les feuilles pomment plutôt par torsion qu'en s'emboîtant les unes sur les autres. Ce chou se sème au mois d'Août et se plante avant, pendant ou après l'hiver ; il commence à produire dès le mois de Mai. Lorsqu'on coupe la pomme, il repousse deux ou trois petites pommes secondaires à l'aisselle des feuilles inférieures.

Parmi les variétés moins répandues de Choux de Milan, on peut citer :

Ch. pommé blanc de Saint-Saens. — Variété tardive, feuillue et pommant mal ; assez voisine du Ch. Milan de Norvège.

Ch. Milan nain hâtif d'Oberrad. — Variété à pied court et à pomme allongée ; intermédiaire entre le Ch. Milan petit hâtif d'Ulm et le Ch. Milan doré.

Ch. Milan très frisé de Lischères. — Variété rustique et à pied court, très recherchée dans les environs de Joigny. Se rapproche du Ch. Milan trapu de Roblet.

Chou à grosses côtes ordinaire.
Réd. au douzième.

Chou à grosses côtes frangé.
Réd. au douzième.

CHOUX A GROSSES COTES

CHOU A GROSSES COTES ORDINAIRE.

SYNONYMES : Chou Tronchuda, Ch. beurre.

NOMS ÉTRANGERS : ANGL. Couve Tronchuda, Braganza *or* Portugal cabbage, Bedford C., Seakale C. — ALL. Dickrippiger Tronchuda Wirsing. — ESP. Col de pezon grueso, C. tronchuda. — PORT. Couve tronchuda, C. Manteiga, C. Penca.

Tige assez courte ; feuilles rapprochées, à côtes grosses, blanches, charnues, à limbe ondulé sur les bords, généralement creusé en cuiller. L'ensemble forme, à l'arrière-saison, une sorte de pomme petite et peu serrée. Les feuilles extérieures et la pomme de ce chou sont très tendres ; il résiste très bien aux froids et a besoin de subir l'influence des gelées pour acquérir toute sa qualité.

On a distingué longtemps, dans ce chou, une race à feuilles *vertes* et une race à feuilles *blondes*; la différence entre les deux est si légère, qu'on les regarde communément aujourd'hui comme une seule et même plante.

Sous le nom de *Dwarf Portugal cabbage*, on cultive quelquefois en Angleterre une variété plus compacte et mieux pommée du Ch. à grosses côtes.

CHOU A GROSSES COTES FRANGÉ.

SYNONYMES : Chou fraise, Ch. fraise-de-veau.

NOMS ÉTR. : ANGL. Curled couve Tronchuda. — ALL. Krausgeränderter Tronchuda.

Cette variété a les côtes un peu moins développées que le Ch. à grosses côtes ordinaire ; le limbe des feuilles est, par contre, beaucoup plus frisé et ondulé, ce qui lui a valu le nom de « Chou fraise-de-veau ». Il pomme imparfaitement, mais résiste très bien au froid comme le précédent; il a aussi l'avantage de produire pendant tout l'hiver, lorsque les choux pommés d'automne sont devenus rares et que ceux de printemps ne donnent pas encore.

Le *Chou de Coutances* ou *Ch. à feuilles épaisses* présente une grande analogie avec le Ch. à grosses côtes. Il a la nervure médiane moins développée, mais, par contre, il pomme mieux et forme dès l'automne une tête très compacte, blanche et extrêmement ferme à l'intérieur.

Chou frisé d'hiver. Bricoli.
Réd. au douzième.

Chou frisé d'hiver de Mosbach.
Réd. au douzième.

CHOUX NON-POMMÉS ou CHOUX VERTS

Brassica oleracea acephala DC.

NOMS ÉTRANGERS : ANGL. Borecole, Kale, Greens, Sprouts. — ALL. Winterkohl, Blätterkohl, Grünkohl. — FLAM. Bladerkool. — HOLL. Boerenkool. — DAN. Bladkaal. — SUÉD. Grönkaal Bladkål. — ITAL. Cavolo verde, C. senza cespite. — ESP. Col sin cogollo, Berza, Breton. — RUSSE Listovaïa Kapousta. — POL. Jarmuż.

CHOU FRISÉ D'HIVER.

SYNONYMES : Bricoli de la Halle, Ch. Brondé (Auvergne et Forez).

NOMS ÉTRANGERS : ANGL. Curled winter kale. — ALL. Extra-krauser Pariser Winterkohl.

Cette variété, très répandue aux environs de Paris, se rencontre sur les marchés pendant une partie de l'hiver. De même aspect et de même taille que le Ch. frisé vert à pied court décrit plus loin, elle s'en distingue par ses feuilles plus longuement pétiolées, à limbe élargi et fortement crispé sur les bords.

C'est une race extrêmement rustique, ne valant pas, comme qualité, les Choux cabus et les Choux de Milan, mais donnant un produit abondant à une époque de l'année où les autres choux sont presque complètement épuisés.

Dans le Beaujolais, le nom de *Chou chèvre* s'applique le plus ordinairement au Bricoli de la Halle, qui paraît maintenant préféré au Ch. frisé d'hiver de Mosbach, auquel on donne encore parfois ce même nom de *Ch. chèvre*.

CHOU FRISÉ D'HIVER DE MOSBACH.

On pourrait croire que ce chou est un métis du Ch. frisé vert grand et du Ch. à grosses côtes, tellement il reproduit dans ses feuilles, à limbe entier et à fortes nervures blanches, les caractères de cette dernière variété. Seulement, il a le bord du limbe des feuilles plissé et très finement gaufré, presque comme le Ch. frisé vert grand. La tige est de médiocre hauteur, dépassant rarement 0^m60 à 0^m70, et porte des feuilles étagées tout le long, les supérieures seules recourbées en dehors à leur extrémité. Le feuillage se distingue par une teinte assez pâle, presque blonde.

Ce chou est bon comme légume, de même que la plupart des choux frisés; il a aussi du mérite comme plante ornementale, mais il n'est pas très rustique.

Chou frisé vert grand.
Réd. au douzième.

Chou extra-frisé demi-nain vert.
Réd. au douzième.

CHOU FRISÉ VERT GRAND.

Synonymes : Chou frisé vert grand du Nord, Ch. frisé d'Écosse.

Noms étr. : angl. Tall green curled kale, Tall Scotch K. — all. Hoher grüner krauser Winterkohl. — flam. Groene groote gekrulde bladerkool. — russe Listviennaïa kapousta zavivataïa balchaïa. — pol. Jarmuż wysoki zielony kędzierzawy.

Tige forte, droite, de 1 mètre à 1^m50, terminée par un panache de feuilles assez étroites, lobées, profondément découpées, extrêmement frisées sur les bords, se renversant souvent en dehors à l'extrémité, d'un beau vert franc et atteignant 0^m40 à 0^m50 de longueur.

Les feuilles en sont tendres et très bonnes quand elles ont subi l'action de la gelée ; de plus, la plante tout entière est très ornementale. Ce chou est à recommander surtout pour les climats très froids. Il donne, en pleine terre, même pendant les hivers les plus rigoureux, un légume frais de qualité excellente.

CHOU EXTRA-FRISÉ DEMI-NAIN VERT.

Noms étrangers : angl. Moss curled half dwarf borecole. — all. Halbhoher grüner Moos-Winterkohl.

Cette variété est bien décrite par son nom, elle ne dépasse guère 0^m60 de hauteur et sa tige, forte et raide, est garnie de feuilles relativement larges, très finement frisées, à limbe replié et contourné plus encore que dans les variétés anciennes. Ce chou est très ornemental ; il est, en outre, parfaitement rustique et présente tous les mêmes avantages que les autres choux frisés.

CHOUX VERTS (NON-POMMÉS)

CHOU FRISÉ VERT A PIED COURT.

Noms étr. : angl. Curled green dwarf kale, German greens, Dwarf curlies, Canada K. Labrador K. — all. Niedriger grüner krauser Winterkohl. — holl. Groene kleine gekrulde boerenkool.

Race naine des variétés précédentes ; la tige est presque nulle, de sorte que l'extrémité des feuilles repose souvent sur le sol. Outre son mérite culinaire, elle en a un très grand comme plante d'ornement, soit pour faire des corbeilles rustiques en pleine terre pendant la mauvaise saison, soit aussi pour garnir sur la table les mets ou le dessert.

Chou frisé vert à pied court.
Réd. au douzième.

Le *Siberian kale* des Américains est un Chou frisé vert à pied court, moins finement frisé et d'une teinte plus bleuâtre.

CHOU FRISÉ ROUGE GRAND.

Synonyme : Chou capousta.
Noms étrangers : angl. Curled purple tall borecole, Brown German kale.
all. Hoher brauner krauser Winterkohl.

Ses caractères sont les mêmes que ceux du Ch. frisé vert grand, dont il ne diffère que par la teinte rouge violacé très intense de son feuillage.

CHOU FRISÉ ROUGE A PIED COURT.

Noms étrangers : angl. Curled purple dwarf borecole. — all. Niedriger brauner krauser Winterkohl.

Variété très naine, à tige presque nulle. Quand elle est bien franche, elle est de couleur très foncée, presque noire, et contraste de la manière la plus tranchée avec le Ch. frisé vert à pied court. Elle est aussi rustique que lui.

CHOU PALMIER.

Synonymes : Chou corne-de-cerf, Ch. noir.
Noms étrangers : angl. Palm-tree kale.
all. Palmbaumkohl, Italienischer Kohl.
holl. Italiaansche palmboom-kool.
pol. Neapolitański kędzierzawy.

Tige pouvant atteindre une hauteur de 2 mètres et plus, marquée de cicatrices dues à la chute des premières feuilles, et se terminant par un bouquet de feuilles entières, longues de 0^m60 à 0^m80, larges de 0^m08 ou 0^m10, d'un vert foncé presque noir, et finement cloquées comme celles des Choux de Milan. Les feuilles, d'abord droites et raides,

Chou palmier (jeune).
Réd. au vingtième.

se recourbent en dehors vers l'extrémité, d'une manière assez élégante. La disposition particulière de ces feuilles, en bouquet au sommet de la tige, donne à cette variété l'aspect d'un petit palmier.

Le Chou palmier ne fleurit souvent que la troisième année. C'est dans ces conditions qu'il atteint sa hauteur la plus considérable. Il n'est guère regardé en France que comme une plante d'ornement.

On cultive en Italie comme légume, sous le nom de *Cavolo nero*, un chou qui nous a paru être identiquement le même.

CHOUX FRISÉS PANACHÉS.

Noms étrangers : angl. Variegated curled borecole, Variegated plumage kale, Striped garnishing kale. — all. Bunter-Plumagenkohl. — holl. Bonte desserkool.

Tiges de 0m50 à 0m80, suivant les espèces. Feuilles divisées, déchiquetées, frisées et ondulées comme celles des variétés précédemment décrites, mais présentant cette particularité, qu'au lieu de conserver une teinte uniforme, elles se panachent, surtout après les gelées, de différentes manières : soit de vert, ou de rouge, ou de lilas sur fond blanc, soit de rouge sur fond vert.

On obtient séparément, de graine, plusieurs de ces formes, et principalement le *Chou frisé panaché rouge* et le *Chou frisé panaché blanc*.

Toutes ces races sont très ornementales : on peut en composer pour l'hiver de très jolies corbeilles de pleine terre.

Les feuilles peuvent servir à l'ornementation des tables ; elles y font un très bel effet, surtout lorsque les premières gelées ont

Choux frisés et panachés.

rendu plus vives leurs teintes et fait ressortir leurs différentes panachures.

Les Choux frisés panachés résistent à des froids très rigoureux, quand on ne les laisse pas souffrir de l'excès d'humidité. — On leur applique absolument la même culture qu'aux Choux pommés tardifs.

CHOU FRISÉ LACINIÉ PANACHÉ.

Noms étrangers : angl. Curled laciniated striped kale. — all. Bunter krauser geschlitzter Plumage-Winterkohl. — russe Plioumajnaïa krasno-piestraïa.

Plante demi-naine, ne dépassant pas ordinairement 0m50 à 0m60 de hauteur, à feuilles longues, recourbées en plume d'autruche et complètement divisées en lanières presque droites ou légèrement courbées et frisées, qui leur donnent véritablement une apparence plumeuse. — Le semis produit le plus souvent des plantes sur lesquelles le rouge, le rose, le blanc et le vert sont mélangés ; après les gelées, leurs couleurs deviennent beaucoup plus vives.

CHOU FRISÉ PROLIFÈRE.

Noms étrangers : angl. Curled proliferous striped kale. — all. Bunter krauser prolifirender Winterkohl.

Cette variété assez curieuse est caractérisée par la production, sur la nervure principale ou même sur les nervures secondaires de la feuille, d'appendices foliacés, frisés et déchiquetés comme la feuille l'est elle-même sur son pourtour. Généralement, les Choux frisés prolifères sont en même temps panachés de blanc ou de rouge; ils sont intéressants surtout comme plantes ornementales.

Avant de clore le chapitre relatif aux Choux verts non-pommés, nous devons faire mention des races suivantes :

Chou de Russie. — Curieuse plante qu'on serait tenté, au premier abord, de prendre pour tout autre chose que pour un chou. Tige assez grosse, un peu épaisse, de 0^{m}40 à 0^{m}50 de hauteur. Feuilles d'un vert grisâtre, les extérieures assez foncées et demi-étalées, celles du centre dressées et plus pâles ; toutes découpées en divisions assez étroites, séparées les unes des autres presque jusqu'à la nervure médiane, entières ou quelquefois lobées, à surface grossièrement cloquée. A l'arrière-saison, ce chou forme une espèce de petite pomme assez blanche et très ferme. Son principal mérite est de résister très bien au froid.

A part son apparence singulière, on ne voit pas trop ce qui peut faire rechercher ce chou. Ce n'est assurément pas un avantage que d'avoir les feuilles incisées comme il les a : les nervures s'y trouvant simplement bordées d'une étroite bande de parenchyme, au lieu d'être rejointes par un tissu plein, comme dans les autres espèces de choux.

Après avoir été cultivé comme plante de collection, le Chou de Russie semblait près de tomber dans l'oubli quand, il y a quelques années, il a été introduit de nouveau en Angleterre avec quelque bruit, mais ce regain de vogue n'a été que de courte durée.

Chou frisé de Naples (ital. Cavolo pavonazza). — Variété intermédiaire entre les Choux frisés et les Choux-raves. Sa tige, comme celle du Chou-rave, est renflée, mais, au lieu de l'être immédiatement au-dessus du collet, elle l'est à 0^{m}06 ou 0^{m}08 seulement de la surface de la terre. Ce renflement, ordinairement ovale, produit à son sommet un grand nombre de feuilles, et sur son côté et à la base il donne naissance à des rejetons ou espèces de renflements qui se terminent en bouquets de feuilles. Celles-ci sont longues de 0^{m}25 à 0^{m}30, ont le pétiole long, délié, sont très profondément découpées en lanières assez étroites, frangées, frisées, et produisent un effet assez ornemental par leur forme élégante et leur couleur vert glauque contrastant avec leurs nervures blanches.

Le renflement de la tige est charnu et peut être mangé comme le Chou-rave ; cependant le Chou frisé de Naples se cultive moins comme plante potagère que comme plante d'ornement.

Chou de Galice (Couve Gallega, de Portugal).— C'est un chou vert à feuillage très ample, fortement cloqué et boursouflé ; productif, mais sensible au froid.

Les Anglais cultivent un assez grand nombre de choux verts à feuilles entières ou laciniées, unies ou faiblement frisées.

Les principaux sont :

Cottager's kale. — Plante de caractères assez variables, verte ou violette, plus ou moins frisée, dont le principal mérite consiste dans son extrême rusticité.

Ch. vert d'Égypte (Egyptian kale). — Très nain et produisant au printemps un grand nombre de jets charnus, garnis de petites feuilles tendres.

CHOUX VERTS (NON-POMMÉS)

Jerusalem kale (SYN. *Delaware K.*). — Chou à feuilles frisées sur les bords et teintées de violet; également branchu au printemps.

Ragged Jack kale. — Race à feuilles longues, irrégulièrement découpées et laciniées, à tige courte, souvent ramifiée. Plante productive et rustique.

Ch. de Milan. — Chou vert, non pommé, complètement différent de nos Choux de Milan qu'on appelle en anglais : *Savoys*.

Chou rosette. — On cultive aussi, en Angleterre, sous le nom de *Rosette colewort* ou *collard* un chou extrêmement distinct, qui, bien que susceptible de pommer, est habituellement employé comme chou vert, lorsqu'il forme simplement une rosette de feuilles jeunes et tendres. On ne peut mieux comparer le Ch. rosette qu'au sommet d'un Chou de Bruxelles qu'on aurait coupé et piqué en terre. C'est une plante très naine, dont la tige ne dépasse guère 0^m20 à 0^m25 de hauteur, et porte des feuilles nombreuses, serrées, un peu cloquées, arrondies et profondément creusées en cuiller.

Ce chou se sème habituellement vers la fin de Juin ou dans le courant de Juillet. Les plantes sont arrachées à la fin de l'automne, pendant l'hiver et au printemps, liées par les racines, et portées au marché en grosses bottes. Si l'on sème le Ch. rosette de bonne heure au printemps, il est fait dès le mois d'Août, et, laissé en terre plus longtemps, il forme une petite pomme ronde, extrêmement compacte. Mais, comme les choux de toutes espèces sont abondants à l'automne, ce genre de culture est sans intérêt; tandis que semé plus tard, il donne son produit dans une saison où les choux verts sont plus rares et plus recherchés.

Chou Caulet de Flandre.
Réd. au trentième.

Chou cavalier.
Réd. au trentième.

Chou branchu du Poitou.
Réd. au trentième.

Parmi les Choux verts, il faut encore citer, quoiqu'elles soient bien plutôt employées comme plantes fourragères que comme légumes, les quelques variétés suivantes :

Ch. cavalier ou *Ch. arbre.* —Très grande et vigoureuse plante, pouvant atteindre 2 mètres de hauteur, avec des feuilles très larges.

Ch. Caulet de Flandre et *Ch. cavalier rouge de l'Artois.* — Plus rustiques que le précédent et moins élevés.

Ch. fourrager de la Sarthe, Ch. branchu du Poitou et *Ch. mille-têtes.* — Races très productives; surtout cultivées dans l'ouest de la France.

Dans tout l'Anjou et les pays avoisinants, on emploie couramment au printemps, les jeunes pousses de ces variétés, notamment du Chou branchu du Poitou, soit comme légumes, soit pour faire la soupe dite « *aux choux verts* ».

CHOUX VERTS (NON-POMMÉS)

Les *Choux moelliers blanc* et *rouge,* très cultivés en Vendée, sont remarquables par le renflement de leur tige remplie d'une sorte de moelle ou chair tendre. Cette tige, coupée jeune, alors que la partie renflée n'excède pas un diamètre de 0^m06 à 0^m08, peut constituer un légume passable. Ils sont sensibles au froid.

Le *Chou de Lannilis* est également une variété dont la tige présente un épaississement assez notable.

On rencontre encore quelquefois dans les cultures, sous le nom de *Ch. à beurre* ou *Ch. blond à couper,* une sorte de chou branchu, à feuillage arrondi, un peu cloqué, très blond et presque jaune dans le cœur. Cette race est un peu sensible au froid.

Chou mille-têtes (Réd. au trentième).   Chou moellier (Réd. au trentième).

Chou à faucher ou *Ch. à vaches* (ANGL. Buda kale ; ALL. Schnittkohl). — A tige très courte, presque nulle ; les feuilles, longues de 0^m30 à 0^m40, profondément lobées ou lyrées, d'un vert intense, à pétioles blanchâtres, dont l'ensemble forme une touffe assez fourrageuse, qui pourrait se faucher plusieurs fois. Ces feuilles peuvent être utilisées comme légume ; mais, pour cet emploi, de même que pour fourrage, le Ch. à faucher a été presque complètement abandonné en faveur de variétés améliorées qui lui sont préférables.

Il en existe en Allemagne une variété à feuilles teintées de violet, connue sous le nom de *Brauner Schnittkohl.*

C'est encore au Ch. à faucher qu'il faut rapporter le *Chou vivace de Daubenton,* sorte de Colza à tige presque ligneuse, ramifiée, pouvant vivre quatre et cinq ans, et dont certaines branches fleurissent sans que les autres cessent de s'allonger et de produire des feuilles.

Cette dernière plante est, de tous les choux cultivés, celui qui se rapproche le plus du Chou sauvage, que l'on trouve assez fréquemment sur les côtes maritimes de l'Europe occidentale : c'est précisément un de ses caractères distinctifs que de fleurir à l'extrémité de certains rameaux pendant que le reste de la plante continue à s'accroître et que d'autres ramifications se préparent à produire l'année suivante.

La culture des choux fourragers ne rentre pas dans le cadre de ce travail (1). Nous dirons seulement, au sujet des Choux frisés d'ornement et des Choux verts, quelquefois employés comme légumes, que leur culture est la même que celle des Choux pommés tardifs et des Choux de Bruxelles :

On les sème au printemps, en pépinière ; on les repique vers le mois de Mai, pour les mettre en place dans le courant de l'été. Leur production se continue pendant l'automne et l'hiver, quelquefois même pendant toute l'année suivante. La plante ne monte alors à graine qu'au printemps de la seconde année qui suit celle du semis.

---

(1) Pour les Choux fourragers, voir notre brochure : « LES PLANTES DE GRANDE CULTURE ».

CHOU DE BRUXELLES
Brassica oleracea bullata gemmifera.

SYNONYMES : Chou rosette, Ch. à jets, Ch. à rejets, Ch. spruyt de Bruxelles.
NOMS ÉTRANGERS : ANGL. Brussels sprouts. — ALL. Rosenkohl, Brüsseler Sprossenkohl.
FLAM. et HOLL. Spruitkool. — DAN. Rosenkaal. — SUÉD. Brussel-kål.
ITAL. Cavolo a germoglio, Cavolo di Bruxelles. — ESP. Bretones de Bruselas.
PORT. Couve de Bruxellas, Couve saboya de olhos repolhudos.
RUSSES Kapousta brysselskaïa, Kapusta różyczkowa brukselska.

Le Chou de Bruxelles présente bien quelque analogie avec les Choux de Milan, à cause de son feuillage vert foncé et passablement cloqué ; mais, d'autre part, il a le pied beaucoup plus haut qu'aucun chou pommé, et ses feuilles, quoique très nombreuses, sont toujours espacées les unes des autres et ne forment pas une véritable tête ; il constitue donc ainsi une race parfaitement distincte.

Son produit consiste dans les rejets qui se développent régulièrement à l'aisselle des feuilles principales tout le long de la tige, jets dont les petites feuilles, creusées en cuiller et très serrées les unes contre les autres, s'emboîtent étroitement et forment de petites pommes presque rondes et très nombreuses. Elles se développent d'abord en bas de la tige, puis successivement, à mesure qu'on les récolte, elles apparaissent de plus en plus près du sommet. Cette longue production, qui se soutient pendant les froids les plus rigoureux de l'hiver, ainsi que la qualité très fine de ses petits rejets, font du Chou de Bruxelles un des légumes les plus généralement appréciés et cultivés.

Il y a quelque chose d'assez étrange, au point de vue physiologique, dans le fait de ce chou dont la rosette principale de feuilles ne pomme pas, tandis que les pousses secondaires pomment régulièrement et très complètement. C'est précisément l'opposé de ce qui se passe ordinairement chez les autres choux et dans les laitues, où les feuilles de la tête principale se coiffent étroitement, tandis que celles des rejets restent espacées sur les axes qui les portent. Quoi qu'il en soit, nous devons à cette anomalie un excellent légume.

Chou de Bruxelles ordinaire.
Réd. au dixième ; pomme à demi-grandeur.

CULTURE. — La croissance du Chou de Bruxelles est assez lente, et, pour en obtenir le produit depuis la fin d'Octobre jusqu'au mois de Mars, il faut commencer les semis dès le mois de Mars ou d'Avril ; on peut les continuer ensuite jusqu'en Juin pour obtenir ainsi une succession de produits. Bien que certains auteurs indiquent le mois de Février pour les semis de première saison, il nous paraît sans intérêt de faire intervenir la chaleur artificielle dans la culture d'un légume dont la consommation n'a pas lieu avant l'automne. — Les semis se font en pépinière en plein air, à raison de 80 à 100 grammes de graine à l'are. Quand le plant est assez fort, c'est-à-dire ordinairement au bout d'un mois, on le repique en place, en espaçant les pieds de 0^{m}40 à 0^{m}50 en tous sens, et en ayant soin de les borner fortement, c'est-à-dire de les faire adhérer au sol au moyen du plantoir. — Le pincement du bourgeon terminal, recommandé par divers praticiens, n'a sa raison d'être que lorsqu'on tient à récolter de bonne heure, dès le mois de Septembre ; autrement, on laisse la tige se développer librement et, à partir d'Octobre, on peut commencer la cueillette, qui s'effectue toujours de bas en haut et peut se prolonger pendant tout l'hiver.

On obtient en moyenne de 300 à 350 kilog. de pommes par are.

Les Choux de Bruxelles aiment un bon terrain riche et frais ; il convient cependant de ne pas les mettre dans une terre trop abondamment fumée, où leur végétation deviendrait trop vigoureuse et où, souvent, les rejets ne pommeraient pas bien.

Si l'on fait usage d'engrais chimiques, il importe de se montrer très réservé à l'égard des engrais azotés. Dans une terre bien fumée pour la culture précédente, on se bornera aux proportions suivantes :

Superphosphate de chaux.	2 kil. »	
Sulfate de potasse.	1 — »	par are.
Nitrate de soude .	1 — »	

Ce dernier sel sera, autant que possible, répandu en deux fois : 1° après la levée ; 2° à la mise en place des plants, soit en couverture, soit par arrosages.

INSECTES NUISIBLES ET MALADIES. — On a à défendre le Chou de Bruxelles contre les mêmes ennemis dont souffrent les autres choux (*Voir* page 112).

USAGE. — En Belgique, on recherche surtout les jets ou rosettes de petit volume qui se sont développés très serrés sur les tiges. En France, les pommes plus grosses, atteignant à peu près le volume d'une noix moyenne, sont les plus appréciées. C'est là une des nombreuses circonstances dans lesquelles la beauté du produit ne marche pas d'accord avec sa qualité, car les Choux de Bruxelles les plus petits et les plus fermes sont assurément les plus délicats comme goût.

CHOU DE BRUXELLES ORDINAIRE.

SYNONYME : Chou de Bruxelles grand.

NOMS ÉTRANGERS : ANGL. Tall Brussels sprouts, Improved French Brussels sprouts.
ALL. Grosser Rosenköhl.

Tige atteignant environ 0^{m}75 à 1 mètre de hauteur, relativement mince, garnie de feuilles nombreuses mais assez espacées, à pétiole nu sur une assez grande longueur, à limbe arrondi, légèrement creusé en cuiller et très faiblement cloqué. Jets ou pommes de grosseur médiocre, très fermes, plutôt piriformes que sphériques, n'arrivant pas à se toucher les uns les autres, même quand ils sont parvenus à tout leur développement (*Voy.* la fig. page 151).

Cette race est des plus cultivées en plein champ aux environs de Paris ; elle est rustique, et la production s'en prolonge pendant plusieurs mois. Elle donne des jets très fins et délicats.

CHOU DE BRUXELLES DEMI-NAIN DE LA HALLE.

NOMS ÉTRANGERS : ANGL. Brussels sprouts half dwarf Paris Market, King of the Market.
ALL. Halbhoher Pariser Markt-Rosenkohl.

Tige droite assez forte, variant de 0^{m}50 à 0^{m}75 au plus de hauteur ; feuilles moyennes, arrondies, très légèrement cloquées, creusées en cuiller, portées sur de longs pétioles dénudés et légèrement violacés. Pommes ou rejets nombreux, serrés sur la tige, très fermes et bien arrondis, d'un vert pâle et un peu grisâtre, persistant longtemps sans s'ouvrir et dépassant quelque peu la grosseur d'une belle noisette.

Le Ch. de Bruxelles demi-nain de la Halle est une très bonne variété productive, bien régulière et remarquablement rustique; c'est la plus estimée par les cultivateurs qui approvisionnent le marché de Paris; ils en font en plein champ des cultures d'une étendue considérable.

Chou de Bruxelles demi-nain de la Halle.
Réd. au dixième; pomme à demi-grandeur.

Chou de Bruxelles nain.
Réd. au dixième.

CHOU DE BRUXELLES NAIN.

Noms étr. : Angl. Dwarf improved Brussels sprouts, Northow Prize Brussels sprouts; (am.) Long Island improved Brussels sprouts. — All. Zwerg-Rosenkohl.

Bonne variété à tige forte, raide, n'excédant pas ordinairement 0^{m}50 de hauteur; ses feuilles sont beaucoup plus rapprochées les unes des autres que celles du Ch. de Bruxelles grand, et à très peu de chose près de même apparence, quoiqu'un peu plus cloquées. Pommes ordinairement plus grosses et plus arrondies; par suite de ce volume plus fort des pommes et de leur plus grand rapprochement sur la tige, il résulte qu'elles sont ordinairement serrées les unes contre les autres dans cette variété, tandis que dans les deux précédentes, elles restent toujours espacées.

Le Chou de Bruxelles nain se montre habituellement un peu plus précoce que les deux autres, mais, par contre, il continue moins longtemps à produire pendant l'hiver.

En Angleterre, on recherche beaucoup, à tort selon nous, les Choux de Bruxelles qui donnent des pommes grosses comme de petites oranges. — Les races les plus vantées, *Aigburth, Dalkerth* et *Scrymger's giant Brussels sprouts,* présentent en commun le caractère de donner des rejets d'une grosseur qu'en France ou en Belgique on traiterait de démesurée.

CHOU DE CHINE. — Voy. Pé-tsai.

CHOU-FLEUR

Brassica oleracea Botrytis DC.

Noms étrangers : angl. Cauliflower. — all. Blumenkohl, Carviol. — flam. et holl. Bloemkool. — dan. Blomkaal. — suéd. Blomkål. — ital. Cavolfiore. — esp. Coliflor. port. Couve flor. — russe Tsvietnaïa kapousta. — pol. Kalafior *v*. Karfiol.

Dans les différentes races de choux désignées sous le nom de Choux-fleurs, ce sont les organes de la floraison, ou, à proprement parler, les supports de la fleur qui ont été artificiellement développés. Les fleurs elles-mêmes avortent pour la plupart, et les ramifications le long desquelles elles sont distribuées, gagnant en grosseur tout ce qu'elles perdent en longueur, forment une espèce de corymbe régulier, se terminant par une surface blanche, moutonnée, rarement entremêlée de quelques petites feuilles. Les ramifications florales, grosses, blanches, épaisses et très tendres, ne forment plus, pour ainsi dire, qu'une masse homogène, et les rudiments des fleurs ne sont plus représentés que par les petites aspérités presque imperceptibles qu'offre la surface supérieure de ce que l'on nomme la tête ou pomme du Chou-fleur.

Un gramme de graines en contient environ 550 ; leur durée germinative est de cinq années.

Culture. — On peut dire que la culture des choux-fleurs est une des plus simples et en même temps des plus difficiles à bien faire. En effet, en dehors des Choux-fleurs de première saison qui se sèment à l'automne et s'hivernent sous châssis, la culture est celle d'une plante annuelle qui se sème au printemps en pleine terre et se récolte dans le courant de la même année, sans exiger absolument d'autres soins que de fréquents arrosages. Mais il est certain, d'autre part, que, pour obtenir de beaux produits, il faut apporter à la culture du Chou-fleur une habileté et un savoir-faire auxquels nulle explication ne peut suppléer. Les pommes des choux-fleurs ne se forment régulièrement que si le développement des plantes s'est fait rapidement et sans temps d'arrêt depuis le début jusqu'à la fin de la végétation, ce que la plus grande vigilance et les soins les plus constants ne suffisent pas toujours à assurer.

A Paris, on distingue trois saisons principales, ou trois séries de cultures de choux-fleurs : dans la première, le semis se fait à l'automne et la récolte au printemps ; ceux de seconde saison se sèment depuis Janvier jusqu'à la fin de l'hiver, et donnent l'été suivant ; enfin la troisième série se sème au printemps et jusqu'en Juin-Juillet pour se récolter à l'automne de la même année.

Les Choux-fleurs de *première saison* (1) se sèment à l'automne pour le printemps, soit en pleine terre, soit plus généralement sur de vieilles couches, depuis la mi-Septembre jusqu'à la mi-Octobre ; le plant, repiqué en pépinière quand il a deux feuilles, est, à partir des premiers froids, entouré de coffres munis de leurs châssis, ou, à défaut, couvert de cloches. Par les grandes gelées, il est prudent de couvrir de paillassons les châssis ou les cloches, et même de les entourer d'accots de feuilles ou de fumier. Dans le courant de Mars, on met les plants en place sur cotière ou en pleine terre, après les avoir habitués progressivement à la température extérieure ; on laisse alors 0^m70 à 0^m75 entre chaque plant, sur des lignes distantes de 0^m50 à 0^m60. C'est de cette façon qu'opèrent habituellement les gros cultivateurs de choux-fleurs qui profitent des grands écartements pour faire des cultures intercalaires de *Carottes, Laitues, Romaines*, etc.

Une fois livrés à la pleine terre les choux-fleurs ne demandent pas d'autres soins, en dehors de la protection de la pomme, que des arrosages et des binages aussi fréquents que cela est nécessaire.

Dès que les pommes commencent à paraître, il importe de les protéger contre l'action directe du soleil, qui les jaunirait et les rendrait dures, en les recouvrant avec une ou deux feuilles du bas que l'on renouvelle dès qu'elles se dessèchent ou qu'elles laissent voir une

---

(1) Ces Choux-fleurs, que l'on désigne aussi sous l'appellation générale de *Choux-fleurs tendres*, comprennent les variétés les plus hâtives : *Nain extra-hâtif Boule-de-Neige, Nain très hâtif d'Erfurt, Alleaume, Tendre de Paris* ou *Salomon, Impérial*, etc.

tendance à la pourriture ; vers la fin de la végétation, on casse les plus grandes feuilles du tour et on les rabat simplement sur la pomme.

La récolte commence vers la fin de Mai pour les pieds placés en cotière ; en Juin seulement pour ceux qui se trouvent en plein carré ou en plein champ.

Les Choux-fleurs de *seconde saison* se sèment à partir du mois de Janvier sur couche chaude ; le plant se repique sur couche et n'est mis en pleine terre que quand il a pris une certaine force, vers la fin de Mars ou au mois d'Avril. A cette saison, ils n'ont plus besoin de chaleur artificielle et donneront naturellement leur produit à la fin de Juin ou au mois de Juillet. Les semis se continuent encore en Février et en Mars, et le plant, élevé sous châssis ou sous cloches, se met en place un peu plus tard que celui qui provient des semis faits en Janvier. Cette seconde saison, c'est-à-dire celle où le plant est avancé au moyen de soins tout spéciaux et de chaleur artificielle, mais où la production a lieu en pleine terre, est celle qui produit, de beaucoup, la plus grande quantité des choux-fleurs apportés à la Halle de Paris.

Pour ces deux saisons, ce sont surtout les variétés *tendres* et les *demi-dures* (1) que l'on cultive de préférence.

Enfin les Choux-fleurs de *troisième saison* sont ceux dont la végétation tout entière s'accomplit sans l'aide de la chaleur artificielle et où le plant lui-même s'élève en pleine terre. On peut, en vue de prolonger la production des choux-fleurs, diviser cette saison en deux catégories : les *Choux-fleurs à récolter en été* et les *Choux-fleurs à récolter en automne*.

Les *Choux-fleurs à récolter en été* se sèment d'ordinaire en Avril-Mai, soit en pépinière, soit sur cotière ou sur une vieille couche. On sème clair (60 à 70 grammes de graines par are), et, sans autre besoin de repiquage en pépinière, on met en place environ un mois après le semis, c'est-à-dire quand le plant a déjà quatre ou cinq feuilles, en laissant, suivant les variétés, de 0^{m}60 à 0^{m}80 en tous sens entre les plants. La réussite de cette culture est toujours assez aléatoire, la plante devant traverser une période de sécheresse dont elle a fort souvent à souffrir ; les arrosages devront donc être abondants et fréquents à partir de la mise en place jusqu'à l'arrachage. Pour réduire au strict minimum la quantité d'eau à dépenser et en assurer une meilleure utilisation, on fera bien de former autour de chaque pied une petite cuvette circulaire ; des binages répétés peuvent aussi dans une certaine mesure suppléer aux arrosages ou tout au moins entretenir la fraîcheur du sol. La recommandation faite plus haut relativement à la protection de la pomme est particulièrement importante en cette saison. Il arrive parfois qu'après une pluie d'orage, beaucoup de pieds montent à fleurs sans former de pomme ; pour éviter cet inconvénient, on mouillera abondamment à l'eau froide après la pluie.

Les choux-fleurs semés en Avril-Mai, ordinairement les *demi-durs*, sont bons à récolter depuis fin-Juillet jusque dans les premiers jours de Septembre ; il est nécessaire de couper les pommes aussitôt qu'elles sont à point, car elles passent vite.

La culture des *Choux-fleurs à récolter en automne* ne différant pas sensiblement de celle des Choux-fleurs d'été, les observations qui précèdent lui sont parfaitement applicables. Le semis se fait de Mars en Juin, suivant les variétés (2), également très clair, en lieu frais et mi-ombragé de préférence ; on active la germination, et ensuite la croissance du jeune plant par des bassinages fréquents. La mise en place a lieu dans les mêmes conditions que pour les Choux-fleurs d'été ; des arrosages et bassinages abondants et fréquents s'imposent également ; au besoin, on pourrait se contenter de pailler le sol pour éviter une évaporation trop rapide de l'humidité. La récolte a lieu de la mi-Septembre jusqu'à fin-Novembre, suivant l'époque du semis et selon les variétés.

Au moment des premières gelées, on arrache avec leur motte les pieds qui n'ont pas encore *marqué*, puis on les plante dans des coffres après avoir supprimé les plus grandes feuilles de la base, et on aère le plus possible. Ainsi traités, ils donnent encore de petites pommes dont la production peut se prolonger jusqu'en Janvier, suivant l'état des plantes lors de la mise en coffre.

---

(1) Les Choux-fleurs *demi-durs* comprennent les variétés demi-hâtives : *Demi-dur de Paris, Lenormand à pied court, Lemaître, de Chambourcy, de Genève, Maltais* et *d'Alger ;* toutefois ces deux derniers, semés en Avril-Mai, ne pomment qu'au début de l'automne.

(2) Pour cette récolte, les variétés *demi-dures* se sèment en Mai-Juin et les variétés *dures* en Avril-Mai. — Les Choux-fleurs *Maltais* et *d'Alger*, ainsi que le *dur de Walcheren*, doivent être semés au plus tard en Avril.

Le *Chou-fleur géant de Naples* ne réussit bien que semé en Février-Mars sous le climat de Paris. On le sème également d'automne pour récolter en Juillet de l'année suivante (*Voir* à l'article, page 162.)

CULTURE FORCÉE. — Le semis, le repiquage et l'hivernage s'opèrent de la même façon et à la même époque que dans la culture ordinaire de première saison ; quelques jardiniers, pourtant, repiquent une seconde fois en Novembre pour obtenir des plants plus trapus et pourvus d'un chevelu plus abondant. C'est ordinairement fin-Décembre ou dans les premiers jours de Janvier que l'on commence à forcer. Cette opération se fait sur une couche capable de donner 20° de chaleur et garnie d'environ 0^{m}20 de terreau ; une fois le coup de feu passé, on trace, dans le sens de la largeur des coffres, deux rangs espacés de 0^{m}80 à 0^{m}85, et on y plante 3 ou 4 choux-fleurs par rang, soit 6 ou 8 par coffre, suivant la variété, en éliminant les sujets *borgnes*, c'est-à-dire ceux dont la pomme est avortée. Comme la végétation des choux-fleurs est assez lente, surtout au début, on utilise les parties non occupées de la couche en y semant, très clair, de la *Carotte rouge à forcer parisienne*, avec quelques graines de *Radis à forcer*. On peut, si on le préfère, planter plusieurs rangs de *Laitues hâtives* semées et *repiquées* en vue de cette culture. On arrose de suite toute la plantation et l'on couvre les coffres de châssis qu'on ouvre pendant le jour chaque fois que le temps le permet, car il est nécessaire de donner le plus d'air possible. Pendant la nuit, on recouvre les châssis de paillassons. Quinze jours à trois semaines après le semis, les Radis sont bons à récolter, ce qui éclaircit d'autant les Carottes, qui sont elles-mêmes bonnes à consommer bien avant la formation des Choux-fleurs. Les Laitues peuvent se récolter au bout de six semaines.

Quand les choux-fleurs sont si vigoureux qu'ils touchent les vitres des châssis, on surélève les coffres, sous les pieds desquels on bourre de la paille. En Avril, lorsque le temps est suffisamment doux, on peut enlever les coffres et les châssis et les remplacer, pour la nuit, par de simples paillassons tendus horizontalement sur de petits supports. Les arrosages doivent être donnés avec discernement ; et il est indispensable de protéger la pomme des choux-fleurs comme il a déjà été expliqué.

La récolte a lieu fin-Avril ou dans les premiers jours de Mai ; on peut la prolonger jusqu'à l'époque de production des Choux-fleurs de première saison non forcés, en montant de nouvelles couches à quinze jours d'intervalle.

CULTURE EN PLEIN CHAMP. — Dans le voisinage des grandes villes, le chou-fleur fait l'objet de cultures souvent très étendues. Aux environs de Paris, à Chambourcy notamment, on plante le Chou-fleur dans les premiers jours de Mai, sur des terres ayant fourni une récolte d'hiver (*Épinards* ou *Oseille*), ou vers la fin de Juin sur une récolte de printemps (*Pois hâtifs*). Le terrain a été parfaitement ameubli au préalable par un bon labour et surtout copieusement fumé, et la plantation s'effectue après un hersage de nivellement.

Les plants, qui proviennent de semis faits en Avril en pépinière, sont espacés de 0^{m}90 à 1 mètre dans les terres riches de plaine, et de 0^{m}80 à 0^{m}85 seulement dans les terres en coteau. On les enterre peu, car ils se développent mal quand la base des feuilles est recouverte de terre ; de même les plants trop forts reprennent difficilement ; on fait donc toujours usage de plants d'un mois de semis au plus, qu'on repique aussitôt après l'arrachage. La mise en place effectuée, les plants sont copieusement arrosés, et l'on renouvelle les arrosages d'autant plus souvent que la saison l'exige.

Les soins d'entretien consistent exclusivement en trois binages (les deux premiers effectués le plus souvent avec une houe à cheval, le troisième à la main), et à protéger la pomme comme nous l'avons expliqué déjà. — La récolte a lieu depuis le mois de Septembre jusqu'en Novembre. Les *Choux-fleurs de Chambourcy, Lenormand à pied court, Lemaître*, et, depuis quelques années, celui *d'Alger*, sont les plus ordinairement cultivés dans la région parisienne.

CULTURE MÉRIDIONALE. — Les semis se font en pépinière de Mars à Mai, et le plant est mis en place un mois ou six semaines après, à 0^{m}90 de distance environ.

On cultive surtout le *Chou-fleur nain hâtif d'Erfurt*, le *Chou-fleur Boule-de-Neige* (variétés estimées particulièrement dans toute la vallée de la Garonne), le *Chou-fleur maltais* et le *Chou-fleur d'Alger ;* ces quatre variétés donnent leur produit de la mi-Juillet à la fin de Septembre. — Le *Chou-fleur géant d'automne* ou *Géant de Naples hâtif*, et ses sous-variétés : *Incomparable, Géant de Naples demi-hâtif, Géant de Naples tardif*, font l'objet de cultures très importantes en Provence et sur tout le littoral méditerranéen. Semées en Avril-Mai, ces quatre races fournissent successivement depuis la fin d'Octobre jusqu'en Décembre des pommes de très grosses dimensions qui sont recherchées sur les marchés des grandes villes.

CHOU-FLEUR

Engrais. — Le Chou-fleur est à peu près aussi exigeant en engrais que le Chou ordinaire. On pourra donc consulter pour la question de fumure les indications de la page 111, relatives au Chou.
Le Nitrate de soude paraît agir d'une façon particulière sur le Chou-fleur. Une dose de 5 kilog. par are de ce produit, donnée successivement à raison de 500 grammes tous les huit jours à partir de la mise en place, soit dans l'eau des arrosages, soit répandue au pied des plantes, permet d'obtenir des pommes pesant trois à quatre fois plus que celles récoltées dans des cultures non nitratées ; la récolte, toutefois, subit un léger retard qui ne dépasse pas, en général, 8 à 10 jours.

Insectes et Maladies. — Les ennemis du Chou ordinaire s'attaquent également au Chou-fleur. Celui-ci est, en outre, exposé à souffrir de la présence d'une cryptogame du genre *Erysiphe*, sorte de *Meunier* qui se développe dans les cultures forcées arrosées trop abondamment. Cette maladie, qui se reconnaît à la présence de petits amas de poussière blanche sur les feuilles, se combat à l'aide de légers soufrages faits au début de la maladie. Ce traitement, combiné avec une réglementation sévère de l'arrosage, suffit ordinairement pour entraver l'extension de cette affection qui, sans cela, finirait par détruire tous les sujets attaqués.

Usage. — On mange la tête ou pomme du Chou-fleur, composée de la réunion des ramifications florales raccourcies et épaissies.

CHOU-FLEUR NAIN TRÈS HATIF D'ERFURT.

Synonyme : Chou-fleur Express.

Noms étrangers : angl. Earliest dwarf Erfurt cauliflower, Best early cauliflower.
all. Erfurter Zwerg-Blumenkohl. — port. Couve flor ana d'Erfurt.
russe Parnikovaïa karlikovaïa Erfourtskaïa. — pol. Erfurcki bardzo wczesny kartowy.

Variété très précoce et véritablement d'un grand mérite, mais difficile à conserver bien pure. Plante de taille au-dessous de la moyenne, à pied assez court. Feuilles oblongues, entières, à contour arrondi, à peine ondulées, et d'une teinte vert blond grisâtre un peu particulière, qui, jointe à leur forme et à leur position assez dressée, donne à la plante une certaine analogie d'aspect avec le Chou pain-de-sucre. Pomme très blanche, à grain fin, se formant promptement, mais ne se conservant pas longtemps ferme ; elle est exposée à prendre une teinte rougeâtre si l'on n'a pas soin de la protéger de l'action directe du soleil.

Il est à remarquer que dans cette variété, les feuilles qui d'abord se tiennent droites et cachent la pomme, sont ensuite, par le développement de celle-ci, rabattues en collerette jusqu'au point de toucher le sol.

Chou-fleur nain très hâtif d'Erfurt.
Réd. au dixième.

CHOU-FLEUR NAIN EXTRA-HATIF BOULE DE NEIGE.

Noms étrangers : angl. Early snow-ball cauliflower. — all. Extra-früher Schneeball Blumenkohl.

Cette variété, issue de la précédente, en diffère par une précocité encore plus grande ; elle se prête comme elle à la culture forcée. C'est la meilleure variété de chou-fleur pour châssis ; on la cultive beaucoup comme primeur dans le Midi, où elle réussit à merveille.

CHOU-FLEUR ALLEAUME, NAIN HATIF.

Cette jolie race porte le nom de son obtenteur, jardinier-maraîcher du faubourg Saint-Antoine, à Paris. Tous ses caractères indiquent bien que c'est une variation du Chou-fleur demi-dur de Paris, mais c'est une variation réellement très distincte et très intéressante au point de vue de la production hâtive. Le pied du Chou-fleur Alleaume est extrêmement court, les feuilles sont assez grandes, presque étalées sur terre, largement tourmentées et ondulées et d'un vert franc plutôt foncé que pâle. La pomme se forme très vite et s'ouvre de même, il faut la couper juste à point.

Le *Chou-fleur hâtif de Picpus* est une race précoce et vigoureuse, très légèrement plus grande que le Chou-fleur Alleaume.

Chou-fleur Alleaume nain hâtif.
Réd. au dixième.

Chou-fleur Impérial.
Réd. au dixième.

CHOU-FLEUR TENDRE DE PARIS.

SYNONYMES : Chou-fleur petit Salomon, Ch.-fl. tendre de Vaugirard.

NOMS ÉTRANGERS : ANGL. Extra early Paris cauliflower. — ALL. Extra-früher Pariser oder Zarter Salomon Blumenkohl.

Variété à pied mince, assez haut ; feuilles relativement étroites, presque droites, peu renversées à l'extrémité et peu plissées sur les bords ; pomme moyenne, prompte à se former et ne se conservant pas longtemps. — Convient aussi bien aux semis de première et de seconde saison qu'aux semis d'été.

CHOU-FLEUR IMPÉRIAL.

SYNONYMES : Chou-fleur Bossin, Ch.-fl. Bazin.

NOMS ÉTRANGERS : ANGL. Extra large Imperial cauliflower. — ALL. Grosser Kaiser-Bl.

Cette belle race présente beaucoup d'analogie d'aspect avec le Chou-fleur nain très hâtif d'Erfurt que nous avons décrit plus haut, mais elle est d'un vert plus foncé et elle est aussi plus grande dans toutes ses parties.

C'est une race hâtive à belle pomme blanche, large et ferme, remarquable par la régularité de sa croissance et de sa production. Quand elle est bien franche, c'est assurément une des plus recommandables parmi les variétés hâtives.

Le *Chou-fleur Dufour* et le *Chou-fleur grand Danois* rappellent, sans l'égaler, le Chou-fleur Impérial.

CHOU-FLEUR DEMI-DUR DE PARIS.

Synonymes : Chou-fleur gros Salomon, Ch.-fl. des quatre-saisons.
Noms étrangers : Angl. Half early Paris *or* Nonpareil cauliflower. — All. Mittelfrüher *oder* Halbharter Pariser Blumenkohl.

Plante moyenne, à feuillage assez ample, d'un vert foncé un peu glauque, entourant bien la pomme et se renversant ensuite vers la terre aux extrémités. Le contour des feuilles est ondulé et grossièrement denté ; le pied est assez court et fort ; la pomme très blanche, grosse, et se conservant longtemps.

Le Chou-fleur demi-dur de Paris était autrefois celui que cultivaient le plus les maraîchers des environs de Paris ; aujourd'hui, la place lui est fortement disputée par le Chou-fleur Lenormand à pied court et par plusieurs autres variétés nouvelles de même précocité.

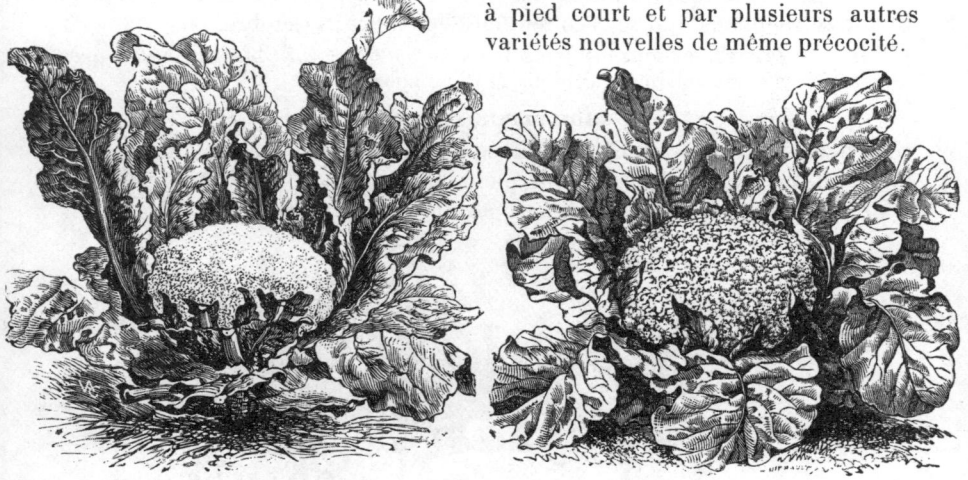

Chou-fleur demi-dur de Paris.
Réd. au dixième.

Chou-fleur Lenormand à pied court.
Réd. au dixième.

CHOU-FLEUR LENORMAND A PIED COURT.

Noms étrangers : Angl. Lenormand's extra large short stem cauliflower.
All. Kurzbeiniger Lenormand extra-grosser Blumenkohl.

L'aspect de cette variété est très caractéristique et permet de la distinguer facilement de toutes les autres, quand elle est bien franche. Le pied, extrêmement court, fort et trapu, est garni, presque jusqu'au niveau de terre, de feuilles courtes, larges, arrondies, peu ondulées, excepté sur les bords, très fermes et raides, et plutôt étalées que dressées. Le feuillage est d'un vert foncé à peine glauque ; les pommes sont très grosses, très fermes, d'un blanc magnifique et se conservent longtemps.

Le Chou-fleur Lenormand à pied court est précoce, productif, rustique, et joint à tous ces avantages celui d'occuper relativement peu de place ; aussi ne doit-on pas s'étonner de la grande extension que sa culture a prise en peu d'années.

On peut assimiler à cette variété : le *Chou-fleur Sainte-Marie* cultivé dans le Midi, le *Chou-fleur du Trocadéro*, ainsi que le chou-fleur appelé dans certaines localités de l'Artois : *Chou-fleur amélioré*.

CHOU-FLEUR LEMAITRE A PIED COURT.

Syn. : Chou-fl. bourguignon, et Ch.-fl. national (Saint-Omer), Ch.-fl. se couvrant seul.

Variété issue du Chou-fleur demi-dur de Paris. Feuillage ample, vert grisâtre, entier, lisse, à peine ondulé. Pomme belle, grosse, très serrée et bien blanche; pied bien court. Ce chou-fleur est très employé pour la culture d'automne de pleine terre aux environs de Paris, à Chambourcy et ailleurs.

CHOU-FLEUR DE CHAMBOURCY, GROS.

Synonymes : Chou-fleur Beuzelin, Ch.-fl. Buzelin, Ch.-fl. Lecomte, Ch.-fl. Lenoir.

A pied très court. Feuillage abondant, vert franc, entier, large, contourné, à grosses nervures, recouvrant bien la pomme, qui est grosse et très blanche.

C'est une belle race de pleine terre, très estimée pour le volume et la qualité de ses pommes, qui se récoltent en Septembre et Octobre.

Les variétés connues sous les noms de *Chou-fleur de Saint-Omer* et *Ch.-fl. Durand*, nous semblent très voisines du Ch.-fl. de Chambourcy.

CHOU-FLEUR DE GENÈVE.

Variété de grande taille, à feuillage ample. Pomme grosse, à grain blanc, fin. C'est une excellente variété de pleine terre pour le début de la production d'automne; on la récolte d'ordinaire en Août-Septembre.

Chou-fleur d'Alger (Réd. au dixième).

CHOU-FLEUR D'ALGER.

Synonymes : Chou-fleur prime d'Alger, Ch.-fl. primeur d'Afrique, Ch.-fl. de Strasbourg.

Très bonne variété pour le Midi et l'Algérie, caractérisée par sa taille relativement basse, ses feuilles raides, entières, peu festonnées sur les bords et d'un vert très foncé presque ardoisé. A ces caractères, le Chou-fleur d'Alger réunit une grande vigueur, une rusticité parfaite et une grande précocité.

On le cultive surtout pour produire à la fin de l'été et pendant l'automne; il réussit parfaitement, non seulement dans les jardins, mais même en plein champ, pourvu que les terres soient soumises à l'arrosage. La pomme en est belle, grosse, et paraît d'autant plus blanche qu'elle contraste davantage avec le vert foncé du feuillage.

On vend fréquemment, surtout à l'étranger, sous le nom de *Chou-fleur d'Alger*, une grande race tardive, haute et feuillue, qui n'est autre chose que le Chou-fleur de Naples ou Géant d'automne, race qui a aussi son mérite, mais qui diffère complètement du véritable Chou-fleur d'Alger décrit ci-dessus.

Le *Chou-fleur premier de Barbentane* se rapproche beaucoup du Chou-fleur d'Alger ; il a, toutefois, le pied très court, les feuilles glauques, tourmentées ou contournées, la nervure médiane très saillante.

CHOU-FLEUR MALTAIS.

Synonyme : Chou-fleur nain de Malte.

Nom étranger : angl. Maltese cauliflower.

Plante à gros pied court. Feuillage étroit, gris cendré, légèrement découpé. Pomme de grosseur moyenne, très ferme et blanche.

Cette variété, qui convient particulièrement à la culture méridionale, résiste bien aux fortes chaleurs et à la sécheresse ; elle est supérieure, à ce point de vue, au Chou-fleur d'Alger, dont elle se rapproche par l'ensemble de ses caractères, avec une précocité un peu plus grande.

CHOU-FLEUR DUR DE HOLLANDE.

Synonymes : Chou-fleur tabouret (Périgord, Limousin), Ch.-fl. d'Anvers.

Noms étrangers : angl. Early London *or* Early Dutch cauliflower. — all. Holländischer Zwerg-Blumenkohl, Grosser später Holländischer *oder* Früher Asiatischer Bl.

Grande variété rustique, convenant pour la culture en plein champ. Pied haut et assez mince ; feuillage allongé, pas très large, d'un vert grisâtre, passablement ondulé. Le Chou-fleur dur de Hollande est un de ceux dans lesquels la côte de la feuille est nue à la base sur la plus grande longueur ; la pomme en est dure et serrée, mais pas très grosse. C'est une variété demi-tardive.

Dans son pays d'origine, elle réussit mieux que les variétés françaises et se cultive sur une grande échelle dans les environs de Leyde. On l'expédie par grandes quantités en Angleterre, où elle fait concurrence, sur les marchés de Londres, aux choux-fleurs venant des côtes de France et spécialement de Bretagne.

Chou-fleur dur de Hollande.
Réd. au dixième.

Le nom de *Chou-fleur nain de Hollande,* que les Allemands donnent à cette variété, ne peut s'expliquer que par comparaison avec les autres choux-fleurs hollandais ; en effet, relativement aux races françaises, il est au contraire haut de pied.

C'est du Chou-fleur dur de Hollande qu'il faut rapprocher les Choux-fleurs *dur d'Antibes, Matador* et *Rosenbourg,* qui en sont des variétés un peu plus tardives.

CHOU-FLEUR DUR D'ANGLETERRE.

Noms étrangers : angl. Large late Asiatic cauliflower.— all. Grosser später Englischer oder Später Asiatischer Blumenkohl. — holl. Groote late bloemkool.

Race vigoureuse, à feuillage abondant, ample, ondulé, d'un vert assez foncé, à pied moins haut que celui du Chou-fleur dur de Hollande. Comme la précédente, cette variété est rustique et assez tardive; elle convient bien pour la pleine terre, et ne doit pas être semée plus tard que le mois de Mai pour donner son produit à l'automne.

CHOU-FLEUR DUR DE WALCHEREN.

Synonyme : Brocoli blanc de Walcheren.

Noms étrangers : angl. Walcheren cauliflower, Walcheren brocoli. — all. Später Walcheren Blumenkohl. — holl. Late Walchersche bloemkool.

Le plus tardif des choux-fleurs et aussi un des plus rustiques, à tel point qu'on peut le considérer comme intermédiaire entre les Choux-fleurs proprement dits et les Brocolis, au nombre desquels il n'est pas rare de le voir classé.

Le Chou-fleur de Walcheren a le pied haut et fort, le feuillage allongé, passablement raide et dressé, abondant, et d'un vert un peu grisâtre. La pomme se forme très tardivement; elle est belle, grosse, très blanche, d'un grain fin et serré. Il faut semer ce chou-fleur en Avril pour être sûr de l'avoir bien pommé avant les gelées; fait tardivement, il résiste souvent à l'hiver et pomme alors de très bonne heure au printemps.

CHOU-FLEUR INCOMPARABLE.

Variété vigoureuse, à feuillage large, haut, dressé, très contourné, d'un vert grisâtre ressemblant assez à celui du Chou-fleur géant d'automne; pied de hauteur moyenne. Pomme très grosse, à grain assez serré.

Cette variété se recommande pour la production d'arrière-saison en pleine terre. Semée en Avril-Mai, elle devance de quelques jours le Chou-fleur géant d'automne, dont elle se rapproche d'ailleurs beaucoup par la vigueur de sa végétation et l'ampleur de son feuillage.

CHOU-FLEUR GÉANT DE NAPLES.

Noms étrangers : angl. Veitch's autumn giant cauliflower. — all. Frankfurter Riesen-Blumenkohl.

Grande et vigoureuse plante, à pied assez haut; feuillage ample, passablement ondulé, d'un vert foncé. Les feuilles intérieures recouvrant bien la pomme, qui est très grosse, ferme et bien blanche.

C'est, comparativement à ses variétés demi-hâtive et tardive, un chou-fleur hâtif qui produit en même temps que celui de Walcheren, mais il n'est pas aussi rustique. Dans le Nord, on ne peut l'employer que pour la production d'arrière-saison en pleine terre, mais il faut le semer un peu plus tôt, c'est-à-dire en Février-Mars.

On distingue dans le Chou-fleur de Naples plusieurs races qui diffèrent les unes des autres au point de vue de la précocité :

Chou-fleur géant d'Italie hâtif (*Ch.-fl. Éclipse, Ch.-fl. de Russie*). — Le plus hâtif de la série et précédant d'une dizaine de jours le Géant de Naples hâtif; très haut sur pied, à feuillage assez ample, mais allongé, à pomme peu ou pas recouverte par le feuillage, très blanche, à grain fin, mais se déforme vite si on la laisse trop longtemps avant de la cueillir.

Chou-fleur géant de Naples hâtif ou *Chou-fleur géant d'automne* (SYN. *Ch.-fl. d'Alost*, *Ch.-fl. Mont-blanc*, *Ch.-fl. de Noël* (Roussillon), *Ch.-fl. de Francfort* (Lorraine). — Le plus répandu et celui qui est figuré ci-dessous ; il a les feuilles très grandes mais peu nombreuses au voisinage de la pomme, qui se découvre complètement dès qu'elle est bien formée. Les pétioles des feuilles présentent souvent une teinte violacée près de leur point d'attache.

Dans la race intermédiaire (*Chou-fleur géant de Naples demi-hâtif* ; SYN. *Veitch's self protecting cauliflower*), les pommes qui sont extrêmement grosses et blanches sont un peu plus enveloppées par le feuillage.

Enfin, dans le *Chou-fleur géant de Naples tardif* (*Ch.-fl. catalan* (Provence), les jeunes feuilles du cœur se replient et se tordent, pour ainsi dire, sur la pomme qui ne se dégage jamais complètement du feuillage qui l'enveloppe. Cette dernière variété, reconnaissable encore aux larges nervures blanches de ses feuilles, ne pomme tout à fait bien que dans le Midi ; elle est trop tardive pour le climat de Paris.

Chou-fleur géant de Naples hâtif *ou* Géant d'automne.
Réd. au dixième.

CHOU-FLEUR NOIR DE SICILE.

SYNONYME : Brocoli violet nain très hâtif.

NOMS ÉTRANGERS : ANGL. Purple cape cauliflower *or* brocoli. — ALL. Schwarzer Sicilianischer *oder* Früher blauer Blumenkohl. — HOLL. Groote zwarte bloemkool.

Par sa végétation et son aspect, cette variété présente passablement d'analogie avec le Chou-fleur d'Alger. Il a le pied assez haut, et le feuillage très ample et très foncé, assez tourmenté et presque cloqué, court et large relativement à sa longueur ; mais il diffère complètement de tous les autres choux-fleurs par la couleur de sa pomme, qui est violette et a le grain beaucoup moins fin que toutes les autres variétés, quoiqu'elle soit assez serrée, ferme et volumineuse (*Voy.* la fig. à la page suivante).

Le Chou-fleur noir de Sicile n'est pas extrêmement tardif ; il se cultive toujours en pleine terre, et commence à donner à partir du mois de Septembre.

Parmi les variétés locales ou qui ont été presque complètement remplacées dans les cultures par celles que nous avons décrites plus haut, il convient de citer les suivantes :

Ch.-fl. nain hâtif de Chalon. — Jolie variété française très naine, à feuilles courtes, raides, épaisses, à contours arrondis et ondulés, d'une teinte glauque foncée; à pomme très grosse, ferme et très blanche, semblant reposer sur terre. Elle est précoce et rustique, et convient bien pour la culture en pleine terre, même en plein champ.

Ch.-fl. demi-dur de Saint-Brieuc. — Grande plante à feuillage vert foncé; pomme ferme et serrée. Se cultive en Bretagne pour être expédiée sur Paris et l'Angleterre.

Ch.-fl. Lenormand (ancien). — Variété très rustique et productive, ne présentant pas extérieurement de grande différence avec le Ch.-fl. demi-dur de Paris. Elle a été très recherchée pendant une vingtaine d'années à cause de sa grande rusticité et de la beauté de son produit, mais elle est maintenant remplacée presque partout dans les cultures par sa variété à pied court décrite plus haut.

Ch.-fl. demi-dur Fontaine. — C'est une variété tardive à feuillage plus grand et plus volumineux que le Ch.-fl. demi-dur de Paris.

Ch.-fl. Chopine. — Très estimé à Chartres, où on le sème en toute saison; c'est une variété rustique à pied court et à feuillage distinct, très gaufré sur les bords.

Ch.-fl. dur de Paris. — Plus tardif, mais de meilleure conservation que le Ch.-fl. demi-dur de Paris, se tenant dur et ferme plus longtemps. Les maraîchers des environs de Paris ne l'emploient guère que pour les semis d'été qui doivent produire à l'arrière-saison.

Ch.-fl. dur de Stadthold. — Très voisin du Ch.-fl. dur de Hollande, et présentant à peu près exactement les mêmes caractères de végétation. — Intermédiaire au point de vue de la précocité entre le Ch.-fl. dur de Hollande et celui de Walcheren.

Choux-fleurs Salonnais, de Bagnols et *de Draguignan.* — Races locales particulières à la région méridionale et sans intérêt pour le reste de la France. — On les sème en Juin pour être récoltés, le premier en Novembre-Décembre, les deux autres de Janvier en Mars; ils remplacent les Brocolis qui ne sont pour ainsi dire pas cultivés dans cette région.

Les variétés de choux-fleurs cultivées par les Allemands sous les noms de *Cyprischer, Asiatischer,* etc., nous ont toujours paru se rapprocher beaucoup des choux-fleurs de Hollande.

Chou-fleur noir de Sicile (Réd. au dixième).   Chou-fleur nain hâtif de Chalon (Réd. au dixième).

CHOU BROCOLI
Brassica oleracea Botrytis DC.

Syn. : Chou-fleur d'hiver.

Noms étr. : Angl. Brocoli. — All. Broccoli, Brockoli, Spargelkohl. — Flam. Brokelie. Dan. Broccoli, Asparges kaal. — Suéd. Sparriskaal, Brockoli. — Ital. Cavol broccolo. Esp. Broculi. — Russes Brokoli, Kapousta sparjevaïa. Pol. Brokuły czyli kapusta szparagowa.

Les Brocolis, comme les Choux-fleurs, sont cultivés pour leur tête ou pomme, qui a précisément la même origine et les mêmes qualités ; seulement, la végétation des brocolis est beaucoup plus prolongée : au lieu de donner leur pomme dès l'année même du semis, ils passent l'hiver, et ne la forment qu'au commencement du printemps. L'aspect des deux plantes présente aussi quelques différences. Les brocolis ont en général les feuilles plus nombreuses, moins amples, plus raides, plus étroites que celles des choux-fleurs ; le pétiole des feuilles est plus souvent dénudé ; les nervures sont aussi plus fortes, plus blanches. Les pommes, quoique belles, fermes et d'un grain très serré, sont rarement aussi grosses dans notre climat que celles des bonnes variétés de chou-fleur. La graine est absolument semblable à celle des choux-fleurs.

Les brocolis doivent être cultivés depuis un temps plus reculé que ne le sont les choux-fleurs ; leur nom, du moins, donne lieu de le supposer. On appelle en Italie « *broccoli* », les pousses tendres que produisent, à la sortie de l'hiver, les différentes espèces de choux ou de navets qui se disposent à fleurir. Ces jeunes pousses, vertes et tendres, ont de tout temps constitué en Italie un légume très apprécié ; de là une tendance naturelle à rechercher et à cultiver de préférence les plantes dans lesquelles ces jets étaient aussi nombreux et aussi tendres que possible. Le *Brocoli à jets*, ou *Brocoli asperge*, doit représenter la première forme qu'a prise le nouveau légume quand il a cessé d'être le premier chou venu et qu'on l'a cultivé spécialement en vue de ses *broccoli* ; de là, par voie d'amélioration successive, on sera arrivé à obtenir des variétés à pomme blanche, serrée, et enfin, par un progrès nouveau, on a créé des races assez hâtives pour accomplir toute leur végétation dans le cours d'un seul été, et ce sont elles qui ont constitué notre chou-fleur.

Culture. — Les Choux Brocolis se sèment en pépinière d'Avril en Juin, selon leur précocité plus ou moins grande ; on les repique habituellement en pépinière, lorsqu'ils ont deux ou trois feuilles, à 0^{m}10 en tous sens ; puis on les met en place environ cinq à six semaines après le semis, c'est-à-dire de Juin en Juillet, en laissant entre eux un intervalle de 0^{m}70 à 0^{m}80. Comme pour les choux, il est bon de donner de fréquents binages et d'arroser le plus souvent possible.

A l'entrée de l'hiver, on couche les brocolis et l'on recouvre de terre le pied jusqu'à la naissance des feuilles ; ou bien on les enlève avec leur motte et on les met en jauge dans une tranchée, inclinés côte à côte, la tête tournée du côté du Nord, puis on garnit le pied de terre comme il vient d'être dit. L'endroit où se fait l'hivernage doit être bien sain et bien drainé ; il est bon d'abriter les plantes, quand on le peut, au moment des plus grands froids. A la fin de Février ou au commencement de Mars, on les replante ; quinze jours à trois semaines après, les pommes commencent à se former et la production peut se prolonger jusqu'en Juin, si les semis ont été convenablement échelonnés.

Culture en plein champ. — Les Brocolis sont cultivés en grand en Bretagne, dans l'Ouest et surtout le Sud-Ouest ; dans ces régions où les hivers sont doux, la plante n'a besoin d'aucune protection. Le semis se fait d'ordinaire en Avril, assez clair (70 à 80 grammes de graines par are), car le repiquage en pépinière ne se pratique pas. La mise en place a lieu en Mai, au plantoir, dans des rayons creusés au moyen de l'extirpateur, à 1 mètre les uns des autres ; les plants, qu'on enterre jusqu'aux premières feuilles, sont écartés de 0m 60 sur les lignes. Ce grand espacement laissé entre les lignes permet l'emploi de bineuses à cheval plus économique que le binage à la main. On arrose après la mise en place pour assurer la reprise : c'est le seul arrosage qu'exige cette culture dans les régions à climat tempéré et humide. En Novembre, on butte quelquefois les pieds du côté du Midi à l'aide de la binette à main. La récolte commence en Décembre et se poursuit pendant tout l'hiver ; les pommes sont cueillies avec la plus grande partie des feuilles centrales qui les enveloppent et, se trouvant ainsi protégées, supportent beaucoup mieux l'emballage.

Engrais. — Le Chou Brocoli demande des sols riches et meubles, engraissés par les fumures des années précédentes, car les engrais frais ont l'inconvénient de le faire s'emporter en feuilles au détriment de la formation des pommes.

Si l'on veut faire usage des engrais chimiques, on répandra sur un labour, et on enterrera par un simple hersage :

Superphosphate de chaux. . . . . 2 kil. 500 } par are,
Sulfate de potasse. . . . . 1 — 500 }

puis, quelque temps après la mise en place, on fera des apports successifs de 500 grammes de nitrate de soude, soit dissous dans l'eau à raison de 100 litres par are, soit répandus en couverture au pied de chaque plante, et cela, jusqu'à concurrence de 2 kilog. par are, de façon à surveiller l'effet de ce sel et à pouvoir en arrêter l'épandage si la végétation tendait à devenir trop exubérante.

Insectes et Maladies. — Voir ce qui est dit au chapitre des Choux et des Choux-fleurs ; on a à défendre le Brocoli contre les mêmes ennemis.

Usage. — L'emploi des Brocolis est exactement le même que celui des Choux-fleurs.

BROCOLI BLANC EXTRA-HATIF D'ANGERS.

Noms étrangers : angl. Extra-early white brocoli.
all. Extra-früher weisser Broccoli.

Cette variété, suffisamment rustique pour être cultivée sous le climat de Paris, est beaucoup plus précoce que toutes les autres races connues. Le feuillage en est court, compact, un peu moins ondulé que celui du Brocoli blanc hâtif ; la pomme est grosse, ferme, blanche et d'un grain très fin.

Ce brocoli se prête très bien à la culture de primeur.

Brocoli blanc extra-hâtif d'Angers.
Réd. au dixième.

BROCOLI HATIF DE SAINT-LAUD.

Synonyme : Brocoli demi-hâtif d'Angers.

Feuillage court, mais très développé, très large, d'un vert foncé grisâtre et peu cloqué ; pomme blanche, bien régulière.

Cette belle variété est très cultivée par les maraîchers de la région du Sud-Ouest, qui la récoltent quinze à dix-huit jours après le Brocoli blanc extra-hâtif d'Angers et avant le Br. extra-tardif d'Angers. Elle est de quelques jours plus précoce que le Brocoli blanc hâtif.

BROCOLI BLANC HATIF.

Noms étrangers : angl. Early large white French brocoli, Adam's early white brocoli. all. Englischer weisser früher Broccoli.

Plante vigoureuse, à feuillage assez abondant, long, raide, d'un vert glauque, fortement ondulé sur les bords; les feuilles du centre, qui abritent la pomme, très tourmentées et presque frisées. Pomme blanche, très serrée, très dure, se conservant longtemps ferme. Cette variété est rustique et d'une culture facile ; elle a complètement remplacé le *Brocoli blanc ordinaire* ou *Br. blanc de Saint-Brieuc*; elle s'en distingue principalement par sa précocité plus grande de dix ou douze jours, ce qui l'a fait préférer.

Sous le nom de *Chou-fleur dur d'hiver de Cherbourg*, les maraîchers de certaines régions de Normandie et de Bretagne cultivent un brocoli qui rappelle, en moins beau, le Brocoli blanc hâtif.

Brocoli blanc hâtif.
Réd. au dixième.

Brocoli de Pâques.
Réd. au dixième.

BROCOLI DE ROSCOFF.

Cette excellente variété, cultivée sur une très grande échelle dans le département du Finistère, ressemble extrêmement au Brocoli blanc hâtif, dont on doit la considérer comme une race locale très régulière et très hâtive. C'est elle qui, chaque année, est apportée en si grandes quantités sur les marchés de Paris dès la sortie de l'hiver.

BROCOLI DE PAQUES.

Synonyme : Chou-fleur pascalin (France méridionale).
Noms étrangers : angl. Easter-day brocoli. — all. Weisser später Oster-Broccoli.

Très jolie variété, précoce et bien distincte. Le feuillage en est moins abondant que celui de la plupart des autres brocolis, et les feuilles ont un aspect tout particulier : elles sont assez courtes, larges de la base et presque pointues à l'extrémité, ce qui les fait paraître comme triangulaires ; elles sont raides, peu ondulées et finement dentées sur les bords; leur couleur grisâtre est également caractéristique.

Le Brocoli de Pâques, appelé aussi *Chou-fleur de Pâques* dans le midi de la France, est très précoce ; il est moins exigeant que beaucoup d'autres, et les plantes, même les plus faibles, pomment très régulièrement. C'est une variété des plus recommandables.

BROCOLI BLANC MAMMOUTH.

Synonyme : Brocoli blanc à fleur blanche.
Noms étrangers : Angl. Large white Mammoth brocoli. — All. Weisser später Mammoth Broccoli.

Variété ramassée, plus basse de pied que les précédentes, à feuillage plus court et plus large, d'un vert foncé, abondant et entourant bien la pomme; les feuilles du cœur sont souvent tordues. La pomme est très grosse, très blanche et d'une qualité remarquable.

Ce brocoli est un des plus tardifs et un de ceux dont la production se prolonge le plus longtemps.

Brocoli blanc Mammouth.
Réd. au dixième.

BROCOLI BLANC EXTRA-TARDIF D'ANGERS.

Synonyme : Brocoli blanc extra-tardif.
Noms étrangers : Angl. Extra-late white brocoli. — All. Weisser extra-später Broccoli.

Feuillage large, entier, légèrement cloqué, ondulé sur les bords, couvrant bien la pomme qui est dure, blanche, et d'un grain très fin.

Ce brocoli, très vigoureux et rustique, vient, comme précocité, après le Brocoli blanc Mammouth. Suivant les conditions de climats, il donne son produit en Avril ou en Mai, c'est-à-dire avant que les choux-fleurs de printemps aient fait leur apparition.

BROCOLI VIOLET.

Noms étr. : Angl. Purple brocoli. — All. Französischer blauer *oder* Römischer Broccoli.

Race extrêmement rustique et parfaitement distincte de toutes les autres. Elle a le pied haut; les feuilles assez profondément lobées, nombreuses, peu serrées sur la tige, assez longues, étalées, d'un vert grisâtre pâle, à nervures teintées de violet; la pomme violacée, passablement ferme, de grosseur médiocre, et assez tardive à se former.

Le *Brocoli rose* se rapproche du précédent par la coloration de ses feuilles; mais il est nain et précoce et il donne, de bonne heure au printemps, une pomme de grosseur moyenne, bien faite et d'une jolie couleur rose.

BROCOLI BRANCHU VIOLET.

Synonymes : Brocoli à jets, Brocoli asperge.
Noms étrangers : angl. Purple sprouting brocoli, Asparagus Br., Early branching Br.
all. Englischer blauer Sprossen-Broccoli.

Il existe plusieurs races de Chou brocoli branchu ; celle qui se trouve maintenant le plus souvent dans les cultures est un chou à tige et feuilles violettes, ressemblant jusqu'à un certain point à un chou rouge frisé, et produisant, non seulement dans le cœur, mais à l'aisselle de toutes les feuilles, des pousses violettes assez grosses et charnues, dont les boutons à fleur n'avortent pas comme dans les variétés qui font une véritable pomme. Ces pousses sont produites successivement pendant un temps assez long ; on les cueille à mesure qu'elles s'allongent et avant que les fleurs s'épanouissent. On les emploie à peu près comme les asperges vertes, ce qui a fait donner aussi à la plante le nom de « Brocoli asperge ».

Brocoli branchu violet.
Réd. au huitième : pousse détachée, demi-grandeur.

Sous le nom de *Sprouting brocoli*, les Anglais cultivent le plus souvent une variété à pousses vertes, dont les fleurs avortent partiellement et forment au bout de chaque ramification une petite masse un peu renflée et d'un jaune verdâtre.

Le *Chou-fleur Marte*, de Bordeaux, est un véritable brocoli branchu, produisant un grand nombre de petites pommes violacées, serrées, d'une très bonne qualité ; malheureusement cette race souffre à Paris, dans les hivers un peu rigoureux.

Le nombre des variétés de brocolis est extrêmement considérable ; c'est un des légumes dans lequel les races paraissent le moins fixées. En Angleterre, on cultive plus de quarante brocolis différents. — Nous citerons seulement parmi les races à pomme colorée :

Le *Br. vert du Cap* (*Green Cape brocoli*). — A pomme verdâtre, et qui produit à l'arrière-saison, en Octobre et Novembre.

Le *Br. vert tardif* (*Late green brocoli ;* syn. : *Late Danish Br., Siberian Br.*). — A pomme de même couleur que le précédent, mais produisant en Avril-Mai.

Le *Br. nain violet tardif* (*Late dwarf purple brocoli ;* syn. : *Danish purple Br., Dwarf Swedish Br., Cock's comb Br.*). — Variété très rustique, à pomme violette, qui produit seulement en Avril-Mai.

Parmi les variétés à pomme blanche, les plus appréciées sont :

Cattell's Eclipse brocoli. — Très belle forme tardive du Brocoli Mammouth.

Brocoli chou-fleur (*Grange's early cauliflower brocoli ;* syn. : *Bath white Br., Italian white Br.*). — Race extrêmement précoce, qui commence à produire dès le mois d'Octobre.

Cooling's Matchless brocoli. — Un peu feuillu, mais à belle pomme blanche, analogue au Brocoli de Roscoff.

Snow's Superb white winter brocoli. — Plante compacte à pied court, qui peut, suivant la culture, produire à la fin de l'automne ou au printemps.

Veitch's Protecting brocoli. — Bonne variété rustique, dont les belles pommes blanches sont naturellement recouvertes par les feuilles.

Enfin, le *Brocoli de Wilcove*. — Bonne variété tardive et bien résistante à l'hiver.

Les Italiens cultivent un grand nombre de variétés de brocolis et l'on sait que c'est d'Italie que vient ce légume ; mais, comme tous les choux-fleurs y passent parfaitement l'hiver, on y appelle « choux-fleurs » toutes les variétés qui produisent des pommes blanches : le nom de *broccoli* est réservé aux variétés branchues ou à celles dont la pomme est colorée.

Sur toutes les côtes de la Méditerranée, il existe des races de choux-fleurs dont le produit s'échelonne pendant tout l'hiver, faisant suite sans interruption aux variétés d'automne. Il y a également, dans les brocolis violets, une race spéciale pour chaque mois de l'hiver : ceux de Novembre s'appellent *San-Martinari* (de la Saint-Martin), ceux de Décembre *Nataleschi* (de Noël) ; les suivants : *Gennajuoli*, *Febbrajuoli*, *Marzuoli*, *Apriloti*, selon qu'ils donnent leur produit en Janvier, Février, Mars ou Avril.

On vend sur les marchés de Nice et des environs un brocoli très rustique pour la région, à feuille longue, étroite, vert foncé, très ondulée, et à pomme assez grosse, plutôt conique qu'arrondie et d'un jaune verdâtre assez foncé : les bonnes variétés à pomme blanche tendent à le remplacer.

CHOU CHINOIS. — Voy. **PÉ-TSAI.**

CHOU MARIN. — Voy. **CRAMBÉ.**

CHOU-RAVE
Brassica Caulo-rapa DC. — Brassica gongilodes L.

SYNONYMES : Chou de Siam, Boule de Siam.

NOMS ÉTRANGERS : ANGL. Kohlrabi, Knollkohl, Hungarian turnip. — ALL. Oberkohlrabi, Kohlrübe. — FLAM. Raapkool. — HOLL. Koolraapen boven den grond. — DAN. Overjordisk Kaalrabi, Knudekaal. — SUÉD. Üngersk turnip. — ITAL. Cavolo rapa, Torsi. ESP. Col rabano. — PORT. Couve rabano. — RUSSE Riepa vengherskaïa. — POL. Kalarepa.

Dans le Chou-rave, dont le nom un peu impropre pourrait faire supposer qu'il produit une racine souterraine comestible, c'est la tige qui est renflée, charnue et pulpeuse, qui constitue la partie utile de la plante. — Quelques choux fourragers et le Chou frisé de Naples donnent des exemples de renflements du même genre, mais moins complets et moins nettement circonscrits. Le renflement de la tige du Chou-rave, qui se produit au-dessus de la terre, mais presque à son niveau, prend la forme d'une boule à peu près régulière, dont le volume ne dépasse pas chez certaines races celui d'une orange moyenne, tandis que dans d'autres il atteint presque la grosseur de la tête.

La graine est semblable à celle des autres races de choux.

Les choux-raves ne sont pas assez connus ni assez appréciés en France, car ils constituent un excellent légume, surtout quand ils sont employés avant d'avoir atteint tout leur développement. C'est à cet état qu'ils sont généralement consommés en Allemagne ; en Italie, on les emploie souvent même avant que le renflement de la tige ait atteint le volume d'un œuf de poule.

CHOU-RAVE

Culture. — Les Choux-raves cultivés comme légumes se sèment depuis le mois de Mars jusqu'à la fin de Juin, en pépinière ; on les repique en place au bout d'un mois ou six semaines, en terre fraîche et meuble de préférence ; les variétés les plus précoces peuvent se semer jusqu'en Juillet. La plantation doit se faire avec un écartement de 0^m35 à 0^m40 entre les plants, selon la variété employée. Les arrosages doivent être copieux pendant toute la durée de la végétation et surtout pendant les grandes chaleurs. — On les récolte ordinairement lorsque les racines ont atteint la moitié de leur développement, c'est-à-dire environ deux mois après le repiquage en place.

Les choux-raves peuvent se cultiver également pour la nourriture du bétail ; on préfère naturellement pour cet emploi les races les plus grosses et les plus tardives. Le semis s'en fait en Avril, le repiquage en Mai-Juin, et la récolte seulement en automne.

Engrais. — Le Chou-rave est un peu moins exigeant en azote et en acide phosphorique que les choux feuillus. Voici un type de fumure qui devra donner, dans la plupart des cas, d'excellents résultats :

Fumier de ferme	200 kil.	»
Superphosphate de chaux	2 —	»
Chlorure de potassium	1 —	»
Nitrate de soude	1 —	500

par are.

On peut ainsi récolter de 400 à 500 kilog. de racines par are. Les dernières racines récoltées se conservent bien en cave saine.

Usage. — On mange la partie renflée de la tige avant qu'elle soit complètement développée. Dans cet état, elle est tendre et participe à la fois du goût du chou et du navet.

CHOU-RAVE BLANC.

Noms étrangers : angl. Large white *or* green kohlrabi. — all. Grosser weisser Oberkohlrabi, Englischer weisser O. — port. Couve rabano branco.

Feuilles assez fortes, longues de 0^m30 à 0^m40, à pétioles blancs atteignant la grosseur du petit doigt ; boule ou renflement de la tige d'un vert très pâle, presque blanc, atteignant 0^m15 à 0^m20 de diamètre.

Cette variété demande un temps assez long pour se former ; il lui faut environ quatre mois pour être bonne à manger et six ou sept pour acquérir tout son développement.

La forme n'en est pas toujours bien sphérique ; parfois elle est déprimée, parfois, au contraire, allongée en hauteur et presque oblongue. La base des feuilles y laisse de larges cicatrices de couleur blanchâtre.

Chou-rave blanc (Réd. au cinquième).

CHOU-RAVE VIOLET.

Noms étrangers : angl. Large purple kohlrabi. — all. Blauer Riesen-Oberkohlrabi. port. Couve rabano violeta.

Ne diffère du Chou-rave blanc ordinaire que par la couleur violette de sa boule, couleur qui s'étend aux pétioles et aux nervures des feuilles.

Ces choux-raves se gardent bien l'hiver, mais durcissent pourtant au bout de quelques mois ; il est bon de les faire consommer avant Mars.

CHOU-RAVE GOLIATH.

Variété très tardive, à pomme plus volumineuse que dans les races précédentes. La peau est d'un vert pâle presque blanc, et la chair, fine et très serrée, est d'excellente qualité, même à un état de développement assez avancé.

Cultivée depuis longtemps en Allemagne et en Autriche-Hongrie, elle a été introduite ces dernières années en France, où sa tardivité n'a pas tardé à la faire apprécier pour la consommation d'automne. Arrachée en Octobre, avant que la racine ait pris son complet développement, elle se conserve parfaitement pendant une bonne partie de l'hiver, rentrée en cave ou en cellier.

Récoltées à toute venue, les pommes sont volumineuses et fournissent un rendement suffisamment élevé pour rendre cette variété intéressante au point de vue de la production fourragère.

CHOU-RAVE BLANC HATIF DE VIENNE.

SYNONYME : Chou-rave blanc hâtif de Prague.

NOMS ÉTRANGERS : ANGL. Early white Vienna short-leaved kohlrabi. — ALL. Weisser Wiener Treib-Oberkohlrabi, Weisser Ulmer O., König der Frühen Treib- O. — HOLL. Witte Weener glas-koolraapen.

Jolie variété très fine et très précoce. Elle se distingue à première vue du Chou-rave blanc ordinaire par le petit nombre et la petitesse de ses feuilles, qui ne dépassent guère 0^m20 ou 0^m25 de longueur, tandis que la grosseur du pétiole ne dépasse pas celle d'une plume d'oie. La formation de la boule est aussi beaucoup plus rapide dans cette variété, qui peut se consommer deux mois et demi ou trois mois après le semis.

Les variétés allemandes : *Non plus ultra* et *Délicatesse blanc*, ne se distinguent du Chou-rave blanc hâtif de Vienne que par leur feuillage un peu plus développé.

Chou-rave hâtif de Vienne.
Réd. au cinquième.

CHOU-RAVE VIOLET HATIF DE VIENNE.

NOMS ÉTR. : ANGL. Early purple Vienna short-leaved kohlrabi. — ALL. Früher blauer Wiener Treib-Oberkohlrabi, Blauer Ulmer O. — HOLL. Blauwe Weener glas koolraapen.

Cette variété, dont la pomme est violette, présente du reste les mêmes caractères que le Chou-rave blanc hâtif; cependant elle n'atteint pas toujours le même degré de finesse et de précocité. — Les Choux-raves de Vienne sont ceux qui conviennent le mieux pour le potager et ceux surtout que l'on doit préférer pour la culture forcée ou pour les semis tardifs.

Le *Chou-rave Délicatesse bleu* est intermédiaire, comme taille et comme précocité, entre le Chou-rave violet ordinaire et le Chou-rave violet hâtif de Vienne.

Le *Chou-rave à feuille d'artichaut* est une variété assez tardive et d'un médiocre rendement, qui n'a de remarquable que la singularité de son feuillage, divisé en segments droits et rappelant un peu celui de l'artichaut.

Le *Chou-rave de Naples* (Chou frisé de Naples) a été décrit parmi les choux frisés (page 148); il est en effet plus remarquable comme tel que comme chou-rave, le renflement de sa tige étant souvent réduit à fort peu de chose.

CHOU-RAVE EN TERRE. — VOY. CHOU-NAVET.

CHOU-NAVET

Brassica campestris Napo-Brassica DC.

SYNONYMES : Chou-rave en terre, Ch. turnep.

NOMS ÉTRANGERS : ANGL. Swede, Swedish turnip. — ALL. Kohlrübe, Erd- *oder* Unter-Kohlrabi, Wruckenrübe, Swedischer Turnip.— FLAM. Steekraap.— HOLL. Koolraapen onder den grond. — DAN. Roe. — SUÉD. Svensk turnip. — ITAL. Cavolo navone. — ESP. Col nabo, Nabicol.— PORT. Couve nabo. — RUSSE Brioukva schvedskaïa. — POL. Brukiew, Karpiel.

Le Chou-navet et le Rutabaga diffèrent du Chou-rave en ce qu'au lieu d'avoir, comme ce dernier, la tige renflée au-dessus de terre, ils produisent en terre une racine grosse et à peu près aussi longue que large, à chair blanche dans le Chou-navet, à chair jaune dans le Rutabaga, ressemblant assez à un gros navet. Les caractères des feuilles et des fleurs de la plante indiquent suffisamment, d'autre part, que c'est un véritable chou.

Un gramme de graines en contient environ 375.

Les choux-navets et les rutabagas aiment une terre forte et fraîche, et réussissent de préférence dans les climats un peu humides ; ils craignent la très grande chaleur, mais non le froid. — Une rusticité extrême est un de leurs principaux mérites.

Chou-navet blanc (Réd. au cinquième).

CULTURE. — Les Choux-navets se sèment en Mai et Juin, à raison de 60 à 100 grammes de graines à l'are, de préférence en place et en rayons espacés de 0^{m}35 à 0^{m}40 ; on éclaircit les plants de manière à leur laisser le même intervalle en tous sens, puis on se contente de donner quelques binages et d'arroser en cas de besoin. En raison de leur résistance aux grands froids, la récolte des racines peut se faire successivement pendant tout l'hiver ; elles sont de meilleure qualité ainsi conservées en terre, qu'arrachées longtemps d'avance et gardées en caves, où elles deviennent ligneuses. Pour empêcher le sol de durcir par l'effet de la gelée, on se contente de couvrir les planches d'une bonne couche de feuilles ou de litière.

La culture des Rutabagas est exactement la même.

ENGRAIS. — Pour subvenir aux besoins d'une récolte de 500 à 600 kilog. de racines à l'are, il faut fournir une fumure ainsi composée :

Fumier de ferme	300 kil.	»
Superphosphate de chaux	3 —	»
Chlorure de potassium	1 —	500
Nitrate de soude	2 —	500

par are.

USAGE. — On emploie la racine cuite ; la saveur en est à peu près identique à celle du chou-rave. Il y a avantage à prendre les choux-navets et rutabagas avant qu'ils aient atteint leur complet développement. Les racines provenant des derniers semis se conservent fort bien en cave ou en silos, pour servir à la consommation d'hiver.

CHOU-NAVET BLANC.

Synonyme : Chou de Laponie.

Noms étrangers : angl. White sweet *or* White Russian swede, Sweet German S., Large white French *or* Rock S. — all. Weisse grosse Kohlrübe.

Racine courte, élargie, un peu en toupie, de forme souvent irrégulière, à peau blanche ou légèrement teintée de vert autour du collet; feuilles longues de 0m35 à 0m50, découpées, ressemblant à celles du chou-rave. La chair est blanche (*Voy.* la fig. à la page précédente).

La variété américaine *Budlong's white improved turnip* ou *swede*, ne diffère du Chou-navet blanc que par sa forme peut-être un peu plus sphérique.

Le *Breadstone swede*, à racine bien régulière, plus effilée que le Chou-navet blanc, paraît intermédiaire entre cette dernière variété et le Chou-navet blanc lisse à courte feuille. Il a la chair blanche, fine et d'excellente qualité.

Chou-navet blanc hâtif à feuille entière.
Réd. au cinquième.

Chou-navet blanc lisse à courte feuille.
Réd. au cinquième.

CHOU-NAVET BLANC A COLLET ROUGE.

Noms étrangers : angl. White purple top swede. — all. Weisse grosse rotköpfige Kohlrübe.

Sous-variété du précédent, dont elle ne diffère que par la teinte rouge ou violette qui colore le collet de la racine et qui s'étend souvent aux pétioles et aux nervures des feuilles. La chair est blanche.

CHOU-NAVET BLANC LISSE A COURTE FEUILLE.

Noms étrangers : angl. White smooth short leaf swede. — all. Weisse glatte kurzlaubige Kohlrübe.

Variété bien distincte, à racine déprimée, moins longue que large, plus nette et plus régulière en général que celle des deux autres variétés; feuilles plus courtes, plus entières, d'un vert un peu plus foncé.

Ce chou-navet est surtout une race potagère; il est très notablement plus hâtif que les autres, et peut, pour cette raison, se semer jusqu'en Juillet. La chair en est blanche.

CHOU-NAVET BLANC HATIF A FEUILLE ENTIÈRE.

Noms étrangers : angl. White early strapleaved swede. — all. Frühe weisse ganzblättrige Kohlrübe.

Racine déprimée, généralement très bien formée, blanche dans la partie enterrée, verte ou légèrement bronzée dans la partie hors terre; collet très fin; feuilles très peu développées relativement aux dimensions de la racine, larges, ovales arrondies et non découpées.

La chair de cette variété est très blanche, bien tendre et d'un goût agréable, surtout si elle est consommée, ainsi qu'on le fait d'ordinaire, avant que la racine ait pris tout son développement.

RUTABAGA A COLLET VERT.

Noms étrangers : angl. Green top rutabaga. — all. Grünköpfige Riesen-Kohlrübe.
holl. Gele koolraapen.
port. Couve amarilla, Rutabaga.

Racine arrondie, presque sphérique, à peau jaunâtre fortement teintée de vert dans la portion hors de terre, et principalement autour du collet. Chair jaune.

On a cultivé sous le nom de *Rave d'eau de Finlande,* une plante qui ne différait pas sensiblement du Rutabaga à collet vert; c'en était tout au plus une forme à racine légèrement aplatie.

De même, on trouvait autrefois aux États-Unis, sous le nom de : *American green-top yellow rutabaga,* une race à peu près identique.

Tout au plus la plante américaine se distinguait-elle de la précédente par un feuillage un peu contourné et presque frisé.

Chou-navet Rutabaga (Réd. au cinquième).

RUTABAGA A COLLET ROUGE OU VIOLET.

Noms étrangers : angl. Purple top rutabaga. — all. Rotköpfige Riesen-Kohlrübe.

C'est la même plante que le Rutabaga à collet vert, à part la couleur rouge violacée qui s'étend sur toute la portion non enterrée de la racine.

En Angleterre, où les rutabagas sont cultivés sur une très grande échelle, et jouent presque, dans la grande culture, le même rôle que les betteraves fourragères chez nous, c'est le Rutabaga à collet rouge ou violet qui est le plus en faveur.

On en distingue un grand nombre de races; les plus remarquables sont :

Rutabaga Champion. — Très belle race à racine grosse, arrondie ou légèrement déprimée, rouge violacé en dessus, rouge saumoné en terre.

Rutabaga de Laing. — Racine grosse, très nette, à collet violacé. Caractérisé surtout par ses feuilles très grandes, entières, longuement ovales et non découpées.

Rutabaga de Skirving. — Race très vigoureuse et résistant mieux au froid que les autres; racine arrondie, à collet rouge.

Les Rutabagas à collet rouge ou violacé : *de Drummond, East Lothian, Bangholm, Imperial, Hall's Westbury, West-Norfolk, Shamrock*, le Rutabaga à collet vert *Fettercairn* et le Rutabaga à collet bronzé *Shepherd's golden globe*, diffèrent peu des précédents.

Le Rutabaga *Hartley's bronze top*, de forme ovale, à collet court, bronzé, est cultivé sur une assez grande échelle au Canada.

Si, en France, les rutabagas sont moins en faveur qu'en Angleterre, c'est surtout une affaire de climat : Les étés chauds et secs sont extrêmement contraires à cette plante qui, par contre, supporte bien le froid et prospère surtout dans une atmosphère un peu humide.

En Bretagne, où les conditions climatériques sont à peu près celles de l'Angleterre, le Rutabaga est très cultivé et réussit parfaitement.

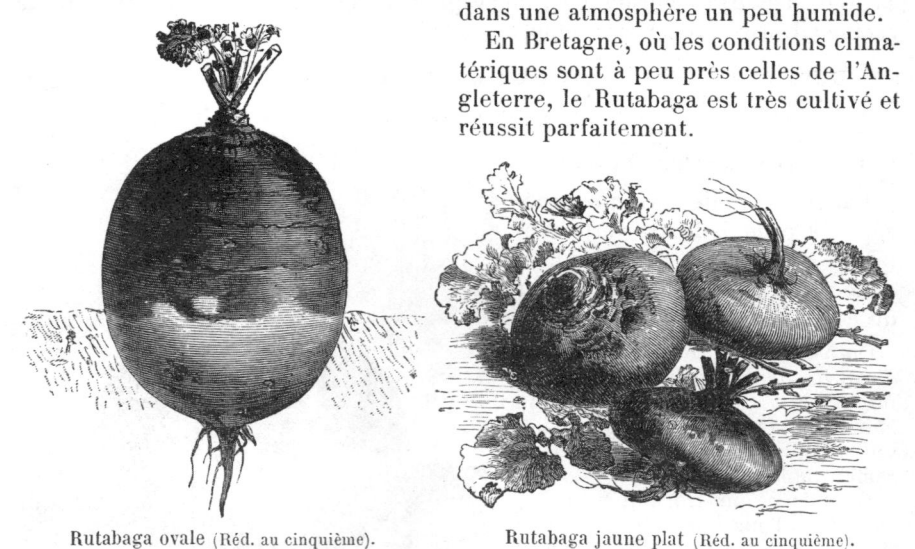

Rutabaga ovale (Réd. au cinquième). Rutabaga jaune plat (Réd. au cinquième).

RUTABAGA OVALE.

NOMS ÉTRANGERS : ANGL. Monarch, Tankard, Elephant *or* Oval swede.

Racine grosse, ovale, très peu enterrée, colorée de rouge dans la partie hors terre ; pétioles forts ; feuilles peu découpées, à contours arrondis, et légèrement cloquées. — Cette variété, excessivement productive et très répandue en Angleterre, est plutôt employée comme fourrage que comme légume.

La variété *Kangaroo* ressemble au Rutabaga ovale comme forme et végétation, mais elle en diffère par la couleur vert bronzé de son collet.

RUTABAGA JAUNE PLAT.

NOM ÉTRANGER : ALL. Plattrunde Apfel-Kohlrübe.

Variété potagère plutôt que de grande culture, à racine déprimée, lisse, bien nette et à collet fin ; peau jaune, faiblement teintée de vert sur le dessus ; feuillage assez peu abondant, court et ramassé.

Le plus prompt à se former des rutabagas et le plus recommandable pour la culture potagère ; il se conserve parfaitement en hiver, soit en silos, soit dans un local sec, à l'abri de la gelée, et constitue une ressource précieuse, à cette époque de l'année où les navets potagers deviennent rares ou ligneux.

CHRISTE MARINE. — Voy. **PERCE-PIERRE.**

CIBOULE
Allium fistulosum L.
Fam. des *Liliacées*.
Synonymes : Ail fistuleux, Ognon à tondre.

Noms étr. : angl. Welsh onion, Stone leek. — all. Schnittzwiebel, Cipolle, Zipolle, Winter-Zwiebel, Welsche Zwiebel, Winterheckezwiebel, Heckzwiebel, Röhrenlauch. flam. Pijplook. — holl. Bieslook. — dan. Purlog. — suéd. Stenlök. — ital. Cipolleta. esp. Cebolleta, Cebollino de Inglaterra. — port. Cebolinha. — russe Louke riézanets.

Sibérie ou Orient. — Vivace; annuelle ou bisannuelle dans la culture. — Plante très voisine de l'Ognon par ses caractères botaniques, quoiqu'elle ne forme pas de bulbes proprement dits, mais seulement un renflement peu marqué à la base de chaque pousse. Feuilles nombreuses, fistuleuses, d'un vert assez foncé un peu glauque, longues de 0^{m}25 à 0^{m}35; la seconde année, tiges de 0^{m}50, renflées vers le milieu, terminées par un bouquet sphérique de fleurs semblables à celles de l'Ognon.

Culture. — La Ciboule peut se propager par division des pieds, chacune de ses tiges, renflée à la base, pouvant donner naissance rapidement à une touffe nouvelle; cette opération se fait de préférence au printemps et on espace les divisions de 0^{m}20 à 0^{m}25 en tous sens. Cependant, comme elle grène abondamment et qu'elle est assez sujette à souffrir du froid dans les hivers rigoureux, on préfère habituellement la reproduire par la voie du semis. On choisit pour ce genre de culture une bonne terre bien fumée et bien préparée, et l'on y sème la Ciboule en place depuis le mois de Février jusqu'en Avril ou en Mai, soit à la volée (à raison de 500 à 600 grammes à l'are), soit en rayons espacés de 0^{m}15 à 0^{m}20 à raison de 200 à 250 grammes à l'are; les soins à donner se réduisent ensuite, comme pour les ognons, à quelques sarclages et arrosages. Trois mois après le semis, on peut commencer à couper les feuilles des ciboules.

Les maraîchers sèment fréquemment la Ciboule en Juillet-Août, surtout la variété *blanche hâtive*, à raison de 800 grammes par are, pour récolter et vendre en bottes au printemps, au moment des premières saisons de Pois.

Ciboule commune.
Réd. au huitième; tige séparée, au quart.

Insectes nuisibles et Maladies. — La Ciboule a les mêmes ennemis que l'Ognon; elle est, en outre, exposée aux ravages de la *Mouche de l'échalote (Anthomya platura).*

Usage. — Toute la plante, qui a un goût d'ognon très prononcé, s'emploie comme condiment.

CIBOULE COMMUNE.

Synonymes : Ciboule rouge, Chives (Seine-Inférieure), Civat (Allier).

Noms étrangers : angl. Welsh onion red *or* French. — all. Winterheckezwiebel gewöhnliche.

Bulbes ou renflements très allongés, d'un rouge cuivré, revêtus de membranes sèches, comme celles de l'Ognon, qui accompagnent les feuilles jusqu'à plusieurs centimètres au-dessus de terre. C'est la forme qu'on cultive le plus généralement; elle est productive et relativement rustique.

La graine ressemble tout à fait à celle de l'Ognon. Un gramme en contient 300, et le litre pèse 480 grammes; sa durée germinative est de deux ou trois ans.

CIBOULE BLANCHE HATIVE.
Syn. : Ciboule vierge.

Noms étrangers : angl. Welsh onion white *or* English. — all. Winterheckezwiebel weisse frühe.

Variété très distincte, à renflements plus courts que dans la forme ordinaire, à enveloppes d'un blanc rosé, prenant hors de terre une teinte blanc d'argent. Elle tale moins que la Ciboule commune et produit moins de feuilles ; celles-ci sont courtes, raides, d'un vert foncé, glauque, d'une saveur moins forte et plus fine. La graine en est également plus petite : un gramme en contient jusqu'à 500 et plus ; le litre pèse 520 grammes ; la durée germinative est la même, c'est-à-dire de deux ou trois années.

Cette variété paraît assez sensible au froid ; elle perd complètement ses feuilles pendant l'hiver, mais elle recommence à pousser de très bonne heure au printemps.

CIBOULE VIVACE
Allium lusitanicum Lamk.
Fam. des *Liliacées*.

Synonyme : Ciboule de Saint-Jacques.

Noms étr.: angl. Perennial Welsh onion. — all. Johannislauch, Fleischlauch, Jakobslauch. suéd. Fleraarigstenlök. — russe Mnogaliétny riézanets. — pol. Szczypiorek trwały.

Bulbes nombreux, très allongés, d'un brun rougeâtre assez foncé, fixés à la base sur un plateau commun ; feuilles d'un vert très glauque, raides, grosses, plus nombreuses et un peu plus longues que dans la C. blanche hâtive.

La plante donne quelquefois des tiges florales terminées par un bouquet arrondi ou ombelle de fleurs d'un violet pâle, mais qui restent infertiles et ne produisent pas de graines.

Culture. — La multiplication de la Ciboule vivace se fait toujours au moyen de la division des touffes ; à cela près, sa culture est identique à celle de la Ciboule commune ; on l'emploie pour les mêmes usages.

CIBOULETTE
Allium Schœnoprasum L.
Fam. des *Liliacées*.

Synonymes : Civette, Chiboulette, Appétit, Brelette, Cive, Fausse échalote.

Noms étr. : angl. Chives, Cives. — all. Schnittlauch, Graslauch. — suéd. Älta gräslök. flam. et holl. Bieslook. — ital. Cipollina. — esp. Cebollino. — russe Chnitlouke nastoïachetchy. — pol. Szczypiorek pospolity.

Indigène. — *Vivace.* — Plantes croissant en touffes serrées. Bulbes ovales, nombreux, petits, à peine de la dimension d'une noisette, réunis en une masse compacte par les racines qui s'enchevêtrent les unes parmi les autres. Feuilles très nombreuses, fines, d'un vert foncé, ressemblant à celles d'une graminée, mais creuses à l'intérieur comme celles de l'Ognon. Tiges florales à peine plus élevées que les feuilles (15 à 20 centimètres) et terminées par de petits bouquets ou ombelles compactes de fleurs d'un rouge violacé, qui sont le plus souvent stériles.

Culture. — La multiplication de la Ciboulette se fait le plus généralement par la division des touffes, opération qui a lieu de préférence au printemps, en Mars ou Avril.

Pendant longtemps, ce mode de reproduction fut le seul employé, car la Ciboulette ne donnait jamais de graines fertiles. Depuis quelques années, cette stérilité a disparu sans qu'il soit exactement possible d'expliquer pour quelle cause. La plante donne maintenant de bonnes graines et le semis est entré dans la pratique courante : On sème de Février en Avril, en place, ou bien en pépinière et l'on met en place à l'automne, de préférence, ou au printemps.

La Ciboulette se cultive d'ordinaire en bordure, sans ou avec espacement de 0^{m}15 à 0^{m}20 ; elle paraît réussir de cette façon mieux qu'en planche. Il est bon, pour rajeunir les touffes, de refaire la plantation tous les deux ou trois ans, en divisant ces touffes le plus possible. En outre, il est bon chaque printemps de déchausser les pieds et d'y répandre une bonne poignée de terreau gras que l'on étale tout autour. Les feuilles, quand on veut les employer, se coupent au couteau ; il semble que la plante pousse d'autant plus vigoureusement qu'elle est coupée plus souvent.

Ciboulette.
Réd. au huitième ; tige séparée, au quart.

USAGE. — On emploie les feuilles comme celles de la Ciboule, dont elles ont la saveur.

CIRSIUM OLERACEUM, (ANGL. Meadow cabbage, Meadow distaff; ALL. Wiesenkohl; DAN. Aatlig Aangstistel; RUSSES Bodiake, Voltschets). — Fam. des *Composées*.

Plante épineuse, à racines renflées, pivotantes, souvent ramifiées ; feuilles radicales grandes, entières ou découpées, pennées, épineuses sur les bords. Tige dressée, raide, sillonnée, garnie jusqu'au sommet de feuilles sessiles-embrassantes, auriculées. Il ne semble pas qu'on ait jamais cultivé le *Cirsium oleraceum* ; on se contentait simplement de le récolter dans les prairies, où il croît spontanément.

On employait autrefois, comme légume, la souche renflée de la plante avant qu'elle ne montât à fleur.

CITRONNELLE. — Voy. MÉLISSE CITRONNELLE.

CITROUILLE DE TOURAINE. — Voy. COURGE CITROUILLE DE TOURAINE.

CIVETTE. — Voy. CIBOULETTE.

CLAYTONE DE CUBA
Claytonia perfoliata DON.
Portulacées.

SYNONYMES : Claytone perfoliée, Pourpier d'hiver.

NOMS ÉTRANGERS : ANGL. Cuban winter purslane. — ALL. Cubanisches Burzelkraut. — SUÉD. Klaytonia. — FLAM. Doorwas. — HOLL. Winterposteliju. — ESP. Verdolaga de Cuba. PORT. Beldroega de inverno.

Cuba. — Annuelle. — Feuilles toutes radicales, très tendres, épaisses et charnues, les premières très étroites, lancéolées, les suivantes plus ou moins élargies, mais toujours pointues.

Claytone de Cuba (Réd. au quart).

Tiges nombreuses, dépassant un peu les feuilles et portant une sorte de collerette ou organe foliacé, perfolié, en cornet très ouvert, de contexture analogue à celle des feuilles; du centre de ce cornet sortent les fleurs qui sont blanches, petites et disposées en courtes panicules.

Graine petite, noire, un peu aplatie, de forme lenticulaire, au nombre d'environ 2200 dans un gramme; le litre pèse 700 grammes; la durée germinative est de cinq ans.

Culture — La Claytone se sème en place depuis les premiers jours d'Avril jusqu'en Août, à la volée, ou de préférence en rayons espacés de $0^m 20$ à $0^m 25$; le semis doit se faire assez clair, parce que la plante se ramifie beaucoup dès la base. La graine, qui est très petite, est le plus souvent additionnée de terre fine ou de sable pour en faciliter l'épandage; on l'enterre légèrement à l'aide d'un roulage ou à la batte. Il faut semer, autant que possible, sur un sol terreauté et préalablement arrosé, car les bassinages effectués après le semis dérangent les graines et peuvent nuire à la germination.

La plante est très rustique; elle n'exige pas d'autres soins que des éclaircissages dans les endroits où les plants sont trop drus, quelques sarclages et des arrosages chaque fois que cela est nécessaire.

La récolte s'effectue pendant tout l'été et l'automne; on tond la plante au couteau comme pour le Cresson alénois et le Pourpier, dès que les fleurs paraissent au milieu des collerettes. En mouillant abondamment après cette opération, on peut obtenir une seconde et même une troisième récolte sur la même planche.

Usage. — On consomme les feuilles en salade ou cuites, à la manière du Pourpier ou des Épinards et de l'Oseille.

COCHLEARIA OFFICINAL, Herbe au scorbut, Herbe aux cuillers (*Cochlearia officinalis* L.). (angl. Scurvy grass, Spoon wort; all. Löffelkraut; flam. Lepelkruyd; ital et esp. Coclearia; russe Lojetchnaïa trava; pol. Warzęcha lekarska).

Plante de la famille des *Crucifères*, présentant une certaine analogie d'aspect avec le Cresson de fontaine. Feuilles arrondies, nombreuses, luisantes, d'un vert foncé, disposées en rosette autour de la plante; les radicales pétiolées cordiformes; les caulinaires sessiles, oblongues et plus ou moins dentées; tiges nombreuses, de $0^m 20$ à $0^m 30$ de haut, portant de petites fleurs blanches, en panicules compactes.

Toutes les parties vertes de la plante ont un goût fort et brûlant et une saveur de goudron très prononcée.

Le Cochléaria se sème très clair en place, de Février en Septembre successivement, de préférence dans une terre fraîche, substantielle, ombragée ou exposée au Nord; il ne réclame aucun soin particulier.

La plante ne s'employant qu'à l'état frais pour l'usage médical, il est d'usage, surtout dans les cultures faites spécialement en vue de fournir à la droguerie, d'opérer des semis successifs de quinze en quinze jours, de façon à obtenir une production échelonnée.

La récolte peut commencer environ deux mois après le semis.

Cochlearia officinal (Réd. au cinquième).

On mange quelquefois la plante en salade; mais on la cultive plus généralement en vue des préparations pharmaceutiques : ses propriétés antiscorbutiques sont universellement connues.

COLOQUINTE. — Voy. Courge Coloquinte.

CONCOMBRE

Cucumis sativus L.

Famille des *Cucurbitacées*.

SYNONYME : Cocombre.

NOMS ÉTRANGERS : ANGL. Cucumber. — ALL. Gurke, Kukummer. — FLAM. et HOLL. Komkommer.— DAN. Agurken.— SUÉD. Gurka.— ITAL. Cetriuolo. — ESP. Cohombro Pepino. — PORT. Pepino. — RUSSE Agourets (Agourci). — POL. Ogórek.

De l'Inde. — Annuel. — Plante rampante, à tiges herbacées, flexibles, anguleuses dès le commencement de la végétation, rudes au toucher et garnies de vrilles; feuilles alternes, opposées aux vrilles, cordiformes-anguleuses, découpées en dents obtuses, rudes comme la tige, d'un vert foncé en dessus, grisâtres en dessous ; fleurs axillaires, courtement pédonculées, d'un jaune plus ou moins verdâtre, les unes mâles, les autres femelles, ces dernières surmontant l'ovaire, déjà renflé avant la floraison et qui doit devenir le fruit. La floraison est longuement successive, et l'intervention de l'homme ou des insectes paraît être nécessaire à la fécondation. Fruits oblongs, plus ou moins cylindriques, tantôt lisses, tantôt garnis de broderies ou de protubérances terminées en pointe munie d'une épine caduque; chair abondante, très aqueuse.

Graines d'un blanc jaunâtre, très aplaties, ovales-allongées, renfermées au centre du fruit dans trois loges allongées, remplies d'une matière pulpeuse et presque aussi longues que le fruit lui-même ; en moyenne, un gramme contient 35 graines, et le litre pèse 500 grammes; la durée germinative baisse rarement avant la dixième année.

CULTURE EN PLEINE TERRE. — Les premiers semis se font en Mars-Avril, en pépinière, en pots ou godets, sur couche et sous châssis ; on repique le plant en pépinière, ou bien en pots ou godets, également sur couche et sous châssis, puis on met les plants en place avec une bonne motte, en plein air, en Avril-Mai, à 0^m50 ou 0^m60 d'écartement les uns des autres, sur des rangs espacés d'environ 1^m30. On couvre le plant avec des cloches aussi longtemps que des gelées sont à craindre; pendant les premiers jours de la plantation, il ne faut pas donner d'air, pour faciliter la reprise; on recommande aussi d'ombrer la cloche, en la badigeonnant en dedans, jusqu'au tiers inférieur qui doit rester clair, avec du blanc d'Espagne délayé dans de l'eau.

Dans le but de hâter la production, certains jardiniers mettent en place sur des couches sourdes établies dans des tranchées larges de 0^m35 à 0^m40, profondes d'autant, que l'on remplit de fumier à moitié consommé; celui-ci est recouvert de terre extraite des tranchées, qui forme ainsi un véritable ados de 0^m25 à 0^m30 au sommet duquel on ouvre, tous les 50 ou 60 centimètres, des trous que l'on comble avec du terreau neuf dans lequel on place le plant.— Pour simplifier, on peut se contenter de creuser, tous les 80 centimètres, des trous de 0^m35 à 0^m40 de diamètre, sur une profondeur à peu près égale, que l'on remplit de fumier recouvert de terre comme il est dit ci-dessus.

Dans tous les cas, le plant doit être enterré jusqu'à la hauteur des cotylédons, et on a soin de ménager tout autour une petite cuvette qui retiendra l'eau des arrosages et qui sera garnie de paillis.

Une fois le plant bien repris, on l'habitue progressivement à l'air en soulevant les cloches pendant le jour, puis quand la température extérieure devient suffisamment élevée, on enlève définitivement les cloches et on paille toute la surface de l'ados.

En dehors de la taille, qui sera indiquée plus loin, les soins de culture se résument en arrosages qui devront être donnés à propos, sans excès, en évitant autant que possible de répandre l'eau sur les plants, et en désherbages suffisamment fréquents pour que le terrain soit toujours en parfait état de propreté.

La production commence dès le mois de Juin pour les premiers semis. Pour récolter de beaux fruits, il est nécessaire d'en limiter le nombre : chaque pied ne devra pas en porter plus de deux ou trois à la fois ; puis lorsque ceux-ci seront aux deux tiers développés, on en élèvera à nouveau deux ou trois autres, et ainsi de suite jusqu'à épuisement de la plante, qui peut fournir de la sorte une moyenne de dix à quinze fruits.

Depuis la fin d'Avril jusqu'en Juin, on peut semer directement en place, dans des trous espacés de 0^m50 à 0^m60, sur des lignes écartées d'environ 1^m30. Ces trous, auxquels on donne une largeur et une profondeur de 0^m50, sont remplis de 0^m30 de fumier ayant jeté son feu et de 0^m20 de bonne terre franche mélangée de terreau. On sème au centre cinq ou six graines, et on abrite le semis avec une cloche tant qu'on redoute les gelées, en donnant de l'air graduellement aux jeunes plants. Quand ceux-ci sont bien levés, on garde les deux ou trois plus vigoureux, et on enlève les autres. On se contente le plus souvent de les étêter à deux feuilles, sans autre taille par la suite.

Dans la culture en grand en plein champ, comme on la fait dans certaines localités aux environs de Paris, on sème vers la fin de Mai ou au commencement de Juin, en place, sans fumier, dans des poquets espacés de 0^m50, sur des lignes distantes de 1^m50 à 2 mètres, à raison de cinq à six graines par poquet ; on laisse ordinairement trois pieds par poquet à l'éclaircissage.

On utilise habituellement les interlignes par des cultures d'autres légumes, principalement de *Haricots nains*.

Il faut arroser régulièrement au début, pour que la graine lève vite et que le plant parte bien ; dans les terrains secs, les arrosages doivent être continués pendant la plus grande partie de la végétation ; des binages fréquents, ou à défaut le paillage du sol, permettent de restreindre les arrosages dans une certaine mesure.

La récolte a lieu à partir du mois d'Août et peut se prolonger jusqu'à fin-Septembre.

Culture du Cornichon. — La culture du Concombre à cornichons ne diffère pas sensiblement de celle du Concombre en plein champ :

On sème de la fin d'Avril en Juin-Juillet, en place, dans des trous espacés de 1 mètre en tous sens et remplis de fumier recouvert de terreau ; on abrite contre les gelées tardives. On met généralement 5 à 6 graines par trou, et à l'éclaircissage on laisse seulement 3 plants dans chacun d'eux. Le Concombre à cornichons ne subit d'ordinaire aucune taille. La cueillette peut commencer dès le mois de Juillet et se renouvelle tous les deux ou trois jours jusqu'en Septembre.

Dans les potagers d'amateurs, pour hâter la production, on sème quelquefois en Mars-Avril, en pépinière ou en pots, sur couche et sous châssis, et on met le plant en place en Avril-Mai, en abritant de cloches au début.

Culture forcée sous châssis. — Certains maraîchers font dès le mois de Décembre leurs premiers semis de concombres, mais plus généralement, ils commencent à semer sur couche chaude en Janvier ou dans les premiers jours de Février. Quelquefois, les semis se font en godets à raison de deux graines par godet, et on ne conserve que le sujet le plus vigoureux. Lorsque les cotylédons sont bien développés, on repique le plant en pépinière à raison de 100 à 150 environ par châssis, également sur couche chaude, ou bien, on repique en petits godets de 0^m09 qu'on enfonce à même la couche. Trois semaines après ce repiquage, le plant a pris sa deuxième feuille ; c'est le moment de pratiquer l'étêtage, et huit à dix jours après cette opération, on procède à la mise en place sur une nouvelle couche chaude établie à cet effet.

On ne plante ordinairement que deux pieds par châssis, que l'on recouvre aussitôt de paillassons pendant plusieurs jours pour assurer la reprise. Lorsque les plants recommencent à se développer, ces paillassons sont enlevés pendant le jour ; toutefois, lorsque le soleil se montre avec assez de force au début de la plantation, il est bon de laisser les paillassons pliés en deux sur les châssis, de façon à défendre le jeune plant contre les rayons solaires, tout en laissant entrer suffisamment de lumière pour éviter l'étiolement. On donne aussi de l'air chaque fois que le temps le permet.

Le sol étant paillé, on conduit les deux branches maîtresses, qui ont poussé à l'aisselle des feuilles après l'étêtement, l'une vers le haut du coffre, l'autre vers le bas ; puis, lorsque leur développement est suffisant, on les taille à trois ou quatre feuilles, et les bras latéraux qui surviennent sont tous taillés à deux feuilles. Les ramifications qui se produisent après cette dernière taille portent à la fois des fleurs mâles et des fleurs femelles; lorsque ces dernières ont noué, on choisit sur chaque rameau ou maille la plus belle et la mieux située; on supprime toutes les autres et on pince l'extrémité de ces branches fruitières à une ou deux feuilles au-dessus du fruit. On a de la sorte quatre fruits par pied; lorsque ces fruits sont à peu près au tiers de leur grosseur, on en laisse venir deux autres et ainsi de suite jusqu'à épuisement des plantes, qui peuvent facilement produire, en moyenne, douze à quatorze concombres pendant le cours de leur végétation.

La production commence à donner en plein six semaines environ après la mise en place, et peut se maintenir pendant deux mois si l'on a eu soin de ne laisser nouer les fruits que successivement.

Certains spécialistes font entrer les jeunes fruits dans des verres de lampes à gaz, qu'ils enlèvent lorsque les concombres ont grossi au point de les remplir. Ce procédé a pour effet de hâter le développement du fruit qui, en outre, se maintient très droit et prend une coloration uniforme.

A partir du moment où la plante commence à fructifier, il est nécessaire d'arroser abondamment tous les deux jours avec de l'eau ayant autant que possible la même température que l'air de l'intérieur des coffres. Il faut également veiller à ce que le feuillage ne s'emporte pas, ce qu'on évitera par des pincements; les feuilles jaunies devront également être enlevées avec soin. Il est aussi très important d'effectuer l'étêtement, les pincements, en un mot les diverses opérations de la taille, avec un instrument bien tranchant, de façon à éviter des meurtrissures qui se cicatrisent mal et sont souvent le point de départ de maladies plus ou moins graves.

Les variétés les plus recommandables pour la culture forcée sont : *C. blanc long parisien, C. vert long parisien, C. vert long maraîcher, C. vert long anglais,* et *C. vert long Rollisson's Telegraph.*

CULTURE EN SERRE. — C'est surtout en Angleterre et en Russie, pays de grande consommation pour les concombres, que cette culture se pratique sur une grande échelle, et cela pendant toute l'année, la culture en plein air, telle qu'elle est décrite plus haut, n'y ayant jamais donné de résultats bien satisfaisants.

Toute serre exposée au plein Midi, et par conséquent bien éclairée, convient pour cette culture et, des différents systèmes de chauffage employés, c'est celui du thermosiphon qui a toujours donné les meilleurs résultats. La chaleur à maintenir doit être de 18° pendant le jour et de 22° pendant la nuit. Il arrive que durant les belles journées de Juillet-Août, le thermomètre monte jusqu'à 38 et 40°, ce qui n'incommode nullement les plantes.

Les concombres cultivés en serre n'ont pas besoin de chaleur de fond pour pousser vigoureusement, il n'est donc pas nécessaire d'établir une couche de fumier sous la terre qui doit les porter; on plante simplement à demeure dans un compost formé de un tiers de terre franche, un tiers de terre de gazon grossièrement tamisée et un tiers de terreau de fumier.

Les forceurs anglais emploient assez fréquemment le bouturage pour la multiplication, surtout lorsqu'ils tiennent à une variété particulière; mais, c'est encore le semis qui permet d'obtenir les sujets les plus vigoureux.

Il existe plusieurs méthodes et époques de semis; les premiers se font à partir de Janvier et se succèdent jusqu'en Mai-Juin. Quelques spécialistes sèment en terrines dans la serre à multiplication, repiquent en boîtes ou en terrines, et, deux ou trois semaines après, ils mettent les jeunes plants en pots de 0^m15, bien drainés et remplis du compost ou mélange de terre que nous venons d'indiquer. Les plantes sont munies ensuite de petits tuteurs de 0^m50, après lesquels elles s'accrochent par leurs vrilles et sont mises en place lorsqu'elles ont atteint le sommet des tuteurs.

Mais le procédé le plus en faveur consiste à semer sur couche dans des pots de 12 centimètres à moitié remplis de terreau de feuilles et de sable, à raison de deux ou trois graines par pot, en recouvrant peu les graines; après la levée, le plant le plus fort est seul conservé, puis, lorsqu'il a poussé deux feuilles et que l'on voit des racines se développer à la surface de la terre, on remplit le pot jusqu'à 0^m01 du bord et on le munit d'un tuteur, ensuite la mise en place s'effectue comme précédemment.

Quel que soit le procédé employé, il faut pendant ce temps veiller aux arrosages et aux bassinages, surtout pendant les journées chaudes et ensoleillées, pour empêcher les feuilles de se flétrir.

Au lieu de laisser les concombres ramper sur le sol comme dans la culture en pleine terre ou sous châssis, on fait grimper les plantes sur des fils de fer placés verticalement et horizontalement à 0^{m}40 en tous sens. Lors de la mise en place, on creuse, en face des fils verticaux, des trous que l'on remplit du mélange de terre déjà indiqué au commencement de cette culture, et dans lesquels on place les plants, en ayant soin de ne pas enterrer les cotylédons ; on termine l'opération par un bon arrosage. Une fois la plantation bien reprise, on aère lorsque le soleil a fait monter le thermomètre au-dessus de 25°, et on tient soigneusement fermé dès qu'il ne donne plus, de manière à conserver le plus de chaleur possible.

On ne conserve à chaque pied qu'une seule tige que l'on palisse sur le fil de fer, au fur et à mesure de son accroissement, et qu'on pince seulement lorsqu'elle a atteint le sommet de la serre. Les branches latérales qui se développent tout le long de la tige sont taillées à deux ou trois feuilles, de même que les pousses qui se produisent sur ces branches après la taille. Tous les rameaux devront être soigneusement fixés sur le treillage ; on tendra au besoin des fibres de Raphia entre les mailles, pour permettre aux vrilles de trouver des points d'appui.

Au début, on ne gardera seulement qu'un fruit ou deux par plante ; par la suite on pourra laisser jusqu'à quatre fruits en même temps. Il arrive assez souvent qu'un certain nombre de fleurs avortent en serre ; pour éviter cet avortement, on aura recours à la fécondation artificielle ou bien on se contentera de secouer chaque jour le treillage, de façon à provoquer la chute du pollen.

Les jeunes fruits ne sont pas palissés, mais naturellement attachés au treillage par leur propre pédoncule qui se contourne en forme de crochet. Leur développement est rapide ; ils sont ordinairement bons à cueillir six à huit jours après que les fleurs ont noué.

La production dure, en plein, environ deux mois pendant lesquels chaque plante donne en moyenne une vingtaine de fruits.

Afin d'avoir de beaux fruits bien droits, certains producteurs les introduisent, lorsqu'ils sont jeunes, dans des manchons de verre tubulaires longs de 0^{m}80 à 0^{m}90.

Pendant la période de fructification, les soins consistent surtout en arrosages copieux, donnés de façon à maintenir la terre constamment humide au pied des plantes ; deux fois par semaine et même indispensable de mouiller à fond. Lorsque les fruits commencent à se former, on donne chaque semaine un arrosage supplémentaire contenant un engrais organique quelconque, par exemple du tourteau pulvérisé riche en azote, ou mieux, un mélange de poudrette et de sang desséché. On bassine également le feuillage deux fois par jour : le matin et dans l'après-midi ; ces arrosages et bassinages doivent se faire avec de l'eau à la température de la serre. Les autres opérations consistent à maintenir l'équilibre dans la végétation en supprimant les tiges et feuilles inutiles, à donner de l'air, à ombrer d'une manière méthodique suivant la saison et la température extérieure.

La production des concombres d'hiver demande quelques précautions : les plants ne doivent pas être mis en place plus tard que la fin d'Août ou le commencement de Septembre, de façon à être bien installés avant l'arrivée des froids ; pendant les mois de Novembre et de Décembre, alors que le soleil est le plus rare et moins vif, il faut tout disposer pour profiter de toute la chaleur et de la lumière qu'il peut donner ; il est alors rarement nécessaire d'ouvrir les ventilateurs, sauf quand il ne gèle pas ; les arrosages doivent être soigneusement mesurés, de même que les seringages, à moins que la température extérieure ne soit exceptionnellement douce.

Culture méridionale. — Le semis en place a lieu en Mars-Avril ; si l'on désire des primeurs, on sème sous châssis et sur couche en Décembre-Janvier pour repiquer en pleine terre, à bonne exposition, en Février-Mars ; on couvre les jeunes plants de cloches ou de paillassons reposant sur des piquets, lorsque la température est trop basse. On plante dans des fosses remplies de fumier bien consommé et de terreau. Les soins d'entretien et de taille ne diffèrent pas de ceux indiqués pour la culture en pleine terre.

Le Concombre à cornichons se sème en place, en Mars-Avril, et se cultive comme il a été dit précédemment (page 182).

Engrais. — Les fumures organiques abondantes conviennent au Concombre. On a préconisé pour la culture en grand, en sol de fertilité moyenne, la fumure minérale suivante, pour un hectare :

Nitrate de soude 250 kilog. à répandre en trois fois : immédiatement avant le semis, quinze jours après la levée et quinze jours plus tard ; — à l'automne : Superphosphate de chaux 550 kilog. ; Chlorure de potassium 200 kilog.

Insectes nuisibles et Maladies. — Les *Pucerons vert* et *noir* sont souvent abondants sur les concombres; on s'en débarrasse par des saupoudrages de soufre précipité ou des aspersions au jus de Tabac dilué.

Deux petits acariens, l'*Acarus cucumeris* et le *Tetranychus telarius*, connus des jardiniers sous le nom de « grise », se tiennent ordinairement sous les feuilles, entre les nervures desquelles ce dernier insecte tisse de petites toiles très fines qui lui servent d'abri ; par ses piqûres réitérées, il finit par altérer les feuilles, qui deviennent jaunes et se couvrent de taches pâles sur la face supérieure. On les combat au moyen de nitrate de potasse à 1 o/o, employé en pulvérisation, que l'on fait suivre d'un bon arrosage à l'eau pure.

Le « *chancre* », qui attaque les branches, provient ordinairement de coupes mal faites au moment de la taille; il suffit le plus souvent de nettoyer la plaie et de la sécher avec de la poussière de chaux.

Le « *blanc des courges* », dû à une cryptogame, le *Spharoteca castagnei*, se voit aussi quelquefois sur le Concombre; on le combat et on arrive à le prévenir par des saupoudrages de fleur de soufre.

La « *nuile* », qui est causée par le *Scolecotrichum melophtorum*, apparaît le plus souvent en Juin, quand le temps est humide et froid, et se reconnaît à la présence sur les tiges, les feuilles et les fruits, de taches brunâtres qui s'étendent en largeur et gagnent surtout en profondeur, corrodant et détruisant les tissus. Un autre parasite, le *Colletotrichum oligochætum*, produit des lésions de même apparence et désignées également sous le nom de « nuile ». — Dans l'un et l'autre cas, la suppression et la destruction par le feu des parties atteintes, est le seul traitement efficace que l'on connaisse pour enrayer et éviter le développement ultérieur de la maladie.

La pourriture de la base de la tige du Concombre est causée par l'*Hypochnus cucumeris*; aussitôt que le mal est constaté, il faut, sans plus tarder, arracher les plantes attaquées et les brûler.

Les concombres cultivés en serre sont assez souvent attaqués par deux cryptogames : le *Cercospora melonis* et l'*Ustilago cucumeris*. — L'invasion du premier se reconnaît à l'apparition, sur la face supérieure des feuilles, de petites taches vert pâle qui ne tardent pas à croître en nombre et en dimensions. Comme traitement préventif de la maladie, on recommande l'aspersion des plantes avec la solution suivante :

Sulfure de potassium.	60 grammes.
Savon noir	60 —
Eau	15 litres.

Cette solution peut être également employée pour les plantes attaquées; dans ce cas, il convient en outre d'arroser le sol avec la même solution et d'arracher pour les brûler les feuilles atteintes.

L'*Ustilago cucumeris* provoque la formation sur les racines, de nodosités de la grosseur d'un pois. On conseille de retirer la terre contaminée après l'enlèvement de la récolte, et d'arroser les bâches avec une solution à 8 o/o de sulfate de fer. En outre, les plantes atteintes pourront être arrosées avec une solution à 4 o/o du même sel au moment de l'invasion.

Cette dernière maladie peut être confondue avec une autre causée par un ver de la famille des anguillules : l'*Heterodora radicicola*, qui, en se fixant sur les racines aux dépens desquelles il vit, détermine également l'apparition de nodosités. Quand ce parasite a malheureusement été constaté dans une exploitation, il est nécessaire de procéder à la désinfection de la terre à l'aide du formol à raison de 50 grammes par mètre carré.

Usage. — Les fruits du Concombre se mangent crus, cuits ou confits au vinaigre.

CONCOMBRE DE RUSSIE.

Synonymes : Concombre à bouquet, C. d'Italie, C. mignon, Petit concombre, C. de Pologne.

Noms étrangers : Angl. Early small Russian cucumber *or* gherkin.
All. Russische kleine Treib-Gurke.

Véritable concombre en miniature ; tige grêle de 0^{m}50 à 0^{m}60 de long ; feuilles petites, d'un vert gai. Plante convenant parfaitement à la culture sous châssis et donnant sur chaque pied jusqu'à six ou huit fruits courts, ovales, jaunes, lisses et un peu plus gros qu'un œuf de poule.

Cette variété, la plus précoce de toutes, mûrit complètement en moins de trois mois ; elle n'a pas besoin d'être taillée. Les fruits ont la chair peu épaisse et légèrement amère, mais leur extrême précocité fait facilement pardonner ces petits défauts.

En Russie, on en distingue plusieurs races dont la plus précoce, qui ne donne généralement qu'un fruit par pied, accomplit, dit-on, toute sa végétation en dix ou onze semaines.

Concombre de Russie.
Réd. au huitième; fruits détachés, au cinquième.

Concombre brodé de Russie.
Réd. au cinquième.

CONCOMBRE BRODÉ DE RUSSIE.

Synonymes : Agourci (Agourets) de Russie, Concombre écrit.

Noms étrangers : Angl. Russian netted cucumber, Khiva C., Brown netted C. — All. Braune genetzte Chiwa Trauben-Gurke, Braune genetzte Trauben-G., Braune genetzte Lucas'sche Trauben-Gurke.

Les concombres très hâtifs à petits fruits réussissant mieux en Russie que toutes les autres variétés, on en cultive dans ce pays un grand nombre de formes distinctes. Toutes ne sont pas également connues en France. Nous voulons toutefois signaler, à côté de la précédente qui se distingue par son extrême précocité, une autre race qui, tout en s'en rapprochant sous certains rapports, s'en distingue néanmoins très nettement par la couleur et l'apparence de son écorce.

La variété dont nous nous occupons ici ne prend pas en mûrissant la teinte jaune commune à un grand nombre de concombres, mais sa peau devient brune et se couvre d'une multitude de petites lignes plus pâles qui s'entre-croisent et lui donnent un aspect fendillé : l'effet est exactement celui d'une peinture dont le vernis s'est écaillé, ou celui d'une porcelaine ou faïence craquelée. Cette variété est d'une grosseur un peu plus forte et d'une précocité un peu moindre que celles du C. de Russie ordinaire.

CONCOMBRE LONG DE TURQUIE.

Synonyme : C. long de Sikkim.

Plante à végétation extrêmement vigoureuse. Feuillage ample, conservant sa couleur vert foncé jusqu'après la maturation des fruits ; ceux-ci sont longs, légèrement recourbés, mesurant de $0^m 35$ à $0^m 40$ de longueur, sur $0^m 07$ de diamètre, d'un vert clair lorsqu'ils sont jeunes, ils passent au jaune foncé, puis au brun ; à maturité, les fines craquelures de leur peau forment comme une broderie blanche, ressemblant par ce caractère au C. brodé de Russie.

Cette variété, introduite par M. Paillieux, se signale par la durée de sa production ; chaque pied porte généralement cinq ou six beaux fruits.

Le Concombre japonais *Fushinari* ou *Japanese climbing cucumber* se rapproche beaucoup de cette variété ; son fruit est cependant un peu plus court, plus épineux et plus finement craquelé.

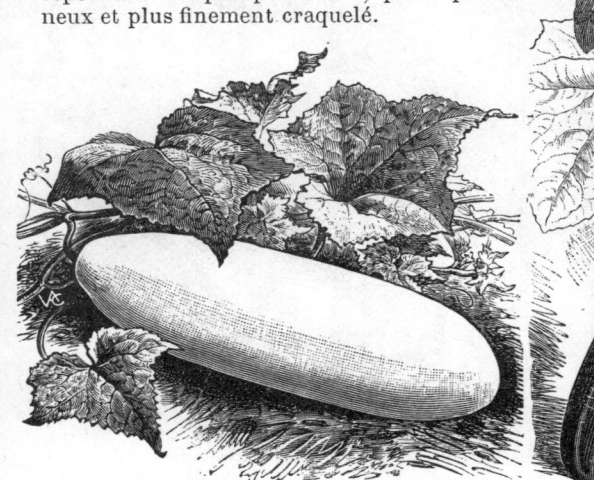

Concombre blanc hâtif.
Réd. au cinquième.

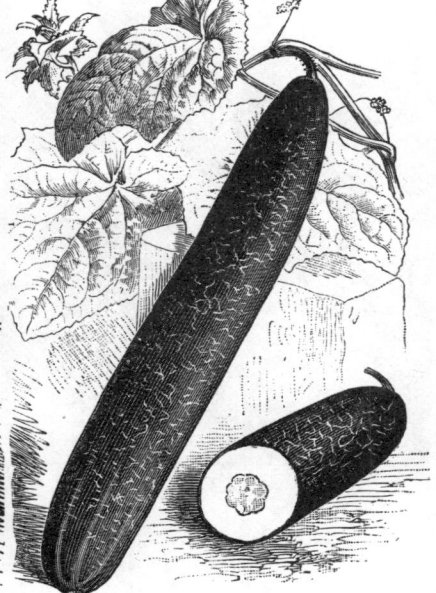

Concombre long de Turquie.
Réd. au cinquième.

CONCOMBRE BLANC HATIF.

Noms étrangers : Angl. Early white cucumber. — All. Weisse frühe Gurke.

Variété à fruit franchement allongé, presque cylindrique, au moins trois fois aussi long que large, d'abord vert pâle, et prenant, à mesure qu'il s'approche de la maturité, une couleur blanc de faïence.

Maturité hâtive, mais arrivant notablement après celle du C. de Russie.

Le *Concombre blanc long*, très voisin du précédent comme forme et comme couleur, s'en distingue principalement par son volume un peu plus fort et sa maturité un peu plus tardive ; il convient bien pour la culture en pleine terre.

CONCOMBRE BLANC LONG PARISIEN.

Noms étrangers : angl. White Parisian long ridge *or* New giant white cucumber.

Superbe variété à fruit lisse, régulièrement cylindrique et atteignant aisément une longueur de $0^m 50$, sur $0^m 07$ à $0^m 08$ de diamètre, blanc, depuis sa formation jusqu'à complète maturité. Le feuillage est vigoureux et abondant, d'un vert foncé. La plante, très robuste, peut porter jusqu'à 4 ou 5 fruits, si elle reçoit une abondante nourriture.

Bien que ce concombre ne soit pas à proprement parler une variété de serre, il réussit toujours beaucoup plus sûrement et donne de bien plus beaux fruits cultivé sur couche qu'en pleine terre. Au point de vue de la beauté des fruits, il l'emporte de beaucoup sur tous les autres concombres blancs.

Concombre blanc long parisien.
Réd. au cinquième.

Concombre blanc très gros de Bonneuil.
Réd au cinquième.

CONCOMBRE BLANC TRÈS GROS DE BONNEUIL.

Synonyme : Concombre blanc gros.

Ce concombre, qui n'est guère employé que pour la culture en pleine terre, se distingue assez nettement de toutes les autres variétés. Au lieu d'être presque régulièrement cylindrique, son fruit est ovoïde, renflé vers le milieu, et de plus assez sensiblement aplati sur trois ou quatre faces, ce qui lui donne autant d'angles plus ou moins arrondis ; il est très volumineux et atteint facilement le poids de 2 kilogrammes. Comme celui du C. blanc hâtif, le fruit est d'abord vert pâle et blanchit ensuite peu à peu en grossissant.

Le C. blanc de Bonneuil est celui que l'on cultive le plus généralement aux environs de Paris pour la parfumerie, qui en emploie des quantités très considérables.

CONCOMBRE JAUNE HATIF DE HOLLANDE.

Noms étrangers : angl. Early yellow Dutch cucumber. — all. Gelbe Holländische frühe Gurke. — holl. Lange gele komkommer.

Plante ordinairement ramifiée, à tiges assez grêles ; feuilles d'un vert franc, à angles bien marqués. Fruit plus long et moins hâtif que celui du C. de Russie, mais convenant bien néanmoins à la culture forcée. Les fruits, longs et minces, sont d'abord d'un vert jaunâtre, et deviennent d'un jaune un peu orangé quand ils sont complètement mûrs ; écorce presque lisse ; côtes très peu marquées. — A cause de sa couleur, on lui préfère souvent le C. blanc hâtif. Un pied ne porte ordinairement que deux ou trois fruits.

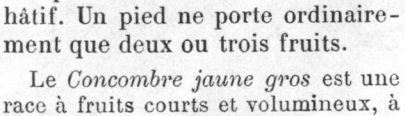

Concombre jaune hâtif de Hollande.
Réd. au cinquième.

Le *Concombre jaune gros* est une race à fruits courts et volumineux, à peu près de même précocité que le C. blanc long ; on ne le rencontre plus que rarement dans les cultures.

Le *Concombre jaune long serpent d'Amsterdam* est une variété, à fruit plus long, du C. jaune hâtif de Hollande.

CONCOMBRE VERT DEMI-LONG ORDINAIRE.

Nom étranger : angl. Green half long common cucumber.

Plante vigoureuse, demi-hâtive. Tige vert clair, peu ramifiée ; feuilles grandes, à angles modérément accusés. Fruit un peu épineux, vert rayé de jaune quand il est jeune, jaune à la maturité et mesurant en moyenne 0^{m}26 de long sur 0^{m}07 de diamètre. C'est une variété très répandue et très productive.

CONCOMBRE VERT LONG ORDINAIRE.

Noms étrangers : angl. Long green common cucumber. — all. Grüne lange volltragende Gurke.

Plante assez grande et vigoureuse. Fruits minces et effilés comme ceux du C. jaune hâtif de Hollande, mais encore plus longs et plus pointus aux deux extrémités, couverts d'excroissances épineuses assez marquées et assez abondantes. Ils restent d'un vert foncé jusqu'au moment de la maturité complète où ils prennent une teinte jaune brunâtre.

La chair de cette variété est épaisse, ferme et croquante, ce qui la fait apprécier tout particulièrement pour être consommée crue en salade avant maturité, quand les fruits ont atteint seulement la moitié ou les trois quarts de leur développement.

CONCOMBRE FOURNIER.

Synonyme : C. vert long fin hâtif.

Variété hâtive, tige grêle ; feuilles pointues. Fruits longs, mesurant en moyenne 0^{m}42 de long sur 0^{m}08 de diamètre à l'extrémité inférieure, cette dernière étant sensiblement plus renflée que la partie voisine du point d'attache.

Très vert et très légèrement épineux lorsqu'il est jeune, ce concombre devient jaune et complètement lisse à la maturité.

Le Concombre Fournier est une variété précoce, vigoureuse, très productive et s'accommodant bien de la culture en plein air, quoique plus fertile et plus généreuse si on la cultive sur couche plutôt qu'en terre ordinaire. Les fruits, longs et peu épineux, se conservent longtemps verts et tendres; ils ont la chair abondante, épaisse et la cavité contenant les graines très réduite.

Concombre vert très long géant.
Réd. au cinquième.

Concombre Fournier.
Réd. au cinquième.

CONCOMBRE VERT TRÈS LONG GÉANT.

Synonyme : Concombre très long de Quedlimbourg.

Noms étrangers : angl. Green giant very long ridge cucumber. — all. Sehr lange grüne Quedlinburger Riesen-Gurke.

Belle variété très productive de concombre vert long pouvant convenir, à la rigueur, à la culture en pleine terre, bien que sous le climat de Paris elle réussisse toujours mieux sur couche qu'en terre ordinaire ; ce qui est, nous pouvons le dire, du reste, le cas pour tous les concombres, excepté pour les concombres à cornichons.

Le feuillage est assez grand, vigoureux, les fruits, remarquablement longs, dépassent ordinairement 0^m40 de longueur ; ils sont verts dans la jeunesse, puis passent graduellement au jaune en mûrissant ; ils sont assez mamelonnés, peu épineux, généralement droits et bien faits. C'est, en somme, une belle variété pour les amateurs et même en certains cas pour la culture maraîchère.

CONCOMBRE VERT LONG MARAICHER.

Nom étranger : angl. Stourbridge long green cucumber.

Plante productive et vigoureuse. Feuilles amples et pointues. Fruits presque sans épines, très verts, passant ensuite au jaune pâle, cylindriques, obtus aux deux extrémités ; mesurant 0^m36 à 0^m40 de long sur 0^m05 à 0^m06 de diamètre. Ce concombre exige la culture sur couche, grâce à laquelle il donne, comme primeur, un produit remarquablement beau et abondant.

Concombre vert long anglais.
Réd. au cinquième.

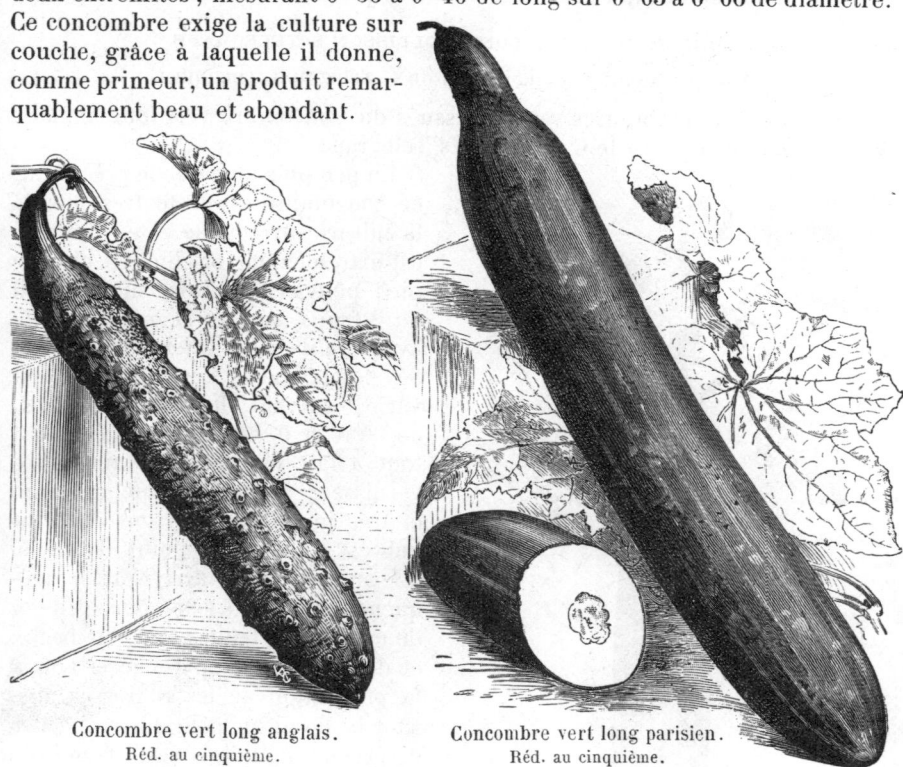

Concombre vert long parisien.
Réd. au cinquième.

CONCOMBRE VERT LONG PARISIEN.

Nom étranger : angl. Green Parisian long ridge cucumber.

Plante vigoureuse. Feuilles larges, très pointues d'abord, arrondies plus tard. Fruits longs et cylindriques, mesurant 0^m40 sur 0^m06 à 0^m07 de diamètre et atteignant souvent le poids de 2 à 3 kilog. ; très verts au moment où ils atteignent leur développement, ils passent au jaune verdâtre, puis au jaune franc. Chair blanche, ferme et croquante.

Cette variété peut, avec des soins bien entendus, se contenter de la culture en plein air. Elle réussit, toutefois, beaucoup mieux sur couche qu'en terre ordinaire et, tant au point de vue de la qualité qu'à celui du beau développement des fruits, il y a avantage à la cultiver à la manière des Melons d'été.

CONCOMBRE VERT LONG ANGLAIS.

Noms étr. : angl. Green long English prickly C. — all. Englische stachlige Treib-Gurke.

En Angleterre, la culture du Concombre vert long est fort en faveur ; elle se fait le plus souvent dans des serres spéciales et avec de très grands soins. Dans ces circonstances, la race ne pouvait manquer de s'améliorer beaucoup au point de vue de la beauté et du volume des fruits : la précocité et la rusticité des plantes devenant des qualités tout à fait secondaires. C'est ce qui est arrivé, et l'on cultive maintenant en Angleterre au moins dix ou douze variétés différentes du Concombre vert long, toutes à longs fruits presque cylindriques, plus ou moins épineux, à chair très pleine et qui grènent extrêmement peu.

CONCOMBRE VERT LONG ROLLISSON'S TELEGRAPH.

Nom étranger : angl. Rollisson's Telegraph cucumber.

De toutes les nombreuses variétés issues du Concombre vert long anglais, la plus remarquable est le C. Rollisson's Telegraph.

Un peu plus long que le précédent, ce concombre se prête très bien à la culture sur couche et en serre. Il est extrêmement productif : chaque pied pouvant produire aisément 6 ou 8 fruits, surtout si on les cueille avant qu'ils aient atteint leur entier développement. La longueur en varie, suivant les circonstances, de $0^m 40$ à $0^m 60$. La surface en est tout à fait lisse et pour ainsi dire vernissée ; la chair blanche, ferme et très pleine. La portion du fruit qui est voisine du point d'attache est amincie et il arrive assez fréquemment qu'elle se recourbe en col de cygne. Les fruits sont plus beaux et de meilleure apparence si l'on a la précaution de les redresser aussitôt la floraison pour les empêcher de prendre cette mauvaise forme.

Le *Concombre Souvenir de l'Exposition* nous paraît être une variété extrêmement voisine du C. Rollisson's Telegraph.

En outre du C. vert long Rollisson's Telegraph, qui est aujourd'hui fréquemment cultivé en France, il convient de citer encore quelques variétés moins répandues du Concombre vert long anglais, qui sont également très méritantes :

Concombre vert long Rollisson's Telegraph.
Réd. au cinquième.

Blue gown. — Fruit très long, pouvant dépasser $0^m 60$, cylindrique, revêtu d'une pruine glauque ; épines blanchâtres à pointe noire.

Cardiff Castle long green (*Concombre vert long de Cardiff*). — Fruit long, très lisse ; plante demi-hâtive, de bonne production.

Duke of Bedford. — Fruit très long, très peu épineux ; ne réussit qu'en serre ou en bâche chauffée.

Hamilton Market favourite. — Fruit de 0m 35 à 0m 40 de long, mince, très faiblement sillonné ; épines blanchâtres, à pointe noire.

Marquis of Lorne. — Beau et long fruit, s'amincissant vers l'extrémité ; épines blanches, assez clairsemées.

Tender and true. — Fruit de 0m 50 et plus de longueur, cylindrique ; épines très peu nombreuses, blanchâtres, à pointe noire.

On fait encore grand cas en Angleterre des variétés suivantes : *Long gun, Duke of Edinburgh, Manchester prize, Dr Livingstone, Jarman's Improved Telegraph, Stourbridge gem, Sutton's Pearless, Lord Roberts, Triumph,* — toutes à beaux et longs fruits.

Ces variétés exigent, pour bien réussir, d'être cultivées en serre ou en bâches chauffées au thermosiphon.

Les variétés suivantes, au contraire, bien que gagnant à l'emploi de la chaleur artificielle, peuvent néanmoins s'en passer et se cultiver simplement en pleine terre. Les Anglais leur donnent, pour cette raison, le nom général de *ridge cucumbers* :

Bedfordshire ridge. — Jolie race productive et précoce, se rapprochant du C. Pike's Defiance mentionné ci-dessous, mais avec le fruit un peu moins long.

Coleman's ridge Best of all. — Fruit à peu près identique à celui du C. vert long anglais épineux.

Gladiator. — Fruit long de 0m 30 environ, de forme presque cylindrique, droit, aminci du côté du pédoncule et plus brusquement terminé à l'extrémité. Chair blanche, ferme et pleine.

King of the ridge. — Beau concombre, long, droit, mamelonné, ressemblant au C. vert très long géant.

Pike's Defiance. — Le fruit ne diffère guère du précédent que par sa teinte plus claire ; la plante est toutefois un peu plus hâtive, plus rustique et remarquablement productive. C'est certainement une des meilleures variétés anglaises de pleine terre.

CONCOMBRE VERT LONG D'ATHÈNES.

Synonyme : Concombre grec.

Noms étrangers : angl. Grecian *or* Athenian green long ridge cucumber.
all. Griechische sehr lange glatte Walzen-Gurke.

Plante vigoureuse, mais plutôt trapue que très grande ; tiges fortes, à nœuds assez rapprochés, ne dépassant pas une longueur totale de 1m 40 à 1m 60 ; feuilles d'un vert foncé, grandes, entières, ou à trois lobes légèrement marqués, dentés sur les bords, diminuant rapidement d'ampleur depuis la base jusqu'à l'extrémité des tiges. Fruits toujours solitaires à l'aisselle de la feuille, au nombre de 3 ou 4 sur une même plante quand elle est vigoureuse, de forme presque cylindrique, longs de 0m 25 à 0m 30, quelquefois amincis au voisinage du pédoncule. La surface du fruit est lisse et tout à fait dépour-

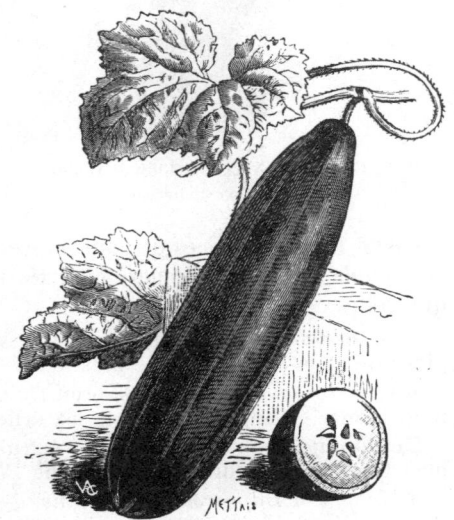

Concombre vert long d'Athènes.
Réd. au cinquième.

vue d'épines; la peau est d'un vert foncé uni, jusque vers la maturité, où sa couleur se change en jaune bronzé. La chair est blanche, ferme, épaisse, remplissant bien l'intérieur du fruit et ne laissant pour les graines qu'une cavité centrale très étroite. Cueilli un peu avant maturité, ce concombre se conserve frais et ferme pendant plusieurs jours.

Le Concombre vert long d'Athènes est une variété d'excellente qualité, productive, de précocité moyenne, rustique et convenant très bien à la culture en pleine terre.

CONCOMBRE VERT TRÈS LONG DE CHINE.

Noms étrangers : angl. Green long China cucumber. — all. Grüne lange Chinesische glatte Schlangen-Gurke.

Feuilles le plus souvent entières, quelquefois à trois ou cinq lobes assez marqués. Fruit légèrement aplati sur trois faces, long de 0^m25 à 0^m35, d'un vert assez pâle, marqué de lignes longitudinales blanchâtres et portant quelques épines entièrement blanches, courtes et peu adhérentes à la peau. La couleur devient encore plus pâle à la maturité et se change en un blanc jaunâtre conservant à peine une petite nuance verte. Chair très blanche, tendre, à peu près aussi épaisse que celle du Concombre blanc hâtif.

C'est une variété très fertile et de production soutenue; elle est de maturité demi-tardive.

De cette variété, on peut rapprocher les suivantes, qui sont d'ailleurs assez peu répandues :

C. de Kœnigsdorf, C. Bijou de Koppitz, C. cou de cygne, C. Indischer Reisen netz.

Concombre vert très long de Chine.
Réd. au cinquième.

Parmi les autres races de concombres de pleine terre, qui ne sont pas d'origine anglaise, on peut encore citer les variétés suivantes, bien moins cultivées que celles déjà décrites :

Vert Goliath. — Semble n'être qu'une variété du C. vert très long géant, un peu plus tardive et à fruit à peine plus long.

Vert plein de Toscane. — A beau fruit long, lisse, presque cylindrique, devenant bronzé en approchant de la maturité.

Extra-long white spine (am.). — A fruit vert foncé, long, cylindrique, à épines blanches; chair tendre et très blanche. Variété vigoureuse et productive.

Arlington or *Improved white spine.* — Cultivé aux États-Unis; c'est une sous-variété du précédent à fruit assez court, vert foncé, plus pointu aux deux extrémités; il convient aussi bien à la culture forcée qu'à celle de pleine terre.

Cool and crisp (am.). — Variété très hâtive, productive, à fruit vert clair, cylindrique, de 0^m15 à 0^m20 de long, à épines blanches.

CONCOMBRE

Concombres à Cornichons. — Les variétés ci-après étant presque exclusivement cultivées en vue de la production du *cornichon*, on les désigne couramment sous ce dernier nom. Leurs fruits, petits comparativement à ceux des concombres qui précèdent, sont cueillis à l'état jeune pour être mis en conserve dans le vinaigre :

CORNICHON VERT PETIT DE PARIS.

NOMS ÉTRANGERS : ANGL. Small Paris gherkin *or* Small green pickling cucumber. ALL. Pariser Trauben-Gurke. — ITAL. Cetriuolo a cetriuoli, Cocomerini.

Plante vigoureuse et fertile, à tiges atteignant 1m50 et 2 mètres de long. Fruits oblongs, intermédiaires entre le C. de Russie et le C. jaune hâtif de Hollande. On les cueille presque toujours peu de temps après la floraison, lorsqu'ils ont atteint la grosseur du doigt, et on les emploie confits au vinaigre : ils sont pour cet usage l'objet d'une culture considérable.

Cornichon court du Midi. — Cette race, particulière à la région méridionale, est plutôt un petit concombre jaune, productif et à développement assez rapide. Les fruits, cueillis à point pour être mis en conserves, sont plus gros, mais proportionnellement plus courts que ceux de la variété précédente.

L'*Early frame* or *Early short cucumber,* cultivé aux États-Unis, est un beau cornichon court, hâtif, rustique, bien moins ample de feuillage que la race du Midi.

L'*Early cluster cucumber* des Américains est un Cornichon de Paris, vert foncé, productif, à fruits un peu allongés, réunis par grappes au nombre de deux ou trois.

Cornichon vert petit de Paris.
Jeunes fruits, de grandeur naturelle.

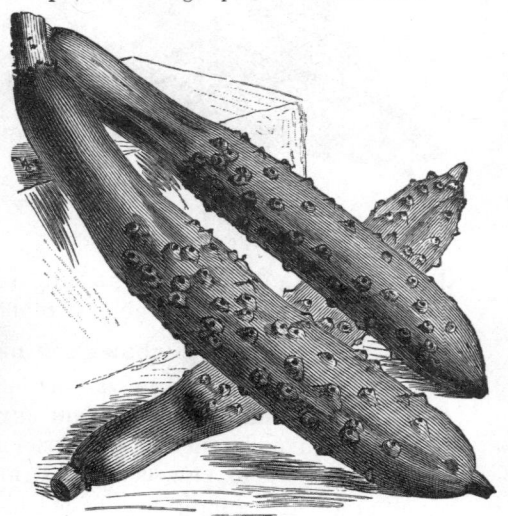

Cornichon fin de Meaux.
Jeunes fruits, de grandeur naturelle.

CORNICHON FIN DE MEAUX.

NOM ÉTRANGER : ANGL. Meaux green pickling cucumber.

Variété réellement distincte du Cornichon vert petit de Paris, elle en diffère surtout par la longueur presque double de ses fruits, qui sont à peu près cylindriques, d'un beau vert et dépourvus de protubérances épineuses sur un tiers environ de leur longueur.

Le C. de Meaux est vigoureux et rustique, et supporte parfaitement d'être cultivé en pleine terre comme le Cornichon de Paris. Il est d'une végétation rapide et d'une grande fertilité.

CORNICHON AMÉLIORÉ DE BOURBONNE.

Noms étrangers : Angl. Prolific pickling cucumber; (Am.) Paris pickling C.

C'est un véritable concombre à fruit long et mince, à chair bien ferme, qui, cueilli peu de temps après être noué, donne des cornichons d'une finesse et d'une beauté remarquables. La surface en est couverte d'épines plus nombreuses mais beaucoup plus fines que celles des autres cornichons, épines qui ressemblent plutôt à des poils courts et raides. Plus fin, plus long et d'un vert plus intense que le Cornichon de Meaux, celui-ci en est tout à fait distinct.

Ce qui rend le Concombre de Bourbonne tout spécialement propre à être cultivé comme cornichon, c'est l'abondance remarquable de ses fruits qui se succèdent pendant plusieurs semaines et pour ainsi dire de jour en jour, à condition qu'ils soient cueillis peu après leur formation.

La figure ci-contre, dessinée d'après nature, donne une idée bien exacte de leur longueur et de leur finesse à l'état où on les cueille d'ordinaire pour les confire au vinaigre, usage pour lequel ils sont, nous le répétons, tout à fait excellents.

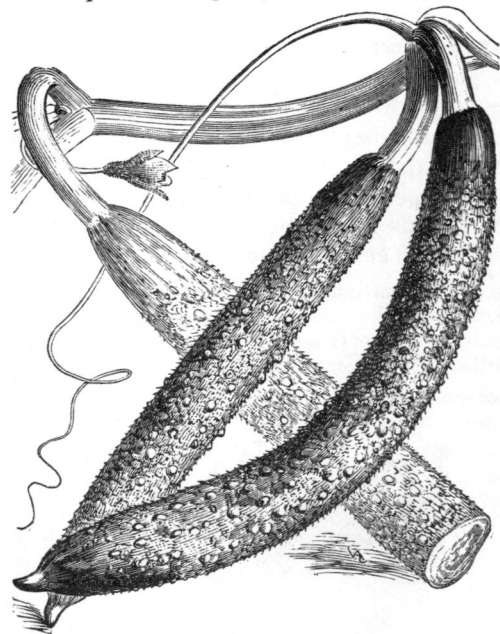

Cornichon amélioré de Bourbonne.
Jeunes fruits, de grandeur naturelle.

CORNICHON DE TOULOUSE.

Plante vigoureuse, à feuillage arrondi, vert clair. Le fruit mûr est gros, ovoïde, de couleur jaune, mesurant environ 0^m22 sur 0^m09. Le fruit à demi formé, tel qu'on le cueille pour être employé comme cornichon, est gros et court, assez épineux et à section nettement triangulaire.

Cette race, très appréciée dans le sud-ouest de la France, est assez hâtive et très productive.

CORNICHON GROS VERT HATIF.

Nom étranger : Angl. Early white spine cucumber.

Variété vigoureuse et productive, remarquable par sa grande précocité. Tige grêle, ayant en moyenne 1^{m}20 de longueur. Fruits bien verts, courts et renflés, un peu plus volumineux que ceux du Cornichon de Paris, et portant des épines blanches assez nombreuses qui disparaissent à l'approche de la maturité. Lorsqu'ils sont complètement développés, ces fruits deviennent presque blancs et atteignent 0^{m}20 de long, sur 0^{m}08 de diamètre.

Cette variété est particulièrement recommandable pour la culture en pleine terre en grand, en vue de l'approvisionnement des marchés.

Le Cornichon gros vert hâtif est une amélioration du *Cornichon vert gros*, introduit il y a une quinzaine d'années tout au plus et qui est maintenant presque complètement abandonné.

Le *Boston pickling* or *Green prolific C.* des Américains est une race de cornichon à fruit lisse, court, d'un vert gai, intermédiaire entre le Concombre de Russie et le Cornichon de Paris, mais se rapprochant davantage du premier. Il est très employé, en Amérique, par les fabricants de conserves.

Le *Cornichon chinois (Howang Kona)* est une jolie race vigoureuse, trapue et courant peu, à fruit plus long et plus cylindrique que les races européennes.

CONCOMBRE SERPENT, Concombre de Turquie *(Cucumis Melo* var. *flexuosus* L.). (ANGL. Snake cucumber, Snake melon; ALL. Schlangen-Gurke; SUÉD. Slang gurka ; HOLL. Slangen meloen; ITAL. Cocomero torto, Popone serpentino; RUSSES Zmieiny agourets, Ogórki węzowe krzywe). — Fam. des *Cucurbitacées*.

Plante annuelle à tige rampante, grêle, courtement velue; feuilles arrondies; fleurs monoïques, d'un jaune pâle, petites, ressemblant tout à fait à celles du melon, et nullement à celles du concombre. Fruits très longs et très minces, presque toujours contournés et flexueux, d'un vert foncé et marqués de sillons longitudinaux, atteignant et dépassant un mètre de longueur, ne changeant de couleur qu'au moment de la maturité, pour devenir jaunâtres ; ils exhalent alors une forte odeur de melon. — Le Concombre serpent n'est, du reste, en dépit de son nom français, qu'un véritable melon.

Concombre serpent.
Réd. au quinzième.

On trouve accidentellement des pieds qui portent à la fois des fruits flexueux et d'autres ovales et renflés.

La culture en est à peu près exactement celle du melon. Cette plante ne réussit bien en pleine terre que dans le midi de la France.

Le Concombre serpent est surtout cultivé à titre de curiosité, à cause de la singularité de sa forme. Il est néanmoins comestible, et à l'état jeune, peut se confire au vinaigre comme le cornichon.

CONCOMBRE DES ANTILLES, Angurie, Concombre a épines, C. d'Amérique, C. marron, Maxixe. Appelé quelquefois, à tort, C. Arada *(Cucumis Anguria* L.). (ANGL. West-India gherkin, Prickly fruited gherkin ; (AM.) Bur cucumber, Gooseberry gourd; ALL. West-Indische Gurke; SUÉD. Vestindisk-gurka; RUSSE Agourets angouria). — Fam. des *Cucurbitacées*.

Plante annuelle, de l'Amérique du Sud, où le fruit est comestible ; très ramifiée, rampante; tiges minces, grêles, atteignant 2 à 3 mètres de longueur, garnies de poils rudes et pourvues de vrilles simples; feuilles divisées en cinq ou sept lobes arrondis, très légèrement dentés; fleurs jaunes, très petites, nombreuses.

Fruit ovale, vert, strié en long de bandes blanchâtres et devenant d'un jaune pâle à la maturité. Il est entièrement garni de protubérances charnues, pointues ou recourbées, qui simulent de véritables épines; il atteint, quand il est mûr, une longueur de $0^m 05$ sur un diamètre de $0^m 03$ ou $0^m 04$. Le pédoncule est à peu près deux fois

Concombre des Antilles.
Réd. au douzième; fruit isolé, au cinquième.

aussi long que le fruit, dont l'intérieur est presque entièrement rempli par les graines. La chair elle-même est très peu abondante; elle est blanche, ferme et a un goût de concombre assez agréable, sans aucune amertume.

Aux colonies, on mange le fruit du Concombre des Antilles, cuit ou confit au vinaigre.

CONCOMBRE DES PROPHÈTES (*Cucumis prophetarum* L.). — Plante cucurbitacée originaire d'Afrique, probablement vivace, mais annuelle en France. Elle est à tige assez courte, ne dépassant guère 1 mètre à 1^{m}50. Fruit petit, oblong, de 0^{m}06 environ de longueur sur 0^{m}04 de diamètre transversal, marqué de bandes alternatives, jaunâtres et vert foncé, et couvert de gros poils presque épineux. La chair, peu épaisse et amère, n'en est pas mangeable.

On confond quelquefois, mais à tort, cette espèce avec le *Concombre groseille* (*Cucumis myriocarpus* Ndn), plante à longues tiges et à feuilles très vertes, qui produit aussi en abondance de tout petits fruits hérissés de gros poils verdâtres et ressemblant assez exactement à des groseilles à maquereau par la forme et les dimensions.

CONCOMBRE DUDAIM. — Voy. MELON DUDAIM.

COQUERET. — Voy. ALKÉKENGE.

CORETTE POTAGÈRE
Corchorus olitorius L.
Fam. des *Tiliacées*.

SYNONYMES : Guimauve potagère, Mauve des Juifs, Brède malabare.

NOMS ÉTRANGERS : ANGL. Bristly-leaved corchorus, Jew's mallow. — ALL. Gemüse-Corchorus, Nusskraut. — SUÉD. Jude malva. — RUSSE Ogorodnij djoute.

Afrique. — Annuelle. — Tige cylindrique, lisse, plus ou moins ramifiée à la base, s'élevant à 0^{m}50 environ; feuilles alternes, d'abord assez larges, puis longuement atténuées en pointe, à dents aiguës ; fleurs jaunes, axillaires ; capsules cylindriques assez allongées, glabres. Graines très anguleuses, pointues, verdâtres, fort petites ; un gramme en contient 450 et le litre pèse 660 grammes ; leur durée germinative est de cinq années.

CULTURE. — La Corette potagère, plante des pays très chauds, ne réussit pas facilement sous notre latitude. Elle est surtout appréciée dans les pays tropicaux, où la chaleur du climat permet de l'obtenir en pleine terre sans aucun soin.

On la sème d'ordinaire sur vieille couche, en rayons, ou très clair à la volée, à partir du mois d'Avril ; au début, on protège à l'aide de châssis. Dans le courant de Mai, on peut la semer en pleine terre en costière bien exposée.

USAGE. — On mange en salade les feuilles jeunes et tendres, que l'on peut commencer à cueillir dès qu'elles sont suffisamment formées.

CORIANDRE
Coriandrum sativum L.
Fam. des *Ombellifères*.

NOMS ÉTRANGERS : ANGL. Coriander. — ALL. Koriander. — FLAM. et HOLL. Koriander. DAN., SUÉD. Koriander. — ITAL. Coriandorlo. — ESP. Culantro, Cilantro. PORT. Coentro. — RUSSE Kichenets. — POL. Kolendra.

Europe méridionale. — Annuelle. — Tige ramifiée, haute de 0^{m}60 à 0^{m}80; feuilles radicales peu divisées, à folioles incisées-dentées, de forme arrondie, les caulinaires très découpées, à segments linéaires ; fleurs petites, blanchâtres, disposées en ombelle.

Les graines restent le plus souvent réunies deux à deux et présentent l'aspect d'une petite capsule de lin. Chaque graine est hémisphérique, de couleur jaune brunâtre sur la face convexe, plus pâle de l'autre côté et marquée de stries longitudinales assez profondes ; un gramme contient environ 90 graines, et le litre pèse en moyenne 320 grammes ; la durée germinative ordinaire est de six années.

CULTURE. — La Coriandre aime une terre chaude et un peu légère ; on la sème à l'automne ou au printemps, très clair, à la volée ou en lignes écartées de 0^m 20 à 0^m 25. Après la levée, on sarcle et on éclaircit le plant à 0^m 15 ou 0^m 20. Par la suite, on n'a plus qu'à effectuer des sarclages et des binages pour maintenir la terre meuble et propre. La récolte a lieu vers la fin de Juillet ou en Août.

USAGE. — La graine de Coriandre est l'objet d'un commerce important. On s'en sert pour la fabrication des liqueurs et dans un grand nombre de préparations culinaires. Plusieurs auteurs disent qu'on emploie les feuilles comme assaisonnement ; cela paraît surprenant, car toutes les parties vertes de la plante exhalent une très forte odeur de punaise de bois : c'est de là que vient le nom grec de la plante.

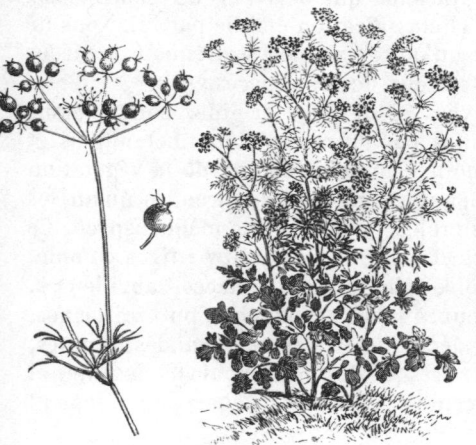

Coriandre.
Plante réd. au douzième ;
rameau détaché, demi-grandeur naturelle.

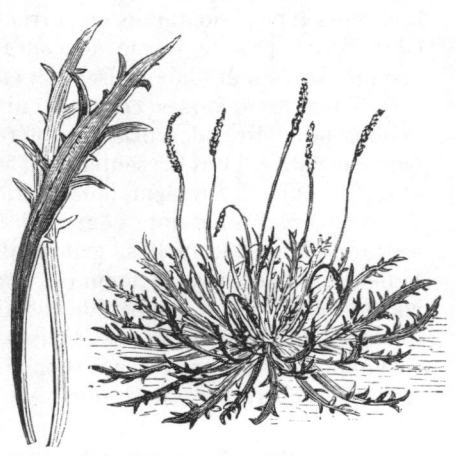

Corne-de-cerf.
Plante réd. au huitième ;
feuilles séparées, demi-grandeur naturelle.

CORNARET. — *Voy.* MARTYNIA.

CORNE-DE-CERF, COURTINE, PIED-DE-CORBEAU, PIED-DE-CORNEILLE (*Plantago Coronopus* L.). (ANGL. Buck's horn plantain, Hart's horn plantain, Star of the earth ; ALL. Hirschhorn-Salat, Krähenfuss ; SUÉD. Groblad ; FLAM. Veversblad, Hertshoorn : ITAL. Corno di cervo, Coronopo, Erba stella ; ESP. Estrellamar, Cuerno de ciervo ; RUSSES Papoutnik, Koronopous). — Fam. des *Plantaginées.*

Plante indigène annuelle, à feuilles radicales, nombreuses, longues, étroites, formant une rosette très fournie, appliquée sur le sol. Tiges nues, supportant chacune un épi de fleurs jaunâtres insignifiantes.

Les jeunes feuilles sont quelquefois utilisées comme fourniture de salade.

Le plantain Corne-de-cerf se sème en place au printemps ou à l'automne ; dans tous les cas on le détruit à la fin de l'été. Il ne réclame d'autres soins que les sarclages nécessaires pour empêcher les mauvaises herbes de l'envahir, et aussi de copieux arrosements, sans lesquels les feuilles deviendraient bientôt dures et coriaces. Cette plante produit abondamment.

CORNICHON. *Voy.* CONCOMBRE A CORNICHONS.

COURGES
Cucurbita L.
Fam. des *Cucurbitacées*.

Noms étr. : angl. Gourd ; (am.) Squash. — all. Speise-Kürbiss. — flam. et holl. Pompoen. — dan. Grœskar. — suéd. Pumpa. — ital. Zucca. — esp. Zapallo, Calabaza. — port. Abobora. — russe Tykva. — pol. Dynia, Arbuz.

Les Courges peuvent être comptées parmi les légumes les plus anciennement et les plus généralement cultivés. Les variétés presque innombrables qui se rencontrent dans nos cultures ont été jugées depuis fort longtemps ne pouvoir provenir d'un seul type primitif ; néanmoins, c'est à M. Charles Naudin que revient l'honneur d'avoir, le premier, apporté la lumière dans le chaos des espèces et des variétés, et d'avoir déterminé scientifiquement l'origine et la parenté des diverses formes, en les ramenant à trois espèces bien distinctes : *Cucurbita maxima* Duch., *Cucurbita moschata* Duch., et *Cucurbita Pepo* L.

Nous décrirons successivement les variétés qui dérivent de chacun des différents types botaniques en suivant la classification établie par lui. Nous ne connaissons pas de forme de courge qu'on doive nécessairement regarder comme le résultat d'un croisement entre deux de ces espèces.

Quoique les diverses courges cultivées aient pour origine, comme nous venons de le dire, des plantes différentes par leurs caractères botaniques et par leur patrie, elles présentent néanmoins, au point de vue de la végétation et du produit, des ressemblances frappantes, qui font comprendre qu'on les ait considérées longtemps comme de simples variétés d'une même espèce. Ce sont des plantes annuelles, grimpantes et pourvues de vrilles ; tiges complètement herbacées, très longues, très souples et très tenaces, anguleuses, rudes ; feuilles larges, à pétioles fistuleux, à lobes orbiculaires ou réniformes, quelquefois plus ou moins incisés, déchiquetés ; fleurs grandes, jaunes, monoïques. Fruits ronds ou allongés, presque toujours pourvus de côtes et renfermant les graines dans une cavité centrale entourée de chair généralement épaisse.

La végétation des courges est très rapide, mais la chaleur est absolument indispensable pour leur développement. Originaires des pays tropicaux, elles ne peuvent pas être semées en France ou sous les climats similaires avant le mois de Mai sans le secours de la chaleur artificielle, et leur végétation est complètement suspendue par les premières gelées, qui désorganisent toutes leurs parties vertes.

Culture. — Les Courges se sèment habituellement en pleine terre dans le courant du mois de Mai. Pour en avancer et en activer la végétation, on a coutume de faire en terre des trous ronds ou carrés plus ou moins larges et d'environ 0^{m}50 de profondeur, qu'on remplit de fumier, recouvert lui-même de 0^{m}15 ou 0^{m}20 de terre ou de terreau. C'est dans cette terre qu'on sème les graines, généralement au nombre de deux ou trois par trou, pour ne laisser ensuite que le plant le plus vigoureux ; l'espacement à observer entre les plantes varie selon qu'on cultive une variété coureuse ou non ; il est ordinairement de 1 mètre à 1^{m}50.

Quand on veut avancer la végétation des courges, on peut, soit les semer sur couche à partir de Mars et les repiquer également sur couche avant de les mettre en place ; soit les semer sur couche dans des pots, où on les laisse jusqu'au moment de les planter en pleine terre. La mise en place se fait en disposant un plant au centre des emplacements réservés ; on ménage autour une cuvette garnie de fumier et destinée à recevoir les arrosages ; on mouille ensuite et, pendant quelques jours, on couvre des cloches pour faciliter la reprise et abriter les plants contre les gelées tardives. On pince ordinairement à deux ou trois feuilles au-dessus des cotylédons, après quoi on laisse les plantes se développer librement, en ayant soin de sarcler et d'arroser chaque fois que cela est nécessaire.

Quand on veut obtenir de très gros fruits, on n'en laisse qu'un, deux, ou trois par pied suivant les espèces, en choisissant naturellement ceux qui sont les mieux conformés et en taillant les branches à quelques feuilles au delà du dernier fruit. Toutefois, dans les variétés à fruits de petites dimensions et lorsque l'on veut récolter à demi-développement, le nombre de fruits à conserver peut être porté à cinq, six, sept et même huit par pied.

On met aussi à profit, dans le même but, la tendance qu'ont les tiges des courges à prendre racine : pour cela, on recouvre de terre de place en place et à l'endroit des nœuds les tiges qui portent les plus beaux fruits ; les racines ne tardent pas à s'y former, surtout si l'on a soin d'arroser de temps en temps en cas de besoin : il en résulte pour le fruit un surcroît de nourriture très profitable à son accroissement.

INSECTES NUISIBLES ET MALADIES. — Les Courges sont exposées aux attaques des mêmes ennemis que les Concombres ; nous renvoyons donc à ce qui est dit à cet article (*Voy.* page 185).

USAGE. — Les fruits se cuisent et se consomment sous une infinité de formes, soit jeunes, soit complètement développés ; il y a même des variétés dont les fruits s'emploient crus à la manière des concombres.

I. — *Cucurbita maxima* Duch.

C'est cette espèce qui a donné naissance aux variétés de courges les plus volumineuses, et entre autres à celles qui sont connues sous le nom de *Potirons*.

Les courges cultivées sorties du *Cucurbita maxima* présentent en commun les caractères suivants : Les feuilles sont grandes, réniformes, arrondies, jamais profondément divisées ; les poils nombreux et rudes qui couvrent toutes les parties vertes de la plante ne deviennent jamais spinescents. Les pièces du calice sont soudées ensemble sur une certaine longueur, et toute cette partie, sillonnée de quelques nervures, ne présente pas de côtes marquées ; les divisions du calice vont en se rétrécissant depuis la base jusqu'à l'extrémité. Enfin, le pédoncule du fruit est toujours arrondi et dépourvu de côtes ; souvent il s'épaissit beaucoup après la floraison, se gerce fréquemment, et acquiert un diamètre parfois double ou triple de celui de la tige. Les graines sont assez variables de grosseur et de couleur, mais toujours très lisses ; en moyenne, un gramme n'en contient que 3, et le litre pèse 400 grammes ; la durée germinative est de six années.

Les principales variétés sorties du *Cucurbita maxima* sont les suivantes :

POTIRONS

SYNONYME : Grosse courge plate (Savoie).

NOMS ÉTRANGERS : ANGL. Pumpkin, Winter squash. — ALL. Melonen-Kürbiss, Centner-Kürbiss. — DAN. Centner-Grœskar. — SUÉD. Vintner Pumpa. — ITAL. Zucca. ESP. Calabazza totanera. — RUSSE Tykva stofountovaïa. POL. Dynia cetnarowa jadalna.

On réunit sous ce nom de Potirons, qui ne répond à aucune division botanique, un certain nombre de variétés sorties du *Cucurbita maxima*, dont les fruits sont remarquables par leur grosseur.

Les Potirons sont cultivés en grand pour les marchés et pour la consommation dans les fermes. A la halle de Paris, on en voit fréquemment des fruits qui pèsent au delà de 50 kilogrammes.

POTIRON JAUNE GROS.

Synonymes : Potiron romain, Courge Romaine jaune (Rhône).

Noms étrangers : angl. Large yellow pumpkin. — all. Allergrösster Riesen- Centner-Kürbiss, Gelber genetzter Centner-K.— holl. Groote gele reuzen meloen-pompoen.

Tiges rampantes atteignant 5 à 6 mètres de long ; feuilles très grandes, arrondies ou à cinq angles peu prononcés, d'un vert assez foncé. Fruit très déprimé, à côtes passablement marquées ; écorce d'un jaune saumoné, légèrement fendillée ou brodée à la maturité. Chair jaune, épaisse, fine, sucrée et se conservant longtemps.

Ce Potiron est très productif ; c'était certainement le plus cultivé aux environs de Paris avant que le P. rouge vif d'Étampes soit venu lui disputer la place.

Potiron jaune gros (Réd. au douzième).

On cultive en Amérique, aux États-Unis, sous le nom de *Connecticut field pumpkin*, une courge qui ressemble au P. jaune gros, à part son écorce un peu plus fine.

Potiron Mammouth (Réd. au douzième).

POTIRON MAMMOUTH.

Nom étranger : all. Gelber Riesen-Melonen- Centner-Kürbiss.

Tiges fortes et longues ; feuilles très larges, non lobées, à peine ondulées sur les bords. Fruits très gros, sphériques ou un peu aplatis ; écorce jaune pâle, quelquefois légèrement brodée. — C'est le plus volumineux de tous les Potirons.

POTIRON ROUGE VIF D'ÉTAMPES.

Noms étrangers : angl. Large Etampes bright red pumpkin.
all. Etampes hochroter Centner-Kürbiss.

Fruit de grosseur moyenne, moins large et généralement plus aplati que celui du P. jaune gros; côtes larges, assez marquées; écorce de couleur rouge orangé très vif. La culture de cette excellente variété a fait beaucoup de progrès depuis plusieurs années; c'est maintenant la race qui se voit le plus fréquemment à la halle de Paris.

Les caractères de végétation sont les mêmes que dans le P. jaune gros, mais le feuillage est un peu plus pâle.

On en distingue deux races, dont l'une est complètement lisse : c'est celle que nous regardons comme la plus franche ; l'autre est plus ou moins fendillée et brodée. Certains cultivateurs préfèrent cette dernière comme ayant, d'après eux, la chair plus épaisse.

Potiron rouge vif d'Étampes (Réd. au douzième).

POTIRON NICAISE.

Plus réduit que le précédent dans toutes ses parties et en possédant toutes les qualités. Tiges longues de 2 à 3 mètres; feuilles très vertes et cordiformes. Fruits très analogues comme forme et couleur à ceux du P. rouge vif d'Étampes, à écorce légèrement galeuse et un peu plus brodée, beaucoup plus petits, mais, par contre, plus nombreux. Alors que le P. d'Étampes ne donne guère plus de deux fruits, on en obtient avec celui-ci trois ou quatre produisant le même poids, et dont le petit volume constitue un avantage au point de vue de la conservation : en effet les Potirons, une fois entamés, demandent à être consommés le plus vite possible.

Potiron Nicaise (Réd. au douzième).

C'est donc une race plus avantageuse pour les potagers particuliers que pour l'approvisionnement des marchés. Elle a été obtenue et sélectionnée par un des principaux cultivateurs maraîchers des environs de Palaiseau, dont elle porte le nom.

POTIRON VERT D'ESPAGNE.

Noms étrangers : angl. Large green Spanish pumpkin. — all. Hellgrüner Spanischer Centner-Kürbiss.

Tiges de 3 à 4 mètres ; feuilles moyennes, arrondies, d'un vert foncé un peu cendré. Fruit moyen ou même relativement petit, très déprimé, creusé sur les deux faces, dans l'axe du pédoncule ; écorce verte, souvent très finement brodée et prenant alors une teinte grisâtre. Chair jaune vif, très épaisse et de longue conservation.

Cette excellente variété, très recherchée sur les marchés, présente l'avantage de donner des fruits de volume modéré, ordinairement plus appréciés dans un ménage que ceux des très grosses variétés, dont on a rarement le temps de consommer la totalité avant qu'ils se gâtent : les courges sont en effet difficiles à conserver dès que l'écorce en est entamée. — La plante peut porter facilement deux ou trois fruits.

Potiron vert d'Espagne (Réd. au douzième).

POTIRON GRIS DE BOULOGNE.

Noms étr. : angl. Large gray Boulogne pumpkin. — all. Graugrüner Boulogne Centner-Kürbiss.

Les dimensions du fruit de cette belle variété la rapprochent de l'ancien P. vert gros, mais l'apparence de son écorce, sa couleur et la qualité de sa chair la font surtout ressembler au P. vert d'Espagne.

C'est une plante très vigoureuse, assez hâtive et très fertile, à grandes et larges feuilles, à fruits atteignant souvent 0^m75 à 0^m90 de diamètre, sur une épaisseur moitié moindre. L'écorce est d'un vert olive foncé, quelquefois un peu bronzée au soleil et marquée de bandes un peu plus pâles allant de l'insertion du pédoncule à l'ombilic ; en outre, la surface entière se couvre, à l'approche de la maturité, d'innombrables broderies très fines, en courtes lignes parallèles, dont l'ensemble donne au fruit la teinte grisâtre qui lui a valu son nom. La chair est jaune, épaisse et farineuse.

Potiron gris de Boulogne (Réd. au douzième).

Ce potiron peut se conserver au moins aussi longtemps que celui d'Étampes. Obtenu il y a une vingtaine d'années à Boulogne-sur-Seine, il est assez répandu et très estimé chez les maraîchers des environs de Paris.

POTIRON BRONZÉ DE MONTLHÉRY

Noms étr.: angl. Large bronze-colored Montlhery P. — all. Bronzefarbiger Centner-K.

Tiges rampantes, longues de 5 à 6 mètres ; feuillage abondant et dressé ; feuilles grandes, très vertes et nettement lobées. Fruits arrondis, à côtes très marquées ; écorce d'un brun foncé verdâtre tout à fait analogue à la couleur du vieux bronze poli ; chair d'un beau jaune, remarquablement épaisse et d'excellente qualité.

Un peu plus tardif à mûrir ses fruits que les autres variétés de potirons décrites ci-dessus, le P. bronzé de Montlhéry a sur elles le grand avantage de se conserver admirablement bien, et de pouvoir se garder très tard en saison, longtemps après que le P. d'Étampes a disparu de nos marchés.

Potiron bronzé de Montlhéry (Réd au douzième).

COURGE MARRON.

Synonymes : Courge châtaigne, C. pain des pauvres, Potiron de Corfou.

Nom étranger : angl. Chestnut marrow squash.

Plante vigoureuse, à tiges longues de 4 à 5 mètres ; feuilles arrondies, entières, le plus souvent ondulées sur les bords.

Excellente variété à fruits moyens ou petits, passablement déprimés, mais non pas concaves dans l'axe du pédoncule, comme le sont souvent les potirons ; côtes à peine marquées et même absolument nulles ; écorce lisse, d'une couleur rouge-brique intense. Chair d'un jaune foncé, très épaisse, très sucrée et bien farineuse, d'une excellente conservation. Une plante peut facilement porter trois ou quatre fruits.

Courge marron (Réd. au sixième).

COURGE BRODÉE GALEUSE.

Synonyme : Giraumon galeux d'Eysines.

Plante vigoureuse, à tiges atteignant 4 à 5 mètres ; feuilles grandes, d'un vert foncé, à contours arrondis ou quelquefois ondulés.

Cette variété, d'origine bordelaise, est évidemment très voisine du Giraumon ; elle en diffère néanmoins par certains caractères très accusés. D'abord le renflement de la partie supérieure est très peu développé ou manque souvent : sa forme est plutôt sphérique, aplatie aux deux extrémités ; ensuite toute la surface du fruit, au moment de la maturité, est couverte d'excroissances d'aspect subéreux analogues à celles qui se montrent sur les melons dits *brodés* : cette particularité suffit à donner à la C. brodée galeuse un aspect très distinct.

La chair en est jaune orangé, très épaisse, très sucrée et d'une qualité excellente.

Courge brodée galeuse (Réd. au sixième).

COURGE PROLIFIQUE TRÈS HATIVE.

Nom étranger : angl. Prolific early marrow squash.

Race extrêmement distincte et intéressante, ayant à peu près la forme de la C. verte de Hubbard, mais avec la couleur de la C. marron.

C'est une variété à tige coureuse, mais ne dépassant pas habituellement 2 à 3 mètres de longueur, se ramifiant peu et cessant de végéter de très bonne heure, après avoir produit trois ou quatre fruits qui mûrissent avant toutes les autres courges, ce qui ne les empêche pas de se conserver fort avant dans l'hiver. Le volume n'en est pas très considérable, car il dépasse rarement le poids de 3 kilogrammes ; cette courge mérite par conséquent d'être recommandée pour les petits jardins ou les familles peu nombreuses.

La *Boston marrow squash*, à écorce rouge-orangé et à chair saumonée, diffère peu de la C. prolifique très hâtive, à part sa précocité un peu moins grande.

Courge verte de Hubbard (Réd. au sixième).    Courge prolifique très hâtive (Réd. au sixième).

COURGE VERTE DE HUBBARD.

Nom étranger : angl. Hubbard squash.

Race très vigoureuse, à tiges traînantes, ramifiées, atteignant aisément 5 à 6 mètres de longueur ; feuilles arrondies, légèrement sinuées et très finement dentées sur les bords. La forme de cette variété rappelle un peu celle de la C. de l'Ohio, mais elle est souvent plus courte, plus pointue vers l'ombilic, et elle en diffère surtout par sa couleur vert foncé quelquefois marbré de rouge-brique. La chair est d'un jaune foncé, très farineuse, peu sucrée, un peu sèche, et passe en Amérique pour être d'excellente qualité. Le fruit se conserve très longtemps ; l'écorce en est si dure et si épaisse, qu'on ne peut pas toujours l'entamer avec un couteau ordinaire. La plante peut aisément porter cinq ou six fruits et les amener à tout leur développement.

La *Courge de Hubbard galeuse* (*Warted Hubbard* des Américains) ne diffère de la C. verte de Hubbard que par son écorce complètement couverte de protubérances plus fortes que dans le type.

La *Courge de Hubbard dorée* (*Golden Hubbard*) ne se distingue de la C. verte de Hubbard que par la couleur rouge-orangé de son écorce.

La *Courge Marblehead* est une sorte de Courge verte de Hubbard, à écorce d'un gris cendré. Elle est également originaire des Etats-Unis.

Courge olive (Réd. au sixième).   Courge de l'Ohio (Réd. au sixième).

COURGE OLIVE.

L'origine de cette variété ne nous est pas connue d'une façon certaine ; mais elle nous a paru assez intéressante pour mériter d'être décrite à part.

C'est une plante vigoureuse, évidemment dérivée du *Cucurbita maxima*, dont les fruits, pesant de 3 à 5 kilog. ont exactement la forme et la couleur d'une olive verte ; la peau en est complètement lisse, l'écorce mince, la chair jaune, ferme, très abondante et d'une qualité tout à fait remarquable. Son seul défaut est d'être un peu tardive pour la latitude de Paris.

COURGE DE L'OHIO.

Noms étrangers : angl. (am.) Californian marrow, Autumnal M., Ohio squash.

Tige rampante, de 5 à 6 mètres de long ; feuilles entières, arrondies, réniformes ou à cinq lobes peu prononcés. La forme du fruit rappelle celle de la C. de Valparaiso ; elle est cependant moins allongée par rapport à son diamètre, qui peut atteindre 0m25, tandis que la longueur du fruit ne dépasse guère 0m30 à 0m35 ; côtes très peu marquées ; écorce presque entièrement lisse, d'une couleur rose légèrement saumonée. La chair, très farineuse, est fort estimée aux États-Unis, où la C. de l'Ohio et la C. de Hubbard sont des plus cultivées. Un pied ne peut guère porter plus de trois ou quatre fruits.

COURGE DE PORTUGAL.

Noms étr. : angl. Large warted Portugal squash. — all. Portugiesischer grosser Kürbiss.

Tiges fortes et rampantes; feuilles très larges et peu découpées. Fruits courtement ovoïdes, se rapprochant assez, comme forme, de ceux de la variété précédente, mais beaucoup plus gros, à écorce d'un beau rouge orangé vif, mamelonnée et côtelée d'une façon remarquable et très particulière.

Cette courge, tout à fait distincte des variétés précédentes, se recommande par l'abondance de sa chair, qui est sucrée et d'une belle couleur jaune foncé.

La *Courge cœur d'or* se rapproche de la C. de Portugal au point d'en rendre la distinction difficile.

Courge Baleine (Réd. au sixième). Courge de Portugal (Réd. au sixième).

COURGE BALEINE.

Noms étrangers : angl. Mammoth Whale squash. — all. Grosser Wallfisch Kürbiss.

Une des plus grosses courges de la série des *maxima*. C'est à sa forme et à sa taille qu'elle doit son nom de « baleine ». — Le fruit en est énorme, atteignant souvent plus d'un mètre de long et pesant de 40 à 60 kilog. Il est plutôt long qu'oblong, ventru et aminci aux deux extrémités, mais principalement du côté de l'attache, et coloré en gris verdâtre; il se conserve bien et longtemps. La chair en est d'un beau jaune orangé et de très bonne qualité.

GIRAUMONS

Syn. : Bonnet turc, Turban, Turbanet, Citrouille iroquoise, Courge de Saint-Jean.

Noms étrangers : angl. Turban squash, Turk's cap. — all. Türkenbund-Kürbiss. — ital. Zucca a turbante. — esp. Calabaza bonetera. — port. Abobora de corôa, A. turbante. — pol. Dynia zawój turecki.

Variété de courge très caractérisée et connue de tout le monde à cause de sa forme spéciale, qui lui a fait donner son nom vulgaire de *Bonnet turc* ou de *Turban*. Il en existe un nombre de races presque illimité, présentant toutes en commun la forme en turban caractéristique de cette variété, mais différant entre elles par le volume et la coloration des fruits.

GIRAUMON TURBAN.

La forme la plus cultivée et celle qu'on peut appeler le type de la variété; elle donne des fruits du poids de 3 à 4 kilog., présentant du côté opposé au pédoncule un renflement en forme de calotte, parfois hémisphérique, d'autres fois formé de quatre ou cinq côtes séparées par autant de profonds sillons.

La couleur du Giraumon turban n'est presque jamais uniforme; le fruit présente souvent des panachures, qui sont du reste assez variables. Le plus souvent le fruit est panaché de vert foncé, de jaune et de rouge; l'une de ces trois couleurs manque fréquemment, et parfois même le fruit est tout entier d'un vert foncé. La chair du Giraumon turban est d'une belle couleur jaune orangé, épaisse, farineuse et sucrée.

Giraumon turban (Réd. au sixième). Giraumon petit de Chine (Réd. au sixième).

GIRAUMON PETIT DE CHINE.

Noms étrangers : angl. Small China turban squash. — chin. Hong-nan-koua.

Ce joli petit giraumon a été introduit de Chine par l'intermédiaire du Museum d'histoire naturelle de Paris. C'est une plante tout à fait distincte; elle diffère des giraumons jusqu'ici connus en Europe, par le petit volume de ses fruits, dont le poids ne dépasse pas ordinairement 800 à 1200 grammes. Ils sont habituellement d'un rouge vif, panachés longitudinalement de jaune et de vert foncé; la couronne y est bien marquée, mais d'ordinaire ne forme pas saillie. La chair en est jaune, ferme, farineuse et assez sucrée. Chaque pied peut porter dix fruits et même davantage. La maturité en est assez précoce et la conservation parfaite. — C'est une des rares races potagères que nous ayons reçues toutes faites de la Chine.

Autres races sorties du *Cucurbita maxima* :

Potiron blanc gros. — Se rapproche beaucoup du P. jaune gros par ses caractères de végétation, mais il est beaucoup plus sphérique ; il a l'écorce très lisse, d'un blanc de crème. On le cultive peu, quoiqu'il réussisse bien aux environs de Paris.

Potiron vert gros. — Fruit déprimé ; écorce vert foncé souvent brodée. C'est une bonne variété rustique, aujourd'hui un peu délaissée en faveur du P. vert d'Espagne.

Courge brodée de Thoumain. — Simple variation de la C. brodée galeuse, obtenue vers 1880 aux environs de Bordeaux ; sa chair et ses caractères de végétation sont absolument les mêmes, mais elle en diffère singulièrement par sa forme allongée, presque en massue.

Courge de Valparaiso. — Le fruit, d'un blanc grisâtre, finement brodé, atteignant et dépassant le poids de 15 kilog., rappelle par sa forme un énorme citron ; il a le défaut de se conserver assez difficilement.

Courge des Missions. — C'est une petite race à fruit d'un blanc laiteux, déprimé, à côtes nombreuses et saillantes, ne pesant pas plus d'un kilogramme et souvent moitié moins. Son principal mérite consiste en ce que chaque pied peut porter une douzaine de fruits.

On rencontre quelquefois, sous le nom de *Courge de Chypre* ou *Courge musquée*, un potiron de grosseur moyenne, légèrement déprimé, à côtes très peu marquées et à écorce lisse, grisâtre, panachée ou jaspée de vert pâle ou de rose. Cette courge réussit bien dans le Midi ; elle est un peu tardive pour le climat de Paris.

Il en est de même de la *Courge de Valence*, dont les gros fruits presque cylindriques, aussi larges que longs, sont côtelés comme ceux d'un melon, et d'un vert grisâtre cendré.

On cultive dans l'Amérique du Nord, sous le nom d'*Essex hybrid squash* ou *American turban*, une race de giraumon à fruit épais, presque cylindrique, à couronne peu marquée, d'une teinte rose saumoné unie, qui reproduit à peu près exactement celle de la Courge de l'Ohio.

C'est encore au *Cucurbita maxima* qu'il faut rapporter une variété de courge non coureuse, introduite il y a une trentaine d'années de l'Amérique méridionale, sous le nom de *Zapallito de tronco*. Cette variété, peu productive, paraît avoir disparu des cultures.

Courge de Valparaiso (Réd. au sixième).

Courge de Valence (Réd. au sixième).

II. — *Cucurbita moschata* Duch.

Les variétés qui dérivent de cette espèce ont, toutes, les tiges coureuses, longues et s'enracinant facilement ; elles sont, ainsi que les feuilles et les pétioles, recouvertes de poils nombreux qui ne deviennent pas spinescents ; enfin, elles se reconnaissent à ce caractère que le pédoncule, présentant cinq angles ou cinq côtes, comme dans le *Cucurbita Pepo,* s'élargit ou s'épate à son insertion sur le fruit. Les feuilles ne sont pas découpées, mais présentent des angles assez marqués ; le feuillage est d'un vert foncé, sur lequel tranchent des taches d'un blanc argenté produites par la présence d'une mince couche d'air en dessous de l'épiderme, qui se soulève par place entre les principales nervures. Le calice a les divisions séparées presque jusqu'au pédoncule et souvent plus larges à l'extrémité qu'à la base ; elles deviennent quelquefois foliacées.

Dans cette espèce, les graines sont de dimension un peu variable, mais elles sont toujours d'un blanc sale, distinctement marginées et recouvertes d'une pellicule peu adhérente, qui se détache souvent par parties et leur donne une apparence pelucheuse. En moyenne, un gramme de graines en contient 7, et le litre pèse environ 420 grammes ; leur durée germinative est de six années.

Le nom de cette espèce vient de la saveur musquée que présente, à un plus ou moins haut degré, la chair de ses diverses variétés.

COURGE PLEINE DE NAPLES.

Synonymes : Courge d'Afrique, C. de la Floride, C. portemanteau, C. valise, C. à violon.

Noms étrangers : angl. Long Neapolitan squash. — all. Grosser Neapolitanischer Mantelsack-Kürbiss. — holl. Mantelzack pompoen.

Tiges traînantes, longues de 3 à 4 mètres ; feuilles moyennes, entières, arrondies ou à cinq angles, d'un vert foncé un peu terne, marqué de veines et de macules d'un gris blanchâtre, qui tranchent nettement sur le fond. Fruit volumineux, long de 0^m50 à 0^m60 sur 0^m15 à 0^m20 dans son plus grand diamètre ; la portion la plus rapprochée du pédoncule est presque cylindrique ; l'autre partie, au contraire, est plus ou moins renflée, et c'est seulement au centre de cette partie que se trouvent les graines, toute la portion plus mince étant remplie de chair sans aucune cavité intérieure. Écorce lisse, d'un vert foncé devenant jaunâtre à la maturité complète. Chair jaune orangé, très abondante, sucrée et parfumée, et d'une bonne conservation.

Cette courge est très productive et les fruits en sont d'une qualité excellente ; elle n'a d'autre défaut que sa maturité un peu tardive.

La *Courge pleine d'Alger* et la Courge dite *des Bédouins* ne paraissent pas être autre chose que la C. pleine de Naples.

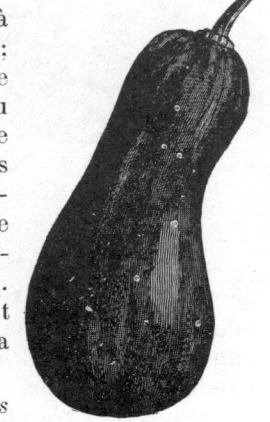

C. pleine de Naples.
Réd. au sixième.

On en cultive en Italie une race vraiment gigantesque, dont le fruit, ordinairement un peu courbé, mesure fréquemment un mètre de long et arrive à peser jusqu'à 15 ou 20 kilogrammes.

COURGE PORTEMANTEAU HATIVE.

Synonyme : C. Carabacette.

Noms étrangers : angl. Early Neapolitan *or* Early portemanteau squash. — all. Früher Mantelsack-Kürbiss.

Tous les caractères de végétation de cette variété sont les mêmes que ceux de la précédente ; elle en diffère seulement par le moindre volume de ses fruits et sa précocité notablement plus grande. C'est, sous ce rapport, une plante très précieuse et dont la culture doit être recommandée dans le climat du nord de la France, de préférence à celle de la C. pleine de Naples.

COURGE DE MIREPOIX.

Noms étr. : angl. Mirepoix musk squash. — all. Mirepoix, grüner rotfleischiger Kürbiss.

Tiges fortes et rampantes ; feuillage dressé, ample, à lobes arrondis. Fruits plutôt piriformes qu'ovales, légèrement côtelés, d'un beau vert foncé marbré de vert clair. Chair rouge très foncé, ferme, très parfumée et de bonne garde.

Cette variété, originaire du midi de la France, mûrit encore parfaitement son fruit sous le climat de Paris, mais peut-être moins bien plus au Nord.

Courge de Mirepoix (Réd. au sixième).   Courge de Yokohama (Réd. au sixième).

COURGE DE YOKOHAMA.

Synonymes : Courge du Japon, Cucurbita melonæformis.

Nom étranger : all. Yokohama *oder* Japanischer dunkelgrüner gerippter Kürbiss.

Comme courge de la section *Cucurbita moschata* à fruit déprimé, nous ne connaissons que la C. de Yokohama, variété japonaise déjà plusieurs fois introduite en Europe.

C'est une race très coureuse, un peu tardive ; à fruit aplati, surtout du côté de l'œil, généralement deux fois aussi large que long, mais quelquefois encore plus déprimé, d'un vert très foncé presque noir, à côtes irrégulièrement marquées, et à surface parfois bossuée et rugueuse, un peu comme celle d'un Cantaloup Prescott. C'est le *Cucurbita melonæformis* de Carrière.

Autres races sorties du *Cucurbita moschata* :

Courge cou tors du Canada. — Assez voisine de la C. portemanteau hâtive et possédant les mêmes qualités ; à cause de ses petites dimensions, elle convient aux potagers de médiocre étendue. Son fruit, dont la partie supérieure est généralement recourbée, est d'un beau vert foncé.

Il existe aussi des formes de *Cucurbita moschata* dont le fruit n'est pas allongé, mais au contraire arrondi ou même déprimé.

Parmi ces dernières, nous citerons la *Courge melonette de Bordeaux*, plante à végétation vigoureuse, à fruits nombreux, presque sphériques et aplatis aux deux extrémités, aussi larges que longs, à côtes légèrement marquées. C'est une variété productive et un excellent légume, mais de maturité un peu tardive.

La *Courge à la violette,* du Midi, et la *Courge pascale*, variétés extrêmement voisines de la C. melonette de Bordeaux sont, comme elle, des formes de *Cucurbita moschata* à fruit presque sphérique.

Courge cou tors du Canada (Réd. au sixième).

III. — *Cucurbita Pepo* L.

Cette espèce a donné naissance à un très grand nombre de races cultivées, qui reproduisent, toutes, les caractères suivants appartenant à la plante-mère : Feuilles à lobes toujours prononcés, souvent profondément découpées, poils devenant çà et là spinescents ; pédoncules des fruits à section pentagonale ou relevés de cinq côtes ou angles, ne s'élargissant pas à l'endroit de l'insertion sur le fruit et devenant extrêmement durs à la maturité. Calice ayant ses divisions soudées sur une certaine partie de leur longueur et souvent légèrement étranglées au-dessous de leur point de départ ; la partie comprise entre le pédoncule et cet étranglement est généralement marquée de cinq côtes assez saillantes ; les divisions du calice s'atténuent de la base jusqu'à la pointe.

Graines d'apparence extrêmement variable, mais toujours marginées et rarement aussi grandes que celles des variétés sorties du *Cucurbita maxima*. On peut dire, qu'en moyenne, les graines des véritables courges sorties du *Cucurbita Pepo* pèsent 425 grammes par litre, et qu'un gramme en contient de 6 à 8 : celles des Patissons et des Coloquintes sont beaucoup plus petites ; la durée germinative de toutes est de six ans et plus.

COURGE A LA MOELLE.

Synonymes : Moelle végétale, Souki blanc des Indes.

Noms étrangers : angl. Vegetable marrow. — all. Englischer Schmeer-Kürbiss. flam. Mergpompoen. — dan. Mandel-Groeskar. — russe Tykva maslovaïa.

Plante coureuse, à tiges minces et longues ; feuilles moyennes, profondément divisées en cinq lobes, qui sont souvent eux-mêmes ondulés ou dentés sur les bords, d'un vert franc quelquefois parsemé de taches grisâtres, très rudes au toucher. Fruit oblong, de 0^m25 à 0^m40 de longueur sur 0^m10 à 0^m12 de diamètre, portant, surtout au voisinage du pédoncule, cinq ou dix côtes plus ou moins accentuées ; écorce lisse, jaune terne ou blanc jaunâtre.

Les fruits se consomment habituellement quand ils ont atteint à peu près la moitié de leur développement : la chair en est alors très tendre et moelleuse ; elle devient au contraire assez sèche à l'époque de la maturité.

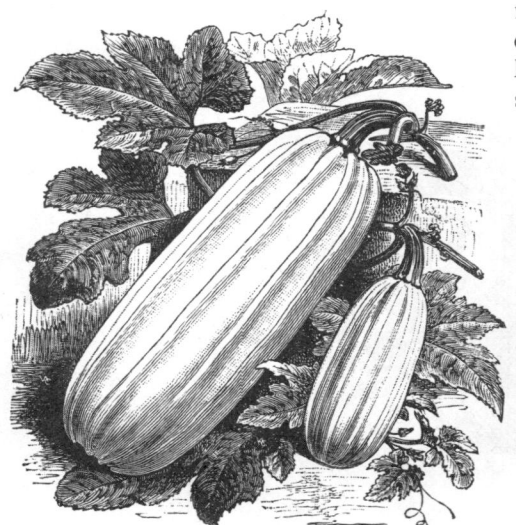

Courge à la moelle (Réd. au sixième).

Courge sucrière du Brésil (Réd. au sixième).

COURGE AUBERGINE COUREUSE.

Synonyme : Courge Curbisse.

Noms étrangers : angl. Very long vegetable marrow. all. Weisser langer Eierfrucht-Kürbiss.

Tige coureuse, atteignant 5 à 6 mètres ; feuilles larges et nettement lobées. Fruit trois fois plus long que large, ne dépassant pas 0^m45 à 0^m50, d'un jaune pâle passant au jaune d'or à la maturité, lisse ou faiblement côtelé sur la moitié la plus voisine du pédoncule. En somme, le fruit ressemble assez à celui de la C. à la moelle, mais il est plus long et un peu moins côtelé. La chair est plus délicate et doit être consommée lorsque le fruit n'est qu'à demi formé.

COURGE SUCRIÈRE DU BRÉSIL.

Noms étr. : angl. Brasilian sugar warted squash. — all. Brasilianischer Zucker-K.

Plante à tiges longues, minces, coureuses ; feuilles lobées, rudes, d'un vert très foncé, uni, finement cloquées et gaufrées. Fruits oblongs, assez courts, renflés au milieu, à cinq côtes très peu marquées, quelquefois légèrement verruqueux ; écorce verte, devenant orangée à la maturité. Chair jaune, épaisse et très sucrée.

La C. sucrière du Brésil est une variété très recommandable à cause de sa précocité, de l'abondance et de la qualité de ses fruits, et de leur longue conservation. La maturité en est demi-hâtive.

Courge des Patagons. — C'est également une variété à tiges coureuses, très longues. Fruits de $0^m 30$ à $0^m 50$, larges de $0^m 15$ à $0^m 20$, marqués dans toute leur longueur de cinq côtes très régulières, formant autant de cannelures saillantes, arrondies ; écorce lisse, d'un vert extrêmement foncé, ne changeant pas de couleur à la maturité. Chair jaune, de qualité médiocre. Variété rustique et productive.

On a recommandé, sous le nom de *Courge* ou *Concombre d'Alsace*, une plante qui se rapproche de la C. des Patagons, mais dont le fruit est moins anguleux et d'un vert moins foncé. Les fruits complètement développés, mais encore imparfaitement mûrs, sont employés en salade, coupés en tranches et assaisonnés de la même manière que les cornichons. Avec quelques soins, on peut les conserver pendant une partie de l'hiver.

Courge des Patagons (Réd. au sixième).   Courge blanche non coureuse (Réd. au sixième).

COURGE BLANCHE NON COUREUSE.

SYNONYMES : Courge de Virginie, Courge aubergine (non coureuse).

NOMS ÉTRANGERS : ANGL. Long white bush marrow, Short-jointed long white squash. ALL. Weisser Kürbiss ohne Ranken.

Variété extrêmement distincte à cause de son mode de végétation. Les tiges, en effet, au lieu de s'allonger, restent très courtes, assez grosses, donnant naissance près à près à des feuilles d'un vert foncé avec quelques macules grisâtres, profondément découpées et dentées sur les bords. Fruits plus allongés que ceux de la Courge à la moelle, atteignant $0^m 35$ à $0^m 50$ de longueur sur $0^m 12$ à $0^m 15$ de diamètre, un peu amincis et marqués de cinq côtes.

Comme pour la C. à la moelle, les fruits se consomment habituellement avant complète maturité et sont remplacés successivement par de nouveaux fruits.

COURGE D'ITALIE.

SYNONYMES : Coucourzelle, Courgette (Algérie).

NOMS ÉTRANGERS : ANGL. Long green bush marrow, Italian green striped marrow. ALL. Langer grüngefleckter Italienischer Kürbiss. — ITAL. Cocozella di Napoli.

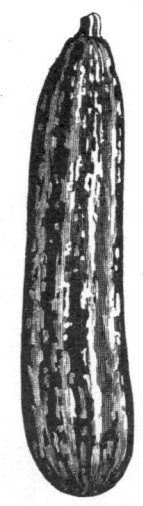

Race extrêmement distincte, non coureuse, à tiges très grosses et très courtes, émettant des feuilles nombreuses, d'un vert foncé, très grandes et profondément découpées en cinq ou sept lobes, eux-mêmes plus ou moins entaillés : la réunion de ces feuilles forme un véritable buisson. Fruits très allongés, atteignant 0^{m}50 et plus de longueur sur un diamètre de 0^{m}07 à 0^{m}10, sillonnés de cinq côtes, surtout dans la portion qui est voisine du pédoncule et qui est plus mince que le reste du fruit ; écorce très lisse, d'un vert foncé marbré de jaune ou de vert plus pâle.

Dans toute l'Italie, où cette courge est très généralement cultivée, on en consomme les fruits tout jeunes, quand ils ont à peine les dimensions d'un petit concombre, quelquefois même avant que la fleur soit épanouie : on cueille alors l'ovaire, qui a tout au plus la grosseur et la longueur du doigt.

Les plantes dont on empêche ainsi les fruits de se développer continuent à fleurir pendant plusieurs mois avec une abondance remarquable, et chaque pied peut donner un très grand nombre de petites courges qui, cueillies à cet état, sont extrêmement tendres et délicates.

Courge d'Italie. Réd. au sixième.

COURGERON DE GENÈVE.

NOMS ÉTRANGERS : ANGL. Bush Geneva squash. — ALL. Genfer ohne Ranken Kürbiss.

Plante non coureuse ; feuilles longuement pétiolées, moyennes, d'un vert franc, assez profondément découpées en lobes allongés et dentés sur les bords. Fruits nombreux, petits, très déprimés, de 0^{m}12 à 0^{m}15 de diamètre sur environ 0^{m}05 à 0^{m}08 d'épaisseur ; côtes larges, très effacées ; écorce lisse, d'un vert brun, devenant orange à la maturité. La chair est jaune, peu épaisse.

Le fruit se mange jeune, avant d'avoir pris tout son développement, comme on fait pour la Courge à la moelle.

C. Courgeron de Genève (Réd. au sixième).

COURGE DE NICE.

Cette variété est très vraisemblablement sortie de la C. Courgeron de Genève dont elle présente tous les caractères de végétation. Elle est très appréciée sous le nom de *Cougourdon,* par les jardiniers de la Côte d'azur, qui la cultivent surtout en vue de l'approvisionnement du marché pendant le cours de la saison hivernale, c'est-à-dire de Décembre à Mars. La plante passe parfaitement l'hiver dehors, pourvu qu'on la place devant un abri, à l'exposition du Midi, et qu'on ait la précaution de la couvrir toutes les nuits.

On connaît deux formes de la Courge de Nice : l'une *à fruit rond,* à peu près analogue à celui du Courgeron de Genève, mais un peu plus aplati ; l'autre, *à fruit long,* rappelant beaucoup dans son contour général la C. à la moelle.

Ces fruits, qui se consomment à peine au tiers de leur développement, sont à cet état d'une teinte vert foncé ; à maturité, leur peau est lisse et d'un jaune orangé comme celle du Courgeron de Genève.

COURGE COU TORS HATIVE.
Synonyme : Courge crochue.
Nom étranger : angl. Early bush *or* Yellow summer crook-neck squash.

Plante non coureuse, formant une touffe comme les Patissons ; feuilles d'un vert franc, grandes, dentées sur les bords, découpées en trois ou cinq lobes assez aigus. Fruits de couleur orange très vive, allongés, recouverts de nombreuses excroissances arrondies, rétrécis et le plus souvent courbés dans la portion la plus voisine du pédoncule, renflés dans la partie opposée, mais se terminant toujours en pointe.

Cette variété n'est pas recommandable comme légume ; on l'emploie plus souvent à la manière des coloquintes, comme fruit d'ornement. La dureté de son écorce fait qu'elle se conserve facilement pendant tout l'hiver en gardant toujours la belle couleur orangée qui la caractérise.

Courge cou tors hâtive (Réd. au sixième).

CITROUILLE DE TOURAINE, Grosse courge longue (Savoie). (angl. Very large Tours pumpkin ; all. Tours Centner-grosser Futter-Kürbiss ; port. Abobora de agua).

Tiges rampantes, dépassant 5 et 6 mètres de long ; feuilles très grandes, d'un vert foncé et parsemées de quelques macules grisâtres, quelquefois entières, le plus souvent divisées en trois ou cinq lobes. Fruits très gros, arrondis ou allongés, généralement aplatis aux deux extrémités, à côtes très peu apparentes et à surface lisse, d'un vert pâle ou grisâtre, marqué de bandes et de marbrures plus foncées ; ils peuvent arriver à peser jusqu'à 40 et 50 kilogrammes. La chair en est blanc jaunâtre ou jaune pâle rosé, pas extrêmement épaisse et de qualité médiocre.

La Citrouille de Touraine est très productive ; on la sème de la mi-Avril à la mi-Mai. Elle n'est généralement employée que dans la grande culture en plein champ, pour la nourriture du bétail.

Citrouille de Touraine.
Réd. au douzième.

Les amandes des graines, qui sont très oléagineuses, sont utilisées dans la confiserie pour la fabrication des dragées ; on s'en sert aussi en médecine.

PATISSONS

Synonymes : Bonnet d'électeur, Bonnet de prêtre, Couronne impériale, Artichaut de Jérusalem, Artichaut d'Espagne, Arboufle d'Astrakhan, Arbouste d'Astrakhan.
Noms étrangers : angl. Custard marrow, Crown gourd; (am.) Scallop summer or Bush squash, Pattypan. — all. Bischofsmütze. — flam. Prinsenmuts. — ital. Zucca pasticcina. — port. Abobora empadâo. — pol. Dynia czapka biskupia.

Les Patissons constituent une des races les plus curieuses parmi celles qui sont issues du *Cucurbita Pepo*. Ce sont des plantes non coureuses, à feuilles grandes, d'un vert franc, entières ou à cinq lobes peu marqués. Fruit très déprimé dans le sens de l'axe, c'est-à-dire beaucoup moins long que large ; le contour, au lieu d'en être arrondi, présente cinq ou dix excroissances ou dents obtuses divergentes, ou plus ou moins recourbées vers l'ombilic du fruit. Les fruits des patissons sont assez pleins ; la chair en est ferme, peu sucrée, mais assez farineuse ; écorce très lisse, de couleur et de volume variables. La graine en est petite, relativement à celle des autres courges sorties du *Cucurbita Pepo* : un gramme en contient 10, et le litre pèse 430 grammes.

Patisson.
Réd. au seizième.

Patisson jaune.
Réd. au sixième.

Patisson panaché amélioré.
Réd. au sixième.

Les variétés de patissons le plus généralement cultivées sont les suivantes :

Patisson jaune. — Paraît être la variété primitive ou le type des patissons cultivés. Il a la peau d'un jaune de beurre uni; les dents ou divisions de la couronne assez prononcées et recourbées vers l'ombilic.

Patisson vert. — Fruit d'un vert foncé, presque uni ou faiblement marbré, d'une couleur très foncée d'abord et jaunissant à l'approche de la maturité.

Patisson orange. — Semblable, par sa forme, au P. jaune, mais d'une couleur beaucoup plus intense, se rapprochant de celle d'une orange mûre.

Patisson panaché. — Souvent à tiges coureuses; fruits assez petits, à dents peu prononcées, très joliment panachés de vert et de blanc.

Patisson galeux. — Fruits dont les lobes sont peu développés, mais dont l'écorce, d'un blanc de crème, est toute parsemée de verrues arrondies.

Toutes ces variétés produisent des fruits nombreux et d'un petit volume. Un pied vigoureux peut en porter jusqu'à dix ou douze.

Patisson panaché amélioré. — Se distingue des variétés qui précèdent par le volume beaucoup plus fort de ses fruits, qui pèsent souvent 3 ou 4 kilogrammes ; un pied n'en porte pas ordinairement plus de trois ou quatre. Par la forme et la couleur, ils ressemblent à ceux du P. panaché ordinaire.

Patisson blanc américain (White bush scallop squash). — Variété également à fruits volumineux, très larges, très plats et d'un blanc laiteux.

On cultive en Amérique, sous le nom de *Pine-apple squash* (*Courge ananas*), un patisson jaune à couronne allongée, conique, différant aussi de nos races en ce que la plante est coureuse. — Ce patisson a été cultivé ces années dernières sous les noms de *Courge patate* et *Courge du Congo*.

Patisson blanc américain.
Réd. au sixième.

Courge Boule de Siam.
Réd. au sixième.

COURGE BOULE DE SIAM, Courge Melon de Malabar (*Cucurbita melanosperma*).
Plante grimpante produisant des fruits ellipsoïdes ou ovales, de la grosseur d'une Pastèque, à peau très lisse, vernissée, d'un beau vert, parcouru en long par de nombreuses lignes ou bandes de marbrures blanches. Ces fruits à chair d'un vert blanchâtre, sont comestibles à la façon des Pastèques à confitures, et se conservent en parfait état pendant un an et même plus longtemps lorsqu'ils sont tenus au sec et à l'abri du froid. — Même culture que les Courges.

COURGE BOUTEILLE, Calebasse, Cougourde, Gourde (*Lagenaria vulgaris* Ser., *Cucurbita Lagenaria* L.). (angl. Bottle gourd ; all. Flaschen-Kürbiss).
De même que les petites formes ornementales du *Cucurbita Pepo* désignées habituellement, mais à tort, sous le nom de Coloquintes, les diverses variétés du *Lagenaria vulgaris* sont bien plutôt cultivées comme plantes d'ornement que pour le produit qu'on en peut tirer.

La forme dite *Courge pèlerine*, dont les fruits à double renflement sont connus de tout le monde, est seule susceptible d'un emploi usuel. Les fruits, secs et vidés, remplissent assez bien l'office de bouteille.

220　　　　　　　　　　　　　　　COURGES

La végétation très rapide de cette courge, le nombre et la beauté de ses grandes fleurs blanches, et la forme ainsi que les dimensions remarquables des fruits, la font rechercher pour les effets décoratifs qu'on peut en obtenir comme plante grimpante ; aussi, paraît-elle s'être répandue dans tous les pays du monde à climat chaud ou tempéré ; elle est cultivée depuis longtemps déjà par les Chinois et les Japonais, qui en possèdent quelques variétés un peu différentes de celles que nous avons en Europe.

Les *Lagenaria* sont des plantes annuelles à végétation rapide, dont la culture est d'une extrême simplicité : on les sème en place en Mai, à une exposition chaude, ou bien on les plante en pleine terre à la même époque, après les avoir fait germer sur couche ou sous châssis, selon qu'on veut les avancer plus ou moins. Ces courges aiment une bonne terre riche et abondamment fumée ; de copieux arrosements, sans leur être absolument nécessaires, contribueront au développement et à la beauté des fruits.

Courge pèlerine.
Réd. au douzième.

Les fruits de *Lagenaria* ne mûrissent sous le climat de Paris que placés à une exposition chaude. Pris dans leur jeunesse, ils sont consommés, dans quelques pays, de la même manière que la Courge à la moelle ; il ne nous semble pas néanmoins qu'ils constituent un légume bien recommandable ; la plante doit surtout être considérée comme ornementale.

En raison du peu d'intérêt que présentent les variétés de *Lagenaria* au point de vue purement potager, nous nous bornerons à une simple citation des principales, renvoyant les personnes qui désireraient en avoir une description plus complète à notre ouvrage « LES FLEURS DE PLEINE TERRE » :

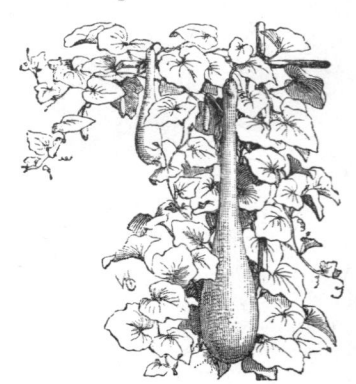

Courge massue.
Réd. au quinzième.

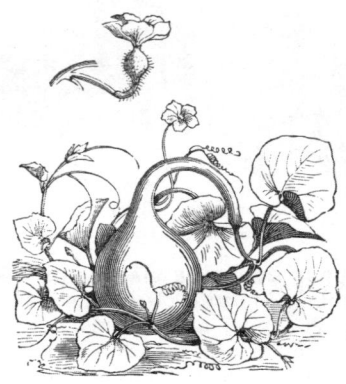

Courge siphon.
Réd. au douzième.

C. massue. — Fruit dépassant parfois 1 mètre de longueur, presque cylindrique, mais moitié moins épais dans la partie voisine du point d'attache, souvent renflé à l'extrémité.

C. siphon. — Fruit présentant un renflement terminal à peu près sphérique, de 0^m20 à 0^m30, prolongé par un col long, mince, recourbé en demi-cercle dans la partie voisine du pédoncule.

C. pèlerine. — Fruit étranglé vers le milieu et présentant deux renflements très inégaux ; l'inférieur large, aplati à l'extrémité, de manière à donner au fruit une certaine stabilité ; le supérieur court, presque sphérique.

COURGES   221

Il en existe une sous-variété à fruits très volumineux, désignée quelquefois sous le nom de *Gourde gigantesque*, mais elle ne se reproduit pas toujours bien identiquement par le semis et elle exige beaucoup de chaleur pour atteindre tout son développement.

C. pèlerine miniature. — Diminutif de la race précédente; les fruits ne dépassent guère 0^m10 à 0^m12 de haut et leur volume n'excède pas 1/4 ou 1/3 de litre. Elle est extrêmement fertile et un seul pied peut porter jusqu'à une cinquantaine de fruits.

C. poire à poudre. — Fruit en forme de poire plus ou moins allongée, avec un col assez prononcé; la dimension en est variable.

C. plate de Corse. — Fruit arrondi, tout à fait déprimé, complètement lisse et sans côtes, mesurant 0^m15 à 0^m20 de diamètre sur 0^m06 à 0^m10 d'épaisseur.

Courge poire à poudre. Courge pèlerine miniature. Courge plate de Corse.
Réd. au douzième.   Réd. au douzième.   Réd. au douzième.

COLOQUINTE, COLOQUINELLE. (ANGL. Fancy gourd, Bitter apple; ALL. Kleiner Zierkürbiss; HOLL. Kawoerd appel, Kolokwint, Bitterappel; SUÉD. Prynads-kürbiss; ITAL. et ESP. Coloquintida; PORT. Cabaça; RUSSES Kolokvïnte, Gorkaïa tykva; POL. Tykwy ozdobne). — Fam. des *Cucurbitacées*.

La véritable Coloquinte (*Cucumis Colocynthis* L.), plante exclusivement médicinale, ne se rencontre que très rarement dans les cultures. C'est par un abus de langage, consacré il est vrai par l'usage, qu'on désigne sous ce nom un grand nombre de variétés de courges à fruits petits, peu charnus, ayant pour principal mérite l'élégance ou la bizarrerie de leur forme et les belles couleurs qu'elles prennent à la maturité; l'écorce en devient généralement très dure et la pulpe de l'intérieur se dessèche assez facilement : il en résulte que ces fruits se conservent mieux que ceux de la plupart des courges comestibles.

Tous les caractères de végétation des coloquintes les rapprochent entièrement des courges qui ont pour origine le *Cucurbita Pepo*. Les tiges, les feuilles et les fleurs, de même que les fruits, sont en général, dans ces plantes, plus petits que dans les autres variétés précédemment décrites; mais tous leurs caractères, ainsi que ceux du calice et du pédoncule, indiquent bien cette origine : et, du reste, on peut dire que les patissons, qu'on s'accorde à regarder comme descendant certainement du *Cucurbita Pepo*, forment, par leurs fruits peu volumineux et à écorce dure, une transition parfaite entre les coloquintes et les courges comestibles de la série que nous avons décrite en dernier lieu.

Les coloquintes ont généralement, sinon toujours, des tiges longuement coureuses ou grimpantes; elles sont très souvent, pour ce motif, employées comme plantes d'ornement pour la décoration des treillages, tonnelles, etc. La rapidité de leur croissance les rend très propres à garnir promptement les surfaces qu'on veut revêtir de verdure, et l'abondance de leurs fruits, qui sont d'ordinaire agréablement panachés, les rend très décoratives à l'arrière-saison et jusqu'à l'arrivée des froids. Les fruits des coloquintes sont, aussi, fréquemment employés pour la garniture des tables à une époque où les fleurs deviennent rares.

Coloquinte plate rayée.
Réd. au dixième ; fruit isolé, au sixième.

Coloquinte bicolore jaune et vert.
Réd. au douzième ; fruit isolé, au sixième.

Les variétés de coloquintes sont extrêmement nombreuses, et les semis en donnent constamment de nouvelles ; il serait impossible de les énumérer toutes, nous nous contenterons de citer celles qui sont le plus généralement cultivées, renvoyant à notre ouvrage : « LES FLEURS DE PLEINE TERRE », pour de plus amples indications.

C. poire blanche. — Fruit lisse, complètement d'un blanc laiteux.

C. poire rayée. — Fruit d'un vert foncé, zébré en long de bandes irrégulières ou marbré de taches blanches ou d'un vert très pâle.

C. poire bicolore. — Fruit mi-partie jaune et vert uni.

C. bicolore jaune et vert. — Fruit piriforme, jaune clair, marqué à la partie inférieure d'une tache circulaire verte qui, quelquefois, se dédouble et forme un anneau sur la partie ventrue.

C. oviforme blanche. — Fruit blanc uni, de la grosseur d'un œuf de poule.

C. galeuse. — Fruit arrondi, à écorce complètement couverte de nombreuses protubérances arrondies ; de couleur variable.

C. pomme hâtive. — Fruit presque sphérique, à peau entièrement blanche.

C. orange. — Fruit de la grosseur et de la couleur d'une belle orange.

C. miniature. — Fruit déprimé, petit, panaché de vert pâle sur fond plus foncé.

C. plate rayée. — Fruit très aplati, rayé ou marbré de différentes nuances de vert.

Coloquinte galeuse.
Réd. au dixième.

Coloquinte miniature.
Grandeur naturelle.

Coloquinte poire rayée.
Réd. au douzième ; fruit au cinquième.

CRAMBÉ MARITIME

Crambe maritima L. — Fam. des *Crucifères*.

Synonyme : Chou marin.

Noms étr.: angl. Sea-kale. — all. Meer- *oder* See-Kohl. — flam. et holl. Zeekool, Meerkool. — dan. Strandkaal. — suéd. Strandkål. — esp. Soldanela maritima, Crambe, Col marina. — russe Kapousta morskaïa. — pol. Kapusta morska.

Indigène. — *Vivace.* — Plante à feuilles amples, épaisses, frangées, souvent contournées et découpées sur les bords en segments arrondis, d'une couleur vert glauque toute particulière et à peu près identique sur les deux faces de la feuille ; tiges fortes, ramifiées, hautes de 0^m50 à 0^m60, portant un grand nombre de fleurs blanches, larges, et faisant place à des silicules à peu près sphériques d'un peu moins d'un centimètre de diamètre, blanches, assez dures, ne s'ouvrant pas à la maturité, et ne renfermant qu'une seule graine chacune. La graine non décortiquée pèse 210 grammes par litre, et un gramme en contient de 15 à 18 ; sa faculté germinative baisse rapidement après la première année.

Le Crambé ou Chou marin, qui se rencontre à l'état sauvage sur une grande partie des côtes de l'Europe occidentale, est fort peu usité comme légume en France, tandis qu'il est depuis de longues années l'objet d'une culture importante en Angleterre. Ce sont les feuilles, ou plutôt les pétioles qui sont employés comme légume ; on a soin, pour cela, de les faire blanchir en les privant de lumière, et l'on obtient de la sorte des pousses tendres d'un goût agréable et fin, tandis que ces mêmes pousses seraient d'une âcreté insupportable si on les laissait se colorer sous l'influence de la lumière.

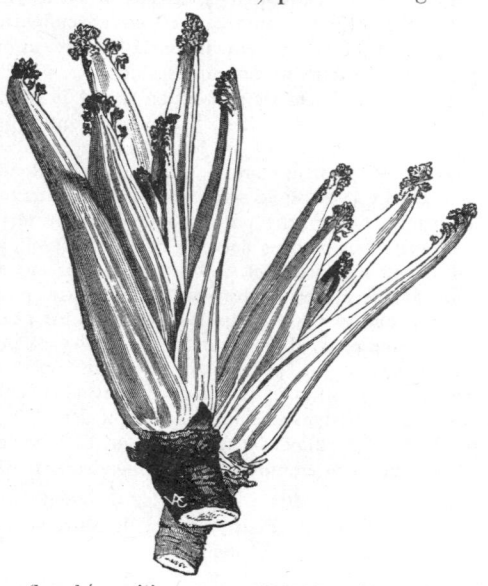

Crambé maritime (Pousses blanchies, réd. au tiers).

Les Anglais possèdent plusieurs variétés horticoles du Crambé, celle que l'on désigne sous le nom de *Feltham white* semble être la plus perfectionnée ; elle se distingue du type décrit plus haut, qui est le seul connu en France, par ses feuilles plus développées, amples, très plissées sur les bords, à côtes larges et bien blanches, même sans le secours du blanchissement artificiel.

Culture. — Le Crambé est une plante vivace qui peut se multiplier par divisions ou par boutures de racines aussi bien que par semis. Pour employer la première méthode, on divise, à la fin de l'hiver et avant le réveil de la végétation, c'est-à-dire au mois de Février ou au commencement de Mars, les diverses ramifications des vieilles touffes de Crambé en tronçons d'une dizaine de centimètres, que l'on plante immédiatement en place, dans une bonne terre bien amendée et profondément labourée. Comme les plantes prennent un assez grand développement, il est bon de les espacer de 0ᵐ60 à 0ᵐ80 en tous sens. Dès la première année, les jeunes crambés prennent une certaine force et peuvent à la rigueur donner une récolte au printemps suivant. Il vaut mieux toutefois ne commencer à couper qu'à la seconde année.

La multiplication du Crambé par semis peut se faire, soit en place, soit en pépinière. Dans tous les cas, on sème la graine de Mars en Juin, sans la dépouiller de son enveloppe. Dès que les jeunes plants ont quatre ou cinq feuilles, on les met en place, à la même distance que les boutures dont nous avons parlé plus haut. Le semis en place se fait en poquets placés, eux aussi, à la même distance les uns des autres. Ces poquets ou fossettes doivent être bien terreautés et tenus bien propres; les arrosements doivent être fréquents jusqu'au développement complet des plants. Quand ils sont assez forts, et que les attaques du *tiquet* ne sont plus à craindre, on arrache les plants, à l'exception du plus fort, qu'on laisse seul en place; pendant la fin de l'année du semis et pendant toute l'année suivante, les mêmes soins d'entretien doivent être donnés aux jeunes semis et aux plantations de boutures. Ce n'est qu'au troisième printemps que l'on peut commencer à cueillir sur les jeunes plantes, et elles peuvent ensuite rester en pleine production pendant huit ou dix ans.

Pour blanchir le Crambé, on couvre chacune des têtes de la plante d'un pot de jardin bien fermé, pour ne pas laisser pénétrer la lumière, et on le recouvre en outre plus ou moins complètement de terre ou de feuilles sèches.

Si l'on veut forcer les plantes, on se sert de fumier, dont on entoure et recouvre le pot; au bout de quelques semaines, les pousses sont suffisamment développées pour être cueillies. On ne doit pas craindre, en les détachant, d'en couper la base à une certaine distance au-dessous de la partie blanche, car les souches tendent toujours à sortir de terre. Le Crambé peut encore se forcer en serre, en bâche ou dans tout autre endroit où l'on dispose de chaleur artificielle. On arrache pour cela les pieds entiers, et on les replante près à près dans du sable frais. Les pousses doivent, comme en plein air, être soustraites à l'action de la lumière, soit par un abri artificiel, soit par une épaisseur de sable assez grande. Il faut, tous les ans, avoir la précaution de les recouvrir de terre, pour empêcher qu'elles ne se déchaussent.

Pour conserver la vigueur des plantes, il est nécessaire de ne pas couper toutes les pousses d'un même pied; il faut, par contre, veiller à ce que ces pousses qu'on a ménagées ne fleurissent pas, ce qui épuiserait inutilement la plante. Il est bon, à l'automne, de donner à la plantation quelques soins, qui consistent dans l'enlèvement des feuilles mortes, la suppression des pousses faibles et surabondantes et dans l'épandage de terre légère ou de terreau sur les portions qui tendraient à se déchausser. Comme le Crambé est une plante maritime, un peu de sel commun, employé comme amendement, ne peut qu'en favoriser la végétation.

Usage. — Les pétioles blanchis se mangent cuits à peu près à la manière des Asperges ou des côtes de Cardon. Bien préparés, ils conservent toute leur fermeté, et leur saveur rappelle celle des plus fins Choux-fleurs.

CRAMBE TATARICA (?). — Sous le nom d'*Ovidius*, M. Bichot a introduit en France, tout récemment, un légume qui semble se rattacher botaniquement au *C. tatarica* et qui, cultivé comme le *C. maritima*, donne des pousses comestibles.

Cette plante est encore peu répandue dans les cultures, et il serait téméraire d'affirmer qu'elle y tiendra jamais une place importante.

CRESSON ALÉNOIS

Lepidium sativum L. — Fam. des *Crucifères*.

Synonymes : Passerage cultivé, Nasitor, Cressonnette.

Noms étr. : angl. Garden cress, Pepper grass. — all. Garten-Kresse. — flam. Hofkers. — holl. Tuinkers. — dan. Havekarse. — suéd. Trädgårdskrasse. — ital. Crescione d'ajuola, Crescione inglese, Agretto, Cerconcello. — esp. Berro de tierra, Mastuerzo, Malpica. — port. Mastruço, Agrião de terra (Brésil). — russe Sadóvyi kresse. — pol. Rzeżucha ogrodowa.

Perse. — Plante annuelle à végétation très rapide. Le goût fort et piquant de ses feuilles l'a fait de tout temps rechercher comme condiment, et la culture en est si facile qu'elle a trouvé place dans les jardins les plus modestes. Feuilles radicales très découpées, assez nombreuses, formant une rosette peu fournie, du centre de laquelle s'élève bientôt une tige lisse, ramifiée, garnie de quelques feuilles presque linéaires; fleurs blanches, petites, à quatre pétales, faisant place à des silicules arrondies, très déprimées et légèrement concaves. Les graines sont relativement grosses, sillonnées, oblongues, rouge-brique. Elles ont un goût âcre et une saveur alliacée. Un gramme en contient 450, le litre pèse 730 grammes ; leur durée germinative est de cinq années.

Culture. — Il n'est pas de plante plus facile à cultiver que le Cr. alénois ; on peut le semer en tout temps et en tout terrain avec la certitude d'avoir au bout de quelques semaines des feuilles vertes à couper. Pendant les grandes chaleurs seulement, il est bon de faire le semis à une exposition un peu fraîche et ombragée, afin d'obtenir un produit plus tendre et plus abondant. En été, comme la plante monte rapidement à graine, il est bon de renouveler souvent les semis.

La graine du Cr. alénois est une de celles qui germent le plus rapidement : à la température de 10 à 15° centigrades, elle lève habituellement en moins de vingt-quatre heures. On met quelquefois à profit, en hiver, cette faculté de prompte germination pour se procurer rapidement dans les appartements un peu de verdure fraîche ; il suffit, pour cela, de répandre abondamment de cette graine sur de la mousse ou du sable, ou bien d'en saupoudrer un vase ou autre objet revêtu de mousse ou de flanelle humides, ou simplement d'argile fraîche. En quelques jours on obtient une masse de verdure d'un fort joli effet.

Usage. — Les feuilles radicales de la plante sont très employées comme condiment ; on en garnit les mets, particulièrement les rôtis, ou bien on les emploie en hors-d'œuvre ou en salade.

Cresson alénois frisé (Réd. au cinquième).   Cresson alénois commun (Réd. au cinquième).

CRESSON ALÉNOIS COMMUN.

Noms étrangers : Angl. Common *or* plain garden cress. — All. Grüne gewöhnliche Garten-Kresse.

La forme qui se rencontre habituellement dans les cultures constitue un progrès assez marqué sur la plante sauvage ; les feuilles sont plus grandes, d'un vert plus foncé, et le produit en est plus abondant.

CRESSON ALÉNOIS FRISÉ.
Syn. : Cresson crépu.

Noms étrangers : Angl. Fine curled *or* Normandy garden cress. — All. Krausblättrige *oder* Gefüllte Garten-Kresse.

Les divisions des feuilles sont, dans cette variété, plus nombreuses et plus fines que dans le Cr. alénois commun ; elles sont en même temps crispées et plus ou moins contournées sur elles-mêmes, ce qui donne à l'ensemble de la feuille une apparence frisée assez agréable.

CRESSON ALÉNOIS NAIN TRÈS FRISÉ.

Noms étrangers : ANGL. Dwarf extra fine curled *or* Treble garden cress.
ALL. Sehr krause niedrige Garten-Kresse.

Race tout à fait distincte, d'un port trapu et ramassé, à feuilles habituellement découpées jusqu'à la nervure centrale et composées de lobes assez larges, dentés, incisés et extrêmement frisés sur les bords.

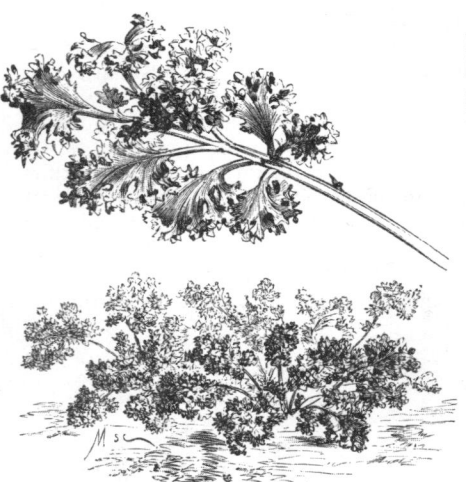

Outre ce caractère extérieur qui permet de le reconnaître facilement, le Cr. alénois nain très frisé se distingue bien des autres par sa saveur plus forte et plus piquante.

Cresson alénois nain très frisé.
Réd. au cinquième.

Cresson alénois à large feuille.
Réd. au cinquième.

CRESSON ALÉNOIS A LARGE FEUILLE.

Noms étrangers: ANGL. Broad-leaved garden cress. — ALL. Breitblättrige grüne Garten-Kresse.

Tout à l'opposé de la variété précédente, celle-ci diffère du type en ce que le limbe de la feuille est entier, sans découpures, mais seulement avec quelques dents sur les bords. La feuille est alors ovale, de 0^m05 environ de longueur sur 0^m02 ou 0^m03 de largeur; elle présente un pétiole nettement aminci et un contour un peu irrégulier.

On donne assez souvent la préférence à cette variété, en raison de la plus grande largeur de ses feuilles.

CRESSON ALÉNOIS DORÉ.

Synonyme : Cresson d'Australie.

Noms étrangers : ANGL. Golden yellow *or* Australian garden cress. — ALL. Australische Salat-Kresse, Goldgelbe Salat-Kresse.

Cette race peut passer pour une sous-variété du Cr. alénois à large feuille ; elle présente la même conformation et ne s'en distingue que par la teinte vert pâle ou jaunâtre de son feuillage. La différence de teinte entre les deux variétés est toutefois si marquée, qu'elle frappe l'œil le moins exercé.

Ces deux dernières variétés diffèrent à tel point, par l'apparence de leurs feuilles, du Cr. alénois ordinaire, qu'en les voyant avant la floraison végéter à côté de celui-ci, on serait presque tenté de croire que l'on a affaire à des plantes d'un genre tout à fait différent.

CRESSON DE FONTAINE

Nasturtium officinale R. Br. — **Sisymbrium Nasturtium** L.

Fam. des *Crucifères.*

Synonymes : Bailli, Cresson d'eau, Cr. de ruisseau, Santé du corps, Bride-cresson.
Noms étr. : angl. Water-cress. — all. Brunnenkresse. — flam. et holl. Waterkers. — dan. Brondkarsen. — suéd. Vatten krasse. — ital. Crescione acquatico, Crescione di fontana, Agretto acquatico, Nasturzio acquatico. — esp. Berro de agua. — port. Agrião d'agua. — russe Vodiànnoï kress. — pol. Rukiew, Rzeżucha wodna.

Indigène. — Vivace. — Plante aquatique, à tiges longues, s'enracinant facilement et émettant, dans l'eau elle-même, des racines blanches qui servent à sa nutrition ; feuilles composées, d'un vert foncé, à divisions arrondies, légèrement sinuées ; fleurs blanches, petites, en épi terminant les tiges. Graines généralement peu abondantes, très fines, contenues dans des siliques légèrement arquées : un gramme en contient environ 4000, et le litre pèse 580 grammes ; leur durée germinative est de cinq années.

Culture. — Le goût agréable et caractéristique du Cr. de fontaine, ainsi que ses propriétés hygiéniques bien connues, l'ont fait de tout temps rechercher comme condiment et comme légume. Sa prédilection pour les emplacements humides, et même submergés par des eaux courantes, en rend la culture assez malaisée ; aussi se contente-t-on, dans beaucoup d'endroits, de le récolter dans les ruisseaux, les fossés et les fontaines, où il croît naturellement.

Dans les environs de quelques grandes villes, on en a établi de véritables cultures, qui sont en général très profitables. On choisit pour cela une portion de prairie abondamment arrosée par des eaux vives et limpides, et l'on y creuse, l'une à côté de l'autre, un certain nombre de grandes fosses, larges de 2 à 4 mètres ou plus, et séparées par des intervalles de 4 mètres environ. L'eau doit pouvoir s'écouler de l'une à l'autre ; on ménage pour cela une petite différence de niveau, afin que l'eau s'échappe de chaque fosse par l'extrémité opposée à celle par où elle y est entrée ; l'eau ne sort ainsi de la cressonnière qu'après avoir longuement serpenté à travers toutes les fosses. Quand le sol du fond des fosses a été bien préparé, labouré et fumé, on y pique au plantoir, en les espaçant d'environ 0^{m}05 à 0^{m}10, des tiges de cresson prises parmi ce qu'on peut trouver de plus beau et de plus vigoureux ; on tasse ensuite la plantation avec un balai, un rouleau ou même simplement avec le pied, puis on laisse entrer environ 0^{m}05 d'eau, et lorsque la reprise est bien effectuée, on élève le niveau de l'eau au fur et à mesure de la croissance du cresson.

La récolte peut commencer environ un mois après la plantation. Elle se fait en toute saison, excepté toutefois pendant les grands froids, où l'on submerge complètement le cresson pour le mettre à l'abri de la gelée.

Des cressonnières du même genre, mais établies sur une beaucoup plus petite échelle, peuvent être créées partout où l'on dispose d'eau pure et fraîche en suffisante quantité. Il n'est même pas nécessaire d'avoir un écoulement d'eau constant, pourvu que le renouvellement en soit assez fréquent pour qu'elle reste pure et limpide.

Cresson de fontaine.
Réd. au tiers.

Bien que moins employé que le bouturage, le semis constitue cependant un excellent procédé de reproduction. On l'effectue d'ordinaire de Mars à Juillet, soit au fond de petits fossés, soit en place ou en pépinière, en terre très humide. La graine, qui est très fine, doit être mélangée à une certaine quantité de terre sèche ou de sable et être semée clair. Quand le plant a atteint 0^{m}08 à 0^{m}10, on l'arrache et on le plante en fosses absolument comme s'il s'agissait de boutures.

Pendant la durée de la cressonnière, il faut éviter l'envahissement par les plantes aquatiques étrangères, telles que : *Lentilles d'eau, Véronique, Cresson de cheval, Berles*, etc. A l'aide d'un râteau, on attire ces plantes près du bord et on les arrache à la main.

Le semis en pleine terre du Cresson de fontaine est un moyen de production peu connu, cependant très pratique et n'offrant aucune difficulté. Il suffit de disposer d'un emplacement ombragé ou exposé au Nord et tenu suffisamment frais par de fréquents arrosages :

On creuse d'abord dans une plate-bande une tranchée profonde d'environ 0^{m}25 et large d'un mètre ; on en plombe fortement le fond avec les pieds pour le rendre à peu près imperméable, et l'on recouvre d'une couche de bonne terre mêlée de terreau que l'on tassera légèrement et de manière à donner à cette plate-bande une forme de cuvette. On arrose ensuite copieusement jusqu'à saturation, et après avoir laissé le terrain se ressuyer, on sème la graine très clair, comme il a été dit pour le semis en fosse. Il ne reste plus qu'à recouvrir légèrement le semis de terreau fin, au moyen d'un tamis.

Les autres soins à donner à ce genre de cressonnière consistent à maintenir le sol toujours frais. Au fur et à mesure que l'on cueille du cresson, on répand un peu de bon terreau destiné à ranimer la végétation et à regarnir les vides produits par la cueillette.

INSECTES NUISIBLES. — Les *Altises* attaquent parfois les cressonnières ; pour s'en débarrasser, il suffit de submerger complètement les plantes pendant quelques jours, ou en pleine terre, d'arroser très copieusement et fréquemment.

Cresson de fontaine amélioré à large feuille.
Réd. au tiers.

USAGE. — Le Cresson de fontaine est universellement cultivé. On l'emploie pour garnitures de plats, en salade, et même parfois haché et cuit en guise d'épinards. La pharmacie en fait aussi grand usage pour les sirops dépuratifs.

CRESSON DE FONTAINE AMÉLIORÉ A LARGE FEUILLE.

SYNONYME : Cresson Boulanger.

NOMS ÉTRANGERS : ANGL. Improved broad-leaved water-cress. — ALL. Verbesserte breitblättrige Brunnen-Kresse.

Variété très en faveur depuis quelques années sur le marché de Paris. Sa culture et ses emplois sont exactement les mêmes que ceux du Cr. de fontaine ordinaire dont elle diffère par ses feuilles beaucoup plus grandes et plus tendres.

C'est une amélioration remarquable de la race cultivée depuis si longtemps pour l'approvisionnement des marchés.

CRESSON DE JARDIN
Barbarea præcox R. Br. — **Erysimum præcox** L.
Fam. des *Crucifères*.

SYNONYMES : Cresson de terre, Cr. vivace, Cr. des vignes, Cressonnette de jardin, Roquette, Sisymbrium.

NOMS ÉTRANGERS : ANGL. Gray seeded early winter cress, American cress, Belle-Isle Cr. ALL. Amerikanische Winterkresse. — FLAM. Wilde kers. — DAN. Winterkarse. SUÉD. Vinterkrasse. — RUSSE Zimny kress. — POL. Rzeżucha zimowa, Mniszek ogrodowy.

Indigène. — Bisannuel. — Plante offrant par l'aspect de son feuillage quelque analogie avec le Cr. de fontaine; elle en diffère cependant en ce qu'elle est tout à fait terrestre. Semée au printemps, elle forme pendant l'été une rosette assez fournie de feuilles composées, d'un vert foncé et très luisant. Au printemps suivant, les tiges florales se développent et portent des épis assez allongés de fleurs jaune vif, auxquelles succèdent des siliques minces, contenant des graines petites, grises, chagrinées, un peu déprimées sur une face et arrondies sur l'autre. Un gramme de graines en contient 950 ; le litre pèse 540 grammes; la durée germinative est de trois années.

Cresson de jardin (Réd. au cinquième).

CULTURE. — La culture du Cresson de jardin est extrêmement simple et facile : on peut le semer pendant tout le printemps, l'été et l'automne, en toute terre de jardin, mais surtout aux expositions fraîches. Il n'est même pas nécessaire de renouveler les semis fréquemment, puisqu'on n'a pas à craindre de voir la plante monter prématurément à graine. Par contre, si la culture en est tout à fait facile, le produit ne vaut pas celui du Cresson de fontaine ou du Cresson alénois; les feuilles du Cresson de jardin sont, en effet, plus dures et leur saveur est plus piquante.

USAGE. — Les feuilles radicales du Cresson de jardin sont souvent employées comme assaisonnement et garniture de plats.

Le *Cresson d'hiver* (*Upland cress* des Américains) est le *Barbarea vulgaris* R. Br. (*Erysimum Barbarea* de Linné). — Sa culture et son emploi sont exactement les mêmes que ceux du *Barbarea præcox*.

CRESSON DES PRÉS, CRESSON ÉLÉGANT, CRESSONNETTE, PASSERAGE SAUVAGE (*Cardamine pratensis* L.). (ANGL. Cuckoo-flower, Lady's smock, Meadow cress; ALL. Wiesenkresse; SUÉD. Aangskrasse; ESP. Berros de prado; RUSSES Serdetchnick, Polevoï kress). — Fam. des *Crucifères*.

C'est une plante vivace indigène, commune dans les prés humides et sur le bord des eaux. Les feuilles pinnées, ressemblent un peu à celles du Cresson de fontaine et en ont aussi la saveur, mais elles sont beaucoup moins charnues et souvent teintées de brun violacé ; tige dressée, garnie de quelques feuilles à divisions linéaires ; fleurs assez grandes, roses ou lilas pâle, s'épanouissant de très bonne heure au printemps.

On mange les feuilles, qui ont une saveur âcre et piquante; mais la culture de cette plante comme légume présente assez peu d'intérêt.

CRESSON DE PARA, Spilanthe, Spilanthe des potagers (*Spilanthes acmella*, Murr., *Sp. oleracea* L.). (angl. Para cress; all. Hussarenknopf; flam. A BC kruid; suéd. Para kress ; russe Masliannoj kress). — Fam. des *Composées*.

Plante annuelle, presque rampante, à feuilles entières, ovales, tronquées à la base ; à tige terminée par des capitules floraux coniques, sans pétales et d'un jaune pur. Graine très petite, ovale, aplatie, mamelonnée, grisâtre.

Le semis se fait en Mars-Avril sur couche ; on repique sur couche et on met en place en Mai. On sème également en Avril-Mai en place, mais très clair, à situation bien exposée, en terrain meuble et substantiel ; la floraison commence au bout de deux mois environ et se prolonge pendant tout l'été. Des arrosements nombreux et abondants sont nécessaires pendant les temps chauds.

Les feuilles, introduites dans les salades, leur communiquent un goût piquant et une action excitante sur les glandes salivaires. Cet usage de la plante est assez rare, et l'on peut la considérer comme étant plutôt pharmaceutique que réellement potagère.

Cresson du Brésil (Réd. au cinquième).

CRESSON DU BRÉSIL (*Spilanthes fusca*). — Cette plante annuelle ne diffère seulement du Cr. de Para que par la teinte brune de ses tiges et de ses feuilles, teinte qui s'étend même à la partie supérieure des capitules floraux. Elle possède la même saveur piquante.

Le mode de culture et l'emploi des deux plantes sont complètement identiques.

CROSNES DU JAPON. — *Voy.* Stachys tubéreux.

CUMIN DE MALTE (*Cuminum Cyminum* L.). (angl. Cumin ; all. Pfeffer-Kümmel, Römischer-Kümmel ; holl. Komijn ; suéd. Maltesisk kumin ; ital. Comino di Malta ; esp. Comino ; russe Maltiysky tminek ; pol. Kminek maltyjski). — *Ombellifère* annuelle.

Plante très basse, ne dépassant guère 0^{m}10 à 0^{m}15 de hauteur, ramifiée dès la base ; feuilles réduites à des lanières linéaires ; fleurs petites, lilacées, réunies en ombelles terminales portées au bout de rameaux très divergents. Graines assez grosses, allongées, concaves d'un côté et convexes de l'autre, marquées de six côtes assez saillantes sur la partie convexe ; elles sont garnies de poils assez longs qui se brisent à la maturité. La saveur en est chaude et fortement aromatique.

Le Cumin se sème en pleine terre dès que le sol est bien échauffé, c'est-à-dire au commencement ou au milieu de Mai. La végétation en est rapide, et les graines commencent à mûrir dès la fin de Juillet, sans que la plante ait besoin d'autres soins que de quelques binages.

Les graines sont employées dans la cuisine, dans la pâtisserie et pour la préparation de quelques liqueurs.

DENT-DE-LION. — *Voy.* Pissenlit.

DIOSCOREA DIVARICATA (*Dioscorea Batatas*). — *Voy.* Igname de la Chine.

DOLIQUE. — *Voy.* Haricot Dolique.

DOUCETTE. — *Voy.* Mache.

ECHALOTE

Allium ascalonicum L.
Fam. des *Liliacées*.

Synonymes : Chalote, Ail stérile.

Noms étrangers : angl. Shallot. — all. Schalotte, Eschlauch. — flam. et holl. Sjalot. dan. Skalottelog. — suéd. Schalottenlök. — ital. Scalogno. — esp. Chalote, Escaluna. port. Echalota. — russes Chalote, Niemetsky louk. — pol. Szalotka.

Palestine. — Vivace. — Très voisine botaniquement de l'Ognon cultivé, l'Échalote en diffère complètement au point de vue horticole par son mode de végétation. C'est une plante qui ne donne que rarement des graines, mais qui produit des feuilles en abondance, et dont les ognons, mis en terre au printemps, se divisent rapidement en un grand nombre de caïeux qui restent attachés à un plateau commun et deviennent en quelques mois aussi forts que l'ognon qui leur a donné naissance.

C'est un légume très anciennement cultivé et dont il existe plusieurs formes assez distinctes.

Culture. — On plante l'Échalote aussitôt après l'hiver, dans une bonne terre riche bien amendée, saine et très ameublie. Le fumier bien consommé convient beaucoup mieux à l'Échalote qu'un engrais frais et pailleux; il est encore préférable, quand cela est possible, de la mettre dans une terre abondamment fumée dès l'année précédente. Les bulbes doivent être peu enterrés et espacés entre eux de $0^m 10$ environ dans l'espèce commune; on les dispose soit en planches, soit en bordures. Dans la culture en grand, on plante en lignes distantes de $0^m 20$, à l'écartement de $0^m 10$ à $0^m 15$ sur les lignes.

Dès que les feuilles commencent à se faner, vers le mois de Juillet, on arrache les touffes, qu'on laisse se ressuyer quelques jours sur le terrain, puis on les divise, et l'on conserve les bulbes dans un local sain. Ceux destinés à servir de semence peuvent être laissés en terre un peu plus longtemps.

On peut récolter de 150 à 200 litres, soit environ 75 à 100 kilog. de bulbes par are.

Insectes nuisibles et Maladies. — L'Échalote est exposée aux mêmes ennemis que l'Ognon. En outre, la larve blanche et vermiforme de la *Mouche de l'échalote* (*Anthomya platura*) cause parfois des dégâts sérieux dans les cultures en dévorant les bulbes, ce qui détermine la mort des plantes. On ne connaît aucun remède efficace, et on ne peut que recommander d'arracher et de brûler avec soin les plantes qui jaunissent.

Usage. — On emploie comme condiment les bulbes, qui se conservent toute l'année. On fait aussi usage des feuilles coupées vertes.

ÉCHALOTE ORDINAIRE.

Synonyme : Échalote petite.

Noms étrangers : angl. Common *or* true shallot. — all. Gewöhnliche Schalotte. flam. Kleine sjalot.

Bulbes de la grosseur d'une petite noix, quelquefois même plus forts, piriformes, atténués supérieurement en une pointe assez allongée ; recouverts d'une pellicule roussâtre, d'un rouge cuivré inférieurement et passant au gris vers la pointe, souvent marquée de rides longitudinales ; la pellicule extérieure est épaisse et tenace. Dépouillé de son enveloppe sèche, le bulbe est verdâtre à la base et violacé au sommet. Les feuilles sont petites, bien vertes, longues de $0^m 25$ à $0^m 30$.

Cette variété, qui est la plus cultivée, présente l'avantage d'être d'une très bonne conservation.

On en connaît à la halle de Paris plusieurs sous-variétés, qui sont :

L'É. *petite hâtive de Bagnolet*, un peu moins grosse que le type et donnant un grand nombre de caïeux à chaque touffe.

L'É. *grosse de Noisy*, dont chaque bulbe a le volume d'une petite figue. Cette variété est d'une très bonne conservation ; la peau en est très épaisse et très résistante. Elle se multiplie moins que les autres.

L'É. *hâtive de Niort*, un peu plus grosse que l'É. commune, à laquelle elle ressemble du reste beaucoup, mais entrant plus tôt en végétation.

Il est facile de reconnaître que ces trois sous-variétés ne sont que des modifications légères de l'É. ordinaire.

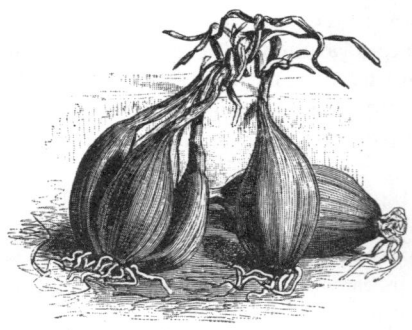

Échalote ordinaire (Demi-grandeur naturelle).   Échalote de Jersey (Demi-grandeur naturelle).

ÉCHALOTE DE JERSEY.

SYNONYMES : Échalote ognon, Échalote de Russie, Ognon pomme de terre, Ognon parisien (Oise).

NOMS ÉTRANGERS : ANGL. Jersey or Russian shallot, False shallot. — ALL. Grosse rote Schalotte, Danische Sch., Russische Sch. — FLAM. Russische sjalot, Densche Sj.

Bulbes courts, presque toujours irréguliers, mais parfois d'une forme parfaitement arrondie et plus large que haute, ressemblant alors tout à fait à un petit ognon ; pellicule d'un rouge cuivré, fine, et se déchirant facilement. Le bulbe, dépouillé de ses enveloppes sèches, est entièrement violet et d'une teinte un peu plus pâle que celui de l'É. ordinaire. Le feuillage de cette variété se distingue par sa teinte glauque toute particulière. Les bulbes se conservent aussi bien, sinon plus longtemps, que ceux de l'É. commune et entrent plus tard en végétation au printemps.

L'É. de Jersey fleurit et donne de la graine assez régulièrement. Cette graine ressemble exactement à celle de l'Ognon. A vrai dire, tous les caractères de végétation de l'É. de Jersey semblent la rapprocher des ognons, parmi lesquels on pourrait la classer auprès de l'Ognon patate.

On en a signalé, sous le nom d'*Échalote d'Alençon,* une variété à bulbes plus gros encore que ceux du type et à feuillage également glauque.

Il existe aussi une variété de l'É. de Jersey à bulbes d'un blanc argenté ; la saveur en est douce et agréable, mais la conservation assez difficile.

L'*Échalote de Gand* se rapproche de l'É. de Jersey ordinaire, à un tel point qu'on peut presque la considérer comme identique.

ÉGREVILLE. — *Voy.* LAITUE VIVACE.

ENDIVE. — *Voy.* CHICORÉE ENDIVE.

ÉNOTHÈRE BISANNUELLE. — *Voy.* ONAGRE BISANNUELLE.

ÉPINARD
Spinacia oleracea L.
Famille des *Chénopodées*.

Noms étrangers : angl. Spinach, Spinage. — all. Spinat. — flam. et holl. Spinazie. — dan. Spinat. — suéd. Spenat. — ital. Spinaccio. — esp. Espinaca. — port. Espinafre. — russe Chpinate. — pol. Szpinak. — jap. O-renzo.

Plante à végétation rapide, à feuilles sagittées et aiguës à l'état sauvage ; beaucoup plus amples et à contours plus arrondis dans les formes cultivées et remarquables par l'épaisseur de leur parenchyme ; presque entièrement privées de saveur et conservant bien leur couleur verte après la cuisson. Ces feuilles constituent une rosette au centre de laquelle apparaît plus ou moins promptement, selon les variétés, la tige florale, qui ne porte dans certains individus que des organes mâles, dans d'autres que des organes femelles. L'Épinard appartient donc aux plantes à floraison dioïque.

Les graines, qui, naturellement, sont portées par les plantes femelles seules, sont très dissemblables selon les variétés, car dans les unes elles sont munies de trois pointes fort aiguës, tandis que dans les autres elles sont arrondies et nullement piquantes.

Culture. — L'Épinard se sème en place, de Mars en Octobre, de préférence en rayons espacés de $0^m 25$ ou $0^m 30$, et à raison de 250 à 400 grammes à l'are suivant la saison ; on recouvre les graines au râteau ou à la fourche et l'on plombe à l'aide de la batte. Beaucoup de jardiniers paillent le sol et donnent de fréquents bassinages pour activer la germination, sauf pour les semis d'automne. Il est bon, pour avoir toujours des feuilles à cueillir, de renouveler les semis tous les quinze jours ou au moins tous les mois, principalement pendant le printemps et l'été, saisons où l'Épinard monte promptement à graine. L'Épinard redoute la sécheresse, et d'un autre côté il souffre de l'humidité persistante : il sera donc bon de faire les semis d'été en terres fraîches à exposition demi-ombragée, et de donner des arrosements copieux et fréquents pour assurer l'abondance et la bonne qualité du produit ; par contre, les semis du commencement du printemps et ceux d'automne devront être effectués de préférence en terrains légers et sains.

On commence à récolter quand les feuilles ont $0^m 08$ à $0^m 10$ de longueur ; les premières récoltes se font à la main ; on a soin de ménager les feuilles du centre incomplètement développées ; la dernière récolte s'effectue au couteau. Il faut toujours faire au moins une récolte avant l'hiver sur les plants issus des semis d'automne, et si, au moment de l'arrivée des froids, on a soin de couvrir la plantation de paille ou de paillassons tendus sur des gaulettes, la cueillette peut se continuer pendant une bonne partie de l'hiver.

On peut aussi profiter des semis de *Carotte très courte à châssis* ou de *C. à forcer parisienne*, que l'on fait sur couche en Décembre et Janvier, pour y mélanger des graines d'Épinard que l'on arrachera jeune, avec précaution, avant la maturité des Carottes. On aura soin de rechausser, avec du terreau, les Carottes mises en partie à nu par l'arrachage des Épinards.

Les maraîchers de Paris ont longtemps préféré les Épinards à graines piquantes pour les semis de printemps, réservant les variétés à graines rondes pour la fin de l'été et pour l'automne. On possède aujourd'hui des races à graines rondes qui sont tout aussi rustiques et lentes à monter que celles à graines piquantes.

Culture en plein champ. — En grande culture, on obtient généralement l'Épinard en culture dérobée : On sème d'ordinaire dès le mois d'Août, après une céréale et sur un labour de déchaumage, soit à la volée à raison de 400 à 500 grammes à l'are ; soit en lignes, 250 à 300 grammes de graines à l'are suffisent alors dans ce cas, et les cultivateurs qui adoptent ce mode de procéder éclaircissent et binent ensuite, de façon à obtenir des plants plus forts et un produit plus abondant. La première récolte s'effectue en Septembre-Octobre ; on peut fréquemment en avoir une seconde pendant l'hiver, lorsque la température le permet ; au printemps, en Avril-Mai, on fait la dernière récolte en coupant les plantes.

Engrais. — Cette plante est très avide d'engrais, et surtout de ceux où l'élément azoté domine. Les fumiers, les gadoues, les tourteaux et surtout les arrosages à l'eau d'égout ou à l'eau ordinaire additionnée de poudrette lui conviennent particulièrement. Les engrais minéraux du commerce produisent un effet marqué sur l'Épinard ; nous indiquons un type de formule qui a donné d'excellents résultats en terre de jardin en bon état de fumure :

> Nitrate de soude . . . . 3 kil.
> Superphosphate de chaux . . . . . . 6 —   par are.
> Chlorure de potassium . . . . 3 —

Maladies. — Le *mildiou de l'épinard* (*Peronospora effusa*) cause quelquefois d'assez grands dommages. On ne peut préconiser le traitement au sulfate de cuivre en raison des dangers qu'il pourrait faire courir aux consommateurs. Lorsque cette maladie est constatée, il n'y a qu'à éviter de faire pendant plusieurs années de l'Épinard dans le terrain contaminé.

On combat le « *blanc* ou *meunier* » en sulfatant au préalable le sol où la maladie a déjà été constatée.

La « *jaunisse* », caractérisée par la teinte jaune que prennent subitement les feuilles, passe pour être le résultat de coups de soleil ardents.

Dans les terres compactes et les sols soumis à l'épandage des engrais liquides, on voit fréquemment les feuilles prendre une teinte blanc sale et pourrir rapidement. Cette maladie, appelée la « *fonte* », disparaît aussitôt qu'on a procédé à l'assainissement du sol.

Usage. — Les feuilles de l'Épinard se consomment cuites.

ÉPINARD ORDINAIRE

Spinacia oleracea, α. L. — Spinacia spinosa Mœnch.

Synonymes : Épinard commun, É. piquant.

Cette forme, qui paraît se rapprocher plus qu'aucune autre de la plante sauvage, est aujourd'hui très rare dans les cultures. Elle se distingue par ses feuilles assez étroites, aiguës, très fortement sagittées, ses pétioles teintés de rouge et sa graine armée de cornes piquantes. Elle n'est pas à recommander.

Un gramme de graines piquantes en contient 90, et le litre pèse 375 grammes ; leur durée germinative est de cinq années.

ÉPINARD D'ANGLETERRE.

Synonyme : Épinard à longue feuille d'hiver.

Noms étrangers : angl. Prickly seeded winter spinach. — all. Langblättriger scharfsamiger Winter-Spinat. — suéd. Taggig Spenat. — port. Espinafre de semente picante. russe Kalytchy chpinate.

Semblable à la précédente par ses graines, cette race s'en distingue par l'ampleur de ses feuilles, qui sont cependant toujours nettement sagittées, et par l'abondance de sa production.

Elle forme souvent, quand elle est semée clair, de larges touffes étalées, à ramifications nombreuses, bien garnies de feuilles et assez lentes à fleurir. Ce mode de végétation lui est particulier.

Épinard d'Angleterre (Réd. au sixième).

L'Épinard d'Angleterre est une bonne variété, vigoureuse et rustique, que les maraîchers estiment particulièrement pour les semis printaniers.

Il existe un autre épinard à graine piquante, dont la feuille arrondie ressemble passablement à celle de l'É. à feuille de laitue ; il est connu sous le nom d'*Épinard camus de Bordeaux* ou d'*É. rond à graine piquante*. — Il est bien évident qu'à égalité de mérite horticole, on préférera toujours la variété à graine ronde, plus facile à manier et à semer.

ÉPINARDS A GRAINE RONDE

Spinacia oleracea, β. L. — Spinacia glabra Miller.

L'opinion botanique qui fait des épinards à graine ronde une espèce distincte des épinards à graine piquante paraît fondée, car le caractère qui se tire de la forme de la graine est, dans ces plantes, d'une grande fixité. Au point de vue horticole aussi, les deux sortes d'épinards diffèrent nettement : ceux dont la graine est ronde se montrant aussi plus ramassés, formant des touffes plus compactes et beaucoup moins étalées sur terre.

Les graines rondes sont au nombre de 110 dans un gramme, et pèsent 510 grammes par litre. Leur durée germinative est de cinq années.

Épinard de Flandre (Réd. au sixième). Épinard de Hollande (Réd. au sixième).

ÉPINARD DE HOLLANDE.

Synonymes : Épinard rond, Grand épinard, Gros épinard.

Noms étrangers : Angl. Round leaved summer spinach. — All. Rundblättriger rundsamiger Holländischer Spinat. — Port. Espinafre de semente redonda.

Bonne variété rustique et vigoureuse, à feuilles encore notablement hastées, mais amples et larges, d'un vert franc, passablement cloquées, surtout dans leur jeunesse, à pointes obtuses, mais généralement un peu renversées en dessous ; la longueur des pétioles est à peu près égale à celle des feuilles. Graines rondes. Cette forme peut passer pour le point de départ des races à graine ronde, qui en sont des sous-variétés améliorées.

Ce qu'on trouve le plus fréquemment dans le commerce sous le nom d'É. de Hollande, en Allemagne surtout, n'est autre chose que l'É. à feuille de laitue.

ÉPINARD DE FLANDRE.

Noms étrangers : Angl. Broad Flanders spinach. — All. Flämischer Spinat.

C'est le plus anciennement cultivé des épinards à graine ronde. Les caractères en sont à peu près les mêmes que ceux de l'É. de Hollande vrai, mais les dimensions en sont un peu plus grandes, les feuilles plus arrondies et moins hastées. Cette excellente variété est productive et peut se semer presque toute l'année ; faite à l'automne, elle donne un produit très considérable au printemps : sous ce rapport, elle présente, ainsi que la suivante, un avantage marqué sur l'É. lent à monter, dont le développement est beaucoup moins vigoureux à la sortie de l'hiver. Celui-ci, en revanche, reprend sa supériorité dans les mois d'été, où il continue à produire des feuilles larges et tendres, tandis que les races plus hâtives sont complètement montées à graine.

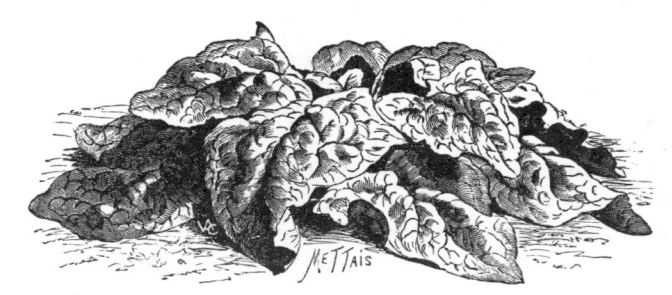

Épinard monstrueux de Viroflay (Réd. au sixième).

ÉPINARD MONSTRUEUX DE VIROFLAY.

Synonymes: Épinard d'hiver, É. oreille d'éléphant, É. vert (Environs de Paris).
Noms étrangers : angl. Monstrous Viroflay spinach ; Improved thick-leaved Sp.
— all. Grösster rundblättriger Riesen-Viroflay Spinat.

Cette race, à présent très répandue et très estimée, se rapproche de l'É. de Flandre par la forme des feuilles et les caractères de végétation, mais les dimensions en sont de beaucoup supérieures, car il n'est pas rare de voir des touffes atteindre 0^m60 ou 0^m70 de diamètre, et les feuilles mesurer 0^m25 de long sur 0^m20 de large à la base.

Comme toutes les races extrêmement vigoureuses et développées, celle-ci a besoin d'une nourriture abondante et doit être recommandée, surtout pour les jardins bien amendés et bien entretenus.

ÉPINARD A FEUILLE DE LAITUE.

Synonymes: Épinard d'Esquermes, É. Gaudry, É. blond (Environs de Paris).
Noms étrangers : angl. Lettuce-leaved spinach. — all. Gaudry grossblättriger Spinat, Neuer Goliath Sp., Lattichblättriger Sp.

Épinard à feuille de laitue.
Réd. au sixième.

Race bien distincte, à feuilles ovales, arrondies à la base comme à l'extrémité, de dimensions modérées, étalées sur terre, et d'un vert très foncé ; pétioles courts et raides.

Le nom que porte cette variété ne donne pas une idée très exacte de son apparence, le nom d'*Épinard à feuille d'oseille* la décrirait peut-être mieux ; mais cette appellation a été réservée à une autre race aujourd'hui presque abandonnée, et dont les feuilles à pétiole court et en partie violacé rappellent en effet assez exactement celle de l'Oseille, non seulement par leur forme, mais aussi par leur couleur remarquablement blonde et pâle.

L'É. à feuille de laitue est une race assez productive, malgré sa petite taille et son port ramassé ; il convient bien pour les semis d'été et d'automne : semé avant l'hiver, il est un des plus tardifs à monter à graine au printemps.

ÉPINARD A FEUILLE DE CHOU MILAN.

Synonyme : Épinard de Savoie.

Noms étrangers : Angl. Curled or Savoy-leaved spinach; Bloomsdale Sp.
All. Gekrauster Wirsingblättriger Spinat.

Le nom de cette variété lui vient de ce que ses feuilles, au lieu d'être lisses ou très légèrement gaufrées comme dans les variétés précédentes, sont nettement cloquées comme celles d'un Chou Milan ; elles sont grandes, parfois un peu anguleuses et d'un vert foncé luisant.

Cette variété a remplacé l'ancien *Épinard à feuille cloquée,* qui a le défaut de monter facilement à graine.

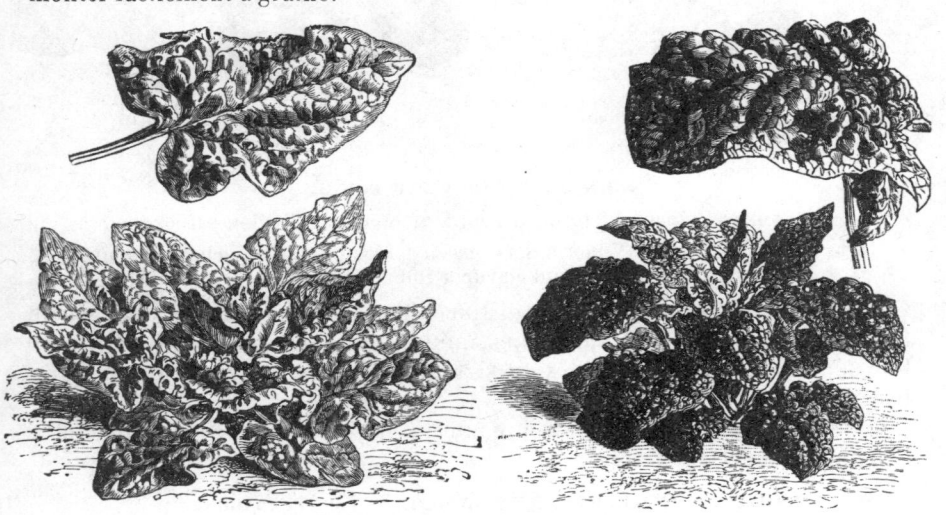

Épinard lent à monter.
Réd. au sixième.

Épinard à feuille cloquée.
Réd. au sixième.

ÉPINARD LENT A MONTER.

Synonyme : É. lent à monter blond (Région parisienne).

Noms étrangers : Angl. Long standing, late seeding spinach.
All. Spät aufschiessender breiter Spinat.

Nous devons à M. Lambin, secrétaire général de la Société d'horticulture de Soissons, la connaissance de cette excellente variété, qui l'emporte sur les autres par la durée de sa production. Elle forme des touffes compactes et ramassées, à feuilles nombreuses, vert foncé, un peu plus cloquées et moins arrondies que celles de l'É. à feuille de laitue, mais s'en rapprochant néanmoins davantage que de tout autre épinard ; les pétioles sont très courts, leur longueur dépasse rarement la moitié de celle du limbe de la feuille. Sa grande qualité est, comme son nom l'indique, de monter à graine plus lentement et plus tardivement que les autres. La différence en sa faveur peut être évaluée, suivant les circonstances, à quinze ou vingt jours au moins, et elle se manifeste surtout dans les semis de printemps si fréquemment exposés à monter à graine prématurément.

ÉPINARD PARESSEUX DE CATILLON.

Variété tardive, d'une production durable et soutenue ; feuilles moyennes, plus arrondies que celles de l'Épinard lent à monter, comme aussi plus lisses et moins cloquées.

C'est également une très bonne variété pour les semis de printemps et d'été.

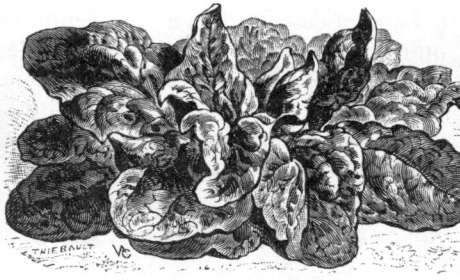

Épinard paresseux de Catillon.
Réd. au sixième.

Épinard d'été vert foncé.
Réd. au sixième.

ÉPINARD D'ÉTÉ VERT FONCÉ.

SYNONYMES : Épinard Victoria, É. lent à monter vert (Région parisienne).

NOMS ÉTRANGERS : ANGL. Victoria dark green spinach. — ALL. Victoria Sommerdunkelgrüner Spinat.

Race relativement récente, bien distincte par la couleur verte excessivement foncée de ses larges feuilles arrondies, qui sont luisantes et comme vernissées. Une de ses plus grandes qualités est sa tardivité à fleurir, qui permet de l'utiliser pendant tout le cours de l'été.

Comme tous les épinards lents à monter, celui-ci forme une rosette complètement appliquée sur terre.

ÉPINARD DE LA NOUVELLE-ZÉLANDE. — *Voy.* TÉTRAGONE.

ÉPINARDS-FRAISES, BLÈTE, BLITE (*Chenopodium capitatum* ASCHERS ; *Blitum virgatum* L. ; *Blitum capitatum* L.). (ANGL. Strawberry blite ; ALL. Beermelde ; SUÉD. Rodmålla). — Fam. des *Chénopodées*.

Plantes annuelles, à tiges de 0^m50 environ, ramifiées, garnies de feuilles triangulaires, un peu dentées, à l'aisselle desquelles naissent, dans la partie supérieure des tiges, de nombreux bouquets de fleurs, faisant place à des paquets de graines enveloppés d'une pulpe charnue et d'un rouge vif, qui ressemblent assez grossièrement à une petite fraise.

Le *B. virgatum* et le *B. capitatum*, très voisins l'un de l'autre et confondus sous le nom vulgaire d'Épinard-fraise, se distinguent cependant en ce que les épis sont feuillés dans le premier, et non dans le second. La pulpe dont sont enveloppés les fruits peut se manger, bien qu'elle soit assez insipide.

L'Épinard-fraise est quelquefois cultivé, mais plutôt à titre de curiosité que pour l'usage culinaire que l'on en peut faire. — On le sème en **Avril-Mai**, en place, et on laisse les plants espacés entre eux de 0^m25 environ.

ESTRAGON

Artemisia Dracunculus L.

Fam. des *Composées*.

Synonymes : Absinthe estragon, Dragonne, Fargon, Herbe dragon, Serpentine, Torgon.

Noms étrangers : angl. Tarragon. — all. Dragon, Esdragon, Bertram, Kaiserkraut, Schlangenkraut. — flam. et holl. Dragonkruid. — dan. Estragon, Kaisersalat. suéd. Dragon. — ital. Dragoncello, Dragone, Targone. — esp. Estragon. port. Estragao. — russe Estragone. — pol. Estragon, Żmijowiec.

Sibérie. — *Vivace.* — Plante à tiges nombreuses, ramifiées, garnies de feuilles entières, lancéolées, possédant, comme toutes les parties vertes de la plante, une saveur fine, chaude et très aromatique. Les fleurs, très petites, blanchâtres et insignifiantes, sont toujours stériles, ce qui est cause que la plante ne peut se multiplier que par la division des touffes ou par boutures.

A en croire d'anciens ouvrages d'horticulture, l'Estragon aurait jadis donné des graines fertiles. S'il en est réellement ainsi, on peut espérer qu'on réussira quelque jour à en obtenir de nouveau, comme cela s'est produit récemment pour la Ciboulette, mais il est certain qu'on n'en récolte pas habituellement.

L'Estragon fleurit fréquemment et les fleurs en paraissent bien constituées. Il ne serait donc pas impossible qu'il produise accidentellement quelques graines fertiles.

Estragon.
Réd. au sixième ; feuille détachée, grandeur naturelle.

Si celles-ci étaient recueillies et semées, il en sortirait peut-être une race grenant régulièrement. Actuellement, si par une raison ou une autre on ne peut avoir recours à la multiplication par éclats, on peut se contenter, surtout dans les pays chauds, de cultiver le *Tagetes lucida*, plante *composée* appartenant à un tout autre genre, mais rappelant assez exactement dans ses parties vertes la saveur du véritable Estragon.

L'*Estragon de Russie* (*Artemisia Redowski*), dont on trouve parfois des graines dans le commerce, est une espèce très voisine de l'Estragon cultivé, mais complètement dépourvue de sa saveur caractéristique, donc inutilisable au point de vue potager.

Culture. — L'Estragon, étant vivace, ne demande aucun soin particulier ; il est bon néanmoins, dans les hivers rigoureux et sans neige, de couvrir de litière ou de feuilles sèches le collet de la plante, après avoir supprimé les tiges, car, bien qu'originaire de Sibérie, il est cependant un peu sensible aux grands froids. On le multiplie d'ordinaire par la division des touffes que l'on plante au printemps, en laissant $0^m 30$ à $0^m 40$ entre chaque plant ; un arrosage copieux assure la reprise. On peut commencer à récolter le sommet des tiges six semaines environ après la reprise. Il est bon de diviser les plantations tous les trois ans.

Usage. — Les feuilles et les jeunes pousses de l'Estragon sont très fréquemment employées comme assaisonnement dans les salades et aussi pour aromatiser les conserves au vinaigre.

FENOUIL

Fam. des *Ombellifères*.

Noms étrangers : angl. Fennel. — all. Fenchel. — flam. et holl. Venkel. dan. Fennikel. — suéd. Fenkol. — ital. Finocchio. — esp. Hinojo. russes Fennekhel obyknavenny, Koper wloski.

Europe méridionale. — *Vivace.* — On cultive les trois plantes suivantes appartenant au genre *Fœniculum*, et la plupart des auteurs s'accordent à penser que chacune d'elles doit être rapportée à une espèce botanique différente :

FENOUIL AMER

Fœniculum vulgare Gærtn.

Synonyme : Fenouil commun.

Noms étrangers : angl. Bitter *or* common Fennel. — all. Gewöhnlicher bitterer Fenchel.

Assez commun en France à l'état sauvage. C'est une plante à feuilles excessivement découpées, réduites à des segments filiformes ; à pétiole élargi, presque membraneux, embrassant la tige, qui est lisse, fistuleuse et haute d'environ 1m50 ; fleurs verdâtres en larges ombelles terminales. Graine allongée, arrondie aux deux extrémités, et portant le reste du stigmate desséché, d'un gris foncé, relevée de cinq côtes, dont trois dorsales et deux sur les côtés ; la durée germinative en est de quatre années.

Le Fenouil amer ne demande aucun soin ; il est vivace et rustique, à tel point qu'on le rencontre souvent sur les vieux murs, sur les décombres, etc.

Il est quelquefois, mais rarement, employé comme condiment ; on le cultive plutôt pour ses graines, qui sont d'un usage fréquent dans la composition des liqueurs.

FENOUIL DOUX

Fœniculum vulgare Gærtn. var. — Fœniculum officinale All. — Anethum Fœniculum L.

Synonymes : Fenouil de Malte, F. long, Anis de France, Anis de Paris.

Noms étr. : angl. Long sweet fennel. — all. Langer süsser Fenchel. — suéd. Söt fänkål. ital. Finocchio dolce, Carosella. — russe Fenkél sladky.

Europe méridionale. — *Vivace ; bisannuel ou annuel dans la culture.* — Bien que le Fenouil doux présente une certaine analogie avec le F. amer, il s'en distingue cependant par ses tiges beaucoup plus grosses et moins élancées, par ses feuilles réduites à un petit nombre de divisions beaucoup moins menues et d'un vert plus glauque. Il en diffère encore par le développement remarquable que prennent les pétioles, dont les deux bords s'étendent et se recourbent de manière à former une large gaine renflée, dans laquelle une partie de la tige et la base même de la feuille supérieure sont emprisonnées.

Fleurs verdâtres, en ombelles plus larges que celles du F. amer, à rayons beaucoup plus gros et plus raides. Graine de longueur au moins double de celle du F. amer, aplatie d'un côté et convexe de l'autre, marquée de cinq côtes jaunâtres, épaisses, qui recouvrent à peu près complètement la graine. Un gramme de graines en contient 125, et le litre pèse 235 grammes ; la durée germinative est de quatre années.

Culture. — Le Fenouil doux se sème en rayons distants d'environ 0m40 à 0m45, principalement à l'automne, pour produire au printemps et pendant le cours de l'été ; on éclaircit les plants après la levée et on donne des arrosages copieux et fréquents. En Italie, où l'on en fait un grand usage, les maraîchers arrivent, par des semis successifs, à en avoir à peu près toute l'année.

Usage. — Le Fenouil doux se consomme surtout cru, comme hors-d'œuvre; c'est celui que les Italiens appellent « *carosella* ». On casse les tiges, lorsqu'elles sont encore jeunes et tendres, et on les sert garnies de leurs feuilles. La partie comestible consiste dans la tige, tendre, sucrée, et blanchie par l'effet des pétioles embrassants qui l'enveloppent. La graine est aussi employée pour la fabrication de liqueurs.

FENOUIL DE FLORENCE
Fœniculum dulce DC.

Synonymes : Fenouil sucré, F. de Bologne, F. d'Italie.

Noms étrangers : Angl. Florence fennel. — All. Grosser süsser Florentiner Fenchel, Bologneser F., Grosser Florentiner Anis. — Holl. Groote zoete Bologneser Venkel. — Dan. Dvergfennikel. — Suéd. Italiensk fänkål. — Ital. Finocchio di Firenze. — Russe Fennekhel Florentinsky. — Pol. Koper Florencki.

Italie. — Annuel. — Plante très distincte, basse et trapue, à tige très courte, présentant vers la base des nœuds extrêmement rapprochés. Les feuilles sont grandes, très finement découpées et d'un vert blond ; leurs pétioles, très élargis et d'un vert blanchâtre, s'emboitent les uns dans les autres au bas de la tige, formant par leur réunion une sorte de pomme ou de renflement variant de la grosseur d'un œuf de poule jusqu'à celle du poing, ferme, blanche et sucrée dans l'intérieur. La taille totale de la plante, même montée à graine, ne dépasse pas 0^m60 à 0^m80 ; les ombelles sont grandes, raides, composées de rayons assez gros, à saveur douce et sucrée.

La graine est oblongue, très large relativement à sa longueur, plate d'un côté et convexe de l'autre, de forme ovale,

Fenouil de Florence.
Réd. au cinquième.

relevée de cinq côtes saillantes qui laissent bien distinguer dans leurs intervalles la couleur grise de la graine. Un gramme contient 200 graines, et le litre pèse 300 grammes ; la durée germinative est de quatre années.

Culture. — Le Fenouil de Florence se sème le plus habituellement au printemps pour être consommé pendant l'été, et vers la fin de l'été pour se récolter en arrière-saison, dans les pays chauds.

On le sème en lignes distantes de 0^m40 à 0^m50. Tous les soins de culture qu'il réclame consistent dans un éclaircissage qui laisse les plantes à 0^m12 ou 0^m15 sur la ligne, et en des arrosages aussi abondants et aussi fréquents que possible. Quand le renflement qui se produit au collet de la plante a pris environ le volume d'un œuf, on peut butter légèrement, de manière à l'enterrer à moitié. Au bout d'une dizaine de jours, on peut commencer la récolte par les plantes les plus avancées et la continuer successivement.

Usage. — Le Fenouil de Florence se consomme ordinairement cuit. C'est un mets dont la saveur rappelle un peu celle du céleri, avec un goût sucré et un parfum plus délicat. Jusqu'ici ce légume est peu usité en France ; il mériterait d'être plus répandu.

FÈVE

Vicia Faba L. — **Faba vulgaris** Mill.

Fam. des *Légumineuses*.

Synonymes : Gorgane, Gourgane, Fayot (Seine-Inférieure).

Noms étrangers : angl. Broad bean ; (am.) English bean. — all. Garten-Bohnen, Sau-Bohnen, Puff-Bohnen. — flam. Platte boon. — holl. Tuin boonen, Roomsche boonen. — dan. Valske bonner. — suéd. Breda bondbönor. — ital. Fava. — esp. Haba. — port. Fava. — russe Bobý obyknoviennyïe.

Orient. — Annuelle. — Cette plante *légumineuse* est cultivée, autant qu'on peut croire, depuis une très haute antiquité ; les grandes dimensions de son grain et ses qualités alimentaires ont dû, en effet, la faire remarquer et cultiver dès les temps les plus reculés. Tige dressée, creuse, carrée, portant des feuilles alternes composées, pennées sans impaire, à folioles ovales-arrondies, larges, et d'un vert glauque ou cendré ; fleurs axillaires en grappes courtes portant de deux à huit fleurs blanches et noires, quelquefois teintées de violet. Gousses dressées ou courbées suivant les variétés, larges, vertes, souvent aplaties, garnies intérieurement d'une sorte de duvet feutré, et renfermant de trois à huit grains de forme et de couleur variables. Ces gousses deviennent noires et fragiles à la maturité.

Le volume du grain étant très différent d'une variété à l'autre, nous le ferons connaitre à l'article particulier concernant chaque variété. Pour toutes, la durée germinative est de six années au moins.

Culture. — Les Fèves se sèment communément en place à la sortie de l'hiver, c'est-à-dire vers la fin de Février ou au commencement de Mars, à raison de 3 kilog. à l'are. Elles préfèrent un sol riche, un peu frais et bien fumé ; néanmoins elles peuvent réussir presque en tout terrain. On sème ordinairement en lignes espacées de 0^m30 à 0^m40 ; les grains, que l'on écarte les uns des autres d'environ 0^m15 à 0^m20, doivent être recouverts de 0^m03 à 0^m04 de terre. Il est avantageux de donner, quand on le peut, quelques binages aux fèves ; en général, la récolte en est faite avant qu'il soit nécessaire de les arroser.

On peut également semer les fèves sous châssis dès le mois de Janvier et les repiquer en place au bout d'un mois environ ; il n'est même pas impossible d'appliquer aux fèves, sous le climat de Paris, la culture d'hiver, qui est la règle générale dans tout le midi de l'Europe. Il faut pour cela semer à bonne exposition et en terre bien saine et bien fumée, dès la fin d'Octobre ou au commencement de Novembre, et abriter pendant l'hiver les jeunes plants au moyen de châssis. Nous avons vu quelquefois suppléer avec succès à l'emploi des châssis, à l'aide de cercles de tonneaux enfoncés en terre au-dessus des planches de fèves et formant une sorte de berceau servant à soutenir des paillassons qu'on y étendait pendant les fortes gelées. Cette culture convient plus particulièrement aux *variétés hâtives*, naines ou demi-naines.

Les plantes ainsi avancées produisent trois semaines au moins avant celles qui n'ont été semées qu'au printemps.

Dans le Midi, en Espagne, en Algérie et en général dans tous les pays du littoral méditerranéen, la Fève se sème depuis le mois d'Octobre jusqu'en Janvier, en lignes comme ci-dessus. Lorsque les plants ont pris un certain développement, on les butte afin de soutenir les tiges et de protéger les racines contre l'action desséchante du soleil ; puis on pince les tiges après la floraison. La récolte a lieu de Mars à Juin. On laisse sécher sur les plantes les gousses qu'on ne récolte pas à l'état vert.

Dans certaines localités assez abritées, on soumet la Fève à une culture un peu spéciale, dans le but d'avoir de bonne heure des gousses susceptibles d'être vendues comme primeur à un prix plus rémunérateur. Pour cela les semis se font en Septembre-Octobre, en rigoles larges et profondes, ouvertes à la bêche dans des terres en ados inclinées à l'exposition du Midi. Au fond de ces rigoles, on dispose une couche de fumier consommé, surmontée d'une seconde couche de fumier frais, le tout recouvert d'un peu de terre. — Au fur et à mesure que les plants grandissent, on comble la rigole et on chausse le plant. Cette opération peut se prolonger jusqu'en Janvier, suivant la rigueur de la saison ; et la récolte a lieu de Janvier à Mars.

ENGRAIS. — La Fève aime les fumures abondantes. Dans les jardins, le fumier bien fait et le terreau ne devront pas lui être ménagés. En grande culture, on aura avantage à ne donner qu'une demi-fumure au fumier de ferme, qu'on complétera par les engrais minéraux suivants :

Superphosphate de chaux. . . . . . 400 à 500 kil. } par hectare.
Chlorure de potassium *ou* Sulfate de potasse . 200 kil. }

Pour activer la végétation, on peut répandre en couverture, après la levée, 50 kilog. de nitrate de soude par hectare ; mais cela n'est pas absolument indispensable, surtout dans les terres riches en azote, et il est en tout cas inutile d'en donner davantage.

INSECTES NUISIBLES ET MALADIES. — La Fève est presque toujours attaquée par le *Puceron noir*, qui apparaît à partir de la floraison ; c'est pourquoi beaucoup de jardiniers ont pris l'habitude de pincer l'extrémité des tiges, où ces insectes se tiennent le plus souvent. Lorsque cette opération ne suffit pas à restreindre leurs ravages, on pourra avoir recours à des aspersions à l'eau de savon noir, ou à la nicotine diluée au vingtième.

Plusieurs cryptogames attaquent la Fève : le *mildiou* (*Peronospora viciæ*), la *rouille* (*Uromyces fabæ*) ; ces deux maladies sont efficacement combattues par les bouillies au sulfate de cuivre.

La maladie des *Sclérotes* (*Sclerotinia Libertiana*) se rencontre également quelquefois sur les Fèves, mais elle est plus fréquente chez le Haricot (*Voir* les indications de la page 290).

USAGE. — On consomme le grain de la Fève cuit, vert ou sec ; dans le Midi, on mange quelquefois la cosse quand elle est encore toute jeune, et le grain cru, en le prenant lorsqu'il est arrivé seulement à demi-grosseur.

FÈVE DE MARAIS.

SYNONYMES : Fève grosse ordinaire, F. d'Égypte, Gourgane (Eure-et-Loir et Loiret).

NOMS ÉTRANGERS : ANGL. Large common field bean, Hang down long pod B.
ALL. Breite gewöhnliche Garten-Bohne.

Tige carrée, dressée, haute d'environ 0^m80, verte, mais presque toujours lavée de rouge ; feuilles composées habituellement de quatre ou cinq folioles ovales, d'un vert grisâtre. A la base de chaque feuille, la tige est entourée, sur les deux tiers de son pourtour, de deux larges stipules dentées, embrassantes et marquées d'une tache noirâtre. Fleurs réunies au nombre de cinq à huit, en grappes axillaires, dont la première se développe à la cinquième ou sixième feuille à compter du bas de la tige ; les fleurs sont assez grandes, blanches, marquées de stries brun foncé sur l'étendard, et d'une large macule d'un noir velouté sur chacune des ailes.

Cosses souvent réunies par deux ou trois, se recourbant quelquefois quand elles sont développées, ou bien devenant pendantes par suite de leur poids, d'autres fois restant tout à fait dressées. Elles sont larges de 0^m03 environ et longues de 0^m12 à 0^m15, et contiennent de deux à quatre grains très gros et plus longs que larges.

Ces grains pèsent en moyenne 645 grammes par litre, et 100 grammes en contiennent de 55 à 60.

Il existe un grand nombre de sous-variétés de la Fève de marais ; elles sont, en général, d'autant plus précoces qu'elles ont une origine plus méridionale. Une des mieux connues est la *Fève de marais de Sicile*, souvent offerte dans le commerce ;

elle est un peu moins haute, plus blonde et sensiblement plus hâtive que la race du nord de la France qui est communément cultivée.

La variété désignée sous le nom de *Fève Monarque rouge* est une Fève de marais à grain rouge, large et aplati.

FÈVE DE SÉVILLE, A LONGUE COSSE.

Noms étr. : angl. Sevilla long pod bean. — all. Breite Sevilla langschotige Garten-Bohne.
esp. Haba de Sevilla o Tarragona.

Tige carrée, dressée, haute de 0^m60 à 0^m70, un peu faible, parfois complètement verte, parfois légèrement teintée de rouge. Le feuillage se distingue assez nettement de celui des autres variétés par sa teinte d'un vert plus blond et par la forme plus allongée des folioles. Les fleurs sont réunies en grappes très peu nombreuses (deux à quatre), quelquefois même elles sont solitaires; l'étendard en est d'un blanc verdâtre, plus long que large, et il reste plié en son milieu, même lors de l'épanouissement complet. Cette particularité donne aux fleurs l'apparence d'être plus longues et plus étroites dans cette variété que dans les autres; elles sont à peu près dépourvues de toute teinte rougeâtre ou violacée. La première grappe de fleurs se montre habituellement à l'aisselle de la septième feuille.

Cosses larges de 0^m03 environ et longues de 0^m20 à 0^m30, solitaires ou réunies par deux, devenant rapidement pendantes par l'effet de leur poids, et contenant de quatre à huit grains rappelant par leur apparence ceux de la Fève de marais ordinaire, quoique, en général, un peu moins gros.

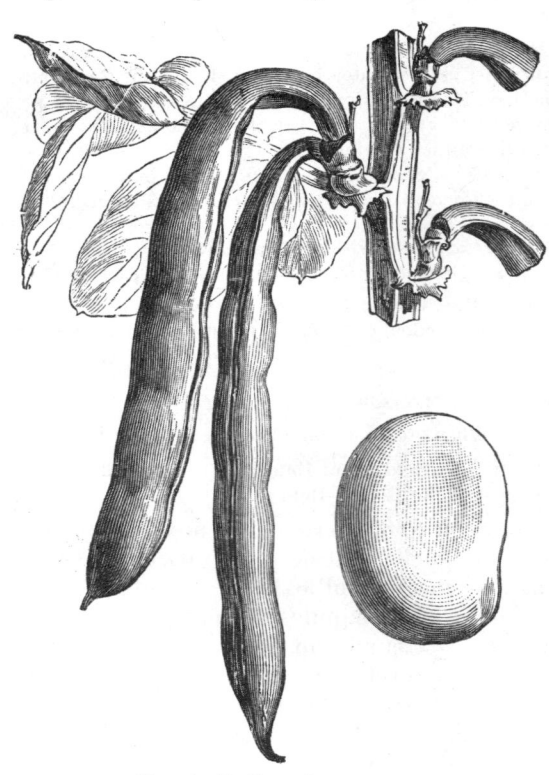

Fève de Séville, à longue cosse.
Cosses réd. au tiers; grain de grosseur naturelle.

Ces grains pèsent en moyenne 620 grammes par litre, et 100 grammes en contiennent de 50 à 60.

La F. de Séville est une variété plus hâtive, mais moins rustique que la précédente; elle la dépasse très notablement par la longueur de ses cosses.

Parmi les variétés de la F. de Séville, et en dehors de la Fève d'Agua-dulce, dont nous parlons ci-après, il convient de citer :

La *Fève de San-Pantaleone,* assez cultivée en Italie; et la *Fève de Mahon,* à cosses un peu plus courtes que la F. de Séville, mais à très gros grain.

FÈVE D'AGUA-DULCE, A TRÈS LONGUE COSSE.

Noms étrangers : angl. *Agua-dulce extra-long podded bean*. — all. *Breite Agua-dulce sehr langschotige Garten-Bohne*.

Cette plante à immenses cosses, larges de près de 0^m04 et atteignant jusqu'à 0^m35 ou même 0^m40 de longueur, n'est pas, à proprement parler, une variété distincte : c'est la F. de Séville dans toute sa pureté et présentant ses caractères particuliers à leur maximum de développement.

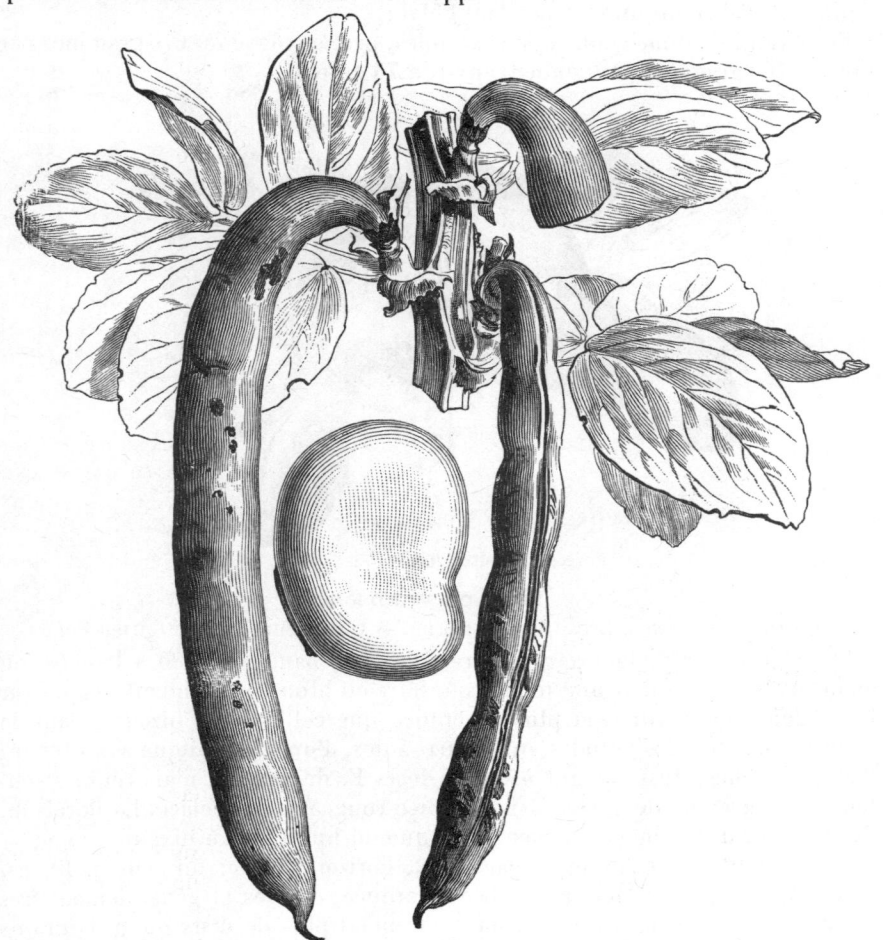

Fève d'Agua-dulce, à très longue cosse (Cosses réd. au tiers; grain de grosseur naturelle).

Comme dans toutes les plantes, le nombre des fruits est, chez celles-ci, en raison inverse de leur développement ; tandis que la Fève de marais ou celle de Windsor peuvent avoir de dix à quinze cosses par tige, il est rare qu'un montant de F. de Séville ou de F. d'Agua-dulce en porte plus de trois ou quatre bien développées.

Les cosses renferment ordinairement 8 ou 9 grains aussi volumineux que ceux de la F. de marais et très charnus, ce qui les rend particulièrement propres à la préparation des purées ou pour être consommées à la croque au sel.

FÈVE PERFECTION.

Plante vigoureuse et productive, haute, à forte tige et à feuillage d'un vert intense. Cosses longues qui rappellent, sans égaler toutefois leurs dimensions, celles de la F. de Séville; mais, tandis que cette dernière variété est d'un tempérament délicat, la F. Perfection est tout à fait rustique et convient très bien au climat du nord de la France.

On peut la cultiver comme la F. de marais, soit de printemps, soit d'automne, en l'abritant un peu pendant l'hiver.

Son grain, de dimensions assez variables, pèse en moyenne 670 grammes par litre, et 100 grammes contiennent environ 75 grains.

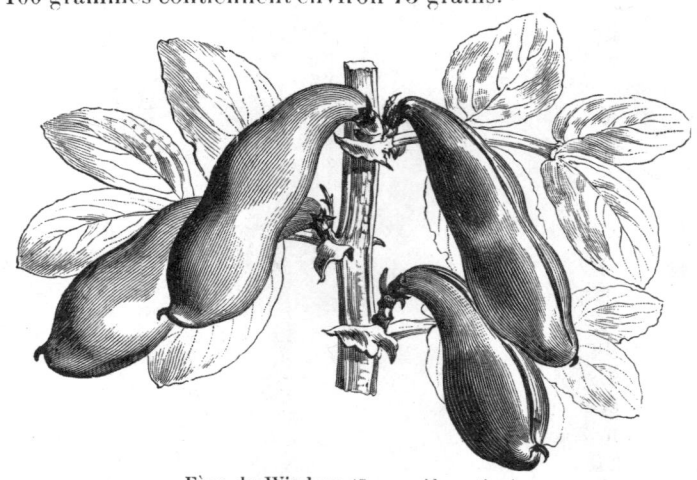

Fève de Windsor (Cosses réd. au tiers).

FÈVE DE WINDSOR.

Noms étrangers : angl. Broad Windsor bean. — all. Breite Windsor Garten-Bohne.

Plante à tige très vigoureuse, carrée, dressée, haute de 0^m80 à 1 mètre ou même 1^m10, présentant une teinte rougeâtre ou bronzée s'étendant jusque sur les pétioles des feuilles, et plus accentuée que celle qu'on observe dans la F. de marais; folioles grandes, ovales-arrondies, d'un vert glauque assez foncé; fleurs blanches, ressemblant à celles de la F. de marais, mais réunies seulement en grappes de quatre à six, à calice rougeâtre ou violacé. La floraison, dans cette variété, ne commence guère que du huitième au dixième nœud.

Cosses solitaires ou réunies par deux, horizontales ou un peu inclinées, de forme presque toujours recourbée ou arquée, courtes et généralement très élargies vers l'extrémité; il s'y trouve rarement plus de deux ou trois grains bien développés. Ces grains sont jaunâtres, épais, très larges, et le pourtour en est presque régulièrement arrondi; ils pèsent 625 grammes par litre, et 100 grammes en contiennent 40.

FÈVE DE WINDSOR VERTE.

Nom étranger : angl. Green Windsor bean.

Variété ne différant de la F. de Windsor ordinaire que par la couleur bien tranchée de son grain, qui, même à la maturité, reste d'un vert foncé; le grain est d'ordinaire un peu moins volumineux dans cette variété. Les autres caractères de végétation sont identiques.

Les Fèves de Windsor sont très vigoureuses et productives, mais un peu tardives, et c'est un inconvénient assez grave pour les climats secs, où les fèves sont fréquemment exposées à souffrir de la rouille et de l'invasion des pucerons.

FÈVE JULIENNE VERTE.

Noms étrang. : angl. Small green Julienne bean. — all. Grüne Julienne Garten-Bohne.

Cette plante se rapproche beaucoup, par son aspect, de la F. de marais. Les tiges en sont carrées, très dressées, rougeâtres ; elles atteignent une hauteur d'environ 0m 70 ; le feuillage est vert grisâtre foncé, les folioles ovales-arrondies ; fleurs à calice rougeâtre, ainsi que la base de l'étendard, taches noires des ailes bien marquées : elles sont réunies en grappes de quatre à six, dont la première se montre au cinquième ou au sixième nœud.

Les cosses sont dressées, souvent réunies par trois ou quatre, presque cylindriques, dépassant peu la grosseur du doigt. Elles contiennent habituellement trois ou quatre grains allongés, assez épais, et non pas aplatis comme ceux des variétés précédentes, d'une couleur vert foncé qu'ils conservent jusqu'au delà de la maturité. Ces grains pèsent en moyenne 720 grammes par litre, et 100 grammes en contiennent environ 110.

La F. Julienne verte est rustique et moins sensible à la sécheresse que les Fèves de Windsor ou de marais. Malgré la petitesse relative de son grain, elle n'est guère moins productive que ces dernières. Les cosses sont, dans la Fève Julienne verte, plus courtes et moins larges, mais beaucoup plus nombreuses que dans les variétés à gros grain ; en même temps le grain est très régulièrement plein et nourri.

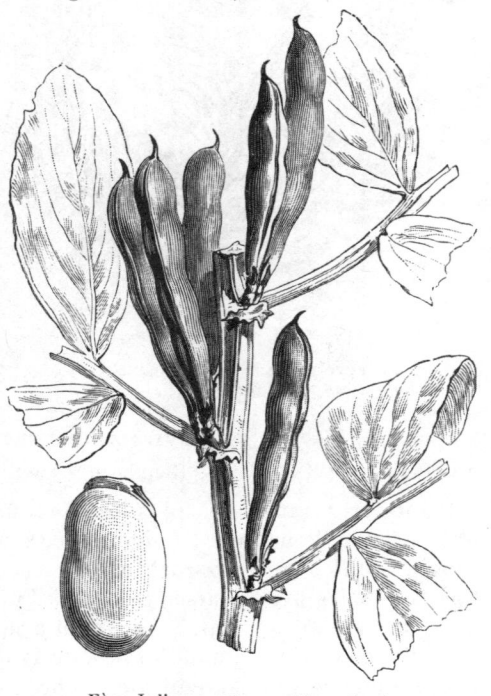

Fève Julienne (Cosses réd. au tiers).

La *Fève Julienne ordinaire* présente les mêmes caractères que la variété précédente, à part la couleur du grain. La plante est aussi légèrement plus hâtive et a le feuillage d'un vert un peu moins foncé. — On la cultive beaucoup moins depuis quelque temps, la variété à grain vert lui étant généralement préférée.

FÈVE NAINE HATIVE, A CHASSIS.

Noms étrangers : angl. Dwarf early bean, Cluster B., Dwarf fan B., Bog B.
all. Zwerg- sehr frühe *oder* Treib- Garten-Bohne.

Plante de 0m 35 à 0m 40 de hauteur, à tige carrée, teintée de rouge brun ou cuivré, assez mince, mais raide et forte ; feuilles d'un vert glauque, à folioles assez petites, ovales-allongées et pointues ; fleurs petites, en grappes de quatre à six, à calice légèrement rougeâtre et étendard plus ou moins marqué de violet à la base. Les premières fleurs commencent à se montrer vers le sixième nœud.

Cosses dressées, réunies par deux ou trois, contenant de deux à quatre grains carrés, assez épais et renflés, de même couleur que ceux de la F. de marais. Ces grains pèsent 675 grammes par litre, et 100 grammes en contiennent 80.

La Fève naine hâtive et la Fève naine verte de Beck conviennent tout particulièrement à la culture forcée sous châssis.

Malgré leur petite taille, ces deux variétés peuvent donner un bon produit, même en pleine terre, sans avoir, comme c'est souvent le cas pour les grandes fèves, l'inconvénient d'apporter trop d'ombrage aux cultures voisines.

Fève naine hâtive, à châssis.
Plante réd. au huitième ; cosses, au tiers.

FÈVE NAINE VERTE DE BECK.

Noms étrang. : angl. Beck's Gem bean. — all. Beck's sehr frühe grüne Garten-Bohne.

Plante très ramassée, plus trapue que la précédente, ne dépassant pas 0m 30 à 0m 35 de hauteur ; à tige raide, courte, verte ou légèrement teintée de rouge ; feuilles très rapprochées, disposées en éventail des deux côtés de la tige, à folioles ovales, assez pointues, d'un vert glauque, un peu métallique ; fleurs assez petites, teintées de violet à la base de l'étendard.

Cosses petites, mais nombreuses, de la dimension du petit doigt, contenant trois ou quatre grains d'un vert foncé, bien pleins et arrondis, ne dépassant guère le volume d'une bonne féverole. Les grains pèsent 690 grammes par litre, et 100 grammes en contiennent environ 110.

Fève très naine rouge. — C'est une petite variété très hâtive, mais par contre peu productive. Les cosses en sont dressées, minces, ne dépassant guère la grosseur du petit doigt ; elles contiennent ordinairement deux ou trois grains oblongs, d'un rouge-brun foncé.

Fève à longue cosse. — Variété voisine de la F. de marais, mais un peu plus forte, à feuillage foncé, assez ample ; tige carrée, souvent ramifiée ; cosses réunies par deux ou rarement trois, d'abord très dressées, puis obliques ou horizontales, passablement aplaties et contenant 3 ou 4 grains blancs plus longs que larges, assez épais, un peu déprimés au centre.

On cultive dans le midi de la France une autre variété presque analogue, mais s'en distinguant pourtant par ses cosses plus minces, presque cylindriques, dressées jusqu'à la maturité et réunies parfois au nombre de trois ou quatre ; le grain est également un peu plus long et plus étroit. — Ces deux variétés sont productives et de quelques jours seulement plus tardives que la F. de marais.

Fève violette (ital. *Fava pavonazza*). — Ressemble beaucoup à la F. Julienne, sauf sous le rapport du grain, qui prend à la maturité une teinte rougeâtre ou cuivrée assez foncée. Cette variété est peu usitée.

Fève violette de Sicile. — Ressemble à la F. de marais, quoiqu'elle soit moins grande et moins productive. Le grain se colore en violet franc quand il a atteint toute sa grosseur, ce qui est plutôt un inconvénient qu'un avantage.

Fève de Mazagan. — Il se cultive sous ce nom plusieurs races certainement distinctes entre elles, de hauteur et de précocité variables, qui ont des cosses nombreuses, dressées, très légèrement aplaties, contenant trois ou quatre grains à peu près intermédiaires entre celui de la F. Julienne et celui d'une grosse Féverole. On peut recommander la F. de Mazagan pour la grande culture, mais elle paraît sans intérêt pour le potager.

On cultive quelquefois une variété de fève *à fleur blanc pur* et une autre *à fleur rouge*, qui ne se distinguent par aucun mérite spécial.

Il en existe aussi une variété *à cosses jaunes* comme celles des haricots beurre. Les cosses ne pouvant en aucun cas être utilisées entières, cette race doit surtout être regardée comme une curiosité.

FÉVEROLES (*Vicia Faba* L. var.; *Faba vulgaris equina* V. C.). — Le grain des Féveroles ne s'utilise pas ordinairement comme légume, à cause de son goût un peu fort. On l'emploie presque exclusivement pour la nourriture des animaux, de même que la plante à l'état vert.

Les principales variétés, habituellement cultivées, sont : la *Féverole de Lorraine* (à petit grain) et la *Féverole de Picardie* ou *Favelotte* (à gros grain), qui se sèment au printemps ; et la *Féverole d'hiver*, qui peut se semer à l'automne.

FICOÏDE GLACIALE, Glaciale, Herbe a la glace (*Mesembrianthemum crystallinum* L.). (angl. Ice plant; all. Eiskraut; flam. et holl. Ijsplant, Ijskruid ; suéd. Isplanta; ital. Erba diacciola ; esp. Escarchosa, Escarcha; russes Dieyanik, Polonanyk). — Fam. des *Mésembrianthémées.*

Vivace, mais cultivée comme annuelle dans les jardins.

C'est une plante étalée, à tige arrondie ; feuilles à limbe élargi vers l'extrémité et atténué en pétiole vers la base ; fleurs blanchâtres, petites, à calice renflé, couvert, comme toutes les parties vertes de la plante, de petites vésicules à enveloppe membraneuse très transparente, qui donnent à la plante la même apparence que si elle était couverte de rosée congelée.

La Glaciale est de culture extrêmement facile : on la sème comme des épinards, et elle résiste admirablement à la chaleur et à la sécheresse. Cette propriété, jointe à l'épaisseur du parenchyme de ses feuilles et à son goût légèrement acidulé, l'a fait recommander comme légume vert d'été pour

Ficoïde Glaciale.
Plante réd. au sixième ; feuille détachée, au tiers.

les pays chauds et secs, où l'on consomme parfois ces feuilles hachées et cuites.

Néanmoins, c'est plutôt à titre de curiosité que la Ficoïde Glaciale mérite d'occuper une place dans les jardins des amateurs. Elle n'est pas sans intérêt comme plante d'ornement, en potées ou pour la décoration des rochers factices.

FRAISIER
Fragaria L.
Fam. des *Rosacées*.

Noms étrangers : angl. Strawberry. — all. Erdbeere. — flam. et holl. Aardbezie. — dan. Jordbeer. — suéd. Smultron. — ital. Fragola. — esp. Fresa. — port. Morangueiro. — russe Zemlianika. — pol. Truskawki.

Plusieurs espèces du genre *Fragaria* ont été, à diverses époques, introduites dans les cultures et ont contribué à produire, soit par la simple amélioration des formes sauvages, soit par leur croisement entre elles, les variétés si diverses qui se rencontrent aujourd'hui dans les jardins. Le nombre de ces variétés est devenu tellement considérable, qu'il est absolument impossible de les mentionner toutes dans cet ouvrage, et nous avons dû en faire un choix comprenant seulement celles qui nous paraissent les plus méritantes, soit qu'elles réunissent à un haut degré différentes qualités, soit qu'elles conviennent d'une façon toute particulière à un emploi spécial. La précocité, la fertilité, le parfum, la finesse de goût, sont des qualités que tout le monde appréciera dans un fraisier, et c'est d'après le mérite des variétés sous ces différents rapports que l'amateur, cultivant chez lui et pour son propre usage, fera le choix des fraisiers qu'il lui convient de planter. Mais le jardinier qui force des fraises en primeur, ou le cultivateur qui les produit en grand pour l'approvisionnement d'un marché, devra trouver d'autres qualités dans les variétés qu'il adoptera, surtout si les fruits qu'il veut vendre doivent subir un transport un peu prolongé. La faculté de supporter le voyage sans en être endommagées, a, dans ce dernier cas, une si grande importance, que bien souvent elle suffit seule à déterminer le choix des variétés qui paraissent sur les marchés.

Tous les fraisiers cultivés possèdent en commun l'avantage d'une remarquable précocité et fournissent les premiers fruits qui mûrissent au printemps. Les soins qu'exige leur culture variant passablement selon l'espèce d'où proviennent les différentes variétés, nous nous abstiendrons de donner ici autre chose que des indications très générales à ce sujet.

La durée germinative moyenne des graines de fraisiers est de trois années.

Culture. — Le Fraisier se multiplie par semis, par division des pieds ou par les rosettes de feuilles qui naissent aux nœuds des *filets* ou *coulants* partant du pied-mère.

Semis. — Le semis est ordinairement peu employé pour la multiplication des variétés de *Fraisiers à gros fruits*, qui ne se reproduisent pas fidèlement par cette voie ; ou lorsqu'on veut recourir au semis, c'est ordinairement dans le but d'obtenir de nouvelles variétés. Par contre, les semis des *Fraisiers des quatre-saisons*, avec ou sans filets, et des variétés *remontantes à gros fruits*, reproduisent fidèlement ces variétés et sont d'autant plus recommandés qu'ils donnent toujours des plants plus robustes et plus productifs, et que, d'autre part, la plantation continue des coulants issus des vieux pieds ou de leur division, est souvent une cause de dégénérescence.

Les semis se font ordinairement d'Avril en Août. La terre devra être sablonneuse, légèrement plombée et copieusement arrosée à l'avance ; on sème très clair, en pépinière ou en terrine tenue sous châssis ou à l'air libre, suivant la saison, en recouvrant à peine les graines. Les semis à l'air libre doivent être protégés au moyen de cloches, de feuilles de verre ou de branchages. La levée a lieu généralement au bout de quinze jours à un mois, suivant la température.

Quand les plants ont quatre ou cinq feuilles, on les repique à $0^m 12$ ou $0^m 15$ en tous sens dans une planche bien préparée, où ils restent en pépinière jusqu'à la mise en place.

Culture ordinaire. — La plantation en place se fait d'habitude en Septembre-Octobre ou en Mars-Avril, en terrain bien labouré et fumé depuis au moins un an et n'ayant pas porté de Fraisiers depuis cinq ou six ans. — On lève le plant avec une petite motte de terre qui en assurera la reprise et l'on procède à la plantation en laissant entre chaque plant $0^m 50$ en tous sens pour les Fraisiers à gros fruits; — $0^m 20$ à $0^m 25$, sur des lignes écartées de $0^m 30$, sont un écartement suffisant pour les Fraisiers des quatre-saisons.

On ne doit pas bêcher la terre autour des plants de fraisiers; on se contente de biner et d'arracher les mauvaises herbes. Les arrosages doivent être abondants et réguliers, surtout pendant toute la durée de la production. On recommande de pailler soigneusement les planches à partir de la floraison, ou mieux de mettre d'abord un peu de fumier décomposé et de pailler par-dessus. Cette précaution est utile, parce qu'elle diminue l'évaporation du sol, et aussi parce que les fruits sont ainsi moins exposés à se tacher au fur et à mesure qu'ils mûrissent. La récolte se fait successivement; il est indispensable de supprimer les filets aussitôt qu'ils se montrent.

La récolte terminée, on doit continuer à soigner la plantation en vue des récoltes ultérieures; on extirpe les mauvaises herbes, on soulève légèrement la terre au moyen d'une fourche et on continue à supprimer les coulants, ainsi que les feuilles mortes ou fanées. On réservera cependant, à chaque pied, un ou deux des plus beaux filets, que l'on sèvrera lorsqu'ils seront bien enracinés, en vue de leur plantation à l'automne. Enfin, on arrose aussi souvent que cela est nécessaire, en donnant au besoin un ou deux arrosages à l'engrais liquide. — A l'automne, le sol est soigneusement débarrassé des débris de paille qui peuvent s'y trouver encore; puis on y répand un mélange de bonne terre et de terreau bien consommé avec lequel on rechausse le collet, d'où partiront de nouvelles racines.

Bien que le Fraisier puisse vivre pendant plusieurs années, il est indispensable de renouveler assez fréquemment les plantations, pour maintenir une belle et abondante production. Les Fraisiers à gros fruits se maintiennent en bon rapport pendant 2 ou 3 ans au plus; ceux des quatre-saisons s'épuisent assez rapidement et doivent être renouvelés après la deuxième année; leur production d'automne n'est généralement abondante qu'autant qu'on n'aura pas prolongé la récolte printanière outre mesure, qu'on aura soigneusement supprimé les coulants et qu'on aura donné pendant l'été de copieux et fréquents arrosages. Ces soins devront surtout s'appliquer à la nouvelle race de *Fraisier remontant à gros fruits*, dont on aura même intérêt à renouveler la plantation chaque année : le rendement beaucoup plus considérable résultant de cette culture annuelle compensera de beaucoup la peine et la dépense qu'elle pourra occasionner.

Culture forcée. — La culture forcée proprement dite se fait en serre, en bâche, ou sur couches et sous châssis. La serre convient mieux pour les premières saisons; la bâche est également bonne, surtout si elle se trouve orientée au Sud-Est; le châssis est préférable en dernière saison.

L'une des principales conditions de réussite est la préparation du plant. On trouve, il est vrai, dans le commerce, des plants élevés spécialement en vue du forçage, mais, si l'on préfère préparer son plant soi-même, il faudra opérer de la façon suivante :

Vers la première quinzaine de Juillet, on arrache les plus beaux filets des pieds-mères cultivés et fumés avec soin depuis au moins une année, et, après les avoir « habillés », on les plante en pépinière avec une petite motte de terre, dans une planche fumée longtemps d'avance et bien labourée, en les espaçant de $0^m 10$ à $0^m 12$ en tous sens. On mouille, on abrite à l'aide de claies ou de paille longue pour éviter la fanaison. La reprise s'opère le plus souvent en une dizaine de jours, surtout si l'on a eu soin de bassiner journellement; on enlève alors les claies ou la paille, et l'on n'a plus ensuite qu'à donner les arrosages nécessaires, à désherber et à enlever soigneusement les coulants qui pourraient se montrer.

Vers le 15 Septembre, on procède à l'empotage à raison de 2 ou 3 plants par pots de $0^m 16$ de diamètre, qu'on aura remplis d'un mélange de 2/3 de terre franche et de 1/3 de terreau préparé au moins quinze jours à l'avance. Après le rempotage, les plants sont placés pendant cinq ou six jours à mi-ombre et bassinés tous les jours; puis on les enterre dans une plate-bande en plein air, où on les laisse jusqu'aux premières gelées. A ce moment, on les rentre sous châssis froid sans les enterrer et on les aère aussi souvent que possible pendant le jour, sans négliger les arrosages, de manière à maintenir l'activité de la végétation.

Le forçage peut commencer dès le mois de Novembre. A l'époque choisie, on place les plants (après avoir bien nettoyé et biné la terre des pots) sur les tablettes de la bâche ou de la serre. Pendant les six premiers jours, on ne poussera pas la chaleur au delà de 8 à 10°, puis progressivement, on atteindra 14 à 16° au moment de la floraison. Les arrosages et surtout les bassinages devront être plutôt fréquents qu'abondants pendant cette période, et l'aération de jour devra être donnée aussi longue qu'il sera possible sans risquer de faire baisser sensiblement la température. Le vitrage, que l'on couvre à la chute du jour, devra être découvert tous les matins, si le temps le permet.

La floraison se produit six semaines environ après la mise en serre et dure une dizaine de jours pendant lesquels on ménage les arrosages ; on élève la température jusqu'à 20° environ. Pour assurer une bonne récolte, il est souvent utile de pratiquer la fécondation artificielle à l'aide d'un petit pinceau.

La floraison terminée, on pousse encore la température, qui doit se maintenir pendant le jour entre 22 et 25°, et pendant la nuit de 18 à 20°; les arrosages et binages seront repris comme précédemment, mais l'aération devra, par contre, être faite avec prudence. C'est le moment de tuteurer les plantes au moyen de supports en fil de fer que l'on trouve couramment dans le commerce.

Lorsque les fruits commencent à se colorer, il est nécessaire d'aérer largement, sans s'inquiéter si la température baisse de quelques degrés dans la serre, car à ce moment, la chaleur ne doit pas être aussi forte qu'immédiatement après la floraison.

La production commence environ deux mois et demi après la mise en serre et dure une vingtaine de jours. Pour assurer une récolte continue jusqu'en Avril, il est donc indispensable de faire plusieurs saisons de forçage à vingt jours d'intervalle, la dernière s'arrêtant au 15 Février.

Pendant tout le cours de la végétation, la suppression des filets, des mauvaises feuilles, des hampes florales non fécondées, des fruits mal formés ou trop abondants et, en un mot, de tous les organes inutiles, est une précaution indispensable à une bonne fructification.

On force aussi le Fraisier sous châssis, au fumier ou au thermosiphon. Dans la deuxième quinzaine de Janvier, on monte une couche pouvant dégager une chaleur de 18 à 20°; on la charge de 0^{m}20 de terreau dans lequel on enfonce les pots de fraisiers, à raison de 24 par châssis et de façon à laisser entre le verre et le haut des pots un espace de 0^{m}20 à 0^{m}25 ; on peut aussi dépoter et planter à même, mais alors on remplacera le terreau par un mélange de terre semblable à celui qui a servi à l'empotage.

Une forte aération est nécessaire au début, de façon à faire baisser la température intérieure jusqu'à 10 à 12°; plus tard, on aère modérément et de façon à maintenir une chaleur constante d'environ 15°. Les soins à donner ne diffèrent pas de ceux indiqués pour la culture en serre; la végétation est toutefois un peu plus lente, et la récolte ne commence guère avant la deuxième quinzaine d'Avril.

Aux environs de Paris, on procède d'une façon un peu différente. L'emplacement des coffres est simplement creusé à une profondeur d'environ 0^{m}25 et rempli de terreau dans lequel on enfonce les pots contenant les plants à forcer. La chaleur nécessaire (12 à 18°) est obtenue à l'aide de réchauds disposés dans les sentiers qui sont creusés dans ce but à 0^{m}50. Lors de la floraison, c'est-à-dire au bout de trois semaines à un mois, on monte les réchauds jusqu'au niveau des coffres, de façon à pousser la température intérieure jusqu'à 18 ou 20°. Les soins d'entretien et d'arrosage sont ceux que nous avons déjà décrits. La récolte commence environ deux mois et demi après la mise au forçage.

Les châssis chauffés au thermosiphon donnent également de très bons résultats.

Les variétés suivantes conviennent particulièrement à la culture forcée : *Docteur Morère, Général Chanzy, Jucunda, Marguerite, Noble, Vicomtesse Héricart de Thury, Victoria*, etc.

Culture hâtée. — Cette culture n'est pas chauffée : elle consiste uniquement à activer la végétation, en concentrant la chaleur solaire à l'aide de coffres et de châssis que l'on place à partir de mi-Février sur des planches de fraisiers repiqués deux par deux en Juillet, et ayant passé l'hiver sans abri. Les coffres sont entourés de feuilles ou de fumier. Pendant la floraison, il est indispensable d'aérer fortement et d'établir même un courant d'air en soulevant un des côtés des coffres. Le sol doit être paillé comme dans la culture forcée, et les soins de culture : arrosages, bassinages, etc., sont à peu près les mêmes. La récolte a lieu en Mai, environ trois mois après la mise en végétation; sa durée n'excède ordinairement pas vingt jours, d'où nécessité de retarder la mise en végétation jusqu'en Mars ou de faire une deuxième saison quinze jours après la première, si l'on veut ne pas avoir d'interruption dans la production. Les variétés les plus hâtives soumises à la culture ordinaire ne commencent guère à produire avant les premiers jours de Juin.

Culture en plein champ. — Cette culture prend de l'extension de jour en jour, car c'est une des plus rémunératrices, pourvu qu'on ait affaire à des terres convenant bien aux fraisiers; on considère les sols d'alluvions argilo-siliceux ou argilo-calcaires, frais et meubles, comme lui étant plus particulièrement favorables. Dans les environs de Paris, cette culture se fait presque exclusivement dans la région où dominent les terres légères, siliceuses, profondes et perméables.

Ces terres sont profondément défoncées et fumées un an à l'avance, puis utilisées à une culture éphémère. En Septembre-Octobre ou de Mars en Avril, on procède à la mise en place des filets fraîchement arrachés et bien enracinés, en planches larges de 1^{m}20, divisées en 3 rangées distantes de 0^{m}35 à 0^{m}40, les deux premières à 0^{m}20 du bord, et ces planches séparées par des sentiers de 0^{m}50 à 0^{m}60. Un hectare ainsi planté contient environ 50,000 fraisiers. Pendant la première année, on donne deux binages et on enlève soigneusement les fleurs ainsi que les filets qui pourraient se développer, si l'on veut se réserver pour la deuxième année une production abondante.

C'est à partir de cette seconde année que l'on commence à récolter, et la production se prolonge pendant trois ans, mais elle est souvent médiocre la troisième année. Pendant toute la période de production, on paille le sol au printemps et on donne les façons de nettoyage nécessaires; puis, après la récolte, on débarrasse les plantes de la moitié de leur feuillage ainsi que des filets qui se montrent à la base.

Le rendement de ces cultures varie de 9,000 à 15,000 kilog. de fruits à l'hectare, suivant l'année et les variétés. — On cultive surtout, ainsi : *Fraisiers Docteur Morère, Jucunda, Marguerite, Sir Joseph Paxton, Vicomtesse Héricart de Thury*, etc.

Culture méridionale. — Le Fraisier fait l'objet en Provence et dans le Vaucluse de cultures importantes qui donnent d'excellents résultats, surtout dans les terres irriguées.

Dans les parties abritées du littoral méditerranéen, les plantations faites dans des endroits plantés d'arbres, au pied d'un mur placé à l'Est ou au Nord, donnent leur produit de Mars à Mai, si l'on a eu soin de les protéger pendant les gelées avec des claies de roseau, des paillassons ou de la paille.

Les cultures faites en plein champ et soumises à l'irrigation produisent de Mai à Juin.

La plantation des filets se fait dans les deux cas à l'automne, et on laisse entre les plants de 0^{m}30 à 0^{m}45 suivant les variétés. Les soins d'entretien sont les mêmes que dans la culture qui précède. La récolte a lieu aux époques indiquées, c'est-à-dire au printemps de la seconde année qui suit la plantation s'il s'agit de Fraisiers à gros fruits *non-remontants*; à l'automne de l'année qui suit la plantation, et souvent même au printemps, s'il s'agit de Fraisiers *des quatre-saisons* ou de la race à gros fruits *remontante*.

La Fraise est aussi cultivée en grand, pour primeur, dans la vallée de la Garonne; la production fait suite immédiatement à celle de la Provence.

ENGRAIS. — Le Fraisier est une plante exigeante, surtout en azote et en potasse; il est particulièrement sensible à l'action des engrais chimiques, par l'emploi desquels le rendement est souvent augmenté d'un tiers, et la durée de la production allongée.

Dans une terre de fertilité moyenne, voici un bon exemple de fumure pour la culture en plein champ :

30 à 35,000 kil. de fumier de ferme bien décomposé à enfouir pendant les travaux préparatoires. Cette fumure suffira amplement aux besoins de la plantation durant la période d'installation. — L'année suivante, répandre en couverture, en Mars :

Nitrate de soude.	200 kil.
Superphosphate de chaux	300 —
Chlorure de potassium	425 —

par hectare,

et recommencer chaque année de la même façon et à la même époque, jusqu'à épuisement de la plantation.

INSECTES NUISIBLES ET MALADIES. — Le *Mille-pieds* ou *Iule des fraisiers* (*Blaniulus guttulatus*) est quelquefois très abondant dans les plantations, où sa présence devient alors des plus gênantes. Ce myriapode, au corps mince et allongé, ne dépassant pas 2 centimètres, s'introduit dans les fruits mûrs et en dévore l'intérieur. Le seul procédé pratique de destruction consiste à enlever les fruits attaqués et à les brûler ; on peut aussi disposer sur le sol des fragments de pommes de terre, des feuilles de laitue, des petits tas de mousse, etc., sous lesquels les Mille-pieds viennent s'abriter, et il est alors facile de les écraser.

Le *Ver blanc*, larve du *Hanneton* (*Melolontha vulgaris*) est un des grands ennemis du Fraisier, ainsi que la larve de la *Tipule potagère* (*Tipula oleracea*). — Pour lutter contre ces ravageurs, on peut employer le sulfure de carbone introduit dans le sol à l'aide du pal injecteur ; mais ce procédé est coûteux, et le mieux encore est de rechercher les larves au pied des plantes flétries et de les tuer.

La *Grise* et le *Puceron vert* attaquent fréquemment les cultures forcées ; on s'en débarrasse par des bassinages répétés à l'eau additionnée de jus de Tabac, ou par des saupoudrages de soufre précipité. — Il en est de même du *Ver gris* ou larve de la *Noctuelle des moissons* (*Agrotis segetum*).

Le Fraisier est aussi très souvent atteint d'une maladie connue sous le nom de « rouille » ou « taches des feuilles » du fraisier et qui est causée par un champignon parasite : le *Sphærella fragariæ* ; on la reconnaît à la présence sur les feuilles de taches arrondies brun-pourpre. Le traitement consiste à enlever et à brûler ensuite les feuilles atteintes, puis à traiter la plantation, après que les fruits ont cessé de donner, au sulfate de cuivre, par exemple avec la bouillie bourguignonne, qui est composée de :

Sulfate de cuivre . . . . 1 kil. 500
Carbonate de soude . . . . 3 kil. » } pour 100 litres d'eau.

USAGE. — On mange le fruit frais, qui est excellent et très sain ; on en fait des confitures, des conserves, des glaces, etc.

FRAISIER DES BOIS
Fragaria vesca L.

NOMS ÉTRANGERS : ANGL. Wood strawberry. — ALL. Wald-Erdbeere. — SUÉD. Skogssmultron. — RUSSE Liésnaïa zemlianika. — POL. Poziomka.

Indigène. — Plante vivace, herbacée, stolonifère ; feuilles ternées, à folioles plissées, dentées, velues à la partie inférieure ; hampe florale dressée, rameuse, velue, dépassant légèrement le feuillage ; sépales du calice réfléchis après la floraison ; poils des pédoncules apprimés. Fruits petits, pendants, de forme arrondie ou conique. Graines saillantes, menues, au nombre d'environ 2 500 dans un gramme.

Cette espèce est commune dans les bois de tout l'hémisphère boréal, et spécialement dans les régions montagneuses. On la voit peu dans les jardins depuis l'introduction de la Fraise des quatre-saisons ; nous devons cependant en mentionner quelques formes qui se sont conservées jusqu'à présent dans les environs de Paris, par habitude d'abord, et aussi parce que le fruit de la Fraise des bois a une finesse et un parfum tout particuliers. Dans les pays de plaines, la saison dure un mois à peine ; mais dans les montagnes, à cause de la différence d'époque de maturité qui résulte de l'altitude de plus en plus grande, on récolte les fraises des bois depuis le mois de Juin jusqu'en Septembre.

Fraisier petit hâtif de Fontenay (SYN. : *Fraise hâtive de Chatenay*). — Diffère très peu du Fraisier des bois sauvage ; il est très précoce, mûrissant ses fruits sept ou huit jours avant le Fr. des quatre-saisons. Fruit petit, rond, d'un rouge bien foncé quand il est très mûr. Cette variété n'est pas remontante, c'est-à-dire qu'elle ne donne de fruits qu'au printemps.

Fraisier Montreuil (SYN. : *Fr. de Montreuil à marteau, Fr. de Villebousin, Fr. de Ville-du-Bois, Fr. dent de cheval, Fr. Fressant*). — Bien distinct, à feuillage assez étroit, très blond, plissé, d'un aspect particulier. Plante vigoureuse, fertile, à fruits coniques assez allongés, parfois élargis en crête, rouge foncé quand ils sont bien mûrs, ce qui n'arrive qu'un peu tard, vers la fin de Juin. — Cette variété est très productive; elle ne remonte pas. Elle fut obtenue aux environs de Montlhéry, par un horticulteur du nom de Montreuil, au commencement du XVIIIe siècle.

Le *Fraisier monophylle,* ou *Fr. de Versailles,* dans lequel une seule foliole se développe à chaque feuille, est encore une variété du Fraisier des bois. Il a été obtenu par Duchesne, auteur de la célèbre *Monographie du Fraisier.*

FRAISIER DES QUATRE-SAISONS ou DES ALPES
Fragaria alpina Pers. — Fr. semperflorens Duch.

SYNONYMES : Fraisier des Alpes, Fr. de tous les mois, Fr. des Alpes de deux saisons. Fr. perpétuel.

NOMS ÉTRANGERS : ANGL. Red Alpine strawberry. — ALL. Rothe Monats-Erdbeere. DAN. Alpe-Jordbeer. — SUÉD. Alp-smultron. — ITAL. Fragola rossa di tutti i mesi. ESP. Fresa ; Frutilla (Rép. argentine). — RUSSE Zemlianika nagórnaïa.

Indigène. — Vivace. — Plante bien différente du Fraisier des bois, s'en distinguant par les dimensions un peu plus fortes de toutes ses parties, de son fruit particulièrement, et surtout par la faculté unique qu'il possède de *remonter,* c'est-à-dire de produire successivement des fleurs et des fruits pendant toute la belle saison. L'introduction de ce fraisier dans les cultures ne date pas d'une époque bien éloignée, car il fut apporté en France, du mont Cenis, par Fougeroux de Bondaroy, en 1754 ; mais il est promptement devenu l'objet d'une culture très importante, à cause de l'avantage précieux qu'il présente en fournissant des fraises à une époque où la production de toutes les autres variétés est épuisée depuis longtemps. La Fraise des quatre-saisons ou des Alpes présente à peu près les mêmes caractères d'aspect et de saveur que la Fraise des bois ; elle est cependant en général plus allongée, plus grosse et plus pointue. La graine en est aussi plus grosse et plus longue : un gramme n'en contient que 1 500 environ.

Fr. des quatre-saisons.
Grosseur naturelle.

CULTURE. — Comme le Fr. des quatre-saisons se reproduit exactement par le semis avec tous ses caractères, beaucoup de jardiniers ont l'habitude de le semer au lieu de le multiplier par filets, et l'on s'accorde généralement à considérer les plantes venues de graines comme plus vigoureuses et plus productives que les autres. Pour s'assurer une production bien soutenue et bien abondante à l'arrière-saison, il est bon de laisser reposer les plants de fraisiers sur lesquels on compte pour cette époque ; on doit pour cela ne pas les laisser fleurir au printemps, supprimer les montants et les filets, et surtout continuer les arrosements.

Des fraisiers des quatre-saisons bien soignés doivent produire au mois de Septembre avec presque autant de profusion qu'au printemps ; la plus grande difficulté de leur culture consiste à les faire fructifier abondamment de Juillet en Septembre.

FRAISIER DES QUATRE-SAISONS A FRUIT ROUGE.

FRAISIER DES QUATRE-SAISONS A FRUIT BLANC.

Ce dernier diffère de la forme ordinaire, à fruit rouge, par la couleur de son fruit et par sa saveur un peu moins acide. Il est tout aussi remontant.

FRAISIER DES QUATRE-SAISONS JANUS AMÉLIORÉ.

Très belle variété, caractérisée par son fruit conique, gros, bien fait, d'un rouge très intense et prenant, à la maturité complète, une teinte presque noirâtre. Cette race est très remontante et sous tous les rapports fort recommandable ; elle se reproduit assez bien par le semis.

Fraise des quatre-saisons Belle de Meaux.
Fruits de grosseur naturelle.

Fraisier des quatre-saisons sans filets.
Plante réd. au sixième ; fruits de grosseur naturelle.

FRAISIER DES QUATRE-SAISONS BELLE DE MEAUX.

Race issue par semis du Fraisier des Alpes. Elle est surtout caractérisée par le volume de ses fruits et par l'intensité de la coloration de toutes ses parties. Elle a, en effet, les tiges et les filets d'un rouge brun, les fleurs souvent teintées de rouge et les fruits tellement foncés qu'ils deviennent presque noirs à la maturité complète ; c'est du reste une variété très productive, donnant abondamment des fruits pendant six mois de l'année et se reproduisant même très fidèlement par la voie du semis.

FRAISIER DES QUATRE-SAISONS SANS FILETS.

SYNONYMES : Fraisier de Gaillon, Fr. buisson, Fr. des Alpes sans coulants.
NOMS ÉTR. : ANGL. Bush Alpine strawberry. — ALL. Monats-Erdbeere ohne Ranken.
ITAL. Fragola di tutti i mesi senza fili.

Cette forme, très distincte, présente l'avantage de ne pas produire de filets ou coulants, qui rendent souvent difficile l'entretien des plantations de fraisiers ; elle convient tout particulièrement pour ce motif à la formation de bordures régulières, aussi est-elle d'un emploi très fréquent.

Il en existe une variété *à fruit rouge* et une autre *à fruit blanc* ; toutes deux sont rustiques, fertiles, remontantes, et se reproduisent presque sans variation par la voie du semis. Elles peuvent aussi se multiplier par division des touffes.

Le *Fraisier Marteau*, cultivé dans le Nivernais, est identique au Fr. des Alpes sans filets à fruit blanc.

FRAISIER DES QUATRE-SAISONS ROUGE AMÉLIORÉ (*Duru*).

Sous ce nom, on cultive une belle race améliorée et très fertile de Fraisier des Alpes.

Elle se distingue des autres par la forme particulière de son fruit, qui est très long et très mince, et d'excellente qualité. La couleur en est un peu plus claire que cell de la Fraise Janus.

Fraise des quatre-saisons rouge améliorée.
Fruits de grosseur naturelle.

Fraise des quatre-saisons Berger.
Fruits de grosseur naturelle.

Fr. des quatre-saisons Berger. — Obtenu il y a une douzaine d'années par M. Berger, horticulteur à Verrières-le-Buisson ; il se rapproche beaucoup de la variété précédente, mais il a les fruits encore plus longs et plus renflés. C'est une plante vigoureuse et très remontante, qui donne, surtout sur les jeunes plants, de nombreux fruits parfumés, d'un beau rouge écarlate.

Fr. Belle du Mont-d'Or. — Plante à fruits rouges, arrondis ou en cœur, parfois méplats ; graines très saillantes ; chair blanche.

Fr. Gloire du Creusot. — Variété passablement hâtive, à fruits assez semblables à ceux du Fr. Belle de Meaux, mais plus petits et portés par des hampes plus courtes.

Fr. La Meudonnaise. — Autrefois assez répandu aux environs de Paris ; il est caractérisé par ses feuilles blondes, cloquées et renflées. Son fruit est gros, conique, et d'une couleur très foncée.

Fr. Schöne Anhalterin (*Goeschke*). — C'est un fraisier des quatre-saisons à port compact et fruit très rouge, sans mérite particulier.

On pourrait augmenter beaucoup le volume de la Fraise des quatre-saisons par les semis et la sélection ; mais il ne faut pas perdre de vue que toute augmentation dans le volume des fruits est généralement obtenue aux dépens de leur nombre ou de la durée de la fructification, qui est le vrai et le plus grand mérite d'une fraise des quatre-saisons.

FRAISIER ÉTOILÉ

Fragaria collina Ehrh.

Synonymes : Breslinge, Craquelin, Fraisier vineux de Champagne.

Noms étrangers : angl. Green pine strawberry. — all. Stern-Erdbeere. — suéd. Stjarn-smultron. — russe Zviezdo obraznaïa zemlianika.

Indigène. — Vivace. — Ce fraisier ressemble, à première vue, par ses caractères de végétation, au Fraisier commun et au Fraisier des Alpes ; il se distingue cependant du premier par ses filets simples et non composés d'articles successifs, et du second en ce qu'il n'est pas remontant. Ses fruits sont plus arrondis et bien plus obtus que ceux du Fraisier des bois ; ils sont aussi un peu plus gros et fréquemment atténués près du calice en une sorte de col rétréci ; leur couleur est beaucoup plus terne et moins luisante que celle des autres fraises, sauf les Caprons, et, comme ceux-ci, ils ont souvent le côté de l'ombre à peine coloré. La chair en est assez ferme, beurrée, bien pleine et d'une saveur musquée très particulière. Les graines en sont relativement grosses : un gramme n'en contient que 1100 environ ; elles sont espacées à la surface du fruit et assez profondément enfoncées.

En somme, ce fraisier ressemble au Fr. des bois par tous ses caractères, excepté par son fruit, qui se rapproche bien plus de la Fr. Capron que de toute autre.

D'après les derniers travaux de M. J. Gay, le *Fraisier de Bargemont (Fr. Majaufea* Duch.) ne serait qu'une forme du *Fragaria collina*. — Ces deux fraisiers, qui autrefois se rencontraient de temps en temps dans les jardins, sont à peu près inconnus aujourd'hui, en dehors des collections botaniques.

FRAISIER CAPRON

Fragaria elatior Ehrh.

Noms étrangers : angl. Hautbois strawberry. — all. Zimmt-Erdbeere. — dan. Busk-Jordbeer, Spanske-J. — suéd. Jordgubbar. — russe Kloubnika.

Indigène. — Vivace. — Plante stolonifère, à feuilles plissées, d'un vert foncé, terne, passablement velues ; fleurs le plus souvent dioïques par avortement. Fruits d'un rouge très foncé, violacé ; graines noires, enfoncées, au nombre de 1200 environ dans un gramme. Sur certains pieds, les pistils se développent seuls, sur d'autres seulement les étamines ; de sorte que la fécondation ne peut se faire sûrement que si les deux formes se trouvent réunies à petite distance l'une de l'autre.

Les variétés horticoles du Fraisier Capron sont nettement caractérisées par la forme de leurs fruits ; ceux-ci sont presque sphériques, légèrement rétrécis, allongés en col et complètement dépourvus de graines à l'endroit où ils sont insérés sur le calice.

Culture. — Les Caprons, comme la plupart des fraisiers, se multiplient principalement par les coulants ou filets qu'ils donnent en abondance. Toutes les races cultivées de ce fraisier, dérivant d'une plante indigène en France, sont parfaitement rustiques et d'une culture très facile ; néanmoins, depuis l'apparition et la vulgarisation des nombreuses races de grosses fraises ou fraises ananas aujourd'hui connues, les Caprons ont beaucoup perdu de la faveur dont ils jouissaient autrefois ; la saveur particulière et extrêmement forte de leurs fruits déplaît à beaucoup de personnes, et ils n'ont pas, comme le Fraisier des quatre-saisons, l'avantage de donner une seconde récolte à l'automne.

Toute bonne terre saine leur convient, et les plantes peuvent être laissées plusieurs années au même endroit ; mais il est nécessaire, pour en obtenir une fructification abondante, de s'assurer, au moment de la plantation, qu'on en possède des individus mâles et d'autres femelles : c'est la conséquence naturelle de ce que nous avons dit sur la séparation des sexes dans cette espèce.

FRAISIER BELLE BORDELAISE.

Plante trapue, ramassée ; feuillage d'un vert blond un peu grisâtre ; folioles ovales-allongées, à nervures bien marquées et dentelures aiguës et profondes ; hampes florales dressées, s'élevant bien au-dessus du feuillage ; fleurs assez grandes, d'un blanc pur, à pétales très arrondis.

Fruits mûrissant vers le milieu de Juin, assez allongés, souvent coniques et assez volumineux.

Fraisier Capron framboisé (SYN. : *Fraise abricot*). — Une des plus anciennes variétés de cette espèce ; c'est une plante à végétation vigoureuse et feuillage abondant, un peu plus développée dans toutes ses parties que le Fr. Belle Bordelaise. Son fruit cependant est un peu moins gros, d'une couleur rouge violacé ou lie de vin ; chair très pleine, juteuse, beurrée et fondante, blanche ou légèrement jaune, quelquefois un peu verdâtre, à saveur très prononcée rappelant un peu celle de la Framboise ou plutôt du Cassis. Les feuilles de ce fraisier sont à pétioles très velus, surtout dans la jeunesse.

Fraise Capron framboisé.
Grosseur naturelle.

Le *Fraisier Schöne Wienerin* est un Capron un peu plus vigoureux que la Belle Bordelaise.

FRAISIER ÉCARLATE
Fragaria virginiana Duch.

SYNONYMES : Fraise framboise, Fr. de Virginie, Guigne de Virginie, Quoimio de Virginie.

NOMS ÉTRANGERS : ANGL. Old scarlet *or* Scarlet Virginia strawberry.
ALL. Himbeer- *oder* Virginische Erdbeere.

Amérique septentrionale. — *Vivace.* — Plante stolonifère, à feuilles longues, non plissées, presque entièrement glabres, ainsi que les pétioles. Fruits nombreux, petits, arrondis, à pédicelles très minces. Graines très enfoncées, assez petites, brunes, au nombre d'environ 1500 dans un gramme.

Le Fr. écarlate est d'une culture très facile. Il est hâtif, rustique et très durable ; mais les fruits, presque sphériques, amincis près de leur point d'insertion en un col dépourvu de graines, d'une couleur rouge écarlate assez vive, même à la maturité, en sont malheureusement fort petits, et la plante ne remonte pas, double désavantage qui l'a fait délaisser comme bien d'autres, en faveur des grosses fraises ou de la Fr. des quatre-saisons.

Les variétés obtenues par simple variation du *Fragaria virginiana* ont à peu près disparu des cultures ; mais, par contre, plusieurs variétés obtenues par le croisement de cette espèce avec le Fr. ananas ont conservé des caractères qui rappellent parfaitement ceux du Fr. écarlate.

FRAISIER DU CHILI

Fragaria chiloënsis Duch.

SYNONYMES : Frutiller, Quoimio du Chili.

NOMS ÉTRANGERS : ANGL. Chili strawberry. — ALL. Riesen-Erdbeere, Chili Erdbeere. SUÉD. Chili smultron. — ESP. (AM). Frutilla.

Chili. — *Vivace.* — Plante stolonifère, très velue dans toutes ses parties, trapue ; fleurs dioïques par avortement, très larges, d'abord d'un blanc jaunâtre, devenant ensuite d'un blanc pur ; pétioles gros et courts, teintés de rouge ; folioles presque rondes, à dentelures très grandes et très obtuses. Fruit gros, généralement de forme irrégulière, d'une couleur orangée, et plus ou moins velu sur la peau elle-même ; graines noires, saillantes, relativement grosses, au nombre de 800 à 900 dans un gramme. Maturité tardive.

A l'état spontané, au Chili même, ce fraisier se montre sous des formes assez diverses. Il se présente tantôt à fruit blanc couvert de graines noires, tantôt à fruit saumoné ou orangé pâle ; la fleur est parfois blanc pur, parfois jaune-soufre passant au blanc après l'épanouissement.

Le Fraisier du Chili n'est pas parfaitement rustique dans toute la France. Il réussit fort bien dans les climats maritimes et particulièrement en Bretagne, où il est cultivé sur une très grande échelle à Plougastel, aux environs de Brest ; à Paris, il souffre assez du froid dans les hivers rigoureux ou humides, et il y est plutôt cultivé à titre de curiosité qu'autrement. Comme les autres fraisiers, celui-ci se multiplie par ses coulants. Il fut rapporté du Chili en 1714, par Frézier.

FRAISIER ANANAS

Fragaria grandiflora Ehrh.

SYNONYMES : Fraisier de la Caroline, Fr. de Surinam.

NOMS ÉTRANGERS : ANGL. Pine-apple strawberry.— ALL. Ananas Erdbeere.— SUÉD. Ananas smultron. — RUSSE Zemlianika ananasnaïa. — POL. Truskawka ananasowa.

L'origine de cette forme de fraisier à gros fruit a toujours été fort obscure. Dès l'époque de son introduction dans les cultures, vers le milieu de l'avant-dernier siècle, on ne savait quelle origine exacte lui assigner. Du reste, deux fraisiers ont porté le nom d'*ananas* : l'un, décrit par Poiteau, n'est pas le véritable Fr. ananas ; l'autre, beaucoup plus cultivé, répandu en Angleterre et en Hollande, paraît avoir donné naissance par variation, peut-être par croisement, à la plupart des fraises à gros fruits dites *anglaises*. Il est fort possible que le Fr. ananas lui-même soit issu du croisement du Fr. du Chili et d'une autre espèce botanique.

Le Fraisier ananas, tel qu'il a été conservé dans quelques collections, est vigoureux, assez trapu ; ses feuilles rappellent passablement celles du Fr. écarlate de Virginie ; les hampes en sont vigoureuses, pas très élevées, un peu velues, les fleurs très grandes. Le fruit est rond ou un peu en cœur, d'un rose pâle légèrement jaunâtre ou saumoné ; la chair est très blanche, souvent creuse au centre. Les graines sont brunes, moyennes, peu enfoncées ; un gramme en contient environ 1 100.

De ce fraisier sont sortis, par le semis, des milliers de variétés distinctes dont nous allons énumérer les meilleures et les plus intéressantes.

FRAISIERS HYBRIDES

Synonymes : Grosses fraises, Fraises anglaises.
Noms étrangers : angl. Hybrid or large-fruited strawberries.
all. Grossfrüchtige Erdbeeren. — esp. Fresones.

Les diverses et nombreuses variétés qu'on réunit sous la dénomination de « *grosses fraises* » sont loin de présenter des caractères identiques ; nous ne chercherons donc pas à faire une description générale de plantes aussi différentes les unes des autres.

Pour donner une idée des dissemblances qu'elles présentent, nous dirons que la couleur des fruits varie du blanc au rouge-noir, et leur poids de 5 à 60 grammes. La saveur du fruit, la grosseur et l'enfoncement des graines, les dimensions des fleurs, la précocité, la quantité de coulants produite, ne donnent pas lieu à des différences moins accentuées.

FRAISIER ALBANY (*Wilson*).

Variété hâtive et bien productive. Plante trapue et vigoureuse ; feuillage vert foncé ; pétioles longs, minces, assez velus ; folioles ovales à dents aiguës ; hampes nombreuses, dressées, très multiflores ; fleurs petites, à pétales étroits.

Fruits petits, mais très abondants, arrondis, courtement coniques ou en cœur, d'un rouge écarlate foncé ; chair rouge, juteuse mais très acidulée. Précocité moyenne.

La saveur toute particulière et très prononcée de la Fraise Albany peut paraître presque désagréable lorsque le fruit est frais ; en tout cas, sa petitesse relative suffirait à la placer au second rang des variétés de table. Mais, par contre, lorsqu'il est cuit son fruit est de qualité très remarquable ; on l'emploie donc surtout comme fraise à confiture et pour cet usage elle surpasse même la Fr. Vicomtesse Héricart de Thury.

Fraise Avant-garde.
Fruits de grosseur naturelle.

FRAISIER AVANT-GARDE (*Vilmorin*).

Nom étr. : angl. Vanguard strawberry.

Plante bien vigoureuse, trapue et très productive, à feuillage ample, d'un vert foncé.

Fruits de grosseur moyenne, mais extrêmement abondants, de forme globuleuse ou oblongue, d'un beau rouge brillant, très légèrement velus, à graines presque saillantes ; chair rose, assez sucrée, mais peu parfumée. Ces fruits ont le mérite très appréciable d'être sensiblement plus gros que ceux des autres variétés aussi hâtives.

C'est un fraisier qui se recommande autant par sa précocité exceptionnelle que par sa production très abondante et très prolongée.

FRAISIER BARNE'S LARGE WHITE (*Barne*).

Plante de vigueur moyenne, assez trapue; feuilles arrondies, d'un vert foncé luisant, à dentelures profondes et assez aiguës, nervures très apparentes; pétioles longs et minces, verts; fleurs nombreuses, relativement petites, portées sur des pédoncules courts, ramifiés, dépassant à peine le feuillage.

Fruits arrondis ou coniques-obtus, d'un blanc légèrement rosé; graines demi-saillantes, rouges ou brunes; chair très blanche, un peu flasque, sucrée, juteuse, à goût musqué assez prononcé. Maturité demi-tardive.

Plante très fertile, et bien distincte surtout par la couleur blanche de son fruit. Après la fructification, elle reste remarquablement compacte et trapue; elle ne produit que peu de coulants : ceux-ci sont courts, raides, assez gros; les bouquets de feuilles qu'ils portent sont plus rapprochés entre eux que dans la plupart des autres fraisiers.

Fraise British Queen.
Grosseur naturelle.

Fraise Carolina superba.
Grosseur naturelle.

FRAISIER BRITISH QUEEN (*Myatt*).

Plante de taille moyenne, un peu délicate. Fruits très gros, oblongs, souvent aplatis, à bout conique ou carré, d'une couleur rouge vermillon; chair blanche, ferme, très juteuse, sucrée, extrêmement parfumée, d'une grande finesse.

Cette excellente fraise serait certainement plus répandue dans les cultures si elle était plus rustique, et surtout si la multiplication n'en était rendue lente et difficile par ce fait qu'elle ne produit que très peu de coulants.

FRAISIER CAROLINA SUPERBA (*Kitley*).

Plante assez vigoureuse, velue dans toutes ses parties; feuillage d'un vert foncé, luisant en dessus; folioles ovales, plissées ou contournées souvent en cuiller; fleurs moyennes, nombreuses, portées sur des pédoncules assez vigoureux, mais dépassant à peine le feuillage.

Fruits gros, en cœur, un peu courts, de couleur vermillon; graines demi-saillantes; chair très blanche, fondante, beurrée, parfumée, légèrement musquée. Très bonne variété, assez fertile, mais un peu délicate. Maturité demi-tardive.

Assez voisine du Fr. British Queen par ses autres caractères de végétation, cette variété en diffère par ses filets, qui sont gros, épais et velus; ils ne sont pas très abondants, et nous les avons vus quelquefois fleurir dans l'année même, mais ce fait est exceptionnel.

FRAISIER CENTENAIRE (*Vilmorin*).

Noms étrangers : angl. Centenary strawberry. — all. Centenarium Erdbeere.

Plante forte et vigoureuse; feuilles amples, longuement pétiolées; fleurs grandes, blanches, portées sur des hampes très longues.

Fruits gros, oblongs, obtus, souvent en crête, bien colorés, luisants, à graines enfoncées; chair rose, juteuse et de bonne qualité. Maturité demi-hâtive.

Le mérite de cette variété réside surtout dans son aptitude à produire en pleine terre, et sans soins spéciaux, des fruits aussi gros et aussi beaux que ceux obtenus par la culture intensive du Fr. Général Chanzy et autres variétés réputées pour leur grosseur. — Le Fraisier Centenaire convient aussi bien aux amateurs qu'aux cultivateurs pour la production en pleine terre de fruits de choix.

Fraise Docteur Morère.
Grosseur naturelle.

Fraise Centenaire.
Grosseur naturelle.

FRAISIER CRESCENT SEEDLING (*Thorburn*).

Plante assez vigoureuse, touffue, mais naine; feuillage léger, vert franc, à folioles étroites; hampes abondantes, courtes et grêles, portant des fleurs nombreuses et petites, s'épanouissant de très bonne heure.

Fruits abondants, de grosseur moyenne, en forme de cœur, d'un rouge luisant, un peu velus; chair rouge, acidulée et parfumée.

Ce fraisier est un des plus précoces, égalant sous ce rapport le Fr. May Queen, sur lequel il a l'avantage de donner des fruits sensiblement plus gros et d'avoir une production plus soutenue.

FRAISIER DOCTEUR MORÈRE (*Berger*).

Fraisier très vigoureux; pétioles et tiges assez velus; feuilles grandes, larges, d'un vert très foncé; folioles larges, presque toujours plissées sur la nervure médiane, un peu gaufrées et contournées; dentelures très grandes, assez profondes et aiguës; pédoncules forts, dressés, souvent feuillés; fleurs grandes, assez nombreuses, faisant place à des fruits dont la grosseur diminue rapidement des premiers aux derniers. — Ces fruits sont très gros, un peu courts, d'un rouge très foncé à la maturité; graines noires, assez saillantes; chair rose, fondante, sucrée, juteuse, assez parfumée, mais souvent creuse au centre. Le goût du fruit rappelle un peu celui de la Fraise du Chili. — Cette variété est actuellement une des plus cultivées en grand dans les environs de Paris pour l'approvisionnement du marché, où elle jouit d'une faveur particulière. On l'emploie aussi beaucoup pour la culture forcée.

Le *Fr. La France* nous a paru très voisin du Fr. Docteur Morère, sinon identique.

FRAISIER DOCTEUR VEILLARD (Tabard).

Plante de taille moyenne ; feuillage plutôt léger ; pétioles légèrement velus ; folioles grandes, ovales, larges et très dentées ; hampes fortes, très ramifiées et étalées ; fleurs moyennes. — Fruits assez gros, peu abondants, arrondis ou oblongs ; chair rouge, parfumée, mais pâteuse. Maturité demi-hâtive.

Fraise Docteur Veillard.
Fruits de grosseur naturelle.

Fraise Édouard Lefort.
Fruits de grosseur naturelle.

FRAISIER DUC DE MALAKOFF (Glœde).

Plante extrêmement vigoureuse, à larges feuilles d'un vert foncé presque noir; folioles ovales-arrondies, à dentelures très grandes et peu profondes; pétioles, tiges et coulants très velus, souvent teintés de rouge; fleurs grandes, d'un blanc pur, portées sur des pédoncules vigoureux, mais un peu courts.

Fruits gros, courts, prenant à la maturité une teinte brunâtre particulière ; chair jaune, de couleur tirant un peu sur l'abricot, juteuse, fondante, d'une saveur participant un peu de celle de la Fraise du Chili.

Ce fraisier est très productif, très rustique et de maturité demi-tardive.

FRAISIER ÉDOUARD LEFORT (Éd. Lefort).

Variété très distincte, d'une forme jusqu'alors très rare dans les fraises hybrides et rappelant plutôt celle des Caprons. Plante vigoureuse, à feuillage abondant, dressé ; folioles grandes, allongées, d'un vert foncé, portées sur des pédoncules un peu velus ; hampes hautes et fortes.

Fruits arrondis-obtus à l'extrémité et amincis jusqu'au tiers environ de leur longueur en un col dépourvu de graines. Ces fruits, rouge écarlate quand ils commencent à se colorer, deviennent bientôt d'un rouge sang très foncé; la chair en est franchement rouge à l'intérieur, ce qui différencie très nettement la Fraise Édouard Lefort de la *Fraise bicolore* (*de Jonghe*) et de la *Deutsche Kronprinzessin* (*Gœschke*) qui, seules à notre connaissance, ont, comme elle, le fruit en forme de grelot, mais avec la chair complètement blanche.

Fraise Duc de Malakoff.
Grosseur naturelle.

Fraise Général Chanzy.
Grosseur naturelle.

Fraise Jucunda.
Grosseur naturelle.

FRAISIER GÉNÉRAL CHANZY (*Riffaud*).

Plante forte, basse, à feuillage ample; folioles courtement ovales et très dentées, portées sur des pétioles gros, très velus, légèrement rosés; hampes courtes; fleurs grandes, à pétales séparés.

Fruits très gros, allongés, obtus, d'un rouge très foncé et luisant, dépourvus de graines à la base du pédoncule; chair rouge ou rouge-noir selon l'état d'avancement, juteuse et bonne. Maturité demi-hâtive.

Le plus grand mérite du Fr. Général Chanzy réside dans son aptitude au forçage, sous l'influence duquel il affirme sa supériorité et produit des fruits exceptionnellement gros et beaux. En pleine terre, il noue souvent mal et ses fruits peu abondants deviennent rocheux ou informes. C'est un fraisier exigeant et qui souffre beaucoup de la sécheresse; il est probablement très proche parent des Fraisiers Le Czar et Édouard Lefort, dont il se rapproche par la forme de son fruit et l'absence de graines autour du pédoncule.

FRAISIER JUCUNDA (*Salter*).

Plante très vigoureuse, trapue; pétioles élevés, portant des feuilles moyennes, d'un vert franc presque vernissé; folioles presque rondes, à dentelures peu profondes et assez arrondies, à nervures bien apparentes; fleurs moyennes, très nombreuses, portées sur des pétioles robustes, dressés, souvent feuillés, toujours très ramifiés et dépassant le feuillage.

Fruits très abondants, en cœur, d'un rouge vermillon brillant devenant plus foncé quand ils dépassent le degré ordinaire de maturité, quelquefois un peu creux; graines jaunes, presque entièrement saillantes; chair rouge, juteuse, assez parfumée, pas très sucrée. Maturité demi-tardive.

La vigueur et la rusticité de cette variété, l'abondance de ses fruits, leur belle couleur et l'avantage qu'ils présentent de supporter admirablement le transport, en font une des fraises les plus précieuses pour la culture maraîchère dans les environs des grandes villes; elle est en plein rapport lorsque les fraises hâtives commencent à décliner. Elle convient bien à la culture forcée.

FRAISIER LA CONSTANTE *(de Jonghe).*

Plante ramassée, trapue ; feuilles à pétioles courts et folioles petites, presque rondes, d'un vert foncé un peu glauque, à dentelures grandes, généralement peu nombreuses, mais aiguës et profondes; pédoncules ramifiés, mais très courts, restant presque tous cachés dans le feuillage ; fleurs très nombreuses, petites, d'un blanc un peu verdâtre.

Fruits gros, coniques, un peu courts, rouge écarlate assez foncé quand ils sont bien mûrs; graines noires peu enfoncées; chair rosée ou rouge pâle, fine, juteuse, parfumée, manquant un peu de sucre.

Variété fertile, d'une production très régulière, tenant peu de place, et pour toutes ces raisons très recommandable.

FRAISIER LE CZAR *(Éd. Lefort).*

Variété demi-tardive, vigoureuse et fertile, obtenue par M. Édouard Lefort, à qui l'on est également redevable de plusieurs autres bonnes variétés.

Plante très forte et trapue ; feuillage ample, un peu contourné; pétioles longs, rouges, peu velus; folioles arrondies;

Fraise Le Czar (Fruits de grosseur naturelle).

hampes fortes, mais peu élevées, portant de grandes fleurs bien dressées.

Fruits très gros, ovoïdes, très allongés et pointus, rétrécis et dépourvus de graines au collet comme la Fraise Édouard Lefort, d'un beau rouge foncé luisant; graines profondément enfoncées; chair très rouge, quelquefois creuse, juteuse et agréable.

De même que le Fr. Général Chanzy, mentionné plus haut, celui-ci craint la sécheresse, et l'absence d'une humidité suffisante compromet la formation, la grosseur et la régularité de ses fruits.

FRAISIER LOUIS GAUTHIER *(L. Gauthier)*.

Plante haute et robuste ; feuillage abondant ; pétioles longs, grêles et peu velus ; folioles petites, très rondes, à dents obtuses, d'un vert foncé luisant ; hampes nombreuses, fortes, longues, dressées ou obliques, portant de grandes fleurs à pétales un peu chiffonnés.

Fruits extrêmement abondants, moyens ou gros, globuleux ou parfois un peu aplatis au sommet, très réguliers de forme ; graines brunes, mi-saillantes, tranchant sur la couleur blanc rosé du fruit ; chair juteuse, sucrée, parfumée et d'une qualité tout à fait supérieure. Précocité moyenne.

Donnée au début comme fraisier à gros fruit remontant, cette variété n'a pas complètement confirmé les espérances qu'elle avait fait concevoir ; elle ne remonte que sur les jeunes filets à l'automne, et encore plus ou moins, selon les saisons et la culture. Cependant, sa production très abondante, la grosseur, la régularité et l'exquise saveur de ses fruits, malgré leur couleur peu appréciée, lui assurent une place parmi les meilleures variétés d'amateur.

Fraise Lucas.
Grosseur naturelle.

Fraise La Constante.
Grosseur naturelle.

Fraise Louis Vilmorin.
Grosseur naturelle.

FRAISIER LOUIS VILMORIN *(Robine)*.

Plante de vigueur moyenne, assez basse ; folioles ovales-arrondies, d'un vert foncé luisant, à dentelures très grandes et assez obtuses ; fleurs larges, d'un blanc pur, portées sur des pétioles très courts, très branchus, à ramifications souvent teintées de rouge et en partie cachées dans le feuillage.

Fruits en forme de cœur, très réguliers, nombreux, d'un rouge extrêmement foncé à la maturité ; graines demi-saillantes ; chair rouge foncé, pas très sucrée et manquant un peu de finesse et de parfum, mais bien pleine, juteuse et très agréable.

Cette fraise est très rustique ; la production en est abondante et soutenue, et la couleur tout particulièrement remarquable par son intensité. Les filets sont assez peu nombreux, ce qui empêche la multiplication de se faire très rapidement. C'est une des meilleures fraises à cuire ; les confitures qui en sont faites ont plus de goût et de couleur que celles des autres fraises.

FRAISIER LUCAS *(de Jonghe)*.

Plante vigoureuse, demi-hâtive ; feuilles assez grandes, d'un vert franc, lustrées à la face supérieure ; folioles légèrement ovales, à dentelures très grandes, assez profondes et de forme passablement variable, quelquefois très aiguës, et quelquefois tout à fait rondes ; fleurs moyennes, à pétales ronds, portées en grand nombre sur des pédoncules feuillés, vigoureux, mais courts, restant souvent cachés dans le feuillage.

Fruits oblongs, gros, bien faits, d'un rouge écarlate assez foncé ; graines demi-enfoncées ; chair rose pâle, juteuse, sucrée et très parfumée.

La Fraise Lucas est une excellente variété, à la fois productive et de qualité tout à fait hors ligne.

Fraise Marguerite.
Grosseur naturelle.

Fraise Madame Meslé.
Grosseur naturelle.

FRAISIER MADAME MESLÉ (*Meslé*).

Plante peu élevée, mais très vigoureuse ; pétioles courts, étalés, très velus ; folioles amples, arrondies, ondulées, profondément dentées ; filets rougeâtres.

Fruits très gros, courtement oblongs, amincis et nus au collet, d'un beau rouge vermillon brillant ; graines demi-enfoncées ; chair rose, de très bonne qualité. Maturité demi-hâtive.

Cette superbe variété, provenant d'un croisement du Fr. Général Chanzy par le Fr. Docteur Morère, a hérité de ce dernier la délicatesse et la saveur de sa chair ; de son autre parent, elle tient la forme de son fruit et particulièrement ce caractère assez rare d'être dénuée de graines autour du pédoncule. Sa production très abondante et la grosseur de ses fruits la placent au premier rang des fraisiers propres à la culture de pleine terre.

FRAISIER MARGUERITE (*Lebreton*).

Plante moyenne ; pétioles assez courts, minces ; folioles allongées, d'un vert franc, très lisses en dessus, dentelures assez grandes, aiguës, faisant complètement défaut dans la moitié inférieure du pourtour des folioles ; fleurs moyennes, pédoncules courts, extrêmement ramifiés, presque traînants.

Fruits très gros, coniques-allongés, d'un rouge vermillon restant assez clair même à la maturité ; graines passablement enfoncées ; chair rose, très juteuse, fondante, manquant un peu de sucre et de parfum. Cette variété rachète ce petit défaut en étant très productive, extrêmement précoce, d'une fertilité très soutenue et en se prêtant parfaitement bien à la culture forcée.

FRAISIER MAY QUEEN (*Nicholson*).

Plante feuillue, rappelant beaucoup par ses caractères de végétation le Fraisier écarlate ; pétioles presque glabres ; folioles ovales allongées, à dentelures aiguës, nulles dans le tiers inférieur des folioles ; fleurs moyennes ou petites, sur des pédoncules très ramifiés, courts, ne se dégageant que rarement du feuillage.

Fruits moyens ou petits, courts, obtus-arrondis, rouge écarlate, à graines enfoncées ; chair rosée ou rouge pâle, aigrelette, parfumée, assez sucrée.

Fruit très agréable, surtout parce qu'il arrive à maturité dès la fin du mois de Mai, avant toutes les autres fraises. Son petit volume, qui est son seul défaut, se trouve ainsi compensé par son extrême précocité.

Fraise Noble.
Grosseur naturelle.

Fraise May Queen.
Grosseur naturelle.

Fraise Napoléon III.
Grosseur naturelle.

FRAISIER NAPOLÉON III (*Glœde*).

Plante vigoureuse, à grandes feuilles dressées, velues sur les pétioles, d'un vert foncé luisant ; folioles grandes, presque rondes, à dentelures larges et obtuses ; fleurs très rondes, en bouquets serrés, sur des pédoncules feuillés, vigoureux, se dégageant bien du feuillage.

Fruits gros, assez courts, rouge vermillon ; graines noires, saillantes ; chair très blanche, fondante, beurrée, bien parfumée dans les saisons chaudes, quelquefois un peu creuse au centre.

Variété rustique et productive, mais mûrissant tardivement et redoutant beaucoup la sécheresse.

FRAISIER NOBLE (*Laxton*).

Nom étranger : Angl. Laxton's Noble strawberry.

Plante vigoureuse, à feuilles amples portées sur des pétioles assez menus ; hampes nombreuses et très ramifiées.

Fruits abondants, courtement coniques ou tout à fait arrondis, d'une très belle couleur écarlate intense vernissé. Chair rouge à l'intérieur, juteuse, sucrée, parfumée et agréablement acide ; d'excellente qualité.

Le Fr. Noble est des plus intéressants, non seulement pour les amateurs mais encore pour les cultivateurs, car, tout aussi précoce qu'aucune autre variété, il est en même temps bien productif et donne d'aussi beaux fruits que les fraisiers de moyenne saison. Sa culture est très répandue dans les environs de Paris pour l'approvisionnement des Halles. Il se prête bien à la culture forcée.

FRAISIER PÊCHE DE JUIN (Lebœuf).

Noms étrangers : angl. June Peach strawberry. — all. Juni Pfirsich Erdbeere.

Plante assez trapue, à pétioles rougeâtres, courts et très velus; folioles arrondies, peu dentées, réticulées, vert foncé; hampes courtes, grêles, très ramifiées; fleurs assez grandes. — Fruits coniques, rouge pâle; graines très enfoncées; chair rose, juteuse, douce et parfumée. Maturité très tardive.

Le mérite de cette variété réside surtout dans la qualité supérieure de ses fruits, qui mûrissent en outre à une époque de l'année où les autres variétés, touchant à la fin de leur production, ont des fruits moins volumineux et surtout moins délicats. — C'est donc une excellente fraise pour l'arrière-saison.

Fraise Pêche de Juin.
Grosseur naturelle.

Fraise Princesse royale.
Grosseur naturelle.

FRAISIER PRÉSIDENT CARNOT (Lapierre).

Plante de taille moyenne, vigoureuse; pétioles longs, forts, velus, verts; folioles ovales peu dentées, souvent repliées; hampes dressées; fleurs grandes, d'un blanc jaunâtre, à pétales confluents. — Fruits assez gros, oblongs ou subglobuleux, souvent en crête, peu colorés, velus; chair rosée, quelquefois creuse, pâteuse, quoique assez ferme. Précocité moyenne.

Cette variété est très productive, mais assez peu répandue.

FRAISIER PRINCESSE ROYALE (Pelvilain).

Une des plus anciennes variétés obtenues en France. Plante de taille moyenne, mais très vigoureuse et robuste; feuillage d'un vert franc, lisse et luisant; folioles ovales-allongées, à dentelures assez aiguës, ne commençant, comme dans le Fr. Marguerite, qu'à une assez grande distance du point d'attache des folioles; fleurs très petites, mais très nombreuses, supportées par des pédoncules vigoureux, très ramifiés, dépassant en partie le feuillage.

Fruits très nombreux, coniques, généralement bien faits, d'une belle couleur rouge; chair rouge vif, parfumée, assez sucrée, juteuse, mais présentant une mèche centrale un peu résistante.

Variété très rustique, fertile et d'une grande précocité. Elle convient parfaitement pour forcer, et dans ce cas comme dans la culture en pleine terre, elle donne toujours son produit en première saison. Les fruits supportent bien le transport, et cette qualité, jointe à toutes les autres, explique la persistance avec laquelle les cultivateurs des environs de Paris l'ont conservée en grande faveur, malgré l'introduction de variétés nouvelles qui lui sont préférables sous certains rapports.

A la halle, les fruits de Princesse royale se vendent toujours facilement un peu plus cher que ceux d'aucune autre variété, à moins que ce ne soient des fraises de choix; on les estime surtout à cause de leur beau coloris brillant et de leur parfum.

Fraise Reine des hâtives.
Grosseur naturelle.

Fraise Richard Gilbert.
Grosseur naturelle.

FRAISIER REINE DES HATIVES (*Laxton*).

Nom étranger : angl. King of the Earlies strawberry.

Plante de vigueur moyenne; feuillage léger, blond; folioles fortement dentées; hampes nombreuses, grêles; fleurs grandes et précoces. — Fruits assez gros, globuleux ou oblongs, bien rouges; chair rose foncé, de saveur agréable. Maturité très hâtive.

Ce Fraisier mûrit à peu près en même temps que le Fr. May Queen, sur lequel il a l'avantage de produire des fruits sensiblement plus gros, rappelant comme forme ceux du Fr. Vicomtesse Héricart de Thury. Toutefois, il semble moins robuste et moins productif que les autres fraisiers très hâtifs et, malgré son ancienneté, il est peu répandu, tout au moins dans la région parisienne.

FRAISIER RICHARD GILBERT (*Carmichael*).

Plante robuste, à feuillage foncé, lustré, crépu; pétioles longs, minces, verts et velus; folioles ovales, dentées; hampes dressées; fleurs grandes, à larges pétales se recouvrant. — Fruits coniques, mais plats ou élargis en crête quand ils sont gros, d'un rouge clair; graines jaunes et enfoncées; chair ferme, rose, juteuse, un peu acide et très parfumée. Maturité tardive.

Cette variété est recommandable pour la grande culture par son abondante production; elle possède cet autre mérite, que ses fruits se conservent longtemps sur pied et supportent très bien les manipulations et le transport.

FRAISIER ROYAL SOVEREIGN (Laxton).

Plante de taille moyenne, peu touffue, étalée, mais très robuste; pétioles longs, très minces, velus, légèrement rosés; folioles petites et ovales; filets très rouges; hampes fortes et nombreuses, dressées ou obliques; fleurs grandes. Fruits abondants, gros, oblongs ou méplats, d'un beau rouge écarlate; graines jaunes, saillantes; chair rosée, juteuse, acidulée. Maturité très hâtive.

Ce fraisier, dont on fait le plus grand cas en Angleterre, tant pour la production en pleine terre que pour le forçage, a conservé chez nous tous ses mérites de rusticité et d'abondante production; mais les forceurs français n'en font pas grand usage.

Fraise Royal Sovereign.
Grosseur naturelle.

Fraise Sabreur.
Grosseur naturelle.

FRAISIER SABREUR (Mme Clements).

Variété très distincte, reconnaissable entre toutes les autres par la couleur violacée de ses coulants et des pétioles des feuilles; celles-ci ont les folioles allongées, à dents très grandes et profondes, d'un vert assez foncé et légèrement glauque. Les divisions du calice sont, comme les pétioles, fortement colorées en rouge. Les fleurs présentent cette particularité que les pétales prennent, lorsqu'ils arrivent au moment de tomber, une couleur rougeâtre très prononcée.

Fruits ovoïdes ou en cône allongé, presque toujours réguliers de forme, gros et souvent très gros, d'un rouge cramoisi plus ou moins foncé selon la température; graines très noires et très saillantes, donnant au fruit un aspect très particulier; chair blanche, sucrée, juteuse, assez parfumée.

Cette variété est certainement une excellente acquisition; elle ne donne pas un fruit de première qualité, mais elle est précoce, très rustique et d'une fertilité très grande et très soutenue : elle commence à produire une des premières et donne encore des fruits en même temps que les plus tardives. Les coulants, qui sont, comme nous l'avons dit, très colorés, se développent en grande abondance; aussi ce fraisier est-il des plus aisés à multiplier.

FRAISIER SENSATION (*Laxton*).

Plante vigoureuse et précoce; feuillage ample, vert foncé; pétioles courts et minces, verts; folioles ovales-allongées, repliées, à dents aiguës; hampes assez nombreuses, dressées ou obliques; fleurs de grandeur moyenne, d'un blanc un peu jaunâtre.

Fruits abondants, moyens ou gros, oblongs, obtus, légèrement velus, d'un rouge foncé luisant quand ils sont à complète maturité; graines jaunes, saillantes; chair tendre, rose, peu juteuse mais parfumée et très bonne.

Les fruits vraiment très gros de ce fraisier constituent son principal titre à l'attention des amateurs; les plus volumineux sont généralement produits par les plants d'un an : il est donc bon de renouveler fréquemment la plantation.

Fraise Sir Joseph Paxton.
Grosseur naturelle.

Fraise Sensation.
Grosseur naturelle.

FRAISIER SHARPLESS (*Sharpless*).

Plante vigoureuse; feuillage dressé; pétioles minces, verts et peu velus; folioles arrondies bordées de dents aiguës; hampes courtes, fortes, dressées; fleurs longuement pédicellées, très étalées, grandes, à pétales confluents.

Fruits abondants, moyens ou gros, courts, souvent irréguliers de forme; chair rose ou rouge, juteuse, mais sans grand parfum. De maturité hâtive.

Malgré la forme défectueuse de ses fruits et leur qualité plutôt médiocre, ce fraisier est très répandu dans les grandes cultures de la région de Paris à cause de sa robusticité et de son abondante production.

FRAISIER SIR JOSEPH PAXTON (*Bradley*).

Plante de vigueur moyenne; feuillage peu abondant, d'un vert foncé luisant; folioles grandes, ovales, souvent contournées, à dentelures grandes et assez profondes; fleurs larges, nombreuses, d'un blanc pur, portées sur des pédoncules ne dépassant pas toujours le feuillage. — Fruit conique ou en cœur, bien fait, d'un rouge écarlate assez foncé; graines brunes, demi-saillantes; chair blanche, très pleine, ferme et fondante, beurrée, juteuse, sucrée et parfumée.

C'est une des meilleures et des plus délicates de toutes les fraises. Elle n'est malheureusement pas très fertile. La maturité en est demi-tardive.

FRAISIER SOUVENIR DE BOSSUET *(Lefort)*.

Plante basse, presque naine; feuillage compact; pétioles courts, verts, velus; folioles amples, arrondies, réticulées et peu dentées; hampes courtes; fleurs assez grandes. — Fruits abondants, gros, en forme de cœur, d'un beau rouge vif allant même jusqu'au rouge-noir à complète maturité; graines brunes, mi-enfoncées; chair rouge pâle, très juteuse, sucrée, agréablement acide.

Les mérites de cette variété sont de produire beaucoup et de posséder un feuillage abondant et serré qui couvre bien les fruits et les abrite contre la grande chaleur. Par contre, les plantes s'épuisent vite et ne donnent plus alors que de petits fruits.

Fraise Souvenir de Bossuet.
Grosseur naturelle.

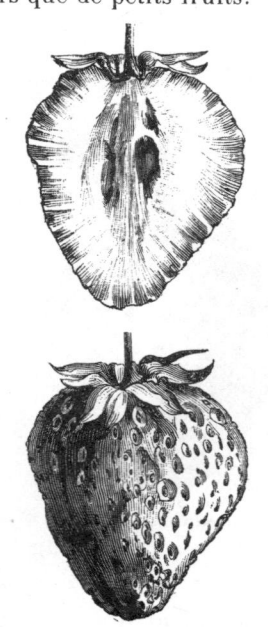

Fraise Vicomtesse Héricart de Thury.
Grosseur naturelle.

FRAISIER VICOMTESSE HÉRICART DE THURY *(Jamin)*.

Plante vigoureuse, pas très haute, mais feuillue, dressée et d'un vert foncé indiquant un tempérament robuste; folioles ovales, souvent rétrécies vers la base, qui est dépourvue de dentelures, le reste du pourtour en présente d'assez profondes, ordinairement arrondies; fleurs moyennes ou petites, portées sur des pédoncules vigoureux, très ramifiés, dépassant généralement le feuillage.

Fruits coniques ou en cœur, d'un rouge très foncé, à graines demi-saillantes; chair très ferme, rouge, sucrée, juteuse, un peu acide et bien parfumée.

Les fruits se transportent bien; ils mûrissent de bonne heure et sont produits en très grande quantité et pendant fort longtemps: aussi cette fraise est-elle cultivée sur une grande échelle pour l'approvisionnement des marchés, non seulement en France, mais même en Angleterre. Elle convient bien à la culture forcée. C'est une des variétés desquelles il est le plus facile d'obtenir une seconde récolte à l'automne au moyen d'un traitement approprié.

FRAISIER VICTORIA (*Trollop*).

Plante vigoureuse, à folioles très larges, presque rondes, à dentelures très grandes et très obtuses, d'un vert assez foncé, luisant. La plante forme des touffes larges et fournies ; les fleurs sont nombreuses, de grandeur moyenne, portées sur des pédoncules longs, très ramifiés et dépassant bien le feuillage.

Fruits gros, très courts, arrondis ou légèrement en cœur, d'un rouge vermillon un peu pâle, à peau très fine et graines très enfoncées ; chair rose, extrêmement juteuse et fondante, passablement sucrée et parfumée.

Le fruit de cette variété se transporte difficilement et ne se conserve pas bien, ce qui lui retire beaucoup de sa valeur pour la vente ; elle est néanmoins cultivée assez largement pour la halle de Paris, à cause de sa précocité et de sa fertilité très grande et très soutenue. Elle convient surtout aux potagers d'amateurs et particulièrement pour la culture forcée.

Fraise Victoria.
Grosseur naturelle.

Fraise Wonderful.
Grosseur naturelle.

FRAISIER WONDERFUL ou MYATT'S PROLIFIC.

Plante vigoureuse, de taille moyenne ; feuilles nombreuses, à pétioles minces, assez velus ; folioles de grandeur médiocre, presque arrondies, d'un vert franc un peu grisâtre ; fleurs moyennes, très nombreuses, portées sur des pédoncules d'une grande vigueur et très ramifiés, qui ne s'élèvent pas toujours franchement au-dessus du feuillage.

Fruits longs, gros, généralement aplatis et presque toujours carrés du bout, d'un rouge cramoisi très foncé ; graines noires, petites, saillantes et nombreuses ; la chair en est très ferme, blanche, juteuse, bien sucrée, très parfumée et de première qualité.

Excellente variété demi-tardive, très fertile et produisant longtemps. C'est une de celles qui allient le mieux l'abondance à la qualité du produit ; mais la couleur un peu trop foncée des fruits fait qu'ils sont généralement peu recherchés sur les marchés.

Comme toutes les autres plantes fruitières, le Fraisier a donné un si grand nombre de variétés, qu'il serait presque impossible de les énumérer toutes.

Il serait d'autant plus inutile de chercher à en donner ici une liste générale, qu'il existe sur ce sujet des ouvrages spéciaux plus complets que ce que nous pourrions faire.

Nous nous bornerons à citer encore les variétés suivantes, moins répandues dans les cultures que celles décrites plus haut, mais remarquables cependant par d'excellentes qualités, et dont quelques-unes ont des emplois spéciaux.

Dans le nombre, nous avons compris plusieurs variétés étrangères, encore peu connues en France, mais dont on fait grand cas dans leur pays d'origine :

Amiral Dundas (MYATT). — Plante vigoureuse, mais mûrissant tard ; à fruits nombreux, coniques, d'un rouge foncé, à chair blanc rosé, ferme et sucrée. C'est une race d'amateur plutôt que de producteur.

Belle de Cours (ARIENTI). — Variété vigoureuse, demi-hâtive. Fruits abondants, longuement coniques, souvent en crête, bien colorés rouge foncé; chair saumonée, juteuse, un peu acide.

Belle de Paris (BOSSIN). — Variété très rustique et très productive. Fruit conique, gros, d'un rouge vif, mûrissant un peu tardivement ; chair sucrée, blanche ou rosée, assez ferme.

Fraise Amiral Dundas.
Grosseur naturelle.

Fraise Belle de Cours.
Grosseur naturelle.

Fraise Belle de Paris.
Grosseur naturelle.

Bicolore (DE JOUGLA). — Fruits très nombreux, petits, presque sphériques, d'une couleur orangée très pâle et parfois tout à fait blancs du côté opposé au soleil. Malgré cela, c'est une fraise à chair blanc jaunâtre, extrêmement juteuse, sucrée et d'un parfum très particulier.

Black Prince (CUTHILL). — Fruit petit, arrondi, devenant à la maturité d'un rouge presque noir. Une des plus précoces de toutes les grosses fraises ; se prête tout à fait bien à la culture forcée.

Capitaine (LAXTON). — Plante vigoureuse, à fruits larges et coniques, d'un beau rouge brillant et vernissé, à chair blanc rosé, fine et sucrée. Donne peu de coulants, ce qui en rend la multiplication difficile.

Commander (LAXTON). — Variété à longues hampes dressées. Fruits abondants, allongés, écarlates, velus ; chair ferme, rosée et juteuse.

Comte de Paris (PELVILAIN). — Ancienne race française à beau fruit rouge foncé, en cœur ; chair rouge. Variété très productive et qui convient bien à la culture en plein champ.

Docteur Hogg (BRADLEY). — Très voisine de British Queen par ses caractères de végétation, mais à fruits plus gros, d'une belle couleur rouge écarlate, à chair très pleine, d'un blanc rosé, juteuse et de parfum délicat.

Docteur Nicaise (Dr NICAISE). — Remarquable plutôt par la dimension de ses fruits à chair rouge pâle, que par leur qualité.

Duke of Montrose (CARMICHAEL). — Variété tardive, à feuillage blond et hampes dressées. Fruits abondants, arrondis ou oblongs; chair très ferme, rouge et juteuse.

Eleanor (MYATT). — Variété tardive, à fruits oblongs et d'un rouge très foncé ; chair écarlate pâle, peu juteuse, mais sucrée et parfumée.

Fraise Capitaine.
Grosseur naturelle.

Fraise Docteur Nicaise.
Grosseur naturelle.

Elisa (MYATT). — Recommandable pour les sols argileux. Fruits moyens ou petits, d'une couleur rouge assez pâle; chair blanche. Sa production se soutient longtemps.

Elton improved (INGRAM). — Variété très vigoureuse. Fruits en cœur, rouge foncé; chair rouge, sucrée, juteuse, passablement acide. Maturité tardive.

Gloire de Zuidwyck (ARIE KOSTER). — Excellente variété vigoureuse, productive, de précocité moyenne ; à fruits gros, coniques, d'une couleur orange foncé ou écarlate très vif; chair orange. Se multiplie facilement et convient très bien à l'approvisionnement des marchés, ses fruits ne pourrissant pas facilement.

Gloire du Mans (HODEAU). — Variété robuste ; fruits abondants et gros, peu colorés, oblongs, fermes; chair juteuse et bonne. — C'est un bon fraisier de grande culture, à production tardive.

Fraise Eleanor.
Grosseur naturelle.

Fraise Elton improved.
Grosseur naturelle.

Fraise Gloire de Zuidwyck.
Grosseur naturelle.

Hohenzollern (Gœschke). — Forte plante à grand feuillage étalé, arrondi. Fruits nombreux en forme de toupie, parfois en crête ou un peu bossués, d'un rouge légèrement cuivré ; maturité tardive ; chair rouge foncé, très juteuse quoique peu sucrée.

Kaiser Nicolas von Russland (Gœschke). — Plante forte et vigoureuse, à feuillage ample et à grandes fleurs. Fruits très abondants, en cœur, obtus, ayant parfois le bout vert ; chair blanche, peu juteuse, mais parfumée. Variété très productive.

Keen's seedling (Keen). — Très bonne race ancienne, à fruit moyen, d'excellente qualité, très fertile et l'une des plus hâtives. Une des meilleures de toutes pour la culture forcée.

Fr. Keen's seedling.   Fr. La Chalonnaise.   Fraise Lucie.   Fraise La Reine.
Fruits de grosseur naturelle.

Kœnig Albert. — Plante vigoureuse, touffue, très productive. Fruits moyens ou gros, très courts, méplats, rouge clair ; à chair très tendre, juteuse et sucrée. Remonte assez fréquemment sur ses filets. Ses fruits ont le défaut de se meurtrir trop facilement pendant les manipulations et le transport.

La Chalonnaise (Dr Nicaise). — Fruits extrêmement parfumés et délicats, à chair blanche. C'est une des meilleures fraises cultivées, malheureusement elle est un peu délicate.

La Grosse sucrée (de Jonghe). — Plante ramassée, rustique, vigoureuse, de production assez abondante et demi-tardive. Le fruit en est gros, en forme de cœur allongé, rouge vif, luisant ; chair d'un blanc rosé, très fondante, remplie d'un jus abondant et très sucré.

La Reine (de Jonghe). — Excellente variété à fruits rouges très savoureux et à chair blanche ; mais elle est très peu productive.

Laxton's Latest of all (Laxton). — Variété extrêmement tardive, ne mûrissant qu'au commencement de Juillet. Fruits assez gros, oblongs ou un peu bossués, peu colorés, verts au bout ; chair très ferme, rose, juteuse et bonne. Les fruits, de maturité tardive, se racornissent, tournent ou se laissent envahir par le « blanc », lorsque la saison est très chaude.

Leader (Laxton). — Plante vigoureuse, très touffue. Fruits tardifs et très abondants, gros, velus, oblongs et beaux, mais de consistance molle et à chair peu juteuse, acide, avec une grosse mèche centrale.

Lucie (Boisselot). — Variété vigoureuse et productive. Fruits gros, ovoïdes, parfumés, à chair blanche ; quelquefois creux. Cette race, très tardive, mûrit après toutes les autres fraises.

Petit Pierre (Belin). — Petite variété intéressante par sa très grande production en moyenne saison. Fruits moyens ou petits, mais très nombreux, allongés, coniques, luisants, un peu nus au collet, fermes ; à chair très rouge, juteuse et de bonne qualité.

FRAISIERS HYBRIDES

Premier (Ruffet). — Fruits coniques, souvent en crête, à chair rose. Précocité moyenne. Peu cultivé.

Princesse Dagmar. — Plante haute et robuste ; hampes dépassant le feuillage et rappelant par leur port très érigé celles du Fr. Commander. Fruits assez abondants, moyens, oblongs, obtus, bien rouges, très fermes, de maturité tardive et successive ; chair rose, juteuse, un peu acide, mais bonne.

Sir Charles Napier (Smith). — Très beau fruit, souvent aplati et élargi en crête de coq ; chair ferme, rosée. Bonne et vigoureuse race de moyenne saison, souvent cultivée pour l'approvisionnement des marchés.

Sir Harry (Underhill). — Très belle variété, fort rare en réalité, quoique beaucoup de personnes croient la posséder. Fruit gros, en cœur, d'un rouge vif ; chair pleine, juteuse, sucrée, d'un rose pâle ; maturité demi-tardive. Cette variété a toutefois le défaut de ne pas rester longtemps productive et de donner peu de coulants.

Souvenir de Kieff (de Jonghe). — Plante très feuillue, à fruits moyens, pointus et de qualité tout à fait supérieure ; chair blanc rosé.

Weisse Dame (Gœschke). — Plante basse, à grand feuillage, assez hâtive, donnant parfois une abondance de fruits oblongs, rosés. Chair tendre, juteuse et très sucrée.

Fraise Souvenir de Kieff.
Grosseur naturelle.

Fraisier Princesse Dagmar.
Plante réd. au septième : fruit détaché, grosseur naturelle.

Fraise Premier.
Grosseur naturelle.

FRAISIERS REMONTANTS A GROS FRUIT

Les variétés qui composent cette race nouvelle se rattachent à celles que nous venons de décrire par les liens les plus étroits ; c'est, en effet, des Fraisiers à gros fruits qu'elles dérivent et elles en conservent tous les caractères extérieurs. Leur aptitude à fleurir et à fructifier plusieurs fois ou d'une façon continue dans le courant de l'été semble, il est vrai, les rapprocher des Fraisiers des quatre-saisons ; rien cependant, ni la forme des feuilles, ni la taille des fleurs, ni l'aspect et la dimension des fruits n'est commun aux deux races de Fraisiers des quatre-saisons et Fraisiers remontants à gros fruits. Ces derniers ne sont même pas issus, comme certaines personnes se l'imaginent, d'un croisement entre *Fragaria grandiflora* et *Fragaria alpina*. Les tentatives de croisement entre ces deux espèces ont toujours abouti à des insuccès ; c'est au hasard des semis effectués avec les graines des différentes variétés du Fraisier ananas qu'est due l'obtention de la race *remontante à gros fruits*.

Les Fraisiers *Ananas perpétuel* (GLOEDE, 1866), *Inépuisable* (MABILLE, 1870), et *Bon Henri* (ABBÉ THIVOLET), ont marqué les premières étapes de ce progrès. Mais leurs fruits petits, mal faits et mal colorés, ne leur permirent jamais d'être autre chose que de simples curiosités et ils ont été totalement abandonnés. C'est cependant du Fraisier Bon Henri, fécondé par diverses variétés à gros fruits, que l'abbé Thivolet obtint *Robert Lefort* et *Léon XIII*, puis en 1893 et 1895, *Saint-Joseph* et *Saint-Antoine de Padoue*, décrits plus bas et qui sont les premières variétés de Fraisiers remontants à gros fruits réellement intéressantes au point de vue de la culture pratique.

Fraise remontante à gros fruit Jeanne d'Arc.
Fruits de grosseur naturelle.

A l'heure actuelle, tous les semeurs s'occupent de perfectionner ces fraisiers et d'en obtenir d'autres plus féconds encore, à plus gros fruits ou de formes différentes. Il n'est pas douteux que, d'ici quelques années, les Fraisiers remontants à gros fruits ne soient aussi nombreux que les hybrides ordinaires et aussi variés qu'eux de forme, de couleur et de goût ; déjà la grande culture s'en est emparée, et il n'est pas de jardin d'amateur qui n'en possède une ou plusieurs planches.

FRAISIER REMONTANT A GROS FRUIT SAINT-JOSEPH (*Abbé Thivolet*).

Plante trapue, très basse et très étalée ; pétioles courts, verts, velus : feuilles arrondies, à dents bien marquées, d'un vert foncé bleuté et un peu glauque ; hampes peu nombreuses et se développant très successivement, courtes, portant des fleurs moyennes et bien staminées. — Fruits moyens, en cœur, à graines petites et nombreuses ; chair blanche ou blanc rosé, juteuse et parfumée.

Il est certain que les qualités de ce fraisier sont inférieures à celles de beaucoup des bonnes variétés hybrides ; mais il ne faut pas oublier qu'au lieu de produire ses fruits pendant une courte période, au mois de Juin, il en donne en abondance pendant tout l'été et jusqu'aux premiers froids. C'est là un avantage qui n'est pas à dédaigner ; d'ailleurs, si les fruits n'atteignent pas les dimensions de Docteur Morère ou de Noble, ils sont cependant d'une taille respectable et toujours beaucoup plus volumineux que chez les Fraises alpines.

Les variétés *Rubicunda* et *La Constante féconde* doivent être considérées comme parfaitement identiques au Fr. Saint-Joseph.

Fraisier remontant à gros fruit Saint-Joseph.
Plante réd. au tiers ; fruit détaché, de grosseur naturelle.

FRAISIER REMONTANT A GROS FRUIT JEANNE-D'ARC (*Ed. Lefort*).

Variété obtenue par M. Édouard Lefort, se distinguant de la précédente par sa vigueur un peu plus grande et par ses fruits un peu plus volumineux, mais lui ressemblant d'ailleurs parfaitement par tous les autres caractères (*Voy.* la figure à la page précédente).

FR. REMONTANT A GROS FRUIT SAINT-ANTOINE DE PADOUE (*Abbé Thivolet*).

Plante bien plus vigoureuse, plus haute et plus touffue que le Fr. Saint-Joseph. Feuillage ample, peu velu ; folioles ovales, dentées ; hampes hautes et rigides ; fleurs grandes. — Fruits gros, coniques ou en crête, à graines jaunes, nombreuses et saillantes ; chair rose foncé, juteuse et douce.

Cette remarquable variété, issue d'un croisement entre le Fr. Royal Sovereign et le Fr. Saint-Joseph, est sensiblement supérieure à ce dernier par sa vigueur et par la taille de ses fruits. Par contre, elle est un peu moins remontante, en ce sens qu'elle arrête généralement de produire pendant le courant de Juillet et recommence ensuite jusqu'en Octobre. — Le Fraisier Saint-Antoine de Padoue résiste à la sécheresse beaucoup mieux que le Fr. Saint-Joseph.

FRAISIER REMONTANT A GROS FRUIT LA PRODUCTIVE (*Vilmorin*).

Plante vigoureuse et assez élevée; feuillage vert blond; folioles allongées, dentées, légèrement velues et souvent réunies au nombre de quatre sur le même pétiole, caractère très rare chez les autres fraisiers et très constant dans cette variété; fleurs moyennes, très précoces. — Fruit gros, oblong, obtus, d'un rouge brillant, légèrement velu, couvert de graines saillantes, sauf sur le collet, qui est allongé, lisse et luisant. Chair rose, très juteuse et très douce.

Cette variété est le résultat d'un croisement entre le Fr. Saint-Joseph et le Fr. Édouard Lefort, elle est parfaitement intermédiaire entre ses parents : son fruit se rapproche beaucoup de la Fr. Édouard Lefort et son feuillage rappelle celui du Saint-Joseph, quoiqu'il n'en ait pas la teinte vert bleuté et que, d'autre part, le caractère cité plus haut, d'être souvent à quatre folioles, le distingue très nettement de toutes les autres variétés remontantes.

Fraise remontante à gros fruit La Productive.
Fruits de grosseur naturelle.

L'aptitude à remonter durant toute la période de la végétation, même sur les filets, si remarquable chez le Fr. Saint-Joseph, se trouve heureusement reproduite dans le Fr. La Productive; les filets surtout se chargent souvent, alors qu'ils sont à peine développés, d'une hampe qui devient parfaitement fructifère vers la fin de l'été.

La première floraison se fait de très bonne heure au printemps et les fruits qui en résultent mûrissent avec ceux des variétés de première saison.

Fraise remontante à gros fruit Saint-Antoine de Padoue (Fruits de grosseur naturelle).

Le *Fr. Oregon*, connu depuis assez longtemps déjà, donne souvent, mais pas toujours, une seconde récolte à l'automne.

Le *Fr. Odette* (LAPIERRE) est bien remontant, quoique peu productif. Il se distingue par la forme très allongée et pointue de ses fruits, un peu dans le genre de la Fr. Wonderful.

Nous avons dans nos cultures, sous le nom de *Fraisier de Longué*, une plante vigoureuse, à feuillage ample, vert foncé, produisant pendant tout l'été de larges fleurs blanches qui, par suite de la conformation imparfaite de leurs étamines, ne peuvent se féconder elles-mêmes. Il n'a jamais donné de fruits jusqu'au moment où le Fr. Saint-Joseph et autres variétés fleurissant à la même époque, sont venues lui fournir le pollen nécessaire au développement de son fruit.

GESSE CULTIVÉE

Lathyrus sativus L.

Famille des *Légumineuses*.

SYNONYMES : Gesse blanche, Lentille d'Espagne, Dent-de-brebis, Pois breton, Pois carré.

NOMS ÉTRANGERS : ANGL. Chickling vetch.— ALL. Essbare Platterbse, Weisse Platterbse, Deutsche Kicher. — FLAM. Platte erwt. — HOLL. Peul erwt, Wikken. — ESP. Arveja ; (AM.) Muelas. — POL. Wyka siewna.

Indigène. — Annuelle. — Tige ailée, lisse, haute de 0m40 à 0m50, se soutenant difficilement sans appui ; feuilles composées, pennées sans impaire, terminées par une vrille prenante ; folioles au nombre de quatre, longues, étroites ; pédoncules grêles, axillaires, uniflores, commençant à paraître au cinquième ou sixième nœud ; fleurs plus petites que celles d'un pois, mais de même forme, blanches et teintées de bleu sur l'étendard. Gousses courtes et larges, très aplaties, épaisses et ailées. Grains blancs, de forme un peu variable, triangulaires ou carrés, plus larges et plus épais du côté du hile que dans la partie opposée. Ces grains pèsent 750 grammes par litre et sont au nombre de 4 dans un gramme ; leur durée germinative est de cinq années.

CULTURE. — La Gesse cultivée se sème en place au printemps, comme les Pois, et ne demande aucun soin spécial.

USAGE. — On mange les grains encore verts à la manière des petits pois ; mûrs et secs, ils peuvent être employés en purée.

GESSE TUBÉREUSE, ANETTE, ANOTTE DE BOURGOGNE, CHATAIGNE DE TERRE, CHOURLES, FAVOUETTE, MACION, MACUSSON, MITROUILLET (*Lathyrus tuberosus* L.). (ANGL. Tuberous rooted pea ; ALL. Erdnuss ; FLAM. Aardnoot ; HOLL. Aardakker ; ITAL. Ghianda di terra ; POL. Rzepnik Gałucha). — Fam. des *Légumineuses*.

Cette plante vivace, sauvage, qui est si commune dans certaines localités au point même de devenir gênante pour les cultures, est parfois recherchée comme aliment à cause des renflements qui naissent sur ses racines et qui sont remplis d'une fécule blanche légèrement sucrée, dont le goût, assez agréable, rappelle celui de la châtaigne.

La Gesse tubéreuse n'est presque jamais cultivée, mais simplement récoltée là où elle croît spontanément ; en effet, ni son produit, d'ailleurs insignifiant, ni la beauté de ses fleurs rouge cramoisi, ne doivent la faire admettre dans les jardins, où elle deviendrait rapidement une mauvaise herbe envahissante.

GIRAUMON. — *Voy.* COURGE GIRAUMON.

GLACIALE. — *Voy.* FICOÏDE GLACIALE.

GOMBO

Hibiscus esculentus L. — Fam. des *Malvacées*.

Synonymes : Gombaud, Ketmie comestible, Calalon, Guiabo, Guingombo, Okra.
Noms étrangers : angl. Okra. — ital. Ibisco. — esp. Gombo; (am.) Quimbombo.

Amérique méridionale. — *Annuel.* — Tige forte, dressée, peu ou point ramifiée, haute de 0ᵐ50 à 1 mètre et plus ; feuilles très grandes, à cinq lobes, dentées, d'un vert foncé en dessus, un peu grisâtre en dessous, à nervures très prononcées ; fleurs naissant isolément à l'aisselle des feuilles, à cinq pétales jaune-paille avec le centre brun ou violacé. Fruit pyramidal, terminé en pointe, relevé de cinq côtes saillantes et divisé en cinq loges remplies de graines assez grosses, grises, presque sphériques, à surface rugueuse. Ces graines, au nombre de 15 à 18 dans un gramme, pèsent 620 grammes par litre; durée germinative, cinq années.

Culture. — Le Gombo, de même que les Aubergines, a besoin, sous le climat de Paris, de chaleur artificielle, tandis qu'il peut être élevé en plein air dans les climats plus chauds. Habituellement, on sème les graines sur couche au mois de Février, on repique le plant également sur couche, et on le met en place au mois de Mai ; il n'a plus besoin alors que d'arrosements copieux pour achever de se développer.

Usage. — On fait un grand usage, aux colonies, des fruits jeunes du Gombo ; ils sont, à cet état, extrêmement mucilagineux, et servent, coupés en tranches, à faire des potages et des sauces très appréciés des créoles. Les graines mûres peuvent être grillées et employées en guise de café ; l'infusion qu'on en obtient n'est pas plus mauvaise que celle de la chicorée, des glands doux, de l'*Astragalus bæticus*, et autres succédanés du café.

Gombo à fruit long (Fruits, réd. au tiers.)

GOMBO A FRUIT LONG.

Tige basse, ne dépassant guère 0ᵐ50 ; feuilles profondément découpées. Fruits de 0ᵐ15 à 0ᵐ20 de longueur, minces, pointus, de 0ᵐ02 à 0ᵐ03 de diamètre. C'est la forme qu'on cultive le plus généralement. — Il en existe une sous-variété à fruits pendants.

Le *Gombo nain (Dwarf prolific okra)*, très estimé en Amérique, est une petite variété hâtive et assez productive du G. à fruit long.

Gombo à fruit rond. — A des fruits courts, relativement gros, ne dépassant pas 0ᵐ05 ou 0ᵐ06 de long sur 0ᵐ04 de diamètre et plutôt obtus que pointus. Cette variété est plus naine et plus précoce que le G. à fruit long.

Gombo Sultani hâtif.— Variété à fruits nombreux, courts et renflés; se rapproche beaucoup du G. à fruit rond.

La variété connue en Amérique sous le nom de *White velvet okra* se distingue par la couleur blanche de ses fruits, qui sont longs et assez gros.

GOURDE. — *Voy.* **Courge bouteille.**

HARICOT
Phaseolus vulgaris L.

Fam. des *Légumineuses*.

SYNONYMES : Phaséole, Pois, Fayoon (Nice), Fève petite (Normandie).

NOMS ÉTRANGERS : ANGL. Kidney *or* French bean. — ALL. Bohne. — FLAM. et HOLL. Boon. DAN. Havebonnen. — SUÉD. Vanlig-böna. — ITAL. Fagiuolo. — ESP. Habichuela, Judia ; (Rép. argentine) Porotos. — PORT. Feijao. — RUSSES Fasol, Bobý agoródnyïe. POL. Fasola. — JAP. Ingen mamé.

Amérique du Sud. — Plante annuelle à végétation rapide, fleurissant et fructifiant peu de temps après le semis. Tige mince, volubile, généralement cannelée ou anguleuse, rude au toucher, s'enroulant toujours de droite à gauche (il en existe de nombreuses variétés naines dont la tige, courte et raide, n'a pas besoin d'appui) ; feuilles grandes, composées de trois folioles triangulaires, avec les angles de la base arrondis, de formes et de dimensions variables et à surface rude.

Fleurs naissant dans les aisselles des feuilles, entre la tige et la base épaisse et renflée du pétiole ; ces fleurs, au nombre de deux à huit, sont réunies en grappes. On y reconnaît les caractères des fleurs des légumineuses papilionacées ; cependant elles sont de conformation assez irrégulière, les pétales étant souvent plutôt tordus que symétriquement disposés : la carène notamment est généralement réduite à deux petites lames plus ou moins convexes et dépourvues d'adhérence entre elles ; il en résulte que le pistil n'est pas enfermé aussi complètement que dans la plupart des autres papilionacées, et que les cas de croisement spontané des variétés entre elles se présentent assez fréquemment dans les haricots.

Les cosses et les grains du Haricot varient beaucoup d'une variété à l'autre sous le rapport de la forme, de la couleur et de la consistance ; nous décrirons donc chaque variété séparément, nous contentant de faire observer ici qu'on les divise, à ce point de vue, en : *Haricots à écosser* ou *à parchemin*, dont la cosse devient très dure et coriace à la maturité, et *Haricots mangetout* ou *sans parchemin*, dont la cosse ne prend pas, même en séchant, cette contexture membraneuse.

La durée germinative moyenne des haricots est de trois ans.

Il ne paraît pas probable que le Haricot ait été connu des anciens, ce n'est pas lui qu'il faut reconnaître dans la plante nommée *Phaseolus* ou *Phaselus* par Columelle et Virgile ; car le Haricot ne s'accorde nullement, même en Italie, du semis automnal que ces auteurs disent convenir au *Phaselus*.

Le Haricot provient certainement d'un climat chaud, et en l'absence de documents positifs sur son lieu d'origine et sur l'histoire de son introduction, divers indices semblent appuyer l'opinion de M. Alph. De Candolle, à savoir, qu'il serait originaire de l'Amérique du Sud et aurait été importé en Europe au XVIe siècle. Il est certain que les vieux auteurs français qui traitent de la culture potagère ne commencent à en faire mention qu'à cette époque et en lui donnant une place très inférieure à celle qu'occupent dans leurs ouvrages les Fèves et les Pois.

Depuis lors, et par l'effet de la grande variabilité dont le Haricot est doué, il s'en est produit un nombre extrêmement considérable de variétés, et la culture de ce légume a pris dans son ensemble une importance extraordinaire. Il se récolte annuellement en France plusieurs millions de kilogrammes de haricots secs, et l'on importe en outre des quantités très considérables de ces grains, qui occupent une des premières places dans l'alimentation publique. La chair du Haricot est en effet une des substances végétales les plus riches en azote, et la composition n'en est pas sans analogie avec celle de la chair des animaux.

CULTURE. — Le Haricot est extrêmement sensible au froid, il ne germe et ne se développe bien et vigoureusement que sous l'influence d'une température supérieure à 10 degrés centigrades ; une gelée de 1 ou 2 degrés le fait périr. Il aime une terre légère, riche, saine et amendée au moyen de fumier bien divisé et bien incorporé au sol ; aussi vaut-il mieux le semer dans une terre fumée l'année précédente que sur fumure fraîche ; les sols très calcaires, de même que ceux trop humides, ne lui conviennent pas. Ces recommandations s'appliquent aussi bien à la grande culture qu'à la culture potagère.

Culture forcée. — Cette culture n'est plus guère pratiquée, maintenant, que dans les potagers d'amateur : l'Algérie, la Tunisie et l'Espagne apportant sur le marché, dès le mois de Février, de grosses quantités de filets qui sont livrés à la consommation à un prix qui ne permet plus à nos maraîchers de soutenir la concurrence.

Le Haricot aimant beaucoup l'air et la lumière, on ne commence habituellement les semis sur couche chaude pour primeurs que dans le courant de Février. On sème parfois en Décembre ou Janvier, mais il n'est pas rare de voir les plantes faites à cette époque s'étioler ou pourrir. Le semis se fait sous châssis, sur une couche de fumier recouverte d'un mélange de bonne terre franche et de terreau, sur une épaisseur de 0^{m}15 à 0^{m}20.

Certains jardiniers sèment en pépinière sur couche chaude, en lignes espacées de 0^{m}05, et repiquent les plants dix ou douze jours après, sur une nouvelle couche, en les enfonçant jusqu'aux cotylédons, à 0^{m}15 ou 0^{m}20 les uns des autres, sur des lignes écartées de 0^{m}20 à 0^{m}25.

Les châssis sont couverts de paillassons au début, puis, au bout de quelques jours, on les découvre et on donne même de l'air chaque fois que le temps le permet, tout en maintenant la température au degré nécessaire pour que la végétation ne languisse pas. A mesure que les plantes prennent de la force, il faut enlever toutes les feuilles malades ou jaunissantes et quelques-unes même de celles qui sont saines et vigoureuses, mais qui donnent trop d'ombrage et empêchent la circulation de l'air.

Les premiers haricots verts peuvent être cueillis environ huit à dix semaines après le semis, quelquefois un peu plus tôt, quand le temps a été très favorable.

Les semis sur couche peuvent se continuer encore jusqu'en Mars ; ceux qu'on fait au mois d'Avril en pots, se replantent habituellement en pleine terre lorsque les gelées ne sont plus à craindre.

Quelques jardiniers conservent les Haricots flageolets forcés, après y avoir fait une cueillette de haricots verts ; ils enlèvent les châssis, et laissant les gousses qui viennent ensuite atteindre tout leur développement, ils obtiennent une récolte de haricots frais à écosser dès le mois de Juin, à une époque où ce légume a encore une grande valeur.

On emploie généralement pour la culture forcée les Haricots : *Flageolet nain Triomphe des châssis, Flageolet très hâtif d'Étampes, Flageolet nain hâtif à feuille gaufrée, Noir hâtif de Belgique, Nain extra-hâtif Prince noir, Jaune très hâtif de Chalandray*, etc.

Culture en pleine terre. — La saison du semis en pleine terre des haricots destinés à être cueillis en vert commence lorsque les gelées ne sont plus à craindre, et que la terre est suffisamment réchauffée ; elle s'étend du mois d'Avril jusqu'au mois d'Août. Les variétés naines se sèment d'ordinaire en poquets distants de 0^{m}40 à 0^{m}50, à raison de 5 ou 6 grains par trou, ou en rayons écartés de 0^{m}50 à 0^{m}60 ; on emploie généralement de 1 kil. 500 à 2 kilog. de grains par are.

Cette culture ne demande guère d'autres soins que des binages et des arrosements pendant les chaleurs. Il est d'une bonne pratique de biner le sol quelques jours après la germination, et, environ quinze jours après, de butter les haricots pour maintenir la fraîcheur au pied ;

les fleurs se succèdent continuellement et le développement des jeunes gousses est très rapide, aussi peut-on cueillir sur la même planche tous les deux ou trois jours. En abritant contre le froid les derniers semis qui se font de Juillet en Août, on peut récolter des haricots verts en pleine terre jusqu'à la fin d'Octobre.

Ce sont, en général, des variétés à parchemin que l'on cultive comme haricots verts, et l'on donne la préférence à celles qui produisent des aiguilles droites, longues, bien vertes et plutôt cylindriques que trop aplaties. On appelle *aiguilles*, *filets* ou *palettes* les cosses encore tendres des haricots, cueillies à point pour faire des haricots verts.

Pour la culture en pleine terre des haricots à consommer en vert, on emploie, avec les mêmes variétés recommandées ci-dessus pour la culture forcée, toutes les variétés de *flageolets*, ainsi que les *Haricots Bagnolet*, *Nain parisien*, *Merveille de Paris*, etc. (Nous donnons à la page 289 un tableau montrant, en grandeur naturelle, les dimensions des filets de ces diverses variétés).

La récolte des aiguilles ou filets commence deux mois et demi à trois mois après le semis ; on cueille tous les deux ou trois jours, de façon à prolonger la floraison, qui s'arrête ordinairement si on laisse les grains se former dans les gousses.

On ne cultive guère dans les jardins, pour grains à écosser frais, que les *H. flageolets blancs* et *verts*. Les soins à leur donner sont les mêmes que pour les haricots à cueillir en vert ; on récolte les cosses quand elles commencent à jaunir. On laisse mûrir complètement en place les pieds qu'on destine à donner du grain sec, mais on peut aussi en conserver une partie pour l'hiver, en les arrachant un peu avant maturité, les faisant sécher à l'ombre et les serrant dans un endroit sec : les feuilles se détachent, tandis que les cosses persistent, et que le grain y reste tendre et conserve à peu près la même saveur que s'il venait d'être écossé frais.

Les haricots à rames, qu'ils soient à écosser ou sans parchemin, réclament les mêmes soins que les autres variétés : on les sème généralement en planches séparées par des sentiers de 0^{m}40 à 0^{m}50, ou par d'autres carrés de légumes de petite taille ; ils doivent en outre être soutenus au moyen de perches ou rames qui fournissent un point d'appui à leurs tiges grimpantes. Ces rames, dont la nature varie dans les différents pays, ont de 1^{m}50 à 3 mètres, suivant la variété de haricot qu'elles doivent soutenir. Aux environs de Paris, on se sert habituellement de brins de châtaignier simples ou peu ramifiés. On plante généralement les rames un peu inclinées dans le sens perpendiculaire à la direction des rangs, de telle sorte que celles de deux rangs consécutifs se rapprochent les unes des autres et se rencontrent par leurs parties supérieures ; elles se prêtent ainsi un mutuel appui pour résister aux coups de vent. Quelquefois on attache ensemble les rames par le sommet, deux à deux, formant ainsi une série d'arceaux qu'on relie les uns aux autres par des perches assujetties dans la fourche que les deux rames forment au-dessus du point d'attache. Cet agencement donne quelque peine à établir, mais il présente une très grande solidité.

Le rendement varie beaucoup suivant les variétés et selon que l'année est plus ou moins favorable. En culture jardinière, on peut récolter par are une cinquantaine de kilog. de filets ou 12 à 15 litres de grains.

Culture en plein champ. — La culture en grand des haricots se pratique en proportion à peu près égale pour deux récoltes différentes :

Production de *Haricots verts* ou *filets*, et production de *grains à consommer en sec*.

La première occupant le terrain le moins longtemps, mais se prolongeant par des semis successifs, de mois en mois, jusqu'à l'époque la plus avancée de l'automne où, seules, les gelées viennent suspendre toute végétation ; la seconde occupant la place le plus de temps, depuis le semis jusqu'à la maturité complète des cosses et des grains.

Quelques cultivateurs des grands centres de consommation font ce qu'on peut appeler une culture mixte ou à deux fins : elle a pour but de donner une partie de la récolte en vert, laissant le reste pour la récolte en grains secs.

Le Haricot est une plante d'été, qu'on peut faire succéder avantageusement à une récolte hâtive de printemps : *Pomme de terre précoce*, *Épinard*, *Trèfle incarnat*, etc., et qui laisse la terre libre assez tôt pour les emblavures d'automne.

Le sol doit être parfaitement préparé et fumé de l'année précédente. On sème d'ordinaire en Mai et Juin en vue de la production en grains secs ; mais, pour la récolte des filets, on peut prolonger les semis jusqu'en Août. Le semis se fait soit à la main, soit au semoir, en poquets ou en lignes espacées de 0^m40 à 0^m50. Suivant les variétés, on emploie de 80 à 160 kilog. de semence à l'hectare, à raison de 5 ou 6 grains par poquet ou trou.

Les soins d'entretien consistent exclusivement en deux binages à la houe à cheval ou à la main, le premier peu de temps après la levée, le second, qui sert de buttage, un mois plus tard.

La récolte du grain sec a lieu de quatre à cinq mois après le semis. Conservé dans la cosse, le grain ne durcit pas aussi vite qu'écossé à l'avance.

Quand les cosses sont bien pleines et commencent à sécher, on arrache les touffes de préférence par un beau temps, et, après les avoir réunies en bottes, on les laisse sécher graduellement sur le champ, soit en moyettes, soit perchées sur des bâtons croisés par trois et enfoncés en terre. Il est bon de les recouvrir d'une chemise de paille pour éviter que les gousses reçoivent directement les rayons du soleil. En cas de mauvais temps, il est indispensable de rentrer les haricots dans un grenier ou sous un hangar ou tout autre local couvert et à l'ombre.

Les variétés à grain vert ne conservent bien à l'état sec leur couleur franchement verte, qu'autant qu'on les a récoltées un peu avant la maturité et fait sécher à l'ombre.

Culture méridionale. — Elle comprend deux périodes principales :

L'une exigeant plus ou moins longtemps l'emploi d'abris, l'autre se faisant absolument à l'air libre.

Rentrent dans la première période :

1º Les semis effectués en Août-Septembre, en terres irrigables, pour récolter en vert en Octobre-Novembre. On doit protéger pendant la nuit à l'aide de paillassons dès que la température menace de descendre à 0° ;

2º Ceux effectués sous bâche en Décembre-Janvier, pour récolter en vert en Février-Mars. Cette culture est constamment protégée, mais on doit découvrir pendant le jour ;

3º Ceux effectués vers fin-Février en pleine terre pour produire dans la seconde quinzaine de Mai. Les jeunes plants sont protégés pendant la nuit par des paillassons de roseaux disposés en toit au-dessus des raies ou posés sur des fils de fer tendus sur des poteaux. — On cesse d'employer les paillassons dès que les gelées blanches ne sont plus à craindre.

La deuxième période comprend tous les semis qui s'exécutent en pleine terre sans abri, depuis la mi-Mars jusqu'en Août.

On sème d'ordinaire en lignes espacées de 0^m40 à 0^m60, en mettant de 2 à 5 grains dans des poquets distants entre eux de 0^m25 à 0^m30. — Les soins culturaux sont ceux que nous avons indiqués pour les cultures précédentes : binages, sarclages et buttages, quinze jours et un mois après le semis. Mais, sous l'ardent soleil du Midi, l'irrigation s'impose et doit se faire par infiltration aussi souvent que cela est nécessaire.

Pendant les mois chauds, et notamment lorsque la culture du Haricot doit suivre une céréale, on irrigue d'abord ; deux jours après, on laboure à 0^m10 ou 0^m12, on herse, puis on sème en sillons à la charrue, la semence se trouvant recouverte par le second trait. Les plantes fleurissent en Août et donnent des filets bons à cueillir quelques jours après ; mais le plus souvent, cette culture est faite en vue de la récolte du grain, qui est bon à recueillir au commencement d'Octobre.

Sur le littoral algérien, les semis en vue de la production du *haricot vert de primeur* se font du 1er au 15 Janvier ; la récolte a lieu du 15 Mars au 15 Mai. — On sème aussi dans le courant de Septembre pour récolter en Novembre-Décembre ; cette dernière culture exige l'irrigation.

Dans le midi de la France et en Algérie, on cultive principalement pour primeur les variétés dont le tableau de la page ci-contre représente, en grandeur naturelle, les dimensions respectives des filets.

Engrais et Exigences. — Le Haricot se plaît dans toute terre meuble où le calcaire ne domine pas ; les sols argileux compacts et humides lui sont funestes : il prospère surtout dans les terrains siliceux un peu frais et suffisamment riches en matières organiques.

Le fumier de ferme frais ne convient pas à cette plante, qui demande plutôt des terres ayant reçu pour une précédente culture une copieuse fumure au fumier. Elle est, par contre, très sensible à l'action des engrais chimiques ; dans les sols de fertilité moyenne, en bon état de culture, nous recommandons l'emploi de :

Superphosphate de chaux	400 à 500 kil.	⎫
Chlorure de potassium *ou* Sulfate de potasse .	200 —	⎬ par hectare.
Nitrate de soude.	50 à 80 —	⎭

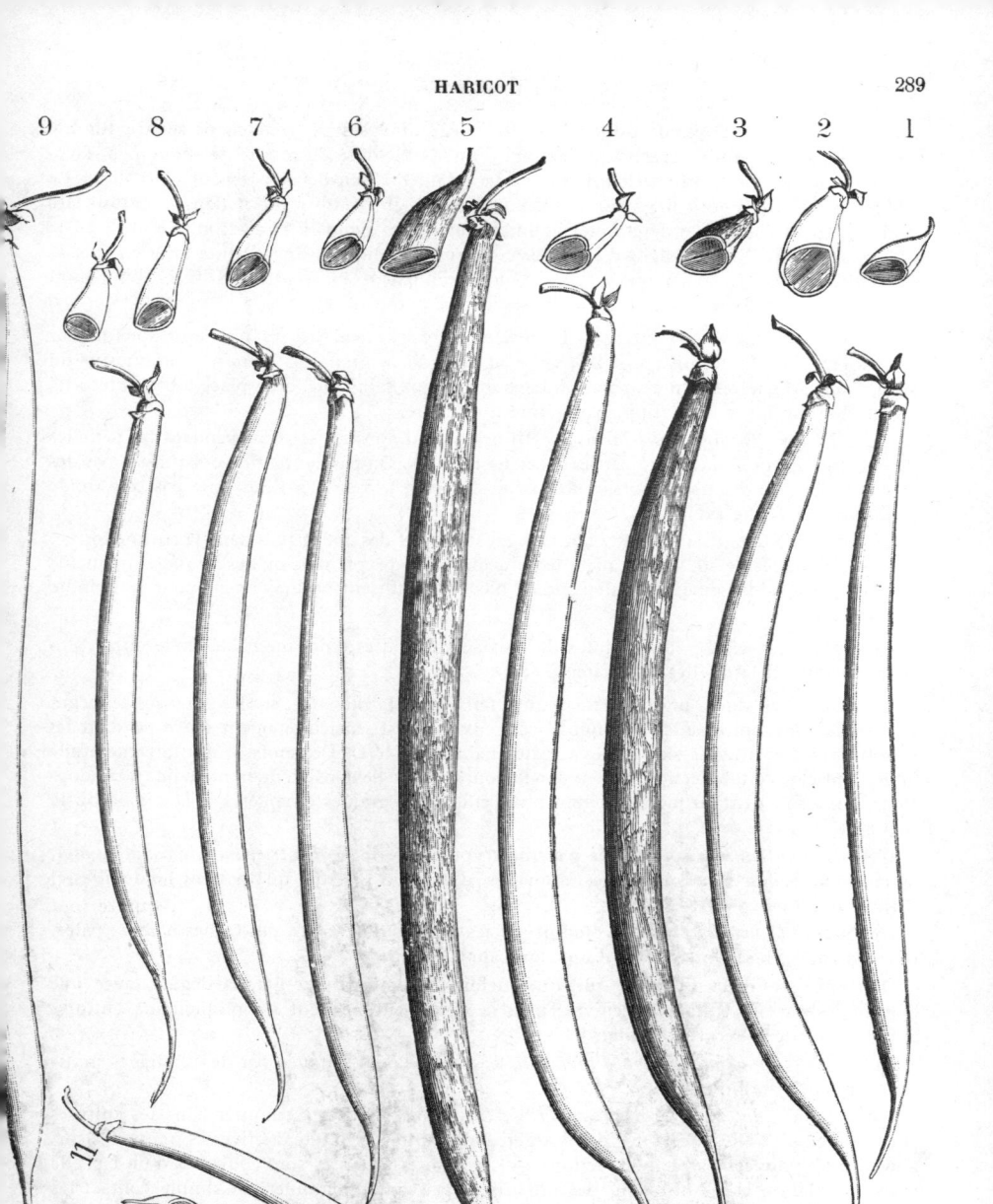

HARICOT

1. Haricot de Bagnolet.
2. — nain Empereur de Russie.
3. — nain Gloire de Lyon.
4. — nain extra-hâtif Prince noir.
5. — nain parisien.

Filets ou aiguilles, grandeur naturelle.

6. Haricot nain Merveille de Paris.
7. — noir hâtif de Belgique.
8. — nain noir de l'Hermitage.
9. — Shah de Perse.
10. — nain Lyonnais à très longue cosse
11. Haricot nain prolifique sans parchemin.

Contrairement à l'opinion admise que les Légumineuses peuvent se passer de fumure azotée, nous préconisons cependant l'emploi d'une faible dose de nitrate de soude pour favoriser les débuts de la végétation de la plante et aider à son développement normal. — Le plâtre, si efficace d'ordinaire pour les Légumineuses, doit être proscrit dans la culture des haricots, car il passe pour déterminer le durcissement des grains à la cuisson.

La formule que nous venons d'indiquer ci-dessus s'applique à une culture faite en vue de la récolte du grain ; lorsqu'on aura pour but uniquement la récolte des filets, on pourra réduire de moitié la dose des engrais phosphatés et potassiques.

INSECTES NUISIBLES ET MALADIES. — La *Bruche des pois* (*Bruchus pisi*) attaque quelquefois les haricots. On la détruit après la récolte et lorsque le grain est bien sec, au moyen du sulfure de carbone tenu en évaporation dans des locaux sains où l'on a placé toute sa récolte, et cela loin de toute habitation, par crainte d'incendie.

La « *Grise* » (*Tetranychus telarius*), petit acarus qui apparaît souvent pendant les périodes de sécheresse, épuise la plante par ses succions répétées. On parvient à s'en débarrasser par des pulvérisations de nitrate de potasse à 1 o/o, suivies d'arrosages à l'eau pure pas trop froide ou à la température extérieure.

Le *Puceron des racines* (*Aphis radicans*) cause parfois des dommages dans la culture forcée. Des saupoudrages de soufre à la nicotine faits au collet des plantes, ou des arrosages fréquents avec de l'eau additionnée d'un dixième de nicotine, suffisent ordinairement pour restreindre ses ravages.

Le Haricot est exposé aux atteintes de plusieurs maladies d'origine bactérienne ou cryptogamique, parmi lesquelles nous citerons :

La « *Graisse* », due à une bactérie et caractérisée par la présence, sur les gousses, de taches chancreuses laissant exsuder un liquide visqueux ; elle est particulièrement grave pendant les étés humides et attaque surtout les variétés naines. M. le Dr Delacroix, qui a fait une étude approfondie de cette affection, recommande pour enrayer l'extension de la maladie : 1° l'adoption d'un assolement au moins triennal ; 2° l'emploi de graines étrangères à la région où le mal a été constaté.

L'*Anthracnose du haricot*, causée par une cryptogame, le *Colletotrichum Lindemuthianum*, se reconnaît à des taches déprimées, arrondies, d'un brun grisâtre, que portent les feuilles et surtout les gousses vertes.

La *Rouille* (*Uromyces phaseoli*) produit sur les feuilles du Haricot des taches d'abord pâles, puis jaunâtres, devenant à la fin d'un brun-cannelle clair.

On combat ces deux maladies, qui, quelquefois, causent d'assez grands dégâts, avec une bouillie à base de sulfate de cuivre ; mais ce traitement ne peut s'appliquer aux cultures faites en vue de la récolte des filets.

La *maladie du blanc* (*Erisyphe communis*) est facilement enrayée par des soufrages pratiqués au début de l'invasion.

Enfin, la *maladie des Sclérotes* (*Sclerotinia Libertiana*) est très à redouter dans les cultures pour primeurs : celles de la région d'Alger, entre autres, ont été à diverses reprises assez gravement éprouvées par cette affection. — Les plantes atteintes sont couvertes d'un lacis de filaments blancs, et les filets qu'elles produisent peuvent contaminer par simple contact les filets sains, de sorte qu'il vaut mieux détruire ces filets que de risquer de perdre tout en envoi en les y introduisant.

Lorsque la maladie est malheureusement constatée, il faut sans hésiter arracher et brûler les sujets atteints et ne plus cultiver de haricots pendant plusieurs années dans le terrain contaminé.

USAGE. — Les cosses encore jeunes et très tendres de certaines variétés se mangent cuites sous le nom de « *haricots verts* ». Tout le monde connaît l'emploi qui se fait en cuisine du haricot en grain, soit sec, soit cueilli frais avant la maturité complète, mais lorsque les cosses peuvent déjà s'ouvrir facilement. Enfin, les haricots sans parchemin ou mangetout, dans lesquels la cosse est beaucoup plus développée, très charnue, et peut se manger entière, s'emploient depuis le moment où le grain commence à grossir jusqu'à celui où, encore frais et tendre, il a atteint tout son développement.

HARICOTS A ÉCOSSER ou A PARCHEMIN

Noms étrangers : angl. Tough-podded kidney beans. — ital. Fagiuoli da sgusciare.
all. Schal-Bohnen. — russe Bobý dla vylouchtchenia. — pol. Fasola do wyłuskiwania.

I. — Variétés à rames.

Noms étrang. : angl. Runner bean, Climbing B.; (am.) Pole B. — all. Stangen-Bohnen.
flam. Stam-boonen. — suéd. Stångböna, Störböna. — ital. Fagiuoli rampicanti.
esp. Habichuelas enredaderas. — russe Bobý (Fasol) vysokïe. — pol. Fasola tyczkowa.

HARICOT DE SOISSONS BLANC A RAMES.

Synonyme : Haricot de Rome.

Noms étrangers : angl. Large white Soissons bean. — holl. Roomsche boon.

Tige mince, verte, s'élevant à 2 mètres ou un peu plus; feuilles assez grandes et espacées sur la tige, passablement cloquées, d'un vert foncé un peu jaunâtre, les inférieures plus grandes ; fleurs blanches passant au jaune.

Cosse verte, large, assez arquée, généralement de forme irrégulière par suite de l'inégal développement des grains, et contenant rarement plus de quatre grains ; elle devient jaunâtre à la maturité. Grain blanc en rognon, plus ou moins bossu ou contourné, long de 0^m020 à 0^m025, large de 0^m010 à 0^m012, épais de 0^m005 à 0^m006. Le litre pèse 720 grammes, et 100 grammes contiennent 120 grains. Maturité tardive.

Ce haricot est très estimé en grain sec, à cause de sa finesse et du peu d'épaisseur de sa peau. Il réussit tout particulièrement dans son pays d'origine et dans les environs, où sans doute il trouve des conditions de sol et de climat exceptionnellement favorables ; cultivé sous un ciel plus chaud, le H. de Soissons souffre parfois des coups de soleil, la peau du grain s'épaissit, et il perd de sa qualité ; le grain devient aussi plus petit et plus mat.

Haricot de Soissons à rames (Réd. au douzième).

HARICOT DE SOISSONS VERT A RAMES.

Tige forte, s'élevant à 3 mètres et plus ; végétation très vigoureuse ; feuilles larges, cloquées, vert franc; fleurs blanches. — Cosses longues de 0^m17, un peu recourbées, s'élargissant à partir du point d'attache, plates, très vertes, réunies par deux ou trois, contenant ordinairement sept grains, épais et en rognon, très verts, longs de 0^{m}016, larges de 0^{m}008 et épais de 0^{m}005. Le litre pèse environ 810 grammes, et 100 grammes contiennent 250 grains.

Ce haricot, qui se rapproche beaucoup du précédent par ses caractères de végétation, est remarquable par la couleur verte de son grain aussi caractérisée que dans les races naines, telles que le H. flageolet vert ou le H. Bagnolet vert, sur lesquelles il a l'avantage d'une production beaucoup plus considérable.

HARICOT SABRE A TRÈS GRANDE COSSE.

Synonymes : Haricot sabre à rames, H. Marguerite à rames.

Noms étrangers : Angl. White scimitar bean, White Dutch *or* Case-knife bean.
All. Weisse Schwert-Bohne, Schlacht-Schwert B., Korbfüller B.

Variété très vigoureuse, atteignant et dépassant 3 mètres de haut. Tiges grosses ; feuilles très grandes, vert foncé, cloquées ; fleurs grandes, blanches, passant au jaune nankin et réunies en longues grappes.

Cosses droites, quelquefois ondulées sur le sens de l'épaisseur, atteignant 0^{m}25 ou 0^{m}30 de long, et contenant jusqu'à huit et même neuf grains ; ces cosses sont nombreuses et se succèdent pendant longtemps, surtout si les premières sont cueillies en vert. Grain blanc, luisant, en rognon, rappelant assez bien la forme du H. de Soissons, tout en étant plus régulier, mais de grosseur moins forte d'un tiers ; la longueur n'en dépasse guère 0^{m}014 ou 0^{m}015. Le litre pèse 715 grammes, et 100 grammes contiennent 245 grains. Maturité assez tardive.

Les jeunes cosses peuvent être employées en haricots verts ; le grain écossé frais est un des meilleurs ; il est aussi très bon en sec.

Le H. sabre est certainement une des variétés les plus recommandables ; son seul inconvénient est d'exiger des rames très hautes.

H. sabre à très grande cosse (Réd. au douzième).

Les Allemands en cultivent un assez grand nombre de sous-variétés, à cosses plus larges et plus droites ; mais nous n'en avons jamais trouvé de préférables à la forme que nous venons de décrire : c'est la plus tendre et la plus productive.

HARICOT DE SALLANDRE AMÉLIORÉ, A RAMES.

Plante de taille moyenne, ne dépassant guère 1^{m}50, et très vigoureuse. Tige forte et ramifiée ; feuillage large, cloqué, vert blond plus ou moins panaché ;

fleurs blanc jaunâtre. — Cosses longues de 0^m15 à 0^m16, larges de 0^m015, plates, d'un vert clair, contenant six grains, blancs, allongés, se rapprochant du H. suisse blanc, longs de 0^m012 à 0^m020, larges de 0^m008 à 0^m009, épais de 0^m007 à 0^m008. Le litre pèse 810 grammes, et 100 grammes contiennent 155 grains.

Cette variété, originaire du Laonnais, se classe parmi les meilleurs haricots à rames; on l'apprécie beaucoup à cause de sa grande fécondité : les cosses ne sont pas seulement nombreuses, mais aussi très longues et très remplies.

Le *Haricot Monsieur* est une variété très voisine du H. de Sallandre, à cosses très droites et très nombreuses.

HARICOT DE LIANCOURT.

SYNONYME: Haricot de Tarbes (Bordelais).

Tige verte, mince, élevée, atteignant 2^m50 à 3 mètres; feuilles grandes, d'un vert assez foncé, un peu moins cloquées que celles du H. de Soissons, les feuilles du haut des tiges sont beaucoup moins amples que celles de la base; fleurs blanches, jaunissant après la fécondation.

Cosse plus étroite et plus longue que celle du H. de Soissons, légèrement arquée, contenant cinq ou six grains, qui sont plats, légèrement en rognon, de forme un peu irrégulière comme le H. de Soissons, mais d'un blanc presque mat, tandis que le grain de ce dernier est luisant comme de la faïence ; longs de 0^m016 à 0^m018, larges de 0^m007 à 0^m009, épais de 0^m004 environ. Le litre pèse en moyenne 750 grammes, et 100 grammes contiennent environ 190 grains.

Le H. de Liancourt est assez rustique, vigoureux, productif et demi-tardif; on l'emploie surtout en grain sec.

HARICOT ROUGE DE CHARTRES.

Cette variété est surtout répandue dans la grande culture ; elle peut presque se passer de rames, la hauteur des tiges n'excédant guère 1 mètre à 1^m25.

Plante compacte; feuilles un peu cloquées; fleurs blanches ou jaunâtres, assez grandes. — Cosses de 0^m10 à 0^m12, légèrement arquées, contenant cinq ou six grains aplatis, courts, souvent carrés d'un bout ou même des deux, et d'un rouge vineux foncé avec un cercle presque noir autour de l'ombilic, longs de 0^m012 à 0^m014, larges de 0^m008 et épais de 0^m005. Le litre pèse 765 grammes, et 100 grammes contiennent environ 300 grains. Maturité hâtive.

Il se sème surtout en plein champ, et ne s'emploie guère qu'en grain sec.

HARICOT FLAGEOLET ROUGE A RAMES.

NOM ÉTRANGER : ANGL. Flageolet long scarlet pole bean.

Cette variété n'est pas franchement à rames ; cependant, comme elle atteint environ 1^m50, il est nécessaire de la ramer; ses tiges fortes et ramifiées s'enroulent très mal après les supports qui leur sont fournis. Feuillage petit et pointu, d'un vert blond ; fleurs blanches passant au jaune. — Cosses vert clair, longues d'environ 0^m19 à 0^m20, minces, légèrement arquées et contenant six grains; ces grains, longs de 0^m012 à 0^m016, larges de 0^m007 à 0^m008, épais de 0^m005. Le litre pèse 800 grammes, et 100 grammes contiennent 275 grains.

Contrairement à ce qui se passe d'habitude, ce haricot est moins ancien en date que sa variété naine, laquelle est cultivée et estimée depuis longtemps déjà ; il en a toutes les qualités. Son avantage est de donner, à égalité de surface, une récolte beaucoup plus considérable et surtout une production plus prolongée.

HARICOT A RAMES EXTRA-HATIF.

Noms étrangers : angl. Extra early pole bean, July runner bean.

Plante relativement peu élevée, ne dépassant pas 1m50 à 2 mètres. Tige mince, verte ; feuilles moyennes, à folioles pointues, peu réticulées, blondes, passant rapidement au jaune d'or ; fleurs blanches. — Cosses renflées, droites ou légèrement arquées, longues d'environ 0m13, vertes, souvent réunies par grappes de cinq ou six et contenant d'ordinaire sept grains, blancs, aplatis, très petits, n'excédant généralement pas 0m011 de long, 0m006 de large et 0m005 d'épaisseur. Le litre pèse 800 grammes, et 100 grammes contiennent 400 grains. Maturité très hâtive.

Ce haricot est remarquable par son extrême précocité ; il donne déjà des cosses bonnes à consommer en vert quand la plupart des autres haricots à rames commencent à peine à fleurir ; c'est surtout à cet état jeune qu'il convient de cueillir les cosses, car elles durcissent vite.

Le grain, qui est très petit à complète maturité, donne cependant un bon produit lorsqu'il est écossé frais, au moment où les cosses commencent seulement à jaunir.

Haricot à rames extra-hâtif.
Réd. au douzième.

HARICOT RIZ A RAMES.

Noms étrangers : angl. Round white rice bean. — all. Reis *oder* Perl-Bohne.

Variété de taille médiocre, ne dépassant guère 1m30 ou 1m60. Tige vert clair, très mince ; feuilles moyennes, allongées, pointues, peu cloquées, d'un vert franc ; fleurs blanches. — Cosses vertes, étroites, très nombreuses, surtout à la partie inférieure des tiges, réunies souvent par quatre ou cinq sur la même grappe ; sommet des tiges presque stérile. Grains au nombre de cinq ou six par cosse, blancs, presque ronds, à peau très lisse, fine, presque transparente, ne mesurant guère plus de 0m007 de diamètre. Le litre pèse 830 grammes, et 100 grammes contiennent environ 700 grains.

Le Haricot riz présente une apparence si particulière qu'on pourrait le croire descendu d'une espèce botanique différente, si sa fleur ne ressemblait pas aussi exactement à celle des autres haricots. Il se ramifie et s'étale plus que la plupart des autres races de haricots à rames, formant une touffe large de 0m50 à 0m60 au moins, avec des tiges faibles et minces qui s'élèvent peu sur les rames. Les grains en sont si petits et d'une forme tellement distincte, qu'on hésite à première vue à croire qu'ils appartiennent à la même espèce que les

Haricots de Soissons ou de Liancourt. Cependant, par suite du très grand nombre de cosses qu'il porte, ce haricot est assez productif. Le grain sec en est extrêmement bon et délicat; on le recherche à cause de sa qualité et de la finesse de la peau, qui semble fondre à la cuisson. Son seul défaut est de pourrir facilement dans les années humides.

On cultive encore un très grand nombre de haricots à rames à écosser, parmi lesquels nous citerons les suivants comme étant bien distincts et particulièrement intéressants à divers points de vue :

H. arlequin. — Plante élevée, assez tardive ; feuillage cloqué, long. Cosses nombreuses, courtes et courbées. Grain très plat, oblong, peu courbé en rognon, de couleur café au lait, irrégulièrement strié et sillonné de lignes noires. Ce haricot est rustique et productif; on le voit assez souvent à la halle de Paris.

H. blanc à longue cosse, à demi-rames. — Plante vigoureuse, mais peu élevée, productive et se chargeant de nombreuses cosses d'une longueur et d'une finesse tout à fait remarquables. Le grain en est blanc, oblong, presque aussi épais que large ; c'est surtout une variété recommandable pour la production des haricots verts.

H. commun blanc à rames ou *H. blanc plat commun.* — Se rattache plutôt aux haricots nains par ses caractères de végétation (*Voy.* page 312).

H. d'Englefontaine. — Joli haricot à rames, vigoureux et très précoce, présentant de l'analogie avec le H. de Liancourt, mais mûrissant beaucoup plus tôt que lui.

H. de Soissons rouge. — Variété élevée, assez grêle, à feuillage peu abondant. Cosses longues, un peu recourbées, assez étroites. Grain à peu près de la forme de celui du H. sabre, et d'une superbe couleur de corail un peu avant d'être mûr, prenant à la maturité une teinte lie de vin. Cette belle variété est de précocité moyenne, mais médiocrement productive.

H. flageolet beurre à rames. — Malgré son nom, c'est un haricot à écosser. Plante peu élevée, à cosses longues, légèrement courbées, de même couleur que celles du H. flageolet beurre nain, mais devenant rapidement filandreuses. Grains longs, rouge lie de vin, un peu en forme de rognon.

H. œil-de-perdrix. — Plante moyenne, effilée et grêle ; grains aplatis, courtement ovales ou presque carrés, blancs et finement striés de gris verdâtre. Cette variété est très anciennement connue, mais peu cultivée à cause de son petit produit.

H. Old Homestead (syn. : *Kentucky wonder, Seek-no-further bean*). — Un des haricots les plus cultivés aux États-Unis. Plante très vigoureuse, pouvant atteindre 2 mètres, assez hâtive et très productive. Cosses abondantes, de 0^m15 à 0^m20 de long, généralement courbées. Grain légèrement aplati, ovale, brun foncé.

H. Southern prolific. — Bien moins haut que le précédent; il a les cosses plus courtes, presque droites, et le grain plus petit ; il est aussi un peu plus tardif.

H. Red speckled cut short or *Corn hill bean.* — Variété tardive, à cosses courtes, cylindriques, assez droites. Grain presque carré, marbré de rouge-brun. Aux États-Unis, ce haricot est souvent semé avec le Maïs, qui lui sert alors de support.

H. Ronceray vert à rames. — Variété hâtive et productive ; cosses nombreuses et longues; grain large et plat, d'une couleur bien verte, lorsqu'il est récolté avant complète maturité et séché à l'ombre.

H. Saint-Seurin. — Très vigoureux, à végétation rapide. Cosses très nombreuses, presque droites, se panachant, très jeunes, de stries violettes. Grain plat, en rognon, saumoné, marbré et taché de noir. Convient surtout aux climats un peu chauds.

H. Sutton's Epicure. — Variété vigoureuse et productive, se rapprochant du H. de Saint-Fiacre par ses caractères de végétation et par la couleur de son grain, qui est cependant plus court et plus renflé ; mais c'est un haricot franchement à parchemin.

H. Taver. — Très vigoureux, hâtif et productif. Cosses réunies par quatre ou cinq, fortement veinées de rouge ; grain blanc finement bigarré de gris verdâtre.

II. — Variétés naines.

Noms étrangers : angl. Dwarf *or* Bush beans. — all. Busch-, *oder* Krupp-Bohnen. — holl. Kruip-boonen. — ital. Fagiuoli nani. — esp. Habichuelas enanas, H. bajas. — russe Bobý (Fasol) touretskïe niskïe. — pol. Fasola karłowa czyli piechota.

HARICOT FLAGEOLET BLANC.

Synonymes: Haricot nain hâtif de Laon, H. de Flandre, H. flageolet blanc de Louviers, H. Hâtivette, H. Mignonette, H. Parisienne.
Noms étrangers: angl. Flageolet long white Canterbury bean, Early white dwarf B.

Le plus connu et le plus généralement apprécié des haricots à écosser. Non seulement son nom a été étendu à diverses variétés qui se rapprochent plus ou moins du H. flageolet blanc, mais on l'applique même, depuis quelques années, au grain dans l'état où on le consomme habituellement c'est-à-dire écossé un peu avant la maturité.

Le H. flageolet est une plante basse, assez trapue, à tige ferme, courte, ne dépassant pas 0^m30 à 0^m35 de hauteur; les feuilles sont moyennes, assez lisses, ou légèrement gaufrées, d'un vert foncé; les fleurs blanches, avec une légère teinte nankin, et les cosses nombreuses, assez plates et légèrement arquées. Elles présentent souvent une largeur un peu inégale par suite de l'avortement d'une partie des grains. Ceux-ci, au nombre de quatre ou cinq par cosse, sont blancs, assez aplatis, échancrés en forme de rognon, longs de 0^m015 à 0^m016, larges de 0^m007 à 0^m008 et épais de 0^m004 environ. Le litre pèse 770 grammes, et 100 grammes contiennent environ 350 grains.

Si l'on ne devait cultiver qu'une seule variété de haricot, on pourrait se contenter du H. flageolet blanc, car on peut en cueillir les cosses jeunes pour faire des haricots verts, et le grain peut se consommer aussi bien sec qu'à l'état frais, quoique ce dernier emploi soit celui auquel il convient le mieux.

C'est au H. flageolet blanc qu'il convient de rapporter, comme en étant très voisine, la variété connue sous le nom de *Haricot Favori des gourmets, nain*.

HARICOT FLAGEOLET BLANC A LONGUE COSSE.

Synonyme: H. flageolet de Jouy.

Plante distincte du H. flageolet blanc par sa vigueur et l'ampleur de son feuillage, non moins que par la longueur beaucoup plus grande de ses cosses.

Le grain, blanc à la maturité, est un peu plus fort que celui du H. flageolet blanc ordinaire ; cueillies jeunes, les cosses forment de superbes aiguilles longues, fines et tendres. Le litre de grains pèse en moyenne 790 grammes, et 100 grammes contiennent environ 300 grains.

HARICOT FLAGEOLET TRÈS HATIF D'ÉTAMPES.

Synonyme : H. nain petit parisien.
Nom étranger : angl. Etampes Canterbury extra early bean.

Cette excellente variété, obtenue, comme plusieurs autres bonnes races, par feu M. Bonnemain, d'Étampes, constitue un véritable progrès sur le H. flageolet blanc ordinaire. Elle s'en distingue par son feuillage ample, un peu cloqué, vert foncé, et par son grain un peu plus court et plus renflé.

Les fleurs et les cosses du H. d'Étampes ne présentent pas de différence bien sensible avec le H. flageolet blanc; mais sa précocité, de cinq à huit jours plus grande, le rend une race vraiment précieuse qui fait aujourd'hui une sérieuse concurrence au H. flageolet ordinaire. Le litre de grains pèse en moyenne 820 grammes, et 100 grammes en contiennent environ 350.

Haricot flageolet très hâtif d'Étampes.
Réd. au huitième.

Haricot flageolet nain hâtif à feuille gaufrée.
Réd. au huitième.

HARICOT FLAGEOLET NAIN HATIF A FEUILLE GAUFRÉE.

SYNONYMES : Haricot de Feignies, H. Ducrot, H. Duflos, H. flageolet à feuille d'ortie, H. flageolet de Montgeron, H. Marette ortille.

NOM ÉTRANGER: ANGL. Nettle-leaved Canterbury bean.

Race bien distincte du H. flageolet blanc. C'est un haricot nain, rustique, hâtif, productif, très facile à reconnaître à ses feuilles petites, d'un vert foncé presque noir, et finement cloquées sur toute leur surface. Le litre de grains pèse d'ordinaire 800 grammes, et 100 grammes en contiennent environ 240.

La petite taille de cette variété la rend très propre à la culture sous châssis; on peut aussi, à cause de sa rusticité, la semer dans les champs pour la grande culture : c'est l'usage qu'on en fait communément déjà aux environs de Paris.

Elle mûrit à peu près en même temps que le H. flageolet blanc. Son principal avantage est d'être plus résistante aux maladies et aux intempéries, et de se distinguer bien nettement par son feuillage de toutes les autres variétés.

HARICOT INCOMPARABLE.

SYNONYME : Haricot Express.

NOM ÉTRANGER : ANGL. Matchless dwarf bean.

Plante formant des touffes de $0^m 30$ environ de hauteur. Tige vert franc, ramifiée; feuilles moyennes, vert blond, un peu réticulées et cloquées; fleurs blanches. — Cosses longues de $0^m 13$ à $0^m 14$, plates, réunies par deux. Grains au nombre de six par cosse, ressemblant assez à ceux du H. flageolet blanc, mais plus petits, et marqués de deux points noirs près de l'ombilic, longs de $0^m 011$ à $0^m 013$, larges de $0^m 005$ à $0^m 006$, épais de $0^m 006$. Un litre pèse en moyenne 810 grammes, et 100 grammes contiennent environ 400 grains.

Cette variété, hâtive et productive, est recommandable surtout pour la production des filets.

HARICOT L'INÉPUISABLE, NAIN.

Nom étranger : Angl. Inexhaustible dwarf bean.

Très différent de tous les autres flageolets nains, ce haricot se distingue à première vue par le développement tout particulier de ses fortes grappes florales qui s'élèvent à 0^m25 au-dessus du feuillage, alors que celui-ci ne dépasse pas 0^m30. Les tiges sont vertes; les feuilles petites, cloquées, vert franc. — Les cosses, vertes et plates, longues de 0^m14, contiennent cinq grains un peu plus petits que ceux du H. flageolet blanc. Le litre pèse 810 grammes, et 100 grammes contiennent environ 290 grains.

Cette variété offre l'avantage très appréciable d'échelonner son abondante production sur une période de plusieurs semaines. Les fleurs, abondantes, qui lui donnent une apparence très caractéristique, ne produisent de fruits qu'autant que les filets sont cueillis au fur et à mesure de leur formation. Faute de faire cette récolte, on voit les fleurs supérieures se faner et tomber sans nouer; c'est ce qui explique que ce haricot, si fécond en filets, ne donne qu'une très petite récolte en grains secs.

Haricot L'Inépuisable, nain.
Réd. au huitième.

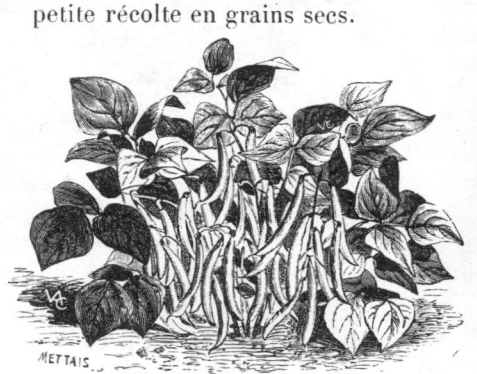

Haricot Bonnemain.
Réd. au huitième.

HARICOT BONNEMAIN.

Variété obtenue par feu M. Bonnemain, secrétaire de la Société d'horticulture d'Étampes, qui lui a donné son nom.

Nous décrivons ce haricot à côté des haricots flageolets, parce qu'il s'en rapproche par sa petite taille, sa précocité et la couleur blanche de son grain; mais il est franchement distinct de tous les autres et facile à reconnaître au premier coup d'œil. Il forme des touffes très basses et trapues; le feuillage en est d'un vert pâle, grisâtre; les fleurs sont blanches.

Ses cosses sont droites, presque cylindriques, relativement courtes. Le grain est blanc, ovoïde-allongé, plus épais et moins en forme de rognon que celui du H. flageolet blanc. Le litre pèse ordinairement 850 grammes, et 100 grammes contiennent environ 480 grains.

Le grand mérite de ce haricot consiste dans son extrême précocité, qui permet de le cueillir, pour l'écosser, cinq ou six jours plus tôt que le H. flageolet très hâtif d'Étampes, regardé jusque-là comme le plus hâtif de tous.

Nous avons obtenu de très bons résultats de la culture du H. Bonnemain en pleine terre; sa petite taille et son extrême précocité en font aussi une plante très convenable pour la culture sous châssis.

HARICOT FLAGEOLET A GRAIN VERT.

Synonymes : H. Hâtivette verte, H. Marette grosse verte, H. Princesse verte, Fève tranches vives.

On peut se demander si les premiers grains verts du Haricot flageolet n'ont pas été tout simplement un produit accidentel trouvé dans quelques cosses arrachées et séchées avant leur maturité ; mais, quoiqu'il en soit, il est bien certain que par l'observation et la sélection, les cultivateurs des environs de Paris sont arrivés à constituer des races dans lesquelles la coloration verte du grain existe bien réellement et surtout présente une aptitude très marquée à se conserver et à persister sous l'influence d'un traitement approprié.

Nous allons donner la liste des plus intéressantes de ces races, mais toutes dérivent plus ou moins directement du Haricot flageolet à grain vert primitif, qui lui-même est une sous-variété du Haricot flageolet blanc, ayant les cosses plus colorées à l'extérieur, et la partie intérieure du grain, elle-même, pourvue de matière colorante verte en plus grande quantité et d'une nature plus durable que les autres haricots à écosser.

Le litre de grains pèse 760 grammes, et 100 grammes contiennent 400 grains.

HARICOT FLAGEOLET CHEVRIER, A GRAIN TOUJOURS VERT.

C'est une race bien particulière, différant presque autant du H. flageolet vert, par l'intensité plus grande du coloris de son grain, que celui-ci se distingue du H. flageolet blanc.

Obtenu depuis une vingtaine d'années seulement, le Haricot flageolet Chevrier est devenu rapidement populaire parmi les cultivateurs des environs de Paris. Le litre de grains pèse 800 grammes, et 100 grammes contiennent environ 400 grains.

HARICOT FLAGEOLET MERVEILLE DE FRANCE.

Nom étranger : Angl. Wonder of France flageolet bean.

Malgré le mérite incontestable que lui donne la coloration bien verte de son grain, le Haricot Chevrier présente un défaut assez sérieux, c'est d'avoir comme le H. flageolet blanc le feuillage très exposé à se tacher et à se flétrir sous l'influence d'un champignon parasite qu'on appelle « *rouille* » dans les environs de Paris ; cet accident est beaucoup plus rare dans une série de races obtenues par feu M. Bonnemain, d'Étampes, à qui l'on doit déjà la variété décrite à la page précédente, et qui porte son nom.

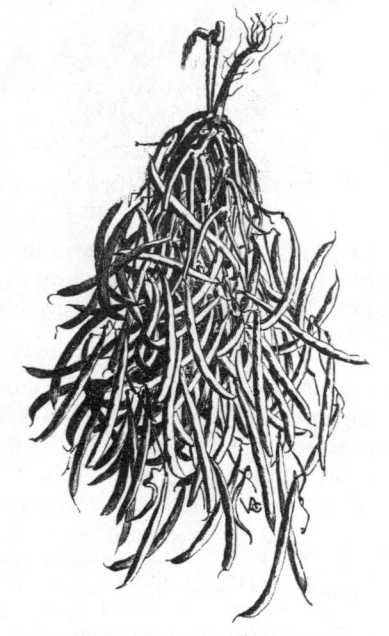

Haricot flageolet Merveille de France.
Réd. au huitième.

De ces haricots à grain vert, le plus ancien par rang d'obtention est le H. flageolet Merveille de France, belle variété à cosses très nombreuses, longues, droites et d'un très beau vert ; le grain également bien coloré diffère très peu de celui du H. Chevrier ; il est toutefois un peu plus gros. Le litre pèse d'ordinaire 790 grammes, et 100 grammes contiennent environ 320 grains.

HARICOT FLAGEOLET ROI DES VERTS.

Nom étranger : angl. King of the greens flageolet bean.

Un peu moins hâtif que le H. flageolet Merveille de France, celui-ci s'en distingue également par sa taille un peu plus haute et sa vigueur plus grande. Le litre de grains pèse 770 grammes, et 100 grammes contiennent 385 grains.

C'est une variété très remarquablement productive et qui convient admirablement pour la culture en plein champ.

HARICOT FLAGEOLET NAIN TRIOMPHE DES CHASSIS.

Nom étranger : angl. Triumph of the frames flageolet bean.

Plante très naine. Tige vert clair, ne dépassant pas 0^m30 ; feuilles moyennes, très pointues, vert franc ; fleurs blanches. — Cosses longues de 0^m14 à 0^m15, rondes, vertes, généralement réunies par deux, et contenant cinq grains bien échancrés en rognon, longs de 0^m014, larges de 0^m007, épais de 0^m005. Le litre pèse en moyenne 770 grammes, et 100 grammes contiennent environ 465 grains.

Cette variété, issue de la précédente, est remarquablement hâtive ; cette précocité, jointe à la taille très réduite de la plante, la recommande tout spécialement pour la culture de primeur sous châssis. A ces avantages, elle joint celui d'avoir un grain très vert et conservant bien sa couleur, pour peu qu'on ait soin de prendre les précautions indiquées ci-dessous.

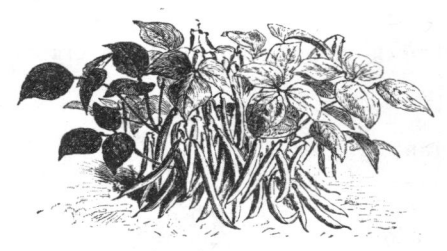

Haricot flageolet nain Triomphe des châssis.
Réd. au huitième.

HARICOT DE BAGNOLET VERT.

Plus encore que le H. flageolet Roi des verts, celui-ci est un haricot très rustique et à grand rendement ; il a le feuillage abondant, vigoureux, d'un vert foncé, forme des touffes dressées et compactes recouvrant des cosses extrêmement nombreuses, très vertes, bien droites et garnies de grains un peu petits mais très franchement verts, et tout à fait en forme de flageolet vert ; la végétation de la plante est toutefois identique à celle du H. de Bagnolet.

Le litre de grains pèse en moyenne 790 grammes, et 100 grammes contiennent environ 385 grains.

Tous ces haricots demandent, pour produire des grains bien verts, tels que le commerce les recherche, à être traités de la façon spéciale que nous avons déjà indiquée plus haut et que nous répétons ici :

Il faut qu'au moment où toutes les cosses sont bien remplies et où les premières commencent à se dessécher, les touffes soient arrachées et disposées sur le terrain, mais de telle façon qu'elles se dessèchent graduellement sans être exposées directement à l'action du soleil. Les feuilles, qui à cette période de la végétation commencent à se détacher d'elles-mêmes, achèvent rapidement de se dessécher et de tomber, et les tiges restent uniquement garnies de leurs cosses qui sèchent en conservant une couleur verte très intense. Le grain, dans ces mêmes conditions, reste également vert intérieurement et extérieurement, et acquiert la finesse de peau qui contribue, avec sa coloration, à lui donner sa grande valeur commerciale.

HARICOT FLAGEOLET JAUNE.

Synonyme : Haricot quarantain jaune.

Noms étrangers : angl. Long yellow flageolet ; (am.) Long yellow six weeks bean.

Plante vigoureuse, franchement naine, mais atteignant 0^{m}40 à 0^{m}45 de hauteur ; feuilles grandes, amples, d'un vert un peu grisâtre, un peu plissées, mais à peine cloquées; fleurs blanches.

Grandes cosses, longues, droites, larges, pouvant convenir, quoiqu'un peu pâles, pour la production des haricots verts. Grain oblong, peu courbé en rognon, long de 0^{m}015 à 0^{m}018, large de 0^{m}007 à 0^{m}008 et presque aussi épais, de couleur chamois unie, à part l'ombilic, qui est blanc et entouré d'un cercle brun. Le litre de grains pèse 775 grammes, et 100 grammes en contiennent 220.

Le grain se consomme habituellement frais et avant d'avoir atteint tout son développement. On peut généralement écosser le H. flageolet jaune un peu avant le flageolet à grain blanc ; il est beaucoup plus productif.

Le *Haricot Dalbin* est une variété du H. flageolet jaune à cosse un peu plus longue. Le *Haricot Saxonia*, au contraire, a la cosse plus courte et le feuillage plus blond.

HARICOT FLAGEOLET ROUGE.

Synonyme : Haricot rognon de coq.

Noms étrangers : angl. Long scarlet flageolet bean, Canadian *or* Crimson wonder B.

Plante vigoureuse, à peu près de la même taille que le H. flageolet jaune, mais d'un vert bien plus foncé ; feuilles étroites, longues, pointues ; fleurs d'un blanc rosé. — Cosses droites et longues. Grains longs de 0^{m}018 à 0^{m}020, larges de 0^{m}008 et épais de 0^{m}006 à 0^{m}007, presque cylindriques, droits ou légèrement courbés en rognon, entièrement d'une couleur rouge lie de vin. Le litre pèse en moyenne 775 grammes, et 100 grammes contiennent environ 155 grains.

Cette variété est une des plus rustiques et des plus productives ; elle est surtout cultivée pour son grain, qui est d'une qualité remarquable en sec. Ses belles cosses, longues et droites, sont excellentes pour haricots verts.

HARICOT FLAGEOLET GLOIRE DE VITRY.

Nom étranger : angl. Fame of Vitry flageolet bean.

Variété plus petite et plus hâtive, issue de la précédente. Tige vert clair, de 0^{m}40 de longueur ; feuilles larges et pointues ; fleurs lilas pâle.

Cosses longues de 0^{m}17, généralement solitaires et contenant ordinairement six grains semblables à ceux du H. flageolet rouge, mais un peu plus petits. Un litre pèse 770 grammes, et 100 grammes contiennent environ 225 grains.

La plante, productive et hâtive, est recommandable pour la production des filets, qui sont très recherchés sur les marchés.

HARICOT FLAGEOLET BEURRE NAIN.

Noms étr. : am. Flageolet wax Canterbury bean ; Crimson *or* Scarlet flageolet wax B.

Plante vigoureuse, quoique franchement naine, atteignant 0^{m}40 ou 0^{m}45 de hauteur ; feuilles très grandes, unies, d'un vert blond ou jaunâtre ; fleurs lilas.

Cosses longues, larges et droites, ou faiblement arquées, tout à fait jaunes comme celles des Haricots d'Alger, mais un peu aplaties et pointues comme celles des haricots à écosser. Grain à peu près exactement semblable à celui du H. flageolet rouge comme forme, grosseur et couleur.

Le H. flageolet beurre nain est une variété très distincte et très belle. Les cosses, malgré leur apparence, ne sont pas très franchement sans parchemin, au moins quand elles approchent de la maturité ; mais, prises avant que le grain se soit trop complètement développé, elles sont très tendres, charnues et bonnes comme haricot mangetout.

Haricot flageolet beurre nain.
Réd. au huitième.

Haricot nain du Bouscat.
Réd. au huitième.

HARICOT NAIN DU BOUSCAT.

Synonyme : H. Béglais.

Nom étranger : Angl. Bouscat very early long-podded forcing bean.

Variété assez voisine, par ses caractères de végétation, du H. noir de Belgique ; s'en distinguant cependant par sa plus grande vigueur, sa production plus abondante, ses cosses plus longues et la couleur de son grain.

Plante naine, de 0^{m}30 environ de hauteur, à tiges vert franc ; feuilles larges, pointues, vert foncé luisant ; fleurs blanches. — Cosses vert clair, longues, cylindriques, réunies par deux ou trois. Grain café au lait, long de 0^{m}014 à 0^{m}015, large de 0^{m}006 à 0^{m}008 et épais de 0^{m}004 à 0^{m}005. Le litre de grains pèse 750 grammes, et 100 grammes contiennent environ 290 grains.

Cette variété convient parfaitement à la culture forcée sous châssis ; elle donne aussi de bons résultats en pleine terre, dans les endroits bien exposés et abrités, où l'on sème les haricots pour en obtenir des filets de bonne heure.

Le *H. Orangine*, cultivé à Bègles et aux environs, a le grain identique à celui du H. nain du Bouscat, mais sa production est plus successive.

HARICOT FLAGEOLET NOIR

Synonyme : Haricot noir de Salerno.

Noms étrangers : Angl. Negro long pod flageolet *or* Black Canterbury bean.

Variété bien distincte et l'une des plus recommandables pour la production des haricots verts ; feuillage ample, peu cloqué, d'un vert foncé, en général étalé horizontalement et non pendant ; fleurs lilas.

Ce haricot est surtout remarquable par la longueur de ses aiguilles ou jeunes cosses, qui sont minces, très droites et presque cylindriques. Le grain est de médiocre grosseur, long de 0^{m}015 à 0^{m}016, presque aussi épais que large (0^{m}005) et entièrement noir ; à cause de sa couleur, on ne l'emploie ni frais ni sec, et la plante ne se cultive que pour la production des aiguilles. Le litre de grains pèse 770 grammes, et 100 grammes en contiennent environ 280.

HARICOT NAIN EXTRA-HATIF PRINCE NOIR.

Nom étranger : ANGL. Black Prince extra early bean.

Plante naine. Tige verte de 0^{m}35 à 0^{m}40; feuillage léger, vert clair, souvent panaché de taches plus foncées; feuilles petites, arrondies, dentées et gaufrées; fleurs violettes, abondantes. — Cosses longues de 0^{m}13 à 0^{m}14, plates, généralement réunies par deux. Grains au nombre de six par cosse, noirs, très petits, plats, minces et peu allongés, longs de 0^{m}012, larges de 0^{m}007 et épais de 0^{m}004. Le litre pèse 740 grammes, et 100 grammes contiennent environ 435 grains.

Cette variété se distingue par la teinte très verte de toutes ses parties et en particulier par la coloration également verte que conservent ses cosses à l'approche de la maturité complète. Le H. Prince noir est une excellente race pour la production des aiguilles et convient aussi pour la culture forcée.

On reconnaît sans peine, à première vue, que ce haricot doit descendre d'une des formes à cosse et grain verts qui procèdent du H. flageolet vert ou du H. Chevrier. Ce caractère a peu d'importance en ce qui concerne le grain, que sa couleur noire rend peu propre à la consommation; mais il influe visiblement sur l'apparence et la qualité marchande des filets.

Haricot noir hâtif de Belgique.
Réd. au dixième.

Haricot nain extra-hâtif Prince noir.
Réd. au huitième.

HARICOT NOIR HATIF DE BELGIQUE.

Synonymes : Haricot du Mexique (à Bordeaux), H. parisien (Midi).

Noms étrangers : ANGL. Negro black bean, Dwarf Belgian B., Early black wonder B.

Petite variété naine, précoce, généralement employée pour la culture forcée sous châssis. La plante, quand elle est bien franche, ne dépasse guère 0^{m}25 à 0^{m}30 de hauteur; elle forme une petite touffe compacte; feuilles moyennes, assez pointues, peu cloquées, d'un vert un peu pâle et terne; fleurs lilas. Cosses droites, bien vertes tant qu'elles sont très jeunes, plus tard légèrement panachées de violet. Le grain est assez petit, peu aplati et légèrement courbé en rognon ; il ne dépasse guère 0^{m}012 à 0^{m}015 de longueur et est d'un très beau noir avec l'ombilic blanc. Le litre pèse en moyenne 765 grammes, et 100 grammes contiennent environ 430 grains.

Parmi les nombreuses sous-variétés du H. noir hâtif de Belgique, les suivantes sont les plus importantes : *Haricot noir hâtif de Vitry, H. nain nègre très hâtif, H. remontant nain noir de Crépieux, H. Albert.*

HARICOT NAIN NOIR DE L'HERMITAGE.

Variété méridionale du H. noir de Belgique, s'en rapprochant beaucoup par tous ses caractères. La plante est toutefois légèrement plus haute ; la cosse plus longue, atteignant jusqu'à $0^m 15$, et les grains, au nombre de six par cosse sont un peu plus gros, quoique d'ailleurs de même forme et de même couleur. Cette race est très estimée par les maraîchers de la Provence.

HARICOT NAIN LE BLEU.

NOM ÉTRANGER : ANGL. Black-blue seeded bean.

Variété naine assez tardive; plante dressée et vigoureuse, se tenant bien, ne dépassant pas $0^m 50$ de hauteur. Tiges fortes, d'un vert clair, feuillage foncé, lisse, peu réticulé; fleurs lilas formant des grappes qui s'élèvent au-dessus du feuillage.

Cosses très longues et plates, vert pâle, mesurant environ $0^m 15$ à $0^m 19$ de long, $0^m 007$ à $0^m 009$ de large et $0^m 004$ d'épaisseur, généralement réunies par deux, et contenant de six à huit grains allongés, d'un noir bleuâtre. Le litre de grains pèse ordinairement 820 grammes, et 100 grammes en contiennent environ 200.

Le H. nain Le Bleu, très productif et très résistant à la maladie, est par excellence une variété de grande culture qui a déjà fait ses preuves; malgré sa toute récente apparition sur le marché de Paris, elle y est déjà fort estimée.

Haricot nain Le Bleu.
Réd. au huitième.

Comme les quatre précédentes et en raison de la couleur de son grain, elle ne se cultive absolument que pour la production des haricots verts.

HARICOT CHOCOLAT.

Variété très naine et très précoce, à feuilles petites, allongées, peu cloquées, d'un vert clair; fleurs lilas. — Cosses assez courtes et remarquablement courbées, formant souvent une demi-circonférence. Grain plat, assez échancré en rognon, de $0^m 012$ à $0^m 015$ de long, variant de la couleur chamois au gris foncé ardoisé, et présentant souvent les deux couleurs sur le même grain. Le litre pèse 770 grammes, et 100 grammes contiennent environ 330 grains.

Surtout remarquable par sa grande précocité, le H. chocolat convient parfaitement aux cultures sous châssis, pour obtenir de bonne heure des haricots à écosser.

Le *Haricot Comte de Vougy* et le *H. nain d'abondance*, variétés aujourd'hui à peu près abandonnées, se rapprochaient beaucoup du H. chocolat. Elles étaient moins hâtives, et par suite moins recommandables que ce dernier.

HARICOT JAUNE CENT-POUR-UN.

SYNONYMES : Haricot jaune de la Drôme, H. de tous les jours (Auvergne).

NOMS ÉTRANGERS : ANGL. Yellow Hundred-to-one *or* Dwarf yellow Hundredfold.

Petite variété naine et très rustique. Plante ramassée, à feuilles moyennes, légèrement gaufrées, d'un vert foncé un peu grisâtre; fleurs blanches tournant au jaune. — Cosses assez courtes, nombreuses, contenant quatre ou cinq grains droits, presque cylindriques, quelquefois carrés du bout et d'une couleur jaune foncé tirant sur le brun. Le litre pèse en moyenne 815 grammes, et 100 grammes contiennent environ 475 grains.

C'est une variété assez productive, qui est surtout répandue dans l'est de la France, où on la cultive souvent dans les vignobles.

HARICOT JAUNE TRÈS HATIF DE CHALANDRAY.

Race extrêmement naine et des plus hâtives, n'excédant guère 0^{m}25 de haut et formant une touffe compacte; feuilles petites et allongées, d'un vert gai; fleurs blanches ou rosées. — Cosses minces et assez longues, légèrement arquées. Grain petit, presque cylindrique, peu échancré, ne dépassant guère 0^{m}012 de longueur, de couleur brune ou acajou clair. Le litre pèse ordinairement 810 grammes, et 100 grammes contiennent environ 330 grains.

Cette variété, à peu près aussi précoce que le H. flageolet très hâtif d'Étampes, convient surtout pour la culture forcée ; on peut en obtenir des haricots verts et des grains frais à écosser.

HARICOT NAIN JAUNE EXTRA-HATIF.

NOM ÉTRANGER : ANGL. Extra early yellow dwarf bean.

Plante naine, de 0^{m}25 à 0^{m}30 de hauteur. Tige vert clair ; feuillage léger, moyen, vert blond, jaunissant de bonne heure. — Cosses longues de 0^{m}13, plates, vert clair, réunies en grappes de quatre à six au sommet des tiges et dépassant le feuillage, qui s'éteint rapidement. Grain allongé et jaune, long de 0^{m}013, large de 0^{m}007, épais de 0^{m}006 ; les cosses en contiennent ordinairement cinq.

Haricot nain jaune extra-hâtif.
Réd. au huitième.

Cette variété surpasse en précocité tous les autres haricots à grain coloré et convient bien pour la culture forcée. Ses cosses sont excellentes en filets.

HARICOT BARBÈS NAIN.

SYNONYME : Haricot nankin (Suisse).

Très voisin, par la plupart de ses caractères, du H. jaune cent-pour-un, le H. Barbès nain en diffère cependant par sa taille un peu plus forte et sa plus grande vigueur. Il a aussi le grain plus gros, plus allongé et d'un jaune sensiblement plus clair, se rapprochant comme couleur de celui du H. jaune du Canada, mais droit, cylindrique, et souvent carré aux deux extrémités. Le litre pèse 790 grammes, et 100 grammes contiennent environ 425 grains.

Les cosses, comme celles du H. cent-pour-un, sont très pleines, très charnues et peuvent, presque jusqu'à leur développement complet, être mangées tout entières comme celles des haricots sans parchemin.

Le H. Barbès nain est surtout estimé et cultivé dans le midi de la France, ainsi qu'en Algérie, où on l'apprécie tout particulièrement pour la production des haricots verts.

HARICOT SUISSE BLANC.

Synonymes : Haricot lingot, H. abondance, Pois cochon, Pois de Rouen.
Noms étrangers : Angl. White Swiss or Common white Canterbury bean, Royal dwarf white B.; (Am.) White kidney dwarf B.

On réunit sous le nom de *Haricots suisses* un certain nombre de variétés qui présentent en effet des caractères de végétation presque identiques et ne diffèrent guère que par la couleur de leur grain. Ces haricots reçoivent en Italie le nom de *fagiuoli cannellini*; à Bordeaux on les appelle *Haricots capucine*. Presque tous présentent le défaut de *filer* plus ou moins, c'est-à-dire de développer, au-dessus des quelques ramifications qui portent les feuilles et les fleurs, une tige grêle plus ou moins longue, qui ne porte pas de cosses et ne s'attache pas comme celle des haricots à rames.

Le H. suisse blanc présente quelquefois ce défaut; il a par contre de grandes qualités, dont les principales sont sa fertilité et son tempérament très robuste, qui le rend très propre à la culture dans les champs. Tige forte, haute de 0m45 à 0m50; feuillage ample, très rude, d'un vert foncé, quelquefois finement cloqué; fleurs blanches, grandes.

Cosses longues et nombreuses, contenant cinq ou six grains blancs, droits, presque cylindriques, souvent aplatis à un bout, ce qui lui a fait donner le nom de *H. lingot*. Le grain est, en général, long d'environ 0m018, large et épais de 0m008. On peut le consommer sec, quoiqu'il ait la peau un peu épaisse. Le litre pèse 800 grammes, et 100 grammes contiennent environ 225 grains.

Dans la Picardie, on désigne sous le nom de *Haricot Bise du Nord*, tantôt le H. suisse blanc, tantôt le H. de Soissons nain.

HARICOT SUISSE NAIN BLANC HATIF.

Synonyme : H. de Sallandre nain.

Cette jolie sous-variété du haricot précédent, présente sur le type l'avantage de ne pas filer et de mûrir son grain quelques jours plus tôt. La plante est plus naine, plus égale, d'une taille et d'une précocité plus régulières. Les cosses et les grains n'en diffèrent pas sensiblement. Le litre de grains pèse ordinairement 800 grammes, et 100 grammes contiennent environ 225 grains.

HARICOT DE BAGNOLET.

Synonymes : Haricot suisse gris, H. petit gris, H. Étourneaud (Normandie).
Nom étranger : Angl. Black speckled dwarf bean.

Cette variété est une des plus répandues aux environs de Paris pour la production des haricots verts. En général, le H. de Bagnolet ne file pas et se montre en cela supérieur à la plupart des haricots suisses. Feuillage ample, d'un vert foncé, peu cloqué; tige atteignant 0m35 à 0m40 de hauteur; fleurs lilas.

Cosses droites, longues, bien vertes, presque cylindriques dans leur jeunesse. Grain droit, long, arrondi aux deux bouts, presque aussi épais que large, d'un violet noirâtre, marqué de panachures nankin qui n'occupent jamais plus d'un tiers de la surface et sont quelquefois réduites à quelques taches claires sur un fond presque noir. Le litre pèse en moyenne 755 grammes, et 100 grammes contiennent environ 235 grains.

Le *Haricot gris de tous les jours* a le grain presque identique à celui du H. de Bagnolet, mais toutefois un peu plus petit.

HARICOT DE BAGNOLET A FEUILLE D'ORTIE.

Nom étranger : angl. Nettle-leaved Bagnolet bean.

Sous-variété un peu plus précoce du H. de Bagnolet. Plante de 0ᵐ40 de hauteur; tige vert clair, très ramifiée. Diffère du Bagnolet ordinaire par les dimensions et l'aspect des feuilles, qui sont plutôt petites, très cloquées et réticulées, de teinte variant entre le vert foncé et le vert clair ; par ses fleurs blanches et ses cosses plus longues (0ᵐ18) et aplaties. Même grain que le H. de Bagnolet, au nombre de six par cosse.

Haricot nain parisien.
Réd. au huitième.

Haricot de Bagnolet.
Réd. au huitième.

HARICOT NAIN PARISIEN.

Synonymes : Haricot Merveille de Vitry, H. Souvenir de Deuil.

Nom étranger : angl. Dwarf Parisian bean.

Plante vigoureuse, formant des touffes de 0ᵐ40 de hauteur. Tige bien verte; feuilles larges, vert foncé, un peu cloquées et réticulées; fleurs lilas.

Cosses longues de 0ᵐ18 à 0ᵐ19, droites, réunies par deux ou trois, marquées de zébrures noires qui disparaissent à la cuisson. Grains aplatis, en rognon, tigrés de violet-noir sur fond chamois, longs de 0ᵐ017, larges de 0ᵐ008, épais de 0ᵐ006, au nombre de six par cosse. Le litre pèse en moyenne 760 grammes, et 100 grammes contiennent environ 200 grains.

C'est un très bon haricot hâtif pour le potager, mais il est surtout recommandable pour la grande culture où il produit abondamment et de bonne heure, devançant de dix jours environ le H. Bagnolet et ses similaires, ce qui constitue, au point de vue de la vente, un avantage des plus importants. Il est très cultivé dans la région parisienne pour la production des haricots verts.

La variété cultivée en Italie sous le nom de *H. de Torre Annunziata* est très voisine du H. nain parisien. Ses cosses sont seulement plus courtes, plus plates et marbrées de brun; elle lui est, en somme, inférieure.

HARICOT NAIN GLOIRE DE LYON.

Synonymes : Haricot nain gris de Caluire, H. petit gris (Orléanais).

Par l'aspect des cosses et du grain, ce haricot se rapproche un peu du H. de Bagnolet ; il en diffère toutefois bien nettement par différents caractères : d'abord la plante forme des touffes moins compactes et moins ramifiées; les feuilles, plus grandes, sont d'un vert plus grisâtre; les cosses, plus larges et aussi plus aplaties, sont notablement moins nombreuses que dans le Haricot de Bagnolet; le grain, un peu moins gros, est marbré de jaune foncé sur fond brun, il est droit, mince et très faiblement courbé en rognon. Le litre de grains pèse 760 grammes, et 100 grammes contiennent environ 225 grains.

Au point de vue de la végétation, le H. nain Gloire de Lyon se recommande surtout par sa grande précocité, qui permet de commencer à cueillir pour le marché huit ou dix jours plus tôt que sur le H. de Bagnolet; par contre, la production est moins abondante et moins soutenue qu'avec ce dernier. Le H. Gloire de Lyon est donc surtout à recommander pour les environs des grandes villes, où les cultivateurs font plusieurs semis successifs et où il est d'une grande importance d'arriver au marché quelques jours plus tôt que les autres producteurs.

Haricot nain Gloire de Lyon.
Réd. au huitième.

HARICOT NAIN MERVEILLE DE PARIS.

SYNONYMES : Haricot quarantain (Orléanais), H. petit gris (Environs de Paris).

NOM ÉTRANGER : ANGL. Marvel of Paris dwarf bean.

Plante vigoureuse, ne dépassant pas 0^m40. Tige grosse, vert clair; feuillage vert blond, pointu, très peu réticulé. Cosses longues de 0^m14, fines, bien cylindriques et très légèrement panachées, généralement réunies par deux et contenant ordinairement six grains. Ceux-ci gros et épais, d'un violet foncé panaché de jaune, longs de 0^m014, larges de 0^m007 et épais de 0^m006. Le litre de grains pèse 845 grammes, et 100 grammes contiennent environ 330 grains.

Vraisemblablement, cette race tire son origine de l'ancien H. de Bagnolet; le grain du H. Merveille de Paris en reproduit, en effet, assez exactement l'apparence; il est cependant moins gros et moins long. C'est une variété de grande culture relativement précoce, très vigoureuse, rustique et productive, appréciée surtout pour la longueur de ses cosses.

La variété connue depuis quelques années sous le nom de *Haricot Merveille des Halles*, paraît être extrêmement voisine du H. nain Merveille de Paris.

HARICOT NAIN EMPEREUR DE RUSSIE.

SYNONYME : H. coloré de Bosco reale.

NOM ÉTRANGER : ANGL. Dwarf Emperor of Russia bean.

Variété naine, demi-hâtive. Plante assez trapue, ne dépassant pas 0^m40. Tige vert franc; feuilles grandes, vert clair, un peu gaufrées; fleurs lilas pâle.

Cosses longues de 0^m15, rondes, d'un vert clair, très charnues, contenant généralement six grains, longs et minces, couleur chocolat clair avec marbrures plus foncées, longs de 0^m015, larges de 0^m006, épais de 0^m006. Le litre pèse 800 grammes, et 100 grammes contiennent environ 370 grains.

Le Haricot Empereur de Russie est une variété très productive, excellente pour la cueillette en vert, surtout dans les climats un peu chauds. D'autre part, le grain récolté à maturité a l'avantage de ne pas se tacher aussi facilement que celui de la plupart des autres variétés.

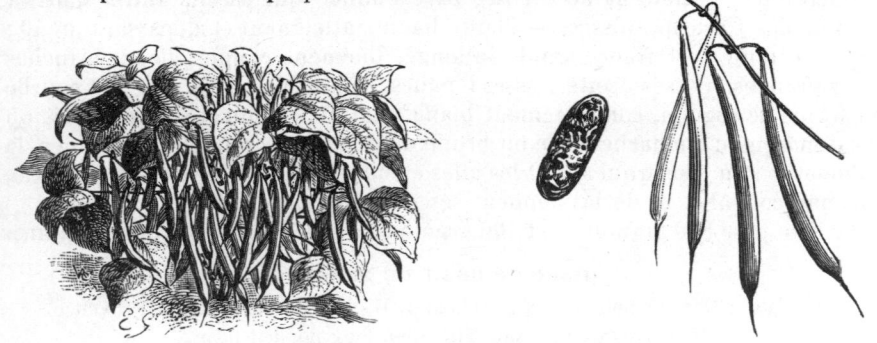

Haricot Empereur de Russie, nain.
Plante réd. au huitième ; cosses au quart ; grain de grosseur naturelle.

HARICOT SUISSE ROUGE.

SYNONYMES : Haricot à la reine, H. de Marcoussis, H. lie de vin (Bourbonnais).
NOMS ÉTRANGERS : ANGL. Red speckled bean ; Long spotted French B.

Plante vigoureuse, ramifiée, mais ne filant ordinairement pas ; feuillage raide, pas très grand ni très ample, uni, d'un vert un peu grisâtre ; fleurs lilas ou rosées. — Grain allongé, presque droit, marbré de taches lie de vin généralement allongées et formant des stries longitudinales sur un fond rouge pâle. Le litre pèse 780 grammes, et 100 grammes contiennent environ 200 grains.

Cette variété est très productive, et le grain sec en est assez estimé.

Le *Haricot suisse sang de bœuf* ou *H. indien* ne se distingue du H. suisse rouge que par son grain rouge foncé pointillé de blanc ou de saumoné.

La variété cultivée en Amérique sous le nom de *Improved Goddard* or *Boston Favorite*, présente assez d'analogie avec notre H. suisse rouge.

HARICOT RUSSE NAIN.

SYNONYMES : Haricot rouge d'Amérique nain, H. parisien (Bretagne).

Très bonne variété de haricot nain, convenant aussi bien qu'aucune autre à la production des haricots verts. La plante est très vigoureuse ; elle porte des feuilles extrêmement larges, finement cloquées, d'un vert foncé un peu terne ; fleurs lilas.

Cosses très droites, d'une longueur et d'une beauté remarquables. Le grain, qui a quelque analogie de forme et de couleur avec celui du H. ventre de biche, que nous mentionnons un peu plus loin, présente une particularité qui le fait facilement reconnaître entre tous : c'est que la peau est complètement mate, au lieu d'être luisante et pour ainsi dire vernissée, comme dans les autres haricots. Le litre pèse 770 grammes, et 100 grammes contiennent environ 200 grains.

Il en existe une sous-variété *à grain noir*, petit, dont les cosses sont peut-être encore plus longues et plus cylindriques que celles de la variété type. Ce grain contient souvent six et même sept grains, et, comme ces grains sont longs de 0^m015 à 0^m018, et qu'en outre ils ne se touchent pas, mais sont toujours séparés par un certain intervalle, on comprendra facilement que la cosse doive être fort longue.

HARICOT SAINT-ESPRIT.

SYNONYMES : Haricot à la religieuse, H. à l'aigle.

NOMS ÉTR. : ANGL. Long white black eye B., Spread Eagle B. — ITAL. Fagiuolo dall' aquila.

Encore une variété naine à cosse parcheminée qui paraît rentrer dans la section des Haricots suisses. — Plante haute, atteignant et dépassant 0^{m}40 ; feuillage d'un vert franc, ample, allongé, finement cloqué ; fleurs blanches assez grandes. Cosses droites, assez longues. Grain bien plein, un peu courbé en forme de rognon, complètement blanc, sauf au voisinage de l'ombilic, où il est marqué d'une tache noire ou brune dont la forme rappelle assez bien la silhouette d'un oiseau qui aurait les ailes étendues. On peut y voir soit un aigle, soit une colombe, et de là viennent ses noms les plus habituels.

Le litre pèse 800 grammes, et 100 grammes contiennent environ 210 grains.

HARICOT SHAH DE PERSE.

SYNONYMES : Haricot noir nain à parchemin, H. noir de Barbentane (Provence).

NOM ÉTRANGER : ANGL. The Shah long podded bean.

Plante très vigoureuse, franchement naine en ce sens qu'elle ne file absolument pas, mais formant des touffes vigoureuses et très dressées qui ne s'élèvent pas à moins de 0^{m}40 ou 0^{m}50 de hauteur ; feuilles très grandes et très amples, d'un vert foncé, unies et non gaufrées ; fleurs lilas, faisant place à des cosses vertes, droites, d'une longueur et d'une beauté tout à fait extraordinaires.

Ces cosses l'emportent de beaucoup sur celles du H. flageolet noir et même du H. russe nain : elles sont non seulement très longues, mais très fines et arrondies, et réunissent au plus haut degré toutes les qualités qu'on recherche pour les haricots verts. Grain noir, étroit, droit ou très faiblement courbé en rognon, légèrement aplati, long de 0^{m}012 à 0^{m}015, large de 0^{m}005 à 0^{m}006, épais de 0^{m}003 à 0^{m}004 ; ombilic blanc. Le litre pèse en moyenne 820 grammes, et 100 grammes contiennent environ 250 grains.

Haricot Shah de Perse.
Réd. au huitième.

Par ses caractères de végétation, le H. Shah de Perse rentre nettement dans la série des Haricots suisses, mais on peut dire qu'il dépasse tous les autres par la longueur et la beauté de ses aiguilles ; c'est certainement, de toutes les variétés cultivées jusqu'ici, le haricot le plus recommandable pour la production des haricots verts de choix. Sa taille ne permet pas de le cultiver sous châssis ; il convient bien mieux à la culture de saison en pleine terre.

Le *Haricot Legrand* est une variété légèrement plus tardive du H. Shah de Perse.

HARICOT ROUGE D'ORLÉANS.

Synonymes : Haricot Barbote, Pois ciche rouge (Jargeau).

Race franchement naine ou filant quelquefois un peu ; à tiges grosses et courtes, formant une touffe compacte assez large ; feuillage raide, moyen, cloqué, d'un vert foncé luisant ; fleurs violettes.

Cosses assez nombreuses, courtes, légèrement arquées, contenant quatre ou cinq grains ovoïdes, assez petits, ne dépassant guère $0^m 010$ de longueur, d'un rouge foncé légèrement brunâtre, à ombilic blanc cerclé de noir.

Le litre pèse 800 grammes, et 100 grammes contiennent environ 225 grains.

Ce haricot se cultive dans les vignes de l'Orléanais, comme le H. jaune cent-pour-un et le H. turc dans celles de la Bourgogne. C'est à tort qu'on le confond quelquefois avec le H. rouge de Chartres, qui est un haricot à rames, et dont le grain est plus plat et plus carré.

HARICOT DE SOISSONS NAIN

Synonymes : Haricot gros pied, H. fève à deux, H. de Massy, H. Palaiseau.

Variété franchement naine, précoce et productive. Plante trapue, basse ; feuillage assez ample, uni, d'un vert foncé luisant. Ce haricot ne file pas, mais les grappes de gousses dépassent quelquefois le feuillage ; fleurs blanches.

Cosses généralement courbées et de largeur irrégulière par suite de l'inégal développement des grains. Ceux-ci, beaucoup moins gros que chez le H. de Soissons à rames, ressemblent plutôt à ceux du H. de Liancourt ; ils sont blancs, assez plats et passablement courbés en rognon. Le litre pèse en moyenne 740 grammes, et 100 grammes contiennent environ 260 grains.

Le *Haricot Régnier* est une variété du H. de Soissons nain, caractérisée par sa tendance à filer. — Le *Haricot Nisard*, cultivé dans le Midi, ressemble au H. Régnier, et, comme lui, est inférieur au H. de Soissons nain.

HARICOT DE SOISSONS NAIN VERT.

Obtenu par feu M. Bonnemain, ce haricot, par sa végétation et la forme de son grain, se rapproche plus qu'aucune autre variété du H. de Soissons nain. Il est aussi franchement nain que lui, aussi productif, un peu plus précoce et à feuillage plus foncé.

Cosses recourbées, longues de $0^m 15$, larges de $0^m 013$, généralement réunies par deux, et contenant six grains, verts, gros, larges, d'excellente qualité ; longs de $0^m 016$, larges de $0^m 008$ et épais de $0^m 005$. Un litre pèse 820 grammes, et 100 grammes contiennent environ 240 grains.

Haricot de Soissons nain vert.
Réd. au huitième.

Ce haricot complète heureusement la série des variétés naines à grain vert, où il est seul à posséder un gros grain. La méthode à suivre pour conserver au grain, même sec, sa couleur verte, est la même que celle que nous avons déjà indiquée au bas de la page 300.

HARICOT SABRE NAIN TRÈS HATIF DE HOLLANDE.

Noms étrangers : Angl. Dwarf scimitar white bean, Dwarf Case-knife or White Dutch bean.

Cette variété, qui est très distincte et d'un grand mérite, diffère complètement de l'ancien H. sabre nain, qui est aujourd'hui abandonné. Le H. sabre nain très hâtif de Hollande est une plante basse, très trapue, à grandes feuilles un peu cloquées, d'un vert foncé et lustré; fleurs blanches.

Cosses longues et larges, droites et bien remplies.

Le grain, relativement large, a environ 0^m015 à 0^m016 de longueur sur 0^m008 ou 0^m009 de largeur et 0^m006 d'épaisseur; il est d'un blanc pur et a la peau quelquefois un peu ridée. Le litre pèse en moyenne 750 grammes, et 100 grammes contiennent environ 225 grains.

Ce haricot fleurit à peu près en même temps que le H. flageolet blanc, et sa précocité ainsi que la beauté de son grain en font une variété tout à fait précieuse pour la culture forcée sous châssis.

Haricot sabre nain très hâtif de Hollande.
Réd. au huitième.

HARICOT BLANC PLAT COMMUN.

Synonymes : Haricot commun blanc à rames, H. Escoplets (Hérault).

Ancienne variété qui se fait encore dans certains pays, pour la grande culture. On pourrait presque aussi bien la classer dans les variétés à rames; car, malgré que les tiges ne s'attachent pas bien, elles s'allongent considérablement et traînent sur le sol. Feuillage abondant, un peu cloqué, plutôt petit que large, d'un vert assez foncé; fleurs blanches.

Cosses assez courtes, contenant quatre ou cinq grains moyens, à peu près de la forme de ceux du H. de Liancourt, luisants et d'un très beau blanc.

Le litre pèse en moyenne 780 grammes, et 100 grammes contiennent environ 250 grains.

HARICOT ROND BLANC COMMUN.

Comme la précédente, cette variété très irrégulière de taille et filant beaucoup, pourrait presque être classée dans les haricots à rames.

Tige grêle, vert clair, atteignant 1 mètre; feuilles d'un vert franc, lisses; fleurs blanches. Cosses vert clair, ne dépassant pas 0^m13 de long sur 0^m012 de large et contenant généralement six grains, blancs, arrondis, longs de 0^m010 à 0^m012, larges et épais de 0^m008. Un litre pèse en moyenne 820 grammes, et 100 grammes contiennent environ 230 grains.

Malgré sa tenue défectueuse, cette race est très répandue dans la grande culture en vue de la récolte du grain.

La variété cultivée au Canada sous le nom de *Pea bean* et aux États-Unis sous les noms de *Navy white, Boston small pea bean*, diffère très peu de notre Haricot rond blanc commun.

HARICOT COMTESSE DE CHAMBORD.

Synonyme : Haricot riz nain.

Nom étranger : angl. Dwarf rice white bean.

Plante naine, mais extrêmement ramifiée, formant des touffes qui arrivent à mesurer 0^{m}70 à 0^{m}80 de diamètre ; feuilles très nombreuses, assez pointues, moyennes ou petites, d'un vert franc; fleurs blanches.

Cosses courtes, mais très nombreuses, contenant cinq ou six grains; ces grains sont blancs, ovoïdes, de 0^{m}008 à 0^{m}010 de longueur sur 0^{m}006 de largeur et presque autant d'épaisseur. La peau en est excessivement fine et la qualité remarquable; aussi sont-ils très estimés comme haricots à consommer en sec. Le litre pèse en moyenne 825 grammes, et 100 grammes contiennent environ 650 grains.

Malgré la petitesse de son grain, cette variété est très productive; elle a le défaut d'être un peu tardive, ce qui est cause que le grain se tache quelquefois dans les années où l'automne est froid et humide.

Il en existe une variété à très petit grain et à cosses extrêmement nombreuses, connue sous le nom de *Haricot nain de Hongrie* ou *H. riz de Hongrie*; elle n'est pas aussi cultivée.

On rencontre encore de temps en temps dans les cultures les variétés suivantes de haricots nains à écosser :

H. de Bagnolet blanc. — Cette belle race, vigoureuse et rustique, se rapproche assez du H. de Bagnolet ou H. suisse gris par ses caractères de végétation, mais elle en diffère complètement par son grain blanc, assez aplati et en forme de rognon. Elle convient aussi bien à la consommation en grain sec qu'à la production en vert.

H. de Naples. — On réunit sous cette dénomination plusieurs races de haricots à grains blancs, ovoïdes, tels qu'on les importe en grande quantité du midi de l'Italie et de la Sicile. C'est plutôt un nom commercial que la désignation d'une variété bien distincte.

H. deux points. — Variété tardive, à longue cosse. Grain petit, long, blanc, nettement taché de deux points noirs près de l'ombilic ; elle se rapproche à ce point de vue du Haricot Incomparable, mais elle est beaucoup plus forte et plus tardive que ce dernier.

H. flageolet Victoria. — Variété assez analogue au H. Saint-Esprit ou H. à la religieuse ; à cosse forte, de 0^{m}20 de long ; grain gros, arqué, blanc, avec une grande tache rouge à l'ombilic.

H. Impératrice (syn. : *H. religieuse*, *H. Isabelle*). — Par son port et aussi par son feuillage, ce haricot ressemble assez aux Haricots suisses, mais il a les cosses plus larges et légèrement courbées. Le grain en est grand, renflé, échancré en rognon et d'un coloris tout à fait remarquable : une large tache rouge foncé occupe tout le pourtour de l'ombilic et s'étend à peu près sur le tiers de la surface du grain ; tout le reste est d'un blanc pur, parsemé d'un grand nombre de petites taches rouges tranchant très nettement sur le fond.

H. jaune hâtif de six semaines (syn. : *H. jaune du Caucase*). (angl. *Round yellow or Six weeks bean*). — Variété très naine, trapue et ramassée, extrêmement précoce; le grain en est ovoïde, jaune et cerclé à l'ombilic de couleur plus foncée, il présente une certaine analogie d'aspect avec le H. jaune du Canada.

H. lingot rouge. — Ne se distingue du H. suisse rouge que par son grain plus pâle et non jaspé.

H. nain gigantesque. — Cette variété peut également se rapporter aux Haricots suisses; elle est remarquable par l'ampleur de son feuillage et la longueur de ses cosses, mais elle est presque complètement abandonnée aujourd'hui en faveur de la race améliorée du H. suisse blanc.

H. nain gris maraîcher. — Variété voisine du H. de Bagnolet, à cosses longues, droites, fines ; grain allongé, café au lait et lie de vin.

H. nain hâtif panaché (SYN. : *H. d'Ilsenbourg*). — Race très naine, à grande feuille vert clair. Cosses droites, assez longues et larges, un peu plates et pâles; grain oblong, droit, fortement marbré de brun sur fond jaune foncé. Maturité très hâtive. Cette jolie petite race se range dans la série des Haricots suisses, elle est recommandable pour la culture de primeurs en pleine terre.

H. nain vert de Vaudreuil. — Plus robuste et plus productif que les Flageolets, il en diffère en outre sensiblement par sa cosse plus droite et plus ronde. Grain vert, court, presque carré, épais et renflé.

H. plein de La Flèche. — Bonne race trapue et vigoureuse, qui se rapproche à la fois du H. de Bagnolet et du H. solitaire. Elle possède à peu près la végétation du premier et le grain du second.

H. saumon du Mexique. — Un des plus précoces de tous les haricots à écosser. Plante basse ; cosses courtes et assez larges; grain ovoïde, aplati, de couleur rose saumoné avec un cercle brunâtre autour de l'ombilic.

H. solitaire (SYN. : *H. Zé fin, H. Quatre-au-pot*). (ANGL. *Bush Haricot*). — Plante touffue, à feuillage vigoureux ; le grain est presque analogue à celui du H. de Bagnolet, mais cependant plus petit et plus violacé. — Le nom de ce Haricot vient de ce qu'il forme une forte touffe qui se ramifie beaucoup, de sorte que l'on peut semer chaque grain isolément.

H. suisse Bourvalais. — A grain blanc, marbré de violet clair.

H. suisse gros gris. — Le grain en est d'un blanc jaunâtre, panaché de noir.

H. turc (SYN. : *H. nain panaché tendre charnu géant de Hinrick, H. gris de Perse*). (ANGL. *Sion House bean*). — Cette variété, connue aussi à Bordeaux sous le nom de *Haricot parisien*, est rustique, productive et précoce, et se prête bien à la grande culture. Le grain se rapproche, par sa forme, des Haricots suisses et par sa couleur du H. de Prague.

H. ventre de biche. — A grain long, d'une couleur chamois clair devenant plus foncée avec l'âge et tout à fait brune autour de l'ombilic. C'est une bonne variété de grande culture.

Les variétés suivantes sont d'origine anglaise ou américaine :

Early Mohawk. — Variété très rustique, à cosses longues, plates, assez droites, présentant de l'analogie avec notre H. chocolat. — C'est un des haricots les plus cultivés aux États-Unis, où il est employé aussi bien pour la culture sous verre que pour celle de pleine terre. Grain jaune pâle marbré de violet foncé ou de brun.

Best of all. — Plante vigoureuse, ramifiée, passablement productive, demi-hâtive ; cosses assez longues, bien charnues, d'un vert intense et prenant à la maturité une teinte plus claire, marquée de taches rouge vif. Le grain est jaune pâle pointillé de rouge foncé.

Currie's Rust-proof wax. — Ressemble assez au H. flageolet beurre nain, mais s'en distingue par la couleur de son grain, qui est noir. — Comme son nom l'indique, il est recommandé aux États-Unis pour sa résistance à la rouille.

Davis' kidney wax. — Genre de H. flageolet beurre nain, productif et rustique. Ses cosses longues, jaunes, assez droites, ne sont pas à vrai dire sans parchemin et doivent être cueillies jeunes : c'est pourquoi nous les mentionnons dans cette série. Grain long, blanc, en rognon.

Early light or *pale dun* et *Early dark dun.* — Ces deux races présentent beaucoup d'analogie avec notre H. flageolet jaune ; cependant elles ont le grain unicolore, c'est-à-dire dépourvu de cercle autour de l'ombilic. — Elles se distinguent l'une de l'autre par la nuance du grain, qui est café au lait foncé dans le *light dun*, et couleur de café brûlé dans le *dark dun*.

Emperor William. — Se rapproche beaucoup, par le feuillage et la végétation, du H. sabre nain très hâtif de Hollande ; les cosses sont légèrement plus plates ; grain blanc, plat, un peu en rognon.

Mac Millan's American prolific. — Se rapproche passablement du H. turc (ANGL. Sion House bean) par l'aspect et la coloration du grain, mais il est un peu plus compact et forme des touffes plus ramassées.

Nec plus ultra. — Variété naine, trapue ; feuillage vert blond ; fleurs blanc carné. Le grain est analogue à celui du H. jaune cent-pour-un, mais les cosses sont plus longues que dans cette dernière variété.

New bountiful kidney. — Même grain que le H. flageolet jaune, mais plante plus dégagée, à feuillage plus léger et à cosses un peu plus blanchâtres.

New Mammoth negro. — Les cosses et le grain de ce haricot ressemblent assez à ceux du H. flageolet noir ; mais ses caractères de végétation et la teinte de son feuillage sont plutôt ceux du H. noir de Belgique. Pour cueillir en vert, le H. flageolet noir lui est certainement supérieur.

Newington wonder. — Cette petite variété ne peut guère être recommandée que pour la production sur couche des haricots à écosser. Les gousses sont trop courtes pour faire des haricots verts ; le grain est d'un jaune clair et remarquablement petit.

Osborn's early forcing. — C'est un bon haricot nain, ramassé, ramifié, donnant un grand nombre de cosses moyennes, qui contiennent quatre ou cinq grains courts, assez renflés, d'un brun foncé avec quelques macules jaune clair.

Le *Dwarf early Warwick* diffère peu du précédent. C'est une variété naine, assez hâtive. Cosses demi-longues, vert pâle, devenant jaune à la maturité ; grain obtus, lie de vin marbré de jaune.

Refugee (SYN. : *Thousand-to-one*). — Plante assez ramassée, à feuilles remarquablement longues, étroites, lisses et foncées ; fleurs violettes. Cosses droites, arrondies, charnues, d'abord vertes, puis lavées de violet à la maturité. Grain à peine en rognon, presque cylindrique, de couleur jaune clair panaché de lie de vin, et ressemblant au grain du H. Gloire de Lyon.

L'*Extra early Refugee* est une plante plus ramassée et plus hâtive que le type qui précède ; elle est aussi à feuilles d'un vert plus pâle.

Sir Joseph Paxton. — Petit haricot nain, de maturité très hâtive, à cosses assez courtes. Le grain ressemble presque exactement à celui du H. nain jaune cent-pour-un ; il en diffère assez sensiblement toutefois par sa couleur plus foncée, presque brune.

Stringless green pod. — Variété demi-hâtive, vigoureuse et productive, estimée aux États-Unis. Cosses longues, charnues, légèrement courbées, vert pâle. Grain marron foncé.

Sutton's Prolific negro dwarf. — Bonne variété du H. noir hâtif de Belgique, à cosses généralement plus longues.

The monster. — Haricot nain, extrêmement vigoureux, à feuilles énormes, se rapprochant, par l'ampleur de la végétation, des Haricots suisses les plus développés. Cosse moyenne, droite ; grain noir, plus long et plus courbé que celui du H. noir de Belgique. Plante passablement productive, demi-tardive.

William's new early. — Variété très précoce, assez productive, à grain et cosses marbrés de violet. La coloration des cosses, ainsi que leur forme aplatie, leur ôtent beaucoup de valeur comme haricots verts.

Yellow Canterbury. — Haricot nain à grain jaune, petit, renflé et droit, se rapprochant beaucoup de notre H. nain jaune cent-pour-un.

HARICOTS SANS PARCHEMIN ou MANGETOUT

NOMS ÉTRANGERS : ANGL. Edible podded beans. — ALL. Zucker- *oder* Brech-Bohnen. DAN. Snitte-bonnen. — ITAL. Fagiuoli mangia tutto.

I. — *Variétés à rames.*

HARICOT BEURRE BLANC A RAMES.

NOMS ÉTRANGERS : ANGL. Tall white Algerian butter *or* White-seeded wax bean. ALL. Weisse hohe dickschotige Butter-Bohne.

Plante assez vigoureuse, de 2 mètres environ de hauteur, très remarquable par la teinte blonde ou jaunâtre de son feuillage, qui suffit à la faire reconnaître même à distance; tiges jaune de cire ou blanches, ainsi que les pétioles des feuilles; fleurs blanches.

Cosses plus longues et plus minces que celles du H. d'Alger noir à rames décrit à la page suivante; plus ou moins arquées, et contenant, assez espacés l'un de l'autre, cinq ou six grains blancs, ovoïdes, passablement allongés, atteignant 0^m014 ou 0^m015 de longueur. Le litre pèse 810 grammes, et 100 grammes contiennent environ 250 grains.

Le H. beurre blanc à rames ne le cède en rien comme mangetout au H. d'Alger noir, et il a sur lui l'avantage de pouvoir être consommé sec, en raison de la couleur de son grain.

HARICOT BEURRE BLANC ROI DES MANGETOUT, A RAMES.

NOM ÉTRANGER : ANGL. King of the skinless pole bean.

Plante très vigoureuse et productive, à tige forte, longue de 2^m50; feuillage abondant, large, vert blond, pointu, peu réticulé; fleurs blanches, petites.

Cosses très nombreuses, atteignant 0^m15 de long sur 0^m013 de large, épaisses, charnues, en forme de serpette, réunies par deux ou trois et contenant cinq

Haricot beurre blanc Roi des mangetout.
Réd. au douzième; cosse à la moitié; grain grosseur naturelle.

à sept grains. Ceux-ci sont gros et blancs, carrés à une extrémité, longs de 0^m013, larges de 0^m009, épais de 0^m008. Le litre pèse en moyenne 810 grammes, et 100 grammes contiennent environ 210 grains.

Ce haricot est remarquable par sa fécondité et par la qualité de ses cosses, qui restent tendres jusqu'à complète maturité.

HARICOT BEURRE DU CAMBRÉSIS.

Petite plante ne dépassant pas 1m50. Tige grêle, vert pâle; feuillage léger, vert clair panaché de blond; fleurs blanches passant au jaune nankin.

Cosses longues de 0m14, larges de 0m015, droites, d'une belle couleur jaune beurre et contenant cinq ou six grains blancs, assez gros, courtement ovoïdes, dans le genre d'un H. coco, longs de 0m012, larges de 0m009, épais de 0m007. Le litre pèse en moyenne 850 grammes et 100 grammes contiennent environ 190 grains.

Cette variété, en dehors de sa fécondité et de la qualité excellente de ses cosses, est d'une constitution absolument robuste qui lui permet de résister victorieusement à la maladie dont souffrent trop souvent les autres variétés de haricots à rames.

HARICOT BEURRE DU MONT-D'OR.

SYN. : Haricot Grand vainqueur (Sarthe).
NOMS ÉTR. : ANGL. Mont-d'Or butter *or* wax bean; (AM.) Golden butter wax pole B.

Cette belle et bonne variété est originaire des environs de Lyon, d'où elle s'est répandue dans les cultures du reste de la France. C'est un haricot beurre bien distinct, à peu près de la taille du H. d'Alger noir à rames, à tiges vert pâle teintées de rouge, à feuillage uni, non cloqué, d'un vert blond; fleurs lilas.

Cosses très nombreuses, droites, jaune pâle comme celles de tous les haricots beurre, longues de 0m12 à 0m15, très franchement sans parchemin, contenant cinq ou six grains ovoïdes, violets, tachés et marbrés de brun, et notablement plus petits que ceux des Haricots d'Alger noir et beurre blanc. Le litre pèse en moyenne 720 grammes, et 100 grammes contiennent environ 210 grains.

Haricot beurre du Mont-d'or.
Réd. au douzième.

Ce haricot, qui ne se cultive que comme mangetout, est surtout remarquable par sa précocité et par la grande abondance de ses cosses.

HARICOT D'ALGER NOIR A RAMES.

SYN. : Haricot beurre noir, H. cire, H. coco indien, H. de Riga, H. translucide.
NOMS ÉTR. : ANGL. Black Algerian *or* Black-seeded wax bean; (AM.) Indian chief B.
ALL. Schwarze hohe Wachs-Bohne von Algier.

Variété très distincte et bien connue : c'est le plus cultivé et probablement le plus ancien de la série de haricots connus sous le nom de « *Haricots beurre* », à cause de la couleur de leur cosse. — Le H. d'Alger noir est une plante de dimensions moyennes, dépassant rarement 2 mètres de haut, à tiges assez grosses, d'un vert pâle ou jaunâtre, quelquefois teintées de violet; feuilles moyennes, très peu cloquées, diminuant d'ampleur de la base au sommet des tiges, d'un vert un peu cendré; fleurs lilas.

Les cosses, d'abord vertes, prennent, dès qu'elles ont 0^{m}05 ou 0^{m}06 de long, une teinte jaune pâle, demi-transparente, qui rappelle très bien celle du beurre ou de la cire fine. Ces cosses sont en général un peu courbées, et contiennent de quatre à six grains qui deviennent d'abord bleus, puis violets, pour prendre à la maturité une teinte franchement noire; ils sont ovoïdes, un peu aplatis et légèrement plus longs que ceux des Haricots de Prague. Le litre pèse 785 grammes, et 100 grammes contiennent environ 175 grains.

Cette variété est productive et de moyenne saison.

Le H. d'Alger noir est un des meilleurs mangetout : ses cosses, complètement sans parchemin et presque sans fils, restent encore tendres et charnues quand le grain a déjà pris tout son développement; elles peuvent être consommées presque jusqu'à la maturité.

On fait très peu usage comme légume du grain sec, à cause de sa couleur très foncée et peu appétissante.

Haricot d'Alger noir à rames.
Réd. au douzième.

Le *H. coco noir*, grande race productive, mais un peu tardive, se distingue du H. d'Alger noir par la couleur verdâtre de ses cosses. Il est de peu d'intérêt.

HARICOT BLANC GRAND MANGETOUT.

Plante très vigoureuse, atteignant et dépassant 3 mètres. Tige fine relativement à sa longueur; feuilles très larges, arrondies, très cloquées, d'un vert foncé; fleurs blanches, petites.

Cosses généralement réunies par deux, vert clair, atteignant fréquemment 0^{m}21 de longueur et 0^{m}019 de largeur, généralement sinueuses et à grains apparents, au nombre de six à huit, blancs, allongés, très plats, longs de 0^{m}013, larges de 0^{m}008, épais de 0^{m}005. Le litre pèse 750 grammes en moyenne, et 100 grammes contiennent environ 295 grains.

Cette variété, déjà ancienne, est toujours cultivée, quoiqu'elle soit de tous points inférieure à beaucoup d'autres races de mangetout plus nouvelles.

HARICOT BLANC GÉANT SANS PARCHEMIN.

Cette belle variété paraît être sortie du H. à cosse violette décrit plus loin. Elle en présente toutes les qualités de vigueur et de production ; elle a en outre l'avantage d'avoir la cosse jaune crème à la maturité et le grain blanc, c'est-à-dire qu'elle est exempte des deux seuls défauts que l'on peut reprocher au H. à cosse violette, à savoir : la coloration de la cosse et celle du grain. C'est une race demi-tardive, mais productive, à tiges fortes, hautes de 2 mètres au moins, à feuillage très ample ; fleurs blanches.

Cosses longues et très larges, tout à fait sans parchemin, épaisses et charnues, contenant de quatre à six grains blancs et aplatis, ressemblant à ceux du H. sabre à rames. Le litre pèse en moyenne 730 grammes, et 100 grammes contiennent environ 250 grains.

Quand il est venu dans de bonnes conditions, ce haricot se charge de cosses au point de faire fléchir les rames qui le supportent.

HARICOT INTESTIN.

Ce haricot, obtenu par M. Perrier de la Bathie, est une variété très curieuse et bien distincte. Un peu tardif, mais vigoureux et productif, c'est un des plus remarquables comme haricot sans parchemin. Tige haute de 1^{m}50 à 1^{m}80, chargée de cosses, surtout vers la base ; feuilles grandes, bien vertes, légèrement cloquées ; fleurs blanches.

Cosses tellement épaisses et charnues, qu'elles mesurent un tiers de plus en diamètre d'une face à l'autre que de la soudure

Haricot blanc géant sans parchemin.
Réd. au douzième; cosses au quart; grain grosseur naturelle.

intérieure au dos de la cosse. Malgré ce renflement considérable, il n'existe aucun vide intérieur ; la cosse est au contraire pleine et charnue à tel point que les grains ont à peine la place pour se développer, et paraissent se déformer sous l'influence de la pression qu'ils subissent. Ils sont blancs, ovoïdes-allongés, quelquefois imperceptiblement en rognon, longs de 0^{m}012 à 0^{m}013, larges et épais de 0^{m}005 à 0^{m}006. Ils présentent cette particularité à peu près unique, qu'ils ne sont pas du tout symétriques : presque toujours ils sont légèrement aplatis dans le sens transversal, et le hile, au lieu de se trouver au milieu d'une des faces les plus larges ou les plus étroites, se trouve placé de côté, obliquement, à droite ou à gauche de la ligne qui séparerait le grain en deux parties égales. Le litre pèse 800 grammes, et 100 grammes contiennent environ 325 grains. La grosseur en est très variable suivant les années.

Le *Haricot de Plainpalais*, cultivé par les maraîchers de Genève, est une sous-variété un peu plus hâtive du H. Intestin. Les cosses en sont moins charnues, mais plus nombreuses.

Le *H. white Creaseback* (SYN. : *Fat horse* or *Mobile bean*), cultivé aux États-Unis, présente aussi une très grande analogie avec le H. Intestin, mais paraît être un peu plus précoce.

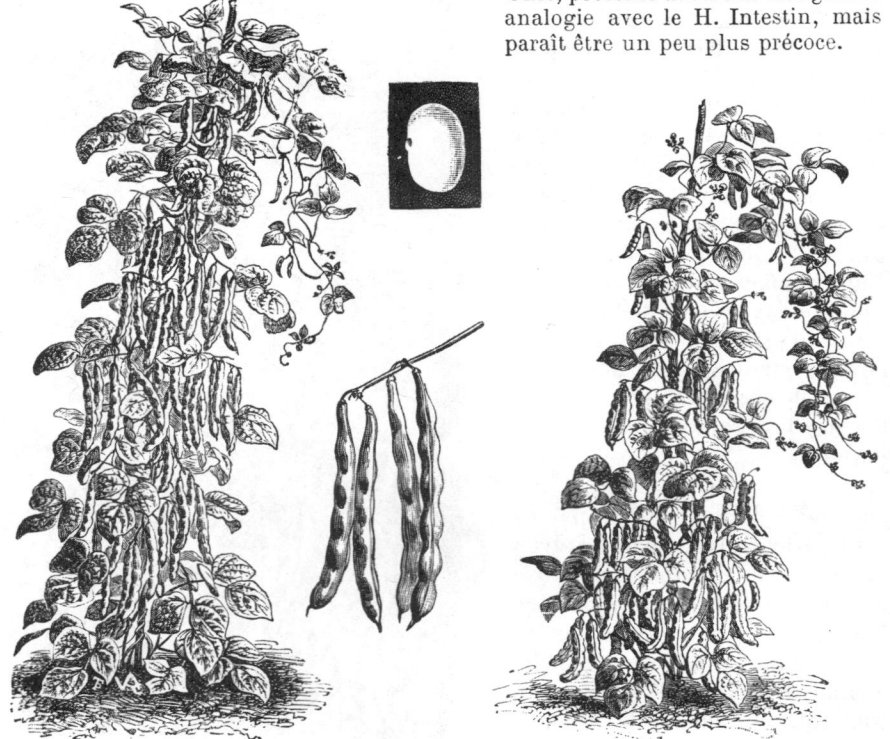

Haricot Quatre-à-quatre.
Réd. au douzième ; cosses au tiers ; grain grosseur naturelle.

Haricot Intestin.
Réd. au douzième.

HARICOT QUATRE-A-QUATRE.
NOM ÉTRANGER : ANGL. Four-to-four pole bean.

Grande plante atteignant 3 mètres de hauteur. Tige fine, vert clair, commençant à porter des cosses à peu de distance de terre ; feuillage ample, vert franc, arrondi, très cloqué et réticulé ; fleurs blanches.

Cosses longues de 0^m13, droites, épaisses, bien vertes, contenant ordinairement sept grains et le plus souvent disposées par grappes de quatre : d'où le nom donné à cette variété. Grain blanc, court, carré, assez renflé, excellent, long de 0^m012, large de 0^m008, épais de 0^m007. Le litre pèse en moyenne 810 grammes, et 100 grammes contiennent environ 330 grains.

Sans être absolument sans parchemin, ce haricot peut se consommer en vert jusqu'à ce que les cosses aient atteint les trois quarts de leur développement. La couleur blanche du grain permet d'utiliser, comme légume d'hiver, le produit qui n'a pas été récolté en vert.

Le Haricot Quatre-à-quatre est productif et relativement précoce.

HARICOT MANGETOUT DE SAINT-FIACRE BLANC.

Cette variété encore toute récente, issue du H. mangetout de Saint-Fiacre décrit ci-après, en a toutes les bonnes qualités et possède en outre l'avantage d'un grain blanc excellent, qui peut être utilisé frais ou gardé pour la consommation en sec pendant l'hiver; mais elle est toutefois de cinq à six jours plus tardive. La cosse est également un peu plus courte et les fleurs sont blanches.

HARICOT MANGETOUT DE SAINT-FIACRE.

Plante haute de 3 mètres et plus. Tige grosse, vert clair; feuilles très larges, d'un vert blond, lisses et pointues; fleurs lilas pâle.

Cosses vert clair, nombreuses, bien droites, atteignant 0^m25 de longueur sur 0^m01 d'épaisseur, absolument sans fil et sans parchemin, réunies par grappes de trois ou quatre, contenant jusqu'à huit grains, de couleur café au lait, oblongs et minces, longs de 0^m018, larges de 0^m010, épais de 0^m007. Le litre pèse en moyenne 840 grammes, et 100 grammes contiennent environ 250 grains.

Ce haricot est d'une fécondité tout à fait remarquable; il produit pendant tout l'été des cosses restant aussi tendres et aussi charnues quand elles sont à toute venue, que lorsqu'on les cueille à demi formées.

Haricot mangetout de Saint-Fiacre.
Réd. au douzième; cosses à la moitié; grain grosseur naturelle.

HARICOT MANGETOUT DE LA VALLÉE.

Tiges fortes et ramifiées, atteignant et dépassant 3 mètres; feuilles vert clair, pointues et lisses; fleurs blanches.

Cosses d'un blanc rosé, longues de 0^m20 à 0^m24, contournées, à sillon très marqué, étranglées entre les grains, qui sont au nombre de huit à dix par cosse. Ces grains sont assez analogues à ceux du H. mangetout de Saint-Fiacre ordinaire par leur couleur café au lait, mais ils sont un peu plus aplatis; leur longueur ne dépasse pas 0^m015 sur 0^m007 à 0^m008 de large, et 0^m003 à 0^m005 d'épaisseur. Le litre pèse en moyenne 790 grammes, et 100 grammes contiennent environ 250 grains.

Le H. mangetout de La Vallée se recommande surtout par sa précocité relative et son abondante production. Ses cosses, très charnues, restent tendres presque jusqu'à complète maturité.

HARICOT JAUNE D'OR A RAMES.

Plante vigoureuse, atteignant environ 2 mètres de hauteur; végétation rapide et se ralentissant de bonne heure. Fleurs lilas clair.

Cosses longues, un peu courbées, vertes et charnues, réunies par quatre, cinq ou six sur une même grappe. Grain jaune marbré ou cerclé de brun, relativement petit, droit, carré aux extrémités, dépassant rarement 0^m01 de longueur sur 0^m005 à 0^m006 de largeur et autant d'épaisseur. Le litre pèse ordinairement 770 grammes, et 100 grammes contiennent de 300 à 350 grains.

Ce haricot est un des plus précoces des haricots sans parchemin à rames, il se dessèche et perd ses feuilles au moins aussi tôt que le H. Princesse et le H. Prédome.

HARICOT A COSSE VIOLETTE.

Noms étrangers : angl. Purple podded bean, King Theodor runner kidney B.

Très vigoureuse et de haute taille, cette variété atteint et dépasse 3 mètres de hauteur; les tiges, fortes et assez grosses, sont violettes, ainsi que les pétioles des feuilles et les calices des fleurs; feuilles assez espacées, très cloquées et d'un vert sombre; fleurs violettes.

Cosses très nombreuses, droites, minces et d'un violet très foncé au début; elles pâlissent un peu en grossissant, et deviennent plus ou moins sinueuses et bosselées, mais restent toujours très pleines et charnues; elles peuvent atteindre une longueur de 0^m25 et se maintiennent relativement étroites; elles contiennent de six à huit grains. Le grain est allongé, aplati, un peu plus grand que celui du H. flageolet, à peu près de même forme et d'une couleur rosée, marbrée de lilas grisâtre. Le litre pèse en moyenne 730 grammes, et 100 grammes contiennent environ 250 grains.

Le H. à cosse violette est complètement sans parchemin; il est assez hâtif, extrêmement productif et des plus recommandables comme haricot mangetout. Ses cosses perdent à la cuisson leur teinte violette, et deviennent vertes comme celles des autres variétés.

HARICOT ZÉBRÉ GRIS.

Nom étranger : angl. Grey zebra runner-bean.

Variété déjà ancienne, obtenue par M. Perrier de La Bathie. Tige verte, très rameuse et très robuste, atteignant dans les bonnes terres une hauteur prodigieuse et exigeant des rames de première taille; feuilles très grandes et très amples; fleurs lilas.

Cosses cylindriques, de 0^m09 à 0^m15 centimètres de long, épaisses, bien pleines et très franchement sans fil ni parchemin, vertes, colorées de pourpre-brun à l'état adulte et, lorsqu'elles sont mûres, d'un blanc jaunâtre plus ou moins panaché de gris ou de noir violacé, arquées et fortement bossuées par la saillie du grain. Elles sont disposées par groupes de deux à cinq et contiennent chacune de cinq à huit grains, gris foncé, piquetés de gris plus clair et zébrés de noir, de forme ovoïde, longs de 0^m011 à 0^m012, larges de 0^m009 et épais de 0^m006. Le litre pèse en moyenne 830 grammes, et 100 grammes contiennent environ 195 grains.

Ce haricot est doué d'une vigueur et d'une fécondité telles, qu'il donne encore des produits satisfaisants dans les terres maigres et arides, là où les autres variétés échouent généralement. La cosse, charnue et très tendre, d'un goût exquis, possède plus que celle de tout autre haricot, la faculté de se fondre par la cuisson et de se prêter à la préparation des purées et potages.

C'est une variété plutôt tardive.

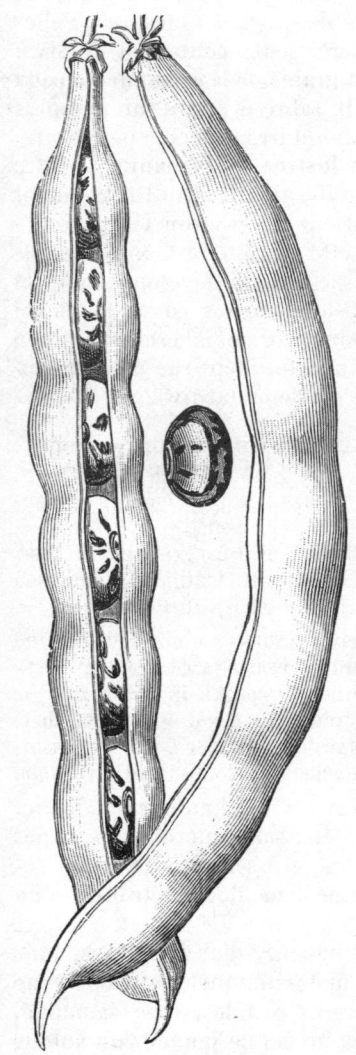

Haricot zébré gris.
Grandeur naturelle.

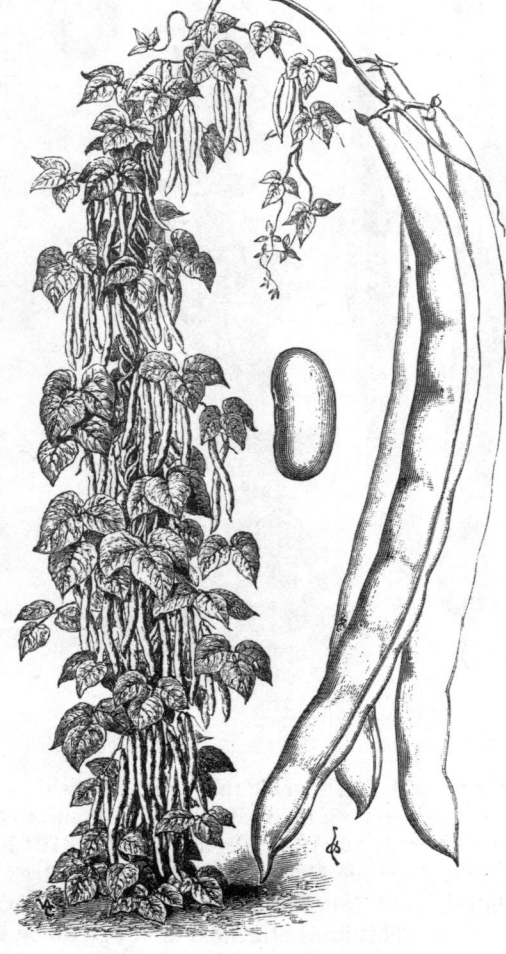

Haricot mangetout de La Vallée.
Réd. au douzième; cosses à la moitié; grain grosseur naturelle.

HARICOT SABRE NOIR SANS PARCHEMIN.

Synonyme : Haricot d'Alger Saulnier.

Noms étrangers : Angl. Edible-podded black scimitar runner-bean, Zulu pole bean.
All. Schwarze Schwert-, gelbschotige Riesen- Wachs-Bohne.

Race extrêmement distincte, qui présente des grains aplatis, en forme de rognon, avec des cosses tout à fait sans parchemin. Le H. sabre noir est une plante de grande taille, atteignant 2^{m}50, à tiges grosses, d'un vert pâle; feuilles grandes, amples, assez espacées, un peu pâles et cloquées ; fleurs lilas.

Cosses longues et larges, non arquées, mais souvent bosselées ou ondulées sur le travers, longues de 0^{m}15 à 0^{m}18 et quelquefois 0^{m}20, d'abord violacées et se décolorant à mesure qu'elles s'accroissent ; contenant de six à huit grains de la grosseur de ceux du H. sabre à rames, un peu plus bossus et irréguliers, à peau noire, très lustrée et brillante. Le litre pèse 700 grammes, et 100 grammes contiennent environ 185 grains.

Cette variété est remarquable par le grand développement et la beauté de ses cosses ; elle est productive, mais craint un peu l'humidité. L'époque de sa maturité est demi-tardive.

HARICOT DE PRAGUE MARBRÉ A RAMES.

Synonymes : Haricot boulot, H. Bannettes (Provence), H. châtaigne, H. chou, H. coco gris, H. coco rose, H. girafe, H. lentille, H. mongeon gris (Bordelais), H. Ponti.

Noms étrangers : Angl. New-Zealand runner-bean; (am.) London horticultural speckled cranberry or Wren's Egg bean. — All. Rotscheckige hohe Prager Bohne. — Asie-Mineure Khartaupe Ismit Barbonnia.

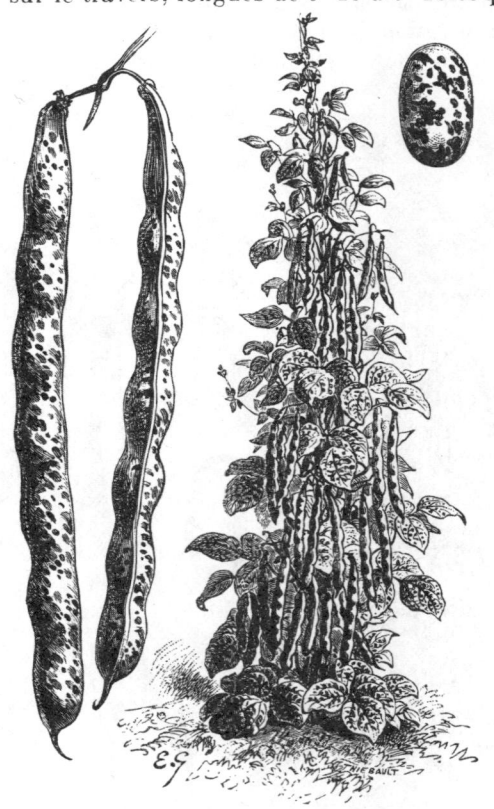

Haricot de Prague marbré à rames.
Réd. au douzième ; cosses aux 2/3 ; grain grosseur naturelle.

Variété de hauteur médiocre, ne dépassant guère 1^{m}50. Tiges vertes, grosses; feuilles inférieures grandes, un peu cloquées, les autres de grandeur médiocre, étroites, d'un vert assez foncé; fleurs lilas pâle ou blanc rosé.

Cosses larges, ne dépassant guère 0^{m}12 de longueur, d'abord vertes, puis lavées de rouge violacé sur fond blanchâtre à la maturité, quelquefois presque entièrement rouges, contenant cinq ou six grains ovoïdes, rose saumoné, tachetés, pointillés et zébrés de rouge foncé avec un cercle jaune brun autour de l'ombilic. Le litre pèse en moyenne 760 grammes, et 100 grammes contiennent environ 210 grains.

Cette variété, introduite vers le milieu du xviiie siècle, est aujourd'hui très connue et très cultivée sous le nom de *H. coco rose*. On l'emploie plus généralement en sec qu'à l'état de haricot mangetout ; il a la peau un peu épaisse, mais la chair en est très farineuse et de consistance à peu près analogue à celle de la châtaigne.

Le Haricot de Prague forme un type d'où sont sorties de nombreuses variétés et sous-variétés ; nous citerons parmi les plus intéressantes :

Le *Haricot de Prague blanc*, le *H. de Prague rouge*, et le *H. de Prague bicolore* (*H. Janus*) à grain mi-parti blanc et rouge, qui ne diffèrent du H. de Prague marbré que par la couleur de leur grain.

On doit rapprocher des Haricots de Prague la variété appelée *H. coco blanc impérial d'Autriche* ou *H. Bossin*. C'est une grande race de H. de Prague, productive et un peu tardive, dont le grain, presque rond et blanc, est marqué autour de l'ombilic d'une tache noire rappelant, comme celle du H. Saint-Esprit, la figure d'un aigle aux ailes déployées.

Il faut encore ranger dans les Haricots de Prague le *H. bicolore d'Italie*, variété à rames très productive et excellente à manger en grains.

Il en existe une sous-variété dont la cosse prend, immédiatement avant la maturité, une couleur rouge unie extrêmement vive, ce qui donne à la plante un caractère tout à fait ornemental. — Dans les deux races, le grain est arrondi, légèrement ovoïde, et mi-parti blanc et chamois très pâle.

Le *Mammoth podded horticultural pole B.* (syn. : *Worcester Mammoth, Hampden, Mugwump, Carmine podded pole B.*), cultivé en Amérique, n'est qu'une sous-variété du H. de Prague marbré, à cosses plus longues, plus fortes et à grain plus gros.

HARICOT COCO BICOLORE PROLIFIQUE.

Synonymes : Haricot Pape, H. Quartier de lune (Champagne).

Grain longuement ovale, mesurant de 0^m012 à 0^m015 de longueur sur environ 0^m006 à 0^m008 de largeur et presque autant d'épaisseur. La partie du grain opposée à l'ombilic est complètement blanche. L'ombilic lui-même est cerclé de jaune foncé et entouré, sur une étendue équivalente au tiers environ de la surface totale du grain, de panachures semblables à celles du H. de Prague marbré. Le litre pèse en moyenne 810 grammes, et 100 grammes contiennent environ 180 grains.

C'est une variété précoce, rustique et très productive.

HARICOT COCO BLANC.

Synonymes : Haricot mongeon blanc, H. Sophie, H. gros Sophie.

Tige verte, haute de 2 mètres environ ; feuilles moyennes, raides, passablement longues et pointues, d'un vert assez foncé et un peu terne, légèrement cloquées ; fleurs blanches.

Cosses de longueur moyenne, assez larges, vertes, contenant cinq ou six grains blancs, ovoïdes, souvent plus gros à une extrémité qu'à l'autre, de 0^m012 de longueur, 0^m010 de largeur et 0^m008 d'épaisseur. Le litre pèse d'ordinaire 830 grammes, et 100 grammes contiennent environ 190 grains.

Bien qu'il puisse être employé comme mangetout, surtout si l'on cueille les cosses un peu jeunes, ce haricot est surtout recherché en grain sec.

Le *H. Lazy wife pole bean*, ancienne race très estimée et cultivée en grand aux États-Unis, est regardé comme n'étant qu'une sous-variété de celui-ci ; il s'en distingue par la longueur et la largeur un peu plus grande de sa cosse.

HARICOT PRÉDOME A RAMES.

Synonymes : Haricot Prudhomme, H. Prodommet, H. l'ami des cuisiniers, H. pain-de-sucre, Pois anglais à rames.

Tige de 1ᵐ50 environ de hauteur, verte, assez grosse et contournée ; feuilles arrondies, cloquées, d'un vert assez foncé ; fleurs blanches passant au jaune.

Cosses vertes, très nombreuses, droites, charnues, très tendres et très marquées par la saillie des grains, de $0^m 07$ à $0^m 09$ de longueur, contenant six ou sept grains blancs, presque ronds, souvent aplatis et obtus aux extrémités, très blancs, de $0^m 008$ à $0^m 010$ de long, $0^m 006$ de large et $0^m 005$ d'épaisseur. Le litre pèse 820 grammes, et 100 grammes contiennent environ 470 grains.

Cette variété est peut-être la plus franchement dépourvue de parchemin de tous les haricots à rames ; le grain est, en outre, de très bonne qualité. Il s'ensuit qu'elle constitue un légume excellent non seulement pendant que les cosses sont encore vertes et le grain à demi-grosseur, mais même quand le grain est complètement formé et approche de la maturité. Les cosses sont dépourvues de fils, de sorte qu'on peut les faire cuire telles qu'on les cueille.

Le H. Prédome est une des meilleures de toutes les variétés sans parchemin ; la culture en est très répandue en France, surtout en Normandie, où il en existe deux ou trois formes qui diffèrent légèrement les unes des autres par les dimensions de la cosse et du grain. La maturité en est demi-tardive.

Le *Haricot Friolet* et le *Haricot petit carré de Caen* sont plutôt des races locales que des sous-variétés distinctes, par aucun caractère bien fixe, du H. Prédome ordinaire. Le Friolet est ordinairement considéré comme ayant le grain un peu plus petit, mais ce caractère n'est pas parfaitement constant.

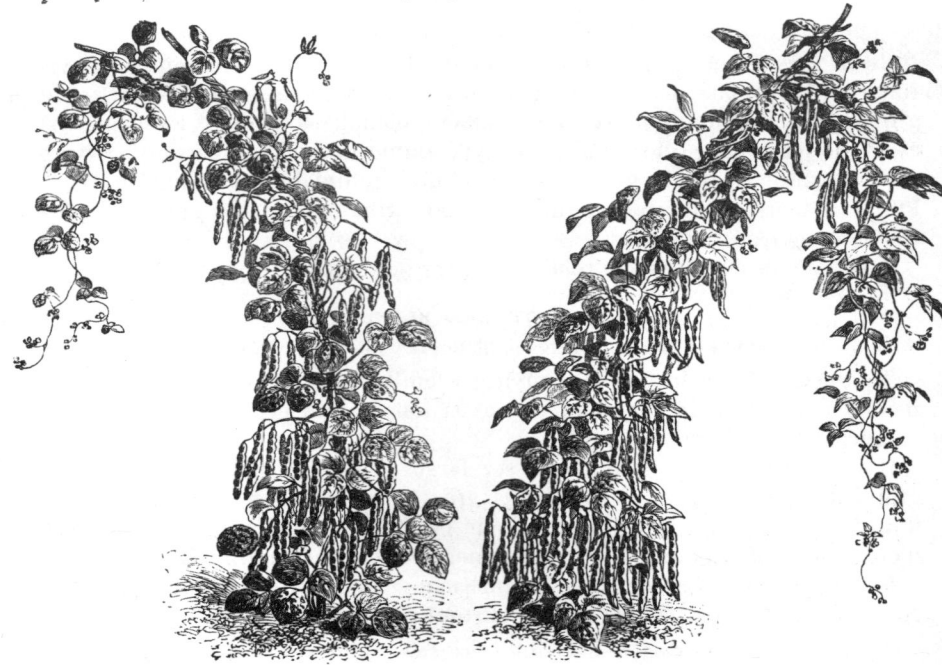

Haricot Prédome à rames.
Réd. au douzième.

Haricot Princesse à rames.
Réd. au douzième.

HARICOT PRINCESSE A RAMES.

SYNONYMES : Haricot mangetout riz à rames, H. à la reine (Manche), Pois sans filets, Pois de sucre à rames, Pois anglais à rames.

Tige verte, grosse, tordue, haute de 2 mètres et parfois davantage ; feuillage arrondi, de grandeur moyenne, cloqué, d'un vert foncé ; fleurs blanches.

Cosses vertes, très nombreuses, surtout dans le bas des tiges, où elles forment de véritables paquets, droites, vertes, fortement renflées à la place des grains et devenant jaunes à la maturité, longues de 0^m10 à 0^m12, contenant rarement plus de huit grains. Grain blanc, légèrement ovoïde, presque semblable à celui du H. Prédome, à cela près qu'il n'est, pour ainsi dire, jamais carré aux extrémités. Le litre pèse 840 grammes, et 100 grammes contiennent environ 360 grains.

Le H. Princesse est une très bonne variété, rustique, extrêmement productive et en outre assez précoce. Elle est surtout répandue en Flandre, en Belgique et en Hollande. Ainsi que nous l'avons déjà dit, elle présente de grandes analogies avec le H. Prédome : mais l'espacement plus grand de ses grains dans les cosses suffit à l'en distinguer, ainsi que sa taille, d'un tiers plus haute. Quand le H. Princesse est bien franc, ses grains, ne se touchant pas dans les cosses, conservent par suite leur forme ovoïde un peu allongée, tandis que dans le H. Prédome ils s'aplatissent l'un contre l'autre et deviennent carrés du bout.

Il en existe une sous-variété à grains plus espacés et à cosses plus longues, connue sous le nom de *Haricot Princesse à longue cosse;* elle est aussi hâtive et aussi productive que la race ordinaire.

Le *Haricot de Coulomby* est une variété vigoureuse mais un peu plus tardive, du H. Princesse à rames.

Parmi les variétés presque innombrables de haricots sans parchemin à rames, nous pouvons mentionner encore les suivantes, comme les plus dignes d'intérêt :

H. beurre géant du Japon. — Grande plante à longues et larges cosses d'un jaune pâle, ressemblant un peu à celles du H. sabre noir sans parchemin, mais en différant par son grain, qui est plus petit et couleur de café brûlé.

H. beurre ivoire. — Variété à grains ovoïdes, violet rougeâtre, à cosses charnues et très blanches. Introduit, ou du moins propagé, par M. Perrier de La Bathie.

H. beurre panaché à rames (SYN. : *H. beurre Trinte*). — Variété ornementale assez productive; ses cosses jaunes sont panachées de rouge vif; feuillage doré.

H. beurre Saint-Joseph. — Cette variété forme assez exactement la transition entre les haricots de Prague et les haricots beurre proprement dits. Les cosses en sont droites ou très légèrement arquées, striées de rouge sur fond jaune beurre. Le grain est indifféremment marbré de violet sur fond rose ou de rose sur fond violet. C'est une plante ne dépassant guère 1^m20 de hauteur, hâtive et assez productive.

H. cerise du Japon. — Variété très distincte, introduite par M. Pailleux. Cosses très nombreuses, très courtes, dépassant rarement 0^m05 ou 0^m06 de longueur et renfermant quatre à six grains ovoïdes, d'un rouge lie de vin uni, à ombilic blanc.

H. de Bulgarie. — Variété tardive mais vigoureuse, à cosses veinées de violet ; grain long, plat, grisâtre marbré de violet.

H. impérial. — Ne diffère du H. beurre blanc à rames que par la couleur de ses tiges et de ses cosses, qui sont vertes au lieu d'être d'un jaune de beurre.

H. jaune à rames ou *H. jaune des Dunes.* — De taille moyenne, productif et assez précoce. Grain jaune, presque cylindrique, rappelant celui du H. jaune cent-pour-un. Cosses droites, très charnues et tendres, de 0^m10 à 0^m12 de longueur.

H. Lafayette. — Grande variété un peu tardive et pas très franchement sans parchemin ; fleurs blanches. Cosses vert pâle, devenant jaunes à la maturité, et contenant de six à huit grains de couleur chamois jaspée de brun clair et nuancée de brun rougeâtre autour de l'ombilic.

H. nankin de Genève sans parchemin. — Grande plante hâtive, portant des cosses extrêmement nombreuses, réunies par grappes de quatre, cinq et jusqu'à huit sur un même support. Grain en rognon aplati, jaune nankin pâle.

H. olive sans parchemin ou *H. asperge* (AM. : *Asparagus bean, Yard long pole B.*). Très grande plante, s'élevant au moins à 3 mètres ; feuilles très espacées, très amples. Cosses presque cylindriques, extrêmement longues et minces, dépassant quelquefois 0ᵐ30. Grain très long, presque cylindrique, mais aminci aux deux bouts, de couleur chamois. Cette variété est tardive et demande un climat chaud.

H. Prédome rose à rames, ou *H. mangetout Bresson*. — Plante de hauteur moyenne, ne dépassant guère 1ᵐ50, mais ramifiée et touffue ; fleurs roses. Cosses extrêmement nombreuses, naissant à profusion depuis la base jusqu'au sommet des tiges, mais ne dépassant guère 0ᵐ06 à 0ᵐ08 de longueur, et contenant de quatre à six grains petits, presque ronds, d'un rose saumoné.

H. Reine de France (SYN. : *H. mère de famille*). — Ressemble beaucoup au H. sabre noir sans parchemin, sauf par son grain, qui est de couleur café au lait striée de lignes noires parallèles au contour du grain.

H. de la Val d'Isère. — Plante très vigoureuse, tardive, extrêmement feuillue, se chargeant, à l'arrière-saison, de cosses vertes fortement arquées, charnues et bien pleines. Grain noir, ovoïde.

H. de Villetaneuse. — Autrefois très cultivée aux environs de Paris, cette variété a été remplacée par les haricots beurre à rames. Elle était productive, un peu tardive, et donnait d'assez longues cosses tendres et épaisses, contenant cinq ou six grains aplatis, presque carrés, de couleur café au lait marbrée de brun.

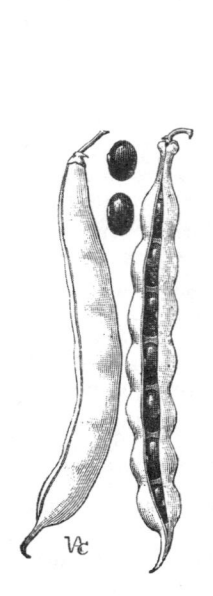

H. beurre ivoire.
Demi-grandeur naturelle.

H. cerise du Japon (Réd. au douzième).

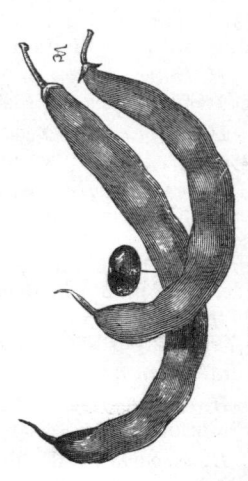

H. de la Val d'Isère.
(Demi-grandeur naturelle.

II. — *Variétés naines.*

HARICOT BEURRE BLANC NAIN.

Nom étranger : Angl. (Am.) Dwarf white-seeded wax bean. — All. Weisse niedrige gelbschotige Wachs-Bohne.

Très bonne variété, mais un peu délicate, formant des touffes basses, un peu larges, parfois affaissées sur terre et dont les feuilles deviennent d'autant plus pâles et plus petites, qu'elles sont situées plus près du sommet des tiges; fleurs blanches.

Cosses presque transparentes, d'un blanc de cire, longues d'environ 0^{m}10, contenant cinq ou six grains courts, ovoïdes, d'un blanc de crème, quelquefois légèrement ridés. Le grain est excellent à l'état sec. Un litre pèse en moyenne 740 grammes, et 100 grammes contiennent environ 250 grains.

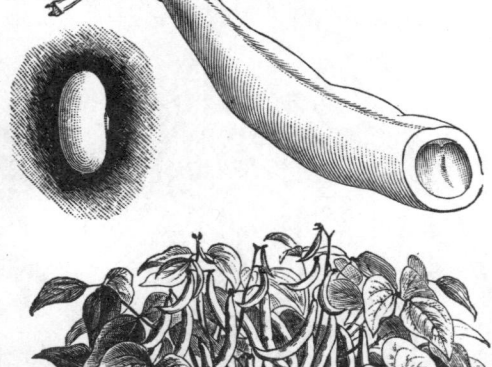

Haricot beurre nain très hâtif.
Réd. au huitième.

Haricot nain Roi des beurres.
Réd. au huitième.

HARICOT NAIN ROI DES BEURRES.

Nom étranger : Angl. King of the wax bean.

Plante naine, de 0^{m}30 de haut, touffue, d'un port ferme et rigide. Tige vert clair, très ramifiée; feuillage vert franc, un peu réticulé.

Cosses nombreuses, très épaisses relativement à leur longueur, qui n'excède pas 0^{m}12, recourbées en serpette, d'un jaune vif tout à fait caractéristique; elles contiennent le plus souvent cinq grains, blancs, oblongs, à écorce fine, longs de 0^{m}014, larges de 0^{m}008, épais de 0^{m}006. Le litre pèse 790 grammes, et 100 grammes contiennent environ 260 grains.

Cette variété très distincte se fait remarquer par sa production plus abondante et plus soutenue que dans aucune autre race de haricot beurre. Son grain est très tendre et fait un bon légume sec.

HARICOT BEURRE NAIN TRÈS HATIF.

Synonyme : Haricot beurre nain Plein-le-panier.

Variété bien régulièrement naine, et, comme son nom l'indique, très hâtive; tiges courtes; feuillage ample et pointu, réticulé, d'un vert blond. — Belles cosses très nombreuses, jaunes, longues et bien franchement sans parchemin;

grain petit, court, de couleur chamoisée, se rapprochant beaucoup de celui du H. beurre nain de Digoin, long de 0^m010 à 0^m012, large de 0^m005, épais de 0^m004 à 0^m005. Le litre pèse en moyenne 760 grammes, et 100 grammes contiennent environ 330 grains.

Le H. beurre nain très hâtif est une intéressante variété d'origine lyonnaise dont l'introduction dans les cultures est encore toute récente ; grâce à sa taille réduite et à sa grande précocité, elle se prête admirablement à la culture forcée tout en convenant aussi très bien pour la production en pleine terre.

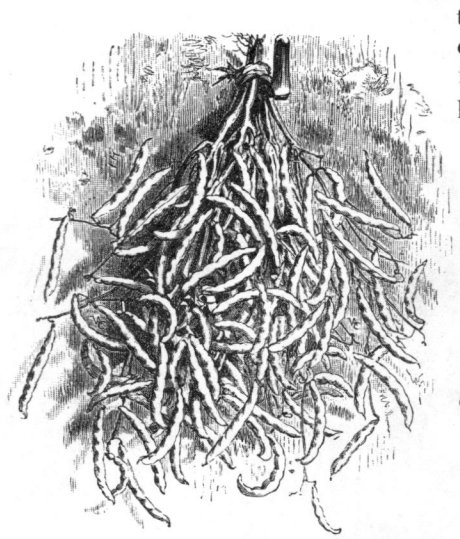

Haricot beurre doré nain.
Réd. au huitième.

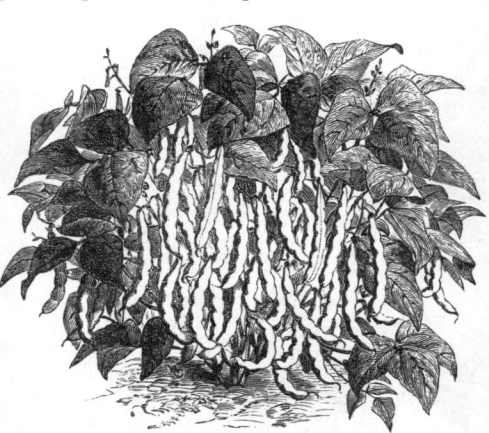

Haricot beurre nain de Digoin.
Réd. au huitième.

HARICOT BEURRE DORÉ NAIN.

SYNONYMES : H. nain beurre doré sans pareil, H. beurre nain du Marché.

NOM ÉTRANGER : ANGL. Dwarf golden wax bean.

Variété hâtive et productive. Plante trapue, très naine, n'excédant pas 0^m35 ; feuillage vert clair, pointu et lisse. — Cosses très blanches, grosses, rondes, ne dépassant pas 0^m12 de longueur, légèrement recourbées, réunies par deux. Les grains, au nombre de cinq ou six par cosse, sont ovales, d'un beau jaune vif, longs de 0^m012, larges de 0^m008, épais de 0^m007. Le litre pèse en moyenne 790 grammes, et 100 grammes contiennent environ 300 grains.

Ce petit haricot a une tendance à émettre des tiges de 0^m50, dégarnies de feuilles, mais portant des cosses à leur extrémité. A cause de sa précocité et de l'espace réduit qu'il occupe, il convient admirablement à la culture forcée, ce qui ne l'empêche pas de donner aussi d'excellents résultats en pleine terre.

HARICOT BEURRE NAIN DE DIGOIN.

Race très hâtive et très naine, ne dépassant pas 0^m25. Tige forte, ramifiée, teintée de rose ; feuillage vert franc, pointu, s'éteignant de bonne heure.

Cosses nombreuses, charnues, épaisses, longues de 0^m11 au plus, d'un beau jaune beurre, complètement sans parchemin et contenant environ cinq grains de couleur chamois uni, longs de 0^m012, larges de 0^m008, épais de 0^m007. Le litre pèse 750 grammes, et 100 grammes contiennent environ 340 grains.

HARICOT BEURRE NAIN DU MONT-D'OR.

SYNONYME : Haricot beurre nain de tous les jours.

Race productive et très précoce. Tige de 0^{m}30 à 0^{m}40, ramifiée ; feuillage ample, rude, très uni, d'un vert foncé, caractérisé par la forme très variable de la foliole terminale, tantôt longue et pointue, tantôt presque ronde et complètement obtuse ; fleurs lilas ou violet pâle.

Cosses très nombreuses, longues de 0^{m}09 à 0^{m}12, bien pleines, jaune pâle. Grain petit, rond, d'un roux très foncé, tournant au noir. Le litre pèse en moyenne 700 grammes, et 100 grammes contiennent environ 210 grains.

Haricot beurre nain du Mont-d'Or.
Réd. au huitième.

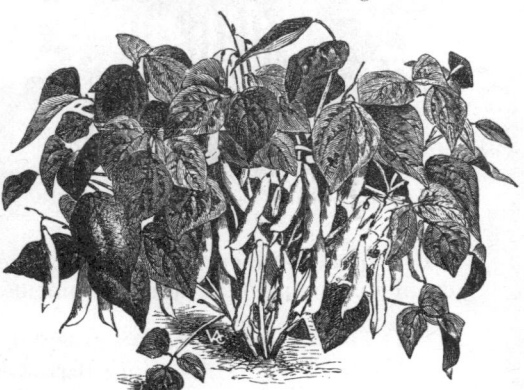

Haricot d'Alger noir nain.
Réd. au huitième.

HARICOT D'ALGER NOIR NAIN.

SYNONYME : Haricot beurre noir nain.

NOMS ÉTR.: ANGL. Algerian dwarf black-seeded wax bean, Dwarf black-seeded butter B. — ALL. Neger von Algier niedrige gelbschotige Wachs-Bohne.

Race franchement naine du H. d'Alger noir ou beurre à rames. Feuillage assez ample, à pétioles jaunâtres variant, sur le même pied, du vert foncé au vert clair ; fleurs lilas.

Cosses très charnues, d'un jaune de beurre. Grain noir, ovoïde, un peu moins gros que celui de la variété à rames. Le litre pèse en moyenne 730 grammes, et 100 grammes contiennent environ 250 grains.

Ce haricot est hâtif, assez productif et d'une qualité excellente. C'est un des plus généralement cultivés et des plus estimés parmi les nombreux haricots nains sans parchemin.

Il présente une particularité précieuse : c'est que les cosses, en séchant, se recourbent, se recroquevillent pour ainsi dire, et de cette façon s'éloignent du contact du sol, qui les exposerait à pourrir assez aisément dans les années tant soit peu humides.

Le *Black wax bean* est un haricot beurre nain à feuillage vert grisâtre très pâle, assez hâtif ; grain noir. Il se rapproche du H. d'Alger noir nain à tel point qu'on pourrait le considérer comme identique.

Le *Prolific German wax bean*, cultivé aux États-Unis, ne diffère guère non plus du H. d'Alger noir nain, que par ses cosses qui sont un peu plus longues, plus courbées et légèrement plus renflées.

HARICOT BEURRE NOIR NAIN A LONGUE COSSE.

SYNONYME : H. d'Alger noir nain à longue cosse.

Cette race paraît être une sous-variété de la précédente, mais elle en diffère très nettement par sa cosse plus longue et aussi par la forme du grain, qui, au lieu d'être ovoïde, devient presque cylindrique et mesure jusqu'à $0^m 016$ de long, avec une grosseur et une épaisseur de $0^m 007$ à $0^m 008$.

La cosse est très franchement sans parchemin ; elle est plus effilée, moins charnue que celle de la variété précédente.

Le litre pèse en moyenne 800 grammes, et 100 grammes contiennent environ 240 grains.

Haricot beurre noir nain à longue cosse.
Réd. au huitième.

Ce haricot est bien répandu et estimé aux environs de Paris ; il se cultive en plein champ pour l'approvisionnement du marché.

HARICOT NAIN BLANC HATIF SANS PARCHEMIN.

SYNONYME : Haricot cent-pour-un blanc.

NOM ÉTRANGER : ANGL. Dwarf white early stringless bean.

Tige ramifiée, atteignant jusqu'à $0^m 50$ de hauteur ; feuilles moyennes, nombreuses, assez cloquées ; fleurs blanches. — Cosses longues de $0^m 15$, plates, très grosses et très charnues, presque toujours courbées, contenant cinq ou six grains blancs, aplatis, assez échancrés en rognon, quelquefois un peu carrés à l'extrémité, variant de $0^m 012$ à $0^m 016$ de longueur, sur $0^m 006$ à $0^m 007$ de largeur et environ $0^m 004$ d'épaisseur. Le litre pèse 810 grammes en moyenne, et 100 grammes contiennent environ 290 grains.

Cette variété se prête assez bien à la grande culture : elle est productive et suffisamment précoce ; cependant les grains ont une tendance à se tacher facilement par les automnes froids ou humides.

Haricot nain blanc Unique (Réd. au huitième).

HARICOT NAIN BLANC UNIQUE.

Tige assez haute et vigoureuse, passablement ramifiée ; feuilles d'un vert assez foncé, grandes, cloquées et de forme arrondie ; fleurs blanches, grandes. — Cosses nombreuses, droites, longues de $0^m 12$ à $0^m 15$, contenant cinq ou six grains, longs, blancs, très renflés, droits ou un peu courbés et à peu près aussi épais que larges. Le litre pèse en moyenne 820 grammes, et 100 grammes contiennent environ 200 grains.

Cette variété est une des plus recommandables parmi les haricots nains sans parchemin. Le grain sec est excellent. C'est toujours un grand mérite pour un haricot que d'avoir, comme celui-ci, le grain bien blanc, cette couleur étant généralement préférée pour la consommation en sec.

HARICOT NAIN BLANC QUARANTAIN.

SYNONYMES : Haricot gourmand de Toulouse, H. gourmand nain.

Plante moyenne, à tiges ramifiées, formant une touffe assez compacte ; feuillage moyen, raide, presque triangulaire, allongé et pointu, d'un vert foncé lustré ; fleurs blanches.

Cosses larges, plates, de 0^m10 à 0^m12 de longueur. Le litre pèse en moyenne 830 grammes, et 100 grammes contiennent environ 270 grains.

C'est une variété rustique, hâtive, passablement productive, mais qui a le défaut d'être un peu difficile à conserver parfaitement naine.

Le *Haricot mangetout nain hâtif à cosse blanche* diffère peu du H. nain blanc quarantain, il a la cosse d'un vert pâle devenant souvent blanc verdâtre.

HARICOT NAIN MANGETOUT EXTRA-HATIF.

NOM ÉTRANGER : ANGL. Dwarf extra early wax bean.

Plante très naine, extrêmement précoce, devançant, sous le rapport de la formation et de la maturité des cosses, toutes les autres variétés de haricot sans parchemin. Ses caractères de végétation se rapprochent assez de ceux du H. d'Alger noir nain; il a cependant les cosses un peu moins charnues et moins jaunes. Grain blanc, oblong, mesurant 0^m010 à 0^m012 de longueur, sur environ 0^m005 de largeur et autant d'épaisseur. Il est très joli, très régulier et d'un beau blanc mat; 100 grammes contiennent environ 300 grains, et le litre pèse ordinairement 860 grammes.

Le mérite capital de cette jolie variété, c'est son extrême précocité qui permet d'obtenir des cosses à point pour la consommation, près de huit jours plus tôt qu'avec aucune des variétés précédemment connues.

HARICOT NAIN LYONNAIS A GRAIN BLANC.

Sélection à grain blanc de la variété suivante, et présentant par ailleurs les mêmes caractères et les mêmes qualités.

Les cosses atteignent couramment 0^m16 de longueur et renferment six ou sept grains, droits, minces, légèrement aplatis, longs de 0^m015, larges de 0^m007, épais de 0^m005. Le litre pèse en moyenne 760 grammes, et 100 grammes contiennent environ 325 grains.

HARICOT NAIN LYONNAIS A TRÈS LONGUE COSSE.

SYNONYMES : Haricot de Barbentane, H. jaune de Rilleux, H. Merveille de Bretigny,
H. nain jaune d'Ampuis, H. petite princesse, H. Richelieu.

Plante franchement naine, atteignant 0^m35 à 0^m40 de hauteur; tiges fortes et ramifiées; feuilles grandes, amples et légèrement cloquées; fleurs lilas.

Cosses très longues, très charnues, presque aussi pleines que celles du H. Intestin, mais beaucoup plus allongées et plus pointues, fréquemment recourbées en hameçon. Grain long, droit, mince, légèrement aplati, de couleur chamois foncé, ou brun clair. Le litre pèse en moyenne 800 grammes, et 100 grammes contiennent environ 270 grains.

Le Haricot nain Lyonnais est une excellente variété, très productive et donnant des cosses d'une beauté et d'une qualité exceptionnelles. Originaire des environs de Lyon, il jouit maintenant d'une faveur générale.

Le *Haricot nain gris de Crépieux*, issu du H. nain Lyonnais, s'en distingue par le coloris de son grain jaune-brun foncé marbré de jaune clair.

Haricot nain Lyonnais à très longue cosse.
Réd. au huitième.

Haricot du Bon Jardinier.
Réd. au huitième.

HARICOT DU BON JARDINIER.

Nom étranger : angl. Good gardener's bean.

Plante trapue, très naine, à tiges courtes et ramifiées ; feuilles d'un vert foncé, assez petites et finement cloquées ; fleurs lilas rosé.

Cosses moyennes, pas très longues, de la grosseur du petit doigt, vert foncé et complètement sans parchemin. Le grain jaune, cylindrique, carré ou obtus aux deux extrémités, ressemble absolument à celui du H. jaune cent-pour-un, dont le H. du Bon jardinier rappelle du reste de très près tous les caractères de végétation, avec l'avantage d'être complètement sans parchemin. Le litre pèse en moyenne 855 grammes, et 100 grammes contiennent environ 430 grains.

HARICOT ÉMILE.

Plante extrêmement naine et d'une précocité remarquable. La hauteur de la tige ne dépasse guère 0^m20 à 0^m25 ; feuilles moyennes, d'un vert assez foncé, un peu cloquées ; fleurs blanches ou lilas très pâle.

Cosses un peu courbées, de 0^m10 à 0^m12 de longueur, très charnues, vertes avant la maturité et ne devenant jamais blanches ni jaunes ; contenant cinq à sept grains oblongs, de couleur violette marbrée de gris clair, longs d'environ 0^m012, larges et épais de 0^m007 ou 0^m008. Le litre pèse ordinairement 790 grammes, et 100 grammes contiennent environ 210 grains.

Cette variété, très naine et une des plus précoces parmi les haricots mangetout, se recommande particulièrement pour la culture forcée.

HARICOT NAIN A COSSE VIOLETTE.

Ce curieux haricot se fait remarquer par la teinte très foncée, presque noire de toutes ses parties; les tiges, en effet, en sont violet foncé, les feuilles teintées de violet, surtout à l'arrière-saison, et les cosses tellement colorées qu'elles paraissent presque noires. Comme celles du H. à rames à cosse violette, elles perdent cette teinte par la cuisson et redeviennent vertes. Grain gris rosé oblong, un peu aplati, pesant 775 grammes au litre; 100 grammes en contiennent environ 300.

Plante vigoureuse, donnant des cosses très charnues et très tendres, et surtout ne ressemblant à aucune autre variété.

Haricot nain à cosse violette.
Réd. au huitième.

HARICOT PRÉDOME NAIN.

SYNONYMES : Haricot petit carré de Caen nain, Pois anglais de Caen.

La cosse et le grain sont les mêmes dans cette variété que dans le Haricot Prédome à rames, mais la production est moins abondante, sans que ce défaut soit racheté par aucune grande qualité. Le litre pèse ordinairement 830 grammes, et 100 grammes contiennent environ 560 grains.

Le H. Prédome ordinaire ne demande pas des rames bien hautes; par conséquent, l'obtention d'une forme naine ne constitue pas ici un bien grand progrès.

HARICOT NAIN PROLIFIQUE SANS PARCHEMIN.

SYNONYMES : Haricot prolifique Samarond, H. Baraquet (Provence).

Plante véritablement naine, très touffue et très ramifiée; feuilles plutôt petites que grandes, assez étroites, nombreuses, d'un vert gai; fleurs blanches ou rosées. — Cosses extrêmement nombreuses, assez courtes, presque cylindriques, bien vertes et renfermant quatre à six grains, petits, blancs, oblongs, ressemblant, quoiqu'un peu plus longs, à ceux du Haricot riz. Le litre pèse en moyenne 860 grammes, et 100 grammes contiennent environ 490 grains.

Le Haricot nain prolifique sans parchemin est une bonne race de demi-saison, rustique, vigoureuse et à production soutenue.

HARICOT DE PRAGUE MARBRÉ NAIN.

SYNONYMES: Haricot Baudin, H. boulot nain, H. girafe nain (Région parisienne).

NOMS ÉTR. : AM. Dwarf horticultural bean, Early carmine dwarf horticultural B., Dwarf speckled cranberry B. — ALL. Rotscheckige niedrige Prager Zucker-Bohne.

Plante bien naine, ramassée, médiocrement productive; feuillage assez ample, d'un vert grisâtre; fleurs lilas. — Cosses vertes, droites ou faiblement courbées, abondamment flagellées de rouge, contenant quatre ou cinq grains semblables à ceux du H. de Prague marbré ordinaire, mais un peu plus petits.

Le litre pèse 810 grammes, et 100 grammes contiennent environ 230 grains.

HARICOT JAUNE DU CANADA.

Noms étrangers : angl. Dwarf yellow Canadian B. — all. Canada Zucker-Bohne, Braungelbe Canadische frühe Brech-Bohne.

Très bonne variété, rustique et productive, mais un peu tardive, convenant bien à la culture maraîchère en plein champ. Tiges assez vigoureuses, ramifiées, s'élevant à environ 0m50, très garnies de feuilles moyennes, planes, d'un vert franc ; fleurs lilas.

Très abondantes cosses vertes, devenant jaunes en approchant de la maturité, et contenant habituellement cinq grains ovoïdes, un peu plus petits que ceux d'un Haricot de Prague et d'une couleur jaune foncé, passant au brun autour de l'ombilic. Le litre pèse en moyenne 815 grammes, et 100 grammes contiennent environ 260 grains.

Le grain sec est assez estimé. La cosse, pour être bien tendre, doit être prise avant son complet développement.

Assez voisin du H. jaune de la Chine, il s'en distingue par la couleur plus foncée de son grain, comme aussi par son feuillage plus ample, moins touffu, passablement cloqué et d'un vert plus foncé.

Haricot jaune du Canada.
Réd. au huitième.

Haricot jaune de la Chine.
Réd. au huitième.

HARICOT JAUNE DE LA CHINE.

Synonymes : Haricot pois, H. jaune de Guicherat (Bordelais).

Noms étrangers : angl. Yellow China *or* Robin's Egg bean. — all. Erzherzogsbohne, Schwefelgelbe Chinesische Brech-Bohne.

Plante assez ramifiée; tige d'environ 0m40 de haut, formant une touffe d'aspect léger; feuilles moyennes, d'un vert gai, celles du sommet petites et longuement pétiolées; fleurs blanches.

Cosses vertes, jaunissant à la maturité, contenant cinq ou six grains ovoïdes, jaune-soufre, avec un cercle bleuâtre plus ou moins marqué à l'entour de l'ombilic. Le litre pèse ordinairement 825 grammes, et 100 grammes contiennent environ 300 grains.

Le H. jaune de la Chine est un des plus répandus dans les diverses parties du monde; on le retrouve presque partout, aux colonies et en Amérique, avec le même nom et les mêmes caractères.

Il existe encore un grand nombre d'autres haricots nains sans parchemin ; nous mentionnerons seulement les suivants :

H. beurre panaché à cosse blanche. — C'est le grain qui est panaché ; il est droit, presque cylindrique et blanc de crème, avec des taches et marbrures lie de vin ou violet rougeâtre. Variété de petite taille et un peu délicate.
La race américaine *Early Valentine* peut être considérée comme lui étant tout à fait identique.

H. de Chine bicolore (AM. *Early China* or *China red eye dwarf bean*). — Cette race ne paraît être nulle part l'objet d'une culture très étendue, et cependant elle est connue dans tous les pays. Plante assez forte, bien ramifiée, à fleurs blanches. Cosses moyennes, assez franchement sans parchemin, blanchissant à la maturité et contenant cinq ou six grains droits, cylindriques, souvent carrés aux extrémités, fortement panachés de rouge autour de l'ombilic et sur la moitié du grain, complètement blancs du côté opposé. Cette variété est assez productive et très précoce.

H. jaune hâtif de Fleuriel. — Sous-variété un peu plus hâtive du H. du Canada.

H. nain blanc de la Malmaison. — Productif, de moyenne saison, à belles gousses renflées, charnues, ordinairement droites. Grain assez long, ovale, blanc.

H. nain d'Aix. — Variété à grain petit, arrondi, blanc rosé. Cosses jaunes, un peu courtes, mais très franchement sans parchemin.

H. Prédome nain rose (SYN.: *H. Miottain* (Belfort). — Plante naine, très ramifiée ; cosses nombreuses, courtes, droites, vertes ; grain rose, ovoïde.

H. Princesse nain (SYN.: *H. nain mangetout du Transvaal*). — Petite race tardive, peu vigoureuse, très sujette aux maladies ; petit grain blanc, rond.

On cultive en Hollande, sous le nom de *H. Princesse à gros grain*, une variété bien distincte du précédent, et dont le grain se rapproche plutôt du H. coco blanc.

Nous citerons en outre quelques variétés d'origine américaine, des plus en faveur aux États-Unis :

Crystal wax white bean. — Nain, mais filant habituellement ; à cosse courte blanche, presque transparente et à grain blanc, oblong.

Detroit wax bean. — Très voisin de la variété suivante ; son grain, également blanc, est seulement taché de gris autour du hile.

Golden-eyed wax bean. — Haricot très hâtif, à cosses bien jaunes, larges, abondantes ; grain blanc, court, fortement taché de jaune d'or à l'ombilic.

Golden wax bean. — Joli haricot fertile, hâtif, à cosse sans parchemin, jaune pâle. Grain blanc, partiellement marbré de rouge foncé, à peu près comme celui du H. de Chine bicolore. C'est une bonne race.

Rachel dwarf bean. — Plante bien naine, productive, à cosses grosses, renflées ; grain oblong, chamois, marqué d'une tache blanche à l'une des extrémités.

Improved early red Valentine bean (*H. Valentine amélioré*). — Bon haricot d'été, surtout pour cueillir en vert ; cosses bien charnues ; grain ressemblant à celui du H. suisse sang-de-bœuf.

Valentine wax bean. — Sous-variété à cosses jaunes de la variété précédente.

Wardwell's Kidney wax bean. — Haricot nain sans parchemin, assez hâtif, à cosses longues, jaunes, légèrement courbées, un peu plus plates et plus larges que celles de notre H. flageolet beurre nain. Grain long, blanc, avec une large macule violacée à l'ombilic.

White wax bean. — Assez voisin du H. beurre blanc nain, mais plus feuillu, plus tardif et à cosse plus plate.

Wood's Centenary bean. — Variété productive, à feuillage vert clair. Cosses jaunes, courtes et larges. Son grain est celui du H. bicolore d'Italie, c'est-à-dire un genre de Haricot de Prague.

HARICOT D'ESPAGNE

Phaseolus multiflorus Willd.

Synonymes : Haricot Mastoque soissonnais, H. Jacquot (Laonnais).
Noms étrangers : angl. Spanish runner bean. — all. Arabische Bohne, Blumenbohne.
holl. Turksche boon. — suéd. Spansk klängböna. — ital. Fagiuolo di Spagna.
russe Ispansky kokarnik. — pol. Fasola ozdobna turecka.

Amérique du Sud. — Vivace, mais se cultivant comme plante annuelle. — Les Haricots d'Espagne sont surtout estimés comme plantes grimpantes d'ornement, pour garnir les treillages, les berceaux, etc., à cause de la rapidité de leur végétation et de l'abondance de leurs fleurs, qui sont produites en longues grappes à l'aisselle des feuilles. Cueillis en cosses vertes, ils fournissent néanmoins un grain frais excellent, tendre et de goût assez fin.

La culture des Haricots d'Espagne ne diffère en rien de celle des autres haricots à rames ; une température assez chaude est nécessaire à leur bon développement.

Il en existe plusieurs variétés différant les unes des autres par la couleur des grains et celle des fleurs. — Les principales sont :

1° *H. d'Espagne rouge* (syn. : *H. écarlate* ; angl. *Scarlet runner, Bardney giant prizetaker, Titan new giant runner, Ne plus ultra runner* (am.) ; all. *Arabische bunte Bohne, Feuer-B.*, *Türken B.* ; esp. *Indianella, Judia escarlata*). — à grain lie de vin clair, taché de noir.

Haricot d'Espagne (Réd. au douzième).

2° *H. d'Espagne à grain complètement noir*.
Ces deux variétés ont les fleurs d'un rouge écarlate uni.

3° *H. d'Espagne bicolore* (angl. *Painted lady* or *Bicolor runner, Speckled beauty, York and Lancaster* ; all. *Buntblühende Bohne*). — Le grain de cette variété diffère peu sensiblement de celui du H. d'Espagne rouge par un fond plus clair, tandis que les fleurs sont mi-parties rouges et blanches, la carène et les ailes étant blanches, et l'étendard écarlate.

4° *H. d'Espagne hybride*. — Dont le grain est très distinct à cause de sa couleur jaune grisâtre tachetée de brun. Les fleurs présentent la même panachure que celles du H. d'Espagne bicolore.

5° Enfin le *H. d'Espagne blanc*. — Qui est le seul cultivé ordinairement en France pour son grain ; nous allons en parler spécialement ci-après.

HARICOT D'ESPAGNE BLANC.

SYNONYMES : Haricot de Perse, H. de Valence, H. blanc de Pologne, H. Colas, H. Gœtte, H. Ramponneau.

NOMS ÉTRANGERS : ANGL. White runner bean; (AM. Irvine's hybrid perennial B., Melde's perennial B.). — ALL. Arabische weisse Bohne.

Tiges grimpantes, très vigoureuses, atteignant 3 mètres et plus dans l'espace de quelques semaines ; fleurs blanches, en grappes nombreuses.

Cosses larges, très aplaties, contenant rarement plus de trois ou quatre grains, qui sont blancs, renflés, très gros, réniformes, atteignant quelquefois 0^m025 de long sur 0^m015 de large et 0^m010 d'épaisseur. Le litre pèse en moyenne 735 grammes, et 100 grammes contiennent environ 75 grains.

Le grain du Haricot d'Espagne ne mûrit pas très bien habituellement sous le climat de Paris. Dans le Midi, au contraire, cette espèce, qui est très rustique et très productive, est passablement cultivée comme légume, et, dans certains pays, on en fait grand cas. Dans le Nord, on trouve que la peau en est trop épaisse et la chair peu délicate ; il est certain qu'elle est très farineuse, mais moins fine, surtout à l'état sec, que celle des bonnes variétés de notre pays.

A l'étranger, et plus particulièrement en Angleterre et en Allemagne, on cultive beaucoup les Haricots d'Espagne pour consommer en haricots verts ; les cosses, quoique assez âpres et rudes au toucher en sont très tendres une fois cuites, et, si elles restent inférieures en saveur et en délicatesse, à celles des haricots ordinaires, elles ont, par contre, l'avantage d'une production extrêmement abondante et très soutenue. On les cueille habituellement aux deux tiers de leur croissance, lorsque les grains commencent à peine à se former, et on les découpe avant de les cuire en lanières étroites, ce qui en accélère beaucoup la cuisson.

HARICOTS DE LIMA
Phaseolus lunatus L.

SYNONYMES : Fève créole, Haricot d'Amérique, H. Bannette (Algérie), H. boulonnais (Manche), H. de Madagascar.

NOMS ÉTRANGERS : ANGL. Lima bean, Large Lima B. — ALL. Breitschotige Lima Bohne, Sichelbülsige B. — SUÉD. Lima-böna. — ITAL. Fagiuolo di Lima. — ESP. Judia de Lima. RUSSES Indyski kokarnik, Limskie bobý.

Amérique du Sud. — *Annuel.* — Tige grimpante, s'élevant à environ 3 mètres de hauteur ; feuilles composées de trois folioles triangulaires, plus longues et beaucoup plus étroites que celles du haricot ordinaire ; fleurs petites, d'un blanc verdâtre, en grappes nombreuses, raides et allongées.

Cosses courtes, très aplaties et très larges, rudes extérieurement comme celles du H. d'Espagne. Grain aplati, court, légèrement en forme de rognon, ayant presque toujours une moitié un peu plus développée que l'autre, et habituellement marqué de rides ou stries se dirigeant de l'ombilic vers la circonférence.

CULTURE. — Les diverses variétés potagères du *Phaseolus lunatus* se cultivent comme les haricots à rames ordinaires, mais elles sont plus tardives, et ne mûrissent que très rarement sous le climat de Paris.

USAGE. — On consomme le grain frais ou sec. Il est très farineux et particulièrement estimé aux États-Unis et dans les pays chauds.

HARICOT DE LIMA.

Synonymes : Pois de sept ans, Pois Sainte-Catherine, Pois souche.
Noms étrangers : angl. Lima runner, Large white Lima bean.

Un peu tardif, ne mûrissant jamais qu'une partie de ses cosses sous le climat de Paris, et n'arrivant pas du tout à maturité dans les années froides ou humides. Tiges assez grosses, vert pâle; feuilles moyennes, lisses, d'un vert grisâtre. Grain large, aplati, d'un blanc légèrement jaunâtre, long de 0^{m}020 à 0^{m}022 environ, large de 0^{m}014 à 0^{m}015 et épais de 0^{m}005. Le litre pèse ordinairement 725 grammes, et 100 grammes contiennent environ 90 grains.

Il en existe un grand nombre de variétés, parmi lesquelles une à grain vert et une autre qui est blanche comme le type, mais marquée d'une petite tache brune ou noirâtre auprès de l'ombilic. — Ces deux dernières sont très peu cultivées; on leur préfère généralement les variétés à grain non coloré.

HARICOT DE LIMA NAIN.

Cette forme a de nombreuses variétés, dont nous citons quelques unes des meilleures au bas de la page suivante. — Elles constituent des touffes basses et trapues qui n'ont besoin d'aucun appui pour soutenir leurs tiges et leurs cosses. A cet avantage elles joignent une précocité relativement plus grande, qui leur permet de réussir assez souvent dans des localités où les variétés à rames, plus tardives, ne pourraient pas parvenir à maturité.

Haricot de Lima (Réd. au douzième).

HARICOT DU CAP MARBRÉ.

Synonyme : H. Niebes de Madagascar.
Noms étrangers : angl. Marbled Cape bean, Speckled *or* Mottled Lima bean.

Ne diffère du H. de Lima que par la panachure très particulière dont son grain est marqué. Une grande tache d'un rouge plus ou moins foncé entoure l'ombilic et recouvre entièrement une des extrémités du grain sur un tiers environ de la longueur totale; tout le reste est finement pointillé de la même couleur rouge sur fond blanc. Le litre pèse en moyenne 675 grammes, et 100 grammes contiennent environ 100 grains.

Cette variété est à peu près aussi tardive que le H. de Lima.

HARICOT DE SIEVA.

Synonymes : Haricot souche (Bordelais), Fève plate créole (à la Nouvelle-Orléans).
Noms étr. : angl. Small Lima bean; (am.) Carolina, Sewee *or* Sieva, Saba.

Tiges minces, vertes; feuillage plus petit et plus foncé que celui du H. de Lima. Cette race, qui appartient, comme les précédentes, au *Phaseolus lunatus*, se distingue d'elles par les dimensions beaucoup moins grandes de son grain, élargi et aplati, qui diffère peu comme aspect de celui du H. de Lima, mais ne dépasse guère 0^m015 de long sur une largeur de 0^m008 à 0^m009 et une épaisseur de 0^m004. Le litre pèse en moyenne 780 grammes, et 100 grammes contiennent environ 220 grains.

Le H. de Sieva est aussi plus précoce que les autres variétés sorties du *Ph. lunatus*. Il mûrit assez régulièrement ses premières cosses sous le climat de Paris, mais il s'en faut qu'il y soit aussi fertile que dans les pays chauds, où il continue souvent à produire pendant trois mois.

Il en existe une variété à grain panaché de rouge et une autre à grain noir ou panaché de noir.

Aux États-Unis, où les Haricots de Lima sont un des légumes les plus appréciés pour l'automne, on cultive une demi-douzaine de variétés à rames et autant de naines. Parmi celles de la première catégorie, nous citerons :

Burpee's Willow-leaf. — Ressemble au H. de Sieva, mais s'en distingue par son feuillage à divisions linéaires-lancéolées, qui lui a fait donner son nom de H. à feuilles de saule.

Challenger (syn. : *Dreer's improved, Potato Lima B.*). — Variété très vigoureuse, assez productive, de précocité moyenne. Cosses plus épaisses que celles des autres variétés, et contenant de trois à cinq gros grains arrondis, renflés, très bons.

Extra early Jersey. — Variété de huit à dix jours plus précoce que le H. de Lima à rames, mais produisant des grains plus petits que les siens.

King of the garden. — Race vigoureuse, produisant des cosses d'une longueur rarement atteinte par celles des autres variétés, et contenant de cinq à six très gros grains, d'excellente qualité.

Seibert's early Lima. — Assez précoce, à production abondante et soutenue. La cosse, de dimension moyenne, ne contient généralement que trois ou quatre grains, qui sont très gros et tendres.

Parmi les variétés américaines du H. de Lima naines, nous pouvons mentionner :

Burpee's Willow-leaf bush. — Forme naine du Burpee's Willow-leaf mentionné ci-dessus.

Dwarf large white Lima (syn. : *Burpee's bush Lima*). — Variété naine et touffue du H. de Lima grand, produisant des grains aussi gros que les siens; elle est également de maturité assez tardive.

Wonder bush Lima (syn. : *Dreer's Wonder*). — Ne diffère de la race précédente que par une précocité plus grande.

Il en est de même du *Burpee's Quarter century*.

Kumerle (syn. : *Dreer's bush Lima*). — Forme naine du Challenger à rames décrit plus haut.

Dwarf Sieva (syn. : *Henderson's bush Lima, Wood's new prolific*). — Haricot de Sieva franchement nain, formant des touffes basses et trapues ; il est plus précoce que sa variété à rames et peut mûrir son grain sous le climat de Paris. C'est un des plus estimés et des plus cultivés aux États-Unis.

HARICOTS DOLIQUES

On cultive comme plante potagère, principalement dans les pays chauds, plusieurs espèces appartenant au genre *Dolichos*; nous ne nous occuperons ici que de celles dont la culture est possible jusque dans les environs de Paris. Ce sont les seules, du reste, qui aient quelque importance chez nous, même en Provence et dans le Sud-Ouest.

DOLIQUE MONGETTE
Dolichos unguiculatus Linné.
Fam. des *Légumineuses*.

Synonymes : Banette, Haricot cornille.

Noms étrang. : angl. Giant hyacinth bean. — all. Ostindische Riesen- Spargel-Bohne, Nageliche Fasel. — suéd. Hyacinth-böna. — ital. Fagiuolo dall' occhio. — esp. Frijol, Caragilate, Garrubia, Moncheta, Judia de Careta. — russe Ghigantsky kokarnik. — pol. Fasola szparagowa olbrzymia zwana « Jaśki ».

Plante annuelle ne s'élevant pas habituellement à plus de 0^m50 ou 0^m60; feuilles composées de trois folioles triangulaires, allongées, arrondies à la base, très lisses et d'un vert foncé; fleurs grandes, passant du blanc au rose et au lilas, avec une tache plus foncée à la base des pétales, réunies au nombre de deux ou trois sur un pédoncule épais et fort.

Cosses d'un vert pâle, droites ou courbées par l'effet de leur poids, variant de 0^m15 à 0^m25 de longueur, presque cylindriques, légèrement marquées par la saillie des grains, qui y sont ordinairement assez éloignés les uns des autres. Grains de dimension et de couleur assez variables, habituellement blanchâtres, en forme de rognon raccourci, obtus ou carrés aux deux bouts, un peu ridés et marqués d'une tache noire bien prononcée autour de l'ombilic. Le litre pèse 760 grammes, et 100 grammes contiennent environ 530 grains.

Culture. — La culture du Dolique mongette est la même que celle des haricots nains ; il supporte assez bien la sécheresse, et n'est pas très exigeant sur la qualité du terrain.

Usage. — On mange les jeunes cosses à la manière des haricots verts.

Dans les pays où, comme en Italie, le D. mongette est très cultivé, on en distingue un assez grand nombre de variétés qui diffèrent entre elles principalement par la grosseur du grain.

Une variété de D. mongette est cultivée en très grande quantité en Chine, où on la désigne communément sous le nom de « *Pois des Chinois* » ; elle est beaucoup plus tardive que la race ordinaire.

On se rappelle qu'il y a de longues années déjà, M. Durieu de Maisonneuve, alors directeur du jardin botanique de Bordeaux, avait introduit une très curieuse variété du D. mongette, dont les cosses, au lieu d'être droites, se recourbaient en couronne. Cette singularité avait fait donner à la plante le nom de *Dolique corne-de-bélier*. Au point de vue de la culture et de l'emploi, cette variété, qui est aujourd'hui à peu près perdue, ne différait en rien de la forme ordinaire.

DOLIQUE DU TONKIN.

Variété remarquablement hâtive, donnant en pleine terre, dès la fin de Juillet, des aiguilles fines, longues, très tendres et charnues. Le grain, trop petit pour constituer un légume, est blanc jaunâtre à ombilic blanc cerclé de noir, long de 0^m0057, large et épais de 0^m004. Un litre pèse d'ordinaire 810 grammes, et 100 grammes contiennent environ 1 360 grains.

DOLIQUE ASPERGE
Dolichos sesquipedalis L.

Synonymes : Haricot asperge, Pois ruban (à Cayenne).

Noms étrangers : angl. Asparagus bean. — all. Amerikanische Riesen-Spargel-Bohne. holl. Indiaansche boon. — suéd. Spargel-böna. — ital. Fagiuolo sparagio. russe Amerikanski kokarnik.

Amérique du Sud. — Annuel. — Tiges grimpantes, s'élevant à 2 ou 3 mètres; feuilles d'un vert foncé, assez grandes, allongées, pointues; fleurs grandes, d'un jaune verdâtre, à étendard replié, remarquable par deux oreillettes parallèles qui compriment les ailes et la carène; elles se présentent solitaires ou au nombre de deux au sommet du pédoncule.

La cosse est pendante, cylindrique, d'un vert clair, très mince et remarquablement longue; il n'est pas rare, en effet, de la voir atteindre et dépasser 0^m45. Les grains sont relativement peu nombreux dans la cosse, généralement de sept à dix; ils sont réniformes, d'une couleur rougeâtre ou lie de vin pâle, avec un cercle noir autour de l'ombilic blanc; ils ne dépassent pas en général 0^m01 de longueur. Le litre pèse en moyenne 750 grammes, et 100 grammes contiennent environ 635 grains.

Le Dolique asperge se cultive dans le midi de la France, surtout en Provence.

Culture. — Sa culture est semblable à celle des variétés tardives de haricots à rames; le mettre à bonne exposition, de préférence contre un mur.

Usage. — On emploie les cosses vertes comme haricots verts.

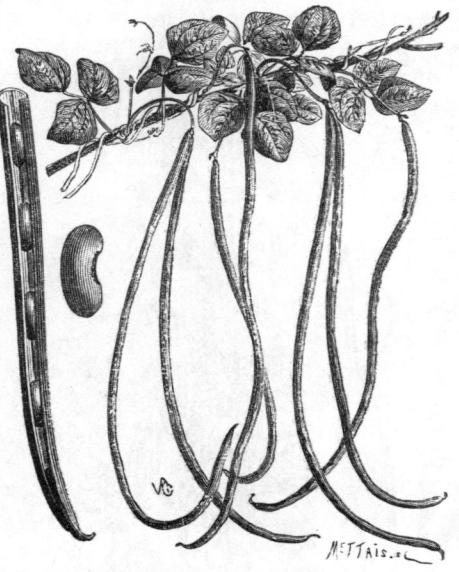

Dolique de Cuba (Réd. au 1/10°; grain grosseur naturelle).

DOLIQUE DE CUBA.

Noms étrang. : angl. Cuba asparagus bean. — all. Cubanische Riesen-Spargel-Bohne.

Plante grimpante vigoureuse, pouvant s'élever à 3 et 4 mètres. Feuillage très ample; folioles allongées; fleurs verdâtres, généralement solitaires, faisant place à des cosses d'une longueur remarquable, qui peuvent atteindre, à la maturité, jusqu'à 0^m70; elles sont alors légèrement bossuées par la saillie des grains et présentent une largeur de 0^m01 environ.

Le grain ressemble exactement de forme et de couleur à celui du Dolique asperge, dont le D. de Cuba paraît être une variété, mais une variété extrêmement distincte, beaucoup plus haute et franchement à rames. La culture en est du reste la même, et les cosses sont également consommées avant d'avoir atteint tout leur développement.

Le litre pèse 770 grammes, et 100 grammes contiennent environ 630 grains.

DOLIQUE TRÈS HATIF A LONGUE COSSE.

Variété du Dolique de Cuba, comme lui très vigoureuse et productive, mais s'en distinguant par sa très grande précocité, qui lui permet d'arriver à maturité dans les climats tempérés. Le grain est petit, chocolat, à œil blanc cerclé de noir, mesurant 0m009 de long, 0m006 de large, et 0m004 d'épaisseur. Un litre pèse en moyenne 810 grammes, et 100 grammes contiennent environ 850 grains.

Dolique très hâtif à longue cosse.
Plante au douzième ; grain grosseur naturelle.

Dolique géant extra-hâtif.
Cosses au dixième ; grain grosseur naturelle.

DOLIQUE GÉANT EXTRA-HATIF.

Cette variété, récemment introduite dans les cultures, paraît appartenir, comme les précédentes, au *Dolichos sesquipedalis*, mais elle se distingue par la longueur de ses cosses, dépassant toutes les races énumérées plus haut. Ces cosses, en effet, très nombreuses et sensiblement plus larges que celles du D. de Cuba, atteignent parfois 1 mètre de longueur et renferment un grand nombre de grains lie de vin à ombilic blanc cerclé de noir.

De même que la précédente, elle arrive à maturité sous le climat de Paris.

DOLIQUE LABLAB
Lablab vulgaris Savi. — **Dolichos Lablab** L.
Synonymes : Dolique d'Égypte, Fève d'Égypte.
Noms étr.: angl. Lablab dolichos. — all. Ægyptische Schminkbohne. — suéd. Lablabböna. — ital. Fagiuolo d'Egitto. — esp. Indianella. — port. Feijao da India. russe Lablab obyknavenny.

Plante grimpante, à tiges vigoureuses et ramifiées, pouvant atteindre jusqu'à 4 ou 5 mètres de hauteur; feuilles composées, à trois folioles, grandes, larges, d'un vert foncé, légèrement gaufrées ou cloquées; fleurs odorantes, assez grandes, en grappes longues et fournies. Cosses assez courtes, très aplaties, rugueuses et ridées à la surface, réunies parfois au nombre de sept ou huit sur un même pédoncule. Grains au nombre de trois ou quatre par cosse, courts, ovales, passablement aplatis; hile blanc, très marqué, saillant, embrassant près d'un tiers de la circonférence du grain. Le litre pèse en moyenne 810 grammes, et 100 grammes contiennent environ 520 grains.

Il en existe deux variétés principales, l'une à fleurs blanches et grains blancs, l'autre à fleurs violettes et grains noirs.

Les Doliques Lablab se cultivent comme les haricots à rames. Dans notre pays, ils ne sont guère considérés que comme plantes grimpantes d'ornement; sauf toutefois la variété dont nous parlons ci-après :

Dolique Lablab (Plante réd. au vingtième).

DOLIQUE LABLAB SANS PARCHEMIN.
Nom étranger : angl. Stringless Lablab dolichos.

Le phénomène de la disparition des fibres de la cosse, qui a produit les nombreuses variétés de haricots sans parchemin, s'est manifesté également chez les Lablab, et la variété à cosses et fleurs blanches a paru assez intéressante pour être propagée comme légume, d'autant plus qu'il devient dès lors inutile d'attendre la maturité du grain, qui est très exceptionnelle sous le climat de Paris.

Le D. Lablab sans parchemin est une plante de 5 mètres de haut environ, mais atteignant rarement cette taille quand elle est plantée en plein vent.

Tige vert clair très ramifiée; feuilles larges, très pointues et lisses ; fleurs blanches réunies en grandes grappes ; cosses nombreuses en paquets, blanc jaunâtre, légèrement duveteuses, courtes, larges et arrondies du bout. Grain brun, muni d'une arille blanche occupant près de la moitié du pourtour, long de 0ᵐ015, large de 0ᵐ009, épais de 0ᵐ008. Le litre pèse en moyenne 800 grammes, et 100 grammes contiennent environ 165 grains.

HARICOT SOJA. — Voy. SOJA.

HÉRISSON (*Onobrychis Crista-galli* LAMK). — Famille des *Légumineuses*. — Espèce annuelle, du genre sainfoin, remarquable par la forme bizarre de ses gousses. C'est une petite plante à feuillage léger; à tige presque appliquée sur terre, se redressant à l'extrémité pour porter des épis de fleurs roses, auxquelles succèdent des gousses courtes, presque réniformes, garnies sur le bord extérieur d'une lame ou crête dentée, rappelant un peu la forme d'une crête de coq ; tout le reste de la gousse est couvert d'aspérités aiguës.

Cette plante n'offre d'autre intérêt que la forme bizarre de son fruit, qui la fait employer (fort rarement du reste) pour surprises dans les salades.

HOUBLON (*Humulus Lupulus* L.). (ANGL. Hop; ALL. Hopfen ; ITAL. Luppolo ; ESP. Lupulo, Hombrecillos ; RUSSE Khmiel; POL. Chmiel). — Famille des *Urticées*.

Le Houblon n'est pas, à proprement parler, une plante potagère ; cependant, dans certains pays, les jeunes pousses en sont très fréquemment employées comme légumes. Nous avons donc cru devoir lui donner à ce titre place dans cet ouvrage.

Plante vivace grimpante, à tige très rude, arrondie, s'enroulant toujours de gauche à droite, s'élevant à 5 ou 6 mètres de hauteur ; à feuilles grandes, divisées en cinq lobes; fleurs dioïques, les femelles réunies en grappes et accompagnées de bractées scarieuses dont la réunion forme le fruit, appelé *cône*.

Le Houblon se cultive en plein champ comme plante industrielle. Au commencement du printemps, quand les touffes entrent en végétation, on supprime la plupart des jets, on conservant sur chaque pied que les deux ou trois plus vigoureux. Ce sont ces jets supprimés que l'on utilise comme légumes.

On emploie en Belgique les jeunes pousses au moment où elles sortent de terre et on les prépare à la façon des petites asperges ou des salsifis.

HYSSOPE (*Hyssopus officinalis* L.). (ANGL. Hyssop ; ALL. Isop ; FLAM. et HOLL.; Hijsoop ; DAN. et SUÉD. Isop; ITAL. Issopo ; ESP. Hisopo ; RUSSES Issope, Siny zviéroboï POL. Izop lekarski). — Famille des *Labiées*.

Sous-arbrisseau vivace toujours vert, à feuilles lancéolées-oblongues ; fleurs ordinairement bleues, quelquefois blanches ou roses, en épis verticillés. Toutes les parties de la plante, et surtout les feuilles, possèdent une odeur très aromatique et un goût un peu brûlant et amer.

L'Hyssope préfère les terres un peu chaudes et calcaires. Elle résiste aux hivers ordinaires dans les environs de Paris, et se multiplie habituellement par division des touffes, qui s'enracinent facilement. On peut aussi la propager de semis, et c'est le procédé habituellement employé dans les pays froids. On sème en Avril, en pleine terre, et l'on plante en Juillet, ordinairement en bordures. Il est bon de refaire la plantation tous les trois ou quatre ans.

Hyssope (Réd. au douzième).

On emploie les feuilles ainsi que l'extrémité des rameaux comme condiment, surtout dans les pays du Nord. On s'en sert aussi dans la fabrication de quelques liqueurs.

IGNAME DE LA CHINE

Dioscorea divaricata Blanco. — **Dioscorea Batatas** Dcne.

Fam. des *Dioscorées*.

Synonyme : Igname patate.

Noms étrangers : angl. Chinese yam. — all. Chinesische Yam, Yam-Wurzel. suéd. Kinesiska yams. — esp. Name, Igname. — russes Kitaïsky yams, Igname.

Chine. — L'Igname a été introduite en France en 1848, par les soins de M. de Montigny, consul de France à Shanghaï. C'est une plante vivace, parfaitement rustique, à tiges annuelles, lisses, vertes ou violacées, pouvant s'élever à 2 et 3 mètres de hauteur, garnies de feuilles opposées, cordiformes, à pointe assez allongée, d'un vert foncé et extrêmement luisantes en dessus. Dans les aisselles des feuilles paraissent les fleurs, qui sont dioïques, très petites, blanches, réunies en grappes, et ordinairement stériles. Parfois, au lieu de fleurs, il se développe de petits tubercules ou bulbilles qui peuvent servir à multiplier la plante. Les tiges traînent sur terre si elles ne trouvent pas de point d'appui ; si, au contraire, elles rencontrent un soutien, elles s'enroulent à l'entour de droite à gauche. Du collet de la racine partent des rhizomes très allongés, se renflant, à mesure qu'ils s'enfoncent en terre, en forme de massue, un peu laiteux et composés d'une chair très farineuse. Ils sont garnis de très nombreuses radicelles et très abondamment couverts de bourgeons presque imperceptibles, qui tous sont en état de donner naissance à une plante. Les rhizomes, qui s'enfoncent presque perpendiculairement en terre, peuvent atteindre une longueur de 0^{m}60 à 1 mètre ; ils se développent surtout à l'arrière-saison. Étant parfaitement rustiques, ils peuvent passer l'hiver en terre, et grossissent considérablement pendant le cours de la seconde année, mais ils sont alors de moins bonne qualité qu'à la fin de la première.

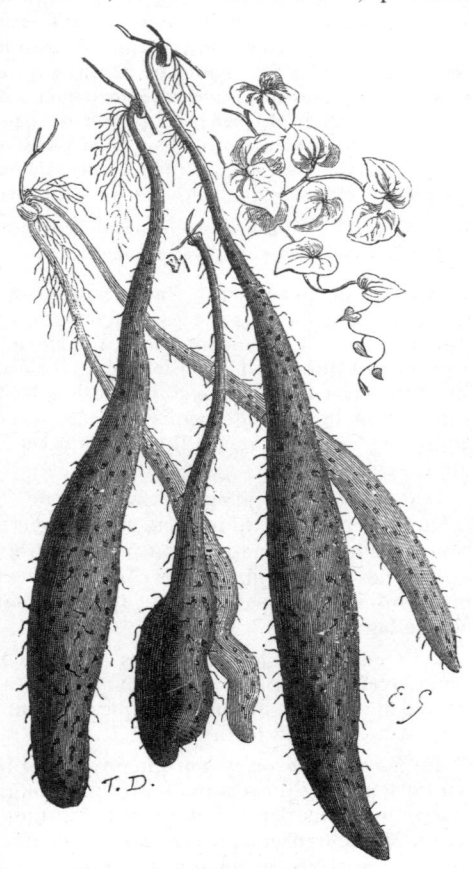

Igname de la Chine (Réd. au sixième).

L'arrachage des rhizomes est une opération assez difficile et coûteuse, car ils sont passablement fragiles, et, pour les récolter entiers, il faut souvent défoncer le terrain à un mètre de profondeur. C'est probablement la difficulté de la récolte qui a empêché jusqu'ici l'Igname de la Chine de prendre place dans la culture réellement courante de notre pays, car c'est une plante bien rustique, très productive et dont les rhizomes peuvent se comparer sans désavantage à la pomme-de-terre. La chair en est blanche, légère, bien farineuse ; elle cuit facilement, et le goût en est peu prononcé. Elle a, de plus, le grand avantage de se conserver facilement et fort longtemps.

CULTURE. — L'Igname réussit bien en toute bonne terre fraîche et suffisamment défoncée. On peut la multiplier, soit par bulbilles axillaires, soit par rhizomes entiers, soit par tronçons de rhizomes. Le procédé qui donne ordinairement les résultats les plus sûrs et les plus abondants, consiste à planter entiers des rhizomes de la grosseur du doigt et de $0^m 20$ à $0^m 25$ de longueur. Il est bon de donner des rames ou des appuis aux tiges, ce qui facilite les binages. Quelques arrosements sont utiles en cas de grande sécheresse, car l'Igname aime la fraîcheur et cesse de croître quand l'humidité lui fait défaut.

Au mois de Novembre, il est temps de faire la récolte, et si la terre est profonde et suffisamment riche, on peut s'attendre à trouver quelques rhizomes plus gros que le poignet vers l'extrémité, et pesant jusqu'à un kilogramme ; il s'en rencontre aussi ordinairement de plus petits, qui servent de préférence pour la reproduction.

Au lieu de planter immédiatement en pleine terre, on peut mettre les rhizomes en végétation dans des pots, dès le commencement de Mars, pour les mettre en place vers le 15 Mai. Le produit est alors plus précoce et plus abondant.

USAGE. — Les rhizomes d'Igname se consomment comme les pommes-de-terre : bouillis, frits, ou accommodés de diverses manières.

A cause de la difficulté d'arrachage dont nous parlons plus haut, on a cherché longtemps, mais sans succès, à fixer une variété de l'Igname de la Chine dont les tubercules ne s'enfoncent pas en terre à une profondeur démesurée. C'est tout récemment que M. Chappellier est arrivé à un résultat qui, sans être définitif, n'en constitue pas moins une amélioration très sensible de la variété anciennement cultivée. A la suite de semis répétés et d'une sélection rigoureuse, ce chercheur opiniâtre a fixé une race d'Igname dont les tubercules ne dépassent pas $0^m 30$ à $0^m 40$ de longueur.

D'autre part, les différentes variétés de l'*Igname du Japon* (*Dioscorea japonica* Thunb.), encore peu étudiées, nous réservent sans doute d'heureuses trouvailles, soit dans leur état actuel, soit par leur croisement avec l'Igname de la Chine.

Une des variétés japonaises connues sous le nom de *Tsukune-Imo*, est particulièrement intéressante par la forme aplatie de son tubercule légèrement lobé ou en crête sur le bord.

On trouve dans les différentes parties de l'Indo-Chine des Ignames à tubercule rond, ovoïde, ou aplati, appartenant à des espèces encore mal déterminées, mais qui, même si elles ne sont pas rustiques sous notre climat, pourraient être intéressantes s'il est possible de les hybrider.

Le *Dioscorea Fargesii*, originaire de la Chine occidentale et introduit en France en 1894, possède un tubercule presque sphérique, et l'on a cru tout d'abord que cette nouvelle acquisition supplanterait avantageusement l'Igname de Chine à tubercule long. Malheureusement, l'extrême lenteur avec laquelle se développe la partie souterraine du Dioscorea Fargesii, s'oppose à une utilisation pratique ; c'est à peine si, au bout de cinq ans, les tubercules atteignent un poids de 150 grammes.

KETMIE COMESTIBLE. — Voy. GOMBO.

KUDZU (*Pueraria thunbergiana* BENTH). — Plante grimpante de la famille des *Légumineuses*, dont les tiges volubiles atteignent une longueur considérable. — En France on ne la cultive guère que comme plante d'ornement; mais au Japon, où elle est spontanée, on l'apprécie surtout à cause de ses racines renflées, ayant souvent $0^m 10$ à $0^m 15$ de diamètre sur 1 mètre de longueur et contenant une fécule remarquablement fine, servant à faire des soupes et des gâteaux.

LAITUE CULTIVÉE
Lactuca sativa L.
Fam. des *Composées*.

Noms étr. : angl. Lettuce.— all. Lattich.— flam. et holl. Latouw. — suéd. Vanlig-Sallat. — ital. Lattuga. — esp. Lechuga. — port. Alface. — russe Latouke. — pol. Salata.

Inde ou Asie centrale. — Annuelle. — L'origine de la Laitue cultivée n'est pas connue d'une façon certaine, non plus que l'époque où elle a été introduite en Europe. On ne peut dire à coup sûr si elle était connue des anciens ; cependant, la multitude des variétés qu'elle présente et la très grande fixité d'un certain nombre de ses races cultivées donnent lieu de supposer qu'elle est soumise à la culture depuis fort longtemps.

Les différentes variétés de laitues présentent entre elles une telle diversité au point de vue de la forme et de la coloration des feuilles, qu'il est difficile de donner une description générale de la plante s'appliquant à toutes les variétés. On peut supposer cependant, et principalement d'après certaines formes chinoises non pommées, que la Laitue, à son état naturel, doit se composer d'une rosette de grandes feuilles allongées, un peu spatulées et plus ou moins ondulées et dentées sur les bords ; du centre de la rosette s'élève une tige presque cylindrique, s'amincissant assez rapidement, et se ramifiant dès le tiers de la hauteur, garnie de feuilles embrassantes, auriculées et devenant de plus en plus étroites à mesure qu'elles sont plus haut placées sur la tige. Les capitules sont nombreux, plus longs que larges, à fleurons jaune pâle. Graine petite, en forme d'amande très allongée et pointue à une extrémité, marquée de sillons longitudinaux assez profonds, ordinairement blanche ou noire, parfois brune ou d'un jaune roux. Un gramme en contient environ 800, et le litre pèse en moyenne 430 grammes. La durée germinative est de cinq années.

De bons auteurs semblent disposés à rapporter les laitues cultivées à deux types botaniques distincts, dont l'un aurait donné naissance aux *Laitues pommées* proprement dites, à tête ronde ou aplatie, et l'autre aux *Laitues Romaines*, dont la pomme est haute et allongée. Cette double origine nous paraît bien difficile à admettre : d'une part, parce que les deux classes de laitues se fondent l'une dans l'autre par des gradations presque insensibles, et, d'autre part, parce que, dès qu'elles montent à graine, les Laitues à pomme ronde et les Romaines ne présentent plus entre elles aucune différence : ce qui paraît la meilleure preuve de leur identité d'origine.

Nous avons dit que la Laitue cultivée était une plante annuelle, parce que le développement des tiges florales succède, sans interruption de végétation, à celui des feuilles radicales réunies en rosette, et parce que cette rosette elle-même se forme complètement en quelques semaines, et au plus en quelques mois. Cependant plusieurs variétés de laitues sont assez rustiques pour pouvoir être semées à l'automne pour passer l'hiver et ne monter à graine qu'au printemps. Il s'en faut de beaucoup que toutes les variétés puissent se prêter à ce traitement. D'un autre côté, il y a beaucoup d'inégalité dans la promptitude avec laquelle les différentes laitues montent à graine sous l'influence des chaleurs de l'été. Ces différences de tempérament et d'aptitudes ont fait diviser les laitues, au point de vue de la culture, en trois classes :

1° *Laitues de printemps*, qui se forment rapidement, semées tout de suite après l'hiver ;

2° *Laitues d'été et d'automne*, en général plus volumineuses que les laitues de printemps, et montant d'autant moins rapidement à graine qu'il s'agit de variétés plus résistantes à la chaleur ;

3° *Laitues d'hiver*, qui peuvent supporter, moyennant quelques précautions, nos hivers ordinaires.

Quoique cette division n'ait rien de bien rigoureux, nous l'adopterons, parce qu'elle donne le moyen d'indiquer, sans tomber dans des répétitions interminables, le genre de culture qui convient à chaque variété. Nous indiquerons donc tout d'abord la manière dont on doit soigner les laitues des diverses saisons, puis nous donnerons successivement la liste et la description des variétés comprises sous chacune de ces désignations.

Culture ordinaire en plein air. — *Laitues de printemps*. — Elles se sèment généralement en Mars, sur d'anciennes couches, ou simplement sur du terreau au pied d'un mur, à une exposition chaude. On les repique en place en Avril et elles commencent à donner dès la fin de Mai ou en Juin. On peut aussi, et c'est ce que font généralement les maraîchers, semer la graine très clair, dès la fin de Février, si la terre n'est pas gelée, avec des *Carottes, Ognons blancs, Poireaux* ou autres légumes qui se cultivent dans le terreau pur, puis on recouvre le semis d'une très légère couche de terreau ; on obtient ainsi soit du plant à repiquer, soit de petites pommes que l'on récolte directement avant que les autres légumes aient pris tout leur développement. Pour ce genre de culture, il faut préférer les variétés qui tiennent peu de place et portent le moins de préjudice à la récolte à laquelle elles sont associées. — On peut aussi profiter des semis faits en pleine terre de *Carottes hâtives* et d'*Ognons* de couleur, pour y semer très clair des *Laitues à couper*, ainsi que les *Laitues pommées de printemps* : les premières seront bonnes à consommer très jeunes, environ un mois après ; les secondes seront utilisées, en partie, comme les premières ; le reste, qu'on laissera pommer, sera consommé un peu plus tard.

Laitues d'été et d'automne. — Leur culture est des plus simples : On sème clair, en pépinière, depuis le mois de Mars jusqu'en Juillet ; on peut repiquer en pépinière, mais il est plus simple d'éclaircir le semis, ce qui permet au plant de prendre de la force pour être mis directement en place, soit en bordures, soit en planches ; on espace à 0^{m}30 en tous sens.

On peut aussi contreplanter les laitues dans des planches d'autres légumes qui, dans leur jeunesse, laissent entre eux un intervalle assez large. Il est bon, sans que cela soit indispensable, de replanter les laitues avec le plus de terre possible, pour en faciliter la reprise. Ce travail se fait de préférence le soir et doit être suivi d'un copieux arrosage.

Les laitues franchement d'été ne demandent d'autres soins que des arrosages abondants et souvent répétés. Un bon paillis recouvrant la terre où elles sont plantées entretient la fraîcheur du sol et active la végétation.

Laitues d'hiver. — Ces variétés se sèment d'Août en Septembre, en pépinière ; quinze jours à trois semaines après le semis, on repique les plants en pépinière où ils acquièrent de la force ; lorsqu'ils ont cinq ou six feuilles, on les replante en place, avec le plus de terre possible, à une exposition chaude, de préférence au pied d'un mur au Midi, et dans une planche parfaitement saine. — En vue des remplacements à faire au printemps, on réservera un certain nombre de plants repiqués en pépinière, et on les abritera des gelées. — Pendant les plus grands froids, on peut garantir les plantes avec des paillassons ou au moyen de litière longue qu'on enlève dès que le temps le permet.

Les laitues d'hiver ne souffrent pas de la neige, et quelquefois même, on voit des variétés peu rustiques passer d'autant mieux l'hiver que la neige qui les recouvre est plus épaisse. Par contre, les alternatives de dégels et de regels leur sont souvent funestes.

Dès le mois de Février, la végétation des plantes reprend une certaine activité ; on donne à ce moment aux cultures un binage énergique pour rompre la croûte formée à la surface du sol, et on répand au pied de chaque laitue ou sur toute la surface de la planche une couche de bon terreau ou de fumier bien consommé, pour exciter la végétation.

La récolte commence en Avril et peut se prolonger pendant environ un mois.

LAITUE

CULTURE AUTOMNALE SOUS VERRE DES LAITUES HATIVES. — Les semis se font très clair, en pépinière, à mi-ombre et en plein air sur une planche terreautée, depuis la seconde quinzaine d'Août jusque dans la première quinzaine de Septembre. On éclaircit au besoin les plants, et, lorsque ceux-ci ont deux feuilles en plus des cotylédons, on les repique sur ados, sous cloches, à raison de 24 à 30 plants par cloche, en tenant les plants les plus extérieurs écartés d'environ $0^m 04$ à $0^m 05$ du bord intérieur de la cloche. On ombre au moyen de paillassons jusqu'à reprise complète. Quinze jours après, le plant est bon à mettre en place, toujours sur ados, à raison de quatre laitues par cloche. La récolte commence de trois semaines à un mois environ après la mise en place. — Au lieu de planter sous cloches, on peut mettre en place sous châssis, pourvu que la terre ne soit pas à plus de $0^m 08$ à $0^m 10$ du verre.

CULTURE FORCÉE. — Cette culture, pratiquée sur une grande échelle par les maraîchers, se fait par saisons successives, de Septembre à Avril, et presque exclusivement avec les laitues de printemps. Les plus employées pour la culture chauffée sont : la *Laitue crêpe à gr. noire*, la *L. à forcer de Milly,* les *Laitues gotte à graine blanche* et à *gr. noire* et la *L. Tom-Pouce*. La Laitue crêpe à graine noire est particulièrement précieuse pendant la période la plus froide de l'hiver, en raison de son aptitude à pouvoir se passer à peu près complètement d'air, alors que les Laitues gottes et les autres variétés demandent à être aérées de temps en temps.

1re Saison. — Elle comprend les semis effectués sous cloche du 10 au 20 Septembre ; on repique également sous cloche et l'on met en place fin-Octobre sous châssis et sur couche chaude. On peut aussi se servir, pour cette saison, des plants provenant des semis faits le mois précédent en vue de la culture automnale indiquée plus haut. La récolte a lieu suivant la force des plants, de Novembre à Décembre.

2e Saison. — Au commencement de Décembre, sur des couches neuves venant de recevoir des semis de *Carotte à châssis* et de *Radis à forcer,* on repique, à raison de 36 plants par châssis, de la Laitue crêpe ou de la L. gotte provenant des semis effectués en Septembre et ayant déjà été repiqués sous cloche. Le Radis se récolte le premier, la Laitue suit vers fin-Janvier ou commencement de Février ; puis, la Carotte donne son produit en Mars-Avril.

3o Saison. — Après les grands froids, fin-Février, on commence une nouvelle saison, toujours sur couches légèrement inclinées vers le soleil levant, mais simplement sous cloches. Sur ces couches, qui sont épaisses d'environ $0^m 35$ et chargées de $0^m 10$ à $0^m 12$ de terreau, on installe en échiquier trois rangées de cloches, sous chacune desquelles on plante quatre Laitues et une Romaine au milieu ; on couvre ou découvre suivant la température extérieure. Cultivées ainsi, ces laitues sont bonnes à enlever de la fin-Mars en Avril. Les plants employés dans cette culture proviennent des semis faits vers la fin-d'Octobre et repiqués en pépinière sur ados et sous cloches ; ils passent ainsi parfaitement l'hiver, pour peu qu'on ait la précaution, lorsqu'il gèle un peu trop fort, de les couvrir de paillassons que l'on enlève dans la journée quand il fait du soleil. Au besoin, on comble avec du fumier court l'intervalle existant entre les cloches, tout en veillant à l'aération nécessaire afin d'éviter la pourriture.

Pour obtenir des produits devant succéder à la troisième saison, on peut cultiver aussi comme primeur, mais sans le secours de la chaleur artificielle, plusieurs autres variétés de laitues provenant de semis à froid faits à l'automne : la *L. à bord rouge*, la *L. d'Alger*, la *L. Passion,* ainsi que la *L. Palatine*.

INSECTES NUISIBLES ET MALADIES. — Les ennemis des laitues sont légion, et certaines espèces d'insectes montrent une prédilection toute particulière pour cette plante.

Citons d'abord le *Puceron des racines* (*Aphis radicum*) et le *Puceron du laiteron* (*Aphis sonchi*), qui s'attaquent au collet des plantes (Traitement indiqué page 94, aux Chicorées).

Le *Ver blanc* ou *larve du Hanneton* (*Melolontha vulgaris*) mange très volontiers les racines des laitues. Le traitement du sol à l'aide de capsules au sulfure de carbone est efficace mais coûteux ; le plus simple est encore d'arracher les laitues que l'on voit se flétrir et de rechercher dans la terre la larve, cause du dégât.

Le *Ver gris*, larve de la *Noctuelle des moissons* (*Agrotis segetum*), se combat en saupoudrant le sol, avant le repiquage, avec du soufre, de la suie ou de la chaux éteinte.

La *Larve fil de fer* du *Taupin rayé* (*Agriotes lineatus*) est quelquefois redoutable pour les cultures faites en plein champ. Quand sa présence est malheureusement constatée, il faut rechercher soigneusement les insectes pour les détruire.

L'*Anthomye de la laitue* (*Anthomya lactucæ*) n'attaque ordinairement que les portegraines. On ne connaît aucun remède efficace.

La *Limace* et l'*Escargot* sont très friands des feuilles de la laitue : le plus simple est de leur faire la chasse; on peut aussi protéger les planches contenant des laitues en les entourant d'un cordon de cendre, de son, de sciure de bois ou de chaux en poudre.

Parmi les maladies qui attaquent habituellement les laitues, la plus grave est le *meunier* ou *blanc*, due à la présence d'une cryptogame : le *Peronospora gangliformis*. Les feuilles se couvrent à la face inférieure d'efflorescences blanchâtres, jaunissent, se dessèchent ou pourrissent. Le sulfatage du sol, effectué après le semis et avant le repiquage, avec une des bouillies : bordelaise ou bourguignonne, paraît prévenir la maladie.

La *moucheture* est une sorte de brûlure des tissus, due à l'action du soleil sur les feuilles couvertes de gouttes d'eau formant lentille; elle se produit fréquemment après les pluies d'orage. Il est prudent de n'arroser que le matin ou le soir pour éviter cet accident.

Usage. — La Laitue constitue une excellente salade, tendre et délicate, et c'est ainsi qu'elle est le plus habituellement employée; on la consomme également cuite, seule ou avec d'autres légumes, notamment avec les petits pois.

LAITUES POMMÉES

Lactuca capitata DC.

Noms étr. : angl. Cabbage *or* heading lettuce. — all. Kopflattich, Kopfsalat. flam. Kropsalad. — ital. Lattuga a testa, L. a cappucio. — esp. Lechuga acogollada. port. Alface repolhada. — russe Latouke kotchánny. — pol. Salata glowiasta.

I. — *Laitues de printemps.*

LAITUE CRÊPE A GRAINE NOIRE.

Synonymes : Laitue petite crêpe, L. crêpe hâtive, L. petite noire.

Noms étrangers : angl. Black-seeded crisped early lettuce.
all. Früher gelber kleiner Steinkopf Lattich (schwarz Korn).

Jeune plant à feuilles presque rondes, mais à contours anguleux; les jeunes feuilles commencent de très bonne heure à se rouler en forme de cornet.

Plante petite, basse, appliquée sur terre, d'un vert très pâle et presque blanchâtre, à contour un peu irrégulier, diamètre de 0m 15 à 0m 18; feuilles extérieures assez amples, mais courtes, à bords légèrement sinueux, contournées, marquées de quelques cloques peu nombreuses. Pomme ronde, un peu aplatie, formée de feuilles plus pâles, mais beaucoup moins cloquées et moins crispées que celles de la L. gotte à graine blanche; elle est ferme, d'un vert pâle, se forme très rapidement, mais dure peu.

Laitue crêpe.
Réd. au sixième.

Cette variété est surtout employée pour la culture de primeur sous cloches ou sous châssis ; on la fait surtout en hiver ou au premier printemps.

LAITUE CRÊPE A GRAINE BLANCHE.

Synonymes : Laitue crêpe blonde, L. fraise-de-veau, L. mignonne.

angl. Crisped small early *or* Early Paris cutting lettuce. — all. Früher gelber Eiersalat.

Jeune plant à feuilles larges, courtes, à contour anguleux ou obtusément denté, vert blond, devenant presque jaune-beurre dans les parties exposées au soleil.

Plante moyenne, d'un vert blond, très crispée et ondulée, d'un diamètre de 0m20 environ ; feuilles extérieures à bords très plissés et ondulés, marqués de larges dents obtuses et portant quelques larges cloques. Pomme moyenne, un peu haute, formée de feuilles plus pâles, beaucoup plus cloquées que celles de l'extérieur et aussi plus crispées que celles de la L. gotte à gr. noire ; elle reste généralement molle, tout en étant bien pleine, se forme promptement, mais a l'inconvénient de s'ouvrir assez rapidement pour donner passage à la tige florale.

La Laitue crêpe à gr. blanche convient bien pour la culture de printemps, surtout en pleine terre ; semée à l'automne, elle passe assez bien l'hiver.

C'est à cette variété qu'il faut rapporter, comme en étant très voisine, la *Laitue gotte monstrueuse de Lengelé*.

LAITUE GOTTE A GRAINE BLANCHE.

SYNONYMES : Laitue gau, L. d'ognon, L. Hâtivette gr. blanche (Somme), L. Rigolet.

NOMS ÉTRANGERS : ANGL. (AM.) White Tennisball *or* Boston market lettuce (white seed), Early stone L. — ALL. Früher gelber fester Steinkopf Lattich (weiss Korn).

Jeune plant d'un vert très blond, devenant presque jaune au soleil ; pourtour un peu anguleux sans être franchement denté, sauf à la base ; les jeunes feuilles deviennent très promptement cloquées et chiffonnées. Des plantes qui n'ont pas douze feuilles commencent parfois à montrer un rudiment de pomme.

Parvenue à tout son développement, la Laitue gotte forme une petite plante trapue, à contour arrondi, de 0m15 de diamètre environ ; feuilles extérieures arrondies, à bords presque entiers, mais très plissés et contournés, présentant quelques cloques. Pomme petite, mais assez serrée, d'un vert pâle, blond et presque doré, formée de feuilles beaucoup plus cloquées et contournées que celles de l'extérieur.

La L. gotte, malgré ses petites dimensions, est une variété réellement productive ; elle se développe rapidement, tient bien la pomme et peut être plantée serré. Elle convient surtout pour le printemps, c'est-à-dire pour être semée à la sortie de l'hiver et consommée avant l'été ; semée à l'automne, elle passe bien l'hiver, mais on a pour ce genre de culture des variétés encore plus rustiques et plus productives. Il en est de même pour l'été : quoique la L. gotte ne soit pas trop exposée à monter à graine, les vraies laitues d'été lui sont préférables pour cette saison.

Laitue gotte.
Réd. au sixième.

Il existe une autre race de L. gotte à graine blanche, qu'on appelle *Laitue gotte dorée* ou *L. gotte jaune d'or* ; elle ressemble assez à la L. gotte à graine noire décrite ci-après, mais elle monte plus promptement à graine.

LAITUE GOTTE A GRAINE NOIRE.

SYN. : Laitue roulette, L. Hâtivette gr. noire (Somme), L. noire à couches ou à châssis.

NOMS ÉTRANGERS : ANGL. Early white spring *or* Paris market forcing lettuce.
ALL. Früher gelber Steinkopf Lattich (schwarz K.).

Jeune plant différant fort peu de celui de la L. gotte à graine blanche, à part que les feuilles en sont plus cloquées et plus plissées.

Plante un peu plus petite que la L. gotte à graine blanche, à pomme déprimée, jamais très ferme, s'en rapprochant du reste énormément par ses caractères de végétation et ses aptitudes culturales.

354   LAITUES POMMÉES

LAITUE GOTTE LENTE A MONTER.

Noms étrangers : angl. French Tom-Thumb *or* Stone Tennisball lettuce.
all. Früher grüner fester Steinkopf Lattich.

Jeune plant, d'un vert franc, plus foncé que dans la L. gotte à graine noire ; feuilles arrondies, entières, se creusant en cuiller et ayant presque toujours une de leurs moitiés repliée ; les feuilles du centre commencent de très bonne heure à devenir cloquées.

Plante basse, assez trapue, à contour irrégulier, d'un diamètre de 0^m16 à 0^m18 ; feuilles extérieures retombant sur terre, assez courtes et raides, d'un vert foncé, généralement pliées le long de la nervure médiane, avec une moitié étalée et l'autre relevée, à cloques assez nombreuses ; feuilles du milieu également plus ou moins pliées, à cloqûres nombreuses et saillantes, et formant une pomme moyenne, bien compacte et bien ferme, franchement verte à l'extérieur, mais très tendre et se conservant très longtemps, même en été. Graine noire.

Assez petite, mais relativement très productive, précoce et tenant bien la pomme, cette variété est une des plus recommandables pour le printemps et l'été. Elle est tendre et de qualité excellente.

Laitue gotte lente à monter.
Réd. au sixième.

Laitue Tom-Pouce.
Réd. au sixième.

LAITUE TOM-POUCE.

Nom étranger : angl. Wheeler's Tom-Thumb lettuce.

Jeune plant, d'un vert blond, à feuilles presque rondes, un peu cloquées et finement dentées vers la base.

Cette variété, d'origine anglaise, est assez voisine de notre L. gotte lente à monter et surtout de la L. gotte à graine noire, mais elle a les feuilles extérieures moins développées ; elle offre l'avantage, à cause de sa taille très réduite, de pouvoir se planter très serré, ce qui la rend particulièrement recommandable pour la culture forcée. Graine noire.

LAITUE A BORD ROUGE.

Synonymes : Laitue cordon rouge, L. Bordelande, L. Babiane (Bordeaux).

Noms étrangers : angl. Red-edged Victoria lettuce, Early yellow L., White Dutch L. ; (am.) Hothouse L. — all. Gelber rotkantiger Prinzenkopf Lattich, Bruine geel L.
holl. Harlems'che gele latouw, Broei gele L.

Jeune plant à feuilles arrondies, plissées dans la partie inférieure et planes ou légèrement creusées en cuiller dans le reste du limbe, d'un vert blond et légèrement doré dans les parties les plus exposées au soleil.

Plante compacte, de 0^m20 à 0^m22 de diamètre ; à feuilles extérieures arrondies, presque planes, appliquées sur terre, celles qui entourent la pomme légèrement cloquées, d'une couleur vert jaunâtre très pâle, teintées de rouge sur les bords. Pomme très pleine, très serrée et comme tordue, d'un blond pâle, dorée et lavée de rouge sur le dessus. Graine blanche.

La L. à bord rouge est la plus productive de toutes les laitues de printemps; elle est aussi un peu plus lente à se former que les autres, et peut être considérée comme formant la transition entre elles et les laitues d'été.

Très tendre en même temps que ferme, c'est une des meilleures variétés, aussi bien pour le potager que pour la culture maraîchère. Elle se force très bien.

LAITUE A FORCER DE MILLY.

Synonyme : Laitue cordon rouge améliorée.

Jeune plant d'un vert franc pâle, à feuilles courtes, à limbe presque complètement rond, à pétiole long et à contour très légèrement anguleux.

Pomme grosse et serrée, d'un vert clair, fortement lavée de rouge-brun sur le dessus et parfois sur les côtés. Graine blanche.

Cette variété se prête également bien à la culture forcée et à la culture d'été; semée à l'automne et repiquée sous cloche ou sous châssis, elle peut se consommer, à peu de chose près, aussi tôt que les Laitues gottes et crêpes, mais elle est sensiblement plus grosse.

La variété connue en Amérique sous le nom de *Crisp as ice lettuce* se rapproche beaucoup de la L. de Milly, quoiqu'un peu plus blonde.

Laitue à bord rouge.
Réd. au sixième.

Laitue à forcer de Milly.
Réd. au sixième.

On ne rencontre plus que rarement dans les cultures les variétés de Laitues de printemps suivantes :

L. bigotte. — Pomme moyenne ou grosse, arrondie, très blonde, fortement teintée de rouge. Belle variété précoce et productive.

L. cabuzette. — Variété assez voisine de la L. gotte à graine blanche; plutôt moins hâtive.

L. cocasse à graine noire. — Feuilles d'un blond glauque, larges, cloquées, un peu plissées sur la hauteur, celles du pourtour de la pomme repliées en dehors; cœur bien plein et ferme. — La *L. cocasse à graine blanche* diffère à peine de la forme à graine noire.

L. coquille. — Petite variété à pomme haute; feuilles d'un blond glauque, raides, cloquées, pliées en deux et renversées en dehors à l'extrémité; l'apparence de sa pomme est presque intermédiaire entre une Laitue et une Romaine. Assez précoce, mais peu productive.

L. crêpe dauphine (syn. : *L. grosse crêpe*). — Feuilles amples, ondulées, crépues sur les bords, d'un vert franc. Pomme de dimension moyenne, un peu écrasée, colorée de brun au sommet. Variété rustique, mais dure et d'un goût peu fin; elle garde peu longtemps la pomme

L. dauphine (SYN. : *L. grosse brune hâtive, L. grosse hâtive d'hiver*). — Feuilles amples, marquées de quelques taches rousses. Pomme assez haute, peu pleine, d'un vert blond et légèrement colorée de rouge au sommet. Cette variété rappelle un peu l'aspect de la L. blonde d'été, mais elle est d'un vert beaucoup plus foncé. Graine noire.

L. Fagot. — Laitue vert franc clair, plus grande et moins précoce que les petites Laitues gottes; moins hâtive aussi que la L. gotte lente à monter.

L. Georges. — Feuilles amples, arrondies, peu ondulées. Pomme ronde, blonde, moyenne, largement cloquée. Cette variété, précoce et de qualité assez tendre, tient peu la pomme et ne vaut pas les Laitues crêpe ou gotte. On l'emploie surtout comme laitue à couper ; elle est à graine blanche.

L. grasse de Bourges. — Variété assez compacte, presque toute en pomme, à feuilles courtes, arrondies en cuiller. Pomme ronde, serrée. Cette laitue est précoce et tendre, mais elle a le défaut de pourrir facilement.

L. mousseronne. — Feuilles moyennes, frisées et dentelées, un peu cloquées, d'un vert clair bordé de brun. La pomme est petite et lâche, teintée de rouge brun. Graine blanche.

Cette variété est très précoce, mais pomme généralement mal; elle se rapproche beaucoup comme aspect de la L. crêpe à graine blanche. — On peut aussi l'utiliser comme laitue à couper.

Laitue Georges.
Réd. au sixième.

Laitue naine verte très hâtive.
Réd. au sixième.

L. naine verte très hâtive. — Jeune plant d'un vert foncé, feuilles rondes très cloquées et très ondulées. — Plante très ramassée, légèrement plus petite que la L. gotte lente à monter, ayant les feuilles un peu plus contournées à la façon d'une laitue crêpe, mais presque toute en pomme et tenant extrêmement peu de place. Petite pomme trapue, très basse, un peu aplatie sur le sommet et d'un vert pâle argenté.

C'est une variété très précoce et qui convient bien pour les petits jardins.

L. Tennisball (SYN. : *L. d'Aubervilliers, L. gotte verte hâtive*). (ANGL. *Tennisball lettuce, black seed*). — C'est une ancienne variété sans grand mérite en dehors de sa rusticité. Pomme dressée ; feuilles étroites, d'un vert très foncé. Graine noire.

Il peut être utile de mentionner quelques variétés étrangères de **Laitues de printemps**, prises parmi les meilleures et les plus cultivées ; nous citerons donc les suivantes :

Early cabbage* or *Dutch butter-head lettuce (AM.). — Petite race bien distincte, à feuilles cloquées, tachées de brun pâle. Pomme ferme et compacte, teintée de rouge sur le sommet, à peine aussi grosse qu'une L. gotte lente à monter. Graine blanche.

L. Empereur à forcer (ALL. *Kaiser Treib-L., schwarz Korn*). — Cette petite race, très hâtive, ressemble beaucoup à la L. gotte à graine blanche, elle est un peu plus blonde et monte plus promptement à graine.

L. jaune très hâtive de Zadeler. — Belle laitue pommée, bien plus forte que la L. à bord rouge, et à feuilles un peu moins tourmentées.

II. — *Laitues d'été et d'automne.*

LAITUE D'ALGER.

Jeune plant d'un vert franc assez foncé, à feuilles dressées, longues, légèrement plissées et se repliant sur la nervure médiane.

Au point de vue de la forme et de l'apparence générale, la L. d'Alger présente quelque analogie avec la L. à bord rouge, mais elle est moins blonde et un peu plus petite. Graine noire.

Cette jolie variété presque toute en pomme, bien ferme et de qualité excellente, est aussi recommandable pour la culture maraîchère que pour le potager.

C'est, pour le climat de Paris, une laitue de printemps et d'été, mais il n'est pas douteux qu'elle puisse tout aussi bien se cultiver d'hiver dans les pays exempts de gelées rigoureuses, tels que la Provence et l'Algérie. Ses dimensions réduites permettent de la planter serré comme on le fait, par exemple, pour la L. gotte lente à monter.

Laitue blonde d'été.
Réd. au sixième.

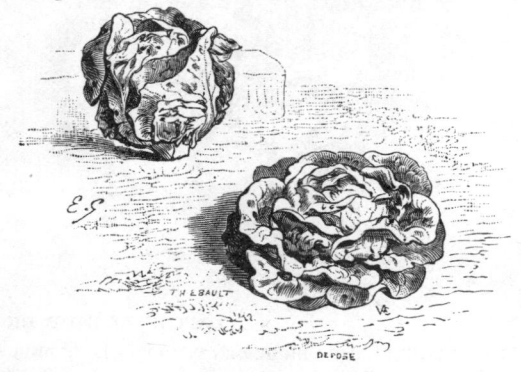

Laitue d'Alger.
Réd. au sixième.

LAITUE BLONDE D'ÉTÉ.

SYNONYMES : Laitue royale à graine blanche, L. blonde, L. Gapaillard, L. jaune d'été, L. jaune de Haarlem, L. nonpareille, L. pommée paresseuse, L. pommée de Zélande, L. Précurseur, L. blonde d'automne.

NOMS ÉTRANGERS : ANGL. All the year round lettuce (white seed), Royal L., Princess L., Swedish L., White summer cabbage L. ; (AM.) Frankfurt head L., Gold nugget L., Smooth leaf L. — ALL. Haarlemer grosser gelber Lattich, Haarlemer Blankkopf L., Grosser gelber Prinzenkopf L.

Jeune plant d'un vert blond, à feuilles courtes, entières, arrondies, légèrement dentées vers la base, faiblement ondulées.

Pomme ronde, serrée, très pleine, d'un vert très pâle et presque blanchâtre ; feuilles extérieures courtes, arrondies, très entières sur les bords, mais finement cloquées et un peu ondulées ; diamètre de la plante, 0^m15 à 0^m20. Graine blanche.

Cette excellente laitue est, sans contredit, une des plus généralement cultivées, comme l'indique du reste la multiplicité de ses noms. Elle est précoce et bien productive, malgré sa petite taille, parce qu'elle est, comme disent les jardiniers, toute en pomme. Elle donne une jolie salade tendre, croquante, très ondulée et réussit presque en tout terrain ; aussi la trouve-t-on répandue dans toutes les parties du monde.

LAITUE BLONDE DU CAZARD.

NOM ÉTRANGER : ANGL. White Marvel of Cazard lettuce, bl. seed.

Jeune plant d'un vert blond légèrement teinté de jaune, à feuilles étalées, assez courtes, à contour anguleux et quelquefois denté à la partie inférieure.

Pomme ronde, très ferme, ne s'ouvrant ni se déformant, et restant à l'intérieur parfaitement blanche et tendre. Feuilles extérieures vert blond, amples et bien cloquées. Graine noire.

C'est une bonne variété très vigoureuse, se rapprochant assez de la L. blonde d'été, et d'une précocité moyenne.

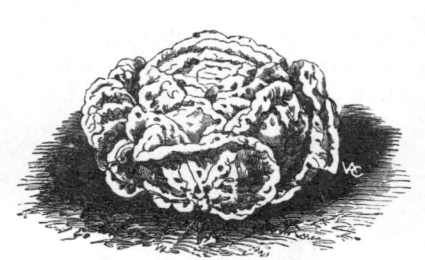

Laitue blonde du Cazard.
Réd. au sixième.

Laitue blonde de Berlin.
Réd. au sixième.

LAITUE BLONDE DE BERLIN.

SYNONYMES : Laitue blonde à gr. noire, L. blonde de Tours, L. de Versailles à gr. noire, L. pomme d'été, L. royale à gr. noire, L. Gliaud blond (Somme), L. Pochonné blond. Salade blonde (Somme).

NOMS ÉTRANGERS : ANGL. All the year round lettuce (black seed); White Berlin summer L., Black-seeded yellow L., Leyden white Dutch L.; (AM.) Black-seeded satisfaction L., Large yellow Berlin L. — ALL. Gelber Berliner fester L.

Jeune plant d'un vert blond; feuilles arrondies, à bords entiers et tendant à se contourner en cornet.

Pomme arrondie, molle, mais bien pleine; feuilles extérieures largement cloquées, arrondies, entières, d'un vert très blond ou presque jaunâtre; les feuilles qui entourent la pomme sont plus redressées et moins plissées que celles de la L. blonde d'été. La pomme en est aussi passablement plus haute. Le diamètre de la plante ne dépasse guère 0^{m}20. Graine noire.

LAITUE POMME D'OR.

SYNONYMES : Laitue Favorite de Rudolphe, L. pommée hâtive citron.

NOMS ÉTR. : ANGL. Golden head lettuce white seed, Rudolph's Favorite L., Butter cup L. ALL. Goldgelber Rudolph's Liebling Lattich.

Jeune plant à feuilles rondes, d'un blond doré surtout extérieurement; limbe cloqué, nervures assez apparentes.

Feuilles extrêmement blondes, véritablement dorées, souples et un peu contournées, celles de la pomme encore plus claires que les autres et étroitement emboîtées; la pomme est assez haute, pas très large et d'une couleur jaune tout à fait distincte.

LAITUE BLONDE DE VERSAILLES.

Noms étrangers : all. Cyrius Lattich, Gelber Cyrius L., Mogul L.,
Grosser gelber Savoyer L.

Jeune plant d'un vert assez clair, feuilles arrondies, entières, à nervures apparentes ; il ressemble beaucoup à celui de la L. blonde d'été, mais il est plus ample, à âge égal.

Pomme grosse, ronde ou un peu allongée, très pleine et très ferme, d'un vert franc un peu pâle ; feuilles extérieures très amples, entières, d'un vert assez foncé, plissées et cloquées, surtout au voisinage de la nervure médiane ; celles qui entourent la pomme sont largement ondulées et contournées dans tous les sens : elles donnent à l'ensemble de la plante un aspect un peu irrégulier. Diamètre atteignant 0m 25 à 0m 28. Graine blanche.

Laitue Pomme d'or.
Réd. au sixième.

Laitue blonde de Versailles.
Réd. au sixième.

Laitue blonde de Chavigné.
Réd. au sixième.

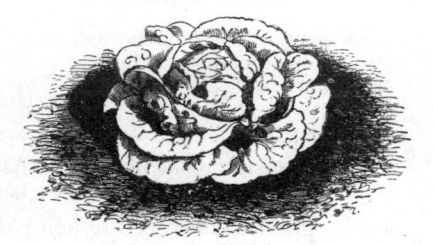

Laitue blonde de Paron.
Réd. au sixième.

LAITUE BLONDE DE CHAVIGNÉ.

Nom étranger : angl. White Chavigné lettuce (wh. s.).

Jeune plant d'un vert franc, ressemblant extrêmement à celui de la L. blonde d'été, mais seulement un peu moins blond ; feuilles un peu plus rétrécies vers la base.

Pomme grosse, pleine, compacte, d'un vert pâle presque jaune sur le dessus ; feuilles extérieures très arrondies, marquées de quelques grosses et larges cloques, beaucoup moins pâles que les feuilles composant la pomme. Diamètre de la plante, 0m 20 à 0m 25. Graine blanche.

La L. blonde de Chavigné est une très belle variété, de forme régulière, prompte à pommer et lente à monter, donnant, sous un moindre volume, autant de produit que la L. blonde de Versailles. Elle est à recommander.

La *Laitue blonde de Paron* est une variété très voisine, mais légèrement plus blonde, de la L. de Chavigné.

LAITUE GROSSE BLONDE PARESSEUSE.

Synonymes : Laitue blonde d'été de Saint-Omer, L. nonpareille, L. cuirassière blonde, L. Thinot, L. Triomphe, Romaine blonde (Picardie).

Noms étrangers : Angl. Large white stone summer lettuce. — All. Grosser gelber Dauerkopf Lattich, Gelber Faulenzer L.

Jeune plant d'un vert pâle, blond; feuilles arrondies ou courtement spatulées, planes, dentées et ondulées dans la moitié inférieure.

Pomme grosse, un peu haute, mais aplatie sur le sommet, d'un vert très pâle et très blond, presque couleur de cire ou de beurre; feuilles extérieures amples, très arrondies, légèrement cloquées, d'un vert un peu moins pâle que la pomme. Diamètre atteignant 0^m30. Graine blanche.

Cette belle laitue est volumineuse et productive; elle réussit bien et tient parfaitement la pomme pendant les grandes chaleurs.

Laitue grosse blonde paresseuse.
Réd. au sixième.

Laitue impériale.
Réd. au sixième.

LAITUE IMPÉRIALE.

Synonymes : Laitue incomparable (gr. bl.), L. Pomme d'argent.

Noms étrangers : Angl. Imperial or Asiatic lettuce, Union L.; (Am.) Silver star L. All. Grosser gelber Asiatischer Lattich (w. K.), Silberkopf-Salat.

Jeune plant d'un vert un peu pâle et assez terne, uni; feuilles arrondies, courtes, planes, obtusément dentées sur tout leur pourtour.

Pomme arrondie, un peu déprimée, d'un vert très pâle, presque blanchâtre; feuilles extérieures appliquées sur terre, arrondies, très entières, à peine cloquées, d'un vert extrêmement pâle et d'un aspect qui fait deviner leur grande épaisseur. La face extérieure des feuilles est d'une teinte encore plus claire et quelquefois tout à fait argentée. Toutes les feuilles sont très entières, celles qui forment la pomme et celles qui l'entourent immédiatement sont assez cloquées. Diamètre de la plante 0^m20 à 0^m25. Graine blanche.

Cette laitue ne convient qu'à la culture d'été, mais elle est des plus recommandables pour cette saison, produisant beaucoup et supportant bien la chaleur et la sécheresse.

La *Laitue turque* (syn. : *L. d'Alger à graine noire, L. grasse, L. grosse allemande, L. incomparable à gr. n., L. de Russie*), ne diffère guère de cette variété que par la couleur de sa graine, qui est noire.

La *Laitue Caladoise* et la variété allemande dite *Perpignaner Dauerkopf* (dont on a fait *L. de Perpignan*), nous ont toujours paru se rapprocher énormément, toutes deux, de la L. impériale.

LAITUE VERTE GRASSE.

NOMS ÉTRANGERS : ANGL. Green fat or Unctuous lettuce. — ALL. Grüner Fett-Salat.

Jeune plant, d'un vert foncé ; feuilles courtes, arrondies-spatulées, très légèrement dentées sur les bords, les inférieures contournées et cloquées.

Pomme arrondie ou un peu déprimée, serrée, ferme, entourée de feuilles à bords entiers, toutes largement cloquées, d'un vert franc, foncé à la face supérieure et presque argenté sur le revers ; les feuilles extérieures très rondes, petites, entières et unies. Toutes les feuilles sont roides et d'une contexture épaisse, rappelant quelque peu l'apparence des feuilles d'épinards. Le diamètre de la plante est d'environ 0^m18 à 0^m22. Graine noire.

Cette variété est une bonne laitue d'été, donnant beaucoup sous un petit volume et gardant très bien la pomme.

Laitue verte grasse.
Réd. au sixième.

Laitue Lorthois.
Réd. au sixième.

LAITUE GROSSE NORMANDE.

Jeune plant vert foncé, à feuilles spatulées-allongées, habituellement contournées, dentées vers la base, et anguleuses dans le reste de leur contour, ressemblant presque plutôt à des feuilles de Scarole que de Laitue.

Pomme arrondie ou un peu haute, assez grosse, bien pleine, un peu cloquée, vert pâle ; feuilles extérieures arrondies, d'une contexture épaisse, très entières sur les bords, d'une couleur vert foncé unie, marquées de quelques grosses cloques, les unes étalées sur terre, les autres se redressant autour de la pomme. Le diamètre de la plante varie de 0^m25 à 0^m30. Graine jaune.

Il y a quelque analogie d'apparence entre la L. blonde de Versailles et cette variété, mais le feuillage est notablement plus foncé dans la L. grosse normande, et la couleur des graines donne un caractère sûr pour les reconnaître.

LAITUE LORTHOIS.

SYNONYMES : Laitue du Trocadéro, L. gros cordon rouge, L. Baccarat, L. maraîchère (Flandre), L. Méterelle à gr. blanche.

NOMS ÉTRANGERS : ANGL. Red-edged Trocadero lettuce, Big Boston L.

Jeune plant d'un vert clair ; feuilles légèrement ondulées et teintées de rouge sur les bords.

Feuilles extérieures peu amples, arrondies, ondulées, d'un vert un peu cendré ; celles de la pomme repliées en dedans, plus pâles et teintées de rouge lie de vin. Pomme aplatie, un peu anguleuse, rappelant celle des Laitues crêpes, bien compacte, ferme, teintée de rouge sur le sommet et d'un aspect tout à fait particulier et facile à reconnaître. C'est, comme la L. palatine, une variété qui réussit toujours et s'accommode à peu près de tous les genres de culture.

LAITUE SANS RIVALE.

NOM ÉTRANGER : ANGL. Unrivalled lettuce.

Jeune plant d'un vert franc, passant au jaune dans les parties exposées à la lumière ; à feuilles longues, très larges à l'extrémité supérieure, fortement gaufrées et à contour très irrégulier.

Pomme volumineuse, excessivement ferme, d'excellente qualité. Feuilles extérieures blondes, peu amples et très cloquées. Graine blanche.

Cette variété est une amélioration de la L. Lorthois, due à M. Lorthois lui-même ; elle est surtout remarquable par sa précocité et la rapidité de sa croissance : dans le court espace de six semaines, elle arrive à former sa pomme et peut être livrée à la consommation au moins dix jours avant la L. Lorthois ordinaire. On peut la semer en toute saison et, par conséquent, échelonner la production sur la plus grande partie de l'année.

Elle est tout spécialement recommandable pour l'époque des grandes chaleurs, période pendant laquelle la plupart des autres laitues se flétrissent ou montent à graine, tandis que la L. sans rivale reste vigoureuse et tient bien sa pomme.

Laitue sans rivale.
Réd. au sixième.

Laitue grosse brune paresseuse.
Réd. au sixième.

LAITUE GROSSE BRUNE PARESSEUSE.

SYN. : Laitue Bapaume, L. Berg-op-Zoom, L. cuirassière brune, L. grise maraîchère, L. grosse grise, L. grosse hollandaise gr. n., L. Ma favorite, L. Méterelle (à Bordeaux), L. prodigieuse, Romaine brune (Picardie), Salade romaine (Picardie).

NOMS ÉTRANGERS : ANGL. Large green L., Brown stolid L., Black-seeded giant summer L., Mogul L. — ALL. Brauner grosser Faulenzer Lattich, Dicker braungrüner Steinkopf L.

Jeune plant d'un vert assez pâle, terne, marqué de taches brunes ; feuilles courtes, arrondies, entières à l'extrémité et dentées sur les côtés.

Race grande et forte, d'un diamètre total d'environ $0^m 30$; feuilles extérieures très grandes, d'un vert franc, beaucoup plus pâle à la face intérieure, plutôt plissées que cloquées, marquées, ainsi que les autres, de quelques taches brunes. Pomme assez haute, compacte, teintée de rouge-brun sur le sommet et composée de feuilles passablement cloquées, qui se recouvrent l'une l'autre en prenant la forme en cuiller. Graine noire.

La L. grosse brune paresseuse est une variété très rustique et extrêmement productive, qui peut se cultiver en plein champ.

La *Laitue de Berlaimont,* très estimée dans le nord de la France, nous paraît être identique à la L. grosse brune paresseuse.

La *Laitue paresseuse du Pas-de-Calais* ou *L. Julienne d'été* est assez voisine de la L. grosse brune paresseuse, mais en diffère cependant par l'absence totale de taches brunes. Elle est aussi un peu plus élevée ; la pomme en est plus ovoïde et se bronze plutôt qu'elle ne se colore en rouge sur les parties exposées à la lumière.

LAITUE MONTE A PEINE, A GRAINE BLANCHE.

Synonyme : Laitue rousse hollandaise, gr. bl.
Nom étranger : angl. White-seeded brown Dutch lettuce.

Jeune plant vert terne, teinté de brun sur les nervures ; feuilles spatulées-arrondies, celles du cœur promptement cloquées et ondulées.

Pomme arrondie ou un peu allongée, très pleine et très ferme, d'un vert très pâle et fortement colorée de rouge sur le sommet ; feuilles extérieures arrondies, à bords entiers, assez cloquées, d'un vert grisâtre, bordées et lavées de brun clair ; celles qui entourent la pomme sont très cloquées, passablement plissées et tourmentées : elles sont teintées de rouge cuivré dans toutes les portions exposées au plein soleil, soit à la face supérieure, soit sur le revers.

C'est une bonne variété rustique, gardant très bien la pomme et n'occupant pas trop de place. Le diamètre total de la plante ne dépasse pas ordinairement 0^m20 à 0^m25. Graine blanche.

Laitue palatine.
Réd. au sixième.

Laitue rousse hollandaise à gr. noire.
Réd. au sixième.

LAITUE PALATINE.

Synonymes : Laitue brune d'Achicourt, L. brune d'Arras, L. brune hollandaise, L. chien, L. de Saint-Denis, L. douce, L. Gliaud rouge, L. incomparable, L. jeune brune, L. jeune verte, L. œil-de-perdrix, L. petite brune, L. Pochonné rouge, L. pommée Canada, L. pommée de Rilleux, L. roulette d'été à gr. n., L. rousse, L. Tancrède.

Noms étrangers : angl. Brown Genoa lettuce. — all. Brauner fester Pariser Lattich, Schweden Kopf-L., Juwel L.

Jeune plant vert, taché de brun ; feuilles assez courtes, arrondies-spatulées, à pourtour entier, excepté vers la base, qui est dentée ; nervures rougeâtres.

Pomme moyenne ou grosse, arrondie, très pleine sans être dure, fortement colorée de rouge-brun sur le sommet ; feuilles extérieures assez amples, entières sur les bords, mais passablement cloquées et plissées, teintées de roux et parsemées de macules brun foncé. Diamètre 0^m25 à 0^m30. Graine noire.

La L. palatine est une des variétés les plus rustiques et les moins exigeantes ; aucune laitue ne lui est supérieure pour l'été et l'automne, ni comme rendement, ni comme sûreté de réussite : elle se forme très promptement, garde admirablement la pomme et supporte bien les premiers froids à l'arrière-saison. Pendant la fin de l'été et tout l'automne, la L. palatine fournit plus de la moitié des laitues pommées qu'on apporte à la halle de Paris.

La *Laitue rousse hollandaise à graine noire* (am. *Brown Dutch lettuce*) diffère surtout de la L. palatine par l'absence de taches sur les feuilles ; la plante dans son ensemble est un peu moins brune. A part ce caractère, les deux variétés se rapprochent beaucoup sous le rapport des dimensions et de l'aspect. Graine noire.

La *Laitue capucine de Hollande* ou *capucine de Bordeaux* se distingue à peine de la L. rousse hollandaise par une teinte un peu plus pâle.

La *Laitue grosse grise de Cambrai* est également très voisine de cette variété.

LAITUE GÉANTE D'ÉTÉ.

Noms étrangers : angl. Giant summer lettuce. — all. Rotgescheckter Riesen-Sommer-Lattich.

Jeune plant d'un vert pâle devenant jaune sous l'action du soleil, à feuilles longuement pétiolées, épineuses sur tout leur contour, légèrement recourbées en dehors.

Feuilles amples et cloquées, d'un vert blond entourant une pomme haute et volumineuse bien dégagée du feuillage, légèrement teintée de rouge et parfois tachetée de brun sur les bords. Graine jaune.

Sans avoir de mérite vraiment spécial, cette variété se place honorablement à côté des bonnes laitues d'été à pomme ferme et se tenant très longtemps ; elle est recommandable pour sa production abondante.

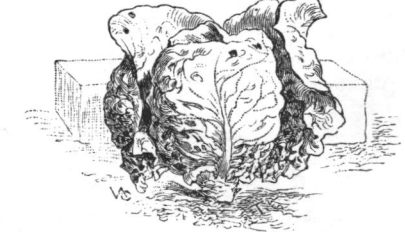

Laitue géante d'été.
Réd. au sixième.

Laitue grosse brune têtue.
Réd. au sixième.

LAITUE GROSSE BRUNE TÊTUE.

Synonymes : Laitue du presbytère, L. Semoroz.

Noms étrangers : angl. Brown stonehead lettuce, Brown blockhead L. — all. Grosser brauner Trotzkopf Lattich.

Jeune plant d'un vert blond fortement marbré de taches brunes, principalement vers l'extrémité des feuilles, ces dernières sont arrondies et légèrement retournées en arrière ; limbe très peu cloqué.

Plante vigoureuse à feuilles extérieures amples, cloquées et teintées de brun. Pomme d'un vert foncé, mais fortement tachée de plaques bronzées, surtout apparentes sur les cloques des feuilles ; cette pomme est pleine et bien blanche à l'intérieur. Graine blanche.

C'est une belle variété de laitue d'été prompte à se former et tenant longtemps la pomme : cette dernière qualité lui a valu son nom.

LAITUE MERVEILLE DES QUATRE-SAISONS.

Synonymes : Laitue Besson, L. lie de vin, L. mousseline rouge, L. rouge sang, L. sanguine de Vire, Salade redonne rouge d'été (Provence).
Noms étrangers : angl. Marvel *or* Red Besson lettuce, Continuity L. — all. Rotbrauner Besson *oder* Wunder Lattich.

Jeune plant vigoureux, complètement teinté de rouge-brun ; feuilles courtes, presque rondes, très entières, à bords relevés en cuiller, facile à reconnaître à sa coloration dès son plus jeune âge.

Plante vigoureuse, assez trapue, à développement rapide. Pomme arrondie, légèrement aplatie sur le sommet, où elle est fortement colorée de rouge vif, qui contraste d'une façon frappante avec la teinte très pâle des portions soustraites à l'action de la lumière ; les feuilles extérieures sont aussi teintées de rouge dans toutes les parties exposées au soleil. Feuilles à contour arrondi et plus ou moins ondulé, marquées de quelques grosses cloques. C'est la plus colorée des laitues qui se cultivent couramment aux environs de Paris ; elle est encore plus rouge que l'ancienne variété dite *Laitue rouge chartreuse*. Le diamètre de la plante atteint environ 0^{m}30. Graine noire.

Cette variété peut presque se cultiver à toutes les saisons, comme son nom l'indique ; mais elle convient surtout pour le printemps et l'été. La pomme se forme vite et reste longtemps ferme, même pendant les grandes chaleurs.

La *Laitue grosse brune d'Alsace* semble être une variété de la L. Merveille des quatre-saisons, encore plus colorée et à graine blanche.

Laitue sanguine améliorée.
Réd. au sixième.

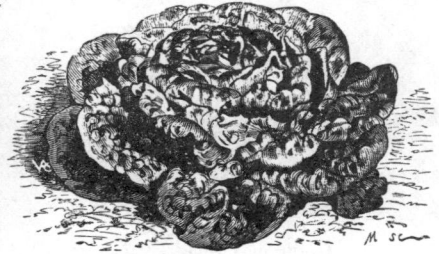

Laitue Merveille des quatre-saisons.
Réd. au sixième.

LAITUE SANGUINE AMÉLIORÉE.

Noms étrangers : angl. Improved spotted lettuce, Small dark red L. — all. Bunter verbesserter Forellen-Salat.

Jeune plant très finement maculé et fouetté de rouge ; feuilles arrondies, entières, ondulées ou repliées en cornet. Dans les feuilles du cœur, la couleur verte disparaît complètement sous les nombreuses et fines macules brun-rouge dont elles sont parsemées.

Pomme extrêmement serrée, de grosseur moyenne, ronde ou un peu déprimée au sommet, formée à l'intérieur de feuilles très plissées, d'un blanc d'ivoire très finement et abondamment flagellé de rouge carmin ; le dessus de la pomme est fortement teinté de rouge cuivré ; les feuilles extérieures, petites, nombreuses, d'autant moins cloquées qu'elles sont plus proches du sol, sont couvertes de petites taches rouges extrêmement nombreuses, qui donnent à l'ensemble de la plante une couleur bronzée. Son diamètre ne dépasse guère 0^{m}18 à 0^{m}22. Graine blanche.

La L. sanguine améliorée est productive sous son petit volume ; elle est précoce et garde bien la pomme. La couleur très vive des macules tranche agréablement sur la surface des feuilles blanchies, qui donnent une salade très jolie en même temps que tendre et d'excellente qualité.

LAITUE DE L'OHIO.

Noms étrangers : angl. Early Ohio *or* Nonpareil lettuce ; (am.) Denver market L. all. Goldgelber Ohio Lattich.

Jeune plant très blond ; feuilles ondulées et découpées ; limbe fortement cloqué ; les feuilles du centre sont tout à fait dressées.

Cette jolie laitue ne manque pas d'analogie avec la L. hâtive de Simpson, ancienne variété beaucoup moins cultivée aujourd'hui en raison de la formation très irrégulière de sa pomme (*Voy.* page 370); elle en diffère néanmoins bien nettement par ses feuilles moins amples, moins étalées, d'un vert plus blond et plus finement découpées sur les bords. Elle présente aussi, à la différence de la L. de Simpson, l'avantage de pommer très franchement, formant une tête assez haute et presque pointue, qui offre quelque ressemblance avec celle de la Scarole en cornet.

C'est une véritable laitue d'été, extrêmement tendre et croquante, qui est tout particulièrement appréciée dans les pays chauds, mais qui mérite d'être cultivée partout.

Laitue de l'Ohio.
Réd. au sixième.

Laitue Batavia blonde.
Réd. au sixième.

LAITUE BATAVIA BLONDE.

Synonymes : Laitue Batavia à bord rouge, L. Clermone (Le Puy), L. italienne (Loire), L. de Silésie, L. géante sans pareille à bord rouge, L. monte à regret, L. tête de mort.

Noms étrangers : angl. White Silesian lettuce, White Batavian L., Iceberg L. all. Grosser gelber Montree *oder* Kopfmontree Lattich, Riesen Kopfsalat L. holl. Groote gele montree latouw.

Jeune plant d'un vert blond ou doré, à feuilles légèrement dentées, ondulées et teintées de rouge pâle sur les bords.

Pomme très grosse, peu ferme, d'un vert très pâle, teinté de roux clair, arrondie ou légèrement déprimée ; feuilles extérieures assez amples, frisées, finement cloquées, très ondulées et largement dentées sur les bords, où elles sont légèrement colorées de rouge. Le diamètre de la plante est d'environ $0^m 30$ à $0^m 35$. Graine blanche.

La *Laitue Belle et bonne de Bruxelles* se rapproche beaucoup de cette variété ; quelquefois elle est presque dépourvue de teinte rouge et présente alors beaucoup d'analogie avec la suivante.

LAITUE BATAVIA FRISÉE ALLEMANDE.

Synonymes : Laitue Batavia italienne, Laitue Clermone frisée (Le Puy),
L. frisée pommée de Pierre-Bénite (Rhône).

Noms étrangers : angl. Curled German Batavian *or* Curled Silesian lettuce.
all. Grüner früher Montree Lattich, Krauser Deutscher Kopfmontree L.

Jeune plant à feuilles courtes et larges, à bords festonnés et ondulés, d'un vert clair légèrement doré.

Pomme grosse, molle, arrondie ou un peu déprimée, d'un vert très pâle ; feuilles extérieures cloquées, assez frisées et un peu déchiquetées sur les bords. Diamètre de la plante atteignant d'ordinaire 0^m28 à 0^m30. Graine blanche.

A part sa couleur pâle et très blonde, cette variété n'est pas sans analogie avec la L. chou de Naples. Elle est vigoureuse et d'une culture très facile et très sûre en été.

Laitue Batavia frisée allemande.
Réd. au sixième.

Laitue Batavia brune.
Réd. au sixième.

LAITUE BATAVIA BRUNE.

Synonymes : Laitue chou, L. brune de Silésie, L. Carabas, L. Macabianne, L. Mattabiat.

Noms étrangers : angl. Brown Batavian lettuce, Marseilles L.
all. Brauner Marseiller Lattich.

Jeune plant d'un vert très foncé, à feuilles très allongées, étroites, bordées de dents aiguës ; nervure médiane et extrême bord des feuilles teintés de brun.

Pomme très haute, allongée, ressemblant beaucoup plus à une pomme de Romaine qu'à celle d'une Laitue, presque toujours molle et rarement bien formée ; feuilles extérieures très amples, d'abord redressées, puis renversées en dehors, cloquées, ondulées et gaufrées sur les bords, d'un vert foncé lavé de brun dans toutes les parties les plus éclairées. Le diamètre de la plante atteint environ 0^m40 ; hauteur presque aussi grande. Graine blanche.

De peu de mérite sous le climat de Paris, cette variété est très estimée dans les pays chauds et même dans le midi de la France.

LAITUE CHOU DE NAPLES.

Synonymes : Laitue Sant'Angelo, L. Boulonne.

Noms étrangers : angl. Neapolitan cabbage lettuce ; (am.) New-York lettuce.
all. Neapolitanischer Dauerkopf Lattich.

Jeune plant d'un vert foncé ; feuilles courtement spatulées, ondulées sur les bords, dentées et légèrement cloquées.

Pomme grosse, déprimée, quelquefois presque plate, d'un vert très pâle, un peu cloquée, ayant l'aspect d'un chou ; feuilles extérieures d'un vert assez foncé, étalées sur terre, finement cloquées, très frisées et ondulées sur les bords. Le diamètre de la plante peut atteindre facilement 0^{m}30 à 0^{m}35. Graine blanche.

La Laitue chou de Naples est peut-être, de toutes les laitues, celle qui tient le mieux la pomme. Elle est si lente à monter à graine que souvent la tige florale ne peut se dégager des feuilles qui l'entourent sans qu'on l'aide, en fendant la pomme, à se frayer un passage. C'est une variété rustique et tardive.

Laitue chou de Naples (Réd. au sixième).

LAITUE BLONDE GÉANTE.

SYNONYMES : Laitue chou de Naples blonde, L. parisienne à graine blanche.

NOMS ÉTRANGERS : ANGL. Blond stonehead lettuce, Blond blockhead L. ALL. Gelber Riesen-Trotzkopf Lattich.

Jeune plant d'un vert blond à reflets dorés ; les contours des feuilles sont très ondulés ; limbe légèrement cloqué et découpé surtout vers la base.

Pomme très grosse, un peu déprimée, bien pleine et bien durable; feuilles extérieures grandes, amples, étalées sur terre, très finement frisées et ondulées sur les bords, présentant une grande analogie d'aspect avec la L. chou de Naples, mais s'en distinguant complètement par sa couleur beaucoup plus blonde.

C'est une très belle et excellente laitue d'été qui est fort estimée et recherchée par les maraichers de Paris.

Laitue Bossin (Réd. au sixième).    Laitue blonde géante (Réd. au sixième).

LAITUE BOSSIN.

NOMS ÉTRANGERS : ANGL. Very large Bossin lettuce, Giant cabbage L., The favourite L.

Jeune plant d'un vert blond, avec quelques taches brunes ; feuilles un peu allongées, dentées, teintées de brun sur les nervures et sur les bords.

Pomme grosse, un peu plate, d'un vert pâle, blond, lavé de brun; feuilles extérieures extrêmement grandes, s'étalant largement sur terre et formant une rosette de 0^{m}40 ou plus de diamètre, très dentées et ondulées sur les bords, un peu cloquées et irrégulièrement tachées de brun rougeâtre. Graine noire.

Variété très vigoureuse, rustique, résistant bien à la chaleur, mais dont le produit ne répond pas complètement à l'espace considérable qu'occupe la plante.

LAITUE DE MALTE.

SYNONYMES : Laitue-chou blonde, L. glaciale de Dammann.
NOMS ÉTRANGERS : ANGL. Drumhead *or* Malta lettuce; (AM.) Ice drumhead L.
ALL. Grosser gelber Trommelkopf Lattich.

Jeune plant d'un vert blond uni ; feuilles spatulées, assez longues, veinées, fortement dentées sur tout le pourtour, un peu ondulées sur les bords et légèrement contournées.

Pomme haute, composée de feuilles d'un vert pâle, plissées et marquées de cloques allongées. Quand elle commence à se former, elle ressemble passablement à celle d'une Romaine, mais s'élargit et devient presque ronde quand elle est parvenue à toute sa grosseur ; côtes des feuilles grosses et faisant souvent saillie sur la pomme ; feuilles extérieures très amples, d'un vert pâle et blond, à bords plissés, un peu découpés et parfois enroulés en dessous. Le diamètre de la plante atteint ordinairement 0ᵐ 30 à 0ᵐ 35 et sa hauteur est presque égale. Graine blanche.

Laitue de Malte.
Réd. au sixième.

La L. de Malte est d'une croissance rapide et résiste bien à la chaleur, mais elle ne tient pas longtemps la pomme. Elle convient tout particulièrement pour les pays chauds.

LAITUE MADRILÈNE.

NOM ÉTRANGER : ANGL. Green Madrid lettuce.

Jeune plant d'un vert franc foncé, à feuilles grandes et dressées, repliées suivant la nervure médiane, oblongues, à contours arrondis, sauf dans la partie tout à fait inférieure où elles sont franchement dentées.

Pomme plus haute que large, d'une forme intermédiaire entre la Laitue et la Romaine, très pleine et dure ; feuilles extérieures vert foncé luisant. Gr. noire.

C'est une très bonne laitue, durable et productive, convenant surtout pour la culture d'hiver dans les pays à climat doux. Bien qu'elle soit assez rustique pour supporter les hivers sous le climat de Paris, on ne l'y cultive guère que comme laitue d'été, et c'est surtout dans le Midi et en Algérie qu'elle se montre avec tous ses avantages. A cause de sa forme, elle doit être plantée serré, et donne un produit considérable.

Parmi les variétés de laitues d'été, les meilleures et les plus distinctes, après celles décrites plus haut, nous paraissent être les suivantes :

L. blonde trapue (SYN. : *L. d'Italie*, *L. grosse dorée d'été*, *L. nonpareille*, Genève). Plante ramassée, à feuilles cloquées, ondulées, d'un vert blond et presque doré, teintée de brun clair sur la pomme, qui est moyenne, serrée et un peu déprimée. C'est une bonne variété d'été, rustique et lente à monter ; on lui reproche seulement d'avoir une saveur un peu amère. Graine blanche.

L. cendrette du Havre. — Jolie laitue d'été, de taille moyenne, présentant une certaine analogie avec la L. Lorthois, mais s'en distinguant par ses feuilles plus cloquées et par la teinte plus brune qu'elle prend sur la pomme.

L. de Bellegarde. — Plante large, ayant la pomme entourée de grandes feuilles découpées et profondément dentées sur les bords ; elle se rapproche, par l'aspect, de la L. Bossin, mais elle est moins grosse et un peu plus colorée. Graine blanche.

L. de Chalon. — Variété à graine blanche assez voisine de la L. blonde de Chavigné.

L. de Fontenay. — Belle race de laitue pommée, très lente à monter, volumineuse et productive ; elle a quelque analogie d'aspect avec la L. turque, mais elle la dépasse en grosseur. Elle est dans toutes ses parties d'un blond très pâle.

L. de Francfort. — Cette jolie variété se rapproche assez de la L. blonde de Berlin, mais elle est moins large que celle-ci et forme une pomme plus haute et plus ovoïde, d'une teinte dorée bien particulière.

L. de Gênes. — Variété rappelant la L. grosse brune paresseuse, mais un peu plus blonde et moins grosse.

L. de Néris. — Belle laitue d'été, se rapprochant beaucoup de la L. grosse brune paresseuse, sauf qu'elle est d'une teinte beaucoup plus blonde. C'est une race répandue et estimée dans le centre de la France.

L. Excelsior. — Variété vigoureuse, dans le genre de la L. blonde d'été ; gr. blanche.

Laitue hâtive de Simpson.	L. monte à peine verte à gr. noire.	Laitue Lebœuf.
Réd. au sixième.	Réd. au sixième.	Réd. au sixième.

L. Genezzano (syn. : *L. Daniel*). — Petite laitue rousse, moins grosse et moins colorée que la L. Merveille des quatre-saisons.

L. hâtive de Simpson (syn. : *L. croquante, L. glacée*). — Variété à pomme rarement bien formée ; feuilles vert blond à surface luisante, très frisées et ondulées. Une des meilleures laitues d'été, surtout pour les pays chauds.

La **L. hâtive de Silésie** se rapproche de la L. hâtive de Simpson au point de ne pouvoir en être distinguée qu'assez difficilement.

L. Lebœuf (angl. *Little Queen lettuce*). — Variété intermédiaire entre une laitue pommée et une Romaine. Feuilles grandes, plissées, cloquées, et se recouvrant imparfaitement. Graine blanche.

L. monte à peine verte à graine noire. — Par son aspect, cette laitue rappelle beaucoup la L. blonde d'été, mais elle est d'une couleur bien plus verte et sa graine est noire.

L. pommée d'été grosse gantoise, graine noire. — Belle laitue blond pâle, rappelant beaucoup la L. blonde de Chavigné, mais ayant les feuilles du cœur beaucoup plus cloquées.

L. rose ou *rouge d'été* (syn. : *L. rouge à graine noire, L. palatine* de certains maraîchers de Paris). — Bien distincte, non tachée, mais très fortement teintée de rouge-brun au bord des feuilles et sur la pomme ; elle ressemble un peu à la L. brune d'hiver, mais elle est plus colorée et a la pomme plus haute. Elle convient bien pour la fin du printemps, l'été et l'automne ; on la trouve souvent à la halle de Paris.

L. rouge Chartreuse (syn. : *L. rouge d'Alger, L. rouge, L. grosse rouge*). — Cette belle variété a la taille et, jusqu'à un certain point, l'aspect de la L. palatine, mais elle n'est pas tachée, et la couleur de ses feuilles est beaucoup plus franchement rouge. C'est une bonne laitue d'été ; elle peut aussi passer l'hiver quand il n'est pas trop rigoureux. Graine noire.

L. rousse à graine jaune (SYN. : *L. d'Amérique*, *L. Désirée*, *L. sanguine à graine jaune*). — Assez voisine de la L. rousse hollandaise à graine noire mentionnée à la page 363, par sa taille, son apparence et sa couleur, cette variété s'en distingue pourtant par ses feuilles plus cloquées et sa nuance un peu plus rouge ; elle en diffère aussi complètement par sa graine.

L. sanguine à graine blanche (SYN. : *L. panachée*, *L. flagellée*, *L. truite*). — Plante assez compacte, à feuilles arrondies, contournées, tourmentées, formant une pomme serrée et très tendre ; celles de l'intérieur presque blanches et panachées ou mouchetées de rouge vif ; les extérieures, à cloqures saillantes, nombreuses, d'un vert assez foncé avec des macules brunes.

L. sanguine à graine noire. — Cette variété diffère de la précédente par la finesse de ses panachures qui lui donnent un aspect bronzé ; les feuilles intérieures semblent poudrées de rouge sur fond blanc.

Cette laitue et la précédente ont été remplacées dans les cultures par la variété sanguine améliorée à graine blanche.

L. Tannhäuser. — Variété compacte, à feuilles arrondies, épaisses ; pomme ronde, se rapprochant assez de la L. grosse normande, mais en différant complètement par la couleur de sa graine, qui est noire.

L. de Zélande (*Seelander latouw*). — Jolie race compacte, d'un blond doré très pâle, ressemblant tout à fait à la L. blonde de Berlin, à cela près que la pomme est, pour ainsi dire, ovoïde et plus haute que large. Graine noire.

On cultive en Amérique un très grand nombre de variétés de laitues pommées qui, sans pouvoir être entièrement assimilées aux nôtres, offrent cependant avec elles de grandes analogies :

Les *Yellow-seeded butter* et *Market gardener's private stock lettuces*, se rapprochent très évidemment de la L. blonde de Berlin.

Premium cabbage-lettuce, *Large yellow surehead L.*, *Philadelphia butter L.*, *Silver ball L.*, *Black-seeded butter L.*, offrent de grandes analogies avec la L. grosse blonde paresseuse.

De notre L. blonde d'été on peut rapprocher : *Sterling L.*, *Hubbard's market L.*, *Golden Queen L.*

Russian lettuce, *St-Louis butter L.*, *Deacon* or *San-Francisco market L.*, se rapprochent de la L. impériale.

Myers' All right lettuce, se rapproche de la L. Lorthois.

Large loaf lettuce, *Maximum L.* et *California cream butter L.*, se rapprochent de la L. grosse brune paresseuse.

Large brown lettuce et *Hard head L.*, se montrent assez voisines de la L. grosse brune têtue.

Chartier lettuce, *India head L.*, *Marblehead mammoth L.*, se rapprochent de la L. Batavia blonde.

Eureka L., *Sugarloaf L.*, *Tomhannock L.*, toutes trois fortement teintées de rouge, présentent de l'analogie avec la L. Batavia brune.

Drumhead lettuce, *Detroit market gardeners' L.*, *Non pareil L.*, *Wonderful L.*, se rapprochent de la L. Chou de Naples.

Hamilton market lettuce et *Golden curled L.*, ont beaucoup de ressemblance avec la L. blonde géante.

Gardeners' favorite lettuce, *Moonshine L.*, *The Morse L.*, *Perpetual L.*, *Hanson L.*, *Tilton's White star L.*, *New large head L.*, *Large India L.*, *Early curled Silesia L.*, se rapprochent de la L. hâtive de Simpson.

Hardy green winter lettuce, *Black-seeded Tennisball L.* et *Salamander L.*, se rapprochent de la L. blonde de Versailles.

Boston market lettuce, paraît extrêmement voisine de la L. de Zélande mentionnée ci-dessus, ou tout au moins intermédiaire entre elle et la L. blonde de Berlin.

III. — *Laitues d'hiver.*

SYNONYMES : Laitue Godet, L. mouscade.

LAITUE PASSION.

SYNONYMES : Laitue de la Passion, L. Anthenaise, L. brune d'hiver des Carmes, L. hivernande *ou* Yverneaude, L. Patisson *ou* Patissonne.
NOMS ÉTR. : ANGL. Madeira large winter wh.s L. — ALL. Braungefleckter Madeira Lattich.

Jeune plant à feuilles très arrondies, à limbe légèrement contourné et faiblement cloqué, d'un vert assez foncé et parsemé de taches brunes. Cette variété est bien moins blonde à l'état de jeune plant qu'elle ne le devient plus tard.

Plante moyenne ou assez large, basse, appliquée sur le sol, formant une rosette à contour un peu irrégulier, de 0^m22 à 0^m25 de diamètre; feuilles extérieures sans cloques et à bords entiers, mais largement plissées et contournées, d'un vert franc ou un peu blond, marquées de quelques taches brunes. Pomme arrondie, assez grosse, d'un vert pâle et lavée de rouge sur le sommet. Les feuilles qui l'entourent sont assez cloquées, chiffonnées et marquées de rouge sur les bords. Graine blanche.

La L. Passion est considérée comme une des plus rustiques de toutes les laitues; on ne l'emploie guère que pour la culture hivernale en pleine terre : semée au printemps, elle monte rapidement.

Laitue Passion (Réd. au sixième).   Laitue morine (Réd. au sixième).

LAITUE PASSION BLANCHE.

NOM ÉTRANGER : ANGL. White Madeira black seed lettuce.

Jeune plant différant de celui de la L. Passion par l'absence de taches brunes.

Plante large, à pomme grosse et bien pleine, arrondie, un peu méplate et de teinte argentée comme le revers des feuilles; celles-ci ont le pourtour très entier et arrondi, sans découpures. Les feuilles extérieures sont très amples, obtuses, largement plissées et à peine cloquées. Toute la plante est d'un vert pâle blond et entièrement dépourvue de teintes ou de taches rougeâtres.

Un peu plus trapue que la L. grosse blonde d'hiver, elle est aussi un peu plus prompte à se former et supporte franchement l'hiver sous le climat de Paris.

LAITUE MORINE.

SYNONYME : Laitue grand'mère.
NOMS ÉTRANGERS : ANGL. Hammersmith *or* Hardy green winter lettuce.

Jeune plant à feuilles presque rondes, courtement spatulées, finement dentées vers la base, entières dans le reste de leur pourtour, ordinairement pliées suivant la nervure médiane et fréquemment creusées en cuiller, d'un vert pâle, blond ou doré.

Plante moyenne, assez trapue, ne dépassant pas 0^m18 à 0^m20 de diamètre, à contour assez irrégulier; feuilles extérieures vertes, pas très amples, plus longues que larges, assez contournées sans être franchement plissées, portant quelques cloques au voisinage de la nervure centrale, mais aucune sur les bords. Pomme assez serrée, un peu haute, passablement pleine et ferme, entourée de feuilles généralement pliées en deux et formant pour ainsi dire le cornet, très cloquées et un peu plus pâles que celles de l'extérieur. Graine blanche.

La L. morine ne s'emploie que pour la culture d'hiver; elle est rustique et de bonne qualité. On peut la planter assez serré, ce qui compense dans une certaine mesure l'inconvénient de son petit volume.

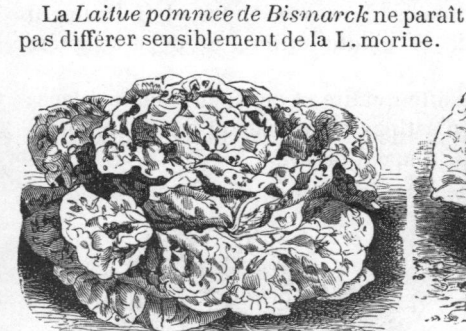

La *Laitue pommée de Bismarck* ne paraît pas différer sensiblement de la L. morine.

Laitue grosse blonde d'hiver.
Réd. au sixième.

Laitue d'hiver de Trémont.
Réd. au sixième.

LAITUE GROSSE BLONDE D'HIVER.

Syn. : Laitue d'hiver bourguignonne, L. lombarde (Normandie), L. Batavia d'hiver.

Nom étranger : Angl. Large white winter lettuce.

Jeune plant à feuilles spatulées, légèrement gaufrées ou plissées, faiblement dentées vers la base, très étalées et d'un vert clair presque blond.

Plante forte, large, assez haute, atteignant 0^m25 à 0^m30 de diamètre, à contour très irrégulier; feuilles extérieures vertes, à bords entiers, mais extrêmement contournées et plissées par de larges ondulations. Pomme arrondie, grosse, d'un vert pâle et blond, composée et entourée de feuilles extrêmement cloquées, plissées et contournées, tout en conservant des bords entiers ou presque entiers. Graine blanche.

Cette variété convient très bien pour la culture d'hiver; elle est rustique, hâtive et très productive. On peut encore la semer au printemps, et, faite à cette saison, elle tient longtemps la pomme pour une laitue d'hiver.

LAITUE D'HIVER DE TRÉMONT.

Jeune plant d'un vert franc passant au jaune sur les bords, à feuilles assez courtes, larges dans la partie médiane, se rétrécissant au sommet, à contour irrégulier surtout vers la base, et mouchetées de petites taches brunes espacées.

Plante grosse, à feuilles larges, amples, arrondies, plus forte, d'un vert blond, formant une large pomme assez entourée de feuilles extérieures pour être protégée contre le froid. Graine blanche.

Cette variété extrêmement rustique, d'excellente qualité, aussi productive que la L. blonde d'hiver et mieux pommée que la L. Passion, est une des meilleures que l'on puisse semer dans la deuxième quinzaine d'Août pour être consommée à la fin de l'hiver.

LAITUE BRUNE D'HIVER.

Synonymes : Laitue grosse brune d'hiver, L. capucine d'hiver, L. royale d'hiver, L. rougette.

Jeune plant très notablement plus coloré que celui de la L. rouge d'hiver, à feuilles courtement oblongues, à pourtour anguleux plutôt que véritablement denté ; limbe quelquefois un peu ondulé, creusé en cuiller, taché et abondamment lavé de brun.

Plante ramassée, assez trapue ; feuilles toutes plus ou moins en cuiller, les extérieures presque lisses. Pomme arrondie, assez pleine, composée et entourée de feuilles à grosses cloques, assez chiffonnées, d'un vert tendre, abondamment lavées de brun bronzé. Le diamètre de la plante entière ne dépasse guère 0m 18 à 0m 20.

C'est une laitue très rustique, d'excellente qualité et occupant peu de place ; mais il convient de dire que sa pomme n'est pas très ferme et qu'elle monte à graine un peu plus rapidement que la L. rouge d'hiver.

La variété annoncée ces dernières années sous le nom de *Laitue brune Lacour* ne nous a pas paru différer de la L. brune d'hiver.

Laitue brune d'hiver.
Réd. au sixième.

Laitue rouge d'hiver.
Réd. au sixième.

LAITUE ROUGE D'HIVER.

Synonyme : Laitue monte à peine d'hiver.

Nom étranger : angl. Hardy red winter lettuce.

Jeune plant à grandes feuilles oblongues, se rétrécissant un peu au sommet et rappelant presque l'apparence d'un plant de Romaine ; bords presque entiers, faiblement ondulés, dentés seulement dans le tiers inférieur, d'un vert un peu pâle, légèrement lavé et maculé de brun clair.

Plante vigoureuse, très rustique et extrêmement distincte. Pomme haute, presque conique et formée de feuilles repliées en cornet comme celle des Choux cœur-de-bœuf ; elle est grosse, pleine et se conserve longtemps ; les feuilles qui la forment sont d'un vert clair, seulement teinté de brun sur les bords et sur les cloques. Les feuilles extérieures qui ont supporté les froids sont beaucoup plus colorées et, surtout vers leur extrémité, à peu près aussi foncées que celles de la Romaine rouge d'hiver. — La Laitue rouge d'hiver n'est pas très étalée et peut pour cette raison être cultivée assez serré.

On cultive sous le nom de *Laitue Roquette* une race de laitue d'hiver remarquable par sa petite taille et par la dureté de sa pomme :
C'est une plante très petite et de port très ramassé, à feuillage d'un vert pâle, fortement teinté de rouge bronzé là où il est exposé à la lumière. La forme et l'apparence extérieure sont un peu celles d'une Laitue Batavia en miniature. Le diamètre de la plante, parvenue à tout son développement, ne dépasse pas d'ordinaire 0^{m}10 ; elle peut se planter serré et convient très bien par ce motif à la culture sous châssis ou sous cloches. La graine en est blanche.

La *Laitue de Silésie d'hiver* est une variété assez grande, dont l'aspect rappelle un peu celui de la L. Batavia blonde ; elle est assez rustique. Les feuilles en sont amples, contournées, d'un vert pâle teinté de rouge ; la pomme en est assez grosse, mais flasque. Elle ne réussit pas dans la culture d'été.

La *Laitue Mortatella*, à feuille vert foncé teintée de rose sur le revers, a une pomme plus haute que large, très compacte, serrée et se maintenant fort longtemps. C'est une excellente race, vigoureuse et productive, non seulement dans le Midi, mais aussi sous le climat de Paris.

La *Laitue Defiance* (Amérique) est une grosse variété blonde à feuilles tachées, dans le genre de la L. Passion.

Laitue Mortatella.
Réd. au sixième.

La *Laitue hâtive Erstling*, cultivée [en Allemagne, est une sorte de petite laitue lente à monter, ressemblant un peu à la L. brune d'hiver.

LAITUES A COUPER

SYNONYMES : Laitue à pincer, Laitue mignonette, Petite laitue.

NOMS ÉTR. : ANGL. Loose leaved *or* cutting lettuce. — ALL. Schnitt-Salat, Stech-Lattich. HOLL. Snij salade. —ITAL. Lattuga da taglio, Lattughetta, Lattughina.— ESP. Lechuguino. RUSSE Chnite-latouke. — POL. Salata do skubania.

Un certain nombre de variétés de laitues ne pomment pas ou seulement d'une façon imparfaite, mais donnent, en revanche, une grande quantité de feuilles qui se renouvellent après avoir été coupées, et peuvent ainsi fournir une grande abondance de verdure sans occuper beaucoup de place. On désigne ces laitues sous le nom général de « *Laitues à couper* », et l'on en cultive un assez grand nombre de variétés.

Quelquefois on se sert des laitues pommées blondes hâtives, pour faire de la laitue à couper : c'est le cas notamment avec les Laitues crêpe ou la L. Georges ; mais les variétés dont nous voulons parler ici sont celles qui ne pomment pas ou trop insuffisamment pour qu'on puisse en tirer parti autrement que pour cet emploi spécial.

CULTURE. — On sème depuis Septembre jusqu'en Mars sur couche et sous châssis, et de Mars en Septembre en plein air, assez dru, soit à la volée, soit en rayons distants de 0^m 10 à 0^m 15.

Après la levée, les soins de culture se bornent à maintenir les plants en bon état de propreté et à donner les arrosages nécessaires. Les premiers produits à consommer sont fournis par l'éclaircissage pur et simple du semis. Pour les récoltes suivantes, on coupe les feuilles avec l'ongle ou au couteau, un peu au-dessus du collet afin de leur permettre de se renouveler. Chaque cueillette doit être suivie d'un rechaussage au terreau pour regarnir les vides et d'un arrosage copieux.

LAITUE BLONDE A COUPER.

Synonymes : Petite laitue crêpe, Salade redonne blanche d'été.

Plante à feuilles spatulées, devenant plus arrondies quand la plante prend de la force ; à bords presque entiers, légèrement ondulés et dentés vers la base. Si les feuilles ne sont pas coupées quand la plante est encore jeune, celles du centre se plient et se chiffonnent de manière à former une sorte de cœur, mais non pas une véritable pomme. La tige florale fait promptement son apparition. Graine blanche. — Cette race se cultive surtout sous châssis.

LAITUE FRISÉE A COUPER, A GRAINE NOIRE.

Variété très distincte, formant une touffe large de $0^m 25$ à $0^m 30$, pleine et comme feutrée, qui rappelle un peu l'aspect des chicorées frisées ; feuilles découpées en lobes arrondis, contournées et gaufrées, d'un vert assez foncé en dessus, un peu grisâtre en dessous.

Cette variété est rustique et très productive; elle convient bien pour la culture en pleine terre. Les feuilles en sont complètement vertes à l'extrémité et sur les bords qui sont exposés à l'air et à la lumière, mais vers la base elles sont blanches comme celles d'une chicorée.

Laitue frisée à couper, à gr. noire.
Réd. au sixième.

Laitue frisée à couper Beauregard.
Réd. au sixième.

LAITUE FRISÉE A COUPER BEAUREGARD.

Synonyme : Laitue Pelletier.

Extrêmement distincte, à feuilles profondément déchiquetées et laciniées sur les bords, d'un vert franc. Graine noire. — Quoiqu'elle forme parfois assez bien sa pomme, on l'emploie surtout comme laitue à couper; on l'appelle aussi quelquefois *L. frisée de Californie*, mais ce synonyme est à éviter à cause de la confusion qu'il peut créer avec la L. frisée de Californie décrite ci-dessous.

LAITUE FRISÉE DE CALIFORNIE.

Noms étrangers : Angl. Californian curled lettuce, Green fringed L.

Jeune plant d'un vert clair, feuilles rondes, à contours très ondulés et finement découpés; les feuilles du centre sont disposées en forme de cornet.

Laitue pommant à peine et intermédiaire entre les variétés pommées et les laitues à couper. Elle forme une large rosette comme une Chicorée endive; les feuilles, d'un vert blond, sont entières dans la plus grande partie de leur limbe et très fortement gaufrées sur les bords. Remarquablement lente à monter.

La variété américaine *Grand Rapids L.* est très voisine de la L. de Californie, tout en étant moins frisée.

LAITUE FRISÉE D'AMÉRIQUE.

Synonymes : Laitue dorée d'Amérique, L. frisée d'Australie, L. pommée du Texas, Romaine rouge dorée.
Noms étr. : angl. American curled lettuce, American gathering lettuce, Prize head L.

Cette variété se rapproche des Laitues Batavia, mais pomme très mal, ce qui l'a fait ranger dans la catégorie des Laitues à couper. Ses feuilles sont frisées et très fortement teintées de rouge cuivré sur les bords.

On l'emploie comme salade verte et quelquefois on se contente de l'effeuiller pour récolter plus tard les nouvelles feuilles ou les ramifications qui croissent à leur aisselle. Graine blanche.

La *Laitue d'Égypte* est une variété assez analogue à la L. frisée d'Amérique, mais moins colorée, à feuilles plus longues et un peu moins frisées, remarquable par l'abondance des pousses qui se développent à l'aisselle des feuilles principales. Ces rejets portent quelques feuilles longues, étroites, ressemblant au produit des Laitues à couper forcées sur couche; on les emploie de la même manière. Graine blanche.

La variété américaine *Onondaga L.*, moins colorée que la L. frisée d'Amérique, en est cependant très voisine.

Laitue frisée de Californie.
Réd. au sixième.

Laitue frisée d'Amérique.
Réd. au sixième.

Parmi les variétés moins répandues de Laitues à couper, nous citerons :

Laitue épinard (syn. : *L. à la reine, L. à feuille de chêne, L. à carême*). — Plante formant une rosette assez élevée et large d'environ 0^m30 à 0^m35, composée de feuilles très nombreuses, assez longues, d'un vert très blond, divisées en lobes arrondis, sinués, un peu plus larges et beaucoup moins ondulés que dans la L. à couper frisée; elles forment une large rosette, touffue et assez pleine au centre. Cette variété est rustique et passe assez bien l'hiver; elle repousse bien après avoir été coupée. Graine noire.

La *Romaine à feuille d'artichaut* se rapproche beaucoup de celle-ci et n'en diffère guère que par la teinte brune de son feuillage.

Laitue chicorée. — Feuilles étalées en rosette, blondes, frisées et crépues comme celles de la Ch. frisée de Meaux. Cette laitue est tendre, très rustique et très bonne pour couper; elle passe bien l'hiver. La graine en est noire; c'est la plus petite des graines de laitue.

Laitue chicorée anglaise. — Variété à cœur plus plein, mais à feuilles moins crépues et d'un blond grisâtre ou argenté.

Boston curled lettuce. — Variété américaine de laitue à couper qui se distingue bien nettement de toutes les précédentes ; ses feuilles d'un vert clair, étalées en rosette, sont déchiquetées, frisées et gaufrées sur les bords, comme celles d'une chicorée frisée. C'est une laitue d'été ; elle a la graine noire.

LAITUES ROMAINES

Synonymes : Chicon, Laitue lombarde, L. longue (Midi).

Noms étrangers : angl. Cos-lettuce, Celery-lettuce. — all. Römischer oder Binde-Salat. flam. Ezelsoor salat. — holl. Roomsche latouw. — suéd. Romersk bindsallat. ital. Lattuga romana. — esp. Lechuga romana, Lechugon, Oreja de mula. port. Alface romana. — russe Rimsky latouke. — pol. Salata rzymska.

Les Laitues Romaines se distinguent des laitues pommées ordinaires par la forme de leurs feuilles, qui sont allongées, presque toujours un peu en cuiller, et par le grand développement que prend ordinairement la nervure médiane. Dans quelques variétés, celle-ci forme une véritable côte blanche, tendre et très épaisse.

Culture ordinaire. — Elle ne diffère pas sensiblement de la culture de la Laitue. Les *Romaines de printemps et d'été* se sèment en plein air de la fin de Mars en Juillet, en pépinière, à exposition chaude et abritée pour les premiers semis ; on les met en place à 0ᵐ30 d'écartement, d'Avril en Août, en terrain meuble et bien fumé, sur lequel on répand un bon paillis pour entretenir la fraîcheur en été. La récolte a lieu depuis le mois de Juin jusqu'en Octobre. On peut aussi semer d'Avril en Juillet, en place, mais très clair, pour récolter de Juin à l'automne.

Les semis de *Romaines d'hiver* s'effectuent de la fin d'Août au 15 Septembre en pépinière à l'air libre ; on repique quinze jours après et on met en place successivement au pied d'un mur au Midi, en terrain meuble et bien fumé, en espaçant de 0ᵐ30. Pendant les grands froids, il est nécessaire d'abriter, soit à l'aide de paillassons posés le long du mur, soit de cloches, soit, à la rigueur, de coffres et de châssis, si la largeur de la planche le permet. La récolte a lieu fin-Avril et en Mai.

Blanchiment. — La pomme des Romaines se formant moins facilement que celle des Laitues, pour la faire blanchir, on la lie habituellement aux deux tiers de sa hauteur avec un brin de paille ou de raphia. Il faut choisir un temps sec pour faire cette opération, de façon à éviter la pourriture.

Culture hâtée. — Quelques jardiniers réservent un certain nombre de plants de Romaines hâtives provenant des semis faits au mois d'Octobre en vue de la culture forcée dont nous allons parler ci-après ; ils les plantent au début du printemps sur cotière en pleine terre. Ainsi traités, ces plants qui ont été conservés sous cloche jusqu'au moment de la mise en place et habitués progressivement à l'air libre, donnent ordinairement leur produit vers la fin d'Avril ou au commencement de Mai.

Culture forcée. — Cette culture se fait surtout sous cloches. — On sème généralement dans la première quinzaine d'Octobre sur ados ou sur vieille couche et sous cloche ; quinze jours après le semis, on repique à raison de 24 à 30 plants par cloche ; on recommande de supprimer les cotylédons, car ceux-ci en se flétrissant déterminent souvent la pourriture des jeunes plants. Trois semaines plus tard, on procède au second repiquage à raison de 10 à 12 plants par cloches. Certains jardiniers n'en mettent que 9 et même 5 pour les avoir plus beaux.

Les maraîchers pratiquent ordinairement deux saisons de forçage : — La *première saison* se fait ordinairement au commencement de Janvier sur couche susceptible de donner environ 20° de chaleur et recouverte de 0ᵐ10 à 0ᵐ20 de bon terreau neuf. On dispose des planches non inclinées de largeur suffisante pour recevoir trois rangées de cloches ; ces planches sont séparées par un sentier, et sous chaque cloche on plante une Romaine et 3 ou 4 petites laitues ; vers la fin du même mois, si l'état de la terre et la température le permettent, on garnit les intervalles existant entre les cloches avec des Romaines que l'on cloche après l'enlèvement des premières déjà bonnes à consommer, ou bien avec des Choux-fleurs semés à l'automne et conservés à l'abri en pépinière d'attente. Cette première saison fournit son produit au bout de huit à neuf semaines. La culture intercalaire faite avec les Romaines ou les Choux-fleurs contreplantés vers la fin de Janvier, produit une seconde récolte d'Avril en Mai pour les Romaines, ou en Juin pour les Choux-fleurs.

La *seconde saison* commence dans les premiers jours de Février et se continue jusqu'en Mars, toujours sur couche chaude où l'on a préalablement semé, une fois le coup de feu passé, des *Radis,* puis de la *Carotte très hâtive.* On marque l'emplacement que doivent occuper les cloches, et l'on procède alors à la mise en place à raison d'une Romaine et de trois ou quatre Laitues par cloche.

Il est d'usage de donner, çà et là, un coup de plantoir traversant obliquement le terreau jusqu'au fumier pour éviter des coups de chaleur qui brûleraient les plantes ; dans le même but, on pratique souvent un petit conduit oblique communiquant de la circonférence extérieure de la cloche à l'intérieur de la couche. Pendant la durée du forçage, on ombrera, seulement lorsque ce sera indispensable, car la Romaine aime avant tout la lumière, et on aérera le plus souvent possible.

Les Radis se récoltent en premier, de quinze jours à trois semaines après le semis, puis les Laitues cinq à sept semaines après la mise sous cloches, et les Romaines quelques jours plus tard. Puis viennent, comme dans la première saison, les produits obtenus dans les intervalles existant entre les cloches. Quelques maraîchers ont l'habitude de mettre un rang de *Choux-fleurs* par planche sur le bord situé au Nord.

Comme dans la culture ordinaire, il est nécessaire de lier les Romaines soumises au forçage, pour les faire blanchir (*Voir* à la page précédente).

I. — *Romaines de printemps et d'été.*

Les variétés composant le premier groupe conviennent particulièrement à la culture forcée, ainsi qu'aux semis hâtifs de printemps.

ROMAINE VERTE MARAICHÈRE.

SYNONYME : Laitue du Bouscat (Gironde).

NOMS ÉTRANGERS : ANGL. Green Paris cos-lettuce, Buckland green cos-L., Johnson's Eclipse cos-L. — ALL. Pariser grüner selbstschliessender Binde-Salat.

Jeune plant vert foncé; feuilles dressées, à côtes blanches, spatulées-allongées, très dentées vers la base.

Pomme haute, allongée, pointue ou légèrement obtuse, présentant trois faces bien marquées ; feuilles extérieures redressées autour de la pomme, relativement étroites, d'un vert assez foncé, presque vernissé, à côtes très blanches. — C'est une bonne variété à végétation rapide, moins volumineuse mais un peu plus précoce que la R. blonde maraîchère. Graine blanche.

Romaine verte maraichère (Réd. au sixième).

ROMAINE VERTE DE LA LIMAGNE.

Jeune plant vert foncé, à feuilles dressées, fortement plissées sur les bords, anguleuses sur tout leur contour et dentées à la partie inférieure.

Pomme arrondie et très dure ; feuilles fortes, cloquées, d'un vert un peu plus blond que la R. verte maraîchère. Graine blanche.

C'est une belle variété très vigoureuse et à végétation rapide.

ROMAINE GRISE MARAÎCHÈRE.

Noms étrangers : angl. Grey Paris cos-lettuce, Alexander white cos-L.

Jeune plant à peine différent de celui de la R. blonde maraîchère, si ce n'est par sa couleur, qui est sensiblement plus foncée.

Pomme haute, très nettement arrondie au sommet, plus trapue que celle des Romaines verte et blonde maraîchères ; feuilles extérieures amples, arrondies du bout, d'un vert un peu moins blond que celles de la R. blonde maraîchère ; celles qui composent la pomme très fortement creusées en cuiller. Graine blanche.

La R. grise maraîchère se cultive surtout sous cloches ; pour cet emploi, elle est ordinairement préférée à toutes les autres variétés par les maraîchers des environs de Paris.

La *Romaine Éclipse* est une variété petite et hâtive de la R. grise maraîchère, se prêtant bien à la culture forcée.

Romaine plate hâtive. — Les maraîchers de Paris cultivent, sous ce nom, une race qui paraît intermédiaire entre la R. verte et la R. grise. C'est une plante qu'on pourrait décrire comme une Romaine verte maraîchère à larges feuilles ; elle forme une pomme large, bien pleine et surbaissée au sommet, ce qui lui a fait donner le nom de *plate*. Elle est employée concurremment avec la R. grise pour la culture sous cloches. Elle a la graine blanche.

Romaine blonde maraîchère.
Réd. au sixième.

Romaine grise maraîchère.
Réd. au sixième.

ROMAINE BLONDE MARAÎCHÈRE.

Synonymes : Romaine blonde à grosse côte de Versailles, R. la Parisienne (Somme), Laituard (Tarn), Salade parisienne (Somme).

Noms étrangers : angl. White Paris cos-lettuce, Moor-park cos-L., Priory white cos-L., London hardy white cos-L., Harrisson's improved white cos-L.; (am.) Ice cos-L.
all. Pariser gelber selbstschliessender Binde-Salat.

Jeune plant d'un vert pâle ; feuilles assez dressées, spatulées, dentées et légèrement cloquées vers la base, larges et arrondies vers l'extrémité.

Pomme haute, allongée, mais très grosse, obtuse ou arrondie au sommet, à angles moins marqués que dans la R. verte maraîchère ; feuilles extérieures spatulées, larges et amples, d'un vert blond, passablement cloquées ; celles qui forment la pomme à côtes blanches très prononcées, toujours pliées et d'un vert très pâle. Graine blanche.

Cette variété est certainement la plus cultivée de toutes les Romaines, et peut-être de toutes les Laitues. Elle paraît convenir fort bien à tous les climats tempérés et même chauds, car elle est recherchée dans le monde entier. Elle aime les terres riches et veut être arrosée abondamment.

On la cultive sous cloches pour primeur, et en pleine terre depuis le mois d'Avril jusqu'à la fin de l'automne. Bien soignée, elle se forme en sept semaines ou deux mois à partir du repiquage en pleine terre ; elle tient la pomme remarquablement longtemps. Un pied bien venu pèse souvent au delà de 3 kilogrammes.

On peut rapporter à la R. blonde maraîchère la variété désignée improprement sous le nom de *Laitue Tancrède*.

ROMAINE BLONDE HATIVE DE TRIANON.

Jolie sous-variété de la R. blonde maraîchère, à laquelle elle reste tout à fait semblable pendant les débuts de sa végétation. Elle ne s'en distingue nettement que lorsqu'elle est presque complètement formée, et cela par sa teinte un peu plus blonde, ses côtes plus larges, ses feuilles un peu plus cloquées, et surtout sa précocité de quelques jours plus grande.

Si l'on considère de quelle importance il est souvent, pour les maraîchers, de pouvoir récolter et vendre leurs produits quelques jours avant leurs confrères, on se figurera aisément quel mérite une précocité plus grande de quelques jours ajoute à une plante d'un usage aussi répandu que la Romaine blonde. Graine blanche.

Romaine pomme en terre.
Réd. au sixième.

Romaine blonde hâtive de Trianon.
Réd. au sixième.

ROMAINE GROSSE BLONDE DU CHESNAY.

Jeune plant d'un vert pâle légèrement jaunâtre, à feuilles petites, étroites, raides, dressées, dentées sur tout leur pourtour et contournées à la base.

On pourrait dire de cette variété que c'est une R. blonde maraîchère plus volumineuse et plus tardive d'une quinzaine de jours. La culture sous cloche lui convient très bien et elle se fait remarquer, cultivée en pleine terre, par sa résistance à la rouille. Graine blanche.

ROMAINE POMME EN TERRE.

SYNONYME : Chicon pomme en terre.

NOMS ÉTRANGERS : ANGL. Ground cos-lettuce. — ALL. In der Erde sitzender Binde-Salat.

Jeune plant court et compact, d'un vert franc, uni, assez foncé ; feuilles raides, courtes, ovales, légèrement en cuiller, dressées et marquées d'une nervure médiane blanche très apparente.

Plante très trapue, d'un vert foncé luisant. Pomme courte, très serrée, dure, commençant si bas, qu'elle paraît en partie enfoncée en terre ; feuilles extérieures très raides, un peu pointues, presque toujours pliées en deux et recourbées vers l'extérieur, légèrement cloquées, à côtes fortes, raides et très développées en proportion de la dimension des feuilles. Graine noire.

Cette variété est très croquante et présente un léger arrière-goût d'amertume qui n'est pas désagréable ; elle passe assez bien l'hiver, pourvu qu'elle soit un peu protégée. Comme la pomme en est très serrée, elle donne, malgré sa petite taille, un produit assez considérable.

Les variétés suivantes, moins promptes à se former, conviennent mieux que les précédentes pour la production d'été d'arrière-saison :

Romaine alphange (Réd. au sixième). Romaine blonde lente à monter (Réd. au sixième).

ROMAINE ALPHANGE A GRAINE NOIRE.

SYNONYMES : Romaine turque, R. Sagau.

NOM ÉTRANGER : ANGL. Magnum Bonum *or* Florence black-seeded cos-lettuce.

Jeune plant à feuilles spatulées, amples, assez longues, obtusément dentées, teintées de brun pâle à la base, sur les nervures et sur les bords.

Pomme allongée, se formant rarement seule ; feuilles extérieures très longues et très larges, d'un vert pâle blond ou doré, légèrement teinté de roux au soleil, finement cloquées.

Cette variété forme une rosette encore plus large que la variété à graine blanche dont nous parlons ci-après, le diamètre en atteint $0^m 40$ à $0^m 50$.

R. alphange à graine blanche. — Plante formant difficilement sa pomme. Feuilles très cloquées, d'un vert pâle et grisâtre, légèrement teinté de brun clair sur les bords et formant une grande rosette très étalée.

ROMAINE BLONDE LENTE A MONTER.

SYNONYMES : Romaine blanche d'été, Chicon blanc langue-de-bœuf.

NOMS ÉTRANGERS : ANGL. White long-standing cos-lettuce. — ALL. Gelber ausdauernder Binde-Salat.

Jeune plant d'un vert pâle, à feuilles spatulées, longuement pétiolées, infléchies en dehors et assez dentées.

Comme apparence extérieure cette variété se rapproche beaucoup de la R. alphange décrite plus haut; elle a seulement les feuilles plus fermes, plus nombreuses et formant une pomme plus compacte. Graine noire.

La R. blonde lente à monter, originaire de la région du sud-ouest de la France, où elle est depuis longtemps très appréciée, est tout à fait remarquable par la façon dont elle tient sa pomme malgré les chaleurs de l'été; aussi l'estime-t-on beaucoup en Provence et en Algérie, où certaines variétés très appréciées ont l'inconvénient de pommer mal et de monter vite à graine.

ROMAINE BALLON.

Synonymes : Romaine de Bougival, R. Alexandre.

Noms étrangers : Angl. Balloon cos-lettuce, Reading Mammoth cos-L.

Jeune plant d'un vert franc un peu pâle ; feuilles dressées, longues, assez étroites, portant sur tout leur pourtour des dents longues et aiguës dans la moitié inférieure, et à peine marquées vers l'extrémité de la feuille ; les nervures n'y sont pas très apparentes.

Plante très vigoureuse, à pomme grosse, large, arrondie, et même un peu aplatie au sommet, pleine et ferme ; feuilles extérieures moins cloquées, plus vertes et plus arrondies à l'extrémité que celle de la R. blonde maraîchère. Cette dernière variété pomme plus promptement que la R. Ballon ; mais celle-ci, par contre, passe pour être plus rustique et pour convenir fort bien aux semis d'automne. — Elle est remarquablement productive, et c'est une des plus volumineuses parmi les Romaines.

Romaine Ballon (Réd. au sixième)

ROMAINE MONSTRUEUSE.

Synonyme : Romaine à deux cœurs.

Jeune plant vigoureux, demi-étalé; feuilles assez grandes, larges à partir de la base, d'un vert pâle et terne, légèrement teinté de brun clair, surtout sur les nervures et sur les bords, à contour légèrement sinueux ou obtusément denté.

Pomme grosse, oblongue, ne se formant pas facilement seule; feuilles extérieures grandes, nombreuses, en large rosette très évasée, presque étalée ; le pourtour des feuilles est entier, mais les bords sont contournés et ondulés; la surface en est cloquée et boursouflée de la côte centrale vers les bords; toutes les parties très éclairées sont assez fortement lavées de roux, le reste de la feuille est d'un vert terne et foncé. L'aspect en est luisant et presque vernissé, au lieu d'être mat et terne comme dans les Romaines alphanges. Le diamètre de la plante peut atteindre 0m 50.

En dehors de son fort volume, cette variété ne présente pas de grands avantages : sa qualité n'égale pas celle des variétés maraîchères et sa pomme ne se maintient pas bien longtemps.

ROMAINE BRUNE ANGLAISE A GRAINE NOIRE.

Noms étrangers : angl. Black-seeded Bath cos-lettuce. — all. Rotgrüner Englischer Binde-Salat (schwarz-Korn).

Jeune plant d'un vert terne pâle, à feuilles spatulées, profondément dentées jusqu'à la pointe, teintées de rouge sur les bords et les nervures. Pommes oblongues, presque pointues, d'un vert pâle très légèrement teinté de brun terne, formées de feuilles qui se redressent tardivement; les feuilles extérieures sont très étalées, entières, peu cloquées, légèrement dentées sur les bords et teintées dans toute la portion éclairée de brun pâle sur fond grisâtre.

La Romaine brune anglaise est extrêmement rustique; elle réussit bien d'été et d'automne et passe même quelquefois l'hiver. Quoiqu'elle pomme passablement, laissée à elle-même, il est d'usage de la lier pour augmenter et hâter la production des feuilles blanchies et tendres.

Le contraste de couleur entre les parties des feuilles bronzées par l'action de la lumière et celles qui ont été soustraites au jour, se présente très marqué dans cette Romaine.

La *Romaine brune anglaise à graine blanche* diffère très franchement de la précédente par la couleur de ses graines; elle a, en outre, les feuilles un peu plus allongées et plus redressées.

Romaine brune anglaise à gr. noire.
Réd. au sixième.

Romaine brune anglaise à gr. blanche.
Réd. au sixième.

ROMAINE PANACHÉE PERFECTIONNÉE, A GRAINE NOIRE.

Noms étrangers : angl. Improved spotted cos-lettuce. — all. Selbstschliessender verbesserter Forellen Binde-Salat (schwarz K.).

Jeune plant fortement lavé de rouge-brun sur fond vert; feuilles assez courtes, entières, spatulées-arrondies.

Plante raide à feuilles dressées, serrées les unes contre les autres et entourant une pomme oblongue, courte et assez compacte; les feuilles extérieures sont raides, arrondies ou obtuses à l'extrémité, peu cloquées et d'un vert foncé marqué de taches et de plaques brunes; elles sont toutes redressées et creusées en entonnoir avant de former la pomme.

Cette Romaine pomme seule, mais on en augmente sensiblement le produit en la liant : elle donne alors très promptement une quantité de salade considérable, eu égard à sa petite taille. Son diamètre ne dépasse pas en effet ordinairement $0^m 25$ à $0^m 30$.

II. — *Romaines d'hiver.*

ROMAINE VERTE D'HIVER.

Noms étr. : Angl. Green winter cos-lettuce. — All. Grüner Winter Binde-Salat, Gelber Sachsenhäuser Binde-Salat.

Jeune plant à feuilles lisses, d'un vert foncé, assez planes, arrondies, mais s'amincissant vers l'extrémité, à pourtour entier, ne présentant quelques dents que dans le tiers inférieur.

Plante compacte, à feuilles serrées les unes contre les autres, redressées et se renversant un peu en dehors seulement vers l'extrémité ; limbe courtement spatulé ou ovale, uni, d'un vert franc intense, pour ainsi dire glacé ou lustré ; nervures nombreuses et bien visibles. La pomme se forme généralement bien d'elle-même, mais mieux encore en la liant ; elle n'est pas très haute, mais ferme, compacte et bien pleine. Graine noire.

Cette variété, exclusivement d'hiver, est fort ancienne et très recommandable ; elle est peu sensible au froid, et produit beaucoup sous un volume réduit.

La race anglaise appelée *Hardy white winter cos-lettuce* n'est qu'une sous-variété un peu plus blonde de la R. verte d'hiver.

Romaine verte d'hiver.
Réd. au sixième.

Romaine royale verte d'hiver.
Réd. au sixième.

ROMAINE ROYALE VERTE D'HIVER.

Noms étrangers : Angl. Green royal winter cos-lettuce. — All. Grüner König's Winter Binde-Salat.

Jeune plant à feuilles courtement spatulées, un peu cloquées et contournées vers la base, assez profondément dentées vers les deux tiers inférieurs, uniformément colorées de vert foncé.

Romaine vigoureuse à feuilles d'un vert franc, luisant et presque vernissé, oblongues, légèrement cloquées, un peu renversées en arrière jusqu'au moment où la pomme commence à se faire et où les feuilles se creusent au contraire en forme de cuiller pour se recouvrir ensuite les unes les autres. La pomme est assez haute, passablement pleine, et d'ordinaire peut blanchir sans être liée. Graine noire.

Cette variété se distingue surtout de la R. verte d'hiver en ce qu'elle forme avant de pommer une rosette moins évasée, plus raide, d'un vert plus pâle et plus luisant.

ROMAINE ROUGE D'HIVER.

SYNONYME : Romaine rouge de Haarlem.
NOM ÉTRANGER : ANGL. Red or blood winter cos-lettuce.

Jeune plant fortement teinté de rouge-brun ; feuilles spatulées, planes et lisses, légèrement dentées à la base.

Pomme haute, longue, complètement verte, sauf une teinte rouge-brun au sommet, feuilles extérieures longues, arrondies au bout, très entières, presque planes et très fortement colorées de brun rougeâtre. Ce n'est que dans le cœur de la plante, et tout près de la pomme, que se montre la couleur verte. Graine noire.

La R. rouge d'hiver pomme en général fort bien d'elle-même ; elle est rustique, productive et remarquablement lente à monter. Elle présente aussi une telle fixité de caractères, qu'on ne la voit presque jamais varier ni dégénérer.

Romaine rouge d'hiver.
Réd. au sixième.

Avant de clore la liste des Romaines, nous mentionnerons encore quelques variétés qui, sans présenter autant d'intérêt que les précédentes, ont cependant un certain mérite :

R. blonde de Brunoy. — Plante assez feuillue, ne formant de pomme que quand elle est liée ; à feuilles un peu plissées, unies sur les bords et renversées en dehors à l'extrémité. La plante atteint un volume considérable, mais monte à graine assez rapidement. — Il en existe une race à graine blanche et une à graine noire.

La variété anglaise *Ivery's Non such* paraît identique à cette dernière.

R. blonde de Niort. — Cette belle et grande variété est cultivée et fort appréciée en Vendée ; elle ressemble beaucoup à la R. alphange à graine noire, mais elle monte un peu plus rapidement. La graine en est blanche.

R. chicon Batavia. — Variété très tardive et très vigoureuse, ressemblant un peu à la R. blonde lente à monter.

R. chicon jaune supérieure. — On pourrait la considérer comme une simple sous-variété de la R. alphange à graine blanche ; elle s'en distingue cependant par sa pomme plus courte et d'une teinte tout à fait blonde.

R. de Chalabre (SYN. : *R. à feuille de chardon*). — Très bonne variété de romaine d'hiver pour le midi de la France ; même à Paris, elle résiste bien au froid dans les hivers ordinaires. Elle ressemble assez d'aspect à la R. verte maraîchère, mais elle devient beaucoup plus grosse et a les feuilles passablement dentées sur les côtés dans la moitié inférieure.

R. de la Madelaine. — Variété assez voisine de la R. monstrueuse, mais plus haute et plus blonde que cette dernière ; les feuilles en sont grandes, pâles, lavées de rouge, surtout sur les bords. La pomme se forme presque seule sans être liée ; elle n'est pas très pleine. Graine noire.

R. Dwarf white heart. — Variété d'origine américaine, assez analogue à la R. grise maraîchère.

R. Épinerolle. — Race à peu près intermédiaire entre les Romaines verte et blonde maraîchères ; paraît plus rustique que toutes les deux, mais aussi moins délicate de goût. Elle convient surtout pour le Midi, où elle peut se cultiver pour l'hiver.

R. frisée bayonnaise. — R. parisienne. — R. du Mexique. — On cultive sous ces noms deux ou trois races de Romaines qui ressemblent assez à la L. Batavia brune. Elles sont, comme elle, d'une végétation très vigoureuse et rapide, mais d'une contexture un peu coriace ; elles conviennent pour les climats chauds et doivent être liées pour blanchir et devenir tendres.

R. Gigogne. — C'est M. Paillieux qui a appelé l'attention sur cette curieuse variété. Originaire du Pamir, dans l'Asie centrale, elle est très rustique et résiste bien à la sécheresse ; ses feuilles sont longues, d'un vert pâle un peu terne. Elle ne forme pas de pomme proprement dite, mais donne des rejets feuillés, tendres et nombreux, partant obliquement de l'aisselle des feuilles inférieures. Graine blanche. — Outre son mérite comme curiosité, la R. Gigogne est, en somme, une excellente salade pour les régions où les autres variétés de Romaines sont trop délicates.

Romaine panachée à graine blanche.
Réd. au sixième.

Romaine Gigogne.
Réd. au sixième.

R. North's King. — Variété anglaise assez voisine de la R. blonde maraîchère mais plus ouverte et plus tardive.

R. panachée à graine blanche (SYN. : *R. flagellée à graine blanche, R. rouge d'Angleterre, R. sanguine à graine blanche*). — Variété très différente de la *R. panachée perfectionnée à graine noire* décrite page 384. Feuilles tout à fait étalées et même renversées, très plissées, lavées de rouge-brun foncé. Diamètre atteignant environ 0^{m}40.

ROMAINE ASPERGE, LAITUE ASPERGE (*Lactuca angustana* Hort.). (ANGL. Asparagus lettuce ; ALL. Spargel-Salat). — Feuilles longues, très étroites, lancéolées, ne formant jamais de pomme ; la plante monte promptement à graine, et ce sont ses tiges, grosses et renflées, qu'on utilise comme légume, lorsqu'elles ont environ 0^{m}30 de hauteur.

Cette plante est très distincte et ne ressemble à aucune autre Romaine.

Le *Lactuca cracoviensis* Hort. est une forme de la Romaine asperge, à tiges rougeâtres et à feuilles bronzées ; elle végète et s'emploie comme la forme ordinaire.

Malgré leur apparence tout à fait spéciale et le nom latin qu'on leur a donné dans la pratique horticole, ces deux plantes ne sont cependant pas autre chose que des modifications de la Laitue cultivée (*Lactuca sativa* L.). Les caractères tirés de la floraison et des graines ne permettent pas de conserver le moindre doute à cet égard.

LAITUE VIVACE, Égreville, Égrevande, Chevrille, Corne-de-cerf, Gresillotte, Laitue de bruyère (*Lactuca perennis* L.). (angl. Perennial lettuce). — Fam. des *Composées*.

On a recommandé comme légume cette plante sauvage, commune dans les terres légères ou calcaires de tout le centre de la France.

La partie utile consiste dans les feuilles épaisses, glabres, d'un vert glauque, très divisées, longues d'environ 0^m25 et formant de maigres rosettes qui se développent dès le premier printemps ; on les recueille dans les terres où la plante croît spontanément, comme on recherche les pissenlits dans les prés de diverses régions de la France.

Ces feuilles ne sont pas ramassées en quantité suffisante pour être portées sur les marchés. Encore vertes et tendres, ou blanchies artificiellement elles ne sont pas mauvaises en salade, et lorsqu'elles sont plus développées on peut les consommer cuites comme la chicorée ; mais le produit est si peu important, que la plante ne mérite guère la culture. Graine noire.

Laitue vivace (Réd. au huitième).

LAVANDES
Fam. des *Labiées*.

On utilise pour la parfumerie et l'on cultive parfois dans les jardins deux petits arbrisseaux du genre Lavande, originaires de l'Europe méridionale et exhalant l'un et l'autre une odeur fine et forte à la fois.

LAVANDE VRAIE

Lavandula vera DC. — *Lavandula angustifolia* Mœnch. — *L. spica* α L.

Noms étr. : angl. True lavender. — all. Echter Lavendel. — suéd. Äckta lavendel. — russe Lavenda. — pol. Lawenda.

Indigène. — *Vivace.* — Sous-arbrisseau ne dépassant pas 0^m60 à 0^m80 de hauteur ; tiges très nombreuses, formant des touffes compactes ; feuilles linéaires, grisâtres ; tige florale mince, carrée, nue, à l'exception d'une paire de feuilles opposées ; épi terminal court de fleurs bleu violacé, de Juillet en Septembre.

Graine brune, luisante, oblongue, présentant à l'une de ses extrémités une tache blanche assez marquée, correspondant à l'ombilic. Un gramme en contient environ 950, et le litre pèse en moyenne 575 grammes. Sa durée germinative est de cinq années.

Culture. — La Lavande se plaît surtout dans les terres légères, un peu calcaires. Dans les jardins, on la cultive ordinairement en bordures, et on la propage par division de touffes ou par boutures et aussi à l'aide du semis ; celui-ci s'effectue d'Avril en Juin en pépinière, en pots ou en terrines ; on repique ensuite en pépinière et on met en place à l'automne.

Dans la culture en grand, on sème en pépinière, en Mars-Avril, en lignes espacées de 0^m15. La levée a ordinairement lieu au bout d'un mois. Les plants sont mis en place dans le courant de Septembre à 0^m40 ou 0^m50 les uns des autres, en terre bien ameublie et paillée.

Les soins d'entretien consistent exclusivement à desherber, arroser et ameublir la terre à la fourche entre les lignes, au printemps. La récolte des tiges peut commencer au printemps de la seconde année.

Il faut renouveler les semis et les plantations tous les trois ou quatre ans.

Usage. — On emploie quelquefois les feuilles comme condiment. Plus généralement on fait usage des fleurs dans la parfumerie.

LAVANDE ASPIC
Lavandula spica DC. — L. spica β L. — L. latifolia Vill.

Noms étr. : angl. Common lavender. — all. Spicklavendel. — suéd. Vanlig lavendel. — russe Douchistaïa lavenda.

Plante plus étalée, moins buissonnante que la Lavande vraie ; elle s'en distingue encore par la largeur de son feuillage plus horizontal et bien moins épais par rapport à son ampleur. Les tiges florales moins nombreuses que dans la Lavande vraie, sont plus vigoureuses, plus obliques et portent des ramifications bien plus développées. Les fleurs, par contre, sont moins grandes dans la L. aspic que dans l'autre. La finesse du parfum est aussi un peu moindre, il en résulte que l'essence de Lavande vraie a toujours une valeur plus que double de celle de la Lavande aspic.

En Provence, les deux plantes se rencontrent à l'état sauvage dans les terrains calcaires, mais la Lavande aspic habite les plaines et les côteaux bas, tandis que la Lavande vraie ne se rencontre guère qu'à des altitudes supérieures à 400 mètres.

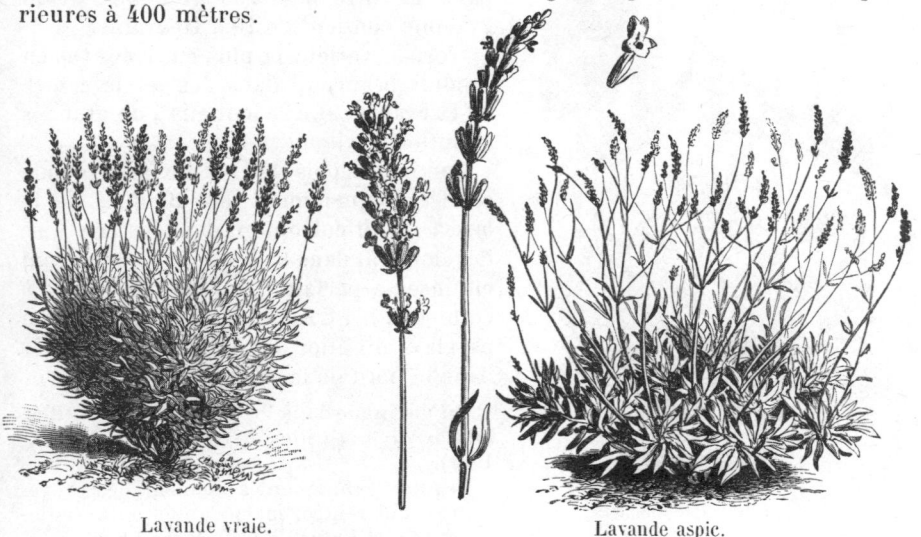

Lavande vraie.
Réd. au huitième.

Lavande aspic.
Réd. au dixième

LENTILLE
Lens esculenta Mœnch. — Ervum Lens L.
Fam. des *Légumineuses*.

Synonymes : Aroufle, Arousse.

Noms étrangers : angl. Lentil. — all. Linse. — flam. et holl. Linze. — dan. Lindse. — suéd. Lins. — ital. Lente, Lenticchia. — esp. Lenteja. — port. Lentilha. — russes Tchetchevitsa, Sotchevitsa. — pol. Soczewica.

Indigène. — Annuelle. — Petite plante très ramifiée, formant des touffes dressées, hautes de 0^m35 à 0^m40 ; tiges fines, anguleuses ; feuilles ailées, composées d'un grand nombre de folioles petites, ovales, oblongues, d'un vert clair ; pétioles se terminant à l'extrémité par une vrille simple ; fleurs axillaires, petites, blanches, réunies deux par deux, et faisant place à des gousses très plates, elliptiques, contenant ordinairement deux grains très déprimés, de contour arrondi et convexes sur les deux faces, de couleur variable. La durée germinative en est de quatre années.

CULTURE. — La Lentille se sème au mois de Mars, en place et habituellement en rayons espacés de 0^m20 à 0^m35 ; on pratique aussi les semis en touffes ou poquets disposés en échiquier et écartés les uns des autres de 0^m35 à 0^m45. Elle préfère en général les sols légers ; c'est du moins dans ceux-là qu'elle grène le plus abondamment.

Elle ne demande aucun soin jusqu'à la récolte, qui a lieu dans le courant d'Août ou de Septembre. Les grains se conservent mieux dans les cosses que battus ; aussi est-on dans l'habitude, en beaucoup d'endroits, de ne battre les lentilles qu'au fur et à mesure des besoins.

USAGE. — On mange le grain sec à la manière des haricots.

LENTILLE LARGE BLONDE.

SYNONYMES : Lentille commune, L. de Lorraine, L. de Gallardon, L. de Soissons.

NOMS ÉTRANGERS : ALL. Grosse weisse Linse, Heller Linse.

Plante assez menue, mais très ramifiée, d'un vert un peu pâle; fleurs blanches. Grain très large, très plat, de couleur pâle. Le litre pèse 790 grammes, et un gramme contient de 10 à 15 grains.

C'est la variété la plus cultivée. On en produit beaucoup dans l'est et le centre de la France ; il en vient aussi de grandes quantités d'Allemagne.

Comme les pois, la Lentille large blonde souffre fréquemment des attaques de la *bruche*, petit coléoptère dont les larves se développent dans la graine et s'y changent en insecte parfait. C'est probablement à cette cause qu'est due pour une bonne part la diminution des cultures de lentilles dans le nord de la France.

On distingue dans le commerce les lentilles de *Lorraine* et celles de *Gallardon* (Eure-et-Loir).

Lentille large blonde.
Réd. au dixième ; rameau de grandeur naturelle.

Ces noms indiquent seulement des provenances différentes, mais s'appliquent également l'un et l'autre à la L. large blonde.

LENTILLE VERTE DU PUY.

Variété très distincte, à grain petit, de 0^m004 à 0^m005 seulement de diamètre, très épais, d'un vert pâle taché et marbré de vert foncé. Le litre pèse en moyenne 850 grammes, et un gramme contient 40 grains.

On ne la cultive guère que dans les départements de la Haute-Loire et du Cantal, où elle est fort estimée comme légume et comme fourrage vert.

LENTILLE PETITE ROUGE.

SYNONYMES : Lentillon d'hiver, L. rouge.

Cette variété se cultive principalement dans le nord et l'est de la France ; elle se sème à l'automne, soit dans une céréale, soit plus souvent seule. On l'emploie rarement pour fourrage, le grain en étant très estimé et préféré par beaucoup à celui de la Lentille large ; il est petit, relativement épais et d'une couleur rougeâtre assez foncée, qui permet de le reconnaître à première vue. Le litre pèse d'ordinaire 800 grammes, et un gramme contient environ 45 grains.

LENTILLE PETITE.

SYNONYMES : Lentille à la reine, Lentillon blond, L. de Mars.

Le grain de ce lentillon ressemble par sa forme et sa couleur à celui de la Lentille large, mais il en diffère complètement par sa taille, qui est de moitié plus petite. Le litre pèse 825 grammes, et un gramme contient environ 35 grains. Comme la Lentille large, celle-ci se sème au printemps.

Le nom de *Lentille à la reine* est donné tantôt à cette variété, tantôt au Lentillon d'hiver.

Comme légume, ces deux variétés sont très estimées à cause de leur goût délicat et de la finesse extrême de leur peau.

LENTILLE D'AUVERGNE, LENTILLE A UNE FLEUR, JAROSSE D'AUVERGNE (*Vicia monanthos* DESF.; *Ervum monanthos* L.). (ANGL. Auvergne lentil, One-flowered tare ; ALL. Wicklinse, Einblütige Erve, Würfelerve). — Fam. des *Légumineuses*.

Plante annuelle menue, à tiges grêles, ayant besoin d'un point d'appui, garnie de feuilles composées, à folioles très petites, nombreuses, ovales ; fleurs axillaires solitaires, blanchâtres, portées sur un long pédoncule, et faisant place à une gousse aplatie, large, contenant 2 ou 3 grains. La hauteur totale de la plante atteint $0^m 60$ à $0^m 80$ si les tiges sont soutenues ; sinon, les tiges se couchent sur terre et ne se redressent qu'à l'extrémité. Grain irrégulièrement arrondi, un peu bombé, intermédiaire par la forme entre une lentille et un grain de vesce, d'un brun-gris strié ou marbré de noir ; il est farineux et d'un goût assez agréable.

La L. d'Auvergne peut se semer d'automne ou de printemps ; on la cultive beaucoup plus comme fourrage que pour la production du grain, et alors on y associe généralement une céréale, seigle ou avoine, pour fournir un point d'appui à ses tiges grimpantes. — On consomme parfois le grain cuit, à la manière des lentilles.

LENTILLE D'ESPAGNE. — Voy. GESSE CULTIVÉE.

LIMAÇON, ESCARGOT (*Medicago scutellata* ALL.). (ANGL. Snail ; ALL. Schnirkelschnecke, Schneckenklee). — Fam. des *Légumineuses*.

Plante annuelle rampante, étalée ; tige mince ; feuilles ailées, à folioles ovales, élargies au sommet ; fleurs petites, jaunes. Gousses lisses, contournées en spirale, formant six tours en se repliant sur elles-mêmes et représentant assez bien une coquille de limaçon. La graine est assez grosse, réniforme, aplatie, d'un jaune brun.

Limaçon (Fruit de grandeur naturelle).

La plante n'est pas comestible. On la cultive, comme les différents *Scorpiurus*, à cause de la curieuse apparence de ses fruits.

LOTIER CULTIVÉ, POIS ASPERGE, POIS CAFÉ, POIS SUCRÉ (*Lotus Tetragonolobus* L.; *Tetragonolobus purpureus* MŒNCH). (ANGL. Winged pea ; ALL. Flügel-Erbse, Spargel-Erbse ; ESP. Bocha cultivada). — Fam. des *Légumineuses*.

Plante annuelle de l'Europe méridionale, presque rampante, à tiges d'abord étalées sur terre, puis ascendantes, longues de $0^m 30$, velues et d'un vert pâle, grisâtre, de même que les feuilles, qui sont composées de trois folioles larges et courtes, accompagnées de stipules dressées ; fleurs d'un beau rouge un peu brun, faisant place à des cosses carrées, relevées d'ailes membraneuses sur les angles, longues de $0^m 06$ à $0^m 08$ et passablement charnues quand elles sont jeunes. Graine jaunâtre, presque sphérique ou légèrement aplatie.

Le Lotier cultivé demande les mêmes soins que les lentilles ou les haricots. On le sème au mois d'Avril en place, et il n'a plus besoin que de quelques arrosements en cas de grande sécheresse.

On emploie les gousses, jeunes et tendres, à la manière des haricots verts. Le grain est une des nombreuses substances dont on prétend obtenir par la torréfaction un assez bon café.

MACERON (*Smyrnium Olusatrum* L.). (ANGL. Alexanders).—Fam. des *Ombellifères*. Bisannuel. On a autrefois employé cette plante comme herbe potagère, soit à l'état naturel, soit blanchie. Les pétioles en sont assez charnus et ont un goût aromatique présentant quelque analogie avec celui du Céleri.

Le Maceron est à peu près complètement abandonné aujourd'hui, le Céleri en ayant pris la place dans tous les jardins.

MACHES

Fam. des *Valérianées*.

La plupart des Mâches forment, avant de monter à graine, des rosettes de feuilles tendres et comestibles. Le genre *Valerianella*, auquel elles appartiennent toutes, est fort riche en espèces, et ces espèces ne sont pas toujours faciles à distinguer les unes des autres. Ce sont pour la plupart de petites plantes à végétation rapide, ne fleurissant qu'une fois, mais dont la vie est partagée entre la fin d'une année et le commencement de l'autre. Elles fructifient en général dès Avril ou Mai, et leurs graines, répandues sur le sol aussitôt qu'elles sont mûres, ne germent guère que vers le mois d'Août.

Parmi les nombreuses Mâches comestibles, les plus usitées sont les *Valerianella olitoria* et *V. eriocarpa*.

MACHE COMMUNE

Valerianella olitoria Mœnch. — Valeriana Locusta L.

Syn. : Accroupie, Barbe-de-chanoine, Blanchette, Blanquette, Boursette, Chuguette, Clairette, Cleviette, Coquille, Doucette, Gallinette, Grisette, Laitue de brebis, Orillette, Pommette, Poule grasse, Poumotte, Raiponce, Rampon (à Genève), Ramponnet, Repouchon, Salade de blé, Salade de chanoine, Salade d'hiver, Salade royale.

Noms étrangers : ANGL. Cornsalad, Lamb's lettuce. — ALL. Ackersalat, Feldsalat, Lämmersalat, Mausohr, Rabinschen, Rapunzel, Schafmäulchen, Sonnenwirbel. FLAM. et HOLL. Koornsalad, Veldsalad. — HOLL. Veldsla. — DAN. Kropsalat. SUÉD. Vanlig åkersallat. — ITAL. Erba riccia, Dolcetta (Piémont), Gallinella (Venise). ESP. Canonigos. — PORT. Alfaca de Cordeiro, Herva benta. — RUSSES Salate rapountsele, Maounitsa. — POL. Roszponka, Salata polna.

Indigène. — Plante annuelle automnale, c'est-à-dire germant à l'automne pour fleurir et grener l'année suivante. Feuilles radicales sessiles, spatulées-allongées, d'un vert un peu grisâtre, à nervures assez marquées, naissant par paire, superposées en croix les unes au-dessus des autres et formant une rosette assez fournie ; tiges anguleuses herbacées, plusieurs fois bifurquées et portant de très petites fleurs d'un blanc légèrement bleuâtre, réunies en bouquets à l'extrémité des dernières divisions. Graine presque globuleuse, un peu déprimée, grisâtre, au nombre d'environ 1000 dans un gramme, et pesant 280 grammes par litre ; sa durée germinative est de cinq années.

La Mâche est une de nos plantes indigènes les plus répandues, surtout dans les terres en culture ; et, dans certains pays, on la récolte en quantités très abondantes dans les blés pendant l'hiver et au premier printemps. La forme sauvage de la Mâche est de plus en plus délaissée pour la culture potagère, et l'on se contente généralement de la récolter là où elle se présente à l'état spontané. Dans les jardins, on lui préfère ses variétés améliorées que nous allons énumérer ci-après.

CULTURE. — La Mâche se sème à la volée et successivement, depuis fin-Juillet et Août jusqu'en Octobre; en tous terrains, non labourés spécialement, mais plutôt plombés que meubles; les premiers semis doivent être tenus frais par des arrosages fréquents. On sème à raison de 100 grammes de graines à l'are. Elle produit dès le mois d'Octobre jusqu'au printemps, sans réclamer aucun soin et aucune protection; cependant, pour que la récolte soit possible pendant les fortes gelées, on couvre les planches de litière ou de paillassons.

En général, on préfère les plantes petites et trapues à celles qui prennent un trop grand développement et dont les feuilles deviennent trop grandes et trop longues. Contrairement à ce qui se passe pour la plupart des autres plantes cultivées, les graines de Mâche récoltées l'année même lèvent moins bien et plus lentement que celles qui ont un an d'âge.

USAGE. — La plante entière se mange en salade, ordinairement accompagnée de betterave à chair rouge.

Mâche ronde.
Réd. au tiers.

Mâche à grosse graine.
Réd. au tiers.

MACHE RONDE.

SYNONYMES : Boursette royale (Calvados), Peau-mâche, Raiponce simple, Rampon double.

NOMS ÉTR. : ANGL. Large round-leaved cornsalad. — ALL. Rundblättriger Feldsalat.
HOLL. Ronde koornsalad.

Variété assez distincte, différant de la Mâche commune par la forme beaucoup plus raccourcie de ses feuilles, qui sont d'abord assez étroites, puis s'élargissent en un limbe ovale presque arrondi. Les feuilles sont demi-dressées, au lieu d'être étalées sur le sol comme celles de la M. commune; elles sont d'une teinte plus franchement verte et ont les nervures beaucoup moins marquées.

La M. ronde est très productive et d'un développement rapide; elle est, de même que les Mâches coquille, verte d'Étampes et à cœur plein, très cultivée par les maraîchers des environs de Paris. C'est une excellente salade d'hiver.

MACHE A GROSSE GRAINE.

Synonymes : Blanchette, Mignotte (Ain), Levrette (Rhône),
Mâche à graine d'épinard.

Noms étrangers : angl. Large-seeded Dutch cornsalad. — all. Grosser Holländischer Feldsalat mit grossem Samen.

Variété vigoureuse, qui se distingue de la M. commune par ses dimensions sensiblement plus grandes, et par la grosseur de sa graine, qui est d'un volume à peu près double : un gramme de graines n'en contient que 600 à 700.

Les feuilles, tout en étant plus larges que celles de la M. commune, paraissent néanmoins étroites relativement à leur longueur, elles sont d'un vert un peu grisâtre et marquées de nombreuses nervures secondaires (*Voy.* la figure à la page précédente).

Cette variété est surtout très répandue en Hollande et en Allemagne. Elle est peut-être plus tendre à manger que la M. ronde, mais les jardiniers préfèrent souvent cette dernière parce qu'elle offre l'avantage très important pour eux de supporter mieux le transport.

MACHE DORÉE.

Nom étranger : angl. Golden cabbaging cornsalad.

Très probablement issue de la Mâche ronde, cette jolie variété, bien particulière, en reproduit assez exactement le port et les dimensions; mais elle en diffère très nettement par la couleur de son feuillage, qui est d'un vert très clair et prend, dans les parties exposées à l'action solaire, une teinte dorée très accusée. On ne peut pas dire cependant que ce soit là une panachure, puisque cette coloration est due seulement à l'influence de la lumière. Les feuilles sont ovales, larges et très lisses.

On l'emploie en salade, mélangée aux variétés à feuilles vert foncé, avec lesquelles elle forme un contraste agréable.

MACHE VERTE D'ÉTAMPES.

Synonyme : Mâche à feuille veinée.

Noms étrangers : angl. Green Etampes cornsalad. — all. Etampes rundblättriger dunkelgrüner Feldsalat.

Cette variété est surtout caractérisée par la couleur extrêmement foncée de son feuillage, qui, comme celui de la M. commune, est un peu étroit et marqué de nervures assez apparentes; de plus, il est fréquemment ondulé ou replié sur les bords.

La M. verte d'Étampes forme, dans l'ensemble, une rosette un peu plus compacte et plus raide que celle de la M. commune; elle a les feuilles un peu plus charnues et plus épaisses que les autres mâches; elle résiste remarquablement bien au froid, et enfin elle a l'avantage de se faner moins que toute autre par le transport, ce qui est une qualité très précieuse chez les plantes qui doivent être portées au marché, parfois d'une distance assez considérable.

Mâche verte d'Étampes.
Réd. au tiers.

MACHE VERTE A CŒUR PLEIN.

Synonymes : Mâche verte à petite pomme, M. verte de Chevreuse, M. verte de Louviers, M. d'Anizy.

Noms étrangers : angl. Green cabbaging cornsalad. — all. Dunkelgrüner vollherziger Feldsalat.

Variété très distincte, à feuilles courtes, arrondies, lisses, à nervures peu apparentes, demi-dressées, raides et d'un vert intense. Elle forme une rosette compacte et bien remplie dans le cœur.

Cette race est probablement un peu moins productive que la Mâche ronde, mais, par contre, elle est plus ferme, plus ramassée et beaucoup plus agréable comme salade. Comme la M. verte d'Étampes, elle offre l'avantage de supporter très bien le transport.

C'est bien certainement la même race qui a été cultivée pendant quelques années sous le nom de *Mâche verte de Chevreuse*.

Mâche verte à cœur plein.
Réd. au tiers.

Mâche coquille.
Réd. au tiers.

MACHE COQUILLE.

Synonyme : Mâche maraîchère.

Noms étrangers : angl. Spoon-leaved cornsalad. — all. Löffelblättriger Feldsalat.

Variété voisine de la précédente, mais caractérisée d'une façon tout à fait distincte par ses feuilles d'un vert moins foncé, creusées en cuiller et se recourbant même parfois en forme de capuchon.

Après avoir été autrefois assez répandue dans les cultures, la M. coquille était tombée presque entièrement dans l'oubli ; mais depuis quelques années, la culture maraîchère l'a adoptée de nouveau concurremment avec les Mâches verte d'Étampes et verte à cœur plein, et on la rencontre même assez fréquemment aujourd'hui dans les potagers d'amateurs ; la M. verte à cœur plein lui est cependant en tous points supérieure.

MACHE D'ITALIE

Valerianella eriocarpa Desv.

Synonymes : Régence, Grosse mâche, Parisienne.

Noms étrangers : angl. Italian cornsalad. — all. Italienischer *oder* Regence Feldsalat.
holl. Italiansche koornsalad. — suéd. Italiensk åkersallat.
russe Maounitsa italianskaïa. — pol. Roszponka wloska.

Indigène. — Annuelle. — La Mâche d'Italie se reconnaît facilement de la M. commune et de ses variétés par la teinte beaucoup plus blonde de son feuillage et par la longueur de ses feuilles, légèrement velues et un peu dentées sur les bords, vers la base. Graine d'un brun plus ou moins pâle, de forme bien distincte, déprimée, convexe d'un côté, creusée du côté opposé et surmontée d'une sorte de collerette en forme de cornet. Un gramme contient environ 1000 graines, et le litre pèse en moyenne 280 grammes ; durée germinative, quatre ans.

Cette espèce est assez appréciée dans le Midi, où on lui reconnaît l'avantage de monter à graine un peu plus tardivement que la M. commune ; par contre, elle a pour les environs de Paris l'inconvénient d'être quelque peu sensible au froid. — Mêmes culture et emploi que pour la Mâche commune.

Mâche d'Italie.
Réd. au tiers.

Mâche d'Italie à feuille de laitue.
Réd. au tiers.

MACHE D'ITALIE A FEUILLE DE LAITUE.

Nom étranger : all. Lattichblättriger Italienischer breiter hellgrüner Feldsalat.

Feuilles étalées sur terre, larges, spatulées-arrondies et d'une teinte vert blond doré très particulière. Plante plus grande et plus forte, comme aussi à feuilles plus amples que la M. d'Italie ordinaire ; elle est plus recommandable pour la région du Midi que pour les pays du Nord.

On a vanté à diverses reprises des variétés de *Mâches à feuilles panachées.* Aucune ne nous a jamais semblé valoir les bonnes races à feuilles vertes. La panachure n'ajoute pas, en général, au mérite d'un légume, et elle est presque toujours le signe d'une diminution dans la vigueur de sa végétation.

Parmi ces races, l'une a les feuilles marbrées de blanc, l'autre a le cœur et la base des feuilles du centre d'un jaune vif : cette panachure prend surtout une grande intensité après les premières gelées, et produit un assez joli effet.

MACRE
Trapa natans L.
Fam. des *Haloragées*.

Syn. : Châtaigne-d'eau, Châtaigne cornue, Cormille, Corniche, Corniole, Cornouelle, Cornoufle, Écharbot, Échardon, Écornu, Escaribot, Galarin, Macle, Marron-d'eau, Noix aquatique, Saligot, Tribule aquatique, Truffe-d'eau.
Noms étrangers : angl. Water-chestnut, Water-caltrop. — all. Wasser-Nuss. flam. et holl. Waternoot. — suéd. Sjö-nöt. — esp. Nueis, Abrojo de agua. russe Tchilime ragoulka. — pol. Orzech wodny, Kotewka wodna.

Indigène. — Annuelle. — Plante aquatique à longue tige s'élevant jusqu'à la surface de l'eau ; feuilles submergées opposées ; feuilles flottantes alternes, disposées en rosette au sommet de la tige, à limbe rhomboïdal, plus large que long ; fleurs blanches, axillaires, faisant place à un fruit gros, d'un gris foncé, muni de quatre fortes épines disposées en croix, dont deux beaucoup plus longues. — Le litre de ces fruits pèse environ 500 grammes et en contient 100 en moyenne. Leur faculté germinative ne se maintient pas au delà de la première année, et encore est-il nécessaire de les conserver dans de l'eau.

Culture. — On ne cultive pas habituellement la Châtaigne-d'eau, mais on se contente de la récolter là où elle croît spontanément. Lorsqu'on désirera l'introduire dans une pièce d'eau où elle n'existe pas, il suffira d'enfouir les graines dans la vase au printemps ou à l'automne ; l'important est que la couche de vase qui doit recevoir les graines ne soit pas surmontée de plus de 0^m70 d'eau.

Usage. — L'amande des fruits, farineuse et d'un goût très agréable, se mange cuite.

Macre (Plante réd. au dixième).   Macre (Fruit de grosseur naturelle).

MAÏS SUCRÉ
Zea Maïs L.
Fam. des *Graminées*.

Synonymes : Blé de Turquie, Blé de Barbarie, Froment des Indes, Turquie.
Noms étrangers : angl. Sugar maize, Sweet corn. — all. Speise-Maïs, Zucker-Maïs, Welsch Korn. — flam. et holl. Turksche tarwe. — suéd. Majs. — ital. Grano turco. esp. Maiz, Trigo de Indias. — port. Milho. — russe Koukourouza ovochtchnaïa. pol. Kukurudza słołowa. — jap. Tōmorokoshi.

Amérique. — Annuel. — Le Maïs, rapporté du Nouveau-monde dès le XVIe siècle, s'est rapidement répandu en Europe, où il a pris une place importante parmi les céréales employées à la nourriture de l'homme. Dans beaucoup d'endroits, les épis, jeunes et garnis de grains encore tendres, sont grillés et consommés dans cet état comme une sorte de friandise ; mais ce n'est guère qu'aux États-Unis que le Maïs est considéré comme un véritable légume et cultivé spécialement pour cet emploi.

MAÏS SUCRÉ

CULTURE. — Le Maïs sucré se sème en pleine terre à peu près en même temps que les haricots, c'est-à-dire quand la terre est déjà échauffée et que les gelées ne sont plus à craindre. Il demande quelques binages au commencement de la végétation, puis quelques arrosages quand la plante prend une certaine vigueur. Les variétés les plus précoces peuvent donner déjà quelques épis bien formés vers la fin de Juillet. On peut avancer un peu la production en faisant le semis en godets sur couche et en mettant en place avec la motte vers le 25 Mai.

Au moyen de semis successifs, et en employant des variétés de précocité différente, on peut avoir des épis frais jusqu'aux gelées. Les semis en pleine terre se font ordinairement en poquets disposés en quinconce, espacés de $0^m 40$ à $0^m 50$, et contenant deux ou trois grains que l'on recouvre de $0^m 03$ à $0^m 04$ de terre. — On peut utiliser les intervalles par des contre-plantations de *Laitues*, de *Romaines* ou autres légumes à développement rapide.

USAGE. — On mange l'épi cuit à l'eau, et servi soit en entier, soit égrené, à la manière des haricots en grain. Les petits épis tout jeunes, et pris avant la floraison, se confisent au vinaigre et se mangent comme les cornichons.

Presque toutes les variétés de Maïs peuvent être mangées comme le font les Américains, c'est-à-dire bouillies, lorsque le grain n'est pas devenu dur et farineux, mais que la pulpe intérieure en est encore à l'état de pâte molle. Cependant, il y a une catégorie de variétés de Maïs qui se prêtent mieux que les autres à cet emploi, parce que le grain est à la fois plus tendre et plus sucré. Ce sont celles qu'on réunit sous la désignation commune de *Maïs sucrés ridés*, et qui se reconnaissent à l'apparence toute particulière de leur grain, ridé, retrait et presque transparent à la maturité, au lieu d'être dur, renflé et lisse comme celui des autres Maïs. Le litre pèse environ 640 grammes, et 100 grammes contiennent en moyenne 450 grains; leur durée germinative est de deux années.

Maïs sucré.
Réd. au cinquième.

Il en existe aux États-Unis, où ce légume est très apprécié, au moins une douzaine de variétés distinctes, qui diffèrent les unes des autres principalement par la taille et par la précocité. La plupart sont à grain blanc.

Les meilleures sont :

Le *M. sucré ridé nain hâtif* (AM. *Early cory*). Variété la plus hâtive; elle ne dépasse pas $1^m 20$ de haut, et porte généralement deux épis d'environ $0^m 15$ de long; le grain est de très bonne qualité. Dans cette variété la rafle (axe des épis) est rougeâtre, tandis que dans le *White-cop cory*, autre bonne variété américaine d'introduction récente, la rafle est blanche.

Le *M. hâtif du Minnesota*, plante légèrement plus haute que la précédente et intermédiaire, comme précocité, entre elle et le M. hâtif de Crosby.

Le *M. hâtif de Crosby* et le *M. hâtif à huit rangs*, un peu plus grands que le M. hâtif du Minnesota et à épi plus allongé, mais d'une dizaine de jours moins hâtifs.

Le *M. Moore's early Concord*, plante plus forte, d'excellente qualité.

Le *M. sucré ridé toujours vert* (*Stowell's evergreen*), plus tardif, mais à production soutenue et conservant ses épis plus longtemps tendres et délicats.

Le *M. Country gentleman*, variété tardive portant habituellement 3 ou 4 épis relativement petits, mais très sucrés.

Le *M. Mammoth*, qui est encore plus tardif, est remarquable par la grande longueur de ses épis, bien garnis de gros grains blancs.

On cultive encore le *M. early Narraganset*, dont le grain mûr est rougeâtre, et le *M. sucré du Mexique* (*Black Mexican*), qui a le grain noir.

MARJOLAINE VIVACE
Origanum vulgare L.
Fam. des *Labiées*.

Synonyme : Origan.

Noms étrangers : angl. Common marjoram, Pot M., Perennial M. — all. Perennirender oder Winter-Majoran. — flam. Orego. — dan. Merian. — suéd. Dosta. — russe Zimny maïorane. — pol. Majeran.

Indigène. — *Vivace.* — L'Origan, ou Marjolaine vivace, est une plante sauvage assez commune en France, principalement sur les lisières des bois. Elle forme une touffe ramifiée de 0^m50 à 0^m60 de hauteur, avec des bouquets terminaux de fleurs roses ou lilacées. Graine très petite, ovale, d'un brun rougeâtre ou foncé, au nombre d'environ 12 000 dans un gramme, et pesant 675 grammes par litre ; sa durée germinative est de cinq années.

C'est une plante parfaitement rustique et qui vient bien en tous terrains.

Culture. — L'Origan est aussi facile à cultiver que le Thym ; on le sème d'Avril en Juin, soit en pépinière, et on plante à 0^m20 ou 0^m25 d'écartement, soit en place de préférence, en planche ou en bordures.

Marjolaine vivace.
Plante réd. au dixième.

Les plantations une fois bien établies peuvent durer de longues années sans que l'entretien en exige aucun soin. On récolte de Juillet à Septembre.

Usage. — On emploie les feuilles de la Marjolaine vivace comme condiment, pour assaisonnements, et principalement aussi en médecine humaine.

Il en existe une variété à tige courte, dressée, à larges bouquets de fleurs presque blanches, qui forme des touffes très compactes, et dont la hauteur ne dépasse pas 0^m30 à 0^m35. Cette variété, qu'on appelle *Marjolaine vivace petite* (*Origan nain*), convient tout particulièrement pour l'établissement de bordures ; elle se reproduit exactement par le semis.

Il arrive parfois que des récolteurs peu scrupuleux vendent sous le nom de Marjolaine vivace de la graine de *Calamentha nepeta*, vulgairement *Menthe de montagne*, plante qui croît abondamment en Provence sur les coteaux et le long des chemins. Cette substitution peut se reconnaître.

MARJOLAINE ORDINAIRE ou A COQUILLE

Origanum Majorana L. — Majorana hortensis Mœnch.

Fam. des *Labiées*.

Noms étrangers : angl. Sweet marjoram, Knotted M., Annual M. — all. Süsser oder Französischer Majoran. — flam. et holl. Marjolijn. — suéd. Söt dosta, Mejram. — ital. Maggiorana. — esp. Mejorana, Almoraduj. — port. Manjerona. — russe Sladki maïorane frantsousskiy. — pol. Majeran francuski.

Orient. — Vivace, mais annuelle dans la culture. — Plante à tige dressée, carrée, ramifiée ; feuilles opposées, arrondies, d'un vert grisâtre ; fleurs petites, blanchâtres, réunies en bouquets arrondis, accompagnées de bractées en cuiller. Graine petite, arrondie ou légèrement oblongue, d'un brun plus ou moins foncé, au nombre d'environ 4 000 dans un gramme, et pesant en moyenne 550 grammes par litre ; sa durée germinative est de trois années.

Culture. — La M. ordinaire peut se semer en place à partir de la fin de Mars ou du commencement d'Avril. Elle se développe rapidement, et dès le courant de Mai on peut commencer à en cueillir les feuilles. Les fleurs se montrent dès la fin de Juin ou en Juillet.

Dans le Midi, où les hivers sont plus doux, on la sème au mois d'Octobre devant un abri qui protège le jeune plant des vents du Nord, et on la met en place au mois d'Avril.

Usage. — On emploie les feuilles et les extrémités des pousses comme condiment ; c'est un des assaisonnements les plus recherchés, surtout dans le midi de la France.

Marjolaine ordinaire.
Plante réd. au douzième.

Marrube blanc.
Plante réd. au quinzième.

MARRUBE BLANC (*Marrubium vulgare* L.). (angl. Horehound ; all. Andorn). — Fam. des *Labiées*.

Plante vivace indigène, commune le long des chemins et sur les talus exposés au Midi ; à tiges nombreuses, dressées, toutes couvertes d'un duvet blanc ; feuilles presque carrées, à angles arrondis, dentées et réticulées, d'un vert grisâtre ; fleurs blanches, en verticilles compacts au sommet des tiges.

Le Marrube se sème en place au printemps, ou bien on peut le propager à la même saison par division des touffes. C'est une plante complètement rustique et qui ne demande aucun soin d'entretien.

Les feuilles sont employées quelquefois comme condiment ou comme remède populaire contre la toux.

MARTYNIA
Martynia L.
Fam. des *Sésamées*.

Synonymes : Cornaret, Cornes du diable, Bicorne, Ongles du diable.

Noms étrangers : angl. (am.) Unicorn plant. — all. Gemsenhörner, Rüsselpflanze. suéd. Enhörnings-planta. — russe Martinia. — pol. Pajęcznik.

Annuel. — Grande et forte plante à végétation vigoureuse; tige charnue, de 0ᵐ03 à 0ᵐ04 de diamètre; grandes feuilles cordiformes, d'un vert grisâtre, un peu velues, à odeur forte, et désagréable au toucher; fleurs grandes, rappelant par leur forme celles du catalpa, jaunes ou lilas selon l'espèce. Fruit allongé, ovoïde, recourbé et se terminant par une longue pointe crochue, enveloppé d'une sorte de brou vert et tendre, qui se dessèche à la maturité; le fruit devient alors ligneux et noirâtre ; il se divise à l'extrémité en deux longues cornes crochues, et laisse sortir les graines, qui sont noires, grosses, avec une surface irrégulière et comme chagrinée. Un gramme de ces graines en contient 20, et le litre pèse 290 grammes; la durée germinative est de un ou deux ans.

Martynia (Réd. au huitième).

Culture. — Le Martynia demande passablement de chaleur pour se développer. On le sème fin-Mars ou en Avril sur couche; on repique sur couche et on met en place en Mai-Juin. On peut semer aussi à la fin de Mai, en place bien exposée, sur vieille couche ou sur terreau bien consommé, en abritant de cloches au besoin. On récolte depuis fin-Juillet jusqu'en Octobre, suivant l'époque du semis.

Usage. — On confit les fruits au vinaigre lorsqu'ils sont encore tout à fait tendres. Il est bon de les cueillir avant qu'ils aient dépassé la moitié de leur grosseur totale; plus tard ils seraient trop durs et coriaces.

Le *Martynia lutea* Lindl., à fleur jaune, originaire du Brésil, est une plante de dimensions médiocres, un peu traînante, qui donne une grande quantité de petits fruits. C'est le plus cultivé pour *pickles* aux États-Unis.

Le *Martynia proboscidea* Glox., à fleur violacée, donne des fruits plus gros et d'une forme plus accentuée. Cette plante est originaire de la Louisiane.

MAUVE FRISÉE, Mauve crépue, M. a feuilles crispées (*Malva crispa* L.). (angl. Curled-leaved mallow ; all. Krausblättrige Malve). — Fam. des *Malvacées*.

Grande plante annuelle à tige dressée, ordinairement simple ou peu ramifiée, s'élevant de 1ᵐ50 à 2 mètres et quelquefois plus de hauteur, feuillée jusqu'en haut; feuilles très larges, arrondies, pétiolées, glabres, d'un vert franc, très élégamment frisées et gaufrées sur les bords; fleurs blanches, petites, insignifiantes, disposées en longue grappe feuillée terminale, se développant de Juillet en Septembre.

Mauve frisée (Réd. au vingtième).

La Mauve frisée se sème en Avril-Mai, en place ou en pépinière, pour être transplantée quand les jeunes pieds ont atteint 0ᵐ05 a

0m10 de hauteur, de préférence en terrain léger et frais, et en espaçant les pieds d'environ 0m60 à 0m70 les uns des autres; elle ne réclame aucun soin particulier, mais pour qu'elle acquière tout son développement il conviendra de la placer dans une terre bien fumée et dans un endroit un peu ombragé.

Quand cette plante a été cultivée dans un jardin, il est rare qu'elle ne continue pas à s'y reproduire spontanément, les graines qui se répandent naturellement à l'automne, levant au printemps en assez grande abondance.

Aucune partie de la plante n'est comestible, mais l'emploi des feuilles pour la garniture des desserts est tellement général, en raison de leur élégance, que la Mauve frisée est presque indispensable dans un potager.

MÉLISSE OFFICINALE

Melissa officinalis L.

Fam. des *Labiées*.

Synonyme : Mélisse citronnelle.

Noms étrangers : angl. Meliss balm, Common balm. — all. Citronen-Melisse. — holl. Citroen-Melisse. — dan. Hjertensfryd. — suéd. Citronmeliss. — ital. Melissa. — esp. Toronjil, Citronella. — russe Melissa tsitrone. — pol. Melissa cytrynowa.

Europe méridionale. — Vivace. — Plante de 0m50 à 0m60, à tiges nombreuses, dressées, très rameuses, à rameaux étalés; feuilles ovales, pétiolées, très réticulées, d'un vert franc; fleurs à calice velu, réunies en petits bouquets axillaires peu nombreux. Graine brune, oblongue, au nombre d'environ 2 000 dans un gramme, et pesant en moyenne 550 grammes par litre; sa durée germinative ordinaire est de quatre années.

Les feuilles, de même que toutes les autres parties vertes de la plante, exhalent une odeur aromatique très agréable et très pénétrante, surtout quand on les froisse.

Mélisse officinale.
Réd. au douzième; rameau au tiers.

Culture. — La Mélisse officinale est un peu sensible au froid; elle aime les situations abritées et bien exposées, comme le pied d'un mur au Midi. La propagation se fait au moyen du semis ou par division de touffes à l'automne ou de bonne heure au printemps. Le semis s'effectue d'Avril en Juin, en pépinière, et on met en place à l'automne en terrain sain bien exposé. Il est bon de rabattre la plante à l'approche des gelées, et de couvrir la souche au moyen de feuilles sèches ou de paille.

Il semble que la Mélisse redoute surtout l'humidité du sol pendant la mauvaise saison; quand elle est plantée de manière à enfoncer ses racines dans un talus toujours sain, dans des interstices de roche ou de construction, elle supporte facilement les froids, même rigoureux, et, dans ces conditions, elle peut vivre pendant de très longues années.

Usage. — On emploie beaucoup les feuilles et les sommités fleuries de la Mélisse officinale comme condiment et plus fréquemment encore en distillerie pour la préparation de liqueurs et d'eaux de senteur.

MELON
Cucumis Melo L.
Fam. des *Cucurbitacées*.

Noms étrangers : angl. Melon, Muskmelon.— all. Melone. —flam. et holl. Meloen. suéd. Melon.— ital. Popone, Melone.— esp. Melon. —port. Melão.— russe Dynia. pol. Melon. — jap. Makuwa-uri.

Annuel. — Originaire des parties chaudes de l'Asie et cultivé depuis une époque très reculée, le Melon n'est pas connu d'une façon certaine à l'état sauvage ; on suppose que le type primitif, s'il existe encore quelque part, doit avoir un fruit oblong dans le genre de celui du M. de Perse.

Le Melon est une plante à tiges herbacées, minces, flexibles, à peu près cylindriques, munies de vrilles au moyen desquelles elles s'attachent aux objets environnants, et grimpent quand elles trouvent un point d'appui convenable ; dans le cas contraire, elles rampent sur le sol. Les feuilles, ainsi que leur pétiole, comme les tiges elles-mêmes, sont rudes au toucher, par l'effet de poils courts, épaissis, qui ont presque la consistance de vraies épines. La forme des feuilles est assez variable, ainsi que leurs dimensions ; il n'y a pas de relation constante entre la grandeur des feuilles d'une variété et la grosseur de son fruit. Ordinairement les feuilles sont réniformes, arrondies, souvent plissées et ondulées sur les bords ; souvent aussi elles sont assez nettement divisées en trois ou cinq lobes ; quelquefois même elles sont découpées jusqu'à la moitié du limbe ; le pourtour en est lisse et entier dans certaines variétés, denté et épineux dans d'autres.

Le Melon est monoïque, c'est-à-dire qu'il porte à la fois des fleurs mâles et des fleurs femelles, distinctes les unes des autres, mais réunies sur le même individu. Ces fleurs sont relativement assez petites, munies d'une corolle jaune à cinq divisions et variant de $0^m 02$ à $0^m 04$ de diamètre ; la fleur femelle surmonte l'ovaire, qui, dans presque toutes les variétés, est ovoïde au moment de la floraison et présente déjà au moins la grosseur d'une belle noisette. Les insectes, et principalement les abeilles et les bourdons, visitent en grand nombre les fleurs de melons et suffisent presque toujours à en assurer la fécondation ; cependant, dans les cultures forcées sous verre ou lorsqu'on veut être certain de conserver une variété entièrement pure de tout mélange, il peut être plus avantageux d'opérer la fécondation avec un pinceau ou avec une fleur mâle dépouillée de sa corolle.

Le fruit présente de telles variations de forme, de grosseur et de couleur, qu'il est vraiment difficile d'en donner une description générale : il s'en rencontre en effet de ronds, de plats et d'allongés, depuis la forme d'un potiron jusqu'à celle d'un concombre. La couleur n'est pas moins sujette à varier, car elle va du blanc au noir en passant par toutes les teintes du vert et du jaune, sans parler des panachures les plus diverses. La surface en est souvent marquée de rides devenant, pour ainsi dire, subéreuses et se marquant en relief sur le fruit : on leur donne le nom de *broderies*. D'autres fois les fruits sont couverts de proéminences plus ou moins grandes et plus ou moins saillantes, que l'on appelle *gales* ou *verrues*. Enfin, la surface du fruit est tantôt unie et tantôt divisée par un certain nombre de sillons allant du pédoncule à l'œil ou cicatrice laissée par la chute de la fleur ; ces sillons laissent entre eux un certain nombre de côtes, habituellement de neuf à douze, qui sont plus ou moins marquées et saillantes suivant les variétés.

Les graines, lisses, habituellement blanches ou jaunâtres, plates et oblongues, de grosseur très variable, sont réunies au centre du fruit, dans une pulpe très aqueuse et pleine de filaments mous, qui sont leurs cordons nourriciers. La chair propre du fruit est toujours aqueuse, sucrée, ordinairement très parfumée; la couleur en est verte, blanche ou plus souvent d'un jaune ou rouge orangé. Le litre de graines pèse à peu près 360 grammes, et un gramme en contient 35 en moyenne : un peu plus dans les melons à petits fruits et un peu moins dans ceux dont le fruit est très gros, quoique la relation entre le volume des fruits et la grosseur des graines ne soit pas régulièrement constante. La durée germinative des graines de Melon est au moins de cinq années, elle dépasse souvent dix ans.

CULTURE. — Les Melons, comme la plupart des *Cucurbitacées*, demandent un terrain très fertile pour prospérer et produire de beaux fruits ; ils ne réussissent en pleine terre que dans les alluvions très riches ou dans les sols abondamment fumés. Dans tout le nord de l'Europe, on ne les cultive que très exceptionnellement en pleine terre, c'est sur couches qu'on les obtient ordinairement ; c'est donc de leur culture sur couches ou forcée qu'on aura principalement à s'occuper.

Le Melon demande pour végéter une température élevée ; elle doit être presque constamment supérieure à 12 degrés centigrades, et la qualité des fruits est d'autant meilleure que, vers l'époque de leur maturité, la température moyenne s'est maintenue plus élevée. Dans les conditions les plus favorables, la végétation complète de la plante demande quatre à cinq mois pour s'accomplir ; on voit par là que, sous le climat de Paris, on n'est jamais absolument sûr d'obtenir des melons mûrs sans l'emploi de la chaleur artificielle : l'usage des couches est, pour ce motif, tout à fait général. Pendant neuf ou dix mois de l'année, les maraîchers des environs de Paris ont des melons en culture, et, pendant six mois pleins, ils ne cessent de récolter des fruits mûrs.

Par le seul fait des réchauds de fumier, tous les melons sont, à proprement parler, forcés, puisqu'on leur fournit une somme de chaleur supérieure à celle que reçoivent les cultures de pleine terre; cependant l'usage a fait adopter la désignation de « *culture forcée* » plus spécialement pour celle qui commence dès le mois de Janvier et se poursuit par des semis successifs de Mars en Avril. La première saison, dite *de primeur*, donnera ses fruits en Mai ; la seconde saison produira de Juin en Juillet, et, enfin, la troisième saison produira ses fruits, dits *de saison*, de la fin de Juillet en Septembre. Les détails de culture ne sont pas tout à fait les mêmes pour ces trois saisons, nous allons les indiquer ci-après, et ce ne sont pas non plus toujours les mêmes variétés qu'on y emploie.

CULTURE FORCÉE. — *Première saison* ou *de primeur*. — Elle se pratique ordinairement à Paris avec le *Cantaloup Prescott petit hâtif à châssis* et le *Cantaloup noir des Carmes*. Le semis se fait en pépinière sur couche chaude dans le courant de Janvier ; le repiquage s'opère aussitôt après le développement des cotylédons, soit sur la même couche, soit sur une couche proportionnée à l'importance de la culture ; on met environ 120 à 130 melons par châssis. Pendant toute cette première partie de la végétation, les melons réclament des soins constants, qui se résument à donner de l'air toutes les fois que cela est possible, quelques bassinages, et surtout à éviter une condensation excessive d'humidité dans la partie inférieure des châssis. En Mars, on plante en place sur une nouvelle couche.

Avant de transporter le plant, on l'étête, c'est-à-dire que l'on coupe la tige primitive au-dessus de la deuxième feuille. Après la reprise, il se développe immédiatement deux branches latérales, qu'on laisse s'étendre, l'une vers le haut du châssis, l'autre vers le bas, jusqu'à ce qu'elles aient huit ou dix feuilles chacune ; on les coupe alors au-dessus de la sixième feuille : il se produit à ce moment, sur ces deux branches principales, de nouvelles ramifications que l'on dispose en arête de poisson dans le sens horizontal du châssis, et qui seront elles-mêmes taillées au-dessus de la troisième feuille ; ces ramifications portent presque toujours des fleurs fertiles.

Il a été proposé un nombre considérable de systèmes de taille pour le Melon ; tous peuvent avoir leurs avantages dans quelques circonstances particulières, mais celui qu'on vient de décrire a été reconnu, dans les cultures des environs de Paris, comme le plus simple et en général le plus sûr aussi.

Il y a deux choses qu'il ne faut pas perdre de vue dans la culture des melons. C'est, d'une part, qu'un feuillage vigoureux, sain et bien développé est indispensable pour avoir de beaux et bons fruits : on devra donc s'efforcer d'obtenir et de conserver autant de feuilles qu'il en peut tenir dans la portion de châssis attribuée à la plante, sans que ces feuilles se dérobent l'une à l'autre l'air et la lumière. C'est, d'autre part, qu'il est toujours nécessaire de hâter la ramification des plantes pour obtenir plus tôt des fruits noués, et cela en ne laissant pas se développer au-delà de la troisième ou quatrième feuille les ramifications horizontales ; car, si on laissait le Melon suivre sa végétation naturelle, il pourrait ne commencer à donner des fleurs fertiles qu'à un moment où il serait déjà trop tard pour que les fruits pussent arriver à maturité dans de bonnes conditions. Dès qu'il y a quelques fruits noués, on choisit le meilleur, c'est-à-dire celui qui, par sa vigueur et sa position, promet de se développer le mieux, et l'on supprime tous les autres. Dans la culture forcée de première saison ou de primeur, on ne laisse qu'un seul fruit par pied.

Les derniers soins consistent à supprimer les rameaux inutiles qui peuvent se montrer encore, à assurer le bon développement du fruit en l'isolant de la couche au moyen d'une tuile ou d'une petite planchette, et en le tournant de telle façon qu'il repose autant que possible sur le point d'attache.

On obtient quelquefois des melons ainsi forcés dès le mois d'Avril, mais c'est surtout pour le mois de Mai qu'il faut compter sur cette récolte.

Deuxième saison. — Le semis se fait dans le courant et jusqu'à la fin de Février ; les opérations en sont semblables à celles qui viennent d'être décrites, à part qu'elles ont lieu de trois semaines à un mois plus tard respectivement. Le succès est plus assuré que dans le cas des melons semés en Janvier, parce qu'on a moins à craindre des grands froids et du manque de lumière.

Aux variétés habituellement cultivées pour la première saison, on peut ajouter le *Cantaloup Prescott fond blanc*, ainsi que le *C. Prescott fond blanc argenté*, le *C. parisien* et le *C. de Bellegarde*, qui peuvent, dans cette seconde saison, être consommés de Juin en Juillet.

Troisième saison. — C'est celle qui, incontestablement, est la plus importante aux environs de Paris et où excellent les maraîchers ; elle se fait indifféremment sous châssis ou sous cloches. — Le semis se fait sur couche chaude de la façon ordinaire, et la plantation a lieu dans le courant de Mai sur des couches disposées les unes devant les autres et pouvant, suivant les besoins, occuper tout un carré du jardin. On peut utiliser, pour ce semis de troisième saison, les mêmes variétés indiquées pour les deux premières, en y ajoutant la plupart des variétés de Cantaloups.

Après que les plantes ont bien repris, un peu plus tôt ou un peu plus tard, selon l'état de la température, on enlève complètement les châssis, et toute la culture jusqu'à la maturité des fruits se fait à l'air libre. La taille, le choix des fruits, se font comme aux deux saisons précédentes ; cependant on laisse en général les plantes prendre un peu plus de développement, et assez souvent on cueille deux fruits sur le même pied, mais c'est seulement lorsque le premier est à peu près parvenu à tout son volume qu'on en choisit un second pour le laisser se développer à son tour : on utilise ainsi la vigueur qui reste à la plante sans nuire au premier fruit, qui n'a plus à s'accroître, mais seulement à transformer en sucre la matière dont il est déjà pourvu.

Dans cette troisième saison, et suivant les variétés, la maturité s'effectue de la fin de Juillet en Septembre.

Culture en pleine terre. — La culture des melons en pleine terre, peu usitée, comme nous l'avons vu, dans le nord de la France, n'est en somme qu'une simplification du mode de culture qu'on vient de décrire.

Les plants sont élevés de même sur couche, et le terrain est préparé de la manière suivante : On creuse soit des trous, soit des tranchées de longueur variable, d'environ 0^m40 de profondeur, larges de 0^m50 à 0^m60, et que l'on remplit de fumier de telle sorte qu'après fermentation, la couche, d'abord surélevée, se trouve ramenée au niveau du sol.

Cette couche se composera partie de fumier déjà un peu consommé, et partie de fumier neuf qu'on foulera et arrosera copieusement pour que le tassement soit complet. On recouvrira cette couche d'abord avec la terre provenant de la tranchée, de manière à former un ados arrondi ; sur cet ados et aux emplacements destinés aux melons, on pratiquera des trous de $0^m 35$ à $0^m 40$ de diamètre et profonds de $0^m 25$ que l'on remplira d'un compost de terreau et de terre franche par parties égales. C'est au milieu de ces emplacements que l'on plantera deux ou trois plants dont on ne conservera, après reprise, que le plus vigoureux. On ménagera au pied de chaque plant une cuvette bien paillée de fumier consommé, appelée à recevoir les arrosages. Pendant les premiers jours, on les abrite au moyen de cloches, ou, dans quelques localités, de papier ou linges huilés soutenus par de minces baguettes pliées en arceaux. Dès que la température devient tout à fait chaude, ces abris artificiels sont enlevés, et la culture se continue à ciel ouvert.

Si la culture des melons en pleine terre convient aux *Melons cantaloups*, elle est surtout applicable aux *Melons* dits *brodés*, ces derniers étant généralement de nature plus vigoureuse, plus rustique et n'exigeant pas, par conséquent, autant de soins qu'en demandent les Melons cantaloups.

Culture méridionale. — *Culture forcée ou de primeur*. — Les premiers soins à donner aux melons dans cette culture ne diffèrent en rien de la culture forcée décrite précédemment. Il y a lieu cependant de tenir compte de la température plus élevée de la région méridionale, qui permet d'aérer et de débarrasser plus tôt les plantes des coffres et châssis dans lesquels elles ont été cultivées.

Culture en pleine terre dans la région méridionale. — Les semis en pleine terre s'effectuent d'Avril en Mai en place, en lignes espacées d'environ $1^m 20$. Avant d'y procéder, il faudra défoncer le sol à environ $0^m 50$. On pratiquera sur chaque ligne et à l'intervalle de $0^m 60$, des trous de $0^m 50$ de profondeur que l'on remplira de fumier à demi consommé qui, bien foulé, sera réduit de moitié ; l'autre moitié du trou sera remplie de terreau ou de bonne terre humeuse. Quelques jours après, on sèmera quatre ou cinq graines sur chacun de ces emplacements que l'on couvrira de cloches en verre ou plus simplement de cloches en papier huilé dit « *paratout* », pour favoriser la germination et préserver les jeunes plants des froids tardifs. Lorsque ces plants ont quelques feuilles, on choisit un ou deux des plus vigoureux et l'on supprime tous les autres, tout en conservant les cloches pendant quelques jours encore par mesure de prudence.

Les soins de culture, pincements, taille, etc., sont à peu près les mêmes que pour les semis en pleine terre dans la région parisienne, à cette différence près que ces plantations ne sont plus l'objet de précautions aussi raisonnées et aussi minutieuses.

Pour assurer la qualité des fruits, on fera bien de supprimer les arrosements quelques jours avant leur maturité.

Insectes nuisibles et Maladies. — Le Melon est souvent attaqué par le *Puceron noir* (*Aphis papaveris*), la « *grise* » (*Acarus cucumeris*), reconnaissable à la teinte vert pâle que prennent les feuilles sur lesquelles elle vit, et les *Thrips* (*Thrips cerealium*). Des bassinages faits le matin et le soir en dessous des feuilles avec de l'eau légèrement nicotinée ou une émulsion de savon noir et de pétrole suffisent ordinairement pour éloigner ces insectes. Les racines sont aussi parfois attaquées par un petit ver nématoïde qui vit à l'intérieur des tissus et cause leur décomposition. Dans ce cas, il faut arracher la plante entière avec ses racines, brûler le tout et faire servir la terre à une autre culture.

La maladie la plus redoutable pour les cultures du Melon est sans contredit la « *nuile* », qui est caractérisée par la présence sur les tiges, les feuilles et les fruits, de taches brunes, puis olivâtres, qui s'élargissent, gagnent en profondeur, et finissent par déterminer la décomposition des tissus atteints. Cette affection est due à un champignon parasite : le *Scolecotrichum melophtorum*.

Une autre cryptogame, le *Colletotrichum oligochætum*, provoque l'apparition de la maladie que les jardiniers appellent le « *chancre* », et qui diffère peu, en apparence, de la nuile ; elle affecte principalement les fruits et les branches.

On a préconisé contre ces maladies les pulvérisations de bouillies au sulfate de cuivre, mais les résultats obtenus ont été à peu près nuls, de sorte que la suppression et la destruction par le feu des parties atteintes paraît jusqu'à présent le seul moyen d'enrayer l'extension du mal. Il convient toutefois d'ajouter que le traitement au sulfate de cuivre est efficace, employé préventivement dans les cultures qui ont déjà eu à souffrir de ces maladies. On arrête assez facilement, paraît-il, le développement du *chancre* en grattant les parties atteintes et en saupoudrant les plaies avec de la chaux vive en poudre.

Le « *blanc* ou *meunier* » attaque trop souvent les feuilles et les inflorescences du Melon. Cette maladie, de nature cryptogamique, est causée soit par le *Peronospora cubensis*, qui forme sur les feuilles de petites touffes blanches de filaments conidiospores fourchus, soit par le *Sphærotheca castanei*, qui se reconnaît à son mycelium étalé en forme de toile d'araignée. Des soufrages répétés, exécutés de bon matin, suffisent ordinairement pour arrêter la maladie.

La maladie connue sous le nom de « *grillage des feuilles* » est due à l'*Alternaria brassicæ*, et se reconnaît à la présence sur les feuilles de petits points de couleur jaune d'ocre qui s'élargissent rapidement et finissent par former de grosses taches marron qui envahissent souvent complètement le limbe.

L'*Alternaria cucurbitæ*, voisin du précédent, cause la coulure des fleurs et la mort des très jeunes fruits. — Les sulfatages à la bouillie bordelaise paraissent efficaces contre ces deux parasites. Il faut aussi enlever soigneusement pour les brûler toutes les feuilles desséchées.

Le *Cercospora melonis*, qui cause de grands ravages dans les cultures de Concombres en serre, a été également constaté en Angleterre sur le Melon ; le traitement est le même que celui indiqué pour le Concombre (*Voy.* page 185).

La plupart des maladies cryptogamiques, ainsi que l'invasion des divers insectes sur les plantes cultivées sous châssis, proviennent presque toujours du milieu défavorable dans lequel vivent ces végétaux. Il est certain que le matériel nécessaire à la culture de ces plantes est souvent le véhicule même des maladies, qui trouvent dans ce milieu un excellent champ d'action pour leur propagation. Comme moyen préventif, le plus simple, à notre avis, est de tenir le matériel dans le plus grand état de propreté. Il est donc nécessaire de repeindre chaque année les châssis, de lessiver les coffres et de les passer ensuite soit au Lysol, au Solutol, ou bien à une préparation à base de nitrate ou de sulfate de cuivre.

Il n'est pas nécessaire, pour cueillir les melons, d'attendre qu'ils soient complètement mûrs ; pris quelques jours avant leur complète maturité et conservés dans un endroit sain, ils achèvent de s'y faire plus ou moins vite, selon que la température du local est plus ou moins élevée.

Il n'est pas toujours facile de reconnaître le moment précis de la maturité d'un melon, les caractères qui l'indiquent varient avec les espèces et sont parfois assez peu apparents : dans un grand nombre de variétés, quand la maturité est proche, le pédoncule se cerne, c'est-à-dire qu'il se produit, à l'entour, des crevasses souvent profondes comme si le fruit allait se détacher de la plante. Dans presque tous les melons, la maturité est annoncée aussi par l'amollissement de la partie qui avoisine l'œil ; au lieu de rester dure, elle commence à céder à la pression et à fléchir sous le doigt. Le changement de couleur du fruit, qui tourne plus ou moins franchement au jaune, est également un indice de maturité ; quand cette décoloration commence à être apparente, on dit que le melon est « *frappé* », et l'on peut alors le cueillir, sauf à le garder encore quelques jours au fruitier. Enfin, le parfum que les melons exhalent presque à partir du moment où ils ont atteint tout leur volume devient plus fort et plus pénétrant à mesure que la maturité s'approche. C'est, suivant les variétés, tantôt l'un ou l'autre de ces caractères qui doit guider dans le choix du moment où les fruits peuvent être cueillis.

Usage. — Les fruits du Melon se mangent crus ; quelques variétés à chair blanche ou verte se confisent, dans le Midi, ou servent à faire des confitures. Les jeunes fruits que l'on supprime verts peuvent également se manger comme les jeunes courges ou les jeunes concombres, ou bien se confire au vinaigre comme les cornichons.

L'extrême mobilité du genre Melon a rendu fort difficile l'établissement d'une classification raisonnée.

On a proposé un grand nombre de systèmes ; nous suivrons le plus simple et le plus usuel : celui qui divise les melons en *Melons brodés* d'une part, et *Melons galeux* ou *Cantaloups* d'autre part.

I. — Melons brodés.

SYNONYME : Melons écrits.

NOMS ÉTR. : ANGL. Netted *or* Nutmeg M. — ALL. Netz-melone. — ITAL. Popone primaticcio.
ESP. Melon escrito. — RUSSE Dynia siettchataia. — POL. Melony siatkowane.

MELON ANANAS D'AMÉRIQUE A CHAIR ROUGE.

SYNONYMES : Melon orange grimpant, M. pompon de Malaga.

Plante vigoureuse, très ramifiée, à feuillage moyen ou petit, entier, arrondi, d'un vert foncé un peu glauque. Fruit très longuement pédonculé, à côtes légèrement marquées, d'un vert tendre, très abondamment pointillé de vert noir; les sillons qui séparent les côtes sont très peu enfoncés et d'un vert franc, les côtes elles-mêmes sont légèrement brodées à la maturité complète; écorce mince. Le diamètre du fruit varie de 0^m07 à 0^m10, et le poids de 300 à 500 grammes. Chair rouge, assez ferme, sucrée, juteuse et très parfumée, pourtant de qualité parfois inférieure à celle de la variété à chair verte. La cavité centrale, dans cette variété, ne dépasse guère la dimension d'une noix.

M. ananas d'Amérique.
Réd. au cinquième.

MELON ANANAS D'AMÉRIQUE A CHAIR VERTE.

SYNONYMES : Melon citron, M. citron vert, M. citron à chair verte, M. citron d'Amérique, M. de poche à chair verte, M. de la Louisiane.

NOMS ÉTR. : ANGL. Green fleshed pine-apple melon, Arlington *or* Jersey green citron M., Green nutmeg M. ; (AM.) Jenny Lind M. — ALL. Ananas *oder* Carolina Melone.

La principale différence entre cette variété et la précédente consiste surtout dans la couleur de la chair, qui est ici d'un vert pâle avec une nuance jaunâtre au voisinage des graines. Le feuillage est un peu plus ample et d'une teinte légèrement plus blonde; la végétation de la plante est également plus soutenue, et la surface du fruit un peu plus brodée à la maturité. En outre, la qualité en est souvent meilleure.

Les Melons ananas d'Amérique sont productifs et de culture facile; ils peuvent aisément porter et développer six à huit fruits par pied.

MELON VERT GRIMPANT

SYNONYME : Melon vert à rames.

NOMS ÉTRANGERS : ANGL. Green climbing melon. — ALL. Grüne Kletter-Melone.
HOLL. Groene klim-Meloen.

Plante vigoureuse, ramifiée, à longues tiges minces ; feuilles d'un vert foncé, quelquefois divisées en cinq lobes, plus forte, surtout celles qui sont situées vers l'extrémité des tiges. Fruit oblong, à côtes légèrement marquées, d'un vert foncé un peu pointillé de vert pâle, long de 0^m10 à 0^m12 sur 0^m08 ou 0^m09 de largeur, pesant de 500 à 800 grammes. Chair verte, très fondante, extrêmement juteuse et sucrée, avec un parfum agréable, quoique n'ayant pas la finesse de celle des melons cantaloups.

On ne peut pas dire que le Melon vert grimpant demande une culture différente de celle qui est en usage pour les autres variétés de melons brodés; cependant, à cause de sa précocité, il se prête mieux que la plupart des autres melons à la culture en pleine terre, et, d'autre part, le petit volume de ses fruits fait qu'on peut plus facilement en soutenir les tiges au moyen d'un léger treillage, qu'il ne serait possible de le faire pour un melon à fruit gros et lourd. En le plantant sur des poquets remplis de fumier, puis recouverts de bonne terre, on peut facilement le faire monter sur les supports des contre-espaliers, ou même contre un mur, en lui fournissant quelques points d'attache. Les fruits mûrissent plus promptement et deviennent fort bons dans ces conditions.

Il est bien certain que d'autres melons pourraient se cultiver de la même manière : Les Melons ananas d'Amérique, dont les tiges sont très longues et très ramifiées, se prêteraient tout particulièrement bien à être conduits sur un treillage.

Les conditions les plus favorables pour réussir ce genre de culture se rencontrent dans les

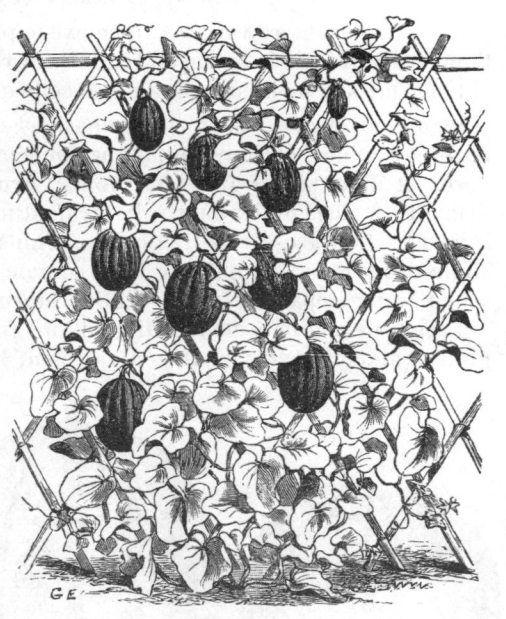

Melon vert grimpant (Réd. au dixième).

variétés dont la végétation est rapide, la maturité précoce, et dont le fruit ne demande pas, pour devenir bien sucré, à recevoir la chaleur artificielle de la couche en même temps que la chaleur naturelle du soleil.

MELON BOULE D'OR.

NOM ÉTRANGER : ANGL. Golden perfection melon.

Plante assez vigoureuse et productive, mais plutôt à végétation ramassée que coureuse ; tiges assez fines, garnies de feuilles d'un vert grisâtre un peu blond. Fruits sphériques ou très légèrement oblongs, d'environ 0^{m}12 à 0^{m}15 de diamètre, et pesant habituellement de 1 à 2 kilog. tout au plus ; la peau ou écorce en est d'abord tout à fait lisse et d'un blanc mat ; puis, à mesure que la maturité approche elle jaunit, prend une belle couleur dorée et se couvre de broderies formant des lignes qui se coupent à angle droit et figurent assez exactement un filet à mailles régulières et peu serrées, dont le fruit serait entouré. Chair vert pâle, fondante, sucrée, assez parfumée.

Melon Boule d'or (Réd. au cinquième).

Le Melon Boule d'or est une bonne variété précoce, mais un peu délicate, et ne peut réussir que sous châssis, tout au moins dans les environs de Paris.

MELON SUCRIN DE TOURS.

SYNONYME : Melon caboule de Tours.

Cette race est assez variable ; il en existe plusieurs sous-variétés qui diffèrent l'une de l'autre par la forme du fruit. On en rencontre souvent une forme à fruit oblong, mais la meilleure paraît être celle que nous allons décrire ci-après :

Plante vigoureuse mais de dimensions moyennes, passablement ramifiée ; feuilles grandes, entières ou peu profondément lobées, un peu plissées sur les bords et d'un vert franc assez foncé. Fruit sphérique, de 0^m14 à 0^m16 de diamètre, à côtes nulles ou très faiblement marquées, complètement couvert de broderies très grosses et très larges, d'un relief très prononcé, se coupant à angle droit et enveloppant le fruit comme d'un réseau de cordelettes. Chair rouge orangé, épaisse, ferme, ordinairement très bonne.

Variété de maturité demi-hâtive, d'une culture facile en pleine terre et d'un produit abondant. On peut généralement laisser trois fruits par pied.

Melon sucrin de Tours. Réd. au cinquième. — Melon maraicher de Saint-Laud. Réd. au cinquième. — Melon maraicher commun. Réd. au cinquième.

MELON MARAICHER.

SYNONYMES : Melon commun, M. français, M. Morin, M. tête de More.

NOM ÉTRANGER : ALL. Tours rotfleischige Zucker- Land-Melone.

Plante ramifiée, vigoureuse, rustique, à feuillage abondant, arrondi, d'un vert franc, un peu denté sur les bords. Fruit presque sphérique, quelquefois plus ou moins déprimé, absolument dépourvu de côtes et très uniformément couvert de broderies régulières, assez fines, formant un réseau très serré, qui ne laisse pas voir la couleur naturelle de l'écorce. Chair orange, assez épaisse et ferme.

Le diamètre ordinaire du fruit est d'environ 0^m20 à 0^m25, et le poids moyen atteint 2 à 3 kilogrammes. Cette variété peut porter deux fruits quand elle est bien cultivée ; on peut la faire en pleine terre dans le centre de la France.

Les *Melons maraîchers de Saint-Laud* et *de Mazé* (environs d'Angers) présentent de l'analogie avec la race précédente ; mais ils s'en distinguent par leur forme oblongue, leurs côtes assez marquées et leurs broderies moins fines. La chair en est rouge orangé, ferme, et habituellement bien sucrée.

MELON MUSCADE DES ÉTATS-UNIS.

NOM ÉTRANGER : ANGL. Nutmeg melon.

Plante ramifiée; feuillage assez ample, ondulé sur les bords. Fruit presque piriforme, s'amincissant en pointe vers le pédoncule et arrondi-obtus à l'autre extrémité ; écorce d'un vert foncé presque noir, marquée de broderies blanchâtres, formant à la surface un réseau assez lâche. Chair verte, pas très épaisse, juteuse, sucrée et très parfumée. La longueur du fruit varie de 0^m16 à 0^m20 et le diamètre de 0^m10 à 0^m14. Le poids est d'environ un kilogramme.

Cette variété est rustique et d'une culture facile. La maturité en est demi-hâtive. On peut laisser trois fruits par pied.

M. muscade des États-Unis (au 1/5).

MELON DE HONFLEUR.

Plante très vigoureuse, à tiges très ramifiées, longues et remarquablement minces; grandes feuilles amples, d'un vert un peu blond. Floraison extrêmement soutenue, se continuant sur les ramifications même après que les premiers fruits noués ont atteint presque tout leur volume. Fruit très gros, allongé, à côtes assez marquées, finement brodé sur toute la surface, prenant à la maturité une couleur jaunâtre un peu saumonée. Chair orange assez épaisse. La longueur du fruit peut atteindre facilement 0^m35 à 0^m40, et la largeur 0^m20 à 0^m25.

Quand il est bien venu, la qualité en est souvent excellente. Maturité demi-tardive.

C'est, avec le M. cantaloup noir de Portugal, le plus volumineux de tous les melons cultivés sous notre climat. Il est également remarquable par sa très grande rusticité.

Melon de Honfleur (Réd. au cinquième).

MELON HYBRIDE VALLERAND.

Plante vigoureuse, ramifiée, à développement rapide; feuillage vert foncé, peu découpé. Fruit ovale oblong, faiblement côtelé, de 0^m30 de long sur 0^m17 de diamètre, pesant jusqu'à 2 kilog. ; écorce d'un vert assez foncé marqué de quelques broderies; chair rouge orangé foncé, très épaisse, assez ferme, juteuse et parfumée. Cueillis, les fruits se conservent relativement longtemps.

Cette excellente variété se recommande par sa précocité, sa vigueur et sa résistance aux maladies; elle a été obtenue par M. Vallerand en croisant le M. vert à rames par le M. Cantaloup Prescott fond blanc.

MELON DE CAVAILLON A CHAIR ROUGE.

SYNONYME : Melon jaune de Cavaillon.

Grande plante vigoureuse, à feuillage d'un vert grisâtre, ample, à lobes assez marqués et arrondis. Fruit oblong ou quelquefois presque sphérique; obtus aux deux extrémités, à côtes passablement marquées ; écorce assez épaisse, devenant à la maturité d'un jaune orangé, très chargée de broderies larges et saillantes, rappelant celles du M. sucrin de Tours. Les sillons qui séparent les côtes sont très étroits, et, à la maturité, ils se réduisent à une simple ligne ; le pédoncule du fruit est remarquablement gros et fort. Chair rouge vif, épaisse, un peu grossière, juteuse, d'une saveur vineuse et relevée. Maturité tardive.

Ce melon est rustique, il se cultive dans le Midi en pleine terre et presque sans soins ; il se modifie un peu sous le rapport de la forme, et se montre plus allongé actuellement qu'il n'était il y a trente ans.

Les environs de Cavaillon sont un des plus grands centres de production des melons, dans le Midi; il s'y cultive un grand nombre de variétés distinctes, de telle sorte que le nom de *Melon de Cavaillon* est plus souvent une simple indication de provenance qu'une véritable désignation d'espèce.

Melon de Cavaillon.
Réd. au cinquième.

MELON DE CAVAILLON A CHAIR VERTE.

SYNONYME : Melon de Malte d'été à chair verte.

Plante vigoureuse, à très longues tiges; feuilles assez amples, arrondies, dentées sur tout leur pourtour, d'un vert un peu pâle. Fruit oblong, de $0^m 12$ à $0^m 15$ de diamètre sur $0^m 22$ à $0^m 25$ de longueur ; écorce lisse, d'un vert foncé, marquée à la maturité de quelques broderies lâches. Chair d'un vert pâle, assez ferme quoique très juteuse, sucrée et parfumée dans les climats chauds, mais devenant rarement bonne sous le climat de Paris.

MELON DE CAVAILLON TRANCHÉ A CHAIR ROUGE.

SYNONYME : Melon à confire.

Les Melons tranchés se distinguent par leurs côtes ou tranches très marquées. La variété à chair rouge est une plante vigoureuse, à feuillage entier vert franc, à fruits sphériques, côtelés, blanc argenté, très brodés, à pédoncule gros et renflé. La chair est rouge pâle, ferme, parfumée et sucrée.

Ce melon n'atteint pas, sous le climat de Paris, la perfection de ses qualités.

MELON DE CAVAILLON TRANCHÉ A CHAIR VERTE.

Variété différant de la précédente par son fruit moins brodé, ovoïde allongé, à chair verte, juteuse, parfumée et très sucrée. Cette race exigeant beaucoup de chaleur, mûrit mieux sous le soleil du Midi : c'est le melon brodé qui se cultive le plus dans toute la région avoisinant Cavaillon; il est apporté en quantité considérable sur le marché de cette localité, d'où on le réexpédie à Marseille, Nîmes, et aux principales villes de la contrée méditerranéenne.

Les Melons de Cavaillon sont consommés couramment dans le Midi, soit à l'état naturel, soit en confitures. On les emploie aussi dans la confiserie, surtout les tranchés, après les avoir ouverts par le haut et débarrassés des pépins.

MELON DE MALTE D'HIVER A CHAIR ROUGE.

Plante de vigueur moyenne, à tiges minces et très ramifiées ; feuillage léger, d'un vert grisâtre un peu pâle, ordinairement entier, mais un peu contourné sur les bords et denté.

Fruit oblong, obtus aux deux extrémités, d'un quart ou d'un tiers seulement plus long que large, ne dépassant guère 0^m22 à 0^m25 de longueur, et le poids de 1 kil. 500 à 2 kilogrammes. Les côtes en sont marquées, mais peu saillantes, les sillons vert grisâtre, le dessus des côtes vert pâle piqueté de vert foncé et recouvert, à la maturité, de broderies très courtes et presque toutes longitudinales ; le pédoncule est assez long et très mince relativement à la grosseur du fruit. Chair rouge, assez épaisse, juteuse, très sucrée et musquée ; quand le melon n'est pas parfaitement à point, elle reste ferme et presque dure.

Cette variété réussit bien en pleine terre, mais il lui faut le climat du Midi pour être sûrement bonne.

Melon de Malte d'hiver à chair verte.
Réd. au cinquième.

Melon de Malte d'hiver à chair rouge.
Réd. au cinquième.

MELON DE MALTE D'HIVER A CHAIR VERTE.

SYNONYMES : Melon d'hiver blanc, M. d'hiver d'Espagne, M. d'hiver de Valence, M. tête de Maure (Hérault).

Plante vigoureuse, à longues tiges traînantes et à ramifications longues et nombreuses ; feuillage dressé, d'un vert foncé un peu terne, limbe arrondi, bordé de dents obtuses, porté sur des pétioles très raides ; ordinairement les feuilles ne sont pas grandes et restent enroulées en entonnoir. Fruit oblong, arrondi, obtus aux deux extrémités, et surtout à celle où s'attache le pédoncule ; écorce d'un blanc verdâtre, complètement lisse ou marquée de quelques broderies autour de l'ombilic ; de 0^m18 à 0^m22 de longueur sur 0^m12 à 0^m16 de diamètre et pesant environ 1 kil. 500 à 2 kilogrammes. Chaque pied peut porter deux ou trois fruits.

Dans le Midi, ce melon se cultive beaucoup pour l'arrière-saison. Les fruits, cueillis dans le courant de l'automne, se conservent au fruitier pour l'hiver. On emploie aussi la chair confite au sucre ou en confitures.

MELON OLIVE D'HIVER.

Synonyme : Melon espagnol.

Fréquemment cultivé dans le midi de l'Europe et en Algérie, ce melon a le même emploi et les mêmes avantages que les autres melons d'hiver ; c'est un de ceux qui s'exportent le plus fréquemment vers les grandes villes du Nord à l'arrière-saison. Son nom lui vient aussi bien de sa forme que de la couleur de son écorce.

Le fruit en est oblong, atténué aux deux extrémités ; l'écorce est légèrement ridée, d'un vert foncé plus ou moins bronzé à la maturité et quelquefois irrégulièrement sillonnée en long et non côtelée. Chair rouge pâle, assez épaisse, très sucrée, juteuse, d'un goût de melon bien franc. — Avec un peu de soin on peut le conserver jusqu'en Février : on reconnaît qu'il est bon à consommer lorsqu'il commence à se tacher.

MELON D'ANTIBES, BLANC D'HIVER.

Plante vigoureuse, ramifiée, assez coureuse, se distinguant de la plupart des autres variétés par son feuillage léger, grisâtre, très plissé, ce qui le fait paraître encore plus profondément lobé qu'il ne l'est en réalité. Fruit courtement ovoïde, d'un blanc mat, tout à fait lisse à la maturité. Chair verte, très sucrée et aqueuse, d'un goût très frais et très agréable.

Ce melon réussit admirablement en pleine terre sur la côte de Provence. Récolté bien mûr en Octobre, il se conserve parfaitement jusqu'au mois de Février et donne pendant l'hiver un dessert très agréable.

Melon d'Antibes, blanc d'hiver.
Réd. au cinquième.

C'est tout à fait une plante méridionale qui, sous le climat de Paris, n'acquiert jamais toute sa qualité et n'est pas, à beaucoup près, susceptible d'une conservation aussi longue que dans le Midi de la France.

AUTRES VARIÉTÉS DE MELONS BRODÉS :

M. blanc à chair verte ou *M. de Malte à côtes*. — Très distinct, à fruit moyen, fortement déprimé, pesant de 1 kil. à 1 kil. 500 ; peau blanche, lisse ; côtes assez marquées. Chair très épaisse, excellente, franchement verte.

M. blanc de Russie. — Petit fruit rond, sans côtes, à peau entièrement blanche, unie. Chair blanche, de peu de goût.

M. boulet de canon. — Petite variété assez précoce, à fruit sphérique, de 0^m12 à 0^m15 de diamètre, à écorce unie, verte, marquée de quelques broderies rares et fines. Chair vert pâle.

M. composite. — Fruit oblong, à côtes saillantes et à écorce peu épaisse, de couleur vert foncé, presque complètement couverte de broderies moyennes. Chair rouge, ferme, sucrée, savoureuse.

MELONS BRODÉS

M. d'Esclavonie. — Variété très distincte, à fruit gros, longuement ovale, arrondi aux deux bouts, à écorce blanche, lisse, assez épaisse. Chair presque blanche, sucrée, mais assez fade.

M. de Cassaba ou **de la Casba.** — Très renommé en Orient, ce melon paraît avoir besoin d'un climat tout à fait chaud pour arriver à sa perfection ; il se rapproche passablement du M. de Malte à chair verte.

M. de Chypre. — Fruit oblong, à côtes peu marquées, d'un blanc grisâtre, très légèrement brodé, tandis que les sillons sont d'un vert foncé. Chair orangée, ferme, très épaisse, d'un goût relevé.

M. de Coulommiers. — Fruit gros, oblong, à côtes assez marquées, se rapprochant considérablement du M. de Honfleur, dont il paraît être une sous-variété. Race un peu tardive.

M. de Langeais. — Variété du Melon maraîcher, à fruit oblong, presque deux fois aussi long que large ; côtes assez marquées et très brodées, tandis que les sillons restent lisses ; écorce mince. Chair rouge, aqueuse et de saveur assez fade. La maturité en est demi-tardive.

| Melon sucrin à chair verte. | Melon moscatello. | Melon de Perse. |
| Réd. au cinquième. | Réd. au cinquième. | Réd. au cinquième. |

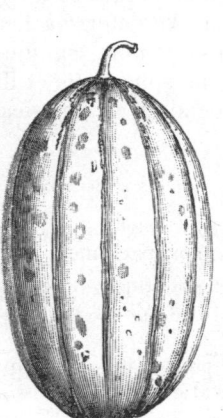

M. de Perse (*M. d'Odessa, M. d'Afrique*). — Fruit sans côtes, très long, pointu aux deux extrémités ; écorce lisse, marquée de bandes jaunâtres, qui sont elles-mêmes tigrées de vert ; chair verte très épaisse, juteuse, sucrée et parfumée. Ce melon, comme tous ceux de Perse et du Turkestan, qui sont excellents dans leur pays d'origine, mûrit ordinairement mal en France.

M. de Quito ou **de Grenade.** (AM. *Orange* or *Chito melon; Mango melon, Vegetable orange* or *Vine peach*). — Petit fruit oblong, à peine plus gros qu'un œuf, à peau lisse, de couleur jaune-citron à la maturité. Chair blanche, acidulée. Peu comestible à l'état naturel, on l'emploie dans certains pays pour conserves et compotes.

M. moscatello. — Fruit très allongé, presque pointu aux deux extrémités ; à côtes assez marquées, d'un vert pâle grisâtre ou argenté, très rarement brodé. Chair rouge, très juteuse et fortement parfumée.

M. sucrin à chair verte. — Fruit oblong, un peu aminci aux deux extrémités, d'un vert pâle et brodé à la maturité ; chair vert pâle, fondante et sucrée. — C'est surtout un melon d'été qui n'acquiert toutes ses qualités que pendant les grandes chaleurs ; on doit donc en diriger la culture de façon que les fruits arrivent à mûrir en Août-Septembre.

M. de Siam. — Fruit presque sphérique, assez petit ; côtes passablement marquées, d'un vert foncé, presque noir dans les sillons, couvertes de broderies serrées et grosses. Chair rouge.

M. vert hâtif du Japon. — Fruit assez petit, presque sphérique ; côtes régulières, peu marquées ; peau presque unie, légèrement pubescente, d'un vert foncé, à peine marquée de petites broderies très rares ; écorce mince. Chair rouge, ferme et parfumée.

M. Victoire de Bristol. — Fruit sphérique et petit, complètement recouvert de broderies fines et grisâtres ; chair rouge, épaisse, juteuse et parfumée.

Melon de Siam (Réd. au cinquième).

Ce melon est essentiellement une plante de serre ou de châssis ; chauffé, il se prête parfaitement bien à la culture forcée.

RACES ANGLAISES ET AMÉRICAINES :

Les variétés anglaises de melons brodés sont très nombreuses. Le plus souvent les melons sont cultivés en Angleterre à l'aide de la chaleur artificielle, et bien plutôt comme fruit que comme légumes. En général ils sont assez petits, presque toujours de forme sphérique, et ils ont la peau très mince.

Beaucoup de ces variétés anglaises et américaines ne réussissent pas très bien cultivées en pleine terre.

I. Variétés à chair rouge.

Blenheim orange melon. — Fruit courtement ovale, brodé, à écorce mince. Chair orange, assez épaisse et extrêmement parfumée.

Christiana M. (am.). — Fruit sphérique, à peau unie, vert foncé, à peine marquée de quelques broderies très fines. Chair rouge très épaisse, extrêmement fine et parfumée.

Crawley paragon M. — Très petit melon sphérique, brodé. Chair rouge, ferme, ressemblant passablement à la variété *Windsor prize* mentionnée ci-dessous.

Emerald gem M. (am.). — Fruit petit, presque sphérique, à côtes et broderies légèrement marquées, vert foncé teinté de jaune à la maturité. Chair très épaisse, rouge saumoné, juteuse et d'excellente qualité.

Munroe's Little heath M. — Très joli melon, distinct, à côtes un peu marquées. Fruit légèrement déprimé, brodé. Chair rouge, épaisse, remplissant presque entièrement le fruit, juteuse et sucrée.

Osage or *Miller's Cream M.* (am.). — Variété tardive à fruit moyen, ovale, vert foncé. Elle se rapproche de notre *M. vert grimpant*, mais elle est à chair rouge.

Paul rose or *Petoskey M.* (am.). — Fruit courtement ovale, d'environ 0^{m}12 de diamètre, vert pâle tournant au jaune à la maturité. Côtes et broderies bien marquées ; chair rouge orangé très épaisse et sucrée.

Scarlet gem M. — Joli petit fruit complètement sphérique, du volume d'une grosse orange, à écorce grisâtre, très lisse et couverte de broderies fines et assez serrées. Chair rouge, juteuse, sucrée et très parfumée.

Le *Windsor prize M.* (*Hero of Bath M.*) semble bien n'être qu'une sous-variété du précédent, à fruit encore plus petit, mais plus sucré et plus parfumé, s'il est possible.

Surprise musk-M. (am.). — C'est une forme du Cantaloup orange, à fruit un peu plus gros que dans la race ordinaire, légèrement oblong et un peu brodé sur les côtes, à chair orangée, ferme.

II. Variétés à chair blanche.

Bay view M. (am.). — Fruit oblong, en forme d'olive, à écorce verte, brodée. Chair blanche, peu épaisse, sucrée.

Colston Bassett seedling M. — Fruit légèrement oblong, obtus aux deux extrémités ; écorce brodée, jaune à la maturité. Chair blanche, fondante, très juteuse, très finement parfumée.

Queen Emma M. — Fruit assez gros, presque rond ; écorce mince. Chair blanche, très fondante. Variété productive.

III. Variétés à chair verte.

Baltimore or *Acme M.* (am.). — Espèce de M. vert grimpant, un peu plus brodé que notre race.

Beechwood M. — Fruit ovale, brodé, vert jaunâtre à la maturité. Chair vert pâle, fondante, sucrée et parfumée. Maturité demi-tardive.

Davenham early M. — Fruit petit, sphérique ; à côtes un peu marquées, très brodées, tandis que les sillons sont lisses. Chair verte, très fondante. Ressemble assez au M. ananas d'Amérique à chair verte, mais la plante est beaucoup moins coureuse.

Eastnor castle M. — Fruit légèrement oblong, presque complètement lisse, à peine marqué de quelques broderies à la maturité, et prenant alors une teinte jaune pâle ; jusque-là il est d'un vert foncé complètement uni. Chair très tendre, quelquefois un peu pâteuse. Variété productive.

Egyptian M. — Fruit arrondi, obtus aux deux extrémités, légèrement brodé ; écorce grisâtre ou argentée. Chair verte, sucrée et parfumée.

Gilbert's green flesh M. — Fruit assez gros, ovale, jaunâtre à la maturité. Chair juteuse, fondante. Bonne variété productive.

Gilbert's improved Victory of Bath M. — Fruit assez gros, courtement ovale, peu brodé et à côtes légèrement marquées. Chair vert pâle, fondante, très parfumée. Cette variété a quelque analogie avec le M. sucrin à chair verte, mais les fruits en sont moins gros.

Golden Queen M. — Variété vigoureuse, probablement issue de la précédente, donnant des fruits un peu plus gros, bien brodés. La chair en est ferme, juteuse, d'un goût relevé.

Hackensack or *Turk's cap M.* — C'est une grosse variété de M. ananas d'Amérique à fruit sphérique et chair verte.

L'*Extra early Hackensack M.*, très estimé sur le marché de New-York, est d'environ dix jours plus précoce que le précédent.

High Cross hybrid M. — Fruit moyen, sphérique, blanc uni. Chair assez épaisse, franchement verte, fondante.

Montreal market M. — Très gros melon, assez tardif, à fruit sphérique ou très légèrement oblong, forme du M. ananas d'Amérique, mais pouvant atteindre 2 kilog.; côtes bien indiquées ; écorce vert foncé, marquée de grosses broderies sur toute la surface. Chair vert clair, bien sucrée.

Rocky Ford or *Netted gem M.* (am.). — Variété hâtive, à fruit presque sphérique ou légèrement ovale, ne dépassant guère le poids de 800 grammes ; côtes peu saillantes ; écorce mince, brodée, d'abord verte, puis prenant à la maturité une teinte grisâtre particulière. Chair vert pâle, très sucrée. — Un des melons les plus estimés aux États-Unis ; on en cultive des quantités considérables dans l'État du Colorado.

Skillmann's netted M. — C'est une sous-variété du M. ananas d'Amérique à chair verte, dont les fruits sont plus gros du double que ceux de la race ordinaire.

William Tillery M. — Fruit ovale, à côtes à peine marquées ; écorce de couleur vert foncé, sillonnée, à la maturité, de quelques broderies. Chair très verte, peu épaisse, tout à fait fondante et extrêmement sucrée, mais toutefois sans finesse.

II. — *Melons cantaloups.*

Synonyme : Melons galeux.

Noms étrangers : Angl. Cantaloup melon, Rock melon. — All. Cantaloup-Melone. Ital. Zatta. — Esp. Meloncillo de Florencia. — Russe Dynia kantaloupa. Pol. Kantalupskie melony.

Le nom de Melon cantaloup est d'origine italienne et remonte à plusieurs siècles. On l'a conservé pour désigner les variétés de melons dont l'écorce porte des boursouflures et que l'on croit issues du Melon cantaloup primitif.

Pour certaines variétés il est assez difficile de préciser la limite exacte qui sépare les melons cantaloups des melons brodés.

M. cantaloup de Bellegarde.
Réd. au cinquième.

M. cantaloup de Vaucluse.
Réd. au cinquième.

MELON CANTALOUP DE BELLEGARDE.

Synonymes : Melon Caboul, M. cantaloup à queue fine, M. prolifique de Trévoux.

Plante un peu grêle, mais vigoureuse et à végétation rapide ; feuillage léger, d'un vert grisâtre. Fruit oblong, obtus aux deux extrémités, mesurant habituellement 0^{m}12 à 0^{m}15 de longueur sur 0^{m}10 à peine de diamètre transversal, à peine côtelé et très faiblement galeux. Ce melon est reconnaissable, entre autres caractères, à la longueur et à la finesse des pédoncules de ses fruits. Chair très épaisse, sucrée et parfumée, d'une belle couleur rouge orangé intense.

A ces nombreux mérites, le C. de Bellegarde joint celui d'une très grande précocité égale au moins, sinon supérieure, à celle du C. noir des Carmes ; il mérite à tous égards d'être recommandé pour les jardins d'amateurs aussi bien que pour la culture maraîchère. Réussit bien en pleine terre.

MELON CANTALOUP DE VAUCLUSE.

Synonyme : Cantaloup de Cavaillon, C. de Pierre-Bénite (à Lyon).

Plante assez vigoureuse, réussissant bien en pleine terre. Fruit très déprimé, ne mesurant pas plus de 0^{m}05 à 0^{m}06 de l'insertion du pédoncule à l'ombilic, tandis que son diamètre transversal est de 0^{m}12 à 0^{m}15 environ ; côtes très marquées. Gales très rares et parfois nulles ; l'écorce du fruit, d'abord d'un vert pâle, devient à peu près complètement jaune à la maturité. Chair rouge, assez épaisse, mais rarement très sucrée.

Ce petit melon se cultive en plein champ dans le midi de la France et s'expédie par grandes quantités sur Paris dès le mois de Juin.

MELON CANTALOUP POMME.

Nom étranger : angl. Apple-shaped cantaloup melon.

Plante vigoureuse et prolifique ; feuilles larges et arrondies. Fruits nombreux, sphériques, de petit volume, mesurant environ $0^m 12$ de diamètre sur $0^m 10$ d'épaisseur, très légèrement côtelés, à écorce rugueuse, et d'une couleur vert foncé à la maturité. Chair d'une teinte orange foncé, épaisse, juteuse et sucrée, remplissant presque complètement la cavité ovarienne.

Ce melon est remarquable par l'abondance et les petites dimensions de ses fruits, qui ne pèsent pas plus d'un kilogr. en moyenne ; il est à recommander surtout pour les petits jardins particuliers, car, à surface égale, il donne autant qu'un gros cantaloup et la production en est mieux répartie. On peut laisser au moins une demi-douzaine de fruits par pied.

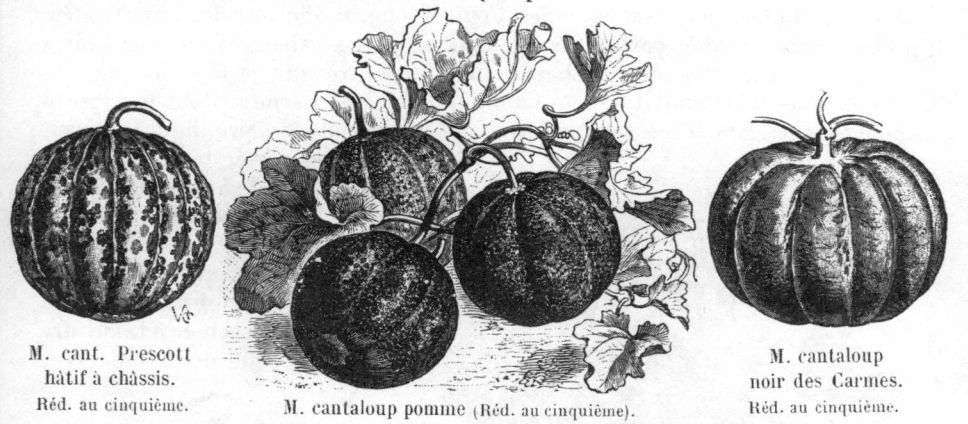

M. cant. Prescott hâtif à châssis.
Réd. au cinquième.

M. cantaloup pomme (Réd. au cinquième).

M. cantaloup noir des Carmes.
Réd. au cinquième.

MELON CANTALOUP PRESCOTT HATIF A CHASSIS.

Synonyme : Melon cantaloup Gontier.

Noms étrangers : angl. Prescott early frame cantaloup melon.
all. Frühe kleine Prescott-Melone.

Plante moyenne, à feuilles assez grandes, arrondies ou un peu anguleuses, d'un vert blond légèrement grisâtre, presque toujours repliées en forme d'entonnoir. Fruit sphérique ou un peu déprimé, à côtes marquées, faiblement verruqueuses, marbrées de vert foncé sur fond vert pâle, fond des sillons vert olive uni. Chair orange, épaisse, juteuse et fondante. Le diamètre du fruit varie de $0^m 12$ à $0^m 14$, son épaisseur de $0^m 10$ à $0^m 12$. Il pèse de 800 grammes à 1 kilog. On ne laisse qu'un fruit par pied en primeur, et deux en saison.

Ce melon est remarquablement hâtif et de qualité presque toujours excellente. C'est, avec le Cantaloup noir des Carmes, le meilleur pour la culture forcée sous châssis.

MELON CANTALOUP NOIR DES CARMES.

Syn. : Cantaloup sucrin de Montreuil.

Noms étr. : angl. Early black rock melon. — all. Schwarze Carmeliter Melone.

Plante moyenne, assez ramifiée ; feuilles assez grandes, d'un vert franc, vif, glacé, très distinctement divisées en cinq lobes, plissées sur les bords et presque toujours légèrement pliées en forme d'entonnoir ; pédoncule court et épais. Fruit presque sphérique, légèrement déprimé, à côtes nettement mais peu profondément marquées; écorce ordinairement lisse et dépourvue de verrues, d'un vert très foncé, presque noir, qui tourne à l'orangé à la maturité. Chair orange, épaisse, sucrée et parfumée, excellente. Le diamètre du fruit varie de 0^{m}14 à 0^{m}18; son épaisseur (du pédoncule à l'œil) de 0^{m}12 à 0^{m}15; son poids de 1 kil. à 1 kil. 500. On peut laisser deux fruits par pied dans la culture de saison.

Le Cantaloup noir des Carmes est un des meilleurs melons hâtifs et celui dont la culture présente le moins de difficulté.

MELON CANTALOUP OBUS.

Synonymes : Melon kroumir, M. malgache, M. olive.

Nom étranger : angl. Bomb-shaped cantaloup melon.

Plante très vigoureuse; feuillage abondant, vert franc; feuilles très découpées, surtout lorsqu'elles sont jeunes. Fruit oblong, aminci aux deux extrémités, profondément côtelé, parfois légèrement brodé ou galeux, d'un vert noir à maturité; écorce très mince. Chair orange foncé, très fine et très juteuse.

Ce melon, évidemment issu du Cantaloup noir des Carmes, dont le rapprochent tous ses caractères, sauf sa forme, est une variété très prolifique; on peut lui laisser porter trois ou quatre fruits par pied dans la culture de saison. Sa production, en outre, est très prolongée; il ne mûrit guère ses derniers fruits qu'en Septembre et Octobre.

Il se prête aussi bien à la culture forcée qu'à celle de pleine terre.

M. cantaloup Obus.
Réd. au cinquième.

M. cantaloup sucrin.
Réd. au cinquième.

MELON CANTALOUP SUCRIN.

Nom étranger : all. Rotfleischige Zucker-Cantaloup-Melone.

Plante moyenne, bien ramifiée, vigoureuse et rustique; feuillage assez ample, très distinctement lobé, d'un vert grisâtre foncé. Fruit presque sphérique ou légèrement déprimé, à côtes peu marquées, de couleur gris argenté, unie, contrastant peu avec le fond des sillons, qui est d'un gris pâle; écorce remarquablement mince. Chair orange, très épaisse, sucrée, juteuse et parfumée. Le diamètre du fruit varie de 0^{m}12 à 0^{m}14; le poids en est généralement compris entre 1 kil. 200 et 1 kil. 800. Chaque pied peut facilement porter deux fruits.

C'est une des variétés qui réussissent le mieux en pleine terre; elle n'est pas aussi cultivée qu'elle mériterait de l'être.

MELON CANTALOUP PRESCOTT FOND BLANC.

SYNONYME : Melon Excelsior.
NOMS ETRANGERS : ANGL. Large Prescott white skin rock melon.
ALL. Pariser Markt- Prescott-Melone.

Plante assez vigoureuse, ramifiée, à feuilles moyennes, plissées sur les bords et souvent divisées en cinq lobes, d'un vert franc assez foncé. Fruit gros, souvent très déprimé, à côtes larges, à surface très rugueuse, couverte de nombreuses bosses et de gales ou proéminences de toutes formes, et panachée irrégulièrement de vert foncé et de vert pâle sur fond blanchâtre. Les côtes sont séparées par des sillons très profonds et étroits; l'ombilic est parfois saillant. Chair rouge orangé, très épaisse, extrêmement fine, juteuse, fondante et de qualité excellente. L'écorce est aussi d'une grande épaisseur, mais, à cause de la forme du fruit, cela n'empêche pas la chair d'être fort abondante.

La longueur du fruit, c'est-à-dire la distance de l'insertion du pédoncule à l'ombilic, peut varier de 0^m12 à 0^m14, le diamètre transversal de 0^m22 à 0^m28, et le poids de 2 kil. 500 à 4 kilogrammes.

On ne laisse habituellement qu'un seul fruit par pied ; mais exceptionnellement on peut en laisser deux.

Ce melon a produit de nombreuses sous-variétés qui ne se distinguent souvent que par la couleur de l'écorce.

M. cantaloup Prescott fond blanc argenté.
Réd. au cinquième.

M. cantaloup Prescott fond blanc.
Réd. au cinquième.

MELON CANTALOUP PRESCOTT FOND BLANC ARGENTÉ.

Cette variété ne diffère guère de la précédente que par la teinte un peu plus métallique de l'écorce des côtes, et la forme sensiblement plus aplatie de son fruit. Ses qualités sont du reste exactement les mêmes que celles du M. cantaloup Prescott fond blanc.

Ces deux variétés sont de beaucoup les plus cultivées par les maraîchers parisiens, et le marché en est abondamment approvisionné depuis le mois de Juillet jusqu'à la fin d'Octobre.

Par là même que les Cantaloups Prescott de grosse race sont extrêmement cultivés, il arrive que très fréquemment on en voit paraître des variétés nouvelles. Quand un très bon fruit a présenté un caractère extérieur quelconque le distinguant un peu des autres, on est porté à reproduire ce caractère pour reproduire la qualité : et voilà souvent un nouveau melon créé du coup.

MELON CANTALOUP PARISIEN.

Plante à végétation vigoureuse; tiges courtes et ramifiées; feuillage vert foncé, assez découpé et lobé. Fruit gros, sphérique, de 0^{m}30 environ de diamètre; côtes séparées par des sillons bien marqués quoique peu profonds; ombilic très réduit; écorce d'un blanc argenté, présentant souvent des marbrures ou des verrues vert foncé.

Cette variété, d'obtention récente, se rapproche assez du M. cantaloup Prescott fond blanc argenté, avec cette différence que la sélection a augmenté l'épaisseur de la chair au détriment de celle de l'écorce. Il est impossible, en effet, d'imaginer un melon dans lequel le rapport de la partie utilisable à l'enveloppe soit plus fort que dans le M. cantaloup parisien. A sa grande épaisseur, la chair ajoute cet avantage d'être très délicate, parfumée et sucrée.

C'est une variété éminemment propre à la culture pour le marché de Paris où elle est maintenant très recherchée.

M. cantaloup de Vauriac (Réd. au cinquième).   M. cantaloup parisien (Réd. au cinquième).

MELON CANTALOUP DE VAURIAC.

Évidemment sélectionné dans le M. cantaloup Prescott fond blanc argenté, dont il rappelle assez la couleur, ce melon s'en distingue par sa forme un peu plus épaisse, ses côtes très saillantes, séparées par des sillons profonds, et par son écorce rugueuse parfois presque galeuse. Sa chair est d'un beau rouge orangé, épaisse, juteuse, et d'une qualité très régulièrement excellente. Les fruits sont très volumineux et très lourds.

Le seul reproche que l'on puisse faire au M. cantaloup de Vauriac, c'est d'avoir, comparativement à des variétés plus récentes, et notamment au M. cantaloup parisien que nous avons décrit ci-dessus, l'écorce un peu trop épaisse par rapport à la partie comestible.

C'est un fruit de moyenne saison, aussi recommandable pour le potager de l'amateur que pour la culture maraîchère.

MELON CANTALOUP D'ALGER.

SYNONYME : Cantaloup de Mai.

Plante assez ramassée, à rameaux nombreux et courts ; feuilles d'un vert foncé, un peu découpées et surtout très plissées sur les bords, ce qui leur donne l'apparence d'être divisées en cinq lobes ; elles sont presque toujours repliées en forme d'entonnoir et de dimensions très variables, celles de la portion inférieure des tiges étant jusqu'à trois et quatre fois plus grandes que celles de l'extrémité des rameaux.

Fruit légèrement allongé, quelquefois sphérique, portant des gales ou verrues arrondies, teintées, ainsi que le fond des sillons, d'une couleur verte très foncée, presque noire, qui tranche vivement avec la nuance blanc argenté du reste des côtes. Les parties vert foncé du fruit finissent par prendre une teinte orangée, mais cette transformation n'est complète que quand le fruit est trop mûr ; il ne faut donc pas, pour le cueillir, attendre qu'elle se soit produite. La longueur des fruits varie de 0^{m}15 à 0^{m}20, le diamètre de 0^{m}12 à 0^{m}16, et le poids de 2 à 3 kilogrammes. On peut en laisser deux sur chaque pied.

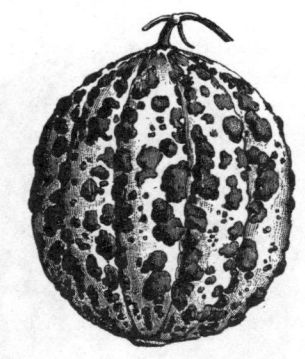

M. cantaloup d'Alger.
Réd. au cinquième.

Il est surprenant que la culture du Cantaloup d'Alger n'ait pas été adoptée par les maraîchers des environs de Paris, car c'est un des melons d'été les plus rustiques, et celui de tous, peut-être, dont la qualité est le plus régulièrement bonne. La chair en est épaisse, juteuse, parfumée et toujours très sucrée ; la maturité, demi-hâtive.

MELON CANTALOUP A CHAIR VERTE.

Plante moyenne, ramifiée, assez grêle ; feuilles moyennes ou petites, d'un vert foncé, plissées sur les bords et souvent assez profondément divisées en cinq lobes. Fruit sphérique ou légèrement déprimé, à côtes peu marquées, avec le fond des sillons vert clair, le dos des côtes faiblement galeux et marbré de blanc et de vert foncé. Chair vert pâle, très épaisse, fondante, juteuse, sucrée et très délicatement parfumée. La longueur des fruits varie de 0^{m}12 à 0^{m}14, le diamètre de 0^{m}14 à 0^{m}16, le poids d'environ 1 kil. 200 à 1 kil. 500. Chaque pied peut en porter deux et quelquefois trois.

C'est un des plus fins de tous les melons cantaloups.

MELON CANTALOUP NOIR DE PORTUGAL.

SYNONYMES : Cantaloup gros galeux, M. monstrueux de Portugal, M. de caille.

NOM ÉTRANGER : ANGL. Black Portugal rock melon.

Plante très vigoureuse, ramifiée, à feuilles très grandes, molles, arrondies, entières, d'un vert franc, ressemblant plus à celles d'un melon brodé qu'à celles d'un cantaloup. Fruit très gros, légèrement oblong, très obtus et presque aplati du côté opposé au point d'attache ; à côtes profondément marquées et à écorce inégale, bossuée, tachées de vert noir sur fond vert ; pédoncule long, remarquablement renflé à son insertion sur le fruit ; chair rouge. La forme du fruit est un peu variable; quelquefois la longueur dépasse le diamètre transversal, quelquefois c'est l'opposé qui a lieu. Les deux diamètres varient de 0m 22 à 0m 30; le poids du fruit atteint aisément 5 ou 6 kilog. Chaque pied n'en peut porter qu'un seul.

Le *Melon Maron* dont il a été question il y a une quinzaine d'années, et dont les fruits atteignaient, disait-on, le poids de 12 kilogrammes, est une sélection du Cantaloup noir de Portugal.

M. cantaloup noir de Portugal.
Réd. au cinquième.

M. cantaloup de Passy.
Réd. au cinquième.

AUTRES VARIÉTÉS DE MELONS CANTALOUPS :

C. d'Arkhangel. — C'est une jolie variété, de grosseur moyenne, à fruit presque sphérique ou légèrement déprimé, à côtes peu marquées, à écorce vert grisâtre, peu galeuse, à peu près intermédiaire comme apparence entre le C. Prescott fond gris et le C. sucrin. La chair en est rouge, épaisse, juteuse, sucrée et d'un goût relevé.

C. d'Épinal. — Paraît être une variété, un peu plus volumineuse, du C. Prescott petit hâtif. Le fruit en est presque sphérique, les côtes assez marquées, l'écorce vert pâle panaché de gris, la chair rouge, très épaisse.

C. de Passy. — Variété demi-hâtive, assez répandue il y a une vingtaine d'années et peu cultivée maintenant. Fruits un peu plus petits et plus régulièrement arrondis que le M. cantaloup Prescott hâtif à châssis; côtes peu saillantes; écorce vert clair marbré de plus foncé; chair rouge, juteuse et très sucrée.

C. du Mogol. — Fruit presque piriforme, deux fois aussi long que large, à côtes très relevées; écorce rugueuse, velue et chargée de gales. Chair rouge, épaisse, mais sans finesse. Maturité très tardive.

C. fin hâtif d'Angleterre. — Cette variété, aujourd'hui peu cultivée, se distingue par son petit volume et sa grande précocité. Le fruit en est légèrement déprimé et ne dépasse pas 0m 10 à 0m 12 de diamètre; la chair en est rouge, fine et bonne.

C. noir de Hollande. — Fruit très gros, oblong, quelquefois presque piriforme; côtes bien marquées, galeuses, d'un vert foncé presque noir, plus ou moins marbrées de vert plus pâle; écorce épaisse. Chair rouge orangé, relativement peu abondante et assez grossière. Maturité tardive.

Cette variété est une des plus volumineuses qui se cultivent, mais la qualité de ses fruits est loin de répondre à leur volume.

C. orange. — Petit melon oblong, côtelé, à chair orange, ferme et peu épaisse. Le C. de Bellegarde lui est préférable sous tous les rapports.

C. Prescott à écorce mince. — Jolie variété plus sphérique que la plupart des cantaloups Prescott habituellement cultivés à Paris, et du reste extrêmement voisine du Cantaloup sucrin, qui se distingue, lui aussi, par le peu d'épaisseur de son écorce.

C. Prescott cul de singe. — Dans cette race, l'ombilic du fruit prend un développement considérable et forme une sorte de renflement ou de calotte ayant pour effet de donner aux fruits quelque chose de l'apparence d'un Giraumon turban.

Cette particularité de structure, s'étant quelquefois rencontrée accidentellement unie à une qualité remarquable du fruit, a fait rechercher cette forme par quelques amateurs ; mais les deux caractères ne sont nullement liés l'un à l'autre, et l'on trouve d'aussi bons melons parmi les cantaloups Prescott ordinaires que dans cette race spéciale, dont la forme est presque aussi disgracieuse que le nom. Cette modification, au surplus, n'est pas particulière au C. Prescott; elle se rencontre parfois également dans le C. sucrin et dans d'autres cantaloups, et même dans des melons brodés, sans que, dans aucune variété, les fruits de cette conformation spéciale soient régulièrement préférables aux autres.

M. cantaloup orange.
Réd. au cinquième.

Nous avons reçu à plusieurs reprises, sous le nom de *melon*, différentes *Cucurbitacées* cultivées en Chine et dont la plupart sont des Concombres ou des Luffa sans aucun intérêt.

La seule variété que l'on puisse rattacher d'une façon certaine à nos melons donne des fruits intermédiaires comme forme entre le C. sucrin à chair verte et le C. noir de Portugal; la chair en est plutôt jaune que rouge, fondante et parfumée. Quoique bien inférieure à nos bonnes variétés, celle-ci semble être la plus perfectionnée de celles que l'on cultive en Chine.

MELON DUDAÏM, Concombre Dudaïm, Melon mandarin, Melon de poche, Pomme de Grenade (*Cucumis Melo* L. *var*.). (Angl. Queen Anne's pocket melon, Pomegranate M.; All. Brahma Apfel). — Fam. des *Cucurbitacées*.

Plante grêle, ramifiée ; feuillage léger ; feuilles plus ou moins profondément divisées en cinq lobes. Fruits nombreux, très petits, déprimés, dépourvus de côtes, mais marqués de bandes alternativement vertes ou formées de larges macules jaune verdâtre. Chair peu épaisse, pâle, orangée, non mangeable. Graines ovales, petites. Le diamètre transversal du fruit ne dépasse pas 0^{m}07 ou 0^{m}08 ; son épaisseur est d'environ 0^{m}05 ou 0^{m}06. Il pèse à peu près 200 grammes.

L'odeur, qui ressemble tout à fait à celle des autres melons, sans être aussi forte, est assez agréable quand le fruit approche de la maturité, mais la saveur ne répond pas au parfum ; aussi le M. Dudaïm n'est-il cultivé que comme curiosité ou parfois comme plante grimpante d'ornement pour garnir des treillages et des berceaux.

On a longtemps rapporté à cette variété, le *Melon pêche*, petit fruit à écorce jaune lisse, de qualité très médiocre à l'état cru, mais qui après

Melon Dudaïm.
Réd. au quinzième ; fruit au cinquième.

cuisson et sucrage, rappellerait, d'après certains amateurs, le goût de la pêche en compote. Nous lui trouverions plutôt une grande analogie avec le Melon de Quito, mentionné page 415, si même il ne lui est pas identique.

MELON-D'EAU PASTÈQUE

Citrullus vulgaris Schrad. — **Cucumis Citrullus** Ser. — **Cucurbita Citrullus** L.

Fam. des *Cucurbitacées*.

Syn. : Citrouille pastèque, Arbouse Jacé, Batec, Melon d'Amérique, M. de Moscovie.
Noms étrangers : angl. Water-melon. — all. Wasser-Melone. — suéd. Vatten melon. ital. Cocomero, Anguria. — esp. Sandia. — port. Melancia. — russe Arbouze. pol. Arbuz, Kawon. — jap. Suikwa.

Afrique. — Annuelle. — La Pastèque est une plante rampante à tiges grêles et très longues, qui convient surtout aux climats chauds, dans lesquels la pulpe aqueuse, mais fade, de son fruit est appréciée comme rafraîchissement. Toute la plante est couverte de poils grisâtres longs et mous. Les feuilles, assez grandes, sont divisées en nombreux segments, eux-mêmes lobés ou incisés; toutes les divisions de la feuille, ainsi que les découpures qui les séparent, sont toujours arrondies, ce qui donne au feuillage de la Pastèque un aspect très particulier. Les fleurs ressemblent assez à celles du melon; elles sont monoïques, et les fleurs femelles surmontent des ovaires ovoïdes et très velus qui se transforment par la croissance en fruits tout à fait glabres, sphériques ou oblongs. La couleur de ces fruits est tantôt d'un vert uniforme plus ou moins foncé, tantôt panachée et marbrée de vert grisâtre sur fond plus sombre. Ils sont remplis d'une chair ou pulpe dont la couleur varie du blanc verdâtre au rouge foncé, et dans laquelle sont rangées longitudinalement des graines aplaties, de forme ovale, raccourcie, et de couleur blanche, jaune, rouge, brune ou noire. Un gramme de graines en contient 5 ou 6, et le litre pèse environ 460 grammes ; leur durée germinative est de cinq années.

Pastèque très hâtive de Russie.
Réd. au huitième.

Le nombre des formes de pastèques est pour ainsi dire presque illimité, la plante étant très abondamment cultivée dans des pays où l'on attache peu d'importance à la pureté des variétés et où toutes les races fleurissent les unes à côté des autres.

Culture. — La Pastèque, plante des pays chauds, est peu cultivée en Europe, elle ne s'y rencontre guère que sur les bords de la Méditerranée et dans le midi de la Russie, où il s'en fait une très grande consommation.

C'est un des fruits les plus communs dans tous les pays tropicaux : la Pastèque s'y cultive comme les melons, en plein champ et sans aucun soin. Sous le climat de Paris, il lui faut, comme au melon, le secours de la chaleur artificielle, encore ne peut-elle y être cultivée que comme objet de curiosité, ses fruits y restant toujours fades et insipides. La seule différence à signaler entre la culture du Melon et celle de la Pastèque, c'est qu'il n'y a aucune utilité à tailler cette dernière; le produit en est d'autant meilleur qu'on a laissé les tiges se développer et s'étendre plus librement.

Usage. — La pulpe du fruit mûr se mange crue à la manière des melons; quelquefois aussi on la confit par tranches, seule ou mêlée à d'autres fruits; ou bien encore on en fait des confitures. Avant la maturité, le fruit peut aussi se consommer comme légume, de même que la Courge à la moelle.

PASTÈQUE TRÈS HATIVE DE RUSSIE.

Synonyme : Pastèque économique de Kaminski.

Plante à végétation très vigoureuse. Tige très ramifiée de 2 à 3 mètres de long. Feuilles larges et amples. Fruit sphérique, vert franc légèrement panaché de vert pâle, mesurant environ 0^{m}30 de diamètre et pesant 1 à 2 kilog. Chair rouge, sucrée, parfumée et très juteuse; graine noire (*Voy.* la fig. à la page précédente).

C'est la plus hâtive des pastèques; elle parvient à maturité en année ordinaire dès le mois d'Août. Mieux qu'aucune des espèces énumérées ci-après, elle peut donner une idée de ce qu'est le Melon-d'eau dans les pays plus chauds que le nôtre.

Pastèque très hâtive de Rodosto.
Réd. au huitième.

Pastèque Seïkon, très hâtive.
Réd. au huitième.

PASTÈQUE TRÈS HATIVE DE RODOSTO.

Moins hâtive que la variété précédente, celle-ci mûrit cependant encore ses fruits sous le climat de Paris. C'est une plante à végétation vigoureuse, à tiges de plus de 3 mètres de long. Fruits abondants, vert pâle, relativement petits, sphériques, très légèrement aplatis et à côtes un peu marquées. Chair rouge, épaisse, fondante, très sucrée et d'un goût très agréable; graine noire.

Cultivée sur couche comme les melons, cette pastèque donnera en année ordinaire des fruits à maturité dans la seconde quinzaine d'Août.

PASTÈQUE SEÏKON, TRÈS HATIVE.

Race d'origine japonaise, tout à fait remarquable par sa grande précocité qui lui permet de mûrir ses fruits sûrement et régulièrement sous le climat de Paris et d'acquérir ainsi une qualité beaucoup meilleure que les autres pastèques : celles-ci, en effet, ne donnent généralement dans nos pays que des fruits à chair fade et peu savoureuse.

Chez la Pastèque Seïkon, les tiges sont relativement courtes, le feuillage prompt à s'éteindre; les fruits, presque exactement sphériques ou un peu aplatis à la base et au sommet, sont d'un vert foncé uni ou légèrement veiné de noir; feuillage très découpé et bien distinct. La chair en est rouge et les graines noires, comme dans la variété précédente.

PASTÈQUE A CHAIR ET GRAINE ROUGES.

Plante très hâtive. Tige ne dépassant guère 2 mètres. Fruit légèrement oblong, vert olive, mesurant en moyenne 0^m25 de long sur 0^m15 de diamètre et pesant 1 à 2 kilogr.

C'est une race très productive et de bonne forme, originaire de Provence; sa grande précocité lui permet d'arriver à maturité complète même sous le climat de Paris. Sa chair est fondante, très juteuse, délicatement parfumée et d'une belle couleur rouge vif.

Pastèque à graine noire.
Réd. au huitième.

Pastèque à graine rouge.
Réd. au huitième.

PASTÈQUE A GRAINE NOIRE.

Fruit oblong, atteignant jusqu'à 0^m50 et 0^m60 de long sur 0^m30 à 0^m35 de large, à écorce unie, vert foncé. Chair rouge très fondante, légèrement sucrée et remplissant tout le fruit; graines variant du rouge foncé au noir.

Cette race se mange surtout crue, et c'est elle, avec ses sous-variétés, qui se cultive le plus généralement sur tous les bords de la Méditerranée.

PASTÈQUE A GRAINE ROUGE.

Plante à végétation vigoureuse, mais cependant moins exubérante et moins ramifiée que la Pastèque à graine noire. Les tiges, qui s'étalent longuement sur terre, ne dépassent guère en général 2^m50 de longueur; elles sont relativement peu branchues; les feuilles sont assez amples, ayant les lobes plus larges et moins déchiquetés que ne les ont, en général, les autres pastèques. Cette variété demande à peu près quatre mois de chaleur pour arriver à bien mûrir ses fruits.

Fruit sphérique de 0^m30 à 0^m40 de diamètre, d'un vert assez pâle, panaché de bandes grisâtres marbrées de vert. Chair aqueuse, mais assez ferme, d'un blanc verdâtre; graines roses ou rouges.

Cette pastèque est surtout employée pour conserves ou pour confitures.

La *Pastèque Helopa* est une plante vigoureuse, à fruit très gros, sphérique ou légèrement déprimé; écorce lisse, vert pâle marbré de vert plus clair. Chair d'un blanc verdâtre, ferme, mais peu sucrée, ne pouvant guère s'employer que confite ou pour la nourriture des bestiaux; graine grise. Le poids des fruits atteint quelquefois 2 kilogrammes; la maturité en est demi-hâtive.

VARIÉTÉS AMÉRICAINES :

Les melons-d'eau sont très recherchés et très largement cultivés aux États-Unis; nous citerons ici quelques-unes des principales variétés parmi les plus estimées :

Black Spanish water-melon. — Fruit gros, arrondi ou courtement oblong, à côtes légèrement marquées; écorce presque noire. Chair rouge foncé; graine brune ou noirâtre. C'est une variété rustique et productive.

Citron W.-M. — Variété uniquement employée pour confire. Fruit petit, sphérique, marqué de bandes alternatives vert foncé et argenté. Chair blanche, très ferme, presque dure, à peine mangeable. On la coupe en morceaux que l'on confit comme les cédrats.

Cuban Queen W.-M. — Fruit de grosseur moyenne, ovale, marqué de bandes alternatives vert clair et vert foncé. Chair rouge vif, bien sucrée.

Excelsior W.-M. — Beau fruit presque sphérique.

Florida Favorite W.-M. — Fruit assez hâtif, très gros, allongé, marbré de vert clair sur fond plus sombre. Chair rouge foncé, de bonne qualité.

Gipsy W.-M. (Ironclad W.-M.). — Variété énorme, à fruit oblong, vert foncé, marqué de taches plus pâles disposées en bandes longitudinales. Chair rouge ; graine brune ou noire.

Ice cream or *Peerless W.-M.* — Fruit de forme arrondie, gros, souvent déprimé aux deux extrémités; écorce d'un vert très pâle, épaisse. Chair blanche, sucrée; graine blanche.

Mountain, Mountain sweet W.-M. — Fruit gros, allongé, ovale, quelquefois un peu étranglé en forme de gourde, sans côtes; écorce marquée de bandes peu distinctes, les unes plus pâles, les autres plus foncées. Chair rouge, remplissant complètement le fruit; graine d'un brun plus ou moins foncé. — C'est une variété rustique et productive.

Mountain sprout W.-M. — Variété extrêmement voisine, sous tous les rapports, de la Pastèque *Mountain sweet* ; un peu plus tardive.

Orange W.-M. — Fruit moyen, ovale; écorce lisse, mais marbrée de vert foncé sur fond plus pâle. Chair rouge, tendre et sucrée.

Rattlesnake W.-M. — Belle variété de pastèque à graine noire. Fruit oblong, allongé, d'un vert foncé uni. Chair très rouge.

Round light icing, Ice rind Strawberry W.-M. — Pastèque à graine blanche, remarquable par la couleur rouge de sa chair. Fruit de grosseur médiocre, arrondi, très sucré. Chair agréablement parfumée, fondante.

Le *Dark icing W.-M.* a l'écorce d'un vert plus foncé, et le *Long light icing* or *Gray Monarch* est à fruit plus allongé que celui de la variété qui précède.

Sweet-Heart W.-M. — Fruit gros, arrondi ou légèrement oblong. Écorce vert pâle, à bandes marbrées de vert plus foncé. Chair rouge, fondante et sucrée.

On pourrait citer bien d'autres variétés de pastèques, car il en existe peut-être autant que de melons proprement dits. Nous nous bornerons à ces quelques variétés, l'ouvrage « LES PLANTES POTAGÈRES » étant surtout fait pour l'Europe centrale, où les pastèques ne réussissent pas communément.

MENTHE VERTE (*Mentha viridis* L.). (ANGL. Common mint, Spearmint). — Fam. des *Labiées*. — Plante indigène vivace, à souche rampante; tige dressée, rameuse au sommet, à rameaux étalés ; feuilles presque sessiles, lancéolées-aiguës, un peu arrondies à la base, bordées de dents espacées ; fleurs réunies en épi cylindrique, de couleur rose ou lilas. Graine très rare, extrêmement fine.

La M. verte se multiplie habituellement par division de touffes au printemps. Elle préfère une terre fraîche, et la plantation peut durer plusieurs années, pourvu qu'à l'automne on ait la précaution de receper les tiges et de rechausser les souches avec un peu de bonne terre ou de terreau.

Les feuilles et les extrémités des pousses sont employées comme condiment; en Angleterre surtout, la sauce à la menthe est considérée comme indispensable avec certains mets.

MENTHE POIVRÉE (*Mentha piperita* L.). (ANGL. Peppermint; ALL. Pfeffermünze). — Fam. des *Labiées*. — Plante vivace, à tige rampante, s'enracinant très facilement; feuilles pétiolées, oblongues ou lancéolées-aiguës ; fleurs en épi cylindrique-oblong, d'un violet rougeâtre. Cette espèce ne donne pas de graine.

La culture est absolument la même que celle de la M. verte. Quoique la Menthe poivrée se rencontre ordinairement dans les prés humides et presque submergés, elle réussit bien néanmoins dans une terre de jardin fraîche et profonde. La multiplication se fait toujours par tronçons de tiges, qui s'enracinent avec la plus grande facilité.

Les feuilles et les tiges s'emploient quelquefois comme condiment, mais surtout pour la distillation.

MENTHE DU JAPON (*Mentha arvensis* var. *piperascens*). (ANGL. Japanese mint, Menthol plant ; JAP. Megusa). — Fam. des *Labiées*. — Plante vivace herbacée de 0m20 à 0m30 de hauteur. Tige rameuse et velue ; fleurs disposées à l'aisselle des feuilles en faux verticilles éloignés et multiflores.

La M. du Japon se cultive comme la M. poivrée, mais la propagation en est plus facile, car elle peut se multiplier également de graines.

C'est, de toutes les menthes cultivées en Europe, la plus riche en principes aromatiques; on en extrait le *Menthol*, sorte de camphre très estimé en Angleterre contre les névralgies et très efficace pris en inhalation contre les rhumes de cerveau.

MENTHE POULIOT (*Mentha Pulegium* L.). (ANGL. Penny-royal, Flea-mint ; ALL. Polei-Münze). — Fam. des *Labiées*. — Plante vivace indigène, à tiges couchées, s'enracinant facilement, garnies de feuilles ovales-arrondies, légèrement velues, d'un vert grisâtre; fleurs petites, d'un lilas bleuâtre, réunies en glomérules arrondis, verticillés, étagés sur la tige les uns au-dessus des autres, au nombre parfois de douze à quinze. Graine extrêmement fine.

Toute la plante exhale une odeur très agréable, un peu moins forte toutefois que celle des autres menthes. — Les feuilles s'emploient comme condiment.

La Menthe Pouliot se plaît de préférence dans les terres fortes et fraîches. On la multiplie par le semis ou par division de tiges, et la plantation peut durer plusieurs années.

MENTHE DE CHAT, HERBE AUX CHATS (*Nepeta Cataria* L.). (ANGL. Catnip, Catmint; ALL. Gemeine Katzenmünze). — Fam. des *Labiées*. — Grande plante vivace, à tiges dressées, ramifiées, hautes d'un mètre environ ; feuilles pétiolées, ovales ou en cœur, crénelées sur le pourtour, blanchâtres à la face inférieure; fleurs blanches, en grappes terminales, composées de glomérules espacés à la base et serrés au sommet.

La Menthe de chat se propage aisément par graines qu'on sème au printemps ou à l'automne en rangs espacés de 0m50, à cause du grand développement que prennent les plantes; celles-ci ne demandent aucun soin et peuvent durer plusieurs années, pourvu qu'on tienne la plantation exempte de mauvaises herbes.

Les feuilles et les jeunes pousses s'emploient comme condiment.

MENTHE-COQ. — Voy. BAUME-COQ.

MORELLE DE L'ILE-DE-FRANCE, Morelle noire, M. commune, Brède, Crève-chien, Herbe aux magiciens, Morette, Raisin de loup (*Solanum nigrum* L.). (angl. Nightshade, Black nightshade; all. Verbesserter Nachtschatten-Spinat, Schlafkraut; ital. Erba mora; esp. Yerba mora). — Fam. des *Solanées*.

La Morelle noire ou de l'Ile-de-France est une plante annuelle spontanée très connue et généralement regardée comme mauvaise herbe, qui croît surtout au voisinage des habitations et dans les endroits cultivés. Elle a une tige dressée, ramifiée, s'élevant de 0m40 à 0m80, avec des feuilles simples, larges, ovales, souvent ondulées sur les bords ; fleurs blanches, étoilées, réunies en petits bouquets axillaires et faisant place à des baies sphériques, de la grosseur d'un pois, noires ou rarement jaune ambré, contenant une pulpe verdâtre entremêlée de graines lenticulaires très petites, d'un jaune pâle.

Cette morelle se sème en place au mois d'Avril, en planches, ou mieux en rayons espacés de 0m30 à 0m40. Elle ne demande aucun soin après la levée et l'éclaircissage, et résiste parfaitement aux sécheresses. Cependant les feuilles sont plus tendres et aussi plus abondantes si l'on donne au besoin à la plante quelques bons arrosements.

Cette plante reste chez nous sans emploi, mais dans les pays chauds on en consomme quelquefois les feuilles en guise d'épinards, et, bien qu'appartenant à la famille des *Solanées*, ce légume ne produit aucun fâcheux effet.

Morelle de l'Ile-de-France.
Réd. au dixième.

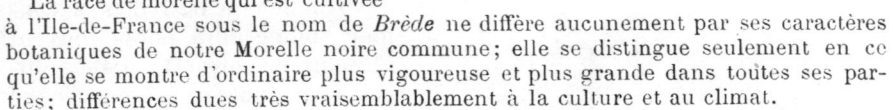

La race de morelle qui est cultivée à l'Ile-de-France sous le nom de *Brède* ne diffère aucunement par ses caractères botaniques de notre Morelle noire commune ; elle se distingue seulement en ce qu'elle se montre d'ordinaire plus vigoureuse et plus grande dans toutes ses parties ; différences dues très vraisemblablement à la culture et au climat.

MOUTARDE BLANCHE, Moutardin, Plante au beurre, Sénevé (*Brassica alba* Boiss.; *Sinapis alba* L.). (angl. White mustard, Salad mustard; all. Gelber Senf; flam. Witte mostaard ; holl. Gele mosterd *ou* mostaard ; ital. Senapa bianca ; esp. Mostaza blanca). — Fam. des *Crucifères*.

Plante annuelle indigène, à végétation rapide; tige assez grosse, souvent anguleuse, ramifiée, garnie de feuilles incisées à contours arrondis ; fleurs jaunes en épis terminaux. Siliques légèrement velues, terminées par une sorte de bec membraneux aplati, et, dans le reste de leur longueur, gonflées par la saillie des graines, qui sont en général au nombre de trois ou quatre de chaque côté de la silique, laquelle est divisée en deux par une mince cloison membraneuse.

Ces graines sont blanches, tout à fait sphériques et à peu près de la grosseur d'un grain de millet; on en fait un emploi important comme médicament.

La Moutarde blanche ne s'emploie ordinairement comme plante potagère qu'à l'état de petit plant tout jeune, comme salade ou verdure de primeur ; elle possède alors une saveur piquante et apéritive un peu analogue à celle du Raifort. En Angleterre, on la consomme beaucoup ainsi, à la pincée, sans assaisonnement et comme accompagnement des viandes froides ou chaudes.

On la sème soit en pots, soit en plein, sous châssis, et on la coupe aussitôt que les cotylédons ou feuilles séminales sont bien développés et bien verts. Cette culture ne demande pas plus de six à huit jours.

Les jeunes feuilles, obtenues comme il vient d'être dit, s'emploient soit en salade soit comme garniture verte.

MOUTARDE NOIRE, Navuce rouge, Russebau, Sénevé noir (*Brassica nigra* Koch; *Sinapis nigra* L.). (Angl. Black mustard, Brown M., Grocer's M.; all. Brauner Senf; flam. Zwarte mostaard; holl. Bruine mosterd *ou* mostaard; suéd. Brune senap; esp. Mostaza negra). — Fam. des *Crucifères*.

Plante annuelle à tige assez grêle ; feuilles radicales oblongues, lyrées, les caulinaires de plus en plus étroites à mesure qu'elles s'approchent du sommet de la tige ; fleurs jaunes, en épi terminal. Siliques longues, minces, contenant une vingtaine de petites graines à peu près sphériques, d'un brun rougeâtre.

La *Moutarde noire d'Alsace* est une race remarquable par l'ampleur de son feuillage d'un vert blond. — Celle *de Sicile* paraît se rapprocher beaucoup plus du type sauvage de la plante ; elle a les feuilles d'un tiers moins grandes et d'un vert plus foncé.

De même que la Moutarde blanche, cette plante n'est utilisée comme légume qu'à l'état de petit semis. La culture et l'emploi en sont exactement les mêmes.

Les graines servent principalement à la fabrication de la moutarde de table et pour différentes préparations pharmaceutiques (sinapismes, etc.).

MOUTARDE DE CHINE A FEUILLE DE CHOU

Brassica juncea Cass. — Sinapis juncea L. var.

Fam. des *Crucifères*.

Noms étr. : angl. Chinese large-leaved mustard. — all. Chinesischer kohlblättriger Senf. suéd. Kenesisk bladsenap. — russe Gartchitsa kitaïsskaïa kapousto-listnaïa. pol. Gorczyca chińska.

Chine. — Annuelle. — Grande plante atteignant, quand elle est en fleur, 1m20 à 1m50 de hauteur ; feuilles radicales très amples, ayant souvent 0m35 à 0m40 de longueur, lyrées, à contour ondulé et à bords souvent réfléchis en dessous ; limbe réticulé et quelquefois presque cloqué à la manière des choux de Milan, d'un vert tendre ou blond. Les premières feuilles qui se développent à la base des tiges sont encore grandes et larges, mais en approchant des inflorescences elles deviennent presque linéaires, simplement un peu élargies et embrassantes à la base. Fleurs jaunes, assez grandes, disposées en grappes terminales.

Moutarde de Chine à feuille de chou.
Réd. au dixième.

Siliques presque cylindriques, renfermant une vingtaine de graines brunes, un peu plus grosses que celles de la Moutarde noire, au nombre d'environ 650 dans un gramme, et pesant en moyenne 660 grammes par litre; leur durée germinative est ordinairement de quatre années.

Culture. — La Moutarde de Chine à feuille de chou se sème au mois d'Août en pleine terre, en place, en planches ou en rayons espacés de 0m 40 à 0m 50. On doit lui donner quelques arrosements pour assurer la levée ; mais, dès que viennent les nuits fraîches du mois de Septembre, elle n'a plus besoin d'aucun soin. Au bout de six semaines on peut commencer à cueillir des feuilles, et la récolte se prolonge jusqu'aux grands froids.

On peut aussi semer cette plante à la sortie de l'hiver ; mais elle monte promptement à graine, et l'on n'obtient jamais d'aussi belles feuilles par ce procédé de culture que par les semis faits à la fin de l'été.

Usage. — Les feuilles se mangent cuites comme les épinards ; elles donnent un produit très abondant et d'un goût très agréable. C'est un des légumes verts les plus appréciés dans les pays chauds.

Moutarde de Chine frisée.
Réd. au dixième.

Moutarde de Chine à racine tubéreuse.
Réd. au cinquième.

MOUTARDE DE CHINE FRISÉE.

Noms étrangers : Angl. Chinese curled mustard ; (Am.) Southern giant curled M. All. Krausblättriger Chinesischer Senf.

Cette race est une variation curieuse de la Moutarde de Chine à feuille de chou. Aux mérites du type, elle ajoute une grande élégance de feuillage qui permet de l'utiliser comme garniture de plats et pour l'ornementation des desserts.

Ses autres usages, comme aussi sa culture, qui est on ne peut plus simple, sont les mêmes que ceux indiqués pour la variété précédente.

MOUTARDE DE CHINE A RACINE TUBÉREUSE (*Sinapis juncea* L,. var. *napiformis*). Fam. des *Crucifères*. — Ce légume, dû aux recherches de feu M. Pailleux, n'est pas entré dans la culture usuelle. Rien, dans les différentes parties de la plante, ne rappelle le goût piquant caractéristique des moutardes, et la forme comme la saveur de la racine tendraient plutôt à la faire regarder comme celle d'un simple navet : les feuilles sont lobées et ressemblent à celles du Navet de Freneuse. La racine, courtement conique ou en toupie, est blanche, assez lisse, fréquemment teintée de vert au collet ; à chair blanche, ferme, présentant absolument la saveur d'un navet demi-sec ; elle est excellente assaisonnée au jus comme le Céleri-rave et donne aussi très bon goût au bouillon du pot-au-feu.

La Moutarde de Chine tubéreuse se cultive absolument comme les navets : on sème en pleine terre dans le courant de l'été et la plante fleurit et donne ses graines au printemps suivant.

MOUTARDE D'ALLEMAGNE. — Voy. **Raifort sauvage**.

NAVET

Brassica Napus L.

Famille des *Crucifères*.

Synonymes : Gros navet, Grosse rave, Navau, Navet turneps, Rabiole, Rabioule, Rave plate, Tornep, Turneps, Turnip.

Noms étr. : angl. Turnip. — all. Herbst-Rübe, Stoppel-Rübe, Wasser-Rübe, Weissrübe. flam. et holl. Raap. — suéd. Vinter refva. — dan. Roe. — ital. Navone, Rapa. esp. et port. Nabo. — russes Niémetskaïa riépa, Brykva. — pol. Karpiel, Brukiew. jap. Kabura.

Origine incertaine. — Bisannuel. — Le Navet est cultivé depuis une très haute antiquité. Il ne paraît pas douteux qu'il soit originaire de l'Europe ou de l'Asie occidentale ; mais sa patrie précise est inconnue. Racine renflée et charnue, de forme variable suivant les races, cylindrique, conique, piriforme, sphérique ou aplatie, de couleur également très variable, blanche, jaune, rouge, grise ou noire, à chair blanche ou jaune, quelquefois plus ou moins sucrée, d'autres fois piquante et un peu âcre. Feuilles oblongues, généralement lyrées, et, vers la base, divisées jusqu'à la nervure médiane, quelquefois oblongues-entières, toujours d'un vert franc et plus ou moins rudes au toucher. Tige florale lisse, ramifiée ; fleurs jaunes en épis terminaux, faisant place à des siliques longues et minces, cylindriques, acuminées, contenant chacune de 15 à 25 graines sphériques, très petites, d'un brun rougeâtre, quelquefois presque noires. Ces graines sont au nombre de 450 à 700 dans un gramme, et pèsent en moyenne 670 grammes par litre ; leur durée germinative est de cinq années.

Les races de navets sont excessivement nombreuses ; nous devrons nous borner à énumérer celles qui sont le plus en usage en France, avec quelques-unes des meilleures variétés étrangères.

Culture. — Le Navet est essentiellement une plante d'automne ; la principale récolte s'en fait toujours à l'arrière-saison, l'époque du semis variant seulement de quelques jours, suivant la précocité des différentes variétés. Aux environs de Paris, on sème les navets les plus tardifs du 25 Juin au 25 Juillet, les variétés les plus hâtives du 25 Juillet au 25 Août ; passé cette date, on peut encore semer jusque vers la mi-Septembre des navets très hâtifs pour produire des racines à demi-grosseur à la fin de la saison et même au printemps, car les navets incomplètement formés passent assez aisément l'hiver en pleine terre avec une couverture de feuilles sèches ou de paille.

La culture d'automne du Navet n'exclue pas cependant celle de printemps, car, ainsi qu'on le verra plus loin, on peut obtenir d'excellents navets soit à l'aide de la chaleur artificielle, soit simplement à froid sous châssis, ou même en pleine terre et toujours avec des variétés hâtives. Nous allons décrire, aussi brièvement que possible, ces différents modes de culture :

Culture forcée. — On sème sur couche chaude recouverte de $0^m 20$ de terreau, de Janvier en Février. Le semis se fait soit très clair à la volée, soit en creusant avec le doigt un trou de $0^m 01$ de profondeur, dans lequel on place deux ou trois graines. Pour gagner du temps et obtenir un semis régulier, les maraîchers se servent d'un cadre de bois de la dimension intérieure d'un châssis et formé de lattes transversales sur lesquelles ils fixent 110 bouchons ; cet appareil appliqué sur le terreau fait d'un seul coup 110 trous régulièrement espacés de $0^m 10$.

Après la levée, on éclaircit en laissant entre chaque plant quelques centimètres d'écartement. Une des plus importantes précautions à prendre dans la culture forcée du Navet consiste à donner beaucoup d'air, surtout au moment de la formation des racines, car, ce qu'elles redoutent par-dessus tout, ce n'est pas le froid, mais la chaleur et les coups de soleil, qui les durcissent et les font monter à graine. Cependant, pendant les fortes gelées et surtout par les nuits glaciales, on couvrira de paillassons pour que l'air froid n'atteigne pas directement les plants, en ménageant toutefois pendant le jour un passage à l'air, en soulevant un peu les châssis. Les arrosages doivent être nuls ou à peu près au début ; une quinzaine de jours après la levée, on peut commencer à donner de légers bassinages avec de l'eau douce si le terrain est sec. En Février-Mars, on arrose plus souvent et d'autant plus abondamment qu'il fait plus chaud et que l'on approche de la maturité des racines.

Certains jardiniers sèment aussi des navets sur les couches préparées en Janvier pour d'autres légumes forcés, notamment avec des Carottes ; mais ils donnent d'abord tous leurs soins aux carottes, qui ont plus de valeur, sans tenir compte des accidents dont peuvent souffrir les navets.

Dans les premiers jours d'Avril, on peut commencer à récolter les navets les plus avancés, semés à la mi-Janvier et continuer la récolte pendant trois semaines environ. Chaque châssis peut fournir six à sept bottes, soit 10 à 12 kilogr. de racines.

On peut aussi semer de Février en Mars, soit sous châssis et sur de vieilles couches, notamment celles ayant produit des Laitues, soit aussi sous châssis froid en pleine terre ; la récolte succédera aux produits des premières saisons.

Pour ces diverses cultures, on emploie à peu près exclusivement le *Navet à forcer demi-long blanc*, le *N. de Milan rouge* et le *N. de Milan blanc*.

CULTURE DE PRINTEMPS. — A partir du 15 Mars, on fait des semis en pleine terre, et, en les renouvelant à peu près une fois par mois, on peut s'assurer une succession ininterrompue de produits jusqu'à l'arrivée des navets de saison.

On sème habituellement le Navet à la volée, en planches, à raison de 30 à 50 grammes à l'are ; cependant l'éclaircissage, les binages et toutes les opérations de la culture sont plus aisés lorsqu'on le sème en rayons, qu'on espace alors de 0^{m}15, en éclaircissant à 0^{m}10 sur la ligne. — On emploie pour ces semis de pleine terre les mêmes variétés hâtives déjà désignées, ainsi que les suivantes qui, par leur précocité moyenne, précèdent celles à semer d'automne : *Navets des Vertus longs et rond*, *N. blanc rond de Jersey*, *N. blanc rond d'Epernay*, *N. blancs et rouges plats hâtifs*, etc.

CULTURE D'AUTOMNE. — C'est de la fin de Juillet au 15 Septembre que l'on sème les navets à conserver l'hiver. Sur un terrain préalablement plombé, on sème très clair, à la volée ou en lignes espacées de 0^{m}15 à 0^{m}20, et l'on recouvre légèrement de terre ou de terreau, ou plus simplement on enterre les graines au râteau. On éclaircit les plants de manière à laisser entre eux environ 0^{m}10 d'écartement.

CULTURE EN PLEIN CHAMP. — Cette culture se fait ordinairement en récolte dérobée sur céréale déchaumée à l'extirpateur ou au scarificateur. On sème à la volée à raison de 3 à 6 kilog. de graine à l'hectare ; le semis fait en lignes écartées de 0^{m}20 à 0^{m}30, avec éclaircissage laissant les plants à 0^{m}10 ou 0^{m}20 sur les lignes suivant les variétés, exige moitié moins de graine.

A peine levés, les navets sont exposés aux attaques des *altises*, leurs plus redoutables ennemis, et ceux qu'il est le plus difficile de combattre. Quelquefois ces insectes sont cause qu'il faut renouveler le semis deux ou trois fois. Dès que les navets sont bien levés et qu'ils ont quelques feuilles, on doit commencer les éclaircissages, et les continuer à plusieurs reprises jusqu'à ce que les plantes soient définitivement placées. Des arrosages fréquents et abondants sont nécessaires si le temps est chaud et sec ; car, pour que les navets soient de bonne qualité, il faut qu'ils n'aient pas éprouvé de temps d'arrêt dans leur végétation ; de plus, c'est un excellent moyen d'éloigner les altises, qui redoutent l'humidité.

La récolte a lieu avant les froids. — En général, on n'attend pas, pour consommer les navets, qu'ils aient acquis tout leur développement ; pris à moitié ou aux trois quarts de leur grosseur totale, ils sont plus tendres, plus délicats et de conservation plus facile.

Conservation. — En Novembre, on arrache les racines et on les débarrasse de la terre sans les laver ; puis on les coupe à la base du collet pour empêcher la pousse des feuilles au printemps, ce qui aurait pour effet de les rendre creux. Ainsi préparés, on les abrite pendant l'hiver dans une cave saine ou dans un silo peu profond ; ou bien encore, on creuse simplement un trou dans une partie saine du jardin et on les y dépose et on les recouvrant de terre et en ménageant sur le côté une ouverture permettant de s'approvisionner pendant tout l'hiver. On bouche cette ouverture, pendant les fortes gelées, au moyen d'un tampon de paille.

ENGRAIS. — Le Navet est très sensible à l'action des engrais ; néanmoins, c'est une plante qui donne des rendements satisfaisants sans fumure spéciale, cultivée en récolte dérobée après la moisson.

Nous indiquons ci-après une formule d'engrais chimiques qui permet d'obtenir une surproduction de navets en grande culture, dans des terres déjà riches en humus :

Superphosphate de chaux	550 kil.	
Chlorure de potassium	250 —	par hectare.
Nitrate de soude	200 —	

Ce dernier produit devra être répandu en couverture après la levée, et lorsque le temps sera à la pluie.

Dans le jardin potager, la culture du Navet demande un terrain substantiel, mais léger et fumé de l'année précédente.

INSECTES NUISIBLES ET MALADIES. — Parmi les principaux ennemis du Navet, et ils sont nombreux, nous citerons :

1° Les *Altises* ou *Puces de terre* (*Phyllotreta*), dont il existe plusieurs espèces toutes aussi nuisibles les unes que les autres aux *Crucifères* ; elles dévorent les jeunes semis. On protège ces semis en répandant sur le sol de la chaux vive, de la suie, et surtout du superphosphate de chaux à raison de 6 kilog. à l'are. On conseille aussi d'arroser le semis avec une solution de sulfate de fer (1 kilog. par 100 litres d'eau), ou de répandre au moment de la levée des graines de la grosse sciure de bois imprégnée de nicotine à 15 o/o.

2° Les *Otiorhynques*, notamment l'*Otiorhynchus tenebricocus* et l'*O. pecipes*, petit coléoptère de la classe des charançons, rongent les jeunes pousses (Même procédé de destruction que pour l'altise).

3° Le *Charançon du navet* (*Ceutorynchus contractus*) ronge les fleurs au printemps, et la femelle pond des œufs dans les siliques, dont les graines sont ensuite dévorées par les jeunes larves. — Un autre charançon du même genre, le *Ceutorynchus sulcicollis*, détermine, en pondant ses œufs au collet des plantes, l'apparition d'excroissances connues sous le nom de « gales du navet ». Même moyen de destruction que pour les précédents ; mais le mieux encore serait de cesser pendant quelques années la culture de crucifères.

4° Les chenilles des *Piérides* (*Pieris brassicæ*), (*P. napi, P. rapæ*) dévorent avidement les feuilles du Navet ; il en est de même des chenilles de *Mamestra, Plusia gamma*.

Dans certaines localités, les chenilles de la *Plutella cruciferarum* abondent et vivent dans des toiles sur la face inférieure des feuilles, qu'elles criblent de trous.

Pour combattre ces différentes chenilles, on se sert de deux planchettes de la dimension d'environ deux décimètres carrés et munies de poignées ; on écrase les insectes en pressant les feuilles garnies de chenilles entre ces deux planchettes. — Les cendres de bois et surtout le superphosphate de chaux en poudre répandus le matin à la dose de 5 kilog. à l'are, lorsque la rosée n'a pas encore tout à fait disparu ou après un léger arrosage, donne paraît-il d'excellents résultats.

5° La *Tenthrède du navet* (*Athalia spivarum*) est souvent très redoutable ; il lui arrive de détruire en quelques jours des champs entiers.

Contre la *Tenthrède du navet*, les chenilles de *Mamestra*, de *Plusia gamma* et de *Plutella cruciferarum*, on préconise des pulvérisations, sur les feuilles attaquées, avec une émulsion de savon noir (400 gr.), de pétrole (100 gr.) et d'eau (1 kil. 500).

L'*Escargot*, la *Limace*, le *Ver gris*, la *Noctuelle du chou* causent également des dommages, mais à un degré moindre que les insectes cités précédemment.

Le Navet est assez fréquemment attaqué par le *Plasmodiophora brassicæ*, cryptogame qui détermine la « hernie du chou » (*Voir* pour le traitement, page 113).

La maladie connue sous le nom de « rouille blanche », et qui affecte les feuilles, est déterminée par le *Cystopus candidus*. On arrête sa propagation en arrachant pour les brûler les sujets atteints, qui ne sont ordinairement jamais nombreux au début de la maladie.

USAGE. — On mange la racine du Navet, cuite et accommodée de diverses manières. On peut aussi, au printemps, faire usage des jeunes pousses, surtout quand elles se sont développées à l'obscurité : elles fournissent ainsi un légume très délicat, analogue au produit du Brocoli asperge (Brocoli branchu).

Navets longs.

NAVET A FORCER DEMI-LONG BLANC.

Synonymes : Navet de Croissy hâtif, N. de six semaines.
Nom étranger : angl. Half long white forcing turnip.

Très jolie variété intermédiaire par la forme entre le N. des Vertus pointu et le Navet marteau, mais plus lisse, moins feuillue et plus hâtive que l'un et l'autre.

C'est, par excellence, une race à forcer et celle qui au printemps réussit le mieux semée sous châssis ; elle a le feuillage très découpé, léger, et se forme très rapidement. Un de ses grands mérites, c'est de monter à graine moins facilement que les autres pourvu que la végétation en soit poussée activement.

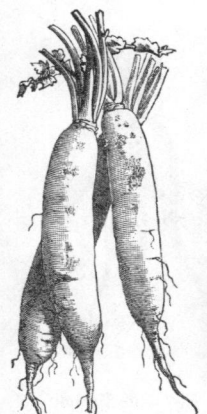

N. des Vertus pointu. Navet à forcer demi-long blanc. N. des Vertus marteau.
Réd. au cinquième.   Réd. au cinquième.   Réd. au cinquième.

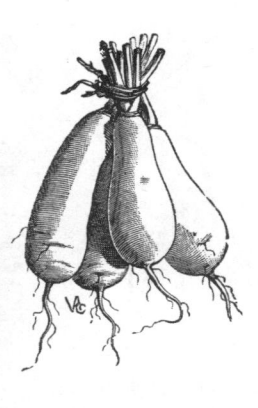

NAVET DES VERTUS POINTU.

Synonymes : Navet long blanc forme de carotte, N. corne-de-cerf, N. long de Croissy.
Noms étrangers : angl. White long pointed Vertus turnip.
all. Weisse lange spitze Vertus Rübe.

Racine d'un blanc pur, cylindrique, se terminant en pointe aiguë, assez souvent courbée ou contournée, de 0^{m}16 à 0^{m}20 de longueur sur 0^{m}04 à 0^{m}05 environ de diamètre ; sortant à peu près d'un quart hors de terre. Chair blanche, très tendre, sucrée ; peau très lisse et d'un blanc pur, mat, non seulement en terre, mais même au collet. Feuilles petites, d'un vert foncé, nombreuses, profondément divisées, formant un bouquet assez touffu.

Cette variété réussit bien dans les terres légères, fraîches et profondes. Elle se cultive beaucoup dans les environs de Paris pour l'approvisionnement des halles.

NAVET DES VERTUS RACE MARTEAU.

Synonymes : Navet demi-long de Clairfontaine, N. Bouttois, N. de Paris, N. toupie.
Noms étrangers : angl. Half long early white Vertus turnip or Jersey navet.
all. Frühe halblange stumpfe Vertus Rübe. — holl. Lange witte Fransche raap.

Racine blanche, presque cylindrique, mais renflée à la partie inférieure, qui est tout à fait obtuse, longue de 0^{m}12 à 0^{m}16, avec un diamètre de 0^{m}04 au sommet et de 0^{m}05 dans la partie renflée. Chair blanche, très tendre et sucrée.

Feuilles nombreuses, relativement courtes, divisées jusqu'à la côte centrale en lobes arrondis, d'un vert foncé et luisant.

Le N. des Vertus *race* marteau est la variété potagère par excellence; c'est celle que les maraîchers font le plus généralement, et il est rare qu'on n'en trouve pas à la halle de Paris en n'importe quelle saison. En pleine terre, ce navet se forme en deux mois ou deux mois et demi, et c'est aussi l'un de ceux qui se prêtent le mieux à la culture forcée. Comme les radis, il devient creux si on le laisse trop grossir; on le récolte donc d'ordinaire aux deux tiers de sa croissance, surtout en vue de sa conservation pendant l'hiver.

Le *Navet hâtif de Morlot*, un peu plus hâtif que le N. des Vertus *race* marteau, donne par contre des racines de forme moins régulière.

| Navet petit de Berlin. | Navet marteau à collet rouge. | Navet de Freneuse. |
| Réd. au cinquième. | Réd. au cinquième. | Réd. au cinquième. |

NAVET MARTEAU A COLLET ROUGE.

Synonyme : Navet de Champigny.

Nom étranger : Angl. Half long red top Vertus turnip.

Au point de vue de la culture et du produit, ce navet est exactement l'équivalent du N. des Vertus *race* marteau. Il n'en diffère que par la coloration en rouge violacé de la partie non enterrée de sa racine qui lui donne un aspect agréable et peut, à mérite égal, le faire préférer à la variété blanche.

NAVET PETIT DE BERLIN.

Synonymes : Navet de Teltau, N. de Teltow, N. de Belle-Isle.

Noms étrangers : Angl. Small Berlin *or* Teltow turnip. — All. Teltauer Rübe, Märkische R., Kleine Märk'sche R.

Racine complètement enterrée, conique ou piriforme, courte et petite, mesurant de 0^m06 à 0^m08 de long sur 0^m04 de diamètre au collet, d'un blanc grisâtre. Chair très sèche sans être dure, sucrée et presque farineuse. Feuilles très petites, à lobes arrondis, ne dépassant pas 0^m12 à 0^m15 de longueur, tombant sur terre et se desséchant lorsque la racine est bien formée.

Le N. petit de Berlin est précoce, et réussit très bien dans les terres légères et sablonneuses. Sa saveur diffère tout à fait de celle des autres navets; elle est plus douce et plus sucrée, et la chair est presque farineuse au lieu d'être aqueuse et fondante. Les racines, arrachées et enterrées dans du sable demi-sec, peuvent se conserver tout l'hiver et même très avant dans l'année suivante.

NAVET DE FRENEUSE.

Synonymes : Navet Mehunois d'hiver, N. de Fontenay, N. de vignes.

Racine complètement enterrée, fusiforme, à peau rugueuse, d'un blanc grisâtre, garnie de radicelles assez nombreuses, s'amincissant à partir du collet comme une racine de salsifis, mesurant 0^m12 à 0^m15 de longueur sur 0^m03 ou au plus 0^m04 de diamètre au collet. Chair blanche, sèche, sucrée, très ferme. Feuilles petites, courtes, très divisées, d'un vert foncé, formant une rosette complètement appliquée sur terre.

Le N. de Freneuse se cultive aux environs de Paris en plein champ, dans des terres un peu maigres ou graveleuses. Il réussit mieux dans un sol de ce genre que dans les terres fortes, où il lui arrive souvent de se déformer. C'est le plus estimé des navets secs.

Le *Navet de Jargeau* et le *Navet de Rougemont* (ce dernier très estimé aux environs de Pithiviers) sont de petits navets secs qui ne diffèrent pas sensiblement du N. de Freneuse.

Le navet cultivé et estimé dans le Charollais sous le nom de *Navet de Beaubery* est une race bien rustique, à chair sèche mais très parfumée, et qui nous semble assez voisine du N. de Freneuse.

NAVET BLANC DUR D'HIVER.

Noms étrangers : Angl. White hardy winter turnip. — All. Weisse harte Winter-Rübe.

Racine de forme conique, blanche, bien nette et presque complètement enterrée ; chair blanche, ferme et très sucrée, d'excellente qualité ; feuillage lyré, ample et abondant.

Le N. blanc dur d'hiver n'appartient pas précisément à la catégorie des navets tardifs : son développement est au contraire très rapide ; mais c'est surtout un navet d'arrière-saison qui peut se semer tard pour se récolter tard. Sa racine peut être laissée en terre pendant une bonne partie de l'hiver.

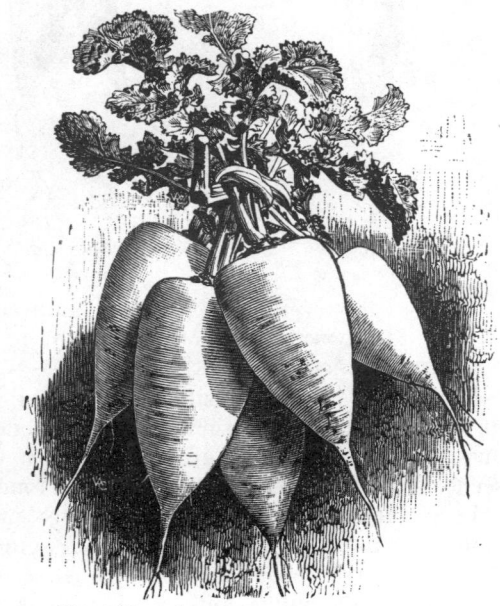

Navet blanc dur d'hiver (Réd. au cinquième).

NAVET DE VIARMES.

Nom étranger : Red top Viarmes turnip.

Racine conique, lisse, en forme de carotte blanche demi-longue, avec un collet rose violacé de 0^m02 à 0^m03 de hauteur ; feuillage vert et ample ; chair blanche, ferme, demi-sèche.

Cette variété, un peu plus courte et plus hâtive que le N. rose du Palatinat, se trouve assez fréquemment sur le marché de Paris et se cultive surtout pour la consommation d'hiver ; mais on peut également, surtout dans les potagers frais et bien arrosés, l'obtenir dès la fin de l'été et pendant tout l'automne.

NAVET GRIS DE MORIGNY.

SYNONYMES : Navet de Martot, N. Mannetot, N. Maltot.

Racine très longuement ovoïde, sortant de terre de 0^m02 à 0^m03 seulement, longue de 0^m15 à 0^m18 sur 0^m05 de diamètre à l'endroit le plus renflé, vers le quart ou le tiers de la longueur ; peau assez lisse, gris de fer ou ardoisée. Chair blanche, assez tendre et sucrée. Feuillage moyen, demi-dressé, d'un vert franc. Le N. gris de Morigny est assez précoce ; c'est une bonne variété potagère. Fait un peu tardivement, il peut se conserver en terre assez avant dans l'hiver au moyen d'une couverture de paille ou de feuilles sèches.

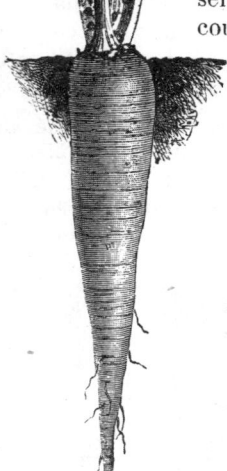

Navet jaune long.
Réd. au cinquième.

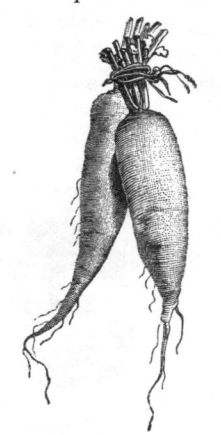

Navet gris de Morigny.
Réd. au cinquième.

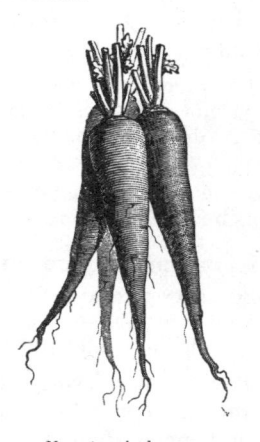

Navet noir long.
Réd. au cinquième.

NAVET NOIR LONG.

SYNONYMES : Navet noir d'Alsace, N. de Chiroubles, N. de Flachère.

NOMS ÉTRANGERS : ANGL. Black long turnip. — ALL. Schwarze lange mittelfrühe Rübe.

Racine très allongée, fusiforme, nette, à peu près complètement enterrée, de 0^m15 à 0^m20 de long sur 0^m05 ou 0^m06 de diamètre au collet ; peau noire, aussi foncée que celle d'un radis d'hiver. Chair blanche ou blanc grisâtre, sèche, ferme et sucrée. Feuilles d'un vert foncé et luisant, assez fortes, dressées.

Le N. noir long est une variété assez précoce ; semé seulement dans le courant d'Août, il se conserve très bien pour l'hiver.

Le procédé de conservation que nous venons d'indiquer en parlant du N. gris de Morigny s'applique aussi parfaitement au N. noir long. Il convient du reste généralement à tous les navets dont la racine s'enfonce profondément dans le sol, et particulièrement à ceux dont le collet s'élève peu au-dessus de la surface de la terre et dont les feuilles sont plutôt dressées qu'étalées. Il permet de n'arracher les navets qu'au fur et à mesure des besoins.

NAVET JAUNE LONG.

NOMS ÉTRANGERS : (AM.) Long yellow turnip. — ALL. Gelbe lange Ottersberger Rübe.

Racine complètement enterrée, nette, lisse, régulière, uniformément amincie depuis le collet jusqu'à la pointe, d'une couleur jaune un peu terne ; la longueur ne dépasse pas habituellement 0^m15 à 0^m18, et le diamètre au collet est d'environ 0^m04 à 0^m06. La chair est jaune dans toute son épaisseur, fine, assez ferme, sucrée et d'une saveur agréable. Feuillage demi-dressé, assez découpé et d'un vert remarquablement foncé.

Le N. jaune long est un peu tardif, mais c'est une excellente race potagère, de très bonne qualité et se conservant bien.

C'est assurément à tort, qu'à Paris, les navets à chair jaune sont moins estimés que les autres. On s'y figure que la couleur jaune est liée, dans les navets, à une saveur forte et amère, ce qui est loin d'être exact, car il se trouve dans les navets jaunes des races à chair très moelleuse et d'un goût très délicat, tout comme dans les variétés à chair blanche. Toutefois, la prévention existe, quelque mal fondée qu'elle soit, et les cultivateurs qui travaillent pour l'approvisionnement du marché de Paris sont forcés d'en tenir compte.

NAVET DE MEAUX.

SYNONYME : Navet corne-de-bœuf.

NOM ÉTRANGER : ANGL. Cowhorn or Long white Meaux turnip.

Racine très longue, cylindrique, mais terminée en pointe et très souvent contournée ou courbée, sortant de terre de $0^m 06$ à $0^m 08$, longue de $0^m 30$ à $0^m 40$ avec un diamètre de $0^m 06$ à $0^m 08$. Toute la portion enterrée de la racine est blanche ; la partie hors de terre est tantôt couleur crème, tantôt teintée de vert pâle. La chair est blanche, serrée, demi-sèche, assez sucrée. Feuilles moyennes, lyrées, nombreuses, dressées ou demi-dressées (*Voy.* la fig., page suivante).

Le N. de Meaux est une variété très productive ; il se cultive principalement dans son pays d'origine pour l'approvisionnement de la halle de Paris vers la fin de l'hiver. Pour le conserver jusqu'à cette époque, les maraîchers de Meaux retranchent le collet peu de temps après la récolte, et rangent les racines dans des fosses, où ils les recouvrent de sable. Pendant le courant de l'hiver, ils les apportent au marché, en bottes, et, comme les racines sont privées de leurs feuilles, ils les attachent ensemble au moyen d'un lien de paille passé au travers de la racine près de son sommet.

Les deux variétés suivantes sont plus généralement cultivées comme racines fourragères, elles constituent néanmoins un bon légume lorsqu'on les consomme jeunes et encore tendres :

NAVET GROS LONG D'ALSACE.

SYNONYMES : N. gros de Berlin, N. de campagne, N. long blanc d'automne à collet vert, N. de Vovincourt.

NOMS ÉTRANGERS : ANGL. White or long green Tankard turnip. — ALL. Ulmer lange weisse grünköpfige Rübe, Grünköpfige Ulmer R.

Racine à moitié hors de terre, presque cylindrique dans cette portion et régulièrement amincie dans celle qui est enterrée, blanche en terre et verte au-dessus, longue d'environ $0^m 30$ à $0^m 35$ sur $0^m 07$ ou $0^m 08$ de diamètre. Chair blanche, tendre, assez aqueuse. Feuilles grandes, demi-dressées, d'un vert franc (*Voy.* la fig. à la page suivante).

Le N. long d'Alsace atteint un volume considérable ; il est plutôt cultivé pour la nourriture des animaux, mais, pris jeune, il n'est pas non plus à dédaigner comme navet potager. Dans la grande culture, on le sème en Juillet, et l'on en obtient des rendements presque aussi considérables que des grandes races tardives, Navets de Norfolk et autres, qui doivent se semer dès le mois de Juin.

NAVET ROSE DU PALATINAT.

Synonymes : Rave rose longue de Brest, Navet long à collet rose de Verdun, N. long rouge d'automne.

Noms étr. : angl. Long red Tankard turnip. — all. Ulmer lange weisse rotköpfige R., Rotköpfige Bamberger Rübe.

Cette variété présente une grande analogie avec le N. long d'Alsace; elle s'en distingue en ce que la partie hors de terre de sa racine est d'un rouge un peu violacé au lieu d'être verte. Elle est aussi, dans son ensemble, un peu plus renflée que celle du N. long d'Alsace. De même que ce dernier, le N. rose du Palatinat est plutôt cultivé comme fourrage que comme plante potagère.

Il est répandu et estimé dans toute l'Europe centrale, depuis la Pologne jusqu'en Angleterre ; mais c'est en France qu'on en trouve les races les plus régulières au point de vue de la forme et de la couleur. Les races étrangères ont en général les racines trop courtes, en forme de toupie, et la partie hors de terre trop pâle, plutôt rose ou lilacée que franchement rouge.

Le *Navet-rave de Bresse* n'en est qu'une race tardive et allongée.

Sous le nom de *Navet blanc Tankard à collet rouge*, ou de *N. d'Ulm*, les Allemands cultivent une race de N. du Palatinat un peu plus courte que la nôtre.

Il existe encore plusieurs autres variétés longues de navets potagers, d'un mérite moins grand ou d'une culture plus restreinte que les précédentes, on les trouvera mentionnées dans la liste que nous donnons à la fin de cet article.

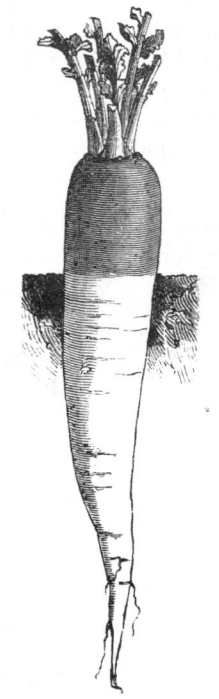

Navet gros long d'Alsace.
Réd. au cinquième.

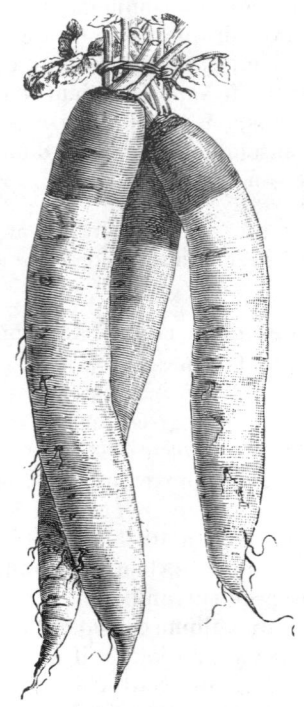

Navet de Meaux.
Réd. au cinquième.

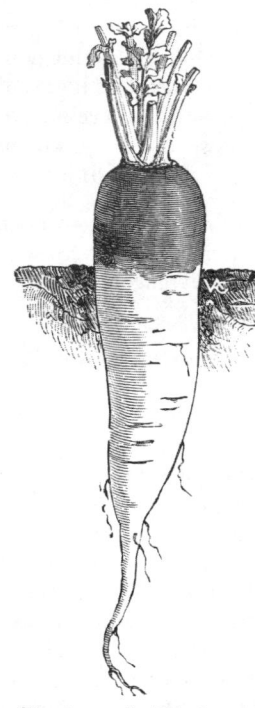

Navet rose du Palatinat.
Réd. au cinquième.

Navets ronds ou plats (Navets-Raves).

(*Dans plusieurs régions, et notamment dans le Midi, on donne le nom de* Raves *à tous les navets de forme arrondie ou aplatie. — Il est à remarquer que pour les Radis, c'est, au contraire, aux variétés à racines longues que l'on applique ce même nom de* Raves.)

NAVET BLANC PLAT HATIF.

Noms étrangers : (am.) Early white flat Dutch garden turnip. — all. Weisse frühe platte Rübe. — holl. Witte vroege Meirapen.

Racine extrêmement déprimée, en forme de large disque, à contour assez souvent ondulé et non pas régulièrement arrondi, mesurant 0^m04 à 0^m06 d'épaisseur sur 0^m10 à 0^m12 dans son plus grand diamètre. Chair blanche, tendre, pas très sucrée, de bonne qualité. Feuillage demi-dressé, lyré et divisé à la base jusqu'à la nervure médiane.

Cette variété est très précoce, elle convient à la culture forcée, ainsi qu'aux semis tardifs en pleine terre. Comme toutes les variétés de forme analogue dont la description va suivre, le N. blanc plat hâtif ne fait que reposer sur le sol, où il ne pénètre que par son pivot, mince racine qui s'enfonce perpendiculairement en terre et ne se ramifie qu'à une certaine profondeur.

Navet blanc plat hâtif à feuille entière.
Réd. au cinquième.

Navet blanc plat hâtif.
Réd. au cinquième.

NAVET BLANC PLAT HATIF A FEUILLE ENTIÈRE.

Syn. : Navet hâtif de Mai, N. blanc à six feuilles.

Noms étrangers : (am.) Early white flat strapleaved turnip. — all. Weisse frühe platte Amerikanische Rübe.

Cette variété se distingue principalement du N. blanc plat hâtif ordinaire par son feuillage moins allongé et à limbe oblong, entier, denté sur les bords mais non incisé, et sa précocité encore un peu plus grande. La racine en est aussi très légèrement plus épaisse et plus arrondie. — C'est une excellente variété, ainsi que la précédente et les cinq suivantes, pour la culture de primeur.

Nous rencontrerons assez souvent, comme c'est le cas ici, des variétés similaires qui diffèrent par le feuillage, découpé dans l'une et entier dans l'autre. Cette différence d'organisation n'a par elle-même aucune importance ; on s'y attache seulement quand l'une des races se distingue en même temps par quelque mérite spécial de précocité ou de qualité.

NAVET ROUGE PLAT HATIF.

Noms étrangers : (AM.) Early red top flat garden turnip. — ALL. Weisse frühe platte rotköpfige Rübe.

La forme de la racine et ses dimensions, la qualité de la chair et le port du feuillage sont les mêmes que dans le N. blanc plat hâtif ; il s'en distingue seulement par la couleur rose violacé de la portion de la racine qui se développe hors de terre. — La culture et l'emploi en sont absolument les mêmes.

NAVET ROUGE PLAT HATIF A FEUILLE ENTIÈRE.

Synonyme : Navet rouge à six feuilles.

Noms étrangers : (AM.) Early red top flat strapleaved turnip, Early purple top flat strapleaved T. — ALL. Weisse frühe platte rotköpfige Amerikanische Rübe.

Variété bien plate, de forme très régulière, différant du N. rouge plat ordinaire par ses feuilles entières et non lobées vers la base, en même temps que par une précocité plus grande de quatre ou cinq jours au moins. Le feuillage en est dressé et raide. Comme il est avec cela assez court, ce navet convient bien pour la culture sous châssis. Il a aussi l'avantage de tourner franchement, même dans les cultures de printemps, et de monter moins rapidement à graine que la plupart des autres navets. On le sème aussi fréquemment en pleine terre.

La variété suivante lui est maintenant préférée pour la culture forcée, à cause de sa précocité plus grande encore.

Navet rouge plat hâtif à feuille entière.
Réd. au cinquième.

Navet de Milan rouge.
Réd. au cinquième.

NAVET DE MILAN ROUGE.

Synonyme : Rave plate rouge à feuille entière.

Nom étranger : ANGL. Extra early purple top Milan turnip.

Cette jolie race de navet n'est qu'une sous-variété du N. rouge plat hâtif à feuille entière ; mais elle est tellement distincte, qu'elle mérite d'être décrite à part. La racine en est petite ou moyenne, très aplatie, complètement lisse, d'un blanc pur en terre et d'un rouge violacé vif sur le collet. Les feuilles sont entières, assez dressées et très remarquablement courtes et peu abondantes, eu égard aux dimensions de la racine.

Le N. de Milan rouge est un des navets les plus précoces qui existent ; il convient admirablement pour la culture forcée, et aussi pour la culture de pleine terre au printemps.

NAVET 445

NAVET DE MILAN BLANC.

Nom étranger : Angl. Extra early white Milan turnip.

Racine petite, très lisse, aplatie, d'une régularité parfaite, entièrement blanche, terminée par un pivot filiforme et surmontée de feuilles petites et peu nombreuses, ovales et sans échancrures.

C'est une variété du N. de Milan rouge décrit ci-dessus, aussi précoce que lui, aussi propre à la culture forcée, et de goût plus doux encore.

NAVET ROND DES VERTUS.

Synonyme : Navet rond de Croissy.

Noms étrangers : Angl. Round early white Vertus turnip. — All. Weisse Croissy Rübe.

Racine presque enterrée, ronde ou légèrement en toupie, avec un pivot assez développé, épaisse d'environ 0^m06 à 0^m08 dans l'axe de la racine, avec un diamètre habituellement égal ou de très peu supérieur ; peau blanche, lisse ; collet fin. La chair en est très blanche, tendre, sucrée et d'une saveur très agréable. Feuillage moyen, dressé, d'un vert franc.

Le N. rond des Vertus est une très bonne variété hâtive, depuis longtemps en faveur chez les cultivateurs des environs de Paris pour l'approvisionnement des marchés. C'est une de celles qui se prêtent le mieux à la culture forcée.

N. rond des Vertus (au 1/5e).

Navet de Milan blanc.
Réd. au cinquième.

Navet blanc rond de Jersey.
Réd. au cinquième.

NAVET BLANC ROND DE JERSEY.

Synonyme : N. boulette.

Noms étr. : Angl. Jersey lily turnip, Dobbie's white model T., Early white six weeks T. ; (Am.) Early white snowball T., White garden T.

Racine extrêmement lisse, de forme arrondie ou légèrement déprimée, mais toujours moins de deux fois aussi large qu'épaisse, de couleur blanc pur en terre et d'un blanc crème dans la partie hors de terre ; feuillage découpé, assez léger, peu abondant, d'un vert franc. Plante demi-hâtive, de forme très nette et ne donnant jamais de très grosses racines.

C'est un navet franchement potager et non une race de grande culture. Comme l'indique son nom, il nous vient d'un pays renommé pour la perfection de ses cultures maraîchères.

NAVET BLANC ROND D'ÉPERNAY.

Nom étranger : angl. White round Epernay turnip.

Jolie variété à racine ronde ou légèrement en toupie, d'un blanc mat, et se rapprochant assez par sa forme du N. rond des Vertus ou de Croissy et du N. blanc rond de Jersey; chair bien blanche, ferme et sucrée; feuillage peu abondant, large et découpé.

Au mérite de la grande précocité, le N. blanc rond d'Épernay ajoute celui d'être d'une excellente conservation. L'ensemble de ces qualités le rendent tout particulièrement recommandable pour la culture maraîchère.

Navet blanc rond d'Épernay.
Réd. au cinquième.

Navet écarlate du Kashmyr.
Réd. au cinquième.

NAVET BLANC GLOBE A COLLET VIOLET.

Synonyme : Navet toupie de Péronne.

Noms étrangers : angl. Purple top white globe turnip. — all. Weisse kugelrunde violettköpfige Rübe.

Racine grosse, bien sphérique, blanche dans la partie enterrée, rouge violacé vif dans la partie hors terre, c'est-à-dire sur la moitié de la racine; feuillage très large, peu découpé, vert foncé, se teintant de brun en hiver.

Cette variété, tout en étant d'une qualité potagère très suffisante, donne de forts rendements et se recommande pour la grande culture.

NAVET ÉCARLATE DU KASHMYR.

Synonymes : Navet plat écarlate à courte feuille, Congoulou.

Racine arrondie, déprimée, et même légèrement concave en dessous, bien lisse et d'un beau rouge vif qui la fait ressembler à un radis plutôt qu'à un navet; chair blanche de bonne qualité et se conservant bien; feuillage petit, très découpé, vert foncé et luisant.

Cette race est originaire du Kashmyr et a été introduite par M. Pailleux. Sa couleur particulière semble être son principal mérite.

NAVET NOIR ROND OU PLAT.

Noms étr.: angl. Chirk castle black stone turnip. — all. Schwarze plattrunde Rübe.

Racine arrondie, déprimée, d'un diamètre à peu près double de l'épaisseur, atteignant facilement de 0^{m}10 à 0^{m}12 de longueur transversale sur 0^{m}05 à 0^{m}06 mesurés dans l'axe de la racine; presque complètement enterrée. Peau d'un noir assez intense ou d'un gris très foncé, unie. Chair blanche, ferme, serrée, demi-sèche, sucrée et de très bon goût. Feuillage lyré, très léger, demi-étalé, d'un vert intense.

Cette variété est hâtive et d'une qualité remarquable; son aspect se rapproche d'une façon étonnante de celui du Radis noir rond.

Les variations sensibles que ce navet présente assez souvent dans sa forme tiennent surtout au degré de développement qu'on lui laisse atteindre. La racine cesse promptement de s'allonger et, suivant qu'elle grossit ensuite plus ou moins, elle reste presque sphérique, ou devient déprimée et même presque plate.

Navet noir rond ou plat.
Réd. au cinquième.

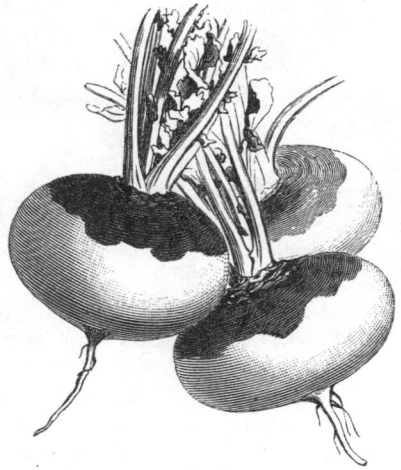

Navet jaune de Montmagny.
Réd. au cinquième

NAVET JAUNE DE MONTMAGNY.

Très belle racine déprimée, à demi enterrée, jaune foncé dans la partie en terre, d'un rouge violacé foncé à la partie supérieure, atteignant facilement 0^{m}12 à 0^{m}15 de diamètre sur 0^{m}07 à 0^{m}08 d'épaisseur. Chair jaune, assez ferme, tendre et de très bonne qualité. Feuillage moyen, lyré, vert foncé, généralement étalé et presque appliqué sur le sol.

Malgré la prévention mal fondée qui existe à Paris contre les variétés à chair jaune, cette belle variété est très estimée et recherchée aux environs de Paris et même en Angleterre. Elle est productive, demi-hâtive, et de bonne conservation. Le contraste très marqué de la partie jaune et de la partie rouge de la racine lui donne un aspect bien caractéristique et très agréable.

La beauté de cette race et sa précocité doivent la faire rechercher, ainsi que la qualité tout à fait supérieure de sa chair : c'est un des plus agréables au goût de tous les navets potagers, surtout quand il est pris encore jeune, un peu avant d'avoir atteint tout son développement.

NAVET JAUNE DE HOLLANDE.

Synonyme : Navet jaune de Wilhelmsbourg.

Noms étrangers : Angl. Yellow round Dutch turnip, Yellow stone T. — All. Gelbe frühe plattrunde Holländische Rübe. — Holl. Hollandsche platte gele rapen.

Racine déprimée, mais cependant relativement épaisse. Cette variété pourrait passer pour intermédiaire entre les navets ronds et les plats : son grand diamètre ne dépasse guère 0^m08 à 0^m10, tandis qu'elle mesure jusqu'à 0^m06 ou 0^m07 dans l'axe de la racine ; peau jaune, unie dans la partie enterrée, d'un vert franc hors de terre. Chair jaune, tendre, sucrée. Feuillage moyen, demi-dressé, d'un vert franc. — Le N. de Hollande est demi-tardif et se conserve bien ; c'est une des meilleures variétés potagères.

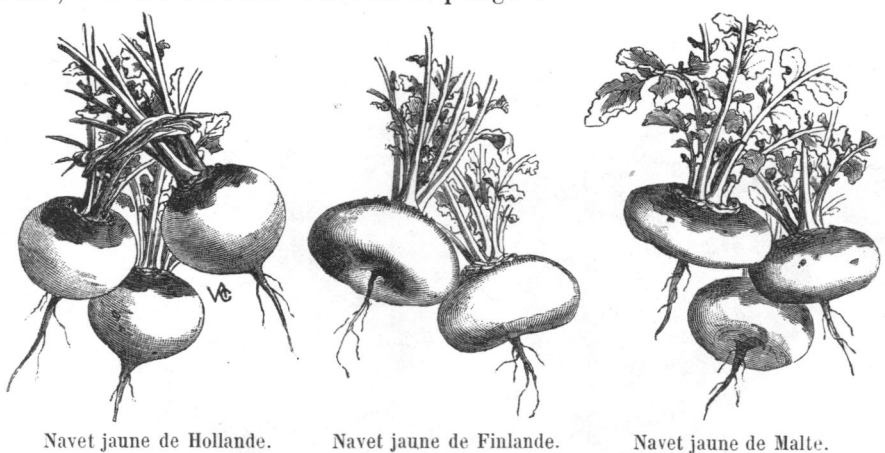

Navet jaune de Hollande.
Réd. au cinquième.

Navet jaune de Finlande.
Réd. au cinquième.

Navet jaune de Malte.
Réd. au cinquième.

NAVET JAUNE DE MALTE.

Noms étrangers : Angl. Yellow Malta turnip, Golden Maltese T. All. Gelbe frühe platte Malta Rübe.

Racine très déprimée, aplatie, mesurant 0^m04 à 0^m05 dans l'axe de la racine, sur 0^m10 à 0^m12 dans son grand diamètre ; peau et chair jaune pâle ; collet vert très marqué. Feuillage assez menu et léger, lyré, découpé, d'un vert foncé.

Le N. jaune de Malte est une bonne variété demi-hâtive, mais le goût en est quelquefois un peu fort. C'est la variété la plus franchement plate de tous les navets à chair jaune ; elle correspond, parmi eux, aux navets plats hâtifs, blanc et rouge, dans les races à chair blanche.

NAVET JAUNE DE FINLANDE.

Syn. : Navet de Petrowski.

Noms étrangers : Angl. Yellow Finland turnip. — All. Finländische gelbe Rübe.

Racine complètement aplatie et même concave en dessous, de telle façon que le pivot qui s'enfonce en terre paraît partir du centre d'une espèce de dépression ou de fossette ; elle est au contraire assez renflée et pour ainsi dire conique en dessus. Les dimensions de la racine ne dépassent pas habituellement 0^m08 à 0^m10 de diamètre sur 0^m04 ou 0^m05 d'épaisseur. Peau très lisse, d'un beau jaune d'or, ainsi que la chair. Feuillage très court, peu découpé, quelquefois tout à fait entier dans les races importées directement de Finlande.

Le N. jaune de Finlande est extrêmement rustique, assez hâtif, et convient bien pour les semis d'arrière-saison. Quand les racines sont jeunes, la chair en est fine et de saveur très agréable ; plus tard elle prend un goût d'amertume un peu fort.

NAVET JAUNE BOULE D'OR.

Noms étrangers : ANGL. Robertson's Golden ball *or* Orange Jelly turnip.
ALL. Goldkugel Rübe.

Racine complètement sphérique quand elle n'est pas très développée, mais s'aplatissant légèrement quand elle atteint toute sa grosseur. Elle mesure de 0^{m}10 à 0^{m}12 de diamètre en tous sens. La peau est très lisse et complètement jaune, ainsi que la chair, qui est un peu molle et d'un goût fin, mais légèrement amer. Feuillage moyen, assez ample, lyré.

Le N. jaune Boule d'or est très estimé dans certains pays ; il paraît cependant plus remarquable par sa beauté que par sa qualité. C'est une variété demi-hâtive.

Navet jaune Boule d'or.
Réd. au cinquième.

Nous croyons devoir citer encore les variétés suivantes plus généralement cultivées pour la nourriture des bestiaux, mais qui peuvent aussi fournir un légume de bonne qualité, si l'on a soin de consommer leurs racines avant qu'elles aient atteint trop de développement :

NAVET TURNEP.

Synonymes : Rabioule, Grosse rave, Navet blanc de Hollande, Navet cœur-de-bœuf, Boulette de Champagne, Ribouille.

Noms étrangers : ANGL. Early stone *or* Stubble green top turnip, White Dutch T.
ALL. Weisse platte Stoppel-Turnip Rübe, Weisse frühe platte Holländische R.
HOLL. Witte Meirapen.

Racine un peu en toupie, légèrement déprimée, blanche, excepté dans la partie hors de terre, qui est ordinairement teintée de vert, longue de 0^{m}08 à 0^{m}09 dans l'axe de la racine, et en mesurant 0^{m}12 dans son plus grand diamètre, lorsqu'elle est bien développée ; collet large. Chair blanche, tendre, sucrée, un peu molle. Feuilles fortes et grandes, dressées, amples, peu découpées. Maturité assez hâtive.

Le Navet turnep est le plus souvent cultivé comme plante fourragère ; on en fait rarement usage comme légume, bien que, pris jeune et encore tendre, il soit de bonne qualité.

Navet turnep.
Réd. au cinquième.

NAVET BLANC GLOBE A FEUILLE ENTIÈRE.

Nom étranger : angl. White globe strapleaved *or* Pomeranian turnip.

Racine régulièrement sphérique, à peau très lisse et d'un blanc uni, marquée seulement de quelques cicatrices autour du collet, à l'endroit qu'ont occupé les premières feuilles. Chair blanche, ferme, serrée. Feuilles dressées, entières, de forme ovale très allongée, dentées sur les bords, d'un vert assez pâle ou blond ; le collet est bien fin et bien pincé.

Un des caractères de cette variété, c'est la promptitude avec laquelle la racine tourne et prend la forme sphérique ; parvenue à toute sa grosseur, elle peut mesurer de 0^m12 à 0^m15 de diamètre. Ce navet a été obtenu il y a une vingtaine d'années en Anjou ; c'est surtout une race de grande culture.

Navet de Norfolk.
Réd. au cinquième.

Navet blanc globe à feuille entière.
Réd. au cinquième.

NAVET DE NORFOLK BLANC.

Synonyme : Navet globe de Poméranie.

Noms étr. : angl. Large white globe Norfolk turnip, Cornish white T., Mammoth T.

Racine sphérique ou très légèrement déprimée, d'un blanc pur, atteignant, quand elle est bien venue, 0^m15 à 0^m18 de diamètre, sur une épaisseur de 0^m12 à 0^m14 dans l'axe de la racine. Chair blanche, tendre, un peu aqueuse. Feuillage très grand, dressé ou demi-dressé, à fortes côtes.

Le N. de Norfolk blanc est une variété très tardive et exclusivement agricole.

Il en existe une sous-variété dont la racine est colorée de vert dans la portion hors de terre : *N. de Norfolk à collet vert* (angl. *Green-top Norfolk T.*) ; et une autre où cette même partie est violet rougeâtre : *N. de Norfolk à collet rouge* (angl. *Red-top Norfolk T., Lincolnshire white globe T.* ; (am.) *Purple top Mammoth or Improved gray stone T.*). — Toutes deux diffèrent à peine du N. de Norfolk blanc par les dimensions de la racine et par le genre de culture qu'elles demandent.

Ces trois variétés doivent être semées de très bonne heure pour arriver à leur développement complet; elles ne réussissent bien, par conséquent, que dans les climats un peu frais où l'été n'amène pas de grandes sécheresses.

Rien en effet n'est plus contraire aux navets que les temps chauds et secs, pendant lesquels l'activité des insectes nuisibles et leurs ravages redoublent d'intensité, en même temps que la végétation est pour ainsi dire suspendue. Il ne se forme pas alors de nouvelles feuilles, et celles qui existent sont criblées de trous et presque détruites par les *altises*, au grand détriment de l'accroissement des racines.

NAVET D'AUVERGNE HATIF.

Synonymes : Rave d'Auvergne hâtive, Rabitrouille.

Racine très déprimée, de 0^m04 à 0^m05 d'épaisseur, et pouvant atteindre aisément de 0^m15 à 0^m18 de diamètre ; peau très lisse, colorée de rouge violacé assez pâle dans toute la partie hors de terre. Chair blanche, assez molle et aqueuse. Grand feuillage découpé, ample et abondant.

Cette variété est très productive, elle réussit surtout dans les terrains granitiques ou schisteux. On la cultive bien plutôt comme racine fourragère que comme légume.

Les races locales de Rave d'Auvergne sont fort nombreuses et ne rentrent pas toujours bien exactement dans le classement en hâtives et tardives, témoin la belle *race de Lezoux*, tout à fait plate en dessous comme en dessus, trois fois aussi large qu'épaisse, et atteignant les dimensions d'un béret de Basque, dont elle rappelle également la forme :

On peut dire de cette rave qu'elle est *hâtive* en ce sens qu'elle se forme rapidement, et *tardive* aussi en ce qu'il lui faut longtemps pour parvenir à son développement complet.

Navet Rave d'Auvergne.
Réd. au cinquième.

NAVET D'AUVERGNE TARDIF.

Synonymes : Rave d'Auvergne tardive, Rave de la Limagne.

Nom étranger : Angl. Late Mammoth Auvergne (flat red top) turnip.

Racine aux deux tiers enterrée, en forme de toupie, mais passablement déprimée, mesurant 0^m08 à 0^m10 dans l'axe de la racine, sur 0^m15 environ de diamètre. La partie hors de terre est colorée de violet rougeâtre ou bronzé assez foncé. Feuillage ample, vigoureux, plus touffu et plus foncé que celui de la variété hâtive.

Cette variété, plus encore que la précédente, est surtout une plante de grande culture, très rarement employée comme légume en dehors de son pays d'origine.

Le plateau central de la France jouit, à cause de son altitude, d'un climat très favorable à la culture des navets de grandes dimensions. On y trouve la Rave d'Auvergne et la Rave du Limousin, les deux plus volumineuses variétés de navets qui soient cultivées en France.

La *Rave d'Ayres*, cultivée dans les départements du Tarn et de Tarn-et-Garonne, nous paraît être absolument identique à la R. d'Auvergne tardive.

NAVET DU LIMOUSIN.

Synonyme : Rave du Limousin.

Racine arrondie ou un peu en toupie quand elle est jeune ou mal développée ; très grosse, large et un peu déprimée quand elle a acquis tout son développement. Il n'est pas rare, dans ce cas, qu'elle mesure 0^m15 au moins dans l'axe de la racine, sur 0^m25 dans son plus grand diamètre. Peau lisse, complètement blanche. Chair blanche, peu sucrée. Très grand feuillage.

La Rave du Limousin n'est en usage que dans la grande culture ; comme elle est très tardive, elle convient surtout aux climats frais et humides, où le semis peut s'en faire dès Juin.

Navet Rave du Limousin.
Réd. au cinquième.

C'est le plus volumineux et le plus productif des navets cultivés en France.

Nous citerons encore, parmi les Navets de toutes formes que l'on rencontre dans les cultures, les variétés suivantes :

N. de Chantenay hâtif. — Ce navet présente de grandes analogies avec le N. noir rond ou plat ; il a comme lui la racine passablement déprimée, mais il est moins coloré et plutôt gris que noir.

N. de Clairfontaine. — Racine fusiforme, droite, lisse, d'un blanc grisâtre, sortant légèrement de terre ; chair blanche et tendre. Variété qui convient bien à la culture en terre ordinaire, étant moins délicate et moins exigeante que le N. des Vertus.

N. gris de Luc. — Petit navet sec, à racine allongée, passablement voisin du N. de Freneuse, mais un peu plus rugueux et grisâtre à la surface.

N. gris plat de Russie. — Racine passablement aplatie, d'un bon tiers plus large qu'épaisse, à écorce gris de fer, sillonnée de lignes transversales blanchâtres. Variété rustique, mais sans avantage sur le N. noir rond.

N. jaune d'Écosse. — Variété hâtive, assez voisine du N. jaune de Hollande, mais un peu plus pâle et quelquefois teintée de vert au collet. Racine très nette, presque complètement enterrée ; chair jaune pâle, tendre, assez peu serrée, sucrée.

N. jaune long de Bortsfeld. — Il se rapproche beaucoup du N. jaune long ordinaire et n'en diffère que par sa forme plus effilée et par son collet moins enterré, de couleur verdâtre. La qualité en est bonne et il se conserve bien.

N. long de Briollay. — Originaire de l'Anjou, il se rapproche passablement du N. gros long d'Alsace, mais il est un peu moins volumineux, plus court, relativement plus renflé et plus enterré. Il est aussi de meilleure qualité et convient mieux pour la consommation. — C'est un vrai légume et non pas un navet fourrager, bien qu'on l'emploie quelquefois, comme tous les navets devenus gros, à la nourriture des animaux.

N. de Malteau. — Racine allongée, longuement ovoïde, plus courte et plus renflée que celle du N. de Freneuse, dont il se rapproche par son feuillage et par la consistance de sa chair, qui est très sèche et ferme. C'est une bonne variété encore assez cultivée aux environs de Paris.

N. de Munich, rouge plat de Mai (ALL. *Münchener Treib-Rübe*). — Variété remarquablement hâtive, se rapprochant beaucoup par la forme de sa racine des Navets rouge plat hâtif ordinaire et rouge plat hâtif à feuille entière, mais s'en distinguant par la nuance plus foncée et presque franchement violette de la partie hors terre.

Navet Rave de Cruzy. — Race extrêmement distincte. C'est le seul navet à chair sèche et à racine tout à fait aplatie. L'écorce en est d'un blanc un peu grisâtre; la racine presque deux fois aussi large qu'épaisse; toutefois la forme en est souvent irrégulière.

N. rond sec à collet vert.
Réd. au cinquième.

N. de Munich,
rouge plat de Mai.
Réd. au cinquième.

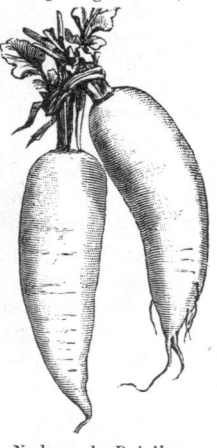

N. long de Briollay.
Réd. au cinquième.

N. rond sec à collet vert. — Racine globuleuse, légèrement déprimée, ressemblant assez au N. rond des Vertus ou de Croissy, mais caractérisée par la teinte verte de son collet et sa chair ferme et sèche comme celle du N. de Freneuse. Le feuillage en est profondément lobé, demi-étalé sur terre et d'un vert clair. Race demi-hâtive et de bonne conservation.

N. rouge écarlate de Gratscheff. — Racine à peu près de même forme que celle du N. jaune de Finlande, un peu plus grosse cependant et plus plate en dessous, colorée de violet vif.

N. rouge de Nancy (SYN. : *N. à collet rose de Nancy*). — Jolie variété du N. rouge plat hâtif, remarquable par sa précocité, la régularité de sa forme et la coloration très intense de la partie supérieure de sa racine. Il diffère à peine du N. de Munich, qui lui est encore supérieur en précocité.

N. des Sablons. — Racine ovoïde, d'un tiers plus longue que large, se rapprochant passablement par tous ses caractères, excepté par sa forme, du N. rond de Croissy. Chair blanche, serrée, sucrée et demi-sèche.

N. de Saulieu (SYN. : *N. d'Alligny*). — Racine fusiforme, ressemblant à celle d'une carotte demi-longue pointue, quatre fois aussi longue que large; à peau grise, un peu rugueuse; à chair ferme, sèche, sucrée, légèrement jaunâtre.

N. Scaribritsch. — Racine déprimée, nette et régulière, d'un quart plus large qu'épaisse; à collet fin, coloré de vert, le reste de la racine jaune. Chair blanc jaunâtre, tendre, serrée et sucrée; feuillage bien blond.

N. de Schaarbeck. — On cultive aux environs de Bruxelles cette variété, qui y est fort appréciée. C'est un navet blanc plat à collet vert, précoce et de petit volume, à chair fine et d'excellente qualité.

N. de six semaines à collet vert (ANGL. *Green-top six weeks turnip*). — Racine déprimée, d'un bon tiers plus large qu'épaisse, pouvant devenir assez volumineuse, blanche dans la partie enterrée, verte au collet. Chair blanche, tendre, sucrée, assez serrée. Maturité hâtive.

N. violet de Petrosowodsk. — Variété violette du N. de Finlande, de même forme, ayant comme lui une dépression assez marquée à la partie inférieure de la racine, autour du pivot. Les feuilles sont quelquefois lyrées, quelquefois entières.

VARIÉTÉS ANGLAISES ET AMÉRICAINES :

N. d'Aberdeen jaune à collet vert (SYN. : *N. jaune d'Altringham, N. jaune à collet vert Bullock*). (ANGL. *Scotch yellow turnip, Aberdeen yellow T., Early yellow field T., Higginbotham's yellow T.*). — Racine sphérique ou légèrement déprimée, jaune et colorée de vert dans le tiers supérieur qui s'élève hors de terre, mesurant 0ᵐ15 de diamètre sur 0ᵐ12 ou 0ᵐ13 d'épaisseur, quand elle est bien venue. Chair jaune pâle, assez ferme. Feuilles grandes, demi-dressées, lisses et d'un beau vert foncé.

N. d'Aberdeen jaune à collet rouge (SYN. : *N. à collet violet Bullock*). (ANGL. *Border Imperial turnip, Tweeddale's improved T., Eclipse purple top T., Purple top Scotch T.*). — Paraît n'être qu'une sous-variété du N. d'Aberdeen jaune à collet vert, dont elle ne diffère que par la couleur violacée du collet.

Hybrid Wolton turnip. — Racine à peu près exactement sphérique, quelquefois un peu piriforme, complètement blanche dans la partie enterrée, et rouge au-dessus. Chair blanche, tendre, de saveur douce ; feuilles amples. Maturité demi-hâtive.

Large amber globe T. — Presque rond ou le plus souvent en forme de toupie ; jaune pâle, à collet vert ; feuilles entières, longues et blondes. Chair pâle, sucrée. Cette variété est estimée aux États-Unis.

White egg T. — Racine de forme ovoïde, d'environ un tiers plus longue que large ; peau très blanche et très lisse ; chair blanche, ferme. Cette variété est très estimée aux États-Unis, où elle est apportée en grande quantité sur les marchés.

Yellow globe T. — Variété assez voisine du N. jaune de Hollande, de couleur un peu plus pâle et de forme plus sphérique.

Yellow Tankard T. — Variété anglaise à racine allongée, fusiforme, à peu près deux fois aussi longue que large, d'un jaune pâle, sauf au collet, qui est légèrement hors de terre et de couleur verdâtre. Chair jaune pâle, serrée, de saveur douce. Maturité hâtive.

NIGELLE AROMATIQUE, CUMIN NOIR, ÉPICERIE, GITH, GRAINE NOIRE, NIELLE, QUATRE-ÉPICES, SENONGE, TOUTE-ÉPICE (*Nigella sativa* L.). (ANGL. Black cumin, Fennelflower C. ; ALL. Schwarz-Kümmel, Köhm ; FLAM. et HOLL. Narduszaad ; ESP. Neguilla ; RUSSE Tchernoúcheka ; POL. Czarnuszka). — Fam. des *Renonculacées*.

Plante annuelle dressée, à tige raide, un peu velue, ramifiée ; feuilles très profondément divisées en lanières linéaires, d'un vert grisâtre ; fleurs terminales d'un bleu pâle ou grisâtre, faisant place à des capsules à cinq dents, remplies de graines presque triangulaires, à surface chagrinée, noires, d'un goût aromatique assez relevé.

Il en existe une variété à graine jaunâtre, complètement semblable au type par tous ses autres caractères.

La Nigelle aromatique se sème au printemps, en Avril ou Mai, de préférence dans une terre légère et chaude. La graine mûrit vers le mois d'Août, sans que la plante ait exigé aucun soin d'entretien.

Nigelle aromatique
Fleur et capsule, demi-grandeur.

On emploie la graine mûre comme condiment ou assaisonnement dans diverses préparations culinaires, sous la dénomination de « *quatre-épices* ».

En Allemagne, le nom de *Schwarz-Kümmel* s'applique aussi à la graine de la Nigelle de Damas à fleur simple.

OCA. — Voy. **OXALIS.**

OGNON
Allium Cepa L.
Fam. des *Liliacées*.

Synonymes : Oignon, Ognon des cuisines.

Noms étrangers : angl. Onion. — all. Zwiebel. — flam. Ajuin. — holl. Uijen. dan. Rodlog. — suéd. Lök. — ital. Cipolla. — esp. Cebolla. — port. Cebola. russe Louke obyknavenny. — pol. Cebula. — jap. Tamané.

Asie centrale ou occidentale. — *Bisannuel, parfois vivace.* — Le pays d'origine de l'Ognon n'est pas connu d'une façon absolument certaine ; cependant, il y a quelques années, M. Regel fils a récolté au sud de Kouldja, en Dzoungarie, une plante qui paraît bien être l'*Allium Cepa* à l'état spontané. On croit aussi que l'Ognon sauvage a été trouvé dans l'Himalaya.

Tige nulle ou plutôt réduite à un plateau qui donne naissance, inférieurement, à des racines nombreuses, blanches, épaisses et simples, et supérieurement à des feuilles dont la base charnue, renflée et embrassante, constitue un bulbe. La forme, la couleur et les dimensions de ce bulbe présentent de grandes différences suivant les variétés. La portion libre des feuilles est allongée, fistuleuse, et se termine en pointe ; les hampes florales qui dépassent de beaucoup les feuilles, sont dressées, creuses et fortement renflées vers le tiers inférieur de leur longueur. Les fleurs, blanches ou violacées, sont portées chacune sur un pédicelle très délié ; leur agglomération forme au sommet de chaque hampe florale une tête arrondie et très fournie. — Quelquefois, en place de fleurs, les hampes florales portent des bulbilles : cet accident, auquel sont sujettes toutes les variétés d'ognons, mais qui ne s'observe que très rarement, se produit, au contraire, d'une façon constante dans l'*Ognon Rocambole* appelé aussi *Ognon bulbifère*. — Aux fleurs succèdent des capsules obtusément triangulaires, remplies de graines noires, anguleuses et aplaties. Ces graines sont au nombre d'environ 250 dans un gramme, et pèsent à peu près 500 grammes par litre ; leur durée germinative fort limitée n'est ordinairement que de deux années.

En général, la plante, après avoir grené, périt entièrement ; cependant, on trouve quelquefois des caïeux sur des ognons qui ont porté graine : la plante, dans ce cas, peut être considérée comme vivace. Cette qualité ne peut être refusée à l'*Ognon patate*, variété qui ne donne pas de graines et qui ne se multiplie que par le fractionnement de ses bulbes.

L'Ognon est un des légumes dont l'usage et la culture remontent à l'époque la plus reculée. L'odeur et la saveur prononcée de toutes ses parties ont dû le faire rechercher de bonne heure comme assaisonnement, et la facilité de sa culture est cause que l'homme l'a transporté avec lui dans les climats les plus divers. De là sont résultées des variations successives très nombreuses, dont les plus intéressantes ont été fixées et constituent les variétés actuellement cultivées.

Culture. — L'Ognon, considéré seulement au point de vue de la production des bulbes destinés à la consommation, se cultive généralement comme plante annuelle, soit estivale, soit automnale :

La *culture estivale* est celle qui consiste à semer les graines d'Ognons de couleur au printemps pour récolter les bulbes à la fin de l'été ou en automne ; tout le développement de la plante se produit alors dans le cours d'un seul été : c'est le mode de culture qui est généralement employé dans le centre et dans le nord de la France, là où l'Ognon est produit en quantités importantes et, pour ainsi dire, en grande culture.

Le semis se fait dès la fin de Février ou dans le courant de Mars en bonne terre fraîche, mais saine, bien fumée et bien pulvérisée à la surface, tout en étant un peu ferme et plombée. On sème, soit à la volée, à raison de 250 à 300 grammes à l'are, soit en lignes espacées de $0^m 15$ à $0^m 25$, ce qui réduit à 150 ou 200 grammes la quantité de graines à employer par are. La graine doit être peu enterrée ou, plus simplement, recouverte à la pointe de la fourche. Quand la levée est complète et que le plant est assez apparent, on éclaircit plus ou moins, selon le volume des variétés. Dans le cours de la végétation, on entretient le terrain aussi propre que possible par des sarclages et binages répétés, et l'on n'a plus qu'à attendre la maturité des ognons. Les arrosages ne sont indispensables que dans le cas de sécheresse exceptionnelle ; mais, dans le Midi, on est obligé de pratiquer quelques irrigations, que l'on supprime complètement quinze jours à trois semaines avant la maturité des bulbes. Pour hâter la maturation, on tord ou on couche les tiges sur le sol à l'aide d'un râteau. En plein champ, on obtient le même résultat en faisant passer un rouleau léger ou un tonneau vide. Dans les sols compacts, il est prudent, lorsque l'été est pluvieux, de déchausser superficiellement les bulbes pour empêcher la pourriture.

On récolte quand les feuilles sont fanées, généralement à la fin de Juin ou en Juillet dans le Midi ; en Août-Septembre sous le climat de Paris. On conserve les ognons pendant l'hiver, au sec, à l'abri de la gelée.

Dans les jardins, on sème souvent en pépinière, à raison de 800 à 900 grammes à l'are, en recouvrant le semis de $0^m 01$ à $0^m 02$ de terre légère ou de terreau. Le plant est levé quand il a atteint $0^m 15$ à $0^m 20$, et on le repique en place après avoir coupé l'extrémité des racines et des feuilles. Après ce repiquage, qui se fait au doigt ou au plantoir, on *borne* les plants, opération consistant à presser la terre contre les racines au moyen du plantoir et à arroser légèrement, pour faciliter la reprise.

La *culture automnale* est celle dans laquelle la végétation des ognons se partage entre deux saisons : elle est pratiquée le plus généralement dans les climats où l'hiver est doux, comme dans l'ouest de la France et dans le Midi, où l'on cultive surtout des races locales, comme l'*O. rouge pâle de Niort*, l'*O. de Lescure*, l'*O. rouge rond de Toulouse*. On sème alors en pépinière à raison de 500 à 600 grammes à l'are, depuis le mois d'Août jusqu'au mois d'Octobre, et l'on obtient du plant qu'on met en place, soit dès l'automne même, soit à la fin de l'hiver, en espaçant de $0^m 10$ ou $0^m 15$ sur des lignes tracées au même écartement. Cette méthode de culture n'a pas la simplicité du semis en place, mais elle permet d'obtenir des produits plus beaux et plus précoces ; elle est généralement pratiquée, comme nous l'avons dit, dans les pays méridionaux, et c'est par elle que sont obtenus ces énormes ognons d'Espagne, d'Italie ou d'Afrique qui sont apportés l'hiver sur nos marchés.

A Paris, c'est en général l'*O. blanc hâtif* et surtout l'*O. blanc très hâtif de Vaugirard* que l'on sème d'automne, ce dernier étant considéré par les maraîchers comme le plus hâtif et le plus rustique. On sème en Août et Septembre en pépinière ; on repique généralement en Octobre en place, à $0^m 05$ ou $0^m 06$ d'écartement, en raccourcissant les racines et les feuilles ; on abrite légèrement pendant l'hiver dans les cas de très fortes gelées, et l'on obtient ainsi des bulbes propres à la consommation dès le mois de Mai. — Avec les variétés extra-hâtives, comme l'*O. de Barletta* et l'*O. blanc de la Reine,* on en aurait sans nul doute dès le mois d'Avril.

Si, à la suite d'un hiver trop rigoureux et de faux dégels, les ognons semés à l'automne se trouvaient détruits, on aurait recours à la pépinière déjà éclaircie par la plantation automnale et conservée en vue des remplacements éventuels. Dès le mois de Février, on procéderait alors aux remplacements, en prenant dans cette pépinière les plants nécessaires à la replantation partielle ou à la reconstitution totale de la plantation. C'est ordinairement l'*O. blanc hâtif de Paris* que l'on emploie pour le repiquage du printemps. Dans les sols compacts ou humides, où les ognons sont exposés à pourrir, il est même préférable d'attendre le printemps pour repiquer en place.

Si la totalité des plants se trouvait détruite par l'hiver, on ferait en Février-Mars un nouveau semis en place, à la volée, très clair, en planches terreautées et plombées en choisissant pour ce semis tardif les variétés les plus hâtives, comme l'*O. extra-hâtif de Barletta*, l'*O.*

très hâtif de la Reine, l'*O. très hâtif de Nocera*. Les soins d'entretien sont les mêmes que ceux à donner aux ognons de couleur.

L'Ognon ne supporte pas le forçage : il s'emporte en feuilles, ne tourne pas et fond facilement. Toutefois, quelques maraîchers sèment en Janvier-Février sous châssis et sur couche sourde qu'ils entretiennent au moyen de réchauds de fumier et renouvellent au besoin ; ils repiquent le plant en place, en Mars, pour récolter en Avril-Mai.

En général, les ognons blancs sont d'une conservation limitée et ne se consomment qu'à l'état frais, d'Avril en Juin-Juillet, pour céder ensuite la place aux ognons de couleur.

Quelquefois la culture de l'Ognon est tout à fait bisannuelle, c'est-à-dire qu'elle remplit deux années presque entières ; dans ce cas, la végétation subit un temps d'arrêt, et l'on se sert pour la replantation, non point de jeunes plants herbacés, mais de petits ognons obtenus l'année précédente au moyen d'un semis très serré fait au printemps et traité, à l'éclaircissage près, comme il a été dit à propos de la culture estivale. Ces petits ognons, d'un volume égal à celui d'une noisette, se conservent assez facilement pendant l'hiver, et, mis en terre au printemps, grossissent rapidement et donnent en quelques mois des bulbes aussi beaux que ceux qu'on obtient de plants enracinés.

Bien qu'on puisse obtenir ces petits ognons avec toutes les variétés d'ognons de couleur, cette méthode de culture est plus généralement adoptée, surtout dans l'est de la France, pour une espèce d'ognon jaune dont les petits bulbes font, sous le nom d'*Ognons de Mulhouse*, l'objet d'un commerce assez important. Quand cette variété a pris tout son développement, il est très difficile de la distinguer de l'*O*. jaune de Cambrai. — L'*O*. jaune des Vertus peut être employé également au même usage.

Engrais. — L'Ognon est avide d'acide phosphorique et de potasse ; les fumures azotées un peu fortes lui sont plutôt nuisibles. De même, le fumier frais n'est pas à recommander, car il est souvent une cause de pourriture des bulbes. Il est donc préférable de réserver à cette culture des terres fumées l'année précédente et d'incorporer à la couche arable la fumure minérale suivante :

Nitrate de soude . . . . 2 à 2 kil. 500
Phosphate de potasse . . . . 4 kil.
} par are.

Ce dernier sel peut être remplacé en grande culture par :

Superphosphate de chaux . . . . 2 kil. 500
Sulfate de potasse . . . . 1 kil. 500
} par are.

Insectes nuisibles et Maladies. — L'*Anthomye de l'ognon* (*Anthomya Phorbia ceparum*) fait à certains moments des ravages assez considérables dans les cultures d'Ognon. C'est une mouche qui ressemble beaucoup à la mouche commune ; ses larves s'introduisent dans les bulbes et les dévorent jusqu'au cœur. Le meilleur procédé pour éviter la propagation des insectes est d'arracher et de brûler les plants atteints dès qu'on s'aperçoit du mal. Le même traitement est applicable à la *Teigne de l'ail* et à la *Mouche de l'échalote* (*Anthomya platura*), qui, quelquefois, s'attaquent aussi à l'Ognon.

Parmi les champignons inférieurs vivant aux dépens de l'Ognon, nous citerons :

Le *Peronospora Schleideni*, qui cause le « *mildiou de l'ognon* » ; les plants atteints ont leurs feuilles couvertes de taches jaunâtres et ne tardent pas à jaunir et à dépérir.

Le *Puccinia porri*, qui détermine la « *rouille du poireau* », attaque aussi parfois l'Ognon. De même, le *Pleospora herbarum*, cause de la « *maladie de l'ail* », se rencontre parfois sur l'Ognon.

Contre ces diverses affections, on recommande l'emploi des bouillies au sulfate de cuivre.

La *pourriture des bulbes*, qui se déclare surtout dans les terres humides ou ayant reçu du fumier frais, paraît due au *Sclerotinia Libertiana*.

La « *graisse* » paraît causée par une anguillule (*Tylenchus devastatrix*) ou par une cryptogame (*Botrytis cinerea*). — Lorsque la présence de l'une ou l'autre de ces maladies est constatée dans une culture, il faut arracher, puis brûler les plants attaqués, et suspendre pendant plusieurs années la culture de l'Ognon et des autres *Liliacées* dans le sol contaminé.

Usage. — L'Ognon est un des légumes les plus usités, soit cuit, soit cru ou confit au vinaigre. L'Ognon blanc est particulièrement employé au printemps avec les petits pois.

OGNON BLANC PETIT EXTRA-HATIF DE BARLETTA.

Synonyme : Ognon blanc de Mars.
Nom étranger : ital. Cipolla marzaiuola.

Petite race extrêmement prompte à tourner et devançant toutes les autres variétés, même la suivante. Semée au printemps, il lui faut à peine deux mois pour commencer à tourner et pour donner de petits bulbes bons à confire au vinaigre et même à employer en cuisine.

Les bulbes sont blancs, petits et rappellent assez bien la forme de l'O. blanc gros, ayant comme lui leur plus grande largeur au-dessus de la partie médiane et se resserrant moins vite vers le plateau qui porte les racines que vers le collet où s'attachent les feuilles.

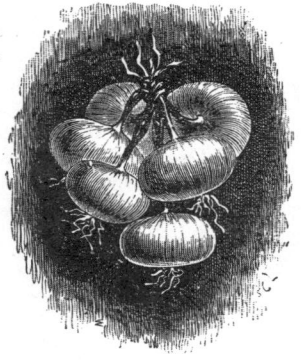

Ognon blanc très hâtif de la Reine.
Réd. au tiers.

Ognon blanc petit extra-hâtif de Barletta.
Réd. au tiers.

OGNON BLANC TRÈS HATIF DE LA REINE.

Synonymes : Ognon petit de Portici, O. de Biron, O. Merveille, O. de Monplaisir.
Noms étrangers : angl. White very early Queen onion. — ital. Cipolla maggiaiola.

Bulbe petit, très déprimé, d'un blanc argenté, de 0^m03 à 0^m04 de diamètre sur 0^m015 à 0^m02 d'épaisseur ; à collet fin, devenant promptement vert si l'on cherche à le conserver ; feuilles très courtes, d'un vert foncé et légèrement glauques, au nombre de trois ou quatre, ou de cinq au plus quand le bulbe est complètement formé.

Il n'est pas extrêmement rare de voir dans les semis faits au printemps, des bulbes se former et devenir gros comme des noix, puis mûrir sans que la plante ait développé plus de deux feuilles.

Cette jolie petite variété est d'une extrême précocité : semée au mois de Mars, elle commence déjà à tourner ses bulbes dans le courant de Mai ; mais, par contre, elle ne se conserve pas bien.

OGNON BLANC TRÈS HATIF DE NOCERA.

Synonyme : Ognon de Florence.
Noms étr. : angl. Very early white Nocera onion. — all. Früheste Nocera Zwiebel.

Cette variété pourrait bien ne pas être autre chose que la précédente, devenue plus grosse et un peu moins hâtive par l'effet de la culture prolongée dans un climat moins chaud que celui de son pays d'origine ; elle est assez sujette à dégénérer et à grossir davantage.

Bulbe blanc argenté, déprimé, quelquefois marqué de veines verdâtres, plus large et relativement plus aplati que celui de l'O. blanc très hâtif de la Reine, le diamètre mesurant de 0^{m}05 à 0^{m}08 sur 0^{m}02 à 0^{m}025 d'épaisseur ; collet fin ; feuillage peu abondant, très petit, d'un vert foncé.

Un caractère remarquable et assez constant de cette variété, c'est que, malgré tous les soins minutieux qu'on peut apporter au choix des porte-graines, il s'y trouve presque toujours une petite proportion de bulbes d'un roux clair ou de couleur chamois.

L'O. blanc de Nocera est très précoce ; mais il est cependant devancé de trois semaines au moins par l'O. blanc de Barletta et par l'O. blanc de la Reine. — Comme ces derniers, il se conserve mal.

Ognon blanc très hâtif de Nocera.
Réd. au tiers.

Ognon blanc hâtif de Paris.
Réd. au tiers.

OGNON BLANC HATIF DE PARIS.

Synonymes : Ognon d'Août, O. blanc deuxième hâtif.

Noms étr. : angl. Paris silverskin onion. — all. Silberweisse frühe Pariser Zwiebel.

Bulbe blanc argenté, déprimé, à peu près de même diamètre que l'O. de Nocera, c'est-à-dire variant de 0^{m}05 à 0^{m}08, mais plus épais, et revêtu d'enveloppes plus serrées et plus nombreuses. Le collet est fin ; le feuillage, d'un vert assez foncé, légèrement glauque, n'est pas très abondant.

L'O. blanc hâtif de Paris est un peu moins hâtif que l'O. de Nocera, mais il se conserve mieux ; néanmoins il est presque toujours employé à l'état frais, et, le plus souvent, avant d'avoir atteint tout son volume.

C'est un des plus recommandables parmi les ognons précoces. Très probablement, il a pour origine première une des races hâtives de l'Italie méridionale : ces races, cultivées sous notre climat, tendent visiblement à devenir identiques à l'O. blanc hâtif de Paris.

OGNON BLANC TRÈS HATIF DE VAUGIRARD.

Synonyme : Ognon blanc très hâtif.

Nom étranger : angl. Hardy white early Vaugirard onion.

Bulbe de même forme que celui de l'O. blanc hâtif de Paris, dont dérive cette variété, mais plus petit ; c'est évidemment une sélection faite dans le sens de la précocité. — L'O. de Vaugirard ressemble tellement à l'O. de la Reine par les dimensions de son bulbe et la petitesse de son feuillage, que l'on pourrait presque les confondre ; mais, tandis que ce dernier est très sensible au froid, comme toutes les races méridionales, l'O. de Vaugirard supporte sans trop en souffrir les hivers normaux du climat de Paris. Aussi est-il des plus employés pour la culture en pleine terre.

OGNON BLANC HATIF DE VALENCE.

Noms étrangers : angl. White Valence silverskin onion. — all. Silberweisse Valencia platte mittelfrühe Zwiebel.

Bulbe moins large, mais, par contre, plus gros et sensiblement plus épais que celui de l'O. blanc hâtif de Paris, ne dépassant guère 0^m06 à 0^m07 de diamètre sur environ 0^m04 à 0^m05 d'épaisseur; feuillage assez abondant, d'un vert un peu blond. C'est une variété assez hâtive, productive, tendre, mais ne se conservant pas bien.

L'O. blanc hâtif de Valence convient beaucoup mieux pour les provinces du Midi que pour le nord ou l'est de la France, dont le climat trop froid n'est pas favorable à son développement. — Comme origine, il paraît vraisemblablement dériver de l'O. blanc gros, et en être une variété moins volumineuse mais beaucoup plus précoce.

Ognon blanc rond dur de Hollande.
Réd. au tiers.

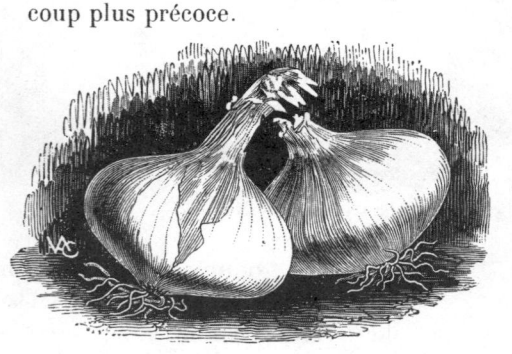

Ognon blanc hâtif de Valence.
Réd. au tiers.

OGNON BLANC ROND DUR DE HOLLANDE.

Noms étrangers : angl. White round hard Dutch onion, White Tennisball onion. all. Runde harte weisse Holländische Zwiebel. — holl. Zilverwitte winter uijen.

Bulbe d'un blanc mat, moyen, très ferme, à enveloppes épaisses et résistantes, variant ordinairement de 0^m05 à 0^m07 de diamètre sur 0^m03 ou 0^m04 d'épaisseur. Il est moins aplati que les Ognons blancs de Nocera ou de Paris ; il est aussi un peu moins hâtif, mais, en revanche, se conserve remarquablement bien, différant ainsi des autres variétés de ce groupe. Il peut se comparer, sous ce rapport, aux bonnes variétés d'ognons jaunes ou rouges.

L'O. blanc rond dur de Hollande se distingue nettement des ognons blancs dont nous avons parlé jusqu'ici, par la consistance de ses enveloppes extérieures, qui sont épaisses, dures et résistantes, au lieu d'être fines, fragiles et presque transparentes ; il résulte de cette particularité que non seulement cette variété se conserve beaucoup mieux, mais qu'elle ne prend pas, sous l'influence de la lumière, la teinte verte qui dépare souvent les variétés très hâtives d'ognons blancs.

La variété américaine *White Portugal* or *American silverskin onion* est tellement voisine de la précédente, que certaines personnes les considèrent comme identiques ; le White Portugal O. a cependant, en général, les bulbes un peu moins fermes mais plus gros et plus réguliers que l'O. blanc rond dur de Hollande.

OGNON BLANC GLOBE.

Bulbe blanc argenté, à peu près exactement sphérique, atteignant un diamètre de 0^{m}06 à 0^{m}08 en tous sens, très ferme, à collet fin, et se conservant remarquablement bien; feuillage d'un vert foncé, effilé, assez abondant. La précocité de cet ognon est à peu près la même que celle de l'O. blanc gros.

OGNON BLANC HATIF DE MAI.

Nom étranger : Angl. Neapolitan maggiaiola onion.

Variété plus hâtive et moins volumineuse de l'O. blanc gros plat d'Italie. Bulbe déprimé, à tunique extérieure très blanche, ne dépassant pas 0^{m}04 à 0^{m}05 de diamètre; collet fin; feuillage peu abondant, mais vigoureux et foncé.

Cette variété doit son nom à ce qu'en Italie, elle atteint tout son volume dès le mois de Mai. Sous le climat de Paris, où les semis d'automne seraient presque fatalement détruits par les gelées, elle n'a ses bulbes complètement formés qu'en Juillet-Août.

Ognon blanc gros.
Réd. au tiers.

Ognon blanc globe.
Réd. au tiers.

OGNON BLANC GROS.

Synonymes : Ognon blanc d'Espagne, O. blanc gros tardif.

Noms étrangers : Angl. White Lisbon large round late onion, Florence onion.
 All. Lissaboner weisse grosse runde Zwiebel, Weisse dicke runde späte Z., Französische *oder* Spanische weisse Z.

Bulbe arrondi, plus ou moins déprimé, un peu conique en dessus et en dessous, de forme quelquefois irrégulière, mesurant, quand il est bien venu, de 0^{m}08 à 0^{m}10 de diamètre sur environ 0^{m}06 à 0^{m}08 d'épaisseur; souvent un peu en forme de poire à la partie inférieure; collet assez gros; feuillage abondant et d'un vert blond. La chair n'en est pas très ferme, et, quoique de maturité assez tardive, cette variété ne se conserve pas très bien; elle se forme difficilement sous le climat de Paris.

On l'emploie le plus souvent à l'état frais, même dans le midi de la France, où il est estimé pour sa douceur. En Angleterre, il est cultivé en immenses quantités pour être consommé tout jeune, à peine tourné, lorsque les bulbes n'ont guère plus que la grosseur d'une noix.

Les maraîchers se servent quelquefois de l'Ognon blanc gros pour faire de la ciboule : dans ce but, ils sèment dru en Février-Mars et arrachent le plant de Mai en Juin. Les soins d'entretien et d'arrosage sont les mêmes que ceux donnés aux ognons blancs.

OGNON BLANC GROS PLAT D'ITALIE.

Noms étr. : angl. Large white flat Italian Tripoli onion, El paso *or* Large Mexican O.

Bulbe blanc, plat, de 0^{m}09 à 0^{m}11 de diamètre, c'est-à-dire un peu plus large que celui de l'O. blanc gros, et se formant un peu plus tardivement. Feuillage long et développé, d'un vert franc.

Cette variété se recommande par les dimensions et la régularité de ses bulbes. Semée en Août-Septembre, elle donne un produit abondant vers le mois de Juillet ; mais elle n'est d'ordinaire complètement formée qu'en Août sous le climat de Paris.

Dans plusieurs régions, on lui donne le nom impropre d'*O. de Juin*, quoiqu'elle soit plus tardive que le véritable *Ognon blanc de Juin*, race actuellement peu cultivée et que l'on peut considérer comme intermédiaire entre l'O. blanc gros plat d'Italie et l'O. blanc hâtif de Mai.

Ognon blanc gros plat d'Italie.
Réd. au tiers.

Dans son pays d'origine, l'O. blanc gros plat d'Italie a donné naissance à plusieurs races de précocités inégales et désignées communément sous le nom du mois dans lequel elles mûrissent leurs bulbes : *O. Guignese, Lugliese, Agostegna*, c'est-à-dire *O. de Juin, O. de Juillet, O. d'Août*.

OGNON JAUNE PAILLE DES VERTUS.

Synonymes : Ognon jaune paille, O. blond, O. d'Aubervilliers, O. de Limoges, O. de Verberie, O. de Saint-Urgent.

Noms étrangers : angl. Straw-coloured white Spanish onion, Brown Portugal O., Oporto O. — all. Gelbe plattrunde harte Zwiebel, Strohgelbe Vertus Z.

Bulbe très déprimé, atteignant aisément 0^{m}08 à 0^{m}10 de diamètre sur 0^{m}04 à 0^{m}05 d'épaisseur, d'un jaune cuivré, à enveloppes fermes et assez épaisses, ne se détachant pas facilement et plus colorées dans la partie enterrée du bulbe que dans la partie qui est exposée à l'air. Collet assez fin ; feuillage abondant, bien développé, d'un vert foncé.

Cette variété est assez précoce et extrêmement productive; elle se conserve parfaitement bien : c'est la plus répandue pour la culture en grand dans les environs de Paris, où elle était autrefois presque exclusivement employée.

Ognon jaune paille des Vertus.
Réd. au tiers.

La consommation d'hiver, à Paris et dans une grande partie de l'Europe, est surtout alimentée par cet ognon, que l'on voit souvent conservé dans les ménages en chapelets formés par l'entrelacement des fanes sèches et tressées.

OGNON JAUNE DE CAMBRAI.

Syn. : O. de Mulhouse, O. jaune de Laon, O. jaune paille plat de Flandre, O. suisse.
Noms étrangers : ANGL. Brown Spanish onion, Flanders O., Essex O., Deptford O. — ALL. Bamberger gelbe plattrunde Zwiebel.

Cette variété est extrêmement voisine de l'O. jaune paille des Vertus ; la couleur en est un peu plus rougeâtre et le diamètre en général un peu moindre. L'O. de Cambrai est productif, assez précoce et se conserve bien.

OGNON JAUNE DE MULHOUSE.

Variété très voisine de l'O. jaune paille des Vertus ; le bulbe en est seulement plus petit et plus cuivré, ainsi que plus rond, c'est-à-dire moins plat.

Les *petits Ognons de Mulhouse* (appelés aussi *Ognons d'Alsace, O. Renard, O. de Roanne*), que l'on trouve couramment dans le commerce proviennent d'un semis très serré fait en Mai-Juin ; récoltés en Juillet-Août et replantés en Mars-Avril, ils se développent plus rapidement que les plants issus directement de semis.

Il convient d'ajouter que, sous ce même nom, on désigne souvent des bulbes de l'O. jaune des Vertus et de l'O. jaune de Cambrai cultivés de la même façon et dans le même but.

Ognons de Mulhouse.
Petits bulbes à replanter, de grosseur naturelle.

Ognon jaune soufre d'Espagne.
Réd. au tiers.

OGNON JAUNE SOUFRE D'ESPAGNE.

Noms étrangers : ANGL. Sulphur-coloured white Spanish onion, Banbury O., Cambridge O., Portugal O., Reading O. — ALL. Schwefelgelbe Zwiebel.

Bulbe franchement aplati, de 0^m08 à 0^m10 de diamètre sur 0^m04 à 0^m05 d'épaisseur, ressemblant assez exactement à celui de l'O. jaune paille des Vertus, mais en différant par sa couleur beaucoup moins cuivrée et par son épaisseur sensiblement moindre, eu égard au diamètre des bulbes. Dans l'O. jaune soufre d'Espagne, les enveloppes sont fermes, assez épaisses, très adhérentes, d'un jaune vif légèrement verdâtre, rappelant à peu près la couleur du laiton.

Variété très rustique, productive, et se conservant remarquablement bien.

OGNON JAUNE DE LESCURE.

Synonymes : Ognon de Castres, O. jaune de Toulouse, O. de Tournon.
Nom étranger : AM. Yellow cracker onion.

Cette variété, ainsi que les précédentes, n'est qu'une forme de l'O. jaune des Vertus, s'en distinguant par sa teinte plus rose. Son bulbe est gros, presque complètement plat sur la face inférieure et en cône surbaissé au-dessus du sol. — C'est une race locale, surtout appréciée dans le sud-ouest de la France.

OGNON JAUNE DE DANVERS.

Nom étranger : AM. Danvers yellow globe onion.

Bulbe sphérique ou légèrement déprimé, de couleur jaune cuivré, un peu plus rougeâtre que l'O. jaune des Vertus, atteignant ordinairement un diamètre de 0^{m}06 à 0^{m}08 avec une épaisseur presque égale ; enveloppes nombreuses et serrées ; collet très fin, ainsi que le disque d'où partent les racines ; feuillage moyen, d'un vert franc.

L'O. jaune de Danvers est une excellente variété, précoce, et surtout se conservant admirablement. Il convient aussi bien à la grande culture qu'à la culture potagère, mais toutefois à condition d'être fait de printemps : semé à l'automne, nous l'avons toujours vu monter à fleur dès le printemps suivant, presque sans former de bulbes.

Il est d'origine américaine. Quand il a été importé en France pour la première fois, vers 1850, il était de forme complètement sphérique ; mais, en raison de sa tendance à se déprimer, il n'est pas rare de rencontrer aujourd'hui dans l'O. de Danvers des bulbes plus ou moins aplatis.

Ognon jaune de Trébons.
Réd. au tiers.

Ognon jaune de Danvers.
Réd. au tiers.

Les variétés anglaises et américaines : *Australian brown*, *Cranston's Excelsior*, *Crew's globe*, *Golden ball*, *Michigan yellow globe*, *Up-to-date*, *Yellow globe*, à part quelques légères différences dans la grosseur, la couleur, et la précocité, peuvent être considérées comme dérivant de l'O. jaune de Danvers.

OGNON JAUNE DE TRÉBONS.

Nom étranger : ANGL. Large yellow Trebons onion.

Bulbe ordinairement piriforme, plus ou moins allongé, de longueur à peu près égale à son diamètre, aminci vers le collet et souvent aussi à la partie inférieure, atteignant ordinairement de 0^{m}08 à 0^{m}10 en tous sens ; les enveloppes intérieures d'un jaune vif, les plus extérieures légèrement cuivrées. Feuillage abondant mais fin, d'un vert foncé ; collet étroit. Chair tendre, sucrée, d'une saveur douce et agréable.

L'O. de Trébons est demi-tardif ; la qualité en est remarquablement bonne, mais il se conserve assez difficilement. Il se prête également bien à la culture d'automne et à celle de printemps.

Il est originaire des environs de Tarbes, dans les Hautes-Pyrénées ; mais c'est une race mal fixée, même dans son pays, où on le trouve sur les marchés avec les formes les plus variables ; toutefois, il a gagné en régularité depuis que nous l'avons introduit dans nos cultures.

OGNON JAUNE GÉANT DE ZITTAU.

Bulbe large, assez déprimé, de $0^m 10$ à $0^m 12$ de diamètre sur $0^m 06$ environ d'épaisseur ; pellicule extérieure très lisse et comme soyeuse, de couleur saumonée pâle, formant exactement la transition entre les ognons jaunes et les ognons rouge pâle. Feuillage assez abondant, d'un vert clair légèrement blond. Collet fin, de même que le disque inférieur, d'où partent les racines.

L'O. géant de Zittau est une belle race de demi-saison, productive et de très bonne garde. Il réussit de préférence dans les terres saines et légères, en même temps que fertiles et bien amendées.

Ognon jaune géant de Zittau.
Réd. au tiers.

Ognon géant d'Espagne.
Réd. au tiers.

OGNON GÉANT D'ESPAGNE.

Synonyme : Ognon jaune gros de Valence.

Noms étrangers : angl. Giant Spanish onion, Gibraltar O., Spanish King O.
all. Spanische Riesen-Zwiebel.

Gros bulbe de forme à peu près sphérique, d'une couleur jaune paille clair, remarquable par la finesse de ses enveloppes et la délicatesse de sa chair. Le collet reste très mince, même lorsque le bulbe a atteint la grosseur d'une orange. Feuillage léger et très vert.

L'O. géant d'Espagne est une race franchement méridionale, recommandable surtout pour le midi de la France et l'Algérie, d'où on l'exporte en grandes quantités sur l'Angleterre.

La variété bien connue et estimée en Amérique sous le nom de *Prizetaker onion* se rapproche extrêmement de l'O. géant d'Espagne, à tel point même qu'on peut la considérer comme identique.

OGNON JAUNE BRUN DE JAMES.
Nom étranger : angl. James' keeping onion.

Bulbe en forme de toupie, aplati à la partie supérieure et s'amincissant vers la base en cône à contour arrondi ; l'insertion des racines se fait sur un plateau étroit et resserré ; le collet est remarquablement fin ; le feuillage, assez vigoureux, est abondant et dressé.

C'est, en somme, une variété intéressante, d'une belle teinte chamois ou saumonée ; elle a le grand avantage de se conserver particulièrement bien, ses bulbes pouvant se garder fermes et pleins, sans entrer en végétation, jusqu'au milieu de l'été qui suit l'année de la récolte.

Ognon très hâtif de Port Sainte-Marie.
Réd. au tiers.

Ognon rosé de bonne garde.
Réd. au tiers.

OGNON TRÈS HATIF DE PORT SAINTE-MARIE.
Noms étr. : angl. Very early rose coloured onion. — all. Sehr frühe rosenrote Zwiebel.

Petit bulbe plat, ressemblant assez comme forme et comme dimensions à celui de l'O. de la Reine, mais à tunique nettement rosée et parfois presque rouge ; collet très fin ; feuillage léger et s'éteignant de bonne heure.

L'O. très hâtif de Port Sainte-Marie est de beaucoup le plus hâtif de tous les ognons de couleur, et même parmi les variétés blanches, c'est à peine si l'O. blanc très hâtif de la Reine le devance de quelques jours. Originaire des environs d'Agen, il y est depuis quelques années cultivé en grand et très estimé.

OGNON ROSÉ DE BONNE GARDE.
Synonyme : O. de Mazé.

Noms étr.: angl. Market favorite keeping onion. — all. Kupferrosa haltbarste plattrunde Z.

Ognon très fin et très joli, qui forme bien avec l'O. brun de James et l'O. de Zittau, la transition entre les ognons jaunes et les ognons rouges. Il est en effet de teinte tout à fait intermédiaire, saumonée et presque aussi près du jaune que du rose. Sa forme est tout à fait différente de celle de l'O. de James, car il est complètement aplati et même très mince eu égard à son diamètre, qui cependant ne dépasse pas habituellement 0^m05 à 0^m06.

L'O. rosé de bonne garde a le feuillage léger et peu abondant. Il est demi-hâtif, tourne et se forme promptement, et néanmoins il possède une faculté de conservation tout à fait remarquable. C'est, par ce motif, une race avantageuse pour la culture maraîchère et pour la provision d'hiver dans les ménages.

L'*Ognon jaune de Saint-Michel* et l'*Ognon jaune de Montauban* offrent de grandes analogies avec l'O. rosé de bonne garde ; il en est de même de la race américaine *Bolton onion*.

OGNON ROUGE PALE ORDINAIRE.

Synonymes : Ognon Vivarret, O. de Saint-Georges.
Noms étrangers : angl. French pale red onion. — all. Hellrote gewöhnliche Zwiebel.

Bulbe moyen, aplati, mesurant 0^m05 à 0^m07 de diamètre sur 0^m02 à 0^m04 d'épaisseur, de forme un peu irrégulière. Enveloppes extérieures d'un rose cuivré, les intérieures d'une nuance plus foncée et tournant au violet; collet assez gros. Feuillage passablement abondant, court, d'un vert franc.

L'O. rouge pâle ordinaire est une variété rustique et très répandue dans la culture ; il est demi-hâtif et se conserve assez bien, quoiqu'il se dépouille facilement, comme font les variétés trop promptes à entrer en végétation. — Il ne convient qu'à la culture de printemps.

Il existe un assez grand nombre de races locales de l'Ognon rouge pâle, différant à peine les unes des autres. La forme qui se rencontre le plus souvent dans le commerce est celle qui se cultive en Touraine, dans les environs de Bourgueil.

Ognon rouge pâle ordinaire.
Réd. au tiers.

OGNON ROUGE PALE DE STRASBOURG.

Noms étrangers : angl. Pale red Strasburg onion. — all. Blassrote plattrunde Holländische (Strassburger) Zwiebel.

Variété intermédiaire, comme couleur, entre l'O. rouge pâle ordinaire et l'O. rouge pâle de Niort décrit ci-après ; elle est moins répandue que l'un et l'autre. Son bulbe est légèrement plus épais que celui de l'O. pâle de Niort.

On le cultive surtout en Hollande où il réussit particulièrement bien.

OGNON ROUGE PALE DE NIORT.

Synonymes : Ognon rouge pâle d'Alais, O. de Montbrison, O. de la Bonneville, O. Chollet.

Bulbe large, aplati, mesurant ordinairement de 0^m08 à 0^m10 de diamètre, et parfois davantage, sur 0^m03 à 0^m04 d'épaisseur, d'une couleur rose pâle légèrement cuivrée, un peu violacée sur les enveloppes intérieures. Feuillage abondant, dressé, ample, d'un vert franc; collet assez fin. Les enveloppes extérieures du bulbe sont minces et fragiles, mais malgré cela il se conserve bien.

Excellent ognon hâtif et très productif, en grande faveur dans l'ouest de la France ; c'est le type perfectionné de l'Ognon rouge pâle.

Il se prête bien à la culture de printemps, mais réussit surtout, dans son pays d'origine, semé à l'automne et repiqué au commencement ou à la fin de l'hiver pour en faire la récolte au printemps. Grâce à la douceur du climat, cette culture réussit parfaitement en Bretagne, en Vendée et en Poitou, pays où il est le plus cultivé.

Ognon rouge pâle de Niort.
Réd. au tiers.

L'*Ognon de Lencloître* dont on fait grand cas en Poitou, n'est qu'une sous-variété de l'O. rouge pâle de Niort, à bulbe un peu plus aplati et plus dur.

L'*Ognon rouge de Saint-Brieuc* (SYN. *O. Rousselette*) diffère de celui de Niort par sa forme moins aplatie, sa couleur plus jaune et moins rose, et par un moindre degré de rusticité. — A tous les points de vue, l'O. de Niort est préférable, et il a à peu près complètement remplacé celui de Saint-Brieuc, même en Bretagne.

OGNON ROUGE PLAT HATIF.

SYNONYME : Ognon créole.

NOMS ÉTRANGERS : ANGL. Extra early flat red onion.
ALL. Frühe platte rote *oder* karminrote Zwiebel.

Bulbe très déprimé, large, pouvant atteindre 0^m08 de diamètre sur une épaisseur de 0^m02. La couleur des enveloppes extérieures est rouge cuivré, celle des tuniques encore fraîches rouge violacé. — Cet ognon se comporte comme l'O. blanc hâtif de Paris et ses analogues, c'est-à-dire qu'il se forme très vite, mais qu'il est également très prompt à se remettre en végétation.

Ognon rouge vif c'Août.
Réd. au tiers.

Ognon rouge foncé.
Réd. au tiers.

OGNON ROUGE VIF D'AOUT.

Bulbe aplati, dépassant rarement 0^m10 de diamètre sur 0^m04 d'épaisseur, d'une belle couleur rouge intense sur les enveloppes extérieures, l'intérieur étant d'un rouge violacé; collet un peu fort. Feuillage ample, abondant, dressé, de couleur foncée. C'est une belle variété productive et de bonne garde, qui convient surtout à la culture d'automne.

Dans l'est et le sud-est de la France, où cet ognon est le plus en faveur, on le sème au mois d'Août et on le repique au mois d'Octobre, pour le récolter dans le courant de l'été suivant.

OGNON ROUGE FONCÉ.

SYNONYMES : Ognon rouge d'Abbeville, O. rouge de Hollande, O. rouge de Zélande,
O. rouge vif de Mars, O. violet d'Auxonne, O. nouvelle.

NOMS ÉTRANGERS : ANGL. Blood red onion, St-Thomas' onion.
ALL. Blutrote *oder* dunkelrote Holländische Zwiebel. — HOLL. Platte bloedroode uijen.

Bulbe très aplati, moyen, ne dépassant guère 0^m06 à 0^m08 de diamètre sur 0^m02 ou 0^m03 d'épaisseur; enveloppes serrées, fermes, d'un rouge foncé, vineux à l'extérieur, et d'une belle couleur rouge intense, brillante à l'intérieur; collet fin. Feuillage assez raide, compact, d'un vert foncé.

L'O. rouge foncé est une variété de demi-saison, pas extrêmement productive, mais de très bonne garde; il est rustique, facile à cultiver, et surtout apprécié dans les pays du Nord.

On rencontre quelquefois dans le sud-ouest de la France, et notamment à Bordeaux, un très bel ognon qui est désigné par la simple appellation d'*Ognon rouge*. Il a les bulbes aussi colorés que l'O. rouge foncé, mais sa forme et ses dimensions le rapprochent plutôt de l'O. de Madère plat. Sa largeur atteint et dépasse même quelquefois 0^m12, et il est avec cela très aplati sur les deux faces. La chair en est tendre et d'une saveur douce ; il ne se conserve pas facilement.

OGNON ROUGE ROND DE TOULOUSE.

Synonymes : Ognon rond de Castelnaudary, O. gros rond du Languedoc.

Bulbe gros, rond, légèrement méplat, de 0^m06 à 0^m07 de diamètre ; tunique extérieure rouge grenat foncé ; collet gros ; feuillage abondant, vigoureux, vert glauque.

Cette variété n'est pas très répandue en dehors de la région d'où elle est originaire.

Il est à remarquer que, dans les différentes variétés d'ognons rouges que nous avons décrites jusqu'ici, la coloration est surtout superficielle. Quand on coupe les bulbes en travers, on trouve que les deux ou trois tuniques extérieures seulement sont assez fortement colorées, mais que tout l'intérieur est à peine rosé.

OGNON DE MADÈRE ROND.

Synonymes : Ognon de Bellegarde, O. gros brun, O. romain, O. rouge de Vas.

Noms étrangers : angl. Red globe Madeira onion, Globe Tripoli O. — all. Madeira grösste runde Riesen-Zwiebel.

Cette variété, de maturité tardive, est la plus volumineuse de toutes ; les bulbes en sont à peu près sphériques, et il n'est pas rare d'en voir qui mesurent 0^m15 et même 0^m18 de diamètre ; ils tournent très lentement. Les enveloppes extérieures en sont fines et fragiles, d'un rose saumoné, les intérieures présentent une teinte lilacée. La chair est très tendre, sucrée, et d'une saveur très douce. Le collet est assez fin, eu égard à la grosseur des bulbes ; le feuillage fort, abondant et d'un vert franc.

L'O. de Madère réussit surtout dans les climats chauds ; il est estimé dans le Midi à cause de son énorme volume et aussi de sa saveur sucrée. Il n'atteint tout son

Ognon de Madère rond (Réd. au tiers).

développement que dans les cultures automnales ; sous le climat de Paris, il est sensible au froid, il pousse vite et se garde assez difficilement.

OGNON DE MADÈRE PLAT.

Synonymes : Ognon de Tripoli, O. de Montfrin, O. Délicatesse rose de Coïmbre.
Noms étrangers : Angl. Flat red Madeira onion, Flat Tripoli O. — All. Madeira grösste platte Riesen-Zwiebel.

Très grand et large bulbe, fortement déprimé, atteignant jusqu'à 0^m16 et quelquefois 0^m20 de diamètre sur 0^m05 ou 0^m06 d'épaisseur, de même couleur que l'O. de Madère rond, ou légèrement plus rougeâtre; comme lui, il a la chair très tendre et se conserve difficilement. Il demande le même genre de culture.

Pour obtenir les gigantesques spécimens d'Ognons de Madère qu'exposent certains marchands de produits du Midi, on sème au mois d'Août, on transplante en Octobre ou Novembre, et l'on pousse fortement pendant toute la saison suivante les ognons à l'eau et à l'engrais. Vers le mois de Juillet ou d'Août, on cesse les arrosements, et un mois après on récolte des bulbes d'un volume extraordinaire, qui pèsent souvent un kilogramme et même davantage.

Ognon de Madère plat.
Réd. au tiers.

OGNON ROUGE GROS PLAT D'ITALIE.

Synonyme : Ognon de Pélissane.
Noms étrangers : Angl. Large red flat Italian Tripoli onion. — All. Rote grosse platte Italienische Zwiebel.

Bulbe déprimé, assez épais, mesurant de 0^m12 à 0^m14 dans son grand diamètre, 0^m06 environ d'épaisseur. Enveloppes extérieures assez épaisses, d'un rouge terne, les intérieures d'une nuance plus vive et légèrement violacée. Chair tendre, peu serrée; feuillage abondant, fort, d'un vert foncé.

Cette variété méridionale est de maturité demi-tardive et d'une conservation assez difficile; elle réussit mieux semée à l'automne qu'au printemps, et convient tout particulièrement pour les pays chauds.

Cultivée sous le climat du Nord, elle se modifie rapidement, perd beaucoup de son volume, et en même temps acquiert une contexture plus serrée et une saveur plus âcre.

Ognon rouge gros plat d'Italie.
Réd. au tiers.

Pour l'avoir tout à fait franche, il faut la tirer chaque année du Midi.

OGNON GÉANT DE ROCCA.

Noms étrangers : Angl. Giant Rocca onion, Large brown globe O.
All. Rocca Riesen-Zwiebel.

Très belle et très bonne race d'ognon, d'origine italienne. Un peu moins volumineux que l'O. de Madère, celui-ci s'en distingue encore par sa teinte plutôt chamois que franchement rose, et par sa forme assez sensiblement déprimée et aplatie en dessus. Il a le collet fin, eu égard à sa grosseur, et les enveloppes extérieures en sont plus fermes et plus résistantes que celles des ognons de Madère. Le feuillage en est vigoureux sans excès, raide et d'un vert franc. Les dimensions d'un bulbe bien développé sont d'environ 0^{m}12 de diamètre sur 0^{m}08 ou 0^{m}09 d'épaisseur.

L'O. géant de Rocca est une variété demi-tardive, très productive, de bonne conservation; quoique d'origine méridionale, elle ne s'accommode pas mal de la culture de printemps, sans toutefois se développer aussi vigoureusement que lorsqu'elle est semée d'automne.

On cultive aux environs de Naples, sous le nom d'*O. géant de Rocca rose,* une variété identique comme forme, grosseur et précocité, mais d'une teinte rouge-brun.

Ognon géant de Rocca.
Réd. au tiers.

Ognon piriforme.
Réd. au tiers.

OGNON PIRIFORME.

Synonyme : Ognon poire.

Noms étrangers : Angl. Pearshaped onion. — All. Birn-Zwiebel, Fränkische lange Z.

Il existe un grand nombre de variétés d'ognons de forme allongée, différant les unes des autres par la couleur et la précocité. La partie la plus élargie du bulbe se trouve, en général, au-dessus de la moitié de la hauteur totale, de telle sorte que le bulbe s'amincit plus rapidement du côté du collet qu'à la partie inférieure, et représente assez bien une poire renversée.

Les deux meilleures races et les plus recommandables sont :

L'*O. piriforme jaune hâtif*, qui a la chair douce, sucrée, et dont la précocité est remarquable.

Et l'*O. piriforme rouge pâle*, moins précoce mais un peu plus gros, plus productif et se conservant bien.

On cultive en Espagne un *Ognon piriforme blanc*, tardif et de grandes dimensions, dont la hauteur atteint aisément 0^{m}12 sur 0^{m}07 ou 0^{m}08 de largeur en travers.

Il existe en France et en Allemagne plusieurs autres variétés d'ognons piriformes, à peau *jaune* ou *rouge*, dont l'un même est tellement allongé, qu'on l'a nommé *Ognon corne-de-bœuf* ou *O. fusiforme*. — Ces différentes races sont, à vrai dire, plus curieuses que recommandables.

OGNON D'ÉGYPTE.

Synonymes : Ognon Rocambole, O. bulbifère.

Noms étrangers : angl. Egyptian onion, Bulb-bearing onion, Perennial tree-onion, Red summer top O. — all. Ægyptische Luftzwiebel, Schlangenlauch, Roggenbolle.

Bulbe assez déprimé, d'un rouge cuivré, produisant au sommet de la tige, au lieu de graines, des bulbilles ou petits ognons d'un rouge brun, gros comme des noisettes, qui servent à la reproduction de la plante. Mis en terre au printemps, ces bulbilles donnent à la fin de la saison de beaux bulbes qui ne produisent eux-mêmes des bulbilles que l'année suivante.

L'O. d'Égypte a la chair assez sucrée, mais peu fine. Il pourrit assez facilement; la conservation des bulbilles, par contre, ne présente aucune difficulté.

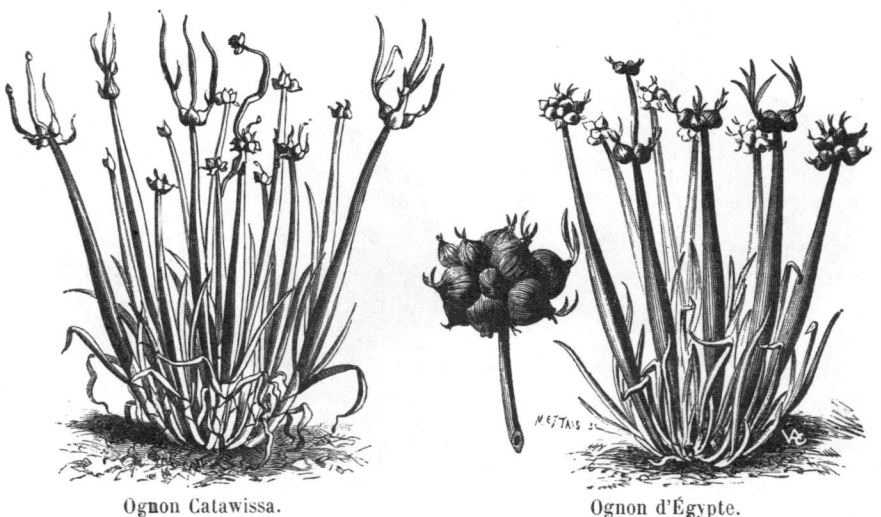

Ognon Catawissa.
Réd. au quinzième.

Ognon d'Égypte.
Réd. au quinzième; bulbilles au tiers.

On cultive en Amérique, sous le nom de *Wild* or *winter set onion,* une variété introduite en Europe il y a une vingtaine d'années sous la désignation d'*O. Catawissa* et qui nous paraît n'être qu'une légère modification de l'O. d'Égypte.

Elle s'en distingue surtout par la propriété qu'elle possède de donner dès la première année des tiges surmontées de bulbilles, mais, par contre, le bulbe de la base est généralement de dimension médiocre. En outre, à peine les bulbilles ont-ils atteint toute leur grosseur, qu'ils émettent à leur tour des tiges portant elles-mêmes des bulbilles plus petits, et, quand la saison est favorable, ce second étage de bulbilles produit encore des pousses vertes, feuilles ou tiges stériles, qui élèvent à $0^m 80$ au moins la hauteur des touffes. Un petit nombre seulement de bulbilles, deux ou trois par tige, deviennent ainsi prolifères ; le reste n'entre pas en végétation la première année et peut servir pour la reproduction.

OGNON PATATE.

Synonyme : Ognon sous terre.

Noms étrangers: angl. Potato *or* Multiplier onion. — all. Kartoffelzwiebel.

Bulbe assez gros, pouvant atteindre de $0^m 06$ à $0^m 08$ de diamètre sur $0^m 04$ à $0^m 05$ d'épaisseur; peau assez épaisse, d'un jaune cuivré. L'Ognon patate forme plus souvent un paquet de bulbes de forme irrégulière, qu'un seul bulbe arrondi. Il ne produit ni graines ni bulbilles, et se multiplie uniquement par les caïeux qu'il développe en terre.

Quand on en plante à la sortie de l'hiver un bulbe un peu fort, on peut arracher et récolter dès le mois de Juin des ognons nouveaux et déjà bien formés. Si on laisse la plante en place jusqu'à la maturité complète, on trouve, au lieu d'un seul ognon, sept ou huit bulbes, en général de grosseur variable, dont les plus forts peuvent donner à leur tour un grand nombre de caïeux, tandis que les petits ne font souvent que se développer en un gros et large bulbe unique. La chair de l'Ognon patate est très sucrée et de bonne qualité.

Ces ognons se conservent d'autant moins bien qu'ils sont plus gros.

On cultive aux États-Unis d'Amérique, sous le nom de *White multiplier onion*, une variété à bulbes blancs.

Parmi les très nombreuses variétés d'ognons non décrites dans l'énumération qui précède, nous citerons celles qui suivent comme étant les plus intéressantes :

O. d'Aigre. — C'est une race locale cultivée dans le département de la Charente; on peut la considérer comme une sous-variété de l'O. rouge pâle de Niort, dont elle diffère par son bulbe moins aplati.

O. Bedfordshire Champion. — Belle race d'origine anglaise. Bulbe presque sphérique, de la couleur de l'O. jaune soufre d'Espagne; il est encore un peu plus épais que l'O. Nasby Mammoth et ses similaires dont il est question plus loin.

O. brun de Saint-Laurent. — Race d'origine italienne, à bulbes en forme de toupie, presque plats à la partie supérieure, d'un jaune cuivré tirant sur le brun. C'est une variété vigoureuse et tardive.

Ognon brun de Saint-Laurent.
Réd. au tiers.

O. Cabosse. — Bulbe très plat, assez ferme, à enveloppe très fine, satinée, d'un rose légèrement cuivré ou saumoné; le collet est très fin, et le plateau, d'où partent les racines, remarquablement peu développé. Cette jolie variété convient bien à la culture d'automne.

O. Cantello's prize. — Intermédiaire entre l'O. soufre d'Espagne et l'O. jaune de Cambrai; il se rapproche des nombreuses variétés anglaises qu'on rapporte à l'O. de Deptford (*Voy.* Ognon jaune de Cambrai, page 463).

O. Cardinal of Bardney. — Bulbe assez gros, rouge foncé, se rapprochant assez de l'O. rouge vif de Mézières, dont nous parlons plus loin.

O. chamois glatte Wiener. — Belle variété rose cuivré, à collet fin, un peu irrégulière de forme. L'O. géant de Zittau semble en être une race améliorée.

O. double tige (ANGL. *Two-bladed O.*). — Petit ognon très précoce, rouge cuivré, à collet fin. Quand cette variété est bien franche, la plupart des bulbes n'ont que deux ou trois feuilles; c'est de cette particularité qu'elle tire son nom.

O. géant de Garganus blanc (AM. *Mammoth silver king O.*). — Variété italienne à peu près de la même forme et de la même précocité que l'O. blanc hâtif de Paris, mais à bulbes sensiblement plus gros.

O. géant de Garganus rouge (AM. *Mammoth Pompei O.*). — Bulbe très gros, rouge très foncé, voisin de l'O. de Gênes.

O. de Gênes (SYN. : *O. de Bassano*). — Bulbe rouge, de dimension moyenne. Il est plus hâtif, de couleur plus foncée, mais assez sensiblement moins gros que l'O. rouge gros plat d'Italie.

O. jaune de Bergerac. — Bulbe presque sphérique et bien régulier, jaune ou légèrement rosé, un peu plus petit et moins coloré que l'O. de Madère rond.

O. jaune de Moissac. — Bulbe très plat, gros, légèrement rosé, très hâtif, ressemblant à un volumineux O. de Lescure. Semé d'automne et repiqué au printemps, il donne des bulbes de dimensions énormes.

O. jaune dur de Russie. O. russe. — Extrêmement distinct. C'est un ognon à bulbes assez petits, épais, ayant le défaut de se diviser fréquemment, mais, en revanche, se conservant mieux qu'aucune autre variété. Nous avons vu les bulbes récoltés à l'automne rester propres à la consommation jusqu'au mois de Septembre de l'année suivante.

Les enveloppes extérieures en sont très coriaces; elles ont la couleur cuivrée de l'O. de Cambrai et, en vieillissant, deviennent brunes comme celles d'un ognon de tulipe.

Ognon jaune plat de Côme (Réd. au tiers)

O. jaune plat de Côme. — Joli petit ognon, d'un jaune légèrement cuivré, à enveloppe très fine et pour ainsi dire soyeuse. Bulbe très aplati, ne mesurant pas habituellement plus de 0^m03 à 0^m05 de diamètre. — Il se cultive beaucoup aux environs de Côme, en Lombardie. Il végète rapidement et se conserve bien. On le vend pendant tout l'hiver, en longues guirlandes, comme chez nous l'O. jaune des Vertus.

O. large yellow Dutch or *yellow Strasburg* (AM.). — C'est un ognon jaune, moyen, à peu près de la forme de l'O. paille des Vertus, mais d'une teinte un peu plus cuivrée, rappelant plutôt celle de l'O. de Danvers.

Ognon jaune dur de Russie (Réd. au tiers).

O. de Lespinassière. — Variété à bulbe jaune pâle, gros et plat, ressemblant assez à l'O. paille de Château-Renard mentionné ci-dessous.

O. Monteragone. — Variété italienne, à bulbe moyen, assez épais, à peau rouge cuivré, se rapprochant passablement, comme apparence, de l'O. de Cambrai.

O. Nasby Mammoth, Nuneham park, Improved Reading. — Ces trois variétés présentent entre elles tellement d'analogie, qu'on pourrait vraiment les considérer comme n'étant qu'une seule et même chose. C'est une race d'O. jaune soufre d'Espagne à bulbe plus épais et un peu plus foncé de couleur que celui de la race ordinaire.

O. Nürnberger. — Race allemande de l'O. rouge pâle ordinaire; elle se distingue de la nôtre par la petitesse des bulbes, qui sont en même temps un peu plus fermes et mieux formés.

O. paille gros de Bâle. — Assez jolie variété à bulbe aplati, bien fait, à collet très fin, de couleur intermédiaire entre celle de l'O. soufre d'Espagne et celle de l'O. de Cambrai. Maturité demi-hâtive.

O. paille de Château-Renard. — Cet ognon est plutôt cuivré ou saumoné que réellement jaune, comme son nom semblerait l'indiquer; il présente une analogie assez grande avec l'O. de Lescure.

O. de Puyrégner ou *O. rouge rosé d'Angers.* — Cette race est considérée, dans l'Anjou, comme différente de l'O. rouge pâle de Niort; nous la mentionnons ici pour ce motif, bien que, dans tous les essais comparatifs que nous en avons faits, elle nous ait paru lui être identique.

O. red globe or *Southport red globe.* — Race américaine qui paraît n'être que la forme tout à fait sphérique de l'O. rouge de Wethersfield.

O. rouge de Castillon. — C'est un bel ognon rouge, aplati, de grande taille, qu'on apporte à Bordeaux vers l'automne, par chargements considérables. Il rappelle passablement l'O. rouge vif de Mézières, mais il approche assez souvent des dimensions de l'O. de Madère plat. Comme la plupart des gros ognons tendres, il a le défaut de se conserver difficilement.

O. rouge monstre. — Sorte d'Ognon de Madère, intermédiaire par sa forme entre le plat et le rond, et d'une couleur rouge assez prononcée.

O. rouge-noir de Brunswick. — Race peu productive, mais d'une excellente conservation; à bulbes très aplatis, petits, durs et fermes, d'une teinte rouge foncé tirant sur le noir.

O. rouge pâle d'Alais. — Variété méridionale convenant à la culture d'automne. Ressemble passablement à l'O. rouge pâle de Niort, mais s'en distingue par ses bulbes plus épais.

O. rouge pâle de Tournon. — Très bel ognon jaune rosé, assez gros, plat et hâtif. Il se rapproche beaucoup de l'O. jaune plat de Côme, mais il est un peu plus rose.

O. rouge de Salon. — Race méridionale, à bulbe gros, mais un peu mou, comme celui des ognons de Madère. Par sa couleur, l'O. de Salon se rapproche un peu de l'O. rouge gros plat d'Italie, mais il est sensiblement plus épais.

O. rouge de Wethersfield. — Race d'origine américaine, à bulbes très nets, très lisses et légèrement déprimés, à collet très fin, d'une couleur rouge vif analogue à celle de l'O. de Mézières. C'est une variété demi-hâtive.

O. rouge vif de Mézières ou *O. rouge large de Metz.* — Variété très productive, originaire du nord-est de la France et convenant surtout à la culture de printemps. Bulbes aplatis, très larges, d'une belle couleur rouge intense un peu violacée sur les enveloppes intérieures.

Ognon rouge vif de Mézières.
Réd. au tiers.

O. de Ténériffe (AM. *Pale red Bermuda O.*). — Petite race bien distincte, à bulbe très aplati, d'un rose grisâtre. Très hâtif, il devance de quelques jours l'O. de Nocera lui-même. Remarquons, du reste, que dans ce dernier ognon on rencontre presque toujours quelques bulbes colorés ressemblant à l'O. de Ténériffe. — On vend également aux États-Unis, sous le nom de *White Bermuda onion,* un O. de Ténériffe de couleur blanc sale ou saumoné.

O. de Villefranche. — Joli ognon de grosseur moyenne, bien plat, à collet fin, d'un rose jaunâtre ou saumoné. C'est une variété précoce et d'assez bonne garde, qui n'est pas sans analogie avec l'O. de Lescure.

O. white globe. — On désigne, en Angleterre, sous ce nom, un ognon sphérique, de la couleur de l'O. soufre d'Espagne, c'est-à-dire jaune pâle un peu verdâtre. Il est important de ne pas confondre cette variété avec l'O. blanc globe, qui est véritablement blanc.

OKRA. — Voy. GOMBO.

OLLUCO (*Ullucus tuberosus* LOZANO). (ANGL. Ulluco potato; ALL. Ulluko Kartoffel; ESP. (AM.) Ulluco, Melloco, Papa lisa; RUSSE Olouko kartofel).

Plante vivace de la famille des *Portulacées*, originaire du Chili; à tige ramifiée, rampante, prenant racine à chaque point où elle touche la terre; feuilles alternes, épaisses, spatulées, luisantes et d'un vert vif, munies d'un pétiole rougeâtre assez long; fleurs axillaires, petites, verdâtres. La plante ne mûrit pas ses graines sous le climat de Paris.

Tubercules ou plutôt racines tuberculeuses se développant sur des coulants qui prennent naissance à la base des tiges; ils sont obronds, très lisses, d'un jaune vif, ne dépassant guère ordinairement, sous notre latitude, le volume d'une grosse noix. La chair en est jaune, mucilagineuse, féculente, lorsque le tubercule a atteint sa complète maturité.

On plante les tubercules à peu près en même temps que les pommes de terre, c'est-à-dire dans la seconde moitié d'Avril, car l'Olluco est sensible au froid. Il aime une terre substantielle et légère, et réussit particulièrement bien dans le terreau de feuilles. Il est bon, quand les tiges sont arrivées à leur plein développement, de les recouvrir de terre ou de terreau à la partie inférieure où se forment les tubercules. La récolte se fait au mois d'Octobre ou de Novembre, quand les tiges sont atteintes par les gelées.

Au Chili, on mange les racines de l'Olluco, et les feuilles pourraient être, paraît-il, utilisées comme épinard; en France, la culture de cette plante n'a jamais donné de bons résultats, et les rares tubercules qu'on en a obtenus ont été déclarés inmangeables.

ONAGRE BISANNUEL, ÉNOTHÈRE BISANNUELLE, HERBE AUX ANES, JAMBON DES JARDINIERS, JAMBON DE SAINT-ANTOINE, LYSIMACHIE JAUNE CORNUE, MACHE ROUGE (*Œnothera biennis* L.). (ANGL. Evening primrose; ALL. Rapuntika, Nachtkerze, Garten-Rapunzel; FLAM. Ezelskruid; SUÉD. Gultraf; ITAL. Rapontica, Rapunzia; POL. Raponka).

Fam. des *Onagrariées*.

Plante indigène, bisannuelle, originaire du Pérou et acclimatée en Europe.

Racine pivotante assez renflée, à chair blanche, ferme, un peu cassante, sans beaucoup de saveur, d'un goût de Rave très adouci; feuilles radicales disposées en rosette, pétiolées, obovales ou elliptiques, sinuées-dentées à la base; tiges anguleuses, légèrement hispides, dressées, ramifiées, s'élevant à environ 1 mètre de hauteur, garnies de feuilles lancéolées, plus ou moins atténuées en pétiole; fleurs jaunes, grandes, en grappes terminales feuillées. Capsules longues, sillonnées, amincies aux deux extrémités. Graine petite, brune, à cinq ou six facettes aplaties et d'une durée germinative ordinaire de cinq années.

Onagre bisannuel.
Réd. au cinquième.

La culture et l'emploi culinaire de l'Onagre bisannuel sont à peu près les mêmes que ceux du Salsifis. On consomme les racines cuites, apprêtées à la sauce blanche, ou bien en salade, coupées par petites tranches.

C'est plutôt à titre de curiosité qu'autrement que nous citons cette plante, dont la racine, assez tendre et charnue, a quelquefois été utilisée comme légume. Pour être de bonne qualité comestible, elle doit être prise à la fin de la première année de végétation, lorsque la plante n'a encore développé qu'une rosette de feuilles.

ORIGAN. — Voy. MARJOLAINE.

OSEILLE
Rumex L.
Fam. des *Polygonées*.

On cultive dans les jardins un assez grand nombre d'espèces différentes appartenant au genre *Rumex*; toutes sont des plantes vivaces caractérisées par l'acidité de leurs feuilles. Les principales races cultivées dérivent des : *Rumex acetosa*, *R. montanus*, *R. scutatus*, *R. Patientia*, qui sont tous des plantes indigènes.

On peut compter les diverses oseilles cultivées parmi les plantes qui ont été le moins profondément modifiées par suite de leur introduction dans les jardins, car la plupart se distinguent encore à peine de leurs similaires sauvages, lorsque celles-ci se sont développées dans des conditions favorables à leur végétation.

OSEILLE COMMUNE
Rumex acetosa L.

SYNONYMES : Aigrette, Oseille longue, Surelle, Surette, Vinette.

NOMS ÉTRANGERS : ANGL. Sorrel, Sourdock. — ALL. Sauerampfer, Sauerling. — FLAM. et HOLL. Zuring. — DAN. Almindelig syre. — SUÉD. Syra. — ITAL. Acetina, Acetosa, Erba perpetua.— ESP. Acedera, Agrella.— PORT. Azedas, Azedinha.— RUSSE Chtchaviele. POL. Szczaw. — JAP. Sukampo.

Indigène. — *Vivace.* — Feuilles oblongues, hastées à la base, à oreillettes longuement acuminées et dirigées en bas, presque parallèlement au pétiole, qui est assez long, canaliculé ; tige fistuleuse, striée, souvent rougeâtre ; fleurs en grappes terminales et latérales, dioïques. Graine petite, triangulaire, brune, luisante. Un gramme en contient environ 1 000, et le litre pèse 650 grammes ; sa durée germinative est ordinairement de deux années.

CULTURE. — On peut multiplier l'Oseille par division des touffes, au mois de Mars ou d'Avril en laissant $0^m 15$ environ entre chaque éclat replanté ; ce procédé est adopté quand on veut, par exemple, former des bordures simplement avec des pieds à fleurs mâles pour éviter la production de la graine qui fatigue toujours la plante. Le plus souvent on propage l'Oseille par semis faits au printemps, à la volée ou en rayons distants de $0^m 20$ à $0^m 25$, et de préférence dans une bonne terre profonde et fraîche. On éclaircit dès que le plant a pris un peu de force, laissant les pieds à $0^m 15$ ou $0^m 20$ de distance sur les rangs. Deux mois après le semis, on peut commencer à cueillir quelques feuilles.

On récolte parfois l'Oseille en la coupant au couteau ; les maraîchers de Paris, très experts dans cette culture, préfèrent cueillir feuille à feuille, en ne prenant que celles qui sont développées ; la production est ainsi plus abondante et plus soutenue que si l'on avait coupé les toutes jeunes feuilles avec les autres.

Une plantation peut durer trois ou quatre ans ; dès que la production se ralentit, il faut avoir recours à un nouveau semis ou à la division des touffes.

CULTURE FORCÉE. — Pour obtenir des feuilles pendant tout l'hiver, il suffit de transplanter des plants d'Oseille sur couche chaude ou de poser sur une planche d'Oseille en culture, des châssis que l'on chauffe au moyen de réchauds de fumier frais disposés dans des sentiers creusés autour des coffres. On procédera donc ainsi : dès le mois de Novembre, on lèvera en mottes des vieux pieds d'Oseille que l'on placera côte à côte, dans un endroit quelconque du jardin et que l'on couvrira, durant les fortes gelées, avec des paillassons. Ces touffes seront divisées en petits éclats que l'on placera les uns à côté des autres, en lignes espacées de $0^m 10$ à $0^m 15$.

On peut commencer à cueillir au bout d'une dizaine de jours et continuer pendant une partie de l'hiver. — Pour prolonger la récolte, on peut établir une autre couche lorsque la première est sur le point de ne plus produire.

Usage. — On emploie beaucoup les feuilles d'Oseille, cuites, soit comme légume à la façon de l'Épinard, soit à la préparation de soupes.

OSEILLE LARGE DE BELLEVILLE.

Synonyme : Oseille blonde.

Noms étrangers : angl. Large-leaved french sorrel. — all. Breitblättriger Belleville Sauerampfer.

L'Oseille large de Belleville ou O. blonde, est de beaucoup la variété la plus cultivée de l'Oseille commune ; c'est même à peu près la seule que plantent les jardiniers et cultivateurs des environs de Paris. Elle diffère de l'Oseille sauvage par la plus grande ampleur de ses feuilles, comme aussi par leur teinte d'un vert plus pâle. Elle se reproduit très bien par le semis.

Les maraîchers en font des cultures extrêmement étendues, pour l'approvisionnement des marchés.

Oseille blonde à large feuille.
Réd. au sixième.

Oseille large de Belleville.
Réd. au sixième.

OSEILLE BLONDE A LARGE FEUILLE.

Synonyme : O. très large de Lyon.

Nom étranger : angl. White large-leaved sorrel.

Cette variété se fait remarquer par la largeur et l'ampleur de ses feuilles blondes, qui dépassent encore sensiblement la taille de celles de l'O. de Belleville. — L'O. blonde à large feuille peut être considérée comme une amélioration de l'ancienne *Oseille de Virieu*, excellente race blonde et très hâtive, mais qui était loin d'égaler la nouvelle variété au point de vue de la dimension des feuilles et de l'abondance du produit.

On a encore recommandé :

L'*O. à feuille de laitue*, à feuilles amples, arrondies, d'un vert très blond.

L'*O. blonde de Sarcelles*, se distinguant de celle de Belleville par sa feuille plus allongée et son pétiole complètement vert, sans teinte rouge.

Il existe aussi une *Oseille à feuilles panachées*.

Toutes ces variétés, en somme, diffèrent fort peu les unes des autres, et par le semis reviennent plus ou moins complètement à l'O. large de Belleville, si on ne prend pas soin de faire une sélection sévère quand on veut en récolter de la graine.

OSEILLE ÉPINARD
Rumex Patientia L.

SYNONYMES : Patience, Épinard immortel, Épinard perpétuel, Choux de Paris, Doche, Dogue, Parelle, Parielle.
NOMS ÉTRANGERS : ANGL. Patience dock, Garden or Herb patience, Monk's rhubarb. — ALL. Englischer Spinat, Winter-Sp. — FLAM. Blijvende spinazie. — DAN. Engelsk spinat. — SUÉD. Spenat syra. — ITAL. Lapazio, Rombice. — ESP. Romaza, Acedera espinaca, Espinaca perpetua. — PORT. Labaça. — RUSSE Chtchàviele schpinàte. — POL. Szczaw szpinakowy.

Indigène. — Vivace. — Feuilles minces, planes, ovales-lancéolées, acuminées, contractées brusquement en un pétiole long et canaliculé en dessus. Tige de 1 m 50 à 2 mètres, dressée, cannelée, à rameaux ascendants ; fleurs en groupes fournis, formant au sommet de la tige une panicule rameuse assez serrée.

La graine est triangulaire, d'un brun pâle, beaucoup plus grosse que celle de l'Oseille commune. Un gramme en contient 450, et le litre pèse 620 grammes ; sa durée germinative est de quatre années.

L'Oseille épinard est beaucoup moins acide que les autres espèces ; mais, par contre, elle est extrêmement productive, et a l'avantage de commencer à donner des feuilles à la sortie de l'hiver, au moins huit à dix jours avant toutes les autres. Elle se cultive exactement comme l'O. commune.

Oseille épinard.
Réd. au huitième.

OSEILLE VIERGE, OSEILLE STÉRILE *(Rumex montanus* DESF. ; *R. arifolius* ALL.*).*
(ANGL. Maiden sorrel ; ALL. Mädchen-Ampfer ; SUÉD. Jungfru-syra ; ITAL. Acetosa vergine ; RUSSE Górny tchàvel).

Plante vivace à feuilles ovales-oblongues, hastées à la base, presque lisses, d'un vert assez intense, à oreillettes courtes, presque arrondies-obtuses ou brièvement acuminées et dirigées en dehors ; pétioles colorés de rose à la base ; tige semblable à celle de l'Oseille commune ; fleurs dioïques, ordinairement stériles.

Cette espèce donne des feuilles un peu plus grandes que celles de l'Oseille commune et moins acides ; elle est lente à monter. Comme les fleurs en sont dioïques, on peut, de même qu'avec l'O. commune, en faire des bordures tout à fait stériles, en ne plantant que des pieds à fleurs mâles.

On distingue deux races de cette oseille : l'*O. vierge commune* ou *à feuilles vertes*, et celle *à feuilles cloquées*, dont les feuilles sont plus grandes, minces, très cloquées, et marquées de petites taches rouges sur la nervure médiane et les nervures principales, à la face inférieure des tiges.

Le type sauvage de l'Oseille vierge, le *Rumex arifolius,* se rencontre fréquemment en France à l'état sauvage. Il est surtout commun dans les forêts de sapins des régions montagneuses élevées du Centre et de l'Est.

OSEILLE DES ALPES, Oseille des Pyrénées (*Rumex alpinus* L.). — Espèce à feuilles molles, ridées, réticulées, et caractérisée surtout par l'ampleur de la gaine des feuilles. Cette plante ne paraît présenter, comme légume, aucune qualité que l'Oseille épinard ne possède encore à un plus haut degré.

OSEILLE D'ABYSSINIE (*Rumex abyssinicus* Jacq.). — C'est une oseille à petites feuilles pointues et lancéolées, assez peu productive, du reste. Il se peut qu'elle soit intéressante pour les pays tropicaux, mais sous notre climat elle ne mérite certainement pas, par son produit, d'être cultivée.

OSEILLE RONDE, Petite oseille (*Rumex scutatus* L.). (angl. French sorrel ; all. Römischer Sauerampfer; ital. Acetosa romana ; russe Rimsky tchàvel).

Plante vivace d'un aspect très particulier, qui ne peut se confondre avec aucune autre oseille. Tiges grêles, le plus souvent couchées, garnies de petites feuilles d'un vert glauque ou grisâtre, ordinairement arrondies ou en cœur; fleurs hermaphrodites et unisexuées réunies sur la même plante, en épis.

Les feuilles de l'O. ronde sont extrêmement acides ; le principal mérite de la plante est de résister très bien à la sécheresse. On la cultive principalement comme oseille d'été.

OXALIS TUBÉREUX, Oca, Oxalide crénelée, Oxis, Pomme-de-terre d'Afrique, Surelle tubéreuse (*Oxalis crenata* Jacq.). (angl. Oxalis, Peru oca ; all. Sauerklee ; suédois Peruviansk harsyra ; flam. Zuerklaver ; esp. (amér.) Oka, Oxalida ; russe Kielitsa perouvianckaïa ; pol. Szczawik. — Famille des *Oxalidées*.

Plante du Pérou, vivace, mais annuelle dans la culture. Tige charnue, rougeâtre, couchée sur terre, garnie de feuilles très nombreuses, composées de trois folioles triangulaires-arrondies, assez épaisses ; fleurs axillaires, à cinq pétales jaunes striés de pourpre à la base. Tubercules renflés, ovoïdes-allongés, marqués de dépressions et de renflements comme certaines variétés de pommes de terre, notamment la Vitelotte. Ces tubercules sont amincis du côté de leur insertion sur la tige ; ils ont la peau très lisse, jaune, blanche ou rouge.

L'O. tubéreux se multiplie aisément par ses tubercules, qu'on plante au mois de Mai dans une terre légère et riche, et en rangs espacés d'un mètre l'un de l'autre à cause du grand développement que prennent les tiges.

Oxalis tubéreux.
Réd. au tiers.

Comme la végétation de la plante est assez prolongée, et qu'elle est très sensible au froid, il vaut mieux, quand on le peut, mettre les tubercules en végétation sur couche, en Mars, pour les planter en pleine terre, déjà avancés, au mois de Mai. A mesure que les tiges s'allongent, il faut les couvrir de terre légère ou de terreau pour favoriser la formation des tubercules, en ayant soin de laisser toujours hors de terre l'extrémité de la tige, sur une longueur de 0^m15 à 0^m20. Les tubercules ne commencent à grossir qu'assez tard dans la saison ; on n'en fait ordinairement la récolte que lorsque l'extrémité des tiges commence à être détruite par les gelées. Il est rare qu'en France le volume de ces tubercules arrive à égaler celui d'un œuf, mais ils sont produits en assez grand nombre.

Les tubercules de l'O. tubéreux sont très estimés au Pérou et en Bolivie, où l'on en fait une grande consommation. Quand ils viennent d'être recueillis, le goût en est très acide et par conséquent peu agréable. Dans l'Amérique du Sud, on fait disparaître cette acidité en exposant à l'action du soleil les tubercules, renfermés dans des sacs d'étoffe de laine. Au bout de quelques jours, ils deviennent farineux et sucrés. Si ce même traitement leur est appliqué pendant plusieurs semaines, ils se dessèchent, se rident, et prennent une saveur un peu analogue à celle des figues sèches ; dans cet état, on les nomme « *caui* ». Outre le tubercule, on peut aussi utiliser les feuilles et les jeunes pousses comme salade, ou à la manière de l'Oseille.

On a introduit en France deux variétés d'O. tubéreux, la *jaune* et la *rouge*, qui ne diffèrent que par la couleur de leur tubercule. La variété jaune a donné spontanément naissance à une sous-variété dont les tubercules sont d'un *blanc pur*. Cette race se reproduit exactement, mais elle paraît inférieure aux deux autres pour la vigueur et les qualités culinaires.

OXALIS DEPPEI LODD. — Plante vivace du Mexique, à racines charnues, blanches, demi-transparentes, ressemblant à de petits navets.

L'O. Deppei se multiplie facilement par les bulbilles, qui se forment en grand nombre vers le collet des racines ; on les plante au mois d'Avril, en bonne terre légère. La végétation se continue jusqu'à l'arrière-saison, sans demander aucun autre soin que quelques arrosements en cas de grande sécheresse.

On peut manger les racines, qui sont tendres, aqueuses, mais très fades. Les feuilles, employées à la manière de l'Oseille, paraissent être un meilleur légume que les racines ; elles sont tendres et d'un goût acidulé agréable. Mais, c'est plutôt comme plante ornementale, par ses fleurs rouge carmin, que cet Oxalis peut présenter de l'intérêt.

OXALIS OSEILLE, ALLELUIA, PAIN-DE-COUCOU, SURELLE (*Oxalis Acetosella* L.). (ANGL. Wood sorrel, Gowkmeat ; ALL. Wald Sauerklee ; ESP. Acederilla).

L'Oxalis Acetosella, plante indigène vivace, qui croît spontanément dans les bois et les endroits frais, est quelquefois récolté et mangé en salade. Les feuilles en sont acides et d'un goût analogue à celui de l'oseille. Si l'on désire en avoir quelques touffes dans un jardin, le meilleur moyen est de les y transporter des endroits où la plante vient spontanément, et de les planter dans un endroit frais et ombragé.

PANAIS

Peucedanum sativum BENTH. et HOOK. — Pastinaca sativa L.

Fam. des *Ombellifères*.

SYNONYMES : Grand chervis cultivé, Pastenade blanche, Patenais, Racine blanche.

NOMS ÉTRANGERS : ANGL. Parsnip. — ALL. Pastinake. — FLAM. et HOLL. Pastenaak.
DAN. Pastinak. — SUÉD. Palsternacka. — ITAL. Pastinaca. — ESP. Chirivia.
PORT. Pastinaga. — RUSSE Pasternák. — POL. Pasternak.

Indigène. — *Bisannuel.* — Racine très pivotante, blanche, renflée, charnue ; feuilles radicales découpées jusqu'à la nervure médiane, divisées en segments irréguliers, dentés ; pétioles embrassants, souvent violacés à la base ; tige creuse, sillonnée, rameuse, terminée par de larges ombelles de fleurs verdâtres qui font place à des graines très aplaties, presque orbiculaires, ailées sur les bords, d'un brun clair, et marquées de cinq nervures. Un gramme contient 220 graines, et le litre pèse environ 200 grammes ; la durée germinative n'est ordinairement que de deux années.

CULTURE. — Le Panais se cultive à peu près de la même façon que la Carotte ; comme elle, il exige des terres profondes et fraîches, fumées à l'avance ou enrichies à l'aide d'engrais minéraux. Les semis s'effectuent depuis Février jusqu'en Juillet, soit à la volée, à raison de 100 à 120 grammes par are, soit en lignes espacées de 0^{m}40 à 0^{m}50 en laissant à l'éclaircissage, qui se fait quand les plantes ont quatre ou cinq feuilles, 0^{m}20 à 0^{m}25 entre chaque plante sur les lignes. Avec cet espacement, 60 grammes de graines suffiraient à la rigueur pour ensemencer un are.

La semence est toujours d'une levée capricieuse, et les semis manquent assez souvent dans les climats privés d'humidité atmosphérique ; aussi, dans le Midi, sème-t-on d'ordinaire le Panais en Septembre-Octobre ; le semis d'automne réussit également bien en Bretagne.

Pendant la durée de la végétation, les soins d'entretien se réduisent à des sarclages et arrosages. Le Panais étant très rustique, n'a pas besoin de protection pendant l'hiver. On récolte d'ordinaire à l'automne les racines provenant des semis faits de Février en Avril ; les Panais semés de Mai à Juillet se récoltent pendant l'hiver et au printemps.

Engrais. — Dans une terre de fertilité moyenne, on peut donner par are : 450 à 500 kilogr. de fumier de ferme bien décomposé que l'on enfouit dès l'automne, ou bien en couverture au printemps :

Nitrate de soude . . . . . . 3 kil. ⎫
Superphosphate de chaux . . . 2 — ⎬ par are.
Chlorure de potassium . . . . 1 — ⎭

Usage. — On mange la racine cuite, et on l'emploie comme assaisonnement, par exemple, pour donner du goût au bouillon. Le Panais est aussi une excellente nourriture pour les chevaux et très usitée dans les pays où il vient bien et facilement, comme en Bretagne.

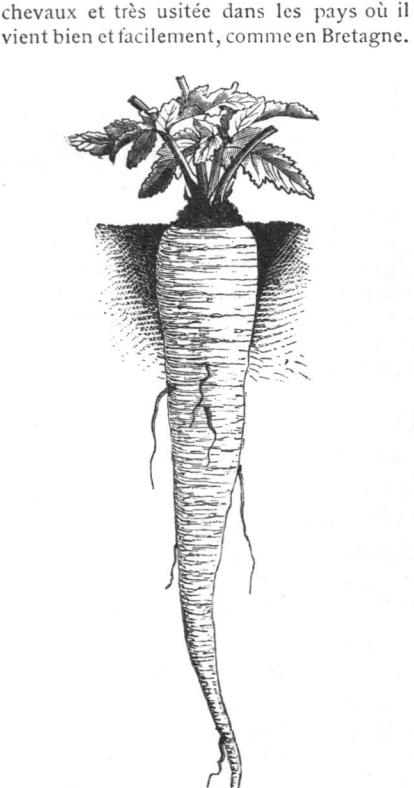

Panais long (Réd. au cinquième). 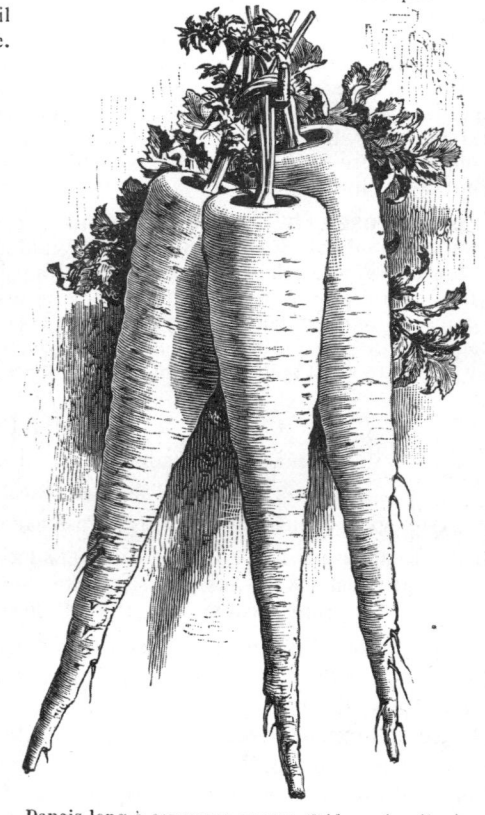   Panais long à couronne creuse (Réd. au cinquième).

PANAIS LONG.
Synonyme : Panais d'Aubervilliers.
Nom étranger : angl. Long smooth parsnip.

Cette forme, qui se rapproche le plus du panais sauvage, est actuellement peu cultivée. Elle est caractérisée par sa racine très longue, atteignant facilement 0m40, profondément enterrée, à collet allongé, pour ainsi dire pyramidal.

Le *Panais amélioré de Brest* est une race plus renflée et moins longue de l'ancien P. long, ayant de même le collet conique et la peau rugueuse. Il a l'avantage d'être productif et d'un arrachage moins difficile que l'ancienne variété ; néanmoins la variété suivante lui est bien préférable.

PANAIS LONG A COURONNE CREUSE.

Noms étrangers: angl. Long smooth hollow crown parsnip, Dobbie's selected P., Bloomsdale P. — all. Grosse lauge mit Halsgrube Pastinake.

Belle race qui se confond parfois avec la suivante, mais qui mérite d'être conservée à part. Elle est en effet bien distincte et, si elle demande pour se développer avec tous ses avantages un sol plus profond, elle a, par contre, le mérite d'être sensiblement plus productive. Les racines peuvent atteindre jusqu'à 0m40 de longueur avec un diamètre de 0m06 à 0m08 au collet.

L'insertion des feuilles se fait au milieu d'une dépression entourée d'un bourrelet arrondi formé par un renflement de la racine. La peau de ce panais est beaucoup plus blanche et plus lisse que celle de la race d'Aubervilliers.

PANAIS DEMI-LONG DE GUERNESEY.

Noms étrangers : angl. Half long hollow crown parsnip, Guernsey P., Ellacombe's improved P., Student P.

Belle racine, longue, renflée, très nette, à collet fin, entouré d'une dépression circulaire ou sorte de gouttière, du centre de laquelle sortent les feuilles, tandis que la racine se renfle à l'entour. Ce panais n'est guère que trois à quatre fois aussi long que large ; il a la peau blanche, lisse, et non pas rugueuse et sillonnée de rides comme le P. long ordinaire. Le feuillage en est aussi beaucoup moins développé et moins abondant, relativement aux dimensions de la racine. Il y a, entre cette variété et le P. long commun, toute la différence d'une race améliorée et façonnée par la culture, à une race presque sauvage.

Le P. de Guernesey est très productif et très recommandable. — La variété anglaise *Sutton's Student* n'en est guère qu'une bonne race locale.

Bien qu'il soit assez volumineux et assez rustique pour faire une excellente plante fourragère, le P. de Guernesey est avant tout un légume et on le cultive principalement comme tel. — Il est un peu moins hâtif que le Panais rond, mais plus productif.

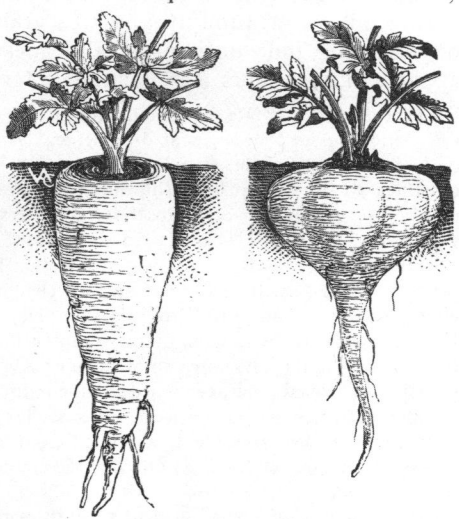

P. demi-long de Guernesey. Réd. au cinquième. P. rond hâtif. Réd. au cinquième.

PANAIS ROND HATIF.

Synonymes : Panais court, P. royal, P. de Metz, P. de Siam, Vitelot.

Noms étr. : angl. Early short round parsnip, Turnip rooted P. — all. Runde Pastinake.

Racine en forme de toupie, plus large qu'épaisse, mesurant facilement de 0m12 à 0m15 en travers, sur 0m08 à 0m10 dans l'axe de la racine. Cette variété a le feuillage plus léger et moins abondant que celui des panais longs ; elle se développe aussi beaucoup plus promptement.

C'est le panais qui convient le mieux à la culture potagère.

PASTÈQUE. — Voy. Melon-d'eau Pastèque.

PATATE DOUCE

Ipomœa Batatas Poir. — **Convolvulus Batatas** L.

Fam. des *Convolvulacées*.

Synonymes : Batate, Artichaut des Indes, Truffe douce.

Noms étr. : angl. Sweet potato; (am.) Spanish P., Carolina P. — all. Süsse Batata. — suéd. Stöt-batat. — ital. Patata. — esp. et port. Batata. — russe Sladki patate. — pol. Wilec pnący. — jap. Satsuma imo.

Amérique méridionale. — Vivace, mais annuelle dans la culture sous le climat de Paris. — Tiges rampantes, longues souvent de 2 à 3 mètres et au delà, garnies de feuilles nombreuses, cordiformes, d'un vert foncé et parfois luisant. Fleurs axillaires, ressemblant à celles d'un liseron, mais se montrant rarement sous le climat de Paris. Racines abondantes, très ramifiées, produisant des tubercules de forme plus ou moins arrondie ou allongée, suivant les variétés; à chair excellente, très fine, tendre, farineuse, sucrée et, dans la plupart, assez parfumée.

Ces racines renflées en tubercules constituent la partie comestible de la plante; elles sont produites en très grande abondance dans les pays chauds, où la Patate joue en une certaine mesure, dans l'alimentation, le rôle qui appartient chez nous à la Pomme de terre.

Culture. — La Patate est surtout une plante des pays chauds et sa végétation, occupant une période assez longue, peut difficilement se faire sous le climat de Paris sans le secours de la chaleur artificielle. Comme, d'autre part, la conservation des tubercules, qui sont très sensibles au froid et aussi à l'humidité, est très difficile dans les pays du Nord et exige de nombreuses précautions, la plupart des jardiniers ont l'habitude d'en mettre quelques-uns en végétation, dès le milieu ou la fin de l'hiver, soit en serre, soit sur une couche chaude ; quand les pousses ont pris un peu de force, on les détache du tubercule en conservant une petite portion du collet et on les plante chacune dans un godet et sur couche chaude, où elles attendent le moment d'être mises en place. La plantation se fait depuis le mois de Mars jusqu'à la fin de Mai, selon qu'on a l'intention de hâter plus ou moins la végétation des patates. Les plantations faites en Mars ou en Avril sur couches doivent être protégées par des châssis ; au mois de Mai, ceux-ci deviennent inutiles, et l'on peut, à cette époque, planter simplement sur des couches de feuilles sèches recouvertes de 0^{m}12 à 0^{m}15 de terre légère ou de terreau. Des arrosements abondants sont nécessaires dès que la température commence à devenir chaude, et les tiges ont bientôt couvert toute la couche et s'étendent même souvent au delà.

Dans le Midi seulement, on peut planter les patates en pleine terre, sur des ados de bonne terre riche et meuble, et on les arrose au moyen de rigoles établies dans l'intervalle des ados, qui doivent être distants d'au moins 2 mètres l'un de l'autre.

Les tubercules sont généralement bien développés au bout de quatre à cinq mois. La récolte s'en fait, de préférence, le plus tard possible sous le climat de Paris ; mais il faut, toutefois, avoir soin de les arracher aussitôt que l'on s'aperçoit que les tiges ou les feuilles ont été atteintes par la gelée, parce que la terre n'étant plus recouverte par les fanes de la plante, la gelée pourrait pénétrer facilement jusqu'aux tubercules, qui se trouvent souvent à fleur de terre et sont très sensibles au froid.

Comme nous l'avons déjà dit plus haut, la conservation des tubercules de patates est extrêmement difficile : le froid et l'humidité leur sont également nuisibles ; il faut donc les tenir dans un endroit très sain et même sec, dont la température soit aussi égale que possible, se maintenant relativement basse sans toutefois descendre au delà de 5 ou 6 degrés au-dessus de zéro. On se trouve bien quelquefois de les déposer dans des caisses ou des tonneaux qu'on remplit ensuite de sable sec, de terre de bruyère ou de sciure de bois. Il faut éviter que les tubercules soient en contact les uns avec les autres, et examiner de temps en temps les caisses pour enlever ceux qui commenceraient à se gâter.

De même que la Pomme de terre, la Patate peut se multiplier par le semis, mais comme il ne reproduit pas exactement les variétés avec leurs caractères, on ne fait guère usage de ce moyen que quand on cherche à en obtenir de nouvelles. Du reste, la plante ne produit jamais de graines sous le climat de Paris.

Usage. — On mange les tubercules de patates comme les pommes de terre, accommodés de différentes façons. La chair en est sucrée, très tendre, et possède, dans la plupart des variétés, un parfum qui rappelle un peu celui de la violette.

On cultive dans les pays chauds un nombre presque infini de variétés de patates ; nous citerons ici seulement les plus hâtives, et celles qui réussissent le mieux sous notre climat :

P. igname. — A tubercules très gros, ovales ou obronds, obtus aux extrémités, souvent cannelés ; à peau d'un blanc grisâtre ; à chair blanche, peu fine, assez farineuse et médiocrement sucrée. Cette variété est une des plus productives. Le poids de ses tubercules atteint quelquefois 4 kilogrammes.

P. jaune, appelée aussi *P. jaune de Malaga* ou *jaune des Indes*. — C'est une variété un peu tardive, mais d'une qualité excellente ; les tubercules en sont longs et minces, très effilés, atteignant ordinairement 0^m40 de longueur sur 0^m04 à 0^m05 de diamètre. La peau en est jaune, lisse ; la chair d'un beau jaune, de saveur très fine et très sucrée.

Patate rose de Malaga.
Réd. au huitième.

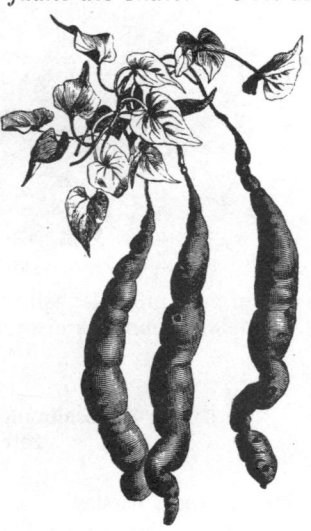

Patate violette *ou* rouge.
Réd. au huitième.

P. rose de Malaga. — Tubercules oblongs, de forme un peu variable, souvent marqués de sillons longitudinaux et plus renflés à une extrémité qu'à l'autre. La peau en est d'un rose un peu grisâtre ; la chair, jaune, très fine et modérément sucrée. C'est une des variétés les plus hâtives et les plus productives.

P. violette ou *rouge*. — C'est la plus sucrée, la plus parfumée et en même temps la moins farineuse de toutes. Les tubercules en sont très longs et très minces, atteignant 0^m50 de longueur sur 0^m04 à 0^m05 de diamètre dans leur portion la plus épaisse, mais beaucoup plus effilés aux deux extrémités ; ils sont presque toujours sinueux ou ondulés. La peau en est lisse, d'un rouge un peu violacé ; la chair blanche à l'intérieur, légèrement rosée sous la peau.

C'est celle que cultivent le plus généralement les jardiniers des environs de Paris.

Bien d'autres variétés de patates sont cultivées en Algérie, aux colonies et même aux États-Unis, où ce légume fait l'objet d'un commerce important.

PATIENCE. — Voy. **Oseille épinard**.

PATISSON. — Voy. **Courge patisson**.

PERCE-PIERRE, Bacile, Christe marine, Crête marine, Fenouil des marais, Fenouil marin, Herbe de Saint-Pierre, Passe-pierre, Saxifrage maritime (*Crithmum maritimum* L.). (angl. Samphire, Sea fennel ; all. Meer-Fenchel, Steinbrech ; flam. et holl. Zeevenkel ; suéd. Hafs-bräcka ; ital. Bacicci, Erba San-Pietro ; esp. Hinojo marino, Pasa piedra ; port. Perexil, Funcho marino ; russe Krone morskoï ; pol. Łomikamień.) — Fam. des *Ombellifères*.

La Perce-pierre croît ordinairement dans les rochers ou sur l'escarpement des falaises au voisinage de la mer, mais hors de l'atteinte des plus hautes marées. C'est une plante vivace à souche rampante ; à tiges courtes et fortes, finement striées, souvent branchues, à rameaux très divariqués ; feuilles deux et trois fois divisées, à segments linéaires, épais, renflés, charnus. Ombelles terminales de petites fleurs blanchâtres.

Sur les côtes, on se contente de récolter la Perce-pierre, qui y croît naturellement. On peut la cultiver dans les jardins en la semant à l'automne, dès que la graine est mûre, dans une bonne terre légère et saine. Il est bon de couvrir le semis au moins pendant le premier hiver, pour le protéger des grands froids, auxquels la plante est assez sensible. Elle réussit mieux encore quand on peut l'implanter dans le pied d'un mur, entre les joints des pierres, à bonne exposition.

Perce-pierre (Réd. au dixième).

On emploie comme assaisonnement les feuilles confites au vinaigre.

PERSIL

Carum Petroselinum Benth. et Hook. — **Apium Petroselinum L.**
Petroselinum sativum Hoffm.

Fam. des *Ombellifères*.

Noms étr. : angl. Parsley. — all. Petersilie. — flam. Peterselie. — holl. Pieterselie. — dan. Petersilje. — suéd. Persilja. — ital. Prezzemolo, Petroncino (à Naples), Erbetta (à Rome). — esp. Perejil. — port. Salsa. — russe Pietrouchka. — pol. Pietruszka.

Sardaigne. — Bisannuel. — Pendant la première année de végétation, le Persil forme seulement une rosette plus ou moins fournie de feuilles pétiolées, deux ou trois fois divisées, d'un vert foncé, à divisions dentées, plus ou moins entières, ou, au contraire, fendues et laciniées. Tige florale ne se montrant que la seconde année, dressée, rameuse, striée, haute de 0^m60 à 0^m80 ; fleurs petites, d'un blanc verdâtre, en ombelles terminales. Graines trigones, grisâtres ou brun clair, plates sur deux faces et convexes sur la troisième, où elles sont marquées de cinq côtes saillantes ; elles sont fortement aromatiques, comme toutes les parties de la plante. Un gramme de graines en contient environ 600, et le litre pèse un peu plus de 500 grammes ; leur durée germinative est de trois années au moins.

Culture. — Le Persil peut se semer en pleine terre pendant toute la belle saison, depuis le mois de Mars jusqu'en Août-Septembre. On en fait, soit des bordures, soit des planches composées de rayons espacés de 0^m25 à 0^m30.

Les premiers semis se font sur cotière bien exposée au Midi, en terre bien meuble. La levée de la graine de Persil est en général assez lente ; il est rare que la germination mette moins d'un mois à se faire. Moyennant quelques soins donnés à l'éclaircissage et à l'entretien des planches, qui doivent être sarclées soigneusement, et aussi avec des arrosements fréquents et copieux, on peut commencer à récolter environ trois mois après le semis. Il est bon de cueillir une à une les feuilles les plus développées, comme on fait pour la récolte de l'Oseille : la production est ainsi plus soutenue que quand on coupe au couteau les touffes tout entières. La plante ne monte à graine que la seconde année.

Le Persil est un peu sensible au froid ; aussi est-il bon, pour n'en pas manquer en hiver, de couvrir de châssis une planche en plein rapport, et de préférence composée de jeunes pieds semés vers le mois d'Août. Pour activer la pousse, on dispose des réchauds de fumier autour des coffres. On peut aussi arracher de vieux pieds bien établis, et les chauffer en serre ou sur couche, comme on fait pour les griffes d'asperges.

Usage. — La feuille, qui est aromatique, s'emploie beaucoup crue ou cuite, en assaisonnement.

PERSIL COMMUN.

Synonyme : Persil vert.

Noms étrangers : Angl. Common *or* plain parsley. — All. Gemeine Petersilie.

Les caractères de ce persil sont exactement ceux de l'espèce type, nous n'avons donc pas à les répéter.

Nous ferons seulement une réflexion au sujet de cette forme de persil : c'est qu'elle est la seule avec laquelle puisse assez facilement se confondre la Ciguë petite (*Æthusa Cynapium* L.), plante indigène et poison violent. La similitude des feuilles est telle dans les deux plantes, que même un jardinier exercé n'est pas certain de les distinguer, s'il n'appelle le goût et l'odorat à son aide. Or, quand on cultive le persil pour la consommation, il est fort important de prendre toutes les précautions possibles pour ne pas le confondre avec une plante vénéneuse. Rien n'est plus facile, si l'on se fait une règle de ne cultiver que les races à feuilles frisées, qui sont aussi bonnes que le Persil commun en tant qu'assaisonnement et préférables pour garniture. Comme elles grènent un peu moins et demandent quelques soins pour être conservées pures, la semence en est ordinairement un peu plus chère que celle du P. commun, mais il en faut si peu pour un jardin, et la sécurité parfaite que donne leur emploi est si précieuse, qu'il n'y a vraiment pas lieu de s'arrêter à cette considération.

Persil commun.
Réd. au cinquième.

Le *Persil grand de Naples* diffère du Persil commun par les plus grandes dimensions de ses feuilles et de ses pétioles.

On l'emploie comme le P. ordinaire, et de plus, on peut en faire blanchir les côtes comme celles du Céleri ; elles ont, dit-on, le même goût que ce dernier et sont plus faciles à obtenir : le P. grand de Naples exigeant moins d'arrosements et étant moins exposé que le Céleri à prendre la rouille.

PERSIL FRISÉ.

Noms étr. : angl. Extra double curled or Triple curled parsley, London market P. — all. Gefüllte Petersilie, Krause P. — holl. Fijne krul pieterselie. — dan. Kruns petersilje. — ital. Prezzemolo ricciuto.

Dans cette variété, les divisions des feuilles sont assez profondément incisées, et chacun des petits segments ainsi formés se replie plus ou moins en dessus. Il en résulte pour l'ensemble de la feuille une apparence crépue ou frisée d'un assez joli effet.

Il existe certaines races de Persil frisé où les segments de la feuille se recourbent au point de montrer presque tous leur surface inférieure, qui est d'un vert plus pâle et plus grisâtre que la face supérieure : telle est la variété connue sous le nom de *Persil frisé de Windsor* ou de *Smith's curled parsley.*

Cette dernière race est moins jolie que le P. frisé ordinaire, les feuilles ayant toujours un peu l'apparence d'être tachées ou malades.

PERSIL FRISÉ VERT FONCÉ.

Noms étrangers : angl. Champion moss curled parsley, Enfield matchless P., Beauty of the parterre P.; (am.) Arlington double curled P.

Variété très analogue au P. frisé ordinaire, ayant comme lui l'avantage de se distinguer très facilement de toutes les plantes sauvages de la famille des *Ombellifères* et caractérisée en outre par la teinte vert foncé de son feuillage, qui constitue un avantage important aux yeux de certains amateurs et surtout pour la culture maraîchère.

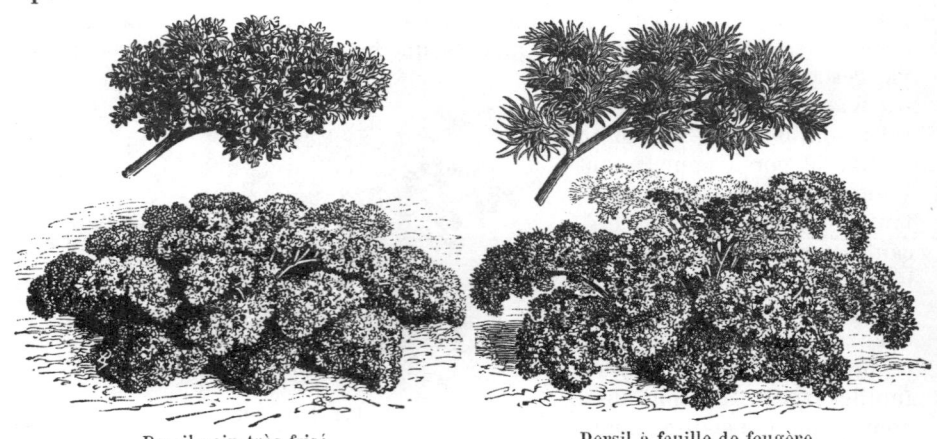

Persil nain très frisé.
Réd. au cinquième.

Persil à feuille de fougère.
Réd. au cinquième.

PERSIL A FEUILLE DE FOUGÈRE.

Noms étr. : angl. Fern-leaved parsley. — all. Farnblättrige Petersilie. — holl. Varenbladige pieterselie. — ital. Prezzemolo a foglia di felce. — esp. Perejil à hojas de helecho. — port. Salsa de folhas de feto. — russe Pietrouchka paporotnolistnaïa. — pol. Pietruszka naciowa paprociowa.

Dans cette variété, les feuilles ne sont pas frisées, mais divisées en un très grand nombre de petites lanières filiformes, qui donnent à l'ensemble une apparence très légère et très gracieuse. Le P. à feuille de fougère est aussi caractérisé par la couleur très foncée de ses feuilles, qui sont d'un vert presque noir. C'est une des variétés les plus difficiles à maintenir complètement pures.

PERSIL NAIN TRÈS FRISÉ.

Synonyme : Persil nain Perfection.

Noms étrangers : angl. Dwarf extra curled parsley, Emerald P., Splendid curled P., Dobbie's selected P. — all. Sehr krause Zwerg-Petersilie, Spanische Zwerg-P. port. Salsa anã muito frisada. — russe Pietrouchka kornievaïa.

Sous-variété du P. frisé, remarquable par la finesse de la découpure des feuilles et par le grand nombre des divisions, qui se touchent les unes les autres et font ressembler la feuille à une plaque de mousse. Les pétioles sont remarquablement courts, de sorte que les feuilles sont presque appliquées sur terre et forment ainsi une touffe très basse et bien garnie.

C'est le meilleur de tous les persils et celui qui est le plus employé pour la décoration et la garniture des plats. Il est tout aussi parfumé que les autres.

PERSIL A GROSSE RACINE.

Noms étrang. : angl. Hamburg parsley, Turnip-rooted P. all. Petersilien-wurzel. — holl. Wortel-pieterselie. dan. Rod petersilje. — port. Salsa de raizes grossas.

Dans cette race de persil, ce ne sont plus les feuilles, mais les racines, charnues et renflées, qui forment la partie utile de la plante. Ces racines, qui sont d'un blanc sale, à peu près comme celles du Panais, peuvent facilement atteindre 0^{m}15 de longueur sur 0^{m}04 à 0^{m}05 de diamètre dans la partie la plus renflée, qui se trouve habituellement au voisinage du collet. La chair en est blanche, un peu sèche ; le goût se rapproche, mais avec moins de finesse, de celui du Céleri-rave. Le feuillage ressemble tout à fait à celui du Persil ordinaire.

Persil à grosse racine, gros hâtif.
Réd. au cinquième.

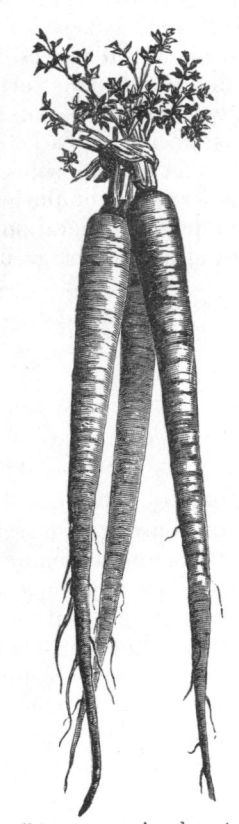

Persil à grosse racine, long tardif.
Réd. au cinquième.

En Allemagne, où la culture de ce légume est assez répandue, on en distingue deux variétés :

L'une, plus tardive (*P. à grosse racine long tardif*), à racines longues et minces ; l'autre, plus précoce (*P. à grosse racine gros hâtif*), dont les racines sont plus courtes et plus renflées. — Ces deux races nous ont toujours paru peu fixes et la différence de rendement entre elles assez légère.

CULTURE. — Le Persil à grosse racine se cultive comme les panais : On le sème à la sortie de l'hiver dans une terre bien défoncée, très clair, à la volée ou en lignes distantes de 0ᵐ 25 à 0ᵐ 30 et on laisse à l'éclaircissage 0ᵐ 20 à 0ᵐ 25 entre les plants ; il exige des arrosages abondants. On peut commencer à le récolter dès le mois de Septembre ; il ne craint pas le froid et peut être laissé en terre jusqu'aux gelées.

Le Persil à grosse racine n'est pas un légume très ancien ; comme le Cerfeuil bulbeux, il a été obtenu et introduit dans les cultures à une époque relativement récente.

Il est fort probable que, parmi les plantes non encore cultivées et spécialement parmi les *Ombellifères bisannuelles*, il serait possible d'en amener d'autres à former des racines charnues suffisamment renflées pour être utilisées comme légumes. Les résultats d'une expérience entreprise par nous, dans un but purement scientifique, nous confirment dans cette opinion : L'*Anthriscus sylvestris* L., plante sauvage de nos bois, nous a donné, au bout d'une dizaine d'années de semis répétés et de sélection méthodique, une proportion allant, dans certains lots, jusqu'à la moitié et plus de racines simples, nettes, fusiformes, aussi régulières de forme que celles du meilleur persil à grosse racine ; or, à l'état sauvage, la racine est aussi divisée et fourchue que celle d'un céleri à côtes. Le chemin parcouru a donc été considérable, et il y a lieu de remarquer que les plantes améliorées en question ne représentaient que la cinquième génération à compter de la forme sauvage, puisque l'*Anthriscus*, étant bisannuel, ne grène que la seconde année.

PE-TSAI

Brassica chinensis L.
Fam. des *Crucifères*.

SYNONYMES : Chou de Chine, Chou de Shangton.

NOMS ÉTRANGERS : ANGL. Chinese cabbage. — ALL. Chinesischer Petsaikohl.
SUÉD. Pe-tsai-kål. — RUSSE Petsaï kapousta kitaïskaïa.

Chine. — *Annuel.* — Le Pe-tsai diffère complètement, par l'aspect, de nos choux d'Europe. Il ressemble plutôt, comme apparence, aux Poirées à cardes ou aux Laitues Romaines ; comme elles, il forme tantôt une pomme allongée, assez pleine et compacte, d'autres fois un simple bouquet de feuilles demi-dressées et s'évasant en forme d'entonnoir. Les côtes, passablement grosses et charnues, sont d'un blanc jaunâtre, et le limbe de la feuille, quoique plus étroit vers la base, les accompagne dans toute leur longueur. Les feuilles sont un peu cloquées, ondulées sur les bords et d'un vert pâle ou blond. La graine est ronde, petite, d'un gris noirâtre : un gramme en contient environ 350, et le litre pèse à peu près 700 grammes ; sa durée germinative est de cinq années.

PE-TSAI AMÉLIORÉ.

Belle race du Chou de Chine à végétation vigoureuse et à développement rapide, qui mérite d'être recommandée comme légume d'hiver pour le Midi.

C'est une race à feuille ample, dont la côte blanche et large est à peine dénudée à la base et dont le limbe, d'un vert blond, est festonné sur les bords. Les premières feuilles sont étalées et un peu renversées en dehors ; les suivantes se coiffent à la manière de celles d'une Romaine et forment ainsi une belle pomme haute, qui peut arriver facilement à peser 2 kil. et même davantage dans de bonnes conditions de culture.

Culture. — Le Pe-tsai doit se semer dans le courant de l'été pour pommer à l'automne et pendant l'hiver. On peut en faire des semis successifs pour échelonner la production.

Nous avons obtenu de très beaux résultats dans le midi de la France en le semant en Août et Septembre pour le récolter de Novembre en Février. C'est un légume très productif, de bonne qualité et à végétation très rapide.

Usage. — Le Pe-tsai ayant un goût moins prononcé que les choux d'Europe, peut se consommer soit cru en salade, soit cuit de diverses façons. Bouilli, haché et assaisonné au beurre, il rappelle passablement la saveur fine de la chicorée cuite.

Pe-tsai amélioré (Réd. au dixième). Pak-choi (Réd. au dixième).

PAK-CHOI. — Sous le même nom de *Chou de Chine*, on a cultivé une autre race sortie du *Brassica chinensis*, le *Pak-choi*, caractérisée par ses feuilles oblongues ou ovales, vert foncé luisant, avec un long pétiole très blanc et charnu, et aussi par son port qui rappelle plutôt celui d'une Bette ou Poirée que celui d'un Chou. Cette plante, bien que possédant les mêmes qualités que le Pe-tsai, a maintenant presque complètement disparu des cultures; du reste, toutes choses égales, elle est inférieure comme rendement au Pe-tsai, ce qui explique la défaveur qui l'a frappée.

Il a encore été importé de Chine, il y a quelques années, une forme de *Brassica chinensis* à feuilles presque complètement arrondies, d'un vert foncé, rétrécies en pétioles à la base et formant des touffes ou rosettes extrêmement ramassées; les tiges florales elles-mêmes sont beaucoup plus courtes que celles du Pe-tsai ou du Pak-choi. — Cette forme ne paraît pas avoir grand intérêt au point de vue de la culture. Botaniquement, elle présente à l'excès les caractères qui distinguent le *Br. chinensis* du *Br. oleracea*.

PHYSALIS. — Voy. Alkékenge.

PICRIDIE CULTIVÉE, Cousteline, Terre crépie (*Picridium vulgare* Desf.). (angl. Cultivated sowthistle; all. Bitterkraut; suéd. Mjolktistel; ital. Caccialepre, Terra crepolo). — Fam. des *Composées*.

Plante indigène, annuelle. Feuilles radicales sinuées ou même découpées, à lobes entiers ou dentés, généralement obtus, formant une rosette assez garnie, de 0m 25 à 0m 30 de diamètre; tiges nombreuses, ramifiées, glabres, garnies de quelques feuilles allongées, étroites, amplexicaules à la base, ordinairement dentées.

On sème la Picridie en rayons comme le Persil ou la Chicorée sauvage, et on la coupe pour petite salade en vert, comme cette dernière plante. Elle repousse après avoir été tondue, et peut donner plusieurs récoltes dans la saison. Des arrosements fréquents sont utiles pendant les chaleurs. — On mange les jeunes feuilles en salade; c'est surtout en Italie que ce légume est usité.

PIMENT

Capsicum L.

Fam. des *Solanées*.

Synonymes : Carive, Corail des jardins, Courats, Poivre de Calicut, Poivre de Guinée, Poivre d'Espagne, Poivre de Portugal, Poivre d'Inde, Poivre du Brésil, Poivre long, Poivron.

Noms étrangers : angl. Capsicum, Red pepper. — all. Pfeffer, Schotenpfeffer, Beisbeere. — flam. et holl. Spaansche peper. — suéd. Peppar. — ital. Peperone. esp. Pimiento. — port. Pimento, Pimentâo. — russe Perets. pol. Pieprz turecki, Papryka.

Amérique du Sud. — Annuel dans la culture, bien que plusieurs espèces de ce genre puissent devenir vivaces dans les pays chauds. Tous les piments ont les tiges dressées, ramifiées, devenant presque ligneuses. Feuilles lancéolées ou quelque peu élargies, terminées en pointe et rétrécies à la base en un pétiole plus ou moins allongé. Fleurs blanches, étoilées, solitaires dans les aisselles des feuilles, faisant place à des fruits de formes très diverses, dressés ou pendants, à enveloppe un peu charnue, d'abord d'un vert foncé, devenant rouge, jaune ou violet-noir à la maturité, toujours creux et portant des graines blanches, aplaties, réniformes, de 0^m003 à 0^m005 de longueur, attachées en grand nombre à une sorte de cordon charnu, contenant, ainsi que le tissu intérieur du fruit, un suc âcre et d'un goût extrêmement brûlant dans la plupart des variétés.

Un gramme de graines en contient environ 150, et le litre pèse en moyenne 450 grammes; leur durée germinative ordinaire est de quatre années.

Culture. — La culture du Piment est à peu près exactement la même que celle de l'Aubergine ; nous n'entrerons donc pas ici dans des détails que nous avons déjà donnés à cet article (*Voy.* page 25). Sous le climat de Paris, le semis sur couche est indispensable pour toutes les variétés de piments et s'effectue de Février en Avril ; on repique ensuite sur couche et on met en place, en pleine terre, dans le courant de Mai. Dans le Midi même et en Espagne, où la culture des gros piments est très répandue, on avance ces variétés en les semant dès le commencement de Février sous châssis pour être mis en place en Avril. Les variétés hâtives se sèment ordinairement en pleine terre en Avril-Mai.

On taille fréquemment le Piment comme l'Aubergine, de façon à ne laisser subsister que douze à quinze fruits par pied. Les fruits deviennent ainsi beaucoup plus gros et leur maturation se fait bien plus régulièrement.

Usage. — On emploie beaucoup, surtout dans les pays chauds, les fruits, verts ou mûrs, comme assaisonnement ; on les confit également au vinaigre. Séchés et broyés, on en fait le poivre de Cayenne ou poivre rouge. Enfin, les fruits des grosses variétés, qui sont très charnus et dépourvus de saveur brûlante, s'emploient comme légumes soit crus en salade, ou cuits à la manière des aubergines.

PIMENT COMMUN
Capsicum annuum R.

Une grande partie des races cultivées de piments, sinon toutes, paraissent dériver de cette espèce, qui se cultive parfaitement comme plante annuelle sous le climat de Paris avec l'aide d'un peu de chaleur artificielle au début de la végétation.

Ce piment a les tiges assez hautes, les feuilles plus longues que larges, les fleurs blanches et assez petites, les fruits généralement allongés.

PIMENT

Il semble que la saveur âcre et brûlante des fruits soit, dans cette espèce, en raison inverse de leur volume. En effet, les grosses variétés ont d'ordinaire le fruit doux, les moyennes tantôt doux et tantôt fort, les petites invariablement très fort.

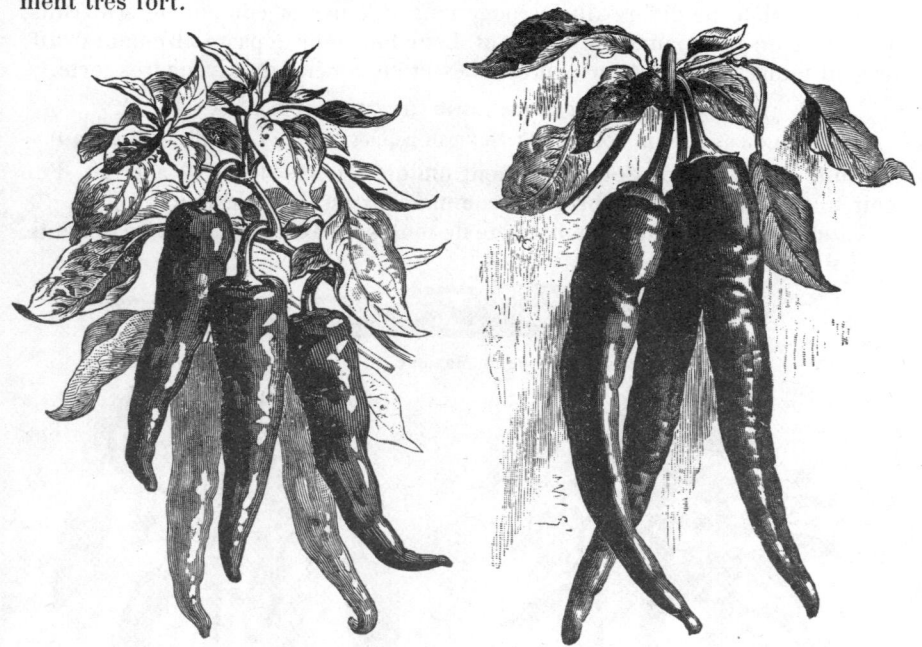

Piment rouge long ordinaire.
Fruits réd. au tiers.

Piment cardinal.
Fruits réd. au tiers.

I. — *VARIÉTÉS A FRUITS LISSES ET A PÉDONCULES COURBÉS.*

PIMENT ROUGE LONG ORDINAIRE.

SYNONYMES : Poivre long, P. corail, Felfel (Algérie).

NOMS ÉTRANGERS : ANGL. Long red Spanish *or* Guinea pepper. — ALL. Spanischer langer roter Pfeffer. — HOLL. Lange roode peper.

Cette variété, la plus répandue de toutes dans les cultures, présente tous les caractères de végétation que nous venons de décrire. Les fruits en sont pendants, effilés, très longuement coniques, souvent courbés et tortueux, surtout vers la pointe, atteignant parfois $0^m 10$ à $0^m 12$ de long sur $0^m 02$ à $0^m 03$ de diamètre à la base. Ils sont d'une très belle couleur rouge vif à la maturité, et d'une saveur ordinairement assez brûlante ; mais on rencontre, sous ce rapport, de très grandes différences d'un pied à l'autre, sans qu'aucun caractère extérieur puisse permettre de reconnaître sûrement les plantes à saveur forte de celles qui ont le fruit doux.

Le *Piment cardinal* (SYN. : Piment sabre rouge très long) est une race bien distincte de P. rouge long, caractérisée à la fois par sa taille naine, par sa précocité et par le grand développement de ses fruits, qui sont d'une couleur rouge très intense, un peu courbés et ondulés, et doivent être de saveur douce. La plante qui les porte ne dépasse guère $0^m 30$ de hauteur ; elle est trapue, ramassée et vigoureuse.

PIMENT JAUNE LONG.

Noms étrangers: angl. Long yellow pepper. — all. Spanischer langer gelber Pfeffer. holl. Lange gele peper.

Cette variété ne diffère du P. rouge long que par la couleur de ses fruits, qui sont d'un beau jaune vif et luisant. Leur longueur dépasse rarement 0ᵐ10; ils sont minces, souvent un peu courbés et en général de saveur très forte.

PIMENT NOIR LONG DU MEXIQUE.

Noms étrangers : angl. Long black Mexican pepper ; (am.) Long black Nubian P.

Fruits minces, droits ou légèrement ondulés, longs de 0ᵐ15 à 0ᵐ20, d'un noir très brillant, forts et brûlants comme ceux du P. de Cayenne.

Cette race est parfaitement distincte de toutes les autres variétés de piments.

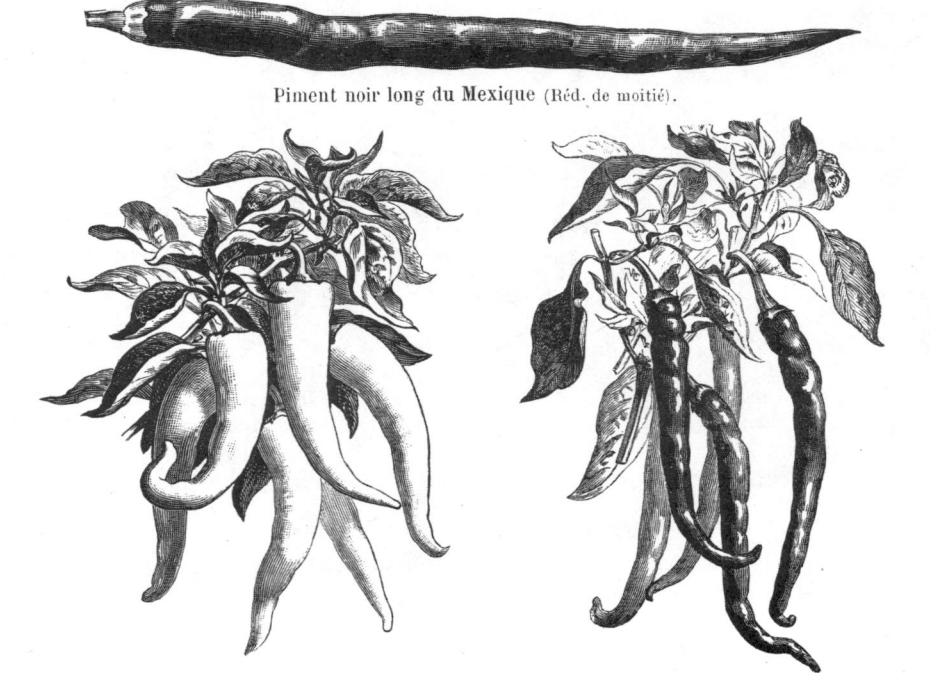

Piment noir long du Mexique (Réd. de moitié).

Piment jaune long (Réd. au tiers).   Piment de Cayenne (Réd. au tiers).

PIMENT DE CAYENNE.

Sous-variété du P. rouge long, à fruits plus étroits, légèrement courbés à l'extrémité, ne dépassant guère 0ᵐ01 de diamètre sur 0ᵐ07 à 0ᵐ08 de long, pendants, et d'un goût toujours très brûlant et très âcre.

Il ne faut pas confondre cette dernière variété avec la plante qui fournit les fruits connus dans le commerce sous le nom de *Piment de Cayenne* ou *Poivre de Cayenne :*

Ces fruits sont, en effet, étroitement ovoïdes, oblongs, à sommet aigu et d'une belle couleur rouge orangé brillante ; leur longueur est ordinairement de 0ᵐ01 à 0ᵐ03, sur une largeur de 0ᵐ005 à 0ᵐ0075; leur saveur âcre et brûlante est beaucoup plus forte que celle des espèces cultivées en France. — Ils sont fournis par le *C. frutescens* L. (*C. fastigiatum* Blume, *C. minimum* Roxb.), espèce vivace trop délicate pour vivre sous notre climat.

PIMENT CERISE.

Noms étrangers : angl. Red cherry pepper. — all. Kirschförmiger Pfeffer.

Quelques botanistes font de cette race une espèce différente, sous le nom de *Capsicum cerasiforme* Mill.; il semble pourtant que ses caractères de végétation la rapprochent bien des variétés sorties du *Capsicum annuum*.

Elle se distingue du P. rouge long par la forme de ses fruits, qui sont presque sphériques, avec un diamètre d'environ $0^m 02$ en tous sens. La saveur en est extrêmement forte et la maturité assez tardive.

Ce qui paraît appuyer l'opinion de ceux qui voient dans ce piment une simple variété du *Capsicum annuum*, c'est qu'on y rencontre assez souvent des fruits de forme plus ou moins allongée, qui paraissent retourner au P. rouge long ordinaire.

Piment cerise.
Rameau au dixième; fruit, de moitié.

Il en existe une sous-variété à fruit jaune (*Piment cerise jaune*). Ses caractères sont, à l'exception de la couleur, exactement ceux du P. cerise ordinaire.

Piment tomate ordinaire (Réd. au tiers).    Piment tomate nain hâtif (Réd. au tiers).

II. — *VARIÉTÉS A FRUITS PLUS OU MOINS COTELÉS ET A PÉDONCULES COURBÉS.*

PIMENT TOMATE NAIN HATIF.

Nom étranger : angl. Early dwarf red squash pepper *or* Tomato-shaped P.

Cette petite variété présente quelque analogie avec le P. gros carré doux dont nous parlons plus loin, mais ses fruits sont plus courts et marqués de sillons et de côtes comme certaines tomates. De plus, il est sensiblement moins élevé, moins feuillu et plus précoce, arrivant à maturité sous le climat de Paris. Les fruits sont d'une belle couleur rouge vif et mesurent $0^m 05$ à $0^m 06$ de diamètre sur $0^m 02$ à $0^m 03$ d'épaisseur. Ils sont généralement de saveur douce; quelquefois, mais par exception, ils sont forts et brûlants. Cette race n'est pas très productive, elle est plus curieuse que recommandable.

Le *Piment tomate ordinaire*, dont il existe aussi une sous-variété *à fruit jaune*, a presque complètement disparu des cultures depuis l'introduction du P. tomate nain hâtif. C'est une plante plus grande, plus feuillue et sensiblement plus tardive; les fruits en sont très plats et très côtelés, plus régulièrement en forme de tomate que ceux de la variété hâtive.

PIMENT GROS CARRÉ DOUX.

Synonyme : Piment cloche.

Noms étrangers : angl. Large bell pepper, Bull nose P.

Plante ramassée, à feuilles assez grandes, d'un vert franc ; ramifications courtes et raides ; fleurs grandes, souvent de forme irrégulière. Fruits obtus, pour ainsi dire carrés, marqués de quatre sillons assez profonds, séparés par quatre renflements prononcés, presque tronqués à l'extrémité. La chair en est passablement épaisse, les graines relativement peu abondantes, et la saveur complètement douce.

La race le plus habituellement cultivée donne des fruits mesurant environ $0^m 05$ de long avec un diamètre égal. Depuis quelque temps elle semble un peu délaissée pour le P. carré doux d'Amérique.

Piment carré doux d'Amérique.
Fruits réd. au tiers.

Piment gros carré doux.
Fruits réd. au tiers.

On cultive, dans le Midi et en Espagne, une forme de P. gros carré doux à fruit beaucoup plus volumineux, un peu plus arrondi, mais avec les sillons très prononcés, surtout vers l'extrémité du fruit. Il n'est pas rare de lui voir produire des fruits mesurant $0^m 08$ à $0^m 10$ en tous sens.

Cette variété *à gros fruit* est très tardive, et la conservation en est difficile.

PIMENT CARRÉ DOUX D'AMÉRIQUE.

Noms étrangers : angl. Sweet mountain *or* Improved bull nose pepper.
all. Verbesserter Bull-nose Pfeffer.

Plante moins grande, moins ramifiée et feuillue, mais sensiblement plus hâtive que le P. carré doux ordinaire ; fruits un peu plus gros, plus lisses, moins nombreux, d'une belle couleur rouge écarlate vernissé, à chair assez épaisse et de saveur douce.

Cette belle race n'a guère qu'un défaut, lequel est plutôt un avantage au point de vue culinaire, c'est de donner fort peu de graines. Elle tend à remplacer de plus en plus dans les cultures l'ancien P. gros carré doux.

PIMENT CARRÉ JAUNE HATIF.

Nom étranger : angl. Golden dawn pepper.

Il existe plusieurs races de piments carrés jaunes : les unes à fruits pendants, les autres à fruits dressés.

Celle que nous décrivons ici sous le nom de P. carré jaune hâtif, et qui est une des plus intéressantes, nous est venue d'Amérique ; c'est une plante basse, assez ramifiée, à fruits légèrement allongés, pendants, atteignant 0^{m}03 à 0^{m}04 de longueur avec une largeur à peu près égale, d'un beau jaune vif luisant quelquefois teinté d'orange.

Ce piment est assez productif (il peut porter une quinzaine de fruits) et à peu près aussi précoce que le P. carré doux d'Amérique.

Piment carré jaune hâtif.
Fruits réd. au tiers.

Piment Mammouth jaune d'or.
Fruits réd. au tiers.

PIMENT MAMMOUTH JAUNE D'OR.

Synonyme : P. gros carré jaune.

Nom étranger : angl. Mammoth golden Queen pepper.

Plante forte, à feuilles abondantes, vert foncé, pointues et un peu creusées en cuiller. Comme précocité, il égale presque le P. carré jaune hâtif et surpasse le P. doux d'Espagne ; mais il se distingue de ces deux variétés, et surtout de la première, par le plus large volume de ses fruits. Sa saveur est assez douce.

PIMENT RUBY KING.

Variété extrêmement vigoureuse et productive ; très estimée dans l'Amérique du Nord, d'où elle a été introduite en Europe il y a une quinzaine d'années.

Le P. Ruby King est assez voisin, comme forme et comme volume, du P. carré doux d'Amérique ; le fruit en est cependant un peu plus allongé, aussi large du côté de l'attache mais plus étroit à l'extrémité. La peau est d'un rouge très intense, la chair épaisse et de saveur très régulièrement douce.

PIMENT TROMPE D'ÉLÉPHANT.

Nom étranger : angl. Elephant's trunk pepper.

Fruit d'un beau rouge vif, volumineux, allongé, gros et large à la base où il est plus ou moins plissé, s'amincissant progressivement et légèrement recourbé à l'extrémité de façon à représenter assez bien une trompe d'éléphant.

Comme presque tous les piments à gros fruits, celui-ci est de saveur douce. Au point de vue de la culture et de la production, il se rapproche beaucoup du P. monstrueux décrit un peu plus loin, dont il dérive probablement. C'est une curieuse variété, d'origine italienne.

Piment Ruby King.
Fruits réd. au tiers.

Piment doux d'Espagne.
Fruits réd. au tiers.

PIMENT DOUX D'ESPAGNE.

Synonyme : Piment sucré d'Espagne.

Noms étrangers : angl. Large sweet Spanish pepper, Spanish Mammoth P.
all. Roter milder Spanischer Pfeffer.

Les fruits de cette variété se rapprochent, par leurs dimensions, de ceux du P. monstrueux ; mais ils ont la forme d'un cône ou plutôt d'un prisme à quatre angles arrondis, tronqué vers l'extrémité ; leur longueur atteint 0^m15 à 0^m18, avec un diamètre de 0^m06 ou 0^m07 à la base et de 0^m03 environ à l'extrémité. Les fruits de ce piment sont très beaux et très doux.

On en trouve dans les cultures deux variétés de même forme et qui diffèrent l'une de l'autre seulement par la couleur. L'une a les fruits *rouge vif*, l'autre les a d'un beau *jaune*.

Le P. doux d'Espagne exige un climat très chaud pour amener son fruit à tout son développement. On en voit de très beaux spécimens à Paris chez les marchands de produits du Midi, qui les font venir de Valence ou d'Algérie ; mais il est à peu près impossible de les obtenir semblables sous notre climat.

PIMENT MONSTRUEUX.

Noms étrangers : angl. Monstrous *or* Grossum pepper.
all. Sehr grosser milder monströser Pfeffer.

Tiges très fortes, de 0m 55 à 0m 60 ; feuilles grandes, à pétiole assez court.

Les fruits de cette variété sont, jusqu'à un certain point, intermédiaires par leur forme entre ceux du P. rouge long et ceux du P. gros carré doux ; mais ils les dépassent de beaucoup par leur volume. Ils sont irrégulièrement ovoïdes ou coniques, renflés dans la portion la plus rapprochée du pédoncule, s'amincissant dans l'autre partie, et d'ordinaire plus rapidement d'un côté que de l'autre, pour se terminer en pointe obtuse ; de sorte qu'un côté du fruit est complètement convexe, tandis que l'autre est habituellement plus ou moins concave.

L'aspect du fruit est assez bien décrit par le nom de *Piment tête-de-mouton* qu'on lui donne quelquefois. Il mesure, quand il est bien développé, environ

Piment monstrueux.
Fruits réd. au tiers.

0m 15 de longueur sur 0m 08 de diamètre dans la portion la plus renflée. Il est, à la maturité, d'un très beau rouge intense et d'une saveur tout à fait douce.

III. — VARIÉTÉS A PÉDONCULES DRESSÉS.

PIMENT DU CHILI.

Noms étr. : angl. Red Chili pepper *or* Chilis. — all. Chilenischer scharfer Pfeffer.
esp. Pimiento de Chile picante.
port. Malagueta do Chili.

Très jolie race, d'apparence tout à fait distincte, à tige très ramifiée, assez basse, à ramifications étalées, formant un petit buisson élargi ne dépassant guère ordinairement 0m 40 à 0m 50 de hauteur.

Feuilles petites, étroites, très aiguës, nombreuses. Fleurs blanches, petites, remplacées par des fruits minces et pointus, ayant de 0m 04 à 0m 05 de long sur 0m 01 environ de diamètre, le plus

Piment du Chili (Plante réd. au huitième).

souvent dressés, parfois pendants, d'un rouge écarlate très vif à la maturité et d'un goût très brûlant ; ils sont produits en extrême abondance, au point de paraître quelquefois aussi nombreux que les feuilles.

Le Piment du Chili est une des races les plus précoces et les plus productives ; c'est celle qui convient le mieux pour les jardins du nord de la France, où elle est des plus cultivées.

En outre de ses qualités comme plante potagère, cette variété présente aussi un assez grand intérêt comme plante d'ornement ; ses nombreux fruits d'un rouge éclatant, se détachant bien au milieu du feuillage, lui donnent un véritable mérite décoratif.

Le *Coral gem bouquet pepper*, est une très jolie race américaine de Piment du Chili, à nombreux fruits très courts et bien réguliers. Ces petits fruits sont d'un rouge extrêmement brillant et réunis en grappes bien fournies, qui prennent l'apparence d'un bouquet de corail : d'où le nom donné à la variété.

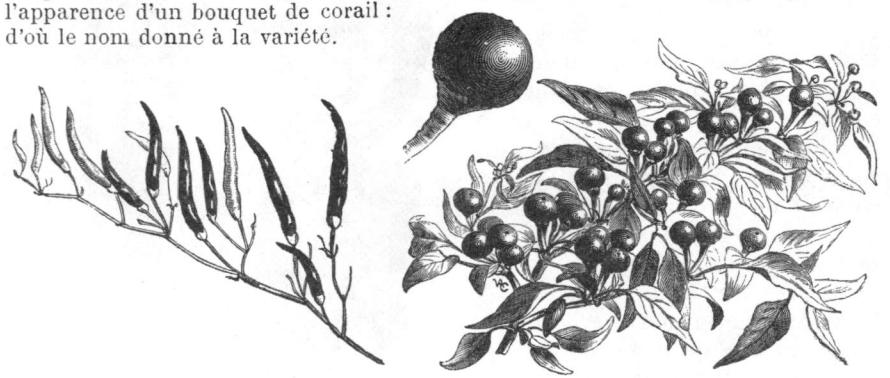

Piment du Chili.
Fruits réd. au tiers.

Piment airelle rouge.
Fruits réd. au tiers.

Le *Piment airelle rouge* (ANGL. *Cranberry pepper*) est aussi un Piment du Chili, mais à fruits ronds, dressés, très nombreux, sensiblement plus petits que ceux du P. cerise, ne dépassant guère le volume d'un gros pois, et réunis en bouquets compacts ; la saveur en est très brûlante. Il a les mêmes qualités que le P. du Chili et s'emploie aussi bien comme condiment que comme plante ornementale.

PIMENT CHINOIS.

Nom étranger : ANGL. Celestial pepper.

Très curieuse variété de piment, d'origine américaine, plutôt ornementale que comestible, mais cependant de saveur assez forte pour suppléer au besoin le poivre de Cayenne.

Plante moyenne, dressée, ramifiée, ressemblant un peu par le port au P. du Chili, mais cependant plus haute et moins étalée. Fruits petits, très nombreux, coniques, dressés, d'abord blancs ou verdâtres et irrégulièrement lavés ou maculés de violet, passant ensuite successivement, mais d'une façon variable au jaune pâle, puis au jaune d'or et au rouge écarlate ; on trouve souvent deux et même parfois trois coloris sur le même fruit, lorsque l'un tend à disparaître pour faire place à l'autre. Le contraste de ces coloris différents, que la même plante présente à la fois sur des fruits plus ou moins avancés, produit un effet singulier et assez pittoresque.

On doit considérer le P. chinois comme une plante ornementale plutôt que comme un légume.

PIMENT A BOUQUET ROUGE.

Nom étranger : angl. Red cluster pepper.

Plante très compacte, très ramifiée, à feuillage fin, abondant, et à fleurs nombreuses, disposées pour ainsi dire en grappes à l'extrémité des rameaux, où elles sont remplacées par des fruits extrêmement minces, pointus, un peu ondulés, dressés et réunis en véritables bouquets. — Ces fruits sont de couleur rouge vif, moins longs mais beaucoup plus minces que ceux du Piment du Chili. Le goût en est très fort.

Piment chinois.
Fruits réd. au tiers.

Piment à bouquet.
Plante réd. au huitième; fruits au tiers.

Parmi les autres variétés intéressantes de Piment que l'on trouve dans les cultures, soit en France, soit à l'étranger, nous citerons encore :

P. violet ou *P. noir.* — Plante vigoureuse, atteignant souvent 1 mètre de hauteur, à tiges violettes. Fruits de forme assez variable, parfois courtement coniques, le plus souvent quatre fois aussi longs que larges, de 0^m06 à 0^m08 de longueur, devenant rouge violacé foncé à maturité complète; saveur extrêmement forte.

Chinese giant P. — Variété tardive, à feuillage développé. Fruits très volumineux, carrés, pouvant atteindre 0^m10 de largeur et une longueur à peu près égale, d'un beau rouge vif brillant.

Golden upright P. — Petite race de piment précoce, à fruits dressés, carrés et d'une belle couleur jaune.

Kaleidoscope P. — Forme de P. chinois à rameaux étalés. Fruits d'abord blanc jaunâtre, passant à l'orange, puis au rose ou au rouge pâle.

Procopp's giant P. — Sorte de Piment monstrueux, à très gros fruits, bosselés et contournés comme ceux de notre race.

On donne quelquefois le nom de *Piment bec d'oiseau* et de *Piment enragé* (am. *Bird's eye* or *Creole pepper, Tabasco P.*) aux fruits des plus petites variétés du *Capsicum annuum*, dont la saveur est remarquablement brûlante; mais, à proprement parler, ces noms doivent s'appliquer aux fruits du *Capsicum frutescens* L., qui ne prospère bien que dans les climats tropicaux.

PIMPRENELLE PETITE, Bipinelle (*Poterium Sanguisorba* L.). (angl. Garden-burnet, Salad-burnet ; all. Garten-Pimpinelle, Kleine Bibernell, Becherblüme ; flam. et holl. Pimpernel; ital. et port. Pimpinella). — Famille des *Rosacées*.

Plante vivace, à feuilles radicales pennées avec impaire, composées de folioles ovales-arrondies, très dentées ; tiges ordinairement dressées, hautes de 0ᵐ 40 à 0ᵐ 60, anguleuses, ramifiées, terminées par des épis de fleurs femelles au sommet, mâles ou hermaphrodites à la base.

La Pimprenelle est une plante extrêmement rustique et durable; elle croît spontanément dans la plus grande partie de la France.

Elle se sème en place au printemps ou à la fin de l'été, habituellement en rayons espacés de 0ᵐ 25 à 0ᵐ 30. On en fait le plus souvent des bordures, mais on peut également la cultiver en planches. Elle ne demande aucun soin d'entretien. La récolte se fait en coupant les feuilles de temps en temps, pour en avoir toujours de fraîches.

Pimprenelle petite.
Réd. au dixième.

On emploie ces feuilles, jeunes et tendres, dans les salades ; elles ont un goût particulier et assez analogue à celui du concombre vert.

PISSENLIT

Taraxacum officinale Weber. — **T. Dens-leonis** Desf. — **Leontodon Taraxacum** L.

Fam. des *Composées*.

Synonymes : Dent-de-Lion, Barabant, Bédane, Chiroux.

Noms étr. : angl. Dandelion, Milk-gowan. — all. Löwenzahn. — flam. Molsalaad.
  dan. Mœlkebtte. — suéd. Smörtistle. — ital. Dente di leone, Virasole dei prati.
  esp. Diente de leon, Amargon. — russes Odouvantchik, Papóvo goumentse.
  pol. Brodawnik mleczowy. — jap. Tampopo.

Indigène. — *Vivace.* — Feuilles toutes radicales, étalées en rosette, glabres, oblongues, roncinées, à lobes lancéolés-triangulaires et entiers vers l'extrémité, les plus jeunes souvent brunâtres avant d'être développées. Pédoncule uniflore, fistuleux ; capitule large, à fleurons d'un jaune d'or. Graine comprimée, oblongue, épineuse au sommet, rude ou écailleuse ; au nombre de 900 à 1700 dans un gramme, et pesant en moyenne 270 grammes par litre ; sa durée germinative est de deux années.

Anciennement, on se contentait de récolter le Pissenlit dans les prés ou dans les champs où il poussait naturellement. Ce produit étant devenu l'objet d'un commerce important à la halle de Paris, a donné lieu à des cultures spéciales très étendues, et on est parvenu à améliorer la plante d'une manière remarquable, ce dont on peut se convaincre en comparant avec des plantes sauvages les produits de graines récoltées sur des plantes cultivées.

Culture. — Le Pissenlit se sème d'ordinaire de Mars en Mai-Juin, soit en pépinière, soit directement en place. Dans les jardins, les semis en place se font en planches, lignes ou bordures. Si le semis est fait en pépinière, on repiquera les plants en rayons espacés de 0ᵐ 25 à 0ᵐ 30 et profonds de 0ᵐ 10 à 0ᵐ 12, en laissant entre chaque plant un intervalle de $0^m 06$ à $0^m 08$. Les semis faits directement en place seront éclaircis au même écartement que ci-dessus. Des arrosages seront donnés aux semis faits en Mai et Juin.

Dans les environs des grandes villes, et notamment de Paris où la culture du Pissenlit a pris depuis quelques années une extension considérable, les cultivateurs sèment en plein champ en lignes espacées de $0^m 50$ à $0^m 60$ dans des terres bien préparées, bien fumées et conservant de la fraîcheur. Ils tracent une ligne au cordeau au moyen d'un râteau ou autre outil et sèment sur cette ligne la graine qu'ils enterront simplement en faisant glisser le pied sur la partie ensemencée. La levée a lieu généralement de dix à quinze jours après le semis. Ils nettoient à l'aide de sarcleuses à main ou à cheval et buttent à l'automne avec la charrue. On emploie de 100 à 120 grammes de graines par are.

Dans la grande culture, le Pissenlit, bien que vivace, est traité comme annuel, c'est-à-dire semé et récolté dans la même année. Toutefois, dans les jardins, on peut le laisser en place pendant plusieurs années, en le débarrassant des fleurs et d'une partie de ses feuilles en été, ce qui profite au collet de la plante et en augmente la production.

Pendant toute la durée de sa végétation, le Pissenlit n'exige que des sarclages, binages, et quelques arrosements. La récolte peut commencer dès l'automne et se prolonge jusqu'en Avril, avec quelques interruptions pendant les plus grands froids.

On obtient l'*étiolement* ou *blanchiment* du Pissenlit par la suppression totale de la lumière : soit en coiffant les plantes de pots à fleurs renversés, ou autres vases pouvant servir à cet usage, ce qui n'est pratique que dans les petites cultures; soit en buttant la plantation; soit encore en recouvrant les planches de $0^m 15$ à $0^m 20$ de terre meuble ou de sable. Ces opérations doivent être précédées de la toilette des plantes qui consiste à supprimer les plus grandes feuilles, en ne laissant que celles du cœur. — On fait également blanchir le Pissenlit en le couvrant, à l'entrée de l'hiver, d'une couche de $0^m 15$ à $0^m 20$ de fumier court, sec et usé.

On peut récolter des Pissenlits dès le mois d'Octobre ; mais, c'est surtout de Janvier à Mars qu'on en fait la récolte en grand.

La cueillette s'effectue de différentes façons : on coupe les feuilles avec une petite portion du collet, ce qui permet d'obtenir une seconde récolte au bout de trois semaines à un mois; de nouveaux bourgeons naissent ensuite sur les pieds ainsi traités et, leur développement se poursuivant pendant toute la belle saison, ils donnent à l'automne suivant de fortes touffes bonnes à butter. Ou bien, et c'est là le cas pour les cultures où l'on ressème tous les ans, on coupe simplement au-dessous du collet.

CULTURE FORCÉE. — Le Pissenlit se traite de la même façon que la Chicorée pour la production pendant l'hiver d'une salade ressemblant à la *barbe-de-capucin*. Le plant destiné à cette culture s'obtient de semis faits en Mars-Avril, en pépinière de préférence, et on le repique deux mois environ après le semis, à $0^m 12$ ou $0^m 15$ de distance, en sillons profonds de $0^m 03$ à $0^m 04$ et espacés de $0^m 25$ à $0^m 30$. Les soins d'entretien sont ceux que nous avons déjà indiqués plus haut. Quant à l'arrachage, l'habillage, la mise en bottes, ces diverses opérations s'effectuent comme cela a été dit pour la *barbe-de-capucin* (*Voy.* page 105).

On emploie exclusivement pour cette culture le *P. amélioré à cœur plein* et le *P. amélioré très hâtif*, qui sont des plus précoces.

Certains maraîchers forcent simplement sur place. Ils sèment indifféremment les variétés perfectionnées du Pissenlit ordinaire de Mai à Juin au plus tard et repiquent environ un mois et demi après le semis, en rayons profonds de $0^m 10$ à $0^m 12$, écartés de $0^m 60$, en laissant $0^m 10$ à $0^m 15$ d'intervalle entre les plants. La reprise est facilitée par des arrosages donnés à propos; et les soins d'entretien, binages et sarclages, ne doivent pas être négligés pendant tout l'été. — Comme le terrain n'est pas entièrement garni par le Pissenlit, ces jardiniers utilisent les interlignes par des cultures secondaires de légumes à récolter au plus tard en Octobre (*Haricots, Chicorées frisées, Scaroles, Choux d'été,* etc.). En Novembre, ils coupent les plus grandes feuilles, buttent les plants en ramenant sur eux la terre des interlignes, de manière à les couvrir et surtout à former sur la ligne occupée par les plants une sorte de billon ou monticule qui servira à l'étiolement; puis, ils comblent le sillon ainsi formé, de fumier mélangé de feuilles, pour pouvoir récolter environ un mois après, quand les pousses blanchies commencent à sortir des buttes de terre; on dégage alors le plant, et celui-ci, mis à nu, est coupé au couteau, comme nous l'avons déjà dit. On peut quelquefois obtenir une deuxième récolte, si la température n'est pas trop rigoureuse, en reformant les buttes, tout en conservant le même fumier dans les sillons.

Au printemps, les sillons sont recomblés pour recevoir de nouvelles cultures intercalaires à végétation rapide. La production commence à baisser au bout de deux ou trois ans ; c'est alors le moment de défricher le terrain et de préparer de nouveaux carrés.

Fumure. — Dans les terres en bon état de fumure, le Pissenlit donne des rendements suffisamment rémunérateurs sans qu'il soit indispensable d'avoir recours à l'apport toujours coûteux de matières fertilisantes. Toutefois, dans la culture en grand, surtout dans celle faite en vue de récolter un produit de primeur, le prix que peut obtenir le cultivateur lui permet d'avoir recours aux engrais chimiques dont l'action est aussi sensible sur le Pissenlit que sur les autres salades. Dans ce cas, on pourra faire usage de la formule suivante :

Nitrate de soude. . . . . 3 kil. » ⎫
Superphosphate de chaux . . . . 2 — » ⎬ par are.
Chlorure de potassium . . . . 1 — » ⎭

Usage. — Dans le Pissenlit, on emploie la plante entière en salade, de préférence blanchie, c'est-à-dire étiolée, ou bien cuite à l'instar des Épinards.

Pissenlit amélioré très hâtif.
Réd. au cinquième.

Pissenlit amélioré à cœur plein.
Réd. au cinquième.

PISSENLIT ORDINAIRE.

La description que nous avons donnée de l'espèce type s'applique exactement à cette variété.

PISSENLIT VERT DE MONTMAGNY.

Cette variété n'est qu'une forme, cultivée dans les environs de Paris, du Pissenlit commun. Elle est beaucoup plus vigoureuse et plus productive, et se prête bien à l'étiolage.

PISSENLIT AMÉLIORÉ A CŒUR PLEIN.

Noms étrangers : angl. Improved thick-leaved or Cabbaging dandelion.
all. Verbesserter vollherziger Löwenzahn.

Race bien distincte, obtenue par la culture et l'emportant sur la race sauvage moins par l'ampleur que par le très grand nombre de ses feuilles, qui forment une véritable touffe plutôt qu'une simple rosette.

Cette variété donne un très grand produit sans occuper beaucoup de place. Elle se blanchit très facilement, presque naturellement, et nous paraît la plus recommandable de toutes celles qui ont été obtenues jusqu'à présent.

PISSENLIT AMÉLIORÉ TRÈS HATIF.

Des efforts ont été faits pour obtenir dans le P. amélioré à cœur plein une augmentation de la largeur des feuilles, augmentation qui s'est produite au détriment de leur nombre : La race connue sous le nom de *P. amélioré à très large feuille*, se compose d'une simple rosette de feuilles qui sont en effet très grandes, et, en été, presque entières ; le diamètre de cette rosette peut atteindre jusqu'à 0m50. Cependant, le produit de la plante n'est pas en proportion avec le grand espace qu'elle occupe et elle a à peu près disparu des cultures.

Elle serait même complètement oubliée, s'il n'en était sorti la sous-variété dont nous parlons ici sous le nom de P. amélioré très hâtif et dont la grande précocité compense le rendement plutôt faible. Ses feuilles, aussi larges que celles de la variété dont elle est issue, se forment dès la sortie de l'hiver et fournissent une salade tendre et très délicate.

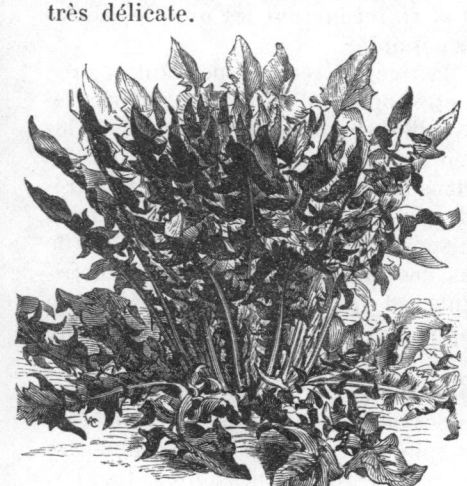

Pissenlit amélioré géant.
Réd. au cinquième.

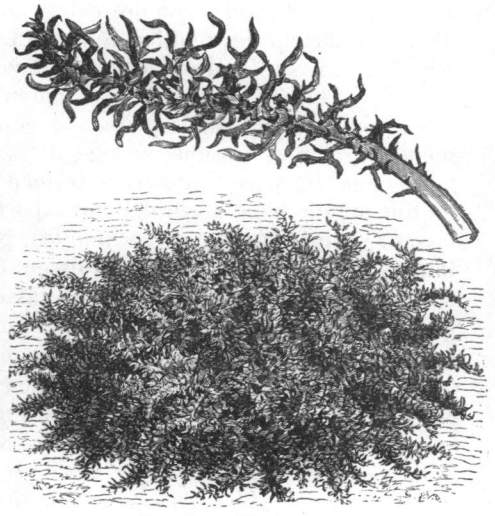

Pissenlit amélioré mousse.
Réd. au cinquième.

PISSENLIT AMÉLIORÉ GÉANT.
SYNONYME : Pissenlit chicorée.
NOM ÉTRANGER : ANGL. Improved giant erect dandelion.

Variété tout à fait distincte qui, au lieu de s'étaler en rosette comme les autres pissenlits, se redresse naturellement et forme une touffe épaisse et très fournie de feuilles longues, fortes, très dentelées, légèrement teintées de brun, d'un aspect original. — Ce pissenlit a en outre le mérite d'être très hâtif, très vigoureux et d'une production supérieure à la plupart des autres races.

PISSENLIT AMÉLIORÉ MOUSSE.

Race très distincte et vraiment intéressante comme plante potagère ; les feuilles y sont aussi nombreuses que dans le P. à cœur plein et, de plus, elles sont frisées et contournées de telle sorte qu'elles blanchissent partiellement d'elles-mêmes. Cette race est maintenant bien fixée et se reproduit d'une façon parfaite par la voie du semis.

PISTACHE DE TERRE. — Voy. ARACHIDE.

POIREAU

Allium Porrum L.

Fam. des *Liliacées*.

SYNONYMES : Poirée, Poirette, Porette, Porreau.

NOMS ÉTR. : ANGL. Leek. — ALL. Lauch, Porree. — FLAM. et HOLL. Prei. — DAN. Porre. SUÉD. Purjo-lök. — ITAL. Porro. — ESP. Puerro. — PORT. Alho porro, Alho macho (Brésil). RUSSE Louke porrei. — POL. Pory.

Indiqué par les auteurs comme originaire de la Suisse. — Bisannuel. — Malgré les noms différents qui ont été donnés aux deux plantes par les botanistes, il paraît extrêmement probable que le Poireau et l'Ail d'Orient sont une seule et même chose, différant seulement en ce que dans l'un, la culture s'est attachée à développer la production des caïeux, tandis que dans l'autre, on s'est efforcé d'obtenir surtout des feuilles abondantes et se recouvrant les unes les autres par leur base sur la plus grande longueur possible.

Dans le Poireau, comme dans l'Ognon, la tige est réduite, pendant la première année, à un simple plateau ou cône très aplati, d'où partent inférieurement les racines, et supérieurement les feuilles, emboîtées les unes dans les autres par leur partie inférieure fermée en forme de gaine, et étalées ensuite en une longue lame généralement pliée dans le sens de la longueur et se rétrécissant jusqu'à la pointe. Ces feuilles, plus ou moins larges et plus ou moins longues, suivant les variétés, paraissent disposées en deux séries opposées, de sorte qu'elles s'étalent les unes au-dessus des autres de deux côtés, symétriquement par rapport à l'axe de la plante, et forment pour ainsi dire un éventail. La tige florale, qui ne se développe que la seconde année, s'élève au centre des feuilles et juste entre les deux moitiés de l'éventail. Elle est lisse, pleine, de grosseur à peu près égale sur toute sa hauteur, et non renflée comme celle de l'Ognon. Les fleurs, blanches, rosées ou lilacées, forment en haut de la tige un gros bouquet simple à peu près sphérique. Aux fleurs succèdent des capsules à trois valves, trigones-arrondies, remplies de graines noires, aplaties, ridées, ressemblant beaucoup à celles de l'Ognon.

Les graines de Poireau sont au nombre d'environ 400 dans un gramme, et le litre pèse à peu près 550 grammes; leur durée germinative est habituellement de deux années.

CULTURE. — Le Poireau est une plante très franchement bisannuelle, c'est-à-dire qu'il lui faut presque une année complète pour se préparer à fleurir et à mûrir ses graines, ce qu'il fait dans le cours de la seconde année.

On sème ordinairement le Poireau au mois de Mars, en pépinière ; on éclaircit le semis s'il se montre trop dru, ce qui est le cas habituel pour peu que la levée soit satisfaisante, et on arrose selon les besoins ; puis, au mois de Mai ou au commencement de Juin, quand le plant a acquis la grosseur d'un tuyau de plume, on le met en place dans une bonne terre, fraîche et riche, fumée d'avance et autant que possible avec du fumier bien consommé. La plantation doit se faire de préférence par un temps frais et couvert, sinon il faut avoir la précaution de bien mouiller la terre quelques jours à l'avance.

Avant de planter, on aura eu soin d'*habiller* le plant, c'est-à-dire de raccourcir les racines de moitié et les feuilles du tiers de leur longueur. Ainsi préparés, les poireaux sont piqués au plantoir et fortement appuyés contre la terre (*bornés*), dans des rayons espacés de 0^{m}30 à 0^{m}40 et profonds d'environ 0^{m}10, à l'écartement de 0^{m}10 à 0^{m}20 suivant les variétés. Aussitôt après, on arrose copieusement *au goulot* ; les pluies, les arrosements et les binages répétés au cours de la végétation arrivent peu à peu à combler les rayons. Tel est, en quelques lignes, le mode de culture adopté partout, et qui donne des produits depuis l'automne jusqu'au printemps.

Les poireaux repiqués au mois de Mai commencent à donner vers le mois de Septembre. On peut toutefois en obtenir un peu plus tôt en semant dès le mois de Février, à bonne exposition, pour repiquer à la fin d'Avril. On en produit même dès le mois de Juillet, au moyen de semis faits sur couche en Décembre (*Voy.* ci-dessous). — Si l'on cherche au contraire à prolonger la production à la fin de l'hiver et pendant le printemps, époque où les premiers poireaux semés commencent à monter à graine, on a recours à des semis tardifs faits à la fin d'Avril ou en Mai et mis en place seulement en Août.

Culture de primeur. — La plus importante, sans contredit, est celle qui se pratique avec le *P. très gros de Rouen* et le *P. très long d'hiver* (*de Paris*). On les sème en pépinière assez dru, sur couche chaude, depuis la fin de Décembre jusqu'à la mi-Janvier, à raison de 30 à 40 grammes par châssis. On recouvre le semis de terreau et on plombe. Après la levée, qui s'effectue en quelques jours, il convient d'aérer plus ou moins, suivant la température, mais régulièrement, car il est indispensable d'éviter un excès de chaleur ou d'humidité qui déterminerait l'étiolement des sujets. Les jeunes plants ainsi obtenus, après avoir été *habillés*, sont repiqués en Mars-Avril, soit sur vieille couche en plein air, soit sur cotière ou même dans une planche bien préparée, en rayons espacés de 0^{m}20 à 0^{m}30, profonds d'environ 0^{m}10, et à l'écartement de 0^{m}10 à 0^{m}15. Les soins à donner, sarclages, arrosages, etc., sont les mêmes que ceux indiqués pour la culture printanière de pleine terre. L'emploi d'engrais liquides incorporés à l'eau des arrosages ou d'engrais solubles répandus sur le sol donnera aux plantes une végétation plus luxuriante, et par conséquent de plus beaux produits. — La récolte a lieu à partir de Juin-Juillet.

On sème quelquefois aussi le *P. gros du Midi* très clair, en place sur couche chaude, avec de la *Carotte à châssis;* on ne repique pas le plant, mais on l'éclaircit, et après l'enlèvement des carottes, on le rechausse avec du terreau; on l'arrose copieusement et on peut le consommer à partir du moment où il atteint la grosseur du petit doigt.

Culture en plein champ. — Cette culture présente une réelle importance dans les environs des grands centres; elle réussit fort bien dans les vallées fraîches, où elle donne des résultats véritablement rémunérateurs.

Les semis se font d'ordinaire en Avril-Mai, en pépinière, exactement comme dans la culture de jardin, et le plant, *habillé* comme nous l'avons expliqué plus haut, est repiqué en Juin-Juillet à 0^{m}08 ou 0^{m}10 de distance sur des lignes écartées de 0^{m}30 à 0^{m}40 et même de 0^{m}55 à 0^{m}60 si l'on veut utiliser le binage à cheval. Certains cultivateurs, pour éviter les frais de repiquage, sèment directement en place en lignes distantes de 0^{m}40 à 0^{m}50; mais, ce mode d'opérer est loin de donner des rendements et des produits aussi beaux que ceux obtenus dans les cultures où le repiquage est pratiqué. — Les soins à donner consistent exclusivement en quelques binages qui, tout en tenant la terre propre, suppléent dans une certaine mesure au manque d'arrosage.

La récolte commence ordinairement en Octobre et se prolonge pendant tout l'hiver et tout le printemps. Quand les poireaux ne sont pas encore à toute venue et qu'on veut commencer à les porter au marché, on butte une ligne sur deux, et peu de temps après, on commence la récolte sur les lignes ainsi buttées, de sorte qu'à la fin, celles qui restent se trouvent distantes entre elles de 0^{m}60 à 0^{m}80. On dispose alors de plus de terre pour faire le dernier buttage des lignes restantes, et les poireaux, occupant le terrain plus longtemps, deviennent aussi beaucoup plus forts.

Culture d'automne. — Dans la seconde quinzaine de Septembre, les maraîchers de Paris sèment assez fréquemment le *P. gros du Midi*, soit seul, soit avec de la *Mâche*, qui est récoltée pendant l'hiver. Ces semis sont faits en place, en planche et très clair, en terrain frais ou arrosé à l'avance; on ne repique pas, mais on éclaircit les plants, de façon à laisser entre eux un espacement d'environ 0^{m}05. Pour favoriser la germination, les arrosages devront être copieux pendant les premiers jours; mais on les suspend dès que le temps devient humide. Pendant les grands froids, on protège les plants à l'aide de litière et de paillassons.

Au printemps, on mouille plus abondamment et on a soin de bien désherber. Dès la première quinzaine de Juin, les poireaux, qui, à vrai dire, sont petits et ont peu de blanc, sont bons à consommer.

Engrais et Exigences. — Le Poireau est très avide d'engrais, mais il n'aime pas les fumures organiques fraîches, et si l'on ne peut disposer d'une terre ayant reçu du fumier depuis un certain temps, il est indispensable d'employer du fumier bien décomposé.

En grande culture, dans les terres suffisamment pourvues de matières organiques, on pourra faire usage de la formule suivante :

Nitrate de soude	200 à 300 kil.	
Superphosphate de chaux	500 —	par hectare.
Sulfate de potasse	200 —	

Insectes nuisibles et Maladies. — Les ennemis de l'Ognon et de l'Ail sont également ceux du Poireau. En outre, cette plante est exposée aux atteintes d'une « *rouille* » spéciale, due au *Puccinia porri* et qui est efficacement combattue, lorsque le plant est encore jeune, par des pulvérisations à l'aide de bouillies à base de sulfate de cuivre, dans les proportions suivantes :

Ammoniaque	1/4 de litre.
Sulfate de cuivre	2 kil.
Carbonate de soude	3 —
Eau	100 litres.

Le *Ver du poireau*, larve d'un petit lépidoptère, l'*Acrolepia asectella* ou *Tinea alliella*, cause parfois de grands ravages dans les cultures de Poireau. Cette larve creuse dans le cœur de la plante une galerie qui descend parfois jusqu'au bas de la tige, et les plantes attaquées ne tardent pas à périr.

On a recommandé, pour restreindre les ravages de ce ver, de couper rez terre les tiges du Poireau ; malheureusement, la plante repousse souvent mal après cette opération. Le mieux encore est d'avoir recours à la suie, que l'on répand à deux reprises sur les plantes, aussitôt que l'on s'est aperçu de l'apparition du papillon, qui, en pondant ses œufs sur les feuilles, est la cause déterminante du mal. Si l'on tarde seulement d'une douzaine de jours, le remède est inefficace, car les larves ont alors pénétré à l'intérieur du Poireau, et la suie ne peut plus rien contre elles.

Dans ce dernier cas, on pourra faire usage de la dissolution suivante : 40 ou 50 grammes de savon noir par litre d'eau, et en asperger les poireaux abondamment, de manière que le cœur en soit bien rempli.

Comme moyen préventif, on fera mieux encore de tremper les jeunes poireaux avant leur plantation dans cette même dissolution.

Usage. — On fait grand usage, en cuisine, cuite et apprêtée à différentes sauces ou en soupes, de la partie inférieure et blanchie des feuilles du Poireau, partie qu'on appelle improprement la *tige* de la plante et que nous désignerons sous le nom de *pied*.

POIREAU TRÈS LONG D'HIVER (DE PARIS).

Synonymes : Poireau tête d'anguille, P. d'Aubervilliers.

Noms étrangers : Angl. Very long winter leek. — All. Dicker langer Winter-Lauch.

Cette variété est extrêmement distincte. Les feuilles en sont réunies sur une très grande longueur, et là où elles sont libres, se montrent plus longues et plus étroites que celles d'aucun autre poireau, sauf toutefois le P. de Bulgarie ; elles sont aussi d'une teinte plus pâle et plus grisâtre. La portion inférieure des feuilles, où elles se recouvrent les unes les autres, partie que nous appellerons le *pied*, mesure dans les plantes bien développées environ 0^m30 de long sur 0^m15 à 0^m025 de diamètre.

Cette variété résiste bien à l'hiver. Elle convient surtout pour les plantations d'arrière-saison. C'est la seule dont on puisse obtenir ces beaux poireaux très hauts et très minces qui sont apportés en longues bottes à la halle de Paris. Il est vrai d'ajouter aussi, que les maraîchers des environs de Paris aident un peu la nature en rechaussant les poireaux, avec de la terre ou du terreau, au cours de leur végétation.

POIREAU LONG DE MÉZIÈRES.

Synonyme : Poireau dur de Mézières.

Pied gros, ordinairement long de 0^m08 à 0^m10, parfois plus, et très blanc ; feuilles bien vertes, étroites et dressées. Cette très belle race, une des plus appréciées depuis quelque temps aux environs de Paris, est bien franchement d'hiver.

Dès le début de l'automne, à partir du mois de Septembre, on la voit arriver en abondance sur les marchés de Paris, où elle a la réputation d'être toujours d'excellente qualité.

Poireau très long d'hiver (de Paris).
Réd. au sixième.

Poireau de Bulgarie.
Réd. au sixième.

POIREAU D'HIVER DE FLANDRE.

Variété très rustique, résistant à la sécheresse aussi bien qu'aux plus grands froids. Le P. d'hiver de Flandre a le pied court, pas très gros ; les feuilles d'un vert grisâtre, étroites, pliées en gouttière et très retombantes.

Cette race a, il faut le reconnaître, le défaut de drageonner quelquefois.

POIREAU DE BULGARIE.

Se rapprochant un peu du P. très long d'hiver, à feuillage vert blond, assez large et dressé, mais à pied plus long encore et surtout beaucoup plus gros. D'un développement rapide, donnant des tiges très charnues, il est très avantageux à cultiver pour l'automne, et se prête également bien au forçage.

Sous le climat de Paris, on ne peut le considérer comme franchement d'hiver, car il s'est montré jusqu'à présent assez sensible aux gelées.

POIREAU GROS DU MIDI.

Synonymes : Poireau d'été, P. gros court, P. chaud.
Noms étrangers : Angl. Broad flag leek, London *or* American flag L. — All. Dickpolliger Sommer-Lauch. — Holl. Dikke fransche zomer preí.

Cette race mériterait mieux d'être appelée P. gros long d'été, car elle a le pied assez élevé, atteignant souvent 0^m25 de long, et acquiert en même temps une grosseur relativement considérable, de 0^m03 ou même 0^m05 de diamètre. Les feuilles sont amples, souples, souvent retombantes, de couleur un peu variable, mais généralement assez foncée et d'un vert franc.

C'est une très belle et très bonne variété, assez hâtive, très productive, mais sensible au froid. Sous le climat de Paris, on ne peut l'employer que pour les plantations destinées à produire à l'automne. Elle ne supporte, en effet, sans en souffrir, que les hivers exceptionnellement doux.

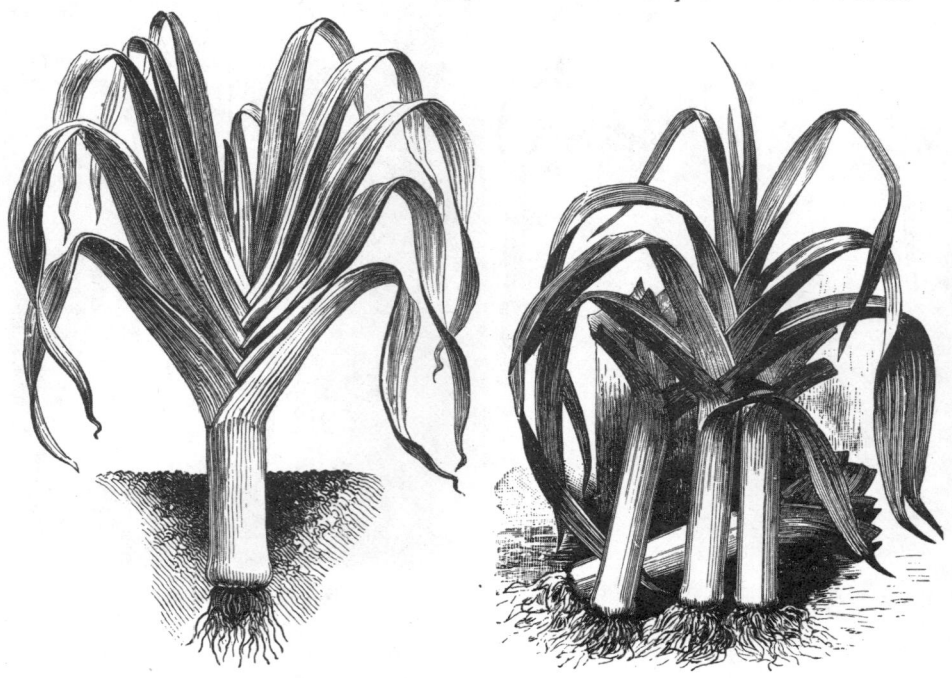

Poireau très gros jaune du Poitou (Réd. au sixième).   Poireau gros du Midi (Réd. au sixième).

POIREAU TRÈS GROS JAUNE DU POITOU.

Synonymes : Poireau jaune très gros court, P. à feuille dorée.

Cette variété, comme son nom l'indique, est originaire de l'ouest de la France; l'influence de cette origine se manifeste dans le tempérament de la plante, qui est un peu délicate et ne supporte pas toujours sans en souffrir les hivers du climat de Paris.

C'est, très probablement, une variation locale du P. gros du Midi, mais elle s'en distingue bien nettement par plusieurs de ses caractères : Elle a le pied plus court, mais au moins aussi gros, atteignant facilement un diamètre de

0^m04 à 0^m06 sur une longueur totale de 0^m20 à 0^m25. Le feuillage est plus ample et affecte la disposition en éventail d'une manière plus marquée que dans le P. gros du Midi ; en outre, les feuilles sont plus longues, plus molles et souvent elles sont pendantes sur la moitié à peu près de leur longueur, de sorte qu'elles retombent parfois jusqu'à terre. La couleur en est franchement distincte : c'est un vert blond, presque jaunâtre, qui diffère complètement de la couleur plus ou moins glauque ou grisâtre, qui est celle de presque toutes les autres variétés de poireaux.

Le P. jaune du Poitou, comme nous l'avons dit, n'est pas extrêmement rustique ; il est précoce et grossit rapidement, ce qui le rend très convenable surtout pour produire à l'automne.

POIREAU TRÈS GROS DE ROUEN.

Synonymes : Poireau de couches, P. de printemps.

Noms étrangers : Angl. Large Rouen leek. — All. Kurzer dicker Rouener Lauch.

Pied court, très gros, ne dépassant guère 0^m15 à 0^m20 de longueur sur 0^m05 ou 0^m07 de diamètre, presque complètement enterré. Feuilles commençant à se séparer, pour former l'éventail, presque au niveau du sol, nombreuses, étroitement imbriquées les unes sur les autres, pliées en gouttière, raides et de médiocre longueur, ordinairement pendantes vers l'extrémité. Le limbe des feuilles est large, d'un vert grisâtre ou légèrement glauque.

Le Poireau très gros de Rouen est une belle variété, productive, convenant aussi bien pour l'hiver que pour l'automne, grossissant moins rapidement que le P. gros du Midi, mais, par contre, très lente à monter à graine au printemps, et par conséquent restant plus longtemps propre à la consommation. C'est un poireau vraiment très rustique et des plus cultivés.

Poireau très gros de Rouen (Réd. au sixième).

POIREAU MONSTRUEUX DE CARENTAN.

Synonymes : Poireau froid (Artois), P. à feuille de Laiche, Diagont (Sologne).

Noms étrangers : Angl. Monstrous Carentan leek, Cannell's Mammoth L.
All. Carentan sehr dicker Riesen- Winter-Lauch.

Les caractères de cette variété se rapprochent tout à fait de ceux du Poireau très gros de Rouen, dont elle n'est très probablement qu'une race améliorée, mais réellement très distincte par les dimensions beaucoup plus fortes qu'elle acquiert. La longueur du pied ne dépasse guère, dans le P. de Carentan, 0^m20 à 0^m25, mais le diamètre en peut atteindre aisément 0^m06 à 0^m08 quand la plante a été bien cultivée. On en a vu souvent de dimensions encore supérieures. Le pied sort passablement de terre et le point où les feuilles commencent à s'écarter doit être situé à une distance au-dessus du sol à peu près égale au diamètre du pied.

Comme le P. très gros de Rouen, celui-ci est bien rustique et supporte parfaitement les hivers sous le climat de Paris.

POIREAU PERPÉTUEL.

Synonyme : Poireau vivace.

Nom étr. : all. Immerwährender sprossender Lauch.

Race très curieuse dans laquelle la tendance à donner des drageons ou rejets (ce qui est considéré comme un défaut dans les autres races), a été au contraire utilisée. Grâce à cette prolifération constante, le P. perpétuel forme des touffes de jets nombreux, variant de la grosseur d'un crayon à celle du doigt.

Son unique et réel mérite est de monter très tardivement à fleur et de produire ainsi un peu plus longtemps que les autres variétés de poireaux.

Poireau perpétuel (Réd. au dixième).

Parmi les variétés françaises ou étrangères, nous citerons encore :

P. géant d'hiver d'Italie. — Race assez voisine, comme apparence, du P. très gros jaune du Poitou, mais qui, sous le climat de Paris, ne peut être considérée comme un poireau d'hiver.

P. gros court de Brabant (all. *Grosser dicker Brabanter Lauch*). — Poireau vraiment très court et très rustique, mais petit, le diamètre du pied ne dépassant guère 0^{m}02 à 0^{m}03. Par son aspect, la couleur et la disposition de ses feuilles, il ressemble passablement au P. de Rouen, mais lui est très inférieur par le volume.

P. the Lion. — Variété estimée en Angleterre, mais assez variable : quelquefois elle se rapproche du P. très gros de Rouen, avec un bulbe plus renflé ; plus souvent elle a l'apparence d'un gros P. gros du Midi, à pied long et blanc et à feuillage d'un vert franc.

P. de Musselbourg (angl. *Scotch flag leek*). — Originaire des environs d'Édimbourg. C'est une variété améliorée du P. gros du Midi, à pied plus haut et plus épais, et à large feuille.

P. petit de montagne. — Race à demi sauvage, répandue dans le midi et le centre de la France. C'est un poireau à feuilles étroites, pliées en long, d'un vert glauque foncé, à pied très court et très petit, et souvent drageonnant. Son seul mérite est d'être très rustique.

P. Royal favourite. — Cette variété, estimée en Angleterre, a les feuilles rigides, le pied assez gros et un peu plus élevé que nos races de Rouen et de Carentan.

P. rustique d'hiver Incomparable. — C'est une bonne variété, mais un peu moins haute de pied, du P. gros du Midi.

POIRÉE
Beta vulgaris L. — **Beta cicla** L.
Fam. des *Chénopodées*.

SYNONYMES : Bette ou Blette, Jotte ou Joutte (dans l'Ouest).
NOMS ÉTR. : ANGL. Swiss-chard beet, Sea-Kale beet, Leaf-beet. — ALL. Beisskohl, Beete, Mangold. — FLAM. et HOLL. Snij beet, Warmoes. — DAN. Blad bede. SUÉD. Blad beta, Mangold. — ITAL. Bieta, Bietola.— ESP. Bleda, Acelga. PORT. Acelga. — RUSSE Bourak mannegolde. — POL. Cwikla, Boćwina.

Indigène. — Bisannuelle. — La Poirée paraît être exactement la même plante que la Betterave, à cela près que la culture y a développé les feuilles et non pas les racines. Les caractères botaniques, ceux surtout qui sont tirés des organes de la floraison et de la fructification, sont exactement les mêmes dans les deux plantes ; seulement la racine de la Poirée est rameuse et peu charnue, tandis que les feuilles en sont amples, nombreuses, et ont dans certaines variétés, le pétiole et la nervure médiane qui y fait suite, remarquablement développés.

La graine est semblable à celle de la Betterave, mais cependant d'ordinaire un peu plus petite. Un gramme en contient environ 60, et le litre pèse 250 grammes ; sa durée germinative est de six ans et plus.

Poirée blonde commune.
Réd. au dixième.

CULTURE. — Les poirées se cultivent absolument comme les betteraves, à part qu'elles n'exigent pas une terre aussi profondément travaillée ; cependant, si on leur donne un sol riche en matières organiques, elles produisent des feuilles et des cardes d'autant plus volumineuses.

On les sème en Avril ou Mai en place, en rayons espacés de 0^{m}40 à 0^{m}50. Une fois le plant éclairci et écarté sur les rangs de 0^{m}35 à 0^{m}40, les poirées n'ont plus besoin que de sarclages et de quelques arrosements. Dès la fin de l'été on peut commencer la récolte des poirées à carde, en prenant d'abord sur chaque pied et successivement les feuilles les mieux développées. On peut commencer même plus tôt, environ deux mois après le semis, à couper la Poirée blonde commune. Il est bon de couper assez souvent les feuilles afin d'en faire produire de nouvelles qui sont plus tendres.

Les poirées sont assez rustiques, et la récolte peut s'en continuer, en pleine terre, assez avant en automne. Cependant, pour être sûr d'en avoir une partie de l'hiver, il sera bon d'en rentrer un certain nombre de pieds dans la serre à légumes, où on les traite comme les cardons et les céleris.

USAGE. — Les feuilles de la P. blonde commune s'emploient comme celles de l'Épinard ou de l'Arroche, cuites et hachées ; on s'en sert assez souvent pour les mélanger à l'Oseille et en adoucir le goût.

Dans les Poirées à carde, outre la partie verte de la feuille, qui peut être utilisée de la manière ci-dessus, on mange cuits, et apprêtés de différentes façons, les pétioles et les côtes, qui sont très larges, tendres, charnus, et qui fournissent un légume agréable, rafraîchissant et d'un goût tout particulier.

POIRÉE BLONDE COMMUNE.

SYNONYME : Bette.

NOMS ÉTRANGERS : ANGL. White *or* yellow cutting leaf-beet, Perpetual *or* Spinach-beet. ALL. Gelbe gewöhnliche Beete. — ITAL. Bieta a foglia, B. a erbacce.

Les feuilles de cette variété sont très abondantes, larges, un peu ondulées et d'une couleur verte très blonde ou jaunâtre. Les pétioles, un peu plus développés que ceux des feuilles de betterave, sont verts, mais d'une nuance plus pâle que le limbe de la feuille (*Voy.* la fig. à la page précédente).

La P. blonde se cultive surtout dans l'est de la France, où elle est fort estimée comme légume vert d'été et d'automne. C'est le limbe même de la feuille qui s'emploie, cuit et haché, à la manière des épinards ; on le mélange aussi parfois avec l'oseille pour en adoucir l'acidité.

Poirée blonde à carde blanche.
Réd. au dixième.

Poirée à carde blanche frisée.
Réd. au dixième.

POIRÉE BLONDE A CARDE BLANCHE.

SYNONYME : Poirée à carde de Lyon.

NOMS ÉTRANGERS : ANGL. Large-ribbed white silver leaf swiss-chard *or* sea-kale beet. — ALL. Weissrippige Silberbeete, Gelbe breitrippige Silberbeete. — FLAM. Witte karden, Zomer-karden. — ITAL. Bieta a coste bianche. — ESP. Acelga cardo.

Très belle et bonne variété, à feuilles grandes et larges, très ondulées, demi-dressées, remarquables par l'ampleur très grande de leurs pétioles et de leurs côtes, qui atteignent et dépassent fréquemment 0^{m}10 de largeur.

La P. blonde à carde blanche est un peu moins rustique que la variété ordinaire ; mais elle est beaucoup plus productive, et les cardes en sont de meilleure qualité, très délicates, avec une légère saveur acidulée. De plus, dans cette variété, le limbe même des feuilles peut être utilisé, comme celui de la P. blonde commune, à la manière des feuilles d'oseille ou d'arroche.

Il semble que dans les bettes, la couleur blonde et pâle des feuilles soit liée à une saveur douce, tandis que la couleur vert foncé est l'indice d'un goût fort et âcre. Il y a peu de légumes qui demandent moins de soins. Dès le mois de Juillet on peut cueillir des cardes bien développées, et la production se soutient tout l'été et tout l'automne, et peut même se prolonger en hiver si l'on en rentre quelques pieds dans la serre à légumes.

POIRÉE A CARDE BLANCHE FRISÉE.

Noms étrangers : Angl. Silver-ribbed curled swiss-chard *or* sea-kale beet.
All. Krause breitrippige Silberbeete.

Plante à peu près aussi vigoureuse et aussi productive que la précédente ; à feuilles également très blondes, remarquablement cloquées et frisées. Les côtes, ainsi que les pétioles, sont moins larges dans cette variété que dans la P. blonde à carde blanche ; la qualité en est du reste la même.

POIRÉE VERTE A CARDE BLANCHE.

Synonyme : Bette à carde.

Noms étrangers : Angl. Silver-ribbed green leaf swiss-chard *or* sea-kale beet.
All. Breitrippige Silberbeete.

Feuilles larges, courtes et raides, d'un vert assez foncé, plutôt étalées que dressées, à pétiole très blanc, large de 0^{m}03 à 0^{m}04, se continuant au milieu du limbe de la feuille par une côte médiane également blanche et se rétrécissant assez rapidement.

Cette variété est rustique ; on la cultive surtout dans les pays du Nord. On peut lui reprocher la saveur terreuse que ses cardes présentent à peu près constamment. Dans cette race, c'est la côte ou carde de la feuille qui est la partie utile de la plante.

POIRÉE A CARDE DU CHILI.

Noms étrangers : Angl. Scarlet *or* yellow ribbed Chilian *or* Brazilian beet.

Très grande variété, à pétioles longs, raides, presque dressés, de 0^{m}05 à 0^{m}08 de largeur, portant des feuilles assez amples, à limbe ondulé, presque frisé, d'un vert foncé à reflet métallique, atteignant 0^{m}60 à 0^{m}70 de longueur, mesurée depuis le sol.

Cette variété, comestible au même titre que les précédentes, est cependant beaucoup moins employée comme légume que comme plante ornementale : associée avec les Choux frisés et panachés elle sert souvent à orner les tables ou à décorer les vases ; on peut également en former dans les jardins des touffes très décoratives.

Il en existe deux formes, de couleurs bien tranchées : l'une à pétioles et nervures principales d'un *rouge vif* ou *rouge cramoisi*, l'autre à pétioles et nervures *jaune orangé*.

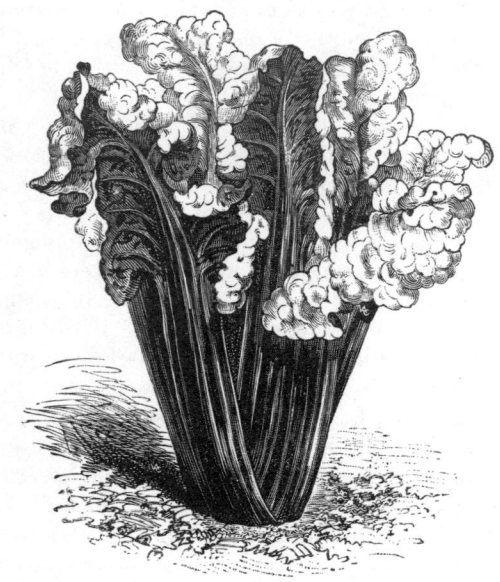

Poirée à carde du Chili.
Réd. au dixième.

On cultive en Suisse, sous le nom de *Poirée verte à large carde*, une variété bien distincte, remarquable par l'ampleur de ses feuilles d'un vert franc, et par la couleur rose pâle de ses côtes.

POIS

Pisum sativum L.
Fam. des *Légumineuses*.

Noms étrangers : angl. Pea. — all. Erbse. — flam. et holl. Erwt. — dan. Haveœrt. — suéd. Ärter. — ital. Pisello. — esp. Guisante, Arvejas, Alverjas (Rép.-Argent.). — port. Ervilha. — russes Gorokh, Garochina. — pol. Groch, Groszek.

Annuel. — D'origine incertaine, mais vraisemblablement spontané dans l'Europe moyenne ou dans la partie montagneuse de l'Asie occidentale, puisqu'il est assez rustique pour résister habituellement aux hivers du climat de Paris. Le Pois cultivé est une plante à tiges grêles, creuses, ayant besoin, dans les variétés élevées, de l'appui d'un soutien étranger. Les feuilles sont composées, ailées sans impaire; le pétiole se termine par plusieurs vrilles qui tiennent la place des dernières folioles et qui servent à la plante pour s'attacher et prendre un point d'appui sur tous les objets à sa portée. L'insertion de la feuille sur la tige est enveloppée d'une très large stipule embrassante, plus ample que ne sont les folioles elles-mêmes. Les fleurs naissent aux aisselles des feuilles, à partir d'un certain niveau à peu près constant dans chaque variété, au nombre de deux, très rarement de trois, et souvent solitaires, à chaque nœud de la tige. Les cultivateurs des environs de Paris appellent « *mailles* » chacun des nœuds fertiles de la tige des pois, et de là vient que pour exprimer qu'une variété est uniflore ou biflore, ils disent « qu'elle prend une ou deux fleurs à la maille ». Ces fleurs sont tantôt blanches, tantôt violacées, avec les ailes et la carène d'une couleur plus foncée que l'étendard. Les variétés à fleurs colorées se reconnaissent, bien avant la floraison, à un petit cercle rougeâtre qui entoure la tige à l'endroit où elle est embrassée par les stipules.

Le grain des variétés de pois à fleur violette est toujours plus ou moins coloré ou moucheté de brun; il prend en cuisant une couleur grisâtre peu agréable, il a en outre un goût assez fort et âpre : aussi ne cultive-t-on pas ces sortes de pois pour les écosser; seules, les variétés *sans parchemin* ou *mangetout* sont cultivées comme plantes potagères. Les variétés de pois gris, à cosses parcheminées, ne sont cultivées que comme fourrage.

La plupart des variétés de pois usitées comme légume ont la fleur blanche, et le grain blanc ou vert quand il est mûr. Le volume et le poids du grain présentent une trop grande différence d'une variété à l'autre, pour que nous puissions donner ici des indications générales à ce sujet; nous les réserverons pour l'article particulier consacré à chaque variété. Nous dirons seulement que la faculté germinative des pois se conserve bonne pendant trois ans; elle faiblit ensuite assez rapidement, quoiqu'il ne soit pas rare d'en voir germer encore fort bien au bout de sept ou huit ans. Les pois à grain ridé germent d'ordinaire moins bien et moins longtemps que ceux à grain rond.

On distingue, parmi les très nombreuses variétés de pois, celles dont on ne mange que le grain, soit vert, soit sec, et qu'on appelle *Pois à écosser*, et celles dont on consomme, au contraire, la cosse charnue tout entière lorsque le grain est à peine formé; on appelle ces dernières : *Pois sans parchemin*, *Pois mangetout*, ou *Pois gourmands*.

Parmi les pois à écosser, on distingue les races *à grain rond*, qui sont les plus nombreuses, et celles *à grain ridé*.

Enfin, aussi bien dans les pois sans parchemin que dans les pois à écosser, on doit faire, en outre, la distinction des variétés *à rames*, des variétés *demi-naines* et des variétés *naines*; ce qui donne pour les pois cultivés et si l'on tient compte de la couleur blanche ou verte des grains, un assez grand nombre de classes ou subdivisions dont nous allons passer en revue successivement les différentes variétés. Nous les classerons dans l'ordre suivant :

POIS A ÉCOSSER

I. — POIS A ÉCOSSER A GRAIN ROND

a) *Variétés à rames*.
1° A grain blanc.
2° —   vert.

b) *Variétés demi-naines*.
1° A grain blanc.
2° —   vert.

c) *Variétés naines*.
1° A grain blanc.
2° —   vert.

II. — POIS A ÉCOSSER A GRAIN RIDÉ

a) *Variétés à rames*.
1° A grain blanc.
2° —   vert.

b) *Variétés demi-naines*.
1° A grain blanc.
2° —   vert.

c) *Variétés naines*.
1° A grain blanc.
2° —   vert.

POIS SANS PARCHEMIN ou MANGETOUT

a) *Variétés à rames*. | **b) *Variétés demi-naines*.**
c) *Variétés naines*.

CULTURE. — La culture des pois ne présente pas de grandes difficultés, et elle se pratique en grand et en plein champ dans les environs de Paris et des grandes villes, avec des résultats généralement rémunérateurs. On choisit autant que possible pour cette culture des terres saines, fertiles et de consistance moyenne.

Les semis se font depuis la seconde moitié de Novembre jusqu'en Juin-Juillet.

Dans la grande culture comme dans les jardins, le *Pois Michaux ordinaire* est celui qu'on emploie de préférence, aux environs de Paris, pour les semis d'automne, ce qui lui a valu le nom de *Pois de la Sainte-Catherine*; c'est même, jusqu'à présent, la seule variété cultivée d'automne. On y consacre d'ordinaire une plate-bande bien exposée et abritée par un mur.

Semis d'automne. — On sème le Pois de Sainte-Catherine en rayons ou en poquets espacés de 0^m50, profonds de 0^m10 à 0^m15, suivant la nature du sol; on rabat seulement la terre du côté Sud pour faciliter l'accès des rayons solaires, celle du côté Nord servant d'abri. On peut aussi semer ce pois, de même que toutes les variétés à rames, en doubles lignes espacées de 0^m35, entre lesquelles on laisse un sentier d'environ 0^m75 à 0^m80. Ainsi distancées, les plantes sont aussi bien aérées que dans le semis en poquets, et en outre, l'emplacement existant entre les doubles lignes permet de circuler aisément sans crainte de froisser les pois. On place les rames lorsque les plantes ont de 0^m15 à 0^m20 de hauteur, après avoir donné un premier binage, puis un peu plus tard un buttage, et on les incline les unes vers les autres en les entrecroisant sur les deux rangs. Dans les jardins et par les fortes gelées, on couvre le semis de litière qu'on enlève dès que le temps se radoucit. La récolte a lieu de Mai en Juin.

Culture ordinaire. — Nous venons de donner, aussi brièvement que possible, les indications de culture appropriées au semis d'automne. Ces mêmes indications devant servir de base pour les semis à faire au printemps et en été, nous n'y reviendrons pas en ce qui concerne les Pois à rames, qui tous, sans exception, doivent être semés, distancés et traités suivant la méthode que nous venons d'exposer.

Quant aux Pois demi-nains et nains, qui n'ont pas besoin de rames, ils seront semés en rayons ou poquets espacés de 0^m35 à 0^m45, et profonds de 0^m10 à 0^m15. Il va sans dire que cet espacement sera subordonné à la hauteur et à la vigueur des variétés, comme aussi à la richesse du sol. Dans le cours de la végétation, ils recevront, comme dans la culture des Pois à rames, un binage suivi un peu plus tard d'un buttage sérieux, destiné à entretenir la fraîcheur et à donner de la vigueur aux plantes.

Les semis se font à partir du mois de Février et se prolongent pendant toute la durée du printemps, pour assurer la continuité de la production durant toute la belle saison.

Pour les semis faits en Juin et jusqu'au commencement de Juillet, le *Pois de Clamart*, les *Pois ridés de Knight*, *Duc d'Albany*, etc., sont ceux qui réussissent le mieux ; ils sont très rustiques et moins sujets que les autres races à souffrir de la sécheresse et de l'*oïdium* vulgairement appelé « *blanc* ».

Au moyen de semis tardifs faits fin-Juillet avec des variétés hâtives, on prolongera la production jusqu'à fin-Octobre.

La récolte des cosses vertes commence d'ordinaire trois mois et demi à quatre mois après le semis ; la cueillette se fait tous les deux ou trois jours, d'abord à la base, puis au sommet.

Culture en plein champ. — Elle ne diffère pas sensiblement de la culture de jardin. On emploie de préférence les variétés naines, ainsi que celles de taille moyenne comme *Prince Albert*, *Caractacus*, *Michaux*, *Express*, d'*Auvergne* ou *serpette*, *Téléphone*, etc., qui peuvent se passer de rames, surtout si l'on a la précaution de les *pincer* au-dessus de la cinquième ou de la sixième fleur : cette opération a pour but, non seulement d'arrêter le développement des tiges en hauteur et d'éviter les rames, mais surtout de hâter la maturité des cosses et de permettre de ne faire qu'une seule cueillette.

Les semis se font depuis Mars jusqu'en Juin-Juillet, lorsqu'il s'agit de la récolte des cosses vertes, et ordinairement en rayons espacés de $0^m 40$ à $0^m 60$ suivant les variétés.

Le semoir est usité dans les grandes exploitations qui emploient la herse à cheval pour couvrir le semis, ainsi que la sarcleuse ou la houe à cheval pour exécuter les deux façons que l'on a l'habitude de faire pendant la durée de la végétation, alors que les tiges sont encore assez courtes pour ne pas être endommagées.

La récolte des cosses vertes a lieu trois mois et demi à quatre mois après le semis.

Pour la récolte du grain sec, qui se vend ordinairement cassé, ce sont presque exclusivement les variétés suivantes que l'on emploie : *P. nain vert gros*, *P. vert de Noyon*, *P. gros carré vert normand*. — On sème de bonne heure au printemps sur labour d'automne et on arrache les pieds quand les dernières cosses sont mûres.

Culture méridionale. — Cette culture se fait en pleine terre sans aucun abri artificiel. Les semis commencent en Septembre-Octobre et s'effectuent en lignes espacées de $0^m 25$ à $0^m 60$ suivant les variétés. Les soins à donner sont exactement les mêmes que ceux indiqués pour la culture en plein champ.

On cultive surtout : *P. nain hâtif*, *P. très nain Couturier*, *P. nain très hâtif d'Annonay*, *P. serpette nain vert*, *P. Prince Albert*, *P. Caractacus*, *P. Daniel O'Rourke*, *P. Léopold II*. Ces pois sont apportés en quantité sur le marché de Paris depuis Février jusqu'en Avril.

On sème aussi au printemps et même en Juillet-Août pour produire à l'automne, mais le résultat de ces cultures n'est satisfaisant qu'autant qu'elles sont faites en terres irrigables.

Culture forcée. — Cette culture a perdu maintenant de son importance, depuis que les pois d'Algérie et du Midi sont amenés en grande quantité sur nos marchés, mais elle se pratique encore dans les potagers d'amateurs.

Les semis se font de Novembre à Février sur couche tiède chargée de $0^m 20$ à $0^m 25$, et par parties égales, de terre ordinaire et de terreau, le tout intimement mélangé par un labour. On trace des rayons espacés de $0^m 30$ et profonds d'environ $0^m 10$, dans lesquels on dispose les grains à $0^m 01$ ou $0^m 02$ les uns des autres ; puis on les recouvre en comblant les sillons.

— Durant les fortes gelées, on couvre de paillassons pendant la nuit ; le jour, et particulièrement à l'époque de la floraison, on aère pour éviter la coulure des fleurs. On maintient la chaleur de la couche en entourant les coffres de fumier. — Lorsque les pois ont atteint une hauteur de $0^m 25$, on les butte ou on les couche au besoin en recouvrant fermement de terre une bonne partie des tiges que l'on *pincera* plus tard au-dessus de la troisième ou quatrième fleur. De légers bassinages à l'eau douce seront donnés dans le cours de la végétation, mais de préférence le matin. Lorsque les tiges toucheront le verre des châssis, et afin de leur donner plus d'aisance, on surélèvera les coffres en assujettissant les pieds au moyen de tampons de fumier. — On récolte les premiers pois vers le milieu de Mars.

Certains jardiniers se bornent à semer en pleine terre, en cotière, dès le commencement de Novembre et à placer des châssis sur les semis. Pendant les froids les coffres sont entourés d'accots de fumier. Cette culture est moins rapide que la précédente et ne commence guère à donner que dans le courant d'Avril.

On sème aussi les pois en pépinière pour repiquer sur couche ou en pleine terre sous châssis. Cette façon de procéder augmente, paraît-il, la précocité des pois.

On force d'ordinaire les variétés suivantes : *P. nain à châssis très hâtif*, *P. nain très hâtif d'Annonay*, *P. très nain Couturier*, *P. serpette nain vert*, *P. Merveille d'Amérique*, *P. sans parchemin très nain hâtif à châssis*, qui n'ont généralement pas besoin, en raison de leur petite taille, d'être couchées vers le haut du coffre, comme c'était le cas lorsqu'on employait les variétés de taille moyenne.

ENGRAIS ET EXIGENCES. — Le Pois exige des terres meubles, saines et fertiles ayant du fond. Les terrains humides et ceux trop calcaires ne lui conviennent pas. Le sol doit être parfaitement ameubli et bien exposé, de façon que l'air et la lumière ne manquent pas à la plante.

Comme les autres légumineuses, le Pois emprunte à l'atmosphère une partie de l'azote nécessaire à l'élaboration de ses tissus ; par suite, il devient inutile de lui fournir de fortes doses d'engrais azoté ; toutefois on a reconnu les bons effets de l'apport d'une centaine de kilog. à l'hectare de nitrate de soude, surtout sur les semis effectués de bonne heure. Les besoins de la plante en acide phosphorique et en potasse sont importants : la fumure devra donc comporter ces deux éléments à dose élevée, surtout le premier.

A titre de renseignement, nous donnons ci-après un type de formule s'appliquant à une terre de moyenne fertilité, en bon état de culture et ayant reçu l'année précédente 20 à 30,000 kil. de fumier de ferme (les pois, de même que les haricots ne s'accommodant pas d'une fumure trop récente) :

Nitrate de soude . . . . 100 kil. »)
Superphosphate de chaux . . . . 600 — » } par hectare.
Chlorure de potassium . . . . . 200 — »)

Ces deux derniers produits pourront être enterrés en même temps, une quinzaine de jours environ avant le semis ; le nitrate sera répandu en couverture quinze jours après la levée.

Il convient d'ajouter que, malgré l'apport d'engrais appropriés, il n'est pas possible de cultiver le Pois dans de bonnes conditions plusieurs années de suite sur le même terrain. Dans les exploitations où la culture de cette légumineuse entre pour une bonne part dans l'assolement, on ne la fait ordinairement revenir que tous les trois ans au même endroit.

INSECTES NUISIBLES ET MALADIES. — Un des plus grands ennemis du Pois est la *Bruche* (*Bruchus pisi*) qui pond ses œufs sur les cosses en voie de formation. De petites larves blanches éclosent et pénètrent dans les graines où elles accomplissent leurs diverses transformations, tout en rongeant une partie de l'albumen, sans toucher cependant au germe si ce n'est qu'accidentellement ; au printemps, les insectes sortent des grains en perçant un petit trou rond à leur surface.

Il n'est pas possible de détruire les larves renfermées dans les cosses. On se contente généralement de soumettre à l'action des vapeurs de sulfure de carbone les grains destinés à servir de semence, de façon à tuer les insectes qu'ils peuvent contenir.

Les cultures de pois sont quelquefois attaquées par plusieurs maladies de nature cryptogamique dont les ravages sont heureusement assez restreints. Nous citerons, parmi les plus importantes, la « rouille », due à l'*Uromyces pisi*, et le « mildiou », causé par le *Peronospora viciæ*, qui se montrent sur les feuilles ; l'*Anthracnose* (*Ascochyta pisi*) attaque à la fois feuilles et fruits. — Ces maladies sont efficacement combattues par les bouillies au sulfate de cuivre. L'envahissement du *blanc* ou *oïdium* (*Erysiphe communis*) est facilement arrêté par l'emploi de la fleur de soufre.

Une cryptogame voisine de la précédente, le *Thielavia basicola*, attaque parfois les racines et la base de la tige des pois ; les plantes atteintes ont un aspect maladif, leur tige est grêle, les feuilles petites et jaunâtres ; elles fleurissent peu et mûrissent mal leurs graines. Lorsque la maladie est constatée, le mieux est d'arracher, pour les brûler, les sujets contaminés et d'attendre au moins trois ou quatre ans avant de faire revenir une légumineuse dans le terrain infesté.

USAGE. — Le grain des Pois à écosser se mange cuit, assaisonné de différentes façons, soit vert, soit sec ; on emploie de même, et tout entières, les cosses jeunes des Pois sans parchemin ou Mangetout.

POIS A ÉCOSSER

Noms étrangers : angl. Shelling peas. — all. Schal-Erbsen, Pahl-E., Kneifel-E. flam. et holl. Dop erwten. — dan. Skalœrte. — ital. Piselli da sgranare, P. da sgusciare. — esp. Guisantes para desgranar. — port. Ervilhas de grão. russe Gorokhy dlia louchtchenia. — pol. Groch łuskowy.

I. — POIS A GRAIN ROND.

A. — *Variétés à rames.*

Noms étrangers : angl. Pole or tall peas. — all. Stabel-Erbsen, Pfahl-E., Ausläufer E. ital. Piselli da frasca. — esp. Guisantes enredaderos. — russe Gorokhy vysokié. pol. Groch tyczny.

POIS A GRAIN ROND BLANC (à rames).

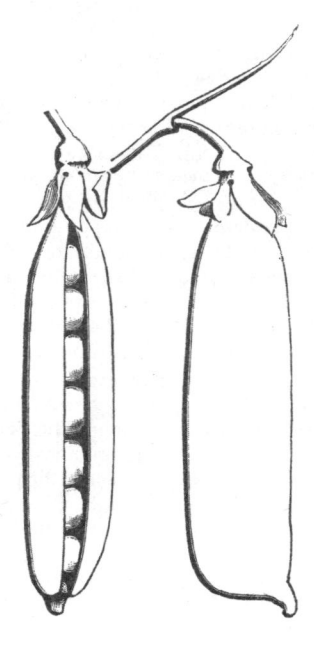

Pois Prince Albert.
Plante réd. au dixième.

Pois Prince Albert.
Cosses de grandeur naturelle.

POIS PRINCE ALBERT.

Synonymes : Pois hâtif de Plainpalais, P. de Régneville, P. brésilien, P. hâtif uniflore de Gendbrugge, P. chaud, P. lever de soleil.

Noms étrangers : angl. First and best pea, Extra early P., Extra early pioneer P.; (am.) Extra early summit P.

Tige grêle, de 0^m60 à 0^m80 de hauteur, simple, commençant à fleurir au cinquième ou au sixième nœud et portant de six à huit étages de cosses; fleurs généralement solitaires, blanches, moyennes. — Cosses droites, longues de 0^m04 à 0^m05, larges de 0^m012 et presque aussi épaisses, un peu carrées du bout, contenant de cinq à sept grains très ronds, restant assez souvent un peu verdâtres, ou prenant une teinte saumonée à la maturité. En moyenne, le litre pèse 780 grammes, et 10 grammes contiennent environ 50 grains.

Une particularité remarquable de ce pois, c'est que la fleur qui paraît au nœud fertile le plus bas sur la tige se dessèche souvent sans s'ouvrir, ou parfois, quand elle s'ouvre bien, ne le fait qu'après la fleur qui a paru au second nœud.

Le P. Prince Albert est le plus précoce de tous les pois qui se cultivent usuellement en France. Les Anglais en possèdent une sous-variété appelée *Dillistone's early*, qui est plus hâtive de trois ou quatre jours, mais qui est encore plus grêle et moins productive. — Le P. Prince Albert est celui qui convient le mieux pour la culture de primeur en pleine terre.

La variété américaine *Rural New-Yorker pea* nous a paru se rapprocher tellement du P. Prince Albert, qu'elle ne peut en être bien utilement distinguée. Elle fleurit en moyenne un jour ou deux plus tard, mais donne tout aussi tôt des cosses bonnes à cueillir.

Le *Pois de Pecquencourt* pourrait être considéré comme identique au P. Prince Albert, s'il n'avait fréquemment deux cosses à la maille.

POIS ÉCLAIR.

NOM ÉTRANGER : ANGL. Lightning pea.

Variété très précoce, de 0^m80 à 0^m90 de hauteur, à tige simple, plutôt grêle, chargée en bas comme les pois les plus hâtifs, par exemple le P. Prince Albert, qu'elle rappelle beaucoup, même comme précocité ; elle porte ordinairement sept ou huit étages de fleurs solitaires, longuement pédonculées.

Cosses longues de 0^m05 à 0^m06, droites, obtuses, bien pleines, renfermant d'ordinaire six à huit grains ronds, d'une teinte saumonée. Le litre pèse en moyenne 840 grammes, et 10 grammes contiennent environ 60 grains.

POIS CARACTACUS.

SYNONYME : Pois Pierre.

NOMS ÉTRANGERS : ANGL. Taber's perfection pea, Carter's first crop P., Improved early champion P., Washington P., Sangster N° 1 P.

Variété probablement sortie du P. Prince Albert, un peu plus grande et plus productive que lui, mais aussi un peu moins précoce.

Le P. Caractacus fleurit deux jours plus tard en moyenne que le Prince Albert; il prend assez souvent deux cosses à la maille, et ses cosses sont aussi un peu plus longues et plus larges que celles de ce dernier. Les grains, qui sont blancs et ronds, pèsent en moyenne 780 grammes par litre, et 10 grammes en contiennent environ 45.

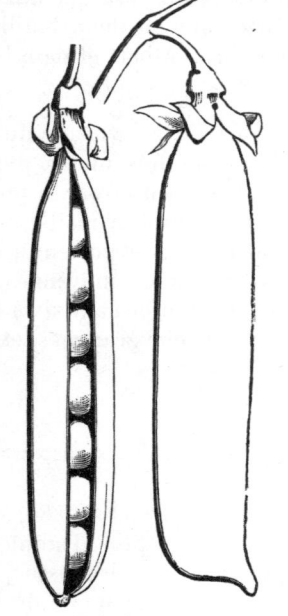

Pois Caractacus.
Cosses de grandeur naturelle.

C'est une variété un peu sujette à dégénérer et qu'il faut épurer avec soin si on veut la conserver bien franche. On l'emploie très souvent pour suppléer le P. Prince Albert.

Le P. Caractacus a pris une place assez importante dans les cultures faites aux environs de Paris pour l'approvisionnement du marché; il est moins productif que le P. Michaux de Hollande, mais, d'un autre côté, il a l'avantage de donner quatre ou cinq jours plus tôt que lui.

C'est surtout le P. Caractacus qui est connu et cultivé en Picardie sous le nom de *Pois d'Avent*, dénomination que l'on applique aussi, mais plus rarement, au P. Prince Albert et au P. Michaux de Hollande.

POIS DANIEL O'ROURKE.

Synonymes : Pois Daniel, P. de Hollande jaune (Env. de Paris).

Tige de 0^m60 à 0^m75; feuillage un peu plus ample, plus arrondi et plus blond que celui du P. Prince Albert; fleurs blanches, assez grandes, solitaires, commençant à paraître au sixième nœud. — Cosses également un peu plus longues et plus larges que celles du Prince Albert. Grain assez gros, devenant à la maturité d'un blanc verdâtre ou saumoné. En moyenne, le litre pèse 790 grammes, et 10 grammes contiennent à peu près 45 grains.

Le P. Daniel O'Rourke est exactement de la même précocité que le Caractacus et présente, à peu de chose près, les mêmes avantages.

Ces deux variétés sont du reste assez voisines et parfois confondues l'une avec l'autre, bien qu'elles présentent des différences assez marquées pour qui les étudie avec soin : On peut reconnaître assez sûrement le P. Daniel O'Rourke à ce que ses tiges se terminent brusquement au sommet, au-dessus d'une feuille presque aussi grande que les autres, au lieu de s'effiler et de porter une ou deux feuilles réduites, comme c'est ordinairement le cas dans le Prince Albert et dans le Caractacus.

POIS TRÈS HATIF DE MAI.

Variété très voisine du P. Caractacus, fleurissant en même temps que lui, mais, toutefois, un peu plus longue à mûrir. Cette légère infériorité est amplement compensée par sa production plus considérable; elle porte régulièrement deux cosses à la maille; ses tiges ne dépassent pas 1 mètre de hauteur, chargent très bas et portent le plus souvent neuf étages de fleurs. — Les cosses sont de dimensions moyennes, longues de 0^m06 ou 0^m07, droites, obtuses, bien pleines, renfermant six à huit petits grains ronds saumonés. Le litre pèse en moyenne 800 grammes, et 10 grammes contiennent environ 50 grains.

POIS ÉMERAUDE.

Synonyme : Pois Joseph.

Noms étrangers : angl. Sutton's Emerald gem pea, Danecroft rival P., Girling's P., Glass P.

Tiges de 0^m60 à 0^m80, entrenœuds allongés; feuillage moyen ressemblant, avec un peu plus d'ampleur, à celui du P. Prince Albert et caractérisé, ainsi que les tiges et les cosses, par une teinte très particulière vert franc et glacé, tout à fait dépourvu de l'apparence glauque et bleuâtre ordinaire dans les autres pois; fleurs blanches, le plus souvent solitaires, faisant place à des cosses droites, luisantes et vernissées comme les autres parties vertes de la plante et contenant de 6 à 8 grains moyens, ronds, quelquefois chagrinés à la surface et devenant d'un blanc légèrement saumoné à la maturité. Le litre de grains pèse 830 grammes, et 10 grammes contiennent environ 45 grains.

Au point de vue de la culture et de la production, le P. Émeraude présente une très grande analogie avec les variétés précédentes ; toutefois, sa couleur particulière le rend très facile à reconnaître de tous les autres et cela seul constitue un certain mérite.

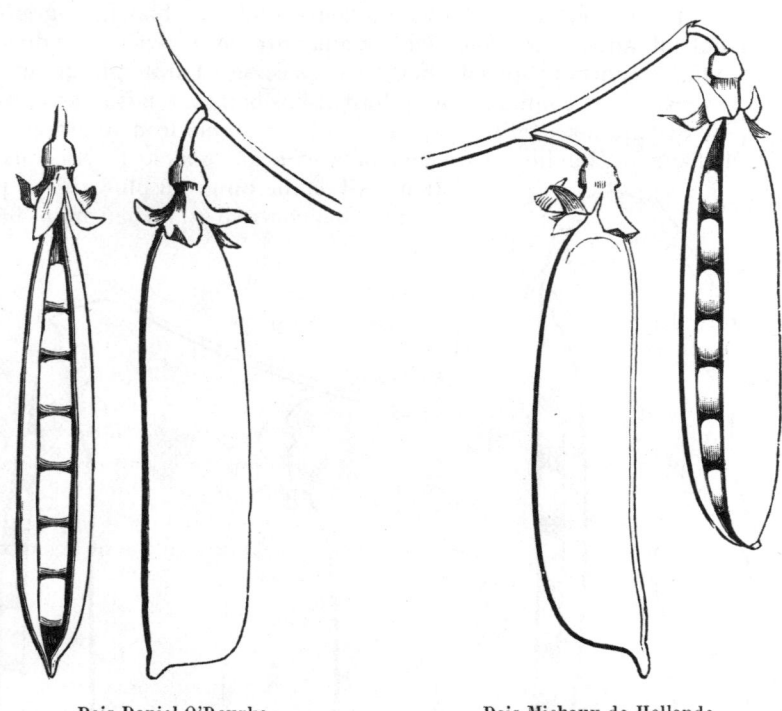

Pois Daniel O'Rourke.
Cosses de grandeur naturelle.

Pois Michaux de Hollande.
Cosses de grandeur naturelle.

POIS MICHAUX DE HOLLANDE.

Synonymes : Pois prime, P. à la reine, P. le plus hâtif, P. bergère, P. prodige, P. de Hollande vert (Env. de Paris).

Noms étrangers: angl. Early emperor pea. — all. Frühe weisse Holländische Erbse, Frühe Brockel-E., Volltragende Englische gelbe Maierbse, Frühe weisse Maierbse, Holländische Michauxerbse, Frühe Spaliererbse.

Tige d'un mètre de hauteur en moyenne ; feuilles et stipules plus amples que celles du P. Prince Albert, surtout d'un vert beaucoup plus foncé et plus glauque ; fleurs blanches, de grandeur moyenne, presque toujours réunies par deux et commençant à paraître vers le huitième nœud ; la tige en porte habituellement de six à huit étages. — Cosses un peu courtes, ne dépassant guère $0^m 05$ à $0^m 06$, mais bien pleines et contenant jusqu'à huit et neuf grains, moyens, presque ronds, devenant bien blancs à la maturité. Le litre pèse à peu près 820 grammes, et 10 grammes contiennent environ 50 grains.

Le P. Michaux de Hollande est une des variétés qui conviennent le mieux aux cultures faites en plein champ pour l'approvisionnement des marchés ; il est relativement précoce, très productif et très rustique.

POIS MICHAUX DE RUELLE.

Syn. : Pois fleuriste (Bordeaux), P. Careta (Oran), P. gros Michaux (Env. de Paris).

Tige généralement simple, assez grosse, s'élevant de 1 mètre à 1ᵐ25. Le feuillage et les stipules en sont beaucoup plus amples que ceux du P. Michaux de Hollande et d'un vert plus blond ; les fleurs sont très blanches, grandes, assez souvent solitaires ; elles commencent à paraître au neuvième ou dixième nœud, et la tige en porte jusqu'à dix étages. — La cosse est droite, large, un peu obtuse à l'extrémité, et contient sept ou huit grains blancs, ronds et assez gros. Le litre pèse 810 grammes, et 10 grammes contiennent environ 40 grains.

Le P. Michaux de Ruelle est un peu plus exigeant que le P. Michaux de Hollande. Il donne un grain plus gros et plus beau, mais par contre il est un peu moins hâtif.

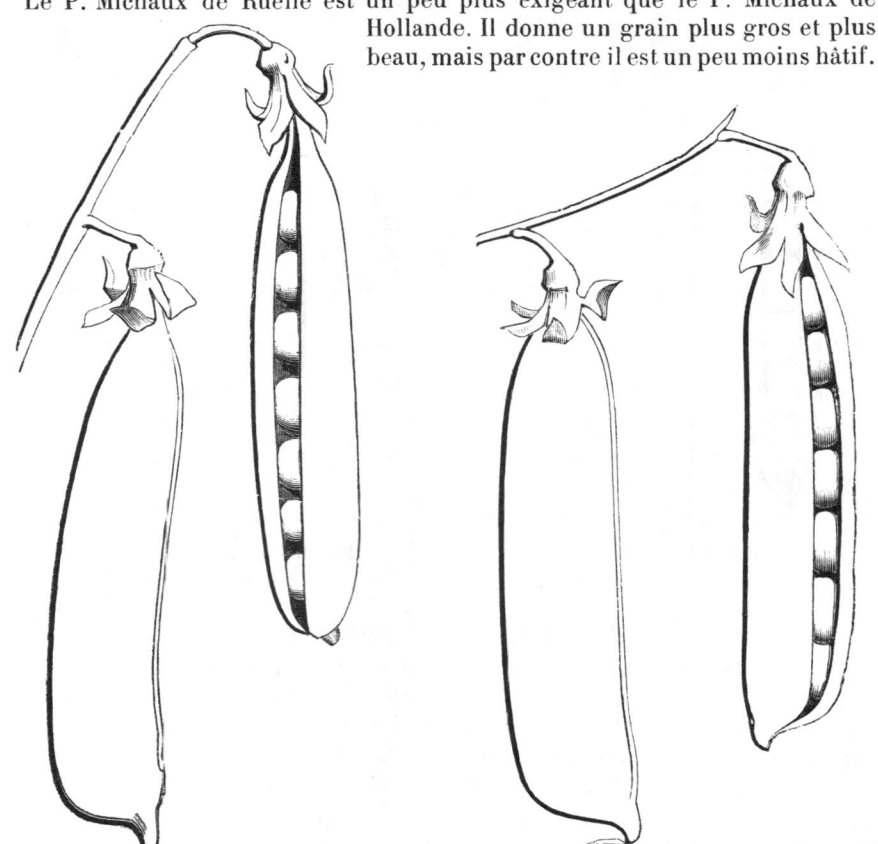

P. Michaux ordinaire (Cosses gr. naturelle). 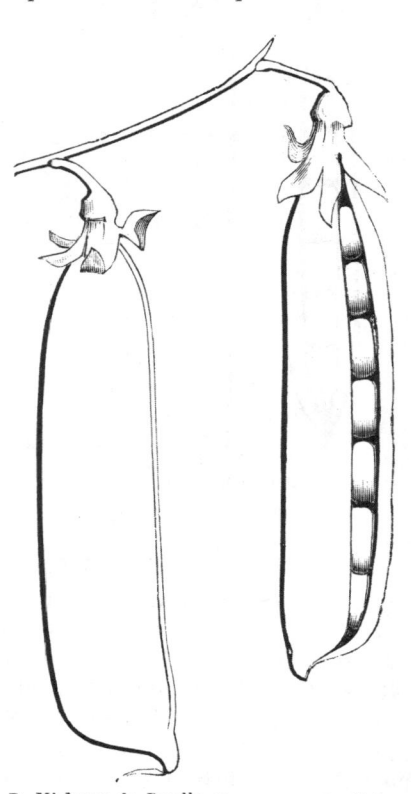   P. Michaux de Ruelle (Cosses gr. naturelle).

POIS MICHAUX ORDINAIRE.

Synonymes : Pois de la Sainte-Catherine, Petit pois de Paris, P. Michaux de Chantenay.
Noms étrangers : angl. Early frame pea. — all. Weisse frühe Pariser Erbse.

Le P. Michaux ordinaire diffère peu, à première vue, du Michaux de Hollande ; on pourrait même dire qu'il n'en est qu'une sous-variété, se distinguant par une rusticité plus grande, un peu moins de précocité et une production plus soutenue. Le feuillage, à part un peu plus d'ampleur, ressemble tout à fait à celui du P. Michaux de Hollande ; mais les fleurs, toujours réunies par deux, ne commencent à paraître que vers le dixième nœud, et la tige en porte de huit à douze étages. — Les cosses sont droites, assez étroites et un peu petites, mais très pleines. Les grains sont bien ronds, d'un blanc légèrement saumoné et de grosseur moyenne. Le litre pèse en moyenne 810 grammes, et 10 grammes contiennent environ 50 grains.

Le P. Michaux ordinaire est à peu près constamment ramifié, c'est-à-dire que de l'aisselle des feuilles situées immédiatement au-dessous de celles qui portent les premières fleurs, partent des pousses qui elles-mêmes ne tardent pas à fleurir. Ces ramifications ou tiges secondaires prennent surtout de la force lorsque, pour une raison ou une autre, la tige principale vient à être détruite entièrement ou en partie ; elles portent toujours un moins grand nombre de cosses que la tige principale.

Sous le nom de P. *remontant blanc* ou P. *Gauthier,* on a autrefois cultivé une race très voisine, par tous ses caractères, du P. Michaux ordinaire ; elle se faisait remarquer par la vigueur de ses pousses secondaires et par sa production plus soutenue.

POIS LÉOPOLD II.

Tige habituellement simple, haute d'un mètre ; folioles et stipules vert pâle finement maculé de grisâtre, ovales, assez allongées ; fleurs blanches, presque toujours réunies par deux et ne paraissant guère avant le douzième nœud. La tige en porte rarement plus de six ou sept étages.

Cosses longues, droites, d'un vert pâle, contenant sept ou huit grains blancs, très ronds, moyens. Le litre pèse en moyenne 780 grammes, et 10 grammes contiennent environ 50 grains.

Le P. Léopold II commence à fleurir cinq ou six jours plus tard que le

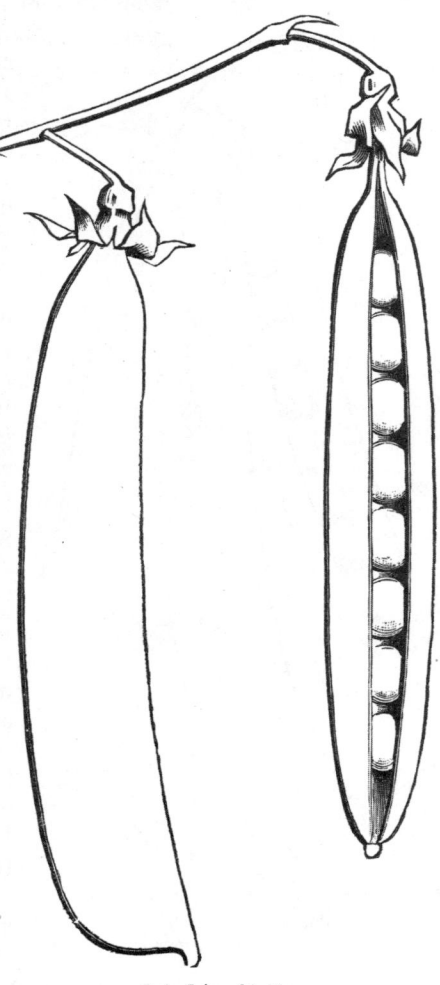

Pois Léopold II.
Cosses de grandeur naturelle.

P. Michaux de Hollande ; une de ses particularités les plus remarquables, c'est la rapidité avec laquelle ses cosses se forment et se remplissent. En effet, la floraison de cette variété ne se prolonge guère plus d'une quinzaine de jours ; la récolte dure à peu près le même temps ; après quoi, la plantation peut être détruite et remplacée par autre chose : c'est là un avantage considérable pour la culture maraîchère.

POIS DE CLAMART HATIF.

Tige haute de 1ᵐ30 à 1ᵐ50, ordinairement ramifiée en dessus des premières cosses, qui commencent à paraître du dixième au douzième nœud. Elles sont généralement réunies par deux et succèdent à des fleurs bien blanches et de taille moyenne. Elles se distinguent des cosses du Pois de Clamart ordinaire en ce qu'elles sont sensiblement plus longues, de couleur plus pâle et assez fortement courbées; la tige en porte dix étages en moyenne. — Elles sont très pleines, contenant de sept à neuf grains qui arrivent très vite à se toucher et à s'aplatir les uns contre les autres; à la maturité, ces grains sont carrés et presque ridés, de couleur blanche très légèrement verdâtre. Le litre pèse en moyenne 840 grammes, et 10 grammes contiennent environ 45 grains.

Le P. de Clamart hâtif commence à donner presque en même temps que le P. Michaux ordinaire, et la production en est à peu près aussi soutenue; la forme de sa cosse et l'aspect de son grain permettent de l'en distinguer très aisément.

POIS MERVEILLE D'ÉTAMPES.

Synonymes : Pois Victor très hâtif à longue cosse, P. cosaque.

L'aspect général de la plante rappelle beaucoup le P. serpette vert, avec une taille un peu moindre. Tige ordinairement simple, à nœuds espacés; feuillage assez ample, d'un vert très blond; stipules extrêmement grandes et larges. Fleurs ordinairement réunies par deux, commençant à paraître au dixième nœud, blanches, grandes, à étendard souvent festonné ou denté sur les bords.

Aux fleurs succèdent des cosses qui s'allongent très rapidement, et deviennent en peu de jours longues, larges, et légèrement courbées vers l'extrémité; elles se renflent passablement avant que les grains aient pris tout leur développement, et, sous ce rapport encore, le P. Merveille d'Étampes ressemble beaucoup au P. serpette vert; mais les deux variétés diffèrent complètement par le grain, qui, au lieu d'être gros et vert, se trouve, dans le P. Merveille d'Étampes, blanc et de grosseur moyenne. Les cosses sont très pleines; elles contiennent habituellement de dix à douze grains qui deviennent bien ronds et blancs à la maturité. Les tiges en portent en moyenne de sept à douze étages. Le litre de grains pèse à peu près 735 grammes, et 10 grammes en contiennent environ 55.

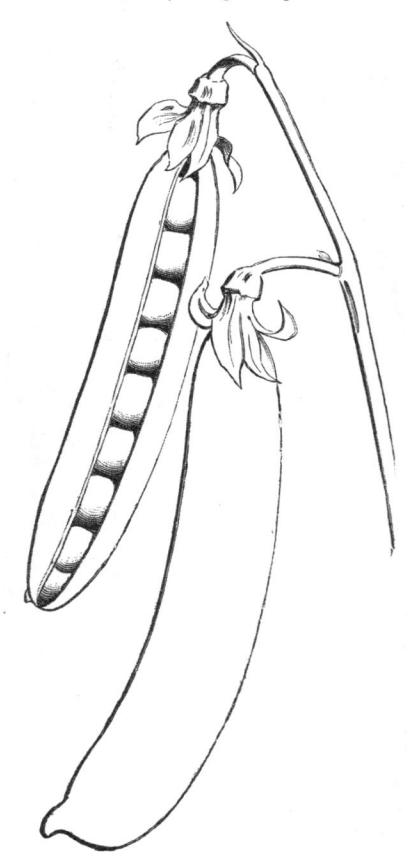

Pois de Clamart hâtif.
Cosses de grandeur naturelle.

Cette variété a été trouvée dans un semis fait par feu M. Bonnemain, d'Étampes, à qui l'on doit l'obtention de beaucoup de bonnes plantes potagères. L'ensemble de ses caractères la place bien entre le P. Léopold II et le P. d'Auvergne ; car, avec une cosse qui rappelle celle du second, elle a la taille et la précocité du premier ; elle offre aussi, comme lui, la particularité de donner tout son produit en très peu de jours.

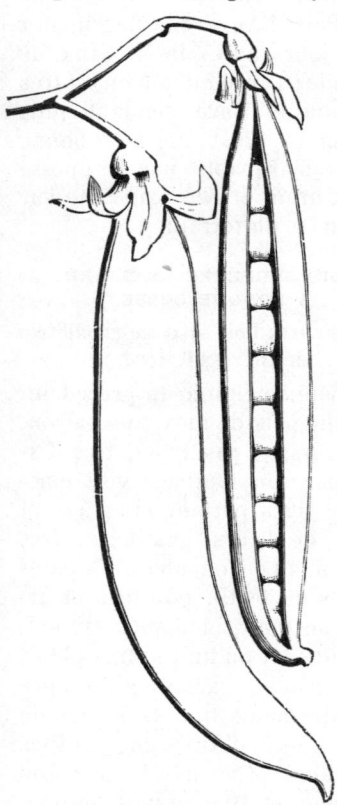

Pois d'Auvergne.
Cosses de grandeur naturelle.

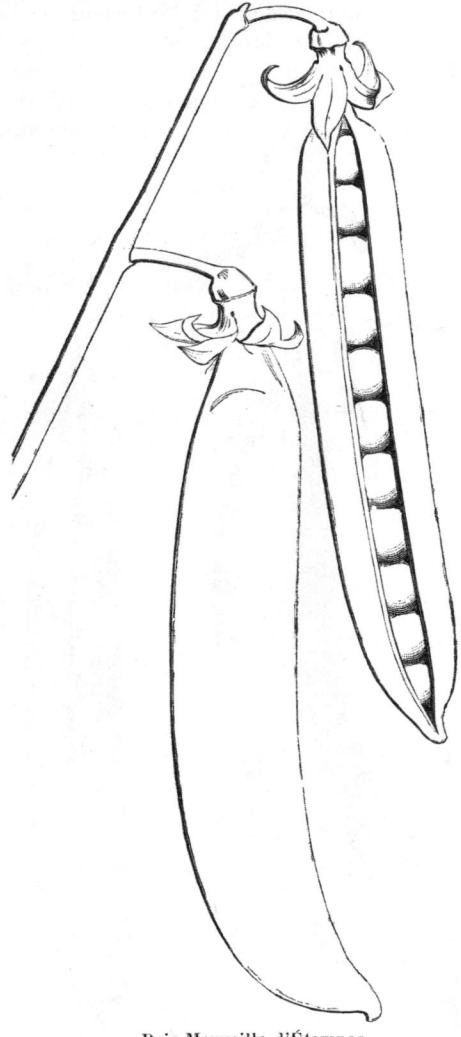

Pois Merveille d'Étampes.
Cosses de grandeur naturelle.

POIS D'AUVERGNE.

Synonymes : Pois serpette, P. crochu blanc, P. faucille, P. bec (Auvergne).
Noms étrangers : angl. White scimitar pea ; (am.) French canner P.
all. Schnabel Schal-Erbse.

Tige presque toujours ramifiée, s'élevant en moyenne à 1^{m}30 ; stipules et folioles ovales, assez pointues, d'un vert franc ou légèrement blond. Fleurs presque toujours réunies par deux, blanches, de grandeur moyenne, commençant à paraître vers le douzième nœud, et faisant place à des cosses longues, minces, d'abord légèrement courbées en arrière, puis se redressant, et finalement se recourbant en avant en forme de lame de serpette. La ligne courbe, concave, qui correspond au tranchant de la lame, est celle le long de laquelle les grains sont attachés à l'intérieur de la cosse : on la considère comme la partie antérieure ; le côté opposé est appelé *dos*, il ne porte jamais de grains.

La cosse du P. d'Auvergne est très pleine, elle contient de neuf à onze et quelquefois douze grains, de grosseur moyenne, remarquablement ronds, rarement déprimés, prenant à la maturité une couleur blanche un peu saumonée. Le litre de ces grains pèse en moyenne 790 grammes, et 10 grammes en contiennent environ 50.

Le Pois d'Auvergne fleurit huit à dix jours après le Michaux de Hollande ; la production en est très soutenue et dure pendant plus d'un mois. C'est une très bonne race, remarquable par la finesse de son grain et peu exigeante sur la richesse du terrain.

POIS SERPETTE AMÉLIORÉ A LONGUE COSSE.

SYNONYMES : Pois serpette amélioré de Brives, P. tord.

Variété améliorée du précédent. C'est un pois de moyenne saison, ne dépassant pas 1^m30, très distinct par son feuillage vert émeraude ; tiges portant cinq à sept étages de fleurs géminées, très longuement pédonculées. — Cosses longues de 0^m10, pointues et arquées au bout, bien pleines, renfermant sept ou huit grains plutôt petits, ronds, saumonés, rappelant, de même que la forme de la cosse, le P. d'Auvergne. Le litre de grains pèse d'ordinaire 750 grammes, et 10 grammes contiennent environ 60 grains.

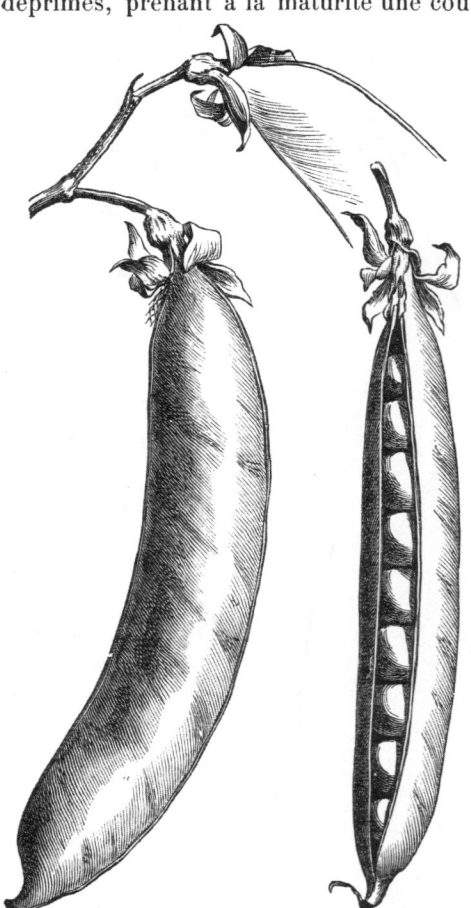

Pois sabre (Cosses de grandeur naturelle).

POIS SABRE.

SYN. : Pois crochu à rebours, P. d'Alger (Somme), P. Beauté des marchés, P. Jacques.

Tige forte, assez souvent ramifiée, s'élevant de 1^m30 à 1^m40 ; stipules et folioles amples, arrondies, un peu obtuses, d'un vert glauque et grisâtre ; fleurs variablement solitaires ou réunies par deux, blanches, grandes, ne paraissant habituellement que du douzième au quatorzième nœud. — Cosses larges, d'un vert pâle, recourbées dans le sens opposé à celles du P. d'Auvergne, c'est-à-dire ayant les grains rangés à l'intérieur de la ligne convexe formée par le devant de la cosse, tandis que le dos de cette cosse forme une ligne concave.

La production du P. sabre est moins prolongée que celle du P. d'Auvergne : elle peut durer environ trois semaines. La tige porte jusqu'à dix étages de cosses et au delà. Le grain est blanc, gros, un peu oblong. Le litre pèse à peu près 790 grammes, et 10 grammes contiennent environ 35 grains.

POIS GÉANT DE SAUMUR.

SYNONYME : Pois à gros grain de Saumur.

Grand pois tardif, atteignant 1ᵐ60 à 1ᵐ80, rappelant assez le P. Victoria marrow ; tiges fortes, nouant haut, à nœuds rapprochés, portant sept ou huit étages de fleurs géminées. — Cosses longues de 0ᵐ08 à 0ᵐ09, arquées, renfermant six à neuf grains, très gros, carrés, saumonés ou laiteux. Le litre de grains pèse d'ordinaire 750 grammes, et 10 grammes contiennent environ 25 grains. — Précocité à peu près égale à celle du P. de Clamart ordinaire.

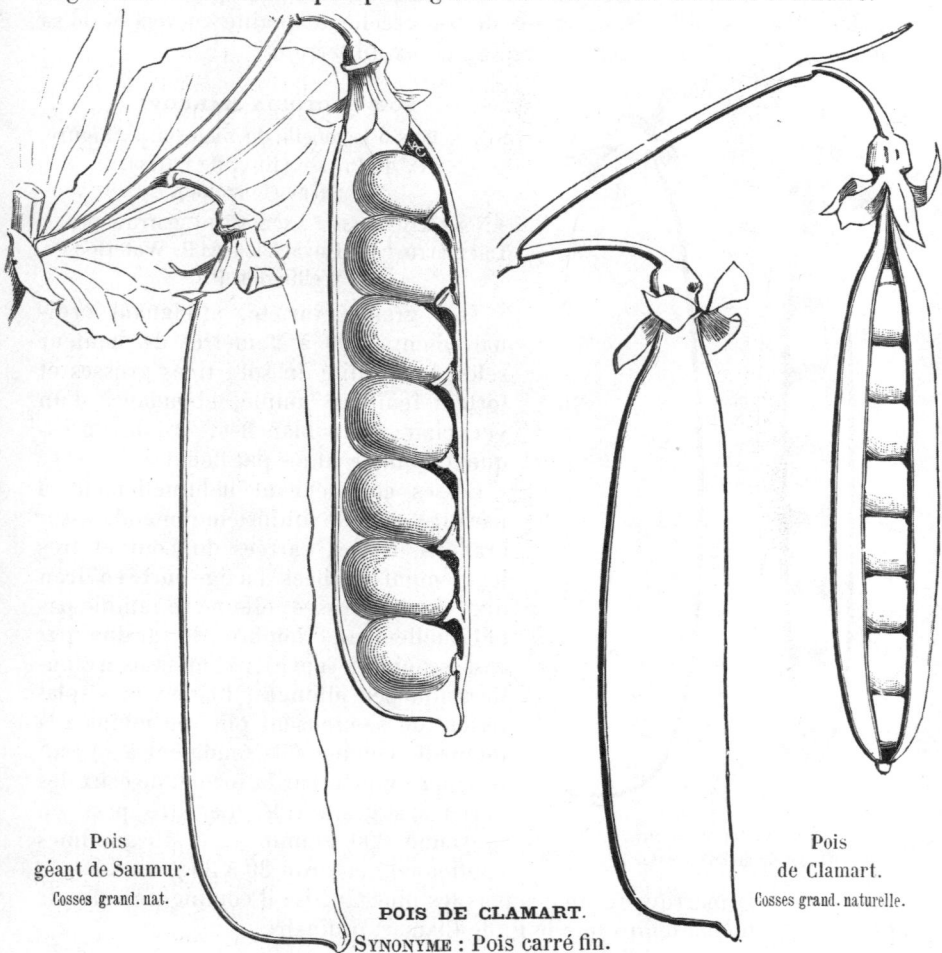

Pois géant de Saumur.
Cosses grand. nat.

POIS DE CLAMART.

SYNONYME : Pois carré fin.

Pois de Clamart.
Cosses grand. naturelle.

Plante haute, touffue, ramifiée, atteignant 1ᵐ50 à 1ᵐ80 de hauteur ; feuillage moyen, d'un vert clair, moins glauque que celui de la plupart des autres variétés. Fleurs blanches, moyennes, presque toujours réunies par deux, et faisant place à des cosses droites ou très légèrement courbées, de largeur uniforme, brusquement rétrécies aux deux extrémités. La tige est simple jusqu'au quatorzième ou quinzième nœud; elle porte ensuite deux ou trois, très rarement quatre ramifications, puis les fleurs commencent à paraître vers le seizième ou le dix-huitième nœud.

Les cosses ne dépassent guère 0m05 à 0m06 de longueur; elles sont habituellement très pleines et contiennent d'ordinaire six à huit grains, si serrés qu'ils s'aplatissent tout à fait sur deux faces; ils restent carrés à la maturité, parfois un peu ridés, et prennent une teinte blanche ou légèrement verdâtre. Le litre pèse en moyenne 800 grammes, et 10 grammes contiennent environ 50 grains. — La tige principale porte de sept à neuf étages de cosses, les ramifications rarement plus de quatre.

Le P. de Clamart est une des variétés les plus estimées, particulièrement dans les environs de Paris, en raison de son excellente qualité en vert et de sa production. Il est peu exigeant quant au choix du terrain.

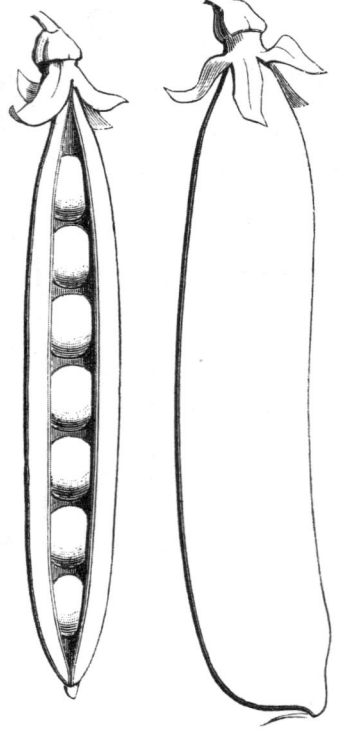

POIS VICTORIA MARROW.

Syn. : Pois à la moelle de Victoria, P. Figure, P. de Prusse (Env. de Paris), P. Sarry (Lorraine).

Noms étrangers : angl. Giant marrow pea, Tall marrow P., Royal Victoria P. Waterloo P., Wellington P.

Très grande variété, atteignant ordinairement 1m50 à 2 mètres de hauteur selon la fertilité du sol; tiges grosses et fortes; feuillage ample, abondant, d'un vert clair; fleurs blanches, grandes, presque toujours réunies par deux.

Cosses commençant habituellement à paraître vers le quinzième nœud, assez grandes, larges, carrées du bout et très légèrement courbées. La tige porte environ dix étages de cosses; elle ne se ramifie pas habituellement. Nombre de grains par cosses : cinq à sept; ils sont assez irréguliers, un peu allongés, blancs, et s'aplatissent ou se creusent plus ou moins à la maturité, comme s'ils tendaient à se rapprocher un peu, par la forme, de ceux des variétés à grain ridé. Le litre pèse en moyenne 800 grammes, et 10 grammes contiennent environ 30 à 35 grains.

Pois Victoria marrow.
Cosses de grandeur naturelle.

Le P. Victoria marrow est un des pois les plus tardifs; il commence à fleurir à peu près en même temps que le P. de Clamart ordinaire.

En Angleterre, on appelle *marrow peas* (pois moelle), toutes les variétés dont le grain est très gros et tendre; mais cette désignation est principalement appliquée aux pois ridés.

POIS A GRAIN ROND VERT (*à rames*).

POIS EXPRESS.

Nom étranger : all. Harrison's Vorbote Erbse.

Tiges grêles, s'élevant à 0^m60 ou 0^m80 de hauteur, suivant le climat et la nature du terrain ; feuillage assez léger, arrondi, d'un vert glauque ; fleurs blanches, solitaires, paraissant d'ordinaire au cinquième ou sixième nœud et faisant place à des cosses droites, obtuses ou carrées à l'extrémité ; ces cosses renferment habituellement de cinq à huit grains petits, très ronds, qui prennent à la maturité une teinte vert bleuâtre assez intense.

Le Pois Express ressemble considérablement au Pois Prince Albert par tous ses caractères de végétation. Il s'en distingue à peine par son feuillage d'un vert moins blond et sa précocité de trois ou quatre jours moins grande ; mais, par contre, il en diffère absolument par la couleur glauque de son grain ; il est aussi plus productif. Le litre de grains pèse en moyenne 780 grammes, et 10 grammes contiennent environ 55 grains.

Cette variété, relativement nouvelle encore, a très rapidement acquis la vogue ; elle est aujourd'hui très répandue dans les cultures en raison de sa production bien soutenue et surtout de sa précocité ; c'est, en effet, la plus hâtive des variétés à grain vert, et elle est sous ce rapport presque l'égale du P. Prince Albert dans les variétés à grain blanc.

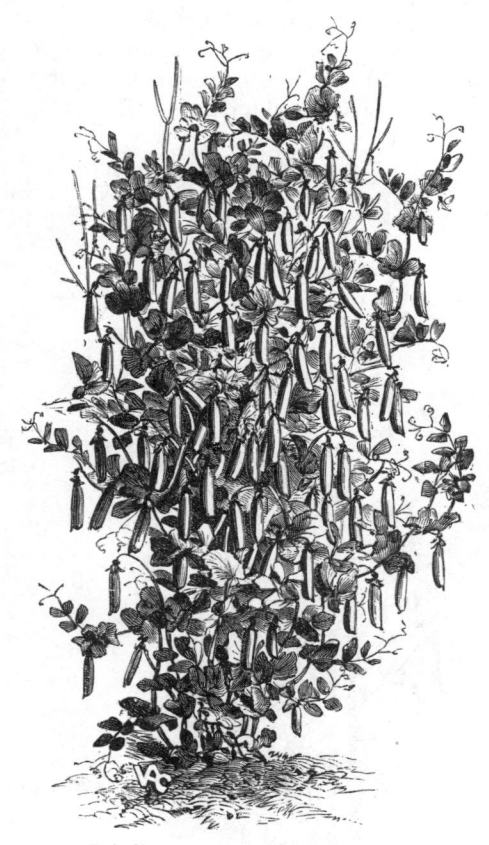

Pois Express (Plante réd. au dixième).

POIS ALASKA.

Nom étranger : angl. Blue Alaska pea.

Pois très hâtif, d'environ 0^m80 de haut ; un peu plus élevé et plus blond que le P. Express dont il ne diffère que très légèrement ; tiges portant huit étages de fleurs solitaires longuement pédonculées. — Cosses longues de 0^m07 à 0^m08, renflées, droites, obtuses, renfermant en moyenne six grains, verts, ronds ou un peu comprimés, un peu plus gros et plus colorés que ceux du P. Express. Le litre pèse en moyenne 780 gr., et 10 grammes contiennent environ 45 grains.

Cette variété est très cultivée dans le sud-ouest de la France. Elle semble donner de meilleurs résultats que le P. Express dans les climats chauds et secs.

POIS WILLIAM HATIF.

Synonyme : Pois serpette express.

Pois à rames, en ce sens qu'il a besoin d'être soutenu, quoique sa taille atteigne rarement 1 mètre. Tiges portant cinq ou six étages de fleurs longuement pédonculées. — Cosses longues de 0^m07, un peu arquées du bout. Grains, au nombre de six ou sept par cosse, moyens, ronds, ou parfois un peu chagrinés, d'un vert olivâtre caractéristique. Le litre pèse en moyenne 760 grammes, et 10 grammes contiennent environ 40 grains.

Cette variété, obtenue par M. Laxton, a remplacé le *P. William the first* (*Pois William*) du même semeur et se distingue par sa grande précocité ; il est un peu moins hâtif à fleurir que le *P. Express*, mais mûrit avant lui.

Pois William hâtif.
Plante réd. au dixième.
Cosses de grandeur naturelle.

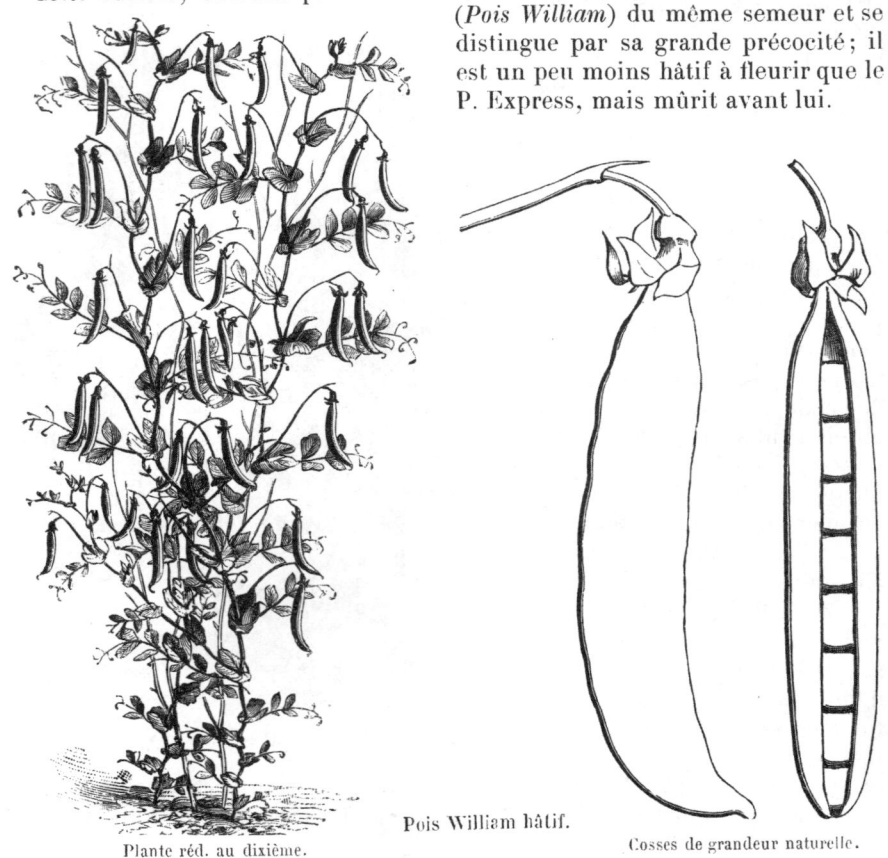

POIS VERT CENT POUR UN.

Pois robuste, atteignant 1 mètre à 1^m30 ; feuillage et tiges très glauques, restant verts en séchant ; fleurs géminées, réparties sur sept à neuf étages. — Cosses longues de 0^m08 à 0^m09, très glauques, légèrement arquées, renfermant six à huit grains moyens, vert cendré clair. Le litre de grains pèse à peu près 830 grammes, et 10 grammes contiennent environ 50 grains.

C'est une variété demi-tardive et extrêmement productive, dont le nom n'a rien d'exagéré, car on trouve souvent sur le même pied plus de vingt cosses contenant chacune jusqu'à huit grains.

POIS SERPETTE VERT.

Synonyme : Pois crochu vert.
Nom étranger : angl. Laxton's Supreme pea.

Cette variété est un des premiers gains de M. Laxton ; elle est restée un des meilleurs. C'est une race rustique, assez productive, et remarquable par la beauté de ses cosses et de son grain ; elle a rapidement pris faveur aux environs de Paris, dès son introduction.

Tige de 1m40 environ, généralement simple, de couleur glauque ; stipules et folioles assez amples, d'un vert pâle et très blond ; fleurs généralement solitaires, d'abord verdâtres, puis blanches, commençant à paraître vers le douzième nœud ; la tige en porte habituellement de six à huit étages. — Cosses longues de 0m07 à 0m09, d'un vert foncé, droites avec une pointe courte et brusquement recourbée. Grains gros, un peu oblongs, parfois déformés à cause de la compression qu'ils subissent dans les cosses, restant d'un vert foncé à la maturité. Le litre pèse en moyenne 760 grammes, et 10 grammes contiennent environ 34 grains.

Le P. serpette vert commence à fleurir un jour ou deux avant le P. d'Auvergne, mais la production en est moins prolongée ; elle n'excède pas ordinairement trois semaines.

Un caractère bien particulier à cette variété de pois, c'est la façon remarquable dont les cosses se renflent, non pas sous l'influence du grossissement du grain, mais bien avant que le grain les remplisse. Il est encore tout petit, que la cosse, ballonnée pour ainsi dire, est déjà plus large que profonde.

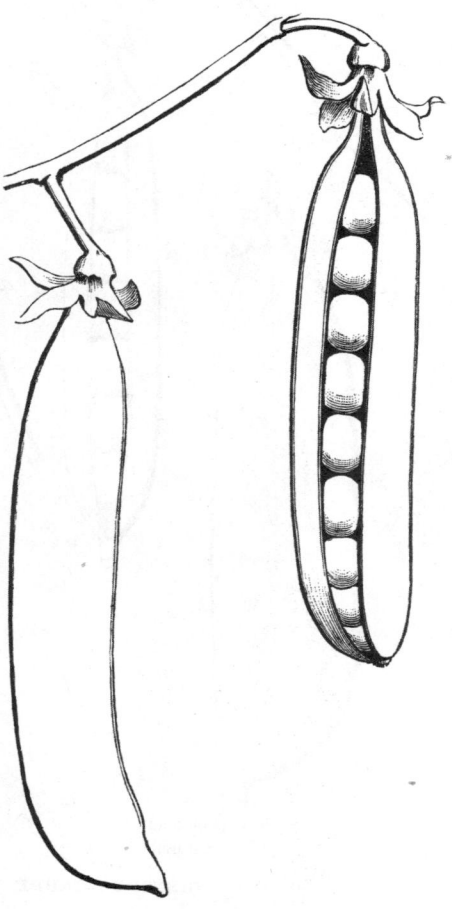

Pois serpette vert.
Cosses de grandeur naturelle.

POIS A TROIS COSSES.

Variété tardive ; tiges fortes, hautes de 1m50, nouant très haut, portant cinq ou six étages de fleurs, presque toutes réunies par trois au sommet des pédoncules et nouant bien ; les pédicelles sont souvent pourvus à la dernière articulation d'une bractée foliacée et dentée. — Cosses petites, minces, longues de 0m07 à 0m08, pointues et fortement arquées au bout, très pleines, renfermant huit ou neuf grains, petits, ronds, bien lisses et d'un vert bleu. Le litre de grains pèse 810 grammes, et 10 grammes contiennent environ 70 grains.

Ce pois est, à notre connaissance, le seul qui donne régulièrement trois cosses à la maille, ce qui lui a valu son nom ; la dimension des grains se ressent forcément de cette abondance, mais ils sont si nombreux que, somme toute, le rendement est considérable.

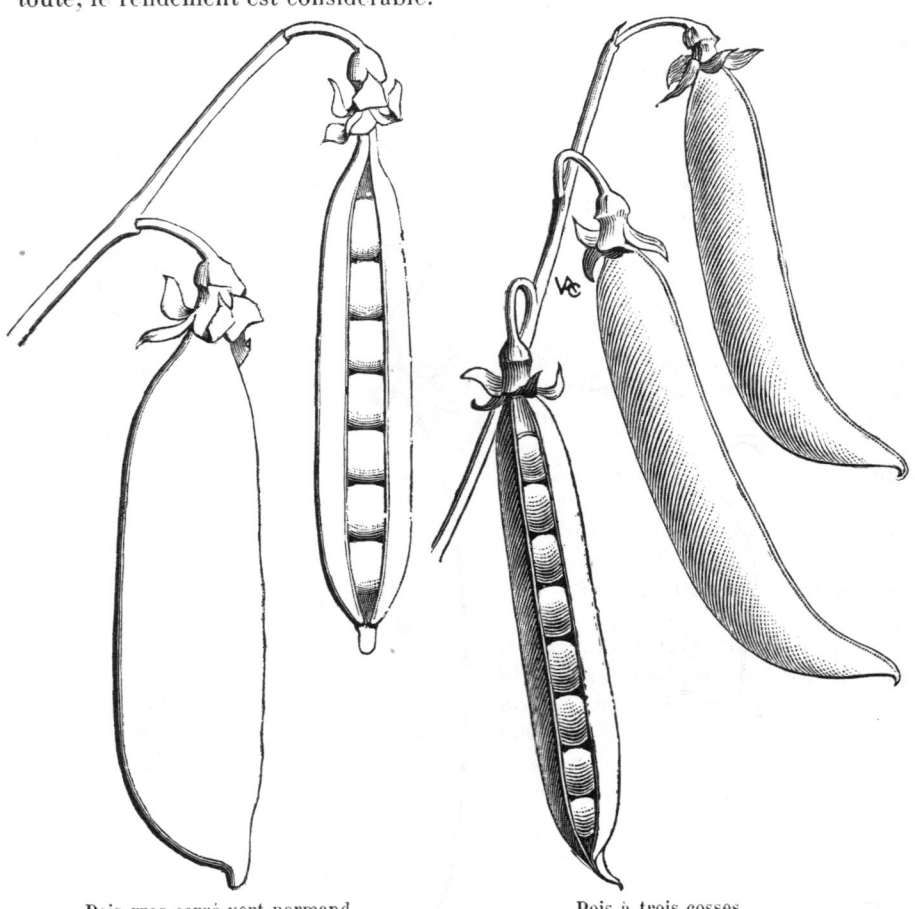

Pois gros carré vert normand.
Cosses de grandeur naturelle.

Pois à trois cosses.
Cosses de grandeur naturelle.

POIS GROS CARRÉ VERT NORMAND.
Synonyme : Pois à purée.

Tiges grosses, très fortes, de 1^m50 à 2 mètres de haut, à feuilles amples : stipules très grandes et arrondies ; feuillage vert foncé un peu glauque ; fleurs d'un blanc un peu verdâtre, toujours réunies par deux.

Cosses très larges, longues de 0^m06 à 0^m07, très légèrement courbées. Les cosses ne commencent à paraître que du dix-huitième au vingtième nœud ; chaque rameau en porte rarement plus de cinq ou six étages, mais la plante, étant très ramifiée, ne laisse pas que d'être productive. Les cosses ne contiennent guère plus de quatre à six grains, qui sont gros, très aplatis, un peu ridés et vert grisâtre à la maturité. Le litre pèse en moyenne 790 grammes, et 10 grammes contiennent environ 30 grains.

B. — *Variétés demi-naines.*

POIS A GRAIN ROND BLANC (*demi-nains*).

POIS NAIN HATIF.

Synonymes : Pois Lévêque, P. tous les nœuds.

Nom étranger : angl. Bishop's early pea.

Variété naine, mais non très naine, s'élevant à 0^m50 ou 0^m60 de hauteur ; tiges assez trapues, minces à la base et un peu contournées en zigzag ; feuillage moyen, d'un vert assez foncé ; stipules plutôt petites que grandes et très dentées à la base ; fleurs blanches, moyennes, tantôt solitaires et tantôt réunies par deux, commençant à paraître vers le dixième ou onzième nœud. La tige porte ordinairement sept ou huit étages de cosses ; elle a quelquefois une ou deux ramifications qui restent stériles.

Cosses relativement grandes et larges, de 0^m06 à 0^m08 de long, un peu recourbées, contenant ordinairement de cinq à sept grains, blancs, quelquefois verdâtres, gros et légèrement carrés. Ces grains pèsent en moyenne 800 grammes par litre, et 10 grammes en contiennent environ 40.

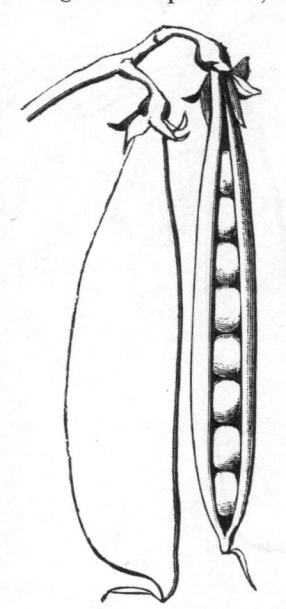

Pois nain hâtif anglais.	Pois nain hâtif.	Pois nain hâtif.
Cosses de grandeur naturelle.	Plante réd. au dixième.	Cosse de grandeur naturelle.

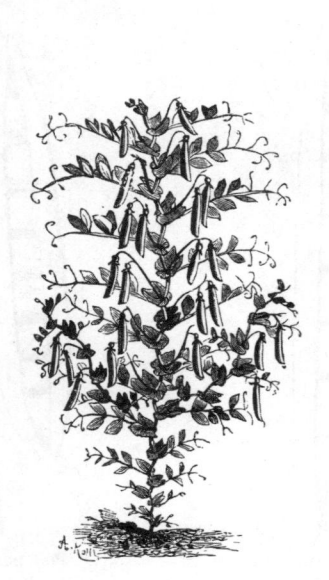

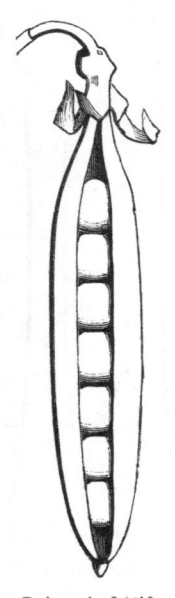

Le *Pois nain hâtif anglais* diffère du P. nain hâtif ordinaire par la teinte un peu plus blonde de son feuillage, ses tiges un peu plus hautes, ses fleurs presque toujours réunies par deux, et par ses cosses un peu moins allongées et plus pointues.

Les tiges se ramifient très rarement, mais il en sort ordinairement plusieurs du même collet, la tige principale avortant de très bonne heure et donnant naissance, de ses nœuds inférieurs, à deux ou trois tiges à peu près égales entre elles et portant chacune de six à huit étages de cosses.

Il convient aux mêmes usages que le P. nain hâtif ordinaire.

POIS NAIN BISHOP A LONGUE COSSE.

Synonyme : Pois charge bas.

Noms étrangers : angl. Bishop's long-podded pea, Bishop's improved P.

Pois nain s'élevant à 0^m50 ou 0^m60, rarement plus ; tiges portant une ou deux ramifications, situées immédiatement au-dessous du douzième nœud, qui est celui où la floraison commence habituellement ; fleurs blanches, moyennes, ne s'ouvrant pas très bien, à peu près aussi souvent solitaires que réunies par deux. — Cosses assez longues, atteignant 0^m06 ou 0^m07, droites, un peu pointues, et contenant six à huit grains presque ronds, d'un vert pâle, devenant, à la maturité, blancs et ronds, de grosseur moyenne. Les grains pèsent à peu près 790 grammes par litre, et 10 grammes en contiennent environ 40.

La précocité du P. nain Bishop à longue cosse est à peu près la même que celle du P. nain hâtif, dont il diffère assez peu, du reste.

Ce sont deux très bonnes variétés pour la culture de saison en pleine terre.

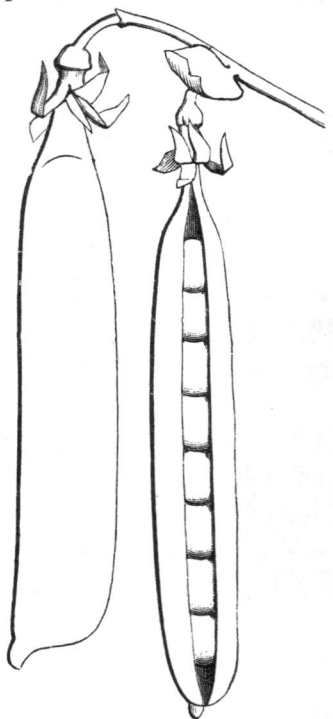

Pois nain Bishop à longue cosse.
Cosses de grandeur naturelle.

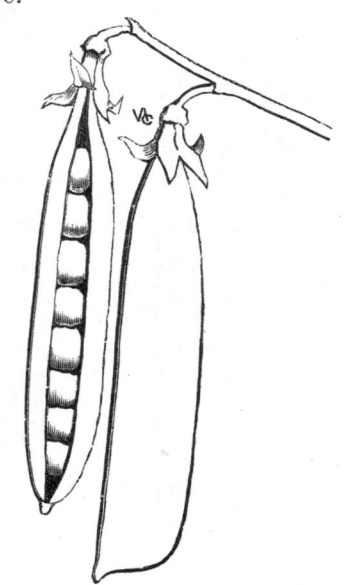

Pois nain ordinaire.
Cosses de grandeur naturelle.

POIS NAIN ORDINAIRE.

Synonymes : Pois nain de Hollande, P. à bouquet, P. à la reine.

Pois nain, ramassé, ne dépassant pas généralement 0^m40 à 0^m50 de hauteur ; tiges assez minces, coudées en zigzag, à nœuds nombreux et rapprochés, ordinairement ramifiées ; feuillage abondant et petit, raide et un peu contourné. La tige principale porte environ huit étages de cosses, et les ramifications seulement de deux à quatre. Les fleurs sont à peu près constamment réunies par deux ; elles commencent à paraître vers le douzième nœud. — Cosses ne dépassant guère 0^m05 de longueur ; elles sont minces, carrées du bout, très légèrement arquées et contiennent de six à huit grains, très serrés les uns contre les autres, et, par suite, aplatis sur deux faces à la maturité ; ils sont remarquablement petits, un peu anguleux et d'une teinte légèrement verdâtre. Le litre pèse en moyenne 800 gr., et 10 grammes contiennent environ 65 grains.

Dans le P. nain ordinaire, la plante a un aspect remarquablement compact ; les fleurs, blanches et très nombreuses, se détachent bien sur le feuillage très vert et très touffu.

POIS DE CLAMART NAIN HATIF.

Variété presque naine, ne s'élevant pas à plus de 0^m60 à 0^m70 et se soutenant assez bien pour être cultivée sans rames. Tiges rameuses, portant six à sept étages de fleurs géminées ; feuillage très glauque. — Cosses nombreuses, de longueur moyenne, droites, obtuses, renfermant six à sept grains, petits, ronds ou un peu comprimés, d'une teinte laiteuse ou parfois saumonée. Le litre pèse en moyenne 840 grammes, et 10 grammes contiennent environ 38 grains.

Cette race, de seconde saison, donne son produit de suite après les variétés hâtives ; elle est recommandable pour cultiver en plein champ en vue de la vente.

POIS A GRAIN ROND VERT (*demi-nains*).

POIS NAIN VERT IMPÉRIAL.

SYNONYMES : Pois vert nain champêtre de seconde saison, P. à la reine.

Pois demi-nain, de 0^m60 à 0^m75 de hauteur; tige grosse, assez ramassée, en zigzag, surtout à la base ; feuillage assez fin, à folioles ovales-pointues, d'un vert franc, presque entièrement dépourvu de teinte glauque et de marbrures grisâtres ; fleurs généralement réunies par deux, presque vertes, commençant à paraître vers le douzième nœud, et au-dessus d'une ou deux ramifications qui prennent rarement beaucoup de développement. La tige principale porte ordinairement de six à huit étages de cosses, les ramifications rarement plus de trois.

Cosses longues de 0^m06 environ, assez étroites, bien pleines et faiblement courbées en serpette, contenant six ou sept grains, gros et très serrés les uns contre les autres à la maturité ; ils restent franchement verts, ordinairement bien pleins, mais légèrement carrés ou anguleux. Le litre pèse en moyenne 800 grammes, et 10 grammes contiennent environ 32 grains.

Le Pois nain vert impérial peut se distinguer à coup sûr de toutes les autres variétés de pois, au moment de la floraison, par la teinte particulière de ses fleurs qui sont presque vertes ; même complètement épanouies, elles restent encore veinées et teintées de vert comme le sont les fleurs de tous les pois à l'état de jeunes boutons. C'est un pois de bonne qualité, mais ne réussissant pas toujours bien dans les terres médiocres.

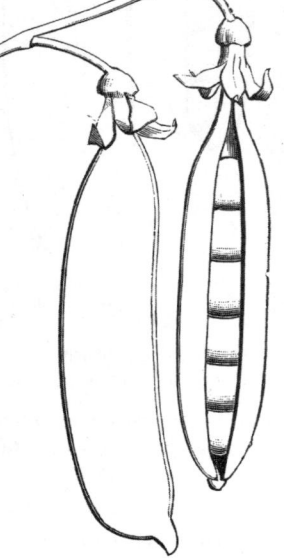

Pois nain vert impérial.
Cosses de grandeur naturelle.

POIS PLEIN-LE-PANIER.

Noms étrangers : angl. Laxton's Fillbasket pea, Harrison's Glory P.

Pois demi-nain, atteignant 0m60 à 0m80 de hauteur ; tige assez ramassée, à entrenœuds peu écartés, donnant souvent naissance à deux ou trois ramifications presque aussi hautes que la tige principale et qui se développent habituellement du dixième au douzième nœud ; vers le treizième ou le quatorzième, commencent à paraître les fleurs, qui sont d'un blanc verdâtre, assez fréquemment solitaires. La tige principale en porte six ou sept étages, et les ramifications seulement de trois à cinq.

Les cosses, toujours réunies par paire, sont longues de 0m08 environ, assez étroites, passablement courbées en serpette, bien pointues à l'extrémité, et presque toujours extrêmement pleines. Elles renferment ordinairement de sept à dix grains de couleur vert foncé, gros, un peu carrés et aplatis par le fait de la compression qu'ils exercent l'un sur l'autre en grossissant ; ils deviennent, à la maturité, d'un vert franc, assez pâle et sont légèrement ridés.

Le litre de grains pèse en moyenne 785 grammes, et 10 grammes contiennent environ 35 grains.

Le P. Plein-le-panier est assez facile à reconnaître à son feuillage d'un vert blond, étroit, léger, très ondulé sur les bords, surtout au sommet des tiges.

Introduit en France il n'y a guère plus de vingt ans, sous le nom de *P. Fillbasket*, il s'est très promptement répandu dans les cultures. En raison de son abondante production et de la qualité de son grain, c'est maintenant un des pois les plus estimés par les cultivateurs des environs de Paris pour l'approvisionnement des marchés.

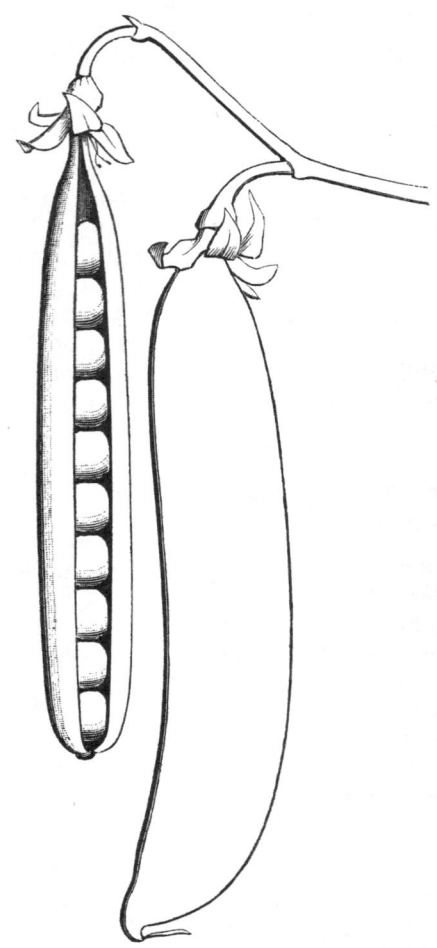

Pois Plein-le-panier.
Cosses de grandeur naturelle.

POIS GLADIATEUR.

Variété demi-naine ; tiges de 0m70, portant deux ou trois ramifications et six à sept étages de fleurs le plus souvent géminées et courtement pédonculées. Cosses en serpette, longues de 0m09 à 0m10, bien pleines, renfermant sept à huit grains ronds, vert foncé, assez gros et légèrement chagrinés. Le litre de grains pèse en moyenne 840 gr., et 10 grammes contiennent environ 35 grains.

C'est une variété demi-hâtive et productive, très voisine du P. Plein-le-panier.

POIS NAIN VERT GROS.

Synonyme : Pois bleu.

Noms étrangers : angl. Blue Prussian pea. — all. Grüne Preussische Zwerg-Erbse.

Pois demi-nain, s'élevant de 0^m60 à 0^m70, trapu, très ramifié ; à feuillage assez ample, arrondi, d'un vert glauque assez intense ; stipules fortement maculées de gris ; tige forte, ondulée en zigzag, à nœuds très rapprochés, commençant à se ramifier dès le quatrième ou le cinquième nœud et montrant vers le dixième les premières fleurs, qui sont blanches et de grandeur moyenne, tantôt solitaires, tantôt et plus souvent réunies par deux.

Les cosses sont longues de 0^m06 à 0^m07, larges, un peu pointues à l'extrémité et rarement très pleines ; elles ne contiennent pas habituellement plus de cinq ou six grains, assez gros, très aplatis, de forme un peu irrégulière et d'un vert pâle devenant bleuâtre à la maturité.

Le litre de grains pèse en moyenne de 800 à 820 grammes, et 10 grammes contiennent de 35 à 40 grains.

La tige porte habituellement sept ou huit étages de cosses ; les principales ramifications en produisent quatre ou cinq.

Le P. nain vert gros est remarquablement rustique et très productif, mais plutôt tardif que précoce. Il est surtout cultivé en grand pour la production des pois secs.

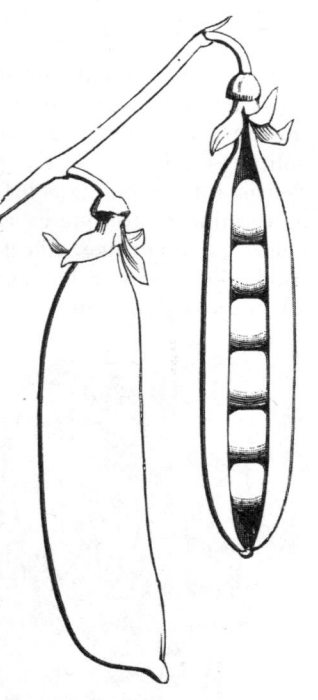

Pois nain vert gros.
Cosses de grandeur naturelle.

POIS VERT DE NOYON.

Synonyme : Pois vert d'Armentières.

Pois tardif, de taille irrégulière variant de 0^m70 à 1^m20 de hauteur, selon les terrains, intermédiaire en quelque sorte entre les Pois demi-nains et les Pois à rames ; tiges fortes, portant sept à huit étages de fleurs géminées, courtement pédonculées. — Cosses longues de 0^m06, droites ou très légèrement arquées, demi-obtuses, bien pleines, renfermant de cinq à sept grains, ronds, gros, lisses, vert cendré ou bleuâtres. Le litre de grains pèse en moyenne 840 grammes, et 10 grammes contiennent environ 35 grains.

Cette variété, extrêmement voisine du P. nain vert gros, se cultive de la même façon et pour les mêmes usages.

POIS GROS BLEU NAIN.

Variété de moyenne saison, très ramifiée et très productive, bien nettement caractérisée par son grain très gros, rond, devenant presque franchement bleu à la maturité.

Par sa taille, qui varie entre 0^m45 et 0^m55, ce pois pourrait tout aussi bien être classé parmi les variétés naines.

C. — *Variétés naines.*

POIS A GRAIN ROND BLANC (*nains*).

POIS NAIN A CHASSIS, TRÈS HATIF.

SYNONYMES: Pois nain Gontier, P. Tom-Thumb. — NOM ÉTR. : ANGL. Tom-Thumb pea.

Tige extrêmement courte, ne dépassant guère 0^{m}20 à 0^{m}25 ; à nœuds très rapprochés, portant des stipules et des folioles arrondies, d'un vert foncé finement marbré de grisâtre ; fleurs blanches, très petites, ordinairement solitaires, commençant à paraître au septième nœud, s'ouvrant à peine et fleurissant souvent dans le feuillage. — Cosses longues de 0^{m}05 environ, droites, assez minces, presque carrées à l'extrémité, tout à fait semblables de forme à celles du P. Prince Albert et contenant sept ou huit grains blanc saumoné, ronds, de grosseur moyenne. Le litre pèse en moyenne 790 grammes, et 10 grammes contiennent environ 40 grains.

Malgré sa petite taille, cette variété est assez productive ; elle convient parfaitement à la culture sous châssis, et n'est seulement que de deux ou trois jours moins hâtive que le P. Prince Albert.

Pois très nain Couturier.
Plante réd. au dixième.

Pois nain à châssis, très hâtif.
Plante réd. au dixième.

POIS NAIN TRÈS HATIF D'ANNONAY.

SYNONYMES: Pois nain hâtif de Van Celst, P. Nanet (Provence), P. Néné (Gard).

Tiges très courtes, ne dépassant pas ordinairement 0^{m}30 à 0^{m}35 ; nœuds rapprochés, mais moins cependant que dans le Pois nain à châssis très hâtif ; fleurs petites, blanches, à pédicelles courts, se montrant au sixième ou septième nœud. — Cosses et grains semblables à ceux du P. nain à châssis très hâtif, et comme lui sensiblement saumonés. Le litre de grains pèse à peu près 850 grammes, et 10 grammes contiennent environ 50 grains.

On peut cultiver sous verre le P. nain très hâtif d'Annonay, mais il convient tout particulièrement pour la culture en pleine terre et il est très apprécié pour cet emploi dans le midi de la France et en Algérie.

POIS TRÈS NAIN COUTURIER.

Tiges courtes, très ramifiées, garnies d'un feuillage léger, fin, d'un vert grisâtre ; fleurs blanches, habituellement réunies par deux, commençant à paraître vers le huitième nœud et faisant place à de petites cosses droites minces, courtes, mais très remplies. Les grains, toujours bien ronds, deviennent à la maturité très lisses et d'un blanc saumoné comme ceux du P. d'Auvergne, auquel il ressemble en plus petit. Le litre de grains pèse en moyenne 850 grammes, et 10 grammes contiennent environ 70 grains.

Le P. très nain Couturier est une excellente variété naine de demi-saison, intermédiaire par son époque de production entre les deux variétés dont il vient d'être question et le P. très nain de Bretagne, décrit ci-après.

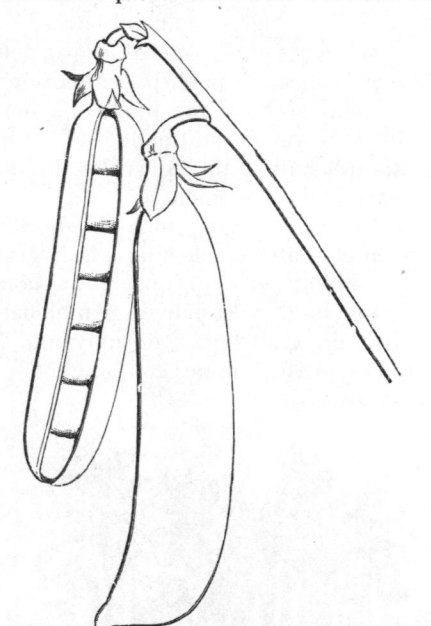

Pois très nain Couturier.
Cosses de grandeur naturelle.

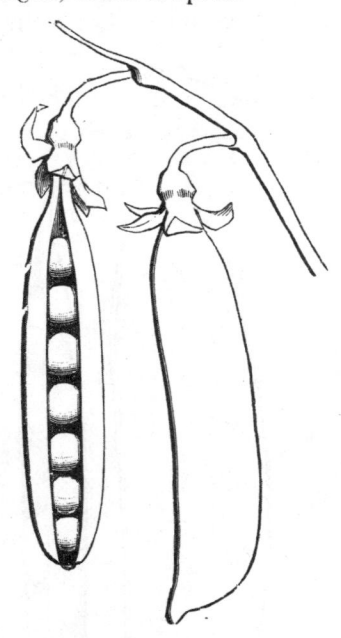

Pois très nain de Bretagne.
Cosses de grandeur naturelle.

POIS TRÈS NAIN DE BRETAGNE.

Syn. : Pois nain de Keroulas.

Pois très nain, à feuillage fin, d'un vert assez foncé ; nœuds très rapprochés.

La tige courte, en zigzag, commence à porter des fleurs vers le douzième nœud. Les deux nœuds immédiatement inférieurs donnent ordinairement naissance à des ramifications qui restent assez souvent stériles. Les fleurs sont réunies par deux ; elles sont blanches, bien ouvertes, mais très petites.

Cosses ne dépassant guère 0^{m}04 ou 0^{m}05 de longueur ; elles sont d'un vert foncé, très minces, légèrement en serpette et contiennent de cinq à sept grains, carrés par compression, qui les remplissent complètement. Le litre pèse à peu près 810 grammes, et 10 grammes contiennent environ 80 grains.

La tige principale porte de six à dix étages de cosses, les ramifications rarement plus de deux.

L'époque de production du P. très nain de Bretagne est à peu près la même que celle du P. Michaux ordinaire. Le grain, à la maturité, est petit, un peu carré, légèrement saumoné et quelquefois verdâtre.

POIS A GRAIN ROND VERT (*nains*).

POIS BLUE PETER (MAC LEAN'S).

Pois très nain, quoique moins ramassé que le Pois nain à châssis très hâtif ; les entrenœuds sont plus allongés et sensiblement égaux à la longueur des stipules ; feuillage d'un vert très foncé, glauque. Les feuilles de l'extrémité des tiges sont de dimensions très réduites, serrées les unes sur les autres et d'un vert très foncé. Les fleurs, assez petites et légèrement verdâtres, sont tantôt solitaires et tantôt réunies par deux ; elles commencent à paraître ordinairement au septième ou huitième nœud. La floraison de cette variété suit celle du P. nain à châssis très hâtif à un intervalle de deux ou trois jours seulement.

Cosses assez larges, longues de 0^m06 environ et contenant de cinq à huit grains un peu oblongs, gros, et conservant à la maturité une teinte vert pâle un peu bleuâtre. Le litre de grains pèse en moyenne 780 grammes, et 10 grammes contiennent environ 40 grains.

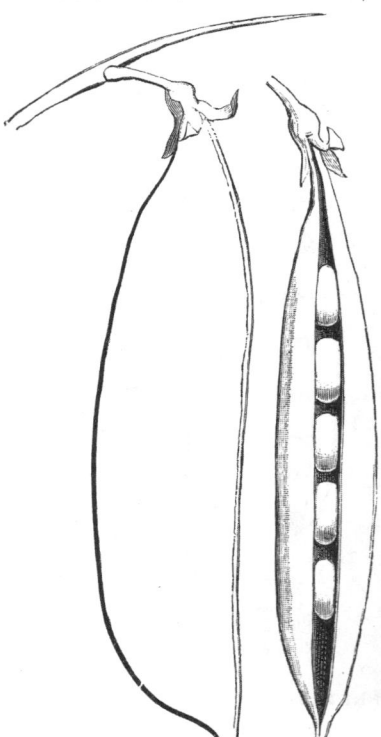

Pois Blue Peter (Mac-Lean's).
Cosses de grandeur naturelle.

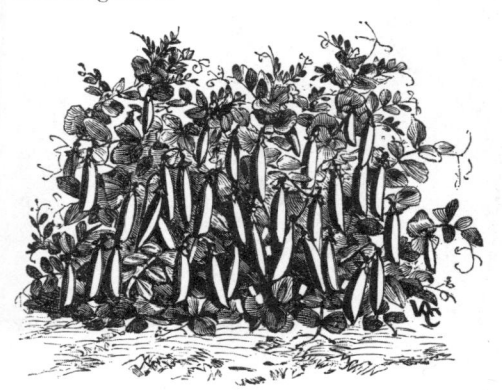

Pois Blue Peter (Mac Lean's).
Plante réd. au dixième.

En raison de sa taille bien franchement naine, cette variété peut être employée avantageusement comme pois à bordures, concurremment avec le P. nain à châssis très hâtif, qu'elle surpasse au point de vue de la production.

POIS ORGUEIL DU MARCHÉ.

Nom étranger : Angl. Laxton's Pride of the market pea.

Pois franchement nain, à tiges grosses, courtes, à entrenœuds rapprochés ; feuillage et surtout stipules amples, flasques, très larges, d'un vert très blond et presque jaunâtre ; fleurs d'un blanc verdâtre, chiffonnées, solitaires, cachées dans le feuillage, et se montrant du huitième au dixième nœud.

Cosses solitaires, nouant très irrégulièrement, mais atteignant, quand elles se développent bien, des dimensions très remarquables égalant presque celles du P. Téléphone. Grains très gros, plutôt oblongs que ronds, déprimés, souvent marqués de fossettes sur une ou plusieurs faces, mais non ridés et prenant à la maturité une teinte vert bleuâtre parfois nuancée de vert plus foncé. Le litre pèse 850 grammes, et 10 grammes contiennent environ 26 grains.

Le Pois Orgueil du marché est, lorsqu'il s'est développé dans les conditions qui lui conviennent, une très belle variété, mais plutôt de luxe ou de fantaisie que de grande culture. L'ampleur de son feuillage et l'époque moyenne de sa maturité l'exposent souvent à souffrir des sécheresses de l'été. Il réussit mieux dans les potagers soignés et abrités, qu'en plein champ.

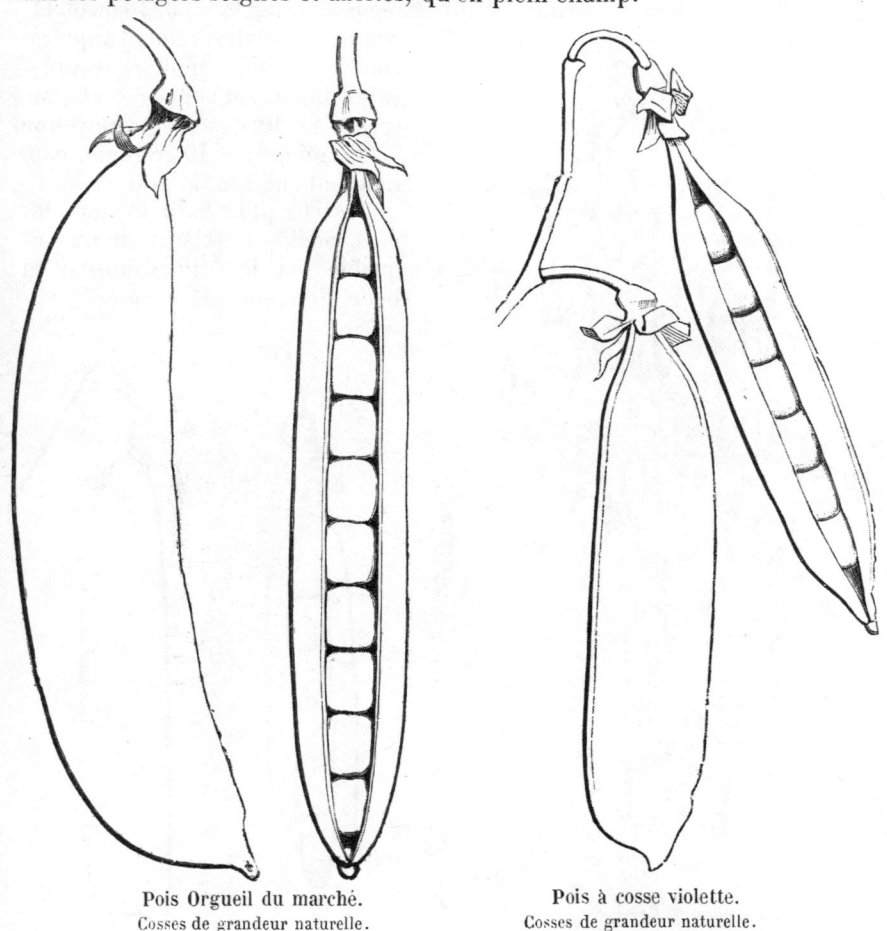

Pois Orgueil du marché.
Cosses de grandeur naturelle.

Pois à cosse violette.
Cosses de grandeur naturelle.

POIS A COSSE VIOLETTE.
Synonyme : Pois Tonkin.

Variété plus curieuse qu'intéressante, caractérisée par la couleur violette très intense de ses cosses. Le grain, gros, d'un gris verdâtre, devient brun en cuisant, ce qui lui enlève toute valeur comme légume ; les cosses par contre deviennent presque vertes à la cuisson, mais elles sont coriaces et parcheminées et ne peuvent guère être utilisées de cette façon que toutes jeunes.

II. — POIS A GRAIN RIDÉ.

Noms étrangers : angl. Wrinkled peas. — all. Runzlige Mark-Erbsen.

A. — *Variétés à rames.*

POIS A GRAIN RIDÉ BLANC (*à rames*).

POIS GRADUS.

Belle variété hâtive, de 0^m80 à 0^m90 de haut ; tiges portant quatre ou cinq étages de fleurs solitaires. — Grandes et belles cosses longues de 0^m10 ou 0^m11, droites ou très légèrement arquées, contenant cinq à sept grains gros, ridés, blancs ou verdâtres à la maturité. Le litre pèse en moyenne 730 grammes, et 10 grammes contiennent environ 36 grains.

C'est le plus hâtif de tous les pois ridés ; il est surtout remarquable par les dimensions et la belle apparence de ses cosses.

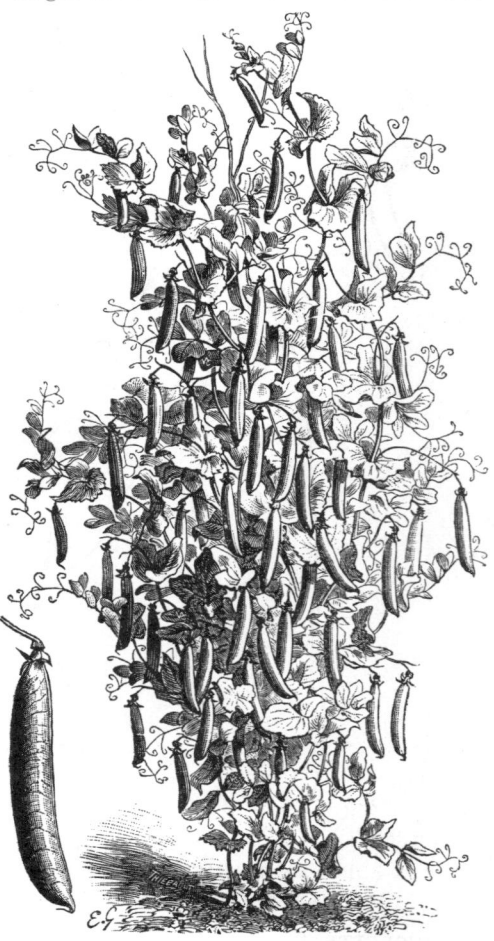

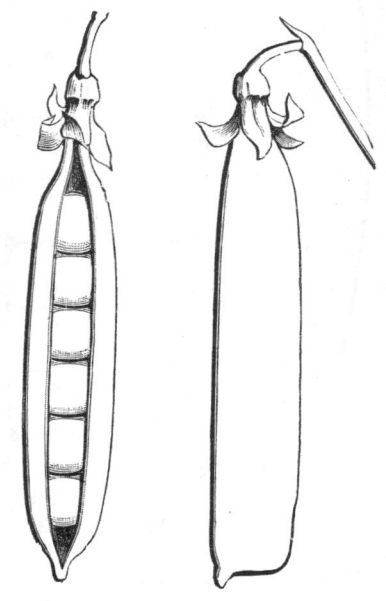

Pois Gradus (Pl. réd. au dixième ; cosse au tiers).

Pois Shah de Perse.
Cosses de grandeur naturelle.

POIS SHAH DE PERSE.

Nom étranger : angl. Laxton's the Shah pea.

Pois à rames, à tige très grêle, presque toujours simple, ou portant une ou deux petites ramifications ; entrenœuds assez écartés ; feuillage fin, d'un vert franc, légèrement grisâtre ; stipules un peu plus foncées que le reste du feuillage et distinctement marquées de taches grisâtres. Fleurs blanches, moyennes, solitaires, ou rarement réunies par deux, commençant à paraître au sixième ou septième nœud, et faisant place à des cosses d'abord très minces, longues de 0^{m}05 à 0^{m}06, tout à fait carrées du bout, se renflant beaucoup avant la maturité, et contenant de cinq à sept grains très serrés et aplatis les uns contre les autres. A la maturité, les grains sont carrés, très ridés et d'un blanc pur. Le litre pèse en moyenne 740 grammes, et 10 grammes contiennent environ 48 grains. La tige porte ordinairement six ou sept cosses.

Par ses caractères de végétation, ce pois se rapproche beaucoup du P. Prince Albert, mais il en diffère complètement par l'aspect de son grain.

POIS TÉLÉPHONE.

Noms étrangers : angl. Carter's Telephone pea; The Daniel P.

Pois à rames, s'élevant de 1 mètre à 1^{m}20; feuillage pâle, très ample, d'un vert blond, veiné et marbré de blanc, les stipules en particulier sont d'une largeur tout à fait remarquable; tige généralement simple, mais portant quelquefois une ou deux ramifications, à mailles assez écartées, commençant à fleurir vers le douzième nœud. Fleurs blanches, souvent solitaires, faisant place à de très grandes et très larges cosses, atteignant jusqu'à 0^{m}10 de longueur, droites ou très légèrement recourbées en serpette vers l'extrémité, assez renflées et contenant huit à dix grains verts, très gros et un peu carrés, devenant, à la maturité, tout à fait blancs ou restant plus ou moins verdâtres. Le litre pèse à peu près 710 grammes, et 10 grammes contiennent environ 30 grains.

La précocité du P. Téléphone

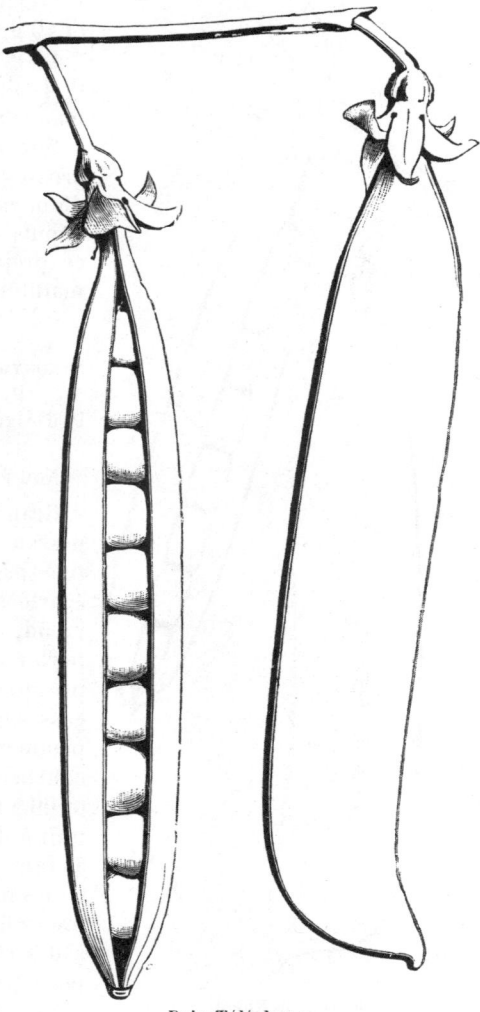

Pois Téléphone.
Cosses de grandeur naturelle.

est un peu moindre que celle du P. serpette vert. Le nombre des cosses dépasse très rarement huit par pied; cependant, on le cultive beaucoup aux environs de Paris pour l'approvisionnement du marché. Comme tous les pois à grains ridés, il est extrêmement sucré à l'état vert et l'emporte sur la plupart des autres pois ridés par l'abondance de sa production.

POIS COLOSSE.

Nom étranger : angl. Colossus pea.

Pois demi-hâtif, grand et vigoureux, atteignant 1m50 à 1m60; feuillage très blond; tiges rameuses, portant six ou sept étages de fleurs le plus souvent géminées. — Cosses très grandes, longues de 0m09 à 0m10 et larges de 0m025, aplaties, droites, arrondies du bout, renfermant huit à dix beaux gros grains blancs ou verdâtres, légèrement comprimés et peu ridés. Le litre pèse 680 grammes, et 10 gr. contiennent environ 30 grains.

Le P. Colosse, comme le P. Gradus et le P. Téléphone décrits plus haut, se recommande par la beauté de ses cosses.

Sur le marché de Paris, les variétés à grosses cosses ont été longtemps l'objet d'une défaveur tout à fait imméritée, mais depuis quelques années, on est revenu sur ce préjugé et elles y sont, au contraire, maintenant très recherchées.

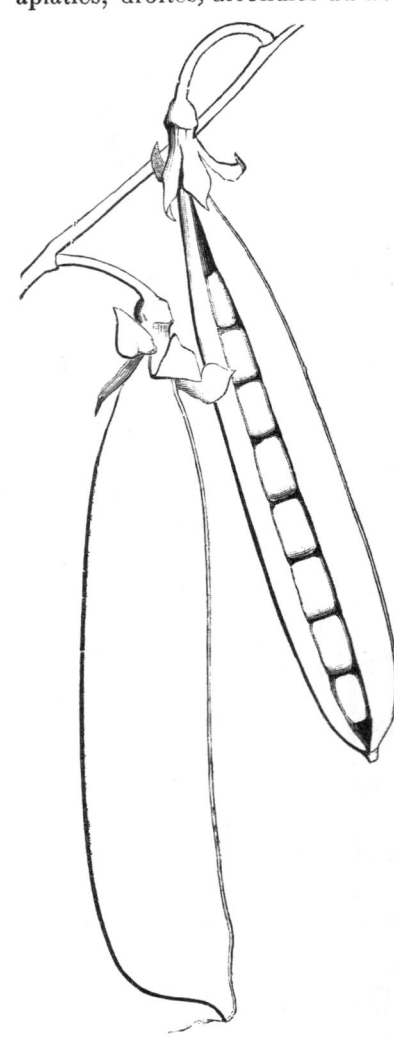

POIS RIDÉ DE KNIGHT.

Synonymes : Pois ridé sucré, P. de Californie, P. du Brésil, P. Gourouf à rames, P. d'Alger (Somme), P. monstre (Pas-de-Calais), P. de cuisine à rames (Lille).

Nom étr. : angl. Knight's tall marrow pea.

Grande variété tardive, atteignant et dépassant quelquefois 2 mètres de hauteur; tiges assez fortes, mais élancées, à mailles écartées, restant simples jusqu'au douzième nœud, et commençant vers le seizième à porter des fleurs blanches, très grandes, presque toujours réunies par deux. Les cosses qui leur succèdent sont longuement pédonculées, grandes, larges, sensiblement courbées, et atteignent une longueur de 0m06 à 0m08; la tige principale en porte de huit à dix étages, les ramifications de trois à cinq. — Il est à remarquer que les nœuds situés immédiatement au-dessous de la première fleur ne donnent pas tous naissance à des rameaux, et qu'une même tige n'en porte pas ordinairement plus de deux.

Pois ridé de Knight.
Cosses de grandeur naturelle.

Les cosses contiennent de six à huit grains, gros, allongés, devenant à la maturité extrêmement ridés, presque plats et prenant une couleur blanche quelque peu verdâtre. Le litre pèse 730 gr., et 10 grammes contiennent environ 30 grains.

Dans cette variété, l'une ou l'autre des deux fleurs est souvent accompagnée à sa base d'une petite bractée foliacée arrondie.

C'est un excellent pois, et le plus recommandable pour les semis d'été.

POIS RIDÉ GROS BLANC A RAMES.

Noms étrangers : ANGL. British Queen pea, Erin's Queen P., Hair's Defiance P., Thorn's royal Britain P., Rollisson's Victoria P., Shanley marrow P.,Wonder of the world P.

Plante très élevée, pouvant atteindre et même dépasser 2 mètres de hauteur, à tiges grosses, ramifiées, entrenœuds assez longs ; feuilles et stipules très amples, unies, d'un vert blond, légèrement nuancé de vert grisâtre; fleurs blanches, grandes, réunies par deux. — Grains gros, oblongs, devenant blancs et ridés à la maturité. Le litre de grains pèse en moyenne 730 grammes, et 10 grammes en contiennent environ 45.

C'est une excellente variété, très vigoureuse, très productive, remarquable par la grosseur et la qualité de son grain. Elle a seulement, comme le P. ridé de Knight, l'inconvénient d'exiger des rames très hautes.

POIS A GRAIN RIDÉ VERT (*à rames*).

POIS ALPHA (DE LAXTON).

Cette variété se rapproche beaucoup du P. Prince Albert par la taille (0m80 à 0m90 environ), le port et la précocité ; mais elle s'en distingue assez sensiblement par la teinte plus pâle et plus blonde de son feuillage. Les fleurs sont généralement solitaires, mais quelquefois réunies par deux ; elles commencent à paraître au septième ou au huitième nœud, et sont remplacées par des cosses très longuement pédonculées, assez pointues et très légèrement courbées, longues de 0m05 à 0m06, et contenant d'ordinaire six à huit grains, petits, très ridés, restant verdâtres à la maturité.

Le litre de grains pèse à peu près 690 grammes, et 10 grammes contiennent environ 50 à 60 grains.

Chaque tige porte ordinairement de cinq à sept étages de cosses.

Ce pois est un des plus connus et des plus cultivés parmi les nombreux gains de M. Laxton, le fameux semeur anglais dont nous avons eu déjà plusieurs fois l'occasion de citer le nom.

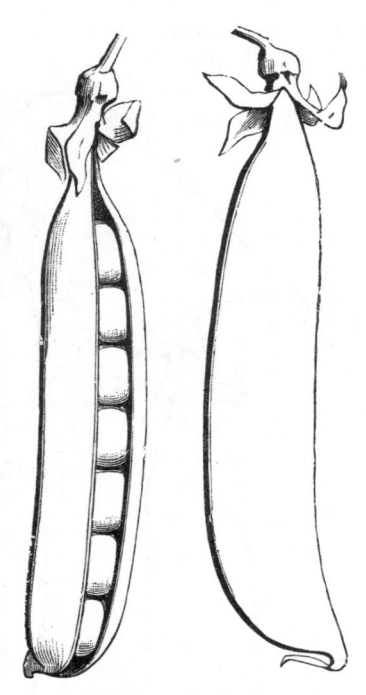

Pois Alpha (de Laxton).
Cosses de grandeur naturelle.

POIS RIDÉ GROS VERT A RAMES.

Synonymes : Pois Ultra, P. Lustra, P. Lustral.

Nom étranger : ANGL. Knight's green wrinkled marrow pea.

Pois extrêmement grand et fort, à grosses tiges pouvant atteindre 2 mètres de hauteur, ayant ordinairement deux ramifications et ne commençant guère à porter fleurs avant le douzième nœud. Fleurs blanches, grandes, aussi souvent réunies par deux que solitaires.— Cosses très larges, ne se renflant pas beaucoup à leur complet développement et contenant de six à neuf grains extrêmement gros, d'un vert très pâle, presque blancs et ridés en arrivant à la maturité. Le litre de grains pèse 730 grammes, et 10 grammes contiennent environ 35 grains.

POIS DUC D'ALBANY.

Noms étr. : angl. Duke of Albany pea; (am.) Boston Hero P., Boston unrivalled P.

Grand pois à rames, s'élevant à 1ᵐ40 et parfois davantage; tiges fortes; feuilles grandes, bien vertes, espacées; fleurs commençant à paraître vers le douzième nœud, généralement réunies par deux.

Cosses très longues, pouvant atteindre 0ᵐ12 à 0ᵐ14, lisses, d'un vert foncé, légèrement recourbées en serpette à l'extrémité, cylindriques quand elles ont pris tout leur développement, très pleines et renfermant jusqu'à 10 ou 11 grains très gros, légèrement oblongs, devenant à la maturité franchement ridés et d'un vert assez foncé, mais pâlissant quand la maturité en est très complète.

Le litre pèse 700 grammes, et 10 grammes contiennent environ 40 grains.

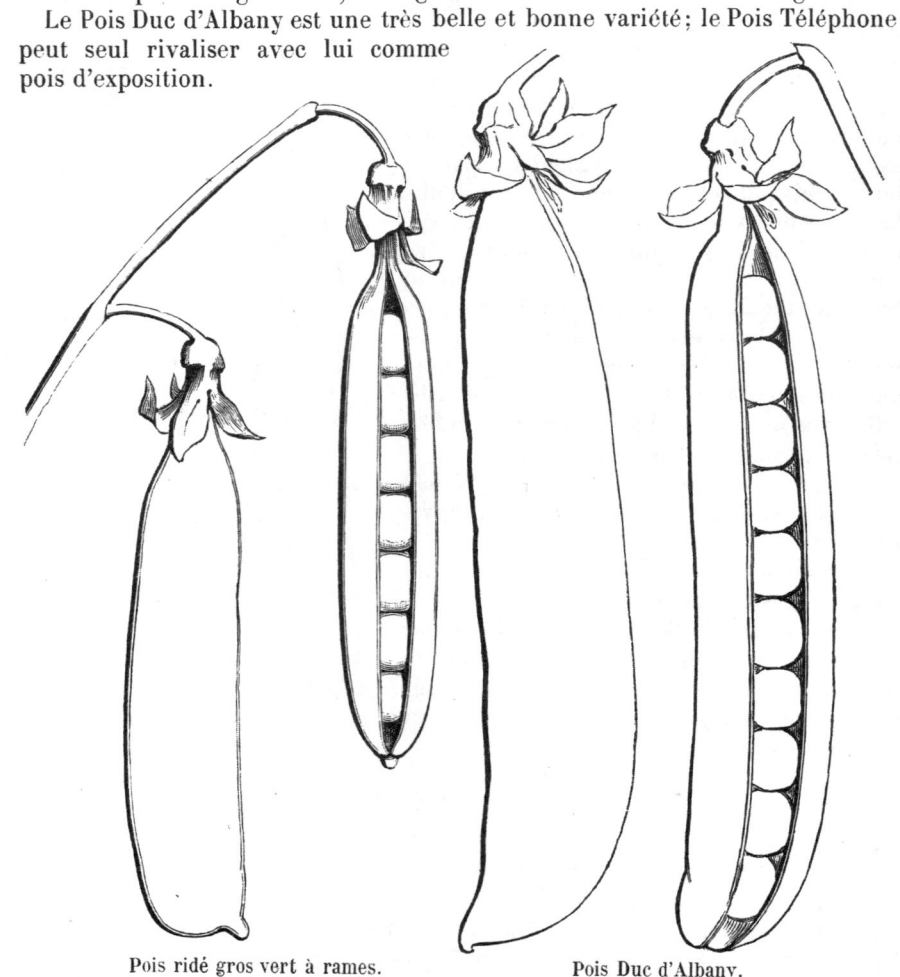

Le Pois Duc d'Albany est une très belle et bonne variété; le Pois Téléphone peut seul rivaliser avec lui comme pois d'exposition.

Pois ridé gros vert à rames.
Cosses de grandeur naturelle.

Pois Duc d'Albany.
Cosses de grandeur naturelle.

B. — *Variétés demi-naines.*

POIS A GRAIN RIDÉ BLANC (*demi-nain*).

POIS RIDÉ NAIN BLANC HATIF.

SYNONYMES : Pois Eugénie, P. Alliance, P. d'Alger sucré, P. Gourouf nain (Bayeux), P. de cuisine nain (Lille), P. Chevalier blanc (Meuse).

NOM ÉTRANGER : ANGL. White Eugenie *or* Alliance pea.

Variété demi-naine, atteignant 0^{m}60 à 0^{m}80 ; tige assez grêle, presque toujours simple, commençant à fleurir extrêmement bas, souvent dès le cinquième nœud ; fleurs blanches, toujours solitaires vers la base des tiges, souvent réunies par deux un peu plus haut. — Cosses de dimensions variables, de 0^{m}05 à 0^{m}08 de long, pointues vers l'extrémité et légèrement courbées en serpette, très inégalement remplies : celles du bas des tiges ne renferment souvent qu'un seul grain, rarement plus de trois ou quatre ; celles qui se développent plus tard en contiennent jusqu'à sept ou huit. A l'état vert, ils sont gros, carrés et un peu aplatis ; à la maturité, ils deviennent très ridés, de grosseur un peu inégale et d'un blanc faiblement saumoné.

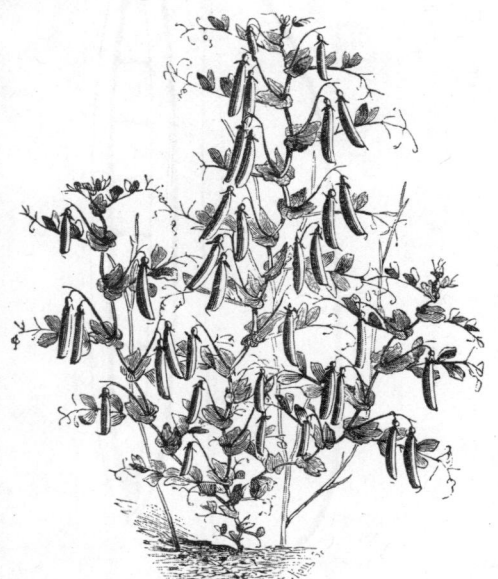

Pois ridé nain blanc hâtif.
Plante réd. au dixième.

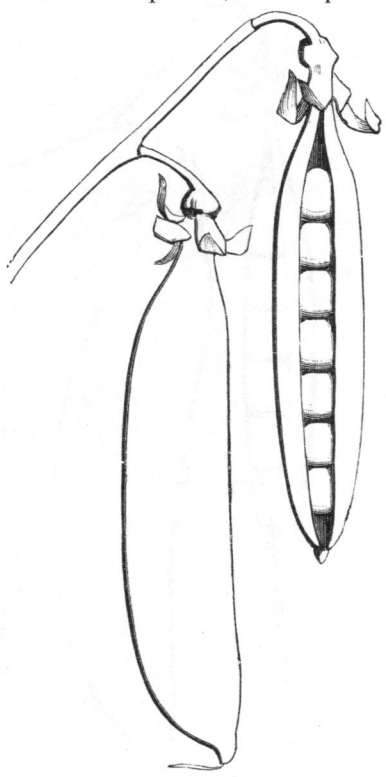

Pois ridé nain blanc hâtif.
Cosses de grandeur naturelle.

La tige porte de douze à quinze étages de cosses. Les grains pèsent à peu près 670 grammes par litre, et sont au nombre d'environ 36 dans 10 grammes.

Ce serait une des variétés précoces les plus productives, si les premières cosses étaient mieux remplies. La production peut se prolonger pendant six semaines et plus, lorsque les cosses sont cueillies au fur à mesure de leur développement.

POIS A GRAIN RIDÉ VERT (*demi-nains*).

POIS RIDÉ NAIN VERT HATIF.

SYNONYMES : Pois Napoléon, P. climax, P. Chevalier vert (Meuse).
NOM ÉTRANGER : ANGL. Knight's dwarf green pea.

Ne diffère du P. ridé nain blanc hâtif, à part son feuillage un peu marbré et ondulé, que par la couleur vert pâle de son grain. Il a les mêmes caractères de végétation, et présente, comme lui, cette particularité de produire presque au sortir de terre des cosses en général petites et mal remplies, tandis que celles du milieu des tiges sont beaucoup plus grandes et plus pleines. Les grains pèsent 700 gr. par litre, et 10 grammes en contiennent environ 34.

Il est assez difficile de se procurer cette variété bien franche, et pourtant parmi les nombreuses variétés qui sont vendues sous son nom, il n'en est peut-être aucune qui présente les mêmes avantages de précocité et de fertilité.

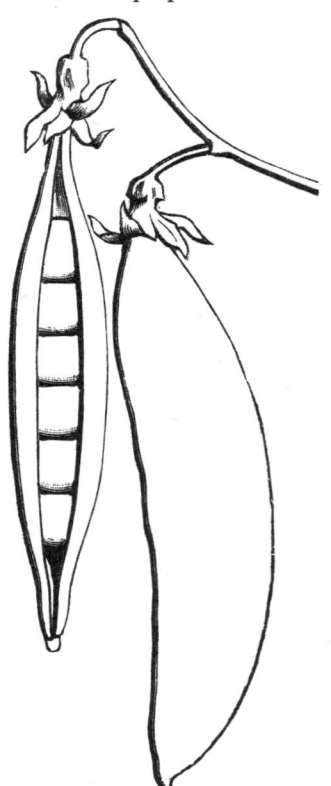

Pois ridé nain vert hâtif.
Cosses de grandeur naturelle.

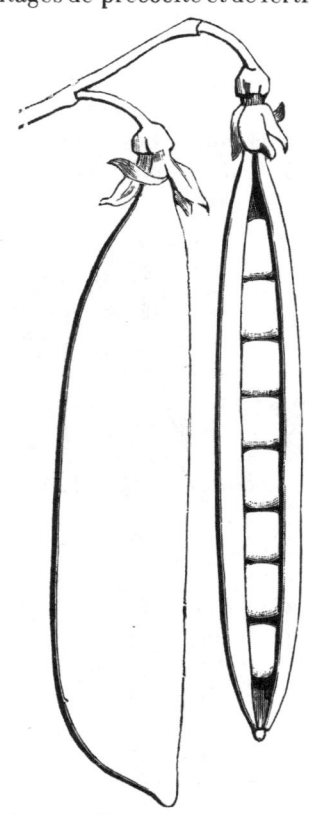

Pois Le meilleur de tous, de Mac Lean.
Cosses de grandeur naturelle.

POIS LE MEILLEUR DE TOUS, DE MAC LEAN.

NOMS ÉTRANGERS : ANGL. Mac Lean's Best of all pea. — ALL. Kaiser Wilhelm II Erbse.

Plante demi-naine, s'élevant de 0^m75 à 0^m80, très trapue, à nœuds rapprochés ; feuillage raide, moyen, d'un vert glauque très foncé ; fleurs moyennes, blanches, réunies par deux.

Cosses larges, longues de 0m07 à 0m09, assez longuement amincies aux deux extrémités, le plus souvent incomplètement remplies. Tiges simples jusque vers le huitième ou le neuvième nœud, donnant ensuite naissance à trois ou quatre ramifications, et commençant à porter des cosses vers le douzième nœud. Le nombre des étages de cosses sur la tige principale est de cinq à sept ; il ne dépasse guère deux ou trois sur les ramifications. Chaque cosse contient de trois à huit grains très gros, un peu ovales, devenant à la maturité très ridés, très aplatis et d'une couleur vert pâle grisâtre. Le litre pèse en moyenne 690 grammes, et 10 grammes contiennent environ 30 grains.

Ce pois est fertile et de bonne qualité ; il est demi-tardif.

POIS WILSON.

Nom étranger : angl. G. F. Wilson pea.

Pois demi-nain, s'élevant de 0m60 à 0m75 de hauteur ; tige forte, grosse ; feuillage très ample, d'un vert glauque, remarquable surtout par le très grand développement des stipules et l'absence de macules grisâtres ; fleurs blanches, assez grandes, généralement réunies par deux, mais souvent aussi solitaires, commençant à paraître vers le dixième nœud.

La tige porte de six à huit étages de cosses longues de 0m06 à 0m08, d'abord très plates et extrêmement larges, presque carrées à l'extrémité opposée au point d'attache, puis se rétrécissant un peu à mesure qu'elles se gonflent ; elles sont rarement très pleines et ne contiennent pas ordinairement plus de cinq à sept grains : ceux-ci, il est vrai, sont très gros, presque aussi volumineux que des féveroles, oblongs et un peu aplatis. A la maturité, ils deviennent extrêmement ridés, plats et d'une teinte vert pâle.

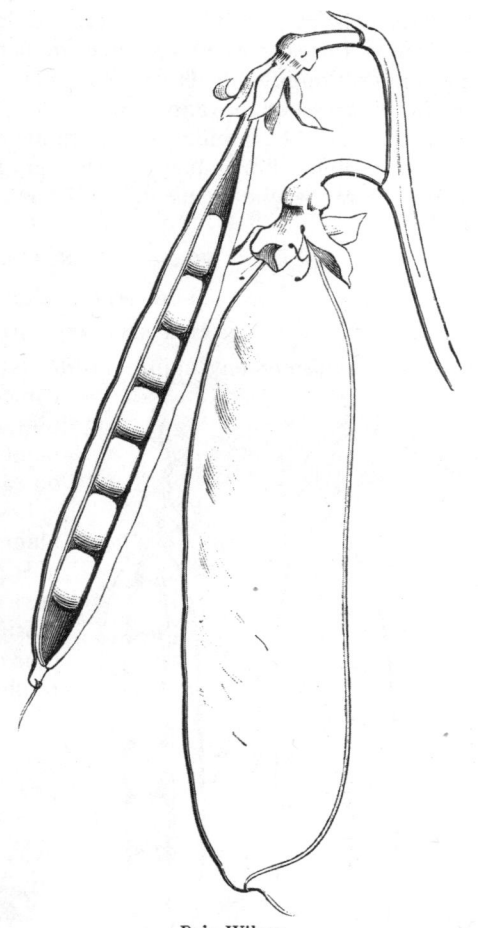

Pois Wilson.
Cosses de grandeur naturelle.

Le litre de grains pèse en moyenne 720 grammes, et 10 grammes contiennent environ 25 à 30 grains.

La vigueur et l'épaisseur remarquables des pédoncules qui portent les cosses sont un caractère particulièrement distinctif de cette bonne variété. Elle est demi-tardive, très rustique et très productive ; on la recherche, en outre, pour la grande finesse de goût de son grain.

C. — Variétés naines.

POIS A GRAIN RIDÉ BLANC (*nain*).

POIS SERPETTE NAIN BLANC.

Nom étranger : angl. Chelsea gem Bijou pea.

Petit pois très hâtif et très nain, atteignant seulement 0^m30 à 0^m40. Tiges rameuses, fortes, portant six étages de fleurs généralement solitaires. — Cosses moyennes, longues de 0^m08, pointues, arquées du bout, renfermant huit grains de grosseur moyenne, comprimés, ridés, blancs ou un peu verdâtres. Le litre pèse 730 grammes, et 10 grammes contiennent environ 40 à 45 grains.

Cette variété, d'introduction beaucoup plus récente que le P. serpette nain vert, s'en rapproche beaucoup, sauf par la couleur de son grain.

POIS A GRAIN RIDÉ VERT (*nains*).

POIS MERVEILLE D'AMÉRIQUE.

Nom étranger : angl. American wonder pea.

Plante extrêmement naine, ne dépassant guère 0^m25 de hauteur ; à tige courte, raide, garnie de feuilles assez amples, arrondies et d'un vert foncé légèrement glauque ; tige le plus souvent simple, ou ramifiée seulement au collet.

Les cosses, qui succèdent à des fleurs blanches et petites, sont quelquefois réunies par deux, mais le plus souvent solitaires ; elles paraissent au septième ou au huitième nœud, et la tige en porte rarement plus de cinq étages. Elles sont droites, très renflées, longues de 0^m05 à 0^m06, relative-

Pois Merveille d'Amérique.
Cosses de grandeur naturelle.

Pois Merveille d'Amérique.
Plante réd. au dixième.

ment larges et extrêmement pleines, contenant de six à huit grains, moyens, assez aplatis, devenant, à la maturité, bien ridés et d'un vert pâle bleuâtre. Le litre pèse en moyenne 720 grammes, et 10 grammes contiennent environ 42 grains.

C'est une variété très précoce, très productive malgré sa petite taille et de bonne qualité.

POIS A ÉCOSSER (A GRAIN RIDÉ), NAINS

POIS MERVEILLE D'ANGLETERRE.
Nom étranger : angl. English wonder pea.

Plante naine, ne dépassant pas 0^m40 ; tiges courtes et très ramifiées, portant cinq à six étages de fleurs géminées. — Cosses moyennes, longues de 0^m06 à 0^m07, droites, obtuses, assez pleines, renfermant six à huit grains assez petits, comprimés, ridés et bien verts. Le litre de grains pèse en moyenne 730 grammes, et 10 grammes contiennent environ 55 grains.

C'est une variété de production abondante et soutenue, et ses grains sont d'excellente qualité.

POIS GLOIRE DE WITHAM.
Nom étranger : angl. Witham wonder pea.

Pois très nain, se rapprochant beaucoup de la variété précédente, mais ne dépassant pas ordinairement 0^m30 de hauteur, demi-hâtif ; grosses tiges rameuses chargeant très bas, portant cinq ou six étages de fleurs géminées.

Cosses minces, longues de 0^m08 à 0^m09, arquées au bout, bien pleines, renfermant huit à neuf grains plutôt petits, très comprimés, ridés et verts. Le litre de grains pèse en moyenne 730 grammes, et 10 grammes contiennent environ 45 à 50 grains.

Cette variété, d'introduction tout à fait récente, est à la fois très productive et d'excellente qualité.

POIS SERPETTE NAIN VERT.
Nom étranger : angl. Laxton's William Hurst pea.

Tiges courtes, en zigzags, à entrenœuds rapprochés ; feuilles et stipules petites, oblongues, de consistance très ferme et d'un vert grisâtre cendré. Toute la plante, dans sa petite taille (0^m30 à 0^m35), offre une apparence très frappante de vigueur et de rusticité ; fleurs petites, blanches, tantôt solitaires, tantôt réunies par deux et commençant à paraître vers le huitième nœud.

Cosses minces, relativement longues, pouvant atteindre 0^m08 et même 0^m10, fortement courbées en serpette et contenant de 6 à 8 grains moyens, plus gros que ceux du P. Merveille d'Amérique, d'un vert glauque et très ridés à la maturité. Le litre de grains pèse à peu près 730 grammes, et 10 grammes contiennent environ 45 grains.

Ce pois, qui est un des gains du semeur anglais Thomas Laxton, a été introduit il y a une quinzaine d'années seulement et, déjà, il a pris le premier rang parmi les meilleures variétés naines potagères et de grande culture. Il est très répandu aux environs de Paris et dans la région méridionale où sa culture comme primeur est très avantageuse.

POIS STRATAGÈME.

Ce pois ressemble parfaitement au P. Orgueil du marché, aussi ne pouvons-nous mieux faire que de renvoyer à cet article, page 542, pour la description de la plante et de ses caractères de végétation.

Toute la différence entre les deux variétés consiste dans la teinte un peu plus verte du feuillage et surtout dans l'apparence du grain, qui est franchement ridé dans le P. Stratagème, tandis qu'il ne l'est pas dans le P. Orgueil du marché. Le litre de grains pèse en moyenne 710 grammes, et 10 grammes contiennent environ 36 grains.

POIS SANS PARCHEMIN

Synonymes : Pois mangetout, P. goulu.

Noms étrangers : Angl. Edible podded peas, Sugar peas. — All. Zucker-Erbsen. Holl. Peulen. — Ital. Piselli di guscio tenero, P. mangia-tutto. Port. Ervilhas de casca, E. come lhe tudo. — Russe Gorokhy sparjevyié. Pol. Groch cukrowy (szparagowy).

Dans toutes les variétés de pois dont nous avons parlé jusqu'à présent, la cosse est pourvue et pour ainsi dire doublée à l'intérieur d'une membrane mince, mais dure et tenace, qui lui donne sa solidité, et, en se contractant par la dessiccation, fait qu'elle s'ouvre en deux moitiés qui se tordent en spirale et souvent projettent les grains à une certaine distance.

Nous allons maintenant passer en revue une série de variétés dans lesquelles cette membrane n'existe pas, dont la cosse par conséquent est toujours tendre et molle et ne s'ouvre pas à la maturité. Il en résulte qu'on peut manger la cosse de ces pois tout entière, et cela d'autant mieux, que la partie tendre et charnue semble s'y développer en raison même de la disparition de la portion parcheminée. — C'est un légume excellent et on peut être surpris de ce que les pois sans parchemin ne soient pas plus recherchés, notamment à Paris.

A. — Variétés à rames.

POIS SANS PARCHEMIN DE QUARANTE JOURS.

Nom étranger : Angl. Tall six weeks white sugar-pea.

Pois à rames, s'élevant de 1 mètre à 1^m30 ; tiges minces, à nœuds assez écartés, commençant à fleurir dès le cinquième ou le sixième nœud ; fleurs généralement réunies par deux, blanches, assez grandes.

Cosses droites, minces, un peu pointues vers l'extrémité, bien franchement sans parchemin, et contenant de six à huit grains moyens, arrondis ou légèrement comprimés, ronds et blancs à la maturité. Le litre pèse en moyenne 790 grammes, et 10 grammes contiennent environ 35 à 40 grains.

Ce pois se ramifie rarement, mais il porte jusqu'à quinze ou dix-huit étages de cosses qui se développent successivement, de sorte qu'il s'en trouve déjà de mûres et sèches au bas de la tige, tandis que les fleurs continuent à paraître au sommet. Souvent la floraison se poursuit ainsi pendant plus de deux mois.

POIS SANS PARCHEMIN HATIF A LARGE COSSE.

Synonyme : Pois goulu blanc.

Nom étranger : Angl. Tall early large pod sugar-pea.

Variété obtenue dans nos cultures, d'un croisement entre le P. sans parchemin de quarante jours et le P. corne-de-bélier. De même que ses deux parents, il est à rames et intermédiaire comme taille entre eux.

Tiges fortes atteignant environ 1^m50 de hauteur, portant cinq ou six étages de fleurs généralement solitaires. — Cosses longues de 0^m09 à 0^m10, larges, droites ou un peu arquées, bien charnues et franchement sans parchemin, renfermant en moyenne huit grains serrés, légèrement comprimés, assez gros, ronds, et d'un blanc laiteux. Le litre de grains pèse environ 740 grammes, et 10 grammes contiennent à peu près 35 grains.

Le P. sans parchemin hâtif à large cosse est, au point de vue de la précocité, intermédiaire entre les deux variétés qui lui ont donné naissance. Les cosses sont encore parfaitement mangeables quand elles sont arrivées à leur complet développement; comme dans le P. corne-de-bélier, elles sont ordinairement solitaires, mais la plante commençant à charger très bas, peut en porter un bon nombre d'étages sans demander pour cela des rames élevées.

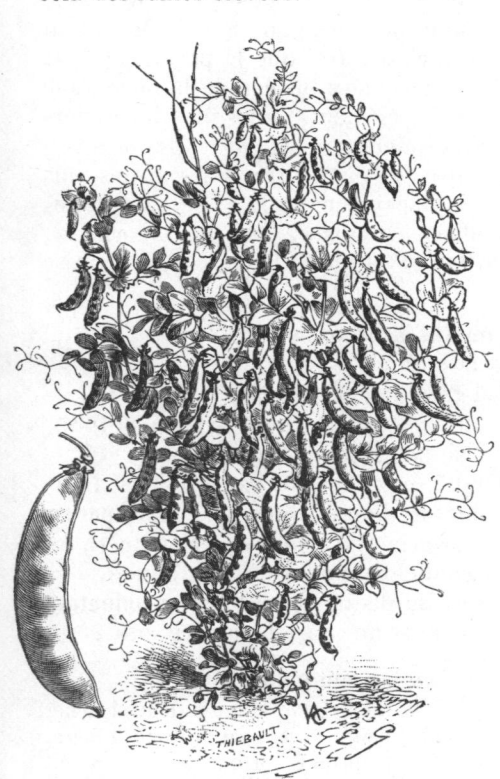

Pois sans parchemin hâtif à large cosse.
Plante réd. au dixième; cosse au tiers.

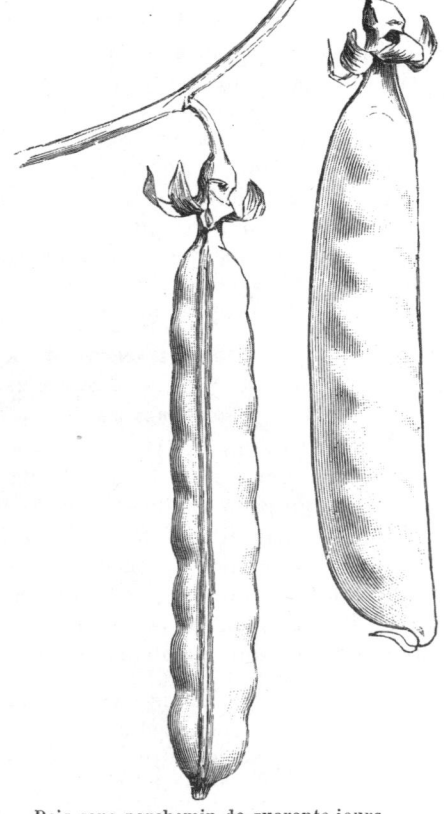

Pois sans parchemin de quarante jours.
Cosses de grandeur naturelle.

POIS SANS PARCHEMIN BEURRE.

SYNONYME : Pois beurre.

NOM ÉTRANGER : ANGL. Tall butter sugar-pea.

Ce pois se distingue nettement de tous les autres pois sans parchemin par le renflement et l'épaisseur de sa cosse, qui arrive promptement à être plus épaisse que large. Elle a 0^{m}05 à 0^{m}07 de longueur, et ses parois, tout à fait charnues et succulentes, atteignent une épaisseur de près d'un demi-centimètre.

Les cosses sont assez fortement courbées, tantôt solitaires, tantôt et plus souvent réunies par deux. Les tiges s'élèvent de 1 mètre à 1^{m}20; elles sont assez minces, à nœuds espacés; le feuillage est d'un vert un peu foncé, à nervures blanchâtres, presque sans macules. Les fleurs, blanches et grandes, ne sont solitaires que tout à fait à la base et tout à fait au sommet des tiges.

Les pédoncules qui portent les cosses sont minces, très raides et de longueur moyenne ; la grande épaisseur des parois des cosses fait qu'elles restent unies à l'extérieur et ne sont pas bosselées par la saillie des grains, comme c'est le cas dans la plupart des autres variétés sans parchemin. Le grain est blanc, bien rond, assez gros. Le litre pèse en moyenne 800 grammes, et 10 grammes contiennent environ 30 grains.

La précocité de cette variété est à peu près celle du P. Michaux de Ruelle.

Il paraît se passer dans la végétation du P. beurre ce que nous avons dit au sujet des pois sans parchemin en général, c'est-à-dire que la partie molle, le parenchyme de la cosse, semble se développer aux dépens de la membrane parcheminée qui en est absente, comme si les éléments ou les sucs nourriciers destinés à former cette membrane se reportaient sur les parties les plus voisines. Il y a toutefois cette différence entre le Pois beurre et les autres pois sans parchemin, c'est que, chez lui, c'est l'épaisseur de la cosse dans toutes ses parties qui s'exagère, tandis que dans les autres, dans le P. corne-de-bélier et le P. sans parchemin géant surtout, c'est plutôt la largeur de la cosse qui prend des proportions inusitées.

POIS MANGETOUT A RAMES A GRAIN VERT.

Synonyme : Pois Morin.

Nom étranger : Angl. Tall green seeded sugar-pea.

Variété très productive, originaire de Bretagne ; tiges fortes, atteignant 1^m40, nouant haut et portant cinq à six étages de fleurs géminées.

Cosses minces, longues de 0^m06 à 0^m07, peu charnues quoique bien franchement sans parchemin ; grains au nombre de six à huit par cosse, petits, ronds, bien verts, lisses ou légèrement chagrinés. Le litre de grains pèse en moyenne 740 grammes, et 10 grammes contiennent environ 55 grains.

Le P. mangetout à rames à grain vert se distingue par une production remarquablement abondante et soutenue ; c'est une variété tardive.

POIS SANS PARCH. CORNE-DE-BÉLIER.

Synonymes : Pois gourmand blanc à large cosse, P. sans parch. grand à fleur blanche, P. géant de Beaulieu, P. lyonnais à rames, P. Saint-Quentin, P. sans parch. de de Brauère, P. crochu à large cosse, P. croche (Calvados), P. serpette ou P. tortu à rames (Somme).

Noms étrangers : Angl. Tall white-flowering scimitar pea. — Large crooked sugar-pea, Ramshorn sugar-P.

Grande variété à rames, s'élevant de 1^m20 à 1^m40 ; à tige de grosseur moyenne, ordinairement ramifiée, à nœuds espacés ; feuillage assez ample, d'un vert pâle un peu blond ; fleurs blanches, très grandes, bien ouvertes, commençant à paraître au douzième ou au treizième nœud, presque toujours solitaires, et faisant place à des cosses très grandes, blanchâtres, complètement sans parchemin, souvent contournées : ce qui a fait donner à la variété le nom qu'elle porte. — Ces cosses atteignent quelquefois de 0^m10 à 0^m12 de longueur sur une largeur de 0^m025 à 0^m03 ; elles contiennent habituellement de cinq à huit grains assez gros, arrondis, espacés, d'un vert très pâle, devenant, à la maturité, blancs et parfaitement ronds. Le litre pèse en moyenne 780 grammes, et 10 grammes contiennent environ 35 grains.

La tige principale porte ordinairement de huit à dix étages de cosses, et les ramifications seulement de trois à cinq.

POIS SANS PARCHEMIN, A RAMES

Le P. corne-de-bélier est extrêmement productif. Il est de moyenne saison, commençant à donner bien après le P. sans parchemin de quarante jours ; mais il reste productif plus longtemps, et la grandeur et la beauté de ses cosses le font toujours rechercher par-dessus toutes les autres variétés. C'est, de tous les pois sans parchemin, celui dont la culture est la plus répandue.

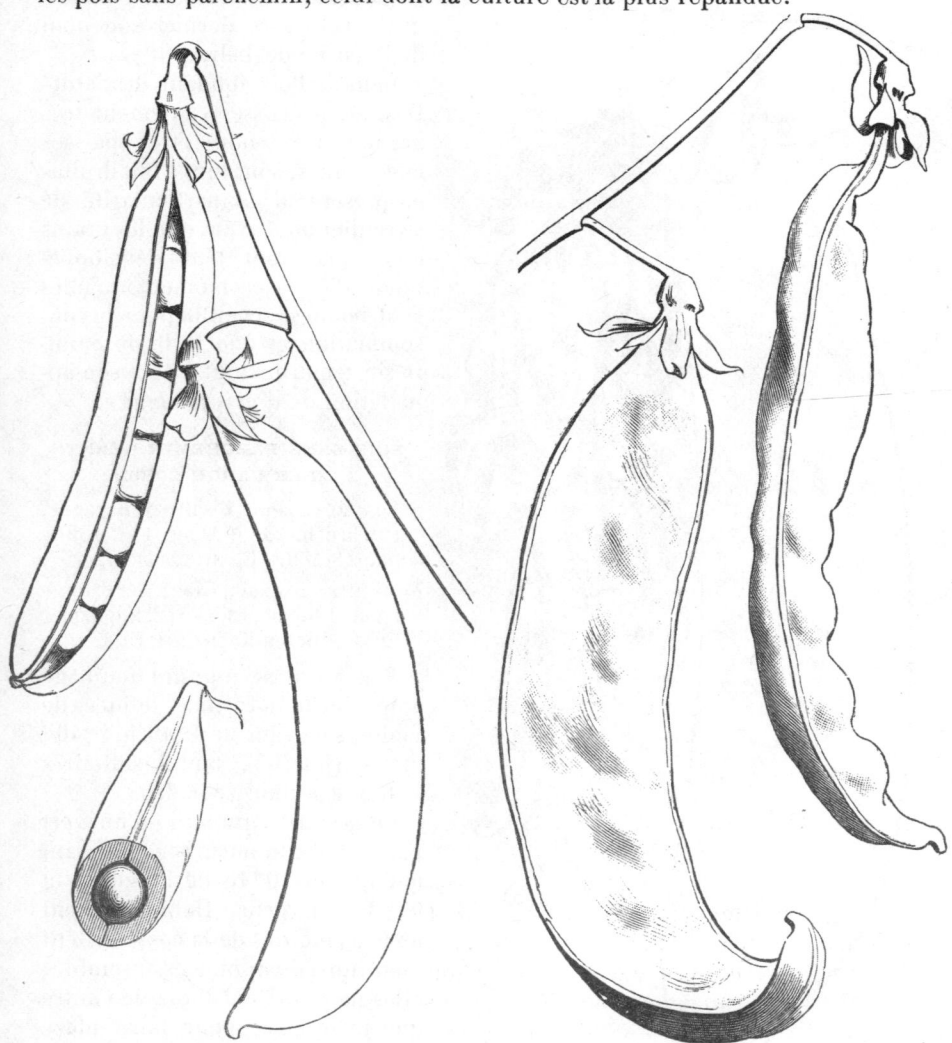

Pois sans parchemin beurre.
Cosses de grandeur naturelle.

Pois sans parchemin corne-de-bélier.
Cosses de grandeur naturelle.

En y regardant de près, on pourrait dire que deux races différentes sont réunies sous le nom de P. corne-de-bélier. La plus répandue est celle que nous avons décrite. L'autre, qu'on désigne parfois sous le nom de *race de Lyon*, est un peu moins élevée, de cinq ou six jours plus précoce, et les cosses y sont ordinairement solitaires, tout en étant grandes et bien charnues.

Il en existe aussi une variété à petites cosses, connue dans le Midi sous le nom de *Pois croquant à rames*.

POIS SANS PARCH. FONDANT DE SAINT-DÉSIRAT.

Ce beau et bon pois sans parchemin n'est à proprement parler qu'une sous-variété du P. corne-de-bélier, en ayant tous les caractères de végétation, la vigueur, la grande production et n'en différant en somme que par l'absence de courbure des cosses, courbure qui a valu à ce dernier son nom de P. corne-de-bélier.

Dans le Pois fondant de Saint-Désirat, les cosses également très grandes, très tendres, très épaisses et charnues, sont tout à fait droites et présentent la particularité de se renfler bien avant que les grains aient pris tout leur développement. C'est à ce moment qu'elles sont bonnes à cueillir pour la consommation et que le P. de Saint-Désirat mérite tout à fait son appellation de « *pois fondant* ».

POIS SANS PARCHEMIN GÉANT, A TRÈS LARGE COSSE.

SYNONYMES : Pois Bisalto d'Espagne, P. à la dame, P. d'Alger, P. Carouby (dans le Midi), P. caroubier (Algérie).

NOMS ÉTR. : ANGL. Giant very large podded sugar-pea. — ALL. Kapuziner Erbse, Riesen-Kapuziner E.

Pois à rames, à grand feuillage ample et blond ; tiges teintées de violet, s'élevant de 1m10 à 1m40 ; fleurs violettes, tantôt solitaires et tantôt réunies par deux.

Cosses très grandes, d'un vert pâle, très contournées, dépassant quelquefois 0m15 de longueur et 0m03 de largeur. Habituellement les deux moitiés de la cosse restent pour ainsi dire soudées ensemble ; elles ne s'écartent l'une de l'autre que juste assez pour faire place aux grains, dont le relief se voit ainsi parfaitement à l'extérieur. Ces grains sont au nombre de six à dix dans chaque cosse, gros, un peu anguleux ou aplatis, d'un vert franc ; à la maturité, ils deviennent grisâtres et finement maculés de rouge brun.

Le litre pèse 760 gr., et 10 grammes contiennent environ 25 à 30 grains. La tige principale porte de six à huit étages de cosses ; les ramifications, habituellement au nombre de deux ou trois, en portent à peu près moitié moins.

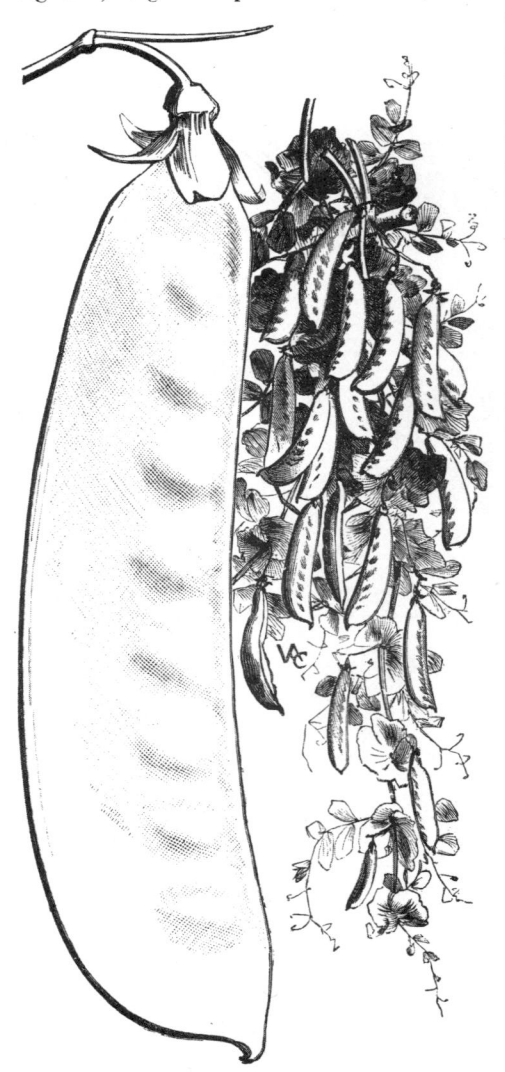

Pois sans parchemin fondant de Saint-Désirat.
Tiges réd. au sixième ; cosse de grandeur naturelle.

Il est bon de cueillir et de consommer jeunes les cosses de ce pois, car elles prennent, ainsi que le grain, en approchant de la maturité, le goût un peu fort et âcre qui caractérise les pois à fleur violette. Le grain, même jeune et tendre, qui est à l'état cru parfaitement vert, devient en cuisant gris ou brunâtre.

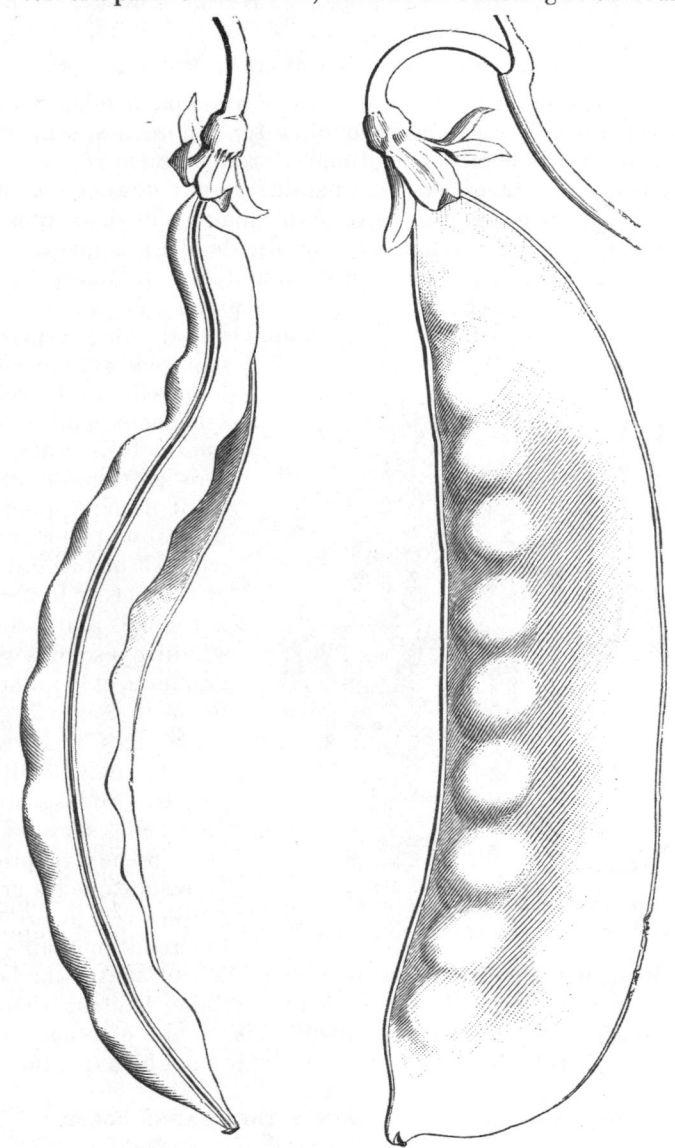

Pois sans parchemin géant, à très large cosse (Cosses de grandeur naturelle).

On distingue deux races bien tranchées dans le P. sans parchemin géant. L'une, plus grande et vigoureuse, est en même temps plus tardive ; elle produit presque toujours deux cosses à la maille. L'autre, moins haute et plus hâtive, donne des cosses sensiblement plus grandes, mais le plus souvent solitaires.

B. — *Variétés demi-naines.*

POIS SANS PARCHEMIN NAIN HATIF BRETON.

Synonymes : Pois à la perle, P. à la poule, P. à la reine (Calvados), P. drochet, P. friand, P. friolet, P. de Sainte-Catherine (Orne), P. tortu nain (Somme).

Nom étranger : angl. Extra early dwarf Brittany sugar-pea.

Pois demi-nain, s'élevant à 0^m60 ou 0^m75 de hauteur ; feuillage assez léger, petit, d'un vert grisâtre et glauque; nœuds assez rapprochés, seulement vers le bas des tiges; fleurs blanches, moyennes, ordinairement réunies par deux et commençant à paraître vers le douzième nœud. Juste en dessous naissent ordinairement deux ramifications peu développées, portant de deux à quatre étages de cosses le plus souvent solitaires. La tige principale en porte habituellement de sept à dix étages. — Ces cosses, réunies par deux, d'un vert pâle un peu grisâtre, ne dépassent guère 0^m06 de long; elles sont étroites, passablement renflées et charnues, bien complètement sans parchemin, et renferment de cinq à sept grains blancs, un peu carrés, devenant, à la maturité, d'un blanc grisâtre et de forme irrégulière, mais plutôt ronds.

Le litre pèse en moyenne 800 grammes, et 10 grammes contiennent de 60 à 70 grains.

Les tiges du P. sans parchemin nain hâtif breton sont très raides ; comme, en outre, elles sont nombreuses et à nœuds rapprochés, il en résulte que les vrilles des feuilles relient aisément les différents montants les uns avec les autres, de sorte que la plante se tient debout sans avoir besoin du secours de rames, bien qu'elle s'élève à une certaine hauteur. Cette qualité mérite d'être notée, parce que beaucoup de pois, même plus nains que le P. sans parchemin hâtif breton, sont loin de se tenir aussi bien que lui.

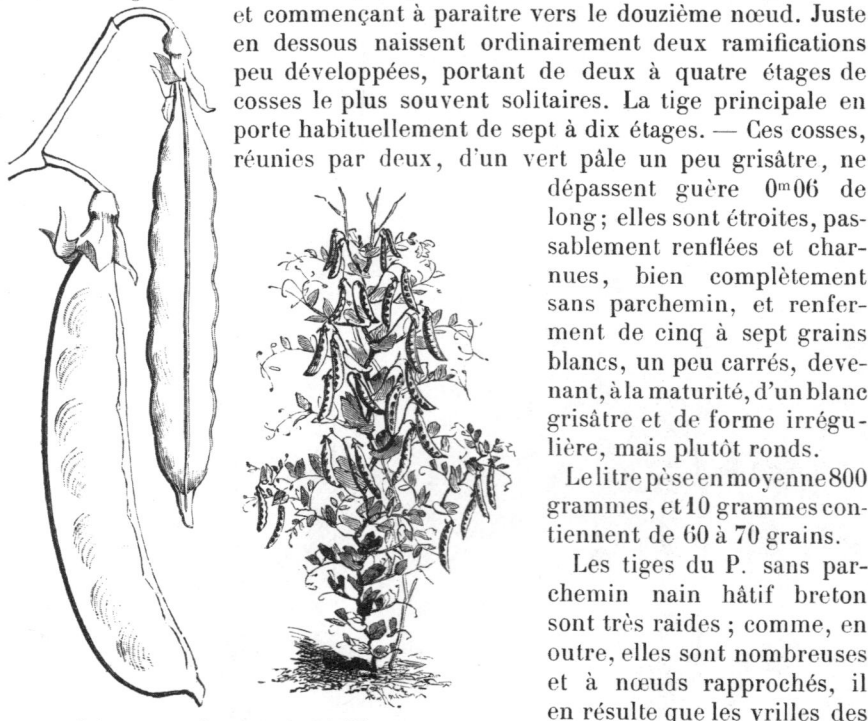

Pois sans parchemin nain hâtif breton.
Plante réd. au dixième; cosses de grandeur naturelle.

POIS SANS PARCHEMIN NAIN A TRÈS LARGE COSSE.

Synonyme : Pois nain géant sans parchemin.

Nom étranger : angl. Dwarf gray-seeded large podded sugar-pea.

Joli pois presque tardif, demi-nain, atteignant 0^m60 de hauteur ; feuillage ample et blond; tiges portant cinq ou six étages de fleurs solitaires ou géminées, colorées comme celles des pois gris. — Cosses longues de 0^m09 à 0^m11, plates, larges, un peu arquées et bien sans parchemin, renfermant sept ou huit grains gros, devenant à la maturité roux piqueté de brun. Le poids du litre de grains est de 740 grammes, et 10 grammes contiennent de 30 à 35 grains.

Cette variété est une amélioration du P. sans parchemin géant qui, lui, ne peut se cultiver sans l'emploi de rames; les cosses, en sont grosses et abondantes, et doivent être consommées de bonne heure, car en approchant de la maturité elles prennent, ainsi que les grains, un goût assez fort et peu agréable.

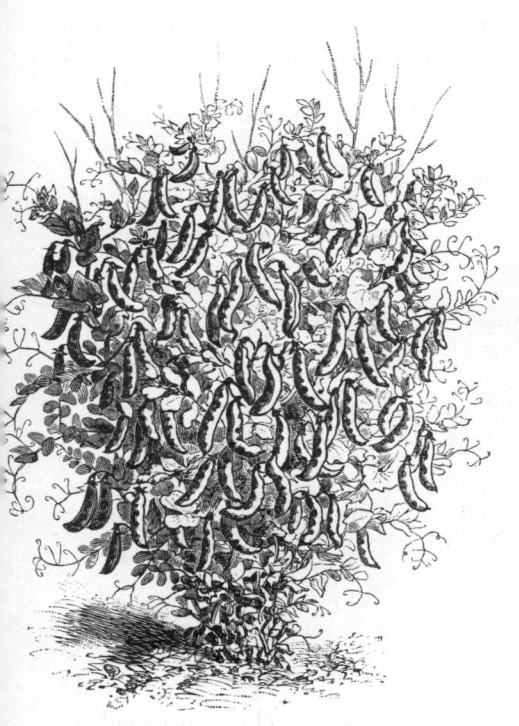

Pois nain mangetout Debarbieux.
Plante réd. au dixième.

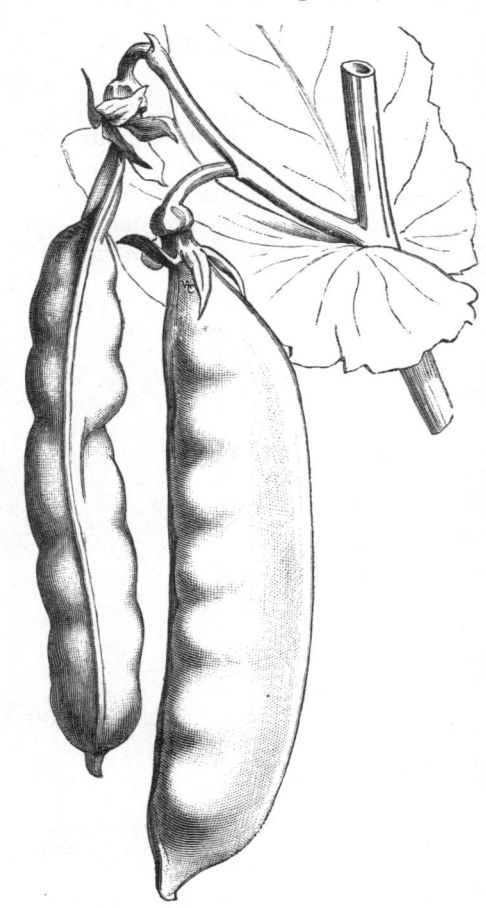

Pois nain mangetout Debarbieux.
Cosses de grandeur naturelle.

POIS NAIN MANGETOUT DEBARBIEUX.

Pois demi-nain, tardif, originaire du nord de la France; tiges de 0^{m}70 à 0^{m}80 de hauteur, portant cinq ou six étages de fleurs géminées. — Cosses moyennes, tout à fait sans parchemin, longues de 0^{m}07 à 0^{m}08, renfermant cinq ou six grains gros, oblongs, d'un blanc laiteux, lisses ou légèrement chagrinés. Le litre de grains pèse 800 grammes, et 10 grammes contiennent environ 40 grains.

Malgré sa taille relativement élevée ce pois n'exige pas l'emploi de rames, les tiges s'enlaçant par leurs vrilles et se soutenant mutuellement. Les cosses sont réunies au sommet des tiges et sont bonnes à cueillir à peu près en même temps que celles du P. corne-de-bélier.

C. — *Variétés naines.*

POIS SANS PARCHEMIN TRÈS NAIN HATIF, A CHASSIS.

Noms étrangers : angl. Extra early very dwarf edible podded pea, Dwarf Dutch P., Dwarf crooked sugar-P.
all. Früheste niedrige Treib-Zucker-Erbse.

Pois très nain, à tige extrêmement courte, ne dépassant pas généralement 0^m20 à 0^m25 de hauteur, en zigzag, à nœuds si rapprochés qu'on peut à peine les compter exactement, commençant d'ordinaire à se ramifier vers le septième nœud et à fleurir du huitième au dixième ; fleurs moyennes, bien blanches, assez souvent solitaires.

Cosses au nombre de cinq à sept sur la tige principale et de deux à quatre sur les ramifications, d'un vert pâle, blanchâtre, assez étroites, bien remplies par les grains, le plus souvent au nombre de cinq à sept, blancs et assez gros.

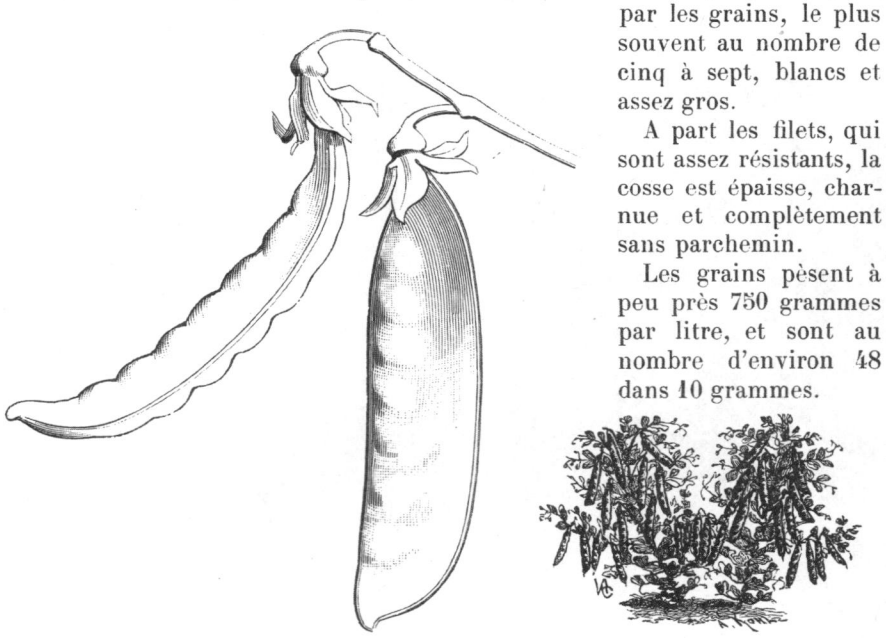

A part les filets, qui sont assez résistants, la cosse est épaisse, charnue et complètement sans parchemin.

Les grains pèsent à peu près 750 grammes par litre, et sont au nombre d'environ 48 dans 10 grammes.

Pois sans parchemin très nain hâtif, à châssis.
Cosses de grandeur naturelle. — Plante réduite au dixième.

Cette petite variété de pois mangetout est presque aussi précoce que le P. nain à châssis très hâtif dans la série des pois à écosser ; et, comme lui, elle convient tout particulièrement à la culture forcée sous châssis en raison de sa petite taille : il n'est pas besoin d'en coucher les tiges vers le haut du coffre comme on doit le faire généralement avec les variétés plus hautes. On peut aussi l'utiliser avantageusement pour la formation de bordures en plein air, dans le potager.

Il en existe une sous-variété à cosses le plus souvent solitaires, un peu plus larges que celles de la race commune, à feuillage un peu plus ample et d'un vert plus foncé. En somme, elle ne présente aucun mérite spécial qui doive la faire préférer à celle que nous venons de décrire.

AUTRES VARIÉTÉS FRANÇAISES :

A. — **Pois à écosser.**

P. *acacia*. — Variété demi-naine, assez rigide ; feuilles complètement dépourvues de vrille terminale, celle-ci étant remplacée par une foliole impaire bien développée. La plante est toutefois relativement peu productive ; à cosses géminées, petites ; grain vert, comprimé et ridé.

P. *Bivort*. — A rames, mais de hauteur médiocre, précoce ; à grain rond, blanc. Il se distingue à peine du P. Michaux de Hollande.

P. *blanc d'Auvergne*. — Variété tardive, à tige haute, très ramifiée ; fleurs blanches. Cosses très petites et très étroites, bien pleines ; grain blanc, un peu carré. Bon pois pour fourrage, mais trop tardif comme plante potagère.

P. *carré blanc*. — Variété très voisine du P. de Marly mentionné ci-dessous ; grains blancs, serrés les uns contre les autres dans la cosse et aplatis sur les deux faces.

P. *de Cérons hâtif*. — A rames, assez hâtif. Il se rapproche du P. Michaux de Hollande par sa précocité, et du Michaux ordinaire par sa vigueur et sa grande production.

P. *de Commenchon*. — Bon pois hâtif, devançant de plusieurs jours le P. Michaux de Hollande, mais cependant bien moins précoce que le P. Prince Albert. Il a le feuillage assez ample, les cosses larges, aussi souvent solitaires que réunies par deux ; le grain rond, blanc et gros.

P. *doigt de dame*. — Sous-variété un peu plus tardive du P. de Marly. Cosses marquées extérieurement par la saillie des grains qui sont gros, ronds et blancs.

P. *Dominé*. — Sous-variété, plus tardive et plus productive, du P. Michaux ordinaire. Elle est à peu près complètement abandonnée aujourd'hui.

P. *doré*. — A rames, à peu près de même saison que le P. d'Auvergne, à feuillage ample, très blond ; fleurs blanches. Cosses réunies par deux, longues et droites, d'un vert jaunâtre, ainsi que les grains.

P. *fève* (SYN. : *P. haricot*). — Se rapproche passablement du P. de Marly et de ses similaires ; il s'en distingue par la forme de son grain, qui est un peu oblong et marqué d'une tache noire à l'ombilic.

P. *géant*. — Grand pois tardif, à tige très élevée ; fleurs violettes. Cosses grandes, réunies par deux ; grain un peu carré, grisâtre ou légèrement moucheté de noir ; ombilic noir.

P. *le plus hâtif biflore, de Gendbrugge*. — Hâtif, très voisin du P. Michaux de Hollande, dont il se distingue par un peu plus de précocité et un peu moins de vigueur.

P. *de Gouvigny*. — Très voisin du P. de Marly ; s'en distingue pourtant par ses cosses un peu plus longues et plus étroites.

P. *gros jaune*. — Variété assez distincte, d'un vert très blond presque jaunâtre dans toutes ses parties, souvent uniflore. La cosse et le grain ressemblent à ceux du P. carré blanc mentionné ci-dessus.

P. *gros quarantain de Cahors*. — A rames, très voisin du P. de Marly, mais un peu plus précoce. Grain blanc, gros.

P. *de Madère*. — A rames, assez voisin du P. de Marly par ses caractères de végétation, mais s'en distinguant par une tache noire que ses grains portent à l'ombilic. Il diffère du P. fève par la blancheur et la forme bien ronde de son grain.

P. *de Marly* (SYN. : *P. gros blanc de Silésie*). — Plante vigoureuse, souvent ramifiée, ressemblant un peu, par l'aspect général, au P. Michaux de Ruelle, mais presque toujours biflore et ne commençant à fleurir que vers le douzième nœud. Cosses droites, longues d'environ 0^{m}07 ; grain très gros, rond, blanc. Cette variété se distingue surtout par la grosseur de ses grains, blancs, légèrement oblongs.

P. Merveille de Lyon. — Variété naine, à feuillage petit ; cosses vertes, assez longues et en serpette. Se rapprochant de la variété anglaise Gloire de Witham (Witham wonder). Grain ridé vert.

P. Michaux à œil noir (ANGL. *Black eye P.* ; ALL. *Asterbse, Spanische Marotte E.* ; ITAL. *P. dall'occhio nero*; ESP. *G. de Careta*). — Variété bien nettement caractérisée par la tache noire que ses grains présentent à l'ombilic. A peu près de la même précocité que le P. Michaux de Ruelle et productif; il paraît réussir très bien dans les pays à climat chaud.

P. Michaux de Nanterre. — Sous-variété du P. Michaux ordinaire, un peu plus tardive que la race commune, mais un peu moins que le P. Dominé cité plus haut.

P. Michemolette (SYN. : *P. sans pareil*). — A rames, demi-tardif, à grosses et longues cosses, mais médiocrement productif. Se rapproche beaucoup du P. de Gouvigny.

P. Migron. — Bonne variété de pois à rames, très hâtive et fertile, extrêmement voisine des variétés anglaises Caractacus et Daniel O'Rourke.

P. nain gros blanc de Bordeaux. — Variété estimée dans son pays pour la culture maraîchère en grand ; demi-nain, biflore. Un peu plus tardif que le P. nain ordinaire, mais donnant des cosses plus grandes et des grains un peu plus gros.

P. nain gros sucré. — Très nain, à peu près de même taille que le P. très nain de Bretagne, à feuillage étroit, d'un vert blond ; biflore. Cosses courtes et assez étroites, contenant de six à huit grains un peu pâles, ronds, très réguliers. Cette race paraît aujourd'hui perdue.

P. nain vert petit. — Race demi-naine, bien distincte, atteignant à peu près 0^m80 de haut, à tige ramifiée ; feuillage assez fin, d'un vert foncé ; fleurs bien blanches. Cosses étroites, légèrement courbées ; grain petit, vert, et très rond. Légèrement plus tardif que le P. nain vert gros et le P. nain vert impérial.

P. Profusion. — Pois demi-nain hâtif, à belles cosses longues, grosses, solitaires, peu nombreuses ; gros grain oblong, peu coloré.

P. quarantain. — Variété assez cultivée aux environs de Paris, surtout du côté de Saint-Denis. C'est un pois très hâtif, à rames, généralement uniflore, peu différent, au point de vue de la précocité, du pois anglais Caractacus.

P. Quarante-deux. — Cultivé dans les mêmes localités que le P. quarantain, et pour se récolter après lui. Bon pois à cosses courtes, mais bien pleines ; tiges assez grêles ; précocité un peu plus grande que celle du P. Michaux de Hollande. Certains cultivateurs en distinguent deux variétés, dont l'une a la précocité du P. Michaux de Hollande, mais avec une production moins soutenue ; l'autre est presque aussi précoce que le P. Prince Albert. — Cette dernière paraît se confondre avec le P. quarantain.

P. Quarante-deux vert. — Variété toujours biflore, à cosses dans le genre de celles du P. Michaux de Hollande, mais plus longues. Sa précocité est à peu près égale à celle du P. Merveille d'Étampes.

P. remontant vert à rames. — Pois passablement grêle et haut de tige, à peu près de la précocité du P. d'Auvergne, assez souvent uniflore. Cosses longues et minces, contenant de sept à huit grains ronds, d'un vert foncé.

P. remontant vert à demi-rames. — Demi-nain, très ramifié, à production soutenue, assez voisin du P. nain vert petit, mais s'en distinguant par son grain un peu plus gros.

P. ridé vert à rames. — Ancienne et bonne variété française assez productive et bien hâtive ; cosses longues, étroites, mais obtuses à l'extrémité ; grain moyen, un peu espacé, devenant à la maturité ridé et d'un vert légèrement bleuâtre. — Le P. ridé *gros* vert à rames, décrit à la page 547, l'a remplacé avantageusement dans les cultures.

P. ridé sans pareil. — Variété demi-naine, ressemblant assez au P. Plein-le-panier par ses caractères de végétation, mais à grain ridé et vert.

P. ridé très nain à bordures. — Jolie variété très naine, compacte et ramifiée, demi-hâtive. Elle a été en faveur avant l'introduction des pois Merveille d'Amérique et Serpette nain vert, qui l'ont remplacée dans les jardins.

P. turc (SYN. : *P. couronné*). — Variété plus curieuse-qu'intéressante, à nœuds très rapprochés au sommet de la plante, où les fleurs apparaissent en une sorte de bouquet; grain arrondi, régulier, jaune blond. — Il en existe deux sous-variétés dont l'une à fleur blanche et l'autre à fleur bicolore.

P. vert des Côtes-du-Nord. — Grand pois très tardif, se rapprochant assez du P. gros carré vert normand.

P. vert nain du Cap. — Plutôt demi-nain que véritablement nain. Plante ramifiée, à tiges assez raides, biflore, présentant une assez grande analogie avec le P. nain vert gros. Le grain en est cependant un peu plus petit et un peu moins bleuâtre. Variété peu productive.

B. — **Pois sans parchemin.**

P. de Commenchon sans parchemin. — A rames, mais ne dépassant pas $1^m 10$ à $1^m 20$ de hauteur; à peu près aussi précoce que le P. Michaux de Hollande. Fleurs blanches, grandes. Cosses moyennes, blanchâtres.

P. mangetout demi-nain à œil noir. — Variété demi-naine, précoce, devançant de quelques jours le P. sans parchemin nain hâtif breton; fleurs violettes. Cosses un peu petites, légèrement contournées; grain gris, non moucheté, à ombilic noir.

P. mangetout serpette vert. — Grande variété à cosses ayant à peu près la forme de celles du P. sans parchemin de quarante jours, mais plus remplies et à grain bien vert. — Il est plus tardif de huit jours.

P. sans parchemin à cosse jaune. — Variété à rames, demi-hâtive ; feuillage ample, d'un vert blond; fleurs blanches, teintées de jaune, réunies par deux. Cosses longues, assez larges, franchement sans parchemin, de couleur jaune verdâtre ; grain un peu allongé, jaune blond.

P. sans parchemin à fleur rouge. — Grand pois tardif, à tige généralement ramifiée; fleurs rouge pâle et non violettes, réunies par deux. Cosses moyennes, relativement étroites, un peu arquées et quelquefois légèrement contournées; grain brun pâle, marbré de roux.

P. sans parchemin nain gris. — Race distincte, demi-naine, ramifiée; fleurs violettes ; cosses petites et très nombreuses. L'adoption des variétés hâtives à fleur blanche l'a fait généralement abandonner.

P. sans parchemin nain hâtif de Hollande. — Variété naine, de $0^m 50$ à $0^m 60$ de hauteur, vraiment précoce, fleurissant à peu près en même temps que le P. Michaux de Ruelle. Cosses assez petites, de $0^m 06$ à $0^m 07$ de long, sur $0^m 015$ de large, un peu courbées, franchement sans parchemin.

P. sans parchemin nain ordinaire (SYN. : *P. mangetout sans rames, P. capucin double*). — Diffère fort peu du précédent; d'un jour ou deux moins hâtif, mais plus rustique et passablement plus productif. Le P. sans parchemin nain hâtif breton les a remplacés tous deux dans les cultures.

P. sans parchemin ridé nain (SYN. : *P. sans parchemin ridé à demi-rames*). — Ce pois est plutôt demi-nain que franchement nain. Tige d'environ $0^m 80$ à 1 mètre de hauteur; fleurs blanches, réunies par deux. Cosses petites, ordinairement courbées, très franchement sans parchemin, nombreuses ; grain tout à fait ridé, petit, carré ou aplati. Variété bien distincte, mais un peu tardive. Le caractère particulier du grain n'ajoute rien à son mérite comme pois sans parchemin.

P. sans parchemin très hâtif à fleur rouge. — A rames, presque aussi précoce que le P. Prince Albert; tige grêle, fine, ne dépassant pas 1 mètre de haut; fleurs violettes à carène rouge, commençant à paraître très bas sur la tige. Cosses petites, blanchâtres, bien franchement sans parchemin.

VARIÉTÉS ANGLAISES ET AMÉRICAINES :

A. — Pois à écosser, à grain rond.

Batt's Wonder. — Demi-nain, assez trapu; feuillage ample et d'un vert foncé; biflore. Cosses longues et minces, légèrement arquées et pointues; grain rond, quelquefois carré par compression, d'un vert foncé. Variété productive, rustique, un peu tardive.

Beck's Gem. — Nain, et ne dépassant que rarement 0^{m}30; tige raide, souvent ramifiée; fleurs blanches, réunies par deux. Cosses assez courtes, relativement larges; grain gros, un peu pâle. C'est une variété demi-hâtive, assez productive malgré sa petite taille.

Bedman's Imperial. — A rames, de 1^{m}20 de hauteur environ, tantôt uniflore, tantôt biflore. Cosses longues, très légèrement arquées, mais obtuses à l'extrémité; grain gros, un peu oblong, vert. Maturité demi-hâtive.

Blue scimitar. — Pois demi-nain, ne dépassant guère 0^{m}80 de hauteur, très vigoureux. Cosses assez fréquemment solitaires, longues, minces, très arquées, pointues à l'extrémité, très pleines et contenant de huit à dix grains assez gros, bien verts. Il est très cultivé par les maraîchers.

Charlton. — Variété aujourd'hui presque disparue, mais extrêmement cultivée et appréciée autrefois; paraît avoir été, en Angleterre, à peu près l'équivalent de notre P. Michaux de Hollande en France. C'était un pois à rames, à grain blanc, rond, qui se cultivait pour primeur.

Claudit (AM.). — Variété américaine demi-naine et de précocité moyenne, assez productive; tiges un peu grêles, portant des cosses longues et nombreuses; grain rond et d'un vert pâle.

Dickson's Favourite. — A rames, extrêmement voisin du P. d'Auvergne par ses caractères de végétation, sa précocité, et l'apparence de sa cosse et de son grain. On pourrait presque considérer les deux variétés comme synonymes.

Earliest of all. — Extrêmement précoce mais peu productif, à rames, très grêle. Voisin du P. Express.

Early Kent. — A peu près analogue à la race de pois anciennement cultivée en France sous le nom de P. Prince Albert. — Aujourd'hui on donne ce dernier nom à une variété sensiblement plus hâtive, et qui correspond presque exactement à la race anglaise Dillistone's early.

Fairbeard's Surprise. — A rames, haut de 1^{m}50 environ; fleurs blanches, grandes, le plus souvent solitaires. Cosses longues, assez larges, très faiblement arquées, et arrondies vers l'extrémité; grains gros, bien verts, légèrement ovales. C'est une variété bien précoce.

Flack's Imperial. — Demi-nain, de taille ordinairement inférieure à un mètre. Cosses assez souvent solitaires, mais généralement réunies par deux, longues, assez larges, un peu courbées et carrées du bout; grains gros, légèrement ovales, devenant bleuâtres à la maturité.

Harbinger. — Le plus précoce de tous les pois à écosser. Petit pois à rames, extrêmement grêle, tout à fait analogue au Dillistone's early, qu'il surpasse même de deux ou trois jours en précocité. Fleurs solitaires; cosses courtes et très minces; grain petit, rond et vert à la maturité.

Kentish invicta (East Kentish invicta). — On peut le décrire comme étant un pois Daniel O'Rourke à grain vert, dont il a à peu près la taille et la précocité; il est presque aussi productif. Les premières fleurs avortent souvent.

Laxton's Evergreen. — Après avoir joui d'une certaine faveur, ce gain de M. Laxton paraît être aujourd'hui à peu près complètement délaissé. C'est un grand pois à rames, haut de tige, mais assez grêle, très ramifié, donnant des cosses minces, un peu courbées, étroites, de longueur moyenne. Grains ronds, petits, vert olive à la maturité : teinte particulière qui les rend très facilement reconnaissables.

Laxton's Prolific long pod. — Grand pois à rames, atteignant 1ᵐ50 de hauteur et plus ; feuillage très ample et remarquablement blond ; fleurs réunies par deux. Cosses à peu près semblables de forme à celles du P. d'Auvergne, d'un bon tiers plus longues et plus grosses, mais beaucoup moins nombreuses. Le grain, blanc, un peu irrégulier de forme, n'est pas tout à fait rond, sans être cependant franchement ridé.

Laxton's Superlative. — Grand pois à rames, à grosse tige ; feuillage large et ample, sans être touffu. Cosses presque toujours réunies par deux, mesurant fréquemment plus de 0ᵐ12 de longueur, fortement arquées, pointues et extrêmement renflées à la maturité ; elles sont du reste très peu remplies, ne contenant ordinairement que six à huit grains ronds, petits, qui deviennent, à la maturité, d'un vert pâle.

Laxton's Unique. — Variété très naine, de 0ᵐ30 à 0ᵐ40 de haut ; tige ordinairement ramifiée. Cosses réunies par deux, assez larges, passablement arquées, de longueur moyenne et pointues à l'extrémité ; grain rond, assez petit, mi-parti blanc et vert pâle à la maturité.

Paradise marrow (*Champion of Paris, Excelsior marrow, Stuart's Paradise*). Variété à rames, vigoureuse, s'élevant de 1ᵐ50 à 1ᵐ80, ordinairement ramifiée. Cosses quelquefois réunies par deux, mais généralement solitaires, de 0ᵐ10 de long au moins, larges, carrées du bout et très légèrement arquées, bien pleines ; grains au nombre de sept à neuf par cosse, gros et sucrés, devenant ronds et blancs à la maturité.

Peruvian black eye marrow fat (AM.). — Variété analogue au P. de Madère. Il se rapproche aussi beaucoup des pois de Marly ou de Gouvigny, mais il s'en distingue par la tache noire de son ombilic.

Philadelphia extra early (AM.). — Joli pois à rames, à écosser, à grain blanc et très hâtif. Se rapproche beaucoup du P. Daniel O'Rourke.

Prizetaker (*P. Lauréat*) (ANGL. *Bellamy's early green marrow, Prizetaker green marrow, Leicester defiance, Rising sun*). — Beau pois à rames, de moyenne saison. Cosses longues, minces, faiblement courbées en serpette, tout à fait carrées du bout et contenant de 8 à 11 grains verts, gros et serrés, qui la remplissent complètement.

Royal dwarf (*White Russian, Dwarf prolific*). — Demi-nain, s'élevant à environ 0ᵐ80 de hauteur, branchu. Cosses ordinairement solitaires, assez larges, très faiblement arquées, contenant cinq ou six grains gros, un peu ovales, bien blancs à la maturité.

Shilling's Grotto. — A rames, de 1ᵐ30 de hauteur environ et ne se ramifiant pas. Les cosses sont longues, relativement étroites et un peu arquées, et contiennent sept ou huit grains devenant blancs et ronds à la maturité.

Supplanter. — Demi-nain, vigoureux, demi-tardif, à larges feuilles d'un vert foncé. Cosses larges ; gros grains verts, un peu aplatis. Ce pois, obtenu par M. T. Laxton, n'a pas acquis la popularité que son nom faisait présager.

William the Conqueror. — Demi-nain et assez hâtif, à feuillage léger. Cosses un peu recourbées, ce qui le fait ressembler au P. serpette nain vert dont il a la précocité ; mais son grain est rond.

Woodford marrow. — Demi-nain ; tige forte, souvent branchue, s'élevant à un mètre environ ; feuillage d'un vert foncé, glauque. Cosses tantôt solitaires, tantôt réunies par deux, longues, assez minces, d'un vert foncé. Les grains sont au nombre de sept ou huit dans chaque cosse, serrés les uns contre les autres et prenant par suite une forme un peu carrée ; ils sont d'un vert olive à la maturité, comme ceux du *Laxton's Evergreen P.*

B. — **Pois à écosser, à grain ridé.**

Abundance (am.). — Variété assez voisine du P. Stratagème ; ne lui paraît pas supérieure.

Admiral (am.). — C'est un grand pois à rames, se montrant plus hâtif que notre P. ridé de Knight. Cosses obtuses, réunies par deux et un peu recourbées en forme de serpette; grain blanc ridé.

Admiral Dewey (am.). — Variété américaine se rapprochant beaucoup du P. Téléphone.

Alderman. — Variété voisine du P. Duc d'Albany, mais plus régulièrement biflore que ce dernier.

Ambassadeur. — Variété à rames, également très voisine du P. Duc d'Albany.

Captain Cuttle. — Pois à demi-rames; à grand feuillage glauque et régulièrement biflore. Cosses larges; grain vert et ridé.

Celebrity. — Variété à rames, tout à fait voisine du P. Duc d'Albany.

Champion of England. — A rames, de taille moyenne ; tiges très ramifiées. Cosses réunies par deux; grains verts, ridés.

Chelsea gem. — Variété naine, à grain blanc et ridé; très légèrement plus hâtive que le P. serpette nain blanc.

Connaisseur. — Vigoureux, assez tardif, mais fertile et passant pour être d'une qualité exceptionnellement fine.

Criterion. — A rames, très productif, demi-hâtif, d'environ 1^{m}50 de hauteur; tiges un peu grêles ; feuillage léger, d'un vert blond. Cosses longues, droites, bien pleines ; le grain reste vert mais devient très ridé à la maturité. Se rapproche sensiblement du P. ridé gros vert à rames.

Crown Prince (am.). — Variété naine offrant quelque analogie avec le P. ridé nain blanc hâtif, mais à cosses un peu plus courtes et plus larges.

Daisy (*Pois pâquerette*). — Petite variété naine, tardive, grain ridé, feuillage blond. Se rapproche beaucoup du P. Orgueil du marché.

Dr Hogg. — Excellente variété hâtive et passablement productive ; à rames, grêle et ne dépassant guère 1 mètre à 1^{m}20 de hauteur; feuillage léger. Cosses le plus souvent solitaires, longues, très courbées, extrêmement pleines ; grains gros, carrés, restant verts à la maturité. Au moins aussi hâtif que le Michaux de Hollande.

Dr Mac Lean. — Demi-nain ; cosses longues, recourbées en serpette, atteignant environ 0^{m}10 de longueur, mais peu nombreuses et pas toujours très pleines. Variété de maturité demi-tardive.

Duke of York. — Belle variété à rames, mais ne dépassant pas 0^{m}80; assez hâtive. Cosses souvent réunies par deux, larges et longues ; grain ridé et vert.

Early maple. — Petite variété à tiges grêles, à fleur violette, n'ayant de particulièrement remarquable que son extrême précocité. Elle fleurit à peu près en même temps que le P. Prince Albert

Exonian. — Variété à rames, très hâtive et très productive; feuillage vert foncé; grain ridé, verdâtre.

Gardener's Delight. — Pois à rames, de haute taille ; à tiges très ramifiées mais assez grêles; feuillage léger. Cosses courtes, larges, toujours réunies par deux et contenant de 5 à 8 grains gros, devenant blancs et ridés à la maturité. Variété de production bien soutenue.

Giant emerald marrow. — Assez voisine, par ses autres caractères, du P. ridé de Knight; elle s'en distingue par la teinte vert franc de son feuillage, qui est luisant comme celui du P. vert émeraude (*Sutton's Emerald gem*). C'est une variété assez hâtive, à gros grain blanc ridé.

Hair's dwarf Mammoth. — Variété demi-naine, extrêmement vigoureuse ; à tige grosse, robuste, atteignant 0^{m}80 environ de hauteur, souvent ramifiée. Cosses réunies par deux, longues et larges, très légèrement arquées et bien pleines ; grains verts, ridés.

Hay's Mammoth (*Tall white Mammoth, Ward's Incomparable, Willwatch, Champion of Scotland*). — Vigoureux pois à rames, atteignant jusqu'à 2 mètres de hauteur ; tige grosse et forte, habituellement ramifiée. Cosses ordinairement réunies par deux, longues, larges, presque carrées du bout, mais très amincies au voisinage du pédicelle ; grain blanc, ridé. — Cette variété est tardive, mais la production en est très soutenue, et se prolonge souvent très tard à l'arrière-saison.

John Bull. — Très beau pois demi-nain, ridé, à longues et belles cosses ; grain vert. Il est un peu moins tardif que le Mac Lean's Best of all P.

Kelvedonian. — Variété à rames demi-hâtive, moins productive que le P. Duc d'Albany. Cosses larges, longues et droites ; grain ridé, vert.

King Edward VII. — Race bien distincte, haute de 0^{m}50 environ ; feuillage blond et crispé. Cosses vert foncé, légèrement en serpette ; grain vert, ridé.

Laxton's Marvel (*Prodige de Laxton*). — Pois demi-nain, à longues cosses, un peu courbées ; gros grain, ridé, vert.

Laxton's Omega. — Pois demi-nain, d'un vert foncé dans toutes ses parties. Il est très tardif et a été baptisé pour cette raison d'un nom indiquant qu'il clôt la série des pois. Cosses minces, longues, un peu courbées, obtuses à l'extrémité, très pleines de grains franchement verts, devenant carrés par la pression qu'ils exercent les uns sur les autres. A la maturité, ils ne sont pas extrêmement ridés mais plutôt carrés et évidés sur les faces.

Little gem. — Petit pois très nain, de 0^{m}30 à 0^{m}40 de haut, vigoureux et ordinairement très ramifié. Cosses petites, mais larges, droites, bien pleines ; le grain mûr est pâle, bleuâtre et ridé.

May Queen (Sutton). — A rames, hâtif ; feuillage blond ; cosses larges et obtuses ; grain ridé, vert.

Minimum. — Extrêmement nain, à grain blanc, ridé. Bonne petite variété.

Multum in parvo. — Petite variété assez hâtive, très naine, de 0^{m}30 de hauteur, trapue ; feuillage large, assez ample, d'un vert foncé et bleuâtre. Cosses ordinairement solitaires, courtes et assez larges, amincies vers l'extrémité ; grain vert pâle ou blanc verdâtre à la maturité.

Nec plus ultra (*Payne's Conqueror, Cullingford's Champion, Champion of the world, Late wrinkled green*). — Très grand pois tardif, dépassant quelquefois 2 mètres de hauteur. Cosses nombreuses, étagées à partir du tiers de la hauteur de la plante, habituellement réunies par deux, longues, larges, assez sensiblement arquées et très amincies du côté de l'insertion du pédicelle ; grain très gros, un peu ovale, vert et ridé à la maturité.

Nelson's Vanguard. — Pois ridé, de taille demi-naine, à feuillage assez ample. Cosses réunies par deux, de longueur moyenne, mais larges. C'est une variété de même saison que le P. ridé nain blanc hâtif, mais d'apparence un peu plus trapue et plus ramassée.

Norwich wonder. — Sous-variété à cosses plus courtes, du P. Téléphone.

Nott's Excelsior (am.). — Petit pois nain ridé, un peu plus haut de taille que le P. Merveille d'Amérique, auquel il ressemble énormément.

Nutting's N° 1. — Plante ramifiée et franchement naine, assez vigoureuse. Tige raide, de 0^{m}50 environ, portant des cosses nombreuses réunies par deux, de longueur médiocre, mais bien pleines ; elles sont à peu près droites et un peu obtuses à l'extrémité. Grain blanc ridé. — Race très hâtive et un des meilleurs pois ridés blancs nains.

Pioneer. — Petite variété de pois à rames, grêle et menue comme le P. Prince Albert. Cosses moyennes, ordinairement solitaires, droites, un peu pâles, contenant cinq ou six grains devenant blancs et ridés à la maturité.

Princess of Wales. — Demi-nain, ne dépassant guère 0^m75; feuillage pâle, assez ample. Cosses un peu courtes, larges, obtuses, blanchâtres, très rapprochées les unes des autres au sommet de la tige, à cause du peu de longueur des entrenœuds. Grain ridé, vert pâle, quelquefois presque blanc.

Ridé grand vert Mammoth. — Très grand et très tardif, dépassant 2 mètres de haut, à tiges très ramifiées. Cosses grandes, s'élargissant vers l'extrémité; grain moyen, ridé, vert.

Sharpe's early Paragon. — A rames, demi-hâtif, très remarquable par l'ampleur et la teinte tout à fait blonde de son feuillage. Cosses larges, pâles, obtuses, renflées; grain vert, ridé, assez gros.

Standard. — Pois demi-nain, haut de 0^m80 environ; à tige vigoureuse et très feuillée; feuillage d'un vert pâle. Cosses longues, pointues, fortement arquées, assez renflées, contenant d'ordinaire une dizaine de grains gros et ronds, qui deviennent ridés à la maturité et de couleur très irrégulière, les uns restant verts, les autres blanchissant complètement.

Telegraph. — Grande variété à rames, extrêmement voisine du P. Téléphone; n'en diffère que par la couleur plus foncée de son feuillage et de ses cosses.

The Sherwood. — Variété naine, à feuillage large. Cosses droites, vert foncé, bien pleines; grain ridé vert.

Wem. — Variété tardive, atteignant environ 1 mètre et produisant en abondance de grosses cosses, solitaires ou réunies par deux; grain ridé, oblong, d'un vert pâle.

Yorkshire Hero. — Pois demi-nain, portant, au sommet de la tige, des cosses larges, assez courtes; grain gros, vert, ridé et aplati, de bonne qualité.

VARIÉTÉS ALLEMANDES :

Buchsbaum-Erbse. — A écosser, très nain, ressemblant assez à notre P. très nain de Bretagne, mais un peu moins tardif, et à cosses un peu moins petites.
On donne également ce nom à une variété de pois *sans parchemin* très naine et très trapue.

Grosse graue Florentiner Z.-E. — C'est presque exactement la même plante que l'ancien P. géant sans parchemin. Il est ordinairement biflore, très grand et un peu tardif. Les cosses sont à peu près de la dimension de celles du P. corne-de-bélier, et ordinairement plus droites que celles de la variété du P. géant à très large cosse qu'on cultive actuellement et que nous avons décrite plus haut.

Jaune d'or de Blocksberg. — Variété assez analogue au P. d'Auvergne ou serpette, mais plus grêle, un peu plus hâtive et moins grande. Elle se distingue surtout par la teinte jaune cire de ses cosses et de ses grains frais. — Comme, en général, on apprécie dans les pois une belle couleur verte, cette particularité est plutôt un défaut qu'une qualité.

Kapuziner-E. — En Allemagne, et surtout en Hollande, on donne ce nom à tous les pois potagers à fleur rouge. Il s'applique surtout aux pois sans parchemin, car ce n'est guère que dans cette catégorie de pois que l'on cultive des variétés à fleur colorée. Il y a donc des pois *Kapuziner* à rames et aussi des nains.

Neue gelbschotige Zucker-Perl-E. — Pois mangetout dépassant à peine 1 mètre de hauteur, très spécial par ses fleurs crème et surtout par son feuillage d'abord presque émeraude, devenant très jaune en vieillissant, ainsi que les tiges. Cosses petites, peu abondantes; grain rond, moyen, rosé.

Réva E. — Variété peu productive, en somme ; mais, si ses grains sont peu nombreux, ils ont du moins le mérite d'être d'une grosseur exceptionnelle et surpassent, à ce point de vue, ceux de toutes les variétés connues.

Ruhm von Cassel E. — Variété extrêmement voisine du P. d'Auvergne ; on pourrait même l'en considérer comme synonyme, si les cosses n'étaient sensiblement plus droites et moins arquées que dans ce dernier.

P. sans parchemin de Henri (Frühe Heinrich's Z.-E.). — Variété à rames, de taille médiocre, ressemblant assez au P. Michaux de Ruelle ; souvent uniflore. Bonne variété assez hâtive, mais moins productive que les bonnes races deminaines, telles que le P. sans parchemin breton.

P. sans parchemin grand de Hollande (Holländische grünbleibende späte Z.-E.). Très grande variété tardive, à fleurs blanches, réunies par deux. Cosses de dimension moyenne, beaucoup moins grandes que celles du P. corne-de-bélier. Ce pois ne commence à donner que tard dans la saison, mais la production en est très soutenue ; il demande de très grandes rames.

P. de Grâce très nain (Buchsbaum) sans parchemin. — Petit pois très nain, à feuillage fin, grisâtre, un peu grêle et maigre. Il n'est pas toujours très franchement sans parchemin.

P. de Grâce à châssis (Buchsbaum) très hâtif. — On peut tout au plus considérer ce pois comme une sous-variété de notre P. nain à châssis très hâtif ; il est un peu plus grêle et très légèrement plus élevé. C'est une race peu productive, mais très précoce et extraordinairement naine.

On cultive dans quelques pays, mais surtout en Allemagne, sous le nom de *Pois sans parchemin à fleur et cosse blanches*, une variété très tardive, très ramifiée, à tiges atteignant 1m 50 à 1m 80 de hauteur, presque blanches ou jaune de cire, garnies de feuilles grandes, amples, d'un vert franc ; les stipules sont marquées, à l'endroit où elles embrassent la tige, d'un cercle de même couleur que celle-ci. Les fleurs, réunies par deux, sont d'un blanc pur ; elles ne commencent à se montrer ordinairement que vers le seizième nœud et sont remplacées par des cosses droites, pointues à l'extrémité, de 0m 07 à 0m 08 de long, d'un jaune pâle, imitant à peu près la couleur du beurre frais ; elles contiennent sept ou huit grains qui deviennent blancs et arrondis à la maturité.

C'est une variété assez productive, mais très tardive et de qualité médiocre ; elle dégénère facilement, et donne alors des tiges et des cosses verdâtres.

POIS GRIS, BISAILLE, PISAILLE, POIS A FOURRAGE, P. DE BREBIS, P. DES CHAMPS (*Pisum sativum* L. var. *arvense*). (ANGL. Grey field peas ; ALL. Graue Feld-Erbsen ; ITAL. Piselli grigi da foraggio ; ESP. Guisantes pardos, Chicharos).

Les pois gris appartiennent, selon toute probabilité, à la même espèce botanique que les pois potagers, ils présentent, en effet, toutes les mêmes particularités de végétation, de la levée à la maturité, varient sous tous les rapports parallèlement aux autres pois, et s'en distinguent seulement par leurs fleurs rouges ou violettes. Ils ne sont employés généralement que comme plantes fourragères.

On en cultive surtout trois variétés : le *P. gris de printemps* et le *P. perdrix*, qui se sèment après l'hiver, ordinairement en Mars-Avril ; et le *P. gris d'hiver*, qu'on peut semer dès l'automne, ce dernier est plus rustique et plus productif, il convient mieux que les précédents pour les terrains secs et graveleux.

Il va de soi qu'on ne peut penser à soutenir au moyen de rames des pois fourragers. On leur fournit ordinairement un point d'appui en semant en même temps qu'eux du seigle ou de l'avoine à forte tige, choisissant, bien entendu, des variétés supportant l'hiver, quand le semis se fait à l'automne.

La durée germinative des pois à fleur violette est la même que celles des pois à fleur blanche, c'est-à-dire trois ans au moins.

POIS CHICHE
Cicer arietinum L.
Fam. des *Légumineuses*.

Synonymes : Garvance, Café français, Ceseron, Cézé, Cicerolle, Ciseron, Garvane, Pisette, Pois bécu, P. blanc, P. ciche, P. citron, P. cornu, P. de brebis, P. de Malaga, P. gris, P. pointu, Tête-de-bélier.

Noms étrangers : angl. Chick pea, Garavance, Egyptian pea, Horse gram (dans l'Inde). all. Kicher-Erbse, Garabanzen. — suéd. Kik-ärta. — ital. Ceci. — esp. Garbanzos. port. Ervanços, Grão de bico, Chicaro. — russe Ovétchy garotchina. pol. Ciecierzyca.

Europe méridionale. — Annuel. — Plante à tige rude, presque toujours ramifiée très près de terre, atteignant 0^{m}50 à 0^{m}60 de hauteur, velue, ainsi que les feuilles, qui sont composées, pennées avec impaire, à folioles petites, arrondies, dentées ; fleurs axillaires, petites, solitaires, blanches dans la variété ordinaire, rougeâtres dans les races à grain coloré. — Gousses courtes, très renflées, contenant deux grains, dont l'un avorte quelquefois, velues comme tout le reste de la plante, et à parois dures et parcheminées. Grain arrondi, mais déprimé et aplati sur les côtés, et présentant une sorte de bec formé par le relief de la radicelle. Son aspect rappelle celui d'une tête de bélier flanquée de ses cornes enroulées ; ce qui a fait donner à la plante son nom spécifique. Le litre pèse en moyenne 780 grammes, et 10 grammes contiennent environ 30 grains. La durée germinative est, comme pour tous les autres pois, de trois années au moins.

Culture. — Le Pois chiche se sème au printemps, quand la terre est déjà échauffée, et se cultive à peu près exactement de la même manière que les haricots nains. On le sème de préférence en lignes espacées de 0^{m}40 à 0^{m}50, et on laisse les plants à 0^{m}20 ou 0^{m}25 l'un de l'autre sur la ligne. Il ne demande pas d'autres soins que quelques binages ; c'est de toutes les légumineuses une de celles qui résistent le mieux à la sécheresse.

Dans le Midi, le semis peut se faire à partir du mois de Février.

Usage. — On mange le grain mûr, soit en entier, soit en purée ; on l'emploie aussi torréfié, en guise de café.

POIS CHICHE BLANC.

C'est la variété qui se cultive le plus généralement, et, à vrai dire, la seule qui mérite d'être considérée comme un légume. Il en existe un très grand nombre de races qui diffèrent légèrement les unes des autres par leur précocité plus ou moins grande et le volume de leur grain. — On cultive en Espagne des pois chiches d'une grosseur et d'une beauté remarquables.

On connaît une variété de pois chiche *à grain rouge* et une autre *à grain noir*. La première est très répandue dans l'Inde anglaise, où elle se cultive à la fois comme légume et comme plante fourragère ; son grain est un de ceux que l'on désigne sous le nom de « *Horse gram* » : il est employé à la nourriture des chevaux. Le pois chiche à grain noir n'a qu'un intérêt de curiosité.

POIS DE TERRE. — Voy. Arachide.

POIS OLÉAGINEUX DE LA CHINE. — Voy. Soja.

POIVRE LONG, POIVRON. — Voy. Piment.

POMME D'AMOUR. Voy. Tomate.

POMME DE TERRE

Solanum tubersoum L.

Fam. des *Solanées*.

Synonymes : Parmentière, Patate des jardins, P. de la Manche, P. de Virginie, Tartaufe, Tartufle, Trufelle, Morelle truffe.

Noms étr. : angl. Potato; (am.) Irish potato. — all. Kartoffel. — flam. Aardappel. dan. Jordepeeren. — suéd. Potatis. — ital. Patata. — esp. et port. Patata. esp. (am.) Papa. — russe Kartófel. — pol. Ziemniak, Kartofel.

Des hautes montagnes de l'Amérique méridionale. — Annuelle, vivace par ses tubercules. — L'histoire de la découverte et de l'introduction de la Pomme de terre en Europe est assez obscure. Il paraît certain cependant que c'est vers la fin du xvie siècle que la plante a commencé à se répandre et à être employée comme légume.

La culture en a été adoptée d'abord dans les Pays-Bas, en Lorraine, en Suisse, dans le Dauphiné, s'est même répandue en Espagne et en Italie avant de devenir usuelle dans le centre et le nord de la France. Ce n'est, en effet, qu'après les travaux et les publications de Parmentier que la Pomme de terre a été appréciée à sa juste valeur dans les environs de Paris et dans les régions avoisinantes. C'est à peu près à la même époque que sa culture a pris de l'importance en Angleterre. L'extension en a été depuis cette époque extrêmement rapide, et malgré l'invasion de la maladie qui a pu, vers le milieu du siècle, faire craindre la ruine complète de cette culture, la Pomme de terre conserve le premier rang parmi les tubercules alimentaires.

Le nombre des variétés de la Pomme de terre est prodigieux, on en compterait plusieurs milliers, si l'on voulait enregistrer toutes celles qui ont été obtenues et recommandées depuis cent ans dans les différents pays. Cette extrême multiplicité de variétés nous a mis dans l'obligation d'en écarter un très grand nombre, et nous nous bornerons, pour ne pas rendre cet ouvrage trop volumineux, à décrire une cinquantaine de variétés qui nous paraissent des plus distinctes en même temps que des plus recommandables.

La tige de la Pomme de terre est habituellement pleine, plus ou moins carrée, souvent relevée d'ailes membraneuses sur les angles. Les feuilles sont composées, formées de folioles ovales, entre lesquelles se trouvent le plus souvent de petites expansions foliacées ressemblant à d'autres folioles plus petites. Les fleurs sont en bouquets axillaires et terminaux; la corolle en est entière, étalée en roue, à cinq pointes; elle varie du blanc pur au violet.

Beaucoup de variétés ne fleurissent pas, et, parmi celles qui fleurissent, un grand nombre ne donne jamais de fruits. Ceux-ci consistent en baies arrondies ou très courtement ovoïdes; elles sont vertes, ou rarement teintées de brun violacé, de 0^m02 à 0^m03 de diamètre. Elles contiennent, au milieu d'une pulpe verte et très âcre, de petites graines blanches, aplaties, réniformes.

Les tubercules, qui ne sont que des rameaux souterrains renflés et remplis de fécule, présentent, suivant les variétés, de très grandes différences de forme et de couleur. On les distingue habituellement en tubercules *ronds*, *oblongs* et *longs*. A ces caractères et à ceux qu'on tire de la couleur, on peut ajouter encore ceux que fournissent les germes développés par les tubercules dans l'obscurité : leur apparence et leur couleur sont très constantes, et permettent de reconnaître assez sûrement les variétés les unes des autres. Nous croyons que peu de caractères ont autant d'importance que celui-là pour la détermination des variétés, et nous en parlions en ces termes dans un ouvrage publié précédemment (1) :

« Que les tubercules aient pris tout leur accroissement, ou au contraire qu'ils soient restés petits et chétifs à l'excès ; qu'ils aient ou non atteint leur complète maturité ; qu'ils soient même sains ou malades, pourvu qu'il leur reste assez de vie pour commencer à végéter, les germes se développent toujours semblables à eux-mêmes, avec la même apparence et la même couleur dans une même variété. »

A condition, bien entendu, que le tubercule n'ait été exposé, ni avant, ni pendant la croissance du germe, à l'influence prolongée de la lumière.

CULTURE. — Pour la culture en pleine terre dans les jardins, les pommes de terre se plantent ordinairement dans le courant du mois d'Avril en poquets espacés en tous sens de 0^m40 à 0^m60, selon le développement que prennent les différentes variétés, et profonds de 0^m15 à 0^m20 suivant la nature du sol. Les tubercules entiers, mais de dimensions moyennes, sont les plus avantageux à employer comme semence ; toutefois, lorsque la semence est rare, ou si l'on a affaire à une variété à gros tubercules, on peut les sectionner en deux parties en ayant soin de couper dans le sens de la longueur, mais ce moyen n'est pas à recommander ; les tubercules doivent être recouverts, au moment de la plantation, d'environ 0^m10 à 0^m12 de terre, de manière que les poquets ne soient pas entièrement remplis. Lorsque les germes sont bien sortis de terre, on donne un premier binage, à la suite duquel les poquets se trouvent comblés de terre. Environ quinze jours à trois semaines après, on donne un second binage dont on profite pour butter chaque touffe. Il sera prudent, entre le premier et le second binage, de protéger les jeunes pousses contre les gelées tardives en ramenant sur elles de la terre prise dans les intervalles. Les autres soins à donner consistent simplement à maintenir le terrain très propre, en arrachant à la main les mauvaises herbes qui ne peuvent que nuire au bon développement des pommes de terre. Le buttage profite aux tubercules, qui se trouvent mieux ramassés au pied de la plante, et l'arrachage en devient plus facile.

Les pommes de terre mûrissent, suivant les variétés, depuis le commencement de Juin jusqu'à la fin d'Octobre, et la consommation se prolonge tout l'hiver et jusqu'en Juin, si on a le soin d'égermer les tubercules à plusieurs reprises et de les tenir en lieu frais.

Quand les tubercules destinés à la plantation ont pu être exposés d'avance à l'influence de l'air et de la lumière, la végétation en est ordinairement d'autant plus vigoureuse et plus hâtive. Mais il faut, dans ce cas, beaucoup d'attention au moment de la plantation pour ne pas briser les germes qui ont commencé à se développer.

La plantation des pommes de terre à l'automne ne présente quelque avantage que dans le Midi et en Bretagne ; les cultures ainsi faites donnent généralement un rendement un peu plus fort, à égalité de surface et de semence employée, que les plantations de printemps. Par contre, dans les régions moins privilégiées, la semence est exposée à périr en terre dans les hivers très froids ou humides.

Culture forcée. — Cette culture a perdu maintenant toute importance au point de vue de la vente des tubercules au commerce, le cours des arrivages de l'Égypte, de l'Espagne, de l'Algérie et du Midi ne permettant plus aux maraîchers de soutenir la concurrence : mais elle se pratique encore dans les propriétés éloignées des lieux d'approvisionnement.

On force ordinairement les pommes de terre sous châssis et sur couche plus ou moins chaude, depuis le mois de Décembre jusque dans le courant de Mars. On les plante le plus souvent à 0^m20 ou 0^m25 en tous sens, en se servant pour cette culture de tubercules germés

---

(1) CATALOGUE MÉTHODIQUE ET SYNONYMIQUE DES PRINCIPALES VARIÉTÉS DE POMMES DE TERRE, par Philippe de VILMORIN (3e édition), Paris 1902.

à l'avance que l'on trouve facilement dans le commerce ou que l'on fait germer soi-même, comme nous l'expliquons à l'article Pomme de terre Marjolin (*Voy.* page 589); on avance ainsi la production de plusieurs semaines.

Il est nécessaire d'aérer chaque fois que le temps le permet; mais la nuit, les châssis doivent être recouverts de paillassons. Il faut aussi arroser lorsqu'il en est besoin, le matin de préférence. On butte lorsque les tiges ont environ $0^m 10$ à $0^m 15$ de hauteur, et on surélève les coffres lorsque les feuilles touchent les verres des châssis.

On emploie surtout, pour la culture forcée, la *P. de terre Marjolin* dont les fanes sont très peu développées, ainsi que les variétés : *A feuille d'ortie, Royal ash-leaved kidney, Victor, Belle de Fontenay.* L'arrachage des tubercules peut commencer deux mois à deux mois et demi après la plantation.

Culture méridionale de primeur. — La consommation considérable dont la Pomme de terre est l'objet en toute saison, et la préférence marquée accordée par les consommateurs aux pommes de terre dites « nouvelles », a naturellement poussé les cultivateurs des régions favorisées par des hivers doux et un printemps chaud et précoce, à donner un grand développement à la culture de ce légume. L'Égypte, l'Algérie et l'Espagne apportent dès le mois d'Avril de grosses quantités de pommes de terre provenant de plantations effectuées en Octobre ou Novembre. La culture se fait dans les terres chaudes et légères du littoral, abondamment fumées d'avance, disposées en billons larges de $0^m 60$, espacés par des fossés de $0^m 30$ de largeur. Les tubercules sont plantés sur les bords de l'ados, à environ $0^m 30$ en tous sens ; on bine et on butte comme dans les cultures précédentes, on irrigue en outre si cela est nécessaire.

Dans le Midi, on plante fréquemment dans les terrains abrités, sur les coteaux exposés au Sud, ou sous le couvert des Oliviers, depuis Août jusqu'en Septembre ; les soins de culture sont ceux que nous avons déjà indiqués ; mais il est important d'abriter les jeunes tiges à l'aide d'une couche de paille, de litière, ou de feuilles sèches à l'époque des fortes gelées. La récolte a lieu de Novembre à Février, et ce sont ces produits qui acquièrent le plus haut prix; malheureusement cette culture n'est pas possible partout dans la région méridionale.

La saison normale pour la culture de primeur en Provence commence en Février-Mars et les produits sont bons à récolter de fin-Avril à Juin.

Dans le Sud-Ouest et en Bretagne, la pomme de terre de primeur est l'objet de cultures importantes dont les produits font immédiatement suite aux envois de la Provence. En Bretagne, la plantation s'effectue dès la mi-Janvier en terres de coteaux bien exposées ; mais le printemps étant plus tardif et moins chaud que dans le Midi, il est rare qu'on puisse procéder à l'arrachage avant la première dizaine de Mai. Les pommes de terre récoltées en Bretagne, notamment à Roscoff et dans les environs, sont dirigées en majeure partie sur l'Angleterre.

Culture en plein champ. — Elle se fait absolument comme la culture ordinaire des jardins, en terrain profondément labouré et fumé deux ou trois mois à l'avance au moyen de bon fumier à moitié décomposé. On adopte ordinairement l'espacement de $0^m 60$ entre les lignes et de $0^m 50$ sur les lignes pour les variétés industrielles ou fourragères et les pommes de terre de consommation tardive ; les variétés précoces se plantent en lignes écartées de $0^m 50$, les plants étant placés à $0^m 30$ les uns des autres. Quant aux binages et buttages faits à la main dans la culture de jardin, on les effectue en plein champ à l'aide de bineuses et et de butteuses à cheval.

Dès que les premières feuilles sont sorties de terre, on herse vigoureusement. Le hersage des pommes de terre, pour brutal qu'il puisse paraître, loin d'être de quelque dommage à cette culture, est au contraire une opération très utile et d'ailleurs très usitée dans les grandes exploitations. Il a pour but d'aérer le sol et de le débarrasser des mauvaises herbes qui, au début de la végétation, nuisent beaucoup au développement des jeunes pousses.

Le couchage des tiges, préconisé par divers agronomes, ne paraît pas à recommander ; il en est de même de l'effeuillage et de la suppression des fleurs. La récolte s'effectue quand les tiges sont devenues brunes, les tubercules n'ayant rien à gagner d'un séjour plus prolongé en terre, mais, suivant les circonstances, on peut commencer l'arrachage dès le jaunissement des feuilles.

Semis. — Ce procédé de multiplication est surtout employé pour l'obtention de variétés nouvelles ; mais il a aussi pour but de régénérer l'espèce. On sème les graines en pépinière, sur couche, en Février-Mars ou sur côtière ou ados en Avril. La semence doit être très peu recouverte et le semis sera tenu constamment frais à l'aide de bassinages. Suivant la façon dont le semis a été effectué, on peut ou se contenter d'éclaircir lorsque le plant a deux ou trois feuilles, ou repiquer en pots ou sur une nouvelle couche en espaçant de 0^m15 à 0^m20.

Les tubercules, de la grosseur d'une noisette, que donne la première année de culture, sont replantés l'année suivante comme les tubercules ordinaires ; ce n'est qu'au bout de trois ans de culture que l'on obtient des tubercules de volume normal.

Engrais et Exigences. — La Pomme de terre se plaît surtout dans les terres légères, siliceuses ou calcaires ; néanmoins elle donne des résultats satisfaisants dans les terres fortes, pourvu qu'elles ne soient ni trop compactes ni d'une humidité excessive.

C'est une plante exigeante, dont la production est entièrement subordonnée aux soins de culture et d'engrais dont elle est l'objet. L'ameublissement du sol est un des points principaux à observer ; les labours profonds (0^m30 à 0^m40), joints à une fumure abondante, ont permis de dépasser les rendements de 30,000 kil. à l'hectare pour les variétés industrielles.

La fumure à apporter devra varier naturellement suivant la composition chimique du sol et les exigences habituelles des terres que l'on exploite. Voici, à titre de renseignement, un exemple de fumure applicable à tout terrain de composition moyenne pour compléter une bonne fumure au fumier de ferme, en vue d'une récolte d'au moins 30,000 kil. à l'hectare :

Superphosphate de chaux . . . . . 600 kil.
Nitrate de soude. . . . . 200 —   } par hectare.
Sulfate de potasse . . . . 300 —

On enfouit d'abord le superphosphate et le sulfate de potasse au moment du dernier labour ; le nitrate est répandu en deux fois, moitié après la levée du plant, moitié au premier binage ; on doit, autant que possible, choisir un temps couvert et laissant prévoir la pluie à brève échéance.

Insectes nuisibles et Maladies. — Dans le règne animal, la Pomme de terre n'a guère à redouter que les atteintes du *ver blanc*, larve du Hanneton, et celles du *Doryphora decemlineata*, coléoptère ressemblant assez à une grosse coccinelle ; heureusement, les cultivateurs français n'ont pas beaucoup à craindre ce dernier ennemi qui, par contre, cause de grands ravages en Amérique où on le combat à l'aide de l'arsenite de cuivre ou de l'arsenite de chaux, qui sont tous deux des poisons violents dont l'emploi exige de grandes précautions.

Par contre, plusieurs maladies de nature cryptogamique affectent la Pomme de terre et causent, dans certaines années, des dommages considérables aux cultures. La plus redoutable et la plus connue est celle déterminée par le *Phytophthora infestans*, qui s'attaque surtout aux variétés tardives, car son apparition a rarement lieu avant la fin de Juin. Les feuilles des sujets contaminés, puis les tiges, se couvrent de taches brunes bientôt entourées d'une sorte d'auréole blanchâtre. Tout le feuillage semble comme grillé et meurt au bout de peu de temps ; l'infection atteint même les tubercules qui présentent, comme les feuilles, des taches brunes superficielles gagnant en profondeur et finissant par déterminer la décomposition des tissus.

Cette maladie peut être efficacement combattue par un traitement préventif au sulfate de cuivre. On emploiera, par exemple, une bouillie composée de :

Eau. . . . . 100 litres.
Sulfate de cuivre. . . . . 2 kil.
Cristaux de soude . . . . 3 —

avec laquelle on arrosera toute la végétation à l'aide d'un pulvérisateur. C'est ordinairement dans les premiers jours de Juillet qu'il faut procéder à ce traitement qui doit être fait à la dose de 15 à 20 hectolitres à l'hectare ; lorsque le temps est pluvieux, ou si l'invasion a été particulièrement forte l'année précédente, il est prudent de faire une deuxième et même une troisième pulvérisation à quinze jours d'intervalle.

Une autre maladie, moins répandue heureusement, et due au *Macrosporium solani*, cause quelquefois des dégâts assez sérieux. C'est celle que les Américains appellent « *rouille précoce* » (*Early blight*), pour la distinguer de la maladie causée par le *Phytophthora*, dénommée par eux « *rouille tardive* » (*Late blight*). La maladie se présente sous la forme de taches arrondies d'un brun grisâtre qui se montrent de très bonne heure, de préférence au bord des folioles. Le sulfate de cuivre employé sous forme de bouillie contre cette maladie, donne de bons résultats.

La « gale » qui affecte les tubercules, dont elle arrête le développement, se reconnaît à la présence sur la peau de verrues subéreuses. Elle paraît due à l'action d'une cryptogame désignée par M. Roze sous le nom de *Micrococcus pellucidus*. On recommande d'éviter de cultiver la Pomme de terre dans les terres se saturant facilement d'eau, ce milieu paraissant convenir particulièrement à la propagation du parasite. Si la maladie a fait son apparition dans un terrain sain, il faut alors éviter d'y faire revenir la Pomme de terre avant au moins trois ans, et n'employer pour la plantation que des tubercules sains, non coupés.

Les mêmes précautions sont à prendre contre la « *brunissure des feuilles* » qui paraît due à une bactérie. C'est cette maladie qu'on désigne aussi sous le nom de « *frisolée* », dénomination imprécise s'appliquant également à d'autres maladies de même apparence, mais causées par des organismes différents.

Nous terminerons cette rapide énumération des affections qui frappent le plus couramment la Pomme de terre, en disant quelques mots d'une maladie qui, sans être précisément nouvelle, semble, depuis quelques années surtout, vouloir prendre une extension inquiétante. Il s'agit de ce qu'on appelle la « *filosité* ». Les tubercules atteints, au lieu de former de beaux germes, ne développent plus à l'endroit des yeux que des filaments amincis, grêles, absolument impropres à donner des tiges fortes et vigoureuses. Ces tubercules sont, en somme, frappés de stérilité et, comme aucun caractère extérieur ou intérieur ne permet de reconnaître un tubercule fertile d'un tubercule stérile, il s'ensuit qu'on est exposé à voir les champs, à la levée, à moitié ou aux deux tiers dégarnis. Jusqu'à présent, les causes de cette infécondité des tubercules sont tout à fait inconnues ; on a bien émis nombre d'hypothèses plus ou moins ingénieuses pour expliquer cette anomalie, mais en fait, on ne sait rien de positif, et le cultivateur n'a pas d'autre ressource, pour éviter les manques dans ses champs, que de provoquer la sortie des germes avant d'effectuer la plantation, absolument comme on a l'habitude de traiter certaines variétés hâtives, telles que la Marjolin, la Victor, etc. On sait du reste que la P. de terre Marjolin présente souvent cette particularité de produire souterrainement des tiges filiformes stériles, et que la précaution d'en faire germer préalablement les tubercules est absolument nécessaire.

Usage. — On mange les tubercules de Pommes de terre, jeunes ou mûrs. Ils sont aussi employés à l'alimentation des animaux, à la fabrication de la fécule et de l'alcool.

En France, on préfère les pommes de terre à chair jaune. En Angleterre, au contraire, ce sont les variétés à chair blanche et farineuses qui sont les plus recherchées.

I. — Variétés jaunes rondes.

POMME DE TERRE RONDE HATIVE DE PROVENCE.

Nom étranger : all. Zwickauer frühe Kartoffel.

Tubercules gros, ronds, jaune pâle, réguliers, légèrement entaillés ; chair jaune très pâle ; germe violet. Tiges grosses, vigoureuses, anguleuses, étalées ; feuilles très amples, à folioles faiblement réticulées ; fleurs blanches.

Cette variété est très productive malgré sa grande précocité ; elle convient très bien à la culture de primeur en vue de l'exportation.

POMME DE TERRE CHAVE.

Syn. : P. de terre Shaw, P. Madeleine, P. Patraque jaune, P. de Perthuis, P. Bole.

Noms étrangers : angl. Shaw potato, Regent P., Early Regent P.

Tubercule rond, jaune, à peau lisse ou rugueuse, suivant la nature du terrain ; yeux assez enfoncés. Chair jaune, très farineuse ; germe d'un jaune de cire, violet à la base et à l'extrémité. Quand la végétation de cette pomme de terre a repris après avoir été suspendue ou retardée par la sécheresse, il n'est pas rare que les tubercules s'allongent très notablement ; mais ces mêmes tubercules employés comme semence donnent, l'année suivante, des tubercules parfaitement ronds, si la végétation, cette fois, s'est faite dans des conditions favorables.

Tiges assez longues, atteignant jusqu'à un mètre, souples, presque toujours tombantes, complètement vertes ou très légèrement lavées de brun, faiblement ailées, presque toujours ramifiées; feuilles courtes, nombreuses, d'un vert foncé un peu terne; folioles serrées, réticulées, toujours frisées et ondulées. Fleurs ne s'épanouissant que très exceptionnellement, et tombant presque toujours à l'état de boutons encore petits : quand elles s'ouvrent, elles sont d'une couleur lilas pâle bleuâtre.

Pomme de terre Chave (De grosseur naturelle).

Cette variété est la plus cultivée des pommes de terre jaunes rondes, aux environs de Paris; elle est très productive, farineuse et d'excellente qualité. Plantée en Avril, elle mûrit dans le courant du mois d'Août.

La P. de terre *Segonzac* ou *Saint-Jean* ne se distingue de la P. de terre Chave que par quelques caractères de végétation sans importance.

POMME DE TERRE JAUNE RONDE HATIVE.

SYNONYMES : Pomme de terre de trois mois, P. d'Orléans, P. moissonnette jaune.

Cette variété peut être considérée comme une race un peu plus précoce de la Chave dont elle diffère à peine par ses caractères de végétation. Les tubercules en sont habituellement plus ronds, avec des yeux un peu moins nombreux; les tiges ne dépassent guère 0^{m}60 à 0^{m}70 ; les feuilles sont moins abondantes et d'un vert un peu plus clair, celles du bout des tiges plus pâles et plus blondes que celles de la base. Les fleurs tombent à l'état de boutons.

Très jolie et excellente variété. Plantée en Avril, elle est bonne à récolter dès les derniers jours de Juillet.

POMME DE TERRE JAUNE D'OR DE NORVÈGE.

Tubercules moyens, arrondis, quelquefois un peu allongés, ordinairement très réguliers; peau d'un beau jaune; chair jaune; germe violet. Tiges grêles; feuillage petit, vert blond; fleurs gris de lin.

Cette variété, très estimée en Angleterre, est une des plus recommandables pour la table, surtout dans les régions à climat un peu sec. Dans les terres humides et par les années pluvieuses, elle a une tendance à prendre facilement la maladie.

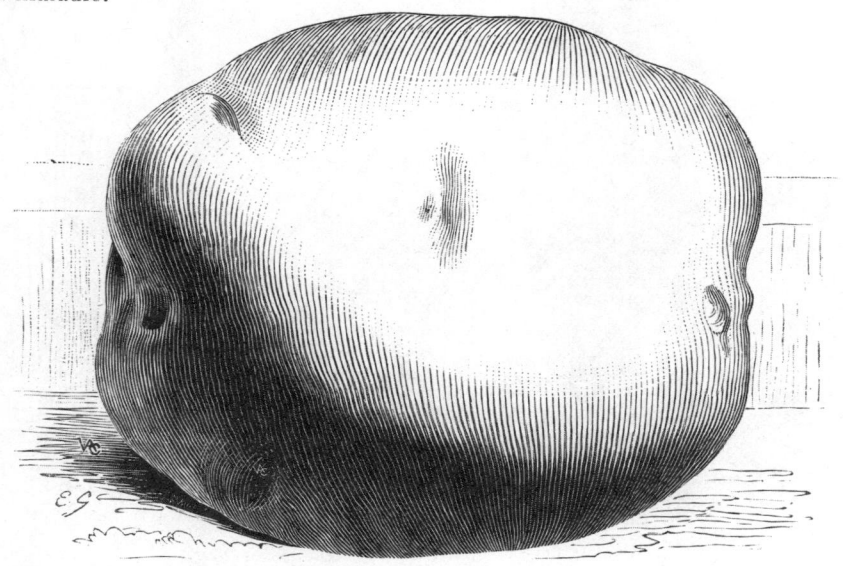

Pomme de terre Belle écossaise (De grosseur naturelle).

POMME DE TERRE BELLE ÉCOSSAISE.

SYNONYME: P. de terre Cigarette.

NOM ÉTRANGER : ANGL. Kerr's Cigaret potato.

Tubercules gros, jaunes, ronds ou très légèrement oblongs et méplats, très lisses; chair blanche; germe rose.

Tiges nombreuses, assez fortes, peu anguleuses, blondes; feuillage léger, à petites folioles ovales-pointues et légèrement velues. Fleurs toujours caduques.

Cette variété a contre elle la couleur blanche de sa chair, mais elle rachète ce défaut par d'excellentes qualités et surtout par sa grande production et la régularité parfaite de ses tubercules, qui sont d'un épluchage très facile. C'est une pomme de terre de moyenne saison.

POMME DE TERRE FIN DE SIÈCLE.

NOM ÉTRANGER : ANGL. Up-to-date potato.

Tubercules ronds, quelquefois un peu allongés et aplatis, presque sans yeux ; peau jaune. Chair jaune pâle, de qualité suffisante pour en permettre l'utilisation dans la cuisine; germe rose. Tiges hautes et vigoureuses; fleurs lilas.

Cette variété, introduite récemment d'Angleterre où elle est très appréciée, est une excellente acquisition pour la culture en grand en vue de la grosse consommation. On la récolte à peu près à la même époque que la Quarantaine de la Halle ; si elle est inférieure à celle-ci sous le rapport de la qualité, son rendement, qui atteint et dépasse même 30 000 kil. à l'hectare et sa résistance à la maladie la feront certainement apprécier des cultivateurs.

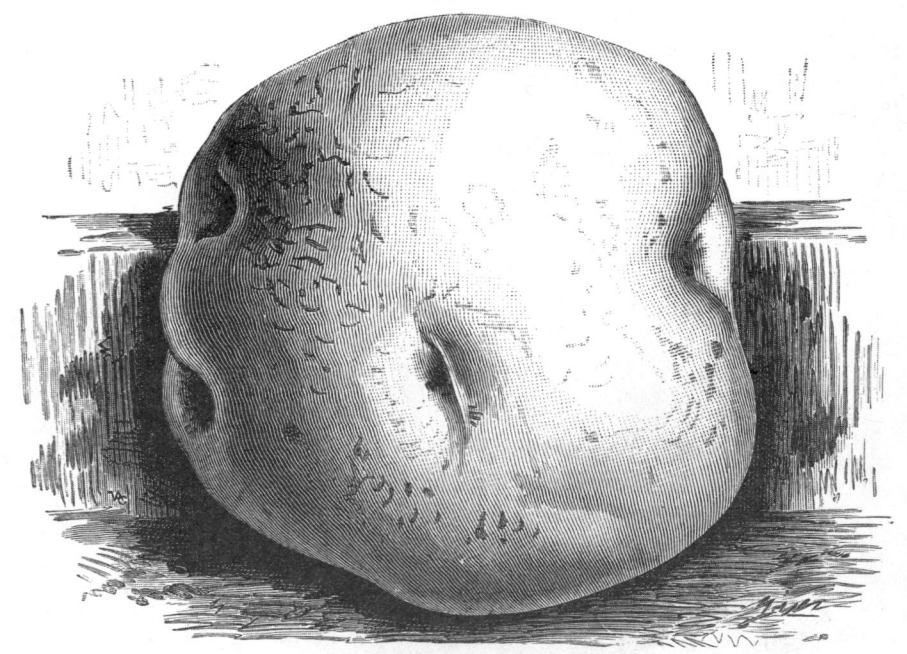

Pomme de terre Canada (De grosseur naturelle).

POMME DE TERRE CANADA.

Tubercule jaune, gros, un peu entaillé, rond ou légèrement allongé ; chair blanche ; germe rose. Tiges vigoureuses, hautes, garnies d'un feuillage abondant, vert un peu grisâtre ; fleurs blanches en bouquets nombreux ; graines nulles ou très rares.

La P. de terre Canada est une variété de grande culture convenant surtout à l'industrie et pour la nourriture des bestiaux ; elle est tardive, très vigoureuse et très productive. Elle a été importée du Canada il y a une trentaine d'années.

POMME DE TERRE IMPERATOR.

Nom étranger : all. Richter's Imperator Kartoffel, Juwel K.

Tubercule arrondi ou légèrement oblong, gros ou très gros, assez entaillé, d'un jaune pâle ; chair blanche ; germe violet. Tiges vigoureuses, hautes, dressées, anguleuses, brunâtres, et portant des feuilles grandes, à folioles larges, arrondies, mais assez espacées, de sorte que la plante a un port plutôt léger que compact ; fleurs grandes, lilas, ne nouant pas habituellement.

La P. de terre Imperator est tardive ; les tubercules en sont remarquablement riches en fécule et, par ce motif, tout spécialement recherchés par l'industrie féculière. C'est de cette variété, que feu M. Aimé Girard avait préconisé la culture à la suite de ses remarquables recherches sur la Pomme de terre industrielle; mais depuis, d'autres variétés ont fait leur apparition et finiront vraisemblablement par prendre à leur tour la place importante qu'occupe actuellement la P. de terre Imperator dans les cultures françaises.

Pomme de terre Imperator (De grosseur naturelle).

POMME DE TERRE JOYAU D'AGNELLI.

Tubercules ressemblant beaucoup à ceux de la P. de terre Imperator, mais de forme plus allongée et à peau d'un jaune clair; chair blanche; germe violet. Les tiges sont hautes et très fortes; même feuillage que la P. de terre Imperator; fleurs couleur de gris de lin.

Variété tardive, d'origine autrichienne, exclusivement industrielle ou fourragère. Elle donne couramment à l'hectare 30 000 kilogrammes de tubercules, dont la teneur en fécule dépasse souvent 18 0/0.

POMME DE TERRE PROFESSEUR MÆRKER.

Tubercules assez gros, jaunes, arrondis, à yeux superficiels, peu accentués; chair blanche; germe violet. Fleurs colorées.

Cette variété demi-tardive, introduite d'Allemagne depuis quelques années, peut à la rigueur servir à la grosse consommation; mais c'est surtout une race fourragère et industrielle caractérisée par une teneur élevée en fécule et une grande résistance à la maladie.

POMME DE TERRE GÉANTE SANS PAREILLE.

Tubercules gros ou très gros, jaunes, ronds, parfois bossués, à yeux enfoncés ; chair jaune ; germe rose. Tiges nombreuses, blondes, arrondies ou à peine ailées, grosses et dressées ; feuillage vert blond, dressé, à folioles rapprochées, petites, réticulées, velues ; fleurs blanches, ne nouant jamais.

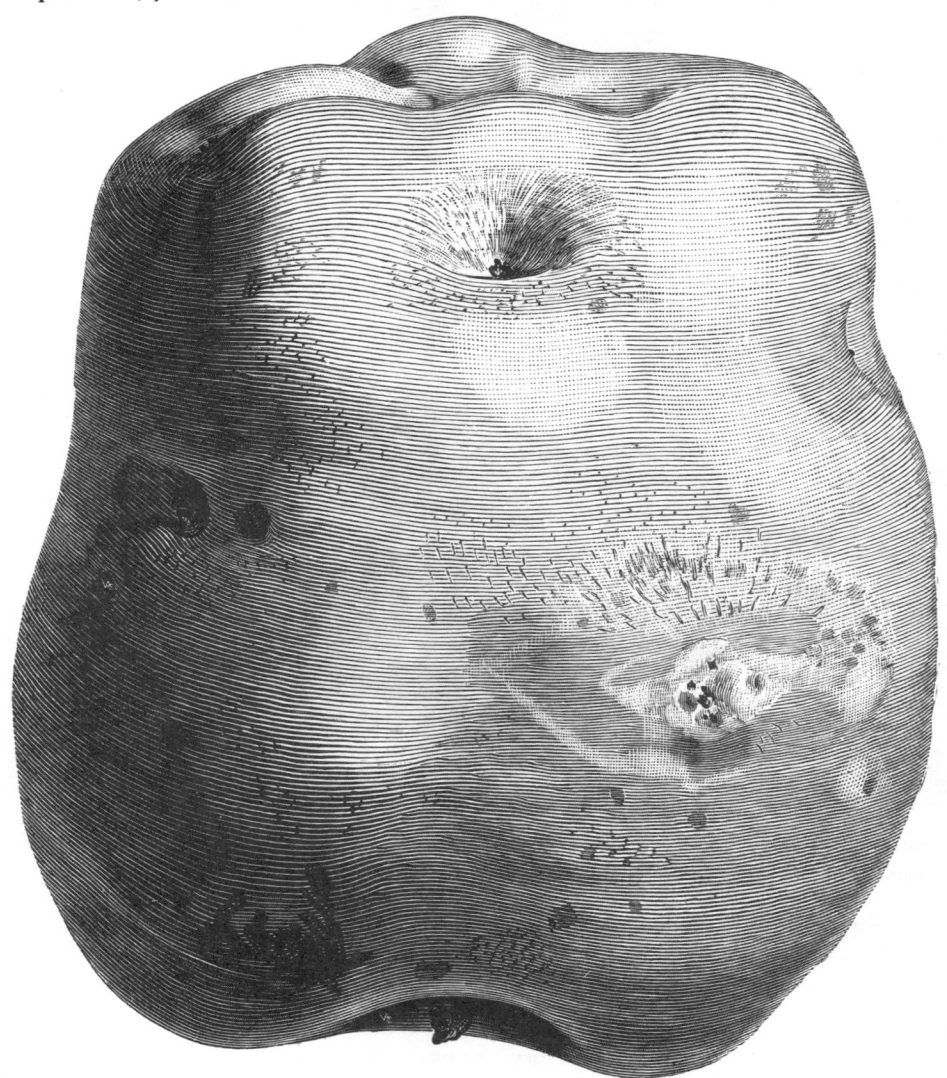

Pomme de terre Géante sans pareille (De grosseur naturelle).

Cette variété tardive est surtout recommandable pour la grande culture. Plus productive encore que l'Imperator, elle la surpasse sensiblement comme richesse en fécule. Ses tubercules, malgré leur nombre et leur taille, sont d'une qualité tout à fait suffisante pour la consommation courante.

II. — Variétés jaunes oblongues et longues.

POMME DE TERRE FLOCON DE NEIGE.
Nom étr. : angl. Snowflake potato.

Tubercules ovales, d'une netteté et d'une régularité de forme extrêmement remarquables, toujours aplatis ; peau jaune pâle ou blanc grisâtre, quelquefois lisse, le plus souvent rugueuse ; chair blanche, très farineuse et légère ; yeux à peine marqués ; germe rose pâle.

Tiges assez dressées, dépassant rarement 0^{m}60 de haut, plutôt arrondies que carrées, renflées aux nœuds, entièrement vertes ; feuillage assez abondant et ample, d'un vert très pâle et très blond ; les feuilles du bas des tiges sont plus amples et plus planes que celles de l'extrémité ; fleurs blanches, grandes, avortant très fréquemment.

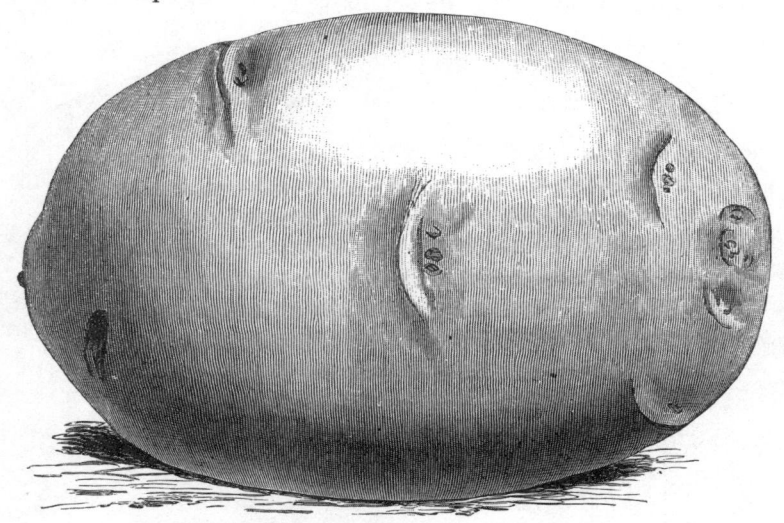

Pomme de terre Flocon de neige (De grosseur naturelle).

La P. de terre Flocon de neige est une des meilleures variétés d'origine américaine : elle est productive ; la chair en est d'excellente qualité et la précocité assez grande. Plantée en Avril, elle mûrit au milieu de Juillet.

POMME DE TERRE GÉANTE DE L'OHIO.
Nom étranger : angl. (am.) Ohio junior potato.

Tubercules gros ou très gros, oblongs, aplatis, très réguliers, jaunes et à yeux très peu entaillés ; chair blanche ; germe violet. Tiges fortes et vigoureuses, très grosses, mais courtes, souvent rameuses, faiblement ailées, violacées ; feuillage ample, vert foncé luisant ; folioles ovales-arrondies, réticulées, presque glabres ; fleurs lilas à pointes blanches ne donnant jamais de graines.

La P. de terre géante de l'Ohio est avant tout une variété de grande culture, dont les rendements peuvent être assimilés à ceux des pommes de terre Imperator et Géante bleue ; mais au lieu d'être tardive comme ces dernières variétés, elle s'en distingue très nettement par sa précocité relative. Un de ses grands avantages est qu'elle ne donne jamais ou presque jamais de ces petits tubercules qui, venus tardivement, n'ont pas eu le temps de se développer et constituent un déchet sérieux au moment de l'arrachage ; le poids moyen des tubercules est de 400 à 600 grammes.

POMME DE TERRE QUARANTAINE PLATE HATIVE.

NOM ÉTRANGER : ANGL. Sutton's seedling kidney potato.

Tubercules gros, oblongs et méplats, lisses et bien jaunes ; chair jaune pâle ; germe violet. Tiges moyennes, étalées, anguleuses, légèrement violacées ; feuillage assez ample, vert foncé luisant, à folioles grandes, ovales, mucronées, légèrement réticulées, parfois un peu repliées ; fleurs toujours caduques.

Cette variété, d'origine anglaise, est très productive et d'excellente qualité, ce qui permet de l'employer aussi bien pour la grande culture que pour le potager. C'est une pomme de terre de demi-saison.

Pomme de terre Grand chancelier (De grosseur naturelle).

POMME DE TERRE GRAND CHANCELIER.

NOM ÉTRANGER : ANGL. Chancellor potato.

Tubercules gros, oblongs, méplats, lisses, jaune pâle ; chair jaunâtre ; germe violet. — Tiges longues, mais faibles, étalées, légèrement ailées, violacées ; feuillage moyen ; les premières feuilles, très amples, d'un vert luisant, réticulées, larges, ovales et courtement pétiolées, font place à des feuilles beaucoup plus petites, plus aiguës et d'un vert mat ; fleurs abondantes, violettes, à pointe blanche, ne nouant pas.

Cette très belle variété, d'origine anglaise, doit son succès à son fort rendement, à la parfaite régularité de forme de ses tubercules et à leur excellente conservation. Maturité demi-tardive.

POMME DE TERRE GÉANTE DE READING.

Beaux tubercules, gros, oblongs ou en forme de rognon, jaunes et bien lisses; chair blanche ; germe rose. — Tiges nombreuses et bien vigoureuses, courtes, étalées, légèrement anguleuses ; feuilles abondantes et courtement pétiolées, longues, à folioles moyennes, ovales ou oblongues, très velues, souvent repliées ; fleurs toujours caduques.

C'est une variété se rapprochant de la Magnum bonum, mais à plus grand rendement, résistante à la maladie et de très bonne garde.

POMME DE TERRE REINE DES POLDERS.

Tubercules ordinairement oblongs, méplats, prenant toutefois une forme plus allongée dans les terrains légers et sablonneux ; bien lisses et réguliers, d'un jaune pâle, à yeux fort peu saillants ; à chair blanche et germe rose.

Tiges courtes, faibles ; feuillage crépu, vert foncé mat; folioles oblongues et réticulées ; fleurs blanches.

C'est une race de demi-saison qui se plaît dans les terres sablonneuses des polders. On en exportait, il y a quelques années, de grandes quantités sur l'Angleterre où elle est très estimée pour sa bonne qualité et la beauté de ses tubercules.

POMME DE TERRE MAGNUM BONUM.

SYNONYME : P. de terre Bonhomme.

Grand tubercule oblong, un peu aplati, de forme parfois irrégulière; peau jaune pâle, lisse ou rugueuse, suivant le terrain ; chair jaunâtre presque blanche; yeux assez marqués, plutôt saillants qu'enfoncés ; germe rose.

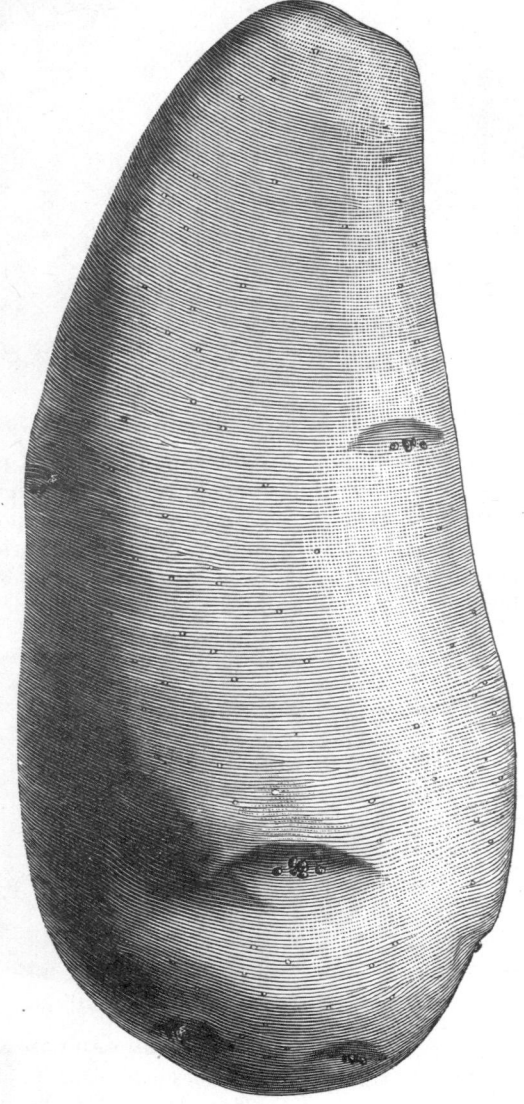

P. de terre Reine des polders (De grosseur naturelle).

Tiges très dressées, vigoureuses, carrées, ailées, teintées de rouge cuivré au-dessus des nœuds, atteignant de 0^{m}80 à 1 mètre de haut; feuilles assez espacées, composées de folioles très amples, surtout vers le bas des tiges.

ovales-arrondies, pas très nombreuses, presque planes et largement réticulées ; la teinte générale du feuillage est d'un vert assez pâle, presque grisâtre. Fleurs lilas rougeâtre, avortant le plus souvent.

Pomme de terre Magnum bonum (De grosseur naturelle).

C'est une variété extrêmement productive, mûrissant vers la mi-Septembre. Elle passe, en Angleterre, pour résister très bien à la maladie ; elle ne nous a pas semblé, en France, remarquable sous ce rapport. Il est vrai que, tout d'abord, elle reste assez verte pendant que d'autres variétés sont atteintes ; mais, quand elle arrive au point de sa végétation où les tubercules commencent à se former, elle prend à son tour la maladie et dépérit promptement.

Pomme de terre caillou à germe bleu (De grosseur naturelle)

POMME DE TERRE CAILLOU A GERME BLEU.

SYNONYMES : Pomme de terre caillou blanc, P. anglaise, P. boulangère d'Islande, P. à germe bleu velu, P. Merveille de Tours.

NOMS ÉTR. : ANGL. Lapstone potato, Pebble white P., Ash-top fluke P., Yorkshire hero P., Rixton's pippin P., Uxlip seedling P., Perfection kidney potato.

Tubercules très réguliers, en amande, parfois courts, parfois allongés, très lisses ; yeux à peine marqués ; peau jaune pâle, grisâtre, devenant violacée sous l'influence de la lumière ; chair jaune pâle, très fine ; germe violet, velu.

Tiges demi-dressées, de 0m50 à 0m60 de hauteur, grosses à la base, mais s'amincissant rapidement, carrées, un peu ailées, très faiblement cuivrées auprès des nœuds. Feuilles amples, d'un vert franc, presque planes, un peu vernissées, d'un aspect particulier et facile à reconnaître. Fleurs abondantes, grandes, d'un blanc pur, nouant assez rarement.

Très jolie variété à chair fine, légère, d'excellente qualité. Plantée au mois d'Avril, elle peut se récolter vers la fin de Juillet.

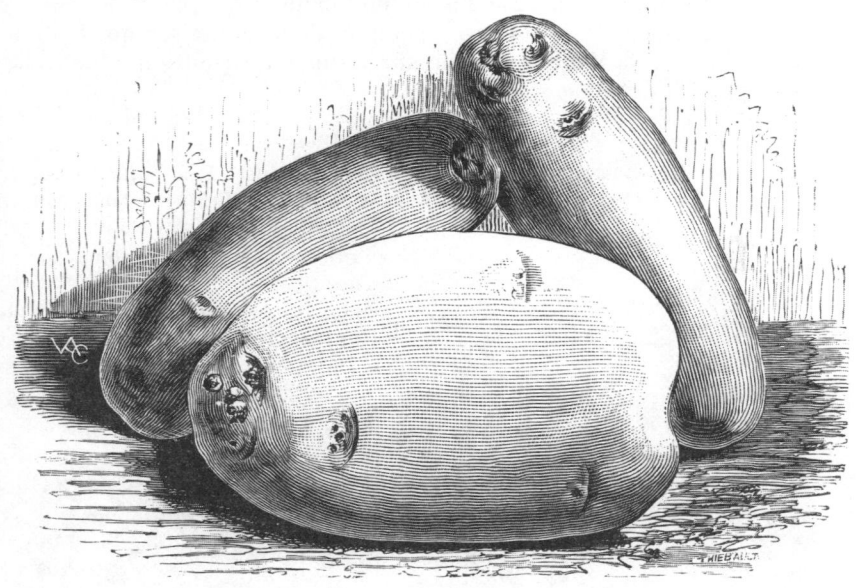

Pomme de terre Victor, extra-hâtive (De grosseur naturelle).

POMME DE TERRE VICTOR, EXTRA-HATIVE.

SYNONYME : Pomme de terre Ratte.
NOM ÉTRANGER : ANGL. Sharpe's Victor potato.

Tubercules jaunes, aplatis, oblongs, souvent un peu carrés aux deux extrémités, bien lisses ; yeux à peine marqués. Chair franchement jaune : germe violet. — Tiges courtes, assez vigoureuses, ne dépassant guère 0m30 à 0m35 de hauteur, portant des feuilles grandes et arrondies ; fleurs très rares, mais, quand elles se montrent, grandes et d'un violet pâle. Végétation extrêmement rapide devançant même la P. de terre Marjolin.

Le peu de développement des tiges la rend très propre à la culture sous châssis, où ses tubercules peuvent se former dans l'espace de quarante jours. En pleine terre aussi, la P. de terre Victor se montre d'une très grande précocité, de sorte qu'on peut en obtenir deux récoltes dans le courant d'une saison.

POMME DE TERRE BRANDALE.

Tubercules jaunes, longs, en forme de poire ou d'amande, ressemblant assez à ceux de la P. de terre Royale ; chair d'un jaune beurre ; germe violet.

Tiges courtes et couchées, brunes ou violacées, à petit feuillage ; folioles vert foncé, petites et très réticulées ; fleurs blanches.

Cette variété hâtive est très estimée surtout dans la région méridionale.

POMME DE TERRE DE HOLLANDE GROSSE.

Nom étranger : angl. Bed's Hero potato.

Tubercules jaunes, gros, oblongs, bien lisses et presque sans yeux; chair jaune; germe blanc ou légèrement rosé. — Tiges minces, très dressées; feuillage abondant, d'un vert blond; folioles petites, ovales-pointues, dressées et à peine réticulées; fleurs blanches, abondantes, ne nouant pas. C'est, dans l'ensemble, une plante vigoureuse, mais plutôt naine.

D'origine anglaise, cette variété est à peu près de même saison que la P. de terre quarantaine de la Halle si connue sur les marchés; elle en a toutes les qualités, mais ses tubercules sont plus gros.

POMME DE TERRE MARJOLIN.

Synonymes : P. de terre marjolaine, P. deux fois l'an, P. kidney, P. à feuille de noyer, P. précoce de Sèvres, P. à germe blanc parisienne hâtive, P. quarantaine hâtive, P. cornichon chaud (Picardie).

Noms étrangers : angl. Walnut-leaved kidney potato, Sandringham early kidney P. — all. Nieren Kartoffel, Sechswochen K., Pfluckmans K.

P. de terre Marjolin (*germée*) (De grosseur naturelle).   P. de terre Marjolin (Plante réd. au dixième).

Tubercules allongés, souvent un peu courbés, plus gros et plus arrondis au sommet, amincis en pointe vers la base; souvent marqués de renflements à l'endroit des yeux; peau jaune, lisse; chair très jaune; germe développé à l'obscurité blanc jaunâtre, développé au jour violacé et verdâtre. Dans cette variété, les tubercules sont tout à fait réunis au pied de la tige.

Tiges courtes, dépassant rarement 0^m35 à 0^m40 de long, généralement tombantes, non ramifiées, légèrement ailées; feuilles moyennes, à folioles arrondies, d'un vert foncé en dessus, très vernissées et presque toujours en forme de cuiller; fleurs blanches, assez grandes, avortant d'ordinaire quand la variété est bien franche.

La P. de terre Marjolin est la plus connue et la plus répandue des pommes de terre hâtives ; sa précocité est cependant devancée de quelques jours par la P. de terre Victor; plantée en Avril, en pleine terre, elle donne son produit dès le mois de Juin. C'est, avec cette dernière, la variété qui convient le mieux et qu'on emploie le plus pour la culture de primeur sous châssis, en raison du peu de développement de ses tiges et de la disposition ramassée de ses tubercules, tout près du collet de la plante.

On en rencontre parfois une forme à tiges plus hautes, à feuillage un peu réticulé et à fleurs blanches abondantes. Cette sous-variété, moins précoce, est plus productive; on la cultive en pleine terre.

Aux environs de Paris, l'usage de faire développer les germes des pommes de terre avant la plantation est très répandu. On range pour cela les tubercules sur des claies ou des paniers plats, en choisissant de préférence ceux de grosseur moyenne et les plus réguliers de forme; on a également le soin de placer en haut l'extrémité du tubercule où doit se développer le germe, et on les conserve ainsi dans un endroit sain et à l'abri du froid. Dès que la température devient plus douce, et trois semaines à un mois avant la plantation, on sort en plein air les claies ou les paniers. Pour permettre aux germes de se développer avec plus de vigueur et éviter l'étiolement, on leur donne chaque jour un bassinage à l'eau douce et, le soir, on les rentre à l'abri de la gelée.

Ces diverses précautions doivent être prises jusqu'au moment de la plantation. Quand arrive cette époque, on transporte les claies ou paniers sur le terrain, et les tubercules sont pris un à un et déposés avec précaution dans les trous destinés à les recevoir.

Les pommes de terre ainsi préparées devancent de trois semaines

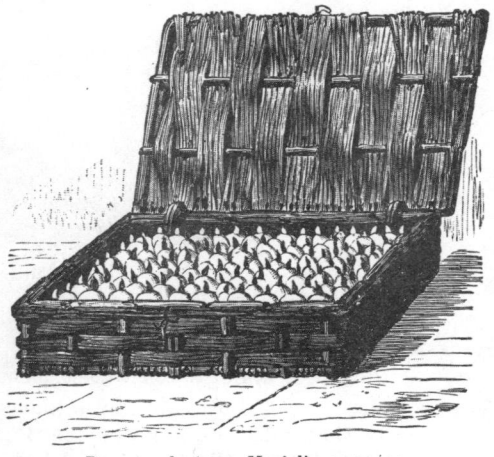

Pommes de terre Marjolin germées.

à un mois celles qui ont été plantées sans germes. En outre, on évite presque sûrement par ce moyen un accident plus fréquent chez la P. de terre Marjolin que dans toute autre race, accident qui consiste dans l'avortement complet des tiges aériennes ; dans ce cas, rien ne se développe à la surface du sol, le tubercule pousse seulement quelques tiges filiformes souterraines terminées par de petits tubercules qui, tous ensemble, pèsent moins que celui qui les a produits.

POMME DE TERRE MARJOLIN TÉTARD.

SYNONYMES : Pomme de terre russe, P. parisienne, P. souffleuse.

Tubercules gros, aplatis, oblongs ou en amande ; peau lisse ou faiblement rugueuse, d'un jaune foncé un peu cuivré, prenant après l'arrachage une teinte particulière et bien reconnaissable ; chair jaune, très fine et très délicate ; germe blanc jaunâtre. Les tubercules sont quelquefois renflés à la place des yeux comme ceux de la P. de terre Marjolin hâtive.

Tiges dressées, carrées, légèrement ailées, très rarement ramifiées, complètement vertes, de 0m50 à 0m75 de hauteur ; feuillage passablement frisé et ondulé, d'un vert franc, un peu blond et luisant ; fleurs blanches, assez abondantes, mais ne donnant presque jamais de graines.

La P. de terre Marjolin Tétard, obtenue de semis en 1858, par M. Louis Tétard, est une excellente variété potagère, assez productive en même temps que précoce, d'une finesse extrême et d'une qualité tout à fait hors ligne pour la consommation.

Plantée en Avril, elle peut être récoltée dans la seconde moitié de Juillet.

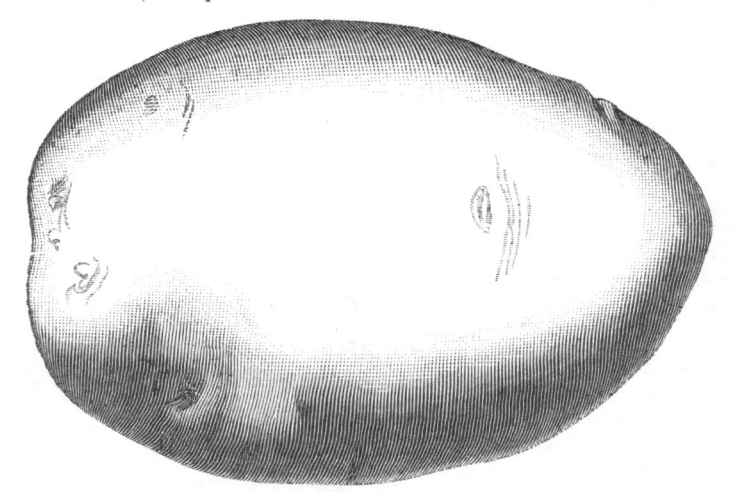

Pomme de terre Marjolin Tétard (De grosseur naturelle).

POMME DE TERRE ROYALE.

Synonymes : Pomme de terre anglaise hâtive, P. hâtive à germe violet (en Provence), P. Strazelle, P. cornichon (Picardie).

Noms étrangers : Angl. Royal ash-leaved kidney potato, Carter's early race-horse P., Early Alma kidney P., Harry's kidney P., Myatt's ash-leaved kidney P., Myatt's prolific kidney P., Old dwarf top ash leaf loose P., River's ash-leaved kidney P., Royal ash top P., Seven weeks P., Veitch's ash-leaved kidney P.

Tubercule allongé, très lisse, en forme de rognon ou de cornichon, à peu près comme la P. de terre Marjolin hâtive, encore un peu plus lisse et mieux faite ; peau jaune ; yeux peu marqués ; chair jaune ; germe abondamment piqueté de brun violacé, quand il se développe dans l'obscurité, et complètement noir lorsqu'il est exposé à la lumière.

Tiges habituellement tombantes, demi-traînantes, d'environ 0m50 de long, assez grêles, carrées, fortement teintées de violet brunâtre, surtout près des angles ; feuillage d'un vert foncé ; feuilles inférieures amples, presque planes, passablement réticulées, celles du bout des tiges beaucoup plus contournées et gaufrées, à folioles plus pointues ; fleurs grandes, d'un lilas bleuâtre, ne se développant que très rarement et presque jamais sur les pieds les plus francs et les plus hâtifs.

La P. de terre Royale est une fort jolie et excellente variété de primeur, convenant mieux, toutefois, pour la pleine terre que pour la culture sous châssis ; elle est à peu près aussi hâtive que la Marjolin, mais les tubercules en sont moins rassemblés au pied de la plante et les tiges ou fanes prennent plus de développement. La chair est très fine et d'excellente qualité.

La P. de terre Royale est très estimée en raison de sa grande précocité ; comme pour la Marjolin, on plante de préférence des tubercules germés à l'avance.

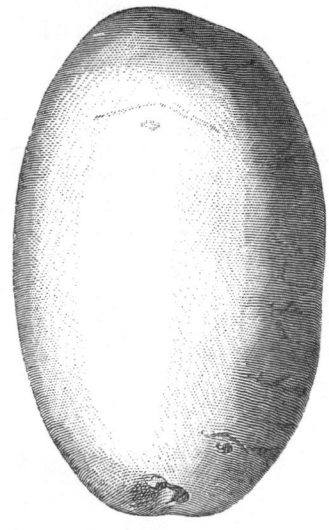

P. de terre Royale (Plante réd. au dixième).   P. de terre Royale (De grosseur naturelle).

POMME DE TERRE BELLE DE FONTENAY.

SYNONYMES : Pomme de terre Hénaut, P. boulangère.

Tubercules jaunes, oblongs ou en rognon, abondants et de grosseur moyenne, bien lisses ; chair très jaune ; germe violet.

Par l'ensemble de son appareil végétatif, cette variété se rapproche beaucoup de la P. de terre Royale, mais les tiges en sont plus courtes ; feuillage foncé et très contourné ; fleurs lilas se développant rarement.

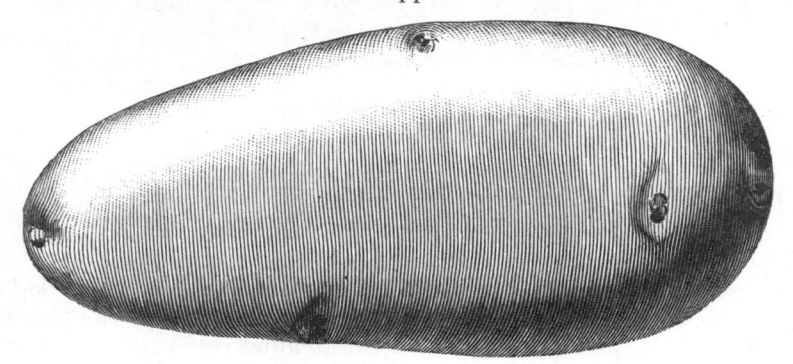

Pomme de terre Belle de Fontenay (De grosseur naturelle).

La P. de terre Belle de Fontenay est très hâtive, productive, de bonne qualité et de longue conservation ; on la cultive aux environs de Paris au moins autant que la Royale et la Victor. Elle convient aussi bien pour la culture de primeur sous châssis que pour la pleine terre.

POMME DE TERRE BELLE DE JUILLET.

Synonyme : Pomme de terre Perle d'Erfurt.

Nom étranger : all. Juli Kartoffel.

Tubercules gros, longs, en forme d'amande, quelquefois franchement courbés en rognon ; peau jaune, très lisse ; chair jaune ; germe violet.

Tiges nombreuses, courtes, étalées, très ramifiées ; feuillage abondant, mais plutôt léger, d'un vert blond, folioles espacées, ovales, très souvent repliées ; fleurs ordinairement peu nombreuses, d'un lilas grisâtre, ne donnant généralement pas de graines.

Cette variété est tout à fait recommandable pour le marché français à cause de sa forme, de sa précocité relative et surtout de la couleur de sa chair ; elle se place, au point de vue de la consommation, à côté de la Quarantaine de la Halle et lui est même supérieure.

Elle résiste bien à la maladie. Ses tubercules sont nombreux et d'une uniformité de grosseur presque parfaite, de sorte qu'il y a très peu de déchet à l'arrachage.

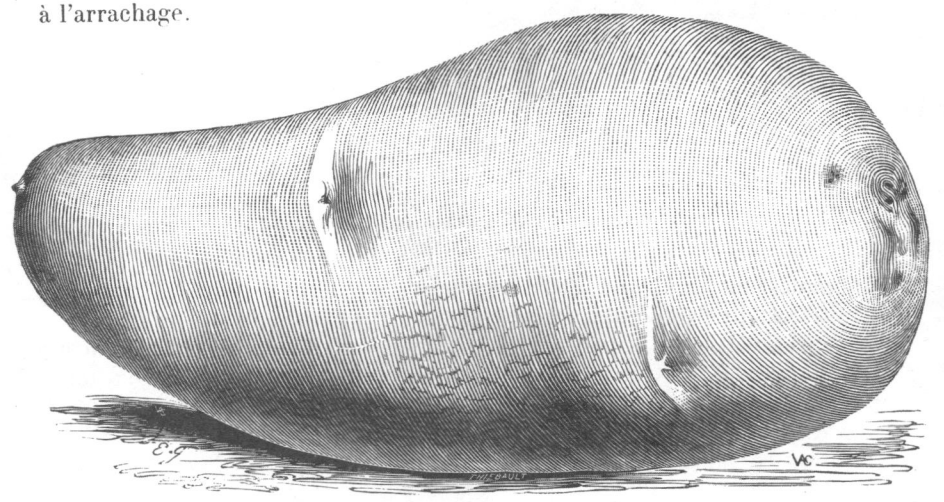

Pomme de terre Belle de Juillet (De grosseur naturelle).

POMME DE TERRE A FEUILLE D'ORTIE.

Synonyme : Pomme de terre fouilleuse.

Noms étrangers : angl. Early Bedfond kidney potato, Sutton's early race-horse P.

Tubercules à peau et chair jaunes, ressemblant beaucoup à ceux de la P. de terre Marjolin, mais s'en distinguant dès le commencement de la végétation par leurs germes velus et rosés, présentant cette particularité unique de développer, dès le plus jeune âge, de petites feuilles rose cuivré à l'obscurité et devenant vertes sous l'influence de la lumière.

Tiges minces, généralement étalées et simples, longues de 0^m50 à 0^m60, carrées, légèrement ailées ; feuilles assez espacées, courtes, composées de folioles peu nombreuses, ovales-arrondies, très réticulées et d'un vert foncé. Fleurs blanches, paraissant de très bonne heure, réunies en bouquets peu nombreux et donnant quelquefois de la graine.

Très bonne variété à peu près aussi hâtive que la P. de terre Marjolin et aussi productive; elle se conserve difficilement. On en a fait grand usage aux environs de Paris pour la culture de primeur en plein champ.

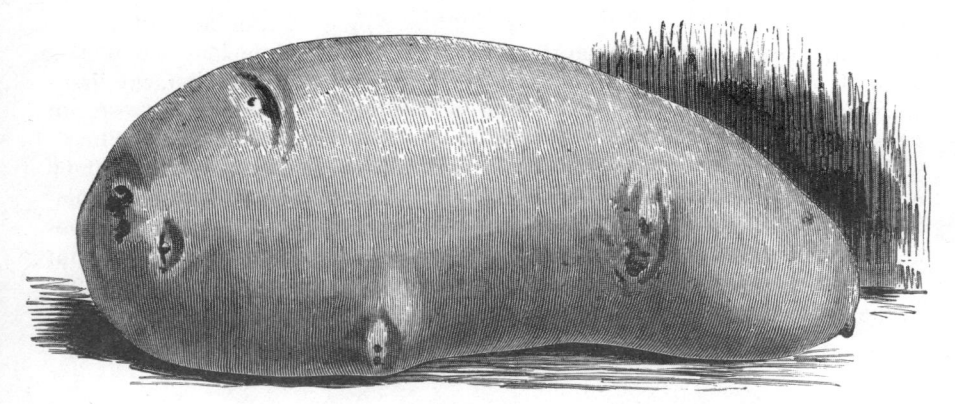

Pomme de terre à feuille d'ortie (De grosseur naturelle).

POMME DE TERRE PRINCE DE GALLES.

Synonyme : Pomme de terre parisienne.

Tubercules assez lisses ou un peu bosselés, en amande ou en poire, quelquefois aussi épais que larges ; peau bien jaune ; chair jaune, fine, farineuse et légère. Tiges assez vigoureuses, brunâtres, se couchant facilement sur terre. Feuillage un peu réticulé; fleurs lilas bleuâtre, nouant très rarement.

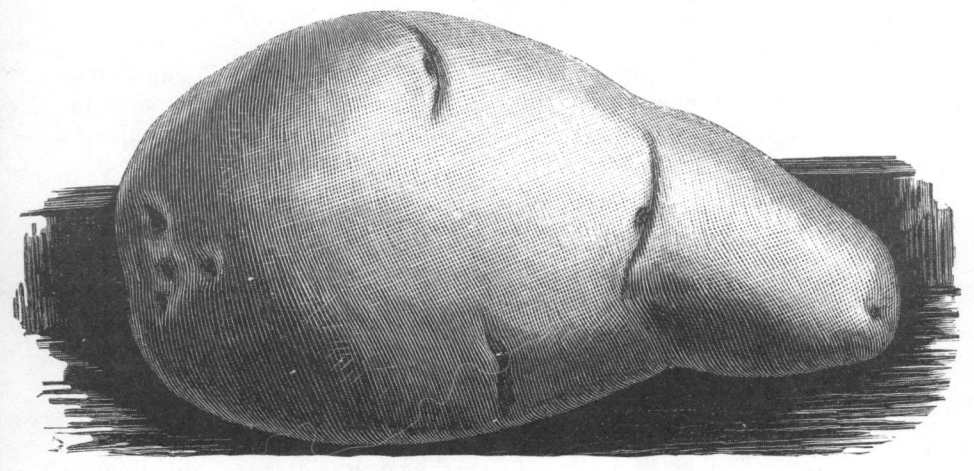

Pomme de terre Prince de Galles (De grosseur naturelle).

La Pomme de terre Prince de Galles est une excellente variété demi-hâtive, très productive et de bonne vente. Elle convient surtout pour la production des pommes de terre à consommer fraiches pendant les mois d'Août et de Septembre, parce que, comme ceux de la P. de terre Royale, ses tubercules poussent rapidement et ne peuvent guère se conserver tard dans la saison.

POMME DE TERRE QUARANTAINE DE LA HALLE.

Syn. : P. de terre quarantaine de Noisy, P. Marjolin tardive, P. Belle de Vincennes, P. Berthère, P. jaune longue d'Auvergne, P. germe violet *ou* Rose parisienne tardive.

Nom étranger : angl. Yorkshire hybrid potato.

Tubercules moyens, dépassant rarement 0m08 à 0m10 de long sur 0m04 à 0m05 de large, oblongs ou en amande; peau jaune, habituellement lisse; yeux à peine visibles; chair très jaune, d'excellente qualité; germe rose, un peu velu, lent à se développer.

Tiges demi-dressées, carrées, ailées, quelquefois ramifiées, atteignant 0m60 à 0m80 de longueur; feuilles grandes, amples, composées de folioles nombreuses et de dimensions très variables : larges, planes et presque vernissées aux feuilles inférieures, plus étroites, réticulées et crispées à celles du bout des tiges; fleurs abondantes, grandes, rose violacé, nouant en assez forte proportion. — C'est une des variétés qui donnent le plus de graine.

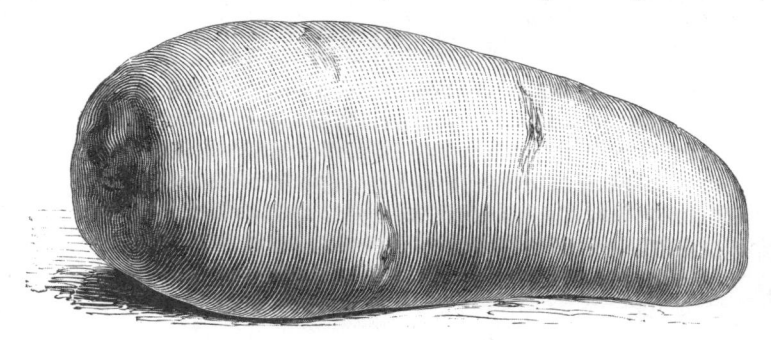

Pomme de terre quarantaine de la Halle (De grosseur naturelle).

Elle compte parmi les plus estimées sur le marché de Paris, où elle a complètement remplacé l'ancienne *P. jaune longue de Hollande*. Elle est productive, d'excellente qualité, de très bonne garde, mais malheureusement très sujette à la maladie. — Plantée en Avril, elle peut se récolter dans le courant d'Août.

La *P. de terre jaune longue de Brie* est une sous-variété de la Quarantaine de la Halle, qui n'en diffère par aucun caractère essentiel : la couleur et la disposition des fleurs, et surtout l'aspect et l'époque de croissance des germes, sont complètement identiques. Les tubercules en sont ordinairement un peu plus longs, plus jaunes, et mûrissent un peu plus tard; mais cela tient surtout à ce qu'on la cultive dans des terres plus riches, plus profondes et plus froides que celles dans lesquelles se récolte ordinairement la Quarantaine de la Halle.

POMME DE TERRE PRINCESSE.

Synonyme : Pomme de terre quenelle demi-hâtive.

Tubercules très allongés, à peu près aussi épais que larges, ordinairement courbés et plus gros au sommet qu'à la base; peau d'un jaune vif, lisse; yeux plutôt saillants qu'enfoncés; chair très jaune; germe glabre, rouge cuivré.

Tiges demi-dressées, de 0m50 à 0m60, complètement vertes, grosses et carrées, ailées; feuilles longues, très garnies de folioles grandes et petites; feuillage abondant, d'un vert assez pâle, un peu blond; fleurs très grandes, lilas rougeâtre, en bouquets peu nombreux, nouant rarement.

La P. de terre Princesse convient particulièrement pour frire ou pour salades ; la chair en est très ferme, compacte et d'excellente qualité. Elle est de précocité moyenne ; plantée en Avril, elle peut se récolter à la fin d'Août.

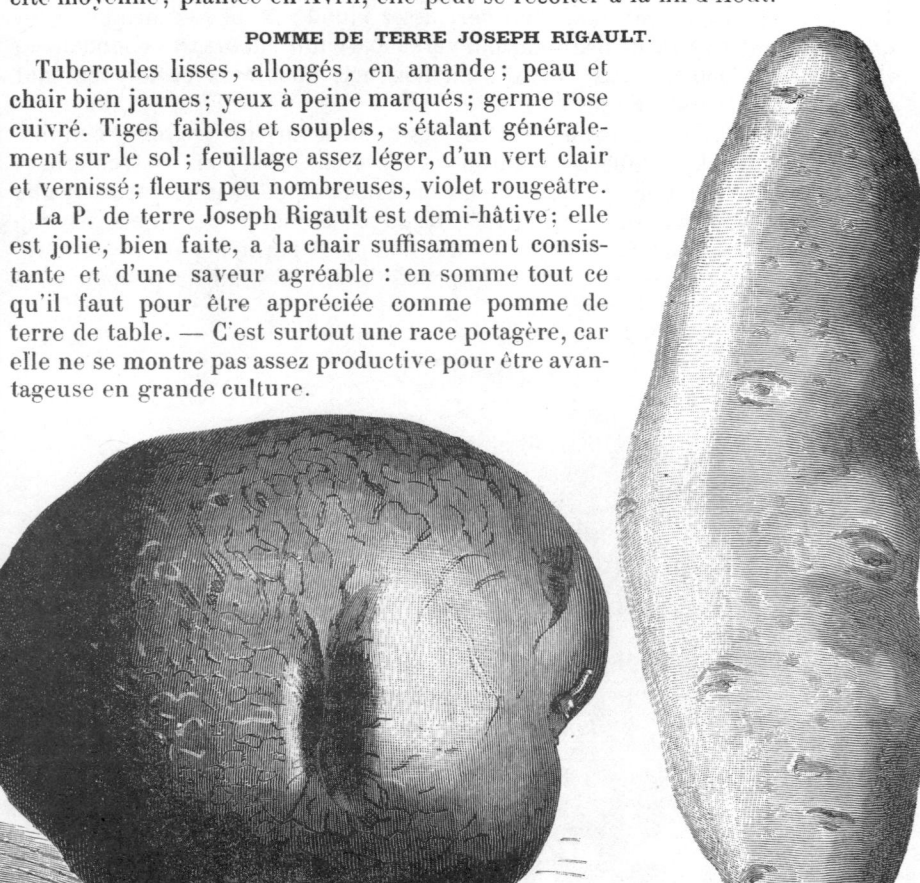

POMME DE TERRE JOSEPH RIGAULT.

Tubercules lisses, allongés, en amande ; peau et chair bien jaunes ; yeux à peine marqués ; germe rose cuivré. Tiges faibles et souples, s'étalant généralement sur le sol ; feuillage assez léger, d'un vert clair et vernissé ; fleurs peu nombreuses, violet rougeâtre.

La P. de terre Joseph Rigault est demi-hâtive ; elle est jolie, bien faite, a la chair suffisamment consistante et d'une saveur agréable : en somme tout ce qu'il faut pour être appréciée comme pomme de terre de table. — C'est surtout une race potagère, car elle ne se montre pas assez productive pour être avantageuse en grande culture.

P. de terre farineuse rouge (De grosseur naturelle).   P. de t. Princesse (Grosseur naturelle).

III. — Variétés rouges rondes.

POMME DE TERRE FARINEUSE ROUGE.

SYNONYMES : Pomme de terre Balle de farine, P. de l'Amérique, P. Washington, P. prussienne, P. La Comtoise.

NOMS ÉTR.: ANGL. Red skinned flour ball P., Garnet Chili P., Brinkworth challenger P.

Tubercules gros, profondément marqués par l'enfoncement des yeux, atteignant souvent et dépassant parfois 0^{m}10 de diamètre ; peau ordinairement rugueuse, d'un rouge un peu pâle ; chair blanche ; germe blanchâtre à pointe et base rouges.

Tiges dressées, carrées, ailées, rouge cuivré, s'élevant à environ 0m80 ou 1 mètre de hauteur, quelquefois ramifiées, portant des feuilles moyennes, composées presque uniquement de grandes folioles ovales-acuminées, presque toujours pliées en gouttière, d'un vert assez blond ; le pétiole principal est assez fortement teinté de brun, surtout vers l'extrémité ; fleurs très abondantes, d'un rose légèrement lilacé, réunies en bouquets nombreux et se succédant pendant longtemps. Graines très rares.

La P. de terre farineuse rouge est une des bonnes variétés de grande culture ; elle a pris une place importante parmi les races cultivées pour la féculerie et pour la consommation. La production en est assez constante, parce qu'elle souffre relativement peu de la maladie. L'époque de maturité n'en est pas trop tardive : aux environs de Paris, on peut en général l'arracher en Septembre.

Pour la consommation, on lui reproche d'avoir la chair trop blanche et manquant un peu de finesse.

Pomme de terre Merveille d'Amérique (De grosseur naturelle).

POMME DE TERRE MERVEILLE D'AMÉRIQUE.

Synonyme : P. de terre rouge d'Amérique.

Noms étrangers : American wonder potato, Wood's scarlet prolific P.

Tubercules gros, arrondis, un peu irréguliers ; yeux profondément enfoncés ; peau assez lisse, d'un rouge intense, presque violacé ; chair blanche parfois zonée de rouge ; germe rouge.

Tiges dressées, carrées, vigoureuses ; feuilles amples, à folioles vert foncé ; fleurs d'un rouge violacé, grandes, abondantes, en forts bouquets.

C'est une variété demi-tardive, bien productive, mais de qualité ordinaire et qu'on doit considérer surtout comme pomme de terre de grande culture.

IV. — Variétés roses ou rouges oblongues et longues.

POMME DE TERRE INSTITUT DE BEAUVAIS.

Synonyme : P. de terre La Marseillaise.

Tubercules méplats, larges, en forme de cœur ou de pain de savon, d'un jaune légèrement saumoné, un peu teinté de rose au voisinage des yeux, qui sont peu enfoncés et à peine accompagnés d'un pli superficiel; chair très pâle, presque blanche ; germe rose. Tiges très vigoureuses, carrées, épaisses, très dressées, garnies d'un feuillage ample, uni, d'un vert clair ; fleurs blanches, nombreuses, en forts bouquets.

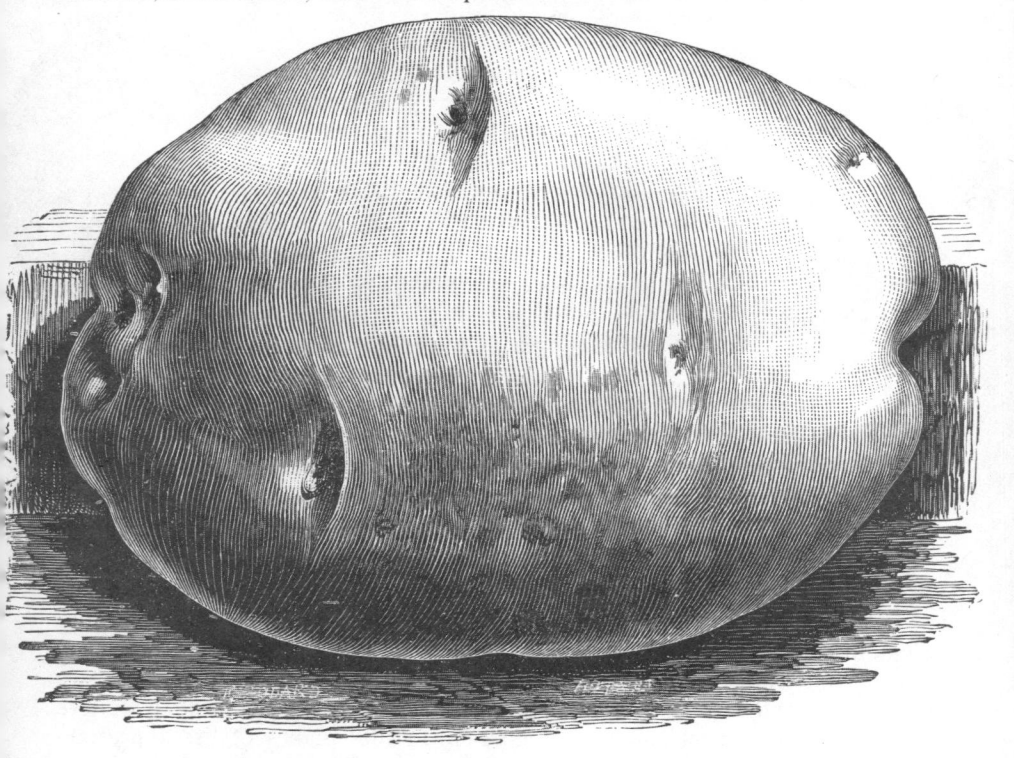

Pomme de terre Institut de Beauvais (De grosseur naturelle).

La P. de terre Institut de Beauvais est demi-hâtive, très remarquablement productive et d'une qualité très convenable pour une variété plutôt de grande culture. Elle a été obtenue de graine et multipliée à l'Institut agricole de Beauvais (Oise).

L'extrême ressemblance qu'elle présente avec la pomme de terre américaine Idaho peut faire supposer, ou qu'elle provient de graines de cette dernière, ou que deux semis à peu près identiques ont été obtenus des deux côtés de l'Atlantique et baptisés de noms différents.

Dans le Vivarais, les agriculteurs donnent improprement le nom d'*Imperator* à la P. de terre Institut de Beauvais.

POMME DE TERRE ÉLÉPHANT BLANC.

Noms étrangers : angl. White elephant potato, Vick's Perfection P.

Tubercules très gros et généralement très longs et aplatis, légèrement entaillés, d'un jaune pâle plus ou moins panaché de rose, surtout vers l'extrémité opposée au point d'attache ; chair blanche. Tiges très vigoureuses, élevées, garnies de feuilles larges, d'un beau vert ; fleurs blanches.

C'est une belle variété tardive, remarquable par la grosseur de ses tubercules ; elle convient surtout pour l'alimentation des animaux.

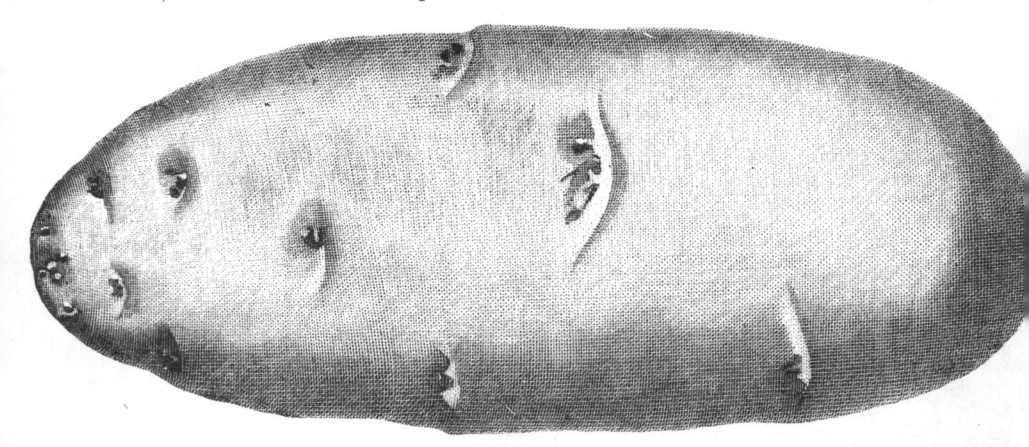

Pomme de terre Early rose (De grosseur naturelle).

POMME DE TERRE EARLY ROSE.

Synonymes: Pomme de terre rose hâtive, P. Primrose, P. parisienne (Limousin), P. américaine (Provence).

Nom étranger : angl. Early rose potato.

Tubercules oblongs, assez aplatis, souvent plus pointus au sommet qu'à la base ; yeux peu profonds, mais accompagnés d'une ride assez prononcée ; peau lisse, d'un rose un peu saumoné ; chair blanche ; germe rose, remarquablement prompt à se développer.

Tiges moyennes, dressées, atteignant 0^{m}60 à 0^{m}75 de hauteur, assez grosses à la base et s'amincissant rapidement, parfois rameuses, légèrement teintées de rouge cuivré, surtout auprès des nœuds ; feuilles planes et lisses, presque uniquement composées de grandes folioles ovales-acuminées, unies, un peu luisantes et d'un vert clair ; fleurs blanches, grandes, en bouquets peu nombreux et tombant en général sans nouer.

Race très productive, précoce, pouvant s'arracher dans le courant d'Août. Chair légère, de qualité extrêmement variable suivant les terrains. Les tubercules sont trop prompts à entrer en végétation pour se bien conserver.

POMME DE TERRE A FEUILLE PANACHÉE.

Synonyme: Pomme de terre Arlequin.

Si nous rapprochons cette variété de l'Early rose ou Rose hâtive, c'est qu'elle en est extrêmement voisine, en effet. Elle ne s'en distingue même réellement que par la panachure jaune d'or de ses feuilles, qui permet de l'utiliser pendant la belle saison comme plante ornementale. Ses tubercules sont de même forme et de même couleur que ceux de l'Early rose, mais moins nombreux et souvent moins gros.

POMME DE TERRE SAUCISSE.

SYNONYMES : Pomme de terre généreuse, P. Merveille d'Algérie,
P. Pertuis rouge (Algérie), P. rouge tardive, P. savonnette, P. Vitelotte belge.

NOM ÉTRANGER : ANGL. Cottager's red potato.

Tubercules aplatis, oblongs, de forme généralement bien régulière, longs de 0^{m}08 à 0^{m}12 sur environ 0^{m}05 de largeur : peau lisse, d'un rouge assez intense ; yeux légèrement marqués, non enfoncés ; chair jaune, très farineuse ; germe rose.

Pomme de terre Saucisse (De grosseur naturelle).

Tiges hautes, dressées, très vigoureuses, presque toujours rameuses, atteignant aisément un mètre de hauteur, carrées, légèrement ailées et très fortement teintées de rouge-brun ; feuilles grandes, composées de folioles très inégales, toutes ovales-arrondies, très réticulées, d'un vert foncé un peu grisâtre et terne ; fleurs violet pâle, en bouquets très nombreux et généralement entremêlés de feuilles. Graines très rares.

C'est une des meilleures variétés pour la consommation d'hiver et des plus employées à Paris à l'arrière-saison ; elle est très tardive à germer. La chair en est un peu compacte et d'autant plus farineuse que la saison est plus avancée.

La P. de terre Saucisse résiste assez bien à la maladie proprement dite, mais souffre fréquemment de l'accident appelé la « *frisolée* », qui racornit le feuillage et les tiges au début de la végétation. C'est là son seul défaut.

POMME DE TERRE CARDINAL.

Tubercules moyens, oblongs ou un peu en amande, très rouges ; chair jaune pâle, parfois légèrement zonée de rose, ferme et farineuse ; germe rouge.

Tiges courtes, de 0^{m}30 environ ; minces, étalées, légèrement violacées, à peine ailées; petit feuillage léger, vert blond, à folioles très inégales, oblongues, arrondies et très légèrement réticulées; fleurs blanches, tombant généralement avant de s'ouvrir.

La P. de terre Cardinal est une variété à grand rendement et cependant d'excellente qualité; les tubercules sont très réguliers et se conservent bien. La plante est saine, vigoureuse, d'une précocité moyenne.

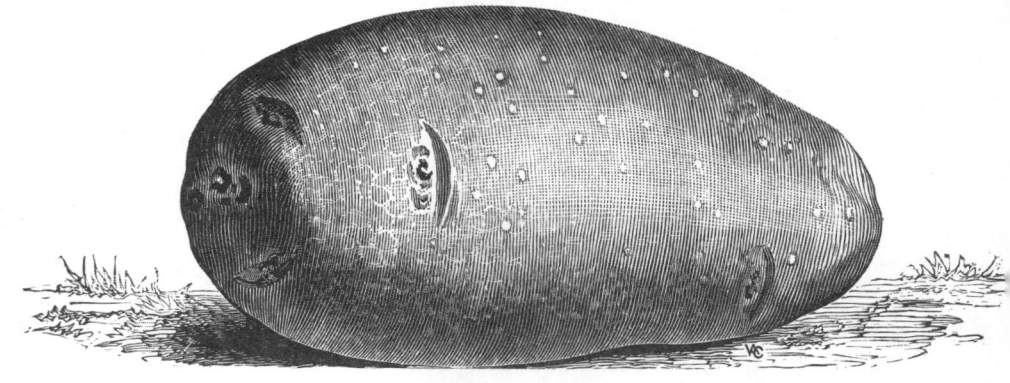

Pomme de terre Cardinal (De grosseur naturelle).

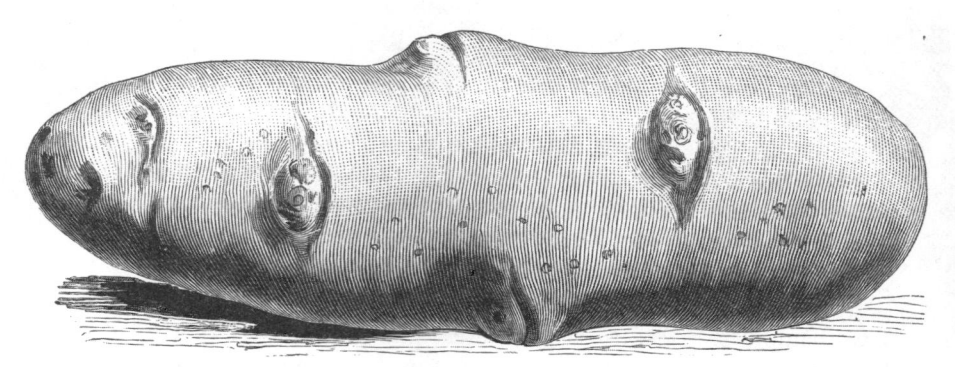

Pomme de terre Pousse debout (De grosseur naturelle).

POMME DE TERRE POUSSE DEBOUT.

Synonymes : Pomme de terre cornichon rose, P. rouge de Hollande, P. Saint-André de Suède.

Tubercules presque cylindriques, amincis aux extrémités, de 0^m08 à 0^m12 de long sur 0^m03 à 0^m04 de diamètre; peau rouge pâle, assez lisse; yeux peu marqués, plutôt saillants qu'enfoncés; chair jaune; germe rose.

Tiges vigoureuses, dressées, ramifiées, en général courtes et ne dépassant guère 0^m50 à 0^m60, teintées de rouge cuivré ainsi que les pétioles des feuilles qui sont larges, amples, d'un vert foncé, composées de folioles larges, arrondies et acuminées; fleurs blanches, grandes, en bouquets assez nombreux et compacts. Ne grène pas habituellement.

C'est une variété productive et se gardant bien, à chair plus compacte et moins farineuse que celle de la P. de terre rouge longue de Hollande. — Elle mûrit au mois de Septembre.

POMME DE TERRE VITELOTTE.

Nom étranger : all. Rote Tannenzapfen Kartoffel.

Tubercules presque cylindriques, un peu plus renflés vers le sommet qu'à la base; yeux nombreux et situés chacun au fond d'une ride profonde; peau rouge, assez lisse; chair blanche, quelquefois légèrement zonée de rouge, surtout à l'extrémité opposée au point d'attache; germe rouge.

Tiges dressées, très raides, vigoureuses, carrées et ailées, teintées de brun, souvent ramifiées, ne s'élevant guère au-dessus de 0^{m}50 à 0^{m}60, très trapues et très garnies de feuilles courtes, d'un vert un peu grisâtre; folioles ovales-arrondies, assez acuminées, surtout vers le haut des tiges, très réticulées, souvent pliées en deux; fleurs blanches grenant très rarement.

Cette variété est moins appréciée actuellement qu'elle ne l'était autrefois; elle a pourtant l'avantage de se garder très bien, la qualité en est excellente, et elle est assez productive. Il est vrai qu'elle a l'inconvénient d'être difficile à peler et de donner beaucoup de perte dans cette opération : car, pour enlever la peau qui garnit l'intérieur des yeux, très profonds dans cette variété, il faut en même temps en détacher une assez grande épaisseur de chair.

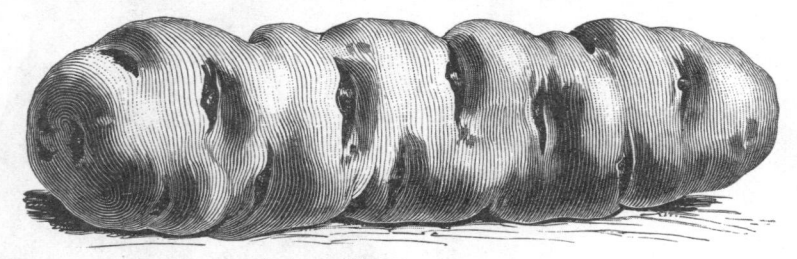

Pomme de terre Vitelotte (De grosseur naturelle).

V. — Variétés violettes.

POMME DE TERRE GÉANTE BLEUE.

Tubercules très gros, oblongs, violet foncé, souvent rocheux; chair très blanche; germe violet.

Tiges fortes et très longues, généralement étalées, violacées. Feuillage léger, d'un vert mat; folioles petites, ovales-pointues, velues, plus ou moins fortement réticulées; fleurs violettes striées de blanc, tombant sans nouer.

Essentiellement de grande culture, c'est une des rares pommes de terre dont les tubercules soient à peu près complètement impropres à la consommation. On la cultive beaucoup pour les emplois industriels, à cause de sa grande richesse en fécule; sa production, malheureusement très variable d'une année à l'autre, lui fait souvent préférer les variétés du genre Imperator.

POMME DE TERRE QUARANTAINE VIOLETTE.

Synonymes : Pomme de terre rognon violet, P. Van Acker.

Tubercules aplatis, lisses et presque sans yeux, en forme de rognon ou d'amande, atteignant le plus souvent 0^{m}12 à 0^{m}15 de longueur sur 0^{m}05 ou 0^{m}06 au bout le plus large; peau extrêmement fine et mince, lisse, de couleur violette; chair jaune; germe violet.

Tiges brunâtres, ordinairement tombantes, de 0ᵐ60 à 0ᵐ75 de longueur; feuilles moyennes ou petites, à folioles arrondies, grisâtres, très réticulées; fleurs blanches, se montrant assez rarement et ne donnant pas de graines.

La P. de terre quarantaine violette est une variété essentiellement potagère et de précocité moyenne. Elle n'est pas extrêmement productive, mais de bonne qualité; elle a surtout l'avantage de se conserver très bien, à cause du développement tardif et toujours modéré de ses germes. C'est une des meilleures pour consommer au printemps. Elle devient de plus en plus farineuse et gagne en qualité à mesure que la saison s'avance.

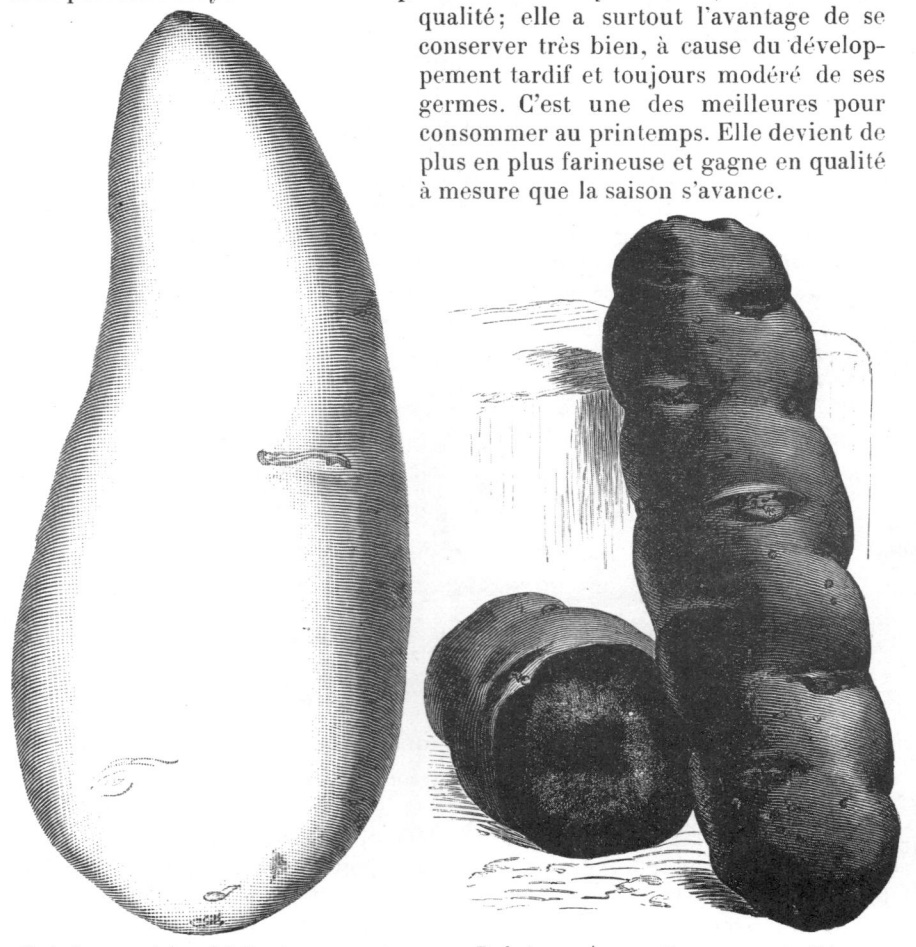

P. de t. quarantaine violette (Grosseur nat.).   P. de terre négresse (De grosseur naturelle).

POMME DE TERRE NÉGRESSE.

SYNONYMES : Pomme de terre Vitelotte noire, P. de Madagascar.

NOM ÉTRANGER : ANGL. Cetewayo potato.

Tubercules longs, cylindriques, mesurant de 0ᵐ05 à 0ᵐ10 de longueur sur 0ᵐ02 ou 0ᵐ03 de diamètre; très fortement entaillés comme ceux de la Vitelotte, mais d'une couleur presque noire qui s'étend à toute l'épaisseur de la chair. Tiges assez faibles, violacées; feuillage frisé et réticulé; fleurs blanches.

Cette pomme de terre est plus curieuse qu'utile. Son principal mérite consiste dans la coloration particulière de sa chair, qui est de qualité assez médiocre.

VI. — Variétés panachées.

POMME DE TERRE LA CZARINE.

Tubercules gros, plutôt ronds qu'oblongs, entaillés, caractérisés par une panachure rouge autour des yeux, dont l'intensité est très variable suivant les années et se réduit quelquefois à de petites taches rosées; chair jaune très pâle; germe rose. — Tiges couchées, fortes; feuillage abondant, à grandes folioles; fleurs violettes, à pointes blanches, réunies en gros bouquets.

Pomme de terre La Czarine (De grosseur naturelle).

Cette variété est très répandue dans les grandes cultures, tant pour la nourriture du bétail que pour la fabrication de la fécule ou de l'alcool. Au triple point de vue du rendement, de la richesse en fécule et de la bonne conservation, elle se classe parmi les meilleures variétés industrielles. Elle est, toutefois, de qualité suffisante pour la grosse consommation.

POMME DE TERRE LA BRETONNE.

Tubercules gros, ronds, jaunes ou rosés, plus ou moins panachés de rouge autour des yeux; chair blanche ou un peu jaunâtre; germe rouge.

Tiges grosses, vigoureuses, fortement anguleuses, étalées, mais très rameuses, légèrement violacées; feuillage léger, d'un vert mat; folioles petites, aiguës, velues, très réticulées; fleurs blanches, grandes, abondantes, mais caduques.

Cette variété est remarquable par l'abondance de son produit; ce n'est point cependant une pomme de terre fourragère, et la qualité de sa chair farineuse la place au premier rang des pommes de terre de table.

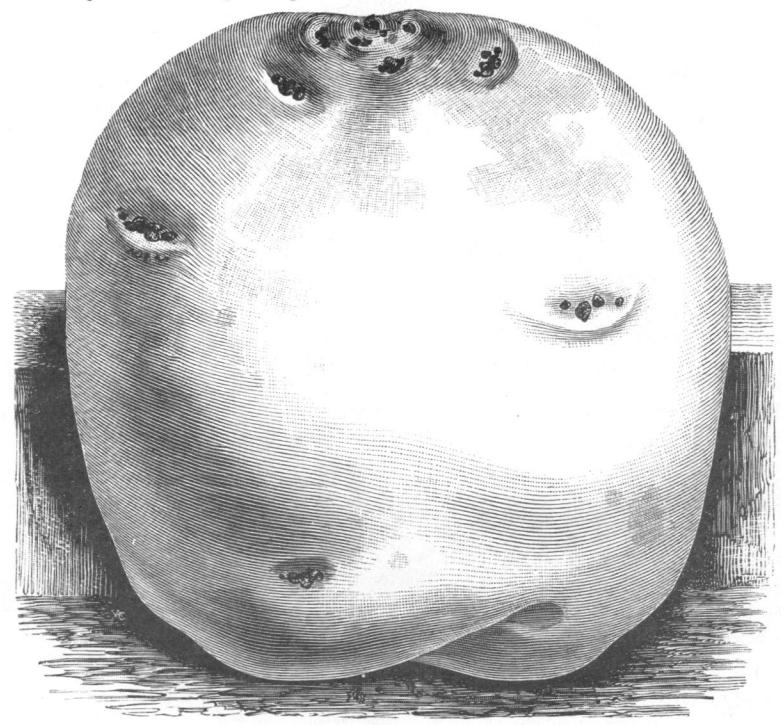

P. de terre La Bretonne (Grosseur naturelle).

POMME DE TERRE FLEUR DE PÊCHER.
Nom étr. : am. Peach blow potato.

Tubercules arrondis, lisses, jaune cuivré, parfois rose très clair et panachés de rose ou de rouge; yeux rouges; chair bien blanche. — Tiges dressées, fortes; feuillage abondant, pointu, cloqué; fleurs lilacées, souvent caduques.

Belle variété américaine de précocité moyenne, convenant surtout à l'industrie ou pour la nourriture des animaux (Voy. aussi *Peach blow P.*, page 617).

POMME DE TERRE BLANCHARD.
Nom étranger : angl. Peake's first early potato.

Tubercules ronds et parfois déprimés, jaunes, largement panachés de violet, surtout vers le sommet du tubercule et autour des yeux; peau lisse; chair jaune; germe violet.

Tiges fortes, habituellement couchées, presque toujours ramifiées, atteignant 0ᵐ80 à 1 mètre, teintées de brun, surtout vers la base ; feuilles moyennes, à folioles ovales-acuminées, assez réticulées, d'un vert franc; fleurs très abondantes, grandes, lilas bleuâtre, nouant dans une forte proportion.

La P. de terre Blanchard est peut-être, de toutes les variétés usuelles, celle qui grène le plus abondamment. C'est une bonne variété précoce, productive et se gardant bien ; la chair en est farineuse et bien jaune. La récolte peut s'en faire vers la fin de Juillet.

Les tubercules ne sont jamais très gros, mais ils sont très nombreux et assez égaux entre eux.

Pomme de terre Blanchard (De grosseur naturelle).

POMME DE TERRE INCOMPARABLE.

Synonyme : P. de terre écharpée.

Tubercules ovales ou en amande, lisses, à yeux peu entaillés ; peau jaune, généralement panachée de rouge violacé ; chair jaune ; germe violet.

Tiges assez grosses et fortement anguleuses, tout à fait couchées, parfois légèrement striées de violet ; feuillage petit et crépu ; folioles ovales-pointues, velues, fortement repliées ; fleurs gris de lin, souvent fertiles.

Jolie variété surtout remarquable par la panachure de ses tubercules et leur forme régulière ; c'est exclusivement une variété de table, demi-hâtive mais peu productive.

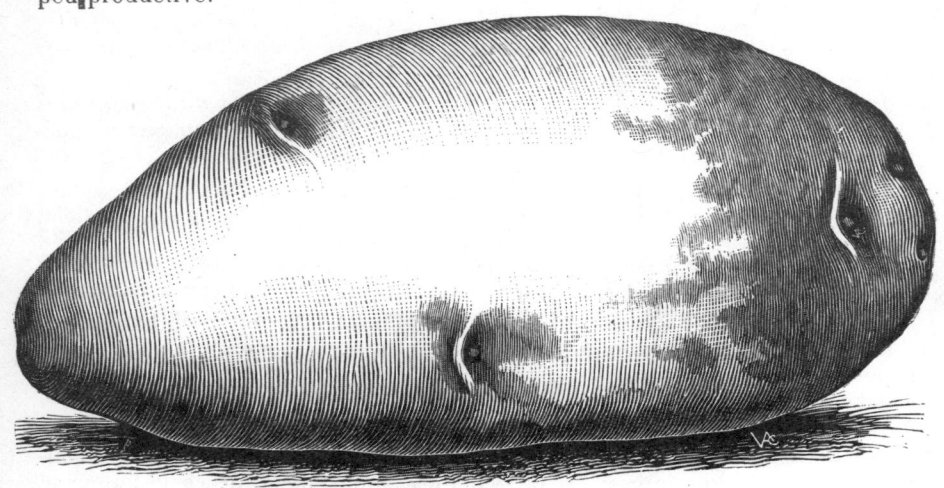

Pomme de terre Incomparable (De grosseur naturelle).

On remplirait presque un volume entier avec la simple énumération de toutes les variétés de pommes de terre qui ont été obtenues et préconisées depuis le commencement de ce siècle ; pour ne pas rendre trop volumineux cet ouvrage, nous nous bornerons à citer ici, en outre des variétés très distinctes et très répandues qui ont été décrites ci-dessus, quelques-unes des plus connues ou des plus recommandables parmi les races françaises et les races étrangères :

I. — VARIÉTÉS FRANÇAISES :

Achille Lémon. — Tubercule mince et allongé, ordinairement arqué et beaucoup plus mince à une extrémité qu'à l'autre ; peau très lisse, jaune d'or, marquée de larges taches violet foncé, surtout à l'extrémité et au voisinage des yeux, qui sont très peu enfoncés ; chair jaune foncé, assez ferme et très fine. Maturité demi-hâtive ; production modérée.

Alexandrine Poussard. — Tubercules longs et en forme d'amande, jaunes, panachés de violet. Feuillage très distinct, très menu ; tiges noires.

Artichaut jaune. — Tubercule long, mince, presque cylindrique, très entaillé, ressemblant à celui de la P. de terre Vitelotte ; seulement, il est jaune au lieu d'être rouge. Variété farineuse, demi-tardive, presque abandonnée aujourd'hui.

Aspasie. — Variété vigoureuse, de maturité tardive. Tubercules réguliers, oblongs, gros, larges et aplatis ; peau rose cuivré ; chair blanche, très riche en fécule.

Belle Augustine (SYN. : *Augustine d'Étampes*). — Tubercule jaune pâle, oblong, aplati, généralement un peu en rognon ; peau lisse ; yeux peu marqués ; chair jaune ; germe violet. — Plante assez naine, hâtive, productive, pouvant se récolter huit à dix jours avant la P. de terre quarantaine de la Halle ; elle est passablement cultivée aux environs de Paris pour la production des pommes de terre fraîches.

Belle de Vincennes. — Tubercules oblongs, aplatis, lisses, presque sans yeux, remarquablement beaux et bien faits et rappelant l'aspect de la P. de terre Flocon de neige ; chair jaune ; germes violacés. Tiges fortes, teintées de brun, ordinairement contournées ; feuillage ample, abondant, d'un vert foncé ; fleurs violettes, en bouquets assez serrés. Cette variété grène abondamment.

Malgré son nom, qui semblerait indiquer une origine française, cette pomme de terre nous semble être identique à la variété anglaise Woodstock kidney, dont nous parlons à la page 615.

Blanche plate de Belgique. — Gros tubercules jaunes, plats, lisses, à yeux rares et profonds ; chair blanche ; fleurs blanches. C'est une variété régulière et productive qui nous paraît très voisine de la P. de terre Institut de Beauvais.

Bonne Wilhelmine. — Tubercule arrondi, jaune vif, lisse ; yeux peu marqués ; diamètre dépassant rarement 0^{m}04 à 0^{m}05 ; chair très jaune ; germe d'un violet intense.

Cette vieille variété, à peu près abandonnée aujourd'hui, a été très cultivée dans tout le courant du siècle dernier, comme le prouvent ses nombreux synonymes : *A tige couchée, Ronde de Caracas, Ronde d'Alger, De neuf semaines, Louis d'or*.

Caillaud. — Tubercules ronds, moyens ou gros, d'un jaune un peu saumoné ; germe rose ; peau ordinairement rugueuse. Plante forte, productive, demi-tardive ; fleurs blanches. C'est une bonne variété de grande culture, ressemblant, sauf la fleur, à la P. de terre Jeancé, mais moins productive qu'elle.

Chandernagor. — Variété productive, demi-tardive. Tubercules légèrement allongés, aussi épais que larges, un peu entaillés, violet noirâtre ; chair fortement teintée de violet, mais très fine et excellente ; germe violet.

Chardon (syn. : *De Saxe, Épinard, Américaine blanche*). — Variété assez voisine de la Jeancé. Tubercule très gros, arrondi et souvent allongé; yeux très enfoncés; peau lisse, d'un jaune pâle ; chair jaune pâle ; germe rose.

Cinquantenaire. — Tubercules jaunes, ronds, à yeux très entaillés ; chair blanche ; feuillage grand, se fanant tardivement ; fleurs blanches.

Clermontoise. — Tubercules ronds, jaunes, lisses ; yeux très creux ; chair jaune. Fleurs blanches. C'est une variété tardive se rapprochant, en somme, de la P. de terre Chave.

Comice d'Amiens (FLAM. *Sand aardappel*). — Très jolie petite race hâtive, à tubercules ronds, petits ou moyens, jaune panaché de rose ; germe rose ; fleurs blanches. Très précoce, mais peu productive; peut convenir à la culture forcée.

Des Cordillières. — Tubercules jaunes, ronds, très lisses, petits et très nombreux, à chair jaune et germe violet. Plante touffue, à tiges nombreuses ; feuillage léger. Variété très distincte, mais sans grand mérite horticole.

Descroizilles. — Tubercules arrondis ou légèrement oblongs, de forme un peu irrégulière ; yeux assez enfoncés ; peau rose ou rouge très pâle, légèrement rugueuse ; chair jaune. C'est une variété tardive, assez peu productive, mais de bonne qualité ; fleurs blanches.

P. de terre Chardon (Réd. de moitié). (1) P. de terre Édouard Lefort (Réd. de moitié).

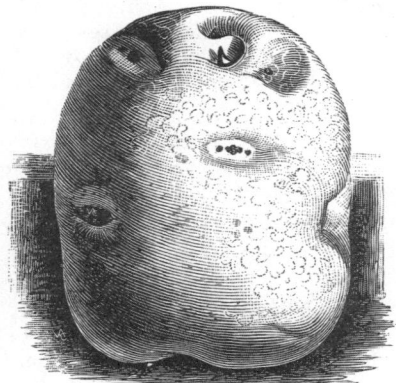

Édouard Lefort. — Variété hâtive et se prêtant bien à la grande culture. Tubercules gros, arrondis, à yeux bien marqués ; peau jaune un peu rugueuse; chair jaune, ferme et farineuse ; germe blanc légèrement teinté de violet à la base.
Cette variété a été obtenue par M. Édouard Lefort, d'une greffe d'Imperator sur Marjolin ; elle a le défaut d'être sujette à la maladie.

Excellente naine. — Très jolie et très bonne variété, se rapprochant passablement des formes les plus précoces de la P. de terre Royale. Les tiges sont à peine plus longues que celles de la Marjolin, que celle-ci peut du reste suppléer pour la culture sous châssis. Elle est au moins aussi productive et tout aussi hâtive.

Grosse jaune deuxième hâtive (SYN. : *Docteur Bretonneau*). — Cette pomme de terre est assez répandue dans la grande culture des environs de Paris. Ce n'est, à proprement parler, qu'une sous-variété de la P. de terre Chave, à tubercules un peu plus gros et mûrissant huit à dix jours plus tard.

Hâtive de Bourbon-Lancy (SYN. : *Bleue hâtive*). — Tubercules moyens, parfaitement ronds ou très légèrement déprimés, panachés de jaune et de violet foncé plutôt par bandes que par marbrures arrondies. Plante de vigueur moyenne, de maturité précoce, à fleurs lilas, avortant le plus souvent.

---

(1) Par « *réd. de moitié* », nous voulons dire que toutes les figures portant cette indication n'ont que la moitié en hauteur et en largeur des dimensions réelles des tubercules.

Jaune longue de Hollande (SYN. : *Parmentière, Cornichon tardif*). — Autrefois la plus répandue et la plus estimée des pommes de terre de table. Depuis l'invasion de la maladie, elle a été remplacée à peu près complètement par la P. de terre quarantaine de la Halle ou de Noisy et ses sous-variétés.

Ses caractères étaient les suivants : Tubercules allongés, presque toujours fortement courbés, beaucoup plus renflés à une extrémité qu'à l'autre ; peau jaune grisâtre, un peu rugueuse ; chair jaune, très farineuse et très fine ; germe rose. Tiges assez courtes, tortillées ; feuillage crispé, réticulé ; fleurs lilas rougeâtre.

Cette variété est assez tardive ; elle n'a jamais été productive.

Jeancé (SYN. : *Jeuxy, Vosgienne*). — Tubercules arrondis, un peu irréguliers par suite de la grande profondeur des yeux ; peau jaune un peu grisâtre, lisse ou rugueuse suivant les terrains ; chair jaune ; germe rose. Variété tardive, très productive, très farineuse et de bonne conservation.

De Malte. — Tubercules très gros, ronds ; yeux profondément enfoncés, assez semblables d'apparence à ceux de la P. de terre Jeancé ; germes roses. Tiges ordinairement traînantes, vertes, longues de 0^{m}80 à 1 mètre ; feuillage d'un vert franc, frisé et réticulé. Les fleurs avortent constamment.

Marceau (SYN. : *Confédérée, Islandaise, Genest*). — Variété surtout remarquable par la grande dimension de ses tubercules qui sont aplatis, oblongs, atteignant facilement 0^{m}15 à 0^{m}18 de long sur 0^{m}07 à 0^{m}08 de large ; peau jaune pâle un peu rugueuse ; chair jaune ; germe violet.

La Meilleure de Bellevue. — Excellente et vigoureuse variété obtenue par M. Paul Geney, président de la Société d'Agriculture de Lunéville. C'est une race tardive, très productive, farineuse et de bonne garde ; tubercules rouges, ronds ou légèrement oblongs et aplatis ; chair jaune ; germe rouge.

M. Eiffel. — Variété hâtive et très productive, obtenue par M. Joseph Rigault. Tubercule assez analogue comme forme à celui de la P. de terre Saucisse, mais un peu plus long et d'une belle couleur jaune pâle ; chair blanche ; germe rose. Tiges relativement courtes ; feuilles grandes, lisses et étalées.

Naine hâtive. — Tubercules petits ou moyens, ronds ; yeux peu marqués ; peau jaune, assez lisse ; germe violet ; chair jaune. Tiges courtes, faibles, ne dépassant guère 0^{m}40 à 0^{m}50 de longueur ; fleurs lilas. Variété hâtive, mais d'un très faible rendement.

Noisette Sainville. — Pomme de terre miniature, fort bien nommée, car le volume des tubercules est presque celui d'une noisette et dépasse très rarement celui d'une belle amande. Ils sont ovoïdes, un peu aplatis, jaune grisâtre, à peau légèrement rugueuse ; les yeux sont à peine visibles ; germe violet. Tiges très petites, faibles ; feuillage grisâtre ; fleurs blanches.

Cette variété a été recommandée particulièrement à cause de la grande finesse et de la qualité de sa chair ; mais elle produit si peu, qu'elle mérite à peine d'être cultivée.

P. de terre Jeancé (Réd. de moitié).   P. de terre M. Eiffel (Réd. de moitié).

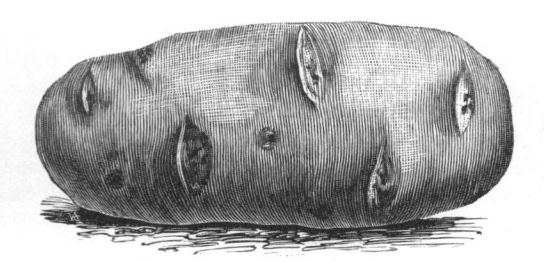

Oblongue de Malabry. — Très productive. Tub. ovales, jaune pâle, non entaillés, à germes blancs, faiblement teintés de violet ; chair blanche. Précocité moyenne.

Pasteur. — Tubercules oblongs, très lisses, allongés ; peau unie, peu rugueuse ; chair jaune, fine et farineuse ; germe violet. Variété de demi-saison.

Patraque blanche. — Variété extrêmement productive, à tubercules blanc grisâtre, légèrement rosés, oblongs, un peu carrés aux deux extrémités et passablement entaillés ; chair blanche ; germe rose. Tiges très longues et très vigoureuses ; feuillage grisâtre ; fleurs roses, abondantes. — Cette variété produit un nombre considérable de tubercules de grosseur moyenne ; elle est assez tardive et se cultive plutôt pour la nourriture du bétail que pour la consommation.

Précoce de Vindecy. — C'est une variété de la P. de terre Marjolin ; les tubercules longs, pointus, réguliers, ont la chair bien jaune. Cette pomme de terre bien hâtive n'a contre elle que d'être un peu délicate.

Quarantaine à tête rose. — Tubercules oblongs ou en forme d'amande, à peau lisse, jaune, panachée de rouge auprès des yeux et surtout à l'extrémité ; chair jaune. Tiges courtes, dressées ; feuillage grisâtre. Maturité demi-hâtive ; production assez considérable. Dans les terres légères, les tubercules de cette pomme de terre sont extrêmement jolis et d'une apparence tout à fait distincte.

Reine blanche. – Belle variété assez tardive, à tubercules moyens ou gros, très ronds, blancs, avec une tache rouge autour de chacun des yeux, qui sont assez profondément enfoncés ; germe rose. Tiges dressées, vigoureuses, portant un feuillage abondant, de couleur foncée ; fleurs violet rougeâtre en larges bouquets. Les tubercules de cette variété sont très beaux, mais de qualité médiocre.

Reine de Mai. — Tubercules oblongs ou en amande, aplatis, très lisses et presque blancs ; germe rose. Tiges assez grêles, peu garnies de feuillage ; fleurs blanches. Cette variété est précoce, et très jolie quand elle réussit bien ; mais elle est extrêmement délicate, et les tubercules en sont très souvent tachés.

Rickmaker (SYN. : *Boursier*). — Variété très productive, demi-tardive, à tubercules un peu allongés, fortement entaillés, jaune pâle, à germe rose. Tiges longues, traînantes. Bonne variété de féculerie ; très voisine de la P. de terre Royale, mais moins précoce.

Rognon rose. — Tubercules aplatis, généralement en forme d'amande ou de rognon, très lisses ; peau d'un rose pâle, jaunâtre ou saumoné ; yeux peu marqués ; chair jaune ; germe rose. Variété productive, de moyenne saison et de bonne garde.

Rohan. — Très voisine de la P. de terre Patraque blanche, celle-ci ne s'en distingue que par la couleur plus rougeâtre de ses tubercules. Elle est productive et convient bien pour la grande culture.

Rosée de Conflans (SYN. : *Rosace de Villiers-le-Bel, Cueilleuse, Saucisse blonde*). Tubercules longs, presque cylindriques, très peu entaillés, ordinairement roses vers l'extrémité et jaune saumoné à la base ; germe rose. Tiges assez courtes, raides, portant un feuillage foncé et abondant ; fleurs blanches. Cette variété est demi-tardive et assez productive ; la chair en est jaune, ferme, et s'écrase difficilement.

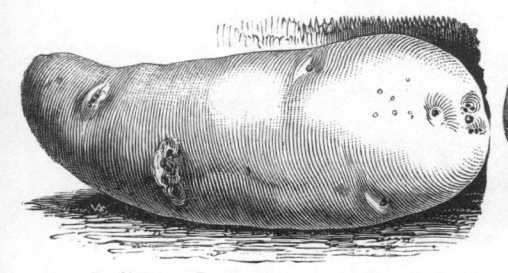

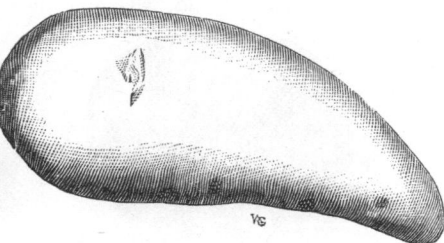

P. de terre Pasteur (Réd. de moitié). P. de terre rognon rose (Réd. de moitié).

Rosette. — Jolie variété obtenue d'un semis de l'Early rose. Tubercules méplats, arrondis, bien rouges et bien lisses. Chair blanche, légère. Variété demi-hâtive.

Rouge longue de Hollande (SYN. : *Cornichon rouge, Cornette rose*). — Tubercules aplatis, en forme de rognon ou d'amande, ordinairement très allongés, amincis et souvent recourbés en crochet à la partie opposée au point d'attache ; peau lisse, d'un rouge assez foncé, un peu violacé ; chair jaune ; germe rose.

Cette variété, longtemps recherchée à la halle de Paris, est maintenant remplacée par la P. de terre Pousse debout.

Rouge ronde de Strasbourg (SYN. : *Wéry*). — Tubercules moyens, à peau ordinairement un peu rugueuse, d'un rouge assez foncé ; germe rouge ; chair jaune. Tiges très raides, fortes, brunes ; feuillage vert foncé ; fleurs lilas rougeâtre. C'est une bonne variété commune, productive, de moyenne saison.

Saint-Germain. — Belle pomme de terre rouge, à tubercules ronds et plats ; chair jaune. Fleurs petites et rosées.

Sainte-Hélène. — Beaux tubercules jaunes, très lisses, oblongs, aplatis, légèrement courbés en rognon ; yeux très peu marqués ; chair jaune. Tiges assez courtes, souples ; feuillage ample, vert foncé ; fleurs violettes, peu nombreuses, mais très grandes. Maturité demi-hâtive. Belle variété potagère.

Saucisse blanche. — Variété ressemblant assez à la P. de terre Saucisse rouge, mais caractérisée par ses tubercules presque entièrement blancs ou jaune pâle, à l'exception de quelques taches rouges situées à la base et autour du point d'attache ; chair jaune ; yeux peu marqués ; germes roses.

Seguin (SYN. : *De Lesquin, Sainte-Hélène tardive, Sonnet* ; ANGL. *Kerr's Merit P.*). Variété très productive, tardive ; tubercules arrondis, moyens, d'un jaune un peu grisâtre ; peau habituellement rugueuse, yeux peu profonds ; chair jaune, très farineuse ; germe violet.

Tanguy. — Race assez répandue en Bretagne. Elle se rapproche beaucoup de la P. de terre Segonzac ou Saint-Jean ; mais les tubercules en sont d'un jaune un peu plus pâle, plus arrondis, les tiges plus grosses et le feuillage d'un vert plus pâle. Cultivée dans les terres sablonneuses ou granitiques des côtes de Bretagne, la P. de terre Tanguy devient très belle et très farineuse. Il s'en exporte des quantités considérables en Angleterre.

Tardive d'Irlande. — Tubercules arrondis ou oblongs, assez entaillés, jaune panaché de rouge ; chair blanche ; germe rose. Tiges peu développées ; feuillage assez léger, grisâtre ; fleurs lilas, petites. Variété tardive et peu fertile ; son principal avantage est de se conserver longtemps sans germer.

Truffe d'Août (SYNON. : *Hâtive de Pontarlier, Printanière, Rouge de Bavière*). (ANGL. *White pink*). — Tubercules moyens, rouge vif, arrondis ; yeux modérément enfoncés ; germe rouge ; chair jaune. Tiges dressées, assez raides ; feuillage vert foncé, grisâtre ; fleurs blanches. Variété de moyenne saison, assez productive, très anciennement connue et appréciée.

Violette. — Très ancienne et productive variété, que l'on cultive depuis le commencement du XIXe siècle et qui se rencontre encore quelquefois à la halle de

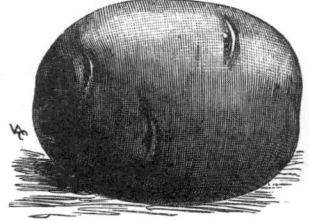

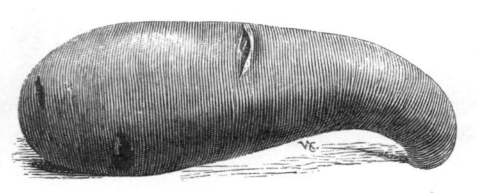

P. de terre Rosette (Réd. de moitié).   P. de terre rouge longue de Hollande (Réd. de moitié).

Paris. Tubercules arrondis, souvent carrés à la base et au sommet, assez profondément entaillés par l'enfoncement des yeux; peau d'un violet intense; chair jaune; germe violet.

Xavier (SYN. : *Patte blanche*). — Tubercules oblongs, presque cylindriques, rose pâle, un peu entaillés; chair blanc jaunâtre; germe rose. Tiges assez longues; feuillage grisâtre; fleurs blanches. Cette variété est recommandable par sa bonne qualité, mais elle est très sujette à la maladie.

Yam ou *Igname*. — Comme la P. de terre Xavier, celle-ci est très éprouvée par la maladie, et il est difficile actuellement de la rencontrer bien saine et vigoureuse. Les tubercules en sont oblongs, assez gros, presque cylindriques, un peu entaillés, la peau rouge pâle est lisse; germe rouge.

De Zélande. — Belle et bonne variété demi-tardive et de très bonne garde : tubercules ronds, moyens, de 0m 06 à 0m 07 de diamètre, peau d'un rouge vif légèrement rugueuse; yeux peu marqués; chair jaune; germe rouge.

Pomme de terre Seguin.
Réd. de moitié.

P. de terre de Zélande.
Réd. de moitié.

Pomme de terre violette.
Réd. de moitié.

II. — VARIÉTÉS ANGLAISES :

Alice Fenn. — Tubercules oblongs, en rognon, de forme très régulière; peau jaune, lisse; chair jaune pâle; germe violet. Tiges très peu développées, minces, souples ; feuillage menu et léger; fleurs violettes. Jolie variété assez hâtive, peu productive.

Bovinia. — Très gros tubercules, longs, larges, aplatis, assez fortement entaillés, jaune panaché de rouge, surtout vers l'extrémité et au voisinage des yeux; chair blanc jaunâtre. Tiges vigoureuses ; feuillage ample. C'est une variété très tardive, dont les tubercules, peu nombreux, pèsent quelquefois plus d'un kilogramme ; la chair en est aqueuse et de qualité médiocre. — Cette variété n'a guère qu'un mérite de curiosité.

Britannia. — Tubercule jaune, long; chair jaune ; germe blanc. Variété extrêmement voisine de la P. de terre Royale.

Coldstream (*Hogg's Coldstream*). — Tubercules ronds, petits ou moyens, jaunes de peau et de chair; germe violet, ainsi que les fleurs. Tiges petites et souples ; feuillage arrondi, d'un vert grisâtre. Très bonne variété rustique et hâtive, très farineuse, mais modérément productive.

Dalmahoy. — Tubercule rond, petit ou moyen, bien jaune ; yeux assez marqués, mais peu enfoncés; germe violet. Tiges dressées, courtes, ne dépassant guère 0m 60; feuillage grisâtre, assez chiffonné, à folioles larges, pointues. Les fleurs tombent sans s'ouvrir.

Dawe's Matchless (*Excelsior kidney*, *Webb's Imperial*, *Early Bryanstone kidney*, *Manning's kidney*, *England's Fair beauty*, *Chagford kidney*, *Wormley kidney*, *Champion kidney*). — Très belle pomme de terre de moyenne saison, productive et donnant des tubercules d'une beauté remarquable, oblongs, quelquefois aplatis, quelquefois courbés en rognon, extrêmement lisses, presque blancs et mesurant souvent jusqu'à 0m12 ou 0m15 de longueur sur 0m05 à 0m06 de large; yeux à peine marqués; chair blanche; germe violet. Les tiges sont assez vigoureuses, dressées; le feuillage arrondi, réticulé, d'un vert presque noir; fleurs blanches.

Cette variété est peu répandue en France; nous l'avons quelque temps cultivée sous le nom de P. *de terre confédérée*, mais à tort, car la véritable Confédérée, synonyme de la P. de terre Marceau (*Voy.* page 608), a les fleurs violettes et les tubercules plus larges et plus jaunes.

The Dean. — Tubercules tout à fait ronds ou faiblement déprimés, à peau violet foncé presque toujours rugueuse et craquelée; chair jaune; germe violet. Variété demi-tardive, assez productive, remarquable surtout par la régularité et la couleur très foncée de ses tubercules.

Early Emperor Napoleon. — Tubercules rouges, presque complètement sphériques ou légèrement déprimés, tout à fait sans yeux, à peau un peu rugueuse et exceptionnellement marbrée de jaune; germe rouge; chair blanc jaunâtre. Tiges minces, le plus souvent traînantes, portant un feuillage extrêmement grêle, tout à fait grisâtre; fleurs rougeâtres, en bouquets légers. Variété demi-hâtive; elle n'est pas très productive, mais elle est remarquable par la beauté et la régularité de ses tubercules.

Early June (KERR). — Tubercule plat, en amande, jaune, lisse; germe blanc; chair jaune. C'est une sous-variété de la P. de terre Royale.

Early May Queen. — Tubercules petits, ronds, rouges, à peau rugueuse; yeux prononcés; chair blanche; germe blanc. Voisine de la P. de terre Early rose.

Early Puritan. — Tubercules jaunes, lisses; yeux nombreux, larges, peu profonds, mais bien marqués; chair blanche; germe blanc. Feuillage blond, assez petit, un peu en cuiller.

Fenn's early market. — Tubercules ronds, petits ou moyens, passablement déprimés, à peau jaune, lisse; yeux peu enfoncés; germe rose; chair presque blanche. Tiges très peu développées, faibles et souples; feuillage d'un vert pâle; fleurs blanches, peu nombreuses. Cette excellente petite variété est une des plus précoces de toutes les jaunes rondes; elle est remarquable par le peu de développement de ses tiges.

The Garton. — Tubercules jaunes, ronds, lisses; yeux très rares; germe et chair blancs. Ressemble assez à la pomme de terre allemande Van der Veer, mentionnée un peu plus loin.

Gem (KERR). — Tubercules jaunes, ronds; yeux rares, peu entaillés; chair blanche; germe violet.

General Roberts (KERR). — Tubercules jaunes, allongés, aplatis; yeux rares non entaillés; chair blanche; germe rose cuivré. Variété tardive, vigoureuse; tiges cuivrées, dressées. Fleurs lilas rougeâtre, abondantes, en forts bouquets dressés.

Golden eagle, Radstock beauty. — Il est très difficile de distinguer ces deux variétés l'une de l'autre; il pourrait très bien se faire qu'elles ne fussent qu'une seule et même chose. Ce sont des pommes de terre à tubercule jaune panaché de rouge, arrondi et légèrement méplat, à peau très lisse et d'un aspect très joli et très particulier. Les germes sont rouges, les tiges de grandeur médiocre, le feuillage vert foncé et les fleurs rougeâtres. Maturité assez tardive; peu productive.

Grampian. — Cette variété présente beaucoup d'analogie avec la P. de terre Early Emperor Napoleon, décrite ci-dessus; elle a le feuillage un peu plus foncé et plus abondant, et les fleurs plus rouges. Les tubercules ne présentent pas de différence bien accentuée.

Harbinger (SUTTON). — Petite pomme de terre ronde très distincte; germes rouges. Feuillage se rapprochant de celui de la P. de terre Victor, encore plus ample.

International kidney. — Variété demi-tardive; tubercule en amande, très lisse, bien fait et souvent très gros, presque blanc et à chair très pâle; germe violet.

King of Flukes (Meldrum Conqueror). — Tubercules oblongs, souvent assez courts, peu aplatis ; peau d'un beau jaune d'or ; yeux peu marqués ; chair très jaune, fine, d'excellente qualité ; germe violet. C'est une variété assez productive et de moyenne saison.

Lady Webster. — Tubercules ronds, bien lisses, un peu aplatis, jaunes et assez fortement panachés de rouge ; germes roses. Tiges courtes et tombantes, vertes, garnies de feuilles peu abondantes et à folioles très luisantes, rappelant l'aspect du feuillage de la P. de terre Marjolin hâtive.

Leda (Kerr). — Tubercules oblongs, rouge pâle ; yeux très rares, peu entaillés ; chair jaune ; germe rose. C'est une grande pomme de terre à tiges dressées. Fleurs blanches, petites. Sa végétation est tout à fait celle de la P. de terre de Zélande, mais ses tubercules sont ceux de l'Early rose.

Lord of the Isles (Kerr). — Tubercules jaunes, oblongs ; yeux rares, non entaillés ; chair blanche ; germes roses. Par sa végétation, elle ressemble assez à la P. de terre Early rose, mais son feuillage lisse est plus dressé. Fleurs blanches.

Milky white. — Tubercules blancs, très légèrement saumonés, très lisses, méplats, oblongs, sans yeux ni entailles ; germe rose. Tiges peu développées ; feuillage léger, vert pâle ; fleurs blanches. — Jolie variété demi-hâtive, à tubercules très nets ; plusieurs des races américaines lui sont encore supérieures comme forme, tout en étant plus productives.

Model. — Tubercule jaune pâle, très régulièrement arrondi, légèrement méplat ; yeux peu marqués ; peau lisse ou rugueuse suivant le terrain ; chair jaune pâle ; germe violet.

Mona's Pride. — Variété très voisine de la Marjolin hâtive par ses caractères de végétation ; elle en diffère tout à fait par la forme du tubercule, qui est très court ou même rond et aplati. Elle est aussi un peu moins précoce et un peu plus productive que la Marjolin.

Our boys (Kerr). — Tubercules jaunes, longs, en rognon ; yeux rares, peu entaillés ; chair jaune pâle ; germe violet. Pomme de terre à grandes tiges, un peu cuivrées. Fleurs blanches, grandes, en forts bouquets. Tardive.

Paterson's Victoria. — Variété demi-hâtive, très farineuse et d'une conservation parfaite, résistant très bien à la maladie. Tubercules oblongs ou de contours arrondis, aplatis ; yeux à peine prononcés ; peau jaune légèrement saumonée ; chair jaune ; germe violet.

Porter's Excelsior. — Une des plus parfaites au point de vue de la forme. Les tubercules sont tout à fait arrondis, quoique plats comme des galets, à peu près deux fois aussi larges qu'épais ; peau jaune, lisse ; chair jaune pâle ; germe rose. Tiges traînant sur le sol ; feuillage peu abondant, vert foncé ; fleurs blanches. Cette variété est demi-tardive ; elle n'est pas très fertile, et son principal mérite réside dans la beauté de ses tubercules.

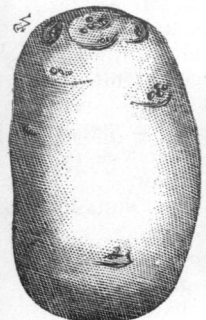

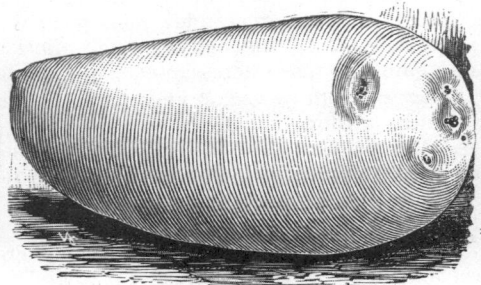

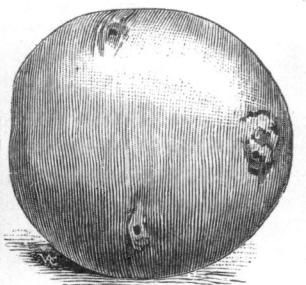

King of Flukes P. (1/2).   **International kidney P.** (Réd. de moitié).   **Model P.** (Réd. de moitié).

Professor (Kerr). — Tubercules rouges, allongés, de même forme que ceux de l'Early rose ; yeux nombreux, entaillés ; chair blanche ; germe rouge. Tiges fortes, cuivrées, assez dressées ; fleurs roses, nombreuses, grenant abondamment.

Purple ash-leaved kidney (*Jersey purple, Black kidney, Black prince, Select blue ash leaf, Paterson's long blue*). — Tubercules longs ou très longs, aplatis, plus ou moins courbés en rognon, très lisses ; peau d'un violet foncé, unie, sans rides ni cavités à l'endroit des yeux. Tiges assez grêles, brunâtres ; feuillage peu abondant, vert gris foncé ; fleurs lilas. Cette variété est assez précoce, passablement productive et de bonne qualité ; mais beaucoup de personnes n'en aiment pas la couleur violet foncé.

Reading russett (*P. de terre Roussette*). — Variété de précocité moyenne, productive. Tubercules très légèrement oblongs, épais, à yeux peu marqués ; peau légèrement rugueuse et d'un rouge grisâtre ; chair jaune pâle ; germe rouge.

Rector of Woodstock. — Tubercules extrêmement réguliers, d'un blanc grisâtre, faiblement teintés de jaune, tout à fait arrondis, mais passablement déprimés ; peau un peu rugueuse ; yeux à peine marqués ; chair blanche, très farineuse et très fine ; germe violet. Tiges très courtes, portant un feuillage léger, fin, peu abondant ; fleurs violettes se développant rarement. — Cette petite variété est médiocrement productive, mais d'une finesse et d'une beauté exceptionnelles. C'est un des meilleurs gains du Rév. R. Fenn.

Rentpayer. — Tubercules jaunes, généralement ronds, quelques-uns oblongs ; yeux rares, non entaillés ; chair blanche. C'est une bonne sous-variété de la P. de terre Magnum bonum.

Saint-Patrick. — Race productive, vigoureuse ; tubercules blancs ou jaune pâle, oblongs, non aplatis, de forme assez irrégulière ; chair blanche.

Schoolmaster. — Pomme de terre très voisine de la Porter's Excelsior, d'une végétation un peu plus vigoureuse et plus hâtive. La forme des tubercules est la même ; les germes sont roses et les fleurs blanches.

Scotch blue. — Tubercules arrondis, méplats, lisses ; yeux peu marqués ; peau fine, d'un violet foncé presque noir ; chair blanche ; germe violet foncé. Tiges assez courtes, mais vigoureuses ; feuillage ample, grisâtre ; fleurs violettes. Cette variété est demi-tardive ; elle est passablement productive et très rustique.

Scotch Champion (*P. de terre Champion*). — Pomme de terre très productive et résistant bien à la maladie. Tubercules nombreux, moyens, de forme arrondie ; peau jaune pâle ainsi que la chair ; yeux profonds, mais relativement peu nombreux ; germe violet.

Standard. — Jolie variété demi-hâtive, à tiges très courtes ; feuillage fin. Tubercules ronds, jaune pâle, très nets et très bien faits, mais peu abondants. C'est une belle race de luxe.

Superb (Kerr). — Tubercules jaunes, ronds ; yeux nombreux, peu entaillés ; chair très blanche ; germe rose.

Turner's Union. — Tubercules jaunes, ronds, petits ou moyens, de forme assez régulière ; yeux un peu enfoncés ; chair jaune pâle ; germe blanc jaunâtre à pointe violette. Tiges peu développées ; feuilles assez grandes, mais peu nombreuses ; fleurs lilas, avortant le plus souvent. — C'est une bonne petite variété hâtive ; mais il y en a toutefois un grand nombre de plus intéressantes.

Vicar of Laleham (*P. de terre violette grosse, P. moissonnette violette*). — Tubercules très gros, régulièrement arrondis ou faiblement déprimés ; peau violette, souvent un peu rugueuse ; chair blanche, farineuse et légère ; germe violet. Belle variété demi-hâtive, très productive, réussissant principalement dans les terrains légers et riches.

Village blacksmith (*P. de terre truffe*). — Tubercules arrondis, moyens, assez réguliers, très peu entaillés, remarquables par l'apparence particulière de leur écorce qui est épaisse, noirâtre, fendillée comme l'extérieur d'une truffe ; chair blanche, légère, très farineuse ; germe violet. Variété demi-hâtive et assez productive.

White Emperor. — Plante assez vigoureuse, mais à tiges courtes; feuillage réticulé, vert terne. Tubercules très lisses, presque blancs, ronds et légèrement aplatis, ressemblant beaucoup à ceux des P. de terre Model et Schoolmaster; germes lilas.

Wonderful red kidney (*P. de terre kidney rouge hâtive*). — Variété demi-hâtive. Tubercules aplatis, oblongs ou légèrement en rognon; peau rouge, très lisse; yeux à peine marqués; chair jaune pâle; germe rouge.

Woodstock kidney. — Belle et vigoureuse variété, à tubercules blancs, oblongs, lisses et bien faits; germes violets. Tiges fortes, brunâtres; feuillage ample, d'un vert franc; fleurs violettes, en forts bouquets, grenant abondamment.

Wormleighton seedling. — Tiges de vigueur moyenne. Variété demi-tardive, donnant des tubercules très gros, très lisses, en forme d'amande ou de rognon allongé, d'une netteté et d'une beauté tout à fait remarquables. Qualité ordinaire.

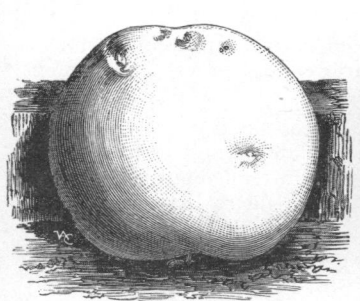

Standard P.
Réd. de moitié.

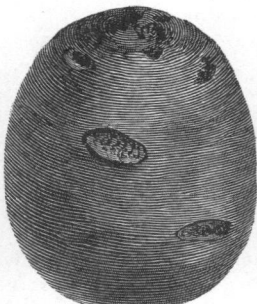

Reading russett P.
Réd. de moitié.

Scotch Champion P.
Réd. de moitié.

III. — VARIÉTÉS AMÉRICAINES :

Depuis une trentaine d'années, les Américains se sont occupés très activement de semer les pommes de terre en vue d'obtenir des variétés nouvelles, et les succès qu'ils ont obtenus peuvent rivaliser avec ceux des semeurs anglais. Un grand nombre de leurs gains ont été adoptés immédiatement par les cultivateurs, aussi bien en Europe qu'en Amérique. De ce nombre, sont les pommes de terre *Early rose, Flocon de neige*, etc. Ces variétés sont décrites plus haut; nous citerons encore les variétés suivantes, auxquelles il ne manque peut-être que d'être mieux connues pour qu'elles soient également bien appréciées :

Adirondack. — Race vigoureuse, de moyenne saison. Tubercules ronds ou un peu déprimés, bien lisses, rouge pâle; chair blanche; germe rose. Feuilles larges; tiges dressées; fleurs violet rougeâtre.

Alpha. — Tubercules blancs, légèrement oblongs, très faiblement aplatis. Tiges courtes; feuillage assez ample, mais peu abondant. Variété précoce.

Bresee's Peerless. — Beaux tubercules très aplatis, presque aussi larges que longs, oblongs ou quelquefois en forme de cœur, presque toujours échancrés à la base; peau et chair blanches; germe rose. Feuillage vert pâle, ample, un peu frisé; fleurs blanches. Cette variété est demi-hâtive; elle est extrêmement productive.

Bresee's prolific. — Variété comparable à l'Early rose comme production et qualité; tubercule aplati, oblong, quelquefois presque carré aux deux extrémités; peau lisse, d'un jaune pâle plus ou moins saumoné; chair blanche; yeux peu marqués; germe rose.

Brownell's Beauty (*Vermont Beauty*). — Tubercules oblongs, assez aplatis, généralement très larges ; peau légèrement rugueuse, d'un rouge assez foncé et un peu vineux ; chair blanche ; germe rose. Tiges dressées, vigoureuses ; feuillage assez ample, d'un vert un peu blond ; fleurs lilas rougeâtre. — Cette variété est très productive, de moyenne saison ; les tubercules en sont très beaux, ordinairement de forme très régulière. Race de grand mérite.

Calico (*P. de terre rubanée*). — Race productive et demi-tardive. Tubercule oblong ou arrondi, mais toujours aplati ; peau très lisse, d'un jaune vif, marquée d'une large bande rouge qui tranche très vivement avec la couleur du reste des tubercules ; yeux à peine marqués ; chair jaune pâle ; germe rouge.

Centennial. — Tubercules rouge vif, sphériques ou légèrement aplatis, très lisses ; yeux à peine marqués ; germe rouge. Tiges moyennes ; feuillage ample, vert pâle ; fleurs rougeâtres. Demi-hâtive et assez fertile ; les tubercules se conservent bien, pour une variété américaine.

Compton's Surprise. — Variété vigoureuse, demi-hâtive ; tubercules violets, oblongs, ressemblant à ceux de l'Early rose, sauf par le coloris qui est franchement violet ; fleurs blanches.

Early cottage. — Race très productive. Tubercules gros ou très gros, arrondis, épais ; yeux assez profonds ; peau souvent rugueuse, d'un jaune très pâle ; chair blanche. Tiges assez peu développées, en comparaison du rendement de la plante en tubercules ; feuillage d'un vert grisâtre, assez crispé ; fleurs lilas, avortant le plus souvent.

Early Gooderich. — Tubercules oblongs, épais, peu aplatis, souvent presque pointus à l'extrémité ; chair et peau blanches ; germe rose. Feuillage d'un vert très blond, presque jaunâtre ; fleurs blanches. Belle variété productive mais trop sujette à la maladie.

Early Ohio. — Tubercules roses, lisses, oblongs ; yeux très peu marqués ; germes rouges. Tiges dressées, raides, légèrement cuivrées ; feuilles très amples, planes, à folioles extrêmement grandes, d'un vert blond un peu grisâtre. Ne fleurit pas.

Eurêka. — Tubercules longs, assez aplatis, souvent carrés aux extrémités et quelquefois un peu entaillés ; peau blanche, à peine jaunâtre, très légèrement rugueuse ; chair blanche ; germe rose. Tiges peu développées ; feuillage d'un vert blond ; fleurs blanches. La P. de terre Eurêka est très productive et assez précoce ; la forme en est un peu irrégulière et quelquefois tout à fait défectueuse.

Extra early Vermont. — Il n'y a qu'une nuance extrêmement légère entre cette pomme de terre et la Rose hâtive (Early rose), au point qu'elles sont souvent confondues l'une avec l'autre. L'Extra early Vermont doit avoir le tubercule un peu plus large et plus aplati ; elle mûrit aussi deux ou trois jours plus tôt que l'Early rose.

King of the early. — Tubercules un peu anguleux et irréguliers, arrondis et légèrement déprimés dans l'ensemble, avec les yeux assez enfoncés ; peau lisse mais terne, d'un rose saumoné un peu grisâtre ; germe rose. Tiges très peu développées ; feuillage ample, d'un vert pâle grisâtre, séchant de très bonne heure sans que les fleurs se soient développées ; chair blanche, farineuse. Une des plus précoces de toutes les pommes de terre.

Late rose. — Sous beaucoup de rapports, cette variété ressemble extrêmement à l'Early rose, et même la différence de précocité qui existe entre les deux races ne dépasse pas une dizaine de jours. Cependant la Rose tardive (Late rose) se distingue par le volume beaucoup plus fort de ses tubercules, qui sont, en revanche, moins nombreux ; la couleur en est aussi plus franchement rose et moins saumonée.

Manhattan. — Tubercules ronds, légèrement aplatis, panachés de jaune et de violet ; germes roses tachés de violet. Tiges courtes, raides, de 0^m60 environ ; feuillage assez abondant, ample, arrondi, d'un vert grisâtre, très fortement plissé et réticulé ; fleurs ordinairement nulles.

Peach blow. — On cultive en Amérique, sous ce nom, une quantité de variétés dont plusieurs ont été essayées en France sous le nom de *P. de terre Fleur de pêcher.* — Celle que nous avons décrite à la page 604 est la seule qui ait pris dans les cultures une place quelque peu importante. Toutes ont comme caractère commun une teinte rose plus ou moins foncée, ordinairement sous forme de taches ou de panachures autour des yeux.

Il en existe, sous le nom de *White peach blow*, une sous-variété dont les yeux ne sont pas teintés de rose.

Queen of the Valley. — Très beaux tubercules oblongs, gros, légèrement déprimés, à peau très lisse, avec les yeux assez peu nombreux et à peine marqués d'un rouge très pâle. Ils rappellent, avec une teinte moins foncée, ceux de la Brownell's Beauty. Germes roses.

Ruby. — Tubercules oblongs, passablement aplatis, lisses et de forme régulière, de couleur rouge vif; chair blanche. Tiges moyennes, assez vigoureuses; feuillage vert pâle un peu grisâtre. Maturité demi-tardive.

Triumph. — Tubercules ronds, d'un rouge assez vif, à yeux assez marqués et un peu profonds. Germes roses. Variété demi-hâtive, fertile.

Willard (Red fluke). — Tubercules oblongs ou piriformes, presque pointus à l'extrémité et renflés à la base; peau assez lisse, d'un rouge vif quelquefois marbré de jaune; germe rose. Tiges dressées, raides; feuillage vert blond; fleurs lilas rougeâtre. Cette pomme de terre est très distincte et assez belle; mais elle est très sujette à prendre la maladie.

IV. — VARIÉTÉS ALLEMANDES :

Abdul-Hamid (PAULSEN) (*P. de terre Jeanne d'Arc*). — Tubercules jaunes, oblongs; yeux rares et peu entaillés; chair jaune. C'est une variété demi-tardive, à hampes grosses et courtes. Feuillage gaufré; fleurs lilas.

Achilles. — Tubercules gros, arrondis; yeux un peu enfoncés. Tiges carrées, ailées, tachées de brun, très vigoureuses, hautes d'un mètre; feuilles nombreuses mais petites, extrêmement réticulées, frisées, d'un vert noir; fleurs en nombreux bouquets, lilas, donnant des graines.

Alkohol. — Tubercules ronds, un peu aplatis, yeux assez nombreux et bien marqués. Tiges de $0^m 70$ à $0^m 80$, fortes, vertes, carrées, dressées; feuilles amples, vert franc, un peu cloquées; fleurs blanches, ne nouant pas.

Aurora. — Tubercules ovales, aplatis; yeux nombreux et assez marqués. Tiges grosses, cuivrées, souvent traînantes, de $0^m 80$; feuillage très ample; feuilles planes, vert franc un peu grisâtre; fleurs blanches, ne nouant pas.

Ces quatre variétés sont des gains de M. Paulsen, qui s'est occupé, en Allemagne, de la production de races nouvelles de pommes de terre, comme M. Fenn en Angleterre et M. Bresee en Amérique.

Biscuit. — Variété vigoureuse, assez productive, à tubercules petits et très nombreux, jaunes, arrondis, un peu entaillés; germe rose. Tiges assez longues, grêles; feuillage léger, vert pâle. Maturité demi-hâtive.

Bismarck. — Après avoir eu son heure de célébrité, cette pomme de terre tend à disparaître des cultures; elle est très remarquable par sa teneur en fécule atteignant et dépassant même parfois 25 0/0; malheureusement, le rendement cultural est plus que médiocre. Tubercules petits, ronds, rouges, à peau très fendillée; tiges brunes; feuillage d'un vert foncé.

Euphyllos. — Tubercules blancs ou faiblement rosés, ronds ou obronds; yeux modérément enfoncés. C'est une variété vigoureuse, productive, demi-tardive et caractérisée surtout par l'ampleur et la belle apparence de son feuillage, qui est lisse, uni et d'un vert franc: de là son nom. C'est encore un gain de M. Paulsen.

Feinste kleine weisse Mandel. — Tubercules ovoïdes, petits, très nombreux, presque blancs, lisses et sans yeux ; germe violet. Tiges relativement assez développées ; fleurs blanches. La qualité des tubercules est bonne, mais leur volume un peu trop petit.

Frühe blaue Rosen. — Tubercules ronds, rouge pâle et légèrement panachés de violet ; yeux peu nombreux, à peine entaillés ; chair blanche ; feuillage léger, d'un vert franc ; fleurs blanches. C'est une variété de grande culture.

Frühe rote Märkische (Dabers'che, de Poméranie). — Bonne variété rustique et productive de grande culture. Tubercules rouges, presque ronds, assez lisses ; germe rouge ; chair jaune. Tiges vigoureuses, souvent traînantes ; feuillage d'un vert gris ; fleurs rougeâtres. Maturité demi-tardive.

Gelbe rose (P. de terre rose jaune). — Variété de grande culture obtenue par M. Paulsen, mais presque abandonnée maintenant en faveur des gains plus récents du même semeur. Tubercules ronds, jaunes, très légèrement rosés ; chair blanche ; germe rose.

Globus (RICHTER). — Variété tardive, productive et vigoureuse. Tubercules jaunes, gros et ronds, souvent de forme un peu irrégulière ; yeux nombreux et très enfoncés ; chair jaune.

Hannibal (PAULSEN). — C'est une variété fourragère et industrielle à grands rendements et assez tardive. Tubercules ronds, légèrement aplatis ; peau fine, rosée, surtout autour des yeux ; chair blanche. Fleurs blanches.

Hermann. — Variété tardive, productive et surtout industrielle, due à M. Paulsen. Tubercules ronds, de grosseur moyenne, un peu bosselés ; yeux passablement enfoncés ; germe violet.

Juno (P. de terre Junon). — Tubercules méplats, ovales ou légèrement carrés aux extrémités, d'un blanc rosé, un peu plus coloré au voisinage des yeux et à l'extrémité opposée au point d'attache ; chair blanc jaunâtre ; germe rose. Variété de grande culture obtenue par M. Paulsen.

Kaiser-Kartoffel. — Belle variété vigoureuse, assez hâtive, présentant de l'analogie avec certaines variétés américaines et particulièrement avec la Bresee's prolific ; elle est cependant plus tardive et donne des tubercules plus gros. Les caractères de végétation sont sensiblement les mêmes.

Karl der grosse (P. de terre Charlemagne). — Tubercules jaunes, ronds ; yeux nombreux et entaillés. Chair et fleurs blanches.

Kleopatra (PAULSEN). — Tubercules petits, plats, rouges ; yeux peu apparents ; chair blanche. Fleurs lilas rougeâtre.

Kopsell's frühe weisse Rosen-Kartoffel. — Cette variété se rapproche beaucoup de la P. Bresee's prolific, mais elle en diffère par une précocité un peu plus grande et par la couleur un peu plus jaunâtre et moins rose de ses tubercules ; la nuance est toutefois excessivement légère et l'on serait en droit de considérer les deux noms comme étant tout à fait synonymes.

Lerchen-Kartoffel. — Tubercules jaunes, ronds, assez petits, mais nombreux ; yeux un peu enfoncés ; peau très lisse ; germe blanc. Tiges moyennes, mais assez vigoureuses ; feuillage d'un vert franc ; fleurs blanches. Cette jolie petite variété est bien distincte ; elle est de bonne qualité, mais médiocrement productive.

Mangel-Wurzel (P. de terre Doigt de dame, Constance Péraut, Catawhisa ; Bush potato). — Tubercules longs, larges, aplatis, oblongs et le plus souvent entaillés, complètement rouges ou panachés de rouge et de jaune, ordinairement très gros et pesant parfois plus d'un kilogramme. Ils mûrissent ordinairement d'une manière inégale et se conservent difficilement.

C'est une variété tardive, qui ne convient guère qu'à la nourriture du bétail.

Martinshorn (P. de terre Corne blanche). — Variété demi-tardive et productive ; tubercules nombreux, jaune pâle, très longs relativement à leur diamètre ; chair fine et délicate; germe rose.

Montana. — Tubercules roses, longs ; yeux rares ; chair jaune. C'est une variété tardive à fortes tiges brunes, dressées, et à fleurs lilas.

Richter's Schneerose. — Tubercules grands et gros, oblongs, blancs ; yeux peu marqués ; germes roses. Tiges vigoureuses, dressées, de 0^{m}70 à 0^{m}80 ; feuillage raide, ample, arrondi, d'un vert foncé un peu grisâtre ; fleurs rosées, s'ouvrant bien, mais tombant sans nouer.

Riesen Sand-Kartoffel (P. de terre Géante des sables). — Tubercules longs, plats, jaunes, panachés de rouge, surtout vers l'extrémité ; yeux assez enfoncés ; germes roses. Tiges courtes, très raides, grosses, vertes ; feuillage extrêmement frisé et réticulé, assez ample, d'un vert foncé ; fleurs roses ne nouant pas.

Rosalie. — Variété vigoureuse et productive, due à M. Paulsen. Tubercules oblongs, généralement épais, un peu bosselés, ayant les yeux faiblement enfoncés et marqués d'une teinte rose qui se retrouve à l'extrémité du tubercule ; chair blanche, légère et très farineuse ; germe rose. Tiges dressées, assez fortes; feuillage ample, d'un vert clair; fleurs rose lilacé. — Recommandable pour la grande culture industrielle à cause de sa teneur en fécule et de sa précocité.

Rote unvergleichliche Salat-Kartoffel. — Tubercules presque cylindriques, une fois et demie ou deux fois aussi longs que larges, très entaillés, à peau rouge. Ils sont faciles à distinguer de toutes les autres pommes de terre par l'aspect de leur chair, qui est marbrée de rouge et de jaune. Les tiges de cette variété sont assez ramassées, vigoureuses, très feuillues. Maturité un peu tardive, mais excellente conservation.

Sächsische Zwiebel-Kartoffel weissfleischige. — Tubercules arrondis, un peu aplatis, moyens et de grosseur très uniforme ; yeux un peu enfoncés ; peau lisse, rouge ; chair blanche ; germe rose. Tiges très développées, longues, assez minces, ordinairement traînantes et ramifiées ; feuillage d'un vert foncé un peu grisâtre. Les fleurs avortent habituellement.

Sächsische Zwiebel-Kartoffel gelbfleischige (Rouge de Bohême, Rote Böhmische). Tubercules ronds ou un peu allongés, nullement aplatis, assez entaillés, à peau rouge uni ou rouge marbré de jaune ; germe rose ; chair franchement jaune. Tiges très vigoureuses, ramifiées, atteignant quelquefois près de 2 mètres de long ; feuillage très abondant, d'un vert foncé; fleurs violet rougeâtre.
Cette variété est tardive, mais très vigoureuse et très productive ; elle se garde bien et contient une proportion de fécule considérable.

Spargel-Kartoffel (P. de terre asperge). — Tubercules petits, presque cylindriques, mais courts, seulement deux fois au plus aussi longs que larges ; peau et

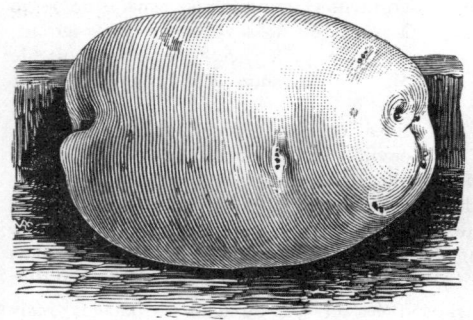

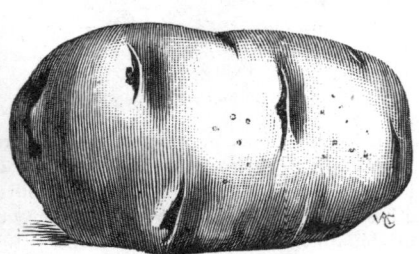

Juno Kartoffel (Réd. de moitié).   Van der Veer Kartoffel (Réd. de moitié)

chair jaunes ; germe rose. Tiges moyennes, assez grêles ; feuillage d'un vert franc ; fleurs blanches. Maturité demi-tardive. C'est une petite variété bien distincte; on l'estime à cause de la fermeté de sa chair, qui s'écrase difficilement.

Unica (PAULSEN). — Variété demi-hâtive, à tubercules jaunes, ronds et entaillés ; chair jaune pâle. Fleurs roses, réunies en forts bouquets.

Van der Veer. — Tubercule arrondi ou légèrement allongé ; peau lisse ou légèrement rugueuse ; yeux assez enfoncés ; chair jaune pâle ; germe rose. Variété tardive mais productive ; convient tout particulièrement à la grande culture.

POTIRON. — Voy. **COURGE POTIRON.**

POURPIER

Portulaca oleracea L.

Famille des *Portulacées*.

SYNONYMES : Porcelin, Porcellane, Porchailles.

NOMS ÉTRANGERS : ANGL. Purslane. — ALL. Portulak, Burzelkraut. — FLAM. et HOLL. Postelein, Postelijn, Porcelein. — DAN. Portulak. — SUÉD. Trädgårds portulak. — ITAL. Portulaca, Erba porcellana (Lombardie). — ESP. Verdolaga. — PORT. Beldroega. — RUSSE Portoulák sadóvy. — POL. Kurza noga.

Inde. — *Annuel.* — Le Pourpier, dont l'origine indienne ne paraît pas douteuse, s'est naturalisé chez nous au point d'être devenu une mauvaise herbe.

C'est une plante à tige épaisse, charnue, s'étalant sur le sol quand la plante est isolée, simple et dressée lorsqu'elle est cultivée serré, garnie de feuilles épaisses, courtement spatulées, à l'aisselle desquelles naissent de très petites fleurs jaunes qui font place à des capsules arrondies, légèrement comprimées, remplies de graines noires, très petites et luisantes. Ces graines sont au nombre d'environ 2 500 à 3 000 dans un gramme, et le litre pèse en moyenne 610 grammes ; leur durée germinative est de sept années.

CULTURE. — Le Pourpier se sème clair, en rayons peu profonds, espacés de 0^{m}20 à 0^{m}25, ou à la volée, en tout terrain, léger de préférence, depuis le mois de Mai jusqu'au mois d'Août ; la graine doit être à peine recouverte. La récolte des tiges et des feuilles peut commencer environ deux mois après le semis, et se renouveler deux ou trois fois sur les mêmes plantes, à condition d'arroser souvent.

Pourpier vert.
Plante réd. au huitième ; rameau au tiers.

On sème fréquemment le Pourpier sous châssis ou sur couche, pour en obtenir pendant l'hiver ou au printemps. Les semis se font de Décembre en Mars sur couche, car le Pourpier a besoin d'une température assez élevée pour végéter vigoureusement. On récolte deux mois ou deux mois et demi après le semis.

USAGE. — On mange les feuilles cuites, assaisonnées au jus, ou dans les potages ; mais plus ordinairement crues, en salade.

POURPIER

POURPIER VERT.

Noms étrangers : angl. Green purslane. — all. Grüner Portulak.
holl. Groene postelein.

C'est la plante sauvage développée et amplifiée par la culture et par la sélection des individus à larges feuilles.

Même à l'état sauvage, il se rencontre dans le Pourpier des plantes qui ont une tendance plus marquée que les autres à produire des tiges dressées et non appliquées sur le sol. Il est naturel qu'on ait cherché à produire de préférence la forme dressée, plus productive sur une même surface et plus facile à récolter; on facilite encore cette tendance à se dresser par un semis fait plutôt dru. — Cette variété a les feuilles d'un vert gai, larges d'environ $0^m 03$ et longues de $0^m 04$.

POURPIER DORÉ.

Noms étrangers : angl. Golden purslane. — all. Goldgelber Portulak.
holl. Gele postelein.

Sortie du Pourpier vert, cette variété s'en distingue facilement par la teinte blonde et presque jaune de son feuillage ; elle se cultive et s'emploie exactement de la même manière.

Sa teinte particulière paraît tenir moins à une coloration plus faible du parenchyme de la feuille qu'à l'épaisseur plus grande de l'épiderme, qui est d'une teinte jaunâtre. Lorsqu'elles sont cuites, les feuilles ne sont pas très différentes, comme couleur, de celles du Pourpier ordinaire.

POURPIER DORÉ A LARGE FEUILLE.

Nom étranger : all. Goldgelber breitblättriger Portulak.

Cette race se distingue bien nettement par l'ampleur remarquable de ses feuilles d'un jaune vraiment doré, qui sont plus rapprochées les unes des autres sur la tige et au moins du double plus grandes que celles du P. vert et du P. doré ordinaire. La végétation en est peut être un peu moins rapide, mais le produit est tout aussi grand, la plante étant plus trapue et plus ramassée. Les feuilles sont d'une saveur rafraîchissante et plus douce encore que celles du P. vert.

C'est la variété que font de préférence les maraîchers des environs de Paris.

Pourpier doré à large feuille.
Plante réd. au huitième; rameau au tiers.

POURPIER D'HIVER. — Voy. Claytone de Cuba.

QUATRE-ÉPICES. — Voy. Nigelle aromatique.

QUINOA. — Voy. Ansérine Quinoa.

RADIS

Raphanus sativus L.

Fam. des *Crucifères*.

SYNONYMES : Petite rave, Rave, Ravonet.

NOMS ÉTRANGERS : ANGL. Radish. — ALL. Radies. — FLAM. Radijs. — HOLL. Radijs. DAN. Haveroed-dike. — SUÉD. Rädisor. — ITAL. Ravanello, Radice. — ESP. Rabanito. PORT. Rabao, Rabanete. — RUSSES Riédyse, Rediska. — POL. Rzodkiew, Rzodkiewka.

De l'Asie méridionale ? — Annuel. — L'origine primitive des radis cultivés n'est pas encore exactement connue ; elle a donné et donnera vraisemblablement encore lieu à beaucoup de recherches et de discussions, car les plus hautes autorités et les plus compétentes hésitent à trancher la question d'une façon tout à fait positive. On n'a pas trouvé, en effet, jusqu'ici, de plante sauvage dont les caractères permettent de la considérer sûrement comme la souche de nos radis cultivés.

L'opinion suivant laquelle les radis proviendraient du *Raphanus Raphanistrum* de nos champs peut être soutenue, mais des indices sérieux nous semblent la combattre : Outre les différences dans la couleur des fleurs, qui, souvent jaunes dans le *R. Raphanistrum*, ne le sont jamais dans les radis cultivés ; outre la conformation des siliques, qui, articulées dans le premier, ne le sont pas dans les autres, on doit remarquer que les radis cultivés sont bien plus sensibles au froid que le *R. Raphanistrum*, plante indigène, ce qui semblerait indiquer une origine plus méridionale ; la tige y est aussi dressée et non oblique ou presque couchée, comme c'est souvent le cas dans le radis sauvage.

Deux formes de radis à siliques non articulées, charnues et comestibles, sont d'origine asiatique : le *Radis de Madras* et le *Mougri de Java* ou *Radis serpent*. C'est, croyons-nous, vers les pays où se sont montrées ces formes, voisines, par la structure de leurs cosses et tous leurs caractères de végétation, du Radis cultivé, qu'il faut chercher l'origine de la plante qui doit être leur ancêtre commun.

On considère les radis cultivés comme annuels, parce que le développement des tiges florales n'est pas précédé d'un intervalle de repos dans la végétation de la plante. Cependant, les grosses variétés tardives devraient plutôt être regardées comme bisannuelles.

Les radis cultivés ont les feuilles oblongues ; les tiges florales sont rameuses ; les fleurs, blanches ou lilas, jamais jaunes. Les graines sont rougeâtres, arrondies ou un peu allongées, à faces ordinairement un peu aplaties. Un gramme en contient environ 120, et le litre pèse en moyenne 700 grammes ; leur durée germinative est de cinq années.

Les variétés de radis sont très nombreuses ; nous les diviserons, d'après la place qu'on leur donne dans la culture, en :

Radis de tous les mois, — *Radis d'été* et *d'automne*, — et *Radis d'hiver*, les époques de semis et la culture qui conviennent à chacune de ces sections étant différentes de celles qu'on doit appliquer aux autres.

USAGE. — Les racines de Radis se servent crues comme hors-d'œuvre, avec du sel ; les grosses variétés d'été, d'automne et d'hiver sont meilleures à l'état jeune, avant d'avoir atteint leur entier développement.

RADIS DE TOUS LES MOIS ou PETITS RADIS.

Culture ordinaire. — Ces radis se sèment en pleine terre, assez clair, depuis le mois de Février, à chaude exposition, jusqu'au commencement d'Octobre, habituellement à la volée et en planches, à raison de 300 à 500 grammes par are.

Il est essentiel pour les Radis de tous les mois, de plomber le sol avant de semer ; cette opération a pour résultat de faciliter la formation des racines. Les variétés rondes, par exemple, prennent plus facilement une forme sphérique en terrain plombé qu'en terrain creux. On recouvre ordinairement les graines de deux à trois centimètres de terreau. Peu après la levée, on éclaircit le semis s'il est trop dru. — Ces recommandations s'appliquent également à la culture forcée décrite ci-après.

Les soins de culture consistent exclusivement à arracher à la main les mauvaises herbes, et à donner des arrosages fréquents lorsque le temps est chaud et sec. Au bout de seize à dix-huit jours, si le temps est très favorable, de vingt à vingt-cinq, s'il l'est moins, les radis les plus hâtifs sont bons à arracher ; pour les autres, il faut compter, suivant la saison, quatre, cinq ou six semaines avant de faire la récolte. Au printemps, ou à l'arrière-saison, on choisit une exposition chaude et abritée ; dans l'été, au contraire, un emplacement frais et ombragé doit être préféré. On répète les semis tous les quinze et même tous les dix jours, pour avoir constamment des radis jeunes et tendres.

Culture forcée. — Cette culture comprend plusieurs saisons successives. Les premiers semis se font à partir d'Octobre, sous châssis froid. On donne largement de l'air, selon la température, pour que les radis tournent plus facilement et surtout pour éviter l'étiolement.

Depuis fin-Novembre jusqu'en Février-Mars, on sème sous châssis et sur couche chaude chargée de $0^m 15$ de terreau, que l'on plombe comme d'habitude. Les graines sont simplement appuyées à la planchette et recouvertes de $0^m 02$ ou $0^m 03$ de terreau, puis on donne un bassinage. On tient les châssis couverts de paillassons jusqu'à ce que la graine soit levée, après quoi on ne couvre plus que pendant la nuit. — Une fois la récolte enlevée, on recommence un nouveau semis, après avoir rechargé d'un peu de terreau neuf. La couche ayant perdu de sa chaleur pendant la première période, il est nécessaire de monter, pour ce nouveau semis, des réchauds de fumier tout autour des coffres.

A partir de Février-Mars, on peut faire les semis sur couche à l'air libre en les protégeant tous les soirs à l'aide de paillassons tendus sur des gaulettes.

Mais, le plus ordinairement, les maraîchers ne montent pas de couches spéciales pour les Radis ; ils se contentent de les semer dans les couches de *Laitues*, de *Carottes*, de *Choux-fleurs*, etc., et emploient à peu près exclusivement les races dites « à forcer », qui se forment plus rapidement et conviennent mieux que les autres à ce mode de culture.

RADIS D'ÉTÉ et D'AUTOMNE.

Culture. — Les Radis d'été et d'automne se sèment en place, soit à la volée, soit en rayons espacés de $0^m 20$ à $0^m 25$, depuis la fin de Mars jusqu'au mois d'Août ; ils doivent être éclaircis, selon les variétés, à $0^m 10$ ou $0^m 12$ sur les rangs et ne réclament pas d'autres soins que quelques arrosages et sarclages à la main. La plupart forment complètement leurs racines dans l'espace de six semaines à deux mois.

RADIS D'HIVER.

Culture. — Les Radis d'hiver se sèment de la fin de Juin au commencement d'Août ; ils se récoltent depuis le mois de Septembre et peuvent se conserver plus ou moins avant dans l'hiver. Ordinairement on les sème en lignes espacées de $0^m 25$ à $0^m 30$; on les éclaircit pour laisser entre eux $0^m 10$ à $0^m 12$.— Pour les conserver, on les range simplement dans une cave saine ou dans la serre à légumes.

Insectes nuisibles et Maladies. — La plupart des insectes qui attaquent les Navets et les Choux sont aussi les ennemis des Radis, surtout les *Altises* ou *puces de terre* qui dévorent fréquemment les jeunes semis. Les moyens de préservation et de destruction sont indiqués à l'article Chou (page 112).

Un autre insecte recherche particulièrement le Radis : c'est la *Mouche du radis* (*Anthomya radicum*), dont la larve ronge la racine et la fait pourrir. Contre cet ennemi, on a recommandé l'emploi de l'acide phénique en solution. Voici comment se prépare cette solution :

on dilue d'abord 60 grammes d'acide phénique dans 2 litres d'eau bouillante ; on y ajoute 250 gr. de savon noir, et lorsque l'émulsion est bien faite, on verse le tout dans 100 litres d'eau. Il suffit d'arroser une fois par semaine avec ce produit les planches infestées.

Quoique les cryptogames susceptibles de vivre en parasites aux dépens des radis soient assez nombreuses, deux seulement déterminent parfois des altérations graves :

Le *Cystopus candidus,* qui produit une sorte de rouille blanche sur les feuilles et les fleurs ;

Le *Peronospora parasitica,* reconnaissable aux taches brunes qui couvrent les feuilles des plantes atteintes.

Lorsque ces maladies ont fait leur apparition dans un terrain, le mieux est de cesser d'y cultiver, pendant plusieurs années, des radis ou autres plantes de la famille des *Crucifères*.

I. — RADIS DE TOUS LES MOIS

SYNONYME : Petits radis.

NOMS ÉTRANGERS : ANGL. Small radishes. — ALL. Monats-Radies. — ITAL. Ravanello. ESP. Rabanitos. — PORT. Rabanetes.

A. — *Variétés à racine ronde.*

RADIS ROND ROSE OU SAUMONÉ.

NOMS ÉTR. : ANGL. Turnip-rooted scarlet radish. — ALL. Rosenrote runde Monats-Radies. HOLL. Ronde rose roode radijs. — PORT. Rabao redondo roso. — RUSSE Riédyse. POL. Rzodkiewka miesięczna.

Racine presque sphérique, légèrement en toupie quand elle est toute jeune ; peau d'un rouge un peu vineux ; chair blanche légèrement teintée de rose. Feuillage assez arrondi, découpé, d'un vert un peu glauque ; pétioles très faiblement bronzés.

En bonne saison, c'est-à-dire au mois de Mai, ce radis se forme environ en vingt-cinq jours ; il est rustique et ne devient pas creux trop rapidement. Il réussit bien en terre ordinaire.

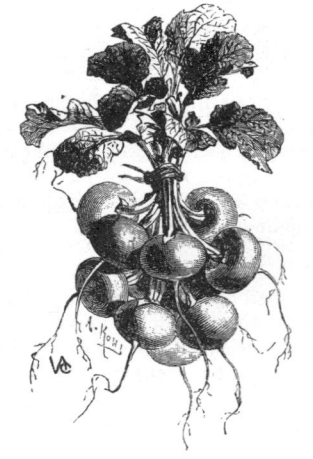

Radis rond rose *ou* saumoné.
Réd. au tiers.

Radis à forcer rond rose hâtif.
Réd. au tiers.

RADIS ROND ROSE HATIF.

NOM ÉTRANGER : ANGL. Turnip-rooted early scarlet radish.

Racine plus aplatie que celle du R. rond rose ou saumoné, de même couleur, bien pincée en dessous, n'ayant qu'une petite racine pivotante très fine ; chair bien blanche ; feuillage court et ramassé.

Le R. rond rose hâtif se forme en vingt jours environ ; il devient creux plus promptement que la variété précédente. Il peut réussir en terre ordinaire, mais le terreau lui convient beaucoup mieux.

RADIS A FORCER ROND ROSE HATIF.

Noms étrangers : angl. Turnip-rooted scarlet forcing radish ; (am.) Earliest scarlet forcing R., Earliest dwarf Erfurt R. — all. Erfurter Dreienbrunnen Monats-Radies.

Racine petite, très nette, devenant promptement sphérique, un peu plus pâle que celle du R. rond rose hâtif et moins aplatie ; chair très blanche et tendre ; feuillage court, mais large et lisse. La racine est complètement tournée et bonne à consommer avant que la quatrième feuille après les cotylédons ait atteint tout son développement. — Ce petit radis peut se former en seize ou dix-huit jours, c'est essentiellement une variété à cultiver sur terreau ; il est de quatre ou cinq jours plus précoce que le précédent.

RADIS ROND ROSE A BOUT BLANC.

Synonyme : Radis national.

Nom étranger : angl. Early turnip-rooted white tipped scarlet radish.

Jolie variété précoce. Racine arrondie, d'un rose carmin très vif, avec le quart inférieur de la racine complètement blanc. C'est le seul radis potager qui soit franchement rose, le R. rond rose ou saumoné et le R. rond rose hâtif étant plutôt d'un rouge carmin. Dans celui-ci, la partie supérieure de la racine est d'un véritable rose vif, qui contraste agréablement avec le reste.

Cette variété est très prompte à se former et cependant elle se conserve assez longtemps sans creuser. La chair en est très blanche, tendre et aqueuse. Elle réussit aussi bien en pleine terre que dans le terreau.

C'est un des radis les plus cultivés.

Radis à forcer rond rose à bout blanc.
Réd. au tiers.

Radis rond rose à bout blanc.
Réd. au tiers.

RADIS A FORCER ROND ROSE A BOUT BLANC.

Noms étrangers : angl. Turnip-rooted scarlet white tipped forcing radish ; (am.) Rosy Gem R., Rapid forcing R.

Encore plus hâtif que le précédent, ce radis s'en distingue surtout par le peu de développement de son feuillage, qui est extrêmement court et léger. Son plus grand mérite est de convenir admirablement aux cultures de primeur ; il réussit beaucoup mieux sur terreau qu'en pleine terre.

Les maraîchers des environs de Paris l'emploient de préférence à tout autre pour la culture de primeur.

RADIS A FORCER ROUGE GLOBE.

Noms étrang. : angl. (am.) Early scarlet globe radish, Vick's scarlet globe forcing R. Prussian scarlet globe-shaped R.

Cette race, d'origine américaine, forme rapidement une petite racine bien uniformément colorée de rouge vif; elle a le même feuillage réduit que les autres races de Radis à forcer; mais sa racine, sans égaler les Radis demi-longs, n'est pas de forme aussi sphérique que celle de nos races : La désignation d'ovale lui conviendrait au moins aussi bien que celle de globe.

RADIS ROND ROUGE SANG DE BŒUF.

Nom étranger : angl. Turnip-rooted dark blood red radish.

Variété rustique, à racine ronde, d'un rouge-brun très particulier, à chair blanche et ferme, et ayant surtout le mérite de demander moins de soins en terre ordinaire que les autres Radis de tous les mois, comme aussi de se conserver plus longtemps sans devenir creux.

Dans des conditions normales, il est bon à consommer au bout de vingt-huit à trente jours.

Radis rond écarlate hâtif.
Réd. au tiers.

Radis à forcer rond écarlate hâtif.
Réd. au tiers.

RADIS ROND ÉCARLATE HATIF.

Synonymes : Radis de Bougival, R. rond rose hâtif de Metz.

Noms étr. : angl. Turnip-rooted deep scarlet radish; (am.) Early round dark red R., Scarlet Button R.

Très jolie race, à racine bien ronde et même un peu déprimée, d'une couleur extrêmement vive; chair blanche, ferme, croquante, très agréable. Feuillage d'un vert un peu plus blond que celui des radis roses.

Cette variété peut se former en vingt jours environ. Elle réussit bien en pleine terre et mieux encore dans le terreau.

RADIS A FORCER ROND ÉCARLATE HATIF.

Noms étrangers : angl. Turnip-rooted deep scarlet forcing radish, Non plus ultra R.; (am.) Dark red ball R.

Joli petit radis aussi remarquable par la couleur très vive de sa racine que par l'extrême petitesse de son feuillage.

C'est, dans toute la force du terme, un radis de primeur qui peut se récolter de quinze à vingt jours après le semis, suivant les circonstances.

RADIS A FORCER ROND ÉCARLATE A BOUT BLANC.

Noms étrangers : angl. Turnip-rooted deep scarlet white tipped forcing radish;
(am.) Ruby Pearl R., Scarlet Gem R.

Racine petite, bien sphérique, d'un rouge écarlate un peu plus pâle que dans la variété précédente, terminée par un pivot très mince qui est blanc ainsi que le quart inférieur de la partie sphérique. Le feuillage est large et lisse, mais peu élevé. — Dans des conditions normales, cette variété se forme en dix-huit à vingt jours.

Radis à forcer rouge vif sans feuilles. — On a cultivé ces dernières années, sous ce nom, une petite race extrêmement remarquable par le peu de développement de son feuillage qui, souvent réduit aux deux cotylédons, ne comporte au maximum que deux petites feuilles plissées, courtes et rugueuses.

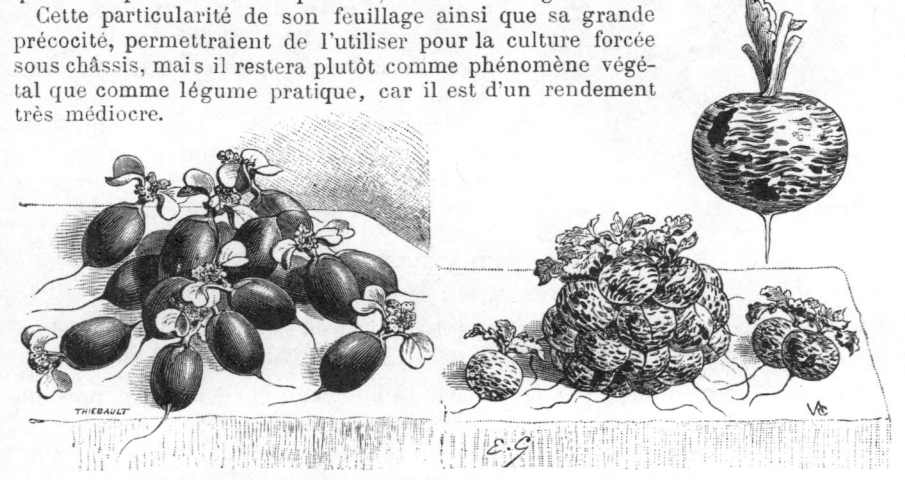

Cette particularité de son feuillage ainsi que sa grande précocité, permettraient de l'utiliser pour la culture forcée sous châssis, mais il restera plutôt comme phénomène végétal que comme légume pratique, car il est d'un rendement très médiocre.

Radis à forcer rouge vif sans feuilles.
Réd. au tiers.

Radis Triomphe.
Réd. au tiers.

RADIS TRIOMPHE.

Cette variété rentre, par l'ensemble de ses caractères, dans la série des Radis ronds *à forcer*; elle en a la racine bien sphérique, le feuillage réduit et la grande précocité. Mais, et c'est là son originalité, sa racine présente, sur un fond blanc, des stries et des panachures écarlates du plus curieux effet.

Comme on peut s'y attendre dans une race aussi singulière, il n'est pas rare que la couleur rouge ou la blanche prédomine d'une façon complète; mais, généralement, la panachure est très nette et contraste agréablement avec la couleur uniforme des autres Radis de tous les mois.

RADIS ROND BLANC.

Noms étr. : angl. White turnip-rooted radish.— all. Runde sehr frühe weisse Monats-R.
holl. Ronde witte radijs. — port. Rabao redondo branco.

Joli radis à racine presque ronde, très nette et d'un beau blanc, ne s'aplatissant que quand elle devient très grosse; feuillage assez ample, dressé, d'un vert franc. Chair blanche, ferme et très agréablement piquante.

Ce radis n'est pas beaucoup moins hâtif que le suivant, mais il convient beaucoup mieux que lui pour la culture en pleine terre.

RADIS ROND BLANC PETIT HATIF.

Synonyme : Radis blanc petit hâtif de Hollande.

Noms étrangers: angl. Early white small turnip-rooted radish. — all. Runde allerfrüheste kurzlaubige weisse Monats-Radies. — holl. Witte radijs om te broeien.

Racine arrondie, ordinairement aplatie en dessus et en dessous, souvent deux fois plus large qu'épaisse. Feuillage court, assez étalé, très découpé, un peu grisâtre, teinté de brun sur les nervures et dans le cœur.

Cette variété n'est pas très prompte à se former ; il lui faut au moins de vingt à vingt-cinq jours avant de pouvoir être récoltée. On l'emploie néanmoins pour la culture forcée, particulièrement dans les pays du Nord.

Même quand il est tout petit, ce radis est déjà remarquablement piquant, et il arrive quelquefois que la saveur en devient assez forte pour être à peine supportable.

Radis rond blanc petit hâtif (Réd. au tiers).

RADIS ROND VIOLET HATIF.

Synonyme : Radis de Montdidier.

Noms étrangers: angl. Early purple turnip-rooted radish. — all. Runde frühe violette Treib-Radies. — holl. Ronde violette radijs. — port. Rabao redondo violetta.

Racine légèrement en toupie, d'un beau violet franc ; chair blanche, presque transparente. Feuilles assez grandes, découpées, dressées, d'un vert franc.

Ce radis met environ vingt à vingt-cinq jours à se former, mais il se conserve longtemps sans devenir creux. C'est un véritable radis de tous les mois.

RADIS ROND VIOLET A BOUT BLANC.

Jolie petite race à racine presque sphérique, colorée de violet foncé auprès du collet et devenant de plus en plus pâle jusqu'à l'extrémité inférieure, qui est d'un blanc pur. Les pétioles et les nervures des feuilles sont violets ou brunâtres, le feuillage assez léger.

Comme les radis ronds roses et blancs hâtifs, celui-ci doit être semé tous les quinze jours environ, car il se creuse assez promptement.

RADIS ROND JAUNE EXTRA-HATIF.

Noms étrangers : angl. Very early turnip-rooted yellow radish; (am.) Yellow ball R.

Un grand nombre de radis jaunes ont été successivement vantés comme offrant une précocité assez grande pour leur permettre de prendre place dans la série des Radis de tous les mois. Aucune variété, assurément, n'a mieux mérité de leur être assimilée que celle dont il est ici question.

La racine se forme, en été, dans l'espace de vingt-cinq jours environ. Elle est bien ronde, parfaitement pincée, bien nette et d'une belle couleur jaune d'ocre. Le feuillage est court et aussi peu abondant, eu égard au volume de la racine, que dans les petits radis roses ordinaires.

B. — *Variétés à racine demi-longue.*

RADIS DEMI-LONG ROSE (FORME D'OLIVE).

Noms étrangers : angl. Olive-shaped scarlet radish. — all. Ovale rosenrothe Radies.

Racine ovoïde, un peu allongée, ordinairement en forme d'olive, quelquefois presque cylindrique sur une bonne partie de sa longueur et arrondie aux deux bouts, d'un rouge carminé très intense ; chair blanche, ferme, croquante. Feuillage arrondi, d'un vert franc, assez ample, un peu plus développé que celui du R. rond rose.

Ce radis est un des plus cultivés dans les potagers et pour l'approvisionnement des marchés. Il réussit bien en pleine terre et se conserve assez longtemps sans devenir creux.

Les maraîchers de Paris cherchent souvent à en obtenir des racines longues et minces plutôt que de forme ovoïde ; ils arrivent à ce résultat en rechargeant les planches avec du terreau après que les radis sont bien levés.

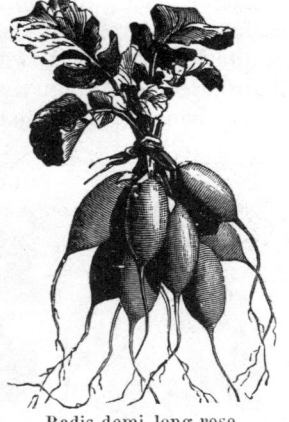

Radis demi-long rose.
Réd. au tiers.

RADIS DEMI-LONG ROSE A BOUT BLANC.

Nom étranger : angl. Olive-shaped scarlet white tipped radish.

Sous ce nom, il existe deux races parfaitement distinctes, aussi bien dans la coloration de leur racine que dans leurs propriétés culturales. Nous allons les décrire séparément :

Le R. demi-long rose à bout blanc *race de Paris* (syn. : *R. demi-long rose de Vaugirard, R. Brébant, R. parisien* (Bordeaux), *R. bout blanc* (Rég. parisienne), *R. rose bout blanc* (Rég. parisienne); angl. *French breakfast radish*), a la racine plus en forme de marteau et un peu moins allongée que le R. demi-long rose ; la peau est d'un rose frais assez vif, sauf à l'extrémité qui est d'un blanc pur sur une longueur de quelques millimètres seulement. — C'est une race de grande précocité qui se forme en vingt à vingt-cinq jours, mais qui devient facilement creuse si on ne l'arrache pas aussitôt formée. Elle réussit beaucoup mieux sur couche et dans le terreau qu'en terre ordinaire.

Le R. demi-long rose *race du Midi*, a la racine un peu plus grosse et plus longue que le précédent ; la peau est de couleur rose un peu moins vif dans les trois quarts supérieurs, et d'un beau blanc dans le quart inférieur. — En résumé, le bout blanc, beaucoup plus marqué dans cette race, la caractérise suffisamment ; et d'autre part, elle présente l'avantage de se prêter parfaitement aux semis d'été en pleine terre, ce qui n'est pas le cas de la race de Paris, celle-ci étant avant tout une race pour la culture maraîchère.

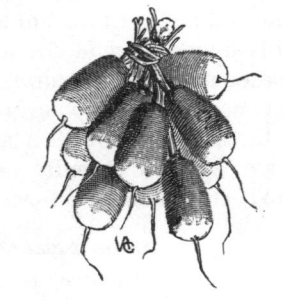

R. demi-long rose à bout blanc.
Réd. au tiers.

RADIS A FORCER DEMI-LONG ROSE A BOUT BLANC.

NOMS ÉTRANGERS : ANGL. Olive-shaped scarlet white tipped forcing radish; (AM.) Bright breakfast R., White tipped rocket R. — ALL. Ovale rosenrote Treib-Radies mit weissem Knollenende.

Racine deux à trois fois aussi longue que large, presque cylindrique, d'une belle couleur rose vif et terminée par un pivot fin, qui est blanc ainsi que la pointe de la racine. Au feuillage, il ne se distingue pas sensiblement des autres Radis à forcer, quoiqu'il soit parmi les plus précoces et forme dans des conditions normales sa racine en quinze à dix-huit jours.

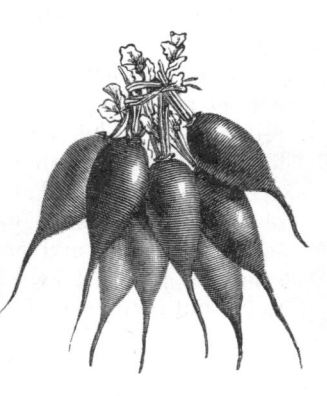

R. demi-long écarlate hâtif.   R. demi-long écarlate à bout blanc.   R. demi-long écarlate.
Réd. au tiers.   Réd. au tiers.   Réd. au tiers.

RADIS DEMI-LONG ÉCARLATE.

NOMS ÉTRANGERS : ANGL. Half-long deep scarlet radish; (AM.) Paris beauty R.
ALL. Ovale scharlachrote Radies.

Cette variété est aussi distincte par la couleur de sa peau que par sa forme plus allongée et finissant à la base de la racine par une pointe plus longue et plus aiguë que celle des autres radis demi-longs. Le feuillage en est d'un vert franc, assez grand et dressé. La chair est très blanche, ferme, croquante, très aqueuse et d'une saveur passablement forte et piquante.

Le R. demi-long écarlate est assez rustique et convient bien à la pleine terre; il peut attendre sans devenir creux trop rapidement. Il met environ vingt-cinq jours à se former.

RADIS DEMI-LONG ÉCARLATE HATIF (FORME D'OLIVE).

SYN. : Radis demi-long écarlate de Vitry-le-François, R. écarlate à quatre feuilles.

NOM ÉTRANGER : ANGL. Olive-shaped early deep scarlet radish.

Ce radis est un des plus jolis et des meilleurs, à tous les points de vue, des Radis de tous les mois. La racine en est régulièrement en forme d'olive, très nette, à peau très lisse; la chair blanche, ferme. Le feuillage est court, raide, extrêmement peu abondant eu égard au volume des racines.

Le R. demi-long écarlate hâtif réussit très bien en pleine terre; il met environ vingt à vingt-deux jours à se former; sa précocité et le peu d'abondance de son feuillage le rendent également très convenable pour la culture forcée.

On distingue facilement ce radis de la variété précédente à sa racine plus courte, obtuse, et se terminant plus brusquement à la base, au lieu de s'atténuer graduellement en une pointe allongée. Il a la chair de saveur douce et fraîche, à peine piquante.

RADIS A FORCER DEMI-LONG ÉCARLATE TRÈS HATIF.

Synonyme : Radis rouge de couche (Région parisienne).
Noms étrangers : Angl. Olive-shaped deep scarlet short leaf forcing radish;
(Am.) Red rocket R., Earliest carmine olive R., Twenty days R.

Jolie race très précoce, égalant les radis ronds les plus hâtifs par sa promptitude à se former. Racine ovoïde, en forme d'olive, atténuée vers le bas et ayant un peu de tendance à se raccourcir et à prendre une forme en toupie; feuilles très petites, dressées, à pétioles et nervures cuivrés. La racine est généralement bien tournée dès que la plante a trois feuilles développées en outre des cotylédons.

RADIS DEMI-LONG ÉCARLATE A BOUT BLANC.

Nom étranger : Angl. Olive-shaped deep scarlet white tipped radish.

Cette race dérive du R. demi-long rose à bout blanc, que les maraîchers de Paris ont modifié par la sélection au point de le rendre méconnaissable :

D'abord, ils l'ont rendu cylindrique et allongé, d'oblong qu'il était dans le principe, puis ils en ont tellement changé la coloration, qu'on ne peut plus appeler roses des racines qui ont pris une teinte rouge cramoisi foncé presque rouge sang. — C'est donc, à l'heure actuelle, une variété bien nettement distincte et qui, comme le R. demi-long rose à bout blanc, possède une sous-variété très hâtive, *à forcer*, que nous décrivons ci-après.

RADIS A FORCER DEMI-LONG ÉCARLATE A BOUT BLANC.

Noms étrangers : Angl. Olive deep scarlet white tipped forcing radish. — All. Ovale scharlachrote Treib-Radies mit weissem Knollenende.

Le R. à forcer demi-long écarlate à bout blanc est un des plus prompts à se former, et, dans les conditions ordinaires, donne son produit quinze à dix-huit jours après le semis. Son coloris écarlate très vif tranche, à la partie inférieure de la racine, par une tache blanche qui entoure et envahit le pivot.

C'est une variété bien fixée, à feuillage très réduit et se prêtant admirablement à la culture forcée.

RADIS DEMI-LONG VIOLET A BOUT BLANC.

Noms étrangers : Angl. Olive-shaped purple white tipped radish. — All. Ovale violette Radies mit weissem Knollenende.

Radis ovoïde presque piriforme, la portion la plus épaisse de la racine se trouvant près de l'extrémité. La moitié supérieure est d'un violet presque noir; dans la moitié inférieure, cette teinte devient de plus en plus pâle, pour passer au blanc pur à l'extrémité. Le feuillage est peu développé, assez découpé et d'un vert teinté de brun violacé sur le pétiole, les nervures et même parfois sur le limbe. L'aspect en est assez agréable; la chair en est blanche, un peu dure et de goût fort. Il met environ un mois à se former.

Cette variété convient surtout à la pleine terre, mais on peut également la cultiver en primeur.

RADIS DEMI-LONG BLANC.

Noms étrangers : Angl. Olive-shaped white radish, Oblong white R.
All. Ovale weisse Radies.

Quand il est bien franc, ce radis est très joli et très régulier. La racine est en forme d'olive, d'un blanc pur très frais ; la chair, très blanche et croquante, n'a pas une saveur trop forte. Le feuillage est moyen, assez dressé, d'un vert clair.

Ce radis peut se cultiver indifféremment sur couche et en pleine terre ; il met environ vingt-cinq jours à se former. Sa couleur contraste agréablement avec celle des autres radis demi-longs.

Il n'y a pas très longtemps qu'on est parvenu à le fixer complètement avec la forme d'olive que représente la figure ci-contre. Il avait précédemment, et a encore quelquefois, quand il n'est pas bien pur, le défaut de s'allonger à la partie inférieure, presque comme une rave.

Radis demi-long blanc.
Réd. au tiers.

RADIS A FORCER DEMI-LONG BLANC TRÈS HATIF.

Noms étrangers : Angl. Olive-shaped white forcing radish ; (Am.) Earliest white R., White rocket R. — All. Ovale weisse kurzlaubige Treib-Radies.

Racine se développant très vite, en quinze à dix-huit jours, assez grosse, allongée en olive, s'élargissant à partir du collet jusqu'aux deux tiers de sa longueur, puis rétrécie brusquement et se terminant par un pivot très fin.

Ce radis est d'une couleur parfaitement blanche ; lorsqu'on tarde trop à le récolter, une légère teinte verte se developpe autour du collet. Le feuillage est plus ample que celui de la plupart des autres radis à forcer.

C. — *Variétés à racine longue, ou Raves.*

Malgré l'inconvénient que présente l'application à certains radis du nom de Rave, *plus habituellement donné à des Navets, l'usage ayant consacré cette désignation, nous sommes obligés de décrire quelques-unes des variétés qui vont suivre sous le nom de* « Raves », *qui leur est généralement donné, bien que ce soient de véritables Radis ne différant des autres que par la longueur un peu plus grande de leur racine.*

RAVE ROSE LONGUE SAUMONÉE.

Noms étrangers : Angl. Long scarlet radish, Salmon R.; (Am.) Long scarlet short top R.
All. Lange rosenrote Radies. — Ital. Ramolaccio rosso.

Racine extrêmement longue et mince, atteignant souvent 0^m12 à 0^m15 de longueur sur 0^m01 seulement de diamètre ; sommet de la racine longuement conique, s'amincissant jusqu'à la naissance des feuilles ; peau lisse, d'un rouge vineux ; chair presque transparente et légèrement rosée ou lilacée. Cette apparence particulière de la chair permet de reconnaître facilement la Rave rose saumonée de toutes les variétés analogues.

On sème le plus habituellement la Rave rose longue en pleine terre, dans un sol bien défoncé et bien ameubli. Elle est très peu usitée pour la culture forcée à cause de la grande longueur de sa racine, qui obligerait à recouvrir les couches d'une trop forte épaisseur de terreau. Il lui faut environ un mois pour se bien former. La chair en est tendre, fraîche, croquante, mais elle n'a pas le goût piquant des radis ronds ou demi-longs.

C'est de la Rave rose saumonée qu'il faut rapprocher la *Rave rose à collet rond*, variété à racine un peu plus renflée et d'un tiers moins longue, d'une couleur rouge carminé. — En raison de sa taille plus réduite, cette dernière convient mieux que la précédente pour la culture sur couches ; mais on lui préfère encore généralement la suivante pour cet usage.

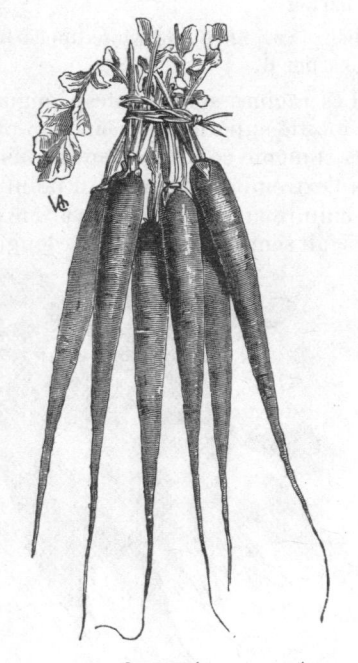

Rave rose longue (Réd. au tiers).   Rave rose hâtive à châssis (Réd. au tiers).

RAVE ROSE HATIVE A CHASSIS.

SYNONYME : Radis russe pour forcer.
NOMS ÉTRANGERS : ANGL. Wood's early frame radish, Early frame scarlet R.

On pourrait dire que cette variété est intermédiaire, comme forme et dimension, entre les radis longs et les radis demi-longs. Ses racines, très longuement ovoïdes, mesurent en général 0^m06 à 0^m07 de longueur sur près de 0^m02 de largeur dans la portion la plus renflée, qui se trouve ordinairement à peu de distance au-dessous de l'insertion des feuilles.

La peau en est d'un rouge carminé très vif, devenant un peu plus pâle et plus rose vers l'extrémité inférieure de la racine. La chair en est bien blanche, ferme, aqueuse, très croquante, fraîche et agréable au goût, avec une légère saveur piquante analogue à celle du R. demi-long rose. Le feuillage est ample, mais assez court, ramassé, arrondi; les pétioles et les nervures des feuilles sont teintés de rouge cuivré.

La Rave rose hâtive à châssis, qui peut aussi très bien se cultiver en pleine terre, est spécialement réservée, surtout en Angleterre, pour la culture sous verre; une épaisseur de 0^{m}10 de terreau sur la couche suffit pour sa végétation. C'est de tous les radis hâtifs celui qui, dans le même temps, donne le produit le plus considérable; il lui faut de vingt à vingt-deux jours pour se former.

La variété connue aux États-Unis sous le nom de *Cincinnati Market radish* se rapproche très sensiblement de la R. rose hâtive à châssis.

RAVE ROSE A BOUT BLANC.

SYNONYME : Rave Chartier.

NOMS ÉTRANGERS : ANGL. Chartier's improved radish; (AM.) Shepherd white tipped R., Beckert's improved Chartier R.

Jolie variété bien décrite par son nom. Les racines sont droites, longues, régulièrement effilées, d'un rose vif dans la moitié supérieure, beaucoup plus pâles et même complètement blanches dans l'extrémité effilée. — Au point de vue culture et emploi, cette variété est tout à fait semblable à la R. rose longue.

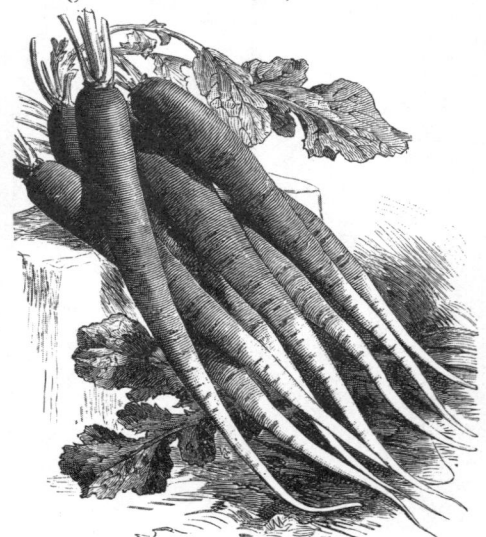

Rave rose à bout blanc (Réd. au tiers).  Rave écarlate à bout blanc (Réd. au tiers).

RAVE ÉCARLATE A BOUT BLANC.

SYNONYMES : Rave longue écarlate, Radis boër, R. russe.

NOMS ÉTRANGERS: ANGL. (AM.) Long brightest scarlet radish, Cardinal white tipped R.

Race tout à fait distincte, caractérisée par la belle couleur écarlate très vive de sa racine, se décolorant seulement à l'extrémité pour se terminer par une petite pointe blanche.

C'est une très jolie rave d'été se formant en vingt-cinq jours environ et convenant aussi bien à la pleine terre qu'à la culture sur terreau. La chair en est bien blanche, pleine et croquante.

Cette race n'est en somme qu'une sélection à bout blanc de l'ancienne *Rave d'Amiens* appréciée depuis longtemps sur les marchés de la région du Nord.

RAVE VIOLETTE.

Noms étrangers : angl. Long purple radish. — all. Lange violette Radies.
ital. Ramolaccio violetto.

Racine très longue et très effilée, ressemblant, sauf la couleur, à celle de la Rave saumonée; sommet de la racine long et conique, d'un violet presque noir, devenant plus pâle dans la portion enterrée; chair presque transparente, lilacée. Feuillage dressé, assez long et ample; pétioles et nervures bruns.

La Rave violette ne se cultive qu'en pleine terre; il lui faut un mois environ pour se développer.

RAVE A FORCER BLANCHE TRANSPARENTE.

Noms étrangers : angl. Icicle radish; (am.) Livingston's Pearl forcing R. — all. Lange weisse durchsichtige Treib-Radies.

Se rapproche beaucoup de la Rave de Vienne décrite ci-après; elle s'en distingue par une précocité encore plus grande, une forme un peu moins allongée, un collet très fin, et par l'absence de toute coloration verte sur la racine; celle-ci est d'un bout à l'autre d'un blanc laiteux presque transparent. La chair est à la fois tendre et croquante, d'une saveur piquante et fine.

C'est une plante à développement très rapide, qui demande à être cultivée en terre douce, riche, bien arrosée et avec le secours de la chaleur artificielle pendant l'hiver.

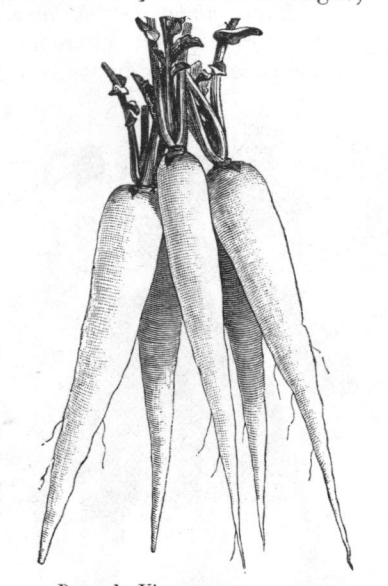

RAVE DE VIENNE.

Syn. : Radis long blanc de Mai, Rabola long (Var).
Noms étrangers: angl. Long white Vienna radish;
(am.) Lady Finger R. — all. Lange weisse
Wiener Mai-Radies.

Racine blanche, très lisse et très nette, droite, fusiforme, longue de 0^{m}10 à 0^{m}12 sur 0^{m}02 à 0^{m}025 de diamètre au sommet; le collet est court, arrondi, teinté de vert et bien pincé à la naissance des feuilles, qui sont assez grandes, amples et d'un vert blond.

Rave de Vienne (Réd. au tiers).

Cette rave est précoce; elle se forme en quatre ou cinq semaines. La chair en est très tendre, croquante et aqueuse.

Il existe, parmi les Radis japonais dont nous aurons l'occasion de parler à la fin de cet article, une variété qui se rapproche passablement par son aspect de la Rave de Vienne : les racines en sont longues, minces, d'abord enterrées complètement, puis se dégageant un peu du sol et se colorant en vert au collet. La chair en est très blanche, assez forte de goût et de très bonne qualité.

RAVE BLANCHE A COLLET VERT.

Noms étrangers : angl. Long white Naples radish, White Italian R. — all. Lange
weisse grünköpfige Radies. — ital. Ramolaccio bianco.

Racine longue, effilée, d'un blanc pur, ressemblant comme forme à celle de la Rave saumonée, mais un peu plus grosse; la partie supérieure de la racine est conique, effilée et teintée de vert pâle.

La Rave blanche ne se cultive guère qu'en pleine terre; elle met à peu près un mois à se former.

On en rencontre quelquefois dans les jardins une variété à collet teinté de violet, qui, sauf cet unique caractère, est absolument semblable à la race commune.

AUTRES VARIÉTÉS DE RAVES :

La *Rave de marais* (ANGL. Long Normandy *or* Marsh radish) est une variété à racine longue, remarquable par sa propension à sortir de terre et à se contourner de même façon que la Betterave corne-de-bœuf. Elle est blanche dans la partie enterrée, et violette dans celle qui est exposée à la lumière.

La R. de marais se sème ordinairement en pleine terre, et on la consomme quand elle a environ 0^{m}02 de diamètre sur une dizaine de centimètres de longueur : elle est alors très tendre. Il lui faut à peine un mois pour atteindre cet état; plus tard elle grossit rapidement, se contourne et devient creuse.

Le *Radis violet de Collioure* se rapproche assez de la variété précédente; c'est une rave plutôt fourragère, souvent en forme de corne, d'un violet plus ou moins foncé et à bout blanc bien nettement marqué.

La *Rave tortillée du Mans* est une variété extrêmement distincte, à racine très longue, cylindrique dans toute sa partie supérieure, acquérant un diamètre de 0^{m}03 environ, avec une longueur qui dépasse souvent 0^{m}30. Un quart ou un cinquième de la racine s'élève au-dessus du sol : cette portion est d'un blanc mat plus ou moins teinté de vert pâle; la portion enterrée est d'un blanc pur, rarement droite, le plus souvent contournée en zigzag ou en tire-bouchon. Cette conformation est cause qu'on peut rarement arracher la racine sans qu'une partie se brise et reste en terre. La chair en est blanche, peu serrée, de saveur piquante. Le feuillage est très ample, et le collet souvent mal fait.

Comme légume, la Rave tortillée du Mans doit être consommée au bout de six semaines environ; plus tard elle n'a plus d'utilité que comme plante fourragère.

Le *Raifort champêtre de l'Ardèche*, qui se cultive assez fréquemment dans le midi de la France, mais plutôt comme fourrage que comme légume, a quelque analogie avec la Rave tortillée du Mans. C'est, de même, un radis très allongé, assez tardif, et il fournit plus de produit par ses feuilles que par sa racine. C'est une plante sans intérêt au point de vue de la culture potagère.

Raifort champêtre de l'Ardèche.
Réd. au cinquième.

Nous ne saurions davantage conseiller comme légume le *Raifort champêtre de l'Ardèche amélioré*, à racine encore plus grosse que dans le type.

II. — RADIS D'ÉTÉ ET D'AUTOMNE

Noms étrangers : angl. Summer radish. — all. Sommer-Rettig. — russe Riédyse lietnii i ociennii. — pol. Rzodkiew letnia i jesienna.

On réunit sous ce nom un certain nombre de variétés plus volumineuses que les Radis de tous les mois et qui demandent plus de temps que ceux-ci pour se former, mais dont la végétation est cependant rapide, de sorte qu'on en peut faire plusieurs semis successifs et avoir des racines fraîches pendant tout l'été et l'automne. (Pour les indications particulières de culture, *voy.* à la page 623.)

Radis blanc rond d'été.
Réd. au tiers.

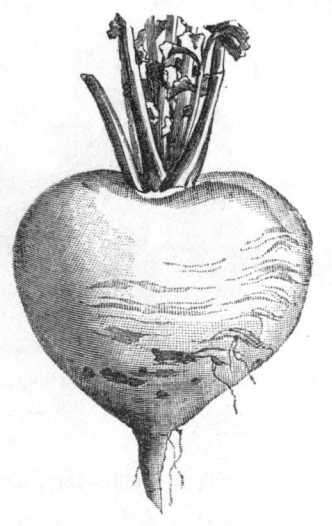

Radis blanc géant de Stuttgart.
Réd. au tiers.

RADIS BLANC ROND D'ÉTÉ.

Synonymes : Rabola plat (Var), Ramola (Pas-de-Calais).

Noms étrangers : angl. Turnip-rooted large white summer radish. — all. Früher weisser Wiener Mai-Rettig.

Racine arrondie ou en forme de toupie, à peau et chair blanches, assez tendre, de saveur légèrement piquante. La racine, bien développée, atteint 0^m05 à 0^m06 de diamètre et autant de longueur. Feuillage assez allongé, ample, demi-dressé, dépassant considérablement en abondance et en développement celui des Radis de tous les mois, et, surtout, porté par des côtes ou nervures médianes plus fortes, qui forment à leur point d'insertion un collet assez élargi.

Le R. blanc rond d'été se forme assez promptement : on peut ordinairement le consommer trente-cinq à quarante jours après le semis.

On cultive aux États-Unis, sous le nom de *Early white box R.* (*Philadelphia white box R.*), un radis assez voisin de la variété ci-dessus, mais plus petit et qui peut être considéré comme intermédiaire entre le R. rond blanc et le R. rond blanc d'été.

RADIS BLANC GÉANT DE STUTTGART.

Noms étr. : angl. Early white giant Stuttgart R. — all. Stuttgarter weisser Riesen-R.

Variété plus grosse que le R. blanc rond d'été et de forme un peu plus déprimée ; elle est franchement en toupie et atteint aisément 0^m08 à 0^m10 de diamètre sur 0^m08 environ d'épaisseur. La peau en est blanche, ainsi que la chair. Le feuillage est un peu plus ample que celui du R. blanc rond d'été, il est aussi plus raide et moins dressé.

Cinq semaines environ après le semis on peut commencer à consommer les racines, qui continuent encore pendant quelque temps à grossir sans rien perdre de leur qualité. Parvenues à tout leur développement, elles sont trop volumineuses pour être servies entières; on les coupe alors en tranches comme les Radis d'hiver.

Radis jaune d'été.
Réd. au tiers.

Radis rond jaune d'or hâtif.
Réd. au tiers.

RADIS JAUNE D'ÉTÉ.

Synonymes : Radis roux d'été, R. de Russie, R. jaune de Saint-Jean (Aisne).
Ramola d'été (Calais),
Noms étrangers : angl. Yellow turnip radish.— all. Früher gelber Wiener Mai-Rettig.

Racine presque sphérique ou légèrement en toupie, bonne à consommer quand elle a à peu près 0^{m}04 de diamètre, devenant souvent creuse quand elle dépasse cette taille; peau jaune foncé ou grisâtre, finement gercée longitudinalement, et alors veinée de petites lignes blanches; chair blanche, serrée, de saveur très piquante. Feuillage ample et allongé.

Le développement de ce radis est assez rapide ; il se forme en cinq semaines environ. A l'exception du R. noir rond d'hiver, il n'en est peut-être pas dont la saveur soit plus forte.

Il convient de dire, cependant, que la saveur de la chair n'est pas constante dans les radis et que le sol et le climat paraissent avoir beaucoup d'influence sur leur force plus ou moins grande.

RADIS ROND JAUNE D'OR HATIF.

Noms étrangers : angl. Turnip-rooted golden yellow summer radish, Golden globe R.
all. Runder gelber Wiener Rettig.

Variété plus précoce, plus nette, plus pincée et plus promptement formée que la précédente.

Ce radis est un de ceux qu'on a présentés comme pouvant être assimilés aux Radis de tous les mois; à notre avis, le rapprochement serait un peu forcé, car malgré sa précocité relative, ce radis se forme difficilement en un mois et se range bien plus naturellement parmi les Radis d'été ou d'automne. Il a la racine bien ronde ou légèrement en toupie, le feuillage relativement léger et la couleur bien franchement jaune.

RADIS D'ÉTÉ JAUNE D'OR OVALE.

Noms étrangers: angl. Early golden yellow oval summer radish.
all. Goldgelber ovaler Sommer- *oder* Mai-Rettig.

Variété hâtive à végétation rapide, d'une belle couleur jaune, de forme un peu variable, mais en général franchement ovoïde.

La combinaison de cette forme avec la couleur jaune constitue le caractère distinctif de cette race, dont les qualités, au point de vue comestible, sont les mêmes que celles des variétés précédemment décrites.

Radis d'été jaune d'or ovale.
Réd. au tiers.

Radis demi-long blanc de Strasbourg.
Réd. au tiers.

RADIS GRIS D'ÉTÉ ROND.

Synonymes: Radis gris de Saint-Jean (Aisne), Ramola d'été (Saint-Omer).

Racine presque sphérique ou légèrement en toupie. A part la couleur, il se rapproche considérablement du R. jaune d'été, ayant le même volume, la peau gercée de la même façon et le même degré de précocité.

RADIS NOIR D'ÉTÉ ROND.

Noms étrangers : angl. Turnip-rooted black small summer radish.
all. Schwarzer runder Sommer-Rettig.

Variété assez voisine du R. gris d'été, mais plus colorée et de huit à dix jours plus tardive; la peau en est noire, mais gercée et sillonnée de lignes blanchâtres; la chair, très blanche et compacte, est d'un goût très piquant.

RADIS DEMI-LONG BLANC DE STRASBOURG.

Synonyme : Radis blanc de l'Hôpital.

Noms étrangers: angl. White Strasburg summer radish; (am.) White Hospital R., Vaughan's market R. — all. Strassburger *oder* Spitalgarten weisser Sommer-Rettig, Weisser Delicatess R.

Variété relativement précoce et en même temps très productive. Racine demi-longue, pointue à l'extrémité inférieure, atteignant jusqu'à $0^m 10$ ou $0^m 12$ de longueur sur $0^m 04$ à $0^m 05$ de largeur; peau blanche; chair blanche, assez tendre, d'un goût piquant sans être trop fort. Feuillage grand, ample, demi-dressé, profondément lobé, d'un vert franc.

On peut déjà consommer ce radis au bout de six semaines environ, quand il est arrivé aux deux tiers de sa grosseur ; il continue ensuite à s'accroître sans rien perdre de sa qualité, et la production peut s'en prolonger ainsi pendant un mois ou plus.

RADIS NOIR LONG D'ÉTÉ.

Noms étrangers : angl. Black long summer radish.
all. Langer schwarzer Sommer-Rettig.

Comme ce radis sort évidemment du R. noir long d'hiver, sa place pourrait être dans la série des Radis d'hiver plutôt que dans cette section. Cependant nous avons tenu à l'y faire figurer, d'abord parce que son caractère distinctif est de se bien prêter à la culture d'été, et ensuite parce qu'il forme, d'une façon très naturelle, la transition entre les deux groupes. Le R. noir long d'été a la racine plus lisse, plus cylindrique et plus obtuse à l'extrémité que le R. noir long d'hiver ; il a aussi un peu moins de feuillage. Par contre, le goût en est moins fort et moins piquant.

Il est très estimé des maraîchers parisiens qui peuvent, grâce à son adoption, apporter des radis noirs sur le marché dès le mois de Juillet, tandis qu'autrefois on n'en voyait guère avant le mois d'Octobre, les semis d'été étant très exposés à monter à graine. — Pour l'automne et l'hiver, les amateurs de radis piquants devront toutefois lui préférer l'ancienne race.

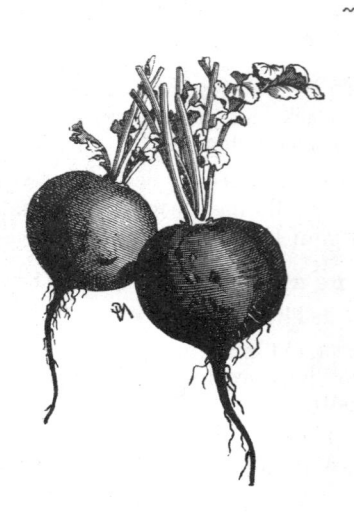

Radis noir long d'été.
Réd. au tiers.

* * *

Radis noir gros rond d'hiver.
Réd. au cinquième.

Radis violet gros d'hiver.
Réd. au cinquième.

III. — RADIS D'HIVER

Noms étr. : angl. Winter radish. — all. Winter-Rettig. — flam. et holl. Rammenas.
ital. Ramolaccio. — esp. Rabanos. — port. Rabanos. — russe Riédyse zimnii.
pol. Rzodkiew zimowa.

Les Radis d'hiver sont ceux que la nature particulièrement ferme et compacte de leur chair permet de conserver pendant une bonne partie de l'hiver sans qu'ils entrent en végétation et sans qu'ils deviennent creux. Ce sont ordinairement des variétés assez volumineuses, et dont la végétation demande, pour se faire complètement, l'espace de plusieurs mois.

Nous avons donné à la page 623 les époques de semis et les quelques détails de culture qui leur sont particuliers.

RADIS NOIR GROS ROND D'HIVER.

Synonymes : Radis de Strasbourg, Raifort cultivé, Raifort d'hiver.
Noms étr. : angl. Black round Spanish radish. — all. Runder schwarzer Winter-Rettig. Runder grosser Mülhauser R. — holl. Ronde zwarte rammenas.

Racine arrondie, ou plus souvent en forme de toupie, atteignant 0^m08 ou même 0^m10 de diamètre sur ordinairement 0^m07 à 0^m08 de longueur ; peau noire, gercée en long ; chair blanche, très serrée et très ferme. Feuillage assez ample, très découpé, à lobes nombreux.

Ce radis n'est pas très tardif pour une variété d'hiver ; on peut le semer jusque dans le courant du mois de Juillet. Il est de bonne conservation et c'est le plus fort, comme saveur, de tous les radis.

On cultive, sous le nom de *Radis violet gros d'hiver*, une sous-variété de l'espèce que nous venons de décrire et qui s'en distingue simplement par la teinte violacée de sa peau. Elle a même forme, même volume et même précocité.

RADIS NOIR GROS LONG D'HIVER.

Noms étrangers : angl. Black long Spanish radish.
all. Langer kohlschwarzer Pariser Winter-Rettig.
holl. Lange zwarte rammenas.

Racine de forme cylindrique, très régulière, de 0^m18 à 0^m25 de long sur environ 0^m06 à 0^m07 de diamètre ; peau très noire, un peu rugueuse ; chair blanche, ferme et compacte. Feuillage vigoureux, ample, allongé.

On cultive deux variétés de Radis noir long d'hiver :

L'une a la racine brusquement terminée et arrondie à la partie inférieure, l'autre, au contraire, l'a assez longuement effilée. Cette dernière variété

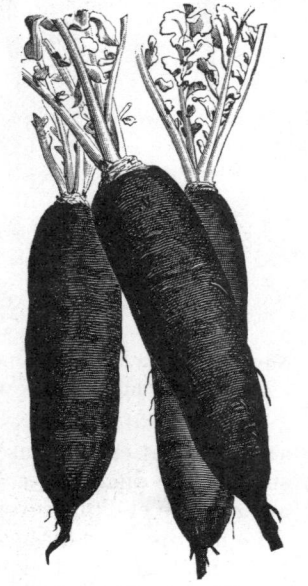

Radis noir gros long d'hiver.
Réduit au cinquième.

est un peu plus tardive et a la chair d'une saveur très piquante ; la première, plus hâtive, est à racine plus nette, et la chair en est souvent tout à fait douce.

Les Radis noirs sont des meilleurs, et certainement des plus cultivés pour la consommation d'hiver, en raison de leur longue conservation.

Le *Radis gris d'hiver de Laon,* appelé aussi R. *d'Août (Aisne),* R. *des Juifs (Lorraine)*; et le R. *violet d'hiver de Gournay,* sont des variétés très voisines du R. noir gros long d'hiver. Elles s'en rapprochent beaucoup par la forme et le volume de leurs racines, qui sont seulement un peu plus grosses relativement à leur longueur; mais elles s'en distinguent nettement par leur couleur, qui est gris de fer dans le R. de Laon et violacée dans le R. de Gournay.

Mêmes culture et emploi que pour les Radis noirs d'hiver.

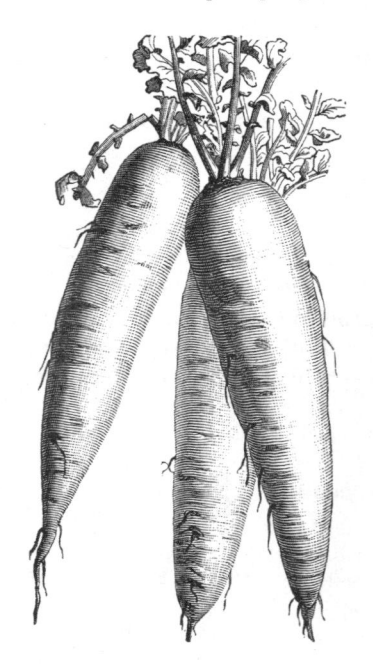

Radis gris d'hiver de Laon.
Réd. au cinquième.

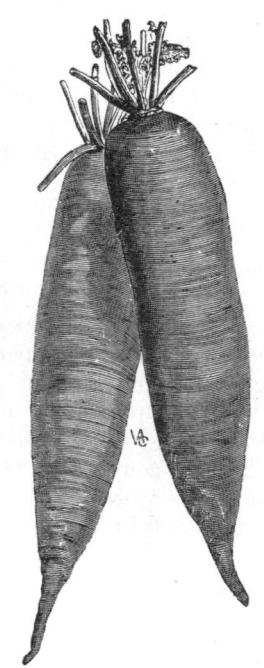

Radis violet d'hiver de Gournay.
Réd. au cinquième.

RADIS GROS BLANC D'AUGSBOURG.

SYNONYMES : Radis blanc d'automne, R. de Desbent.

NOMS ÉTR. : ANGL. Large white Spanish winter R. — ALL. Augsburger langer Winter-R., Zuckerhutförmiger weisser Baskiren R., Weisser langrunder Winter-R.

Racine fusiforme, presque cylindrique dans les deux tiers supérieurs et s'amincissant ensuite jusqu'à la pointe, atteignant 0^m15 à 0^m18 de longueur sur 0^m07 de diamètre; collet arrondi; peau blanche ainsi que la chair, qui est assez serrée et d'une saveur très forte. Feuillage très ample.

Le R. gros blanc d'Augsbourg est un bon radis d'hiver, se conservant bien. La végétation en est cependant assez rapide pour qu'on puisse le cultiver comme radis d'été ou d'automne, en le semant dès le mois de Juin.

RADIS BLANC DE RUSSIE.

Racine ovoïde-allongée, extrêmement volumineuse, atteignant aisément 0^m30 à 0^m35 de longueur sur 0^m12 à 0^m15 de diamètre; peau assez rugueuse, d'un blanc grisâtre; chair blanche, peu serrée, d'un goût assez fort. Feuillage abondant, très découpé, formant des rosettes très fournies et étalées sur terre.

Ce radis est extrêmement productif; mais quand on veut l'utiliser comme plante potagère, il faut l'arracher avant qu'il ait pris tout son développement. Pour le conserver l'hiver, on doit le semer à la fin de Juin ou en Juillet. Fait plus tôt, il devient souvent creux et n'est plus bon que pour les animaux.

Pour ce dernier usage, les gros radis d'hiver, et spécialement le R. blanc de Russie, pourraient être plus employés qu'ils ne le sont. En effet, dans le même espace de temps, les grosses variétés de radis produisent en feuilles et en racines plus de nourriture que les navets, et, à cause de la grosseur de leur graine, les jeunes plantes sont dès la germination bien plus fortes que les navets naissants et résistent bien mieux aux attaques des insectes.

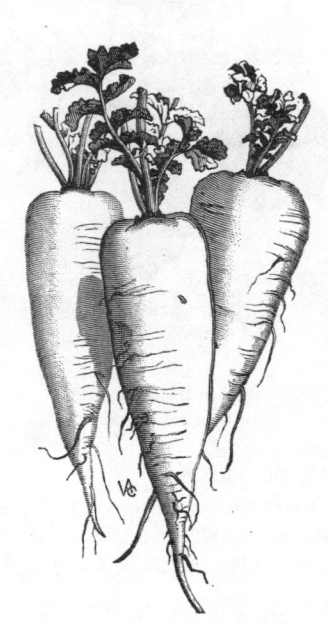

Radis gros blanc d'Augsbourg.
Réd. au cinquième.

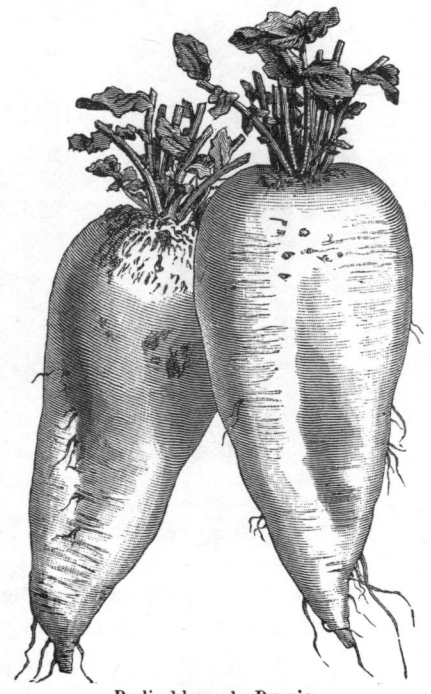

Radis blanc de Russie.
Réd. au cinquième.

RADIS ROSE D'HIVER DE CHINE.

Synonyme : Radis navet.

Noms étr. : Angl. Chinese rose-coloured winter radish; (Am.) Scarlet China winter R., Rose China winter R. — All. Chinesischer langer rosenroter Winter-Rettig.

Variété très distincte, à racine allongée, moins renflée au collet qu'à l'extrémité inférieure, obtuse aux deux bouts, et rappelant assez exactement la forme du Navet des Vertus race marteau; peau d'un rouge très vif, marquée de quelques petites lignes blanches embrassant ordinairement la moitié de la circonférence de la racine; chair blanche, très ferme et très compacte, à saveur piquante et quelquefois un peu amère. Feuilles assez amples, étalées, découpées, à pétiole rose vif. Les racines sont de dimension médiocre; elles mesurent ordinairement de 0^m10 à 0^m12 de longueur sur 0^m04 de diamètre à la partie supérieure et 0^m05 près de l'extrémité.

Le R. rose d'hiver de Chine se cultive surtout pour la consommation d'automne et pour la provision d'hiver. On peut le semer jusqu'au mois d'Août, beaucoup plus serré que les autres radis d'hiver.

Cette variété a dans le feuillage, dans la racine et dans tout son ensemble, un aspect particulier qui la distingue nettement de tous les autres radis.

Il en existe une sous-variété *blanc pur* et une autre *violette*, semblables, sous tous les rapports autres que la couleur, à la forme rose que nous venons de décrire.

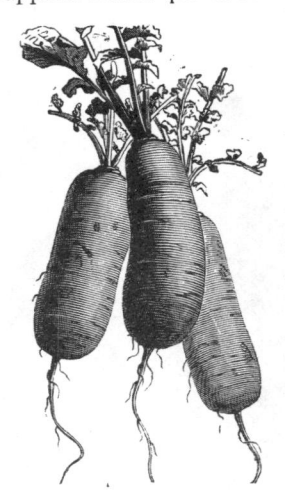

Radis rose d'hiver de Chine.
Réd. au cinquième.

Radis rond écarlate du Pamir.
Réd. au cinquième.

RADIS ROND ÉCARLATE DU PAMIR.

Noms étrangers : angl. Turnip-rooted deep scarlet Pamir radish. — all. Runder scharlachroter Rettig aus der Pamir.

Cette race présente une certaine analogie de couleur avec le R. rose d'hiver de Chine, mais elle en diffère absolument par sa forme qui est sphérique, au lieu d'être, comme dans le Radis rose d'hiver de Chine, cylindrique et parfois renflée à la base. La chair en est blanche, ferme et de saveur piquante; la peau est d'un rouge écarlate vif; la racine se conserve pendant une bonne partie de l'hiver sans se creuser ni entrer en végétation.

Les Japonais cultivent un grand nombre de radis à racine blanche et longue, dont ils font grand cas comme légumes. Quelques-uns de ces radis, d'après des autorités qui semblent dignes de foi, atteindraient assez fréquemment le poids fabuleux de 15 à 20 kilogrammes. La plupart se montrent, en Europe, très prompts à monter à graine, et par conséquent de fort peu d'intérêt.

Nous ferons exception cependant pour la variété nommée au Japon *Ninengo daïkon*, qui est remarquable autant par la longueur et la netteté de sa racine que par sa lenteur à monter à graine. La racine, blanche, cylindrique, terminée par une pointe obtuse et quelquefois légèrement renflée, atteint souvent $0^m 40$ à $0^m 50$ de long sur $0^m 08$ à $0^m 10$ de diamètre. Les feuilles sont grandes, fort longues, découpées en un très grand nombre de lobes et d'un vert très foncé. Ce radis, pour atteindre tout le développement dont il est susceptible, doit être semé dès le mois d'Avril; il demande une terre très profondément travaillée et abondamment fumée.

AUTRES VARIÉTÉS :

R. blanc de Californie. — Plus encore que le R. rose d'hiver de Chine, ce radis rappelle le Navet des Vertus marteau, car, outre la forme, il en reproduit aussi la couleur. La racine, en effet, est d'un blanc pur, longue, cylindrique et renflée à l'extrémité inférieure ; elle atteint 0^{m}15 à 0^{m}20 de longueur sur 0^{m}06 environ de diamètre dans la portion la plus renflée, et 0^{m}05 dans tout le reste de la longueur. Elle sort de terre de 0^{m}03 à 0^{m}04 ; la chair en est douce, de saveur peu piquante.

R. white Chinese (*R. celestial*). — Sous ce nom on cultive aux États-Unis un radis blanc, cylindrique, très volumineux, atteignant 0^{m}30 à 0^{m}35 de longueur sur 0^{m}10 à 0^{m}12 de diamètre, à chair très blanche et de saveur assez douce.

R. blanc demi-long de la Meurthe et de la Meuse (syn.: *Radis blanc de Meurthe-et-Moselle*). — C'est un radis blanc d'été, de forme variable, presque toujours piriforme ou en toupie, mais inégalement allongé. Il se consomme habituellement à demi-grosseur, quand il est à peine plus gros qu'un œuf de poule. La chair en est blanche, ferme, de saveur assez piquante.

R. früher Zwei-Monat. — Variété tardive du R. demi-long blanc ; il est, comme lui, ovoïde ou en forme d'olive. C'est une race intermédiaire entre les Radis d'été et les Radis de tous les mois.

R. gris d'été oblong. — C'est une race piriforme ou ovoïde du R. gris d'été rond ; elle est moins régulière de forme. La chair en est un peu plus piquante.

R. gros d'hiver de Ham (syn.: *R. gros gris d'Août*). — Racine longue, cylindrique, se terminant en pointe obtuse, aussi grosse que le R. noir long d'hiver et de couleur blanc grisâtre ; il présente beaucoup d'analogie avec le R. gris d'hiver de Laon. Son nom de R. gros gris d'Août vient de ce qu'on commence à l'arracher dès le mois d'Août ; mais c'est surtout pour l'automne et l'hiver qu'il est recommandable.

R. de Mahon. — Race extrêmement distincte, qui paraît particulière aux îles Baléares et à quelques points du midi de la France. C'est une espèce de rave rouge longue, à racine souvent anguleuse, surtout quand on lui laisse prendre un grand développement, et s'élevant de moitié ou des deux tiers au-dessus du sol, à la manière des betteraves disette. Le développement en est remarquablement rapide. Le feuillage est ample, vigoureux ; la chair, d'un blanc rosé, est très aqueuse, ferme et bien pleine tant que la racine est jeune ; elle ne commence à creuser que quand elle a atteint le volume d'une petite betterave.

R. rond rouge foncé (syn. : *R. rond rouge lie de vin ;* all. *Dunkelblutrote R.*). — C'est une race de petit radis rond, dans laquelle la couleur de la peau est très foncée et presque violacée. Elle est assez appréciée dans les provinces méridionales de la France, où elle passe pour résister à la chaleur mieux que le R. rond rose ordinaire.

RADIS SERPENT, Mougri de Java (*Raphanus sativus* L. var. *caudatus*). (angl. Rat-tailed radish ; all. Mugri, Schlangen-Rettig ; dan. Slange Rœddike ; suéd. Långa-rättikor ; russe Dlinny radisse ; pol. Rzodkiew długa).

La partie comestible de ce radis n'est pas la racine, mais bien la silique, prise avant son complet développement. Au lieu d'être courte et renflée, comme dans les autres radis, elle est dans celui-ci très allongée, souvent contournée, de la grosseur d'un crayon, et peut atteindre 0^{m}20 à 0^{m}25 de long. Elle est souvent colorée de violet, et la saveur en est un peu piquante, comme celle de la racine des petits radis.

Le R. serpent est extrêmement facile à cultiver : on le sème au mois de Mai en place, de préférence à une exposition chaude, et au bout de trois mois environ il commence à fleurir et à donner des siliques, que l'on mange fraîches à la manière des radis ; on peut aussi les confire dans le vinaigre.

On cultive quelquefois, dans les pays chauds, une autre variété de radis appelée *Radis de Madras*, dont les siliques s'emploient comme celles du Radis serpent, quoiqu'elles soient à peu près de la forme de celles des radis ordinaires ; seulement elles sont beaucoup plus charnues et plus tendres.

RAIFORT SAUVAGE
Cochlearia Armoracia L.
Fam. des *Crucifères*.

SYNONYMES : Cran de Bretagne, Cran des Anglais, Cranson de Bretagne, Cranson rustique, Faux raifort, Grand raifort, Médérick, Mérède, Moutarde d'Allemagne, Moutarde des Allemands, Moutarde des capucins, Moutarde des moines, Moutardelle, Radis à cheval, Rave de campagne.
NOMS ÉTR.: ANGL. Horse radish. — ALL. Meerrettig, Kreen. — FLAM. Kapucienen mostaard. HOLL. Peperwortel. — DAN. Peberrod. — SUÉD. Peppar-rot. — ITAL. Rafano. ESP. Taramago, Vagisco. — PORT. Rabao de cavalho. — RUSSE Khriene. POL. Chrzan.

Indigène. — Vivace. — Racine cylindrique, très longue, s'enfonçant profondément en terre ; à peau un peu rugueuse, blanc jaunâtre ; à chair blanche, un peu fibreuse, de goût très fort et brûlant, ressemblant assez à celui de la Moutarde. Feuilles radicales pétiolées, ovales-oblongues, de 0^m40 de long sur 0^m12 à 0^m15 de large, dentées, d'un vert franc et luisant. Les premières feuilles, qui paraissent à la fin de l'hiver, sont réduites aux nervures et ressemblent à un petit peigne ; à mesure que la saison s'avance, le limbe se développe, et les feuilles prennent leur apparence et leurs dimensions ordinaires. Tiges florales de 0^m50 à 0^m60, rameuses au sommet, glabres ; fleurs blanches, petites, en longues grappes. Silicules petites, arrondies, presque constamment stériles.

Raifort sauvage.
Racines réd. au cinquième.

CULTURE. — Le Raifort sauvage se plaît surtout dans une bonne terre profonde et fraîche. On le multiplie à la sortie de l'hiver par tronçons de racines que l'on plante en rangs espacés de 0^m50 à 0^m60, et à 0^m25 environ l'un de l'autre sur les rangs. La terre doit être très profondément défoncée et fumée avant la plantation ; plus la préparation du sol aura été parfaite, plus la production et la qualité des racines seront satisfaisantes.

On peut dès le premier automne arracher le Raifort qui a été planté au printemps ; cependant le produit serait beaucoup plus considérable si on le laissait en place un an de plus. Il est bon de refaire tous les ans au moins une portion de plantation ; mais, dans beaucoup de jardins, on ne s'occupe jamais du Raifort, si ce n'est pour récolter chaque année une partie des racines : celles qu'on laisse en place suffisent à entretenir la plantation, qui peut durer indéfiniment, mais qui donne dans ce cas de moins bons résultats que là où elle est soignée.

USAGE. — La racine râpée s'emploie comme condiment, à la manière de la moutarde.

RAIFORT DU JAPON (*Eutrema Wasabi* MAXIM.). (JAP. : Wasabi). — Fam. des *Crucifères*.

Plante vivace du Japon, à larges feuilles cordiformes, d'un vert luisant, fortement réticulées, portées par de longs pédoncules vert clair. Hampe florale atteignant 1 mètre de hauteur ; fleurs blanches en bouquet. Racine traçante de 0^m02 à 0^m03 de diamètre, grisâtre et noueuse, pourvue de nombreuses radicelles.

Ce raifort se trouve souvent à l'état spontané dans les vallées humides du Japon. Sa culture est très répandue sur le bord des ruisseaux à proximité des habitations. Il ne donne pas de graines et se reproduit par division des racines. On peut également le cultiver dans des bacs traversés par un courant d'eau, de la même façon que le Cresson de fontaine.

La racine, râpée, est de tout point supérieure au Raifort ordinaire et s'emploie de la même façon.

RAIFORT. — Voy. aussi **RADIS NOIR D'HIVER.**

RAIPONCE CULTIVÉE
Campanula Rapunculus L.
Fam. des *Campanulacées*.

SYNONYMES : Bâton de Jacob, Cheveux d'évêque, Petite raiponce de carême, Pied-de-sauterelle, Rampon, Rave sauvage.

NOMS ÉTRANGERS : ANGL. Rampion. — ALL. Rapunzel. — FLAM. et HOLL. Rapunsel. SUÉD. Rofklocka. — ITAL. Raperonzolo, Raponzolo. — ESP. Reponche, Raponchigo. PORT. Rapunculo. — RUSSE Rieptchaty kolokól. — POL. Raponka.

Indigène. — *Bisannuelle.* — Racine blanche, fusiforme, à chair blanche très ferme, mais croquante, renflée sur une longueur de $0^m 05$ à $0^m 06$, avec un diamètre de $0^m 01$ environ. Feuilles sessiles, assez nombreuses, longuement ovales-spatulées, rétrécies à la base, ressemblant un peu à celles de la Mâche commune, mais plus minces et d'un vert moins foncé. Tiges florales minces, dures, un peu anguleuses, garnies de quelques feuilles linéaires, parfois ramifiées, portant de longs épis de fleurs lilas, en clochettes, à cinq dents aiguës. Capsules petites, turbinées, surmontées par les cinq dents du calice et contenant des graines oblongues, aplaties, d'un brun clair, extrêmement petites. Ce sont même les plus petites des graines de plantes potagères : elles sont au nombre de plus de 25 000 dans un gramme ; le litre en pèse à peu près 700 grammes, et leur durée germinative est de quatre années ou plus.

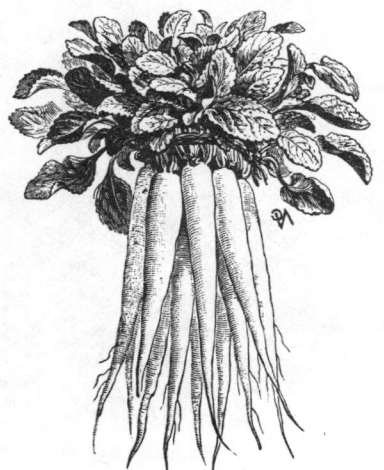

Raiponce cultivée.
Réd. au tiers.

CULTURE. — La Raiponce se sème en pleine terre, substantielle et fraîche, à partir du mois de Mai, soit à la volée, soit en rayons espacés de $0^m 20$ à $0^m 25$, à raison de 25 à 30 grammes à l'are. Comme la graine est excessivement fine, il est nécessaire de la mélanger avec un peu de terre ou de sable fin pour éviter de semer trop serré ; il faut aussi donner les premiers arrosements avec beaucoup de précaution, de peur d'entraîner la graine, que l'on n'enterre pas, à cause de son extrême finesse, mais que l'on se contente d'appuyer fortement sur le sol. On doit éclaircir, si le semis est trop dru, et donner des arrosements fréquents pendant les chaleurs.

Comme les semis faits au commencement de la saison sont exposés à monter à graine, il est bon d'en faire un nouveau dans le courant du mois de Juin et jusqu'en Juillet, avec les mêmes précautions. La récolte peut commencer au mois d'Octobre ou de Novembre, et se continuer pendant l'hiver. — Pour ne pas manquer de Raiponce pendant les grands froids, on peut arracher d'avance une certaine quantité de pieds que l'on conserve dans du sable en les rentrant dans une cave ou dans la serre à légumes.

USAGE. — On mange en salade la racine et les feuilles.

RAVE. — Voy. **NAVET-RAVE** et **RADIS LONG** ou **RADIS-RAVE.**

RHUBARBE
Rheum L.
Fam. des *Polygonées*.

NOMS ÉTRANGERS : ANGL. Rhubarb. — ALL. Rhabarber. — FLAM. et HOLL. Rabarber. DAN. Rhabarber. — SUÉD. Rabarber. — ITAL. Rabarbaro, Robarbaro. ESP. et PORT. Ruibarbo. — RUSSE Rebene. — POL. Rumbarbarum, Rabarbar.

Les botanistes rapportent ordinairement les formes cultivées de la Rhubarbe au *Rheum hybridum* AIT., plante originaire de la Mongolie. Il n'est pas certain que dans ces formes cultivées, qui sont loin de présenter des caractères fixes, il ne s'en trouve pas quelques-unes qui descendent, directement ou par croisement, du *Rheum undulatum* de l'Amérique du Nord, ou même d'autres espèces.

La plante, telle qu'on la cultive dans les jardins, se fait remarquer par ses très grandes feuilles radicales, cordiformes, mesurant jusqu'à 0^m80 de long sur 0^m60 à 0^m70 de large, et portées par des pétioles arrondis en dessous, aplatis

Rhubarbe hybride.
Plante réd. au vingtième.

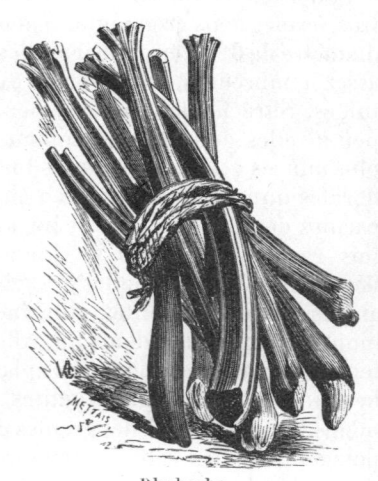

Rhubarbe.
Pétioles réd. au septième.

ou canaliculés en dessus, qui peuvent atteindre un diamètre de 0^m04 à 0^m05, avec une longueur de 0^m30 à 0^m40, que des soins particuliers de culture peuvent porter presque au double. Les tiges, grosses et cylindriques, sont creuses, sillonnées ; elles portent de petits rameaux peu développés, dressés, garnis de petites fleurs verdâtres, et ensuite de graines triangulaires relevées sur chaque angle d'une aile membraneuse. Ces graines, au nombre de 35 à 60 dans un gramme, pèsent seulement, suivant les variétés, de 80 à 120 grammes par litre. Leur durée germinative est de trois années.

CULTURE. — Les Rhubarbes se sèment en Août-Septembre, en pépinière, en pots, ou terrines ; le plant est repiqué en pots ou godets et hiverné sous châssis froid, puis mis en pleine terre en Mars-Avril. — On sème aussi de Mars en Mai, en pépinière ou en terrine ; les plants sont repiqués en pépinière et mis en place soit dès l'automne de la même année, soit au printemps de l'année suivante, en terrain sain et profond ; on les espace de 1 mètre à 1^m50 en tous sens ; on aura soin de les couvrir de feuilles sèches ou de litière dans les hivers rigoureux, car les racines sont encore bien faibles, et l'on serait exposé, sans cela, à perdre un assez grand nombre de plantes.

Comme les variétés ne se reproduisent pas toujours franchement par le semis, beaucoup de jardiniers préfèrent multiplier, par division de la souche, les pieds qui produisent les plus gros et les plus longs pétioles. Dans ce cas, la plantation se fait à la sortie de l'hiver, en bonne terre fraîche et profonde, bien ameublie et bien fumée, à environ 1^m ou 1^m 50 en tous sens.

La récolte des feuilles ne commence qu'au printemps de l'année qui suit la plantation. Les mêmes pieds peuvent produire pendant quatre ans au moins, quelquefois pendant dix et plus; on doit seulement tenir la terre propre de toute mauvaise herbe et donner une bonne fumure tous les deux ou trois ans. — Pour augmenter la longueur des pétioles, on met quelquefois au printemps, sur les pieds de Rhubarbe, au moment où les feuilles se développent, un grand pot de jardin sans fond, ou un cylindre de poterie, ou encore un petit baril défoncé. Les feuilles s'allongent naturellement pour arriver jusqu'à la lumière, et les pétioles en deviennent à la fois plus longs et plus tendres. Il est bon, pour empêcher l'épuisement des pieds de Rhubarbe, de supprimer toutes les tiges florales aussitôt qu'elles se montrent.

Usage. — On emploie les pétioles charnus de la plante pour faire des confitures ou des tartes. Ce légume est surtout estimé en Angleterre et en Hollande.

Les variétés de Rhubarbes les plus recommandées, au point de vue comestible, sont les suivantes :

Mitchell's Royal Albert. — Variété très hâtive, à pétioles gros et longs, d'un goût excellent, égalant, quand ils ne sont pas étiolés, les trois quarts de la longueur du limbe, fortement tachés de rouge sur toute leur surface, plutôt anguleux que cannelés. Feuilles en cœur, amples, à surface boursouflée, mais peu chiffonnées ; limbe vert franc. Cette Rhubarbe fleurit abondamment ; la hampe florale est grosse, lisse, très ramifiée et d'un vert uni.

Ondulée d'Amérique (Rh. undulatum L.). — Espèce distincte qui est hâtive et d'un goût moins acide que les autres rhubarbes. Elle a les feuilles d'un vert clair, très ondulées sur les bords, en forme de cœur assez allongé, mais à pointe presque obtuse ; pétioles minces, égalant à peu près toute la longueur du limbe, lisses, verts, excepté à la base, qui est teintée de rouge sur une longueur de quelques centimètres. Hampes florales très nombreuses, d'un vert pâle uni, à ramifications dressées.

Hybride Florentin. — Obtenue au jardin de la Faculté de médecine de Paris, par hybridation de la Rh. officinale avec la Rh. Colinianum, cette nouvelle variété est remarquable autant par l'énorme développement de ses feuilles, qui atteignent souvent plus d'un mètre de longueur, que par ses tiges florales hautes de 2 à 3 mètres, se couvrant en été d'innombrables fleurs rouge foncé, dont l'ensemble rappelle assez bien une énorme tête de Célosie.

Au point de vue potager, cette rhubarbe se recommande par sa rusticité et par la grosseur de ses pétioles qui sont ronds et nullement cannelés, rouges à la base et mouchetés de rouge sur le reste de leur longueur. — Bien que cette superbe variété soit comestible, c'est avant tout une plante ornementale des plus pittoresques.

Victoria (Myatt). — Pétioles très gros et très longs, de bonne qualité. Feuilles plus larges que longues, en cœur ou arrondies, sans pointe, très ondulées sur les bords et très chiffonnées, d'un vert assez foncé et un peu glauque ; pétioles rouges, plus longs que le limbe, cannelés en dessous. Cette variété fleurit très peu.

Monarque (Monarch). — Rhubarbe géante, à feuilles en cœur atteignant jusqu'à un mètre de long sur une largeur presque égale ; pétioles extrêmement gros, égalant à peine la moitié de la longueur du limbe, mais mesurant jusqu'à 0^m 08 ou 0^m 10 de largeur, d'un vert un peu bronzé ou rougeâtre. Cette variété fleurit très rarement.

Rouge hâtive de Tobolsk. — Très hâtive, la plus prompte à pousser au printemps. Feuilles relativement petites, en cœur, à pointe obtuse, largement ondulées sur les bords, très luisantes et d'un vert franc ; pétioles courts, égalant seulement les deux tiers de la longueur du limbe, très lisses et très rouges. Cette rhubarbe fleurit abondamment ; elle a les hampes vertes, minces, à ramifications très dressées.

Les autres rhubarbes cultivées sont des plantes ornementales ou médicinales, mais non potagères ; on les trouvera décrites dans notre ouvrage « LES FLEURS DE PLEINE TERRE ». — Les plus belles sont : la *Rhubarbe officinale vraie* (*Rheum officinale* H. Bn), la *Rh. du Népaul* (*Rh. Emodi* Wall.), et la *Rh. palmée* (*Rh. palmatum* L.) avec sa variété *tanghuticum*.

ROCAMBOLE. — Voy. AIL ROCAMBOLE et OGNON ROCAMBOLE.

ROMAINE. — Voy. LAITUE-ROMAINE.

ROMARIN
Rosmarinus officinalis L.
Fam. des *Labiées*.

SYNONYMES : Encensoir, Herbe aux couronnes.

NOMS ÉTRANGERS : ANGL. Rosemary. — ALL. Rosmarin. — FLAM. et HOLL. Rozemarijn. DAN. et SUÉD. Rosmarin. — ITAL. Rosmarino. — ESP. Romero. — PORT. Alecrim. RUSSE Rosmarine. — POL. Rozmaryn, Siwiosnka.

Indigène. — *Vivace.* — Sous-arbrisseau commun sur les coteaux calcaires du Midi et jusqu'au voisinage des côtes. Tige ramifiée, ligneuse, à rameaux dressés, abondamment garnis de feuilles linéaires, obtuses, d'un vert gai en dessus, et grises argentées en dessous ; fleurs axillaires, formant au sommet des tiges de longues grappes feuillées, à corolle labiée d'un bleu un peu grisâtre. Graine brun clair, ovale, marquée à l'une de ses extrémités par un ombilic volumineux et blanchâtre, au nombre d'environ 900 dans un gramme, et pesant 400 grammes par litre. Sa durée germinative est de deux années.

Romarin.
Plante réd. au quinzième ; rameau au tiers.

CULTURE. — Le Romarin ne demande, pour ainsi dire, aucune culture. Quelques touffes plantées en bonne terre saine, de préférence au pied d'un mur ou sur une pente au Midi, et placées à 0^{m}50 ou 0^{m}60 d'intervalle, peuvent y rester productives pendant de longues années sans exiger aucun soin.

On le multiplie par marcottes, éclatage des pieds, boutures et semis. Si l'on a recours à la multiplication par graines, on sème d'Avril en Juin, en pépinière, pots ou terrines ; on repique en pépinière et on met en place, à l'automne de préférence, ou au printemps.

USAGE. — On emploie les feuilles de Romarin comme assaisonnement.

ROQUETTE CULTIVÉE (*Eruca sativa* MILL. ; *Brassica Eruca* L.). (ANGL. Rocket ; ALL. Rauke, Senfkohl ; ITAL. Ricola, Ruca, Ruccola, Ruchetta ; ESP. Jaramago, Oruga, Raqueta ; PORT. Pinchâo). — Fam. des *Crucifères*.

Plante annuelle, basse, à feuilles radicales un peu épaisses, oblongues, divisées, comme celles des radis ou des navets, en plusieurs segments, dont le terminal est grand et ovale et les autres petits. Tige dressée, lisse, rameuse ; fleurs assez grandes, blanches ou jaunes, veinées de violet.

La Roquette se sème en pleine terre, depuis le mois de Mars jusqu'à la fin de l'été, en rayons distants de 0^{m}15 à 0^{m}20, en tous terrains frais ; au bout de six semaines ou deux mois, on peut commencer à couper les feuilles, qui repoussent assez abondamment, jusqu'au moment où les tiges florales apparaissent. Les semis de fin d'été permettent de récolter dès l'automne ainsi qu'au printemps suivant.

En été, la plante monte rapidement à graine. Des arrosements assez fréquents sont utiles pour conserver les feuilles tendres et en adoucir la saveur, qui est très forte et un peu analogue à celle du Cochléaria.

On mange les jeunes feuilles de Roquette en salade.

RUE OFFICINALE (*Ruta graveolens* L.). (ANGL. Rue; ALL. Raute, Weinraute; HOLL. Wijnruit; SUÉD. Vinruta; ESP. Ruda; RUSSE Roúta). — Fam. des *Rutacées*.

Plante vivace de 0ᵐ 40 à 0ᵐ 60 de haut, formant un petit buisson arrondi. Tige ligneuse, très ramifiée ; feuilles toutes pétiolées, deux ou trois fois divisées et ailées.

Roquette cultivée.
Réd. au sixième.

La Rue se propage facilement à l'aide du semis qui se fait d'Avril en Juillet en pépinière ; on repique en pépinière et on met en place à l'automne de préférence. On la multiplie également au printemps par division de vieux pieds.

Les feuilles, dont l'odeur est regardée en général comme très désagréable, ont été cependant quelquefois employées comme condiment ; mais cette plante est surtout cultivée pour ses propriétés pharmaceutiques et insecticides.

RUTABAGA. — Voy. CHOU-NAVET RUTABAGA.

SAFRAN, SAFRAN D'AUTOMNE (*Crocus sativus* L.). (ANGL. Saffron ; ALL. Safranpflanze ; SUÉD. Saffran ; ITAL. Zafferano, ESP. Azafran ; RUSSE Chaffráne ; POL. Szafran. — Fam. des *Iridées*.

Plante bulbeuse vivace de l'Orient, à feuilles longues et étroites comme celles d'une graminée, d'un vert foncé luisant, avec une ligne médiane blanche ; fleurs violettes, en forme d'œuf très allongé, peu ouvertes à la partie supérieure ; pistils excessivement développés, divisés en nombreuses lanières, et d'une belle couleur orangée ou safranée : leur pesanteur les fait déjeter en dehors de la fleur, produisant ainsi un effet assez singulier. Bulbes revêtus d'enveloppes brunâtres, rugueuses.

Le Safran ne se multiplie pas de graines, bien qu'il en produise quelquefois ; on le propage par ses bulbes. La plantation se fait de Juin en Août en bonne terre franche ou légère, de préférence calcaire et à exposition bien éclairée et aérée. On plante en lignes espacées de 0ᵐ 15 en laissant 0ᵐ 05 entre les bulbes ; on emploie de la sorte environ 14 000 bulbes pour la plantation d'un are.

Safran.
Réd. au tiers.

Les fleurs paraissent au mois de Septembre ; on les cueille aussitôt qu'elles sont ouvertes et l'on détache les pistils à la main. La culture et la préparation du Safran demandent énormément de main-d'œuvre ; aussi la plante est-elle très peu cultivée dans les jardins.

Les pistils sont employés dans la cuisine pour assaisonner et en même temps colorer un certain nombre de mets.

SALSIFIS

Tragopogon porrifolius L.

Fam. des *Composées*.

SYNONYMES : Cercifix, Salsifix blanc, Barbe-de-bouc, Barberon.

NOMS ÉTRANGERS : ANGL. Salsify, Vegetable oyster. — ALL. Haferwurzel, Bocksbart. FLAM. Haverwortel. — DAN. Havrerod. — SUÉD. Hafrerot. — ITAL. Barba di becco, Salsefia, Scorzonera bianca. — ESP. Salsifi blanco. — PORT. Cercifi ; (Brésil) Cercefin. RUSSES Kozelets ispansky, Zméïdouchenik, Ovsianyïe korienia, Salsifi. POL. Owsiane korzonki, Salsefia.

Indigène. — Bisannuel. — Racine longue, pivotante, charnue, atteignant 0^m15 à 0^m20 de longueur sur 0^m02 à 0^m025 de diamètre ; peau jaunâtre, assez lisse. Feuilles droites, très longues et étroites, demi-étalées, puis dressées, d'un vert un peu glauque et grisâtre, avec une ligne médiane blanche. Tige glabre, ramifiée, s'élevant à un mètre et quelquefois davantage ; capitules terminaux très allongés, renflés à la base et étranglés au sommet au moment de la floraison ; fleurons violacés.

Graine brune, longue, pointue aux extrémités, sillonnée et rugueuse sur toute la surface. Un gramme contient environ 100 graines nettes, et le litre pèse en moyenne 230 grammes. La faculté germinative se conserve sûrement pendant deux ans et souvent au delà.

CULTURE. — Le Salsifis se sème au printemps, en place et en terrain bien fumé de l'année précédente, en rayons écartés de $0^m 25$ à $0^m 30$ et profonds de $0^m 02$ à $0^m 03$ à raison de 125 grammes de graines à l'are ; les graines ne doivent pas être recouvertes de plus de $0^m 02$ à $0^m 03$ de terre ; il faut donner quelques arrosements en cas de sécheresse, pour assurer la levée, qui est toujours un peu capricieuse. On éclaircit de manière à laisser les plants à $0^m 10$ de distance environ sur les lignes ; on sarcle et l'on arrose suivant le besoin ; dans le Midi, des arrosages abondants sont nécessaires.

Salsifis.
Réd. au tiers.

Il arrive parfois que des plants montent dès la première année ; lorsque ce cas se produit, il faut couper les tiges dès leur apparition, de façon à permettre aux racines de se développer et de rester tendres.

La récolte peut commencer vers le mois d'Octobre et se prolonger pendant tout l'hiver ; pour faciliter l'arrachage à l'époque des froids, on couvre le sol de litière. Les racines sont d'autant plus belles et plus lisses, que le terrain a été mieux préparé et défoncé.

USAGE. — On mange les racines cuites de différentes manières, ou frites ; les feuilles les plus tendres sont très bonnes en salade.

SALSIFIS MAMMOUTH.

SYNONYMES : Salsifis blanc géant à fleur rose, S. blanc amélioré à grosse racine.

NOM ÉTRANGER : ANGL. Mammoth Sandwich Island salsify.

Cette race constitue une notable amélioration sur le type que nous venons de décrire. Les racines en sont plus grosses, plus courtes et de couleur plus grisâtre ; le feuillage est aussi plus ample et plus vert ; enfin les fleurs sont grandes et d'un rouge violacé.

Au point de vue de l'utilisation de la racine, le Salsifis **Mammouth** l'emporte de beaucoup sur la race ordinaire ; c'est malheureusement une variété qui donne, en général, fort peu de graine.

On cultive dans un certain nombre de localités un salsifis *à fleurs jaunes* qui, probablement, dérive d'une espèce botanique autre que le *Tragopogon porrifolius* : soit du *Tragopogon pratensis* L., commun dans les prés de toute la France ; soit du *Tr. orientalis* L., plus grand dans toutes ses parties et plus voisin par conséquent des dimensions que présente la plante cultivée ; soit encore du *Tr. major* Jacq., que tous ses caractères de végétation, hormis la couleur de la fleur, rapprochent assez sensiblement du Salsifis des jardins.

Il paraît certain, au surplus, que le *Tr. porrifolius* lui-même est d'introduction relativement récente dans les cultures.

SALSIFIS NOIR. — Voy. SCORSONÈRE.

SARRIETTE ANNUELLE
Satureia hortensis L.
Fam. des *Labiées*.

SYNONYMES : Sarriette commune, Fabrègue, Herbe de Saint-Julien, Sadrée, Savourée.

NOMS ÉTRANGERS : ANGL. Summer savory. — ALL. Bohnenkraut, Garten-Saturei, Pfefferkraut, Kölle, Köllkraut. — FLAM. et HOLL. Boonenkruid. — DAN. Sar. — SUÉD. Sommar kyndel. — ITAL. Santoreggia. — ESP. Ajedrea comun, Sojulida. — PORT. Segurelha. — RUSSES Liétny tchaber, Tchaber obyknoviennyï. — POL. Cząbr ogrodowy, Cąbr kuchenny.

Indigène. — *Annuelle.* — Petite plante de 0^{m}20 à 0^{m}25 de hauteur, à tige herbacée, dressée, rameuse ; feuilles molles, linéaires, un peu obtuses, atténuées en un court pétiole ; fleurs roses ou blanches, réunies en glomérules de deux à cinq. Graine brune, ovoïde, très finement chagrinée ; au nombre d'environ 1500 dans un gramme et pesant à peu près 550 grammes par litre. Sa durée germinative est de trois années.

Toute la plante est fortement odorante.

CULTURE. — La Sarriette annuelle se sème à la fin d'Avril ou au mois de Mai, en bonne terre chaude et légère, à la volée ou en rayons distants de 0^{m}15 à 0^{m}20 ; pour en avancer la production, on peut faire le semis sur couche dès la fin de Mars, et repiquer en pleine terre vers la fin de Mai.

Sarriette annuelle.
Plante réd. au huitième ; rameau demi-grand. naturelle.

Dès le mois de Juin on peut commencer à cueillir les extrémités des tiges ; la plante se ramifie et produit de nouvelles pousses pendant plusieurs semaines.

USAGE. — On emploie les feuilles et les jeunes pousses de Sarriette comme assaisonnement, surtout avec les fèves.

SARRIETTE VIVACE
Satureia montana L.

SYNONYME : Sarriette des montagnes.

NOMS ÉTRANGERS : ANGL. Winter savory. — ALL. Winter Bohnen- oder Pfefferkraut. SUÉD. Vinter-kyndel. — ESP. Hisopillo. — RUSSES Zinnsy tchaber, Tchaber mnogolietni. POL. Cząbr skalny.

Indigène. — *Vivace.* — Plante basse, étalée sur le sol ; à tige ligneuse, au moins à la base, mince, très ramifiée, longue de 0^{m}30 à 0^{m}40 ; feuilles étroites, linéaires, très aiguës, légèrement canaliculées en dessus ; fleurs blanches, rosées ou lilas pâle, réunies en petites grappes axillaires, lèvre inférieure à trois divisions. Graine brune, ovoïde-triangulaire, très finement chagrinée, au nombre de 2 500 environ dans un gramme, et pesant à peu près 450 grammes par litre. Sa durée germinative moyenne est de trois années.

CULTURE. — La Sarriette vivace peut se semer au printemps ou à la fin de l'été, en bordures ou en rayons espacés de 0^{m}40 à 0^{m}50, de préférence à exposition bien ensoleillée. — On la multiplie aussi très facilement par la division des touffes au printemps.

Sarriette vivace.
Plante réd. au huitième ; rameau 1/2 grand. naturelle.

C'est une plante méridionale, mais cependant assez rustique pour résister aux hivers ordinaires du climat de Paris, pourvu qu'elle soit cultivée dans une terre saine, à l'abri de l'humidité stagnante. Elle ne demande aucun soin d'entretien ; toutefois, en rabattant les tiges au printemps jusqu'à environ 0^{m}10 de la souche, on peut s'assurer une production beaucoup plus abondante de jeunes pousses vigoureuses.

USAGE. — Les feuilles et les jeunes pousses de la Sarriette vivace s'emploient comme assaisonnement, de la même manière que celles de la S. annuelle.

SAUGE OFFICINALE
Salvia officinalis L.
Fam. des *Labiées.*

SYNONYMES : Grande sauge, Herbe sacrée.

NOMS ÉTRANGERS : ANGL. Garden sage. — ALL. Edel-Salbei. — FLAM. et HOLL. Salie. SUÉD. Ädel-salvia. — ITAL. Salvia. — ESP. Salvia. — PORT. Molho. RUSSE Chalfeï sadóvy. — POL. Szalwia lekarska.

Indigène. — *Vivace.* — Plante à tige presque ligneuse, tout au moins à la base, formant des touffes larges, dépassant rarement 0^{m}35 à 0^{m}40 de hauteur ; feuilles d'un vert blanchâtre, ovales, dentées, très finement réticulées, rugueuses, les inférieures rétrécies en pétioles, les caulinaires étroites, acuminées ; fleurs en grappes terminales, réunies par glomérules de trois ou quatre, ordinairement lilas bleuâtre, quelquefois blanches ou roses. Les feuilles et les fleurs sont aromatiques. — Graine presque sphérique, d'un brun noir.

SAUGE OFFICINALE

Un gramme en contient environ 250, et le litre pèse en moyenne 550 grammes. La durée germinative est de trois, et quelquefois même de cinq années.

CULTURE. — La Sauge officinale est aussi facile à cultiver que le Thym. On la sème au printemps ou à l'automne, en lignes ou en bordures qui peuvent durer de longues années, sans que leur entretien exige aucun soin. On la multiplie également par la division des touffes au printemps, en laissant entre chacune un intervalle de 0^{m}30 à 0^{m}40.

Il faut, toutefois, que la plantation de Sauge soit placée dans une position bien saine et plutôt sèche, car on ne doit pas oublier que cette plante est originaire du Midi, et qu'elle se trouve habituellement sur des coteaux secs et calcaires. Elle supporte bien néanmoins les hivers ordinaires sous le climat de Paris, à la condition de n'avoir pas à souffrir de l'humidité en même temps que du froid.

USAGE. — Les feuilles de la Sauge officinale sont employées comme condiment.

Sauge officinale.
Plante réd. au huitième; fleur de grandeur naturelle.

Sauge Sclarée.
Plante réd. au huitième; rameau au quart.

SAUGE SCLARÉE, SCLARÉE, TOUTE-BONNE, ORVALE (*Salvia Sclarea* L.). (ANGL. Clary ; ALL. Muscateller Salbei ; SUÉD. Sclar-Salvia). — Fam. des *Labiées*.

La Sauge Sclarée, quoique vivace, est annuelle ou au plus bisannuelle dans les cultures. C'est une plante herbacée, à feuilles radicales très amples, ovales-obtuses, largement sinuées ou crénelées, velues-laineuses, d'un vert grisâtre et cloquées à la manière de celles des Choux de Milan. Tige très grande, carrée, rameuse au sommet, portant de longs épis de fleurs blanches et lilas, réunies par glomérules de deux ou trois. — La Sauge Sclarée ne monte à graine que dans le cours du second été après le semis; lorsqu'elle a fleuri, il vaut mieux détruire la plantation et la remplacer par de jeunes plantes.

On sème au mois d'Avril, en lignes espacées de 0^{m}40 à 0^{m}50 ou en pépinière, et on repique alors en Mai, à la distance indiquée ; on bine et l'on arrose pendant l'été. Dès le mois d'Août, on peut cueillir quelques feuilles, et la production continue jusqu'au mois de Juin ou de Juillet de l'année suivante.

On peut aussi employer les feuilles de cette sauge comme condiment.

SCAROLE. — Voy. CHICORÉE SCAROLE.

SCOLYME D'ESPAGNE
Scolymus hispanicus L.
Fam. des *Composées*.

Synonymes : Cardouille, Cardousse, Épine jaune.

Noms étr. : angl. Golden thistle. — all. Spanischer Golddistel. — holl. Varkens distel. suéd. Spansk guld tistle. — ital. Barba gentile, Cardo scolimo. esp. Escolimo, Cardillo.— port. Cardo de ouro.— russe Blochak. — pol. Oset, Barszczyk.

Indigène. — *Bisannuel.* — Racine blanche, pivotante, assez charnue. Feuilles radicales oblongues, ordinairement marbrées de vert pâle sur fond vert foncé, très épineuses, rétrécies à la base en forme de pétiole ; tige très rameuse, atteignant environ 0ᵐ60 à 0ᵐ80 de hauteur, garnie de feuilles sessiles, décurrentes, très épineuses ; fleurs en capitules sessiles réunis par deux ou trois, à fleurons jaune vif. Graine aplatie, jaunâtre, entourée d'un appendice scarieux blanchâtre. Un gramme en contient environ 300, et le litre pèse en moyenne 125 grammes. La durée germinative est de trois années.

Scolyme d'Espagne.
Plante réd. au douzième ; racine au tiers.

Culture. — On sème le Scolyme d'Espagne au mois de Mars ou d'Avril en terre bien défoncée, de la même manière que le Salsifis. Tous les soins de culture sont, du reste, exactement les mêmes que pour cette dernière plante. On peut commencer à arracher les racines au mois de Septembre ou d'Octobre, et continuer la récolte pendant l'hiver. Comme dans le Chervis, le centre des racines est composé d'une mèche ligneuse non comestible qu'il est nécessaire d'enlever après la cuisson.

Usage. — On mange les racines, qui peuvent atteindre 0ᵐ25 à 0ᵐ30 de longueur sur 0ᵐ02 environ de diamètre, exactement comme celles du Salsifis.

SCORSONÈRE
Scorzonera hispanica L.
Fam. des *Composées*.

Synonymes : Scorzonère d'Espagne, Sc. géant de Russie, Corcionnaire, Écorce noire, Salsifis noir.

Noms étrangers : angl. Scorsonera, Viper's grass. — all. Scorsoner, Schwarzwurzel. flam. et holl. Schorseneel. — dan. Schorsenerrod. — suéd. Skorsonera ormrot. ital. Scorzonera. — esp. Escorzonera, Salsifi nero. — port. Escorcioneira. russes Kozelets, Korienia skortsonere tchernyïé. — pol. Wężymord, Czarne korzonki.

Espagne. — *Vivace*. — La Scorsonère est cultivée comme plante annuelle ou bisannuelle. La racine en est pivotante, charnue ; elle ressemble à celle du Salsifis par ses dimensions et sa saveur, mais elle s'en distingue par la couleur noire de son écorce. Les feuilles de la Scorsonère sont aussi beaucoup plus amples que celles du Salsifis; elles sont oblongues-lancéolées, pointues à l'extrémité ; celles qui garnissent les tiges sont sessiles et aussi d'une certaine largeur. Fleurs de couleur jaune vif.

Les graines sont blanches, lisses, très longues, obtuses à une extrémité et plus ou moins pointues à l'autre, au nombre d'environ 90 dans un gramme, et pesant en moyenne 260 grammes par litre. Leur durée germinative est de deux ans au moins.

CULTURE. — La Scorsonère se cultive exactement comme le Salsifis, avec cette différence qu'il n'est pas absolument nécessaire d'arracher toutes les plantes après la première année de végétation, parce qu'elles continuent de grossir et de produire, à l'automne suivant et pendant tout l'hiver, des racines plus volumineuses, plus charnues et par conséquent d'un rendement plus considérable.

Dans le cours de la première année, une partie des plantes se met à fleurs ; on supprime simplement les tiges florales, ce qui favorise le développement des racines. Dans la première comme dans la seconde année, les soins à donner consistent en binages, sarclages et arrosages.

La récolte des racines a lieu de Novembre jusqu'en Mars au fur et à mesure des besoins. Pour en rendre l'arrachage plus facile et aussi en prévision de neige et de fortes gelées, il est bon de couvrir les planches d'une couche de feuilles ou de litière. On peut aussi arracher une provision de racines que l'on met dans la serre à légumes.

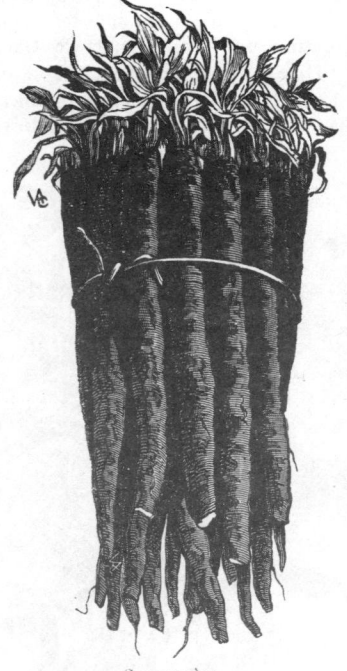

Scorsonère.
Réd. au tiers.

USAGE. — On mange les racines de Scorsonère cuites de la même manière que les salsifis ; on peut aussi employer les feuilles en salade.

SERPOLET. — Voy. THYM.

SOJA

Glycine Soja SIEB. et ZUCC. — **Soja hispida** MŒNCH.

Fam. des *Légumineuses*.

SYNONYME : Pois oléagineux de la Chine.

NOMS ÉTRANGERS : ANGL. China soja-bean, White gram. — ALL. Soja-Bohne. — SUÉD. Sojaböna. — RUSSE Soïa-fasól. — POL. Soja.

Chine. — *Annuel.* — Les variétés de Soja sont presque aussi nombreuses en Chine que les variétés de haricots en Europe. Il y en a de naines et de grandes, et si ces dernières ne sont pas absolument grimpantes, comme chez nous les haricots à rames, elles traînent au moins longuement sur le sol.

Jusqu'ici, on ne cultive en Europe, et l'on ne regarde comme intéressantes au point de vue comestible, qu'une ou deux variétés naines à maturité précoce, auxquelles nous limiterons les indications données ici.

Un des grands mérites de cette plante, c'est qu'elle paraît jusqu'ici n'être attaquée par aucun insecte ni par aucun champignon parasite. La vigueur de sa végétation, sa grande production et la richesse de son grain en principes nutritifs la font justement apprécier comme plante agricole et économique.

Culture. — Le Soja se cultive exactement à la manière des haricots. Il demande à peu près la même somme de chaleur, et mûrit en même temps que les variétés de demi-saison. Toutes les cosses que porte un même pied ne sont du reste pas mûres en même temps ; souvent celles qui ont noué les premières sont déjà renflées et presque mûres, que la floraison continue encore au sommet des tiges.

Usage. — Le grain du Soja se mange à la manière des haricots, frais ou sec. Dans ce dernier cas, il faut le faire tremper dans l'eau pendant un certain temps avant de le faire cuire ; autrement il reste très ferme et presque dur. La farine de Soja, très pauvre en amidon, est employée pour la fabrication d'un pain spécial aux diabétiques. — En Chine, on en fait de l'huile et des fromages ; au Japon, il produit une sauce connue sous le nom de *Cho-yo*.

Soja d'Étampes.
Plante réd. au huitième ; cosses au tiers.

Soja ordinaire.
Plante réd. au huitième ; cosses au tiers.

SOJA ORDINAIRE A GRAIN JAUNE.

Plante naine, trapue, formant de petites touffes compactes s'élevant de 0^m25 à 0^m50, suivant la richesse du sol et l'époque du semis ; fleurs extrêmement petites, verdâtres ou lilacées, en grappes axillaires, faisant place à des gousses velues contenant deux ou trois petits grains, jaune pâle à la maturité et à peine plus gros que ceux du Haricot riz. Ces grains pèsent 720 grammes par litre, et 10 grammes en contiennent environ 80. Leur durée germinative est de deux années. — Cette variété mûrit en trois ou quatre mois.

Pour la consommation potagère, on donne généralement la préférence aux deux variétés suivantes :

SOJA D'ÉTAMPES.

Race moins hâtive, mais notablement plus productive que la précédente. Ce soja forme des touffes ramifiées qui peuvent s'élever de 0^m60 à 0^m80 de hauteur, et qui se chargent de cosses aux aisselles de toutes les feuilles. Le grain en est jaune et notablement plus gros que celui du Soja ordinaire ; il atteint à peu près le volume de celui du Haricot jaune de la Chine, avec une forme quelquefois un peu plus allongée. Il pèse à peu près 725 grammes par litre, et 10 grammes en contiennent environ 70. Sa durée germinative est de deux années.

Il faut au moins quatre ou cinq mois au S. d'Étampes pour se développer complètement et parvenir à maturité ; il mûrit cependant la plus grande partie de ses gousses sous le climat de Paris dans les années ordinaires.

SOJA HATIF DE LA PODOLIE.

Plante de 0m80 environ de hauteur, dressée, à feuilles moyennes, vert foncé et très réticulées ; cosses nombreuses, recourbées, contenant généralement trois grains ; ceux-ci sont noirs et renflés.

Cette variété, très répandue dans la Russie méridionale, a été depuis peu introduite en France. Sa précocité est son principal mérite ; malheureusement la couleur de son grain est cause qu'il est peu recherché comme légume.

Sous le nom de *Soja très hâtif à grain brun*, il existe une variété encore plus hâtive que le Soja de Podolie, et dont les cosses presque droites, réunies en grappes compactes, contiennent trois grains bruns. Comme la variété précédente, celle-ci mûrit normalement ses grains sous le climat de Paris.

SOUCHET COMESTIBLE

Cyperus rotundus L. — C. esculentus Gouan.

Fam. des *Cypéracées*.

Syn. : Amande de terre, Souchet sultan, S. tubéreux, Trasi, Juncia des Espagnols, Habb el Kela, Habb el Aziz, Keredelites, Sakit des Égyptiens, Tchoulès.

Noms étrangers : angl. Rush-nut, Chufa. — all. Erdmandel. — flam. Aardmandel. suéd. Ätlig cypernöt jormandel. — ital. Mandorla di terra, Dolcicchini. esp. Chufa, Cotufa. — russes Simóvnik, Morskoï timnik. — pol. Kasztanki ziemne.

Indigène. — *Vivace.* — Plante formant des touffes de feuilles raides, aiguës, presque triangulaires, comme celles de la plupart des *Cypéracées*. Racines brunâtres, très nombreuses, enchevêtrées, entremêlées de pousses souterraines se renflant en espèces de petits tubercules écailleux, bruns, marqués de plis transversaux, et remplis d'une chair blanche, farineuse et sucrée.

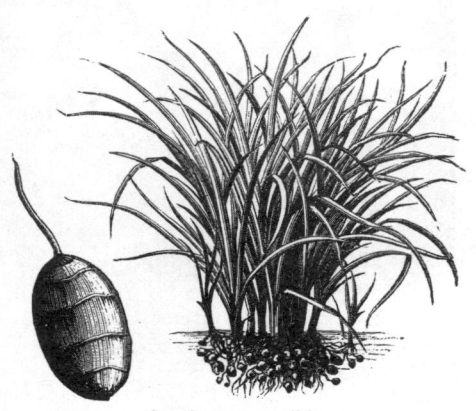

Culture. — On propage la plante en Avril ou Mai, soit par les tubercules, soit par division des touffes ; celles-ci s'accroissent et s'étendent beaucoup pendant l'été ; on bine, on sarcle et arrose, puis la récolte des tubercules se fait au mois d'Octobre ou de Novembre. Ils se conservent aisément pendant l'hiver dans un endroit sec et à l'abri de la gelée, et prennent en séchant une saveur plus douce et plus agréable qu'à l'état frais.

Souchet comestible.
Plante réd. au dixième : racine grand. naturelle.

Usage. — On mange les tubercules du Souchet, crus ou grillés ; ils ont un goût agréable d'amande.

SOUCI DES JARDINS (*Calendula officinalis* L.). (ANGL. Pot-Marigold; ALL. Ringelblume; SUÉD. Solsicka; RUSSE Nagotki; POL. Nagietek). — Fam. des *Composées*.

Plante annuelle, à feuilles oblongues-lancéolées, entières, d'un vert grisâtre; tiges courtes, branchues, portant de larges capitules à fleurons d'un jaune orangé.

On fait usage des fleurs dans quelques préparations culinaires; pour cela on récolte les pétales en été, et on les fait sécher à l'ombre pour les conserver jusqu'au moment de les employer. On s'en sert aussi pour colorer le beurre en jaune.

STACHYS TUBÉREUX

Stachys palustris L. — S. affinis BGE. — S. tuberifera NDN.

Fam. des *Labiées*.

SYNONYMES : Crosne du Japon, Épiaire à chapelets.

NOMS ÉTRANGERS : ANGL. Japanese artichoke. — ALL. Japanesische Artischoke. — SUÉD. Japansk jordartskocha. — RUSSE Khoroghi. — JAP. Choro-Gi.

Chine, Japon. — *Vivace*. — Plante traçante, à tiges carrées et feuilles opposées, ovales-pointues, d'un vert terne, réticulées, rudes au toucher. Les fleurs, disposées en verticilles compacts à l'extrémité des tiges, ne se montrent pour ainsi dire jamais sous le climat de Paris; on n'en recueille par conséquent pas de graines. Mais, par contre, la plante se multiplie très facilement par ses rhizomes, qui sont l'extrémité épaissie des tiges souterraines et qui forment la partie utile de la plante, en même temps que son principal moyen de propagation.

Ces rhizomes, dont la figure ci-contre est une représentation exacte, sont blancs, très aqueux; la peau en est presque nulle et la chair très peu consistante et extrêmement tendre. Ils ne se forment qu'à l'arrière-saison lorsque la végétation de la plante est presque complètement suspendue et que ses parties aériennes commencent à se flétrir. Ils se conservent difficilement hors de terre, et, pour les consommer dans toute leur fraîcheur, il convient de ne les arracher qu'au moment d'en faire usage.

Stachys tubéreux.
Plante réd. au dixième; rhizomes de grandeur naturelle.

CULTURE. — La culture du Stachys est tout ce qu'il y a de plus simple : On plante les rhizomes de Février en Mars-Avril, de préférence en terre légère, en poquets ou trous de 0^{m}10 de profondeur et à 0^{m}40 environ l'un de l'autre. On met de 1 à 3 rhizomes à la touffe, et on n'a à s'occuper de la plantation pendant l'été que pour enlever les mauvaises herbes et arroser en cas de grande sécheresse. A partir du mois de Novembre, on peut commencer à arracher les rhizomes pour la consommation; mais, comme nous venons de le dire, ils sont d'une conservation très difficile et fanent hors de terre, il est donc bon de ne les arracher qu'au fur et à mesure des besoins de la consommation. En temps de gelée, il suffit de couvrir la terre d'une couche de litière ou de feuilles l'empêchant de durcir et permettant de ne pas interrompre l'arrachage. On emploie de 5 à 6 kilogr. de rhizomes à l'are et le kilogr. en contient environ 450.

Usage. — On mange les tubercules ou rhizomes, cuits et assaisonnés de différentes manières, bouillis, frits ou en salade.

TANAISIE, Herbe amère, Tanacée (*Tanacetum vulgare* L.) (angl. Tansy; all. Wurmkraut; ital. Atanasia, Tanaceto; esp. Tanaceto. — Fam. des *Composées*.

Tige annuelle, dressée, ordinairement simple, s'élevant à 1 mètre environ de hauteur, garnie de feuilles extrêmement divisées, très profondément découpées en segments étroits. Capitules petits, en corymbe terminal; fleurons d'un jaune intense.

On cultive deux variétés de Tanaisie : la *commune*, qui est la même que la plante sauvage, et une variété *frisée*, dont le feuillage, outre son emploi ordinaire, peut être utilisé comme garniture, à la manière de la Mauve frisée.

La Tanaisie ne demande pas de soins; une touffe dans un coin du jardin, suffit d'ordinaire à tous les besoins. La plante se multiplie par division ou par le semis.

Les feuilles sont parfois employées comme condiment.

TÉTRAGONE CORNUE
Tetragonia expansa Murr.
Fam. des *Mésembrianthémées*.

Synonymes : Tétragone étalée, Épinard de la Nouvelle-Zélande.

Noms étr. : New-Zealand spinach. — all. Neuseeländischer Spinat. — flam. Vierhouk. Vierkant-vrugt.—dan. Nyseelandsk Spinat.—suéd. Ny-Seeländsk Sp.—ital. Tetragona. russe Chpinàte novyzelandsky. — pol. Trętwian, Szpinak nowozelandzki.

Nouvelle-Zélande. — Annuelle.
Tiges étalées, ramifiées, longues de 0^m60 à 1 mètre, garnies de feuilles nombreuses, alternes, d'une forme qui rappelle celle des feuilles d'Arroche, épaisses et charnues. Fleurs axillaires, petites, verdâtres, sans pétales, faisant place à un fruit cornu, dur, un peu analogue comme forme à la Macre ou Châtaigne-d'eau, mais beaucoup plus petit. Les graines sont renfermées dans l'intérieur presque ligneux du fruit. Un gramme de fruits en contient de 10 à 12, et le litre pèse 300 grammes. La durée germinative de la graine est de quatre années.

Tétragone cornue.
Plante réd. au douzième; rameau au quart.

Culture. — La Tétragone cornue est cultivée pour remplacer l'Épinard pendant les mois les plus chauds de l'été ou dans les localités sèches et arides où ce dernier réussit mal. C'est une plante potagère très recommandable pour les pays à climat très chaud.

On la sème : 1° en Mars, en pots sur couche (3 graines par pot), et sous châssis; on met en place fin-Avril ou en Mai; 2° en Avril-Mai en place ou en pépinière. Lors de la mise en place qui doit se faire en terrain meuble et substantiel, on laisse ordinairement 0^m80 à 1^m en tous sens entre les plants. On sème aussi à l'automne en place; la germination a lieu dans ce cas au printemps.

Pendant l'été, la Tétragone cornue ne réclame d'autres soins que des arrosages copieux qui en augmenteront la production et fourniront des feuilles plus tendres.

La récolte se fait suivant l'époque du semis, depuis Juin jusqu'en Octobre.

Usage. — Les feuilles se mangent hachées et cuites, de la même manière que les Épinards.

THYM ORDINAIRE

Thymus vulgaris L.

Fam. des *Labiées*.

Syn. : Faligoule, Farigoule, Frigoule, Mignotise du Génevois, Pote, Pouillu, Pouilleux.

Noms étrangers : angl. French thyme, Narrow-leaved T., Common T.
all. Französischer Thymian. — flam. Thijmus. — holl. Tijm. — dan. Thimian.
suéd. Trädgårdstimjan.— ital. Timo, Pepolino.— esp. Tomillo.— port. Tomilho.
russe Timiane frantsoussky. — pol. Tymian francuski, Macierzanka.

Indigène. — Vivace. — Très petit sous-arbrisseau à tiges grêles, raides, ligneuses, ramifiées, portant de petites feuilles linéaires, ou lancéolées-aiguës et plus ou moins enroulées au bord, grises en dessous et d'un vert plus ou moins foncé en dessus, très odorantes ; fleurs petites, labiées, d'un lilas rosé, réunies en bouquets terminaux, globuleux ou ovoïdes, s'allongeant après la floraison. Graine petite, arrondie, d'un brun rougeâtre ou foncé, au nombre d'environ 6 000 dans un gramme, et pesant en moyenne 680 grammes par litre. Sa durée germinative est de trois années.

Thym ordinaire.
Réd. au huitième ; rameau à la moitié.

Culture. — Le Thym se plante habituellement en bordures, en terre saine et à une exposition chaude. On peut le propager par division des touffes ou par boutures ; mais en général on préfère le semis, qui donne des plantes très vigoureuses. Le semis se fait d'Avril en Juin, en place ou en pépinière ; dans ce dernier cas, la transplantation se fait de Juin en Juillet ; les plants doivent être laissés ou repiqués à 0^{m}15 ou 0^{m}20 environ de distance. Il est bon de refaire les bordures de Thym tous les trois ou quatre ans.

Usage. — On se sert très fréquemment des feuilles et des jeunes pousses du Thym comme condiment. On l'emploie aussi en pharmacie pour en faire une essence.

On distingue dans les cultures deux variétés de Thym commun :

Le *Thym du Midi* ou *Thym français*, qui a les feuilles petites, étroites, grisâtres, et dont le goût est très aromatique ;

Et le *Thym d'hiver* ou *Thym allemand* (angl. *German thyme, Broad-leaved T.* ; all. *Deutscher* oder *Winter-Thymian*), plante un peu plus haute et plus forte, à feuilles plus larges, et à saveur un peu plus amère ; la graine en est aussi d'un tiers plus grosse.

On cultive encore quelquefois le *Thym citronné* (*Thymus citriodorus* Pers. ; angl. *Lemon thyme*), petit sous-arbrisseau à tiges traînantes dont le pays d'origine est inconnu ; la saveur en est fine et très agréable.

Quelquefois aussi on fait usage, pour aromatiser les mets, surtout à la campagne, du Serpolet ou *Thym sauvage* (*Thymus Serpillum* L. ; angl. *Mother of thyme* ; all. *Quendel, Feld-Thymian* ; ital. *Serpillo, Sermollino*), plante vivace, indigène, à tige très grêle, rampante, garnie de petites feuilles ovales-arrondies, bien odorantes, et portant des grappes terminales, redressées, de fleurs roses ou violettes.

TOMATE

Lycopersicum esculentum Mill. — **Solanum Lycopersicum** L.

Fam. des *Solanées*.

Synonymes : Pomme d'amour, P. d'or, P. du Pérou.

Noms étr. : angl. Tomato, Love-apple. — all. Tomate, Liebesapfel. — flam. Tomaat.
suéd. Tomates, Kärleks-äpple. — ital. Pomodoro. — esp. et port. Tomate.
russes Tomate, Pomedore, Amournoïe iabloko, Baklajany krasnyïe. — pol. Pomidor.

Amérique méridionale. — Annuelle. — La Tomate est une plante ramifiée, à tige sarmenteuse, se soutenant difficilement sans l'aide de supports artificiels. Les tiges en sont grosses, presque ligneuses, renflées, surtout aux nœuds et recouvertes d'une écorce verte, rude au toucher. Les feuilles sont ailées, à folioles ovales-acuminées, un peu dentées sur les bords, grisâtres à la surface inférieure, et souvent repliées en cuiller ou même à bords roulés en dessus ; fleurs jaunâtres, en corymbes axillaires. Fruits en forme de grosses baies, charnus, de forme et de couleur variables. Graine blanc grisâtre, réniforme, très aplatie, chagrinée sur les deux faces, au nombre de 300 à 400 dans un gramme, et pesant environ 300 grammes par litre. Sa durée germinative est de quatre années.

Culture ordinaire. — Ce n'est guère que dans le midi de l'Europe que la Tomate peut se développer complètement sans l'aide de la chaleur artificielle. Sous le climat de Paris, on sème habituellement, pour la culture ordinaire ou de saison, à la fin de Mars, en pépinière, sur couche chaude et sous châssis, en rayons ou en plein : les graines ne doivent pas être recouvertes de plus de $0^m 01$ de terre. La levée s'effectue d'ordinaire entre cinq et huit jours ; et, trois semaines à un mois après, on repique les plants sur couche tiède à $0^m 12$ ou $0^m 15$ en tous sens, en ayant soin de les enterrer jusqu'aux cotylédons. La Tomate s'étiolant facilement sous châssis, il est indispensable d'aérer largement et aussi souvent que le temps le permet. Dans cette culture, les châssis ne doivent rester constamment fermés et couverts de paillassons que durant la germination des graines et pendant la reprise des plants après repiquage. Lorsque, malgré tous les soins, les plantes s'allongent démesurément, il faut pratiquer un second repiquage sous le même châssis ou sous un autre semblable, et sans chaleur artificielle, en ayant soin d'enfoncer les plants plus profondément.

Vers la fin de Mai, on met les plants en place en pleine terre, à exposition chaude, en terrain profondément labouré et copieusement fumé ; on les espace à $0^m 50$ ou $0^m 80$, suivant les variétés. Pour donner plus de vigueur aux plantes, quelques jardiniers les couchent en enterrant les mottes et ne laissent sortir que l'extrémité de la plante ; les tiges ainsi couchées s'enracinent à chaque nœud, ce qui a pour résultat de donner plus de nourriture à la plante.

Au pied de chaque plante, on pratiquera une cuvette que l'on remplira de fumier, et qui recevra les eaux d'arrosage.

Dès que les tomates ont $0^m 40$ à $0^m 50$ de hauteur, on les soutient, soit au moyen d'un simple tuteur, soit par une série de piquets reliés entre eux et formant une sorte de treillage sur lequel on palisse les branches. Les variétés les plus tardives gagnent à être plantées au pied d'un mur ou d'un abri à bonne exposition. Il est indispensable, pour obtenir de beaux fruits mûrissant d'une façon rapide et régulière, de soumettre la Tomate à une taille appropriée à la variété cultivée.

Les figures que nous donnons plus loin, pages 667 et 668, pour la T. rouge grosse hâtive et la T. rouge naine hâtive, donnent un très bon exemple du meilleur mode de palissage des tomates sur un ou plusieurs tuteurs. Pour la forme en U double de la page 668, le premier pincement se fera à $0^m 15$ environ du sol, provoquant ainsi l'émission de deux yeux latéraux qui formeront plus tard la charpente représentée par la figure. Sur ces deux rameaux principaux, on réservera à droite et à gauche un œil appelé à donner les deux autres branches destinées à compléter la charpente. Ces mêmes rameaux ayant atteint une hauteur suffisante subordonnée à la taille de la variété, seront définitivement pincés, et tous les bourgeons naissant ensuite à l'aisselle des feuilles seront supprimés au fur et à mesure de leur apparition.

Quand on se contentera d'un seul tuteur, on dirigera une ou deux branches que l'on fixera sur ce dernier et on les pincera au-dessus des deux ou trois premiers bouquets de fleurs, et, comme on vient de le lire, tous les bourgeons secondaires seront radicalement supprimés.

Après la taille et la suppression des bourgeons adventifs, les autres soins d'entretien consistent en quelques binages et arrosages donnés à propos. On recommande particulièrement d'arroser les tomates au pied, l'eau donnée en aspersions déterminant la chute des feuilles et favorisant, paraît-il, le développement de la maladie. A l'approche de la maturité des fruits, on débarrasse ceux-ci des feuilles trop nombreuses qui les priveraient des rayons solaires.

La récolte commence dans les premiers jours d'Août pour les variétés les plus précoces et se continue une partie de l'automne. Les fruits qui se trouvent encore sur pied lors de l'arrivée des froids, rentrés avec leurs tiges dans une pièce saine et chaude, dans une serre ou bien entre deux châssis, y achèvent parfaitement de mûrir.

Culture forcée. — La culture forcée, en grand, perd de jour en jour de son importance, ses produits ne pouvant lutter contre les prix relativement bas des envois provenant d'Égypte, d'Algérie ou de Provence. Mais, comme cette culture est et sera toujours pratiquée dans les potagers d'amateurs, nous allons la décrire succinctement.

On emploie d'ordinaire, dans ce cas spécial, les variétés naines, que l'on sème en Janvier-Février, sur couche chaude, et on repique, toujours sur couche chaude, quand les plants ont développé trois ou quatre feuilles. On contreplante en place en Mars, sur couche développant 18 à 20° de chaleur, et sous châssis dans des *Laitues* déjà plantées, à raison de six ou neuf plants de tomate par panneau. La taille se pratique exactement comme il vient d'être dit pour la culture ordinaire. Les deux branches qui formeront la charpente de chaque plante seront fixées sur deux piquets qui les soutiendront pendant toute la durée de la végétation. Les laitues, très promptes à se former, laissent bientôt le châssis entièrement libre, permettant aux tomates d'occuper toute la place. Les soins d'entretien consistent à ébourgeonner, arroser et palisser. Chaque fois que le temps le permettra, on donnera progressivement de l'air, et lorsque les plantes arriveront à la hauteur du verre, on surélèvera les coffres de 0^m15 à 0^m20 en calant les pieds au moyen d'un tampon de fumier.

On récolte les premiers fruits vers la fin d'Avril ; chaque plante en fournit d'ordinaire de six à huit.

On peut obtenir aussi des tomates mûres pendant l'hiver : on sèmera alors dans la première quinzaine d'Août, en pépinière, pour repiquer en godets de 0^m08 ; ces plants seront rempotés dans le courant d'Octobre en pots de 0^m14 ou 0^m16 et seront enterrés dans une couche tiède où ils resteront jusqu'en Novembre, époque à laquelle on les rentrera en serre chaude, où ils achèveront de se développer et de mûrir leurs fruits. Les soins généraux d'entretien sont exactement les mêmes que ceux déjà décrits.

Culture en serre. — Ce mode de culture n'est guère pratiqué qu'en Belgique et surtout en Angleterre, où certains spécialistes ont des installations tout à fait importantes en vue de la production des tomates de primeur.

Bien qu'à la rigueur toute serre puisse être utilisée dans ce but, les forceurs anglais se servent de préférence des serres à deux versants, assez élevées, dont la charpente entièrement en bois est supportée par des poteaux également en bois disposés sur deux rangées.

Nous n'entrerons pas dans les détails de construction de ce genre de serre, pas plus d'ailleurs que dans le système de culture, qui n'offre d'intérêt que pour les régions moins privilégiées que la nôtre, plus froides et humides, et où, par conséquent, la température ne permet guère la culture en plein air de la Tomate.

Dans les grandes forceries de raisin, on utilise souvent la place disponible par des cultures de Tomate, mais on a presque toujours à lutter contre le « *mildiou* », qui s'attaque malheureusement aux deux plantes.

Culture en plein champ, sous le climat de Paris. — Il existe de nombreuses cultures de tomates dans la banlieue parisienne, notamment à Palaiseau, Longjumeau, Montlhéry, Arpajon, etc., qui approvisionnent non seulement le marché de Paris, mais exportent surtout leurs produits en Angleterre. La culture se fait le plus ordinairement en terres de plaine, mais les terrains en coteaux exposés au Midi donnent des produits beaucoup plus précoces. Les semis se font d'ordinaire du 10 au 15 Mars sous châssis froid ou presque froid. On repique au bout de trois semaines environ, à raison de 140 pieds par châssis, puis on pratique un second repiquage en ne mettant plus que 80 pieds par châssis. L'aération progressive est de rigueur, de façon à obtenir des plants bien endurcis et susceptibles de supporter, sans autre arrosage que l'eau du ciel, la mise en place qui s'effectue du 15 Mai au 1er Juin. On ne laisse sur les pieds que deux branches maîtresses; on ébourgeonne soigneusement, puis on pince l'extrémité des tiges quand elles ont atteint le haut des échalas contre lesquels elles sont palissées et fixées à l'aide de cinq ou six attaches. La culture ne demande pas d'autres soins que des sarclages et binages; on peut pailler si on le juge utile.

La récolte commence dans les premiers jours d'Août, et même avant dans les cultures en coteaux bien exposés.

Culture méridionale de primeur. — Dans les localités chaudes du littoral, on sème à l'air libre dans la première quinzaine d'Août, pour repiquer en pépinière au commencement de Septembre; et l'on met en place au commencement d'Octobre en bâches froides ou dans de grandes serres non chauffées, à deux pentes, hautes d'environ 2 mètres et larges de 3 à 4 mètres. Avant de procéder à la plantation, on creuse des sillons profonds d'environ 0^{m}40, larges de 0^{m}30 à 0^{m}35, et remplis d'un mélange de bonne terre de jardin et de terreau neuf. C'est dans ces sillons, espacés entre eux de 0^{m}45 à 0^{m}50, que l'on met en place les pieds de tomates, lesquels sont eux-mêmes écartés sur les lignes de 0^{m}30 à 0^{m}40. On pince au-dessus de la première fleur pour obtenir 2 ou 4 branches latérales que l'on dirige verticalement, et que l'on arrête à leur tour à la troisième ou quatrième fleur; les plantes sont maintenues à l'aide de tuteurs en roseau. A la fin de l'automne et en hiver, on donne de l'air chaque fois que la température le permet; on couvre de paillassons pendant la nuit et on abrite pendant le jour de la trop grande ardeur du soleil. — La récolte commence en Janvier et dure jusqu'en Avril.

Dans les localités moins favorisées de la Provence, on sème en Octobre-Novembre sous châssis, on repique en Novembre-Décembre sur couche et sous châssis. La taille et les soins à donner sont les mêmes que ceux dont il a été question à l'article *Culture forcée*. On surélève les coffres au fur et à mesure de la croissance des plantes. — La récolte commence dans la première quinzaine de Mai.

On sème aussi sur couche tiède en Février; on repique en Mars sous châssis froid, puis on met en place à l'air libre vers le milieu d'Avril, en planches séparées par des abris en roseaux; ces carrés sont de 10 mètres de largeur, les rangs de tomates étant espacés entre eux de 1 mètre, et les pieds de 0^{m}50 à 0^{m}80, suivant la vigueur des variétés. La taille, l'ébourgeonnage et le palissage sont donnés d'après les indications précédentes. La récolte commence dès les premiers jours de Juin.

Culture méridionale en plein champ. — Elle consiste à semer sous châssis froid dans la deuxième quinzaine de Mars, au pied d'un mur au Midi, en ombrant les châssis de claies en roseaux au moment du grand soleil. Les plants sont repiqués en place, en plein air, vers la fin d'Avril, en planches de 1^{m}50 de large, entre lesquelles on pratique des rigoles qui recevront les eaux d'irrigations. Ces plants sont placés en bordure des planches, à quelques centimètres du bord et écartés entre eux de 0^{m}50 sur la ligne. Les rameaux sont dirigés toujours vers le centre des planches, pour que les rigoles soient maintenues entièrement libres, et laissés ensuite à l'abandon sur le sol jusqu'au moment où ils ont acquis un développement suffisant; on supprime alors tous les bourgeons inutiles qui naissent à l'aisselle des feuilles, ainsi que l'extrémité des rameaux fructifères : cette opération a pour but, est-il besoin de le dire, de favoriser le grossissement et la maturité des fruits.

La récolte commence en Juin et se prolonge pendant la plus grande partie de l'été.

En Algérie, où la Tomate est cultivée en grand, surtout aux environs d'Alger et dans la plaine d'Oran, il y a deux époques principales de culture : la première, dite *de primeur*, et la deuxième, dite *tardive*. Il y a aussi la culture *intercalaire*, comprise entre ces deux époques, qui n'a aucune méthode et se fait au caprice et suivant le désir ou le besoin du producteur, de mois en mois.

Les premiers semis se font généralement fin-Décembre ou dans les premiers jours de Janvier, sous abris, sur fumier recouvert d'une couche de terreau, afin d'éviter une trop grande chaleur.

Les abris sont très primitifs : quatre montants, une toiture en plan incliné face au Midi, couverte en diss, un côté fermé et trois ouverts.

On repique les plants fin-Février ou commencement de Mars, et si la saison est fraîche, on met derrière chaque plant, contre le vent, un petit abri en plan incliné qui se compose d'un roseau fendu à moitié dans le sens de la longueur, et dans lequel on glisse un paillasson de paille ou de diss.

La production a lieu fin-Mai ou commencement de Juin et se poursuit assez longtemps suivant les pincements faits à la plante, pincements qui sont nombreux, afin d'avoir des fruits plus rapidement, car, dans la première époque, on ne cherche que la précocité sans trop s'arrêter à la quantité.

Les semis pour la production d'arrière-saison se font au mois d'Août, en planches, à l'air libre. On repique les plants en Septembre. A cette saison les semis poussent très vite. On établit à chaque rang des espaliers en roseaux après lesquels on attache les plants, que l'on fait monter sans pincements, afin que la production se poursuive le plus longtemps possible.

La production d'arrière-saison commence dans le mois de Novembre et finit dans les premiers jours de Janvier ; il n'est pas rare de voir des tomates fin-Janvier.

On sème aussi fin-Novembre en lignes et sur couche abritée d'auvents en bois ou en roseaux recouverts d'alfa et tournés vers le sud ; on repique en pépinière sous ces abris analogues et on met en place en Janvier, à 0^{m}45, sur des lignes distantes de 1^{m}50 et orientées de l'Est à l'Ouest ; le sol est disposé en billons à la base desquels on plante les tomates ; on les protège en outre contre les vents du Nord par des claies de roseaux garnies d'alfa. — La récolte commence fin-Mars et dure jusqu'en Mai.

Exigences et Engrais. — La Tomate préfère les terres légères, meubles et fraîches ; c'est dans celles qui sont riches en terreau qu'elle produit les plus beaux fruits. Il est donc tout indiqué de donner de fortes doses de fumier dans les terres où doit se faire la culture de cette plante, et les résultats seront encore plus beaux si l'on a eu soin d'adjoindre au fumier des engrais minéraux phosphatés et potassiques. A titre d'indication, nous donnons ci-après deux formules d'engrais chimiques convenant aux terres de fertilité moyenne, ayant reçu environ 20,000 kilog. de fumier de ferme ou l'équivalent en terreau neuf :

   400 à 500 kil. Superphosphate de chaux.
   100 à 150 — Chlorure de potassium *ou* 300 kil. Kaïnite. } par hectare.
   200 à 250 — Nitrate de soude.

La dose indiquée de nitrate doit être donnée en deux fois : moitié avant la mise en place, moitié dans le cours de la végétation.

Dans les cultures de jardin ou dans la culture forcée, on donnera la préférence au mélange suivant :

   30 kil. Phosphate d'ammoniaque.
   45 — Nitrate de potasse.
   15 — Nitrate de soude.
   10 — Sulfate d'ammoniaque.

que l'on utilisera à raison de 5 kil. par are, ou en arrosages à la dose de 1 kil. par 100 litres d'eau à répandre en plusieurs fois sur 25 mètres carrés.

Insectes et Maladies. — La Tomate n'a pas ordinairement beaucoup à souffrir de l'attaque d'insectes nuisibles ; cependant, il y a quelques années, on a signalé, dans les cultures méridionales, des ravages assez importants causés par une chenille qui n'a pas été bien exactement déterminée et qu'on suppose être celle d'une *Noctuelle*. L'emploi de lanternes-pièges, en permettant de détruire de grandes quantités de papillons, diminue beaucoup l'importance des pontes et limite par suite les dégâts.

Si la Tomate est relativement à l'abri des insectes, il n'en est pas de même malheureusement à l'égard des maladies cryptogamiques ou bactériennes. La plus redoutable est assurément celle causée par le *Phytophtora infestans*, qui s'attaque également à la Pomme de terre ;

elle se reconnaît aux taches d'un brun roux qui se développent sur les feuilles et sur les fruits. Le traitement est le même que celui indiqué pour les pommes de terre (*Voy*. page 576).

Les cultures en serre sont exposées aux attaques du *Cladosporium fulvum;* les feuilles jaunissent et se couvrent à la face inférieure d'un revêtement velouté gris verdâtre; les rameaux se dessèchent et meurent. Les traitements aux bouillies à base de sulfate de cuivre paraissent donner de bons résultats.

Le « *blanc* ou *meunier* », dû à un champignon du genre *Erysiphe*, est quelquefois redoutable dans les cultures sous verre. On combat cette affection par des soufrages.

On a constaté aussi, principalement dans les cultures du Nord et de l'Est, une altération des fruits due à une bactérie et caractérisée par l'apparition, à la partie supérieure du fruit, d'une tache gangreneuse brunâtre qui s'accroît progressivement et finit quelquefois par occuper le tiers de la surface des fruits. La chair qui se trouve sous la tache est complètement désorganisée, et les fruits sont absolument invendables. On ne connaît aucun remède pour prévenir ou enrayer cette maladie.

Usage. — L'emploi des Tomates dans la cuisine prend d'année en année plus d'importance. On prépare les fruits de bien des façons diverses, et la fabrication des conserves de tomates, en fruits ou en sauce, constitue dans le midi de la France une industrie très développée et très prospère.

TOMATE ROUGE GROSSE.

Noms étrang. : Angl. Large red tomato, Large red italian T., Abundance T., Goliath T., Orange field T., Mammoth T., Fidji island T. — All. Grossfrüchtige rote Tomate. — Holl. Groote roode tomaat.

Plante vigoureuse, à feuilles assez larges, d'un vert foncé, à folioles un peu gaufrées et repliées sur les bords. Fruits en grappes de deux à quatre, très gros, déprimés, irrégulièrement côtelés, larges de 0^{m}07 à 0^{m}10, épais de 0^{m}04 à 0^{m}05, et d'un beau rouge écarlate foncé.

Cette variété est très productive; c'est la plus généralement cultivée dans le midi de la France, d'où on en expédie les fruits sur tous les marchés; elle y est aussi d'un emploi considérable pour la fabrication des conserves.

Elle est, toutefois, un peu tardive pour le climat de Paris.

Tomate rouge grosse hâtive.
Plante réd. au douzième; fruit au tiers.

TOMATE ROUGE GROSSE HATIVE.

Syn.: Tomate quarantillonne, T. hâtive à feuille crispée, T. Béglaise, T. bayonnaise.

Noms étr. : Angl. Large early red tomato, Powell's early T. — All. Rote grossfrüchtige frühe Tomate. — Holl. Vroege roode tomat.

Plante assez grêle, caractérisée par ses feuilles presque toujours crispées et à folioles repliées en dessus, ce qui donne à cette plante l'apparence d'être à demi-desséchée. Fruits très nombreux, en grappes de trois à six, côtelés comme ceux de la T. rouge grosse, mais ne dépassant pas ordinairement 0^{m}06 à 0^{m}08 de diamètre sur 0^{m}03 ou 0^{m}04 d'épaisseur.

668   TOMATE

Les fruits de la Tomate rouge grosse hâtive mûrissent de quinze jours à trois semaines plus tôt que ceux de la T. rouge grosse. Elle convient parfaitement pour les climats analogues à celui des environs de Paris et c'est aussi, du reste, une des variétés qu'on y cultive le plus.

TOMATE ROUGE NAINE HATIVE.

Noms étrangers : Angl. Very early dwarf red tomato.— All. Früheste rote Zwerg-Tomate. Holl. Roode vroege dwerg tomaat.

Sous-variété bien trapue et remarquablement hâtive de la T. rouge grosse hâtive. Elle en diffère par sa tige moins élevée, qui se ramifie et commence à porter des bouquets de fruits plus près de terre, dès les premières mailles. Les caractères de végétation en sont, du reste, les mêmes ; mais, la petite taille de la T. rouge naine hâtive la rend plus facile à cultiver et surtout beaucoup mieux appropriée à la culture forcée pour primeurs.

Cultivée dans les mêmes conditions que la T. rouge grosse hâtive, elle commence à mûrir ses fruits deux ou trois jours plus tôt : ceux-ci sont un peu plus aplatis, plus côtelés et moins gros, mais la différence est fort légère ; ils sont abondants et bien pleins.

Tomate rouge à tige raide de Laye.   Tomate rouge naine hâtive.
Plante au douzième ; fruit au tiers.   Plante réd. au douzième.

TOMATE ROUGE A TIGE RAIDE DE LAYE.

Noms étrangers : Angl. Upright red Laye tomato ; (Am.) Tree-tomato. All. Rote aufrechtstämmige Tomate von Laye.

Cette variété, obtenue chez M. le comte de Fleurieu, au château de Laye, près de Villefranche (Rhône), se distingue de toutes les autres tomates par ses tiges très courtes, très raides, se soutenant parfaitement d'elles-mêmes, et garnies d'un feuillage très frisé, réticulé et d'un vert presque noir.

Les fruits de cette variété ressemblent à ceux de la T. rouge grosse, et mûrissent à peu près aussi tardivement ; ils sont assez volumineux, pleins et bien réguliers de forme.

Il serait très intéressant, et ce ne serait sans doute pas impossible, d'obtenir diverses races de tomates possédant, en même temps que les caractères des races ordinaires au point de vue de la forme et de la précocité des fruits, le port trapu, raide et ferme de la Tomate de Laye.

TOMATE PERDRIGEON.

Noms étrangers : angl. Belle of Massy tomato. — all. Belle von Massy Tomate.

Variété vigoureuse, demi-hâtive et très productive, sélectionnée par M. Perdrigeon, cultivateur spécialiste de la région parisienne, et tout récemment propagée dans les cultures.

Plante très naine, ne dépassant pas 1 mètre ; tige très grosse ; feuillage lisse, très divisé, à pétioles violacés. Fruits peu côtelés, en grappes, gros, épais, un peu dans le genre de ceux de la T. Reine des hâtives, à chair ferme et délicate, et ne se fendant pas à l'approche de la maturité. — Un peu moins précoce que cette dernière variété et que la T. très hâtive de pleine terre, la Tomate Perdrigeon mûrit cependant de très bonne heure et se recommande particulièrement par la beauté et la bonne conservation de ses fruits.

Tomate Perdrigeon (Fruit de grosseur naturelle ; rameau au quart).

TOMATE TRÈS HATIVE DE PLEINE TERRE.

Synonymes : Tomate Nicaise, T. Champagne, T. anglaise.

Noms étrangers : angl. Laxton's Open air tomato, Conqueror T., Faultless T.

Plante assez vigoureuse mais peu élevée, à feuillage grisâtre, légèrement crispé. Fruits en grappes assez nombreuses, à contours un peu irréguliers quoique non franchement côtelés, tout à fait plats du côté opposé au pédoncule et épais de 0^m03 à peine sur 0^m05 ou 0^m06 de diamètre ; ils prennent, à la maturité, une belle couleur rouge écarlate très intense. La chair en est épaisse, ferme et de très bon goût.

Convenant parfaitement, comme son nom l'indique, à la culture en pleine terre, cette tomate mûrit ses fruits à peu près aussi tôt que la T. rouge naine hâtive; elle est seulement un peu moins compacte de port.

La T. très hâtive de pleine terre est très recherchée par les cultivateurs de la région méridionale pour sa rusticité, sa résistance à la maladie et sa très bonne conservation qui lui permet de supporter facilement le transport ; c'est, avec la T. Merveille des marchés, une des meilleures pour l'exportation.

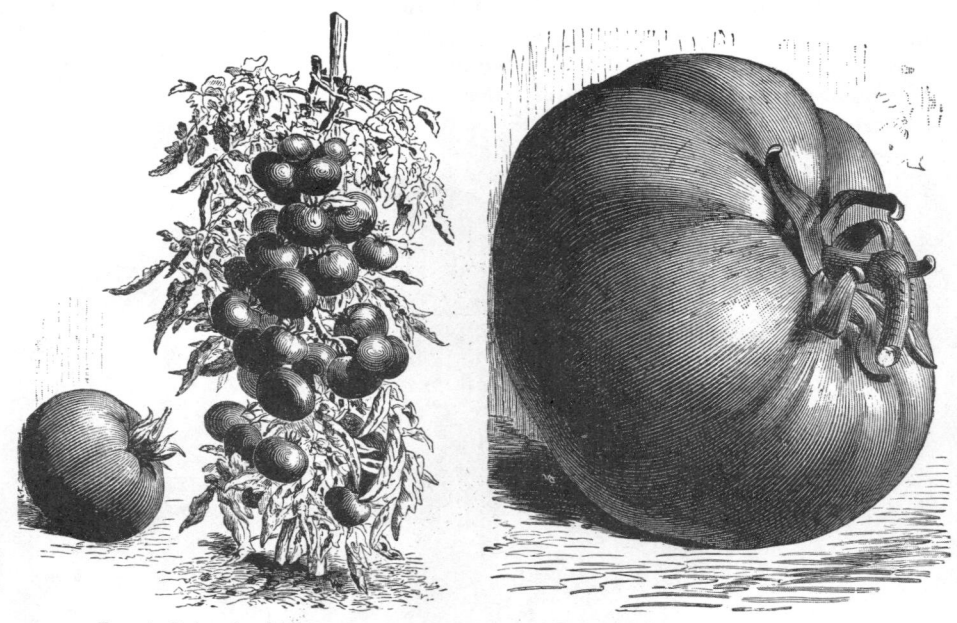

Tomate Reine des hâtives.
Plante réd. au douzième ; fruit au quart.

Tomate très hâtive de pleine terre.
Fruit de grosseur naturelle.

TOMATE REINE DES HATIVES.

Noms étrangers : Angl. Atlantic Prize tomato. — All. Tomate Königin der Frühen.

Plante naine, ne dépassant pas 1ᵐ30. Feuillage vert grisâtre, très lacinié et crispé comme celui de la T. rouge grosse hâtive. Fruits nombreux, arrondis, épais, quoique légèrement déprimés à la partie opposée au point d'attache, atteignant 0^m08 à 0^m10 de diamètre, d'un rouge écarlate foncé et parfaitement lisses; la chair est bien colorée et d'excellente qualité.

Cette race peut être considérée comme la meilleure des tomates productives de pleine terre. Elle réunit, en effet, dans une mesure remarquable, les diverses qualités qu'on peut rechercher dans une tomate : production abondante et soutenue, végétation vigoureuse, précocité, qualité des fruits, résistance à la maladie.

Il est bon de repiquer plusieurs fois le jeune plant avant la mise en place ; cette recommandation est, du reste, applicable à toutes les autres variétés de tomates.

TOMATE MERVEILLE DES MARCHÉS.

Synonyme : Tomate Austain.

Noms étr. : angl. Marvel of the market tomato. — all. Wunder des Marktes Tomate.

Plante naine, de 1 mètre à 1^{m}50, très trapue et vigoureuse; feuillage ample, vert foncé, à folioles assez grandes, un peu arrondies et réticulées; fruits ronds ou un peu aplatis, d'environ 0^{m}10 de diamètre absolument lisses, d'une couleur écarlate vif, en grappes nombreuses; la chair est rose.

C'est une variété extrêmement productive et très vigoureuse, résistant bien à la maladie, qui compromet si souvent la récolte des tomates. Les fruits sont de grosseur moyenne, mais se conservent bien et peuvent supporter de longs transports sans se fendre ni se détériorer; aussi, la Merveille des marchés est-elle une des tomates que l'on cultive le plus pour l'expédition dans les grands centres et à l'étranger.

Tomate Merveille des marchés.
Fruits réd. au quart.

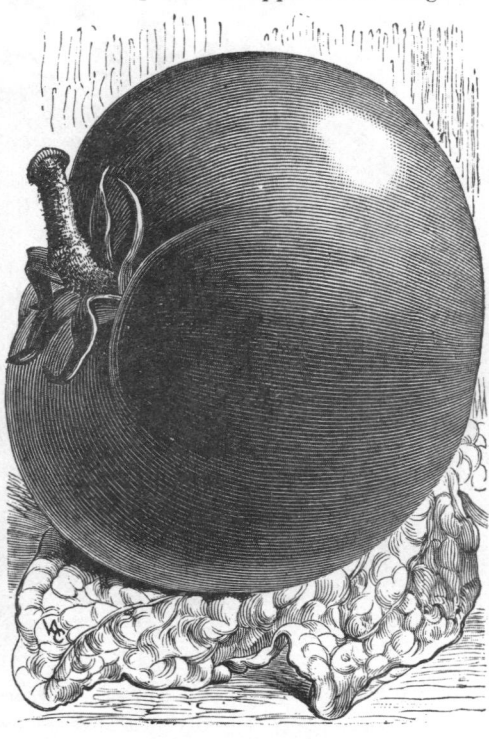

Tomate Champion.
Fruit de grosseur naturelle.

TOMATE CHEMIN, ROUGE HATIVE.

Très belle et excellente variété obtenue à Paris il y a une quinzaine d'années, par M. Chemin, maraîcher, à qui l'on doit déjà le Céleri plein blanc doré et plusieurs autres bonnes variétés de légumes.

C'est une plante vigoureuse, assez haute de taille, mais commençant à fleurir de bonne heure. Le feuillage en est demi-cloqué vers la base des tiges, mais entier et plutôt frisé vers le sommet. Les fruits, qui nouent facilement, sont souvent réunis par grappes de sept ou huit, mais, pour les avoir dans toute leur beauté, il est préférable de ne pas en laisser plus de trois ou quatre par bouquet; ils sont presque sphériques ou quelquefois légèrement en cœur, aussi épais que larges, très rarement déprimés et seulement lorsqu'ils sont très gros. Cette épaisseur du fruit, qui est en même temps très charnu et très plein, constitue un des grands avantages de la T. Chemin.

C'est une variété réellement très productive et l'une des plus avantageuses pour la culture en vue des conserves. Sa précocité relative permet de la recommander pour les environs de Paris, et, pour le Midi, elle est doublement précieuse par sa production soutenue et par la beauté de ses fruits.

Lorsqu'on repique plusieurs fois les jeunes plants de tomate, la plante s'emporte moins en végétation, la fleur noue plus facilement et la fructification se montre plus abondante.

Tomate Chemin, rouge hâtive.
Fruit de grosseur naturelle ; rameau au tiers.

TOMATE CHAMPION VIOLETTE.

Nom étranger : Angl. Dwarf purple Champion tomato.

Par le port et la tenue, cette variété est bien intermédiaire entre la T. rouge à tige raide de Laye et les variétés ordinaires. La tige en est courte, raide, et se soutient bien sans l'appui d'un tuteur tant qu'elle n'est pas trop chargée de fruits. Le feuillage est d'un vert foncé, raide, très réticulé et cloqué ; les fruits, de grosseur moyenne, sont très lisses, bien faits et d'une forme passablement déprimée.

La T. Champion est une variété de demi-saison, vigoureuse, productive et relativement rustique. On ne peut lui faire qu'un reproche au point de vue du consommateur français : c'est d'avoir le fruit d'une couleur rouge violacée et non franchement écarlate.

TOMATE CHAMPION ÉCARLATE.

Noms étrangers : angl. Scarlet Champion tomato ; (am.) The Kansas Standard T.

Cette belle variété a été obtenue en France, il y a une dizaine d'années, par sélection, dans la Champion violette qui nous était venue d'Amérique et dont elle présente tous les caractères de végétation. Elle est de tenue aussi raide et se montre aussi productive ; ses fruits sont de même arrondis et bien lisses. Elle ne s'en distingue nettement que par sa couleur rouge écarlate beaucoup plus plaisante et qui la fera préférer de plus en plus dans les cultures.

Tomate Perfection (Fruits de grosseur naturelle).

TOMATE PERFECTION.

Nom étranger : angl. Perfection tomato.

Très belle variété intermédiaire comme forme entre la T. pomme rouge et la T. Trophy, rouge grosse lisse.

Plus productive et donnant des fruits plus gros que la première, elle l'emporte sur la seconde par sa maturité plus précoce et plus assurée sous le climat capricieux du nord de la France. Ses fruits sont d'un beau rouge écarlate foncé, parfaitement lisses, épais, plus ou moins déprimés suivant la grosseur qu'ils atteignent, mais toujours très pleins et très charnus ; ils conviennent aussi bien pour la fabrication des conserves que pour la consommation à l'état frais.

Le feuillage n'est pas crispé dans la T. Perfection, et la maturité n'en est ni très précoce ni franchement tardive.

TOMATE TROPHY, ROUGE GROSSE LISSE.

Syn. : Tomate rouge grosse lisse. — Nom étr. : angl. Trophy tomato.

Grande plante, haute et vigoureuse comme la T. rouge grosse, mais encore plus tardive. Fruit déprimé, à pourtour régulièrement arrondi ou faiblement sinué, atteignant d'ordinaire 0^{m}06 à 0^{m}10 de diamètre sur 0^{m}04 à 0^{m}06 d'épaisseur; chair rouge, très pleine et d'excellente qualité.

Cette variété, une des premières à fruit lisse, c'est-à-dire sans côtes, qui ait été adoptée dans les cultures des environs de Paris, est sortie, il y a une trentaine d'années, par sélection, de la Tomate rouge grosse. Elle est difficile à conserver absolument pure ; les fruits tendent toujours à redevenir côtelés : on trouve, du reste, constamment sur la même plante des fruits lisses et des fruits à côtes plus ou moins prononcées.

Tomate Trophy, rouge grosse lisse (Fruits de grosseur naturelle).

La *Tomate de Stamford*, gain de M. Laxton, le célèbre semeur anglais, se rapproche beaucoup de la précédente variété. Les fruits en sont un peu moins volumineux, mais encore plus réguliers de forme et à chair plus épaisse. Elle est intermédiaire entre la T. Trophy et la T. pomme rouge.

Tomate rouge grosse lisse à feuilles crispées. — On a cultivé sous ce nom, aux environs de Paris pour l'approvisionnement des marchés, une variété dont les fruits sont en effet ordinairement lisses ou à côtes peu profondes, en même temps que très aplatis du côté opposé au point d'attache ; mais ils sont, par contre, de forme extrêmement déprimée, par conséquent peu épais, et de plus mûrissent très tardivement, ce qui est un inconvénient sérieux dans un climat où les tomates ont souvent peine à amener la moitié de leurs fruits à maturité ; aussi, après quelques années, cette variété a-t-elle à peu près disparu des cultures.

La T. rouge hâtive Chemin est très supérieure à cette variété.

TOMATE MIKADO VIOLETTE.

Grande race vigoureuse, de maturité un peu tardive et, pour cette raison, convenant beaucoup mieux pour le midi de la France et les pays chauds que pour les environs de Paris.

Tiges très hautes et très fortes ; feuillage bien caractéristique, composé de folioles peu nombreuses mais d'une ampleur tout à fait inusitée dans les tomates. Fruits très gros, lisses, déprimés, cependant très épais et de la même teinte violacée que la T. Acmé ou pomme violette.

Tomate Mikado écarlate (Fruit de grosseur naturelle).

TOMATE MIKADO ÉCARLATE.

On peut dire que le plus grand mérite de la T. Mikado violette est d'avoir donné naissance à la variété que nous décrivons ici, laquelle en a pris toutes les bonnes qualités, en y joignant, par surcroit, une précocité plus grande et une vivacité et une beauté de coloris qui la feront certainement rechercher de préférence à la variété originale.

Comme elle, celle-ci a les fruits très gros, très pleins, bien lisses et d'une beauté peu commune ; en même temps elle est notablement moins tardive et la couleur rouge écarlate très brillante et non violacée de ses fruits est pour plaire beaucoup mieux.

TOMATE PONDEROSA ÉCARLATE.

La T. ponderosa, telle qu'elle nous est venue d'Amérique, a presque complètement disparu des cultures, à cause de la couleur rouge violacé de ses fruits qui n'est guère en faveur sur nos marchés français; mais elle a donné naissance, il y a quelques années, à la variation à fruit rouge écarlate dont il est ici question, beaucoup plus agréable et la seule employée aujourd'hui.

Tomate ponderosa écarlate (Fruit de grosseur naturelle).

C'est une plante haute de 1m50 environ, à feuillage vert blond, léger et pointu; les fleurs sont grandes et très jaunes; les fruits bien lisses, pleins et charnus, de dimensions énormes.

Ces fruits, qu'il n'est pas rare de voir atteindre le poids de 7 à 800 grammes, sont d'un très bel effet aux étalages des marchands de comestibles et des restaurateurs et peuvent du reste servir à faire d'excellentes tomates farcies.

TOMATE JAUNE GROSSE LISSE.

Synonyme : Tomate Prince de Bismarck.

Noms étrangers : Angl. Golden Queen tomato, Apricot T., Large green T.

Fruits gros, bien lisses, déprimés, d'un jaune vif se teignant quelquefois légèrement d'orange du côté du soleil.

C'est une belle variété, bien productive, de précocité moyenne, mais, comme toutes les tomates jaunes, plutôt curieuse que réellement utile, le goût des consommateurs, du moins en France, se portant de préférence sur les variétés à fruit rouge.

La *Tomate jaune ronde (Green gage tomato, Yellow plum T.)*, à fruits de même forme que ceux des Tomates pommes, mais d'un beau jaune d'or, a aujourd'hui presque totalement disparu des cultures françaises. Elle est, du reste, avantageusement remplacée par la T. jaune grosse lisse décrite ci-dessus.

Tomate jaune ronde.
Fruit de grosseur naturelle.

Tomate pomme rouge.
Fruits de grosseur naturelle; grappe au sixième.

TOMATE POMME ROUGE.

Noms étrangers : Angl. Large smooth tomato, Tennisball T. ; (Am.) Hathaway's Excelsior T.

Plante de vigueur moyenne, à peu près de la dimension de la T. rouge grosse hâtive, mais à feuilles moins crispées. Fruits presque exactement sphériques, et complètement lisses, de 0^{m}05 à 0^{m}06 de diamètre. Ils sont réunis en grappes de trois à six, quelquefois davantage, et mûrissent un peu plus tôt que ceux de la T. rouge grosse, mais quelques jours après ceux de la T. rouge grosse hâtive.

Cette variété a la chair plus pleine que les tomates à côtes ; les fruits s'en conservent bien, quand ils ne sont ni fendus ni blessés.

TOMATE POMME VIOLETTE.

Synonyme : Tomate Acmé.

Noms étrangers : angl. Acme tomato, Climax T.

Très belle variété, productive et un peu tardive, présentant de l'analogie avec la T. pomme rouge par la forme très régulière de son fruit, qui est bien plein et contient peu de graines, mais en différant par le volume un peu plus gros de celui-ci et par la teinte presque violette qu'il prend à la maturité. Ordinairement les bouquets ne contiennent que deux à quatre fruits, de forme très arrondie, mais pourtant un peu plus larges qu'épais.

La *T. Criterion*, qui a été longtemps cultivée en Amérique, ne différait guère de la précédente que par la forme ovoïde un peu allongée de ses fruits. Elle est maintenant à peu près délaissée.

TOMATE ROI HUMBERT.

Synonymes : Tomate Éclipse, T. Merveille d'Italie, T. de Malte à grappes.

Noms étrangers : angl. King Humbert tomato, Chiswick red T.

Variété d'une forme réellement très distincte dans les tomates.

Plante vigoureuse: fleurs réunies en grappes nombreuses étagées sur la plante depuis la base jusqu'à 1 mètre de hauteur et remplacées par des fruits de la grosseur d'un œuf de poule ordinaire, de forme oblongue, mais plutôt carrés qu'arrondis, surtout du côté du point d'attache, et souvent réunis sur deux rangs, au nombre de dix ou douze.

Ces fruits, d'un rouge écarlate, sont bien charnus, mûrissent régulièrement sous le climat de Paris et se succèdent aussi longtemps que la température leur permet de mûrir; ils sont de longue conservation. — En serre, la production de cette tomate se montre particulièrement abondante et soutenue.

Tomate Roi Humbert.
Fruit de grosseur naturelle; rameau au tiers.

TOMATE POIRE.

Noms étrangers : angl. Pear-shaped tomato ; (am.) Fig-shaped tomato.
all. Birnförmige rote Tomate.

Variété très vigoureuse et assez précoce. Tige s'élevant de 1^m20 à 1^m30 : feuillage abondant, peu crispé, assez ample et d'un vert foncé. Fruits écarlates, nombreux, piriformes, plus ou moins étranglés à la base, de 0^m04 à 0^m05 de longueur sur 0^m03 environ de diamètre dans la partie la plus renflée, réunis en grappes au nombre de six à dix. Une plante bien développée peut en porter aisément de vingt à vingt-cinq grappes.

Il existe dans le Midi, et particulièrement à Naples, un assez grand nombre de variétés de tomates à fruit piriforme. Nous nous sommes bornés à décrire celle qui nous paraît présenter le plus de mérite au point de vue de la précocité et du rendement. — Les tomates en forme de poire passent pour se conserver plus facilement que les autres.

A Naples, on arrache en automne les pieds entiers couverts de leurs fruits et on les suspend à l'abri de la pluie, pour en cueillir les fruits pendant tout l'hiver et jusqu'à la saison des tomates nouvelles.

On doit rapporter à la Tomate poire, bien qu'elle en constitue une forme assez distincte, la variété anglaise nommée *Nisbett's Victoria*.

C'est une tomate en forme d'œuf allongé plutôt que réellement en poire, plus large à l'extrémité que près du point d'attache. Les fruits sont réunis par grappes, au nombre de quatre à huit. La plante, grande, forte, demi-tardive, est remarquable par l'ampleur de son feuillage.

Tomate poire.
Rameau réd. au tiers.

Tomate cerise.
Rameau réd. au tiers.

TOMATE CERISE.

Noms étrangers : angl. Cherry tomato, Red cherry T. — all. Kirschförmige rote Tomate.

Plante relativement rustique et très productive, vigoureuse, à tige de $1^m 20$ environ, grosse et forte, très ramifiée, garnie d'un feuillage abondant, bien vert et nullement frisé, commençant à fleurir huit jours plus tard que la T. rouge grosse hâtive. Fruits sphériques ou légèrement déprimés, d'un rouge écarlate, n'atteignant que $0^m 02$ à $0^m 03$ de diamètre seulement, réunis ordinairement en grappes de huit à douze. Une plante bien développée peut en porter plus de vingt grappes, surtout si on prend soin de les cueillir au fur et à mesure de leur maturité.

Cette variété est de moyenne saison ; elle est très productive malgré le petit volume de ses fruits.

On cultive quelquefois comme légume, mais plus souvent comme plante ornementale, sous le nom de *Tomate groseille* ou *T. à grappes*, le *Solanum racemigerum* Hort. (angl. : *Red currant tomato* or *Grape T.*; all. : *Johannisbeer-Tomate*), dont les fruits, très petits, sphériques, écarlates, sont produits en longues grappes de douze, quinze et même quelquefois plus. Ils sont pleins d'une pulpe acidulée qui peut s'employer comme celle de la tomate.

Parmi les nombreuses races de tomates qui n'ont pas été décrites ou citées plus haut, il convient de mentionner les suivantes :

Beauty. — Plante assez vigoureuse et productive; fruits moyens, lisses, d'un rouge violacé. Elle est considérée aux États-Unis comme l'une des meilleures variétés à fruit violacé.

Belle de Leuville. — Fruit de même forme que la T. rouge grosse, à côtes peu marquées, lisse, bien fait, et remarquable par sa teinte rouge cramoisi, presque violacée à la maturité. Elle a été obtenue à Leuville, près d'Arpajon, aux environs de Paris. — Les variétés à fruit rond plus récentes (Tomates pommes) lui sont maintenant préférées, mais son apparition avait devancé celle de toutes les races américaines et anglaises aujourd'hui si répandues.

Blenheim orange. — Beau fruit moyen, sans côtes, un peu déprimé, d'un jaune vif teinté d'orange. La qualité en passe pour remarquablement bonne.

Earliana. — Variété américaine, d'obtention récente et qui est considérée dans son pays d'origine comme la plus hâtive des variétés à fruits moyens ou gros. Plante de petite taille, mais vigoureuse et extrêmement productive; fruits nombreux, en grappes de 5 à 8, lisses, réguliers, rouge vif, à chair ferme et de bonne qualité.

Early May-flower. — Jolie variété américaine à fruits moyens, très lisses et très colorés. Elle est malheureusement, et en dépit de son nom, plutôt tardive que précoce.

Early optimus. — Demi-naine, assez hâtive; les fruits se rapprochent de ceux de la T. Perfection, mais sont plus aplatis et de volume plus inégal.

Golden Trophy. — Très grosse tomate jaune lisse, tardive.

Grosse jaune (AM. : *Large yellow T.*). — De la forme et aussi à peu près de la grosseur de la T. rouge grosse; le fruit est très côtelé. La T. jaune grosse lisse lui est bien supérieure.

Honor Bright. — Variété d'origine américaine, tardive, à fruits presque ronds, moyens, rouge vif et de très bonne conservation. — Bien qu'elle ait contre elle la couleur un peu jaunâtre de son feuillage et sa maturation lente, elle est considérée dans son pays comme l'une des meilleures variétés pour l'arrière-saison, de même que pour les expéditions à de grandes distances.

Jaune petite. — C'est une variété jaune de la Tomate cerise. Les fruits sont nombreux, jaune d'or, parfaitement ronds.

Peach. — Plante grande, assez robuste, extrêmement distincte, caractérisée par la teinte bleuâtre métallique de son feuillage. Fruits petits, parfaitement ronds, du volume d'une prune de Reine-Claude moyenne, d'une couleur rose très fraîche et très particulière et réunis en longues grappes, qui peuvent en compter jusqu'à dix ou douze. Maturité demi-tardive.

Poire jaune (ANGL. : *Yellow pear-shaped T.* ; AM. *Yellow fig T.*). Simple variation de la Tomate poire, à fruit jaune vif. Comme dans la T. poire à fruit rouge, décrite dans une des pages précédentes, il en existe différentes races de volume et de précocité assez variables.

Pomme rose. — Ne diffère de la T. pomme rouge, décrite page 677, que par sa couleur rose passant au rouge violacé à la maturité.

Scharlachroter Türkenbund (*T. bonnet turc*). — Variété plus curieuse que réellement intéressante, à fruit rouge, de dimensions au-dessous de la moyenne, caractérisée par le développement anormal d'une partie des carpelles, qui forment, au centre du fruit, une protubérance analogue à celle qui s'observe dans les Giraumons turban. Cette race est de précocité moyenne et médiocrement productive.

Stone. — Variété vigoureuse, à gros fruit bien régulier, écarlate, très lisse, bien plein et à chair ferme.

TOPINAMBOUR

Helianthus tuberosus L.

Fam. des *Composées*.

SYNONYMES : Artichaut du Canada, A. de Jérusalem, A. de terre, Crompire, Poire de terre, Soleil vivace, Tertifle, Topinamboux.

NOMS ÉTR. : ANGL. Jerusalem artichoke. — ALL. Erdapfel, Erdbirne. — FLAM. Aardpeer. DAN. Jordskokken. — SUÉD. Jordärtskocka. — ITAL. Girasole del Canada, Tartufoli. ESP. Namara, Pataca. — PORT. Topinambor, Batata carvalha. RUSSES Zemliannaïa grouscha, Topinambour. — POL. Bulwa, Topinambur.

Amérique du Nord. — *Vivace.* — Grande plante à tiges annuelles, mais vivace par ses pousses souterraines renflées en véritables tubercules, introduite en Europe depuis plusieurs siècles et très répandue dans la grande culture. La tige en est dressée, très vigoureuse, dépassant parfois 2 mètres de hauteur, souvent ramifiée dans la partie inférieure, garnie de feuilles ovales-acuminées, pétiolées, très rudes au toucher. Capitules relativement petits, en panicule terminale, ne s'ouvrant, dans le nord de la France, qu'au mois d'Octobre ; fleurons jaunes. Tubercules rouges ou jaunes, irrégulièrement arrondis ou ovales, noueux, toujours plus ou moins amincis à la base ; ils se forment très tardivement, et l'on ne doit les arracher que quand la végétation de la plante est à peu près suspendue. La chair en est un peu aqueuse et sucrée.

Dans les pays chauds, le Topinambour donne des graines au moyen desquelles on peut le multiplier ; mais, sous notre climat, les graines n'arrivent jamais à maturité.

En vue d'obtenir par semis des variétés perfectionnées, M. Henry de Vilmorin avait entrepris, il y a quelques années, une série d'expériences au moyen de graines récoltées en Corse par le Dr Michaud. C'est ainsi que fut obtenu le Topinambour patate décrit plus loin.

CULTURE. — La multiplication s'effectue à l'aide des tubercules que l'on plante entiers en pleine terre, en Février-Mars ou Avril, en lignes espacées de 0^{m}60 à 0^{m}80, en laissant entre chaque plant un intervalle de 0^{m}30 à 0^{m}40 ; on enterre les tubercules à une profondeur de 0^{m}10 à 0^{m}12. On emploie par hectare de 1 200 à 2 000 kil. de tubercules, suivant leur grosseur. La plante ne demande pas d'autres soins que quelques binages.

La récolte se fait de Novembre en Mars-Avril, seulement au fur et à mesure des besoins, car les tubercules de Topinambour, qui résistent parfaitement aux gelées tant qu'ils restent en terre, deviennent très sensibles au froid dès qu'ils sont arrachés ; en outre, ils se conservent fort peu de temps en bon état une fois exposés à l'air.

Le Topinambour est peu cultivé dans les jardins potagers. C'est une plante envahissante et épuisante au premier degré, et on préfère la laisser à la grande culture, qui l'utilise soit pour la nourriture des animaux, soit pour la distillation. Toutefois, on ne saurait méconnaître ses qualités culinaires, que l'on apprécie aujourd'hui beaucoup plus qu'autrefois, où on ne considérait exclusivement ce tubercule que comme racine fourragère.

Peu exigeant de sa nature, le Topinambour donne des résultats relativement satisfaisants dans les plus mauvais sols. Cependant, il sera bon de lui réserver des terres de fertilité moyenne lorsqu'on le cultivera comme légume, et l'on se trouvera même bien de lui donner une bonne fumure ; par exemple, pour une terre de qualité ordinaire en bon état de culture :

    200 kil. Fumier de ferme. . . . . }
      4 — Superphosphate de chaux . . . .   par are.
      4 — Chlorure de potassium. . . . .
      3 — Nitrate de soude. . . . .

Usage. — Cuits à l'eau bien salée et mangés en salade, les tubercules du Topinambour ont une saveur qui rappelle assez bien le fond d'artichaut; ou bien, frits en beignets, ils ont le goût des salsifis. — Mais ils sont surtout utilisés pour la nourriture du bétail et pour la distillation.

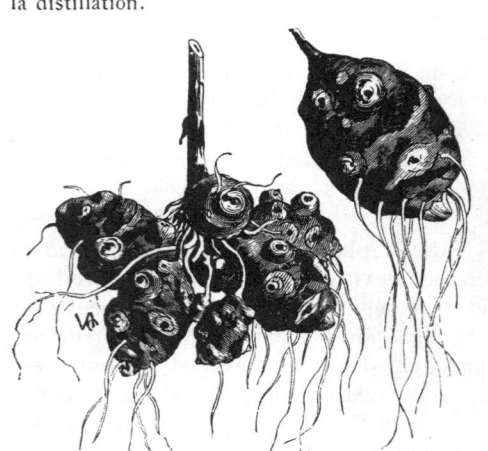

Topinambour (Tubercules au cinquième).

Topinambour jaune (Tuberc. de grosseur nat.).

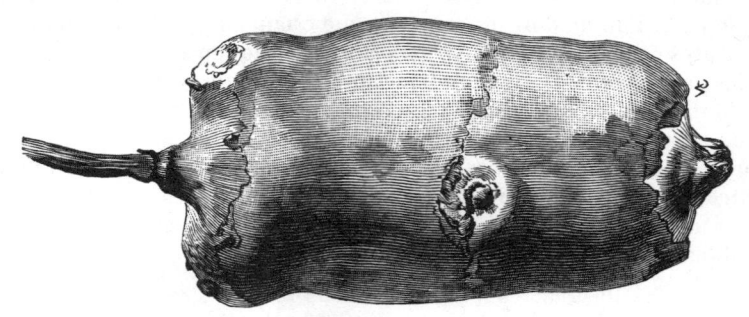

Topinambour patate (Tubercule de grosseur naturelle).

TOPINAMBOUR ROUGE ou COMMUN.

Cette variété n'est, en somme, que la forme cultivée du type décrit plus haut. Ses tubercules sont d'un rouge violacé, minces à la base et renflés au sommet, où ils atteignent ordinairement un diamètre de 0^m04 à 0^m05, marqués de dépressions et de renflements en forme d'écailles. Ils ont une tendance à bourgeonner et à se déformer, ce qui rend assez difficile l'opération du lavage.

Il existe une variété *jaune*, obtenue par nous de semis, qui est d'un goût plus fin et plus agréable que le T. commun, mais par contre sensiblement moins productive.

TOPINAMBOUR PATATE.

Cette variété, encore relativement récente, marque, au point de vue de la régularité de la forme, un progrès sensible sur le T. commun. Ses tubercules sont plus gros, plus arrondis, moins mamelonnés; leur couleur est jaune.

Le Topinambour patate est équivalent à la variété commune comme qualité industrielle et ordinairement supérieur comme rendement.

TOUTE-ÉPICE. — Voy. Nigelle aromatique.

VALÉRIANE D'ALGER (*Fedia cornucopiæ* GÆRTN.). (ANGL. Horn of plenty; ALL. Algerischer Baldrian; FLAM. Speenkruid; HOLL. Speerkruid; SUÉD. Vänderol; RUSSES Bouldiriane, Maoúne; POL. Baldryan, Kozłek). — Fam. des *Valérianées*.

Plante annuelle, à tiges dressées, rameuses, glabres, de 0ᵐ30 à 0ᵐ40 de hauteur; feuilles presque toutes radicales, ovales-oblongues, entières, obtusément dentées, d'un vert assez foncé, luisant; fleurs roses, réunies en bouquets terminaux.

La Valériane d'Alger peut se semer en pleine terre, en rayons espacés de 0ᵐ25 à 0ᵐ30, depuis le mois d'Avril jusqu'en Août; éclaircie et abondamment arrosée pendant les chaleurs, elle forme rapidement des rosettes de feuilles que l'on peut consommer environ deux mois après le semis. La plante est un peu sensible au froid, et convient moins bien que la Mâche pour les semis d'automne.

Valériane d'Alger (Réd. au tiers).

On mange les feuilles en salade. On la cultive aussi comme plante d'ornement.

VERS (*Astragalus hamosus* L.). (ANGL. Worms; ALL. Würme). — *Légumineuses*.

Plante annuelle, demi-étalée, de 0ᵐ30 à 0ᵐ50, à tiges diffuses ou demi-dressées; feuilles légères, composées de huit à douze paires de folioles ovales-oblongues. Fleurs blanchâtres, en courtes grappes globuleuses, faisant place à des gousses cylindriques, longues de 0ᵐ03 environ, recourbées en forme d'hameçon.

L'*Astragalus hamosus* se sème en pleine terre d'Avril en Mai. Les jeunes gousses commencent à se développer dès le mois de Juin ou de Juillet.

La plante est cultivée surtout à cause de la singularité de ses fruits, qui, avant la maturité, ressemblent à certains vers. On les emploie, comme les fruits des différentes sortes de chenilles, en les mêlant à la salade, en vue de procurer des surprises innocentes, mais d'un goût assez médiocre.

Vers.
Plante réd. au quart; rameau de grandeur naturelle.

TABLEAU-RÉSUMÉ

DES INDICATIONS CONCERNANT LES GRAINES DE

PLANTES POTAGÈRES

Contenant des renseignements sur leur poids, leur volume comparatif et leur durée germinative.

	POIDS DU LITRE de GRAINES	NOMBRE de GRAINES	DURÉE GERMINATIVE MOYENNE	DURÉE GERMINATIVE EXTRÊME
	grammes	dans 1 gramme	ans	ans
Absinthe	650	11 500	4	6
Ache de montagne	200	300	3	4
Alkékenge jaune doux	650	1 000	8	10 *
Aneth	300	900	3	5
Angélique officinale	150	170	1 ou 2	3
Anis	300	200	3	5
Ansérine Quinoa blanc	700	500	4	5
Arachide	400	2 ou 3	1	1
Armoise	600	8 000	3	5
Arroche	140	250	6	7
— Bon-Henri	625	430	3	5
Artichaut	610	25	6	10 *
Asperge	800	50	5	8
Aubergine	500	250	6	10
Aulnée	440	530	5	6 *
Bardane géante	630	80	5	6
Baselle	460	35	5	6
Basilic grand	530	800	8	10 *
— fin	500	900	8	10 *
— en arbre	580	1 500	8	10 *
Benincasa	300	21	10	10 *
Betterave	250	50	6	10 *
Bourrache officinale	480	65	8	10 *
Bunias d'Orient	500	35 à 40	3	6
Câprier	460	160	(?)	(?)
Capucine grande	300	7 ou 8	5	5
— petite	550	12	5	8
Cardon	630	25	7	9
Carotte en barbes	240	700	4 ou 5	10 *
— persillée	360	950	4 ou 5	10 *
Carvi	420	350	3	4
Céleri et Céleri-rave	480	2 500	8	10 *

* L'astérisque suivant un chiffre dans cette colonne veut dire qu'au bout du nombre d'années indiqué par ce chiffre les graines n'avaient pas encore perdu complètement leur faculté germinative.

TABLEAU-RÉSUMÉ DES INDICATIONS SUR LES GRAINES POTAGÈRES

	POIDS DU LITRE de GRAINES	NOMBRE de GRAINES	DURÉE GERMINATIVE	
			MOYENNE	EXTRÊME
	grammes	dans 1 gramme	ans	ans
Cerfeuil...............	380	450	2 ou 3	6
— musqué...........	250	40	1	1
— tubéreux..........	540	450	1	1
Chenille grosse (*gousses*)......	200	3	6	10 *
— les autres variétés.....	180	6	6	10 *
Chervis..................	400	600	3	4
Chicorées frisées et Scaroles....	340	600	10	10 *
— sauvage...........	400	700	8	10 *
Choux cabus..............		320		
— verts..............		300		
— -fleurs et Brocolis......	700	550	5	10
— -raves..............		300		
— -navets.............		375		
Ciboule commune............	480	300	2 ou 3	7
— blanche hâtive........	520	500	3	8
Cirsium oleraceum...........	300	500	6	(?)
Claytone de Cuba............	700	2 200	5	7
Cochlearia officinal...........	600	1 500 à 1 800	4	7
Concombre cultivé...........	500	35	10	10 *
— serpent...........	450	40	7 ou 8	10 *
— des Antilles.........	550	130	6	7 *
— des prophètes.......	500	100	6	(?)
Corette potagère.............	660	450	5	10
Coriandre.................	320	90	6	8
Corne-de-cerf..............	740	4 000	4	9
Courges sorties du *C. maxima*..	400	3	6	10 *
— — du *C. moschata*.	420	7	6	10 *
— — du *C. Pepo*.....	425	6 à 8	6	10 *
— Citrouille de Touraine..	250	3	4 ou 5	9
— Patissons...........	430	10	6	10 *
— bouteille............	360	8	6	10 *
— Coloquintes.........	450	20	6	10 *
Crambé maritime............	210	15 à 18	1	7
Cresson alénois..............	730	450	5	9
— de fontaine..........	580	4 000	5	9 *
— de jardin. C. vivace....	540	950	3	5
— des prés............	580	1 500	4	(?)
— de Para............	200	3 400	5	7 *
Cumin de Malte.............	350	250	1	5
Épinards à graine piquante.....	375	90	5	7
— à graine ronde.......	510	110	5	7
Épinard-fraise..............	800	5 000	(?)	(?)
Fenouil amer..............	450	310	4	7

TABLEAU-RÉSUMÉ DES INDICATIONS SUR LES GRAINES POTAGÈRES

	POIDS DU LITRE de GRAINES	NOMBRE de GRAINES	DURÉE GERMINATIVE	
			MOYENNE	EXTRÊME
	grammes	dans 1 gramme	ans	ans
Fenouil doux............	235	125	4	7
— de Florence.........	300	200	4	5 *
		(dans 100 gram.)		
Fèves....................	620 à 750	40 à 115	6	10 *
		(dans 1 gram.)		
Ficoïde Glaciale...........	760	5700	5	(?)
Fraisier.................	600	800 à 2500	3	6
Gesse cultivée............	750	4	5	(?)
Gombo...................	620	15 à 18	5	10 *
		(dans 100 gram.)		
Haricots.................	625 à 850	75 à 800	3	8
— Doliques............	770	500 à 650	3	8
		(dans 1 gram.)		
Hérisson (*fruits*)...........	110	9	5	7
Houblon.................	250	200	2	4
Hyssope.................	575	850	3	5
Laitues et L.-Romaines.......	430	800	5	9
— vivace............	260	800	3	5
Lavande.................	575	950	5	6
Lentille large blonde.........	790	10 à 15		
— verte du Puy........	850	40	4	9
— à la reine. L. de mars..	825	35		
— d'Auvergne..........	800	15 à 20	3	8 *
Limaçon (*gousses*)..........	150	4	5	9
Lotier cultivé..............	800	15 à 18	5	10 *
Mâche commune............	280	1000	5	10
— à grosse graine........	240	600 à 700	5	10 *
— d'Italie.............	280	1000	4	(?)
Mâcre (Châtaigne-d'eau)......	500	100 (au kil.)	1	1
Maïs sucré................	640	4 ou 5	2	4
Marjolaine vivace...........	675	12000	5	7
— ordinaire ou à coquille..	550	4000	3	7
Marrube blanc.............	680	1000	3	6
Martynia.................	290	20	1 ou 2	(?)
Mauve frisée.............	530	300	5	8
Mélisse officinale ou Citronnelle.	550	2000	4	7
Melons..................	360	35	5	10 *
— d'eau, Pastèques.......	460	5 ou 6	5	10 *
Morelle de l'Ile-de-France.....	700	500	5	8
Moutarde blanche...........	750	200	4	10 *
— noire..............	675	700	4	10
— de Chine à feuille de chou.	660	650	4	8
Navet...................	670	450 à 700	5	10 *

TABLEAU-RÉSUMÉ DES INDICATIONS SUR LES GRAINES POTAGÈRES

	POIDS DU LITRE de GRAINES	NOMBRE de GRAINES	DURÉE GERMINATIVE	
			MOYENNE	EXTRÊME
	grammes	dans 1 gramme	ans	ans
Nigelle aromatique............	550	220	3	6
Ognon.....................	500	250	2	7
Onagre bisannuel............	375	600	3	5
Oseille....................	650	1 000	2	4
— -épinard................	620	450	4	6
Panais.....................	200	220	2	4
Perce-pierre	120	350	1	3
Persil.....................	500	600	3	9
Pe-tsaï....................	700	350	5	9
Picridie cultivée.............	220	1 200	5	(?)
Piment....................	450	150	4	7
Pimprenelle................	280	150	2	6
Pissenlit...................	270	900 à 1 700	2	5
Poireau	550	400	2	6
Poirée.....................	250	60 à 90 (dans 10 gram.)	6	10 *
Pois.......................	700 à 800	20 à 65		
— gris...................	680 à 800	50 à 80	3	8
— chiche.................	780	30		
		(dans 1 gram.)		
Pourpier	610	2 500 à 3 000	7	10 *
Radis.....................	700	120	5	10 *
Raiponce..................	700	25 000	4	8
Rhubarbe..................	80 à 120	35 à 60	3	8
Romarin...................	400	900	2	(?)
Roquette cultivée............	700	550	4	9
Rue officinale...............	580	500	4	6
Salsifis....................	230	100	2	8
Sarriette annuelle............	550	1 500	3	7
— vivace..............	450	2 500	3	6
Sauge officinale	550	250	3	5
— Sclarée.............	650	200	3	(?)
Scolyme d'Espagne...........	125	300	3	7
Scorsonère.................	260	90	2	7
Soja	720	5 à 10	2	6
Souchet comestible...........	620	2 ou 3 tub.	3 à 4	5
Tanaisie...................	300	7 000	2	4
Tétragone cornue............	300	10 à 12	4	8
Thym.....................	680	6 000	3	7
Tomate....................	300 à 350	300 à 400	4	9
Valériane d'Alger............	110	250	4	7
Vers......................	210	6 ou 7	3	8

Poireau monstrueux de Carentan.

CALENDRIER

DES

SEMIS ET PLANTATIONS

DES

DIVERS LÉGUMES DÉCRITS DANS CET OUVRAGE

Pour la commodité des amateurs, nous avons cru devoir résumer pour chacun des mois de l'année les diverses indications relatives aux semis et plantations à effectuer dans le jardin potager. Ce travail, qui n'existait pas dans la précédente édition, sera, nous l'espérons, bien accueilli par nos lecteurs, auxquels il pourra éviter des recherches quelquefois longues dans un ouvrage de l'étendue de celui-ci.

JANVIER

CULTURE SUR COUCHE, SOUS CHASSIS, BACHES, CLOCHES, OU EN SERRE

	Époques de production. Même année.
Asperges (*griffes adultes ou vieilles, chauffées*)	Février–Mars.
Carotte rouge à forcer parisienne.	Mars–Avril.
rouge très courte à châssis.	Mars–Avril.
rouge courte hâtive	Mars–Avril.
Cerfeuils, commun *et* frisé	Février.
Champignon (blanc de) (*en cave, en cellier, etc.*)	Avril–Mai.
Chicorée sauvage *et* améliorée (*pour couper jeune*)	Février–Avril.
— (*chauffée sur place, ou racines mises en cave, cellier ou sur couche et dans l'obscurité, pour obtenir la Barbe-de-capucin*)	Janv.–Février.
à grosse racine de Bruxelles (*racines chauffées pour obtenir le* Witloof *ou* Endive).	Février–Mars.
Choux-fleurs tendres *et* demi-durs (*fin-Janvier*)	Juin–Juillet.
Concombres (*en pots sur couche, pour forcer*)	Avril–Mai.
Crambé maritime (Chou marin) (*vieux pieds chauffés sur place ou sur couche*)	Février–Mars.
Cresson alénois	Janv.–Février.
Épinards	Février–Mars.

	Époques de production. Même année.
Estragon (*pieds chauffés*)	Février–Avril.
Fève naine hâtive à châssis	Avril–Mai.
Fraisiers (*chauffés*)	Mars–Avril.
Haricot flageolet hâtif d'Étampes.	Mars–Avril.
flageolet à feuille gaufrée.	Mars–Avril.
flageolet Triomphe des châssis.	Mars–Avril.
jaune très hâtif de Chalandray.	Mars–Avril.
noir hâtif de Belgique	Mars–Avril.
sabre nain	Mars–Avril.
autres variétés très hâtives	Mars–Avril.
Laitues de printemps (L. crêpes, gottes, à bord rouge, Tom-Pouce, à forcer de Milly, etc.)	Mars–Avril.
à couper	Février–Mars.
Romaine blonde maraîchère	Avril–Mai.
— blonde hâtive de Trianon	Avril–Mai.
— verte maraîchère	Avril–Mai.
— grise maraîchère	Avril–Mai.
Melon Cantaloup Prescott hâtif à châssis	
Cantaloup noir des Carmes	*en pots sur couche.* Avril–Mai.
Cantaloup de Bellegarde.	
ananas d'Amérique	
Navet à forcer demi-long blanc.	Avril–Mai.
Oseille (*pieds chauffés*)	Février–Mars.
Persils (*pieds chauffés*)	Février–Mars.

JANVIER

	Époques de production. Même année.		Époques de production. Même année.
Pissenlits (*chauffés sur place*, ou racines mises en cave ou sur couche et dans l'obscurité comme pour la Barbe-de-capucin)	*Février-Mars.*	Pois sans parchemin très nain hâtif à châssis	*Mai-Juin.*
		autres variétés naines hâtives.	*Mai-Juin.*
		Pomme de terre Marjolin .)	*Mars-Avril.*
		Belle de Fontenay . . . . ⎫ tubercules germés (1).	*Mars-Avril.*
Poireau gros du Midi	*Juin-Juillet.*	Royale . . . . ⎬	*Mars-Avril.*
très gros de Rouen	*Juin-Juillet.*	Victor . . . . ⎭	*Mars-Avril.*
Pois nain à châssis, très hâtif. .	*Avril-Mai.*	Pourpiers, doré *et* vert	*Mars-Avril.*
Merveille d'Amérique	*Avril-Mai.*	Radis à forcer, ronds *et* demi-longs	*Février-Mars.*
nain très hâtif d'Annonay . . .	*Avril-Mai.*		
serpette nain	*Mai-Juin.*	Romaines. *Voy.* Laitues.	
très nain Couturier	*Mai-Juin.*	Tomate Reine des hâtives	*Avril-Mai.*
nain hâtif ou Lévèque	*Mai-Juin.*	rouge naine hâtive	*Avril-Mai.*
très nain de Bretagne	*Mai-Juin.*	Etc., etc.	

(1) Dans toutes les variétés hâtives de Pommes de terre, l'emploi des tubercules germés avance beaucoup (d'une quinzaine de jours au moins) l'époque de production ; pour la P. de terre Marjolin cette précaution est même tout à fait nécessaire. (*Voy.* cet article, page 589.)

CULTURE EN PLEINE TERRE (*à bonne exposition*).

	Époques de production. Même année.		Époques de production. Même année.
Ail commun (*bulbes*) (*c'est tôt*) .	*Juin-Juillet.*	Pois nain très hâtif d'Annonay .	*Juin.*
Cerfeuil tubéreux (*graines strat.*)	*Juin-Juillet.*	Merveille d'Amérique	*Juin.*
Panais (*c'est un peu tôt*)	*Juin-Nov.*	Michaux de Hollande	*Juin-Juillet.*
Pois Prince Albert, Express . .	*Juin.*	autres variétés hâtives	*Juin-Juillet.*
Caractacus, Daniel O'Rourke .	*Juin.*	Etc., etc.	

FÉVRIER

CULTURE SUR COUCHE, SOUS CHASSIS, BACHES, CLOCHES, OU EN SERRE

	Époques de production. Même année.		Époques de production. Même année.
Asperges (*griffes adultes ou vieilles, chauffées*)	*Mars-Avril.*	Chicorée sauvage *et* améliorée (pour *couper jeune*)	*Mars-Avril.*
Barbe-de-capucin. *Voy.* Chicorée sauvage.		— (*chauffée sur place* ou racines mises en cave, cellier, ou sur couche et dans l'obscurité, pour obtenir la Barbe-de-capucin)	*Février-Mars.*
Carotte rouge à forcer parisienne.	*Avril-Mai.*		
rouge très courte à châssis . .	*Avril-Mai.*		
rouge courte hâtive	*Avril-Mai.*		
Céleris à côte	*Juillet-Nov.*		
à couper	*Avril-Mai.*	à grosse racine de Bruxelles (*racines chauffées pour obtenir le* Witloof *ou* Endive).	*Mars-Avril.*
Céleris-raves	*Autom.-Hiver.*		
Cerfeuils commun *et* frisé . . .	*Février-Mars.*	Chou Express	*Mai-Juin.*
Champignon (blanc de) (*en cave, en cellier, etc.*)	*Mai-Juin.*	très hâtif d'Étampes	*Mai-Juin.*
		d'York, cœur-de-bœuf moyen, *et* autres cabus hâtifs . . .	*Juin-Juillet.*
Chicorée frisée fine d'été ou d'Italie	*Mai-Juin.*	rouges	*Août-Sept.*
frisée fine de Louviers	*Mai-Juin.*	de Milan très hâtif de St-Jean.	*Juin-Juillet.*
Scaroles	*Mai-Juin.*	autres Milans hâtifs	*Juin-Juillet.*

FÉVRIER

	Époques de production. Même année.
Choux-fleurs tendres	Juillet-Août.
demi-durs	Juillet-Août.
Choux-raves (sur terre) hâtifs (peu usité)	Mai-Juin.
Ciboulette (Civette)(pieds chauffés)	Mars-Avril.
Concombres (en pots sur couche, pour forcer)	Mai-Juin.
Crambé maritime (Chou marin) (vieux pieds chauffés sur place ou sur couche)	Mars-Avril.
Cresson alénois	Févr.-Mars.
Épinards	Mars-Avril.
Estragon (pieds chauffés)	Mars-Avril.
Fève naine hâtive à châssis	Mai-Juin.
Fraisiers (chauffés)	Mai-Juin.
Haricot flageolet hâtif d'Étampes	Mai-Juin.
flageolet à feuille gaufrée	Mai-Juin.
flageolet nain Triomphe des châssis	Mai-Juin.
noir hâtif de Belgique	Mai-Juin.
autres variétés très hâtives	Mai-Juin.
Laitues de printemps (crêpes, gottes, Tom-Pouce, à bord rouge, à forcer de Milly, etc.)	Avril-Mai.
à couper	Mars-Avril.
Romaine hâtive de Trianon	Mai-Juin.
— blonde maraîchère	Mai-Juin.
— grise maraîchère	Mai-Juin.
— verte maraîchère	Mai-Juin.
Melon Cantaloup Prescott fond blanc et Cant. parisien	Juin-Juillet.
Melon Cantaloup Prescott petit hâtif à châssis	Mai-Juin.
Cantaloup noir des Carmes	Mai-Juin.
ananas d'Amérique	Mai-Juin.
Navet à forcer demi-long blanc	Mai-Juin.
Oseille (pieds chauffés)	Févr.-Mars.
Patates (tubercules pour obtenir des boutures à planter en Mai)	Oct.-Hiver.
Persils (vieux pieds chauffés)	Mars-Avril.
Pissenlits (chauffés sur place, ou racines mises en cave ou sur couche, à l'obscurité, comme pour la Barbe-de-capucin)	Mars-Avril.
Pois nain à châssis, très hâtif	Avril-Mai.
très nain Couturier	Avril-Mai.
Merveille d'Amérique	Mai.
serpette nain	Mai-Juin.
autres variétés naines hâtives	Mai-Juin.
Pomme de terre Marjolin	} tubercules germés. Avril-Mai.
Belle de Fontenay	
Royale	
Victor	
Pourpiers, doré et vert	Avril.
Radis à forcer, ronds et demi-longs	Mars.
hâtifs, ronds et demi-longs	Mars-Avril.
Rave (Radis long) rose hâtive	Mars-Avril.
Romaines. Voy. Laitues.	
Tomate Reine des hâtives	Mai-Juin.
rouge naine hâtive	Mai-Juin.
Etc., etc.	

CULTURE EN PLEINE TERRE (à bonne exposition).

	Époques de production. Même année.
Ail commun (bulbes)	Juin-Juillet.
Asperges (griffes) (c'est un peu tôt)	3ᵉ année, Avril-Juin.
Bourrache officinale	Juillet-Août.
Carottes hâtives	Juin-Juillet.
Céleris à couper	Mai-Automne.
Cerfeuils, commun et frisé (c'est tôt)	Avril-Mai.
tubéreux ou bulbeux (graines stratifiées)	Juillet.
Chicorée sauvage	Mai-Sept.
sauvage améliorée	Mai-Sept.
Choux cabus hâtifs (mieux en Automne)	Été.
de Milan hâtifs (c'est tôt)	Été.
Ciboule commune	Mai-Août.
Ciboule blanche hâtive (graines)	Été.
vivace (C. St-Jacques) (plants)	Été-Automne.
Ciboulette (Civette) (graines)	Années suiv.
Crambé maritime (plants de semis)	2ᵉ ou 3ᵉ Print.
Cresson de fontaine (plants)	Été-Autom.
Cresson alénois	Mars-Avril.
Crosnes. Voy. Stachys.	
Échalotes (bulbes)	Juin-Juillet.
Estragon (plants) (mieux en Mars)	Mai-Aut.
Fèves	Juin-Juillet.
Fraisiers des 4 saisons (plants)	Automne.
remontants à gros fruits (plants)	Automne.
non remontants (plants)	Ann. suiv. Mai-Juillet.

FÉVRIER

	Époques de production. Même année.
Laitues pommées de printemps	Mai–Juin.
pommées d'été	Juin–Août.
à couper	Avril–Mai.
Romaines hâtives	Juin–Juillet.
Macre (Châtaigne–d'eau) (dans l'eau)	Août–Sept.
Ognons divers	Juillet–Août.
de Mulhouse (*bulbilles à planter pour obtenir de gros bulbes*)	Juillet–Août.
Oseille (*éclats*)	Mars–Autom.
épinard (Patience) (*c'est un peu tôt*)	Été–Automne.
Panais rond hâtif	Juin–Nov.
Persils, commun et frisés (*c'est tôt*)	Mai–Automne.
Pimprenelle petite	Juin–Autom.

(*c'est tôt* applies to couper, Romaines hâtives bracket)

	Époques de production. Même année.
Poireau gros du Midi	Été–Autom.
très gros de Rouen	Été–Autom.
Pois à écosser, nains et à rames	Juin–Juillet.
sans parchemin ou Mangetout	Juin–Juillet.
Pommes de terre, var. hâtives (1) (*abriter*)	Mai–Août.
Radis hâtifs (*abriter*) (*c'est tôt*)	Mars–Avril.
Raifort sauvage (*racines*)	Oct.–Hiver.
Rhubarbes (*éclats*). Années suiv.	Avril–Juin.
Romaines. *Voy*. Laitues.	
Romarin (*boutures*)	Hiver et Années suiv.
Scaroles. *Voy*. Chicorées.	
Stachys tuberifera (Crosnes du Japon) (*racines*)	Nov.–Hiver.
Thym (*plants*) (*mieux en Mars*).	Toute l'année.
Topinambour (*tubercules*)	Nov.–Mars.
Etc., etc.	

(1) Dans toutes les variétés hâtives de Pommes de terre, l'emploi des tubercules germés avance beaucoup (d'une quinzaine de jours au moins) l'époque de production; pour la P. de terre Marjolin cette précaution est même tout à fait nécessaire. (*Voy*. cet article, page 589.)

MARS

CULTURE SUR COUCHE, SOUS CHASSIS, BACHES, CLOCHES, OU EN SERRE

	Époques de production. Même année.
Alkékenge jaune doux	Juillet–Août.
Angélique (*mieux en Août*)	Année suiv. Mai–Juin.
Artichauts (*graines*)	Autom. et Années suiv.
— (*œilletons*) (*en pots*)	Sept.–Oct. et Ann. suiv.
Asperges (*griffes adultes ou vieilles, chauffées*)	Avril–Mai.
Aubergine naine très hâtive	Juillet–Sept.
Baselle blanche (*feuilles pour épinards d'été*)	Été–Autom.
Basilics	Mai–Août.
Benincasa cerifera (Courge)	Août–Oct.
Câprier (*graines*)	3ᵉ ou 4ᵉ année, Été.
Carottes hâtives	Mai–Juin.
Céleris à côte	Aut.–Hiver.
à couper	Mai–Été.
Céleris-raves	Aut.–Hiver.
Champignon (blanc de) (*en cave, cellier, etc.*)	Juin–Juillet.
Chicorée frisée fine d'été ou d'Italie	Mai–Juillet.
frisée de Louviers et autres variétés d'été	Mai–Juillet.
Scaroles	Mai–Juillet.

	Époques de production. Même année.
Chicorée sauvage (*pour couper jeune*)	Avril.
— (*racines chauffées dans l'obscurité pour obtenir la Barbe-de-capucin*)	Mars–Avril.
Choux cabus et de Milan hâtifs	Juin–Juillet.
Choux-fleurs divers	Août–Oct.
Concombres (*en pots*)	Juin–Juillet.
Cornichons (*en pots*)	Mai–Juillet.
Courges (*en pots*)	Août–Oct.
— (*pour fruits jeunes*)	Juin–Sept.
Crambé maritime (Chou marin) (*vieux pieds chauffés*)	Avril.
Fenouil de Florence	Sept.–Oct.
Fraisiers (*chauffés*)	Fin Avril–Mai.
Haricots nains hâtifs	Mai–Juin.
Laitues de printemps (*sur vieille couche*)	Mai–Juin.
à couper	Avril.
Romaines	Mai–Juin.
Melons	Juillet–Sept.
Navet à forcer demi-long blanc. de Milan, blanc et rouge	Mai–Juin.
Pastèques (Melons-d'eau)	Sept.–Oct.
Piments	Août–Sept.

CALENDRIER DES SEMIS ET PLANTATIONS

MARS

	Époques de production. Même année.
Pissenlits (*chauffés sur place* ou *racines mises en cave ou sur couche, dans l'obscurité, comme pour la* Barbe-de-capucin)	*Avril.*
Pomme de terre Marjolin. ⎫	*Mai.*
Belle de Fontenay . . . ⎬ tubercules germés	*Mai.*
Royale. . . . . ⎨	*Mai.*
Victor . . . . ⎭	*Mai.*

	Époques de production. Même année.
Potirons (*en pots*)	*Autom.–hiver.*
Pourpiers, doré *et* vert.	*Avril–Mai.*
Radis à forcer, ronds *et* demi-longs	*Avril.*
hâtifs, ronds *et* demi-longs . .	*Avril–Mai.*
Rave (Radis long) rose hâtive .	*Avril–Mai.*
Romaines. *Voy.* Laitues.	
Tomates.	*Juillet–Sept.*
Etc., etc.	

CULTURE EN PLEINE TERRE (*à bonne exposition*).

	Époques de production. Même année.
Absinthe officinale.	*Années suiv. Été.*
Ail commun (*bulbes*).	*Juillet–Août.*
Arroche (Belle-Dame)	*Mai–Juin.*
Artichauts (*œilletons*) . (2ᵉ quinzaine). *Autom. et années suiv.*	*Juin–Juillet.*
Asperges (*griffes*). . . .	3ᵉ année, *Avril–Juin.*
— (*graines*)	4ᵉ année, *Avril–Juin.*
Bourrache officinale	*Juillet–Août.*
Câprier (*plants*).	2ᵉ *année, Été.*
Carottes hâtives	*Juin–Juillet.*
tardives.	*Sept.–Hiver.*
Cerfeuils, commun *et* frisé . . .	*Avril–Mai.*
tubéreux (*graines stratifiées*).	*Juillet–Août.*
Chervis (Chirouis).	*Nov.–Février.*
Chicorée sauvage	*Mai–Octobre.*
sauvage améliorée	*Mai–Octobre.*
Choux cabus hâtifs	*Été–Automne.*
cabus tardifs.	*Autom.–Hiver.*
rouges	*Autom.–Hiver.*
de Milan hâtifs.	*Été–Automne.*
de Milan tardifs	*Autom.–Hiver.*
de Bruxelles.	*Oct.–Hiver.*
verts *et* non pommés.	*Sept.–Mars.*
Choux-raves (*sur terre*) . . .	*Juillet–Autom.*
Les Choux-raves doivent être récoltés jeunes, avant qu'ils aient acquis leur entier développement.	
Ciboule commune . . .	*Mai–Autom. et Print.*
vivace de Saint-Jacques (*plants*).	*Été–Autom.*
Ciboulette (Civette) (*plants*) . .	*Avril–Été.*
Cochléaria officinal.	*Mai–Juin.*
Coriandre cultivée.	*Juillet–Sept.*
Crambé maritime (Chou marin)	
— (*plants de semis*)	2ᵉ ou 3ᵉ *Print.*
— (*graines*).	3ᵉ ou 4ᵉ *Print.*
Cresson alénois	*Avril.*
de fontaine (*plants*)	*Été–Automne.*
— (*graines*).	*Autom.–Print.*
de jardin ou vivace	*Été–Automne.*

	Époques de production. Même année.
Crosnes. *Voy.* Stachys.	
Échalotes (*bulbes*)	*Juillet–Août.*
Épinard lent à monter, *et* autres .	*Mai–Juin.*
Estragon (*plants*)	*Été–Automne.*
Fenouil de Florence	*Oct.–Nov.*
Fèves.	*Juin–Juillet.*
Fraisiers à gros fruit (*plants*). .	*Années suiv.*
remontants à gros fruit (*plants*).	*Été–Automne.*
des quatre-saisons (*plants*). *Aut. et Ann. suiv.*	
Hyssope (*graines* et *plants*) .	*Été et Ann. suiv.*
Igname de la Chine (*racines*). .	*Oct.–Hiver.*
— (*bulbilles*)	2ᵉ *année.*
Laitues pommées de printemps.	*Mai–Juillet.*
pommées d'été *et* d'automne. .	*Juin–Sept.*
à couper	*Avril–Mai.*
Romaines	*Juin–Juillet.*
Lavande (*à exposition chaude*).	*Années suiv.*
Lentilles	*Juillet–Août.*
Macre (Châtaigne-d'eau) (*dans l'eau*).	*Août–Sept.*
Marjolaine ordinaire	*Juillet–Août.*
vivace (Origan) (*graines*) . *Années suiv. Été.*	
— (*plants*)	*Été–Automne.*
Mauve officinale	*Été–Automne.*
Mélisse (Citronnelle) (*éclats*) . .	*Été–Automne.*
Moutarde blanche (*feuilles pour salade*)	*Avril.*
de Chine (*pour salade*) . . .	*Juin–Juillet.*
Navets des Vertus race Marteau, de Milan, *et* autres variétés hâtives (*en terrain propice*).	*Mai–Juin.*
Ognons blancs hâtifs	*Juin–Juillet.*
de couleur (*graines*)	*Août–Sept.*
de Mulhouse (*bulbilles à planter pour obtenir de gros bulbes*)	*Juillet–Août.*
Rocambole (*bulbilles*) . . .	*Septembre.*
Onagre bisannuel	*Autom.–Print.*

MARS

	Époques de production. Même année.
Oseille (éclats)	Avril-Autom.
— (graines)	Été-Aut. ei Années suiv.
épinard (Patience)	Été-Automne.
Oxalis tubéreux (tubercules)	Novembre.
Panais rond hâtif	Juillet-Nov.
Persils, commun et frisés	Juin-Automne.
à grosse racine (pour racines).	Autom.-Hiver.
Pimprenelle petite	Juin-Autom. et Print.
Pissenlits, ordinaire et variétés améliorées	Autom.-Print.
Poireau très gros de Rouen	Autom.-Print.
très long d'hiver de Paris	Autom.-Print.
Pois ronds et ridés hâtifs	Juin-Juillet.
ronds et ridés tardifs	Juillet-Août.
sans parchemin ou Mangetout.	Juin-Août.
Pommes de terre hâtives (tubercules) (1) (abriter). Suivant les variétés,	Juin-Automne.
Radis hâtifs, ronds et demi-longs.	Avril-Mai.
longs (Raves)	Avril-Mai.

	Époques de production. Même année.
Raifort sauvage (racines)	Oct.-Print.
Raves (Radis longs)	Avril-Mai.
Rhubarbes (éclats)	Années suiv. Avril-Juin.
— (graines)	2°, mieux 3° année.
Rocambole. Voy. Ognon Rocambole.	
Romaines. Voy. Laitues.	
Roquette cultivée	Avril-Mai.
Salsifis blanc	Oct.-Février.
Sarriette annuelle (c'est un peu tôt)	Juillet-Août.
vivace (graines)	Autom. et Années suiv.
— (plants)	Autom. et Années suiv.
Sauge officinale (éclats).	Autom. et Années suiv.
Scorsonère (Salsifis noir). Oct.-Hiver et Année suiv.	
Stachys tuberifera (Crosnes du Japon) (rhizomes)	Nov.-Hiver.
Thym (éclats)	Toute l'année.
Topinambour (tubercules)	Nov.-Mars.
Etc., etc.	

(1) Dans toutes les variétés hâtives de Pommes de terre, l'emploi des tubercules germés avance beaucoup (d'une quinzaine de jours au moins) l'époque de production ; pour la P. de terre Marjolin cette précaution est même tout à fait nécessaire.(Voy. cet article. page 589.)

AVRIL

CULTURE SUR COUCHE, SOUS CHASSIS, BACHES, CLOCHES, OU EN SERRE

	Époques de production. Même année.
Alkékenge jaune doux	Août-Sept.
Artichauts (graines)	Années suiv. Juin-Août.
Aubergines (en pots)	Août-Sept.
Basilics	Juin-Oct.
Benincasa cerifera (Courge)	Août-Oct.
Câprier (graines)	3° ou 4° année.
Cardons (en pots)	Oct.-Hiver.
Champignon (blanc de) (en cave, en cellier, etc.)	Juillet-Août.
Choux-fleurs demi-durs (sur vieille couche)	Août-Sept.
Concombres (en pots)	Juillet-Août.
Cornichons (en pots)	Juillet-Août.
Courges	Sept.-Oct.
— (pour fruits jeunes)	Juillet-Sept.
Cresson de Para	Juillet-Oct.
du Brésil	Juillet-Oct.
Fenouil de Florence	Sept.-Oct.
Fraisiers divers (graines)	Années suiv.

	Époques de production. Même année.
Giraumon turban	Sept.-Oct.
Gombo (Ketmie comestible)	Sept.-Oct.
Haricot flageolet nain hâtif à feuille gaufrée	Juin-Juillet.
flageolet très hâtif d'Étampes.	Juin-Juillet.
flageolet Merveille de France.	Juin-Juillet.
noir hâtif de Belgique	Juin-Juillet.
nain extra-hâtif Prince noir	Juin-Juillet.
sabre nain	Juin-Juillet.
autres variétés hâtives	Juin-Juillet.
Mélisse officinale (Citronnelle)	Années suiv.
Melons (en pots)	Août-Sept.
Pastèques (Melons d'eau) (en pots)	Sept.-Oct.
Patates (plants, boutures)	Sept.-Oct.
Patissons	Sept.-Oct.
Piments	Sept.-Oct.
Potirons	Sept.-Oct.
Tomates	Août-Sept.
Etc., etc.	

CULTURE EN PLEINE TERRE

AVRIL — Époques de production. Même année.

- Absinthe officinale. . . . . . *Années suiv. Été.*
- Ail commun (*bulbes*) (*un peu tard*). *Juillet–Août.*
- Aneth officinal. . . . . *Août–Sept.*
- Angélique officinale . . *Année suiv. Mai–Juin.*
- Anis vert . . . . *Juillet–Août.*
- Arroche (Belle-Dame). . . . . *Juin–Juillet.*
  - Bon-Henri (vivace). . *Autom. et Année suiv.*
- Artichauts (*œilletons*) . . . . *Sept.–Oct. et Années suiv.*
- — (*graines*). . . . . *Années suiv.*
- Asperges (*griffes*). . . . 3ᵉ année, *Avril–Juin.*
- — (*graines*) . . . . . 4ᵉ année, *Avril–Juin.*
- Betteraves à salade . . . . . *Autom.–Hiver.*
- Bourrache officinale . . . . . *Août–Sept.*
- Capucines (*à bonne exposition*). *Juillet–Sept.*
  - tubéreuse (*tubercules*) . . . *Novembre.*
- Cardons (*fin-Avril; à bonne exposition*). . . . . *Nov.–Hiver.*
- Carottes hâtives . . . . *Été–Automne.*
  - tardives. . . . . *Autom.–Hiver.*
- Céleris à côte . . . . *Autom.–Hiver.*
  - à couper . . . . *Été–Automne.*
- Céleris-raves . . . . *Autom.–Hiver.*
- Cerfeuils, commun *et* frisé . . . *Mai–Juin.*
- Cerfeuil tubéreux ou bulbeux (*graines stratifiées*) (*c'est tard*). . . . . *Juillet–Août.*
- Chenilles (*pour surprises dans dans les salades*) . . . . *Juillet–Sept.*
- Chervis (Chirouis). . . . . . *Nov.–Février.*
- Chicorées frisées. . . . . . . *Été–Automne.*
  - Scaroles. . . . . *Été–Automne.*
  - sauvage *et* améliorée. . . . *Juin–Octobre.*
  - à grosse racine de Bruxelles (*pour* Witloof *ou* Endive). . *Hiver.*
- Choux cabus hâtifs. . . . . . *Été–Automne.*
  - cabus tardifs. . . . . *Autom.–Hiver.*
  - rouges. . . . . *Autom.–Hiver.*
  - de Milan hâtifs . . . . . . *Été–Automne.*
  - de Milan tardifs. . . . . . *Autom.–Print.*
  - de Bruxelles. . . . . *Oct.–Hiver.*
  - verts, non pommés. . . . . *Autom.–Print.*
  - frisés non pommés (Bricolin) . *Autom.–Print.*
- Choux-fleurs tendres, et demi-durs . . . . *Juillet–Sept.*
- Choux-Brocolis. . (*Dans l'Ouest*) *Hiver.* (*Centre*) *Année suiv. Mars–Avril.*
- Choux-navets *et* Rutabagas (*en terre*). . . . . *Oct.–Hiver.*
- Choux-raves (*sur terre*) . . . *Août–Sept.*

Époques de production. Même année.

- Ciboule commune . . . . . . *Juillet–Print.* vivace de Saint-Jacques (*plants*). *Été–Autom.*
- Ciboulette (Civette) (*plants*). *Été et Années suiv.*
- Claytone de Cuba . . . . . . *Juin–Août.*
- Cochléaria officinal. . . . . . *Juin–Juillet.*
- Concombres *et* Cornichons (*fin d'Avril sur vieille couche, sur fosse et sous cloches: mieux en Mai*). . . . . . *Juillet–Sept.*
- Coriandre cultivée. . . . . . *Août–Sept.*
- Courges, Giraumons *et* Potirons (*fin d'Avril sur vieille couche, et sous cloches; mieux en Mai*) . . . . *Sept.–Oct.*
- Crambé maritime (Chou marin)
  - — (*graines*). . . . . 3ᵉ ou 4ᵉ *Print.*
  - — (*plants de semis*) . . . . 2ᵉ ou 3ᵉ *Print.*
- Cresson alénois . . . . *Mai.*
  - de fontaine (*plants* et *graines*). *Sept.–Print.*
  - de jardin ou vivace. . . . . *Autom.–Print.*
- Crosnes. *Voy.* Stachys.
- Endives. *Voy.* Chicorées.
- Épinards . . . . *Juin–Juillet.*
- Estragon (*plants*) . . . . . . *Juin–Sept.*
- Fenouil de Florence. . . . . . *Oct.–Nov.* doux *et* amer . . . . *Aut.–Print.*
- Fèves. . . . . *Juillet–Août.*
- Fraisiers à gros fruits (*plants*) . *Années suiv.*
  - — remontants (*plants*). *Autom. et ann. suiv.*
  - des quatre-saisons (*plants*). *Aut. et Années suiv.*
  - divers (*graines*); (*mieux sous cloche*) . . . . *Années suiv.*
- Haricots hâtifs (*mieux en Mai*). *Juin–Août.*
- Hérisson (*pour surprises*) . . . *Août–Sept.*
- Hyssope officinale . . . . . . *Ann. suiv. Été.*
- Igname de la Chine (*racines*). . *Oct.–Hiver.*
- Laitues pommées d'été *et* d'automne. . . . . *Fin Juin–Sept.*
  - à couper . . . . *Mai–Juin.*
  - Romaines . . . . *Juillet–Août.*
- Lavande . . . . . . *Années suiv. Juin–Août.*
- Lentilles . . . . *Août–Sept.*
- Limaçon (*pour surprises*) . . . *Août–Sept.*
- Marjolaine ordinaire . . . . . *Août–Oct.* vivace (Origan) (*graines*). . *Ann. suiv. Été.*
  - — (*plants, éclats*). . . . . *Été–Automne.*
- Mélisse officinale (Citronnelle) (*éclats*) . . . . *Été–Automne.*
  - — (*graines*) . . . . *Années suiv.*
- Morelle de l'Ile de France. . . *Juin–Août.*

AVRIL

	Époques de production. Même année.
Moutarde blanche (*pour salade*).	Mai–Juin.
de la Chine (*feuilles pour salade*).	Été.
Navets hâtifs (*en terrain propice*).	Juin–Juillet.
Ognons divers.	Août–Sept.
— (semés dru, en place, pour obtenir des bulbilles) . . .,	Août–Sept.
de Mulhouse (*bulbilles à planter pour obtenir de gros bulbes*)	Juillet–Août.
Rocambole (*bulbilles*)	Août–Sept.
Onagre bisannuel	Autom.–Print.
Oseille (*éclats*).	Mai–Automne.
— (*graines*).	Juin–Autom.
épinard (Patience)	Autom.–Print.
Oxalis tubéreux (*tubercules*) . .	Nov.–Déc.
Panais	Sept.–Print.
Persils, commun *et* frisés. . . .	Juin–Déc.
Pimprenelle petite.	Juillet–Sept.
Pissenlits, ordinaire *et* améliorés.	Autom.–Print.
Poireaux	Autom.–Print.
Poirée blonde commune	Juin–Autom.
à carde	Sept.–Hiver.
Pois nains, diverses variétés . .	Juillet–Sept.
à rames, diverses variétés . .	Juillet–Sept.
sans parchemin ou Mangetout.	Juillet–Sept.

	Époques de production. Même année.
Pois chiche (Garvance).	Août–Sept.
Pommes de terre (*tubercules*) (1).	
	Suivant les variétés, Juillet–Oct.
Potirons. *Voy.* Courges.	
Radis ronds *et* demi–longs . . .	Mai–Juin.
Raifort sauvage (*racines*). . . .	Autom.–Print.
Raves (Radis longs)	Mai–Juin.
Rhubarbes (*plants*)	Print. suiv.
— (*graines*)	2ᵉ, mieux 3ᵉ année.
Romaines. *Voy.* Laitues.	
Romarin	Années suiv.
Roquette cultivée.	Mai–Juillet.
Salsifis blanc	Oct.–Mars.
Sarriette annuelle	Juillet–Août.
vivace.	Années suiv.
Sauge officinale	Années suiv.
Scaroles. *Voy.* Chicorées.	
Scorsonère (Salsifis noir).	
	Automne et Année suiv.
Souchet comestible	Octobre.
Stachys tuberifera (Crosnes) (*c'est tard*). Novemb.	
Tétragone cornue	Juillet–Oct.
Thym (*graines*) . . . . . Aut. et Années suiv.	
— (*éclats*).	Été–Automne.
Etc., etc.	

(1) Dans les variétés hâtives de Pommes de terre, l'emploi de tubercules germés avance beaucoup (d'une quinzaine de jours au moins) l'époque de production.

MAI

CULTURE SUR COUCHE, SOUS CHASSIS, BACHES, CLOCHES, OU EN SERRE

Les couches, de même que les châssis et les cloches, ne sont plus guère nécessaires à cette époque de l'année, si ce n'est parfois au commencement du mois pour quelques espèces délicates, telles que : *Concombres, Cornichons, Courges, Giraumons, Melons, Pastèques, Piments, Potirons, Tomates*, etc., particulièrement dans les années où le printemps est froid et humide.

CULTURE EN PLEINE TERRE

	Époques de production. Même année.
Absinthe officinale	Années suiv. Été.
Aneth officinal.	Août–Sept.
Anis vert	Août–Sept.
Arroche (Belle-Dame)	Juillet–Août.
Bon-Henri (vivace). .	Autom. et Années suiv.
Artichauts (*œilletons*)	Sept.–Oct. et Années suivantes.
— (*graines*) (*en place*) . .	Années suivantes.
Asperges (*graines*) . . .	4ᵉ année, Avril–Juin
— (*œilletons*)	3ᵉ année, Avril–Juin

	Époques de production. Même année.
Baselle blanche	Août–Oct.
Basilics	Juillet–Oct.
Betteraves à salade.	Autom.–Hiver.
Bourrache	Autom. et Année suiv.
Câprier (*plants*)	2ᵉ année, Été.
Capucine grande.	Juillet–Sept.
— tubéreuse (*tubercules*) . .	Novembre.
Cardons (*en place*)	Nov.–Hiver.
Carottes hâtives	Août–Automne.
tardives.	Autom.–Hiver.

MAI

	Époques de production. Même année.
Céleris à côte	Autom.-Hiver.
à couper	Juillet-Oct.
Céleris-raves	Oct.-Nov.
Cerfeuils (*à l'ombre*)	Juin-Juillet.
Champignon (blanc de) (*en cave, en cellier*, ou *à l'air libre*)	Août-Sept.
Chenilles (*pour surprises dans les salades*)	Août-Sept.
Chervis (Chirouis)	Nov.-Février.
Chicorées frisées d'été	Août-Sept.
frisées d'automne	Août-Oct.
Scaroles	Août-Oct.
sauvage *et* améliorée	Juillet-Oct.
— (*pour* Barbe-de-capucin)	Nov.-Avril.
à grosse racine de Bruxelles (*pour obtenir le* Witloof *ou* Endive)	Nov.-Avril.
Choux cabus d'été et d'automne	Été-Autom.
cabus tardifs	Oct.-Hiver.
rouges	Oct.-Hiver.
de Milan hâtifs	Août-Oct.
de Milan d'Aubervilliers	Sept.-Oct.
de Milan des Vertus *et* autres	Oct.-Hiver.
de Milan de Pontoise	Nov.-Mars.
de Milan de Norvège	Nov.-Mars.
frisés non pommés (Bricolis)	Oct.-Mars.
verts, non pommés	Oct.-Mars.
à grosse côte frangé	Oct.-Mars.
de Bruxelles	Oct.-Mars.
Chou-fleur Lenormand	Sept.-Oct.
d'Alger	Sept.-Nov.
géant d'automne	Nov.-Déc.
Choux-Brocolis	Année suiv. Mars-Mai.
Choux-navets *et* Rutabagas (*en terre*)	Octobre-Hiver.
Choux-raves (*sur terre*)	Sept.-Octobre.
Ciboule commune	Août-Sept.
blanche hâtive	Autom.-Print.
Ciboulette *ou* Civette (*plants*)	Été et Années suiv.
— (*graines*)	Années suiv.
Claytone de Cuba	Juillet-Oct.
Concombres (*en poquets*)	Août-Sept.
Coriandre	Août-Autom.
Cornichons (*en poquets*)	Juillet-Sept.
Courges (*en poquets*)	Sept.-Octobre.
— (*pour fruits jeunes*)	Août-Oct.
Crambé maritime (Chou marin)	
— (*graines*)	3ᵉ ou 4ᵉ Print.
— (*plants de semis*)	2ᵉ ou 3ᵉ Print.
Cresson alénois	Juin.
de fontaine (*graines* et *plants*)	Autom.-Print.
de jardin ou vivace	Autom.-Print.

	Époques de production. Même année.
Cumin officinal	Août.
Doliques. *Voy.* Haricots Doliques.	
Endives. *Voy.* Chicorées.	
Énothère bisannuelle. *Voy.* Onagre.	
Épinard d'Angleterre (*à l'ombre*)	Juin-Juillet.
paresseux de Catillon (*id.*)	Juin-Juillet.
lent à monter, *et* autres variétés (*à l'ombre*)	Juin-Juillet.
Estragon (*plants*)	Juin-Août.
Fenouil de Florence	Oct.-Hiver.
doux *et* amer	Autom.-Print.
Fraisiers (*graines*)	Années suiv.
Giraumon turban (*en poquets*)	Sept.-Octobre.
Haricots divers (*pour récolter verts* ou *en grains frais*)	Juillet-Août.
— (*pour récolter en grains secs*)	Sept.-Octobre.
sans parchemin ou Mangetout, les diverses variétés	Juillet-Sept.
Doliques	Fin d'Été-Autom.
Hérisson (*pour surprises*)	Août-Sept.
Hyssope officinale	Années suiv. Été.
Igname de la Chine (*racines*)	Nov.-Hiver.
Laitues pommées d'été *et* d'automne	Juillet-Sept.
à couper	Juin-Juillet.
Romaines	Août-Sept.
Lavande	Années suiv. Juin-Août.
Lentilles	Août-Sept.
Limaçon (*pour surprises*)	Août-Sept.
Maïs sucré ridé nain (*pour épis jeunes*)	Juillet-Août.
Marjolaine ordinaire	Août-Oct.
vivace (Origan)	Années suiv. Juillet-Sept.
Martynia (*sur vieille couche*)	Août-Oct.
Mélisse officinale (Citronnelle)	Années suiv.
Melons (*sur vieille couche, en plein air*)	Août-Sept.
Morelle de l'Ile-de-France	Juillet-Sept.
Moutarde blanche (*feuilles pour salade*)	Juin-Juillet.
Navets, variétés hâtives (*en terrain frais*)	Juillet-Août.
Nigelle aromatique	Août-Sept.
Ognons divers (*semés dru, en place pour obtenir des bulbilles à replanter*)	Septembre.
Onagre bisannuel	Autom.-Print.
Origan. *Voy.* Marjolaine vivace.	
Oseille (*graines*)	Juillet-Autom.
épinard (Patience)	Autom.-Print.
Oxalis tubéreux (*tubercules*)	Nov.-Déc.
Panais (*en terrain frais*)	Sept.-Print.

MAI

	Époques de production. Même année.
Patates (*boutures*).......	Octobre.
Patissons (*sur vieille couche*, en plein air*)........	Sept.–Oct.
Persils, commun *et* frisés....	Août–Déc.
Pimprenelle petite... *Autom. et Année suiv.*	
Pissenlits, ordinaire *et* variétés améliorées.........	*Aut. et Print.*
Poireaux...........	*Hiver–Print.*
Poirée blonde commune....	*Juillet–Autom.*
à carde...........	*Oct.–Hiver.*
Pois ronds, nains *et* à rames (*pour récolter en vert*)...	Août–Sept.
ridés ou sucrés........	Août–Sept.
sans parchemin ou Mangetout.	Août–Sept.
Pois chiche (Garvance).....	Sept.–Oct.
Pommes de terre (*tubercules*) (1). Suivant les variétés,	Août–Oct.
Potirons (*en poquets*).....	Sept.–Oct.
Pourpiers..........	*Juin–Juillet.*
Radis ronds *et* demi-longs...	*Juin–Juillet.*
d'été, jaunes, gris *et* noirs..	*Juillet–Août.*

	Époques de production. Même année.
Raves (Radis longs)......	*Juin–Juillet.*
Rhubarbes (*graines*)....	2ᵉ, *mieux* 3ᵉ *Print.*
Romaines. *Voy.* Laitues.	
Romarin (*graines* et *plants*)..	*Années suiv.*
Roquette cultivée.......	*Juin–Juillet.*
Rutabagas. *Voy.* Choux-navets.	
Salsifis blanc..........	*Oct.–Mars.*
Sarriette annuelle.......	*Août–Sept.*
vivace............	2ᵉ année.
Sauge officinale........	2ᵉ année.
Scaroles. *Voy.* Chicorées.	
Scolyme d'Espagne. *Nov., mieux Mars–Avril.*	
Scorsonère. Salsifis noir (*c'est tard*)....	*Année suiv. Autom.–Hiver.*
Tanaisie commune.......	*Années suiv.*
Tétragone cornue.......	*Août–Oct.*
Thym (*graines*, semis *en place*).	*Autom. et Années suiv.*
— (*éclats*)..........	*Été–Autom.*
Vers (*pour surprises*).....	*Août–Sept.*
Etc., etc.	

(1) Dans les variétés hâtives de Pommes de terre, l'emploi des tubercules germés avance beaucoup (d'une quinzaine de jours au moins) l'époque de production.

~~~~~~~~~~

JUIN

CULTURE EN PLEINE TERRE

	Époques de production. Même année.
Angélique officinale (*en terrains frais*); (*mieux en Juillet*).	*Année suiv. Mai–Juin.*
Armoise commune...	*Année suiv. Août–Sept.*
Arroche (Belle-Dame).....	*Juillet–Août.*
Bon-Henri.......	*Années suiv. Mai–Oct.*
Artichauts (*plants repiqués*).	*Oct. et Années suiv.*
Basilics...........	*Août–Oct.*
Betteraves à salade......	*Oct.–Nov.*
Cardons (*en place*)......	*Oct.–Nov.*
Carottes hâtives.......	*Sept.–Oct.*
demi-longues *et* longues...	*Autom.–Hiver.*
Céleris à côte........	*Oct.–Hiver.*
à couper..........	*Août–Oct.*
Cerfeuils, commun *et* frisé (*à l'ombre*).......	*Juillet–Août.*
Champignon (blanc de) (*en cave, en cellier*, ou *à l'air libre*).	Sept.–Oct.

	Époques de production. Même année.
Chicorées frisées.......	*Août–Sept.*
Scaroles..........	*Août–Sept.*
sauvage *et* améliorée.....	*Juillet–Oct.*
— (*pour obtenir la* Barbe-de-capucin)..........	*Nov.–Avril.*
à grosse racine de Bruxelles	
— (*pour la production du* Witloof *ou* Endive)....	*Nov.–Avril.*
Choux cabus d'été et d'automne.	*Été–Autom.*
cabus tardifs........	*Déc.–Mars.*
rouges...........	*Autom.–Hiver.*
de Milan hâtifs.......	*Sept.–Nov.*
de Milan tardifs......	*Nov.–Hiver.*
de Bruxelles........	*Nov.–Mars.*
à grosse côte ordinaire *et* var. frangée..........	*Nov.–Mars.*
frisés non pommés (Bricolis).	*Nov.–Mars.*
verts, non pommés......	*Nov.–Mars.*
chinois. *Voy.* Pe-tsai.	

JUIN

	Époques de production. Même année.
Choux-fleurs hâtifs	Sept.–Nov.
Choux-Brocolis divers. *Année suiv.*	*Mars–Avril.*
Choux-navets *et* Rutabagas (*en terre*)	Oct.–Hiver.
Choux-raves hâtifs (*sur terre*)	Sept.–Oct.
Concombres *et* Cornichons (*en poquets*)	Août–Oct.
Coriandre	Sept.–Oct.
Courges (*pour fruits jeunes*)	Sept.–Oct.
Crambé maritime (Chou marin) (*graines*)	3ᵉ, *mieux* 4ᵉ *Print.*
Cresson alénois (*à l'ombre*)	Juin–Juillet.
de fontaine (*graines* et *plants*)	Autom.–Print.
de jardin ou vivace	Autom.–Print.
Épinard d'Angleterre	
paresseux de Catillon	
lent à monter	*à l'ombre* } Juillet–Août.
d'été vert foncé	
Estragon (*plants*)	Été *et Années suiv.*
Fenouil de Florence (*pour pétioles blanchis*)	Oct.–Nov.
doux *et* amer	*Année suiv.*
Fraisiers divers (*graines*). *Ann. suiv.*	*Mai–Juin.*
Haricot flageolet d'Étampes	
flageolet à feuille gaufrée	
flageolet Chevrier	
de Bagnolet ou Suisse gris	*Pour récolter en vert.*
— vert	Août–Sept.
Empereur de Russie	
Incomparable	
nain extra-hâtif Prince noir	
noir hâtif de Belgique	
beurre ou Mangetout nains et à rames	Août–Sept.
Hyssope officinale	*Années suiv.*
Laitues pommées d'été *et* d'automne	Août–Sept.
à couper	Juillet–Août.
Romaines d'été *et* d'automne	Août–Sept.
Lavande	*Années suiv.*
Lentilles	Sept.–Oct.
Maïs sucré ridé nain (*pour épis jeunes*) (1)	Août–Sept.
Marjolaine vivace (Origan)	*Années suiv. Juillet–Sept.*
Mélisse officinale (Citronnelle)	*Années suiv.*

	Époques de production. Même année.
Melons hâtifs (*commencement de Juin seulement*)	Sept.–Oct.
Morelle de l'Ile de France (*pour épinards*)	Août–Oct.
Moutarde blanche (*feuilles pour salade*)	Juillet–Août.
Navets (*à l'ombre*)	Août–Oct.
Ognons de couleur (*semés dru, en place, pour obtenir des bulbilles à replanter*)	Août–Sept.
Oseille (*graines*)	*Autom. et années suiv.*
épinard (Patience)	*Autom. et années suiv.*
Panais rond	*Automne.*
Patates (*c'est déjà tard*)	Sept.–Oct.
Patissons (*pour consommer en fruits jeunes*)	Sept.–Oct.
Persils, commun *et* frisés	Août–Déc.
Pe-tsai (Chou chinois)	Août–Oct.
Pissenlits, ordinaire *et* variétés améliorées	*Printemps.*
Poireaux	*Hiver–Print.*
Poirée blonde commune	Autom.–Print.
à carde	Nov.–Avril.
Pois ronds, à rames *et* nains	Août–Sept.
ridés, à rames *et* nains	Sept.–Oct.
Pommes de terre hâtives (*tubercules germés*) (*c'est tard*)	Sept.–Oct.
Pourpiers	Juillet–Août.
Radis ronds *et* demi-longs	*Juillet.*
d'été, jaunes, gris *et* blancs	Juillet–Août.
d'hiver, noirs *et* violets	Sept.–Hiver.
rose d'hiver de Chine	Sept.–Déc.
Raves (Radis longs)	Juillet–Août.
Raiponce	Déc.–Mars.
Rhubarbes (*graines*)	2ᵉ *ou* 3ᵉ *Printemps.*
Romaines. *Voy.* Laitues.	
Roquette cultivée	Juillet–Août.
Sarriette annuelle	Août–Sept.
vivace	*Années suiv.*
Sauge officinale	*Années suiv.*
Scaroles. *Voy.* Chicorées.	
Scolyme d'Espagne	*Année suiv. Mars–Avril.*
Scorsonère (Salsifis noir). *Ann. suiv. Aut.–Hiver.*	
Thym (*graines*); (*en place*)	*Années suiv.*
— (*plants*)	*Automne.*
Etc., etc.	

(1) Les Maïs sucrés doivent être récoltés et consommés quand les grains, arrivés à toute leur grosseur, sont encore tendres et à l'état laiteux.

JUILLET

CULTURE EN PLEINE TERRE

	Époques de production. Même année.		Époques de production. Même année.
Angélique officinale	Année suiv. Mai–Juin.	Haricot flageolet blanc. . .	
Arroche (Belle-Dame)	Août-Sept.	flageolet à feuille gaufrée.	
Betteraves à salade, var. hâtives.	Nov.–Déc.	flageolet hâtif d'Étampes.	Sept.–Oct.
Carottes hâtives, courtes et demi-longues	Oct.–Nov. et Print. suiv.	noir hâtif de Belgique . . nain Gloire de Lyon. . .	(pour récolter en vert.)
Céleri à couper	Sept.-Oct.	et autres variétés hâtives.	
Cerfeuils (à l'ombre)	Août-Oct.	nains sans parchemin ou Mangetout, les var. hâtives. . .	Sept.–Oct.
Champignon (blanc de) (en cave, en cellier, ou à l'air libre).	Sept.–Nov.	Hyssope. . . Année suiv. mieux 2ᵉ année, Été.	
Chicorée frisée de Meaux . . .	Oct.–Nov.	Laitues pommées d'été et d'automne	Sept.–Oct.
frisée de Picpus	Oct.–Nov.	à couper	Août-Sept.
frisée fine de Rouen	Oct.–Nov.	Romaines	Sept.-Oct.
frisée fine de Louviers	Oct.–Nov.	Lavande	2ᵉ année, Juin–Juillet.
frisée toujours blanche (à couper jeune)	Août–Oct.	Mâches (2ᵉ quinzaine)	Oct.–Hiver.
Reine d'hiver (abriter l'hiver).	Oct.–Mars.	Marjolaine vivace (Origan).	
Scaroles	Oct.–Nov.		Année suiv. Juillet-Sept.
sauvage et améliorée	Août–Mars.	Mélisse officinale (Citronnelle). .	Années suiv.
Choux verts, non pommés (c'est tard)	Année suiv. Mars–Avril.	Moutarde blanche (pour salade).	Août.
à grosse côte (c'est tard)	Année suiv. Fév.–Avril.	de Chine à feuille de chou (pour salade)	Août-Sept.
frisés non pommés.	Année suiv. Mars–Avril.	Navets et Navets-raves (2ᵉ quinzaine)	Sept.–Nov.
Chou chinois. Voy. Pe-tsai.		Ognons blancs hâtifs (2ᵉ quinzaine).	
Choux-fleurs hâtifs (c'est tard). noir de Sicile (c'est tard).	Automne.		Année suiv. Mai–Juin.
	Année suiv. Mars–Avril.	de couleur (semés drus, en place, pour obtenir des bulbilles à replanter; c'est tard).	Septembre.
Chou-Brocoli blanc hâtif (c'est tard)	Année suiv. Mars–Avril.	blanc gros (pour ciboule)	Autom.-Print.
de Pâques et divers .	Ann. suiv. Mars–Avril.	Oseille (graines) . . Oct.–Nov. et Années suiv.	
violet et branchu violet.		épinard (Patience). Print. suiv., mieux 2ᵉ ann.	
	Année suiv. Mars–Avril.	Persils, commun et frisés	Octobre-Déc.
Choux-navets et Rutabagas	Oct.–Hiver.	Pe-tsai (Chou chinois)	Sept.-Oct.
Choux-raves hâtifs (sur terre) .	Octobre.	Pissenlit ordinaire . .	c'est Année suiv. Print.
Ciboule blanche hâtive	Printemps.	améliorés	c'est Année suiv. Print.
Cochléaria officinal	Oct.–Print.	Poireaux (en terrains frais) . .	Déc.-Print.
Concombres et Cornichons (c'est tard)	Sept.-Oct.	Poirée blonde commune. à carde	c'est tard Oct.–Print. Aut.–Hiver.
Cresson alénois (à l'ombre). . .	Août–Sept.	Pois de Clamart hâtif	
de jardin ou vivace	Aut.–Print.	nains hâtifs	Octobre-Nov.
de fontaine (graines et plants).	Print. suiv.	ridé nain Merveille d'Amérique	
Épinards d'été (à l'ombre)	Août.	et autres variétés hâtives. . .	
Estragon (plants) . . .	Automne et Ann. suiv.	Pourpiers	Août-Sept.
Fenouil de Florence	Autom.–Hiver.	Radis hâtifs, ronds et demi-longs.	Août.
Fraisiers (graines) . .	Années suiv. Mai–Juin.	d'été, jaunes, gris et blancs. .	Août-Sept.
des 4 saisons et remontants à gros fruits (plants de semis du printemps)	Années suiv. Mai–Juin.	d'hiver, noirs et violets	Oct.–Hiver.
		gris d'hiver de Laon	Oct.–Hiver.
		rose d'hiver de Chine	Sept.–Déc.

JUILLET

	Époques de production. Même année.
Radis longs (Raves)	Août–Sept.
Raiponce	Déc.–Avril.
Romaines. *Voy.* Laitues.	
Roquette cultivée	Août–Oct.
Sarriette vivace	Années suiv.
Sauge officinale (*mieux fin-Août*)	2ᵉ année, Été.

	Époques de production. Même année.
Scaroles. *Voy.* Chicorées.	
Scolyme d'Espagne	Année suiv. Print.
Thym *graines (en place)*	Années suiv.
— plants repiqués	Automne.
Etc., etc.	

AOÛT

CULTURE EN PLEINE TERRE

	Époques de production. Même année.
Ail rose hâtif (*bulbes*)	Année suiv. Mai–Juin.
Angélique officinale	Année suiv. Mai–Juin.
Arroche (Belle-Dame)	Sept.–Oct.
Carotte rouge très courte à châssis, rouge courte hâtive, rouges demi-longues (avec abri ou feuilles ou de litière)	Autom.–Print.
Carvi cultivé	Année suiv. Été.
Cerfeuils, commun *et* frisé (*à l'ombre*)	Sept.–Hiver.
tubéreux ou bulbeux (*c'est un peu tôt*)	Année suiv. Juillet.
Champignon (blanc de) (*en cave, en cellier, ou à l'air libre*)	Oct.–Déc.
Chicorée frisée fine de Rouen	Oct.–Hiver.
frisée de Meaux	Oct.–Hiver.
frisée fine de Louviers	Oct.–Hiver.
frisée de Ruffec	Oct.–Hiver.
toujours blanche (*pour couper jeune*)	Sept.–Hiver.
Reine d'hiver (*avec abri*)	Nov.–Hiver.
Scaroles	Nov.–Hiver.
sauvage *et* améliorée	Sept.–Mars.
Chou Express	Année suiv. Avril.
très hâtif d'Étampes	Année suiv. Avril.
précoce de Tourlaville	Année suiv. Avril–Mai.
d'York petit *et* gros	Année suiv. Avril–Juin.
cœur-de-bœuf petit	Année suiv. Mai–Juillet.
— moyen de la Halle	Année suiv. Mai–Juillet.
pain de sucre	Année suiv. Mai–Juillet.
pommé plat de Paris	Année suiv. Mai–Juillet.
Joanet ou Nantais hâtif	Année suiv. Mai–Juillet.
de Milan variétés hâtives	Année suiv. Mai–Juin.
de Milan hâtif d'Aubervilliers	Année suiv. Juin–Juillet.
verts non pommés	Année suiv. Mars–Avril.
frisés non pommés	Année suiv. Mai–Juin.

	Époques de production. Même année.
Choux-fleurs hâtifs (c'est tôt)	Ann. suiv. Avril–Mai.
Ciboule blanche hâtive	Printemps.
Cochléaria officinal	Autom.–Print.
Cresson alénois	Sept.–Oct.
de fontaine (*graines et plants*)	Années suiv. Print.–Été.
Épinards (2ᵉ *quinzaine*)	Autom.–Print.
Fraisiers remontants et des quatre-saisons (*graines*)	Années suiv. Sept.–Oct.
— (*plants de semis*)	Années suiv. Mai–Juin.
Haricot flageolet très hâtif d'Étampes, flageolet hâtif à feuille gaufrée, noir hâtif de Belgique, et autres variétés hâtives (pour récolter en vert, c'est risqué, abriter au besoin)	Oct.–Nov.
Laitues pommées d'hiver	Année suiv. Mars–Avril.
pommées de printemps	Année suiv. Mars–Avril.
à couper	Sept.–Oct.
Romaines d'hiver	Année suiv. Mars–Avril.
Mâches	Oct.–Hiver.
Moutarde de Chine à feuille de chou (*pour salade*)	Sept.–Nov.
Navets-Raves	Oct.–Nov.
secs pour l'hiver	Autom.–Print.
hâtifs	Oct.–Nov.
Ognons blancs hâtifs	Année suiv. Avril–Juin.
rouge pâle de Niort	Année suiv. Juillet–Août.
Oseille (*graines*)	Oct.–Nov. et Années suiv.
Panais (*c'est tard*)	Année suiv. Mars–Mai.
Perce-pierre	2ᵉ année, Juillet–Nov.
Persils, commun *et* frisés	Nov.–Print.
Pe-tsai (Chou chinois)	Oct.–Déc.
Pimprenelle petite (*pour salade*)	Années suiv. Mars–Juin.
Poireaux (*en terrains frais, en place*) (*c'est tôt*)	Année suiv. Avril–Juin.

AOÛT

	Époques de production. Même année.
Poirée blonde commune....	Oct.–Print.
Pois, les plus hâtifs (*c'est risqué :*	
abriter au besoin).....	Oct.–Nov.
Pourpiers............	Sept.–Oct.
Radis hâtifs, ronds et demi-longs.	Septembre.
d'été, jaunes, gris *et* noirs..	Sept.–Oct.
gris d'hiver de Laon.....	Nov.–Hiver.
noir d'hiver.........	Nov.–Hiver.
rose d'hiver de Chine....	Oct.–Hiver.

	Époques de production. Même année.
Radis longs (Raves).......	Sept.–Oct.
Raiponce cultivée (*pour feuilles*).	
	Année suiv. Février–Avril.
Rhubarbes (*graines*)...	3e *année, Printemps.*
— (*plants*)......	2e *année, Printemps.*
Romaines. *Voy.* Laitues.	
Scaroles. *Voy.* Chicorées.	
Thym (*plants de semis*)....	*Années suiv.*
Etc., etc.	

SEPTEMBRE

CULTURE EN PLEINE TERRE

	Époques de production. Année suivante.
Ail rose hâtif (*bulbes*).....	*Mai–Juin.*
Angélique officinale (*c'est tard*).2e *ann, Mai–Juin.*	
Barbe-de-capucin. *Voy.* Chicorée sauvage.	
Carottes rouges hâtives (*avec abri*). *Avril–Juin.*	
Cerfeuils commun *et* frisé (*bonne*	
exposition)... *Même année, Oct.–Hiver.*	
tubéreux (*ne lèvera qu'au prin-*	
temps)..........	*Juillet.*
Champignon (blanc de) (*en cave,*	
cellier, etc.).. *Même année, Nov.–Janvier.*	
Chervis (Chirouis).....	*Nov.–Février.*
Chicorée frisée fine d'été (*c'est*	
tard; peu usité)... *Même année, Hiver.*	
frisée de Rouen (*peu usité*).	
	Même année, Hiver.
frisée de Louviers (*peu usité*).	
	Même année, Hiver.
Scaroles (*peu usité*).. *Même année, Hiver.*	
sauvage *et* sauvage améliorée.	
	Même année, Oct.–Print.
Chou Express.........	*Avril–Mai.*
très hâtif d'Étampes.....	*Avril–Mai.*
précoce de Tourlaville....	*Mai–Juin.*
d'York petit *et* gros....	*Mai–Juin.*
cœur-de-bœuf petit, *et* moyen	
de la Halle........	*Mai–Juillet.*
pommé plat de Paris.....	*Mai–Juillet.*
pain de sucre........	*Juin–Juillet.*
Joanet (Nantais) petit *et* gros.	*Juin–Juillet.*
de Milan hâtifs.......	*Mai–Juillet.*
chinois. *Voy.* Pe-tsai.	
Choux-fleurs hâtifs (*hiverner*	
sous châssis)......	*Mai–Juin.*
Ciboule blanche (*c'est tard*)...	*Printemps.*

	Époques de production. Année suivante.
Ciboule vivace de Saint-Jacques	
(*plants*).........	*Printemps.*
Cochléaria officinal......	*Printemps.*
Cresson alénois... *Même année, Oct.–Print.*	
Épinards..... *Même année, Hiver–Print.*	
Fenouil de Florence (*pour*	
pétioles blanchis).....	*Mai–Juillet.*
— (*pour graines*)......	*Août–Sept.*
Fraisiers (*plants*).......	*Mai–Juin.*
— (*mise en pots pour forcer*).	*Mars–Avril.*
Haricot flageolet très hâtif d'Étampes, flageolet hâtif à feuille gaufrée, Triomphe des châssis, noir hâtif de Belgique, nain extra-hâtif Prince noir. (*sous châssis pour récolter en vert*)	*Même année, Nov.–Déc.*
Laitues pommées d'hiver (*pour*	
être repiquées en côtières).	*Avril–Mai.*
crêpe à graine noire. (*à repiquer sous châssis pour forcer*)	*Déc.–Févr.*
gotte.........	*Déc.–Févr.*
Tom-Pouce.....	*Déc.–Févr.*
à forcer de Milly..	*Déc.–Févr.*
à couper...... *Même année, Oct.–Nov.*	
Romaines d'hiver	*Avril–Mai.*
Mâches...... *Même année, Hiver–Print.*	
Navets hâtifs..... *Même année, Nov.–Déc.*	
Ognons blancs hâtifs.....	*Avril–Juin.*
rouge pâle de Niort....	*Juillet–Août.*
Oseille (*graines*).......	*Mars–Juin.*
Perce-pierre...... 2e *année, Juillet-Nov.*	
Persils (*à bonne exposition*)..	*Mars–Mai.*
Pe-tsai (Chou chinois). *Même année, Nov.–Déc.*	

SEPTEMBRE

	Époques de production. Année suivante.
Pimprenelle petite.	Mars–Juin.
Poireau très long d'hiver, monstrueux de Carentan, très gros de Rouen... (Semer clair sans repiquer.)	Mai–Juin.
Pois nain à châssis très hât., nain de Hollande, très nain Couturier, nain très hât. d'Annonay (Abriter sous châssis (peu usité).)	Avril.

	Époques de production. Année suivante.
Radis hâtifs.	Même année, Oct.–Nov.
d'hiver.	Même année, Nov.–Déc.
longs (Raves).	Même année, Oct.–Nov.
Raiponce cultivée (pour feuilles seulement).	Févr.–Avril.
Rhubarbes (plants).	2e Printemps.
— (graines).	3e Printemps.
Etc., etc.	

OCTOBRE

CULTURE EN PLEINE TERRE

Plusieurs des semis indiqués pour la pleine terre dans ce mois exigent quelquefois, par suite de l'arrivée des froids hâtifs, d'être effectués sur ados, vieilles couches, sous cloches ou sous châssis : les circonstances locales dicteront le mode de culture qu'il conviendra de préférer.

	Époques de production. Année suivante.
Ail rose hâtif (bulbes).	Mai–Juin.
blanc (bulbes ; dans le Midi).	Mai–Juin.
Asperges (griffes) (en terrain sain).	3e année.
— (griffes adultes ou vieilles, chauffées).	Même année, Nov.–Déc.
Barbe-de-capucin. Voy. Chicorée.	
Cerfeuils, commun et frisé.	Printemps.
tubéreux (ou stratifier en pots).	Juillet–Août.
Champignon (blanc de) (en cave, cellier, etc.).	Même année, Déc.–Février.
Chicorée sauvage et améliorée (à couper jeune ou en vert, si abritée et chauffée).	Même année, Nov.–Avril.
— (racines en cave, cellier ou sous châssis recouverts de paillassons, pour obtenir la Barbe-de-capucin).	Même année, Déc.–Mars.
Choux-fleurs hâtifs (sous cloche ou sur ados).	Mai–Juin.
Ciboule vivace ou St-Jacques (plants).	Print.
Cresson alénois.	Même année, Nov.–Print.
Échalotes (bulbes ; dans le Midi).	Juin–Juillet.
Épinards (à bonne exposition ; c'est tard).	Mars–Mai.
Fèves naines (au Midi et abriter avec des châssis).	Mai–Juin.
Fraisiers (plants).	Mai–Juin.
Laitues crêpes, gottes, à forcer de Milly et Tom-Pouce (à repiquer sous châssis, pour forcer successivement).	Même année, Déc.–Fév.

	Époques de production. Année suivante.
Laitue Palatine, de la Passion, grosse blonde d'hiver, d'hiver de Trémont (en côtière)	Mars–Mai. Avril–Mai. Mars–Mai. Mars–Mai.
à couper (sous châssis ou sous cloche).	Même année, Déc.–Janv.
Romaine maraîchère (sous châssis ou sous cloche).	Mars–Avril.
Mâche ronde (c'est tard).	Printemps.
d'Italie (c'est tard).	Printemps.
Macre (Châtaigne-d'eau) (dans l'eau).	Août–Sept.
Ognons blancs et autres, hâtifs (en place) (peu usité).	Mai–Juillet.
Oseille (c'est tard).	Mars–Juin.
Perce-pierre.	2e année, Juillet–Nov.
Persils (c'est tard, ou abriter de cloches).	Mars–Mai.
Pimprenelle petite.	Mars–Juin.
Pois Michaux ordinaire (au Midi).	Mai–Juin.
Prince Albert (en côtière au Midi).	Mai–Juin.
nains hâtifs (en côtière au Midi).	Mai–Juin.
Radis hâtifs (sous châssis).	Même année, Déc.–Janv.
long, Rave rose hâtive (sous châssis).	Même année, Déc.–Janv.
Raifort sauvage (racines).	Sept.–Print.
Raiponce (pour feuilles seulement).	Févr.–Avril.
Rhubarbes (plants).	2e Printemps.
Tétragone cornue.	Juin–Août.
Etc., etc.	

NOVEMBRE

CULTURE SUR COUCHE, SOUS CHASSIS, BACHES, CLOCHES, OU EN SERRE

Époques de production. Année suivante.

Asperges (*griffes adultes ou vieilles, chauffées*). . . . *Même année, Déc.–Janv.*
Carotte rouge à forcer parisienne. *Févr.–Mars.*
rouge très courte à châssis. . *Févr.–Mars.*
rouge courte hâtive . . . . . *Févr.–Mars.*
Cerfeuils. . . . . . . *Même année, Déc.–Janv.*
Champignon (blanc de) (*en cave, cellier, etc.*) . . . . *Janv.–Mars.*
Chicorée sauvage et améliorée (*à couper jeune*) . . *Même année, Déc.–Avril.*
— (*chauffée sur place* ou *racines en cave, pour obtenir la* Barbe-de-capucin).
Même année, Déc.–Mars.
à grosse racine de Bruxelles (*racines chauffées pour* Witloof *ou* Endive) . . . . . . *Déc.–Mars.*

Époques de production. Année suivante.

Cresson alénois. . . . *Même année, Déc.–Janv.*
Épinards . . . . *Janvier.*
Laitues crêpes *et* à forcer de Milly. *Févr.–Mars.*
gottes . . . .⎫ *Mars-Avril.*
à couper . . . .⎬*peu usité.* *Janv.–Févr.*
Romaine grise *et* blonde maraîchère . . . .⎭ *Mars-Avril.*
Oseille (*plants chauffés*). *Même année, Déc.–Janv.*
Persils (*pieds chauffés*). *Même année, Déc.–Janv.*
Pois nain à châssis, très hâtif. . . *Avril.*
autres variétés naines hâtives. *Avril.*
Pomme de terre Marjolin (*tubercules germés*) (*c'est tôt*). . . *Février-Mars.*
Victor (*tubercules germés*). . *Février-Mars.*
Radis à forcer *et* variétés hâtives. *Janvier.*
long, Rave rose hâtive. . . . *Janvier.*
Etc., etc.

CULTURE EN PLEINE TERRE

Époques de production. Année suivante.

Ail rose hâtif (*bulbes*) . . . . . *Mai–Juin.*
commun (*bulbes; dans le Midi*). *Mai–Juin.*
Asperges (*griffes; Ouest et Midi*). 3ᵉ *année.*
Cerfeuils (*peu usité*). . . . . *Printemps.*
tubéreux (*graines à stratifier*). *Juillet–Août.*
Échalotes (*bulbes; dans le Midi*). *Juin–Juillet.*
Épinards (*sur ados*) (*peu usité*). *Printemps.*
Fèves (*à bonne exposition et abriter*). . . . . *Juin–Juillet.*

Époques de production. Année suivante.

Laitue à couper (*sur ados* ou *sous cloche*). . . . . *Printemps.*
Macre (Chataigne-d'eau) (*dans l'eau*). . . . . *Août–Sept.*
Perce-pierre . . . . . . 2ᵉ *année, Juillet–Nov.*
Pois Michaux ordinaire (de Sᵗᵉ-Catherine) (*à bonne exposition*). *Mai–Juin.*
Tétragone cornue . . . . . . *Juillet–Sept.*
Etc., etc.

DÉCEMBRE

CULTURE SUR COUCHE, SOUS CHASSIS, BACHES, CLOCHES, OU EN SERRE

Époques de production. Année suivante.

Asperges (*griffes adultes ou vieilles, chauffées*). . . . *Janv.–Février.*
Carotte rouge à forcer parisienne. *Févr.–Mars.*
rouge très courte à châssis. . *Février–Mars.*
rouge courte hâtive . . . . . *Mars-Avril.*
Cerfeuils, commun *et* frisé . . . *fin Janv.–Févr.*
Champignon (blanc de) (*en cave, cellier, etc.*). . . . . . . *Mars-Avril.*

Époques de production. Année suivante.

Chicorée sauvage *et* améliorée (*pour couper jeune*). . . . *Janv.–Avril.*
— (*chauffée sur place* ou *racines en cave, pour obtenir la* Barbe-de-capucin). . . . *Janv.–Février.*
à grosse racine de Bruxelles (*racines chauffées pour obtenir le* Witloof *ou* Endive) . *Janv.–Février.*

CALENDRIER DES SEMIS ET PLANTATIONS

DÉCEMBRE

	Époques de production. Année suivante.
Concombres.	*Avril–Juin.*
Crambé maritime (Chou marin) *(vieux pieds chauffés)*. . .	*fin Janv.–Mars.*
Cresson alénois	*Janv.–Février.*
Épinard à feuille de laitue . . .	*Février.*
Estragon *(vieux pieds chauffés)*.	*Janv.–Février.*
Fève naine hâtive.	*Avril–Mai.*
Fraisiers *(forcés)*	*Mars–Avril.*
Haricot flageolet Triomphe des châssis	*Mars–Avril.*
flageolet hâtif à feuille gaufrée	*Mars–Avril.*
flag. très hâtif d'Étampes.	*Mars–Avril.*
noir hâtif de Belgique . .	*Mars–Avril.*
nain extra-hâtif Prince noir.	*Mars–Avril.*
Laitue à couper	*Février–Mars.*

c'est tôt.

	Époques de production. Année suivante.
Melon Cantaloup Prescott hâtif	*Avril–Mai.*
Cantaloup noir des Carmes .	*Avril–Mai.*
Cantaloup de Bellegarde . .	*Avril–Mai.*
Oseille *(plants chauffés)*. . . .	*Janvier–Mars.*
Persils *(vieux pieds chauffés)*. .	*Janvier–Mars.*
Poireau gros du Midi	*Avril–Juin.*
très gros de Rouen.	*Avril–Juin.*
Pois nain à châssis, très hâtif. .	*Avril–Mai.*
Merveille d'Amérique	*Avril–Mai.*
serpette nain.	*Avril–Mai.*
autres variétés naines hâtives .	*Avril–Mai.*
Pomme de terre Marjolin.	
Belle de Fontenay . . .	*Mars–Avril.*
Victor.	
Royale.	
Radis à forcer et hâtifs	*Février.*
Rave rose hâtive.	*Février.*

c'est tôl. — tubercules germés (1)

(1) Dans toutes les variétés hâtives de Pommes de terre, l'emploi des tubercules germés avance beaucoup (d'une quinzaine de jours au moins) l'époque de production; pour la P. de terre Marjolin, cette précaution est tout à fait nécessaire.

CULTURE EN PLEINE TERRE

	Époques de production. Année suivante.
Fèves *(à bonne exposition, et abriter avec des châssis)* *(peu usité)*	*Juin–Juillet.*
Persils *(peu usité)*.	*Été–Automne.*

	Époques de production. Année suivante.
Pois, variétés hâtives *(à bonne exposition)*.	*Mai–Juin.*
Michaux ordinaire ou de Sainte-Catherine *(bonne exposition)*.	*Mai–Juin.*

FIN

Nous avons, dans la table qui suit, employé les lettres **égyptiennes** pour les variétés qui font l'objet d'un article distinct, les *italiques* pour les variétés simplement mentionnées, et les lettres ordinaires pour les synonymes, les noms botaniques et noms étrangers des variétés décrites.

Quant aux **CAPITALES ÉGYPTIENNES,** elles désignent les différentes espèces de légumes de culture courante, les ANTIQUES indiquent les espèces de moindre intérêt au point de vue potager et plus brièvement mentionnées ; enfin, les *italiques noires* se rapportent aux groupes de variétés similaires formés dans une même espèce.

TABLE GÉNÉRALE ALPHABÉTIQUE

(Voyez la note ci-contre.)

	Pages
INTRODUCTION	v à XVIII
LISTE DES OUVRAGES CONSULTÉS	XIX
LISTE DES AUTEURS CITÉS	XX
Aangskrasse (*Suéd.*). — *V.* Cresson des prés.	229
Aangstistel (*Dan.*). — *V.* Cirsium oleraceum.	179
Aardakker (*Holl.*). — *V.* Gesse tubéreuse. .	283
Aardappel (*Flam.*). — *V.* Pomme de terre .	573
Aardbezie (*Flam. et Holl.*). — *V.* Fraisier. .	250
Aardmandel (*Flam.*). — *V.* Souchet comestible	659
Aardnoot (*Flam.*). — *V.* Gesse tubéreuse. .	283
Aardpeer (*Flam.*). — *V.* Topinambour. . .	681
Aatlig (*Dan.*). — *V.* Cirsium oleraceum . .	179
Abobora (*Port.*). — *V.* Courges	200
— de corôa (*Port.*). —*V.*Courges Giraumons.	209
— empadâo (*Port.*).—*V.* Courges Pâtissons.	218
— turbante (*Port.*).—*V.*Courges Giraumons.	209
Abrojo de agua (*Esp.*). — *V.* Macre	397
Abrotano (*Ital.*). — *V.* Aurone	31
Abrotino (*Ital.*). — *V.* Aurone	31
ABSINTHE	1
— *estragon.* — *V.* Estragon.	239
Accroupie. — *V.* Mâche commune.	392
Acedera (*Esp.*). — *V.* Oseille commune . .	477
— espinaca (*Esp.*). — *V.* Oseille épinard . .	479
Acederilla (*Esp.*). — *V.* Oxalis oseille . . .	481
Acelga (*Esp. et Port.*). — *V.* Poirée. . . .	513
Acetina (*Ital.*). — *V.* Oseille commune . . .	477
Acetosa (*Ital.*). — *V.* Oseille commune. . .	477
ACHE douce. — *V.* Céleri.	69
— des marais. — *V.* Céleri	69
— **DE MONTAGNE**.	2
Achicoria amarga o agreste (*Esp.*).—*V.*Chicorée sauvage	104
Ackersalat (*All.*). — *V.* Mâche commune. .	392
Ädel kvanne (*Suéd.*). — *V.* Angélique . . .	8
— Salvia (*Suéd.*). — *V.* Sauge officinale. .	654
Agaric comestible.—*V.* Champignon cultivé.	84
Agaricus campestris. — *V.* Champignon . .	84
Ägg-fruckts-planta (*Suéd.*).—*V.* Aubergine.	25
Aglio (*Ital.*). — *V.* Ail	2
Agourci (*Russe*). — *V.* Concombre.	181
— (Agourets) de Russie. — *V.* Concombre brodé de Russie	186
Agourets (*Russe*). — *V.* Concombre . . .	181

	Pages
Agrella (*Esp.*). — *V.* Oseille commune. . .	477
Agretto (*Ital.*). — *V.* Cresson alénois. . . .	224
— acquatico (*Ital.*).—*V.* Cresson de fontaine.	227
Agriâo d'agua (*Port.*). — *V.* Cresson de fontaine	227
— de terra (*Brésil*). — *V.* Cresson alénois .	224
Agro dolce (*Ital.*). — *V.* Alkékenge	4
Agurken (*Dan.*). — *V.* Concombre.	181
Aigrette. — *V.* Oseille commune	477
AIL BLANC	2
— à cheval	3
— common (Garlic) (*Angl.*).	2
— **COMMUN**	2
— early pink (Garlic) (*Angl.*).	3
— d'Espagne	3
— fistuleux	177
— früher rosenroter (Knoblauch) (*All.*) . .	3
— gewöhnlicher (Knoblauch) (*All.*). . . .	2
— great headed (Garlic) (*Angl.*).	3
— de Hespanha (Alho) (*Port.*)	3
— d'India (Aglio) (*Ital.*)	3
— Ispansky (Tchesnók) (*Russe*)	3
— du Limousin	3
— **D'ORIENT**	3
— Pferde-Knoblauch (*All.*)	3
— **ROCAMBOLE**	3
— *rond du Limousin*	3
— **rose hâtif**	3
— *rouge*	3
— Schlangen (Knoblauch) (*All.*)	3
— Spansk (Hvitlök) (*Suéd.*)	3
— stérile. — *V.* Échalote.	231
— vanling (Hvitlök) (*Suéd.*)	2
Aipo (*Port.*). — *V.* Céleri.	69
Ajedrea commun (*Esp.*). — *V.* Sarriette annuelle	653
Ajenjo (*Esp.*). — *V.* Absinthe.	1
Ajo (*Esp.*). — *V.* Ail	2
Ajuin (*Flam.*). — *V.* Ognon.	455
Äkersallat (vanlig) (*Suéd.*). — *V.* Mâche commune	392
Alandsrot (*Suéd.*). — *V.* Aulnée	31
Alant (*All.*). — *V.* Aulnée	31
Albaca (*Esp.*). — *V.* Basilic grand.	33
Albahaca (*Esp.*). — *V.* Basilic grand. . . .	33

TABLE GÉNÉRALE ALPHABÉTIQUE

Albergine. — *V.* Aubergine. 25
Alcachofa *(Esp.)*. — *V.* Artichaut 12
Alcachofra *(Port.)*. — *V.* Artichaut. 12
Alcaparra *(Esp.)*. — *V.* Câprier 48
Alcaparreira *(Port.)*. — *V.* Câprier. . . . 48
Alcaravea *(Esp.)*. — *V.* Carvi. 69
Alcaravia *(Port.)*. — *V.* Carvi. 69
Alcaucil *(Esp.; Rép.-Arg.)*. — *V.* Artichaut. 12
Alchechengi giallo *(Ital.)*. — *V.* Alkékenge. 4
Alecrim. — *V.* Romarin 650
Aleta socker rot *(Suéd.)*. — *V.* Chervis . . 91
Alexanders *(Angl.)*. — *V.* Maceron 392
Alface *(Port.)*. — *V.* Laitue 349
— de Cordeiro *(Port.)*. — *V.* Mâche commune. 392
— romana *(Port.)*. — *V.* Laitues-Romaines. 378
Alho *(Port.)*. — *V.* Ail. 2
— macho *(Brésil)*. — *V.* Poireau. 506
— porro *(Port.)*. — *V.* Poireau 506
ALKÉKENGE gelber (Alkekengi) *(All.)*. . . 4
— **JAUNE DOUX**. 4
— *officinal* 4
— du Pérou. 4
Alkekengi *(Angl., All. et Port.)*. — *V.* Alkékenge 4
Alleluia. — *V.* Oxalis oseille 481
Allium Ampeloprasum. — *V.* Ail d'Orient. 3
— Ascalonicum. — *V.* Échalote. 231
— cepa. — *V.* Ognon 455
— fistulosum — *V.* Ciboule. 177
— lusitanicum. — *V.* Ciboule vivace . . . 178
— Porrum. — *V.* Poireau. 508
— sativum. — *V.* Ail blanc 2
— Schœnoprasum. — *V.* Ciboulette. . . . 178
— Scorodoprasum. — *V.* Ail Rocambole. . 3
Almeirao *(Port.)*. — *V.* Chicorée sauvage . 104
Almindelig Syre *(Dan.)*. — *V.* Oseille . . . 477
Almond earth- *(Angl.)*. — *V.* Arachide . . 10
Almoraduj *(Esp.)*. — *V.* Marjolaine. 400
Alquequenje *(Esp.)*. — *V.* Alkékenge . . . 4
Alsem *(Flam.)*. — *V.* Absinthe 1
Alta Gräslök *(Suéd.)*. — *V.* Ciboulette . . 178
Aluyne. — *V.* Absinthe. 1
Alverjas *(Esp.; Rép.-Arg.)*. — *V.* Pois. . . 516
Amande de terre. — *V.* Souchet 659
AMARANTE DE CHINE. 5
Amarantus Hantsi Shanghaï 5
— Mirza 5
— species. — *V.* Amarante de Chine . . . 5
— tricolor. 5
Amargon *(Esp.)*. — *V.* Pissenlit. 502
Ambergine. — *V.* Aubergine 25
Amenduinas *(Port.)*. — *V.* Arachide . . . 10
Amour en cage. — *V.* Alkékenge officinal. 4
Amournoïe iabloko *(Russe)*. — *V.* Tomate . 663

Ampfer Mädchen- *(All.)*. — *V.* Oseille vierge 479
Anacio *(Ital.)*. — *V.* Anis. 9
ANANAS. 5
— *d'Antigoa vert* 7
— de Cayenne. 6
— Charlotte Rothschild 7
— commun 7
— Comte de Paris 7
— Enville. 7
— Enville Gonthier 7
— Enville Pelvillain 7
— de la Havane. 6
— de la Jamaïque. 7
— Maïpouri. 6
— de la Martinique. 7
— de Montserrat 7
— pain de sucre. 7
— de la Providence 7
— sativus. — *V.* Ananas 5
Ananase *(Russe)*. — *V.* Ananas 5
Ananaspflanze *(All.)*. — *V.* Ananas . . . 5
Ananassa sativa. — *V.* Ananas 5
Ananasso *(Ital.)*. — *V.* Ananas 5
Ananaz *(Port.)*. — *V.* Ananas. 5
Andjivie *(Flam. et Holl.)*. — *V.* Chicorée Endive. 92
Andorn *(All.)*. — *V.* Marrube blanc. . . . 400
ANETH 7
Anethum Fœniculum. — *V.* Fenouil doux. 240
— graveolens. — *V.* Aneth. 7
Aneto *(Ital.)*. — *V.* Aneth 7
Anette. — *V.* Gesse tubéreuse 283
Angelica *(Angl., All., Ital., Esp. et Port.)*. *V.* Angélique. 8
— Archangelica. — *V.* Angélique officinale. 8
ANGÉLIQUE de Bohême. 8
— **OFFICINALE** 8
Anguria *(Ital.)*. — *V.* Melon d'eau 426
Angurie. — *V.* Concombre des Antilles . . 197
Anijs *(Flam. et Holl.)*. — *V.* Anis vert . . 9
ANIS 9
— *de Chine*. 9
— *étoilé*. 9
— de France. — *V.* Fenouil doux. 9
— grosser Florentiner (Anis) *(All.)*. — *V.* Fenouil de Florence. 241
— des Indes. 9
— de Paris. — *V.* Fenouil doux. 240
— **VERT** 9
— des Vosges. — *V.* Carvi 69
Anise *(Angl., Russe)*. — *V.* Anis vert . . . 9
Aniso *(Ital.)*. — *V.* Anis. 9
Anotte de Bourgogne.— *V.* Gesse tubéreuse. 283
Ansérine Bon Henri.— *V.* Arroche Bon-Henri 12
— **QUINOA BLANC**. 9

Anthriscus Cerefolium. — *V.* Cerfeuil. . . 81
Anyż (*Pol.*). — *V.* Anis 9
Apfel Brahma- (*All.*). — *V.* Melon Dudaïm. 425
Api. — *V.* Céleri. 69
Apio (*Ital. et Esp.*). — *V.* Céleri 69
— nabo (*Esp.*). — *V.* Céleri-rave 79
— rabano (*Esp.*). — *V.* Céleri-rave. . . . 79
APIOS TUBÉREUX 9
— tuberosa 9
Apium graveolens. — *V.* Céleri. 69
— Petroselinum. — *V.* Persil. 486
Appel Bitter- (*Holl.*). — *V.* Coloquinte . . 221
— Kawoerd (*Holl.*). — *V.* Coloquinte. . . 221
Appétit. — *V.* Ciboulette. 178
Apple Bitter- (*Angl.*). — *V.* Coloquinte . . 221
— Jew's (*Angl.*). — *V.* Aubergine 25
— Love (*Angl.*). — *V.* Tomate 663
ARACACHA. 10
— moschata 10
ARACHIDE. 10
Arachis hypogea. — *V.* Arachide 10
ARALIA CORDATA 10
Arboufle d'Astrakhan. — *V.* Courges Patissons 218
Arbouse Jacé. — *V.* Melon d'eau 426
Arbouste d'Astrakhan. — *V.* Patissons. . . 218
Arbouze (*Russe*). — *V.* Melon d'eau . . . 426
Arbuz (*Pol.*). — *V.* Courge 200
Arbuz (*Pol.*). — *V.* Melon d'eau 426
Archangelica officinalis. — *V.* Angélique officinale. 8
Archangélique. — *V.* Angélique officinale. 8
Arctium majus. — *V.* Bardane géante. . . 31
ARMOISE 10
Armol. — *V.* Arroche 11
Armolas (*Port.*). — *V.* Arroche 11
Armuelle (*Esp.*). — *V.* Arroche. 11
Aromate germanique. — *V.* Aulnée. . . . 31
Aroufle. — *V.* Lentille. 389
Arousse. — *V.* Lentille. 389
ARROCHE 11
— bianca (Atreplice) (*Ital.*) 11
— **blonde**. 11
— **BON HENRI** 12
— deep red (Orache) (*Angl.*). 11
— dunkelrote (Gartenmelde) (*All.*) 11
— gelbe (Gartenmelde) (*All.*). 11
— gele (Melde) (*Holl.*) 11
— roode (Melde) (*Holl.*) 11
— **rouge foncé** 11
— *verte*. 12
— white or yellow (Orache) (*Angl.*) . . . 11
Arrode. — *V.* Arroche 11
Arronse. — *V.* Arroche 11
Artémise amère. — *V.* Absinthe 1

Artemisia Abrotanum. — *V.* Aurone . . . 31
— Absinthium. — *V.* Absinthe 1
— Dracunculus. — *V.* Estragon. 239
— Redowski. — *V.* Estragon de Russie. . 239
— vulgaris. — *V.* Armoise 10
Ärter (*Dan.*). — *V.* Pois. 516
ARTICHAUT 12
— *d'Angleterre noir*. 17
— *de Bretagne cuivré*. 17
— **de Bretagne gros camus**. 16
— Bretagner stumpfe (Artischoke) (*All.*) . 16
— *de Camargue quarantain violet*. . . . 17
— *camus violet* 17
— du Canada. — *V.* Topinambour 681
— *cuivré de Bretagne*. 17
— early purple globe (Artichoke) (*Angl.*) . 16
— d'Espagne. — *V.* Courges Patissons . . 218
— *de Gènes sucré* 17
— green globe or Provence (Artichoke) (*Angl.*). 15
— *gris* 17
— **gros camus de Bretagne**. 16
— **gros vert de Laon** 15
— grüne Provencer (Artischoke) (*All.*) . . 15
— immerwährende (Artischoke) (*All.*) . . 16
— des Indes. — *V.* Patate 484
— de Jérusalem. — *V.* Courges Patissons . 218
— de Jérusalem. — *V.* Topinambour . . . 681
— **de Laon** 15
— large flat Britanny (Artichoke) (*Angl.*) . . 16
— large globe or Paris (Artichoke) (*Angl.*). 15
— *noir d'Angleterre*. 17
— perpetual (Artichoke) (*Angl.*) 16
— **perpétuel** 16
— **de Provence vert**. 15
— *de Provence violet* 17
— *quarantain violet de Camargue*. . . . 17
— *de Roscoff* 17
— *de Saint-Laud oblong* 17
— *de Saint-Laud violet*. 17
— *sucré de Gênes* 17
— *de terre*. — *V.* Topinambour 681
— *de Toscane violet*. 17
— *de Venise violet*. 17
— **vert de Provence** 15
— *violet camus* 17
— **violet hâtif** 16
— *violet long* 17
— *violet de Provence* 17
— *violet quarantain de Camargue*. . . . 17
— *violet de Saint-Laud* 17
— *violet de Toscane*. 17
— *violet de Venise* 17
— violette frühe (Artischoke) (*All.*) . . . 16
— von Laon, grüne grosse (Artischoke)(*All.*) 15

Artichoke (*Angl.*, *Russe*). — *V*. Artichaut.	12	Aspersie (*Flam. et Holl.*). — *V*. Asperge.	18
— Ispansky (*Russe*). — *V*. Cardon.	51	Asperula odorata. — *V*. Aspérule odorante.	24
— Japanese (*Angl.*). — *V*. Stachys tubéreux.	660	**ASPÉRULE ODORANTE**.	24
		Assenzio (*Ital.*). — *V*. Absinthe	1
— Jérusalem (*Angl.*). — *V*. Topinambour.	681	Astragalus hamosus. — *V*. Vers	683
Articiocca (*Ital.*). — *V*. Artichaut.	12	Astuzzia maggiore (*Ital.*). — *V*. Capucine grande.	49
Artischoke (*All.*). — *V*. Artichaut.	12		
— Japanesische (*All.*). — *V*. Stachys tubéreux.	660	Atanasia (*Ital.*). — *V*. Tanaisie.	661
		Ätlig cypernot jormandel (*Dan.*). — *V*. Souchet comestible.	659
— Spanische (*All.*). — *V*. Cardon.	51		
Artisjok (*Flam.*). — *V*. Artichaut.	12	Atreplice (*Ital.*). — *V*. Arroche.	11
Artiskok (*Dan.*). — *V*. Artichaut.	12	Atriplex hortensis. — *V*. Arroche.	10
Arveja (*Esp.*). — *V*. Gesse cultivée.	283	**AUBERGINE**.	25
Arvejas (*Esp.*). — *V*. Pois	516	— améliorée de New-York.	29
Asparagus (*Angl.*). — *V*. Asperge	18	— *des Antilles*	30
— officinalis. — *V*. Asperge	18	— Ao- (*Nasu*) (*Jap.*).	30
Asparges (*Dan.*). — *V*. Asperge.	18	— **de Barbentane très hâtive**.	27
— kaal (*Dan.*). — *V*. Chou Brocoli.	165	— Barbentane very early long purple (Eggplant) (*Angl.*).	27
ASPERGE	18		
— **d'Allemagne blanche**.	23	— black Pekin (Egg-plant) (*Angl.*).	29
— **d'Argenteuil hâtive**	24	— **BLANCHE**.	30
— *d'Argenteuil intermédiaire*	24	— **blanche longue de Chine**.	29
— **d'Argenteuil tardive**.	24	— *blanche naine*	30
— d'Aubervilliers	23	— *de Catalogne*.	30
— **blanche d'Allemagne**	23	— **de Chine blanche longue**.	29
— *blanche grosse hâtive*.	24	— **de Chine ronde**.	29
— commune.	23	— *Délicatesse très hâtive*	28
— *Conover's colossal (Asparagus) (Angl.)*.	24	— dwarf very early purple (Egg-plant) (*Angl.*).	28
— de Darmstadt.	23		
— *de Darmstadt hâtive*	24	— early long purple (Egg-plant) (*Angl.*).	27
— dicker blauer Holländischer (Spargel) (*All.*).	23	— *extra-monstrueuse des Antilles*.	30
		— *de la Guadeloupe*.	30
— early giant Argenteuil (Asparagus) (*Angl.*).	24	— hvit (Ägg-planta) (*Suéd.*)	30
		— lange violette (Eierfrucht) (*All.*).	26
— *d'Erfurt grosse*.	24	— lange violette frühe (Eierfrucht) (*All.*).	27
— früher allergrösster Argenteuil (Spargel) (*All.*).	24	— lange weisse Chinesische (Eierfrucht) (*All.*).	29
— grosse blanche de Darmstadt.	23	— long purple (Egg-plant) (*Angl.*).	26
— *grosse d'Erfurt*.	24	— long white China (Egg-plant) (*Angl.*).	29
— *grosse géante*.	24	— *de Madras*.	30
— grosser weisser Darmstädter (Spargel) (*All.*).	23	— monstrueuse de New-York.	29
		— *de Murcie*.	30
— *hâtive de Darmstadt*	24	— *de Nagasaki noire*.	27
— **de Hollande**	23	— de Narbonne.	26
— late giant Argenteuil (Asparagus) (*Angl.*)	24	— de New-York améliorée.	29
— *Lenormand*	24	— New-York improved, large purple spineless (Egg-plant) (*Am.*).	29
— Palmetto (Asparagus) (*Angl., Am.*).	24		
— purple Dutch (Asparagus) (*Angl.*).	23	— de New-York monstrueuse.	29
— später allergrösster Argenteuil (Spargel) (*All.*).	24	— *noire de Nagasaki*.	27
		— **noire de Pékin**	29
— d'Ulm	23	— *panachée de la Guadeloupe*.	30
— Ulmer (Spargel) (*All.*).	23	— Pearl white (Egg-plant) (*Am.*).	29
— **verte**	23	— **de Pékin noire**.	29
— violette de Hollande.	23	— **ronde de Chine**.	29
— white German (Asparagus) (*Angl.*).	23	— round purple (Egg-plant) (*Angl.*).	28

TABLE GÉNÉRALE ALPHABÉTIQUE 711

Aubergine : roxa comprida (Beringella). . 26
— runde schwarze (Eierpflanze) *(All.)* . . 29
— runde violette (Eierfrucht) *(All.)*. . . . 28
— runde violette Amerikanische sehr grosse (Eierfrucht) *(All.)*. : 29
— sehr frühe Barbentane (Eierfrucht) *(All.)* 27
— **Ta-houng Tszé**. 30
— **du Thibet** 30
— **très hâtive de Barbentane**. 27
— *verte*. 30
— **violette longue** 26
— **violette longue hâtive**. 27
— **violette naine très hâtive**. 28
— **violette ronde**. 28
— **violette ronde très grosse**. 29
— violette Zwerg-, sehr frühe (Eierfrucht) *(All.)*. 28
— weisse (Eierpflanze) *(All.)*. 30
— white (Egg-plant) *(Angl.)*. 30
AULNÉE. 31
Aunée. — *V.* Aulnée. 31
AURONE. 31
Azafran *(Esp.)*. — *V.* Safran 651
Azedas *(Port.)*. — *V.* Oseille commune . . 477
Azedinha *(Port.)*. — *V.* Oseille commune . 477

Bacicci *(Ital.)*. — *V.* Perce-pierre 486
Bacile. — *V.* Perce-pierre 486
Badiane. — *V.* Anis étoilé 9
Bailli. — *V.* Cresson de fontaine. . . . 227
Baklaïaïc *(Russe)*. — *V.* Aubergine 25
Baklajaney biely *(Russe)*. — *V.* Aubergine blanche. 30
Baklajany krasnyie *(Russe)*. — *V.* Tomate . 663
Baldrian Algerischer *(All.)*. — *V.* Valériane d'Alger. 683
Baldryan *(Pol.)*. — *V.* Valériane d'Alger. . 683
Balm common *(Angl.)*. — *V.* Mélisse officinale 402
— Meliss- *(Angl.)*. — *V.* Mélisse officinale . 402
Banette. — *V.* Dolique Mongette 342
Barabant. — *V.* Pissenlit. 502
Barba di becco *(Ital.)*. — *V.* Salsifis. . . 652
Barba gentile *(Ital.)*. — *V.* Scolyme . . . 656
Barbabietola d'insalata *(Ital.)*. — *V.* Betterave 37
Barbarea præcox. — *V.* Cresson de jardin . 229
— vulgaris. — *V.* Cresson d'hiver 229
Barbe de bouc. — *V.* Salsifis 652
Barbe de capucin. — *V.* Chicorée sauvage . 104
Barbe de chanoine. — *V.* Mâche commune. 392
Barberon. — *V.* Salsifis 652
BARDANE GÉANTE A TRÈS GRANDE FEUILLE. 31
Basela *(Esp.)*. — *V.* Baselle 32

Basella *(Ital.)*. — *V.* Baselle 32
— alba. — *V.* Baselle blanche 32
— common white *(Angl.)*. — *V.* Baselle blanche 32
— cordifolia. — *V.* Baselle à feuille en cœur. 33
— rubra. — *V.* Baselle rouge. 32
— rubra, var. alba. — *V.* Baselle blanche . 32
BASELLE BLANCHE 32
— de Chine à très large feuille. — *V.* Baselle à feuille en cœur 33
— **A FEUILLE EN CŒUR**. 33
— *rouge* 32
Basil *(Angl.)*. — *V.* Basilic. 33
BASILIC anisada (Albaca) *(Esp.)*. 34
— *anisé* 34
— **EN ARBRE** 36
— arriciuto (Basilico) *(Ital.)* 34
— bush– (Basil) *(Angl.)*. — *V.* Basilic fin . 35
— des cuisiniers. 33
— curled (Basil) *(Angl.)* 34
— dwärg (Basilik) *(Suéd.)*. — *V.* Basilic fin. 35
— East Indian (Basil) *(Angl.)*. — *V.* Basilic en arbre. 36
— feinblättriger (Basilikum) *(All.)* 35
— feinblättriger grüner (Basilikum) *(All.)* . 35
— feinblättriger grüner Zwerg (Basilikum) 35
— feinblättriger violetter (Basilikum) *(All.)* 36
— **à feuille de Laitue**. 34
— à feuille d'Ortie. 34
— **FIN** 35
— **fin vert** 35
— **fin vert nain compact** 35
— **fin violet** 36
— **fin violet nain compact** 36
— fina (Albaca) *(Esp.)* 35
— **frisé**. 34
— **GRAND**. 33
— **grand vert** 34
— **grand violet**. 34
— grande verde (Albaca) *(Esp.)* 34
— grande violada (Albaca) *(Esp.)* 34
— green bush– (Basil) *(Angl.)* 35
— green compact bush (Basil) *(Angl.)*. . . 35
— grosser (Basilikum) *(All.)*. — *V.* Basilic grand 33
— grosser Baum– (Basilikum) *(All.)*. — *V.* Basilic en arbre. 36
— grosser grüner (Basilikum) *(All.)*. . . . 34
— grosser violetter (Basilikum) *(All.)*. . . 34
— de hojas de lechuga (Albaca) *(Esp.)* . . 34
— de hojas de ortiga (Albaca) *(Esp.)* . . . 34
— koustarny (Basilike) *(Russe)*. — *V.* Basilic en arbre. 36
— krausblättriger (Basilikum) *(All.)* . . . 34

Basilic : kroupnolistny (Basilike) *(Russe).* —
V. Basilic grand. 33
— large green (Basil) *(Angl.)* 34
— large purple (Basil) *(Angl.)* 34
— large sweet (Basil) *(Angl.)*. — *V.* Basilic grand. 33
— lattichblättriger grosser grüner (Basilikum) *(All.)*. 34
— lettuce leaved (Basil) *(Angl.)*. 34
— maggiore (Basilico) *(Ital.)* 34
— maggiore nero (Basilico) *(Ital.)*. . . . 34
— malarossly (Basilike) *(Russe).* 35
— menuda (Albaca) *(Esp.)*. 35
— menuda verde (Albaca) *(Esp.)* 35
— menuda violada (Albaca) *(Esp.)* . . . 36
— minore (Basilico) *(Ital.)*. 35
— minore nero (Basilico) *(Ital.)*. 36
— des moines. — *V.* Basilic fin vert. . . . 35
— dei monaci (Basilico) *(Ital.)* 35
— Ostindisk (Basilik) *(Suéd.).* — *V.* Basilic en arbre. 36
— petit basilic. 35
— purple bush (Basil) *(Angl.)* 36
— real (Albaca) *(Esp.)* 34
— romain. — *V.* Basilic grand. 33
— romana (Albaca) *(Esp.)* 34
— aux sauces. — *V.* Basilic grand. 33
— Strauch- (Basilikum) *(All.).* — *V.* Basilic en arbre 36
— Tree (Basil) *(Angl.).*— *V.* Basilic en arbre. 36
Basilico *(Ital.).* — *V.* Basilic 33
Basilik *(Flam.).* — *V.* Basilic. 33
Basilikum *(All. et Dan.).* — *V.* Basilic . . 33
Batat stöt- *(Suéd.).* — *V.* Patate 484
Batata *(Esp. et Port.).* — *V.* Patate . . . 484
— carvalha *(Port.).* — *V.* Topinambour. . 681
— süsse *(All.).* — *V.* Patate. 484
Batate. — *V.* Patate 484
Batec. — *V.* Melon d'eau. 426
Bâton de Jacob. — *V.* Raiponce 647
BAUME-COQ 36
Bazylika *(Pol.).* — *V.* Basilic 33
Bean broad *(Angl.).* — *V.* Fève. 242
— English *(Am.).* — *V.* Fève. 242
— French *(Angl.).* — *V.* Haricot. 285
— kidney *(Angl.).* — *V.* Haricot. 285
Becherblume *(All.).* — *V.* Pimprenelle . . 502
Bédane. — *V.* Pissenlit. 502
Bede blad *(Dan.).* — *V.* Poirée. 513
Beermelde *(All.).* — *V.* Épinard-fraise. . . 238
Beet leaf- *(Angl.).* — *V.* Poirée. 513
— garden- *(Angl.).* — *V.* Betterave . . . 37
— sea-kale- *(Angl.).* — *V.* Poirée . . . 513
— snij- *(Flam. et Holl.).* — *V.* Poirée . . 513
— Swiss-chard- *(Angl.).* — *V.* Poirée . . 513

Beete *(All.).* — *V.* Betterave 37
Beete *(All.).* — *V.* Poirée 513
Beifuss *(All.).* — *V.* Armoise 10
Beisbeere *(All.).* — *V.* Piment 492
Beisskohl. — *V.* Poirée 513
Beldrœga *(Port.).* — *V.* Pourpier. 620
— de inverno *(Port.).* — *V.* Claytone. . . 179
Belle-Dame. — *V.* Arroche. 11
BENINCASA 36
— cerifera. 36
Berengena *(Esp.).* — *V.* Aubergine. . . . 25
Beringella *(Port.).* — *V.* Aubergine. . . . 25
Beringène. — *V.* Aubergine 25
Bernagie *(Flam.).* — *V.* Bourrache 47
Berro de agua *(Esp.).* — *V.* Cresson de fontaine 227
— de prado *(Esp.).* — *V.* Cresson des prés. 229
— de tierra *(Ital.).*— *V.* Cresson alénois. . 224
Bertram *(All.).* — *V.* Estragon 239
Berza *(Esp.).* — *V.* Choux non pommés ou verts. 144
Beta blad *(Suéd.).* — *V.* Poirée. 513
— cicla. — *V.* Poirée. 513
— vulgaris. — *V.* Betterave 37
— vulgaris. — *V.* Poirée. 513
Bette. — *V.* Poirée 513
Bette à carde. — *V.* Poirée verte à carde blanche. 515
Betteraba *(Port.).* — *V.* Betterave . . . 37
BETTERAVE 37
— Ægyptische (Salat-Rübe) *(All.).* 45
— *Arlington favorite (Beet) (Am.).* 44
— Athener schwarzrote plattrunde (Salat-Rübe) *(All.).* 45
— *Bailey's fine red (Beet) (Angl.).* 41
— Barratt's crimson (Beet) *(Angl.)* 40
— Bassano flat early (Beet) *(Angl.)*. . . . 45
— **de Bassano rouge plate** 45
— *Bastian's early blood turnip (Beet)(Am.)* 45
— Bastian's half long dark (Beet)*(Am.)*. . 43
— black Queen (Beet) *(Angl.)* 42
— **de Castelnaudary rouge** 40
— Castelnaudary deep blood red (Beet) *(Angl.)*. 40
— *de Castelnaudary jaune* 46
— *de Cheltenham* 46
— *Cheltenham green top (Beet) (Angl.).* . 46
— de Cologne piriforme 43
— Columbia (Beet) *(Angl.).* 43
— de Covent-Garden. 42
— Covent-Garden red (Beet) *(Angl.)* . . . 42
— **crapaudine** 39
— crapaudine (Beet) *(Angl.).* 39
— *crimson globe (Beet) (Angl.).* 44
— *Crosby's Egyptian (Beet) (Am.)* 46

Betterave : dark red flat Egyptian (Beet)	45	Betterave : long smooth blood red (in ground) (Beet) (*Angl.-Am.*)	39
— dark Stinson (Beet) (*Am.*)	45		
— **de Dell rouge naine**	41	— long smooth Rochester (Beet)(*Angl.-Am.*)	39
— Dell's black leaf (Beet) (*Angl.*)	41	— long yellow (Beet) (*Angl.*)	46
— Dell's crimson (Beet) (*Angl.*)	41	— *Model* (Beet) (*Angl.*)	44
— *Detroit dark red turnip* (Beet) (*Am.*)	44	— de Montreux	42
— *Dewar's dwarf red* (Beet) (*Angl.*)	42	— noire écorce de sapin	39
— **de Dewing rouge hâtive**	43	— noire précoce	39
— Dewing's blood turnip (Beet) (*Angl.*)	43	— *non-pareil dwarf green top* (Beet)(*Angl.*)	41
— Dewing's runde frühe (Salat–Rübe) (*All.*)	43	— non plus ultra (Beet) (*Angl.*)	43
		— Nutting's dwarf improved deep blood red (Beet) (*Angl.*)	41
— *Dickson's exhibition* (Beet) (*Angl.*)	41		
— *des Diorières*	40	— Oldacre's blood red (Beet) (*Angl.*)	40
— *Dobbie's purple* (Beet) (*Angl.*)	41	— *Omega dwarf topped* (Beet) (*Angl.*)	41
— Dracæna blättrige (Salat-Rübe) (*All.*)	41	— Orange (Beet) (*Angl.*)	46
— Dracæna leaf (Beet) (*Angl.*)	41	— Osborn (Beet) (*Angl.*)	41
— *Drummond's Non such* (Beet) (*Angl.*)	42	— pear–shaped Strasburg (Beet) (*Angl.*)	43
— dunkelrote Crapaudine rauhhäutige (Salat–Rübe) (*All.*)	39	— Perkin's black (Beet) (*Angl.*)	40
		— *petite négresse de Rennes*	40
— dunkelrote plattrunde Trevise (Salat–Rübe) (*All.*)	43	— *pine-apple dwarf red* (Beet) (*Angl.*)	46
		— piriforme de Cologne	43
— early blood red turnip (Beet) (*Angl.*)	44	— **piriforme de Strasbourg**	43
— early yellow turnip (Beet) (*Angl.*)	47	— plattrunde Bassano (Salat–Rübe) (*All.*)	45
— **Éclipse**	44	— précoce noire	39
— Eclipse dark red turnip (Beet) (*Angl.*)	44	— **Reine des Noires**	42
— Eclipse kugelrunde (Salat–Rübe) (*All.*)	44	— *de Rennes, petite négresse*	40
— écorce	39	— **rouge de Castelnaudary**	40
— écorce de chêne	39	— **rouge de Covent-Garden**	42
— écorce de sapin	39	— **rouge crapaudine**	39
— *Edmand's early blood turnip* (Beet)(*Am.*)	45	— *rouge des Diorières*	40
— **d'Égypte rouge-noir plate**	45	— rouge écarlate	38
— *Electric* (Beet) (*Am.*)	45	— **rouge à feuillage ornemental**	41
— *Excelsior* (Beet) (*Angl.*)	43	— rouge foncé à salade de Montreux	42
— extra early Egyptian (Beet) (*Angl.*)	45	— **rouge foncé de Whyte**	40
— **à feuillage ornemental**	41	— **rouge grosse**	38
— à feuille de Dracæna	41	— **rouge hâtive de Dewing**	43
— *Ferry's half long* (Beet) (*Angl.; Am.*)	42	— rouge longue	38
— de Gardanne	39	— **rouge longue lisse**	39
— gelbe runde süsse (Salat-Rübe) (*All.*)	47	— **rouge naine**	41
— *Goldie's superb black* (Beet) (*Angl.*)	40	— **rouge naine de Dell**	41
— grosse lange dunkelrote (Salat-Rübe) (*All.*)	38	— rouge–noir plate	44
		— **rouge-noir plate d'Égypte**	45
— grosse lange gelbe (Salat-Rübe) (*All.*)	46	— **rouge plate de Bassano**	45
— grosse lange glatte dunkelrote (Salat-Rübe) (*All.*)	39	— rouge printanière de Turin	43
		— rouge ronde à feuilles noires	44
— *half long blood* (Beet) (*Angl.*)	42	— **rouge ronde précoce**	44
— *Henderson's pine-apple* (Beet) (*Angl.*)	46	— **rouge à salade de Trévise**	43
— jaune de Castelnaudary	46	— *rouge sang à feuille verte*	46
— **jaune grosse**	46	— rouge de Strasbourg	43
— jaune longue	46	— rough skin (Beet) (*Angl.*)	39
— **jaune ronde sucrée**	47	— round yellow (Beet) (*Angl.*)	47
— Königin der Schwarzen (Salat-Rübe)(*All.*)	42	— runde frühe rote Turnip (Salat-Rübe) (*All.*)	44
— *Lentz* (Beet) (*Am.*)	46	— *Saint-Osyth* (Beet) (*Angl.*)	41
— long smooth blood red (out of ground) (Beet) (*Angl.*)	38	— *Sang's dwarf crimson* (Beet) (*Angl.*)	41

714 TABLE GÉNÉRALE ALPHABÉTIQUE

Betterave : schwarzrote Castelnaudary (Salat-Rübe) (*All.*) 40
— schwarzrote Covent-Garden (Salat-Rübe) (*All.*) 42
— schwarzrote Zwerg (Salat-Rübe) (*All.*) 41
— schwarzrote Strassburger birnförmige Salat-Rübe) (*All.*) 43
— Short's pine-apple (*Beet*) (*Angl.*). ... 46
— **de Strasbourg piriforme** 43
— **sucrée jaune ronde** 47
— de Trévise 43
— Trevise (Beet) (*Angl.*). 43
— de Turin, rouge printanière 43
— *very dark red* (*Beet*) (*Angl.*) 40
— *Victoria* (*Beet*) (*Angl.*) 46
— **de Whyte rouge foncé** 40
— Whyte's very deep blood red (Beet) (*Angl.*) 40
— Zier (Salat-Rübe) (*All.*) 41
Bibernell kleine (*All.*). — *V.* Pimprenelle. 502
Bicorne. — *V.* Martynia 401
Biely baklajany (*Russe*). — *V.* Aubergine blanche 30
Bieslook (*Holl.*). — *V.* Ciboule 177
Bieslook (*Flam. et Holl.*). — *V.* Ciboulette 178
Bieta (*Ital.*). — *V.* Poirée 513
Bietola (*Ital.*). — *V.* Poirée 513
Bind-Salade (*Holl.*). — *V.* Laitues Romaines 378
Binde-Salat (*All.*). — *V.* Laitues Romaines. 378
Bindsallat romersk (*Suéd.*). — *V.* Laitues Romaines 378
Bipinelle. — *V.* Pimprenelle 502
Bisaille. — *V.* Pois gris 571
Bischofsmütze (*All.*). — *V.* Courges Patissons 218
Bitter-appel (*Angl.*). — *V.* Coloquinte. .. 221
Bitterappel (*Holl.*). — *V.* Coloquinte ... 221
Bittere-pee (*Flam. et Holl.*). — *V.* Chicorée à grosse racine 107
Bitterkraut (*All.*). — *V.* Picridie 491
Blad bede (*Dan.*). — *V.* Poirée 513
— beta (*Suéd.*). — *V.* Poirée 513
Bladerkool (*Flam.*). — *V.* Choux verts... 144
Bladkaal (*Dan.*). — *V.* Choux verts 144
Bladkål (*Suéd.*). — *V.* Choux verts 144
Bladsenap Kenesïsk (*Suéd.*). — *V.* Moutarde de Chine à feuille de chou ... 432
Blanchette. — *V.* Mâche commune 392
Blanchette. — *V.* Mâche à grosse graine. . 394
Blanquette. — *V.* Mâche commune 392
Blasenkirsche (*All.*). — *V.* Alkékenge officinal 4
Blätterkohl (*All.*). — *V.* Choux verts ... 144
Blé de Barbarie. — *V.* Maïs sucré 397
— de Turquie. — *V.* Maïs sucré 397

Bleda (*Esp.*). — *V.* Poirée 513
Blekotek (*Pol.*). — *V.* Cerfeuil 81
Blète. — *V.* Épinard Fraise 238
Blette. — *V.* Poirée 513
Blijvende spinazie (*Flam.*). — *V.* Oseille épinard 479
Blite. — *V.* Épinard Fraise 238
— Strawberry (*Angl.*). — *V.* Épinard Fraise 238
Blitum capitatum. — *V.* Épinard Fraise . . 238
— virgatum. — *V.* Épinard Fraise 238
Blochak (*Russe*). — *V.* Scolyme d'Espagne 656
Bloemkool (*Flam. et Holl.*). — *V.* Chou-fleur 154
Blomkaal (*Dan.*). — *V.* Chou-fleur 154
Blomkål (*Suéd.*). — *V.* Chou-fleur 154
Blumenkohl (*All.*). — *V.* Chou-fleur 154
Boby agoródnyïe (*Russe*). — *V.* Haricot . . 285
— obyknoviennyïe (*Russe*). — *V.* Fève . . 242
Bocha cultivada (*Esp.*). — *V.* Laitue cultivée 391
Bocksbart (*All.*). — *V.* Salsifis 652
Boćwina (*Pol.*). — *V.* Poirée 513
Bodiake (*Russe*). — *V.* Cirsium oleraceum. 179
Bœrenkool (*Holl.*). — *V.* Choux verts ... 144
Bohne (*All.*). — *V.* Haricot 285
— Garten— (*All.*). — *V.* Fève 242
— Puff— (*All.*). — *V.* Fève 242
— Sau— (*All.*). — *V.* Fève 242
Böna vanling— (*Suéd.*). — *V.* Haricot .. 285
Bohnenkraut (*All.*). — *V.* Sarriette annuelle 653
— Winter (*All.*). — *V.* Sarriette vivace. . 654
Bon-Henry. — *V.* Arroche Bon-Henri. . 12
Bonne-dame. — *V.* Arroche 11
Bonnen have (*Dan.*). — *V.* Haricot 285
Bonner Valske— (*Dan.*). — *V.* Fève 242
Bonnet d'électeur. — *V.* Courges Patissons 218
— de prêtre. — *V.* Courges Patissons . . . 218
— Turc. — *V.* Courge Giraumons 209
Bono Enrico (*Ital.*). — *V.* Arroche Bon-Henri 12
Boon (*Flam. et Holl.*). — *V.* Haricot .. 285
— Platte— (*Flam.*). — *V.* Fève 242
Boonenkruid (*Flam. et Holl.*). — *V.* Sarriette annuelle 653
Boonen Roomsche — (*Holl.*). — *V.* Fève. . 242
— Tuin — (*Holl.*).— *V.* Fève 242
Borage (*Angl.*). — *V.* Bourrache 47
Boragine (*Ital.*). — *V.* Bourrache 47
Borana (*Ital.*). — *V.* Bourrache 47
Borecole (*Angl.*).— *V.* Choux verts 144
Borrago officinalis. — *V.* Bourrache ... 47
Borraja (*Esp.*). — *V.* Bourrache 47
Borretsch (*All.*). — *V.* Bourrache 47
Börskohl (*All.*). — *V.* Choux de Milan . . 135
Bottle gourd (*Angl.*). — *V.* Courge bouteille 219

Bouldiriane (*Russe*). — *V.* Valériane d'Alger 683
Boule de Siam. — *V.* Chou-rave 170
Boulette de Champagne. — *V.* Navet turnep. 449
Bourak mannegolde (*Russe*). — *V.* Poirée . 513
BOURRACHE OFFICINALE. 47
Boursette. — *V.* Mâche commune. 392
— royale. — *V.* Mâche ronde. 393
Brahma-Apfel (*All.*). — *V.* Melon Dudaïm . 425
Brassica alba. — *V.* Moutarde blanche. .. 431
— campestris Napo-Brassica. — *V.* Chou-
 navet. 173
— caulo-rapa. — *V.* Chou-rave 170
— chinensis. — *V.* Pe-tsai 490
— eruca. — *V.* Roquette. 650
— gongilodes. — *V.* Chou-rave. 170
— juncea. — *V.* Moutarde de Chine à feuille
 de chou 432
— napus. — *V.* Navet. 434
— nigra. — *V.* Moutarde noire 432
— oleracea. — *V.* Chou cultivé. 109
— oleracea acephala. — *V.* Choux verts. . 144
— oleracea Botrytis. — *V.* Choufleur ... 154
 et Choux Brocolis. 165
— oleracea bullata. — *V.* Choux de Milan. 135
— oleracea bullata gemmifera. — *V.* Chou
 de Bruxelles 151
— oleracea capitata. — *V.* Choux pommés. 114
Brède. — *V.* Morelle de l'Ile-de-France . . 431
— malabare. — *V.* Corette. 198
Bréhème. — *V.* Aubergine 25
Brelette. — *V.* Ciboulette 178
Breslinge. — *V.* Fraisier étoilé 258
Bretalha bianca (*Port.*). — *V.* Baselle blanche 32
Breton (*Esp.*). — *V.* Choux verts 144
Bretones de Bruselas (*Esp.*). — *V.* Chou de
 Bruxelles. 151
Bricoli de la Halle. — *V.* Chou frisé d'hiver 144
Bride Cresson. — *V.* Cresson de fontaiue . 227
Bringèle. — *V.* Aubergine 25
Brioukva schvedskaïa (*Russe*). — *V.* Chou-
 navet 173
Broad-bean (*Angl.*). — *V.* Fève. 242
Broccoli (*All. et Dan.*). — *V.* Choux Bro-
 colis. 165
Brockoli (*All. et Suéd.*). — *V.* Choux Bro-
 colis 165
Brocoli (*Angl.*). — *V.* Choux Brocolis . . 165
Broculi (*Esp.*). — *V.* Choux Brocolis . . . 165
Brodawnik mleczowy (*Pol.*). — *V.* Pissenlit 502
Brokelie (*Flam.*). — *V.* Choux Brocolis . . 165
Brokoli (*Russe*). — *V.* Choux Brocolis . . . 165
Brokuły (*Pol.*). — *V.* Choux Brocolis . . . 165
Bromelia Ananas. — *V.* Ananas. 5
Brondkarsen (*Dan.*). — *V.* Cresson de fon-
 taine. 227

Brukiew (*Pol.*). — *V.* Chou-navet. 173
Brukiew (*Pol.*). — *V.* Navet 434
Brunnenkresse (*All.*). — *V.* Cresson de fon-
 taine. 227
Brussels sprouts (*Angl.*). — *V.* Chou de
 Bruxelles. 151
Brykva (*Russe*). — *V.* Navet 434
Buck's horn Plantain (*Angl.*). — *V.* Corne-
 de-cerf. 199
Bulwa (*Pol.*). — *V.* Topinambour 681
BUNIAS D'ORIENT 48
Bunias orientalis. — *V.* Bunias d'Orient . . 48
Buraki cwkłowe (*Pol.*). — *V.* Betterave. . 37
Burdock giant edible rooted (*Angl.*). — *V.*
 Bardane géante. 31
Burnet garden (*Angl.*). — *V.* Pimprenelle . 502
Burnet salad (*Angl.*). — *V.* Pimprenelle. . 502
Burzelkraut (*All.*). — *V.* Pourpier 620
Bush squash (*Angl.*). — *V.* Courges Potirons 218
Bylica (*Pol.*). — *V.* Armoise 10

Cabaca (*Port.*). — *V.* Coloquinte 221
Cabbage (*Angl.*). — *V.* Chou cultivé ... 109
Cabbage (*Angl.*). — *V.* Choux pommés . . 114
— Chinese (*Angl.*). — *V.* Pe-tsai 490
— meadow (*Angl.*). — *V.* Cirsium oleraceum 179
Cąbr Kuchenny (*Pol.*). — *V.* Sarriette an-
 nuelle 653
Cacaouth. — *V.* Arachide. 10
Caccialepre (*Ital.*). — *V.* Picridie 491
Café français. — *V.* Pois chiche. 572
Calabaza (*Esp.*). — *V.* Courge 200
— bonetera (*Esp.*). — *V.* Courge Giraumon 200
— totanera (*Esp.*). — *V.* Courge Potiron . 201
Calalon. — *V.* Gombo 284
Calebasse. — *V.* Courge bouteille 219
Calendula officinalis. — *V.* Souci des jardins 660
Caltrop water- (*Angl.*). — *V.* Macre ... 397
Campanula Rapunculus. — *V.* Raiponce. . 647
Canonigos (*Esp.*). — *V.* Mâche commune . 392
CANTALOUPS. — *V.* Melons Cantaloups . . 418
Caper-bush common (*Angl.*). — *V.* Câprier 48
Caper-tree (*Angl.*). — *V.* Câprier 48
Capparis spinosa. — *V.* Câprier 48
Cappero (*Ital.*). — *V.* Câprier. 48
CÂPRIER 48
Capron. — *V.* Fraisier Capron 258
Capsicum. — *V.* Piment 492
— annuum. — *V.* Piment commun ... 492
— cerasiforme. — *V.* Piment cerise ... 495
— fastigiatum 494
— frutescens 494
— minimum 494
Capuchina grande (*Esp.*). — *V.* Capucine
 grande. 49

TABLE GÉNÉRALE ALPHABÉTIQUE

Capuchina tuberculosa (*Esp.*).— *V.* Capucine tubéreuse. 50
CAPUCINE GRANDE. 49
CAPUCINE PETITE. 49
CAPUCINE TUBÉREUSE. 50
Capuli. — *V.* Alkékenge jaune doux. . . . 4
Caragilate (*Esp.*). — *V.* Haricot Dolique Mongette. 342
Caraway common (*Angl.*). — *V.* Carvi. . . 69
Carciofo (*Ital.*). — *V.* Artichaut. 12
Cardamine pratensis. — *V.* Cresson des prés 229
Carde (*All.*). — *V.* Cardon 51
Cardillo (*Esp.*). — *V.* Scolyme d'Espagne . 656
Cardo (*Ital.*, *Esp.*). — *V.* Cardon 51
— hortense (*Port.*). — *V.* Cardon. . . . 51
— de ouro (*Port.*). — *V.* Scolyme d'Espagne 656
— scolimo (*Ital.*). — *V.* Scolyme d'Espagne 656
CARDON. 51
— Artischokenblättrige (Cardy) (*All.*). . . 53
— **blanc d'ivoire** 52
— colossal. 53
— comun (Cardo) (*Esp.*) 53
— *à côtes rouges* 53
— Elfenbeinweisse (Cardy) (*All.*). 52
— **d'Espagne** 53
— espinoso (Cardo) (*Esp.*) 52
— à feuilles d'Artichaut. 53
— à flèche. 53
— gigante a coste piene (Cardo) (*Ital.*) . . 52
— grosso precoce di Spagna (Cardo) (*Ital.*). 53
— inerme de pencas llenas (Cardo) (*Esp.*) . 52
— ivory white (Cardoon) (*Angl.*) 52
— large solid Tours (Cardoon) (*Angl.*) . . 52
— **plein inerme** 52
— prickly solid (Cardoon) (*Angl.*). 52
— **Puvis** 53
— Puvis (Cardy) (*All.*). 53
— Puvis very fine (Cardoon) (*Angl.*) . . . 53
— de Quairs. 53
— sehr vollrippige Cardy von Tours (*All.*). 25
— smooth large solid (Cardoon) (*Angl.*) . 52
— smooth Spanish (Cardoon) (*Angl.*) . . 53
— Spanische (Cardy) (*All.*). 53
— **de Tours** 52
— *violet* 53
— vollrippige ohne Stacheln (Cardy) (*All.*). 52
Cardone (*Ital.*). — *V.* Cardon. 51
Cardonnette. — *V.* Cardon 51
Cardonzen (*Flam.*). — *V.* Cardon 51
Cardoon (*Angl.*). — *V.* Cardon 51
Cardouille. — *V.* Scolyme d'Espagne . . . 656
Cardousse. — *V.* Scolyme d'Espagne . . . 656
Cardy (*All.*). — *V.* Cardon 51

Carive. — *V.* Piment. 492
Carolina potato (*Am.*). — *V.* Patate . . . 484
Carosella (*Ital.*). — *V.* Fenouil doux . . . 240
Carota (*Ital.*). — *V.* Carotte. 54
CAROTTE 54
— d'Achicourt. 65
— allerkorste parijsche ronde broei (Wortel) (*Holl.*) 56
— **d'Altringham** 63
— d'Amiens. 61
— des Ardennes. 62
— de Bardowick 68
— de Belgique jaune 66
— Bellot 57
— à beurre. 59
— à beurre. 64
— blanche améliorée d'Orthe 67
— blanche de Breteuil 68
— blanche à collet vert 67
— blanche lisse demi-longue. 67
— blanche ronde 68
— blanche transparente. 68
— blanche des Vosges 67
— Boudon 57
— de Boulogne 61
— de Breteuil blanche. 68
— de Brunswick rouge longue 62
— **de Carentan** 60
— Carentan early half long (Carrot) (*Angl.*) 60
— carline. 56
— *champêtre jaune* 66
— **de Chantenay** 60
— Chantenay (Carrot) (*Angl.*) 60
— à châssis (Env. de Paris). — *V.* Carotte à forcer parisienne 56
— à châssis. — *V.* Carotte rouge très courte à châssis. 56
— Chertsey (Carrot) (*Angl.*) 62
— de chevaux. 65
— Clairette 65
— Clerette 65
— à couches. 56
— de Crécy courte 57
— de Crécy demi-longue 59
— de Croissy 57
— de Croissy longue. 62
— cylindrique. 59
— **de Danvers**. 61
— Danvers half long (Carrot) (*Angl.*, *Am.*). 61
— **demi-courte obtuse de Guérande**. . . 57
— **demi-longue de Carentan** 60
— **demi-longue de Chantenay** 60
— **demi-longue de Danvers** 61
— **demi-longue intermédiaire de James** 58
— **demi-longue de Luc**. 60

TABLE GÉNÉRALE ALPHABÉTIQUE

Carotte demi-longue nantaise	59
— demi-longue obtuse	58
— demi-longue pointue	58
— demi-longue de Saint-Valery	61
— du Doubs, jaune obtuse	66
— Dutch horn (Carrot) (*Angl.*)	57
— de Duwick	68
— earliest short horn (Carrot) (*Angl.*)	56
— early gem (Carrot) (*Angl.*)	57
— early half long Nantes (Carrot) (*Angl.*)	59
— early half long scarlet pointed rooted (Carrot) (*Angl.*)	58
— early scarlet horn (Carrot) (*Angl.*)	57
— encarnada larga (Zanahoria) (*Esp.*)	62
— English horn (Carrot) (*Angl.*)	58
— d'Eysines	61
— Flanders large pale red (Carrot) (*Angl.*)	64
— **de Flandre**	64
— de Flandre rouge	62
— Flandrische blassrote dicke (Möhre)(*All.*)	64
— **à forcer parisienne**	56
— French forcing (Carrot) (*Angl.*)	56
— French horn (Carrot) (*Angl.*)	56
— frühe Pariser Treib- (Carotte) (*All.*)	56
— *frühe rote Bardowicker* (Möhre) (*All.*)	68
— frühe rote kurze Holländische (Carotte) (*All.*)	57
— de Gand	65
— Gele lange (Rœwortel) (*Holl.*)	65
— goldgelbe lange stumpfe Doubs (Möhre) (*All.*)	66
— golden ball (Carrot) (*Angl.*)	56
— grelot	56
— **de Guérande**	57
— halblange Englische James (Möhre)(*All.*)	58
— halblange rote spitze Holländische (Möhre) (*All.*)	58
— halblange rote stumpfe (Möhre) (*All.*)	58
— halflange hoornsche (Wortel) (*Holl.*)	58
— Harrison's early market (Carrot)(*Angl.*)	59
— d'Hollanda vermelha mediana (Cenoura) (*Ital.*)	58
— de Hollande	57
— improved short white (Carrot) (*Angl.*)	67
— **intermédiaire de James**	58
— **de James**	58
— James intermediate (Carrot) (*Angl.*)	58
— *jaune.* — *V.* Betterave jaune grosse	46
— jaune d'Achicourt	65
— *jaune de Belgique*	66
— *jaune champêtre*	66
— *jaune courte*	68
— *jaune de Lobberich*	66
— **jaune longue**	65
— jaune longue à collet vert	64
Carotte jaune obtuse du Doubs	66
— jaune de Schaerbeck	65
— jaune de Schaibeck	65
— *jaune de Süchteln*	66
— korte ronde (Wortel) (*Flam.*)	56
— lange blutrote (Möhre) (*All.*)	64
— lange gele belgische (Wortel) (*Holl.*)	64
— lange grosse dicke goldgelbe süsse (Möhre) (*All.*)	65
— lange rote Meaux (Möhre) (*All.*)	63
— lange rote ohne Herz (Möhre) (*All.*)	62
— lange rote sehr grosse (Möhre) (*All.*)	62
— large yellow green top (Carrot) (*Angl.*)	64
— *Lobberich's agricultural (Carrot)*	66
— long blood red (Carrot) (*Angl.*)	64
— long lemon (Carrot) (*Angl.*)	65
— long orange Belgian (Carrot) (*Angl.*)	64
— long orange improved (Carrot) (*Angl.*)	62
— long red coreless (Carrot) (*Angl.*)	62
— long red Surrey (Carrot) (*Angl.*)	62
— long scarlet Altringham (Carrot) (*Angl.*)	63
— long yellow stump rooted (Carrot) (*Angl.*)	66
— **longue d'Altringham**	63
— longue de Croissy	62
— **longue lisse de Meaux**	63
— **longue obtuse sans cœur**	62
— **longue rouge**	62
— **longue rouge sang**	64
— **de Luc**	60
— Luc half long (Carrot) (*Angl.*)	60
— *Main crop (Carrot) (Angl.)*	68
— *Matchless scarlet (Carrot) (Angl.)*	68
— **de Meaux**	63
— de Metz	57
— Model half long (Carrot) (*Angl.*)	60
— *Monument*	68
— muscade	57
— naine	57
— de Nancy	57
— nantaise	59
— new intermediate (Carrot) (*Angl.*)	61
— new yellow intermediate (Carrot) (*Angl.*)	66
— New-York market (Carrot) (*Angl.*)	60
— nine	57
— **obtuse demi-longue**	58
— **obtuse rouge longue**	62
— Oxheart (Carrot) (*Angl.*)	57
— *du Palatinat jaune d'or obtuse*	66
— Pariser drive (Guleroden) (*Dan.*)	56
— Parisian forcing (Carrot) (*Angl.*)	56
— **parisienne à forcer**	56
— plattrunde Pariser Markt- (Carotte) (*All.*)	56
— **pointue demi-longue**	58
— *Prizetaker (Carrot) (Angl.)*	62

Carotte queue de souris 57
— Reading scarlet horn (Carrot)(*Angl.*) . . 59
— red long Meaux smooth (Carrot) (*Angl.*) 63
— redonda de Paris (Cenoura) (*Port.*). . . 56
— roode Frankfurter (Wortel) (*Holl.*) . . . 62
— rote Altringham (Möhre) (*All.*). 63
— rote Carentan halblange (Möhre) (*All.*). 60
— rote Guerande halblange kurze dicke (Möhre) (*All.*). 57
— rote halblange Chantenay stumpfe (Möhre) (*All.*). 60
— rote halblange Danvers (Möhre) (*All.*) . 61
— rote Luc halblange (Möhre) (*All.*) . . . 60
— rote Nantes halblange stumpfe (Möhre) (*All.*). 59
— rote (orange-gelbe) lange grünköpfige Riesen- (Möhre) (*All.*). 64
— **rouge courte hâtive**. 57
— rouge courte de Hollande 57
— **rouge demi-courte obtuse de Guérande** 57
— **rouge demi-longue de Carentan sans cœur**. 60
— **rouge demi-longue de Chantenay** . . 60
— **rouge demi-longue de Danvers** . . . 61
— **rouge demi-longue intermédiaire de James**. 58
— **rouge demi-longue de Luc**. 60
— **rouge demi-longue nantaise**. 59
— **rouge demi-longue obtuse**. 58
— **rouge demi-longue pointue** 58
— rouge de Flandre 62
— **rouge à forcer parisienne**. 56
— **rouge longue** 62
— **rouge longue d'Altringham**. 63
— *rouge longue de Brunswick*. 62
— **rouge longue à collet vert**. 64
— **rouge longue lisse de Meaux** 63
— **rouge longue obtuse sans cœur** . . . 62
— **rouge longue de Saint-Valery** 61
— rouge longue de Toulouse. 62
— **rouge pâle de Flandre**. 64
— *rouge de Saint-Fiacre* 57
— **rouge sang**. 64
— **rouge très courte à châssis**. 56
— Saalfelder gelbe lange (Möhre) (*All.*). . 65
— de Saint-Brieuc. 60
— *de Saint-Fiacre* 57
— **de Saint-Valery** 61
— Saint-Valery (Carrot) (*Angl.*) 61
— Saint-Valery rote lange (Möhre) (*All.*) . 61
— à salade. . . *V.* Betterave d'Égypte. . . 45
— Sandwich (Carrot) (*Angl.*) 64
— *sauvage améliorée blanche* 68
— *sauvage améliorée rouge obtuse*. . . . 68
Carotte : scarlet perfection(*Carrot*) (*Angl.*) 68
— de Schaerbeck 65
— de Schaibeck 65
— select intermediate (Carrot) (*Angl.*). . . 61
— select stump rooted (Carrot) (*Angl.*) . . 60
— Studley (Carrot) (*Angl.*). 62
— stump rooted half long (Carrot) (*Angl.*) 58
— *de Süchteln jaune* 66
— summer favourite (Carrot) (*Angl.*) . . . 57
— Sutton's gem (Carrot) (*Angl.*) 60
— *de Tilques* . . . . : . . . 60
— de Toulouse rouge longue 62
— toupie 56
— **très courte à châssis** 56
— vermelha d'Hollanda (Cenoura) (*Ital.*) . 57
— de Vichy. 57
— Victoria (Möhre) (*All.*) 64
— *violette*. 68
— vitelotte 57
— vroege korte broei (Wortel) (*Holl.*) . . 57
Carrot (*Angl.*). — *V.* Carotte 54
Carum Carvi. — *V.* Carvi. 69
Carum Petroselinum. — *V.* Persil . . . 486
CARVI. 69
Carviol (*All.*). — *V.* Chou-fleur. 154
Caterpillar (*Angl.*). — *V.* Chenille 90
Catmint (*Angl.*). — *V.* Menthe de chat . . 430
Catnip (*Angl.*). — *V.* Menthe de chat . . . 430
Cauliflower (*Angl.*). — *V.* Chou-fleur . . . 154
Cavol broccoïo (*Ital.*). — *V.* Choux Brocolis 165
— broccolo (*Ital.*). — *V.* Choux Brocolis . 165
Cavolfiore (*Ital.*). — *V.* Chou-fleur 154
Cavolo (*Ital.*). — *V.* Chou cultivé. 109
— di Bruxelles (*Ital.*). — *V.* Chou de Bruxelles. 151
— capuccio (*Ital.*). — *V.* Choux pommés . 114
— a germoglio (*Ital.*). — *V.* Chou de Bruxelles. 151
— navone (*Ital.*). — *V.* Chou-navet. . . . 173
— rapa (*Ital.*). — *V.* Chou-rave. 170
Cebola (*Port.*). — *V.* Ognon. 455
Cebolinha (*Port.*). — *V.* Ciboule 177
Cebolla (*Esp.*). — *V.* Ognon 455
Cebolleta (*Esp.*). — *V.* Ciboule 177
Cebollino (*Esp.*). — *V.* Ciboulette. 178
— de Inglatera (*Esp.*). — *V.* Ciboule . . . 177
Cebula (*Pol.*). — *V.* Ognon. 455
Cece di terra (*Ital.*). — *V.* Arachide. . . . 10
Ceci (*Ital.*). — *V.* Pois chiche 572
CÉLERI 69
— **d'Arezzo** 73
— Arezzo (Bleich-Sellerie) (*All.*) 73
— Arezzo large solid (Celery) (*Angl.*). . . 73
— *Aylesbury prize red (Celery) (Angl.)*. : 77
— bâtard. — *V.* Ache de montagne 2

TABLE GÉNÉRALE ALPHABÉTIQUE 719

Céleri : do bielenia (Selery) *(Pol.)*. 70
— blad (Selleri) *(Dan.)*. 70
— Bleich- (Sellerie) *(All.)* 70
— Boston market (Celery) *(Am.)*. 77
— Bulwiaste (Selery) *(Pol.)*. — *V.* Céleri-
    rave 79
— *Carter's Incomparable crimson (Celery)*
    (Angl.). 77
— Chemin. 72
— *corne-de-cerf* 75
— de cortar (Apio) *(Esp.)*. 78
— **A COTES** 70
— **à couper**. 78
— *Crawford's half dwarf (Celery) (Am.)*. 77
— *creux*. 78
— de Dampierre hâtif 74
— *Danesbury (Celery) (Angl.)* 76
— *Dickson's Mammoth white (Celery)*
    (Angl.). 76
— *Dobbie's Invincible (Celery) (Angl.)* . . 76
— **doré**. 72
— dwarf large ribbed white solid (Celery)
    (Angl.). 74
— *dwarf white solid (Celery) (Angl.)*. . . 76
— *early rose (Celery) (Angl.)*. 77
— *Evans' Triumph (Celery) (Am.)*. . . . 77
— *à feuille de fougère*. 75
— *à feuilles laciniées* 75
— *Fin de siècle (Am.)* 78
— fin de Hollande. 78
— **frisé plein blanc**. 74
— German (Celery) *(Angl.)*. 79
— giant Pascal white solid (Celery) *(Angl.)* 73
— giant red (Celery) *(Angl.)*. 77
— giant white solid (Celery) *(Angl.)* . . 72
— giant white solid curled (Celery) *(Angl.)* 74
— *golden dwarf (Celery) (Am.)*. 78
— *golden heart (Celery) (Am.)*. 78
— golden rose (Celery) *(Am.)* 72
— golden self-blanching (Celery) *(Am.)* . 72
— goldgelber Pariser vollrippiger selbst-
    bleichender (Bleich-Sellerie) *(All.)*. . 72
— *Goodwin's white (Celery) (Angl.)* . . 76
— groote witte (Selderij) *(Flam.)*. 72
— **à grosse côte** 74
— **à grosse côte, violet** 76
— hâtif de Dampierre 74
— de Hollande fin 78
— *Hood's dwarf red (Celery) (Angl.)*. . . 77
— *Incomparable dwarf white (Celery)*. . 76
— Ivery's Non such (Celery) *(Angl.)* . . 76
— Kalamazoo (Celery) *(Am.)*. 76
— krausblättriger vollrippiger weisser
    (Bleich-Sellerie) *(All.)*. 74
— *Laing's Mammoth (Celery) (Angl.)* . . 77

Céleri : lleno blanco (Apio) *(Esp.)*. 72
— lleno rosado (Apio) *(Esp.)* 76
— *Lockhurst giant white (Celery) (Angl.)*. 76
— London market red (Celery) *(Angl.)* . . 76
— *Major Clarke's solid red (Celery) (Angl.)* 77
— *Man of Kent (Celery) (Angl.)* 77
— *Manchester red (Celery) (Angl.)*. . . . 77
— *new rose (Celery) (Am.)*. 78
— *Northumberland Champion white*
    (Celery) (Angl.). 76
— Paris golden yellow (Celery) *(Angl.)* . . 72
— **Pascal**. 73
— *Pascal doré* 73
— pequeno (Apio) *(Esp.)*. 78
— *Perfection heartwell (Celery) (Am.)*. . 78
— *Perle le Grand*. 78
— petit 78
— *Pink plume (Celery) (Am.)* 78
— **plein blanc** 72
— **plein blanc d'Amérique** 75
— **plein blanc court à grosse côte** . . . 74
— *plein blanc court hâtif*. 75
— **plein blanc doré**. 72
— *plein blanc à feuille de fougère*. . . . 75
— **plein blanc frisé** 74
— **plein doré à côte rose**. 72
— plein violet 76
— de Prusse. 75
— *Ramsey's solid red (Celery) (Angl.)* . . 77
— red giant solid (Celery) *(Angl.)*. . . . 76
— red large ribbed (Celery) *(Angl.)*. . . 76
— rosarippiger goldgelber Pariser (Bleich-
    Sellerie) *(All.)* 72
— *rose-ribbed Paris self blanching (Ce-*
    lery) (Angl.). 72
— *Sandrigham (Celery) (Angl.)* 76
— sans drageons. 74
— *Scarole*. 75
— Schnitt-Sellerie *(All.)*. — *V.* Céleri à
    couper. 78
— *Schumacher (Celery) (Am.)*. 78
— *Select red (Celery) (Angl.)* 77
— *Seymour's white (Celery) (Angl.)* . . . 76
— smallage *(Angl.)* — *V.* Céleri à couper. 78
— Snij-Selderij *(Flam.)*. — *V.* Céleri à
    couper. 78
— soup (Celery) *(Angl.)* 78
— *Standard bearer (Celery) (Angl.)* . . . 77
— *Sulham prize pink (Celery) (Angl.)*. . 77
— **de Tours, violet**. 76
— turc 75
— *Turner's red (Celery) (Angl.)* 77
— turnip rooted (Celery) *(Angl.)* 79
— *Veitch's solid white (Celery) (Angl.)*. . 76
— **violet à grosse côte**. 76

TABLE GÉNÉRALE ALPHABÉTIQUE

Céleri violet de Tours 76
— violetter dickrippiger (Bleich-Sellerie) (*All.*). 76
— violetter Tours (Bleich-Sellerie) (*All.*) . 76
— vollrippiger weisser (Bleich-Sellerie) (*All.*). 72
— vollrippiger weisser niedriger dicker (Bleich-Sellerie) (*All.*). 74
— weisser Amerikanischer vollrippiger (Bleich-Sellerie) (*All.*). 75
— weisser Pascal (Bleich-Sellerie) (*All.*). . 73
— white gem (Celery) (*Angl.*) 74
— *white plume (Celery)* (*Angl.*) 75
— *Wilcox's Dunham red (Celery)* (*Angl.*). 77
— *Winchester pink (Celery)* (*Angl.*) . . . 77
— *winter Queen (Celery)* (*Am.*). 78
CÉLERI-RAVE 79
— apple-shaped small-leaved (Celeriac) (*Angl.*). 80
— common (Celeriac) (*Angl.*). 79
— **d'Erfurt** 80
— *d'Erfurt Tom-Thumb* 80
— à feuille panachée. 80
— früher Erfurter (Knollen-Sellerie) (*All.*) 80
— **géant de Prague** 81
— *gros lisse de Paris* 80
— large early august (Celeriac) (*Angl.*) . . 80
— large early Erfurt (Celeriac) (*Angl.*) . . 80
— large improved Paris (Celeriac) (*Angl.*). 80
— large smooth Prague (Celeriac) (*Angl.*) . 81
— Leipziger (Knollen-Sellerie) (*All.*) . . . 79
— Naumburger Riesen (Knollen-Sellerie) (*All.*). 79
— **ordinaire** 79
— **de Paris amélioré**. 80
— *de Paris gros lisse*. 80
— Pariser verbesserter (Knollen-Sellerie) (*All.*). 80
— **pomme à petite feuille** 80
— Prager Riesen (Knollen-Sellerie) (*All.*). 81
— **de Prague, géant** 81
— runder Apfel kurzlaubiger (Knollen-Sellerie) (*All.*). 80
— sehr früher August (Knollen-Sellerie) (*All.*). 80
— **très hâtif d'Août** 80
Celeriac (*Angl.*). — *V.* Céleri-rave 79
Celery (*Angl.*). — *V.* Céleri 69
— -lettuce (*Angl.*). — *V.* Laitues-Romaines. 378
Cenoura (*Port.*). — *V.* Carotte 54
Centner-Groeskar (*Dan.*). — *V.* Courges-Potirons. 201
— -Kürbiss (*All.*). — *V.* Potirons. 201
Cercefin (*Port., Brésil.*). — *V.* Salsifis . . 652
Cercifi (*Port.*). — *V.* Salsifis 652
Cercifix. — *V.* Salsifis 652
Cerconcello (*Ital.*). — *V.* Cresson alénois . 224
Cerefolia (*Port.*). — *V.* Cerfeuil. 81
CERFEUIL 81
— Anis (Kerbel) (*All.*) 83
— anisé. — *V.* Cerfeuil musqué. 83
— bulbeux. — *V.* Cerfeuil tubéreux. . . . 83
— bulboso (Perifollo) (*Esp.*). 83
— common or plain (Chervil) (*Angl.*). . . 82
— **commun** 82
— comune (Cerfoglio) (*Ital.*) 82
— curled or double (Chervil) (*Angl.*). . . 82
— double 82
— d'Espagne. — *V.* Cerfeuil musqué . . . 83
— **frisé**. 82
— gefüllter (Kerbel) (*All.*). 82
— gekrulde (Kervel) (*Holl.*) 82
— gewöhnlicher (Kerbel) (*All.*). 82
— gewone (Kervel) (*Holl.*) 82
— krausblättriger (Kerbel) (*All.*). 82
— **MUSQUÉ** 83
— Plumage (Kerbel) (*All.*) 82
— *de Prescott*. 84
— ricciuto (Cerfoglio) (*Ital.*) 82
— risado (Perifollo) (*Esp.*) 82
— sweet scented (Chervil) (*Angl.*) 83
— **TUBÉREUX**. 83
— *tubéreux de Prescott* 84
— tuberous (Chervil) (*Angl.*). 83
— turnip rooted (Chervil) (*Angl.*). 83
Cerfoglio (*Ital.*). — *V.* Cerfeuil. 81
Cerise d'hiver. — *V.* Alkékenge officinal . 4
Ceseron. — *V.* Pois chiche. 572
Cetriuolo (*Ital.*). — *V.* Concombre 181
— a cetriuoli (*Ital.*). — *V.* Concombre à cornichons 195
Cezé. — *V.* Pois chiche. 572
Chærophyllum bulbosum. — *V.* Cerfeuil tubéreux 83
Chaffrane (*Russe*). — *V.* Safran 651
Chagas (*Port.*). — *V.* Capucine grande . . 49
Chalote. — *V.* Échalote 231
CHAMPIGNON de couche. — *V.* Ch. cultivé. 84
— cultivé 84
— grube (*Russe*). — *V.* Champignon cultivé 84
— des prés 84
— rose 84
— de rosée 84
Champinjon akta (*Suéd.*). — *V.* Champignon cultivé 84
Chardonnerette. — *V.* Cardon. 51
Chardonnette. — *V.* Cardon. 51
Châtaigne cornue. — *V.* Macre 397
— d'eau. — *V.* Macre 397
— de terre. — *V.* Gesse tubéreuse 283

TABLE GÉNÉRALE ALPHABÉTIQUE

- **CHENILLE** 90
- — *grosse* 90
- — *petite* 90
- — *rayée* 90
- — *velue*. 90
- Chenopodium auricomum. 12
- — Bonus Henricus. — *V.* Arroche Bon Henri 12
- — capitatum. — *V.* Épinard Fraise 288
- — quinoa. — *V.* Ansérine Quinoa blanc. . 9
- Cherivia (*Port.*). — *V.* Chervis. 91
- Cherry ground- (*Angl·*). — *V.* Alkékenge jaune doux . . . . - . . . 4
- — winter- (*Angl.*).—*V.* Alkékenge officinal. 4
- Chervil (*Angl.*). — *V.* Cerfeuil 81
- **CHERVIS**. 91
- — cultivé (grand). — *V.* Panais. 481
- Chesnut Water- (*Angl.*). — *V.* Macre. . . 397
- Cheveux d'évêque. — *V.* Raiponce 647
- Cheveux de paysan. — *V.* Chicorée sauvage 104
- Chevrille. — *V.* Laitue vivace 388
- Chiboulette. — *V.* Ciboulette 178
- Chicaro (*Port.*). — *V.* Pois chiche 572
- Chicharos. — *V.* Pois gris 571
- Chick pea (*Angl.*). — *V.* Pois chiche . . . 572
- Chickling vetch (*Angl.*). — *V.* Gesse cultivée. 283
- Chicon. — *V.* Laitues Romaines. 378
- — blanc langue-de-bœuf. — *V.* Romaine blonde lente à monter. 382
- — pomme en terre. — *V.* Romaine pomme en terre 381
- **CHICORÉE** amère. 104
- — barbe de capucin 104
- — *bâtarde* 101
- — Béglaise 98
- — Belle Lyonnaise. 95
- — bittere (Cichorie) (*All.*) 104
- — **blanche frisée mousse** 99
- — blanche large de Hollande. — *V.* Scarole blonde. 103
- — *de Bruges* 104
- — **de Brunswick**. 107
- — Brüsseler (Cichorien-Wurzel) (*All.*) . . 108
- — **de Bruxelles**. 108
- — buntblättrige Forellen (Cichorie) (*All.*). 106
- — à café 107
- — camarde. — *V.* Scarole ronde 102
- — Carter's Model (Endive) (*Angl.*) 97
- — **à cloche, courte** 99
- — **à cœur jaune, frisée d'été** 95
- — coffee (Chicory) (*Angl.*) 107
- — common (Chicory) (*Angl.*) 104
- — corne-de-cerf. 97
- — à couches. 94

- Chicorée à couper frisée 99
- — *courte à cloche*. 99
- — curled Christmas (Endive) (*Angl.*) . . . 100
- — demi-fine. 94
- — dorée très frisée. 99
- — Dzika (Cykorya) (*Pol.*). — *V.* Chicorée sauvage 104
- — **ENDIVE** 92
- — d'été à cœur jaune 95
- — **d'été, frisée fine**. 94
- — d'été jaune 98
- — ever white curled (Endive) (*Angl.*). . . 99
- — Feder (Endivien) (*All.*) 94
- — feinkrause Italienische Sommer (Endivien) (*All.*). 94
- — fine (Amiens). 95
- — fine d'Italie. 94
- — **fine de Louviers**. 97
- — **fine de Rouen** 97
- — a foglia lunga (Cicoria) (*Ital.*). — *V.* Chicorée sauvage. 104
- — *frisée* 101
- — frisée Belle lyonnaise 95
- — frisée à couper 99
- — frisée d'été à cœur jaune 95
- — frisée fine d'été 94
- — frisée fine d'été, race d'Anjou 94
- — frisée fine d'été, race de Paris 94
- — frisée fine de Louviers 97
- — frisée fine de Rouen. 97
- — frisée grosse pancalière 96
- — frisée de Guillande 97
- — *frisée d'hiver d'Hyères* 98
- — **frisée d'hiver de Provence** 100
- — **frisée Impériale**. 98
- — **frisée de Meaux**. 95
- — frisée Nicolas 97
- — **frisée de Picpus**. 96
- — **frisée de Provence d'hiver**. 100
- — **frisée de Ruffec** 98
- — **frisée toujours blanche** 99
- — frisée de Vendée 95
- — de Germont 96
- — golden heart curled summer (Endive) (*Angl.*). 95
- — green fine curled winter (Endive) (*Angl.*) 95
- — green very fine curled summer (Endive) (*Angl.*). 94
- — grosse. — *V.* Scarole ronde 102
- — **grosse pancalière** 96
- — grosse Simonne. 94
- — **de Guillande**. 97
- — Hirschhorn feine Winter (Endivien) (*All.*) 97
- — **d'hiver, verte**. 101
- — Hjorteks (Endivien) (*Dan.*). 97

Chicorée de Hollande large blonde. — *V.*
Scarole blonde 103
— *d'Hyères* 98
— Imperial curled (Endive) (*Angl.*) 98
— **Impériale** 98
— improved very large leaved (Chicory) (*Angl.*) 106
— d'Italie fine 94
— jaune d'été 98
— Königin des Winters (Endivien) (*All.*) . 101
— krause goldherzige Sommer (Endivien) (*All.*) 95
— krause grosse harte (Pancalière) Sommer (Endivien) (*All.*) 96
— krause Imperial (Endivien) (*All.*) 98
— krause Ruffec (Endivien) (*All.*) 98
— langue de vache. — *V.* Scarole blonde . 103
— large curled Pancalier (Endive) (*Angl.*) . 96
— à large feuille 98
— large rooted *or* Coffee (Chicory) (*Angl.*) 107
— large rooted Brussels (Chicory) (*Angl.*) . 108
— de Lombardie 106
— **de Louviers** 97
— Louviers feinkrause Winter (Endivien) (*All.*) 97
— Louviers fine laciniated (Endive) (*Angl.*) 97
— **de Magdebourg** 107
— **de Meaux** 96
— Meaux krause Winter (Endivien) (*All.*) . 96
— *Merveille de Tours* 95
— *du Midi* 101
— moss green curled (Endive) (*Angl.*) . . 99
— **mousse** 98
— **mousse frisée blanche** 99
— Neujarstag krause Winter (Endivien) (*All.*) 100
— Nicolas 97
— *de la Passion* 101
— perruque à Mathieu 97
— petite Simonne 95
— **de Picpus** 96
— Picpus fine curled (Endive) (*Angl.*) . . . 96
— Picpus krause Sommer (Endivien) (*All.*) 96
— Plumage (Endivien) (*All.*) 94
— **de Provence, frisée d'hiver** 100
— Queen of the winter (Endive) (*Angl.*) . 101
— red leaved Lombardy (Chicory) (*Angl.*) . 106
— **Reine d'hiver** 101
— **de Rouen, frisée fine** 97
— Rouen *or* Staghorn (Endive) (*Angl.*) . . 97
— Rouener *oder* Hirschhorn feine Winter (Endivien) (*All.*) 97
— rouennaise 97
— rouge de Lombardie 106
— **de Ruffec** 98

Chicorée : Ruffec large green curled (Endive) (*Angl.*) 98
— de Saint-Laurent 98
— **SAUVAGE** 104
— — améliorée 106
— — améliorée brune, forme de laitue pommée 106
— — améliorée demi-blonde, forme de laitue pommée 106
— — améliorée demi-fine 106
— — améliorée demi-fine à feuilles jaunes 106
— — améliorée frisée 106
— — améliorée panachée 106
— — à feuille rouge 106
— — à grosse racine 107
— — — de Brunswick 107
— — — de Bruxelles 108
— — — de Magdebourg 107
— **SCAROLE** Batavia 102
— — *Béglaise* 104
— — **blonde** 103
— — de Bordeaux 104
— — bouclée 102
— — breite grüne krausblättrige (Escariol) (*All.*) 103
— — bretbladet (Batavisk Endivien) (*Dan.*) 102
— — broad-leaved (Batavian-Endive) (*Angl.*) 102
— — à cœur plein, jaune 103
— — **en cornet** 103
— — en cornet de Bordeaux 104
— — courte 102
— — à feuille de Laitue 103
— — gelbe lattichblättrige vollherzige (Escariol) (*All.*) 103
— — **grosse de Limay** 102
— — d'hiver 103
— — **d'hiver du Var** 104
— — hooded *or* hardy green winter (Batavian-Endive) (*Angl.*) 103
— — jaune à cœur plein 103
— — langue-de-bœuf 102
— — large green Limay (Batavian-Endive) (*Angl.*) 102
— — **de Limay** 102
— — Limay grosse (Escariol) (*All.*) 102
— — de Meaux 102
— — **ronde** 102
— — round *or* broad leaved (Batavian-Endive) (*Angl.*) 102
— — rundblättrige vollherzige grüne (Escariol) (*All.*) 102
— — de Saint-Mihiel 102
— — très grosse de Saint-Mihiel 102
— — **du Var, d'hiver** 104

Chicorée Scarole : Var winter (Batavian-Endive) (*Angl.*). 104
— Scarole verte. 102
— — white lettuce leaved (Batavian-Endive) (*Angl.*). 103
— — Winter vom Var (Escariol) (*All.*). . 104
— sehr feine krause Moos (Endivien) (*All.*) 99
— selvatica (*Ital.*). — *V.* Chicorée sauvage. 104
— Simonne, grosse. 94
— Simonne, petite. 95
— Staghorn (Endive) (*Angl.*). 97
— da taglio (*Ital.*). — *V.* Chicorée sauvage. 104
— *toujours blanche*. 100
— **toujours blanche, frisée**. 99
— très fine 97
— très frisée dorée 99
— triple curled (Endive) (*Angl.*) 99
— vanling (Sikoria) (*Suéd.*) 104
— de Vendée, frisée 95
— verbesserte grossblättrige (Cichorie) (*All.*). 106
— *verte*. 101
— *verte d'hiver* 101
— von Natur ganz gelbe extra krause (Endivien) (*All.*). 99
— weisse krause Moos (Endivien) (*All.*). . 99
— white Moss curled (Endive) (*Angl.*) . . 99
— wilde *oder* bittere (Cichorie) (*All.*). . . 104
— Witloof. 108
— Wurzel (Cichorien) (*All.*) 107
Chicorea selvagem (*Port.*). — *V.* Chicorée sauvage 104
Chicory common (*Angl.*). — *V.* Chicorée sauvage. 104
Chicotin. — *V.* Chicorée sauvage 104
Chilis (*Angl.*). — *V.* Piment du Chili . . . 499
Chirivia (*Esp.*). — *V.* Panais 481
— tudesca (*Esp.*). — *V.* Chervis. 91
Chirouis. — *V.* Chervis 91
Chiroux. — *V.* Pissenlit 502
Chives. — *V.* Ciboule commune. 177
Chives (*Angl.*). — *V.* Ciboulette. 178
Chmiel (*Pol.*). — *V.* Houblon 346
Chnitlouke nastoïachetchy (*Russe*). — *V.* Ciboulette 178
Choro-Gi (Japon). — *V.* Stachys tubéreux . 660
CHOU 109
— *d'Abbeville* 138
— *Acme late flat Dutch* (*Cabbage*) (*Am.*) . 134
— *Acme red drumhead* (*Cabbage*) (*Am.*) . 127
— **d'Aire** (**Milan**) 138
— d'Aleth. 123
— d'Allemagne gros. 124
— d'Allemagne gros frisé (Milan). 140
— *all head* (*Cabbage*) (*Am.*) 133

Chou : *all seasons* (*Cabbage*) (*Am.*) 134
— *Alpha* 116
— d'Alsace 124
— *d'Alsace de deuxième saison* 131
— **Amager extra tardif** 130
— Amager sehr spätes Winter (Kraut) (*All.*) 130
— **d'Amérique vert glacé** 130
— Angelberger mittelfrühes (Kraut) (*All.*). 120
— *d'Angers pommé* 119
— d'Angerville 119
— Aphox 115
— arbre. 149
— *d'Arcy* 131
— ardoisé. 129
— *Atkins Matchless* (*Cabbage*) (*Angl.*) . . 132
— d'Aubervilliers 120
— **d'Aubervilliers hâtif** (**Milan**). 140
— d'Audanville 124
— *autumn King* (*Cabbage*) (*Am.*). 134
— **d'Auvergne** (**Quintal**) 125
— Auvergne Quintal (Cabbage) (*Angl.*) . . 125
— Auvergner Centner (Kraut) (*All.*). . . . 125
— d'avant. 118
— d'Avent. 118
— *d'Avranches* (*Milan*) 136
— **Bacalan gros** 119
— **Bacalan hâtif** 119
— Bacalan tardif. 119
— *Baladi* 133
— *Barne's early dwarf* (*Cabbage*) (*Angl.*) 132
— *Battersea* (*Cabbage*) (*Angl.*) 132
— Baxton. 122
— Bedford (Cabbage) (*Angl.*). 143
— **de Belleville petit** (**Milan**). 142
— de Béthune. 138
— beurre. 143
— *à beurre* 150
— *Bijou* 142
— Bladerkool (*Flam.*). — *V.* Choux verts. 144
— Bladkaal (*Dan.*). — *V.* Choux verts. . . 144
— Bladkål (*Suéd.*). — *V.* Choux verts . . 144
— blanc de montagne 124
— Blätterkohl (*All.*). — *V.* Choux verts. . 144
— Bleichfelder (*All.*). 121
— *Blenheim* (*Cabbage*) (*Angl.*) 132
— *blond à couper* 150
— Boerenkool (*Holl.*). — *V.* Choux verts . 144
— de Bonneuil. 120
— Bonte desser (Kool) (*Holl.*). 147
— de Boston 122
— **de Bourgogne marbré** 128
— Braganza (Cabbage) (*Angl.*) 143
— *branchu du Poitou* 149
— branco d'Alsacia (Couve) (*Port.*) . . . 124
— branco coroçao de boi (Couve) (*Port.*) . 118

Chou : branco pao de assucar (Couve) (*Port.*) 115
— *brauner Schnitt-* (*Kohl*) (*All.*) 150
— Braunschweiger kurzbeiniges (*All.*)... 122
— brebis 122
— *Bridgeport drumhead* (*Cabbage*) (*Am.*) 134
— Brondé 144
— brown German (Kale) (*Am.*) 146
— *de Brunswick ordinaire* 122
— **de Brunswick à pied court** 122
— de Bruselas (Bretones) (*Esp.*) 151
— Brussel (Kål) (*Suéd.*) 151
— Brüsseler (Sprossenkohl) (*All.*) 151
— de Bruxellas (Couve) (*Port.*) 151
— di Bruxelles (Cavolo) (*Ital.*) 151
— **DE BRUXELLES** 151
— — *Aigburth* (*Brussels sprouts*) (*Angl.*) 153
— — *Dalkerth* (*Brussels sprouts*) (*Angl.*) 153
— — **demi-nain de la Halle** 152
— — dwarf improved (Brussels sprouts) (*Angl.*) 153
— — grand 152
— — grosser (Rosenkohl) (*All.*) 152
— — halbhoher Pariser Market (Rosenkohl) (*All.*) 152
— — half dwarf Paris market (Brussels sprouts) (*Angl.*) 152
— — improved French (Brussels sprouts) (*Angl.*) 152
— — King of the market (Brussels sprouts) (*Angl.*) 152
— — Long Island improved (Brussels sprouts) (*Am.*) 153
— — **nain** 153
— — Northow Prize (Brussels sprouts) (*Angl.*) 153
— — **ordinaire** 152
— — *Scrymger's giant* (*Brussels sp.*) (*Angl.*) 153
— — tall (Brussels sprouts) (*Angl.*) 152
— — Zwerg (Rosenkohl) (*All.*) 153
— brysselskaïa (Kapousta) (*Russe*) 151
— *Buda* (*Kale*) (*Angl.*) 150
— bunter krauser geschlitzter Plumage (Winterkohl) (*All.*) 147
— bunter krauser proliferender (Winterkohl) (*All.*) 148
— bunter Plumagen (Kohl) (*All.*) 147
— buntköpfiges (*All.*) 128
— *cabbage* 114
— **cabus de printemps** 114
— — *d'été et d'automne* 120
— — **d'hiver** 129
— — blanc à côtes bleues 128
— — blanc de montagne 124
— — frisé. — *V. Chou de Milan* 135
— — gros de Laon 120

Chou cabus panaché 128
— de Caen (Milan) 136
— de Caen prompt 118
— de Caen tardif et rustique (Milan) ... 137
— Camala 115
— Canada (Kale) (*Angl.*) 146
— *du Cap* (*Milan*) 139
— capousta 146
— cappuccio grosso di Germania (*Ital.*).. 124
— *câpre* 133
— capu 114
— capuche 121
— *de Cassel* 133
— *Caulet de Flandre* 149
— des Causses géant 125
— *Cavalier* 149
— *Cavalier rouge de l'Artois* 149
— Centner- (Kraut) (*All.*) 124
— *de Champ d'or* 128
— *Charleston Wakefield* (*Cabbage*) (*Am.*). 133
— de Chenillet 119
— de Cherbourg 118
— *chèvre* 144
— chicon 115
— de Chine. — *V*. Pe-tsai 490
— *Christmas* (*Cabbage*) (*Angl.*) 129
— cloqué. — *V*. Chou de Milan 135
— cobe 119
— *Cocoa nut* (*Cabbage*) (*Angl.*) 132
— cœur-de-bœuf frisé 135
— **cœur-de-bœuf gros** 118
— **cœur-de-bœuf de Jersey** 117
— **cœur-de-bœuf moyen de la Halle**... 117
— cœur-de-bœuf parisien extra-hâtif... 116
— cœur-de-bœuf parisien hâtif moyen... 117
— **cœur-de-bœuf petit** 115
— cœur-de-bœuf de Philadelphie 117
— Colas 121
— Colas 119
— **conique de Poméranie** 126
— **conique rouge** 128
— de Constance 128
— corne-de-cerf 146
— *Cornish Paignton* (*Cabbage*) (*Angl.*).. 132
— à côtes bleues 128
— *Cottager's* (*Kale*) (*Angl.*) 148
— *de Coutances* 144
— couve Tronchuda (Cabbage) (*Angl.*).. 143
— de Craon pommé 119
— **Cressonnier** (**Milan**) 141
— cristallin 128
— Cristollat 128
— **CULTIVÉ** 109
— curled couve Tronchuda (Cabbage) (*Angl.*) 143
— curled green dwarf (Kale) (*Angl.*)... 146

TABLE GÉNÉRALE ALPHABÉTIQUE

Chou: curled laciniated striped (Kale) (*Angl.*) 147
— curled proliferous striped (Kale) (*Angl.*) 148
— curled purple dwarf (Borecole) (*Angl.*) . 146
— curled purple tall (Borecole) (*Angl.*) . . 146
— curled winter (Kale) (*Angl.*) 144
— *Danish ball head (Cabbage)* (*Am.*) . . . 130
— *Danish Emperor (Cabbage)* (*Am.*) . . . 134
— dark red early Dutch (Cabbage) (*Angl.*). 126
— dark red early Erfurt (Cabbage) (*Angl.*) 126
— dark red pointed headed (Cabbage) (*Angl.*) 128
— *de Daubenton, vivace* 150
— **de Dax**. 123
— *deep head (Cabbage)* (*Am.*) 133
— *Delaware (Kale)* (*Angl.*) 149
— demi cœur-de-bœuf 117
— *de Deuil (rouge)* 132
— dickrippiger Tronchuda (Wirsing) (*All.*) 143
— de Dieppe 115
— de Dieppe frisé 136
— **doré (Milan)** 139
— *de Dreux petit parisien*. 131
— *drie kroppel (Kool)* (*Flam.*) 143
— *Dutch winter (Cabbage)* (*Am.*). . . . 134
— dwarf Curlie's (Kale) (*Angl.*). 146
— *dwarf Portugal (Cabbage)* (*Angl.*) . . 143
— early Bacalan (Cabbage) (*Angl.*) 119
— *early Cornish (Cabbage)* (*Angl.*). . . . 132
— early dwarf flat Dutch (Cabbage) (*Angl.*) 121
— early Jersey Wakefield (Cabbage) (*Angl.*) 117
— early May (Cabbage) (*Angl.*) 114
— *early Oppenheim (Cabbage)* (*Angl.*) . . 132
— early ox-heart (Cabbage) (*Angl.*). . . . 115
— early spring (Cabbage) (*Angl.*) 120
— early York (Cabbage) (*Angl.*). 114
— *Eastham improved (Cabbage)* (*Angl.*) . 132
— *Eclipse (Cabbage)* (*Am.*). 133
— d'Écosse frisé. 145
— d'Écury 124
— *d'Égypte, vert* 148
— *Egyptian (Kale)* (*Angl.*). 148
— *Enfield market (Cabbage)* (*Angl.*) . . 132
— *d'Erfurt petit hâtif*. 120
— **d'Erfurt, rouge foncé, hâtif**. 126
— Erfurter schwarzrotes frühes Salat- (Kraut) (*All.*) 126
— **d'Étampes, très hâtif** 116
— d'été plat. 120
— *Excelsior late flat Dutch (Cabbage)* (*Am.*) 134
— **Express** 116
— extra early Amager (Cabbage) (*Angl.*) . 130
— **extra-frisé demi-nain vert** 145
— extra krauser Pariser (Winterkohl) (*All.*) 144
— *à faucher* 150
— *Faultless early (Cabbage)* (*Am.*). . . . 133

Chou femelle 123
— *à feuilles épaisses* 144
— Filderkraut (*All.*). 126
— Filderkraut (Cabbage) (*Angl.*) 126
— flaches Pariser (Kraut) (*All.*). 120
— flat Parisian (Cabbage) (*Angl.*) 120
— Floris 120
— Floris vert 140
— Fottler's improved Brunswick (Cabbage) 122
— *fourrager de la Sarthe* 149
— fraise 143
— fraise de veau. 143
— frisés 147
— — d'Écosse. 145
— — **extra demi-nain vert**. 145
— — d'hiver 144
— — d'hiver de Mosbach. 144
— — lacinié panaché. 147
— — *de Naples* 148
— — panaché blanc 147
— — panaché rouge 147
— — pointu. 139
— — **prolifère** 148
— — rouge grand 146
— — rouge à pied court. 146
— — vert grand 145
— — vert grand du Nord 145
— — **vert à pied court**. 146
— früher Zucker Maispitz (Kohl) (*All.*) . . 114
— frühes grosses Ochsenherz (Kraut) (*All.*). 118
— frühes Johannistag (Kraut) (*All.*). . . . 119
— frühes kleines Ochsenherz (Kraut) (*All.*). 115
— frühes kleines Yorker (Kraut) (*All.*) . . 114
— frühes mittelgrosses Bacalaner (Kraut) . 119
— frühes Pariser Markt (Kraut) (*All.*). . . 117
— **de Fumel** 123
— *de Galice*. 148
— *gallega (Couve)* (*Port.*) 148
— Gaouin. 119
— **gaufré d'hiver** 130
— géant des Causses. 125
— de Genillé 119
— *German export (Cabbage)* (*Am.*). . . . 140
— German greens (Kale) (*Angl.*) 146
— a germoglio (Cavolo) (*Ital.*). 151
— grand-père 118
— *grappé* 131
— *grappu* 131
— *de Gratscheff plat géant* 133
— green glazed American (Cabbage) (*Angl.*) 130
— Griechisches Centner (Kraut) (*All.*). . . 120
— groene groote gekrulde (Bladerkool) (*Flam.*) 145
— groene kleine gekrulde (Bœrenkool) (*Holl.*). 146

Chou : Grönkaal (*Suéd.*). — *V.* Choux verts. 144
— groote late roode (Kool) (*Holl.*)..... 127
— *gros cabus de La Trappe* 131
— *gros cabus de Saint-Flour* 131
— gros chou d'Allemagne 124
— grosses Bacalaner (Kraut) (*All.*).... 119
— **A GROSSES COTES** 143
— — — frangé.............. 143
— — — ordinaire 143
— grosses Johannistag (Kraut) (*All.*)... 121
— grosses plattes Saint-Denis (Kraut) (*All.*) 120
— grosses rotes spätes (Kraut) (*All.*)... 127
— grosses spätes Holländischer (Kraut).. 124
— grosses spätes Vaugirard Winter- (Kraut) (*All.*)................. 129
— grosses Yorker (Kraut) (*All.*)..... 115
— grünglasirtes Amerikanisches Winter- (Kraut) (*All.*)........... 130
— Grünkohl (*All.*). — *V.* Choux verts... 144
— **de Habas**............... 123
— halbhoher grüner Moos (Winterkohl).. 145
— **de la Halle (cœur-de-bœuf moyen)**. 117
— *hard heading* (*Cabbage*) (*Am.*).... 134
— **hâtif Obus** (*Milan*).......... 137
— *hâtif de Rennes*............ 131
— *hâtif rustique d'Ouchy*........ 131
— *Henderson's early summer* (*Cabbage*) (*Am.*)................. 133
— de l'Hermitage 141
— d'hiver................. 129
— hoher brauner krauser (Winterkohl) (*All.*)................. 146
— hoher grüner krauser (Winterkohl) (*All.*) 145
— de Hollande. — *V.* Choux de Milan.. 135
— **de Hollande à pied court** 121
— **de Hollande tardif**.......... 124
— *Hollander* (*Cabbage*) (*Am.*)...... 134
— Holländisches kurzbeiniges (Kraut) (*All.*) 121
— *Houseman late flat Dutch* (*Cabbage*) (*Am.*)................. 134
— d'huile................. 140
— hundredweight (Cabbage) (*Angl.*).... 124
— *Hurst's first and best* (*Cabbage*) (*Angl.*) 132
— *d'Ingreville*.............. 131
— Italiaansche palmboom (Kool) (*Holl.*).. 146
— Italienischer (Kohl) (*All.*)....... 146
— Jarmuż wysoki zielony (Kędzierzawy) (*Pol.*)................. 145
— jaunet................. 119
— **de Jersey** 117
— *Jersey Wakefield* (*Cabbage*) (*Angl.*).. 117
— *Jérusalem Kale* (*Angl.*) 149
— à jets 151
— **Joanet gros** 121
— **Joanet hâtif**............. 119

Chou Joanet tardif............. 121
— *de Joulin, Pancalier petit hâtif*.... 138
— *Kaper* (*Kohl*) (*All.*).......... 133
— *King of the Cabbages* (*Cabbage*) (*Angl.*) 132
— *de Kitsing* (*Milan*) 135
— kleine Utrechtsche roode (Kohl) (*Holl.*). 126
— krausgerändertes Tronchuda (Wirsing) (*All.*)................. 143
— krausgerändertes Winter- (Kraut) (*All.*). 130
— Labrador (Kale) (*Angl.*)........ 146
— *de Lannilis*.............. 150
— de Laon (gros cabus) 120
— de Laponie. — *V.* Chou-navet blanc.. 174
— *large Bacalan* (*Cabbage*) (*Angl.*).... 119
— *large blood red* (*Cabbage*) (*Angl.*)... 127
— *large Brunswick short stem* (*Cabbage*) (*Angl.*)................ 122
— *large late drumhead* (*Cabbage*) (*Am.*). 134
— *large ox-heart* (*Cabbage*) (*Angl.*).... 118
— *large red drumhead* (*Cabbage*) (*Angl.*). 127
— *large York* (*Cabbage*) (*Angl.*) 115
— *late flat Dutch* (*Cabbage*) (*Angl.*).... 124
— **de Limay** (*Milan*) 142
— de Linas................ 142
— *de Lingreville* 131
— *de Lischères, très frisé* (*Milan*) 143
— listovaïa (Kapousta) (*Russe*). — *V.* Choux verts.................. 144
— Listviennaïa zavivataïa balchaïa (Kapousta) (*Russe*) 145
— *little Pixie* (*Cabbage*) (*Angl.*) 132
— *Louisville drumhead* (*Cabbage*) (*Am.*). 134
— *de Louviers précoce*.......... 117
— *de Lubeck* 133
— *Luxemburg* (*Cabbage*) (*Am.*)...... 134
— Magdeburger (Kraut) (*All.*) 121
— *de Mai*................ 143
— maigre................. 140
— *Mammoth Rock red* (*Cabbage*) (*Am.*).. 127
— *Manteiga* (*Couve*) (*Port.*) 143
— *Marblehead Mammoth* (*Cabbage*) (*Am.*) 134
— **marbré de Bourgogne**........ 128
— marbré de Saint-Claude....... 128
— Marcellin............... 136
— marin. — *V.* Crambé maritime..... 223
— Mason (*Am.*).............. 124
— *Matchless dwarf* (*Cabbage*) (*Angl.*).. 132
— *de Melsbach* 124
— *de Milan* (*non pommé*) 149
— de Milan (Col) (*Esp.*). — *V.* Chou de Milan 135
— de Milan (Repolho) (*Esp.*, *Rép.-Arg.*).— *V.* Chou de Milan............ 135
— **DE MILAN** 135
— *de Milan d'été*............. 135

TABLE GÉNÉRALE ALPHABÉTIQUE 727

Chou de Milan d'automne. 137
— — d'hiver 141
— — d'Aire. 138
— — Aire (Savoy) (Angl.) 138
— — Aire kurzstrunkiger (Wirsing) (All.) 138
— — d'Allemagne. 140
— — allergrösster Vertus krauser (Wirsing) (All.) 140
— — d'Aubervilliers 140
— — d'Avranches. 136
— — Bamberger (Wirsing) (All.). 136
— — de Belleville 142
— — Blumenthal (Wirsing) (All.) 139
— — de Caen. 136
— — de Caen tardif et rustique. 137
— — du Cap 139
— — Centner (Wirsing) (All.) 140
— — Conical (Savoy) (Angl.). 139
— — court hâtif. 136
— — Cressonnier. 141
— — doré 139
— — doré de Blumenthal. 139
— — durada (Saboïa) (Port.) 139
— — dwarf early (Savoy) (Angl.). 136
— — dwarf Roblet (Savoy) (Angl.) 137
— — earliest of all (Savoy) (Angl.) . . . 135
— — early flat green curled (Savoy) (Angl.) 137
— — early green curled (Savoy) (Angl.) . 136
— — early Ulm (Savoy) (Angl.). 136
— — early yellow (Savoy) (Angl.) 139
— — Eisenkopf (Kraut) (All.). 141
— — Englischer Victoria (Wirsing) (All.) 138
— — extra early midsummer (Savoy) (Angl.) 135
— — Frankfurt (Savoy) (Angl.). 139
— — Frankfurter (Wirsing) (All.) 139
— — Französischer verbesserter (Wirsing) (All.) 137
— — früher Granatkopf (Wirsing) (All.) . 137
— — früher Marcellin (Wirsing) (All.) . . 136
— — ganz früher krauser Ulmer (Wirsing) (All.).. 136
— — gele (Savooikool) (Holl.) 139
— — globe curled (Savoy) (Am.). 137
— — golden (Savoy) (Angl.). 139
— — goldgelber runder (Wirsing) (All.). . 139
— — green globe (Savoy) (Angl.). 137
— — gros frisé d'Allemagne 140
— — gros des Vertus 140
— — grosser Aubervilliers (Wirsing) (All.) 140
— — Hafenkohl gelber langköpfiger (Wirsing (All.). 139
— — hâtif d'Aubervilliers 140
— — hâtif Obus 137
— — improved American (Savoy) (Am.). 137

Chou de Milan de Kitsing 135
— — krauser niedriger andauernder Marcellin (Wirsing) (All.) 136
— — large Aubervilliers (Savoy) (Angl.) . 140
— — large hardy winter drumhead (Savoy) (Angl.) 141
— — large Vertus drumhead (Savoy) (Angl.) 140
— — de Limay. 142
— — de Lischères. 143
— — long headed (Savoy) (Angl.) 139
— — Marvin's (Savoy) (Am.). 137
— — de Monplaisir 137
— — moyen de Monplaisir 137
— — nain. 136
— — nain hâtif d'Oberrad 143
— — de Neubourg 138
— — niedriger Roblet (Wirsing) (All.) . . 137
— — de Norvège. 142
— — Norwegian (Savoy) (Angl.) 142
— — Norwegischer Winter- (Wirsing) (All.) 142
— — nouveau de Neubourg 138
— — d'Oberrad. 143
— — Obus 137
— — ordinaire. 137
— — pain de sucre 139
— — Pancalier petit hâtif de Joulin . . 138
— — Pancalier de Touraine 138
— — de Paris. 136
— — Perfection (Savoy) (Angl.) 138
— — Perfection drumhead (Savoy) (Am.) . 137
— — petit de Belleville 142
— — petit hâtif. 136
— — petit hâtif de Joulin. 138
— — petit hâtif d'Ulm. 136
— — petit très frisé de Limay 142
— — à pied court extra d'Avranches . . 136
— — de Pontoise. 141
— — de Roblet. 137
— — Rosette de Cambrai 138
— — de la Saint-Jean 135
— — sehr früher Johannis (Wirsing) (All.) 135
— — sehr später grosser Pontoise (Wirsing) 141
— — de Strasbourg. 135
— — Sutton's Tom Thumb (Savoy) (Angl.) 138
— — Tête-de-fer. 141
— — à tête longue 139
— — de Touraine 138
— — Tours' (Savoy) (Angl.) 138
— — Tours grüner krauser (Wirsing). . . 138
— — trapu de Roblet 137
— — très frisé de Lischères. 143
— — très hâtif de Paris 136
— — très hâtif de la Saint-Jean. . . . 135
— — d'Ulm. 136
— — de Vendôme. 135

Chou de Milan des Vertus, gros 140
— — des Vertus, hâtif........... 140
— — **Victoria** 138
— — Victoria (Savoy) (*Angl.*) 138
— — *de Vienne*.............. 136
— — *de Vittefleur* 141
— — Waterloo (Wirsing) (*All.*) 138
— — yellow curled (Savoy) (*Angl.*). ... 139
— milané de Riez............. 136
— Milano (Cavolo) (*Ital.*).—*V*. Chou de Milan 135
— de Milao (Repolho) (*Port.*). — *V*. Chou de Milan............. 135
— *mille-têtes*............... 149
— Miniature drumhead (Cabbage) (*Angl.*) . 119
— *moellier blanc*............. 150
— *moellier rouge*............. 150
— de Monplaisir (Milan)......... 137
— *de Mortagne*.............. 131
— **de Mosbach frisé d'hiver**....... 144
— moss curled half dwarf (Borecole) (*Angl.*) 145
— **moyen de la Halle (cœur-de-bœuf)**. . 117
— *Murciana* (*Couve*) (*Port.*)....... 133
— de Murcie............... 133
— nantais................. 119
— *de Naples frisé*............. 148
— Neapolitański (Kędzierzawy) (*Pol.*). . . 146
— *nero* (*Cavolo*) (*Ital.*).......... 146
— nero (Cavolo) (*Ital.*).......... 147
— *de Neubourg* (*Milan*)......... 138
— niedriger brauner krauser (Winterkohl) (*All.*).................. 146
— niedriger grüner krauser (Winterkohl) 146
— **de Noël** 129
— noir.................. 146
— noirâtre................ 126
— *Non-Pareil*............... 132
— *Non-Pareil improved* (*Cabbage*) (*Angl.*) 132
— **NON POMMÉS** 144
— **de Norvège (Milan)** 142
— d'Oberrad nain hâtif (Milan)...... 143
— **Obus hâtif (Milan)**.......... 137
— ortolan................. 136
— *d'Ouchy hâtif rustique* 131
— **pain de sucre**............. 115
— pain de sucre (Milan) 139
— pain de sucre hâtif. — *V*. Chou cœur-de-bœuf petit............. 115
— Palm tree (Kale) (*Angl.*)........ 146
— Palmbaumkohl (*All.*).......... 146
— **Palmier** 146
— *panaché cabus* 128
— **panachés** 147
— Pancalier. — *V*. Chou de Milan 135
— Pancalier. — *V*. Chou Milan Pancalier de Touraine 138

Chou de Paris. — *V*. Oseille épinard . . . 479
— de Paris................ 140
— *de Paris* (*Milan très hâtif*)....... 136
— Paris market very early (Cabbage) (*Angl.*) 117
— **de Paris pommé plat** 120
— *Pavonazza* (*Cavolo*) (*Ital.*) 148
— Penca (Couve) (*Port.*).......... 143
— *Penton* (*Cabbage*) (*Angl.*) 132
— à perdreaux.............. 136
— perdrix................. 141
— de peson grueso (Col) (*Esp.*)...... 143
— *petit hâtif d'Erfurt* 120
— *petit parisien de Dreux*........ 131
— de Philadelphie............. 117
— pickling (Cabbage) (*Am.*)....... 126
— Pigne 136
— Pisan 119
— *de Pise*................. 133
— plaited leaved winter (Cabbage) (*Angl.*) 130
— plat d'été................ 120
— *plat géant de Gratscheff* 133
— plioumajnaïa krasno piestraïa (Kapousta) (*Russe*)................. 147
— pointed headed Pomeranian (Cabbage) (*Angl.*)................. 126
— **pointu de Winnigstadt** 125
— **de Pologne, rouge**.......... 127
— **de Poméranie** 126
— Pommerisches spitziges (Kraut) (*All.*) . 126
— **POMMÉS** 114
— — d'Angers 119
— — *blanc de Saint-Saëns* 143
— — de Craon 119
— — **A FEUILLES CLOQUÉES** 135
— — à feuilles lisses........... 114
— — gros................. 116
— — hâtif 116
— — **plat de Paris**........... 120
— — *très hâtif du Vésuve* 133
— **de Pontoise (Milan)** 141
— Portugal (Cabbage) (*Angl.*) 143
— à la pouquette 124
— pousse-neige 137
— *précoce de Louviers*.......... 117
— **précoce de Tourlaville** 118
— **préfin de Boulogne amélioré** 117
— *premium late drumhead* (*Cabbage*) (*Am.*)................. 134
— *premium late flat Dutch* (*Cabbage*) (*Am.*)................. 134
— prompt de Caen............ 118
— *prompt de Saint-Malo* 117
— *le Pygmée* (*Cabbage*) (*Angl.*) 132
— quarantain............... 138
— des quatre saisons........... 120

Chou des quatre saisons   122
— **Quintal d'Alsace**.   124
— **Quintal d'Auvergne**   125
— Quintal drumhead (Cabbage) (*Angl.*) . .   124
— *ragged Jack* (*Kale*) (*Angl.*)   149
— rave en terre. — *V.* Chou-navet   173
— *de rayon*   131
— red marbled Burgundy (Cabbage) (*Angl.*)   128
— red Polish short stem (Cabbage) (*Angl.*)   127
— à rejets   151
— *de Rennes hâtif*   131
— ricciuto (Cavolho) (*Ital.*). — *V.* Chou de Milan   135
— de Riez milané   136
— riz.   136
— rizada (Col) (*Esp.*). — *V.* Chou de Milan   135
— **de Roblet trapu (Milan)**   137
— Roi des précoces   117
— Rosen (Kohl) (*All.*). — *V.* Chou de Bruxelles.   151
— *rosette*   149
— rosette. — *V.* Chou de Bruxelles. . . .   151
— rosette (Colewort) (*Angl.*)   149
— *rosette de Cambrai* (*Milan*).   138
— rotes marmorirtes Burgunder (Kraut) (*All.*)   128
— rotes Polnisches (Kraut) (*All.*)   127
— *rotondo di Pisa* (*Cavolo*) (*Ital.*)   133
— **rouge conique**.   128
— — *de Deuil*.   132
— — **foncé hâtif d'Erfurt**   126
— — *géant de Zittau*   133
— — **gros**   127
— — **petit**   126
— — **petit d'Utrecht**   126
— — **de Pologne**   127
— — *de Saint-Leu*   132
— roxo grande (Couve) (*Port.*)   127
— różyczkowa brukselska (Kapusta) (*Pol.*).   151
— *de Russie*.   148
— Saboia (Couve) (*Port.*). — *V.* Choux de Milan   135
— Saboya de olhos repolhudos (Couve) (*Port.*). — *V.* Chou de Bruxelles. . .   151
— Saboya (Repolho) (*Port.*). — *V.* Choux de Milan   135
— de Saint-Brieuc.   119
— de Saint-Claude marbré   128
— **de Saint-Denis**.   120
— Saint-Denis large (Cabbage) (*Angl.*) . .   120
— *de Saint-Flour*.   131
— **de la Saint-Jean (Milan)**   135
— Saint-John's day early (Cabbage) (*Angl.*)   119
— Saint-John's day large (Cabbage) (*Angl.*)   121
— *de Saint-Leu rouge*   132
— *de Saint-Malo prompt*   117

Chou de Saint-Saëns   143
— de Savoie. — *V.* Choux de Milan. . . .   135
— Savooi (Kohl) (*Flam. et Holl.*). — *V.* Choux de Milan.   135
— Savoy (Cabbage) (*Angl.*). — *V.* Choux de Milan   135
— Savoy (Kaal) (*Dan.*). — *V.* Choux de Milan.   135
— Savoy (Kål) (*Suéd.*). — *V.* Choux de Milan   135
— Savoyer (Kohl) (*All.*). — *V.* Choux de Milan.   135
— Savoyskaïa (Kapousta) (*Russe*). — *V.* Choux de Milan.   135
— *Schnitt* (*Kohl*) (*All.*)   150
— schwarzrotes spitzes (Kraut) (*All.*). . .   128
— **de Schweinfurt**.   122
— Schweinfurt Quintal (Cabbage) (*Angl.*).   122
— Schweinfurter frühes sehr grosses (Kraut) (*All.*).   122
— Sea kale (Cabbage) (*Angl.*)   143
— sehr frühes Etampes (Kraut) (*All.*). . .   116
— *select late flat Dutch* (*Cabbage*) (*Am.*) .   134
— senza cespite (Cavolo) (*Ital.*).— *V.* Choux verts.   144
— de Shangton. — *V.* Pe-tsai   490
— de Siam. — *V.* Chou-rave   170
— *Siberian* (*Kale*) (*Am.*)   146
— sin cogollo (Col) (*Esp.*).— *V.* Choux verts   144
— *solid Emperor* (*Cabbage*) (*Am.*)   134
— *solid South* (*Cabbage*) (*Am.*).   133
— spitzes Windelsteiner (Kraut) (*All.*) . .   125
— spitzes Winnigstädter (Kraut) (*All.*) . .   125
— Spitzfielder (Kraut) (*All.*)   125
— spruyt de Bruxelles.   151
— *Stone Mason* (*Cabbage*) (*Am.*)   134
— Straatsburger (Kool) (*Holl.*)   124
— de Strasbourg.   124
— *de Strasbourg* (*Milan*)   135
— Strassburger Centner (Kraut) (*All.*). . .   124
— striped garnishing (Kale) (*Angl.*). . . .   147
— *Succession* (*Cabbage*) (*Am.*)   133
— *de sucre*   118
— sugar loaf (Cabbage) (*Angl.*)   115
— *superfin hâtif*   114
— *sure head* (*Cabbage*) (*Am.*)   134
— Sutton's earliest (Cabbage) (*Angl.*) . . .   116
— tabouret   122
— tall green curled (Kale) (*Angl.*)   145
— tall Scotch (Kale) (*Angl.*)   145
— *Tarbaise d'hiver*   129
— en tête.   114
— **tête de fer (Milan)**   141
— **à tête longue (Milan)**   139
— *tête de mort*   131

Chou tête de nègre	126	Chou d'York gros	115
— Tom Thumb (Cabbage) (Angl.)	132	— d'York petit hâtif	114
— tordu	143	— de Zittau, rouge géant	133
— de Touraine (Milan Pancalier)	138	— Zuckerhut (Kraut) (All.)	115
— de Tourlaville	118	**CHOU BROCOLI**	165
— de Tours	119	— — Adam's early white (Brocoli) (Angl.)	167
— de la Trappe	131	— — d'Angers demi-hâtif	166
— très hâtif d'Étampes	116	— — d'Angers extra-hâtif	166
— à trois têtes	143	— — d'Angers extra-tardif	168
— Tronchuda	143	— — Apriloti (Cavol broccolo) (Ital.)	170
— Tronchuda (Couve) (Port.)	143	— — asparagus (Brocoli) (Angl.)	169
— Tronchuda (Col) (Esp.)	143	— — asperge	169
— turnep. — V. Chou-navet	173	— — Bath white (Brocoli) (Angl.)	169
— d'Ulm (Milan)	136	— — blanc extra-hâtif d'Angers	166
— Utrecht red (Cabbage) (Angl.)	126	— — blanc extra-tardif	168
— d'Utrecht rouge petit	126	— — blanc extra-tardif d'Angers	168
— Utrechter kleines schwarzrotes (Kraut) (All.)	126	— — blanc à fleur blanche	168
— à vaches	150	— — blanc hâtif	167
— Vanack (Cabbage) (Angl.)	132	— — blanc Mammouth	168
— Vandergaw (Cabbage) (Am.)	133	— — blanc de Walcheren. — V. Choufleur dur de Walcheren	162
— variegated curled (Borecole) (Angl.)	147	— — branchu violet	169
— variegated heading (Cabbage) (Angl.)	128	— — du Cap, vert	169
— variegated plumage (Kale) (Angl.)	147	— — Cattell's Eclipse (Brocoli) (Angl.)	169
— de Vaugirard	129	— — choufleur	169
— Vaugirard winter (Cabbage) (Angl.)	129	— — Cock's comb (Brocoli) (Angl.)	169
— Veitch's Matchless (Cabbage) (Angl.)	132	— — Cooling's Matchless (Brocoli) (Angl.)	170
— de Vendôme (Milan)	135	— — Danish purple (Brocoli) (Angl.)	169
— verde (Cavolo) (Ital.). — V. Choux verts	144	— — demi-hâtif d'Angers	166
— vermelho escuro pequeno d'Utrecht (Couve) (Port.)	126	— — dwarf Swedish (Brocoli) (Angl.)	169
— vermelho grande (Couve) (Port.)	127	— — early branching (Brocoli) (Angl.)	169
— **VERTS**	144	— — early day (Brocoli) (Angl.)	167
— vert d'Égypte	148	— — early large white French (Brocoli) (Angl.)	167
— **vert extra-frisé demi-nain**	145	— — Englischer blauer Sprossen (Broccoli) (All.)	169
— **vert frisé grand**	145	— — Englischer weisser früher (Broccoli) (All.)	167
— **vert frisé pied court**	146	— — extra early white (Brocoli) (Angl.)	166
— **vert glacé d'Amérique**	130	— — extra früher weisser (Broccoli) (All.)	166
— des Vertus	120	— — extra late white (Brocoli) (Angl.)	168
— **des Vertus gros (Milan)**	140	— — Febbrajuoli (Cavol broccolo) (Ital.)	170
— very early Étampes (Cabbage) (Angl.)	116	— — à fleur blanche	168
— du Vésuve pommé très hâtif	133	— — Französischer blauer (Broccoli) (All.)	168
— **Victoria (Milan)**	138	— — Gennajuoli (Cavol broccolo) (Ital.)	170
— de Vienne (Milan)	136	— — Grange's early cauliflower (Brocoli) (Angl.)	169
— de vignes	141	— — green Cape (Brocoli) (Angl.)	169
— de Vittefleur (Milan)	141	— — hâtif de Saint-Laud	166
— vivace de Daubenton	150	— — Italian white (Brocoli) (Angl.)	169
— vroege suikerbroad (Kool) (Holl.)	115	— — à jets	169
— Warren's stone Mason (Cabbage) (Am.)	134	— — large white Mammoth (Brocoli) (Angl.)	168
— Weihnachten (Kraut) (All.)	129	— — late Danish (Brocoli) (Angl.)	169
— **de Winnigstadt**	125	— — late dwarf purple (Brocoli) (Angl.)	169
— Winnigstadt early (Cabbage) (Angl.)	125		
— Winterkohl (All.). — V. Choux verts	144		
— wloska (Kapusta) (Pol.). — V. Choux de Milan	135		

Chou Brocoli : *late green (Brocoli) (Angl.).* 169
— — **Mammouth** 168
— — *Marzuoli (Cavol broccolo) (Ital.)* . . 170
— — *nain violet tardif* 169
— — *Nataleschi (Cavol broccolo) (Ital.)* . 170
— — **de Pâques** 167
— — purple (Brocoli) *(Angl.)* 168
— — purple Cape (Brocoli) *(Angl.)* 163
— — purple sprouting (Brocoli) *(Angl.)*. . 169
— — Römischer (Broccoli) *(All.)*. 168
— — **de Roscoff** 167
— — *rose*. 168
— — **de Saint-Laud, hâtif** 166
— — *San-Martinari (C. broccolo) (Ital.)*. 170
— — *Siberian (Brocoli) (Angl.)* 169
— — *Snow's superb white winter (Brocoli) (Angl.)* 170
— — *sprouting (Brocoli) (Angl.)*. 169
— — *Veitch's protecting (Brocoli) (Angl.)* 170
— — *vert du Cap* 169
— — *vert tardif* 169
— — **violet**. 168
— — **violet branchu** 169
— — *violet nain tardif* 169
— — violet nain très hâtif.— *V*. Chou-fleur noir de Sicile 163
— — de Walcheren. — *V*. Chou-fleur dur de Walcheren 162
— — weisser extra später (Broccoli) *(All.)* 168
— — weisser später Mammoth (Broccoli) *(All.)*. 168
— — weisser später Ostern (Broccoli) *(All.)* 167
— — *de Wilcowe* 170
CHOU-FLEUR 154
— — *d'Afrique, primeur* 160
— — **d'Alger** 160
— — **Alleaume nain hâtif** 158
— — *d'Alost* 163
— — *amélioré* 159
— — *ana d'Erfurt (Couve-flor) (Port.)* . . 157
— — **d'Angleterre dur**. 162
— — *d'Antibes dur* 161
— — *d'Anvers* 161
— — *Asiatischer (Blumenkohl) (All.)*. . . 164
— — *de Bagnols* 164
— — *de Barbentane, premier* 161
— — Bazin 158
— — best early (Cauliflower) *(Angl.)* . . . 157
— — Beuzelin 160
— — Bossin 158
— — **Boule-de-Neige nain extra-hâtif** . 157
— — bourguignon. 160
— — Buzelin 160
— — Catalan. 163
— — *de Chalon nain hâtif* 164

Chou-fleur de Chambourcy, gros. . . . 160
— — *de Cherbourg dur d'hiver* 167
— — *Chopine* 164
— — *Cyprischer (Blumenkohl) (All.)*. . . 164
— — *Danois grand* 159
— — *demi-dur Fontaine* 164
— — **demi-dur de Paris** 159
— — *demi-dur de Saint-Brieuc*. 164
— — *de Draguignan* 164
— — *Dufour* 158
— — **dur d'Angleterre**. 162
— — *dur d'Antibes*. 161
— — *dur d'hiver de Cherbourg* 167
— — **dur de Hollande**. 161
— — *dur de Paris* 164
— — *dur de Stadthold* 164
— — **dur de Walcheren** 162
— — *Durand*. 160
— — earliest dwarf Erfurt (Cauliflower) *(Angl.)* 157
— — early Dutch (Cauliflower) *(Angl.)*. . 161
— — early London (Cauliflower) *(Angl.)* . 161
— — early snow-ball (Cauliflower) *(Angl.)* 157
— — *Éclipse* 162
— — Erfurcki bardzo wczesny (Karłowy) *(Pol.)* 157
— — **d'Erfurt nain très hâtif** 157
— — Erfurter Zwerg (Blumenkohl) *(All.)*. 157
— — Express 157
— — extra early Paris (Cauliflower) *(Angl.)*. 158
— — extra-früher Pariser (Blumenkohl) *(All.)* 158
— — extra-früher Schneeball (Blumenkohl) *(All.)* 157
— — extra large Imperial (Caulifl.) *(Angl.)* 158
— — *Fontaine*. 164
— — de Francfort. 163
— — Frankfurter Riesen- (Blumenkohl) *(All.)* 162
— — früher Asiatischer (Blumenkohl) *(All.)* 151
— — früher blauer (Blumenkohl) *(All.)*. . 163
— — **GÉANT D'AUTOMNE** 163
— — *géant d'Italie hâtif* 162
— — **géant de Naples** 162
— — **géant de Naples demi-hâtif** . . . 163
— — **géant de Naples hâtif** 163
— — **géant de Naples tardif** 163
— — **de Genève** 160
— — *grand Danois* 158
— — groote late (Bloemkool) *(Holl.)* . . . 162
— — groote zwarte (Bloemkool) *(Holl.)*. . 163
— — gros Salomon 159
— — grosser Kaiser (Blumenkohl) *(All.)* . 158
— — grosser später Englischer (Blumenkohl) *(All.)*. 162

Chou-fleur : grosser später Holländischer
(Blumenkohl) *(All.)* 161
— — halbharter Pariser (Blumenkohl)
(*All.*) 159
— — half early Paris (Cauliflower) (*Angl.*) 159
— — *hâtif de Picpus* 158
— — d'hiver. — *V.* Chou Brocoli 165
— — **de Hollande dur** 161
— — *de Hollande nain* 161
— — Holländischer Zwerg (Blumenkohl)
(*All.*) 161
— — **Impérial** 158
— — Imperial (Blumenkohl) (*All.*) 158
— — **Incomparable** 162
— — **d'Italie hâtif géant** 162
— — large late Asiatic (Cauliflower) (*Angl.*) 162
— — late Walchersche (Bloemkool) (*Holl.*) 162
— — Lecomte 160
— — **Lemaître à pied court** 160
— — Lenoir 160
— — *Lenormand (ancien)* 164
— — **Lenormand pied court** 159
— — **Maltais** 161
— — de Malte nain 161
— — Maltese (Cauliflower) (*Angl.*) 161
— — *Marte* 169
— — *Matador* 161
— — mittelfrüher Pariser (Blumenkohl)
(*All.*) 159
— — Mont blanc 163
— — **nain extra-hâtif Boule-de-Neige** . 157
— — *nain hâtif de Chalon* 164
— — *nain de Hollande* 161
— — nain de Malte 161
— — **nain très hâtif d'Erfurt** 157
— — **de Naples demi-hâtif, géant** . . 163
— — **de Naples géant** 162
— — **de Naples hâtif géant** 163
— — **de Naples tardif géant** 163
— — national 160
— — de Noël 163
— — **noir de Sicile** 163
— — Non-pareil (Cauliflower) (*Angl.*) . . 159
— — de Pâques 167
— — **de Paris demi-dur** 159
— — *de Paris dur* 164
— — **de Paris tendre** 158
— — Parnikovaïa Karlikovaïa Erfoutskaïa
(Tsvietnaïa kapousta) (*Russe*) . . . 157
— — pascalin 167
— — petit Salomon 158
— — *Picpus hâtif* 158
— — premier de Barbentane 161
— — prime d'Alger 160
— — primeur d'Afrique 160

Chou-fleur : purple cape (Cauliflower)
(*Angl.*) 163
— — des quatre saisons 159
— — *Rosenbourg* 161
— — *de Russie* 162
— — *de Saint-Brieuc* 164
— — *Sainte-Marie* 159
— — *de Saint-Omer* 160
— — Salomon gros 159
— — Salomon petit 158
— — *Salonnais* 164
— — schwarzer Sicilianischer (Blumenkohl) (*All.*) 163
— — se couvrant seul 160
— — **de Sicile noir** 163
— — später Asiatischer (Blumenkohl) (*All.*) 162
— — später Walcheren (Blumenkohl) (*All.*) 162
— — *de Stadthold* 164
— — de Strasbourg 160
— — tabouret 161
— — **tendre de Paris** 158
— — tendre de Vaugirard 158
— — *du Trocadéro* 159
— — de Vaugirard tendre 158
— — Veitch's autumn giant (Cauliflower)
(*Angl.*) 162
— — Veitch's self protecting (Cauliflower)
(*Angl.*) 163
— — **de Walcheren dur** 162
— — Walcheren (Cauliflower) (*Angl.*) . . 162
— — zarter Salomon (Blumenkohl) (*All.*) 158
CHOU-NAVET 173
— — blanc 174
— — **blanc à collet rouge** 174
— — **blanc hâtif à feuille entière** . . . 175
— — **blanc lisse à courte feuille** . . . 174
— — *Breadstone (Swede) (Am.)* 174
— — *Budlong's white improved (Turnip*
or Swede) (Am.) 174
— — frühe weisse ganzblättrige (Kohlrübe)
(*All.*) 175
— — gele (Koolrapen) (*Holl.*) 175
— — large white French (Swede) (*Angl.*). 174
— — plattrunde Apfel- (Kohlrübe) (*All.*). 176
— — **RUTABAGA** *American green top*
yellow (Rutabaga) (Am.) . . . 175
— — — *Bangholm (Rutabaga) (Angl.)* . . 176
— — — **Champion** 175
— — — **à collet rouge ou violet** 175
— — — **à collet vert** 175
— — — *Drummond's (Rutabaga) (Angl.)* 176
— — — *East Lothian (Rutabaga) (Angl.)* 176
— — — Elephant (Swede) (*Angl.*) 176
— — — *Fettercairn (Rutabaga) (Angl.)* . 176
— — — green top (Rutabaga) (*Angl.*) . . 175

Chou-navet Rutabaga : grünkopfige Riesen-
(Kolrübe) (*All*.) 175
— — — *Hall's Westbury* (*Rutabaga*)
(*Angl*.) 176
— — — *Hartley's bronze top* (*Rutabaga*)
(*Angl*.) 176
— — — *Imperial* (*Rutabaga*) (*Angl*.) . . 176
— — — **jaune plat** 176
— — — *Kangaroo* (*Rutabaga*) (*Angl*.) . . 176
— — — **de Laing** 175
— — — Monarch (Swede) (*Angl*.) 176
— — — oval (Swede) (*Angl*.) 176
— — — ovale 176
— — — purple top (Rutabaga) (*Angl*.) . . 175
— — — rotkopfige Riesen- (Kohlrübe)(*All*.) 175
— — — *Shamrock* (*Rutabaga*) (*Angl*.) . . 176
— — — *shepherd's golden globe* (*Rutabaga*) (*Angl*.) 176
— — — **de Skirving** 175
— — — Tankard (Swede) (*Angl*.) 176
— — — *West Norfolk* (*Rutabaga*) (*Angl*.) 176
— — sweet German (Swede) (*Angl*.) . . . 174
— — weisse glatte kurzlaubige (Kohlrübe)
(*All*.) 174
— — weisse grosse (Kohlrübe) (*All*.) . . . 174
— — weisse grosse rotköpfige (Kohlrübe)
(*All*.) 174
— — white early strapleaved (Swede)
(*Angl*.) 175
— — white purple top (Swede) (*Angl*.) . . 174
— — white Russian (Swede) (*Angl*.) . . . 174
— — white smooth short leaf (Swede)
(*Angl*.) 174
— — white sweet (Swede) (*Angl*.) 174
CHOU-RAVE 170
— — blanc 171
— — blanc hâtif de Prague 172
— — **blanc hâtif de Vienne** 172
— — blauer Riesen- (Oberkohlrabi) (*All*.). 171
— — blauer Ulmer (Oberkohlrabi) (*All*.) . 172
— — blauwe Weener glas (Koolraapen)
(*Holl*.) 172
— — branco (Couve rabano) (*Port*.) . . . 171
— — *Délicatesse blanc* 172
— — *Délicatesse bleu* 172
— — early purple Vienna short-leaved
(Kohlrabi) (*Angl*.) 172
— — early white Vienna short-leaved
(Kohlrabi) (*Angl*.) 172
— — Englischer weisser (Oberkohlrabi)
(*All*.) 171
— — en terre. — *V*. Chou-navet. 173
— — *à feuille d'artichaut* 172
— — früher blauer Wiener Treib- (Oberkohlrabi) (*All*.) 172

Chou-rave Goliath 172
— — grosser weisser (Oberkohlrabi) (*All*.) 171
— — König der Frühen Treib- (Oberkohlrabi (*All*.) 172
— — large purple (Kohlrabi) (*Angl*.) . . . 171
— — large white *or* green(Kohlrabi)(*Angl*.) 171
— — de Naples 172
— — non plus ultra 172
— — **de Vienne blanc hâtif** 172
— — **de Vienne violet hâtif** 172
— — **violet** 171
— — **violet hâtif de Vienne** 172
— — violeta (Couve rabano) (*Port*.) . . . 171
— — weisser Ulmer (Oberkohlrabi) (*All*.). 172
— — weisser Wiener (Oberkohlrabi (*All*.). 172
— — witte Weener glas-(Koolraapen)(*Holl*.) 172
Chourles. — *V*. Gesse tubéreuse 283
Choux de Paris. — *V*. Oseille épinard . . 479
Chpinate (*Russe*). *V*. Épinard. 233
— biely amerikansky (*Russe*). — *V*. Baselle blanche 32
— chtchaviele- (*Russe*). — *V*. Oseille épinard 479
— novyzelandsky (*Russe*). — *V*. Tétragone. 661
Christe-marine. — *V*. Perce-pierre 486
Chrysanthemum Balsamita. — *V*. Baume coq 36
Chrzan (*Pol*.). — *V*. Raifort sauvage . . . 646
Chtchaviele (*Russe*). — *V*. Oseille commune 477
— chpinate (*Russe*). — *V*. Oseille épinard. 479
Chufa (*Angl. et Esp*.). — *V*. Souchet. . . . 659
Chuguette. — *V*. Mâche 392
CIBOULE 177
— **blanche hâtive** 178
— **commune** 177
— English (Welsh-onion) (*Angl*.). 178
— French (Welsh-onion) (*Angl*.). 177
— gewöhnliche (Winterheckzwiebel (*All*.) 177
— perennial (Welsh-onion) (*Angl*.) . . . 178
— red (Welsh-onion) (*Angl*.) 177
— rouge 177
— de Saint-Jacques 178
— vierge 178
— **VIVACE** 178
— weisse frühe (Winterheckzwiebel) (*All*.) 178
— white (Welsh-Onion) (*Angl*.) 178
CIBOULETTE 178
Cicer arietinum. — *V*. Pois chiche 572
Cicerolle. — *V*. Pois chiche 572
Cichorie bittere (*All*.). — *V*. Chicorée sauvage 104
— wilde (*All*.). — *V*. Chicorée sauvage . . 104
Cichorien-Wurzel (*All*.). — *V*. Chicorée à grosse racine 107
Cichorium Endivia. — *V*. Chicorée Endive. 92

Cichorium Intybus. — *V.* Chicorée sauvage.	104
Cicoria selvatica (*Ital.*). — *V.* Chicorée sauvage	104
Ciecierzyca (*Pol.*). — *V.* Pois chiche	572
Cilantro (*Esp.*). — *V.* Coriandre	198
Cipolla (*Ital.*). — *V.* Ognon	455
Cipolle (*All.*). — *V.* Ciboule	177
Cipolleta (*Ital.*). — *V.* Ciboule	177
Cipollina (*Ital.*(. — *V.* Ciboulette	178
CIRSIUM OLERACEUM	179
Ciseron. *V.* Pois chiche	572
Citroen-Melisse (*Holl.*). — *V.* Mélisse officinale	402
Citronella (*Esp.*). — *V.* Mélisse officinale	402
Citronen-Melisse (*All.*). — *V.* Mélisse officinale	402
Citronnelle. — *V.* Aurone	31
CITROUILLE iroquoise. — *V.* Courge Giraumon	209
— Pastèque. — *V.* Melon d'eau	426
— **DE TOURAINE**	217
Citrullus vulgaris. — *V.* Melon d'Eau Pastèque	426
Civat. — *V.* Ciboule commune	177
Cive. — *V.* Ciboulette	178
Cives (*Angl.*). — *V.* Ciboulette	178
Civette. — *V.* Ciboulette	178
Clairette. — *V.* Mâche	392
Clary (*Angl.*). — *V.* Sauge sclarée	655
CLAYTONE DE CUBA	179
— perfoliée	179
Claytonia perfoliata. — *V.* Claytone de Cuba	179
Cleviette. — *V.* Mâche	392
Cocahueta (*Esp.*). — *V.* Arachide	10
COCHLEARIA Armoracia. — *V.* Raifort sauvage	646
— **OFFICINAL**	180
— officinalis	180
Coclearia (*Ital. et Esp.*). — *V.* Cochlearia	180
Cocombre. — *V.* Concombre	181
Cocomerini (*Ital.*). — *V.* Cornichon vert petit de Paris	195
Cocomero (*Ital.*). — *V.* Melon d'eau	426
Coentro (*Port.*). — *V.* Coriandre	198
Cohombro Pepino (*Esp.*). — *V.* Concombre.	181
Col (*Esp.*). — *V.* Chou cultivé	109
— lombarda (*Esp.*). — *V.* Choux de Milan.	135
— marina (*Esp.*). — *V.* Crambé maritime.	223
— de Milan	135
— nabo (*Esp.*). — *V.* Chou-navet	173
— rabano (*Esp.*). — *V.* Chou-rave	170
— repollo (*Esp.*). — *V.* Choux pommés	114
— rizado (*Esp.*). — *V.* Choux de Milan	135
Colewort Rosette (*Angl.*)	149
Coliflor (*Esp.*). — *V.* Chou-fleur	154
Collard (*Angl.*). — *V.* Chou rosette	149
Coloquinelle. — *V.* Coloquinte	221
COLOQUINTE. — *V.* Courge Coloquinte	221
Coloquintida (*Ital. et Esp.*). — *V.* Coloquinte.	221
Comino (*Esp.*). — *V.* Cumin	230
— di Malta (*Ital.*). — *V.* Cumin	230
Common Balm (*Angl.*).— *V.* Mélisse officinale	402
CONCOMBRE	181
— d'Alsace. — *V.* Courge d'Alsace	215
— d'Amérique	197
— *d'Amsterdam serpent (jaune long)*	189
— **Anglais vert long**	191
— Angouria (Agourets) (*Russe*)	197
— **DES ANTILLES**	197
— Arada	197
— *Arlington white spine (Cucumber) (Am.*)	194
— **d'Athènes vert long**	193
— Athenian green long ridge (Cucumber) (*Angl.*)	193
— *Bedfordshire ridge Cucumber*) (*Angl.*).	193
— *Bijou de Koppitz*	194
— blanc gros	188
— **blanc hâtif**	187
— *blanc long*	187
— **blanc long Parisien**	188
— **blanc très gros de Bonneuil**	188
— *blue gown (Cucumber) (Angl.*)	192
— **de Bonneuil blanc très gros**	188
— *Boston pickling (Cucumber) (Am.*)	197
— à bouquet	186
— braune genetzte Chiwa Trauben (Gurke) (*All.*)	186
— braune genetzte Lucas'sche Trauben (Gurke) (*All.*)	186
— brodé de Russie	186
— brown netted (Cucumber) (*Angl.*)	186
— Bur (Cucumber) (*Angl.*)	197
— *Cardiff Castle long green (Cucumber) (Angl.*)	192
— **de Chine vert très long**	194
— *Coleman's ridge Best of all (Cucumber) (Angl.*)	193
— *cool and crisp (Cucumber) (Am.*)	194
— **à cornichons**	195
— **Cornichon amélioré de Bourbonne**	196
— — de Bourbonne	196
— — *Chinois*	197
— — *court du Midi*	195
— — **fin de Meaux**	195
— — **gros vert hâtif**	196
— — *Howang Kona*	197
— — **de Meaux**	195
— — Meaux green pickling (Cucumber) (*Angl.*)	195

Concombre Cornichon du Midi. 195
— **Corn. de Paris vert petit** 195
— — de Toulouse 196
— — vert gros 197
— — **vert petit de Paris** 195
— cou de cygne 194
— Dʳ Livingstone (Cucumber) (Angl.). . . 193
— Dudaïm. — V. Melon Dudaïm 425
— Duke of Bedford (Cucumber) (Angl.). . 192
— Duke of Edinburgh (Cucumber) (Angl.) 193
— early cluster (Cucumber) (Am.) 195
— early frame (Cucumber) (Am.) 195
— early short (Cucumber) (Am.) 195
— early small Russian (Cucumber) (Angl.). 186
— early white (Cucumber) (Angl.) 187
— early white spine (Cucumber) (Am.). . 196
— early yellow Dutch (Cucumber) (Angl.) 189
— écrit 186
— Englische stachlige Treib (Gurke) (All.) 191
— à épines 197
— *extra long white spine* (*Cucumber*) (Am.) 194
— **Fournier**. 189
— Fushinari 187
— gelbe Holländische frühe (Gurke) (All.) 189
— Gladiator (Cucumber) (Angl.). 193
— Goliath 194
— gooseberry (Gourd) (Am.). — V. Concombre des Antilles. 197
— Grec 193
— Grecian green long ridge (Cucumber) (Angl.). 193
— green giant very long ridge (Cucumber) (Angl.). 190
— green half long common (Cucumber) (Angl.) 189
— green long China (Cucumber) (Angl.). . 194
— green long English prickly (Cucumber) (Angl.). 191
— green Parisian long ridge (Cucumber) (Angl.). 191
— *green prolific* (Cucumber) (Am.) . . . 197
— Griechische sehr lange glatte Walzen (Gurke) (All.). 193
— groseille 198
— grüne lange Chinesische glatte Schlangen (Gurke) (All.). 194
— grüne lange volltragende (Gurke) (All.) 189
— Hamilton market favourite (Cucumber) (Angl.). 193
— **de Hollande jaune hâtif**. 189
— improved white spine (Cucumber) (Am.) 194
— Indischer Riesen- netz (Gurke) (All.). . 194
— d'Italie 186
— Japanese climbing (Cucumber) (Angl.). 187

Concombre : Jarman's improved Telegraph (Cucumber) (Angl.). 193
— jaune gros 189
— **jaune hâtif de Hollande** 189
— jaune long serpent d'Amsterdam . . . 189
— Khiva (Cucumber) (Angl.). 186
— King of the ridge (Cucumber) (Angl.). 193
— de Kœnigsdorf 194
— lange gele (Komkommer) (Holl.). . . . 189
— long green common (Cucumber) (Angl.) 189
— long gun (Cucumber) (Angl.) 193
— long de Sikkim 187
— **long de Turquie** 187
— Lord Robert's (Cucumber) (Angl.). . . 193
— Manchester prize (Cucumber) (Angl.). 193
— **maraîcher, vert long** 191
— Marquis of Lorne (Cucumber) (Angl.). 193
— marron 197
— mignon 186
— new giant white (Cucumber) (Angl.). . 188
— Paris pickling (Cucumber) (Am.). . . . 196
— Pariser Trauben (Gurke) (All.). 195
— **parisien blanc long** 188
— **parisien vert long** 191
— petit concombre 186
— Pike's Defiance (Cucumber) (Angl.) . . 193
— de Pologne 186
— prickly fruited (Gherkin) (Angl.) . . . 197
— prolific pickling (Cucumber) (Angl.) . . 196
— **DES PROPHÈTES** 198
— de Quedlimbourg 190
— **Rollisson's Telegraph, vert long** . . 192
— Russian netted (Cucumber) (Angl.) . . 186
— **de Russie** 186
— Russische kleine Treib (Gurke) (All.). . 186
— Schlangen (Gurke) (All.) 197
— sehr lange grüne Quedlinburger Riesen- (Gurke) (All.). 190
— **SERPENT** 197
— serpent d'Amsterdam jaune long 189
— serpentino (Popone) (Ital.) 197
— de Sikkim long 187
— slang (Gurka) (Suéd.) 197
— slangen (Meloen) (Holl.) 197
— small green pickling (Cucumber) (Angl.) 195
— small Paris (Gherkin) (Angl.) 195
— snake (Cucumber) (Angl.) 197
— Souvenir de l'Exposition 192
— Stourbridge gem (Cucumber) (Angl.) . 193
— Stourbridge long green Cucumber (Angl.) 191
— Sutton's Peerless (Cucumber) (Angl.). 193
— tender and true (Cucumber) (Angl.). . 193
— torto (Cocomero) (Ital.) 197
— de Toscane vert plein. 194
— très long de Quedlimbourg 190

Concombre : Triumph (Cucumber) (Angl.). 193
— de Turquie 197
— **de Turquie long**. 187
— **vert demi-long ordinaire** 189
— *vert Goliath* 194
— **vert long Anglais**. 191
— **vert long d'Athènes**. 193
— *vert long de Cardiff* 192
— vert long fin hâtif. 189
— **vert long maraicher** 191
— **vert long ordinaire** 189
— **vert long Parisien**. 191
— **vert long Rollisson's Telegraph**. . . 192
— *vert plein de Toscane*. 194
— **vert très long de Chine**. 194
— **vert très long géant** 190
— vestindisk (Gurka) (*Suéd.*) 197
— weisse frühe (Gurke) (*All.*). 187
— West-India (Gherkin) (*Angl.*) 197
— West Indische (Gurke) (*All.*). 197
— wężowe krzywe (Ogórki) (*Pol.*). . . . 197
— white Parisian long ridge (Cucumber) (*Angl.*) 188
— zmieiny (Agourets) (*Russe*) 197
Congoulou. — *V.* Navet écarlate du Kashmyr 446
Congourdon. — *V.* Courge de Nice 216
Conium moschatum. — *V.* Aracacha. . . . 10
Convolvulus Batatas. — *V.* Patate douce. . 484
Cooltankard (*Angl.*). — *V.* Bourrache . . . 47
Coqueret comestible. — *V.* Alkékenge jaune doux 4
Coquille. — *V.* Mâche. 392
Corail des jardins. — *V.* Piment 492
Corchorus bristly leaved (*Angl.*). — *V.* Corette. 198
— Gemüse- (*All.*). — *V.* Corette 198
— olitorius. — *V.* Corette potagère . . . 198
Corcionnaire. — *V.* Scorsonère 656
CORETTE POTAGÈRE. 198
Coriander (*Angl.*). — *V.* Coriandre . . . 198
Coriandorlo (*Ital.*). — *V.* Coriandre . . . 198
CORIANDRE 198
Coriandrum sativum. — *V.* Coriandre . . . 198
Cormille. — *V.* Macre 397
Corn sweet (*Angl.*). — *V.* Maïs sucré . . . 397
Cornaret. — *V.* Martynia. 401
CORNE-DE-CERF 199
Corne-de-cerf. — *V.* Laitue vivace 388
Cornes-du-diable. — *V.* Martynia. 401
Corniche. — *V.* Macre. 397
Cornichon. — *V.* Concombre à cornichons . 195
Corniole. — *V.* Macre 397
Corno di cervo (*Ital.*). — *V.* Corne-de-cerf. 199
Cornouelle. — *V.* Macre. 397

Cornoufle. — *V.* Macre. 397
Cornsalad (*Angl.*). — *V.* Mâche commune. 392
Coronopo (*Ital.*). — *V.* Corne-de-cerf . . . 199
Corvisartia Helenium. — *V.* Aulnée. . . . 31
Cos-Lettuce (*Angl.*). — *V.* Laitue-Romaine 378
Cotufa (*Esp.*). — *V.* Souchet 659
Coucourzelle. — *V.* Courge d'Italie 216
Cougourde. — *V.* Courge-Bouteille 219
Courats. — *V.* Piment 492
COURGES 200
— d'Afrique 211
— de agua (Abobora) (*Port.*) 217
— allergrösster Riesen- (Centner-Kürbiss) (*All.*). 202
— *d'Alsace* 215
— *American Turban- (Squash) (Am.)* . . 210
— ananas 219
— **aubergine coureuse**. 214
— *aubergine non coureuse* 215
— autumnal (Marrow) (*Am.*) 207
— **baleine** 208
— *des Bédouins* 211
— **blanche non coureuse**. 215
— *Boston marrow (Squash) (Am.)*. . . . 206
— **BOULE DE SIAM** 219
— **BOUTEILLE** 219
— Brasilian sugar warted (Squash) (*Angl.*) 214
— Brasilianischer Zucker (Kürbiss) (*All.*) . 214
— **du Brésil (sucrière)** 214
— **brodée galeuse** 205
— *brodée de Thoumain* 210
— bronzefarbiger (Centner-Kürbiss) (*All.*) . 205
— bush Geneva (Squash) (*Angl.*) 216
— Californian (Marrow) (*Am.*) 207
— Carabacette 212
— châtaigne. 205
— chestnut marrow (Squash) (*Angl.*) . . 205
— de Chypre 210
— à la cire. — *V.* Benincasa 36
— cœur d'or 208
— **COLOQUINTE** *bicolore jaune et vert*. . . 222
— — *galeuse* 222
— — *miniature* 222
— — *orange* 222
— — *oviforme blanche* 222
— — *plate rayée* 222
— — *poire bicolore*. 222
— — *poire blanche* 222
— — *poire rayée* 222
— — *pomme hâtive* 222
— *du Congo* 219
— *Connecticut field (Pumpkin) (Am.)* . . 202
— **Courgeron de Genève** 216
— *cou tors du Canada* 213
— **cou tors hâtive** 217

TABLE GÉNÉRALE ALPHABÉTIQUE

Courge crochue 217
— Curbisse 214
— early bush crook neck (Squash) (*Angl.*) 217
— early Neapolitan (Squash) (*Angl.*) . . . 212
— early portemanteau (Squash) (*Angl.*) . . 212
— Englischer Schmeer (Kürbiss) (*All.*) . . 214
— *Essex hybrid* (*Squash*) (*Am.*) 210
— Etampes hochroter (Centner-Kürbiss) (*All.*). 203
— de la Floride 211
— *früher Mantelsack* (*Kürbiss*) (*All.*). . . 212
— gelber genetzter (Centner-Kürbiss) (*All.*) 202
— gelber Riesen Melonen (Centner-Kürbiss) 202
— Genfer ohne Ranken (Kürbiss) (*All.*) . . 216
— **GIRAUMONS** 209
— — **de Chine petit** 209
— — galeux d'Eysines 205
— — **petit de Chine** 209
— — **turban** 209
— *golden Hubbard* (*Squash*) (*Am.*). . . . 207
— graugrüner Boulogne (Centner-Kürbiss) (*All.*). 204
— groote gele reuzen (Meloen Pompoen) (*Holl.*) 202
— grosse courge longue 217
— grosse plate. — *V. Courges-Potirons.* . 201
— grosser Neapolitanischer Mantelsack (Kürbiss) (*All.*) 211
— grosser Wallfisch (Kürbiss) (*All.*) . . . 208
— hellgrüner spanischer (Centner-Kürbiss) (*All.*) 204
— Hubbard (Squash) (*Am.*) 206
— de Hubbard dorée 207
— de Hubbard galeuse 207
— **de Hubbard verte** 206
— d'Italie 216
— Japanischer dunkelgrüner gerippter (Kürbiss) (*All.*) 212
— du Japon 212
— langer grüngefleckter Italienischer (Kürbiss) (*All.*) 216
— large bronze colored Montlhery (Pumpkin) (*Angl.*). 205
— large Etampes red (Pumpkin) (*Angl.*) . 203
— large gray Boulogne (Pumpkin) (*Angl.*) 204
— large green Spanish (Pumpkin) (*Angl.*). 204
— large warted Portugal (Squash) (*Angl.*). 208
— large yellow (Pumpkin) (*Angl.*) 202
— long Neapolitan (Squash) (*Angl.*). . . 211
— Mammoth whale (Squash) (*Angl.*) . . 208
— Mandel (Groeskar) (*Dan.*) 214
— *Mantelsack* (Pompoen) (*Holl.*) 211
— *Marblehead* (*Squash*) (*Am.*). 207
— **marron** 205
— *Maslovaïa* (Tykva) (*Russe*) 214

Courge massue 220
— melon de Malabar. 219
— *melonette de Bordeaux* 213
— **de Mirepoix** 212
— Mirepoix, grüner rotfleischiger (Kürbiss) (*All.*) 212
— Mirepoix musk (Squash) (*Angl.*) . . . 212
— *des Missions* 210
— **à la moelle** 214
— *musquée* 210
— **de Naples, pleine** 211
— di Napoli (Cocozella) (*Ital.*) 216
— **de Nice** 216
— **de l'Ohio**. 207
— Ohio (Squash) (*Am.*) 207
— **olive**. 207
— pain des pauvres 205
— *pascale*. 213
— *des Patagons* 215
— *patate* 219
— **PATISSONS** 218
— — *blanc américain* 219
— — *galeux* 219
— — *jaune*. 218
— — *orange* 218
— — *panaché* 218
— — *panaché amélioré* 219
— — *vert* 218
— *pèlerine* 219
— *pèlerine* 220
— *pèlerine miniature*. 221
— *pine-apple* (*Squash*) (*Am.*) 219
— *plate de Corse* 221
— *pleine d'Alger* 211
— **pleine de Naples** 211
— *poire à poudre*. 221
— portemanteau. 211
— **portemanteau hâtive** 212
— **de Portugal** 208
— Portugiesischer grosser (Kürbiss) (*All.*). 208
— **POTIRONS** 202
— — *blanc gros* 210
— — **de Boulogne gris**. 204
— — **bronzé de Montlhéry** 205
— — de Corfou 205
— — **d'Espagne vert**. 204
— — **d'Étampes** 203
— — **gris de Boulogne**. 204
— — **jaune gros**. 202
— — **Mammouth** 202
— — de Montlhéry bronzé 205
— — **Nicaise** 203
— — *romain* 202
— — **rouge vif d'Étampes** 203
— — **vert d'Espagne** 204

Courge Potiron vert gros 210
— prolific early marrow (Squash) (*Angl.*) . 206
— **prolifique très hâtive** 206
— romaine jaune 202
— de Saint-Jean. — *V.* Courge Giraumon. 209
— short-jointed long white (Squash)(*Angl.*) 215
— *siphon* 220
— small China (Turban Squash) (*Angl.*) . . 209
— **sucrière du Brésil** 214
— *de Thoumain* 210
— Tours grosser Futter-Centner-(Kürbiss) (*All.*). 217
— *de Valence* 210
— valise 211
— *de Valparaiso* 210
— **verte de Hubbard** 206
— very large Tours (Pumpkin) (*Angl.*) . . 217
— *à la violette* 213
— à violon 211
— de Virginie 215
— *warted Hubbard* (*Squash*) (*Am.*) . . . 207
— weisser Kürbiss ohne Ranken (*All.*) . . 215
— weisser langer Eierfrucht- (Kürbiss) (*All.*). 214
— white bush (Scallop Squash) (*Am.*) . . 219
— yellow summer crook-neck (Squash) (*Angl.*) 217
— **de Yokohama** 212
— Yokohama (Kürbiss) (*All.*) 212
Courgeron de Genève.— *V.* Courge Courgeron de Genève 216
Courgette. — *V.* Courge d'Italie 216
Couronne impériale. — *V.* Courges Patissons. 218
Courtine. — *V.* Corne de cerf. 199
Cousteline. — *V.* Picridie 491
Couve (*Port.*). — *V.* Chou cultivé 109
— amarilla (*Port.*). — *V.* Rutabaga 175
— de Bruxellas (*Port.*). — *V.* Chou de Bruxellas. 151
— flor (*Port.*). — *V.* Chou-fleur 154
— Manteiga (*Port.*). — *V.* Choux à grosses côtes. 135
— nabo (*Port.*). — *V.* Chou-navet 173
— Penca (*Port.*). — *V.* Choux à grosses côtes. 135
— rabano (*Port.*). — *V.* Chou-rave 170
— repolho (*Port.*). — *V.* Choux pommés . 114
— Saboïa (*Port.*). — *V.* Choux de Milan . 135
— tronchuda (*Port.*). — *V.* Choux à grosses côtes. 143
Crambe (*Esp.*). — *V.* Crambé maritime . . 223
CRAMBÉ. 223
— Feltham white (Sea-Kale) (*Angl.*) . . . 223
— **MARITIME** 223

Crambe maritima 223
— **TATARICA** ? 224
Cran de Bretagne. — *V.* Raifort sauvage . 646
— des Anglais. — *V.* Raifort sauvage. . . 646
Cranson de Bretagne. — *V.* Raifort sauvage 646
— rustique. — *V.* Raifort sauvage 646
Craquelin. — *V.* Fraisier étoilé. 258
Crescione acquatico (*Ital.*). — *V.* Cresson de fontaine. 227
— d'ajuola (*Ital.*). — *V.* Cresson alénois. . 224
— di fontana (*Ital.*). — *V.* Cresson de fontaine. 227
— inglese (*Ital.*). — *V.* Cresson alénois . . 224
Cress garden- (*Angl.*).—*V.* Cresson alénois. 224
— meadow- (*Angl.*).—*V.* Cresson des prés. 229
— tall Indian- (*Angl.*). — *V.* Capucine grande. 49
— water- (*Angl.*).— *V.* Cresson de fontaine 227
CRESSON A-B-C (Kruid) (*Flam.*) 230
— **ALÉNOIS** 224
— **alénois commun** 225
— **alénois doré**. 226
— **alénois frisé** 225
— **alénois à large feuille** 226
— **alénois nain très frisé** 226
— American (Cress) (*Angl.*) 229
— Amerikanische (Winterkresse) (*All.*) . . 229
— d'Australie 226
— Australische (Salat-Kresse) (*All.*). . . . 226
— Belle-Isle (Cress) (*Angl.*) 229
— Boulanger 228
— breitblättrige grüne (Garten-Kresse) (*All.*). 226
— **DU BRÉSIL** 230
— broad-leaved (Garden-Cress) (*Angl.*) . . 226
— common (Garden-Cress) (*Angl.*) 225
— crépu 225
— dwarf extra fine curled (Garden-Cress) (*Angl.*). 226
— d'eau. — *V.* Cresson de fontaine 227
— élégant. 229
— fine curled (Garden-Cress) (*Angl.*) . . . 225
— **DE FONTAINE** 227
— **de fontaine amélioré à large feuille**. 228
— gefüllte (Garten-Kresse) (*All.*) 225
— golden yellow (Garden-Cress) (*Angl.*) . 226
— goldgelbe (Salat-Kresse) (*All.*) 226
— gray seeded early winter (Garden-Cress) (*Angl.*). 229
— grüne gewöhnliche (Garten-Kresse) . 225
— d'hiver. 229
— improved broad-leaved (Water-Cress) (*Angl.*). 228
— d'Inde. — *V.* Capucine grande 49
— **DE JARDIN**. 229

Cresson : krausblättrige (Garten-Kresse)
(*All.*). 225
— masliannoj (Kress) (*Russe*). 230
— Normandy (Garden-Cress) (*Angl.*) . . . 225
— **DE PARA**. 230
— Para (Cress) (*Angl.*). 230
— Para (Kress) (*Suéd.*). 230
— du Pérou. — *V.* Capucine grande . . . 49
— plain (Garden-Cress) (*Angl.*). 225
— **DES PRÉS** 229
— de ruisseau. — *V.* Cresson de fontaine . 227
— sehr krause niedrige (Garten-Kresse) (*All.*) 226
— de terre 229
— treble (Garden-Cress) (*Angl.*) 226
— *upland* (*Cress*) (*Am.*). 229
— verbesserte breitblättrige (Brunnen-Kresse) (*All.*). 228
— des vignes 229
— vivace 229
— Wiesen (Kresse) (*All.*). — *V.* Cresson des prés 229
— wilde (Kers) (*Flam.*) 229
— zimny (Cress) (*Russe*). — *V.* Cresson de jardin 229
— zimowa (Rzeżucha) (*Pol.*). — *V.* Cresson de jardin. 229
Cressonnette. — *V.* Cresson alénois. . . . 224
Cressonnette. — *V.* Cresson des prés . . . 229
Cressonnette de jardin. — *V.* Cresson de terre 229
Crête marine. — *V.* Perce-pierre. 486
Crève-chien. — *V.* Morelle de l'Ile-de-France. 431
Crithmum maritimum. — *V.* Perce-pierre. 486
Crocus sativus. — *V.* Safran 651
Crompire. — *V.* Topinambour 681
Crosne du Japon. — *V.* Stachys tubéreux. . 660
Crown-gourd (*Angl.*). — *V.* Courges Patissons 218
Cuban winter Purslane(*Angl.*).—*V.* Claytone 179
Cubanisches Burzelkraut (*All.*).— *V.* Claytone. 179
Cuckoo-flower (*Angl.*). — *V.* Cresson des prés. 229
Cucumber (*Angl.*). — *V.* Concombre . . . 181
Cucumis Anguria. — *V.* Concombre des Antilles 197
— citrullus. — *V.* Melon d'eau Pastèque. . 426
— Colocynthis. — *V.* Coloquintes. 221
— Melo. — *V.* Melon. 403
— Melo var. — *V.* Melon Dudaïm. 425
— Melo var. flexuosus. — *V.* Concombre serpent. 197
— myriocarpus. — *V.* Concombre groseille. 198
— prophetarum. *V.* Concombre des prophètes 198

Cucumis sativus.— *V.* Concombre. 180
Cucurbita. *V.* Courges 200
— cerifera. — *V.* Benincasa 36
— citrullus. — *V.* Melon d'eau Pastèque . 426
— Lagenaria. — *V.* Courge bouteille. . . 219
— **MAXIMA**. 201
— melanosperma. — *V.* Courge Boule de Siam. 219
— melonæformis. — *V.* Courge de Yokohama. 212
— **MOSCHATA** 211
— **PEPO** 213
Cuerno de ciervo (*Esp.*). — *V.* Corne de cerf 199
Culantro (*Esp.*). — *V.* Coriandre 198
Cumin black (*Angl.*). — *V.* Nigelle aromatique 454
— Fennelflower (*Angl.*).— *V.* Nigelle aromatique 454
— di malta (*Ital.*) 230
— **DE MALTE**. 230
— Maltesisk (Kumin) (*Suéd.*). 230
— Maltiysky (Tminek) (*Russe*) 230
— Maltyjski (Kminek) (*Pol.*) 230
— noir. — *V.* Nigelle aromatique. 454
— Pfeffer-Kümmel (*All.*) 230
— des prés. — *V.* Carvi. 69
— Römischer– Kümmel (*All.*). 230
Cuminum Cyminum. — *V.* Cumin de Malte. 230
Custard-marrow (*Angl.*). — *V.* Courges Patissons. 218
Ćwikła (*Pol.*). — *V.* Poirée. 513
Cynara Cardunculus.— *V.* Cardon 51
— Cardunculus *L.* var. — *V.* Artichaut . . 12
— Scolymus. — *V.* Artichaut. 12
Cypernöt ätlig jormandel (*Suéd.*).—*V.* Souchet 659
Cyperus esculentus. — *V.* Souchet 659
— rotundus. — *V.* Souchet. 659
Cząbr ogrodowy (*Pol.*). — *V.* Sarriette annuelle 633
— skalny (*Pol.*). — *V.* Sarriette vivace . . 634
Czarne korzonki (*Pol.*). — *V.* Scorsonère. . 656
Czarnuszka (*Pol.*).— *V.* Nigelle aromatique 454
Czepiec (*Pol.*). — *V.* Bardane 31
Czosnek (*Pol.*). — *V.* Ail. 2

Dandelion (*Angl.*). — *V.* Pissenlit. 502
Daucus Carota. — *V.* Carotte. 54
Dent de brebis. — *V.* Gesse cultivée. . . . 283
Dent-de-lion. — *V.* Pissenlit 502
Dente di leone (*Ital.*). — *V.* Pissenlit . . . 502
Diaghile (*Russe*). — *V.* Angélique. 8
Diagont. — *V.* Poireau de Carentan. . . . 511
Diente de leon (*Esp.*). — *V.* Pissenlit . . . 502

Dieyanik (*Russe*). — *V.* Ficoïde glaciale . . 249
Dild (*Dan.*). — *V.* Aneth 7
Dill (*Angl., All. et Suéd.*). — *V.* Aneth . . 7
Dille (*Flam.*) — *V.* Aneth 7
Dioscorea Batatas. — *V.* Igname de la Chine 347
— divaricata. — *V.* Igname de la Chine . . 347
— Fargesii 348
— Japonica. — *V.* Igname du Japon. . . . 348
Distaff meadow (*Angl.*).—*V.* Cirsium oleraceum 179
Distel (Varkens) (*Holl.*). — *V.* Scolyme d'Espagne 656
Djoute ogorodnij (*Russe*). — *V.* Corette . . 198
Doche. — *V.* Oseille épinard 479
Dock (Patience) (*Angl.*). — *V.* Oseille épinard 479
Dogue. — *V.* Oseille épinard 479
Dolcetta (*Ital.*). — *V.* Mâche commune . . 392
Dolcicchini (*Ital.*). — *V.* Souchet 659
Dolichos Lablab. — *V.* Haricot Dolique Lablab 345
— sesquipedalis. — *V.* Haricot Dolique asperge 343
— stringless Lablab (Dolichos) (*Angl.*). — *V.* Haricot Dolique Lablab 345
— unguiculatus. — *V.* Haricot Dolique Mongette 342
DOLIQUES. — *V.* Haricots Doliques. . . . 342
Doorwas (*Flam.*). — *V.* Claytone 179
Dosta (*Suéd.*). — *V.* Marjolaine vivace . . 399
Dosta söt (*Suéd.*). — *V.* Marjolaine ordinaire 400
Doucette. — *V.* Mâche commune 392
Draganek (*Pol.*). — *V.* Armoise. 10
Dragon (*All. et Suéd.*). — *V.* Estragon. . . 239
Dragoncello (*Ital.*). — *V.* Estragon 239
Dragone (*Ital.*). — *V.* Estragon. 239
Dragonkruid (*Flam. et Holl.*). — *V.* Estragon 239
Dragonne. — *V.* Estragon 239
Dvergfennichel (*Dan.*). — *V.* Fenouil de Florence 241
Dynia (*Pol.*). — *V.* Courge 200
Dynia (*Russe*). — *V.* Melon 403
— cetnarowa jadalna (*Pol.*). — *V.* Courges Potirons 201
— czapka biskupia (*Pol.*). — *V.* Courges Patissons 218
— kantaloupa (*Russe*). — *V.* Melons Cantaloups 418
— zawój turecki (*Pol.*). — *V.* Courges Giraumons 209
Dzięgiel (*Pol.*). — *V.* Angélique 8
Dziewięcsił bezprętowy (*Pol.*). — *V.* Stachys tubéreux 660

Earth-almond (*Angl.*). — *V.* Arachide . . 10
Eberraute (*All.*). — *V.* Aurone 31
Echalota (*Port.*). — *V.* Échalote 231
ÉCHALOTE. 231
— d'Alençon 232
— de Bagnolet petite hâtive 232
— common (Shallot) (*Angl.*). 231
— Danische (Schallote) (*All.*). 232
— Densche (Sjalot) (*Flam.*) 232
— d'Espagne. — *V.* Ail Rocambole. . . . 3
— false (Shallot) (*Angl.*). 232
— fausse échalote. — *V.* Ciboulette . . . 178
— de Gand 232
— gewöhnliche (Schalotte) (*All.*) 231
— grosse de Noisy 232
— grosse rote (Schalotte) (*All.*) 232
— hâtive de Niort 232
— **de Jersey** 232
— Jersey (Shallot) (*Angl.*) 232
— kleine (Sjalot) (*Flam.*) 231
— de Niort 232
— de Noisy 232
— ognon 232
— **ordinaire** 231
— petite 231
— petite hâtive de Bagnolet 232
— Russian (Shallot) (*Angl.*) 232
— de Russie 232
— Russische (Schallote) (*All.*) 232
— Russische (Sjalot) (*Flam.*) 232
— true (Shallot) (*Angl.*) 231
Écharbot. — *V.* Macre 397
Échardon. — *V.* Macre 397
Écorce noire. — *V.* Scorsonère 656
Écornu. — *V.* Macre 397
Egg-plant (*Angl.*). — *V.* Aubergine . . . 25
Egrevande. — *V.* Laitue vivace 388
Egreville. — *V.* Laitue vivace 388
Eierfrucht (*All.*). — *V.* Aubergine 25
Eierpflanze (*All.*). — *V.* Aubergine . . . 25
Eier-plant (*Flam.*). — *V.* Aubergine . . . 25
Einblüthige Erve (*All.*). — *V.* Lentille d'Auvergne 391
Eiskraut (*All.*). — *V.* Ficoïde Glaciale. . . 249
Elecampane (*Angl.*). — *V.* Aulnée 31
Encensoir. — *V.* Romarin 650
Endiv-Sikoria (*Suéd.*). — *V.* Chicorée endive 92
Endive (*Paris*). — *V.* Chicorée à grosse racine de Bruxelles 108
Endive (*Angl.*). — *V.* Chicorée endive . . 92
Endive à large feuille. — *V.* Scarole ronde 102
Endive de Meaux. — *V.* Scarole ronde . . 102
Endivette. — *V.* Chicorée frisée toujours blanche 99

Endivia (*Esp., Ital. et Port.*). — *V.* Chicorée endive	92
— Scariola (*Ital.*).— *V.* Scarole blonde...	102
Endivien (*All. et Dan.*). — *V.* Chicorée endive	92
Endivotte. — *V.* Chicorée frisée toujours blanche	99
Endywia (*Pol.*). — *V.* Chicorée endive..	92
Eneldo (*Esp.*). — *V.* Aneth	7
Engelkruid (*Flam.*). — *V.* Angélique...	8
Engelsk spinat (*Dan.*). — *V.* Oseille épinard	479
Engelwortel (*Holl.*). — *V.* Angélique...	8
Engelwurz (*All.*). — *V.* Angélique....	8
English bean (*Am.*). — *V.* Fève	242
Englischer Spinat (*All.*). — *V.* Oseille épinard	479
Enhörnings-planta (*Suéd.*). — *V.* Martynia.	401
Enothère bisannuelle. — *V.* Onagre bisannuel	476
Epiaire à chapelets. — *V.* Stachys tubéreux	660
Épicerie. — *V.* Nigelle aromatique....	454
ÉPINARD	233
— **d'Angleterre**	234
— blanc d'Amérique. — *V.* Baselle blanche.	32
— blanc de Malabar. — *V.* Baselle blanche.	32
— blond	236
— Bloomsdale (Spinach) (*Am.*)	237
— de Bordeaux camus	235
— broad Flanders (Spinach) (*Angl.*)...	235
— *camus de Bordeaux*	235
— commun	234
— curled (Spinach) (*Angl.*)	237
— d'Esquermes	236
— **d'été vert foncé**	238
— **à feuille de Chou Milan**	237
— *à feuille cloquée*	237
— **à feuille de Laitue**	236
— *à feuille d'Oseille*	236
— Flämischer (Spinat) (*All.*)	235
— **de Flandre**	235
— **FRAISE**	238
— Gaudry	236
— Gaudry grossblättriger (Spinat) (*All.*)..	236
— géant. — *V.* Arroche	11
— gekrauster Wirsingblättriger (Spinat) (*All.*)	237
— **à graine ronde**	235
— grand épinard	235
— gros épinard	235
— grösster rundblättriger Riesen Viroflay (Spinat) (*All.*)	236
— d'hiver	236
— **de Hollande**	235
— immortel. — *V.* Oseille épinard....	479

Épinard : improved thick leaved (Spinach) (*Angl.*)	236
— kalytchy (Chpinate) (*Russe*)	234
— langblättriger scharfsamiger Winter- (Spinat) (*All.*)	234
— lattichblättriger (Spinat) (*All.*)....	236
— **lent à monter**	237
— lent à monter blond	237
— lent à monter vert	238
— lettuce leaved (Spinach) (*Angl.*)...	236
— long standing, late seeding (Spinach) (*Angl.*)	237
— *à longue feuille d'hiver*	234
— monstrous Viroflay (Spinach) (*Angl.*)..	236
— **monstrueux de Viroflay**	236
— neuer Goliath (Spinat) (*All.*)	236
— de la Nouvelle Zélande. — *V.* Tétragone cornue	661
— *ordinaire*	233
— oreille d'éléphant	236
— **paresseux de Catillon**	238
— perpétuel. — *V.* Oseille épinard....	479
— piquant	234
— prickly seeded winter (Spinach) (*Angl.*)	234
— rond	235
— *rond à graine piquante*	235
— round leaved summer (Spinach) (*Angl.*).	235
— rundblättriger rundsamiger Holländischer (Spinat) (*All.*)	235
— sauvage. — *V.* Arroche Bon-Henri..	12
— de Savoie	237
— savoy leaved (Spinach) (*Angl.*)....	237
— de semente picante (Espinafre) (*Port.*).	234
— de semente redonda (Espinafre) (*Port.*).	235
— spät aufschiessender breiter (Spinat) (*All.*)	237
— Taggig (Spenat) (*Suéd.*)	234
— vert	236
— Victoria	238
— Victoria dark green (Spinach) (*Angl.*)..	238
— Victoria Sommer dunkelgrüner (Spinat) (*All.*)	238
— de Viroflay	236
Épine jaune. — *V.* Scolyme d'Espagne..	656
Eprault. — *V.* Céleri	69
Erba diacciola (*Ital.*). — *V.* Ficoïde Glaciale.	249
— mora (*Ital.*). — *V.* Morelle de l'Ile-de-France	431
— perpetua (*Ital.*). — *V.* Oseille commune.	477
— porcellana (*Ital.*). — *V.* Pourpier...	620
— rara (*Ital.*). — *V.* Alkékenge	4
— riccia (*Ital.*). — *V.* Mâche	392
— San-Pietro (*Ital.*). — *V.* Perce-pierre.	486
— stella (*Ital.*). — *V.* Corne-de-cerf...	199
Erbetta (*Ital.*). — *V.* Persil	486

Erbse (*All.*). — *V.* Pois. 516
— Ausläufer (*All.*). — *V.* Pois à rames. . . 520
— Flügel- (*All.*). — *V.* Lotier cultivé. . . 391
— graue Feld- (*All.*). — *V.* Pois gris . . . 571
— Kicher- (*All.*). — *V.* Pois chiche. . . . 572
— Kneifel- (*All.*). — *V.* Pois à écosser.. . 520
— Pahl- (*All.*). — *V.* Pois à écosser. . . . 520
— Pfahl- (*All.*). — *V.* Pois à rames. . . . 520
— Platt- (*All.*). — *V.* Gesse cultivée . . . 283
— runzlige Mark-(*All.*). — *V.* Pois à grain ridé 544
— Schal- (*All.*). — *V.* Pois à écosser . . . 520
— Spargel- (*All.*). — *V.* Lotier cultivé . . 391
— Stabel- (*All.*). — *V.* Pois à rames . . . 520
— Zucker- (*All.*). — *V.* Pois sans parchemin 554
Erdapfel (*All.*). — *V.* Topinambour 681
Erdbeere (*All.*). — *V.* Fraisier 250
Erdbirne (*All.*). — *V.* Topinambour. . . . 681
Erdeichel (*All.*). — *V.* Arachide 10
Erd-Kohlrabi (*All.*). — *V.* Chou-navet. . . 173
Erdmandel (*All.*). — *V.* Souchet 659
Erdnuss (*All.*). — *V.* Arachide 10
Erdnuss (*All.*). — *V.* Gesse tubéreuse. . . 283
Erdschwamm (*All.*). — *V.* Champignon . . 84
Erible. — *V.* Arroche 11
Erode. — *V.* Arroche 11
Eruca sativa. — *V.* Roquette 650
Ervanços (*Port.*). — *V.* Pois chiche 572
Erve einblüthige (*All.*). — *V.* Lentille d'Auvergne 391
Ervilha (*Port.*). — *V.* Pois. 516
Ervilhas come lhe tudo (*Port.*). — *V.* Pois sans parchemin 554
— de casea (*Port.*). — *V.* Pois sans parchemin 554
— de grão (*Port.*). — *V.* Pois à écosser. . 520
Ervum Lens. — *V.* Lentille 389
— monanthos. — *V.* Lentille d'Auvergne. . 391
Erwt (*Flam. et Holl.*) 516
— peul (*Holl.*). — *V.* Gesse cultivée . . . 283
— platte (*Flam.*). — *V.* Gesse cultivée . . 283
Erwten Dop (*Flam. et Holl.*). — *V.* Pois à écosser 520
Erysimum Barbarea.— *V.* Cresson d'hiver. 229
— præcox. — *V.* Cresson de jardin 229
Escaluna (*Esp.*). — *V.* Échalote. 231
Escarcha (*Esp.*). — *V.* Ficoïde Glaciale . . 249
Escarchosa (*Esp.*). — *V.* Ficoïde Glaciale . 249
Escargot. — *V.* Limaçon 391
Escaribot. — *V.* Macre 397
Escariol (*All.*). — *V.* Chicorée Scarole. . .. 102
Escarol (*Holl.*). — *V.* Chicorée Scarole. . . 102
Escarola (*Esp.*). — *V.* Chicorée Scarole . . 102
Escarole. — *V.* Chicorée Scarole 102

Eschlauch (*All.*). — *V.* Échalote 231
Escolimo (*Esp.*). — *V.* Scolyme d'Espagne. 656
Escorcioneira (*Port.*). — *V.* Scorsonère . . 656
Escorzonera (*Esp.*). — *V.* Scorsonère . . . 656
Esdragon (*All.*). — *V.* Estragon. 239
Espargo (*Port.*). — *V.* Asperge. 18
Esparrago (*Esp.*). — *V.* Asperge 18
Espinaca (*Esp.*). — *V.* Épinard 233
— perpetua (*Esp.*). — *V.* Oseille épinard . 479
Espinafre (*Port.*). — *V.* Épinard 233
Estragas (*Port.*). — *V.* Estragon 239
ESTRAGON. 239
— de Russie 239
Estragone (*Russe*). — *V.* Estragon 239
Estrellamar (*Esp.*). — *V.* Corne-de-cerf . . 199
Eutrema Wasabi. — *V.* Raifort du Japon . 646
Evening primrose (*Angl.*). — *V.* Onagre bisannuel. 476
Ezelskruid (*Flam.*). — *V.* Onagre bisannuel. 476
Ezelsoor-salat (*Flam.*). — *V.* Laitues-Romaines. 378

Faba vulgaris. — *V.* Fève 242
— vulgaris equina. — *V.* Féveroles. . . . 249
Fabrègue. — *V.* Sarriette annuelle 653
Fagiuolo (*Ital.*). — *V.* Haricot 285
Faligoule. — *V.* Thym ordinaire 662
Fancy-gourd (*Angl.*). — *V.* Coloquintes. . 221
Fänkål söt (*Suéd.*). — *V.* Fenouil doux. . 240
Fargon. — *V.* Estragon 239
Farigoule. — *V.* Thym ordinaire 662
Fasel (*All.*). — *V.* Haricot Dolique 342
Fasol (*Russe*). — *V.* Haricot 285
Fasola (*Pol.*). — *V.* Haricot 285
Fausse échalote. — *V.* Ciboulette 178
Faux-raifort. — *V.* Raifort sauvage 646
Fava (*Ital. et Port.*). — *V.* Fève 242
Favelotte. — *V.* Féverole de Picardie . . . 249
Favouette. — *V.* Gesse tubéreuse. 283
Fayoon. — *V.* Haricot 285
Fayot. — *V.* Fève 242
Fedia cornucopiæ. — *V.* Valériane d'Alger. 683
Feijao (*Port.*). — *V.* Haricot 285
— da India (*Port.*). — *V.* Dolique Lablab. 345
Feldkümmel (*All.*). — *V.* Carvi. 69
Feld-Erbse graue (*All.*). — *V.* Pois gris. . 571
Feldsalat (*All.*). — *V.* Mâche commune. . 392
Felfel. — *V.* Piment rouge long ordinaire . 493
Fenchel (*All.*). — *V.* Fenouil. 240
— Meer- (*All.*). — *V.* Perce-pierre. . . . 486
Fenkél sladky (*Russe*). — *V.* Fenouil doux 240
Fenkol (*Suéd.*). — *V.* Fenouil 240
Fennekhel Florentinsky (*Russe*).—*V.*Fenouil de Florence. 241

TABLE GÉNÉRALE ALPHABÉTIQUE 743

Fennekhel obyknavenny (*Russe*). — *V*. Fenouil. 240
Fennel (*Angl.*). — *V.* Fenouil 240
— flower Cumin (*Angl.*). — *V*. Nigelle aromatique 454
— Sea- (*Angl.*). — *V.* Perce-pierre 486
Fennikel (*Dan.*). — *V.* Fenouil 240
FENOUIL 240
— **AMER** 240
— bâtard. — *V.* Aneth. 7
— bitter (Fennel) (*Angl.*) 240
— de Bologne. 241
— Bologneser (Fenchel) (*All.*) 241
— common (Fennel) (*Angl.*) 240
— commun 240
— dolce (Finocchio) (*Ital.*). 240
— **DOUX** 240
— dwerg (Fennikel) (*Dan.*) 241
— di Firenze (Finocchio) (*Ital.*). 241
— **DE FLORENCE** 241
— Florencki (Koper) (*Pol.*). 241
— gewöhnlicher bitterer (Fenchel) (*All.*) . 240
— groote zoete Bologneser (Venkel) (*Holl.*). 241
— grosser süsser Florentiner (Fenchel)
(*All.*). 241
— d'Italie 241
— Italiensk (Fänkål) (*Suéd.*). 241
— langer süsser (Fenchel) (*All.*). 240
— long 240
— long sweet (Fennel) (*Angl.*) 240
— de Malte. 240
— des marais. — *V.* Perce-pierre. 486
— marin. — *V.* Perce-pierre. 486
— söt (Fänkål) (*Suéd.*) 240
— sucré. 241
FÈVE 242
— Aguadulce extra-long podded (Bean)
(*Angl.*). 245
— **d'Aguadulce à très longue cosse** . . 245
— Beck's Gem (Bean) (*Angl.*). 248
— Beck's sehr frühe grüne (Garten-Bohne)
(*All.*). 248
— bog (Bean) (*Angl.*). 247
— breite Agua dulce sehr langschotige
(Garten-Bohne) (*All.*). 245
— breite gewöhnliche (Garten-Bohne)
(*All.*). 243
— breite Sevilla langschotige (Garten-
Bohne) (*All.*). 244
— breite Windsor (Garten-Bohne) (*All.*) . 246
— broad Windsor (Bean) (*Angl.*). 246
— cluster (Bean) (*Angl.*). 247
— créole. — *V.* Haricot de Lima 339
— dwarf early (Bean) (*Angl.*). 247
— dwarf fan (Bean) (*Angl.*). 247

Fève d'Égypte. 243
— d'Égypte. — *V.* Haricot Dolique Lablab. 345
— green Windsor (Bean) (*Angl.*). 246
— grosse ordinaire. 243
— grüne Julienne (Garten-Bohne) (*All*) . . 247
— hang down long pod (Bean) (*Angl.*) . . 243
— *Julienne ordinaire*. 247
— **Julienne verte**. 247
— large common field (Bean) (*Angl.*) . . . 243
— *à longue cosse* 248
— *de Mahon* 244
— **de marais**. 243
— *de marais de Sicile* 243
— *de Mazagan* 249
— *Monarque rouge* 244
— **naine hâtive à châssis** 247
— **naine verte de Beck**. 248
— pavonazza (Fava) (*Ital.*). 249
— **Perfection**. 246
— petite. — *V.* Haricot 285
— plate créole. — *V.* Haricot de Sieva . . 341
— *de San-Pantaleone*. 244
— Sevilla long pod (Bean) (*Angl.*). 244
— de Sevilla o Tarragona (Haba) (*Esp.*). . 244
— **de Séville à longue cosse**. 244
— small green Julienne (Bean) (*Angl.*) . . 247
— tranches vives. — *V.* Haricot flageolet
à grain vert. 299
— Treib (Garten-Bohne) (*All.*). 247
— *très naine rouge* 248
— *violette*. 249
— *violette de Sicile* 249
— **de Windsor** 246
— **de Windsor verte** 246
— Zwerg sehr frühe (Garten Bohne) (*All.*). 247
FÉVEROLES. 249
— *d'hiver*. 249
— *de Lorraine* 249
— *de Picardie* 249
FICOÏDE GLACIALE. 249
Finocchiella (*Ital.*). — *V*. Cerfeuil musqué. 83
Finocchio (*Ital.*). — *V.* Fenouil. 240
Flaschen-Kürbiss (*All.*). — *V.* Courge bouteille 219
Fleischlauch (*All.*). — *V*. Ciboule vivace. . 178
Fleraarigstenlök (*Suéd.*). — *V.* Ciboule
vivace. 178
Floka hund- (*Suéd.*). — *V.* Cerfeuil tubé-
béreux 83
Flügel Erbse (*All.*). — *V.* Lotier cultivé. . 391
Fœniculum dulce. — *V.* Fenouil de Flo-
rence 241
— officinale. — *V.* Fenouil doux 240
— vulgare. — *V.* Fenouil amer. 240
— vulgare var. — *V.* Fenouil doux . . . 240

Follette. — *V*. Arroche	11	Fraisier de Chatenay hâtive	254
Fougère musquée. — *V*. Cerfeuil musqué	83	— **DU CHILI**	260
Fragaria. — *V*. Fraisier	250	— Chili (Erdbeere) (*All.*)	260
— alpina. — *V*. Fraisier des bois	255	— Chili (Smultron) (*Suéd.*)	260
— chiloensis. — *V*. Fraisier du Chili	260	— *Commander*	276
— collina. — *V*. Fraisier étoilé	258	— *Comte de Paris*	276
— elatior. — *V*. Fraisier Capron	258	— **La Constante**	266
— grandiflora. — *V*. Fraisier ananas	260	— *La Constante féconde*	281
— *Majaufea*. — *V*. Fraisier de Bargemont.	258	— **Crescent seedling**	263
— sempervirens. — *V*. Fraisier des bois.	255	— **Le Czar**	266
— vesca. — *V*. Fraisier des bois	254	— *dent de cheval*	255
— virginica. — *V*. Fraisier de Virginie	259	— *Deutsche Kronprinzessin* (Erdbeere)	
Fragola (*Ital.*). — *V*. Fraisier	250	(*All.*)	265
Fraises anglaises. — *V*. Fraisiers hybrides.	261	— *Docteur Hogg*	276
— grosses fraises. — *V*. Fraisiers hybrides.	261	— **Docteur Morère**	263
FRAISIER	250	— *Docteur Nicaise*	277
— *abricot*	259	— **Docteur Veillard**	264
— **Albany**	261	— **Duc de Malakoff**	264
— Alp (Smultron) (*Suéd.*)	255	— *Duke of Montrose*	277
— Alpe- (Jordbeer) (*Dan.*)	255	— **ÉCARLATE**	259
— **DES ALPES**	255	— **Édouard Lefort**	264
— des Alpes de deux saisons	255	— *Eleanor*	277
— des Alpes sans coulants	256	— *Elisa*	277
— *Amiral Dundas*	276	— *Elton improved*	277
— **ANANAS**	260	— **ÉTOILÉ**	258
— Ananas (Erdbeere) (*All.*)	260	— *de Fontenay petit hâtif*	254
— Ananas (Smultron) (*Suéd.*)	260	— *framboise*	259
— *Ananas perpétuel*	280	— *La France*	264
— Ananasnaïa (Zemlianika) (*Russe*)	260	— *Fressant*	255
— Ananasowa (Truskawka) (*Pol.*)	260	— de Gaillon	256
— **Avant-garde**	261	— **Général Chanzy**	265
— *de Bargemont*	258	— *Gloire du Creusot*	257
— **Barne's large white**	262	— *Gloire du Mans*	277
— **Belle Bordelaise**	259	— *Gloire de Zuidwyck*	277
— *Belle de Cours*	276	— green pine (Strawberry) (*Angl.*)	258
— *Belle du Mont-d'Or*	257	— *La grosse sucrée*	278
— *Belle de Paris*	276	— *grossfrüchtige* (Erdbeeren) (*All.*)	261
— *bicolore*	265	— *hâtive de Chatenay*	254
— *bicolore*	276	— Hautbois (Strawberry) (*Angl.*)	258
— *Black Prince*	276	— Himbeer (Erdbeere) (*All.*)	259
— **DES BOIS**	254	— *Hohenzollern*	278
— *Bon Henri*	280	— hybrid (Strawberries) (*Angl.*)	261
— **British Queen**	262	— **HYBRIDES**	261
— Buisson	256	— *Inépuisable*	280
— bush Alpine (Strawberry) (*Angl.*)	256	— **Jucunda**	265
— busk (Jordbeer) (*Dan.*)	258	— June peach (Strawberry) (*Angl.*)	270
— *Capitaine*	276	— Juni Pfirsich (Erdbeere) (*All.*)	270
— **CAPRON**	250	— *Kaiser Nicolas von Russland*	278
— *Capron framboisé*	259	— *Keen's seedling*	278
— **Carolina superba**	262	— King of the earlies (Strawberry) (*Angl.*)	270
— de la Caroline	260	— *Kœnig Albert*	277
— **Centenaire**	263	— large fruited (Strawberries) (*Angl.*)	261
— Centenarium (Erdbeere) (*All.*)	263	— *Laxton's Latest of all* (*Strawberry*)	278
— Centenary (Strawberry) (*Angl.*)	263	— Laxton's Noble (Strawberry) (*Angl.*)	269
— *La Chalonnaise*	278	— *Leader*	278

TABLE GÉNÉRALE ALPHABÉTIQUE   745

Fraisier Léon XIII. 280
— liésnaïa (Zemlianika) (Russe) 254
— de Longué 283
— **Louis Gauthier** 267
— **Louis Vilmorin** 267
— **Lucas** 267
— Lucie 278
— **Madame Meslé** 268
— **Marguerite** 268
— Marteau 257
— **May Queen** 269
— La Meudonnaise 257
— monophylle 255
— Montreuil 255
— de Montreuil à marteau 255
— **Myatt's prolific** 275
— nagornaïa (Zemlianika) (Russe) 255
— **Napoléon III** 269
— **Noble** 269
— Odette 283
— ohne Ranken (Monats-Erdbeere) (All.) . 256
— old scarlet Virginia (Strawberry) (Angl.) 259
— Oregon. 283
— **Pêche de Juin** 270
— perpétuel 255
— petit hâtif de Fontenay 254
— Petit Pierre 278
— pine-apple (Strawberry) (Angl.) 260
— Premier 279
— **Président Carnot** 270
— Princesse Dagmar 279
— **Princesse royale** 270
— **DES QUATRE-SAISONS** 255
— **des quatre-saisons Belle de Meaux** . 256
— des quatre-saisons Berger 257
— **des quatre-saisons à fruit blanc** . 255
— **des quatre-saisons à fruit rouge** . 255
— **des quatre-saisons Janus amélioré** . 256
— **des quatre-saisons rouge amélioré** . 257
— **des quatre-saisons sans filets** . . 256
— red Alpine (Strawberry) (Angl.) 255
— La Reine 278
— **Reine des hâtives** 271
— **REMONTANTS A GROS FRUIT** 280
— — — **Jeanne d'Arc** 281
— — — **La Productive** 282
— — — **Saint-Antoine de Padoue** . . . 281
— — — **Saint-Joseph** 280
— **Richard Gilbert** 271
— Riesen (Erdbeere) (All.) 260
— Robert Lefort 280
— rossa di tutti i mesi (Fragola) (Ital.) . 255
— rothe Monats- (Erdbeere) (All.) 255
— **Royal Sovereign** 272
— rubicunda 281

Fraisier Sabreur 272
— **Saint-Antoine de Padoue** 280
— **Saint-Joseph** 280
— schöne Anhalterin (Monats-Erdbeere) (All.). 257
— schöne Wienerin (Erdbeere) (All.) . . . 259
— **Sensation** 273
— **Sharpless** 273
— Sir Charles Napier 279
— Sir Harry 279
— **Sir Joseph Paxton** 273
— skogs- (Smultron) (Suéd.) 254
— **Souvenir de Bossuet** 274
— Souvenir de Kieff. 279
— Spanske (Jordbeer) (Dan.) 258
— Stern (Erdbeere) (All.) 258
— stjarn (Smultron) (Suéd.) 258
— de Surinam 260
— de tous les mois 255
— di tutti i mesi senza fili (Fragola) (Ital.). 256
— Vanguard (Strawberry) (Angl.) 261
— de Versailles 255
— **Vicomtesse Héricart de Thury** . . . 274
— **Victoria** 275
— de la Ville-du-Bois 255
— de Villebousin 255
— vineux de Champagne 258
— de Virginie 259
— Virginische (Erdbeere) (All.) 259
— Wald- (Erdbeere) (All.) 254
— weisse Dame 279
— **Wonderful** 275
— wood (Strawberry) (Angl.) 254
— Zimmt (Erdbeere) (All.) 258
— zviezdo obraznaïa (Zemlianika) (Russe) . 258
French bean (Angl.). — V. Haricot 285
Fresa (Esp.). — V. Fraisier 250
Fresones (Esp.). — V. Fraisiers hybrides . . 261
Frigoule. — V. Thym ordinaire 662
Frijol (Esp.). — V. Haricot Dolique Mon-
gette 342
Froment des Indes. — V. Maïs sucré . . . 397
Frutilla. — V. Fraisier du Chili 260
Frutilla. — V. Fraisier des quatre-saisons . 255
Frutiller. — V. Fraisier du Chili 260
Funcho marino (Port.). — V. Perce-pierre. 486
Fungo pratajolo (Ital.). — V. Champignon cultivé 84

Galarin. — V. Macre 397
Gallinella (Ital.). — V. Mâche commune . . 392
Gallinette. — V. Mâche 392
Gałucha rzepnik (Pol.).—V. Gesse tubéreuse 283
Gänsefuss gemeiner (All.). — V. Arroche Bon-Henri 12

746 TABLE GÉNÉRALE ALPHABÉTIQUE

Ganzevoet (*Flam. et Holl.*). — *V.* Arroche
 Bon-Henri. 12
Garabanzen (*All.*). — *V.* Pois chiche . . . 572
Garavance (*Angl.*). — *V.* Pois chiche . . . 572
Garbanzos (*Esp.*). — *V.* Pois chiche. . . . 572
Garden-beet (*Angl.*). — *V.* Betterave . . . 37
— -cress (*Angl.*). — *V.* Cresson alénois . . 224
— -patience (*Angl.*). — *V.* Oseille épinard. 479
Garde-robe. — *V.* Aurone 31
Garlic (*Angl.*). — *V.* Ail 2
Garliczka (*Pol.*). — *V.* Alkékenge 4
Garotchina òvetchy (*Russe*). — *V.* Pois chiche. 572
Garrubia (*Esp.*).— *V.* Dolique Mongette . . 342
Gartchitsa kitaïsskaïa kapousto-listnaïa (*Russe*). — *V.* Moutarde de Chine à feuille de chou. 432
Gartenmelde (*All.*). — *V.* Arroche 11
Garten-Rapunzel (*All.*). — *V.* Onagre . . . 476
— Satureï (*All.*). — *V.* Sarriette annuelle . 653
Garvance. — *V.* Pois chiche 572
Garvane. — *V.* Pois chiche. 572
Geldrübe (*All.*). — *V.* Carotte 54
Gemsenhorner (*All.*). — *V.* Martynia . . . 401
Gesia stopa (*Pol.*).— *V.* Arroche Bon-Henri 12
GESSE BLANCHE. 283
— **CULTIVÉE** 283
— **TUBÉREUSE**. 283
Gherkin prickly fruited (*Angl.*) 197
— small Paris (*Angl.*) 195
— West-India (*Angl.*) 197
Ghianda di terra (*Ital.*). — *V.* Gesse tubéreuse 283
Girasole del Canada (*Ital.*). — *V.* Topinambour 681
GIRAUMONS. — *V.* Courges Giraumons. . . . 209
Giroles. — *V.* Chervis 91
Girouille. — *V.* Carotte. 54
Gith. — *V.* Nigelle aromatique. 454
Glaciale. — *V.* Ficoïde Glaciale. 249
Glycine Apios. — *V.* Apios tubéreux . . . 9
— Soja. — *V.* Soja 657
— *tubéreuse.* — *V.* Apios tubéreux. . . . 9
— tuberous (*Angl.*). — *V.* Apios tubéreux. 9
Gobo (*Jap.*). — *V.* Bardane. 31
Golddistel (Spanischer) (*All.*). — *V.* Scolyme d'Espagne. 656
Golden thistle (*Angl.*). — *V.* Scolyme . . . 656
Gombaud. — *V.* Gombo 284
GOMBO 284
— dwarf prolific (Okra) (*Angl.*). 284
— **à fruit long** 284
— *à fruit rond* 284
— *nain*. 284
— *Sultani hâtif*. 284

Gombo white velvet (Okra) (*Angl.*) 284
Good King Henry (*Angl.*). — *V.* Arroche Bon-Henri. 12
Gooseberry Barbadoes (*Angl.*). — *V.* Alkékenge. 4
Goosefoot (*Angl.*). — *V.* Arroche Bon-Henri 12
Gorczyca chińska (*Pol.*).— *V.* Moutarde de Chine à feuille de chou. 432
Gorgane. — *V.* Fève. 242
Gorkaïa tykva (*Russe*). — *V.* Coloquinte. . 221
Gòrny tchavel (*Russe*).— *V.* Oseille vierge. 479
Goroch (*Russe*). — *V.* Pois. 516
Gorochina (*Russe*). — *V.* Pois. 516
Gourd (*Angl.*). — *V.* Courge 200
— Bottle- (*Angl.*). — *V.* Courge bouteille . 219
— Crown- (*Angl.*).— *V.* Courges Patissons. 218
— Fancy- (*Angl.*). — *V.* Coloquinte. . . . 221
— Gooseberry- (*Am.*).— *V.* Concombre des Antilles. 197
— Wax- (*Angl.*). — *V.* Benincasa 36
— white (*Angl.*). — *V.* Benincasa. 36
Gourde. — *V.* Courge bouteille 219
— *gigantesque* 221
Gourgane. — *V.* Fève 242
Gowkmeat (*Angl.*). — *V.* Oxalis-oseille . . 481
Graine noire. — *V.* Nigelle aromatique . . 454
Gram Horse- (*Angl.*). — *V.* Pois chiche. . 572
Grano turco (*Ital.*). — *V.* Maïs sucré . . . 397
Gràô de bico (*Port.*). — *V.* Pois chiche . . 572
Graslauch (*All.*). — *V.* Ciboulette. 178
Gräslök älta (*Suéd.*). — *V.* Ciboulette. . . 178
Graue Feld-Erbse (*All.*). — *V.* Pois gris . 571
Greens (*Angl.*). — *V.* Choux verts 144
Grésillotte. — *V.* Laitue vivace. 388
Grisette. — *V.* Mâche 392
Groblad (*Suéd.*). — *V.* Corne-de-cerf . . . 199
Groch (*Pol.*). — *V.* Pois 516
Groeskar (*Dan.*). — *V.* Courge 200
— Centner- (*Dan.*). — *V.* Courges-Potirons 201
Grönkaal (*Suéd.*). — *V.* Choux verts . . . 144
Groseille du Cap. — *V.* Alkékenge . . . 4
Groszek (*Pol.*). — *V.* Pois 516
Ground-cherry (*Angl.*). — *V.* Alkékenge . 4
— -nut (*Angl.*). — *V.* Arachide. 10
Grünkohl (*All.*). — *V.* Choux verts . . . 144
Guiabo. — *V.* Gombo 284
Guigne de Virginie. — *V.* Fraisier écarlate. 259
Guimauve potagère. — *V.* Corette 198
Guingombo. — *V.* Gombo 284
Guisante (*Esp.*). — *V.* Pois 516
Guisantes para desgranar (*Esp.*) 520
— pardos (*Esp.*). — *V.* Pois gris 571
Gul judekörs (*Suéd.*). — *V.* Alkékenge . . 4
Guleroden (*Dan.*). — *V.* Carotte. 54

TABLE GÉNÉRALE ALPHABÉTIQUE 747

Gultraf *(Suéd.)*. — *V.* Onagre bisannuel . . 476
Gurka *(Suéd.)*. — *V.* Concombre 181
Gurke *(All.)*. — *V.* Concombre 181
Gurkenkraut *(All.)*. — *V.* Bourrache . . . 47

Haba *(Esp.)*. — *V.* Fève 242
Habb el Aziz *(Arabe)*. — *V.* Souchet . . . 659
Habb el Kela *(Arabe)*. — *V.* Souchet . . . 659
Habichuela *(Esp.)*. — *V.* Haricot 285
Haferwurzel *(All.)*. — *V.* Salsifis 652
Hafrerot *(Suéd.)*. — *V.* Salsifis 652
Hafs-bräcka *(Suéd.)*. — *V.* Perce-pierre . 486
HARICOT 285
— abondance 306
— *d'abondance nain* 304
— à l'aigle 310
— *d'Aix nain* 337
— *Albert* 303
— Algerian dwarf black seeded wax (Bean) *(Angl.)*. 331
— **d'Alger noir nain** 331
— d'Alger noir nain à longue cosse 332
— **d'Alger noir à rames** 317
— d'Alger Saulnier 324
— Amerikanische Riesen Spargel (Bohne) *(All.)* 343
— Amerikanski (Kokarnik) *(Russe)* 343
— d'Amérique 339
— d'Amérique rouge nain 309
— l'ami des cuisiniers 326
— d'Ampuis. 333
— dall' aquila (Fagiuolo) *(Ital.)* 310
— Arabische (Bohne) *(All.)* 338
— *Arabische bunte* (Bohne) *(All.)* 338
— Arabische weisse (Bohne) *(All.)* 339
— *Arlequin* 295
— *asparagus* (Bean) *(Am.)* 328
— asparagus (Bean) *(Angl.)* 343
— *asperge* 328
— asperge. 343
— **de Bagnolet** 306
— *Bagnolet blanc* 313
— de Bagnolet à feuille d'Ortie 307
— **de Bagnolet vert** 300
— bajas (Habichuelas) *(Esp.)* 296
— Bannette *(Algérie)* 339
— Bannettes. 324
— Baraquet. 335
— de Barbentane 333
— de Barbentane noir 310
— **Barbès nain** 305
— Barbote. 311
— *Bardney giant prizetaker* (Bean) *(Angl.)* 338
— Baudin. 335
— Béglais. 302

Haricot de Belgique (noir hâtif) 303
— *Best of all* (Bean) *(Am.)* 314
— **beurre blanc nain** 329
— **beurre blanc à rames** 316
— **beurre blanc Roi des mangetout à rames** 316
— **beurre du Cambrésis** 317
— **beurre doré nain** 330
— *beurre géant du Japon* 327
— *beurre ivoire* 327
— **beurre du Mont-d'Or (à rames)** . . . 317
— **beurre nain de Digoin** 330
— beurre nain du marché 330
— **beurre nain du Mont-d'Or** 331
— beurre nain Plein-le-panier 329
— beurre nain de tous les jours 331
— **beurre nain très hâtif** 329
— beurre noir 317
— beurre noir nain 331
— **beurre noir nain à longue cosse** . . . 332
— *beurre panaché à cosse blanche* 337
— *beurre panaché à rames* 327
— *beurre Saint-Joseph* 327
— beurre Trinte. 327
— *bicolor runner* (Bean) *(Angl.)* 338
— *bicolore d'Italie* 325
— *bise du Nord* 306
— black Algerian wax (Bean) *(Angl.)* . . . 317
— black-blue seeded (Bean) *(Angl.)* 304
— black Canterbury (Bean) *(Angl.)* 302
— black Prince extra early (Bean) *(Angl.)*. 303
— black-seeded wax (Bean) *(Angl.)* 317
— black speckled dwarf (Bean) *(Angl.)* . . 306
— *black wax* (Bean) *(Am.)* 331
— **blanc géant sans parchemin** 319
— **blanc grand mangetout** 318
— *blanc à longue cosse à demi-rames* . . 295
— *blanc plat commun* 295
— **blanc plat commun** 312
— blanc de Pologne 339
— **le Bleu** 304
— Blumen (Bohne) *(All.)*. — *V.* Haricot d'Espagne 338
— **du Bon Jardinier** 334
— **Bonnemain** 298
— de Bosco reale 308
— *Bossin* 325
— *Boston Favorite* (Bean) *(Am.)* 309
— *Boston small pea* (Bean) *(Am.)* 312
— boulonnais 339
— Boulot 324
— boulot nain 335
— **du Bouscat nain** 302
— Bouscat very early long podded forcing (Bean) *(Angl.)* 302

Haricot : braungelbe Canadische frühe Brech-
(Bohne) (*All.*). 336
— Brech- (Bohnen) (*All.*). — *V.* Haricot
sans parchemin. 316
— breitschotige Lima (Bohne) (*All.*) . . . 339
— *de Bulgarie* 327
— *buntblühende (Bohne)* (*All.*). 338
— *Burpee's bush Lima (Bean)* (*Am.*). . . 341
— *Burpee's Quarter century (Bean)*(*Am.*). 341
— *Burpee's willow leaf Lima(Bean)* (*Am.*) 341
— *Burpee's willow leaf bush Lima (Bean)*
(*Am.*). 341
— Busch(Bohnen)(*All.*).—*V.* Haricots nains. 296
— bush (Beans) (*Angl.*). — *V.* Haricots
nains. 296
— *Bush Haricot* (*Angl.*) 314
— *de Caen petit carré*. 326
— de Caen petit carré nain. 335
— de Caluire nain gris. 307
— **du Canada jaune** 336
— Canada Zucker- (Bohne) (*All.*). . . . 336
— Canadian wonder (Bean) (*Angl.*). . . . 301
— cannellini (Fagiuoli) (*Ital.*). 306
— **du Cap marbré** 340
— capucine 306
— de Carenta (Judia) (*Esp.*) 342
— *carmine podded (Bean)* (*Am.*). 325
— Carolina (Bean) (*Am.*). 341
— case-knife (Bean) (*Angl.*) 292
— cent-pour-un blanc 332
— **cent-pour-un jaune**. 304
— *cerise du Japon* 327
— **de Chalandray**. 305
— *Challenger Lima (Bean)* (*Am.*) 341
— châtaigne 324
— *China red eye dwarf (Bean)* (*Am.*) . . 337
— *de Chine bicolore*. 337
— **de la Chine jaune** 336
— chocolat 304
— chou 324
— cire 317
— climbing (Bean) (*Angl.*). — *V.* Haricots
à rames 291
— **coco bicolore prolifique** 325
— **coco blanc**. 325
— *coco blanc impérial d'Autriche* 325
— coco gris. 324
— coco indien. 317
— *coco noir*. 318
— coco rose. 324
— Colas. 339
— coloré de Bosco reale 308
— common white Canterbury (Bean)(*Angl.*) 306
— *commun blanc à rames*. 295
— commun blanc à rames 312

Haricot commun, plat blanc 312
— *Comte de Vougy* 304
— **Comtesse de Chambord** 313
— *Corn hill (Bean)* (*Am.*) 295
— Cornille 342
— **à cosse violette** 322
— *de Coulomby* 327
— *de Crépieux nain gris* 334
— *de Crépieux remontant nain noir*. . . 303
— crimson flageolet wax (Bean) (*Am.*) . . 301
— crimson wonder (Bean) (*Angl.*) 301
— *crystal white wax (Bean)* (*Am.*). . . . 337
— Cuba asparagus (Bean) (*Angl.*). 343
— Cubanische Riesen(Spargel-Bohne)(*All.*) 343
— *Currie's rust proof wax (Bean)* (*Am.*). 314
— *Dalbin*. 301
— dall' occhio (Fagiuolo) (*Ital.*) 342
— *Davis' Kidney wax (Bean)* (*Am.*) . . . 314
— *Detroit wax (Bean)* (*Am.*). 337
— *deux points* 313
— **de Digoin beurre nain**. 330
— **DOLIQUES** 342
— — asperge 343
— — *Corne-de-bélier* 342
— — **de Cuba**. 343
— — d'Égypte 345
— — **géant extra hâtif**. 344
— — **Lablab** 345
— — **Lablab sans parchemin**. 345
— — **Mongette**. 342
— — *Pois des Chinois*. 342
— — **du Tonkin** 342
— — **très hâtif à longue cosse**. 344
— *Dreer's bush Lima (Bean)* (*Am.*) . . . 341
— *Dreer's improved Lima (Bean)* (*Am.*) . 341
— *Dreer's Wonder Lima (Bean)* (*Am.*) . . 341
— de la Drôme 304
— Ducrot 297
— Duflos 297
— dwarf (Beans) (*Angl.*). — *V.* Haricots
nains 296
— dwarf Belgian (Bean) (*Angl.*). 303
— dwarf black seeded butter (Bean) (*Angl.*) 331
— dwarf case-knife (Bean) (*Angl.*) 312
— *dwarf early Warwick (Bean)* (*Angl.*). 315
— dwarf Emperor of Russia (Bean) (*Angl.*) 308
— dwarf extra early wax (Bean) (*Angl.*). 333
— dwarf golden wax (Bean) (*Angl.*). . . 330
— dwarf horticultural (Bean) (*Am.*). . . 335
— *dwarf large white Lima (Bean)* (*Am.*). 341
— *dwarf Parisian (Bean)* (*Angl.*) 307
— dwarf rice white (Bean) (*Angl.*) 313
— dwarf scimitar white (Bean) (*Angl.*) . . 312
— *dwarf Sieva (Bean)* (*Am.*) 341
— dwarf speckled cranberry (Bean) (*Am.*). 335

TABLE GÉNÉRALE ALPHABÉTIQUE

Haricot : dwarf white early stringless (Bean) (*Angl.*) 332
— dwarf white seeded wax (Bean) (*Am.*). 329
— dwarf yellow Canadian (Bean) (*Angl.*) . 336
— dwarf yellow hundredfold (Bean) (*Angl.*) 304
— early black wonder (Bean) (*Angl.*). . . 303
— early carmine dwarf horticultural (Bean) (*Am.*) 335
— *early China* (Bean) (*Am.*) 337
— *early dark dun* (Bean) (*Angl.*) 314
— *early light* or *pale dun* (Bean) (*Angl.*). 314
— *early Mohawk* (Bean) (*Am.*) 314
— *early Valentine* (Bean) (*Am.*) 337
— early white dwarf (Bean) (*Angl.*) . . . 296
— *écarlate* 338
— *à écosser* 291
— *à écosser à rames* 291
— *à écosser nains* 296
— edible podded (Beans) (*Angl.*) — *V.* Haricots sans parchemin 316
— edible podded black scimitar runner (Bean) (*Angl.*) 324
— d'Egitto (Fagiuolo) (*Ital.*) 345
— Ægyptische Schmink- (Bohne) (*All.*). . 345
— **Émile** 334
— **Empereur de Russie nain** 308
— *Emperor William* (Bean) (*Am.*) 315
— enanas (Habichuelas) (*Esp.*) 296
— d'Englefontaine 295
— enredaderas (Habichuelas) (*Esp.*) . . . 291
— Erzherzogs (Bohne) (*All.*) 336
— escarlata (Judia) (*Esp.*) 338
— Escoplets 312
— **D'ESPAGNE** 338
— — bicolore 338
— — **blanc** 339
— — *à grain noir* 338
— — *hybride* 338
— — *rouge* 338
— Etampes Canterbury extra early (Bean) (*Angl.*) 296
— Étourneaud 306
— Express 297
— *extra early Jersey Lima* (Bean) (*Am.*). 341
— extra early pole (Bean) (*Angl.*) 294
— *extra early Refugee* (Bean) (*Am.*). . . 315
— extra early yellow dwarf (Bean) (*Angl.*) 305
— Fame of Vitry flageolet (Bean) (*Angl.*) . 301
— *fat horse* (Bean) (*Am.*) 320
— Favori des gourmets, nain 296
— de Feignies 297
— *Feuer* (Bohne) (*All.*) 338
— à feuille d'Ortie 297
— fève à deux 311
— **flageolet beurre nain** 301

Haricot *flageolet beurre à rames* 295
— **flageolet blanc** 296
— — **blanc à longue cosse** 296
— — blanc de Louviers 296
— — **Chevrier, à grain toujours vert** . 299
— — **d'Étampes** 296
— — **à feuille gaufrée** 297
— — à feuille d'Ortie 297
— — **Gloire de Vitry** 301
— — **à grain vert** 299
— — jaune 301
— — de Jouy 296
— — long scarlet pole (Bean) (*Angl.*). . . 293
— — long white Canterbury (Bean) (*Angl.*) 296
— — de Louviers 296
— — **Merveille de France** 299
— — de Montgeron 297
— — **nain hâtif à feuille gaufrée** . . . 297
— — nain Triomphe des châssis 300
— — noir 302
— — **Roi des verts** 300
— — rouge 301
— — rouge à rames 293
— — **très hâtif d'Étampes** 296
— — **Triomphe des châssis** 300
— — *Victoria* 313
— — wax Canterbury (Bean) (*Angl.*) . . . 301
— de Flandre 296
— de la Flèche 314
— de Fleuriel jaune hâtif 337
— four-to-four pole (Bean) (*Angl.*) 320
— Friolet 326
— gelbschotige Riesen-Wachs- (Bohne) (*All.*) 324
— ghigantsky (Kokarnik) (*Russe*) 342
— giant hyacinth (Bean) (*Angl.*) 342
— girafe 324
— girafe nain 335
— **Gloire de Lyon** 307
— **Gloire de Vitry** 301
— Goette 339
— golden butter wax pole (Bean) (*Am.*) . 317
— *golden eyed wax* (Bean) (*Am.*) 337
— *golden wax* (Bean) (*Am.*) 337
— Good gardener's (Bean) (*Angl.*) 334
— gourmand nain 333
— gourmand de Toulouse 333
— **grand mangetout blanc** 318
— Grand vainqueur 317
— grey zebra runner (Bean) (*Angl.*) . . . 322
— *gris de Perse* 314
— *gris de tous les jours* 306
— gros pied 311
— gros Sophie 325
— de Guicherat jaune 336

TABLE GÉNÉRALE ALPHABÉTIQUE

Haricot : *Hampden* (Bean) (*Am.*) 325
— hâtivette 296
— hâtivette verte 299
— *Henderson's* bush *Lima* (Bean) (*Am.*) . 341
— de l'Hermitage 303
— *de Hinrick* 314
— de Hongrie nain. 313
— Hyacinth- (Böna) (*Suéd.*) 342
— *d'Ilsenbourg* 314
— *Impératrice* 313
— *impérial* 327
— *improved* early red Valentine (Bean) (*Am.*) 337
— *improved Goddard* (Bean) (*Am.*) . . . 309
— Incomparable 297
— da India (Feijao) (*Port*) 345
— Indian chief (Bean) (*Am.*) 317
— *indianella* (*Judia*) (*Esp.*) 338
— indianische (Boon) (*Holl.*) . . , . . . 343
— *indien*. 309
— indyski (Kokarnik) (*Russe*) 339
— l'Inépuisable, nain 298
— inexhaustible dwarf (Bean) (*Angl.*) . . 298
— Intestin 319
— Irvine's hybrid perennial (Bean) (*Am.*) . 339
— *Isabelle* 313
— Ispansky (Kokarnik) (*Russe*) 338
— Jacquot 338
— *Janus* 325
— jaune du Canada 336
— *jaune du Caucase* 313
— jaune cent-pour-un 304
— jaune de Chalandray 305
— jaune de la Chine 336
— *jaune* de la Drôme 304
— *jaune des Dunes* 327
— *jaune de Fleuriel* 337
— jaune de Guicherat 336
— *jaune hâtif de Fleuriel* 337
— *jaune hâtif de six semaines* 313
— jaune d'or à rames 322
— *jaune à rames* 327
— jaune de Rilleux 333
— *jaune de six semaines* 313
— jaune très hâtif de Chalandray . . . 305
— July runner (Bean) (*Angl.*) 294
— Karłowa czyli piechota (Fasola) (*Pol.*) . 296
— *Kentucky wonder* (Bean) (*Am.*) . . . 295
— Khartaupe Ismit Barbonnia (*Asie Mineure*) 324
— *King of the garden Lima* (Bean) (*Am.*) . 341
— King of the greens flageolet (Bean)(*Angl.*) 300
— King of the skinless pole (Bean) (*Angl.*) 316
— King Theodor runner kidney (Bean) (*Angl.*) 322

Haricot : King of the wax (Bean) (*Angl.*) . . 329
— Korbfüller (Bohne) (*All.*) 292
— Kruip- (Boonen) (*Holl.*) 296
— Krupp- (Bohnen) (*All.*) 296
— *Kumerle Lima* (Bean) (*Am.*) 341
— Lablab- (Böna) (*Suéd.*) 345
— *Lafayette*. 328
— de Laon nain hâtif 296
— large Lima (Bean) (*Am.*) 339
— large white Lima (Bean) (*Am.*) 340
— large white Soissons (Bean) (*Angl.*) . . 291
— *Lazy wife pole* (Bean) (*Am.*) 325
— *Legrand* 310
— lentille. 324
— de Liancourt 293
— lie de vin. 309
— DE LIMA 339
— de Lima 340
— Lima (Bean) (*Angl.*) 339
— Lima (Böna) (*Suéd.*) 339
— di Lima (Fagiuolo) (*Ital.*) 339
— di Lima (Judia) (*Esp.*) 339
— de Lima nain 340
— Lima runner (Bean) (*Am.*) 340
— Limskie (Boby) (*Russe*) 339
— lingot. 306
— *lingot rouge* 313
— London horticultural speckled cranberry (Bean) (*Am.*) 324
— long scarlet flageolet (Bean) (*Angl.*) . 301
— long spotted French (Bean) (*Angl.*) . . 309
— long white black eye (Bean) (*Angl.*) . . 310
— long yellow flageolet (Bean) (*Angl.*) . . 301
— long yellow six weeks (Bean) (*Am.*) . . 301
— de Louviers 296
— Mac Millan's American prolific (Bean) (*Am.*) 315
— de Madagascar 339
— *de la Malmaison nain blanc* 337
— *Mammoth podded horticultural pole* (Bean) (*Am.*) 325
— *mangetout* 316
— — *à rames* 316
— — *nains* 329
— — *Bresson* 328
— — *nain hâtif à cosse blanche* 333
— — riz à rames 327
— — de Saint-Fiacre 321
— — de Saint-Fiacre blanc 321
— — de la Vallée 321
— mangia tutto (Fagiuoli) (*Ital.*). — *V.* Haricots sans parchemin 316
— marbled Cape (Bean) (*Angl.*) 340
— de Marcoussis 309
— Marette grosse verte 299

Haricot Marette ortille	297
— Marguerite à rames	292
— Marvel of Paris dwarf (Bean) (*Angl.*)	308
— de Massy	311
— mastoque soissonnais	338
— Matchless dwarf (Bean) (*Angl.*)	297
— Melde's perennial (Bean) (*Am.*)	339
— *mère de famille*	328
— Merveille de Brétigny	333
— *Merveille des Halles*	308
— **Merveille de Paris nain**	308
— Merveille de Vitry	307
— du Mexique	303
— *du Mexique (saumon)*	314
— Mignonnette	296
— *Miottain*	337
— *Mobile* (Bean) (*Am.*)	320
— mongeon blanc	325
— mongeon gris	324
— *Monsieur*	293
— *the monster* (Bean) (*Angl.*)	315
— Mont-d'Or butter *or* wax (Bean) (*Angl.*)	317
— de Montgeron	297
— *Mugwump* (Bean) (*Am.*)	325
— *nain d'Abondance*	304
— — *d'Aix*	337
— — beurre doré sans pareil	330
— — **blanc hâtif sans parchemin**	332
— — *blanc de la Malmaison*	337
— — *blanc quarantain*	333
— — **blanc Unique**	332
— — **le Bleu**	304
— — **du Bouscat**	302
— — à cosse violette	335
— — **Empereur de Russie**	308
— — **extra-hâtif Prince noir**	303
— — *gigantesque*	314
— — **Gloire de Lyon**	307
— — gris de Caluire	307
— — *gris de Crépieux*	334
— — *gris maraîcher*	314
— — hâtif de Laon	296
— — *hâtif panaché*	314
— — de Hongrie	313
— — jaune d'Ampuis	333
— — **jaune extra-hâtif**	305
— — **Lyonnais à grain blanc**	333
— — **Lyonnais à très longue cosse**	333
— — **mangetout extra-hâtif**	333
— — *mangetout du Transvaal*	337
— — Merveille de Paris	308
— — *nègre très hâtif*	303
— — **noir de l'Hermitage**	303
— — *panaché tendre charnu géant de Hinrick*	314

Haricot nain parisien	307
— nain petit parisien	296
— — **prolifique sans parchemin**	335
— — **Roi des Beurres**	329
— — *vert de Vaudreuil*	314
— nani (Fagiuoli) (*Ital.*)	296
— nankin	305
— *nankin de Genève sans parchemin*	328
— *de Naples*	313
— *navy white* (Bean) (*Am.*)	312
— *nec plus ultra* (Bean) (*Angl.*)	315
— *nec plus ultra runner* (Bean) (*Am.*)	338
— Neger von Algier niedrige gelbshotige Wachs- (Bohne) (*All.*)	331
— negro black (Bean) (*Angl.*)	303
— negro long pod flageolet (Bean) (*Angl.*)	303
— nettle-leaved Bagnolet (Bean) (*Angl.*)	307
— nettle-leaved Canterbury (Bean) (*Angl.*)	297
— *new bountiful kidney* (Bean) (*Angl.*)	315
— *Newington wonder* (Bean) (*Angl.*)	315
— *new Mammoth negro* (Bean) (*Angl.*)	315
— New-Zealand runner (Bean) (*Angl.*)	324
— Niebes de Madagascar	340
— *Nisard*	311
— noir de Barbentane	310
— **noir hâtif de Belgique**	303
— *noir hâtif de Vitry*	303
— noir nain à parchemin	310
— noir de Salerno	302
— *œil de perdrix*	295
— *old Homestead* (Bean) (*Am.*)	295
— *olive sans parchemin*	328
— *orangine*	302
— **d'Orléans rouge**	311
— *Osborn's early forcing* (Bean) (*Angl.*)	315
— Ostindische Riesen Spargel (Bohne) (*All.*)	342
— Ozdobna turecka (Fasola) (*Pol.*)	338
— pain de sucre	326
— painted lady (Bean) (*Angl.*)	338
— Palaiseau	311
— Pape	325
— *à parchemin*	291
— *à parchemin à rames*	291
— *à parchemin nains*	296
— *sans parchemin*	316
— *sans parchemin à rames*	316
— *sans parchemin nains*	329
— parisien	303
— *parisien (Bordeaux)*	314
— *parisien (Bretagne)*	309
— **parisien nain**	307
— parisienne	296
— *Pea* (Bean) (*Am.*)	312
— Perl- (Bohne) (*All.*)	294
— de Perse	339

Haricot de Perse gris	314	Haricot de Riga		317
— *petit carré de Caen*	326	— de Rilleux		333
— petit carré de Caen nain	335	— riz de Hongrie		313
— petit gris	306	— riz nain		313
— petit gris (*Orléanais*)	307	— **riz à rames**		294
— petit gris (*Env. de Paris*)	308	— Robin's egg (Bean) (*Angl.*)		336
— petite princesse	333	— rognon de coq		301
— *de Plainpalais*	320	— de Rome		291
— *plein de la Flèche*	314	— *Ronceray vert à rames*		245
— pois	336	— **rond blanc commun**		312
— pole (Bean) (*Am.*)	291	— Roomsche (Boon) (*Holl.*)		291
— de Pologne blanc	339	— rotscheckige hohe Prager (Bohne)(*All.*)		324
— Ponti	324	— rotscheckige niedrige Prager Zucker-		
— *potato Lima* (*Bean*) (*Am.*)	341	(Bohne) (*All.*)		335
— *de Prague bicolore*	325	— rouge d'Amérique nain		309
— *de Prague blanc*	325	— **rouge de Chartres**		293
— **de Prague marbré nain**	335	— **rouge d'Orléans**		311
— **de Prague marbré à rames**	324	— round white rice (Bean) (*Angl.*)		294
— *de Prague rouge*	325	— *round yellow* (*Bean*) (*Angl.*)		313
— **Prédome nain**	335	— royal dwarf white (Bean) (*Angl.*)		306
— *Prédome nain rose*	337	— runner (Bean) (*Am.*)		291
— **Prédome à rames**	326	— **Russe nain**		309
— *Prédome rose à rames*	328	— Saba (Bean) (*Am.*)		341
— **Prince noir nain extra hâtif**	303	— **sabre nain très hâtif de Hollande**		312
— *Princesse à gros grain*	337	— **sabre noir sans parchemin**		324
— *Princesse à longue cosse*	327	— sabre à rames		292
— *Princesse nain*	337	— **sabre à très grande cosse**		292
— **Princesse à rames**	327	— **Saint-Esprit**		310
— Princesse verte	299	— *Saint-Seurin*		295
— Prodommet	326	— de Salerno noir		302
— *prolific German wax* (*Bean*) (*Angl.*)	331	— **de Sallandre amélioré à rames**		292
— prolifique Samarond	335	— de Sallandre nain		306
— Prudhomme	326	— Samarond prolifique		335
— purple podded (Bean) (*Angl.*)	322	— *sans parchemin*		316
— quarantain (*Orléanais*)	308	— *sans parchemin à rames*		316
— quarantain jaune	301	— *sans parchemin nains*		329
— Quartier de lune	325	— *saumon du Mexique*		314
— **quatre-à-quatre**	320	— *Saxonia*		301
— *quatre-au-pot*	314	— scarlet flageolet wax (Bean) (*Angl.*)		301
— *Rachel dwarf* (*Bean*) (*Am.*)	337	— scarlet runner (Bean) (*Angl.*)		338
— **à rames extra hâtif**	294	— Schall- (Bohnen) (*All.*)		291
— rampicanti (Fagiuoli) (*Ital.*)	291	— Schlacht-Schwert (Bohne) (*All.*)		292
— Ramponneau	339	— schwarze hohe Wachs- Bohne von		
— *red speckled* (*Bean*) (*Angl.*)	309	Algier (*All.*)		317
— *red speckled cut short* (*Bean*) (*Am.*)	295	— schwarze Schwert Wachs- (Bohne)		
— *Refugee* (*Bean*) (*Angl.*)	315	(*All.*)		324
— *Régnier*	311	— schwefelgelbe Chinesische Brech-		
— à la reine	309	(Bohne) (*All.*)		336
— à la reine (*Manche*)	327	— *Seek no further* (*Bean*) (*Am.*)		295
— **Reine de France**	328	— *Seibert's early Lima* (Bean)		341
— reis (Bohne) (*All.*)	294	— Sewe (Bean) (*Am.*)		341
— à la religieuse	310	— *da sguscíare* (Fagiuoli) (*Ital.*)		291
— *religieuse*	313	— *the Shah long podded* (Bean) (*Angl.*)		310
— *remontant nain noir de Crépieux*	303	— **Shah de Perse**		310
— Richelieu	333	— Sichelhülsige (Bohne) (*All.*)		339

Haricot de Sieva 341
— Sieva (Bean) (*Am.*) 341
— *Sion House (Bean) (Angl.)*. 314
— *Sir Joseph Paxton (Bean) (Angl.)*. . . 315
— *six weeks (Bean) (Angl.)* 313
— small Lima (Bean) (*Angl.*). 341
— Snitte- (Bonnen) (*Dan.*) 316
— **de Soissons blanc à rames** 291
— **de Soissons nain** 311
— **de Soissons nain vert** 311
— *de Soissons rouge*. 295
— **de Soissons vert à rames** 291
— *solitaire* 314
— Sophie 325
— souche 341
— *Southern prolific (Bean) (Am.)*. . . . 295
— Souvenir de Deuil 307
— di Spagna (Fagiuolo) (*Ital.*) 338
— Spanish runner (Bean) (*Angl.*) 338
— Spansk (Klängböna) (*Suéd.*) 338
— Sparagio (Fagiuolo) (*Ital.*) 343
— Spargel- (Böna) (*Suéd.*) 343
— *speckled beauty (Bean) (Angl.)*. . . . 338
— speckled *or* mottled Lima (Bean) (*Angl.*) 340
— spread Eagle (Bean) (*Angl.*) 310
— stam (Boonen) (*Flam.*) 291
— Stangen (Bohnen) (*All.*). — *V.* Haricots
    à rames 291
— *stringless green pod (Bean) (Am.)* . . 315
— **suisse blanc** 306
— *suisse Bourvalais* 314
— suisse gris 306
— *suisse gros gris* 314
— **suisse nain blanc hâtif** 306
— **suisse rouge** 309
— *suisse sang de bœuf* 309
— *Sutton's Epicure (Bean) (Angl.)* . . . 295
— *Sutton's prolific negro dwarf (Bean)
    (Angl.)* 315
— szparagowa olbrzymia zwana « Jaśki »
    (Fasola) (*Pol.*) 342
— tall white Algerian butter (Bean) (*Angl.*) 316
— de Tarbes 293
— Taver 295
— *the monster (Bean) (Angl.)* 315
— the Shah long podded (Bean) (*Angl.*). . 310
— *thousand-to-one (Bean) (Angl.)* . . . 315
— *Titan new giant runner (Bean)
    (Angl.)* 338
— *de Torre Annunziata* 307
— tough podded kidney (Bean) (*Angl.*) . 291
— de Toulouse gourmand 333
— touretskïe niskïe (Bobý) (*Russe*) . . . 296
— de tous les jours 304
— translucide 317

Haricot : Triumph of the frames flageolet
    (Bean)(*Angl.*) 300
— *Turc* 314
— *Türken (Bohne) (All.)* 338
— Turksche (Boon) (*Holl.*) 338
— tyczkowa (Fasola) (*Pol.*) 291
— *de la Val-d'Isère* 328
— de Valence 339
— *Valentine amélioré* 337
— *Valentine wax (Bean) (Am.)* 337
— *de Vaudreuil* 314
— *ventre de biche* 314
— *de Villetaneuse* 328
— *de Vitry noir hâtif* 303
— dla vylouchtchenia (Bobý) (*Russe*) . . 291
— vysokïe (Bóby) (*Russe*) 291
— *Wardwell's kidney wax (Bean) (Am.)*. 337
— weisse hohe dickschotige Butter-(Bohne)
    (*All.*) 316
— weisse niedrige gelbschotige Wachs-
    (Bohne) (*All.*) 329
— weisse Schwert- (Bohne) (*All.*) 292
— *white Creaseback (Bean) (Am.)* 320
— white Dutch (Bean) (*Angl.*) 292
— white Dutch (Bean) (*Angl.*) 312
— white kidney dwarf (Bean) (*Angl.*) . . 306
— white runner (Bean) (*Angl.*) 339
— white scimitar (Bean) (*Angl.*) 292
— white seeded wax (Bean) (*Angl.*) . . . 316
— white Swiss Canterbury (Bean)(*Angl.*) . 306
— *white wax (Bean) (Am.)* 337
— *William's new early (Bean) (Angl.)* . . 315
— *wonder bush Lima (Bean) (Am.)* . . . 341
— Wonder of France flageolet (Bean)(*Angl.*) 299
— *Wood's Centenary (Bean) (Am.)*. . . . 337
— *Wood's new prolific (Bean) (Am.)* . . 341
— *Worcester Mammoth (Bean) (Am.)* . 325
— *Wren's egg (Bean) (Am.)* 324
— do wyłuskiwania (Fasola). — *V.* Haricots
    à écosser (*Pol.*) 291
— *yard long pole (Bean) (Am.)* 328
— *yellow Canterbury (Bean) (Angl.)*. . . 315
— yellow China (Bean) (*Angl.*) 336
— yellow hundred-to-one (Bean) (*Angl.*) . 304
— *York and Lancaster (Bean) (Angl.)* . . 338
— **zébré gris** 322
— *Zé fin* 314
— Zucker- (Bohne) (*All.*). — *V.* Haricots
    sans parchemin 316
— Zulu pole (Bean) (*Angl.*) 324
Harsyra Peruviansk (*Suéd.*). — *V.* Oxalis
    tubéreux 480
Hart's horn Plantain (*Angl.*). — *V.* Corne-
    de-cerf 199
Havebonnen (*Dan.*). — *V.* Haricot 285

Havekarse (*Dan.*). — *V.* Cresson alénois. . 224
Havekjorvel (*Dan.*). — *V.* Cerfeuil 81
Haveœrt (*Dan.*). — *V.* Pois. 516
Haveroed-dike (*Dan.*). — *V.* Radis 622
Haverwortel (*Flam.*). — *V.* Salsifis. . . . 652
Havrerod (*Dan.*). — *V.* Salsifis 652
Heckzwiebel (*All.*). — *V.* Ciboule. . . . 177
Helianthus tuberosus. — *V.* Topinambour. 681
Hépatique étoilée. — *V.* Aspérule odorante. 24
Herb patience (*Angl.*).— *V.* Oseille épinard 479
Herbe amère. — *V.* Tanaisie 661
— aux ânes. — *V.* Onagre bisannuel . . . 476
— à cent goûts. — *V.* Armoise 10
— aux chats. — *V.* Menthe de chat . . . 430
— aux couronnes. — *V.* Romarin. 650
— aux cuillers. — *V.* Cochlearia 180
— dragon. — *V.* Estragon 239
— à la glace. — *V.* Ficoïde Glaciale . . . 249
— aux magiciens. — *V.* Morelle de l'Ile de France. 431
— royale. — *V.* Aurone 31
— royale. — *V.* Basilic grand. 33
— sacrée. — *V.* Sauge officinale 654
— de Saint-Julien. — *V.* Sarriette annuelle 653
— de Saint-Pierre. — *V.* Perce-pierre. . . 486
— au scorbut. — *V.* Cochlearia 180
Herbst-Rübe (*All.*). — *V.* Navet 434
HÉRISSON 346
Herrenpilz (*All.*). — *V.* Champignon. . . 84
Hertshoorn (*Flam.*). — *V.* Corne-de-cerf. . 199
Herva benta (*Port.*).— *V.* Mâche commune. 392
Hibiscus esculentus. — *V.* Gombo. 284
Hijsoop (*Flam. et Holl.*). — *V.* Hyssope. . 346
Hill mustard (*Angl.*).— *V.* Bunias d'Orient. 48
Hinojo (*Esp.*). — *V.* Fenouil 240
— marino (*Esp.*). — *V.* Perce-pierre . . . 486
Hirschhorn-Salat (*All.*). — *V.* Corne-de-cerf. 199
Hisopillo (*Esp.*). — *V.* Sarriette vivace . . 654
Hisopo (*Esp.*). — *V.* Hyssope 346
Hjertensfryd (*Dan.*) *V.* Mélisse officinale. . 402
Hofkers (*Flam.*). *V.* Cresson alénois. . . . 224
Hofmelde (*Flam. et Holl.*). — *V.* Arroche. 11
Hombrecillos (*Esp.*). — *V.* Houblon. . . . 346
Hong-nan-Koua (*Chinois*). — *V.* Courge Giraumon petit de Chine. 209
Hongo (*Esp.*). — *V.* Champignon cultivé. . 84
Hop (*Angl.*). — *V.* Houblon 346
Hopfen (*All.*). — *V.* Houblon 346
Horehound (*Angl.*). — *V.* Marrube blanc . 400
Horn of plenty (*Angl.*). — *V.* Valériane d'Alger 683
Horse gram (*Angl. dans l'Inde*). — *V.* Pois chiche. 572
— radish (*Angl.*). — *V.* Raifort 646

HOUBLON 346
Humulus Lupulus. — *V.* Houblon. 346
Hund-floka (*Suéd.*).— *V.* Cerfeuil tubéreux. 83
Hungarian turnip (*Angl.*). — *V.* Chou-rave. 170
Husk tomato (*Angl.*). — *V.* Alkékenge . . 4
Hussarenknopf (*All.*).— *V.* Cresson de Para. 230
Hvidlog (*Dan.*). — *V.* Ail. 2
Hvitlök (*Suéd.*). — *V.* Ail 2
Hyssop (*Angl.*). — *V.* Hyssope 346
HYSSOPE 346
Hyssopus officinalis. — *V.* Hyssope 346

Ibisco (*Ital.*). — *V.* Gombo. 284
Ice plant (*Angl.*). — *V.* Ficoïde Glaciale. . 249
IGNAME DE LA CHINE. 347
— du Japon. 348
— patate 347
— *Tsukume-Imo* (*Jap.*) 348
Ijskruid (*Flam. et Holl.*). — *V.* Ficoïde Glaciale. 249
Ijsplant (*Flam. et Holl.*). — Ficoïde Glaciale 249
Indian cress (tall) (*Angl.*). — *V.* Capucine grande 49
Indianella (*Esp.*). — *V.* Haricot d'Espagne rouge 338
Indianella (*Esp.*). — *V.* Haricot Dolique Lablab 345
Indischer Spinat (*All.*). — *V.* Baselle. . . 32
Indisk knolig (*Suéd.*). — *V.* Capucine tubéreuse. 50
— krasse hög (*Suéd.*). — *V.* Capucine grande 49
Indivia (*Ital.*). — *V.* Chicorée endive. . . 92
Ingen mamé (*Jap.*). — *V.* Haricot 285
Inondo (*Jap.*). — *V.* Aneth. 7
Inula Helenium. — *V.* Aulnée 31
Ipomea Batatas. — *V.* Patate douce. . . . 484
Iribe. — *V.* Arroche. 11
Irible. — *V.* Arroche 11
Irish potato (*Am.*). — *V.* Pomme de terre. 573
Isop (*All., Dan. et Suéd.*). — *V.* Hyssope . 346
Ispansky Artichoke (*Russe*). — *V.* Cardon. 51
Isplanta (*Suéd.*). — *V.* Ficoïde Glaciale . . 249
Issope (*Russe*). — *V.* Hyssope. 346
Issopo (*Ital.*).— *V.* Hyssope. 346
Izop lekarski (*Pol.*). — *V.* Hyssope 346

Jacobslauch (*All.*) — *V.* Ciboule vivace . . 178
Jajko krzewiste (*Pol.*). — *V.* Aubergine. . 25
Jambon des jardiniers.— *V.* Onagre bisannuel 476
Jambon de Saint-Antoine. — *V.* Onagre bisannuel. 476
Japanese artichoke (*Angl.*). — *V.* Stachys tubéreux 660

TABLE GÉNÉRALE ALPHABÉTIQUE

Japanesische Artischoke (*All.*). — *V.* Stachys tubéreux 660
Jaramago (*Esp.*). — *V.* Roquette 650
Jarmuż (*Pol.*). — *V.* Choux verts 144
Jarosse d'Auvergne. — *V.* Lentille d'Auvergne 391
Jerusalem artichoke (*Angl.*). — *V.* Topinambour 681
Jew's apple (*Angl.*). — *V.* Aubergine . . . 25
Jew's mallow (*Angl.*). — *V.* Corette. . . . 198
Jidovskaïa vichnïa (*Russe*). — *V.* Alkékenge 4
Jodekers (*Flam.*). — *V.* Alkékenge. . . . 4
Johannislauch (*All.*). — *V.* Ciboule vivace . 178
Jordärtsckoka (*Suéd.*). — *V.* Topinambour. 681
— Japansk (*Suéd.*).— *V.* Stachys tubéreux. 660
Jordbeer (*Dan.*). — *V.* Fraisier 250
Jordepeeren (*Dan.*). — *V.* Pomme de terre. 573
Jordgubbar (*Suéd.*). — *V.* Fraisier Capron. 258
Jordskokken (*Dan.*). — *V.* Topinambour. . 681
Jotte. — *V.* Poirée 513
Joute de Metz. — *V.* Chou quintal d'Alsace 124
Joutte. — *V.* Poirée 513
Judekors Gul- (*Suéd.*). — *V.* Alkékenge. . 4
Jude malva (*Suéd.*). — *V.* Corette 198
Judenkirsche (*All.*). — *V.* Alkékenge . . . 4
Judia (*Esp.*). — *V.* Haricot 285
Juncia des Espagnols. — *V.* Souchet comestible 659
Jungfrau-syra (*Suéd.*). — *V.* Oseille vierge 479

Kaal (*Dan.*). — *V.* Chou cultivé 109
— asparges (*Dan.*). — *V.* Chou Brocoli . . 165
— hoved (*Dan.*). — *V.* Choux pommés . . 114
— knude (*Dan.*). — *V.* Chou-rave 170
— rosen (*Dan.*). — *V.* Chou de Bruxelles . 151
— Savoy (*Dan.*). — *V.* Choux de Milan. . 135
— strand (*Dan.*). — *V.* Crambé 223
Kaalrabi overjordisk (*Danois*). — *V.* Chourave 170
Kabuiscool (*Flam.*). — *V.* Choux pommés . 114
Kabura (*Jap.*). — *V.* Navet 434
Kaiserkraut (*All.*). — *V.* Estragon 239
Kaisersalat (*Dan.*). — *V.* Estragon 239
Kål blad- (*Suéd.*). — *V.* Choux verts . . . 144
— blom- (*Suéd.*). — *V.* Chou-fleur 154
— Brussel (*Suéd.*).—*V.* Chou de Bruxelles. 151
— hufoud (*Suéd.*). — *V.* Choux pommés. . 114
— Savoy- (*Suéd.*). — *V.* Choux de Milan. . 135
— sparzes (*Suéd.*). — *V.* Chou Brocoli . . 165
— strand- (*Suéd.*). — *V.* Crambé maritime ou Chou marin 223
— vanlig (*Suéd.*). — *V.* Chou cultivé. . . 109
Kalafior (*Pol.*). — *V.* Chou-fleur 154

Kalarepa (*Pol.*). — *V.* Chou-rave 170
Kale (*Angl.*). — *V.* Choux verts 144
Kampernoeli (*Flam. et Holl.*). — *V.* Champignon cultivé 84
Kantalupskie melony (*Pol.*). — *V.* Melons Cantaloups 418
Kapernstrauch (*All.*). — *V.* Câprier . . . 48
Kapersóvy kouste (*Russe*). — *V.* Câprier. . 48
Kapousta (*Russe*). — *V.* Chou cultivé . . 109
— brysselskaïa (*Russe*). — *V.* Chou de Bruxelles 151
— kotchannaïa (*Russe*). — *V.* Choux pommés 114
— listovaïa (*Russe*). — *V.* Choux verts . . 144
— morskaïa (*Russe*). — *V.* Crambé maritime 223
— Savoyskaïa (*Russe*).— *V.* Choux de Milan. 135
— sparjevaïa (*Russe*). — *V.* Chou Brocoli . 165
— tsvietnaïa (*Russe*). — *V.* Chou-fleur . . 154
Kapper-boom (*Flam. et Holl.*). — *V.* Câprier 48
Kapris-buske (*Suéd.*). — *V.* Câprier . . . 48
Kaprowy krzak (*Pol.*). — *V.* Câprier . . . 48
Kapucien Knoll- (*Flam.*). — *V.* Capucine grande 50
Kapusta głowiasta (*Pol.*). — *V.* Chou . . . 109
— morska (*Pol.*). — *V.* Crambé maritime . 223
— różyczkowa brukselska (*Pol.*). — *V.* Chou de Bruxelles 151
— szparagowa (*Pol.*). — *V.* Chou Brocoli . 165
— włoska (*Pol.*). — *V.* Choux de Milan. . 135
Kapuzinerbart (*All.*). — *V.* Chicorée sauvage 104
Kapuziner-Salat (*All.*). — *V.* Capucine grande 49
Karbe (*All.*). — *V.* Carvi 69
Karczochy (*Pol.*). — *V.* Artichaut 12
Kardborre-rot aatlig- (*Suéd.*). — *V.* Bardane géante 31
Karden witte- (*Flam.*). — *V.* Poirée blonde à carde blanche 514
Karden zomer- (*Flam.*).— *V.* Poirée blonde à carde blanche 514
Kardoen (*Flam.*). — *V.* Cardon 51
Kardon (*All., Dan. et Suéd.*). — *V.* Cardon. 51
Kardy (*Pol.*). — *V.* Cardon 51
Karfioł (*Pol.*). — *V.* Chou-fleur 154
Karleks-apple (*Suéd.*). — *V.* Tomate . . . 663
Karpiel (*Pol.*). — *V.* Chou-navet 173
Karpiel (*Pol.*). — *V.* Navet 434
Karse winter (*Dan.*). — *V.* Cresson de jardin 229
Karsen Brond (*Dan.*). — *V.* Cresson de fontaine 227
Kartofel (*Russe et Pol.*).—*V.* Pomme de terre 573

Kartoflel (*All.*). — *V.* Pomme de terre . . 573
Kartoffelzwiebel (*All.*). — *V.* Ognon patate 472
Karvij (*Holl.*). — *V.* Carvi 69
Kasztanki ziemne (*Pol.*). — *V.* Souchet . . 659
Katzenmüntze gemeine (*All.*). — *V.* Menthe
   de chat. 430
Kawoerd-appel (*Holl.*). — *V.* Coloquinte. . 221
Kawon (*Pol.*). — *V.* Melon d'eau 426
Kerbel (*All.*). — *V.* Cerfeuil 81
— -Rübe (*All.*). — *V.* Cerfeuil tubéreux . 83
Keredelites. — *V.* Souchet 659
Kers water- (*Flam. et Holl.*). —*V.* Cresson
   de fontaine. 227
Kervel (*Flam. et Holl.*). — *V.* Cerfeuil . . 81
— kloubnievidny (*Russe*). — *V.* Cerfeuil
   tubéreux , ... 83
— knoll- (*Flam. et Holl.*) 83
— obyknavenny (*Russe*). — *V.* Cerfeuil . . 81
Ketmie comestible. — *V.* Gombo 284
Khmiel (*Russe*). — *V.* Houblon 346
Khoroghi (*Russe*). — *V.* Stachys tubéreux . 660
Khriene (*Russe*). — *V.* Raifort sauvage . . 646
Kichenets (*Russe*). — *V.* Coriandre 198
Kicher Deutsche- (*All.*).—*V.* Gesse cultivée. 283
— -Erbse (*All.*). — *V.* Pois chiche 572
Kidney bean (*Angl.*). — *V.* Haricot . . . 285
Kielitsa perouvianckaïa (*Russe*). — *V.* Oxa-
   lis tubéreux. 480
Kiju-Jisha (*Jap.*). — *V.* Chicorée endive . 92
Kik-ärta (*Suéd.*). — *V.* Pois chiche. . . . 572
Kjorvel have (*Dan.*). — *V.* Cerfeuil. . . . 81
Kjorvelroe (*Dan.*). — *V.* Cerfeuil tubéreux. 83
Klaytonia (*Suéd.*). — *V.* Claytone. 179
Klee Schnecken- (*All.*). — *V.* Limaçon . . 391
Kleiner Zierkürbiss (*All.*). —*V.* Coloquinte. 221
Klette Japanische (*All.*). — *V.* Bardane
   géante 31
— Riesen- (*All.*). — *V.* Bardane géante . . 31
Klimmelde weisse (*All.*). — *V.* Baselle
   blanche 32
Kloubnika (*Russe*). — *V.* Fraisier Capron . 258
Kminek (*Pol.*). — *V.* Cumin 230
— polny (*Pol.*). — *V.* Carvi 69
Kneifel-Erbse (*All.*). — *V.* Pois à écosser . 520
Knoblauch (*All.*). — *V.* Ail 2
Knoflook (*Holl.*). — *V.* Ail 2
Knold-Selleri (*Dan.*). — *V.* Céleri-rave. . 79
Knollen-Sellerie (*All.*). — *V.* Céleri-rave . 79
Knoll-kapucien (*Flam.*). — *V.* Capucine
   grande 50
— kervel (*Flam. et Holl.*). — *V.* Cerfeuil
   tubéreux. 83
Knollkohl (*Angl.*). — *V.* Chou-rave. . . . 170
Knoll-selderij (*Flam. et Holl.*). — *V.* Céleri-
   rave 79

Knudekaal (*Dan.*). — *V.* Chou-rave. . . . 170
Kohl (*All.*). — *V.* Chou cultivé. 109
— Beiss- (*All.*). — *V.* Poirée. 513
— Blätter- (*All.*). — *V.* Choux verts . . . 144
— Blumen- (*All.*). — *V.* Chou-fleur. . . . 154
— Bors- (*All.*). — *V.* Choux de Milan. . . 135
— Kopf- (*All.*). — *V.* Choux cabus 114
— Meer- (*All.*). — *V.* Crambé 223
— Plumagen- (*All.*). — *V.* Choux frisés et
   panachés. 147
— Rosen- (*All.*). — *V.* Chou de Bruxelles. 151
— Savoyer- (*All.*). — *V.* Choux de Milan . 135
— See- (*All.*). — *V.* Crambé. 223
— Senf- (*All.*). — *V.* Roquette. 650
— Spargel- (*All.*). — *V.* Chou Brocoli . . 165
— Sprossen– (*All.*) — *V.* Chou de Bruxelles. 151
— Wiesen- (*All.*). — *V.* Cirsium olera-
   ceum. 179
— Winter- (*All.*). — *V.* Choux verts . . . 144
Kohlrabi (*Angl.*). — *V.* Chou rave. 170
— Erd- (*All*) — *V.* Chou-navet 173
— Ober- (*All.*). — *V.* Chou-rave. 178
— Unter- (*All.*). — *V.* Chou-navet 173
Kohlrübe (*All.*). — *V.* Chou-navet 173
— Riesen- (*All.*). — *V.* Chou-navet Rutabaga 175
Köhm (*All.*). — *V.* Nigelle aromatique . . 454
Kolendra (*Pol.*). — *V.* Coriandre 198
Kölle (*All.*). — *V.* Sarriette annuelle . . . 653
Köllkraut (*All.*). — *V.* Sarriette annuelle . 653
Kolokvïnte (*Russe*). — *V.* Coloquintes. . . 221
Kolokwint (*Holl.*). — *V.* Coloquintes . . . 221
Komijn (*Holl.*). — *V.* Cumin 230
Komkommer (*Flam. et Holl.*). — *V.* Con-
   combre. 181
Kommen (*Dan.*). — *V.* Carvi 69
Kool (*Flam. et Holl.*). — *V.* Chou cultivé. 109
— Blader- (*Flam.*). — *V.* Choux verts . . 144
— Bloem- (*Flam. et Holl.*). — *V.* Chou-
   fleur. 154
— Boeren- (*Holl.*). — *V.* Choux verts. . . 144
— Desser- (*Holl.*). — *V.* Choux frisés et
   panachés. 147
— Kabuis- (*Flam. et Holl.*). — *V.* Choux
   cabus. 114
— Meer- (*Flam. et Holl.*). — *V.* Crambé . 223
— Raap- (*Flam.*). — *V.* Chou-rave. . . . 170
— Savoï- (*Flam. et Holl.*). — *V.* Choux de
   Milan. 135
— Slutt- (*Holl.*). — *V.* Choux cabus. . . . 114
— Spruitt- (*Flam. et Holl.*). — *V.* Chou
   de Bruxelles 151
— Zee- (*Flam. et Holl.*). — *V.* Crambé. . . 223
Koolraapen boven den grond (*Holl.*). — *V.*
   Chou-rave 170
— onder den grond (*Holl.*)— *V.* Chou-navet. 173

TABLE GÉNÉRALE ALPHABÉTIQUE 757

Koornsalad (*Flam. et Holl.*). — *V.* Mâche commune. 392
Koper włoski (*Pol.*). — *V.* Fenouil 240
Kopfkohl (*All.*). — *V.* Choux pommés. . . 114
Kopflattich (*All.*). — *V.* Laitues pommées . 352
Kopfsalat (*All.*). — *V.* Laitues pommées. . 352
Körbelrübe (*All.*). — *V.* Cerfeuil tubéreux. 83
Koriander (*All., Flam., Holl., Dan., Suéd.*).
   V. Coriandre 198
Korienia skortsonere tchernyé (*Russe*). —
   V. Scorsonère. 656
Korn Welsch- (*All.*).— *V.* Maïs sucré. . . 397
Koronopous (*Russe*). — *V.* Corne-de-cerf . 199
Korzeń cukrowy (*Pol.*). — V. Chervis. . . 91
Kotewka wodna (*Pol.*). — *V.* Macre. . . . 397
Koukourouza ovochtchnaïa (*Russe*). — *V.*
   Maïs sucré 397
Kozeletz (*Russe*). — *V.* Scorsonère 656
— ispansky (*Russe*). — *V.* Salsifis 652
Kozłek (*Pol.*). — *V.* Valériane d'Alger. . . 683
Krähenfuss (*All.*). — *V.* Corne-de-cerf . . 199
Krasse hög indisk (*Suéd.*). — *V.* Capucine grande. 49
— knolig indisk (*Suéd.*). — *V.* Capucine tubéreuse. . . . . - . 50
— vatten- (*Suéd.*). — *V.* Cresson de fontaine. 227
— vinter- (*Suéd.*). — *V.* Cresson de jardin. 229
Kraut (*All.*). — *V.* Choux pommés. 114
Kraut (*All.*). — *V.* Chou cultivé. 109
Kreen (*All.*). — *V.* Raifort sauvage 646
Kress polevoï (*Russe*). — *V.* Cresson des prés 229
— Sadovyi- (*Russe*). — *V.* Cresson alénois. 224
— vodiannoï (*Russe*). — *V.* Cresson de fontaine. 227
Kresse Brunnen- (*All.*). — *V.* Cresson de fontaine. 227
— Garten- (*All.*). — *V.* Cresson alénois. . 224
— Peruanische Knollen- (*All.*).— *V.* Capucine tubéreuse 50
Kronartskocka (*Suéd*). — *V.* Artichaut. . . 12
Kropandijvie (*Holl.*). — *V.* Chicorée Scarole ronde 102
Kropsalad (*Flam.*). — *V.* Laitues pommées. 352
Kropsalat (*Dan.*). — *V.* Mâche commune. . 392
Kruid A. B. C. (*Flam.*). — *V.* Cresson de Para. 230
Krzak kaprowy (*Pol.*). — *V.* Câprier . . . 48
KUDZU 348
Kukummer (*All.*). — *V.* Concombre. . . . 181
Kukurudza stołowa (*Pol.*).— *V.* Maïs sucré. 397
Kumin (*Suéd.*). — *V.* Cumin 230
Kümmel (*All.*). — *V.* Carvi 69
— Pfeffer- (*All.*). — *V.* Cumin 230

Kümmel Römischer- (*All.*). — *V.* Cumin . 230
— Schwarz- (*All.*). — *V.* Nigelle aromatique. 454
Kummin vanlig (*Suéd.*). — *V.* Carvi . . . 69
Kürbiss Centner- (*All.*). — *V.* Courges Potirons 201
— Flaschen- (*All.*). — *V.* Courge bouteille. 219
— Melonen- (*All.*). — *V.* Courges Potirons. 201
— Prynads- (*Suéd.*). — *V.* Coloquinte. . . 221
— Speise- (*All.*). — *V.* Courge. 200
— Wachs- (*All.*). — *V.* Benincasa. 36
Kurbits vax (*Suéd.*). — *V.* Benincasa . . . 36
Kurza noga (*Pol.*). — *V.* Pourpier. 620
Kyndel sommar- (*Suéd.*). — *V.* Sarriette annuelle 653
— vinter- (*Suéd.*). — *V.* Sarriette vivace 654
Kyrfveltloka (*Suéd.*). — *V.* Cerfeuil. . . . 81

Laangrofva (*Suéd.*). — *V.* Bunias 48
Labaça (*Port.*). — *V.* Oseille épinard . . . 479
Lablab dolichos (*Angl.*). — *V.* Haricot Dolique Lablab 345
— obyknavenny (*Russe*). — *V.* Haricot Dolique Lablab 345
— vulgaris. — *V.* Haricot Dolique Lablab. 345
Lactuca angustana. — *V.* Romaine asperge. 387
— capitata. — *V.* Laitues pommées. . . . 352
— cracoviensis. 387
— perennis. — *V.* Laitue vivace 388
— sativa. — *V.* Laitue cultivée. 349
Lady's smock (*Angl.*). — *V.* Cresson des prés 229
Lagenaria vulgaris. — *V.* Courge bouteille. 219
Laituard.— *V.* Romaine blonde maraîchère. 380
LAITUE CULTIVÉE. 349
— d'Achicourt brune. 363
— acogollada (Lechuga) (*Esp.*) 352
— **d'Alger** 357
— *d'Alger à gr. noire* 360
— all the year round (Lettuce) (*Angl.*) (b. s.) 358
— all the year round (Lettuce) (*Angl.*) (w. s.). 357
— *d'Alsace grosse brune*. 365
— American curled (Lettuce) (*Angl.*). . . 377
— American gathering (Lettuce) (*Angl.*). . 377
— d'Amérique 371
— d'Amérique dorée. 377
— **d'Amérique frisée**. 377
— Anthenaise. 372
— d'Arras brune. 363
— Asiatic (Lettuce) (*Angl.*). 360
— asparagus (Lettuce) (*Angl.*) 387
— asperge. 387

Laitue d'Aubervilliers 356
— d'Australie frisée 377
— Babiane 354
— Baccarat 361
— Bapaume 362
— **Batavia blonde** 366
— Batavia à bord rouge 366
— **Batavia brune** 367
— **Batavia frisée allemande** 367
— Batavia d'hiver 373
— Batavia italienne 367
— **Beauregard à couper** 376
— *Belle et bonne de Bruxelles* 366
— *de Bellegarde* 369
— Berg-op-Zoom 362
— *de Berlaimont* 362
— **de Berlin** 358
— Besson 365
— big Boston (Lettuce) (*Am.*) 361
— *bigotte* 355
— *de Bismarck* 373
— *black-seeded butter* (*Lettuce*) (*Angl.*) . . 371
— black-seeded crisped early (Lettuce) (*Angl.*) 352
— black-seeded giant summer (Lettuce) (*Angl.*) 362
— black-seeded Satisfaction (Lettuce) (*Am.*) 358
— *black-seeded Tennisball* (*Lettuce*) (*Am.*) 371
— black-seeded yellow (Lettuce) (*Angl.*) . 358
— blond blockhead (Lettuce) (*Angl.*) . . . 368
— blond stonehead (Lettuce) (*Angl.*) . . . 368
— blonde 357
— blonde d'automne 357
— **blonde de Berlin** 358
— **blonde du Cazard** 358
— **blonde de Chavigné** 359
— **blonde à couper** 376
— **blonde d'été** 357
— blonde d'été de Saint-Omer 360
— **blonde géante** 368
— blonde à graine noire 358
— *blonde de Paron* 359
— blonde de Tours 358
— *blonde trapue* 369
— **blonde de Versailles** 359
— Bordelande 354
— **à bord rouge** 354
— **Bossin** 368
— *Boston curled* (*Lettuce*) (*Am.*) 377
— Boston market (Lettuce) (*Angl.-Am.*) (*white seed*) 353
— *Boston market* (*Lettuce*) (*Am.*) 371
— Boulonne 367
— *de Bourges* 356
— *bourguignonne d'hiver* 373

Laitue du Bouscat. — *V.* Romaine verte maraîchère 379
— brauner fester Pariser (Lattich) (*All.*) . 363
— brauner grosser Faulenzer (Lattich) (*All.*) 362
— brauner Marseiller (Lattich) (*All.*) . . . 367
— braungefleckter Madeira (Lattich) (*All.*) . 372
— de brebis. — *V.* Mâche 392
— broei gele (Latouw) (*Holl.*) 354
— brown Batavian (Lettuce) (*Angl.*) . . . 367
— brown blockhead (Lettuce) (*Angl.*) . . . 364
— *brown Dutch* (*Lettuce*) (*Am.*) 363
— brown Genoa (Lettuce) (*Angl.*) 363
— brown stolid (Lettuce) (*Angl.*) 362
— brown stonehead (Lettuce) (*Angl.*) . . . 364
— bruine geel (Lattich) (*All.*) 354
— brune d'Achicourt 363
— brune d'Arras 363
— **brune d'hiver** 374
— brune d'hiver des Carmes 372
— brune hollandaise 363
— brune Lacour 374
— brune de Silésie 367
— *de Bruxelles Belle et bonne* 366
— de bruyère 388
— bunter verbesserter Forellen- (Salat) (*All.*) 365
— butter cup (Lettuce) (*Angl.*) 358
— cabbage (Lettuce) (*Angl.*) 352
— *cabuzette* 355
— *caladoise* 360
— *California cream butter* (*Lettuce*) (*Am.*) 371
— California curled (Lettuce) (*Am.*) . . . 376
— **de Californie frisée** 376
— *de Cambrai grosse grise* 364
— Canada pommée 363
— *a capuccio* (Lattuga) (*Ital.*) 352
— *capucine de Bordeaux* 364
— *capucine d'hiver* 374
— *capucine de Hollande* 364
— Carabas 367
— *à carène* 377
— des Carmes d'hiver 372
— **du Cazard** 358
— cendrette du Hâvre 369
— *de Chalon* 370
— *Chartier* (*Lettuce*) (*Am.*) 371
— *Chartreuse rouge* 370
— **de Chavigné** 359
— *chicorée* 377
— *chicorée anglaise* 377
— chien 363
— chou 367
— chou blonde 369
— **chou de Naples** 367

TABLE GÉNÉRALE ALPHABÉTIQUE

Laitue chou de Naples blonde 368
— clermone. 366
— clermone frisée 367
— cocasse à graine blanche 356
— cocasse à graine noire 355
— continuity (Lettuce) (*Angl.*) 365
— coquille 355
— cordon rouge 354
— cordon rouge améliorée 355
— **A COUPER** 375
— *crêpe blonde* 352
— *crêpe dauphine* 355
— **crêpe à graine blanche** 352
— **crêpe à graine noire** 352
— *crêpe hâtive* 352
— crêpe petite. 376
— *crisp as ice* (*Lettuce*) (*Am.*). 355
— crisped small early (Lettuce) (*Angl.*) . . 352
— *croquante* 370
— cuirassière blonde. 360
— cuirassière brune 362
— curled German Batavian(Lettuce)(*Angl.*) 367
— curled Silesian (Lettuce) (*Angl.*) 367
— cutting (Lettuce) (*Angl.*) 375
— Cyrius (Lattich) (*All.*) 359
— *Daniel* 370
— *dauphine* 356
— *Deacon* (*Lettuce*) (*Angl.*). 371
— *Defiance* (*Lettuce*) (*Am.*) 375
— Denver market (Lettuce) (*Am.*) 366
— *Désirée*. 371
— *Detroit market gardeners' (Lettuce)* (*Am.*) 371
— dicker braungrüner Steinkopf (Lattich) (*All.*). 362
— dorée d'Amérique. 377
— douce 363
— drumhead (Lettuce) (*Angl.*) 369
— *drumhead* (*Lettuce*) (*Am.*). 371
— *Dutch butter-head* (*Lettuce*) (*Am.*). . . 356
— *early cabbage* (*Lettuce*) (*Am.*) 356
— *early curled Silesia* (*Lettuce*) (*Am.*). . 371
— early Ohio (Lettuce) (*Angl.*) 366
— early Paris cutting (Lettuce) (*Angl.*) . . 352
— early stone (Lettuce) (*Angl.-Am.*) . . . 353
— early white spring (Lettuce) (*Angl.*) . . 353
— early yellow (Lettuce) (*Angl.*) 354
— *d'Égypte* 377
— *Empereur à forcer*. 356
— *épinard* 377
— *Eureka* (*Lettuce*) (*Am.*) 371
— *Excelsior*. 370
— *Fagot*. 356
— Ma favorite. 362
— Favorite de Rudolphe. 358

Laitue à feuille de chêne 377,
— *flagellée* 371
— *de Fontenay* 370
— *à forcer Empereur*. 356
— **à forcer de Milly** 355
— *fraise de veau* 352
— *de Francfort*. 370
— Frankfurt head (Lettuce) (*Am.*) 357
— French Tom-Thumb (Lettuce) (*Angl.*) . 354
— **frisée d'Amérique**. 377
— frisée d'Australie 377
— **frisée de Californie** 376
— **frisée à couper Beauregard**. 376
— **frisée à couper à graine noire** . . . 376
— frisée pommée de Pierre-Bénite 367
— früher gelber (Eiersalat) (*All.*) 352
— früher gelber fester Steinkopf (Lattich) (weiss Korn) (*All.*) 353
— früher gelber kleiner Steinkopf (Lattich) (*All.*). 352
— früher gelber Steinkopf(Lattich)(schwarz Korn) (*All.*). 353
— früher grüner fester Steinkopf (Lattich) (*All.*). 354
— Gapaillard. 357
— *Gardener's favorite* (*Lettuce*) (*Am.*) . . 371
— gau. 353
— **géante d'été**. 364
— géante sans pareille à bord rouge. . . . 366
— gelber Berliner fester (Lattich) (*All.*). . 358
— gelber Cyrius (Lattich) (*All.*). 359
— *gelber Faulenzer* (*Lattich*) (*All.*). . . . 360
— gelber Riesen-Trotzkopf(Lattich) (*All.*). 368
— gelber rotkantiger Prinzenkopf (Lattich) (*All.*). 354
— *de Gênes*. 370
— *Genezzano* 370
— *Georges*. 356
— *giant cabbage* (*Lettuce*) (*Angl.*) 368
— *giant summer* (*Lettuce*) (*Angl.*) 364
— *glacée* 370
— glaciale de Dammann 369
— gliaud blond 358
— gliaud rouge 363
— głowiasta (Sałata) (*Pol.*). 352
— Godet 372
— *gold nugget* (*Lettuce*) (*Am.*). 357
— *golden curled* (*Lettuce*) (*Am.*). 371
— *golden head* (*Lettuce*) w. s. (*Angl.*) . . 358
— *golden Queen* (*Lettuce*) (*Angl.*) 371
— goldgelber Ohio (Lattich) (*All.*) 366
— goldgelber Rudolph's Liebling (Lattich) (*All.*). 358
— *gotte dorée*. 353
— **gotte à graine blanche** 353

Laitue gotte à graine noire 353
— *gotte jaune d'or* 353
— **gotte lente à monter** 354
— *gotte monstrueuse de Lengelé* 353
— *gotte verte hâtive* 356
— grand'mère 372
— *Grand Rapids (Lettuce) (Am.)* 376
— *grasse* 360
— *grasse de Bourges* 356
— green fat (Lettuce) *(Angl.)* 361
— green fringed (Lettuce) *(Angl.)* 376
— green Madrid (Lettuce) *(Angl.)* 369
— grise maraîchère 362
— groote gele montree (Latouw) *(Holl.)*. . 366
— gros cordon rouge 361
— *grosse allemande* 360
— **grosse blonde d'hiver** 373
— **grosse blonde paresseuse** 360
— *grosse brune d'Alsace* 365
— *grosse brune hâtive* 356
— grosse brune d'hiver 374
— **grosse brune paresseuse** 362
— **grosse brune têtue** 364
— *grosse crêpe* 355
— *grosse dorée d'été* 369
— *grosse gantoise à graine noire* 370
— *grosse grise* 362
— *grosse grise de Cambrai* 364
— *grosse hâtive d'hiver* 356
— grosse hollandaise graine noire 362
— **grosse normande** 361
— *grosse rouge* 370
— grosser brauner Trotzkopf (Lattich)*(All.)* 364
— grosser gelber Asiatischer (Lattich)w. k.
  (All.) 360
— grosser gelber Dauerkopf (Lattich)*(All.)* 360
— grosser gelber Montree (Lattich) *(All.)*. 366
— grosser gelber Prinzenkopf (Lattich)
  (All.) 357
— grosser gelber Savoyer (Lattich) *(All.)*. 359
— grosser gelber Trommelkopf (Lattich)
  (All.) 369
— grüner (Fett-Salat) *(All.)* 361
— grüner früher Montree (Lattich) *(All.)* . 367
— de *Haarlem* 357
— Haarlemer Blankkopf (Lattich) *(All.)*. . 357
— Haarlemer grosser gelber (Lattich) *(All.)* 357
— Haarlems'che gele (Latouw) *(Holl.)*. . . 354
— *Hamilton market (Lettuce) (Am.)* . . . 371
— Hammersmith (Lettuce) *(Angl.)* 372
— *Hanson (Lettuce) (Am.)* 371
— *hard head (Lettuce) (Am.)* 371
— *hardy green winter (Lettuce) (Am.)*. . 371
— hardy green winter (Lettuce) *(Angl.)*. . 372
— hardy red winter (Lettuce) *(Angl.)*. . . 374

Laitue hâtive Erstling 375
— *hâtive de Silésie* 370
— *hâtive de Simpson* 370
— hâtivette graine blanche 353
— hâtivette graine noire 353
— *du Havre cendrette* 369
— heading (Lettuce) *(Angl.)* 352
— d'hiver bourguigonne 373
— **d'hiver de Trémont** 373
— hivernande 372
— hothouse (Lettuce) *(Am.)* 354
— *Hubbard's market (Lettuce) (Angl.)* . . 371
— iceberg (Lettuce) *(Am.)* 366
— ice drumhead (Lettuce) *(Am.)* 369
— imperial (Lettuce) *(Angl.)* 360
— **impériale** 360
— improved spotted (Lettuce) *(Angl.)*. . . 365
— incomparable 363
— incomparable à graine blanche 360
— *incomparable à graine noire* 360
— *India head (Lettuce) (Am.)* 371
— *d'Italie* 369
— italienne 366
— jaune d'été 357
— jaune de Haarlem 357
— *jaune très hâtive de Zadeler* 356
— jeune brune 363
— jeune verte 363
— *Julienne d'été* 363
— Juwel (Lattich) *(All.)* 363
— *Kaiser Treib– (Lattich) (All.)* 356
— Kopf (Lattich) *(All.)*. — *V.* Laitues pommées 352
— Kopfmontree (Lattich) *(All.)* 366
— *kotchànny (Latouke) (Russe)* 352
— krauser Deutscher Kopfmontree (Lattich) *(All.)* 367
— *Lacour brune* 374
— *large brown (Lettuce) (Am.)* 371
— large green (Lettuce) *(Angl.)* 362
— *large India (Lettuce) (Am.)* 371
— *large loaf (Lettuce) (Am.)* 371
— large white stone summer (Lettuce)
  (Angl.) 360
— large white winter (Lettuce) *(Angl.)* . . 373
— large yellow Berlin (Lettuce) *(Am.)* . . 358
— *large yellow surehead (Lettuce) (Am.)* . 371
— *Lebœuf* 370
— de *Lengelé* 353
— Leyden white Dutch (Lettuce) *(Angl.)*. 358
— lie de vin 365
— *Little Queen (Lettuce) (Angl.)* 370
— lombarde 373
— lombarde. — *V.* Laitues-Romaines . . . 378
— longue. — *V.* Laitues-Romaines 378

Laitue : loose-leaved (Lettuce) (*Angl.*). . .	375
— **Lorthois**.	361
— Macabianne.	367
— Madeira large winter (Lettuce) (*Angl.*)	372
— **Madrilène**.	369
— Ma favorite.	362
— Malta (Lettuce) (*Angl.*)	369
— **de Malte**.	369
— maraîchère.	361
— *Marblehead Mammoth* (*Lettuce*) (*Am.*).	371
— *market gardener's private stock* (*Lettuce*) (*Am.*).	371
— Marseilles (Lettuce) (*Angl.*)	367
— Marvel (Lettuce) (*Angl.*).	365
— Mattabiat.	367
— *Maximum* (*Lettuce*) (*Am.*).	371
— **Merveille des quatre-saisons** . . .	365
— Méterelle.	362
— Méterelle à gr. bl.	361
— *mignonne*	352
— mignonnette	375
— Mogul (Lattich) (*All.*).	359
— Mogul (Lettuce) (*Angl.*).	362
— **monte à peine à gr. blanche** . . .	363
— monte à peine d'hiver.	374
— *monte à peine verte à gr. noire*. . . .	370
— monte à regret	366
— *Moonshine* (*Lettuce*) (*Am.*)	371
— **morine**	372
— *the Morse* (*Lettuce*) (*Am.*).	371
— *Mortatella*	375
— mouscade	372
— mousseline rouge	365
— *mousseronne*.	356
— *Myers' All right* (*Lettuce*) (*Am.*). . . .	371
— naine verte très hâtive	356
— Neapolitan cabbage (Lettuce) (*Angl.*). .	367
— Neapolitanischer Dauerkopf (Lattich) (*All.*).	367
— *de Néris*	370
— *new large head* (*Lettuce*) (*Am.*)	371
— New York (Lettuce) (*Am.*)	367
— noire à couches ou à châssis.	353
— nonpareil (Lettuce) (*Angl.*).	366
— *non pareil* (Lettuce) (*Am.*)	371
— nonpareille.	357
— nonpareille.	360
— *nonpareille*	369
— œil-de-perdrix	363
— d'ognon	353
— **de l'Ohio**.	366
— *Onondaga* (Lettuce) (*Am.*).	377
— **Palatine**.	363
— *Palatine* (Env. de Paris).	370
— *panachée*.	371

Laitue paresseuse du Pas-de-Calais . . .	363
— parisienne à graine blanche	368
— Paris market forcing (Lettuce) (*Angl.*).	353
— *de Paron blonde*.	359
— *du Pas-de-Calais*	363
— **Passion**.	372
— de la Passion.	372
— **Passion blanche**.	372
— *patisson*	372
— patissonne	372
— Pelletier.	376
— *perennial* (*Lettuce*) (*Angl.*).	388
— *perpetual* (*Lettuce*) (*Am.*).	371
— *de Perpignan*.	360
— *Perpignaner Dauerkopf* (*Lattich*) (*All.*)	360
— petite brune	363
— *petite crêpe*.	352
— petite laitue. — *V.* Laitue à couper . .	375
— *petite noire*	352
— *Philadelphia butter* (*Lettuce*) (*Angl.*).	371
— de Pierre-Bénite	367
— à pincer	375
— pochonné blond.	358
— pochonné rouge.	363
— pomme d'argent.	360
— pomme d'été	358
— **pomme d'or**.	358
— *pommée de Bismarck*.	373
— pommée Canada.	363
— *pommée d'été grosse gantoise à graine noire*	370
— pommée hâtive citron.	358
— pommée paresseuse.	357
— pommée de Rilleux.	363
— pommée du Texas	377
— pommée de Zélande	357
— ***pommées d'été et d'automne***.	357
— ***pommées d'hiver***	372
— ***pommées de printemps***	352
— *Précurseur*.	357
— *premium cabbage-* (Lettuce) (*Am.*). .	371
— du presbytère.	364
— Princess (Lettuce) (*Angl.*).	357
— Prize head (Lettuce) (*Angl.*).	377
— prodigieuse.	362
— red Besson (Lettuce) (*Angl.*).	365
— red-edged Trocadero (Lettuce) (*Angl.*).	361
— red-edged Victoria (Lettuce) (*Angl.*). .	354
— *à la reine*	377
— repolhada (Alface) (*Port.*).	352
— Riesen Kopfsalat (Lattich) (*All.*). . . .	366
— Rigolet.	353
— de Rilleux pommée	363
— **ROMAINES**	378
— — Alexander white (Cos-Lettuce) (*Angl.*)	380

Laitue-Romaine Alexandre 383
— Rom. *alphange à graine blanche*. . . 382
— — **alphange à graine noire**. 382
— — *d'Angleterre rouge*. 387
— — ASPERGE 387
— — **ballon** 383
— — balloon (Cos-Lettuce) (*Angl.*) 383
— — *Batavia (Chicon)* 386
— — *bayonnaise frisée* 386
— — black-seeded Bath (Cos-Lettuce) (*Angl.*) 384
— — blanche d'été 382
— — *blonde de Brunoy*. 386
— — blonde à grosse côte de Versailles . 380
— — **blonde hâtive de Trianon** 381
— — blonde lente à monter 382
— — **blonde maraîchère** 380
— — *blonde de Niort* 386
— — de Bougival 383
— — *brune anglaise à graine blanche*. . 384
— — **brune anglaise à graine noire**. . 384
— — *de Brunoy blonde* 386
— — Buckland green (Cos-Lettuce) (*Angl.*) 379
— — *de Chalabre*. 386
— — chicon Batavia 386
— — chicon jaune supérieure 386
— — à deux cœurs 383
— — *dwarf white heart (Cos-Lettuce) (Am.)*. 386
— — *Éclipse* 380
— — *Epinerolle* 386
— — **d'été** 379
— — *à feuille d'artichaut*. 377
— — *à feuille de chardon*. 386
— — *flagellée à graine blanche* 387
— — Florence black-seeded (Cos-Lettuce) (*Angl.*) 382
— — *frisée bayonnaise* 387
— — gelber ausdauernder (Binde-Salat) (*All.*) 382
— — gelber Sachsenhäuser (Binde-Salat) (*All.*). 385
— — *Gigogne*. 387
— — green Paris (Cos-Lettuce) (*Angl.*) . . 379
— — green royal winter (Cos-Lettuce) (*Angl.*) 385
— — green winter (Cos-Lettuce) (*Angl.*) . 385
— — grey Paris (Cos-Lettuce) (*Angl.*). . . 380
— — **grise maraîchère**. 380
— — **grosse blonde du Chesnay** 381
— — ground (Cos-Lettuce) (*Angl.*). . . . 381
— — grüner König's Winter (Binde-Salat) (*All.*). 385
— — grüner Winter (Binde-Salat) (*All.*). . 385
— — de Haarlem rouge.. 386

Laitue-Romaine : hard y white winter (Cos-Lettuce)(*Angl.*). 385
— Rom. : Harrisson's improved white (Cos-Lettuce) (*Angl.*) 380
— — *hâtive plate*. 380
— — **d'hiver**. 385
— — ice (Cos-Lettuce) (*Am.*) 380
— — improved spotted (Cos-Lettuce) (*Angl.*) 384
— — in der Erde sitzender (Binde-Salat) (*All.*) 381
— — *Ivery's Non such (Cos-Lettuce) (Angl)*. 386
— — Johnson's Eclipse (Cos-Lettuce) (*Angl.*) 379
— — London hardy white (Cos-Lettuce) (*Angl.*). 380
— — *de la Madeleine*. 386
— — Magnum bonum (Cos-Lettuce)(*Angl.*) 382
— — *du Mexique*. 387
— — **monstrueuse**. 383
— — Moor-park (Cos-Lettuce) (*Angl.*). . . 380
— — *de Niort blonde*. 386
— — *North' King (Cos-Lettuce) (Angl.)* . 387
— — *panachée à graine blanche* 387
— — **panachée perfectionnée à graine noire** 384
— — Pariser gelber selbstschliessender (Binde-Salat) (*All.*). 380
— — Pariser grüner selbstschliessender (Binde-Salat) (*All.*). 379
— — la Parisienne. 380
— — *Parisienne*. 387
— — *plate hâtive*. 380
— — **pomme en terre** 381
— — **de printemps et d'été** 379
— — Priory white (Cos-Lettuce) (*Angl.*) . 380
— — Reading Mammoth (Cos-Lettuce) (*Angl.*).. 383
— — red or blood winter (Cos-Lettuce) (*Angl.*) 386
— — rotgrüner Englischer (Binde-Salat) (schwarz Korn) (*All.*) 384
— — *rouge d'Angleterre*. 387
— — rouge de Haarlem 386
— — **rouge d'hiver**. 386
— — **Royale verte d'hiver** 385
— — Sagau. 382
— — *sanguine à graine blanche* 387
— — selbstschliessender verbesserter Forellen (Binde-Salat) (*All.*) 384
— — *Tancrède*. 381
— — turque. 382
— — de Versailles blonde à grosse côte. . 380
— — **verte d'hiver**. 385

TABLE GÉNÉRALE ALPHABÉTIQUE 763

Laitue-Romaine verte de la Limagne. . 379
— Rom. verte maraîchère 379
— — white long-standing (Cos-Lettuce) (*Angl.*) 382
— — white Paris (Cos-Lettuce) (*Angl.*). . 380
— *Roquette*. 375
— *rose d'été*. 370
— rotbrauner Besson (Lattich) (*All.*) . . . 365
— rotgescheckter Riesen-Sommer (Lattich) (*All.*) 364
— *rouge*. 370
— *rouge d'Alger*. 370
— *rouge Chartreuse*. 370
— *rouge d'été*. 370
— *rouge à graine noire* 370
— **rouge d'hiver**. 374
— rouge sang. 365
— rougette 374
— roulette 353
— roulette d'été à graine noire. 363
— rousse 363
— *rousse à graine jaune* 371
— rousse hollandaise à graine blanche . . 363
— *rousse hollandaise à graine noire* . . 363
— royal (Lettuce) (*Angl.*) 357
— royale à graine blanche. 357
— royale à graine noire. 358
— royale d'hiver. 374
— Rudolph's Favorite (Lettuce) (*Angl.*) . . 358
— *Russian* (*Lettuce*) (*Angl.*) 371
— *de Russie*. 360
— de Saint-Denis 363
— *Saint-Louis butter* (*Lettuce*) (*Am.*) . . 371
— de Saint-Omer 359
— *Salamander* (*Lettuce*) (*Am.*) 371
— *San-Francisco market* (*Lettuce*) (*Am.*). 371
— **sanguine améliorée**. 365
— *sanguine à graine blanche*. 371
— *sanguine à graine jaune*. 371
— *sanguine à graine noire* 371
— sanguine de Vire. 365
— **sans rivale** 362
— Sant'Angelo 367
— Schweden (Kopf-Lattich) (*All.*) 363
— *seelander* (*Latouw*) (*Holl.*) 371
— Semoroz 364
— Silberkopf- (Salat) (*All.*): 360
— de Silésie 366
— *de Silésie* 370
— de Silésie brune 367
— *de Silésie d'hiver*. 375
— *Silver ball* (*Lettuce*) (*Am.*) 371
— Silver star (Lettuce) (*Am.*). 360
— *de Simpson*. 370
— small dark red (Lettuce) (*Angl.*). . . . 365

Laitue : smooth leaf (Lettuce) (*Am.*) . . . 357
— *Sterling* (*Lettuce*) (*Am.*) 371
— stone Tennisball (Lettuce) (*Angl.*) . . . 354
— *sugar loaf* (*Lettuce*) (*Am.*) 371
— *Swedish* (*Lettuce*) (*Angl.*). 357
— da taglio (Lattuga) (*Ital.*) 375
— Tancrède. 333
— *Tancrède* (*Romaine*) 381
— *Tannhäuser* 371
— Tennisball. 356
— *Tennisball* (*Lettuce*) (*Angl.*) (*black seed*) 356
— a testa (Lattuga) (*Ital.*) 352
— tête de mort 366
— du Texas pommée 377
— the favourite (Lettuce) (*Angl.*) 368
— Thinot 360
— *Tilton's white star* (*Lettuce*) (*Am.*). . . 371
— *Tomhannock* (*Lettuce*) (*Am.*) 371
— **Tom-Pouce**. 354
— *de Tours*. 358
— *trapue blonde* 369
— Triomphe 360
— du Trocadéro. 361
— *truite* 371
— *turque* 360
— unctuous (Lettuce) (*Angl.*). 361
— Union (Lettuce) (*Angl.*). 360
— unrivalled (Lettuce) (*Angl.*) 362
— **de Versailles** 359
— de Versailles à graine noire 358
— **verte grasse** 361
— very large Bossin (Lettuce) (*Angl.*) . . 368
— de Vire sanguine 365
— **VIVACE** 388
— Wheeler's Tom-Thumb (Lettuce) (*Angl.*). 354
— white Batavian (Lettuce) (*Angl.*). . . . 366
— white Berlin summer (Lettuce) (*Angl.*). 358
— white Chavigné (Lettuce) (*Angl.*) (w. s.) 359
— white Dutch (Lettuce) (*Angl.*) 354
— white Madeira black seed (Lettuce) (*Angl.*). 372
— *white Marvel of Cazard* (*Lettuce*) (*Angl.*). 358
— white-seeded brown Dutch (Lettuce) (*Angl.*). 363
— white Silesian (Lettuce) (*Angl.*) 366
— white summer cabbage (Lettuce) (*Angl.*) 357
— white Tennisball (Lettuce) (*Am.*) (white seed). 353
— *Wonderful* (*Lettuce*) (*Am.*) 371
— Wunder (Lattich) (*All.*) 365
— *yellow-seeded butter* (*Lettuce*) (*Am.*) . . 371
— Yverneaude 372
— *de Zadeler jaune très hâtive*. 356

Laitue de Zélande	357	Lechugon (*Esp.*). — *V.* Laitues-Romaines.	378
— de Zélande	371	Lechuguino (*Esp.*). — *V.* Laitues à couper.	375
Lamb's lettuce (*Angl.*). — *V.* Mâche commune	392	Leek (*Angl.*). — *V.* Poireau	506
		— Stone- (*Angl.*). — *V.* Ciboule	177
Lämmersalat (*All.*). — *V.* Mâche commune.	392	Lens esculenta. — *V.* Lentille	389
Lanteja (*Esp.*). — *V.* Lentille	389	Lente (*Ital.*). *V.* Lentille	389
Lapazio (*Ital.*). — *V.* Oseille épinard	479	Lenticchia (*Ital.*). — *V.* Lentille	389
Lapouchnik (*Russe*). — *V.* Bardane	31	Lentil (*Angl.*). — *V.* Lentille	389
Lappa edulis. — *V.* Bardane géante	31	Lentilha (*Port.*). — *V.* Lentille	389
Lappola (*Ital.*). — *V.* Bardane géante	31	**LENTILLE**	389
Lathyrus sativus. — *V.* Gesse cultivée	283	— **D'AUVERGNE**	391
— tuberosus. — *V.* Gesse tubéreuse	283	— Auvergne (Lentil) (*Angl.*)	391
Latouke (*Russe*). — *V.* Laitue	349	— commune	390
— chnite (*Russe*). — *V.* Laitues à couper	375	— d'Espagne. — *V.* Gesse cultivée	283
— Rimsky- (*Russe*).—*V.* Laitues-Romaines	378	— à une fleur	391
Latouw (*Flam. et Holl.*). — *V.* Laitue	349	— de Gallardon	390
— Roomsche (*Holl.*). — *V.* Laitues-Romaines	378	— grosse weisse (Linse) (*All.*)	390
		— Heller (Linse) (*All.*)	390
Lattich (*All.*). — *V.* Laitue	349	— **large blonde**	390
— Stech- (*All.*). — *V.* Laitues à couper	375	— de Lorraine	390
Lattuga (*Ital.*). — *V.* Laitue	349	— **petite**	391
— Romana (*Ital.*). — *V.* Laitues-Romaines	378	— **petite rouge**	390
Lattughetta (*Ital.*). — *V.* Laitue à couper.	375	— à la reine	391
Lattughina (*Ital.*). — *V.* Laitues à couper.	375	— de Soissons	390
Lauch (*All.*). — *V.* Poireau	506	— **verte du Puy**	390
— Esch- (*All.*). — *V.* Échalote	231	— Wick (Linse) (*All.*)	391
— Fleisch- (*All.*). — *V.* Ciboule vivace	178	Lentillon blond. — *V.* Lentille petite	391
— Gras- (*All.*). — *V.* Ciboulette	178	— d'hiver. — *V.* Lentille petite rouge	390
— Jacobs- (*All.*). — *V.* Ciboule vivace	178	— de Mars. — *V.* Lentille petite	391
— Johannis- (*All.*). — *V.* Ciboule vivace	178	— rouge. — *V.* Lentille petite rouge	390
— Röhren- (*All.*). — *V.* Ciboule	177	Leontodon Taraxacum. — *V.* Pissenlit	502
— Schnitt- (*All.*). — *V.* Ciboulette	178	Lepelkruyd (*Flam.*). — *V.* Cochlearia	180
LAVANDES	388	Lepidium sativum. — *V.* Cresson alénois	224
— **ASPIC**	389	Lettuce (*Angl.*). — *V.* Laitue	349
— **VRAIE**	388	— Celery- (*Angl.*). — *V.* Laitues-Romaines.	378
Lavandula angustifolia.— *V.* Lavande vraie.	388	— Cos- (*Angl.*). — *V.* Laitues-Romaines	378
— latifolia. — *V.* Lavande aspic	389	— Lamb's-. — *V.* Mâche	392
— spica α. — *V.* Lavande vraie	388	Levisticum officinale. — *V.* Ache de montagne	2
— spica β. — *V.* Lavande aspic	389		
— vera. — *V.* Lavande vraie	388	Levrette. — *V.* Mâche à grosse graine	394
Lavenda (*Russe*). — *V.* Lavande vraie	388	Liebesapfel (*All.*). — *V.* Tomate	663
— douchistaïa (*Russe*). — *V.* Lavande aspic.	389	Liebstock (*All.*). — *V.* Ache de montagne	2
Lavendel äckta (*Suéd.*). — *V.* Lavande vraie	388	Lieve vrouw- bedstrov (*Holl.*).— *V.* Aspérule odorante	24
— echter (*All.*). — *V.* Lavande vraie	388	Ligusticum Levisticum. — *V.* Ache de montagne	2
— Spick- (*All.*). — *V.* Lavande aspic	389	**LIMAÇON**	391
— vanlig (*Suéd.*). — *V.* Lavande aspic	389	Lindse (*Dan.*). — *V.* Lentille	389
Lavender common.— (*Angl.*).— *V.* Lavande aspic	389	Lins (*Suéd.*). — *V.* Lentille	389
		Linse (*All.*). — *V.* Lentille	389
— true (*Angl.*). — *V.* Lavande vraie	388	Linze (*Flam. et Holl.*). — *V.* Lentille	389
Lawenda (*Pol.*). — *V.* Lavande vraie	388	Livêche. — *V.* Ache de montagne	2
Leaf-beet (*Angl.*). *V.* Poirée	513	Löffelkraut (*All.*). — *V.* Cochlearia	180
Lébéda (*Russe*). — *V.* Arroche	11	Lojetchnaïa trava (*Russe*).— *V.* Cochlearia.	180
Lechuga (*Esp.*). — *V.* Laitue	349	Lök (*Suéd.*). — *V.* Ognon	455
— Romana (*Esp.*). — *V.* Laitues-Romaines	378		

TABLE GÉNÉRALE ALPHABÉTIQUE

Lomikamien (*Pol.*). — *V.* Perce-pierre . . 486
Look (*Flam.*). — *V.* Ail 2
Lopian (*Pol.*). — *V.* Bardane 31
LOTIER CULTIVÉ 391
Lotus Tetragonolobus. — *V.* Lotier cultivé 391
Louke obyknavenny (*Russe*). — *V.* Ognon. 455
— porrei (*Russe*). — *V.* Poireau 506
— riézanets (*Russe*). — *V.* Ciboule 177
Lousinaïa lapka (*Russe*). — *V.* Arroche Bon-Henri. 12
Lovage (*Angl.*). — *V.* Ache de montagne . 2
Love-apple (*Angl.*). — *V.* Tomate. 663
Löwenzahn (*All.*). — *V.* Pissenlit. 502
Luftzwiebel (*All.*). — *V.* Ognon d'Égypte . 472
Lungört (*Suéd.*). — *V.* Arroche Bon-Henri. 12
Luppolo (*Ital.*). — *V.* Houblon 346
Lupulo (*Esp.*). — *V.* Houblon. 346
Lycopersicum esculentum. — *V.* Tomate . 663
Lysimachie jaune cornue. — *V.* Onagre . . 476

MACERON 392
MÂCHE 392
— d'Anizy. 395
— de Chevreuse verte. 395
— **commune** 392
— **coquille** 395
— **dorée** 394
— dunkelgrüner vollherziger (Feldsalat) (*All.*). 395
— Etampes rundblättriger dunkelgrüner (Feldsalat) (*All.*). 394
— *à feuilles panachées* 396
— à feuille veinée. 394
— golden cabbaging (Cornsalad) (*Angl,*). . 394
— à graine d'épinard 394
— green cabbaging (Cornsalad) (*Angl.*). . 395
— green Etampes (Cornsalad) (*Angl.*) . . 394
— **à grosse graine**. 394
— grosse mâche. 396
— grosser Holländischer mit grossem Samen (Feldsalat) (*All.*). 394
— Italian (Cornsalad) (*Angl.*). 396
— Italiansche (Koornsalad (*Holl.*). . . . 396
— **d'Italie** 396
— **d'Italie à feuille de Laitue** 396
— Italienischer oder Regence (Feldsalat) (*All.*). 396
— Italiensk (Åkersallat) (*Suéd.*). 396
— large round-leaved (Cornsalad) (*Angl.*) . 393
— large-seeded Dutch (Cornsalad) (*Angl.*). 394
— lattichblättriger Italienischer breiter hellgrüner (Feldsalat) (*All.*). 396
— löffelblättriger (Feldsalat) (*All.*) . . . 395
— de Louviers verte. 395
— maraîchère 395

Mâche ronde 393
— ronde (Koornsalad) (*Holl.*) 393
— rouge. — *V.* Onagre bisannuel. 476
— rundblättriger (Feldsalat) (*All.*) . . . 393
— spoon-leaved (Cornsalad) (*Angl.*) . . . 395
— verte de Chevreuse 395
— **verte à cœur plein** 395
— **verte d'Étampes** 394
— verte de Louviers 395
— verte à petite pomme 395
Macierzanka (*Pol.*). — *V.* Thym ordinaire . 662
Macion. — *V.* Gesse cultivée 283
Macle. — *V.* Macre 397
MÂCRE 397
Macusson. — *V.* Gesse cultivée. 283
Mączyniec (*Pol.*). — *V.* Arroche Bon-Henri 12
Maggiorana (*Ital.*). — *V.* Marjolaine ordinaire. 400
Maïorane sladki frantsousskiy (*Russe*). — *V.* Marjolaine ordinaire. 400
— zimny (*Russe*). — *V.* Marjolaine vivace. 399
MAÏS SUCRÉ 397
— *black Mexican* (Sweet-corn) (*Am.*). . . 399
— *Country gentleman* (Sweet-corn) (*Am.*) 399
— *de Crosby hâtif* 398
— early cory (Sweet-corn) (*Am.*) 398
— *early Narraganset* (Sweet-corn) (*Am.*). 399
— *hâtif de Crosby* 398
— *hâtif à huit rangs* 398
— *hâtif du Minnesota* 398
— *à huit rangs hâtif* 398
— *Mammoth* (Sweet-corn) (*Am.*) 399
— *du Mexique sucré* 398
— *du Minnesota hâtif* 398
— *Moore's early Concord* (Sweet-corn) (*Am.*) 398
— Speise (Maïs) (*All.*) 397
— *Stowell's evergreen* (Sweet-corn) (*Am.*) 399
— *sucré du Mexique* 399
— *sucré ridé nain hâtif* 398
— *sucré ridé toujours vert* 399
— white-cob cory (Sweet-corn) (*Am.*). . 398
— Zucker- (Maïs) (*All.*). 397
Maiz (*Esp.*). — *V.* Maïs sucré. 397
Maize sugar (*Angl.*). — *V.* Maïs sucré. . 397
Majeran (*Pol.*).— *V.* Marjolaine vivace. . . 399
— Francuski (*Pol.*). — *V.* Marjolaine ordinaire. 400
Majoran Französischer (*All.*). — *V.* Marjolaine ordinaire 400
— perennirender (*All.*). — *V.* Marjolaine vivace 399
— Winter- (*All.*). — *V.* Marjolaine vivace. 399
Majorana hortensis. — *V.* Marjolaine ordinaire. 400

Majs (Suéd.). — *V.* Maïs sucré 397
Makuwa-uri ((*Jap.*). — *V.* Melon 403
Malabar-Spinat (*All.*). — *V.* Baselle blanche. 32
Malagueta do Chili (*Port.*). — *V.* Piment du Chili 499
Mallow curled-leaved (*Angl.*). — *V.* Mauve frisée 401
— Jew's- (*Angl.*). — *V.* Corette 198
Malpica (*Esp.*). — *V.* Cresson alénois . . . 224
Malurt (*Dan.*). — *V.* Absinthe 1
Malva crispa. — *V.* Mauve frisée 401
— jude (*Suéd.*). — *V.* Corette 198
Malve krausblättrige (*All.*). — *V.* Mauve frisée 401
Mandoria di terra (*Ital.*). — *V.* Souchet . . 659
Mangold (*All.* et *Suéd.*). — *V.* Poirée . . . 513
Manjericao (*Port.*). — *V.* Basilic 33
Manjerona (*Port.*). — *V.* Marjolaine ordinaire 400
Mannegolde bourak (*Russe*). — *V.* Poirée . 513
Maoùne (*Russe*). — *V.* Valériane d'Alger . . 683
Maounitsa (*Russe*). — *V.* Mâche commune . 392
— italianskaïa (*Russe*) 396
Marchew (*Pol.*). — *V.* Carotte 54
Marignan. — *V.* Aubergine 25
Marigold pot- (*Angl.*). — *V.* Souci des jardins 660
Maringiani (*Ital.*). — *V.* Aubergine . . . 25
MARJOLAINE A COQUILLE 400
— **ORDINAIRE** 400
— **VIVACE** 399
— *vivace petite* 399
Marjolijn (*Flam.* et *Holl.*). — *V.* Marjolaine ordinaire 400
Marjoram annual (*Angl.*). — *V.* Marjolaine ordinaire 400
— common (*Angl.*). — *V.* Marjolaine vivace 399
— knotted (*Angl.*). — *V.* Marjolaine ordinaire 400
— perennial (*Angl.*). — *V.* Marjolaine vivace 399
— pot- (*Angl.*). — *V.* Marjolaine vivace . 399
— sweet (*Angl.*). — *V.* Marjolaine ordinaire. 400
Marron d'eau. — *V.* Macre 397
Marrow custard (*Angl.*). — *V.* Courges Patissons 218
— Italian green striped (*Angl.*). — *V.* Courge d'Italie 216
— long green bush (*Angl.*). — *V.* Courge d'Italie 216
— long white bush (*Angl.*). — *V.* Courge blanche non coureuse 215
— vegetable- (*Angl.*). — *V.* Courge à la moelle 214

Marrow very long vegetable (*Angl.*). — *V.* Courge aubergine coureuse 214
MARRUBE BLANC 400
Marrubium vulgare. — *V.* Marrube blanc . 400
Martinia (*Russe*). — *V.* Martynia 401
MARTYNIA 401
— lutea 401
— proboscidea 401
Mastruço (*Port.*). — *V.* Cresson alénois . . 224
Mastuerzo (*Esp.*). — *V.* Cresson alénois . . 224
Matalahuga (*Esp.*). — *V.* Anis 9
Matalahuva (*Esp.*). — *V.* Anis 9
Mausohr (*All.*). — *V.* Mâche commune . . . 392
Mauve crépue. — *V.* Mauve frisée 401
— à feuilles crispées. — *V.* Mauve frisée. 401
— **FRISÉE** 401
— des Juifs. — *V.* Corette 198
Maxixe. — *V.* Concombre des Antilles. . . 197
Mayenne. — *V.* Aubergine 25
Mayna (*Esp.-Pérou*). — *V.* Capucine tubéreuse 50
Meadow-cress (*Angl.*). — *V.* Cresson des prés 229
Médérik. — *V.* Raifort sauvage 646
Medicago scutellata. — *V.* Limaçon 391
Meer-Fenchel (*All.*). — *V.* Perce-pierre . . 486
Meer-Kohl (*All.*). — *V.* Crambé maritime. 223
Meerkool (*Flam.* et *Holl.*). — *V.* Crambé maritime 223
Meerrettig (*All.*). — *V.* Raifort sauvage . . 646
Meersenf (Orientalischer) (*All.*). — *V.* Bunias 48
Megusa (*Jap.*). — *V.* Menthe du Japon . . 430
Meier (*Flam.*). — *V.* Baselle 32
Meirapen witte (*Holl.*). — *V.* Navet turnep . 449
Mejorana (*Esp.*). — *V.* Marjolaine ordinaire 400
Mejram (*Suéd.*). — *V.* Marjolaine ordinaire 400
Melancia (*Port.*). — *V.* Melon d'eau 426
Melanzacca (*Ital.*). — *V.* Aubergine 25
Mélanzane. — *V.* Aubergine 25
Melâo (*Port.*). — *V.* Melon 403
Melde (*Flam.* et *Holl.*). — *V.* Arroche . . 11
Melenzana (*Ital.*). — *V.* Aubergine 25
Meliss-balm (*Angl.*). — *V.* Mélisse 402
— citron (*Suéd.*). — *V.* Mélisse 402
Melissa (*Ital.*). — *V.* Mélisse officinale . . . 402
— cytrynowa (*Pol.*). — *V.* Mélisse officinale 402
— officinalis. — *V.* Mélisse officinale 402
— tsitrone (*Russe*). — *V.* Mélisse officinale 402
Melisse citroen- (*Holl.*). — *V.* Mélisse officinale 402

TABLE GÉNÉRALE ALPHABÉTIQUE

Melisse Citronen-(*All*.). — *V*. Mélisse officinale 402
— citronnelle. — *V*. Mélisse officinale. . . 402
— **OFFICINALE** 402
Melloco (*Esp*.). — *V*. Olluco 476
Meloen (*Flam. et Holl*.). — *V*. Melon . . . 403
MELON 403
— *Acme (Melon) (Am*.) 417
— *d'Afrique*. 415
— d'Amérique. 426
— Ananas (Melone) (*All*.) 408
— **ananas d'Amérique à chair rouge** . 408
— **ananas d'Amérique à chair verte**. . 408
— *d'Angleterre (Cantaloup)*. 424
— **d'Antibes blanc d'hiver**. 414
— apple-shaped cantaloup (Melon) (*Angl*.) 419
— Arlington green (Melon) (*Angl*.). . . . 408
— *Baltimore (Melon) (Am*.) 417
— *Bay view (Melon) (Am*.). 417
— *Beechwood (Melon) (Angl*.) 417
— **de Bellegarde** 418
— black Portugal rock (Melon) (*Angl*.). . 423
— *blanc à chair verte* 414
— *blanc de Russie* 414
— *Blenheim orange (Melon) (Angl*.). . . 416
— **boule d'or**. 409
— *boulet de canon* 414
— **brodés**. 408
— Caboul 418
— caboule de Tours 410
— de caille 423
— **cantaloups** 418
— cantaloup (Melone) (*All*.) 418
— cantaloup (Melon) (*Angl*.) 418
— — d'Alger. 423
— — *d'Angleterre*. 424
— — *d'Arkhangel*. 424
— — **de Bellegarde**. 418
— — de Cavaillon 418
— — **à chair verte** 423
— — *d'Épinal* 424
— — *fin hâtif d'Angleterre* 424
— — Gontier. 419
— — gros galeux 423
— — de Mai 423
— — *du Mogol*. 424
— — **noir des Carmes**. 419
— — *noir de Hollande* 424
— — **noir de Portugal**. 423
— — **obus**. 420
— — *orange* 425
— — **parisien** 422
— — *de Passy* 424
— — **de Pierre-Bénite** 418
— — **pomme** 419

Melon cantaloup Prescott cul de singe. . 425
— cant. Prescott à écorce mince 425
— — **Prescott fond blanc** 421
— — **Prescott fond blanc argenté** . . . 421
— — **Prescott hâtif à châssis** 419
— — à queue fine. 418
— — sucrin 420
— — sucrin de Montreuil 419
— — **de Vaucluse** 418
— — **de Vauriac** 422
— Carolina (Melone) (*All*.) 408
— *de la Casba* 415
— *de Cassaba* 415
— de Cavaillon. 418
— **de Cavaillon à chair rouge**. 412
— **de Cavaillon à chair verte**. 412
— de Cavaillon jaune. 412
— **de Cavaillon tranché à chair rouge**. 412
— **de Cavaillon tranché à chair verte**. 412
— *Chito (Melon) (Am*.) 415
— *Christiana (Melon) (Am*.) 416
— *de Chypre* 415
— citron 408
— citron d'Amérique. 408
— citron à chair verte 408
— citron vert 408
— *Colston Bassett seedling (Melon) (Angl*.) 417
— comb-shaped Cantaloup (Melon) (*Angl*.) 420
— *commun* 410
— *composite* 414
— à confire 412
— *de Coulommiers* 415
— *Crawley paragon (Melon) (Angl*.) . . . 416
— *Davenham early (Melon) (Angl*.). . . . 417
— **DUDAIM** 425
— early black rock (Melon) (*Angl*.) . . . 419
— *Eastnor castle (Melon) (Angl*.) 417
— **D'EAU, PASTÈQUE** 426
— — *black Spanish (Water-melon) (Am*.) 429
— — **à chair et graine rouges** 428
— — *citron (Water-melon)* 429
— — *Cuban Queen (Water-melon) (Am*.) 429
— — *dark icing (Water-melon) (Am*.). . 429
— — économique de Kaminski. 427
— — *Excelsior (Water-melon) (Am*.) . . 429
— — *Florida favorite (Water-melon)* . . 429
— — *Gipsy (Water-melon) (Am*.).. . . . 429
— — **à graine noire** 428
— — **à graine rouge**. 428
— — *gray Monarch (Water-melon) (Am*.) 429
— — *Helopa* 429
— — *ice cream (Water-melon) (Am*.) . . 429
— — *ice rind Strawberry (Water-melon) (Am*.). 429
— — *Ironclad (Water-melon) (Am*.) . . . 429

TABLE GÉNÉRALE ALPHABÉTIQUE

Melon d'eau de Kaminski.......... 472
— — *long light icing (Water–melon)*.. 429
— — *mountain sprout (Water–Melon)*.. 429
— — *mountain sweet (Water–Melon)*.. 429
— — *orange (Water–melon) (Am.)*.... 429
— — *Peerless (Water–melon) (Am.)*... 429
— — *rattlesnake (Water–melon) (Am.)*.. 429
— — *round light icing (Water–melon) (Am.)*............. 429
— — *sweet–heart (Water–melon) (Am.)*. 429
— — de Rodosto............. 427
— — de Russie très hâtive....... 427
— — Seïkon très hâtive......... 427
— — très hâtive de Rodosto....... 427
— — très hâtive de Russie....... 427
— écrits................. 408
— *Egyptian (Melon) (Angl.)*....... 417
— *Emerald gem (Melon) (Am.)*..... 416
— *d'Esclavonie*............. 415
— escrito (Melon) *(Esp.)*........ 408
— d'Espagne d'hiver........... 413
— espagnol............... 414
— des États-Unis (muscade)..... 411
— Excelsior............... 421
— *extra early Hackensack (Melon) (Angl.)* 417
— français............... 410
— frühe kleine Prescott- (Melone) *(All.)*. 419
— GALEUX................ 418
— *Gilbert's green flesh (Melon) (Angl.)*.. 417
— *Gilbert's improved Victory of Bath (Melon) (Angl.)*........... 417
— *golden perfection (Melon)*...... 409
— *golden Queen (Melon) (Angl.)*.... 417
— Gontier................ 419
— green climbing (Melon) *(Angl.)*.... 408
— green fleshed pine-apple (Melon)*(Angl.)* 408
— green nutmeg (Melon) *(Angl.)*..... 408
— *de Grenade*.............. 415
— groene klim- (Meloen) *(Holl.)*..... 408
— grüne Kletter- (Melone) *(All.)*..... 408
— *Hackensack (Melon) (Angl.)*...... 417
— *Hero of Bath (Melon) (Angl.)*..... 416
— *High cross hybrid (Melon) (Angl.)*.. 417
— d'hiver blanc.............. 413
— d'hiver d'Espagne............ 413
— d'hiver de Valence.......... 413
— de Honfleur............. 411
— hybride Vallerand......... 411
— *du Japon vert hâtif*.......... 416
— jaune de Cavaillon.......... 412
— Jenny Lind (Melon) *(Angl.-Am.)*.... 408
— Jersey green citron (Melon) *(Angl.)*. 408
— kroumir................ 420
— Land- (Melone) *(All.)*......... 410
— *de Langeais*............. 415

Melon : large Prescott white skin rock (Melon) *(Angl.)*............ 421
— de la Louisiane............ 408
— de Malaga............... 408
— malgache............... 420
— *de Malte à côtes*........... 414
— de Malte d'été à chair verte...... 412
— de Malte d'hiver à chair rouge... 413
— de Malte d'hiver à chair verte... 413
— Mandarin............... 425
— *Mango (Melon) (Am.)*........ 415
— maraîcher.............. 410
— *maraicher de Mazé*......... 410
— *maraicher de Saint-Laud*...... 410
— Maron................. 424
— *de Mazé*............... 410
— *Miller's cream (Melon) (Am.)*..... 416
— monstrueux de Portugal........ 423
— *Montreal market (Melon) (Angl.)*... 417
— de Montreuil.............. 419
— Morin................. 410
— *moscatello*............. 415
— de Moscovie............. 426
— *Munroe's Little heath (Melon) (Angl.)*. 416
— muscade des États-Unis....... 411
— musk (Melon) *(Angl.)*. — *V*. Melon... 403
— netted (Melon) *(Angl.)*........ 408
— *netted gem (Melon) (Am.)*...... 417
— Netz- (Melone) *(All.)*......... 408
— nutmeg (Melon) *(Angl.)*........ 408
— nutmeg (Melon) *(Angl.)*........ 411
— *d'Odessa*.............. 415
— olive................. 420
— olive d'hiver............ 414
— *orange (Melon) (Am.)*........ 415
— orange grimpant........... 408
— *Osage (Melon) (Am.)*........ 416
— Pariser Markt Prescott (Melone) *(All.)*. 421
— *Paul rose (Melon) (Am.)*....... 416
— *pêche*................ 425
— *de Perse*.............. 415
— *Petoskey (Melon) (Am.)*....... 416
— de Pierre-Bénite........... 418
— de poche............... 425
— de poche à chair verte....... 408
— *Pome granate*(Melon)*(Angl.)*.—*V*. Melon Dudaïm............... 425
— pompon de Malaga.......... 408
— Prescott early frame cantaloup (Melon) *(Angl.)*................ 419
— primaticcio (Popone) *(Ital.)*...... 408
— prolifique de Trévoux......... 418
— Queen Anne's pocket (Melon) *(Angl.)*.
— — *V*. Melon Dudaïm........ 425
— *Queen Emma (Melon) (Angl.)*..... 417

TABLE GÉNÉRALE ALPHABÉTIQUE

Melon de Quito 415
— rock (Melon) (*Angl.*) 418
— rocky Ford (*Melon*) (*Am.*) 417
— rotfleischiger Zucker-Cantaloup (Melone) (*All.*). 420
— de Russie blanc. 414
— de Saint-Laud 410
— scarlet gem (*Melon*) (*Angl.*) 416
— schwarze Carmeliter (Melone) (*All.*) . . 419
— de Siam 416
— siatkowane (Melony) (*Pol.*). 408
— siettchataia (Dynia) (*Russe*) 408
— Skillmann's netted (*Melon*) (*Angl.*). . . 417
— snake (Melon) (*Angl.*). — *V.* Concombre serpent. 197
— sucrin à chair verte 415
— **sucrin de Tours**. 410
— Surprise musk- (*Melon*) (*Am.*). 416
— tête de Maure 413
— tête de More 410
— **de Tours** 410
— Tours rotfleischige Zucker (Melone) (*All.*) 410
— de Trévoux. 418
— Turk's cap (*Melon*) (*Angl.*). 417
— de Valence d'hiver 413
— vatten (Melon) (*Suéd.*). — *V.* Melon-d'eau Pastèque 426
— de Vaucluse 418
— vegetable orange (*Melon*) (*Am.*) . . . 415
— **vert grimpant**. 408
— vert hâtif du Japon. 416
— vert à rames 408
— Victoire de Bristol 416
— vine peach (*Melon*) (*Am.*). 415
— water-melon (*Angl.*). — *V.* Melon d'eau Pastèque. 426
— William Tillery (*Melon*) (*Angl.*) . . . 417
— Windsor prize (*Melon*) (*Angl.*) 416
Meloncillo de Florencia (*Esp.*). — *V.* Melon cantaloup. 418
Melone (*All.* et *Ital.*). — *V.* Melon 403
— Wasser- (*All.*). — *V.* Melon d'eau Pastèque 426
Melonen-Kürbiss (*All.*). — *V.* Potirons . . 201
Mélongène. — *V.* Aubergine 25
Melony Kantalupskie (*Pol.*). — *V.* Melons cantaloups 418
Mentha arvensis *var.* piperascens. — *V.* Menthe du Japon. 430
— piperita. — *V.* Menthe poivrée. . . . 430
— Pulegium. — *V.* Menthe Pouliot. . . . 430
— viridis. — *V.* Menthe verte. 430
MENTHE DE CHAT. 430
— **DU JAPON** 430
— **POIVRÉE** 430
— **POULIOT** 430

MENTHE VERTE 430
Menthol plant (*Angl.*). — *V.* Menthe du Japon 430
Mérangène. — *V.* Aubergine 25
Mérède. — *V.* Raifort sauvage 646
Mergpompoen (*Holl.*). — *V.* Courge à la moelle 214
Merian (*Dan.*). — *V.* Marjolaine vivace . . 399
Méringeane. — *V.* Aubergine. 25
Mérinjeane. — *V.* Aubergine 23
Mesembrianthemum crystallinum. — *V.* Ficoïde Glaciale. 249
Mignotise du Génevois. — *V.* Thym ordinaire. 662
Mignotte. — *V.* Mâche à grosse graine. . . 394
Milho (*Port.*). — *V.* Maïs sucré. 397
Milk-gowan (*Angl.*). — *V.* Pissenlit. . . . 502
Mint common (*Angl.*). — *V.* Menthe verte. 430
— flea- (*Angl.*). — *V.* Menthe Pouliot. . . 430
— Japanese (*Angl.*). — *V.* Menthe du Japon. 430
— Penny-royal (*Angl.*). — *V.* Menthe Pouliot. 430
Mitrouillet. — *V.* Gesse tubéreuse 283
Mjölkrot (*Suéd.*). — *V.* Arroche Bon-Henri. 12
Mjolktistel (*Suéd.*). — *V.* Picridie. 491
Mniszek ogrodowy (*Pol.*). — *V.* Cresson de jardin. 229
Mnogaliétny riézanets (*Russe*). — *V.* Ciboule vivace. 178
Mœlkebtte (*Dan.*). — *V.* Pissenlit. . . . 502
Moelle végétale. — *V.* Courge à la moelle. 214
Möhre (*All.*). — *V.* Carotte. 54
Molho (*Port.*). — *V.* Sauge officinale . . . 654
Molsalaad (*Flam.*). — *V.* Pissenlit. . . . 502
Monats-Radies (*All.*). — *V.* Radis de tous les mois 624
Moncheta (*Esp.*). — *V.* Dolique Mongette . 342
Monk's Rhubarb (*Angl.*). — *V.* Oseille épinard 479
Morangueiro (*Port.*). — *V.* Fraisier 250
Morelle commune 431
— **DE L'ILE DE FRANCE**. 431
— noire. 431
— à œufs. — *V.* Aubergine blanche. . . . 30
— truffe. — *V.* Pomme de terre. 573
Morette. — *V.* Morelle de l'Ile de France . 431
Morkóff (*Russe*). — *V.* Carotte 54
Morot (*Suéd.*). — *V.* Carotte 54
Morskoï krone (*Russe*). — *V.* Perce-pierre. 486
Morskoï timnik (*Russe*). — *V.* Souchet . . 659
Mostaard bruine (*Holl.*). — *V.* Moutarde noire 432
— gele (*Holl.*). — *V.* Moutarde blanche. . 431
— kapucienen (*Flam.*). — *V.* Raifort sauvage. 646
— witte (*Holl.*). — *V.* Moutarde blanche. . 431
— zwarte (*Flam.*). — *V.* Moutarde noire . 432

Mostaza blanca *(Esp.)*. — *V.* Moutarde blanche 431
— negra *(Esp.)*. — *V.* Moutarde noire. . . 432
Mosterd bruine *(Holl.)*. — *V.* Moutarde noire 431
— gele *(Holl.)*. — *V.* Moutarde blanche. . 432
Mother of Thyme *(Angl.)*. — *V.* Thym sauvage 662
Motherwort *(Angl.)*. — *V.* Armoise 10
Moucheta *(Esp.)*. — *V.* Haricot Dolique mongette 342
Mougri de Java. — *V.* Radis serpent . . . 645
Mountain-Spinach *(Angl.)*. — *V.* Arroche. 11
Moutarde d'Allemagne. — *V.* Raifort sauvage 646
— des Allemands. — *V.* Raifort sauvage. . 646
— d'Alsace, noire 432
— BLANCHE. 431
— des capucins. — *V.* Raifort sauvage . . 646
— **DE CHINE A FEUILLE DE CHOU** 432
— de Chine frisée 433
— **DE CHINE A RACINE TUBÉREUSE** 433
— des moines. — *V.* Raifort sauvage . . . 646
— **NOIRE**. 432
— *noire d'Alsace* 432
— *noire de Sicile*. 432
— *de Sicile, noire*. 432
Moutardelle. — *V.* Raifort sauvage . . 646
Moutardin. — *V.* Moutarde blanche. . . 431
Muelas *(Esp., Am.)*. — *V.* Gesse cultivée . 283
Mugri *(All.)*. — *V.* Radis serpent 645
Muguet des bois. — *V.* Aspérule odorante. 24
— petit Muguet. — *V.* Aspérule odorante. 24
Mugwort *(Angl.)*. — *V.* Armoise 10
Münze Pfeffer- *(All.)*.—*V.* Menthe poivrée. 430
— Polei- *(All.)*. — *V.* Menthe Pouliot. . . 430
Mushroom *(Angl.)*. — *V.* Champignon cultivé. 84
Mustard black *(Angl.)*.— *V.* Moutarde noire. 432
— brown *(Angl.)*. — *V.* Moutarde noire. . 432
— Chinese curled *(Angl.)*. — *V.* Moutarde de Chine frisée 433
— Chinese large leaved *(Angl.)*. — *V.* Moutarde de Chine à feuille de chou . . . 432
— grocer's *(Angl.)*. — *V.* Moutarde noire . 432
— hill mustard *(Angl.)*. — *V.* Bunias . . . 48
— salad *(Angl.)*. — *V.* Moutarde blanche . 431
— Southern giant curled *(Am.)*. — *V.* Moutarde de Chine frisée 433
— white *(Angl.)*. — *V.* Moutarde blanche. 431
Myrrhis odorata. — *V.* Cerfeuil musqué. . 83

Nabicol *(Esp.)*. — *V.* Chou-navet. 173
Nabo *(Esp. et Port.)*. — *V.* Navet. 434
Nachtkerze *(All.)*. — *V.* Onagre bisannuel. 476

Nachtschatten- Spinat verbesserter *(All.)*.
— *V.* Morelle de l'Ile de France . . . 431
Nageliche Fasel *(All.)*. — *V.* Haricot Dolique mongette 342
Nagietek *(Pol.)*. — *V.* Souci des jardins. . 660
Nagotki *(Russe)*. — *V.* Souci des jardins. . 660
Namara *(Esp.)*. — *V.* Topinambour 681
Name *(Esp.)*. — *V.* Igname. 347
Narduszaad *(Flam. et Holl.)*. — *V.* Nigelle aromatique 454
Nasitor. — *V.* Cresson alénois 224
Nastóurtsia kloubnievidnaïa *(Russe)*. — *V.* Capucine tubéreuse. 50
— vysokaïa *(Russe)*. — *V.* Capucine grande. 49
Nasturtium officinale. — *V.* Cresson de fontaine. 227
— tall *(Angl.)*. — *V.* Capucine grande. . . 49
— tuberous *(Angl.)*. — *V.* Capucine tubéreuse. 50
Nasturzio acquatico *(Ital.)*. — *V.* Cresson de fontaine 227
— maggiore *(Ital.)*. — *V.* Capucine grande. 49
Nasu *(Jap.)*. — *V.* Aubergine. . . . . . — 25
Nasubi *(Jap.)*. — *V.* Aubergine. 25
Navau. — *V.* Navet 435
NAVET 434
— *d'Aberdeen jaune à collet rouge* . . . 454
— *d'Aberdeen jaune à collet vert* 454
— *Aberdeen yellow (Turnip) (Angl.)*. . . 454
— *d'Alligny*. 453
— d'Alsace noir 440
— *d'Altringham jaune* 454
— **d'Auvergne hâtif** 451
— **d'Auvergne tardif** 451
— *de Beaubery* 439
— de Belle-Isle. 438
— **de Berlin petit** 438
— black long (Turnip) *(Angl.)* 440
— **blanc dur d'hiver** 439
— blanc de Hollande 449
— **blanc globe à collet violet** 446
— **blanc globe à feuille entière** 450
— **blanc plat hâtif** 443
— **blanc plat hâtif à feuille entière**. . 443
— **blanc rond d'Épernay** 446
— **blanc rond de Jersey** 445
— blanc à six feuilles. 443
— *blanc Tankard à collet rouge*. 442
— *Border imperial (Turnip) (Angl.)*. . . 454
— de Bortsfeld jaune long. 452
— **Boule d'or (jaune**). 449
— boulette 445
— Bouttois 437
— *de Briollay long* 452
— *Bullock à collet violet*. 454

TABLE GÉNÉRALE ALPHABÉTIQUE 771

Navet : Bullock jaune à collet vert. . . . 454
— de campagne 441
— de Champigny 438
— *de Chantenay hâtif.* 452
— Chirk castle black stone (Turnip) (*Angl.*) 447
— de Chiroubles 440
— *de Clairfontaine* 452
— de Clairfontaine demi–long 437
— cœur-de-bœuf. 449
— *à collet rose de Nancy* 453
— *à collet violet Bullock* 454
— corne-de-bœuf. 441
— corne-de-cerf. 437
— cornish white (Turnip) (*Angl.*) 450
— cowhorn (Turnip) (*Angl.*) 441
— de Croissy hâtif. 437
— de Croissy long 437
— de Croissy rond 445
— demi-long de Clairfontaine. 437
— Dobbie's white model (Turnip) (*Angl.*) . 445
— early purple top flat strapleaved (Turnip)
  (*Am.*) 444
— early red top flat garden (Turnip) (*Am.*) 444
— early red top flat strapleaved (Turnip)
  (*Am.*) 444
— early stone (Turnip) (*Angl.*) 449
— early white flat Dutch garden (Turnip)
  (*Angl.*) 443
— early white flat strapleaved (Turnip)
  (*Angl.*) 443
— early white six weeks (Turnip) (*Angl.*) . 445
— early white snowball (Turnip) (*Am.*) . . 445
— *early yellow field* (Turnip) (*Angl.*) . . 454
— **écarlate du Kashmyr** 446
— *Eclipse purple top* (Turnip) (*Angl.*) . . 454
— *d'Écosse jaune* 452
— **d'Épernay blanc rond** 446
— extra early purple top Milan (Turnip)
  (*Angl.*) 444
— extra early white Milan (Turnip)(*Angl.*) 445
— **de Finlande jaune**. 448
— Finländische gelbe (Rübe) (*All.*) . . . 448
— de Flachères 440
— de Fontenay 439
— **à forcer demi-long blanc** 437
— **de Freneuse**. 439
— frühe halblange stumpfe Vertus (Rübe)
  (*All.*). 437
— gelbe frühe platte Malta (Rübe) (*All.*). . 448
— gelbe frühe plattrunde Holländische
  (Rübe) (*All.*) 448
— gelbe lange Ottersberger (Rübe) (*All.*) . 440
— globe de Poméranie. 450
— golden Maltese (Turnip) (*Angl.*) . . . 448
— Goldkugel (Rübe) (*All.*) 449

Navet de Gratscheff rouge écarlate. . . . 453
— *green top Norfolk* (Turnip) (*Angl.*) . . 450
— *green top six weeks* (Turnip) (*Angl.*) . 453
— *gris de Luc* 452
— **gris de Morigny**. 440
— *gris plat de Russie* 452
— gros de Berlin 441
— **gros long d'Alsace** 441
— gros-Navet. — *V.* Navet. 434
— grünköpfige Ulmer (Rübe) (*All.*) 441
— half long early white Vertus (Turnip)
  (*Angl.*). 437
— half long red top Vertus (Turnip) (*Angl.*) 438
— half long white forcing (Turnip) (*Angl.*). 437
— hâtif de Mai 443
— *hâtif de Morlot* 438
— *Higginbotham's yellow* (*Turnip*)
  (*Angl.*). 454
— **de Hollande jaune**. 448
— Hollandsche platte gele (Rapen) (*Holl.*). 448
— *hybrid Wolton* (*Turnip*) (*Angl.*) . . . 454
— *improved gray stone* (*Turnip*) (*Am.*) . 450
— de Jargeau. 439
— *jaune d'Altringham* 454
— **jaune Boule d'or**. 449
— *jaune à collet vert Bullock*. 454
— *jaune d'Écosse*. 452
— **jaune de Finlande**. 448
— **jaune de Hollande**. 448
— **jaune long**. 440
— *jaune long de Bortsfeld*. 452
— **jaune de Malte**. 448
— **jaune de Montmagny** 447
— jaune de Wilhelmsbourg 448
— Jersey lily (Turnip) (*Angl.*) 445
— Jersey navet (*Angl.*). 437
— **du Kashmyr écarlate** 446
— kleine Märk'sche (Rübe) (*All.*). 438
— *lange witte Fransche* (Raap) (*Holl.*). . 437
— *large amber globe* (Turnip) (*Am.*). . . 454
— large white globe Norfolk (Turnip)
  (*Angl.*). 450
— late Mammoth Auvergne (flat red top)
  (Turnip) (*Angl.*). 451
— **du Limousin**. 452
— *Lincolnshire white globe* (*Turnip*)
  (*Angl.*). 450
— long à collet rose de Verdun. 442
— long blanc d'automne à collet vert . . . 441
— long blanc forme de carotte 437
— *long de Briollay* 452
— long de Croissy. 437
— long green Tankard (Turnip) (*Angl.*). . 441
— long red Tankard (Turnip) (*Angl.*) . . 442
— long rouge d'automne 442

TABLE GÉNÉRALE ALPHABÉTIQUE

Navet long : white Meaux (Turnip) (*Angl.*). 441
— long yellow (Turnip) (*Am.*) 440
— *de Luc gris* 452
— **de Malte jaune** 448
— *de Malteau* 452
— Maltot 440
— Mammoth (Turnip) (*Angl.*) 450
— Mannetot 440
— Märkische (Rübe) (*All.*) 438
— **Marteau à collet rouge** 438
— de Martot 440
— **de Meaux** 441
— Mehunois d'hiver 439
— **de Milan blanc** 445
— **de Milan rouge** 444
— **de Montmagny jaune** 447
— *de Morlot hâtif* 438
— *Münchener Treib-(Rübe)* (*All.*) 453
— *de Munich* 453
— *de Nancy à collet rose* 453
— *de Nancy rouge* 453
— noir d'Alsace 440
— **noir long** 440
— **noir rond ou plat** 447
— **de Norfolk blanc** 450
— *de Norfolk à collet rouge* 450
— *de Norfolk à collet vert* 450
— orange Jelly (Turnip) (*Angl.*) 449
— de Paris 437
— de Péronne 446
— **petit de Berlin** 438
— *de Petrosowodsk violet* 454
— de Petrowski 448
— plat écarlate à courte feuille 446
— Pomeranian (Turnip) (*Angl.*) 450
— de Poméranie globe 450
— *purple top Mammoth* (*Turnip*) (*Am.*). 450
— *purple top Scotch* (*Turnip*) (*Am.*) .. 452
— purple top white globe (Turnip) (*Angl.*) 446
— Rave d'Auvergne hâtive 451
— *Rave d'Auvergne race de Lezoux* ... 451
— Rave d'Auvergne tardive 451
— *Rave d'Ayres* 451
— *Rave de Bressé* 442
— Rave de Brest rose longue 442
— *Rave de Cruzy* 453
— Rave de la Limagne 451
— Rave du Limousin 452
— Rave plate rouge à feuille entière ... 444
— Rave rose longue de Brest 442
— red top *Norfolk* (*Turnip*) (*Angl.*) ... 450
— red top Viarmes (Turnip) (*Angl.*) .. 439
— Robertson's golden ball (Turnip) (*Angl.*) 449
— rond de Croissy 445
— *rond sec à collet vert* 453

Navet **rond des Vertus** 445
— **rose du Palatinat** 442
— rotköpfige Bamberger (Rübe) (*All.*) .. 442
— *rouge écarlate de Gratscheff* 453
— *rouge de Nancy* 453
— **rouge plat hâtif** 444
— **rouge plat hâtif à feuille entière**. . 444
— *rouge plat de Mai* 453
— rouge à six feuilles 444
— *de Rougemont* 439
— round early white Vertus (Turnip) (*Angl.*) 445
— *de Russie gris plat* 452
— *des Sablons* 453
— *de Saulieu* 453
— *Scaribritsch* 453
— *de Schaarbeck* 453
— schwarze lange mittelfrühe (Rübe) (*All.*) 440
— schwarze plattrunde (Rübe) (*All.*) ... 447
— *Scotch yellow* (*Turnip*) (*Angl.*) 454
— de six semaines 437
— *de six semaines à collet vert* 453
— small Berlin (Turnip) (*Angl.*) 438
— Stubble green top (Turnip) (*Angl.*). . . 449
— de Teltau 438
— Teltauer (Rübe) (*All.*) 438
— de Teltow 438
— Teltow (Turnip) (*Angl.*) 438
— toupie 437
— toupie de Péronne 446
— **turnep** 449
— turneps 434
— *Tweddale's improved* (*Turnip*) (*Angl.*). 454
— *d'Ulm* 442
— Ulmer lange weisse grünköpfige (Rübe) (*All.*) 441
— Ulmer lange weisse rotköpfige (Rübe) (*All.*) 442
— de Verdun long à collet rose 442
— **des Vertus pointu** 437
— **des Vertus race Marteau** 437
— **de Viarmes** 439
— de vignes 439
— *violet de Petrosowodsk* 454
— de Vovincourt 441
— weisse Croissy (Rübe) (*All.*) 445
— weisse frühe platte (Rübe) (*All.*) ... 443
— weisse frühe platte Amerikanische (Rübe) (*All.*) 443
— weisse frühe platte Holländische (Rübe) (*All.*) 449
— weisse frühe platte rotköpfige (Rübe) (*All.*) 444
— weisse frühe platte rotköpfige Amerikanische (Rübe) (*All.*) 444
— weisse harte Winter (Rübe) (*All.*). . . 439

TABLE GÉNÉRALE ALPHABÉTIQUE

Navet : weisse kugelrunde violettköpfige (Rübe)(*All.*) 446
— weisse lange spitze Vertus (Rübe) (*All.*) 437
— weisse platte Stoppel-Turnip (Rübe) (*All.*) 449
— white Dutch (Turnip) (*Angl.*) 449
— *white egg* (*Turnip*) (*Am.*) 454
— white garden (Turnip) (*Am.*) 445
— white globe strapleaved (Turnip)(*Angl.*) 450
— white green Tankard (Turnip) (*Angl.*) . 441
— white hardy winter (Turnip) (*Angl.*) . . 439
— white long pointed Vertus (Turnip). . . 437
— white round Epernay (Turnip) (*Angl.*) . 446
— de Wilhelmsbourg jaune 448
— witte vroege (Meirapen) (*Holl.*). 443
— yellow Finland (Turnip) (*Angl.*) 448
— *yellow globe* (*Turnip*) (*Angl.*). 454
— yellow Malta (Turnip) (*Angl.*) 448
— yellow round Dutch (Turnip) (*Angl.*). . 448
— yellow stone (Turnip) (*Angl.*) 448
— *yellow Tankard* (*Turnip*) (*Angl.*) . . . 454
Navone (*Ital.*). — *V.* Navet. 434
Navuce rouge. — *V.* Moutarde noire. ... 432
Neguilla (*Esp.*). — *V.* Nigelle aromatique . 454
Nepeta cataria. — *V.* Menthe de chat . . . 430
Neuseeländischer-Spinat (*All.*). — *V.* Tétragone. 661
New Zealand Spinach (*Angl.*). — *V.* Tétragone. 661
Nielle. — *V.* Nigelle aromatique 454
Niémetskaïa riepa (*Russe*). — *V.* Navet . . 434
Niemetsky louk (*Russe*). — *V.* Échalote . . 231
Nigella sativa. — *V.* Nigelle aromatique. . 454
NIGELLE AROMATIQUE 454
Nightshade (*Angl.*). — *V.* Morelle de l'Ile-de-France 431
— black (*Angl.*). — *V.* Morelle de l'Ile-de-France. 431
— white Malabar (*Angl.*). — *V.* Baselle blanche 32
Ninjin (*Jap.*). — *V.* Carotte. 54
Noix aquatique. — *V.* Macre. 397
Noot Water- (*Holl.*). — *V.* Macre. 397
Nöt Sjo- (*Suéd.*). — *V.* Macre. 397
Nowozelandzki Szpinak (*Pol.*).— *V.* Tétragone 661
Nucis (*Esp.*). — *V.* Macre 397
Nusskraut (*All.*). — *V.* Corette. 198
Nuss Wasser- (*All.*). — *V.* Macre. 397
Nut Ground- (*Angl.*). — *V.* Arachide . . . 10
— Rush- (*Angl.*). — *V.* Souchet. 659
Nyseelandsk-spinat (*Dan.*).— *V.* Tétragone. 661

Oberkohlrabi (*All.*). — *V.* Chou-rave . . . 170
Oca. — *V.* Oxalis tubéreux. 480

Oca Peru (*Angl.*).— *V.* Oxalis tubéreux . . 480
Ocimum Basilicum. — Basilic grand . . . 33
— Basilicum var. minimum. — *V.* Basilic fin. 35
— gratissimum. — *V.* Basilic en arbre . . 36
Odouvantchik (*Russe*). — *V.* Pissenlit . . . 502
Œil de cheval. — *V.* Aulnée 31
Œnothera biennis. — *V.* Onagre bisannuel. 476
Œuf végétal. — *V.* Aubergine blanche . . 30
OGNON 455
— d'Abbeville rouge. 468
— Ægyptische Luftzwiebel (*All.*). 472
— *Agostegna* (*Cipolla*) (*Ital.*). 462
— *d'Aigre* 473
— *d'Alais.* 467
— *d'Alais rouge pâle* 475
— *d'Alsace* 463
— *American silverskin* (*Onion*) (*Am.*) . . 460
— *d'Angers rouge rose* 475
— d'Août. 459
— *d'Août.* 462
— **d'Août rouge vif**. 468
— d'Aubervilliers 462
— *Australian brown* (*Onion*) (*Angl.*). . . 464
— d'Auxonne violet 468
— *de Bâle gros paille* 474
— Bamberger gelbe plattrunde (Zwiebel) (*All.*). 463
— Banbury (Onion)(*Angl.*). 463
— **de Barletta** 458
— *de Bassano.* 474
— *Bedfordshire Champion* (*Onion*)(*Angl.*) 473
— de Bellegarde. 469
— *de Bergerac jaune* 474
— Birn-(Zwiebel) (*All.*) 471
— de Biron. 458
— blanc deuxième hâtif 459
— blanc d'Espagne. 461
— **blanc globe**. 461
— **blanc gros**. 461
— **blanc gros plat d'Italie** 462
— blanc gros tardif 461
— **blanc hâtif de Mai**. 461
— **blanc hâtif de Paris**. 459
— **blanc hâtif de Valence**. 460
— *blanc de Juin.* 462
— blanc de Mars 458
— **blanc petit extra hâtif de Barletta** . 458
— **blanc rond dur de Hollande** 460
— blanc très hâtif. 459
— **blanc très hâtif de Nocera** 458
— **blanc très hâtif de la Reine**. 458
— **blanc très hâtif de Vaugirard**. ... 459
— blassrote plattrunde Holländische Strassburger (Zwiebel) (*All.*) 467

Ognon blond. 462
— blood red (Onion) (*Angl.*) 468
— blutrote Holländische (Zwiebel) (*All.*) . 468
— Bolton (Onion) (*Am.*) 466
— **de bonne garde**. 466
— de la Bonneville. 467
— brown Portugal (Onion) (*Angl.*). . . . 462
— brown Spanish (Onion) (*Angl.*). . . . 463
— *brun de Saint-Laurent*. 473
— *de Brunswick rouge-noir*. 475
— bulb-bearing (Onion) (*Angl.*). 472
— bulbifère. 472
— *cabosse*. 473
— **de Cambrai jaune**. 463
— Cambridge (Onion) (*Angl.*). 463
— *Cantello's prize (Onion)* (*Angl.*). . . . 473
— *Cardinal of Bardney (Onion)* (*Angl.*). 473
— de Castelnaudary rond. 469
— *de Castillon rouge*. 475
— de Castres 463
— *Catawissa* 472
— chamois glatte Wiener (Zwiebel) (*All.*). 473
— *de Château-Renard*. 475
— Chollet. 467
— de Coïmbre. 470
— *de Côme jaune plat* 474
— *corne-de-bœuf* 471
— *Cranston's Excelsior (Onion)* (*Angl.*) . 464
— créole. 468
— *Crew's globe (Onion)* (*Angl.*) 464
— des cuisines. 455
— **de Danvers jaune**. 464
— Danvers yellow globe (Onion) (*Am.*) . . 464
— Délicatesse rose de Coïmbre 470
— Deptford (Onion) (*Angl.*). 463
— *double tige*. 473
— dunkelrote Holländische (Zwiebel) (*All.*). 468
— **d'Égypte**. 472
— Egyptian (Onion) (*Angl.*). 472
— El Paso (Onion) (*Am.*). 462
— d'Espagne blanc. 461
— **d'Espagne géant**. 465
— **d'Espagne jaune soufre**. 463
— Essex (Onion) (*Angl.*). 463
— extra early flat red (Onion) (*Angl.*). . . 468
— Flanders (Onion) (*Angl.*). 463
— de Flandre plat jaune paille 463
— flat red Madeira (Onion) (*Angl.*) . . . 470
— flat Tripoli (Onion) (*Angl.*). 470
— de Florence. 458
— Florence (Onion) (*Angl.*). 461
— Fränkische lange (Zwiebel) (*All.*) . . . 471
— Französische weisse (Zwiebel) (*All.*). . 461
— French pale red (Onion) (*Angl.*) 467

Ognon : frühe platte rote *oder* karminrote (Zwiebel) (*All.*). 468
— früheste Nocera (Zwiebel) (*All.*). . . . 458
— *fusiforme* 471
— *de Garganus blanc*. 473
— *de Garganus rouge*. 474
— **géant d'Espagne** 465
— *géant de Garganus blanc*. 473
— *géant de Garganus rouge*. 474
— **géant de Rocca** 470
— *géant de Rocca rose* 471
— gelbe plattrunde harte (Zwiebel) (*All.*). 462
— *de Gênes*. 474
— giant Rocca (Onion) (*Angl.*). 470
— giant Spanish (Onion) (*Angl.*) 465
— Gibraltar (Onion) (*Am.*). 465
— globe Tripoli (Onion) (*Angl.*). 469
— *Golden ball (Onion)* (*Angl.*). 464
— gros brun 469
— gros rond du Languedoc. 469
— Guignese (Cipolla) (*Ital.*) 462
— hardy white early Vaugirard (Onion) (*Angl.*). 459
— **hâtif de Port Sainte-Marie**. 466
— hellrote gewöhnliche (Zwiebel) (*All.*). . 467
— **de Hollande blanc rond dur**. 460
— de Hollande rouge 468
— *improved Reading (Onion)* (*Angl.*). . . 474
— d'Italie blanc gros plat. 462
— **d'Italie rouge gros plat**. 470
— **de James jaune brun** 466
— James' keeping (Onion) (*Angl.*). . . . 466
— *jaune de Bergerac* 474
— **jaune brun de James** 466
— **jaune de Cambrai** 463
— **jaune de Danvers** 464
— *jaune dur de Russie* 474
— **jaune géant de Zittau**. 465
— jaune gros de Valence. 465
— jaune de Laon 463
— **jaune de Lescure** 463
— *jaune de Moissac* 474
— jaune de Montauban. 466
— **jaune de Mulhouse** 463
— jaune paille. 462
— jaune paille plat de Flandre 463
— **jaune paille des Vertus** 463
— *jaune plat de Côme*. 474
— jaune de Saint-Michel. 466
— **jaune soufre d'Espagne**. 463
— jaune de Toulouse 463
— **jaune de Trébons** 464
— *de Juillet*. 462
— *de Juin* 462
— Kartoffelzwiebel (*All.*). 472

Origanum vulgare.— *V.* Marjolaine vivace.	399	Pajęcznik (*Pol.*). — *V.* Martynia		401
Orillette. — *V.* Mâche	392	**PAK-CHOI**		491
Oruga (*Esp.*). — *V.* Roquette	650	Palsternacka (*Suéd.*). — *V.* Panais		481
Orvale. — *V.* Sauge Sclarée	655	**PANAIS**		481
Orzech wodny (*Pol.*). — *V.* Macre	397	— amélioré de Brest		482
OSEILLE	477	— d'Aubervilliers		481
— **D'ABYSSINIE**	480	— Bloomsdale (Parsnip) (*Angl.*)		483
— **DES ALPES**	480	— de Brest amélioré		482
— **de Belleville**	478	— court		483
— blonde	478	— **demi-long de Guernesey**		483
— **blonde à large feuille**	478	— Dobbie's selected (Parsnip) (*Angl.*)		483
— blonde de Sarcelles	478	— early short round (Parsnip) (*Angl.*)		483
— breitblättriger Belleville (Sauerampfer) (*All.*)	478	— Ellacombe's improved (Parsnip) (*Angl.*)		483
		— grosse lange mit Halsgrube (Pastinake)		481
— **COMMUNE**	477	— **de Guernesey demi-long**		483
— **ÉPINARD**	479	— Guernsey (Parsnip) (*Angl.*)		483
— à feuille de Laitue	478	— half long hollow crown (Parsnip) (*Angl.*)		483
— à feuilles panachées	478	— **long**		481
— French (Sorrel) (*Angl.*)	480	— **long à couronne creuse**		483
— jungfru-(Syra)(*Suéd.*)—*V.*Oseille vierge	479	— long smooth (Parsnip) (*Angl.*)		481
— **large de Belleville**	478	— long smooth hollow crown (Parsnip) (*Angl.*)		483
— large-leaved French (Sorrel))(*Angl.*)	478			
— longue	477	— de Metz		483
— de Lyon	478	— **rond hâtif**		483
— maiden-sorrel (*Angl.*)	479	— royal		483
— petite Oseille	480	— runde (Pastinake) (*All.*)		483
— des Pyrénées	480	— de Siam		483
— romana (Acetosa) (*Ital.*)	480	— Student (Parsnip) (*Angl.*)		483
— Römischer (Sauerampfer) (*All.*)	480	— *Sutton's Student (Parsnip)* (*Angl.*)		483
— **RONDE**	480	— turnip rooted (Parsnip) (*Angl.*)		483
— de Sarcelles blonde	478	Papa (*Esp.; Am.*). — *V.* Pomme de terre		573
— stérile	479	— lisa (*Esp.*). — *V.* Olluco		476
— très large de Lyon	478	Papavo goumentse (*Russe*). — *V.* Pissenlit.		502
— vergine (Acetosa) (*Ital.*)	479	Papoutnik (*Russe*). — *V.* Corne-de-cerf		199
— **vierge**	479	Papryka (*Pol.*). — *V.* Piment		492
— de Virieu	478	Parelle. — *V.* Oseille épinard		479
— white large-leaved (Sorrel) (*Angl.*)	478	Parielle. — *V.* Oseille épinard		479
Ovétchy garotchina (*Russe*). — *V.* Pois chiche	572	Parisienne. — *V.* Mâche d'Italie		396
		Parmentière. — *V.* Pomme de terre		573
Ovidius. — *V.* Crambe Tatarica ?	224	Parsley (*Angl.*). — *V.* Persil		486
Ovsianyïe korienia (*Russe*). — *V.* Salsifis	652	Parsnip (*Angl.*). — *V.* Panais		481
Owsiane korzonki (*Pol.*). — *V.* Salsifis	652	Pasa piedra (*Esp.*). — *V.* Perce-pierre		486
Oxalida (*Esp.-Am.*). — *V.* Oxalis tubéreux	480	Passe-pierre. — *V.* Perce-pierre		486
Oxalide crénelée. — *V.* Oxalis tubéreux	480	Passerage cultivé. — *V.* Cresson alénois		224
Oxalis (*Angl.*)	480	Passerage sauvage. — *V.* Cresson des prés		229
— acetosella. — *V.* Oxalis oseille	481	Pastenaak (*Flam. et Holl.*). — *V.* Panais		481
— crenata. — *V.* Oxalis tubéreux	480	Pastenade. — *V.* Carotte		54
— **DEPPEI**	481	— blanche. — *V.* Panais		481
— **OSEILLE**	481	Pastenailles. — *V.* Carotte		54
— **TUBÉREUX**	480	**PASTÈQUE**. — *V.* Melon d'eau		426
Oxis. — *V.* Oxalis tubéreux	480	Pasternak (*Russe et Pol.*). — *V.* Panais		481
Oyster vegetable- (*Angl.*). — *V.* Salsifis	652	Pastinaca (*Ital.*). — *V.* Panais		481
		— sativa. — *V.* Panais		481
Pahl-Erbse (*All.*). — *V.* Pois à écosser	520	Pastinaga (*Port.*). — *V.* Panais		481
Pain de coucou. — *V.* Oxalis oseille	481	Pastinak (*Dan.*). — *V.* Panais		481

Pastinake (*All.*). — *V.* Panais	481	Peppar (*Suéd.*). — *V.* Piment	492
Pastonade. — *V.* Carotte	54	— rot (*Suéd.*). — *V.* Raifort sauvage	646
Pataca (*Esp.*). — *V.* Topinambour	681	Pepper (*Angl.*). — *V.* Piment	492
Patata (*Ital.*). — *V.* Patate	484	— grass (*Angl.*). — *V.* Cresson alénois	224
Patata (*Ital.*, *Esp. et Port.*). — *V.* Pomme de terre	573	— red (*Angl.*). — *V.* Piment	492
		Peppermint (*Angl.*). — *V.* Menthe poivrée	430
PATATE DOUCE	484	**PERCE-PIERRE**	486
— igname	485	Perejil (*Esp.*). — *V.* Persil	486
— des Indes jaune	485	Perets (*Russe*). — *V.* Piment	492
— des jardins. — *V.* Pomme de terre	573	Perexil (*Port.*). — *V.* Perce-pierre	486
— jaune	485	Perifollo (*Esp.*). — *V.* Cerfeuil	81
— jaune des Indes	485	**PERSIL**	486
— jaune de Malaga	485	— aña minto frisada (Salsa) (*Port.*)	489
— de Malaga jaune	485	— Arlington double curled (Parsley) (*Am.*)	488
— de Malaga rose	485	— Beauty of the parterre (Parsley) (*Angl.*)	488
— de la Manche. — *V.* Pomme de terre	573	— Champion moss curled (Parsley) (*Angl.*)	488
— rose de Malaga	485	— common (Parsley) (*Angl.*)	487
— rouge	485	— **commun**	487
— sladki (Patate) (*Russe*). — *V.* Patate	484	— Dobbie's selected (Parsley) (*Angl.*)	489
— violette	485	— dwarf extra curled (Parsley) (*Angl.*)	489
— de Virginie. — *V.* Pomme de terre	573	— Emerald (Parsley) (*Angl.*)	489
Patenais. — *V.* Panais	481	— Enfield matchless (Parsley) (*Angl.*)	488
Patience. — *V.* Oseille épinard	479	— extra double curled (Parsley) (*Angl.*)	488
Patience Dock- (*Angl.*).— *V.* Oseille épinard	479	— Farnblättrige (Petersilie) (*All.*)	487
— Garden- (*Angl.*).— *V.* Oseille épinard	479	— fern-leaved (Parsley) (*Angl.*)	488
— Herb- (*Angl.*). — *V.* Oseille épinard	479	— **à feuille de fougère**	488
PATISSONS. — *V.* Courges Patissons	218	— fijne krul (Pieterselie) (*Holl.*)	488
Patte-d'oie triangulaire. — *V.* Arroche Bon-Henri	12	— foglia di felce (Prezzemolo) (*Ital.*)	488
		— de folhas de feto (Salsa) (*Port.*)	488
Pattypan (*Angl.*).— *V.* Courges Patissons	218	— **frisé**	488
Pea (*Angl.*). — *V.* Pois	516	— **frisé vert foncé**	488
— Chick- (*Angl.*). — *V.* Pois chiche	572	— frisé de Windsor	488
— Egyptian (*Angl.*). — *V.* Pois chiche	572	— gefüllte (Petersilie) (*All.*)	488
— Grey field (*Angl.*). — *V.* Pois gris	571	— gemeine (Petersilie) (*All.*)	487
— -nut (*Angl.*). — *V.* Arachide	10	— grand de Naples	487
— Pole- (*Angl.*). — *V.* Pois à rames	520	— **à grosse racine**	489
— Shelling- (*Angl.*). — *V.* Pois à écosser	520	— à grosse racine gros hâtif	489
— Sugar- (*Angl.*). — *V.* Pois sans parchemin	554	— à grosse racine long tardif	489
		— Hamburg (Parsley) (*Angl.*)	489
— Tall- (*Angl.*). — *V.* Pois à rames	520	— a hojas de helecho (Perejil) (*Esp.*)	488
— Tuberous rooted (*Angl.*). — *V.* Gesse tubéreuse	283	— korniewaïa (Pietrouchka) (*Russe*)	489
		— krause (Petersilie) (*All.*)	488
— Winged- (*Angl.*). — *V.* Lotier cultivé	391	— kruns (Petersilje) (*Dan.*)	488
— Wrinkled- (*Angl.*). — *V.* Pois ridés	544	— London market (Parsley) (*Angl.*)	488
Peau-mâche. — *V.* Mâche ronde	393	— naciowa paprociowa (Pietruszka) (*Pol.*)	488
Peberrod (*Dan.*). — *V.* Raifort sauvage	646	— nain Perfection	489
Pee (Bittere) (*Flam. et Holl.*). — *V.* Chicorée à grosse racine	107	— **nain très frisé**	489
		— de Naples grand	487
Peen (*Holl.*). — *V.* Carotte	54	— paporotnolistnaïa (Pietrouchka) (*Russe*)	488
Peperone (*Ital.*). — *V.* Piment	492	— Perfection nain	489
Peper spaansche (*Flam. et Holl.*). — *V.* Piment	492	— plain (Parsley) (*Angl.*)	487
		— de raizes grossas (Salsa) (*Port.*)	489
Peperwortel (*Holl.*). — *V.* Raifort sauvage	646	— ricciuto (Prezzemolo) (*Ital.*)	488
Pepino (*Port.*). — *V.* Concombre	181	— rod (Petersilje) (*Dan.*)	489
Pepolino (*Ital.*). — *V.* Thym ordinaire	662	— sehr krause Zwerg (Petersilie) (*All.*)	489

Persil : Smith's curled (Parsley) (*Angl.*). . 488
— Spanische Zwerg (Petersilie) (*All.*). . . 489
— splendid curled (Parsley) (*Angl.*). . . . 489
— triple curled (Parsley) (*Angl.*). 487
— turnip-rooted (Parsley) (*Angl.*). 489
— varenbladige (Pieterselie) (*Holl.*) 488
— vert 487
— de Windsor frisé 488
— wortel (Pieterselie) (*Holl.*). 489
— -Wurzel (Petersilien) (*All.*) 489
Persilja (*Suéd.*). — *V.* Persil 486
Peru Oca (*Angl.*). — *V.* Oxalis tubéreux . 480
Peterselie (*Flam.*). — *V.* Persil 486
Petersilie (*All.*). — *V.* Persil 486
Petersilje (*Dan.*). — *V.* Persil 486
Petronciana (*Ital.*). — *V.* Aubergine . . . 25
Petroncino (*Ital.*). — *V.* Persil 486
Petroselinum sativum. — *V.* Persil 486
Petit muguet. — *V.* Aspérule odorante . . 24
Petite tomate du Mexique 4
PE-TSAI. 490
— **amélioré**. 490
Petsaikohl Chinesischer (*All.*). — *V.* Pe-
  tsai. 490
Pe-tsai kål (*Suéd.*). — *V.* Pe-tsai 490
Pe-tsai kapousta kitaïskaïa (*Russe*). — *V.*
  Pe-tsai 490
Peucedanum graveolens. — *V.* Aneth . . . 7
— sativum. — *V.* Panais 481
Peul Erwt (*Holl.*). — *V.* Gesse cultivée . . 283
Peulen (*Holl.*). — *V.* Pois sans parchemin . 554
Pfeffer (*All.*). — *V.* Piment 492
— Kümmel (*All.*). — *V.* Cumin 230
Pfefferkraut (*All.*). — *V.* Sarriette annuelle. 653
— Winter- (*All.*). — *V.* Sarriette vivace. . 654
Pfeffermünze (*All.*). — *V.* Menthe poivrée. 430
Phaséole. — *V.* Haricot. 285
Phaseolus lunatus. — *V.* Haricot de Lima . 339
— multiflorus. — *V.* Haricot d'Espagne . . 338
— vulgaris. — *V.* Haricot 285
Physalis barbadensis 4
— edulis. — *V.* Alkékenge jaune doux . . 4
— Francheti 4
— peruviana L. var. —*V.* Alkékenge jaune
  doux. 4
— philadelphica 4
— pubescens 4
— violacea 4
PICRIDIE CULTIVÉE 491
Picridium vulgare. — *V.* Picridie 491
Pieczarki (*Pol.*). — *V.* Champignon cultivé. 84
Pied de corbeau. — *V.* Corne-de-cerf. . . 199
Pied de corneille. — *V.* Corne-de-cerf. . . 199
Pied de sauterelle. — *V.* Raiponce 647
Pieprz turecki (*Pol.*). — *V.* Piment 492

Pieterselie (*Holl.*). — *V.* Persil 486
Pietrouchka (*Russe*). — *V.* Persil. 486
Pietruszka (*Pol.*). — *V.* Persil 486
Pijplook (*Flam.*). — *V.* Ciboule 177
PIMENT. 492
— *airelle rouge*. 500
— *bec d'oiseau* 501
— *bird's eye* (Pepper) (*Am.*). 501
— **à bouquet rouge** 501
— bull nose (Pepper) (*Angl.*). 496
— *cardinal* 493
— **carré doux d'Amérique** 496
— **carré jaune hâtif** 497
— **de Cayenne** 494
— celestial (Pepper) (*Angl.*) 500
— **cerise** 495
— *cerise jaune* 495
— de Chile picante (Pimiento) (*Esp.*) . . . 499
— Chilenischer scharfer (Pfeffer) (*All.*) . . 499
— **du Chili** 499
— do Chili (Malagueta) (*Port.*) 499
— *Chinese giant* (Pepper) (*Am.*). 501
— **chinois**. 500
— cloche 496
— **COMMUN**. 492
— *coral gem bouquet* (Pepper) (*Angl.*) . . 500
— *cranberry* (Pepper) (*Angl.*) 500
— *creole* (Pepper) (*Am.*). 501
— **doux d'Espagne**. 498
— early dwarf red squash (Pepper) (*Angl.*) 495
— Elephant's trunk (Pepper) (*Angl.*) . . . 498
— *enragé*. 501
— *d'Espagne* 498
— golden dawn (Pepper) (*Angl.*) 497
— *golden upright* (Pepper) (*Angl.*). . . . 501
— **gros carré doux**. 496
— gros carré jaune. 497
— grossum (Pepper) (*Angl.*) 499
— improved bull nose (Pepper) (*Angl.*) . . 496
— **jaune long**. 494
— *Kaleidoscope* (Pepper) (*Angl.*). 501
— kirschförmiger (Pfeffer) (*All.*) 495
— lange gele (Peper) (*Holl.*) 494
— lange roode (Peper) (*Holl.*). 493
— large bell (Pepper) (*Angl.*). 496
— large sweet Spanish (Pepper) (*Angl.*) . 498
— long black Mexican (Pepper) (*Angl.*). . 494
— long black Nubian (Pepper) (*Am.*). . . 494
— long red Guinea (Pepper) (*Angl.*) . . . 493
— long red Spanish (Pepper) (*Angl.*). . . 493
— long yellow (Pepper) (*Angl.*) 494
— Mammoth golden Queen (Pepper)(*Angl.*) 497
— **Mammouth jaune d'or**. 497
— monstrous (Pepper) (*Angl.*) 499
— **monstrueux**. 499

Piment noir 501
— **noir long du Mexique**. 494
— *Procopp's giant (Pepper) (Angl.)*. . . . 501
— red cherry (Pepper) *(Angl.)*. 495
— red Chili (Pepper) *(Angl.)*. 499
— red cluster (Pepper) *(Angl.)*. 501
— roter milder Spanischer (Pfeffer) *(All.)*. 498
— **rouge long ordinaire** 493
— **Ruby King**. 497
— sehr grosser milder monströser (Pfeffer) 499
— Spanish Mammoth (Pepper) *(Angl.)* . . 478
— Spanischer langer gelber (Pfeffer)*(All.)*. 494
— Spanischer langer roter (Pfeffer) *(All.)*. 493
— sucré d'Espagne. 498
— sweet mountain (Pepper) *(Angl.)*. . . . 496
— *Tabasco (Pepper) (Am.)*. 501
— *tête de mouton* 499
— **tomate nain hâtif**. 495
— *tomate ordinaire*. 495
— tomato-shaped (Pepper) *(Angl.)* 495
— **trompe d'Éléphant** 498
— verbesserter bull nose (Pfeffer) *(All.)*. . 496
— *violet*. 501
Pimentâo *(Port.)*. — *V.* Piment. 492
Pimento *(Port.)*. — *V.* Piment 492
Pimiento *(Esp.)*. — *V.* Piment 492
Pimpernel *(Flam. et Holl.)*. — *V.* Pimprenelle. 502
Pimpinella *(Ital. et Port.)*. — *V.* Pimprenelle. 502
Pimpinella anisum. — *V.* Anis vert 9
Pimpinelle Garten- *(All.)*.—*V.* Pimprenelle. 502
PIMPRENELLE PETITE 502
Piña de America *(Esp.)*. — *V.* Ananas . . 5
Piña de Indias *(Esp.)*. — *V.* Ananas. . . . 5
Pinchâo *(Port.)*. — *V.* Roquette. 650
Pine-apple *(Angl.)*. — *V.* Ananas. 5
Piołun *(Pol.)*. — *V.* Absinthe 1
Pisaille. — *V.* Pois gris 571
Piselli da frasca *(Ital.)*. — *V.* Pois à rames. 520
— grigi da foraggio *(Ital.)*. — *V.* Pois gris. 571
— di guscio tenero *(Ital.)*. — *V.* Pois sans parchemin 555
— mangia tutta *(Ital.)*. — *V.* Pois sans parchemin. 520
— da sgranare *(Ital.)*. — *V.* Pois à écosser. 520
— da sgusciare *(Ital.)*. — *V.* Pois à écosser. 520
Pisello *(Ital.)*. — *V.* Pois. 516
Pisette. — *V.* Pois chiche 572
PISSENLIT. 502
— **amélioré à cœur plein**. 504
— *amélioré géant* 505
— *amélioré mousse* 505

Pissenlit amélioré très hâtif. 505
— cabbaging (Dandelion) *(Angl.)*. 504
— chicorée 505
— improved giant erect (Dandelion) *(Angl.)*. 505
— improved thick leaved (Dandelion) *(Angl.)*. 504
— **ordinaire** 504
— verbesserter vollherziger (Löwenzahn). 504
— **vert de Montmagny**. 504
Pistache de terre. — *V.* Arachide. 10
Pisum sativum. — *V.* Pois 516
— sativum var. arvense. — *V.* Pois gris. . 571
Plantago coronopus. — *V.* Corne-de-cerf . 199
Plante au beurre. — *V.* Moutarde blanche . 431
Plante aux œufs. — *V.* Aubergine blanche. 30
Platte erwt *(Flam.)*. — *V.* Gesse cultivée . 283
Platterbse *(All.)*. — *V.* Gesse cultivée. . . 283
— weisse *(All.)*. — *V.* Gesse cultivée. . . 283
Pnący wilec *(Pol.)*. — *V.* Patate 484
Poire de terre. — *V.* Topinambour 681
POIREAU 506
— American flag (Leek) *(Angl.)*. 510
— d'Aubervilliers 508
— *de Brabant gros court* 512
— broad flag (Leek) *(Angl.)* 510
— **de Bulgarie** 509
— Cannell's Mammoth (Leek) *(Angl.)*. . . 511
— **de Carentan**. 511
— Carentan sehr dicker Riesen Winter (Lauch) *(All.)*. 511
— chaud.. 510
— de couches. 511
— dicker langer Winter (Lauch) *(All.)*. . 508
— dickpolliger Sommer- (Lauch) *(All.)*. . 510
— dikke fransche zomer (Prei) *(Holl.)*. . . 508
— dur de Mézières. 509
— *d'été* 510
— à feuille dorée 510
— à feuille de Laiche 511
— **de Flandre d'hiver**. 509
— froid. 511
— *géant d'hiver d'Italie* 512
— *gros court* 510
— *gros court de Brabant* 512
— **gros du Midi**. 510
— *grosser dicker Brabanter (Lauch) (All.)*. 512
— **d'hiver de Flandre**. 509
— immerwährender sprossender (Lauch) *(All.)*. 512
— *incomparable d'hiver rustique* 512
— *d'Italie* 512
— jaune très gros court 510
— kurzer dicker Rouener (Lauch) *(All.)*. . 511
— large Rouen (Leek) *(Angl.)* 511
— *the Lion (Leek) (Angl.)* 512

TABLE GÉNÉRALE ALPHABÉTIQUE 781

Poireau : London flag (Leek) (*Angl.*). . . 510
— **long de Mézières** 509
— **de Mézières** 509
— **du Midi** 510
— monstrous Carentan (Leek) (*Angl.*). . . 511
— **monstrueux de Carentan** 511
— *de Musselbourg*. 512
— **de Paris d'hiver** 508
— **perpétuel** 512
— *petit de montagne* 512
— **du Poitou** 511
— de printemps 511
— **de Rouen** 511
— *Royal favourite* (Leek) (*Angl.*). 512
— *rustique d'hiver incomparable* 512
— *Scotch flag* (Leek) (*Angl.*). 512
— tête d'anguille 508
— *the Lion* 512
— **très gros jaune du Poitou** 510
— **très gros de Rouen** 511
— **très long d'hiver (de Paris)**. . . . 508
— very long winter (Leek) (*Angl.*). . . . 508
— vivace 512
Poirée. — *V.* Poireau 506
POIRÉE 513
— **blonde à carde blanche** 514
— **blonde commune** 514
— breitrippige (Silberbeete) (*All.*). 515
— **à carde blanche frisée** 515
— **à carde du Chili** 515
— à carde de Lyon 514
— cardo (Acelga) (*Esp.*) 514
— a coste bianche (Bieta) (*Ital.*) 514
— a erbacce (Bieta) (*Ital.*) 514
— a foglia (Bieta) (*Ital.*) 514
— gelbe breitrippige (Silberbeete) (*All.*). . 514
— gelbe gewöhnliche (Beete) (*All.*). . . . 514
— krause breitrippige (Silberbeete) (*All.*) . 515
— large ribbed white silver leaf (Swisschard *or* Sea-kale Beet) (*Angl.*) . . . 514
— perpetual- (Beet) (*Angl.*). 514
— scarlet *or* yellow ribbed (Chilian *or* Brazilian Beet (*Angl.*) 515
— sea-kale (Beet) (*Angl.*) 514
— silver ribbed curled (Swiss-chard *or* Sea-kale Beet) (*Angl.*). 515
— silver ribbed green leaf (Swiss-chard) *or* Sea-kale beet) (*Angl.*) 515
— spinach Beet (*Angl.*) 514
— **verte à carde blanche** 515
— *verte à large carde*. 515
— weissrippige (Silberbeete) (*All.*) 514
— *white cutting* (Leaf-Beet) (*Angl.*) . . . 514
— yellow cutting (Leaf-Beet) (*Angl.*) . . . 514
Poirette. — *V.* Poireau. 506

Pois. — *V.* Haricot 285
POIS. 516
— *abundance* (*Pea*) (*Am.*). 568
— *acacia* 563
— *Admiral* (*Pea*) (*Am.*). 568
— *Admiral Dewey* (*Pea*) (*Am.*) 568
— **Alaska**. 531
— *Alderman* (*Pea*) (*Angl.*). 568
— d'Alger. 528
— d'Alger 546
— d'Alger 558
— d'Alger sucré. 549
— Alliance 549
— Alliance (Pea) (*Angl.*). 549
— **Alpha de Laxton**. 547
— *Ambassadeur* (*Pea*) (*Angl.*) 568
— amélioré de Brives 528
— American Wonder (Pea) (*Angl.*). . . 552
— anglais de Caen. — *V.* Haricot Prédome nain 335
— anglais à rames. — *V.* Haricot Prédome à rames. 326
— anglais à rames. — *V.* Haricot Princesse à rames 327
— **d'Annonay nain très hâtif**. 540
— d'Armentières vert 539
— asperge. — *V.* Lotier cultivé. 391
— *Asterbse* (*All.*) 564
— Ausläufer (Erbsen) (*All.*) 520
— **d'Auvergne** 527
— *d'Auvergne blanc*. 563
— *d'Avent* 522
— *Batt's Wonder Pea* (*Angl.*) 566
— de Beaulieu 556
— Beauté des marchés. 528
— bec 527
— *Beck's gem* (*Pea*) (*Angl.*). 566
— bécu. — *V.* Pois chiche 572
— *Bedman's imperial* (*Pea*) (*Angl.*) . . . 566
— *Bellamy's early green marrow* (*Pea*) (*Angl.*). 567
— bergère 523
— beurre 555
— Bisalto d'Espagne 558
— **Bishop nain à longue cosse** 536
— Bishop's early (Pea) (*Angl.*) 535
— Bishop's improved (Pea) (*Angl.*) . . . 536
— Bishop's long podded (Pea) (*Angl.*). . 536
— *Bivort* 563
— *black eye* (*Pea*) (*Angl.*).. 564
— blanc. — *V.* Pois chiche 572
— *blanc d'Auvergne* 563
— bleu 539
— *de Blocksberg jaune d'or* 570
— blue Alaska (Pea) (*Am.*). 531

Pois blue Peter (Mac Lean). 542
— blue Prussian (Pea) *(Angl.)* 539
— *blue scimitar (Pea) (Angl.)* 566
— *de Bordeaux nain gros blanc*. . . . 564
— Boston Hero (Pea) *(Am.)* 548
— Boston unrivalled (Pea) *(Am.)* 548
— à bouquet 536
— de de Brauère 556
— de brebis. — *V.* Pois gris 571
— de brebis. — *V.* Pois chiche 572
— du Brésil. 546
— brésilien 520
— **de Bretagne** (très nain). 541
— *breton.* — *V.* Gesse cultivée . . . . — 283
— British Queen (Pea) *(Angl.)* 547
— de Brives. 528
— *Buchsbaum (Erbse) (All.)* 570
— café. — *V.* Lotier cultivé 391
— *de Cahors* 563
— de Californie 546
— *du Cap nain vert* 565
— *Captain Cuttle (Pea) (Angl.)* 568
— *capucin double.* 565
— **Caractacus** 521
— Careta 524
— *de Careta* (Guisante) *(Esp.)* 564
— caroubier. 558
— Carouby 558
— *carré*. — *V.* Gesse cultivée 283
— *carré blanc* 563
— carré fin 529
— Carter's First crop (Pea) *(Angl.)* . . . 521
— Carter's Telephone (Pea) *(Angl.)*. . . 545
— de Casca (Ervilhas) *(Port.)*. 554
— *Celebrity (Pea) (Angl.)* 568
— **cent-pour-un**, vert. 532
— *de Cérons hâtif* 563
— *Champion of England (Pea) (Angl.)* . 568
— *Champion of Paris (Pea) (Angl.)* . . . 567
— *Champion of Scotland (Pea) (Angl.)* . 569
— *Champion of the World (Pea) (Angl.)*. 569
— *des champs.* — *V.* Pois gris 571
— charge bas 536
— *Charlton (Pea) (Angl.)* 566
— chaud. 520
— **Chelsea** *gem (Pea) (Angl.)* 568
— Chelsea gem Bijou (Pea) *(Angl.)*. . . 552
— Chevalier blanc 549
— Chevalier vert 550
— **CHICHE.** 572
— **chiche blanc**. 572
— *ciche.* 572
— *ciche rouge.* — *V.* H. rouge d'Orléans. 311
— citron. 572
— **de Clamart**. 529

Pois de Clamart hâtif. 526
— **de Clamart nain hâtif**. 537
— *Claudit (Pea) (Am.)*. 566
— Climax. 550
— *cochon.* — *V.* H. suisse blanc 306
— **colosse**. 546
— colossus (Pea) *(Angl.)*. 546
— come lhe tudo (Ervilhes) *(Port.)*. . . 554
— *de Commenchon* 563
— *de Commenchon sans parchemin*. . . 565
— *connaisseur (Pea) (Angl.)*. 568
— **corne-de-bélier sans parchemin**. . . 556
— cornu. 572
— cosaque. 526
— **à cosse violette** 543
— *des Côtes-du-Nord vert*. 565
— *couronné*. 565
— **Couturier** 540
— *Criterion (Pea) (Angl.).* 568
— croche 556
— crochu blanc 527
— crochu à large cosse 556
— crochu à rebours 528
— crochu vert. 533
— *Crown Prince (Pea) (Am.)* 568
— de cuisine nain 549
— de cuisine à rames 546
— *cukrowy (Groch) (Pol.)* 554
— *Cullingford's Champion (Pea) (Angl.)*. 569
— *Daisy (Pea) (Angl.)* 568
— *dall'occhio nero (Pisello) (Ital.)* . . . 564
— à la dame 558
— Danecroft rival (Pea) *(Angl.)* 522
— Daniel 522
— the Daniel (Pea) *(Angl.)*. 545
— **Daniel O'Rourke** 522
— **Debarbieux nain mangetout**. . . . 561
— *Dickson's Favourite (Pea) (Angl.)* . . . 566
— *Dillistone's early (Pea) (Angl.)*. . . . 521
— dlia louchtchenia (Gorokhy) *(Russe)* . 520
— *Dr Hogg (Pea) (Angl.)*. 568
— *Dr Mac Lean (Pea) (Angl.)* 568
— doigt de dame 563
— Dominé 563
— doré 563
— Drochet 560
— **Duc d'Albany** 548
— Duke of Albany (Pea) *(Angl.)*. . . . 548
— *Duke of York (Pea) (Angl.)* 568
— dwarf crooked sugar (Pea) *(Angl.)*. . 562
— dwarf Dutch (Pea) *(Angl.)*. 562
— dwarf gray seeded large podded sugar (Pea) *(Angl.)* 560
— *dwarf prolific (Pea) (Angl.)* 567
— *earliest of all (Pea) (Angl.)* 566

Pois : early Emperor (Pea) (*Angl.*)... . . . 523
— early frame (Pea) (*Angl.*) 524
— *early Kent (Pea) (Angl.)* 566
— *early maple (Pea) (Angl.).* 568
— *East Kentish invicta (Pea) (Angl.).* . . 566
— **Éclair** 521
— *à écosser à rames à grain ridé blanc* . 544
— — *à rames à grain ridé vert* 547
— — *à rames à grain rond blanc* 520
— — *à rames à grain rond vert* 531
— — *demi-nains à grain ridé blanc* . . . 549
— — *demi-nains à grain ridé vert.* . . . 550
— — *demi-nains à grain rond blanc* . . . 535
— — *demi-nains à grain rond vert* . . . 537
— — *nains à grain ridé.* 552
— — *nains à grain rond blanc* 540
— — *nains à grain rond vert* 542
— edible podded (Pea) (*Angl.*) 554
— **émeraude** 522
— English wonder (Pea) (*Angl.*) 553
— enredaderos (Guisantes) (*Esp.*) 520
— Erin's Queen (Pea) (*Angl.*). 547
— Eugénie 549
— *Excelsior marrow (Pea) (Angl.).* . . . 567
— *Exonian (Pea) (Angl.)* 568
— **Express** 531
— extra early (Pea) (*Angl.*). 520
— extra early dwarf Britanny sugar (Pea) (*Angl.*). 560
— extra early Pioneer (Pea) (*Angl.*) . . . 520
— extra early Summit (Pea) (*Am.*) . . . 520
— extra early very dwarf edible podded (Pea) (*Angl.*). 562
— *Fairbeard's Surprise (Pea) (Angl.)* . . 566
— faucille. 527
— *fève* 563
— Figure. 530
— Fillbasket 538
— First and best (Pea) (*Angl.*) 520
— *Flack's imperial (Pea) (Angl.).* 566
— fleuriste 524
— à fourrage. — *V.* Pois gris 571
— da frasca (Piselli) (*Ital.*) 520
— French canner (Pea) (*Am.*) 527
— friand 560
— friolet 560
— *frühe* Brockel (Erbse) (*All.*). 523
— *frühe Heinrich's Zucker (Erbse) (All.).* 571
— *frühe* Spaliererbse (*All.*) 523
— *frühe* weisse Mai (Erbse) (*All.*) . . . 523
— *frühe* weisse Holländische (Erbse) (*All.*). 523
— *früheste* niedrige Treib-Zucker (Erbse) (*All.*). 562
— *Gardener's delight (Pea) (Angl.).* . . . 568

Pois *Gauthier*. 525
— *géant*. 563
— géant de Beaulieu. 556
— **géant de Saumur** 529
— *de Gendbrugge.* 520
— *de Gendbrugge biflore le plus hâtif* . 563
— *giant emerald marrow (Pea) (Angl.)* . 568
— giant marrow (Pea) (*Angl.*) 530
— giant very large podded sugar (Pea) (*Angl.*). 558
— Girling's (Pea) (*Angl.*). 522
— **Gladiateur.** 538
— glass (Pea) (*Angl.*) 522
— **Gloire de Witham**. 553
— Gontier nain 540
— goulu. 554
— goulu blanc. 554
— gourmand blanc à large cosse 556
— Gourouf à rames. 546
— Gourouf nain. 549
— *de Gouvigny.* 563
— *de Grâce à châssis (Buchsbaum) très hâtif (All.).* 571
— *de Grâce très nain (Buchsbaum) sans parchemin (All.).* 571
— **Gradus.** 544
— **GRIS** 571
— gris. — *V.* Pois chiche. 572
— gris d'hiver. 571
— gris de printemps. 571
— *gros blanc de Silésie*. 563
— **gros bleu nain** 539
— **gros carré vert normand** 534
— à gros grain de Saumur. 529
— *gros jaune.* 563
— gros Michaux. 524
— *gros quarantain de Cahors.* 563
— *grosse graue Florentiner Zucker- (Erbse) (All.).* 570
— grüne Preussische Zwerg- (Erbse) (*All.*) 539
— di guscio tenero (Piselli) (*Ital.*) . . . 554
— Hair's Defiance (Pea) (*Angl.*). 547
— *Hair's dwarf Mammoth (Pea) (Angl.).* 569
— *Harbinger (Pea) (Angl.)* 566
— haricot. 563
— Harrison's Glory (Pea) (*Angl.*). . . . 538
— Harrison's Vorbote (Erbse) (*All.*) . . . 531
— le plus hâtif 523
— *le plus hâtif biflore de Gendbrugge.* . 563
— hâtif de Plainpalais. 520
— hâtif uniflore de Gendbrugge 520
— *Hay's Mammoth (Pea) (Angl.).* . . . 569
— *de Henri sans parchemin* 571
— *de Hollande grand sans parchemin* . 571
— de Hollande jaune 522

Pois de Hollande nain	536	Pois mangetout demi-nain à œil noir	565
— de Hollande sans parchemin nain hâtif.	565	— mangetout sans rames	565
— de Hollande vert	523	— mangetout serpette vert	565
— Holländische grünbleibende späte Zucker (Erbse) (All.)	571	— mangia tutto (Piselli) (Ital.)	554
		— de Marly	563
— Holländische Michaux (Erbse) (All.)	523	— May Queen (Pea) (Sutton) (Angl.)	569
— improved early Champion (Pea) (Angl.)	521	— le Meilleur de tous, de Mac Lean	550
— Jacques	528	— Merveille d'Amérique	552
— jaune d'or de Blocksberg (Erbse) (All.)	570	— Merveille d'Angleterre	553
— John Bull (Pea) (Angl.)	569	— Merveille d'Étampes	526
— Joseph	522	— Merveille de Lyon	564
— Kaiser Wilhelm II (Erbse) (All.)	550	— Michaux de Chantenay	524
— Kapuziner (Erbse) (All.)	558	— Michaux de Hollande	523
— Kapuziner (Erbse) (All.)	570	— Michaux de Nanterre	564
— Kelvedonian (Pea) (Angl.)	569	— Michaux à œil noir	564
— Kentish invicta (Pea) (Angl.)	566	— Michaux ordinaire	524
— de Kéroulas nain	541	— Michaux de Ruelle	524
— King Edward VII (Pea) (Angl.)	569	— Michemolette	564
— de Knight ridé	546	— Migron	564
— Knight's dwarf green (Pea) (Angl.)	550	— minimum (Pea) (Angl.)	569
— Knight's green wrinkled marrow (Pea) (Angl.)	547	— à la moelle de Victoria	530
		— monstre	546
— Knight's tall marrow (Pea) (Angl.)	546	— Morin	556
— large crooked sugar (Pea) (Angl.)	556	— Multum in parvo (Pea) (Angl.)	569
— late wrinkled green (Pea) (Angl.)	569	— nain Bishop à longue cosse	536
— Lauréat	567	— nain à châssis très hâtif	540
— Laxton's Evergreen (Pea) (Angl.)	566	— nain géant sans parchemin	560
— Laxton's Fillbasket (Pea) (Angl.)	538	— nain Gontier	540
— Laxton's Marvel (Pea) (Angl.)	569	— nain gros blanc de Bordeaux	564
— Laxton's Omega (Pea) (Angl.)	569	— nain gros sucré	564
— Laxton's Pride of the Market (Pea) (Angl.)	542	— nain hâtif	535
		— nain hâtif anglais	535
— Laxton's prolific long pod (Pea) (Angl.)	567	— nain hâtif de Van Celst	540
— Laxton's the Shah (Pea) (Angl.)	544	— nain de Hollande	536
— Laxton's Superlative (Pea) (Angl.)	567	— nain de Kéroulas	541
— Laxton's Supreme (Pea) (Angl.)	533	— nain mangetout Debarbieux	561
— Laxton's Unique (Pea) (Angl.)	567	— nain ordinaire	536
— Laxton's William Hurst (Pea) (Angl.)	553	— nain très hâtif d'Annonay	540
— Leicester defiance (Pea) (Angl.)	567	— nain vert gros	539
— Léopold II	525	— nain vert impérial	537
— Lévêque	535	— nain vert petit	564
— Lever de soleil	520	— Nanet	540
— Lightning (Pea) (Angl.)	521	— Napoléon	550
— little gem (Pea) (Angl.)	569	— Nec plus ultra (Pea) (Angl.)	569
— łuskowy (Groch) (Pol.)	520	— Nelson's Vanguard (Pea) (Angl.)	569
— Lustra	547	— néné	540
— Lustral	547	— neue gelbschotige Zucker-Perl- (Erbse)	570
— Lyonnais à rames	556	— normand gros carré vert	534
— Mac Lean's Best of all (Pea) (Angl.)	550	— Norwich wonder (Pea) (Angl.)	569
— Mac Lean's Blue Peter (Pea) (Angl.)	542	— Nott's Excelsior (Pea) (Am.)	569
— de Madère	563	— de Noyon vert	539
— de Malaga. — V. Pois chiche	572	— Nutting's n° 1 (Pea) (Angl.)	550
— Mammouth ridé grand vert	570	— oléagineux de la Chine. — V. Soja	657
— mangetout	554	— Orgueil du marché	542
— mangetout à rames à grain vert	556	— Pâquerette	568

TABLE GÉNÉRALE ALPHABÉTIQUE

Pois : Paradise marrow (Pea) (Angl.) . . 567
— Payne's Conqueror (Pea) (Angl.) . . . 569
— de Pecquencourt 521
— perdrix. 571
— à la perle. 560
— Peruvian black eye marrow fat (Pea) (Am.). 567
— petit pois de Paris 524
— Peulen (Holl.) 554
— Pfahl- (Erbsen) (All.). 520
— Philadelphia extra early (Pea) (Am.). 567
— Pierre. 521
— Pioneer (Pea) (Angl.). 570
— de Plainpalais. 520
— **Plein-le-panier** 538
— le plus hâtif 523
— le plus hâtif biflore de Gendbrugge . . 563
— pointu. — V. Pois chiche 572
— pole (Peas) (Angl.). 520
— à la poule. 560
— prime 523
— **Prince Albert** 520
— Princess of Wales (Pea) (Angl.). . . 570
— Prizetaker (Pea) (Angl.). 567
— Prizetaker green marrow (Pea)(Angl.) 567
— prodige. 523
— prodige de Laxton 569
— profusion. 564
— de Prusse 530
— à purée 534
— quarantain. 564
— quarante-deux. 564
— quarante-deux vert 564
— Ramshorn Sugar- (Pea) (Angl.). . . . 556
— de Régneville. 520
— à la reine 523
— à la reine 536
— à la reine 537
— à la reine 560
— remontant blanc. 525
— remontant vert à demi-rames 564
— remontant vert à rames 564
— Réva (Erbse) (All.). 571
— ridé grand vert Mammoth (Pea) (Angl.). 570
— **ridé gros blanc à rames** 547
— **ridé gros vert à rames**. 547
— **ridé de Knight**. 546
— **ridé nain blanc hâtif** 549
— **ridé nain vert hâtif**. 550
— ridé sans pareil 564
— ridé sucré 546
— ridé très nain à bordures. 565
— ridé vert à rames. 564
— Riesen Kapuziner (All.) 558

Pois : Rising sun (Pea) (Angl.) 567
— Rollisson's Victoria (Pea) (Angl.). . . . 547
— de Rouen. — V. Haricot suisse blanc . 306
— royal dwarf (Pea) (Angl.). 567
— royal Victoria (Pea) (Angl.) 530
— ruban. — V. Haricot Dolique asperge. . 343
— Ruhm von Cassel (Erbse) (All.) 571
— rural New Yorker (Pea) (Am.) 521
— sabre 528
— de Sainte-Catherine. — V. Haricot de Lima. 340
— de Sainte-Catherine. 560
— de la Sainte-Catherine 524
— **de Saint-Désirat**. 558
— Saint-Quentin 556
— Sansgter Nr 1 (Pea) (Angl.) 521
— sans filets. — V. Haricot Princesse à rames 327
— *sans parchemin* 554
— — — demi-nains 560
— — — nains 562
— — — à rames 555
— — — beurre. 555
— — — de de Bruère 556
— — — **corne-de-bélier** 556
— — — à cosse jaune. 565
— — — à fleur et cosse blanches. . . . 571
— — — à fleur rouge. 565
— — — **fondant de Saint-Désirat** . . 558
— — — **géant à très large cosse** . . 558
— — — grand à fleur blanche 556
— — — grand de Hollande 571
— — — **hâtif à large cosse** 554
— — — de Henri. 571
— — — nain gris 565
— — — **nain hâtif Breton** 560
— — — nain hâtif de Hollande 565
— — — nain ordinaire. 565
— — — **nain à très large cosse**. . . 560
— — — **de quarante jours**. 554
— — — **ridé à demi-rames**. 565
— — — **ridé nain** 565
— — — très hâtif à fleur rouge. 565
— — — **très nain hâtif à châssis** . . 562
— sans pareil. 564
— Sarry. 503
— **de Saumur géant** 529
— Schnabel Schal- (Erbse) (All.). 527
— de sept ans. — V. Haricot de Lima . . 340
— serpette 527
— serpette 556
— serpette amélioré de Brives. 528
— **serpette amélioré à longue cosse** . 528
— serpette express 532
— **serpette nain blanc**. 552

Pois serpette nain vert	553
— serpette vert	533
— **Shah de Perse**	544
— Shanley marrow (Pea) (*Angl.*)	547
— *Sharpe's early Paragon* (Pea) (*Angl.*)	570
— *the Sherwood* (Pea) (*Angl.*)	570
— *Shilling's Grotto* (Pea) (*Angl.*)	567
— *de Silésie blanc*	563
— souche. — *V.* Haricot de Lima	340
— *Spanische Marotte* (*Erbse*) (*All.*)	564
— sparjevyié (Gorokhy) (*Russe*)	554
— Stabel- (Erbsen) (*All.*)	520
— *Standard* (Pea) (*Angl.*)	570
— **Stratagème**	553
— *Stuart's Paradise* (Pea) (*Angl.*)	567
— sucré. — *V.* Lotier cultivé	391
— de sucre à rames. — *V.* Haricot Princesse à rames	327
— sugar (Peas) (*Angl.*)	554
— *Supplanter* (Pea) (*Angl.*)	567
— Sutton's Emerald gem (Pea) (*Angl.*)	522
— Taber's Perfection (Pea) (*Angl.*)	521
— tall (Peas) (*Angl.*)	520
— tall butter sugar (Pea) (*Angl.*)	555
— tall early large pod sugar (Pea) (*Angl.*)	554
— tall green seeded sugar (Pea) (*Angl.*)	556
— tall marrow (Pea) (*Angl.*)	530
— tall six weeks white sugar (Pea) (*Angl.*)	554
— tall white - flowering scimitar (Pea) (*Angl.*)	556
— *tall white Mammoth* (Pea) (*Angl.*)	569
— *Telegraph* (Pea) (*Angl.*)	570
— **Téléphone**	545
— de terre. — *V.* Arachide	10
— the Daniel (Pea) (*Angl.*)	545
— *the Sherwood* (Pea) (*Angl.*)	570
— Thorn's Royal Britain (Pea) (*Angl.*)	547
— Tom-Thumb	540
— Tom-Thumb (Pea) (*Angl.*)	540
— Tonkin	543
— tord	528
— tortu nain	560
— tortu à rames	556
— tous les nœuds	535
— **très hâtif de Mai**	522
— **très nain de Bretagne**	541
— **très nain Couturier**	540
— **à trois cosses**	533
— *turc*	565
— tyczny (Groch) (*Pol.*)	520
— ultra	547
— de Van Celst	540
— vert d'Armentières	539
— **vert cent-pour-un**	532
— *vert des Côtes-du-Nord*	565
Pois vert nain du Cap	565
— vert nain champêtre de seconde saison	537
— **vert de Noyon**	539
— Victor très hâtif à longue cosse	526
— **Victoria marrow**	530
— volltragende Englische gelbe Mai-(Erbse)	523
— vysokié (Gorokhy) (*Russe*)	520
— *Ward's Incomparable* (Pea) (*Angl.*)	569
— Washington (Pea) (*Am.*)	521
— Waterloo (Pea) (*Angl.*)	530
— weisse frühe Pariser (Erbse) (*All.*)	524
— Wellington (Pea) (*Angl.*)	530
— *Wem* (Pea) (*Angl.*)	570
— white Eugenie *or* Alliance (Pea) (*Angl.*)	549
— *white Russian* (Pea) (*Angl.*)	567
— white scimitar (Pea) (*Angl.*)	527
— *William*	532
— *William the Conqueror* (Pea) (*Angl.*)	567
— William the first (Pea) (*Angl.*)	532
— **William hâtif**	532
— *Willwatch* (Pea) (*Angl.*)	569
— **Wilson**	551
— G.-F. Wilson (Pea) (*Angl.*)	551
— Witham wonder (Pea) (*Angl.*)	553
— Wonder of the world (Pea) (*Angl.*)	547
— *Woodford marrow* (Pea) (*Angl.*)	567
— *Yorkshire Hero* (Pea) (*Angl.*)	570
— Zucker- (Erbsen) (*All.*)	554
Poivre du Brésil. — *V.* Piment	492
— de Calicut. — *V.* Piment	492
— de Cayenne. — *V.* Piment de Cayenne	494
— corail. — *V.* Piment rouge long ordinaire	493
— d'Espagne. — *V.* Piment	492
— de Guinée. — *V.* Piment	492
— d'Inde. — *V.* Piment	492
— long. — *V.* Piment	492
— long. — *V.* Piment rouge long ordinaire	493
— de Portugal. — *V.* Piment	492
Poivron. — *V.* Piment	492
Polei-Münze (*All.*). — *V.* Menthe Pouliot	430
Polevoï kresse (*Russe*). — *V.* Cresson des prés	229
— tmine (*Russe*). — *V.* Carvi	69
Polonanyk (*Russe*). — *V.* Ficoïde Glaciale	249
Polyne (*Russe*). — *V.* Absinthe	1
Pomedore (*Russe*). — *V.* Tomate	663
Pomidor (*Pol.*). — *V.* Tomate	663
Pomme d'amour. — *V.* Tomate	663
— de Grenade. — *V.* Melon Dudaïm	425
— d'or. — *V.* Tomate	663
— du Pérou. — *V.* Tomate	663
POMME DE TERRE	573
— — *Abdul-Hamid* (*Kartoffel*) (*All.*)	617
— — *Achille Lémon*	606
— — *Achilles* (*Kartoffel*) (*All.*)	617

TABLE GÉNÉRALE ALPHABÉTIQUE 787

Pomme de terre : Adirondack (Potato) (Am.) . 615
— — d'Afrique. — *V.* Oxalis tubéreux . . 480
— — *Alexandrine Poussard*. 606
— — *Alice Fenn (Potato) (Angl.)*. 611
— — *Alkohol (Kartoffel) (All.)*. 617
— — *Alpha (Potato) (Am.)* 615
— — américaine (Provence). 598
— — *américaine blanche* 607
— — American wonder (Potato) *Angl.)* . 596
— — de l'Amériqne. 595
— — anglaise. 586
— — anglaise hâtive 590
— — Arlequin. 598
— — *artichaut jaune*. 606
— — ash-top fluke (Potato) *(Angl.)*. . . 586
— — *Aspasie*. 606
— — asperge 619
— — *Augustine d'Étampes*. 606
— — *Aurora (Kartoffel) (All.)*. 617
— — d'Auvergne jaune longue. 594
— — Balle de farine. 595
— — *de Bavière rouge*. 610
— — Bed's Hero (Potato) *(Angl.)*. 588
— — de Belgique blanche plate 606
— — *Belle Augustine*. 606
— — **Belle Écossaise** 579
— — **Belle de Fontenay** 591
— — **Belle de Juillet**. 592
— — Belle de Vincennes. 594
— — *Belle de Vincennes* 606
— — Berthère 594
— — *Biscuit (Kartoffel) (All.)*. 617
— — *Bismarck (Kartoffel) (All.)*. 617
— — *black kidney (Potato) (Angl.)*. . . . 614
— — *black Prince (Potato) (Angl.)*. . . . 614
— — **Blanchard** 604
— — *blanche plate de Belgique* 606
— — *bleue hâtive*. 607
— — Bole 577
— — Bonhomme 585
— — *Bonne Wilhelmine* 606
— — boulangère 591
— — *boulangère d'Islande*. 586
— — *Bourbon-Lancy* 607
— — *Boursier* 609
— — *Bovinia (Potato) (Angl.)*. 611
— — **Brandale** 587
— — *Breesee's peerless (Potato) (Am.)* . 615
— — *Breesee's prolific (Potato) (Am.)* . . 615
— — **la Bretonne**. 604
— — de Brie jaune longue 594
— — Brinkworth challenger (Potato) *(Angl.)* 595
— — *Britannia (Potato) (Angl.)* 611
— — *Brownell's Beauty (Potato) (Am.)*. . 616

Pomme de terre : bush *(Potato) (Angl.)*. . 618
— — *Caillaud* 606
— — caillou blanc. 586
— — **caillou à germe bleu**. 586
— — *Calico (Potato) (Am.)* 616
— — **Canada** 580
— — **Cardinal**. 599
— — Carter's early race-horse (Potato) *(Angl.)* 590
— — *Catawhisa* 618
— — *Centennial (Potato) (Am.)* 616
— — Cetewayo (Potato) *(Angl.)*. 602
— — *Chagford kidney (Potato) (Angl.)* . 611
— — *Champion* 614
— — *Champion kidney (Potato) (Angl.)* . 611
— — Chancellor (Potato) *(Angl.)*. 584
— — *Chandernagor*. 606
— — *Chardon* 607
— — *Charlemagne* 618
— — **Chave**. 577
— — Cigarette 579
— — *Cinquantenaire*. 607
— — *Clermontoise* 607
— — *Coldstream (Potato) (Angl.)* 611
— — *Comice d'Amiens* 607
— — *Compton's Surprise (Potato) (Am.)* . 616
— — la Comtoise 595
— — *Confédérée* 608
— — *Confédérée* 612
— — *de Conflans*. 609
— — *Constance Péraut* 618
— — *des Cordillières*. 607
— — *Corne blanche*. 619
— — *cornette rose*. 610
— — cornichon 590
— — *cornichon chaud*. 588
— — *cornichon rose*. 600
— — *cornichon rouge*. 610
— — *cornichon tardif*. 608
— — Cottager's red (Potato) *(Angl.)* . . . 599
— — *cueilleuse*. 609
— — **la Czarine**. 603
— — *Dabers'che (Kartoffel) (All.)*. . . . 618
— — *Dalmahoy (Potato) (Angl.)*. 611
— — *Dawe's Matchless (Potato) (Angl.)*. . 611
— — *the Dean (Potato) (Angl.)*. 612
— — *Descroizilles*. 607
— — deux fois l'an 588
— — *Docteur Bretonneau*. 607
— — *Doigt de dame*. 618
— — early Alma kidney (Potato) *(Angl.)*. 590
— — early Bedford kidney (Potato) *(Angl.)* 592
— — early Bryanstone kidney (Potato) *(Angl.)* 611
— — *early cottage (Potato) (Am.)*. . . . 616

Pomme de terre : early Emperor Napoleon
(Potato) (Angl.) 612
— — early Gooderich (Potato) (Am.) . . 616
— — early June (Potato) (Angl.) 612
— — early May Queen (Potato) (Angl.) . 612
— — early Ohio (Potato) (Am.) 616
— — early Puritan (Potato) (Angl.) . . . 612
— — early Regent (Potato) (Angl.) 577
— — early rose 598
— — early rose (Potato) (Angl.) 598
— — écharpée 605
— — Édouard Lefort 607
— — Mr Eiffel 608
— — Éléphant blanc 598
— — England's Fair beauty (Potato)
(Angl.) 611
— — épinard 607
— — Euphyllos (Kartoffel) (All.) 617
— — Eureka (Potato) (Am.) 616
— — excellente naine 607
— — Excelsior kidney (Potato) (Angl.) . . 611
— — extra early Vermont (Potato) (Angl.) 616
— — farineuse rouge 595
— — feinste kleine weisse Mandel (Kartoffel) (All.) 618
— — Fenn's early market (Potato) (Angl.) 612
— — à feuille de noyer 588
— — à feuille d'ortie 592
— — à feuille panachée 598
— — Fin de siècle 579
— — fleur de pêcher 604
— — flocon de neige 583
— — fouilleuse 592
— — frühe blaue Riesen (Kartoffel) (All.). 618
— — frühe rote Märkische (Kartoffel)
(All.) 618
— — Garnet Chili (Potato) (Angl.) 595
— — the Garton (Potato) (Angl.) 612
— — géante bleue 601
— — géante de l'Ohio 583
— — géante de Reading 585
— — géante des sables 619
— — géante sans pareille 582
— — gelbe rose (Kartoffel) (All.) 618
— — Gem (Potato) (Angl.) 612
— — General Roberts (Potato) (Angl.) . 612
— — généreuse 599
— — Genest 608
— — à germe blanc parisienne hâtive . . 588
— — à germe bleu velu 586
— — à germe violet 594
— — Globus (Kartoffel) (All.) 618
— — Golden eagle (Potato) (Angl.) ... 612
— — Grampian (Potato) (Angl.) 612
— — Grand Chancelier 584

Pomme de terre grosse jaune deuxième
hâtive 607
— — Hannibal (Kartoffel) (All.) 618
— — Harbinger (Potato) (Angl.) 612
— — Harry's kidney (Potato) (Angl.) . . . 590
— — hâtive de Bourbon-Lancy 607
— — hâtive à germe violet 590
— — hâtive de Pontarlier 610
— — Hénaut 591
— — Hermann (Kartoffel) (All.) 618
— — Hogg's Coldstream (Potato) (Angl.) . 611
— — de Hollande grosse 588
— — de Hollande jaune longue 608
— — de Hollande rouge 600
— — igname 611
— — Imperator 580
— — Incomparable 605
— — Institut de Beauvais 597
— — International kidney (Potato)
(Angl.) 612
— — d'Irlande tardive 610
— — Islandaise 608
— — jaune longue d'Auvergne 594
— — jaune longue de Brie 594
— — jaune longue de Hollande 594
— — jaune longue de Hollande 608
— — jaune d'or de Norvège 579
— — jaune ronde hâtive 578
— — Jeancé 608
— — Jeanne d'Arc 617
— — Jersey purple (Potato) (Angl.) . . . 614
— — Jeuxy 608
— — Joseph Rigault 595
— — Joyau d'Agnelli 581
— — Juli (Kartoffel) (All.) 592
— — Juno (Kartoffel) (All.) 618
— — Junon 618
— — Juwel (Kartoffel) (All.) 580
— — Kaiser (Kartoffel) (All.) 618
— — Karl der Grosse (Kartoffel) (All.) . . 618
— — Kerr's Cigaret (Potato) (Angl.) . . . 579
— — Kerr's Merit (Potato) (Angl.) 610
— — kidney 588
— — kidney rouge hâtive 615
— — King of the early (Potato) (Am.) . . 616
— — King of Flukes (Potato) (Angl.) . . . 613
— — Kleopatra (Kartoffel) (All.) 618
— — Kopsell's frühe weisse Rosen (Kartoffel) (All.) 618
— — la Bretonne 604
— — la Comtoise 595
— — la Czarine 603
— — la Marseillaise 597
— — la Meilleure de Bellevue 608
— — Lady Webster (Potato) (Angl.) . . . 613

Pomme de terre : Lapstone (Potato) *(Angl.)*. 586
— — *late rose (Potato) (Angl.)*. 616
— — **Leda (Potato)** *(Angl.)*. 613
— — *Lerchen (Kartoffel) (All.)* 618
— — *De Lesquin* 610
— — *Lord of the Isles (Potato) (Angl.)* . . 613
— — *Louis d'or*. 606
— — de Madagascar. 602
— — Madeleine. 577
— — **Magnum bonum** 585
— — *de Malabry*. 609
— — *de Malte* 608
— — *Mangel-Wurzel (Kartoffel) (All.)*. . 618
— — *Manhattan (Potato) (Am.)*. 616
— — *Manning's kidney (Potato) (Angl.)*. 611
— — *Marceau* 608
— — Marjolaine. 588
— — **Marjolin** 588
— — Marjolin tardive 594
— — **Marjolin Têtard** 589
— — la Marseillaise. 597
— — *Martinshorn (Kartoffel) (All.)* . . . 619
— — *la Meilleure de Bellevue*. 608
— — *Meldrum Conqueror (Potato) (Angl.)* 612
— — Merveille d'Algérie. 599
— — **Merveille d'Amérique**. 596
— — Merveille de Tours 586
— — *Milky white (Potato) (Angl.)*. . . . 613
— — *Model (Potato) (Angl.)*. 613
— — moissonnette jaune. 578
— — *moissonnette violette* 614
— — *Mona's pride (Potato) (Angl.)* . . . 613
— — *Monsieur Eiffel* 608
— — *Montana (Kartoffel) (All.)*. 619
— — Myatt's ash-leaved kidney (Potato) *(Angl.)*. 590
— — Myatt's prolific kidney (Potato)*(Angl.)* 590
— — *naine hâtive* 608
— — **négresse** 602
— — *de neuf semaines* 606
— — Nieren (Kartoffel) *(All.)* 588
— — *noisette Sainville* 608
— — **de Norvège jaune d'or** 579
— — *oblongue de Malabry* 609
— — Ohio junior (Potato) *(Am.)*. 583
— — old dwarf top ash-leaf loose (Potato) *(Angl.)*. 590
— — d'Orléans 578
— — *Our boys (Potato)(Angl.)*. 613
— — parisienne 589
— — parisienne. 593
— — parisienne (Limousin). 598
— — *Parmentière*. 608
— — Pasteur. 609
— — *Paterson's long blue (Potato) (Angl.)* 614

Pomme de terre : Paterson's Victoria (Potato) *(Angl.)* 613
— — *patraque blanche* 609
— — patraque jaune. 577
— — *Patte blanche*. 611
— — Peach blow (Potato) *(Am.)* 604
— — *Peach blow (Potato) (Am.)* 617
— — Peake's first early (Potato) *(Angl.)* . 604
— — Pebble white (Potato) *(Angl.)*. . . . 586
— — *Péraut* 618
— — Perfection kidney (Potato) *(Angl.)*. . 586
— — Perle d'Erfurt 592
— — de Perthuis 577
— — Pertuis rouge *(Algérie)*. 599
— — Pfluckman's (Kartoffel) *(All.)* . . . 588
— — *Poméranie* 618
— — *de Pontarlier hâtive*. 610
— — *Porter's Excelsior (Potato) (Angl.)* . 613
— — **Pousse debout** 600
— — précoce de Sèvres 588
— — *précoce de Vindecy* 609
— — Primrose 598
— — **Prince de Galles** 593
— — **Princesse**. 594
— — *printanière* 610
— — **Professeur Mærker**. 581
— — *Professor (Potato) (Angl.)* 614
— — **de Provence ronde hâtive** 577
— — prussienne 595
— — *purple ash-leaved kidney (Potato) (Angl.)* 614
— — **quarantaine de la halle** 594
— — quarantaine hâtive 588
— — quarantaine de Noisy. 594
— — **quarantaine plate hâtive**. 584
— — *quarantaine à tête rose* 609
— — **quarantaine violette** 601
— — *Queen of the valley (Potato) (Am.)*. 617
— — quenelle demi-hâtive. 594
— — *Radstock beauty (Potato) (Angl.)*. . 612
— — Ratte 587
— — *Reading russett (Potato) (Angl.)* . . 614
— — *Rector of Woodstock (Potato) (Angl.)* 614
— — *red fluke (Potato) (Am.)* 617
— — red skinned flour ball (Potato) *(Angl.)*. 595
— — Regent (Potato) *(Angl.)* 577
— — Reine blanche 609
— — Reine de Mai 609
— — **Reine des polders** 585
— — *Rentpayer (Potato) (Angl.)*. 614
— — Richter's Imperator (Kartoffel) *(All.)* 580
— — *Richter's Schneerose (Kartoffel)(All.)* 619
— — Rickmaker 609
— — *Riesen Sand (Kartoffel) (All.)*. . . . 619

Pomme de terre : River's ash-leaved kidney
(Potato) (*Angl.*) 590
— — Rixton's pippin (Potato) (*Angl.*) . . . 586
— — *rognon rose*. 609
— — rognon violet 601
— — *Rohan*. 609
— — *ronde d'Alger*. 606
— — *ronde de Caracas*. 606
— — **ronde hâtive de Provence**. 577
— — *Rosace de Villiers-le-Bel*. 609
— — *Rosalie (Kartoffel) (All.)*. 619
— — rose hâtive 598
— — *rose jaune* 618
— — rose parisienne tardive. 594
— — *rosée de Conflans*. 609
— — *rosette*. 610
— — *rote Böhmische (Kartoffel) (All.)*. . 619
— — rote Tannenzapfen (Kartoffel) (*All.*). 601
— — *rote unvergleichliche Salat- (Kartoffel) (All.)*. 619
— — rouge d'Amérique 596
— — *rouge de Bavière* 610
— — *rouge de Bohême* 619
— — rouge de Hollande. 600
— — *rouge longue de Hollande*. 610
— — *rouge ronde de Strasbourg* 610
— — rouge tardive 599
— — *roussette* 614
— — royal ash-leaved kidney (Potato) (*Angl.*) 590
— — royal ash top (Potato) (*Angl.*) . . . 590
— — **Royale**. 590
— — *rubanée*. 616
— — *Ruby (Potato) (Am.)*. 617
— — russe 589
— — *Sächsische Zwiebel gelbfleischige (Kartoffel) (All.)*. 619
— — *Sächsische Zwiebel weissfleischige (Kartoffel) (All.)*. 619
— — Saint-André de Suède. 600
— — *Saint-Germain* 610
— — *Saint-Jean*. 578
— — *Saint-Patrick (Potato) (Angl.)*. . . 614
— — *Sainte-Hélène*. 610
— — *Sainte-Hélène tardive*. 610
— — *Sand (Aardappel) (Flam.)*. 607
— — Sandringham early kidney (Potato) (*Angl.*) 588
— — **Saucisse** 599
— — *Saucisse blanche*. 610
— — *Saucisse blonde* 609
— — savonnette. 599
— — de Saxe. 607
— — *Schoolmaster (Potato) (Angl.)* . . . 614
— — *Scotch blue (Potato) Angl.)* 614

Pomme de terre : Scotch champion (Potato) (*Angl.*) 614
— — Sechswochen (Kartoffel) (*All.*) . . . 588
— — *Segonzac* 578
— — *Seguin* 610
— — *select blue ash-leaf (Potato) (Angl.)*. 614
— — seven weeks (Potato) (*Angl.*). . . . 590
— — de Sèvres précoce. 588
— — Sharpe's Victor (Potato) (*Angl.*) . . 987
— — Shaw. 577
— — Shaw (Potato) (*Angl.*). 577
— — Snowflake (Potato) (*Angl.*). 583
— — *Sonnet* 610
— — souffleuse 589
— — *Spargel- (Kartoffel) (All.)* 619
— — *Standard (Potato) (Angl.)*. 614
— — de Strasbourg rouge ronde 610
— — Strazelle 590
— — *superb (Potato) (Angl.)*. 614
— — Sutton's early race-horse (Potato) (*Angl.*) 592
— — Sutton's seedling kidney (Potato) (*Angl.*) 584
— — *Tanguy*. 610
— — *tardive d'Irlande* 610
— — the Dean (Potato) (*Angl.*) 612
— — the Garton (Potato)(*Angl.*). 612
— — à tige couchée. 606
— — *Triumph (Potato) (Am.)* 617
— — de trois mois 578
— — *truffe*. 614
— — *truffe d'Août* 610
— — *Turner's Union (Potato) (Angl.)* . . 614
— — *Unica (Kartoffel) (All.)*. 620
— — Up-to-date (Potato) (*Angl.*). 579
— — Uxlip seedling (Potato) (*Angl.*) . . . 586
— — Van Acker 601
— — *Van der Veer (Kartoffel) (All.)*. . . 620
— — Veitch's ash-leaved kidney (Potato) (*Angl.*) 590
— — *Vermont beauty (Potato) (Am.)*. . . 616
— — *Vicar of Laleham (Potato) (Angl.)* . 614
— — Vick's Perfection (Potato) (*Angl.*) . 598
— — **Victor extra hâtive**. 587
— — *Village blacksmith (Potato) (Angl.)*. 614
— — de Vindecy précoce 609
— — violette 610
— — violette grosse. 614
— — **Vitelotte**. 601
— — Vitelotte belge 599
— — Vitelotte noire. 602
— — *vosgienne*. 608
— — Walnut-leaved kidney (Potato) (*Angl.*) 588
— — Washington 595
— — *Webb's Imperial (Potato) (Angl.)*. . 611

TABLE GÉNÉRALE ALPHABÉTIQUE 791

Pomme de terre Wéry 610
— — white elephant (Potato) (*Angl.*) . . . 598
— — *white Emperor* (*Potato*) (*Angl.*) . . 615
— — *white peach blow* (*Potato*) (*Am.*) . . 617
— — *white pink* (Potato) (*Angl.*) 610
— — *Willard* (*Potato*) (*Am.*) 617
— — *Wonderful red kidney* (*Potato*) (*Angl.*) 615
— — Wood's scarlet prolific (Potato) . . . 596
— — *Woodstock kidney* (*Potato*) (*Angl.*) . 615
— — *Wormleighton seedling* (*Potato*) (*Angl.*) 615
— — *Wormley kidney* (*Potato*) (*Angl.*) . 611
— — *Xavier* 611
— — *yam* 611
— — Yorkshire Hero (Potato) (*Angl.*) . . . 586
— — Yorkshire hybrid (Potato) (*Angl.*) . . 594
— — de Zélande 611
— — Zwickauer frühe (Kartoffel) (*All.*) . . 577
Pommette. — *V.* Mâche 392
Pomodoro (*Ital.*). — *V.* Tomate 663
Pompoen (*Flam. et Holl.*). — *V.* Courge . 200
Pondeuse. — *V.* Aubergine blanche 30
Popone (*Ital.*). — *V.* Melon 403
Porcelein (*Flam. et Holl.*). — *V.* Pourpier. 620
Porcelin. — *V.* Pourpier 620
Porcellana (*Ital.*). — *V.* Pourpier 620
Porcellane. — *V.* Pourpier 620
Porchailles. — *V.* Pourpier 620
Porette. — *V.* Poireau 506
Porotos (*Esp., Rép. Arg.*). — *V.* Haricot . 285
Porrandello (*Ital.*). — *V.* Ail d'Orient . . 3
Porre (*Dan.*). — *V.* Poireau 506
Porreau. — *V.* Poireau 506
Porree (*All.*). — *V.* Poireau 506
Porro (*Ital.*). — *V.* Poireau 506
Portoulak sadóvy (*Russe*). — *V.* Pourpier . 620
Portulaca (*Ital.*). — *V.* Pourpier 620
Portulaca oleracea. — *V.* Pourpier . . . 620
Portulak (*All. et Dan.*). — *V.* Pourpier . . 620
Portulak Trådgårds (*Suéd.*). — *V.* Pourpier 620
Pory (*Pol.*). — Poireau 506
Postelein (*Flam. et Holl.*). — *V.* Pourpier. 620
Postelijn (*Flam. et Holl.*). — *V.* Pourpier. 620
— Winter- (*Holl.*). — *V.* Claytone . . . 179
Potatis (*Suéd.*). — *V.* Pomme de terre . . 573
Potato (*Angl.*). — *V.* Pomme de terre. . . 573
— Carolina (*Am.*). — *V.* Patate 484
— Irish (*Am.*). — *V.* Pomme de terre. . . 573
— Spanish (*Am.*). — *V.* Patate 484
— sweet (*Angl.*). — *V.* Patate 484
Pote. — *V.* Thym ordinaire 662
Poterium Sanguisorba. — *V.* Pimprenelle . 502
POTIRONS. — *V.* Courges Potirons 201

Pot-marigold (*Angl.*). — *V.* Souci des jardins 660
Pouilleux. — *V.* Thym ordinaire 662
Pouillu. — *V.* Thym ordinaire 662
Poule grasse. — **V.** Mâche commune . . . 392
Poumotte. — *V.* Mâche. 393
POURPIER 620
— doré 621
— **doré à large feuille** 621
— gele (Postelein) (*Holl.*) 621
— golden (Purslane) (*Angl.*) 621
— goldgelber (Portulak) (*All.*) 621
— goldgelber breitblättriger (Portulak)(*All.*) 621
— green (Purslane) (*Angl.*) 621
— grœne (Postelein) (*Holl.*) 621
— grüner (Portulak) (*All.*) 621
— d'hiver. — *V.* Claytone de Cuba 179
— **vert** 621
Pourrat. — *V.* Ail d'Orient 3
Pourriole. — *V.* Ail d'orient 3
Poziomka (*Pol.*). — *V.* Fraisier des bois . . 254
Prei (*Flam et Holl.*) — *V.* Poireau 506
Prezzemolo (*Ital.*). — *V.* Persil. — . . . 486
Primrose evening (*Angl.*). — *V.* Onagre bisannuel 476
Prinsenmuts (*Flam.*). — *V.* Courges Patissons 218
Prude femme. — *V.* Arroche 11
Prynards-Kurbiss (*Suéd.*). — *V.* Coloquintes. 221
Pueraria Thunbergiana. — *V.* Kudzu . . . 348
Puerro (*Esp.*). — *V.* Poireau 506
Pumpa (*Suéd.*). — *V.* Courge 200
— Vintner-(*Suéd.*). — *V.* Courges Potirons. 201
Pumpkin (*Angl.*). — *V.* Courges Potirons. 201
Purjo-lök (*Suéd.*). — *V.* Poireau 506
Purlog (*Dan.*). — *V.* Ciboule 177
Purslane (*Angl.*). — *V.* Pourpier 620
— Cuban winter (*Angl.*). — *V.* Claytone de Cuba 179

Quatre-épices. — *V.* Nigelle aromatique . . 454
Quendel (*All.*). — *V.* Thym sauvage 662
Quimbombo (*Esp., Am.*). — *V.* Gombo . . 284
QUINOA BLANC. — *V.* Ansérine 9
— white(*Angl.*).—*V.*Ansérine Quinoa blanc 9
Quoimio du Chili. — *V.* Fraisier du Chili . 260
— de Virginie. — *V.* Fraisier écarlate . . . 259

Raap (*Flam. et Holl.*). — *V.* Navet 434
Raapkool (*Flam.*). — *V.* Chou-rave 170
Rabanete (*Port.*). — *V.* Radis 622
Rabanetes (*Port.*). — *V.* Radis de tous les mois 624
Rabanito (*Esp.*). — *V.* Radis 622
Rabanitos (*Esp.*). — *V.* Radis de tous les mois 624

Rabanos (*Esp.* et *Port.*). — *V.* Radis d'hiver.	641	Radis à cheval. — *V.* Raifort sauvage.	646
Rabao (*Port.*). — *V.* Radis	622	— *de Chine d'hiver blanc*	644
— de cavalho (*Port.*). — *V.* Raifort sauvage.	646	— **de Chine d'hiver rose**	643
Rabarbar (*Pol.*). — *V.* Rhubarbe	648	— *de Chine d'hiver violet*	644
Rabarbaro (*Ital.*). — *V.* Rhubarbe	648	— Chinese rose-coloured winter (Radish) (*Angl.*)	643
Rabarber (*Flam.*, *Holl.* et *Suéd.*).— *V.* Rhubarbe	648	— Chinesischer langer rosenroter Winter-(Rettig) (*All.*)	643
Rabinschen (*All.*). — *V.* Mâche commune .	392	— *Cincinnati market* (Radish) (*Am.*)	634
Rabiole. — *V.* Navet	434	— *de Collioure*	636
Rabioule. — *V.* Navet	434	— dark red ball (Radish) (*Am.*)	626
Rabioule. — *V.* Navet Turnep	449	— **demi-long blanc**	632
Rabitrouille. — *V.* Navet d'Auvergne hâtif.	451	— **demi-long blanc de Strasbourg**	639
Rabola long. — *V.* Rave de Vienne	635	— **demi-long écarlate**	630
— plat. — *V.* Radis blanc rond d'été	637	— **demi-long écarlate à bout blanc**	631
Racine blanche. — *V.* Panais	481	— **demi-long écarlate hâtif forme d'olive**	630
— jaune. — *V.* Carotte	54	— demi-long écarlate de Vitry-le-François.	630
— de Saint-Esprit. — *V.* Angélique	8	— **demi-long rose (forme d'olive)**	629
Radicchio (*Ital.*). — *V.* Chicorée sauvage .	104	— **demi-long rose à bout blanc** race de Paris	629
Radicia (*Ital.*). — *V.* Chicorée sauvage	104	— — — race du Midi	629
Radice (*Ital.*). — *V.* Radis	622	— demi-long rose de Vaugirard	629
Radies (*All.*). — *V.* Radis	622	— **demi-long violet à bout blanc**	631
Radijs (*Flam.* et *Holl.*). — *V.* Radis	622	— de Desbent	642
RADIS	622	— dlinny (Radise) (*Russe*)	645
— *d'Août*	642	— długa (Rzodkiew) (*Pol.*)	645
— *d'Août gros gris*	645	— *dunkel blutrote* (*Radies*) (*All.*)	645
— **d'Augsbourg**	642	— earliest carmine olive (Radish) (*Am.*)	631
— Augsburger langer Winter- (Rettig) (*All.*)	642	— earliest dwarf Erfurt (Radish) (*Am.*)	625
— **D'AUTOMNE**	637	— earliest scarlet forcing (Radish) (*Am.*)	625
— Beckert's improved Chartier (Radish) (*Am.*)	634	— earliest white (Radish) (*Am.*)	632
— bianco (Ramolaccio) (*Ital.*)	635	— early frame scarlet (Radish) (*Angl.*)	633
— black long Spanish (Radish) (*Angl.*)	641	— early golden yellow oval summer (Radish) (*Angl.*)	639
— black long summer (Radish) (*Angl.*)	640	— early purple turnip-rooted (Radish) (*Angl.*)	628
— black round Spanish (Radish) (*Angl.*)	641	— early round dark red (Radish) (*Am.*)	626
— blanc d'automne	642	— early scarlet globe (Radish) (*Am.*)	626
— *blanc de Californie*	645	— early turnip rooted white tipped scarlet (Radish) (*Angl.*)	625
— *blanc demi-long de la Meurthe et de la Meuse*	645	— *early while box* (*Radish*) (*Am.*)	637
— **blanc géant de Stuttgart**	637	— early white giant Stuttgart (Radish) (*Angl.*)	637
— *blanc d'hiver de Chine*	644	— early white small turnip rooted (Radish) (*Angl.*)	628
— blanc de l'Hôpital	639	— écarlate à quatre feuilles	630
— blanc long de Mai	635	— Erfurter Dreienbrunnen (Monats-Radies).	625
— *blanc de Meurthe-et-Moselle*	645	— **D'ÉTÉ**	637
— blanc petit hâtif de Hollande	628	— d'été jaune d'or ovale	639
— **blanc rond d'été**	637	— **à forcer demi-long blanc très hâtif**	632
— **blanc de Russie**	642	— **à forcer demi-long écarlate à bout blanc**	631
— boër	634	— **à forcer demi-long écarlate très hâtif**	631
— de Bougival	626	— **à forcer demi-long rose à bout blanc**	630
— bout blanc	629	— **à forcer rond écarlate à bout blanc**	627
— Brébant	629		
— bright breakfast (Radish) (*Am.*)	630		
— *de Californie blanc*	645		
— cardinal white tipped (Radish) (*Am.*)	634		
— *celestial*	645		
— Chartier's improved (Radish) (*Angl.*)	634		

TABLE GÉNÉRALE ALPHABÉTIQUE 793

Radis à forcer rond écarlate hâtif . . . 626
— à forcer rond rose à bout blanc . . . 625
— à forcer rond rose hâtif 625
— à forcer rouge globe. 626
— *à forcer rouge vif sans feuilles*. . . . 627
— French breakfast (Radish) (*Angl.*) . . . 629
— früher gelber Wiener Mai (Rettig) (*All.*) 638
— früher weisser Wiener Mai (Rettig) (*All.*) 637
— *früher Zwei-Monat (Rettig)* (*All.*). . . 645
— golden globe (Radish) (*Angl.*) 638
— goldgelber ovaler Sommer *oder* Mai (Rettig) (*All.*). 639
— *de Gournay violet*. 642
— *gris d'été oblong* 645
— **gris d'été rond**. 639
— *gris d'hiver de Laon* 642
— gris de Saint-Jean 639
— **gros blanc d'Augsbourg**. 642
— *gros gris d'Août* 645
— *gros d'hiver de Ham* 645
— half long scarlet (Radish) (*Angl.*). . . . 630
— *de Ham gros d'hiver* 645
— **D'HIVER** 641
— de Hollande blanc petit hâtif. 628
— *de l'Hôpital blanc* 639
— Icicle (Radish) (*Angl.*). 635
— **jaune d'été**. 638
— jaune de Saint-Jean 638
— *des Juifs* 642
— Lady Finger (Radish) (*Am.*) 635
— Långa- (Råttichor) (*Suéd.*) 645
— lange rosenrote (Radies) (*All.*) 632
— *lange violette* (Radies) (*All.*). 635
— lange weisse durchsichtige Treib- (Radies) (*All.*). 635
— lange weisse grünköpfige (Radies) (*All.*) 635
— *lange weisse Wiener Mai* (*Radies* (*All.*). 635
— lange zwarte (Rammenas) (*Holl.*). . . . 641
— langer kohlschwarzer Pariser Winter- (Rettig) (*All.*). 641
— langer schwarzer Sommer- (Rettig) (*All.*) 640
— *de Laon* 642
— large white Spanish winter (Radish). 642
— letnia i jesienna (Rzodkiew) (*Pol.*) . . . 637
— lietnii i ociennii (Riedyse) (*Russe*) . . . 637
— Livingston's Pearl forcing (Radish) (*Am.*) 635
— long blanc de Mai. 635
— long brightest scarlet (Radish) (*Am.*) . . 634
— long Normandy (Radish) (*Angl.*). . . . 636
— long purple (Radish) (*Angl.*). 635
— long scarlet (Radish) (*Angl.*). 632
— long scarlet short top (Radish) (*Am.*) . . 632
— long white Naples (Radish) (*Angl.*). . . 635
— *long white Vienna* (*Radish*) (*Angl.*) . . 635
— de Madras 622

Radis de Madras 645
— de Mahon 645
— Marsh (Radish) (*Angl.*) 636
— de Metz 626
— *de la Meurthe et de la Meuse, demi-long blanc* 645
— miesięczna (Rzodkiewka) (*Pol.*) 624
— Monats- (Radies) (*All.*) 624
— de Montdidier 628
— national 625
— navet. 643
— *Ninenge daïkon* 644
— **noir d'été rond** 639
— **noir gros long d'hiver** 641
— **noir gros rond d'hiver** 641
— **noir long d'été** 640
— *Non plus ultra* (*Radish*) (*Angl.*). 626
— oblong white (Radish) (*Angl.*) 632
— olive shaped deep scarlet short leaf forcing (Radish) (*Angl.*) 631
— olive shaped deep scarlet white tipped (Radish) (*Angl.*). 631
— olive shaped early deep scarlet (Radish) (*Angl.*) 630
— olive shaped purple white tipped (Radish) (*Angl.*) 631
— olive shaped scarlet (Radish) (*Angl.*) . . 629
— olive shaped scarlet white tipped (Radish) (*Angl.*) 629
— olive shaped scarlet white tipped forcing (Radish) (*Angl.*). 630
— olive shaped white (Radish) (*Angl.*) . . 632
— olive shaped white forcing (Radish) (*Angl.*). 632
— ovale rosenrote (Radies) (*All.*) 629
— ovale rosenrote mit weissem Knollenende Treib- (Radies) (*All.*). 630
— ovale scharlachrote Treib- (Radies) (*All.*) 630
— ovale scharlachrote Treib- (Radies) mit weissem Knollenende (*All.*) 631
— ovale violette mit weissem Knollenende (Radies) (*All.*). 631
— ovale weisse (Radies) (*All.*) 632
— ovale weisse kurzlaubige Treib- (Radies) (*All.*). 632
— **du Pamir rond écarlate**. 644
— Paris beauty (Radish) (*Am.*). 630
— parisien 629
— petits radis 624
— *Philadelphia white box* (*Radish*) (*Am.*). 637
— Prussian scarlet globe (Radish) (*Am.*). . 626
— rapid forcing (Radish) (*Am.*). 625
— rat-tailed (Radish) (*Angl.*) 645
— **Rave blanche à collet vert**. 635
— — Chartier. 634

Radis Rave écarlate à bout blanc ...	634
— Rave à forcer blanche transparente.	635
— — longue écarlate............	634
— — du Mans..............	636
— — de marais..............	636
— — rose à bout blanc.........	634
— — rose à collet rond..........	633
— — rose hâtive à châssis.......	633
— — rose longue saumonée......	632
— — tortillée du Mans..........	636
— — de Vienne..............	635
— — violette................	635
— red rocket (Radish) (Am.).......	631
— redondo branco (Rabao) (Port.) ...	627
— redondo roso (Rabao) (Port.).....	624
— redondo violetta (Rabao) (Port.) ...	628
— rond blanc................	627
— rond blanc petit hâtif.........	628
— rond écarlate hâtif...........	626
— rond écarlate du Pamir........	644
— rond jaune extra hâtif........	628
— rond jaune d'or hâtif.........	638
— rond rose à bout blanc........	625
— rond rose hâtif.............	624
— rond rose hâtif de Metz........	626
— rond rose ou saumoné........	624
— rond rouge foncé............	645
— rond rouge lie de vin.........	645
— rond rouge sang de bœuf......	626
— rond violet à bout blanc.......	628
— rond violet hâtif............	628
— ronde rose roode (Radijs) (Holl.) ...	624
— ronde violette (Radijs) (Holl.).....	628
— ronde zwarte (Rammenas) (Radis) (Holl.)	641
— rose bout blanc.............	629
— rose China winter (Radish) (Am.) ...	643
— rose d'hiver de Chine........	643
— rosenrothe runde Monats-(Radies (All.).	624
— rosso (Ramolaccio) (Ital.).......	632
— rosy gem (Radish) (Am.).......	625
— rouge de couche............	631
— roux d'été................	638
— Ruby pearl (Radish) (Am.).......	627
— runde allerfrüheste kurzlaubige weisse Monats- (Radies) (All.)........	628
— runde frühe violette Treib-(Radies) (All.)	628
— runde sehr frühe weisse Monats- (Radies) (All.).................	627
— runder gelber Wiener- (Rettig) (All.)..	638
— runder grosser Mülhauser (Rettig) (All.).	641
— runder scharlachroter aus der Pamir (Rettig) (All.).............	644
— runder schwarzer Winter- (Rettig) (All.)	641
— russe...................	634
— russe pour forcer............	633
Radis de Russie..............	638
— de Russie blanc............	642
— de Saint-Jean gris...........	639
— de Saint-Jean jaune..........	638
— salmon (Radish) (Angl.)........	632
— scarlet button (Radish) (Am.)....	626
— scarlet China winter (Radish) (Am.)..	643
— scarlet gem (Radish) (Am.)......	627
— Schlangen- (Rettig) (All.).......	645
— schwarzer runder Sommer-(Rettig)(All.)	639
— serpent.................	622
— SERPENT.................	645
— Shepherd white tipped (Radish) (Am.).	634
— slange- (Rœddike) (Dan.)........	645
— small (Radishes) (Angl.)........	624
— Sommer- (Rettig) (All.)........	637
— Spitalgarten weisser Sommer- (Rettig) (All.).................	639
— de Strasbourg (noir)..........	641
— de Strasbourg demi-long blanc ...	639
— Strassburger weisser Sommer- (Rettig) (All.)..................	639
— Stuttgarter weisser Riesen (Rettig) (All.).	637
— summer (Radish) (Angl.)........	637
— DE TOUS LES MOIS...........	624
— Triomphe................	627
— turnip rooted black small summer (Radish) (Angl.)............	639
— turnip rooted dark blood red (Radish) (Angl.).................	626
— turnip rooted deep scarlet (Radish)...	626
— turnip rooted deep scarlet forcing (Radish) (Angl.).............	626
— turnip rooted deep scarlet Pamir (Radish) (Angl.).................	644
— turnip rooted deep scarlet white tipped forcing (Radish) (Angl.).......	627
— turnip rooted early scarlet (Radish) (Angl.).................	624
— turnip rooted golden yellow summer (Radish) (Angl.).............	638
— turnip rooted large white summer (Radish) (Angl.).............	637
— turnip rooted scarlet (Radish) (Angl.)..	624
— turnip rooted scarlet forcing (Radish) (Angl.).................	625
— turnip rooted scarlet white tipped forcing (Radish) (Angl.).........	625
— twenty days (Radish) (Am.)......	631
— Vaughan's market (Radish) (Am.) ...	639
— de Vaugirard demi-long rose......	629
— very early turnip rooted yellow (Radish) (Angl.).................	628
— Vick's scarlet globe forcing (Radish) (Am.)..................	626

TABLE GÉNÉRALE ALPHABÉTIQUE

Radis violet de Collioure 636
— violet gros d'hiver 641
— violet d'hiver de Chine 644
— violet d'hiver de Gournay 642
— violetto (Ramolaccio) (Ital.) 635
— de Vitry-le-François 630
— vitte radijs om te broeien (Radijs) (Holl.). 628
— weisser Delicatess (Rettig) (All.) 639
— weisser langrunder Winter- (Rettig)(All.) 642
— white Chinese (Radish) (Angl.) 645
— white Hospital (Radish) (Am.) 639
— white Italian (Radish) (Angl.) 635
— white rocket (Radish) (Am.) 632
— white Strasburg summer (Radish) (Angl.) 639
— white tipped rocket (Radish) (Am.). . . 630
— white turnip rooted (Radish) (Angl.) . . 627
— winter (Radish) (Angl.) 641
— Winter (Rettig) (All.) 641
— Wood's early frame (Radish) (Angl.) . . 633
— yellow ball (Radish) (Am.) 628
— yellow turnip (Radish) (Angl.) 638
— zimnii (Riédyse) (Russe) 641
— zimowa (Rzodkiew) (Pol.) 641
— zuckerhutförmiger weisser Baskiren (Rettig) (All.) 642
Radish (Angl.). — V. Radis 622
— Horse- (Angl.). — V. Raifort sauvage . 646
Rädisor (Suéd.). — V. Radis 622
Rafano (Ital.). — V. Raifort sauvage . . . 646
RAIFORT champêtre de l'Ardèche 636
— champêtre de l'Ardèche amélioré . . . 636
— cultivé.— V. Radis noir gros long d'hiver 641
— faux raifort. — V. Raifort sauvage . . . 646
— grand raifort. — V. Raifort sauvage . . 646
— d'hiver.— V. Radis noir gros rond d'hiver 641
— **DU JAPON** 646
— **SAUVAGE** 646
Raiponce. — V. Mâche 392
RAIPONCE CULTIVÉE 647
— petite raiponce de carême.— V. Raiponce. 647
— simple. — V. Mâche ronde 393
Raisin de loup. — V. Morelle de l'Ile-de-France 431
Rammenas (Flam. et Holl.). V. Radis d'hiver. 641
Ramola. — V. Radis blanc rond d'été . . . 637
— d'été. — V. Radis gris d'été rond. . . . 639
— d'été. — V. Radis jaune d'été 638
Ramolaccio (Ital.). — V. Radis d'hiver . . 641
Rampion (Angl.). — V. Raiponce 647
Rampon. — V. Mâche 392
Rampon. — V. Raiponce 647
— double. — V. Mâche ronde 393
Ramponnet. — V. Mâche 392
Rapa (Ital.). — V. Navet 434
Raperonzolo (Ital.). — V. Raiponce 647

Raphanus Raphanistrum 622
— sativus.— V. Radis 622
— sativus L., var. caudatus. — V. Radis serpent 645
Raponchigo (Esp.). — V. Raiponce 647
Raponka (Pol.). — V. Raiponce 647
Raponka (Pol.). — V. Onagre bisannuel . . 466
Rapontica (Ital.) — V. Onagre bisannuel . . 476
Raponzolo (Ital.). — V. Raiponce 647
Rapunculo (Port.). — V. Raiponce 647
Rapunsel (Flam. et Holl.). — V. Raiponce . 647
Rapuntika (All.). — V. Onagre bisannuel . 476
Rapunzel (All.). — V. Mâche commune . . 392
Rapunzel (All.). — V. Raiponce 647
— Garten- (All.). — V. Onagre bisannuel . 476
Rapunzia (Ital.). — V. Onagre bisannuel . 476
Raqueta (Esp.). — V. Roquette 650
Rauke (All.). — V. Roquette 650
Raupenklee (All.). — V. Chenille 90
Raute (All.). — V. Rue 651
Ravanello (Ital.). — V. Radis 622
Ravanello (Ital.).— V. Radis de tous les mois. 624
RAVE. — V. Navets-Raves 443
RAVE. — V. Radis 622
RAVE. — V. Radis-Raves 632
— d'Auvergne. — V. Navet d'Auvergne . 451
— de campagne. — V. Raifort sauvage . . 646
— d'eau de Finlande 175
— grosse rave. — V. Navet 434
— grosse rave. — V. Navet turnep 449
— du Limousin. — V. Navet du Limousin. 452
— petite rave. — V. Radis 622
— plate. — V. Navet 434
— sauvage. — V. Raiponce 647
Ravonet. — V. Radis 622
Rebene (Russe). — V. Rhubarbe 648
Red pepper (Angl.). — V. Piment 492
Rediska (Russe). — V. Radis 622
Refva vinter (Suéd.). — V. Navet 434
Régence. — V. Mâche d'Italie 396
Reine des bois. — V. Aspérule odorante . . 24
Reis- Gewächs (All.). — V. Ansérine Quinoa blanc 9
Reis-Spinat Peruanischer (All.). — V. Ansérine Quinoa blanc 9
Remolacha hortelana (Esp.). — V. Betterave 37
Repienick (Russe). — V. Bardane 31
Repollo apollado (Rép.-Arg.). — V. Choux pommés 114
Reponche (Esp.). — V. Raiponce 647
Repouchon. — V. Mâche 392
Rhabarber (All. et Dan.). — V. Rhubarbe. 648
Rheum. — V. Rhubarbe 648
— Emodi. — V. Rhubarbe du Népaul . . . 650

Rheum officinale.— *V*. Rhubarbe officinale. 650
— palmatum. — *V*. Rhubarbe palmée. . . 650
— *palmatum tanghuticum* 650
— undulatum. — *V*. Rhubarbe ondulée d'Amérique. 649
Rhubarb (*Angl.*). — *V*. Rhubarbe. 648
— Monk's- (*Angl.*). — *V*. Oseille-épinard. 479
RHUBARBE 648
— *hybride Florentin* 649
— *Mitchell's Royal Albert* 649
— *Monarch (Rhubarb) (Angl.)* 649
— *Monarque* 649
— *du Népaul* 650
— *officinale vraie*. 650
— *ondulée d'Amérique* 649
— *palmée*. 650
— *rouge hâtive de Tobolsk* 649
— *de Tobolsk*. 649
— *Victoria (Myatt)*. 649
Rhubarbe (*Picardie*).—*V*. Chicorée sauvage. 104
Ribouille. — *V*. Navet turnep. 449
Ricola (*Ital.*). — *V*. Roquette. 650
Riedyse (*Russe*). — *V*. Radis 622
— *V*. Radis de tous les mois. 624
Riepa vengherskaïa (*Russe*). — *V*. Chourave 170
Rieptchaty kolokol (*Russe*). — *V*. Raiponce 647
Riesen Kohlrübe (*All.*). — *V*. Chou-navet Rutabaga 175
Rimsky latouke (*Russe*). — *V*. Laitues Romaines 378
— tchavel (*Russe*). — *V*. Oseille ronde . . 480
Ringelblume (*All.*).— *V*. Souci des jardins. 660
Robarbaro (*Ital.*). — *V*. Rhubarbe 648
Rocambole. — *V*. Ail rocambole 3
Rocambolle (*Alt.*). — *V*. Ail rocambole . . 3
Rocket (*Angl.*). — *V*. Roquette. 650
— Turkish (*Angl.*). — *V*. Bunias 48
Rödbeta (*Suéd.*). — *V*. Betterave. 37
Rodlog (*Dan.*). — *V*. Ognon 455
Rodmålla (*Suéd.*). — *V*. Épinard-fraise . . 238
Roe (*Dan.*). — *V*. Chou-navet 173
Roe (*Dan.*). — *V*. Navet 434
Rofklocka (*Suéd.*). — *V*. Raiponce 647
Roggenbolle (*All.*). — *V*. Ognon d'Égypte. 472
Röhrenlauch (*All.*). — *V*. Ciboule. 177
Rokambol (*Dan.*). — *V*. Ail rocambole . . 3
Rokambuł (*Pol.*). — *V*. Ail rocambole. . . 3
Romaine. — *V*. Laitues Romaines. 378
Romaine blonde. — *V*. Laitue grosse blonde paresseuse 360
— brune. — *V*. Laitue grosse brune paresseuse 362
— rouge dorée. — *V*. Laitue frisée d'Amérique. 377

Romana Lattuga (*Ital.*). — *V*. Laitues Romaines. 378
Romana Lechuga- (*Esp.*). — *V*. Laitues Romaines. 378
ROMARIN 650
Romaza (*Esp.*). — *V*. Oseille épinard . . . 479
Rombice (*Ital.*). — *V*. Oseille épinard. . . 479
Romero (*Esp.*). — *V*. Romarin 650
Römischer-Kümmel (*All.*). — *V*. Cumin. . 230
— Salat (*All.*). — *V*. Laitues Romaines. . 378
Roomsche latouw (*Holl*). — *V*. Laitues Romaines. 378
Roquette. — *V*. Cresson de jardin. 229
ROQUETTE CULTIVÉE. 650
Rosemary (*Angl.*). — *V*. Romarin. 650
Rosenkaal (*Dan.*). — *V*. Chou de Bruxelles 151
Rosenkohl (*All.*). — *V*. Chou de Bruxelles. 151
Rosmarin (*All., Dan. et Suéd.*). — *V*. Romarin 650
Rosmarine (*Russe*). — *V*. Romarin 650
Rosmarino (*Ital.*). — *V*. Romarin 650
Rosmarinus officinalis. — *V*. Romarin. . . 650
Roszponka (*Pol.*). — *V*. Mâche commune . 392
— włoska (*Pol.*). — *V*. Mâche d'Italie . . 396
Roúta (*Russe*). — *V*. Rue. 651
Rozemarijn (*Flam. et Holl.*).—*V*. Romarin. 650
Rozmaryn (*Pol.*). — *V*. Romarin 650
Rübe Gelb- (*All.*). — *V*. Carotte 54
— Herbst- (*All.*). — *V*. Navet 434
— Kerbel- (*All.*). — *V*. Cerfeuil tubéreux . 83
— Kohl- (*All.*). — *V*. Chou-rave 171
— Körbel- (*All.*). — *V*. Cerfeuil tubéreux . 83
— Runkel- (*All.*). — *V*. Betterave 37
— Salat- (*All.*). — *V*. Betterave 37
— Stoppel- (*All.*). — *V*. Navet 434
— Wasser- (*All.*). — *V*. Navet. 434
— Wrucken- (*All.*). — *V*. Chou-navet . . 173
Ruca (*Ital.*). — *V*. Roquette 650
Ruccola (*Ital.*). — *V*. Roquette 650
Ruchetta (*Ital.*). — *V*. Roquette. 650
Ruda (*Esp.*). — *V*. Rue 651
RUE 651
Ruibarbo (*Esp. et Port.*). — *V*. Rhubarbe. 648
Rukiew (*Pol.*). — *V*. Cresson de fontaine. . 227
Rumbarbarum (*Pol.*). — *V*. Rhubarbe. . . 648
Rumex. — *V*. Oseille. 477
— abyssinicus. — *V*. Oseille d'Abyssinie . 480
— acetosa. — *V*. Oseille commune 477
— alpinus. — *V*. Oseille des Alpes 480
— arifolius. — *V*. Oseille vierge. 479
— montanus. — *V*. Oseille vierge. 479
— Patientia 479
— scutatus. — *V*. Oseille ronde. 480
Runkelrübe (*All.*). — *V*. Betterave 37
Rush-nut (*Angl.*). — *V*. Souchet 659

Russebau. — *V.* Moutarde noire. 432
Rüsselpflanze (*All.*). — *V.* Martynia. . . . 401
Ruta graveolens. — *V.* Rue. 651
Rutabaga. — *V.* Chou-navet Rutabaga . . 175
Rzepnik (*Pol.*). — *V.* Arachide 10
— Gałucha (*Pol.*). — *V.* Gesse tubéreuse . 283
Rzeżucha ogrodowa (*Pol.*). — *V.* Cresson
   alénois 224
— pukłowa (*Pol.*). — *V.* Capucine tubéreuse. 50
— wodna (*Pol.*). — *V.* Cresson de fontaine. 227
Rzodkiew (*Pol.*). — *V.* Radis 622
Rzodkiewka (*Pol.*). — *V.* Radis. 622

Sadovy chalfeï (*Russe*).—*V.* Sauge officinale. 654
Sadovyi kresse (*Russe*).—*V.* Cresson alénois. 224
Sadrée. — *V.* Sarriette annuelle. 653
Saffran (*Suéd.*). — *V.* Safran 651
Saffron (*Angl.*). — *V.* Safran 651
SAFRAN 651
— d'automne 651
Safranpflanze (*All.*). — *V.* Safran 651
Sage garden (*Angl.*). — *V.* Sauge officinale. 654
Sakharnik nastoïyachetchy (*Russe*). — *V.*
   Chervis. 91
Sakit des Égyptiens. — *V.* Souchet. . . . 659
Salade de blé. — *V.* Mâche commune. . . 392
— blonde. — *V.* Laitue blonde de Berlin . 358
— de chanoine. — *V.* Mâche commune . . 392
— d'hiver. — *V.* Mâche commune. 392
— parisienne. — *V.* Romaine blonde maraîchère 380
— redonne blanche d'été. — *V.* Laitue
   blonde à couper 376
— redonne rouge d'été. — *V.* Laitue Merveille des quatre-saisons. 365
— romaine. — *V.* Laitue grosse brune
   paresseuse 362
— royale. — *V.* Mâche commune. 392
Salat Binde- (*All.*). — *V.* Laitues Romaines. 378
— Ezelsoor (*Flam.*).—*V.* Laitues Romaines 378
— Römischer- (*All.*). — *V.* Laitues Romaines. 378
— Rübe (*All.*). — *V.* Betterave. 37
— Schnitt- (*All.*). — *V.* Laitues à couper . 375
Sałata (*Pol.*). — *V.* Laitues. 349
— polna (*Pol.*). — *V.* Mâche commune . . 392
— rzymska (*Pol.*). — *V.* Laitues Romaines 378
— do skubania (*Pol.*). — *V.* Laitues à
   couper 375
Salate rapountsele (*Russe*). — *V.* Mâche
   commune. 392
Salbei Edel- (*All.*). — *V.* Sauge officinale. 654
— Muscateller (*All.*). — *V.* Sauge Sclarée. 655
Salie (*Flam. et Holl.*). — *Voy.* Sauge offici-
   nele 654

Saligot. — *V.* Macre. 397
Sallat vanlig- (*Suéd.*). — *V.* Laitue. . . . 349
Salsa (*Port.*). — *V.* Persil 486
Salsefia (*Ital. et Pol.*). — *V.* Salsifis. . . . 652
Salsifi (*Russe*). — *V.* Salsifis 652
— blanco (*Esp.*). — *V.* Salsifis 652
— nero (*Esp.*). — *V.* Scorsonère 656
SALSIFIS 652
— blanc. 652
— blanc amélioré à grosse racine. 652
— blanc géant à fleur rose. 652
— **Mammouth**. 652
— Mammoth Sandwich Island (Salsify)
   (*Angl.*). 652
— noir. — *V.* Scorsonère. 656
Salsify (*Angl.*). — *V.* Salsifis. 652
Salvia (*Ital. et Esp.*). —*V.* Sauge officinale. 654
— Ädel- (*Suéd.*). — *V.* Sauge officinale. . 654
— officinalis. — *V.* Sauge officinale. . . . 654
— Sclar- (*Suéd.*). — *V.* Sauge Sclarée . . 655
— Sclarea. — *V.* Sauge Sclarée. 655
Samphire (*Angl.*). — *V.* Perce-pierre . . . 486
Sandia (*Esp.*). — *V.* Melon-d'eau Pastèque. 426
Santé du corps. — *V.* Cresson de fontaine . 227
Santoreggia (*Ital.*). — *V.* Sarriette an-
   nuelle 653
Sapillo (*Ital.*). — *V.* Thym sauvage. . . . 662
Sar (*Dan.*). — *V.* Sarriette annuelle. . . . 653
SARRIETTE ANNUELLE. 653
— *commune* 653
— des montagnes 654
— **VIVACE** 654
Sarron. — *V.* Arroche Bon-Henri. 12
Satsuma imo (*Jap.*). — *V.* Patate. 484
Saturei Garten- (*All.*). — *V.* Sarriette an-
   nuelle 653
Satureia hortensis. — *V.* Sarriette an-
   nuelle 653
— montana. — *V.* Sarriette vivace 654
Sauerampfer (*All.*). — *V.* Oseille commune. 477
Sauerklee (*All.*). — *V.* Oxalis tubéreux . . 480
— Wald- (*All.*). — *V.* Oxalis-oseille . . . 481
Sauerling (*All.*). — *V.* Oseille commune. . 477
SAUGE grande. 654
— **OFFICINALE**. 654
— **SCLARÉE**. 655
Savooikool (*Flam. et Holl.*). — *V.* Chou de
   Milan 135
Savory summer (*Angl.*). — *V.* Sarriette
   annuelle 653
— winter (*Angl.*). — *V.* Sarriette vivace . 654
Savourée. — *V.* Sarriette annuelle 653
Savoy cabbage (*Angl.*).—*V.* Choux de Milan 135
Savoy-kaal (*Dan.*). — *V.* Choux de Milan. 135
Savoy-kål (*Suéd.*). — *V.* Choux de Milan. 135

Savoyerkohl (*All.*). — *V.* Choux de Milan .	135
Saxifrage maritime. — *V.* Perce-pierre . .	486
Scallop summer squash (*Angl.*). — *V.* Courges Patissons.	391
Scalogno (*Ital.*). — *V.* Échalote.	231
Scandix cerefolium. — *V.* Cerfeuil	81
Scariole. — *V.* Scarole ronde	102
SCAROLE. — *V.* Chicorée Scarole.	102
Schafmäulchen. — *V.* Mâche commune . .	392
Schal-Erbse (*All.*). — *V.* Pois à écosser . .	520
Schalotte (*All.*). — *V.* Échalote.	231
Schalottenlök (*Suéd.*). — *V.* Échalote. . .	231
Schlafkraut (*All.*). — *V.* Morelle de l'Ile-de-France	431
Schlangenkraut (*All.*). — *V.* Estragon. . .	239
Schlangenlauch (*All.*).—*V.* Ognon d'Égypte.	472
Schnecke Schnirkel- (*All.*). — *V.* Limaçon.	391
Schneckenklee (*All.*). — *V.* Limaçon . . .	391
Schnirkel-Schnecke (*All.*). — *V.* Limaçon .	391
Schnittlauch (*All.*). — *V.* Ciboulette. . .	178
Schnitt-Salat (*All.*). — *V.* Laitues à couper	375
Schnittzwiebel (*All.*). — *V.* Ciboule. . . .	177
Schorseneel (*Flam. et Holl.*). — *V.* Scorsonère	656
Schorsenerrod (*Dan.*). — *V.* Scorsonère . .	656
Schotenpfeffer (*All.*). — *V.* Piment. . . .	492
Schwamm (*All.*). —*V.* Champignon cultivé.	84
Schwarz-Kümmel (*All.*). — *V.* Cumin . . .	230
Schwarzwurzel. — *V.* Scorsonère	656
Schwedisher Turnip (*All.*).—*V.* Chou-navet.	173
Sclar-Salvia (*Suéd.*). — *V.* Sauge Sclarée .	655
Sclarée. — *V.* Sauge Sclarée	655
SCOLYME D'ESPAGNE	656
Scolymus hispanicus. — *V.* Scolyme. . . .	656
Scorpionskraut (*All.*). — *V.* Chenille . . .	90
Scorpiurus muricata. — *V.* Chenille petite.	90
— subvillosa. — *V.* Chenille velue	90
— sulcata. — *V.* Chenille rayée	90
— vermiculata. — *V.* Chenille grosse . . .	90
Scorsonera (*Angl.*). — *V.* Scorsonère . . .	656
SCORSONÈRE	656
— d'Espagne	656
— géant de Russie.	656
Scorzoner (*All.*). — *V.* Scorsonère	656
Scorzonera (*Ital.*). — *V.* Scorsonère. . . .	656
— bianca (*Ital.*). — *V.* Salsifis	652
— hispanica. — *V.* Scorsonère	656
Scurvy grass (*Angl.*). — *V.* Cochlearia. . .	180
Sea-fennel (*Angl.*). — *V.* Perce-pierre . .	486
Sea-kale (*Angl.*). — *V.* Crambé maritime .	223
Sea-kale beet (*Angl.*). — *V.* Poirée. . . .	513
Sedano (*Ital.*). — *V.* Céleri.	69
— rapa (*Ital.*). — *V.* Céleri-rave	79
See-kohl (*All.*). — *V.* Crambé maritime . .	223
Segurelha (*Port.*). — *V.* Sarriette annuelle.	653
Seldereï (*Russe*). — *V.* Céleri.	69
— vostorjennyi (*Russe*). — *V.* Céleri-rave.	79
Selderij (*Flam.*). — *V.* Céleri.	69
— Knoll- (*Flam. et Holl.*).—*V.* Céleri-rave.	79
Selery (*Pol.*). — *V.* Céleri	69
— bulwiaste (*Pol.*). — *V.* Céleri-rave. . .	79
Selleri (*Dan. et Suéd.*). — *V.* Céleri. . . .	69
— Knold (*Dan.*). — *V.* Céleri-rave	79
Sellerie (*All.*). — *V.* Céleri.	69
— Knollen- (*All.*). — *V.* Céleri-rave . . .	79
Senap brune (*Suéd.*). —*V.* Moutarde noire.	432
Senapa bianca (*Ital.*).—*V.* Moutarde blanche.	431
Senf brauner (*All.*). — *V.* Moutarde. . . .	432
— Chinesischer kohlblättriger (*All.*). — *V.* Moutarde de Chine à feuille de chou.	432
— gelber (*All.*). — *V.* Moutarde blanche .	431
— krausblättriger Chinesischer (*All.*). — *V.* Moutarde de Chine frisée	433
Sénevé. — *V.* Moutarde blanche	431
— noir. — *V.* Moutarde noire.	432
Senfkohl (*All.*). — *V.* Roquette.	650
Senonge. — *V.* Nigelle aromatique	454
Serdetchnick (*Russe*). — *V.* Cresson des prés	229
Sermollino (*Ital.*). — *V.* Thym sauvage . .	662
Serpentine. — *V.* Estragon	239
Serpolet. — *V.* Thym sauvage.	662
Serron. — *V.* Arroche Bon-Henri.	12
Seta (*Esp.*). — *V.* Champignon cultivé . .	84
Shallot (*Angl.*). — *V.* Échalote	231
Shelling peas (*Angl.*).	520
Sichorie (*Dan.*). — *V.* Chicorée sauvage. .	104
Sikoria (Endive-) (*Dan.*). — *V.* Chicorée-Endive.	92
Silberbeete (*All.*). — *V.* Poirée à carde.. .	514
Simóvnik (*Russe*). — *V.* Souchet	659
Sinapis alba. — *V.* Moutarde blanche . . .	431
— juncea. — *V.* Moutarde de Chine à feuille de chou.	432
— juncea, var. napiformis. — *V.* Moutarde de Chine à racine tubéreuse	433
— nigra. — *V.* Moutarde noire	432
Siny zvieroboi (*Russe*). — *V.* Hyssope . . .	346
Sisaro (*Ital.*). — *V.* Chervis.	91
Sisymbrium. — *V.* Cresson de jardin . . .	229
— Nasturtium. — *V.* Cresson de fontaine .	227
Sium Sisarum. — *V.* Chervis.	91
Siwiosnka (*Pol.*). — *V.* Romarin	650
Sjalot (*Flam. et Holl.*). — *V.* Échalote. . .	231
Sjö-nöt (*Suéd.*). — *V.* Macre	397
Skalœrte (*Dan.*). — *V.* Pois à écosser. . .	520
Skalotteleg (*Dan.*). — *V.* Échalote	231
Skirret (*Angl.*). — *V.* Chervis.	91
Skorsonera ormrot (*Suéd.*). — *V.* Scorsonère	656

Sladki patate (*Russe*). — *V*. Patate	484	Sparagio (*Ital*.). — *V*. Asperge	18
Slutkool (*Holl*.). — *V*. Choux pommés	114	Spargel (*All*.). — *V*. Asperge	18
Smock Lady's (*Angl*.).—*V*. Cresson des prés	229	— Erbse (*All*.). — *V*. Lotier cultivé	391
Smörtistle (*Suéd*.). — *V*. Pissenlit	502	— Salat (*All*.). — *V*. Romaine asperge	387
Smultron (*Suéd*.). — *V*. Fraisier	250	Spargelkohl (*All*.). — *V*. Chou Brocoli	165
Smyrnium Olusatrum. — *V*. Mouron	392	Sparja (*Russe*). — *V*. Asperge	18
Snail (*Angl*.). — *V*. Limaçon	391	Sparris (*Suéd*.). — *V*. Asperge	18
Snij- beet (*Flam*. et *Holl*.). — *V*. Poirée	513	Sparriskaal (*Suéd*.). — *V*. Chou Brocoli	165
Snij-salade (*Holl*.). — *V*. Laitues à couper	375	Spearmint (*Angl*.). — *V*. Menthe verte	430
Snijselderij (*Flam*.). — *V*. Céleri à couper	78	Speenkruid (*Flam*.).—*V*. Valériane d'Alger	683
Socker rot aleta (*Suéd*.). — *V*. Chervis	91	Speerkruid (*Holl*.). — *V*. Valériane d'Alger	683
Soczewica (*Pol*.). — *V*. Lentille	389	Speise-Kürbiss (*All*.). — *V*. Courge	200
Soïa-fasól (*Russe*). — *V*. Soja	657	Speise-Maïs (*All*.). — *V*. Maïs sucré	397
SOJA	657	Spenat (*Suéd*.). — *V*. Épinard	233
— Bohne (*All*.)	657	— hvit indisk (*Suéd*.). — *V*. Baselle blanche	32
— China white gram Soja bean (*Angl*.). — *V*. Soja	657	— syra (*Suéd*.). — *V*. Oseille épinard	479
— d'Étampes	658	Spilanthe des potagers.—*V*. Cresson de Para	230
— **hâtif de la Podolie**	659	Spilanthes acmella. — *V*. Cresson de Para	230
— hispida. — *V*. Soja	657	— fusca. — *V*. Cresson du Brésil	230
— **ordinaire à grain jaune**	658	— oleracea. — *V*. Cresson de Para	230
— **de la Podolie hâtif**	659	Spinaccio (*Ital*.). — *V*. Épinard	233
— *très hâtif à grain brun*	659	Spinach (*Angl*.). — *V*. Épinard	233
Soja-Bohne (*All*.). — *V*. Soja	657	— Mountain- (*Angl*.). — *V*. Arroche	11
Sojaböna (*Suéd*.). — *V*. Soja	657	— New Zealand- (*Angl*.).— *V*. Tétragone cornue	661
Sojulida (*Esp*.). — *V*. Sarriette annuelle	653	Spinacia glabra. — *V*. Épinards à graine ronde	235
Solanum esculentum. — *V*. Aubergine	25	— oleracea. — *V*. Épinard	232
— Lycopersicum. — *V*. Tomate	663	— oleracea. — *V*. Épinard ordinaire	233
— Melongena. — *V*. Aubergine	25	— oleracea β. — *V*. Épinards à graine ronde	235
— Melongena, var. Brissyal. — *V*. Aubergine de Madras	30	— spinosa. — *V*. Épinard ordinaire	233
— nigrum.— *V*. Morelle de l'Ile-de-France	431	Spinage (*Angl*.). — *V*. Épinard	233
— ovigerum. — *V*. Aubergine blanche	30	Spinat (*All. et Dan*.). — *V*. Épinard	233
— racemigerum. — *V*. Tomate groseille	679	— Engelsk (*Dan*.). — *V*. Oseille épinard	479
— tuberosum. — *V*. Pomme de terre	573	— Englischer- (*All*.). — *V*. Oseille épinard	479
Soldanela maritima.— *V*. Crambé maritime	223	— ganzblättriger Indischer- (*All*.). — *V*. Baselle à feuille en cœur	33
Soleil vivace. — *V*. Topinambour	681	— grüner Indischer- (*All*.). — *V*. Baselle blanche	32
Solsicka (*Suéd*.). — *V*. Souci des jardins	660	— Malabar- (*All*.). — *V*. Baselle blanche	32
Sommar-kyndel (*Suéd*.). — *V*. Sarriette annuelle	653	— Neuseeländischer- (*All*.).—*V*. Tétragone	661
Sonnenwirbel (*All*.). — *V*. Mâche commune	392	— Nyseelandsk- (*Dan*.). — *V*. Tétragone	661
Sorrel (*Angl*.). — *V*. Oseille commune	477	— Ny-Seeländsk- (Spinat) (*Dan*.). —*V*. Tétragone	661
— Wood- (*Angl*.). — *V*. Oxalis-oseille	481	— Winter- (*All*.). — *V*. Oseille épinard	479
Sotchavitsa (*Russe*). — *V*. Lentille	389	Spinazie (*Flam*. et *Holl*.). — *V*. Épinard	233
Souchet comestible	659	— Blijvende (*Flam*.).— *V*. Oseille épinard	479
— sultan	659	Spoon wort (*Angl*.). — *V*. Cochlearia	180
— tubéreux	659	Sprossenkohl Brüsseler (*All*.). — *V*. Choux de Bruxelles	151
SOUCI DES JARDINS	660	Sprouts (*Angl*.). — *V*. Choux verts	144
Souki blanc des Indes.—*V*. Courge à la moelle	214	Sprouts Brussels- (*Angl*.). — *V*. Chou de Bruxelles	151
Sourdock (*Angl*.). — *V*. Oseille commune	477	Spruitkool (*Flam*. et *Holl*.). — *V*. Chou de Bruxelles	151
Southernwood (*Angl*.). — *V*. Aurone	31		
Sowthistle cultivated (*Angl*.). — *V*. Picridie	491		
Spaansche peper (*Holl*.). — *V*. Piment	492		
Spanische Artischoke (*All*.). — *V*. Cardon	51		
Spanish potato (*Am*.). — *V*. Patate	484		

TABLE GÉNÉRALE ALPHABÉTIQUE

Squash (*Am.*). — *V.* Courge 200
— bush (*Angl.*). — *V.* Courges Patissons . 218
— Scallop summer (*Angl.*). — *V.* Courges Patissons. 218
— Turban (*Angl.*). — *V.* Courges Giraumons 209
— winter (*Am.*). — *V.* Courges Potirons . 201
Stachelbeere Capische (*All.*). — *V.* Alkékenge jaune doux. 4
STACHYS affinis. — *V.* Stachys tubéreux . 660
— palustris. — *V.* Stachys tubéreux. . . . 660
— **TUBÉREUX**. 660
— tuberifera. — *V.* Stachys tubéreux. . . 660
Stångböna (*Suéd.*). — *V.* Haricots à rames. 291
Star of the earth (*Angl.*). — *V.* Corne-decerf 199
Steekraap (*Flam.*). — *V.* Chou-navet . . . 173
Steinbrech (*All.*). — *V.* Perce-pierre . . . 486
Stenlök (*Suéd.*). — *V.* Ciboule 177
Stoppel-Rübe (*All.*). — *V.* Navet 434
Storbladigbasilik (*Suéd.*). — *V.* Basilic grand. 33
Störböna (*Suéd.*). — *V.* Haricots à rames . 291
Stöt-batat (*Suéd.*). — *V.* Patate. 484
Strandkaal (*Dan.*). — *V.* Crambé maritime. 223
Strankål (*Suéd.*). — *V.* Crambé maritime . 223
Strätta (*Suéd.*). — *V.* Angélique 8
Strawberry (*Angl.*). — *V.* Fraisier 250
— Blite (*Angl.*). — *V.* Épinard-fraise . . . 238
— Chili (*Angl.*) 260
— -Tomato (*Angl.*). — *V.* Alkékenge jaune doux. 4
Succory (*Angl.*). — *V.* Chicorée sauvage. . 104
Sugar-maize (*Angl.*). — *V.* Maïs sucré . . 397
Suikerijwortel (*Flam. et Holl.*). — *V.* Chicorée à grosse racine 107
Suikerwortel (*Flam.*). — *V.* Chervis. . . . 91
Suikwa (*Jap.*). — *V.* Melon-d'eau. 426
Sukampo (*Jap.*). — *V.* Oseille commune. . 477
Sukkerrod (*Dan.*). — *V.* Chervis 91
Surelle. — *V.* Oseille commune. 477
Surelle. — *V.* Oxalis oseille. 481
Surelle tubéreuse. — *V.* Oxalis tubéreux. . 480
Surette. — *V.* Oseille commune. 477
Süsse Batata (*All.*). — *V.* Patate 484
Süsser Majoran (*All.*). — *V.* Marjolaine ordinaire. 400
Sveklovitsa obyknovennaïa (*Russe*). — *V.* Betterave. 37
Svensk Turnip (*Suéd.*).— *V.* Chou-navet. . 173
Sverbitchka (*Russe*). — *V.* Bunias. 48
Swede (*Angl.*). — *V.* Chou-navet. 173
Swedish-turnip (*Angl.*). — *V.* Chou-navet. 173
Sweet potato (*Angl.*). — *V.* Patate 484
Swiss-chard beet (*Angl.*). — *V.* Poirée . . 513
Syra (*Suéd.*). — *V.* Oseille commune . . . 477
— spenat (*Suéd.*). — *V.* Oseille épinard . . 479

Syre-almindelig (*Dan.*). — *V.* Oseille commune. 477
Szafran (*Pol.*). — *V.* Safran. 651
Szalotka (*Pol.*). — *V.* Échalote 231
Szałwia lekarska (*Pol.*). — *V.* Sauge officinale 654
Szampiony (*Pol.*). — *V.* Champignon cultivé 84
Szaparagi (*Pol.*). — *V.* Asperge. 18
Szczaw (*Pol.*). — *V.* Oseille commune . . 477
— szpinakowy (*Pol.*). — *V.* Oseille épinard. 479
Szczawik (*Pol.*). — *V.* Oxalis tubéreux . . 480
Szczypiorek pospolity (*Pol.*). — *V.* Ciboulette. 178
— trwały (*Pol.*). — *V.* Ciboule vivace. . . 178
Szpinak (*Pol.*). — *V.* Épinard. 233
— Nowozelandzki (*Pol.*). — *V.* Tétragone. 204

Tagetes lucida 239
Tamané (*Jap.*). — *V.* Ognon 455
Tampopo (*Jap.*). — *V.* Pissenlit. 502
Tanacée. — *V.* Tanaisie 661
Tanaceto (*Ital. et Esp.*). — *V.* Tanaisie . . 661
Tanacetum vulgare. — *V.* Tanaisie 661
TANAISIE. 661
Tansy (*Angl.*). — *V.* Tanaisie. 661
Taperier des Provençaux. — *V.* Câprier. . 48
Taramagno (*Esp.*). — *V.* Raifort sauvage. . 646
Taraxacum Dens Leonis. — *V.* Pissenlit . 502
— officinale. — *V.* Pissenlit 502
Tare one-flowered (*Angl.*). — *V.* Lentille d'Auvergne. 391
Targone (*Ital.*). — *V.* Estragon 239
Tarragon (*Angl.*). — *V.* Estragon 239
Tartaufe. — *V.* Pomme de terre 573
Tartufle. — *V.* Pomme de terre 573
Tartufoli (*Ital.*). — *V.* Topinambour . . . 681
Tarwe Turksche- (*Flam. et Holl.*). — *V.* Maïs sucré 397
Tchaber lietny (*Russe*). — *V.* Sariette annuelle 653
— mnogolietni (*Russe*). — *V.* Sariette vivace 654
— obyknoviennyi (*Russe*). — *V.* Sariette annuelle 653
— Zinnsy (*Russe*). — *V.* Sariette vivace . 654
Tchavel górny (*Russe*). — *V.* Oseille vierge. 479
— rinsky (*Russe*). — *V.* Oseille ronde. . . 480
Tchernobylnik (*Russe*). — *V.* Armoise. . .
Tchernoucheka (*Russe*). — *V.* Nigelle aromatique 454
Tchesnók obyknovenny (*Russe*). — *V.* Ail. 2
Tchetchevitsa (*Russe*). — *V.* Lentille . . . 389
Tchilime ragoulka (*Russe*). — *V.* Macre . . 397
Tchoulès (*Russe*). — *V.* Souchet 659

TABLE GÉNÉRALE ALPHABÉTIQUE

Terra crepolo (*Ital.*). — *V.* Picridie. . . . 491
Terre crépie. — *V.* Picridie 491
Tertifle. — *V.* Topinambour 681
Tête-de-bélier. —.*V.* Pois chiche. 572
Tetragona (*Ital.*). — *V.* Tétragone . . . 661
TÉTRAGONE CORNUE 661
— étalée 661
Tetragonia expansa. — *V.* Tétragone . . . 661
Tetragonolobus purpureus. — *V.* Lotier
    cultivé. 391
Thijmus (*Flam.*). — *V.* Thym ordinaire. . 662
Thimian (*Dan.*). — *V.* Thym ordinaire . . 662
Thistle golden (*Angl.*). — *V.* Scolyme d'Es-
    pagne. 656
THYM *allemand.* 662
— *broad leaved* (*Thyme*) (*Angl.*). — *V.*
    Thym d'hiver. 662
— *citronné.* 662
— common (Thyme) (*Angl.*). — *V.* Thym
    ordinaire. 662
— *Deutscher* oder *Winter* (*Thymian*) (*All*).
    — *V.* Thym d'hiver. 667
— Feld- (Thymian) (*All.*). — *V.* Thym
    sauvage 662
— *français* 662
— Französischer (Thymian) (*All.*). — *V.*
    Thym ordinaire. 662
— *French* (*Thyme*) (*Angl.*). — *V.* Thym
    ordinaire. 662
— *German* (*Thyme*) (*Angl.*). — *V.* Thym
    d'hiver. 662
— *d'hiver.* 662
— *lemon* (*Thyme*) (*Angl.*). — *V.* Thym
    sauvage 662
— *du Midi* 662
— narrow-leaved (Thyme) (*Angl.*). — *V.*
    Thym ordinaire. 662
— **ORDINAIRE**. 662
— *sauvage* 662
Thyme (*Angl.*). — *V.* Thym 662
Thymian (*All.*). — *V.* Thym 662
Thymus citriodorus. — *V.* Thym citronné. 662
— Serpillum. — *V.* Thym sauvage 662
— vulgaris. — *V.* Thym ordinaire 662
Tijm (*Holl.*). — *V.* Thym ordinaire 662
Timiane frantsousky (*Russe*). — Thym or-
    dinaire. 662
Timo (*Ital.*). — *V.* Thym ordinaire 662
Tistle spansk guld (*Suéd.*). — *V.* Scolyme
    d'Espagne. 656
Tmine polevoï (*Russe*). — *V.* Carvi 69
Tminek (*Russe*). — *V.* Cumin. 230
Tö-jisa (*Jap.*). — *V.* Betterave 37
Tojin mamé (*Jap.*). — *V.* Arachide 10
Tomaat (*Flam.*). — *V.* Tomate 663

TOMATE 663
— Abundance (Tomato) (*Angl.*). 667
— Acmé 678
— Acme (Tomato) (*Angl.*) 678
— anglaise 669
— apricot (Tomato) (*Angl.*). 677
— Atlantic prize (Tomato) (*Angl.*). 670
— Austain. 671
— bayonnaise 667
— *Beauty* (*Tomato*) (*Am.*). 680
— Béglaise 667
— *Belle de Leuville* 680
— Belle of Massy (Tomato) (*Angl.*). . . . 669
— Belle von Massy (Tomate) (*All.*). . . . 669
— birnförmige rote (Tomate) (*All.*). . . . 678
— *Blenheim orange* (*Tomate*) (*Angl.*). . . 680
— *bonnet turc* 680
— cerise 679
— Champagne. 669
— **Champion écarlate.** 673
— **Champion violette.** 672
— **Chemin rouge hâtive.** 671
— cherry (Tomato) (*Angl.*). 679
— Chiswick red (Tomato) (*Angl.*). 678
— Climax (Tomato) (*Angl.*). 678
— Conqueror (Tomato) (*Angl.*) 669
— *Criterion* (*Tomato*) (*Angl.*) 678
— dwarf Champion (Tomato) (*Angl.*). . . 672
— *Earliana* (*Tomato*) (*Am.*). 680
— *early May flower* (*Tomato*) (*Am.*). . . 680
— *early Optimus* (*Tomato*) (*Angl.*). . . . 680
— Éclipse. 678
— Faultless (Tomato) (*Angl.*). 669
— Fidji island (Tomato) (*Angl.*). 667
— fig-shaped (Tomato) (*Angl.*). 678
— früheste rote Zwerg- (Tomate) (*All.*). . 668
— golden Queen (Tomato) (*Angl.*). . . . 677
— *golden Trophy* (*Tomato*) (*Angl.*) . . . 680
— Goliath (Tomato) (*Angl.*). 667
— *grape* (*Tomato*) (*Angl.*) 679
— *à grappes* 679
— *Green gage* (*Tomato*) (*Angl.*) 677
— groote roode (Tomaat) (*Holl.*) 667
— *groseille* 679
— *grosse jaune* 680
— grossfrüchtige rote (Tomate) (*All.*) . . . 667
— Hathaway's Excelsior (Tomato) (*Angl.*). 677
— hâtive à feuille crispée. 667
— *Honor Bright* (*Tomato*) (*Am.*). 680
— **jaune grosse lisse.** 677
— *jaune petite* 680
— *jaune ronde* 677
— *Johannisbeer* (*Tomate*) (*All.*) 679
— the Kansas Standard (Tomato) (*Am.*). . 673
— King Humbert (Tomato) (*Angl.*) 678

Tomate : kirschförmige rote (Tomate) (*All.*)	679
— Königin der Frühen (Tomate) (*All.*)	670
— large early red (Tomato) (*Angl.*)	667
— large green (Tomato) (*Angl.*)	677
— large red (Tomato) (*Angl.*)	667
— large red Italian (Tomato) (*Angl.*)	667
— large smooth (Tomato) (*Angl.*)	677
— *large yellow* (*Tomato*) (*Am.*)	680
— Laxton's open air (Tomato) (*Angl.*)	669
— **de Laye à tige raide**	668
— de Malte à grappes	678
— Mammoth (Tomato) (*Angl.*)	667
— Marvel of the market (Tomato) (*Angl.*)	671
— Merveille d'Italie	678
— **Merveille des marchés**	671
— **Mikado écarlate**	675
— **Mikado violette**	675
— Nicaise	669
— *Nisbett's Victoria* (*Tomato*) (*Angl.*)	679
— orange field (Tomato) (*Angl.*)	667
— peach (*Tomato*) (*Angl.*)	680
— pear shaped (Tomato) (*Angl.*)	678
— **Perdrigeon**	669
— **Perfection**	673
— Perfection (Tomato) (*Angl.*)	673
— *petite tomate du Mexique*	4
— **poire**	678
— *poire jaune*	680
— *pomme rose*	680
— **pomme rouge**	677
— **pomme violette**	678
— *ponderosa écarlate*	676
— *Powell's early* (*Tomato*) (*Angl.*)	667
— Prince de Bismarck	677
— quarantillonne	667
— red cherry (Tomato) (*Angl.*)	679
— red currant (*Tomato*) (*Angl.*)	679
— **Reine des hâtives**	670
— **Roi Humbert**	678
— roode vroege dwerg (Tomaat) (*Holl.*)	668
— rote aufrechtstämmige von Laye (Tomate) (*All.*)	668
— rote grossfrüchtige frühe (Tomate) (*All.*)	667
— **rouge grosse**	667
— **rouge grosse hâtive**	667
— **rouge grosse lisse**	673
— *rouge grosse lisse à feuilles crispées*	674
— **rouge naine hâtive**	668
— **rouge à tige raide de Laye**	668
— scarlet Champion (Tomato) (*Angl.*)	673
— *scharlachroter Türkenbund* (*Tomate*)	680
— de Stamford	674
— *stone* (*Tomato*) (*Angl.*)	680
— Tennisball (Tomato) (*Angl.*)	677
— the Kansas Standard (Tomato) (*Am.*)	673
Tomate à tige raide de Laye	668
— Tree- (Tomato) (*Am.*)	668
— **très hâtive de pleine terre**	669
— Trophy (Tomato) (*Angl.*)	673
— **Trophy rouge grosse lisse**	673
— upright red Laye (Tomato) (*Angl.*)	668
— very early dwarf red Tomato (*Angl.*)	668
— vroege roode (Tomaat) (*Holl.*)	667
— Wunder des Marktes (Tomate) (*All.*)	671
— *yellow fig* (*Tomato*) (*Am.*)	680
— *yellow pear-shaped* (*Tomato*) (*Angl.*)	680
— *yellow plum* (*Tomato*) (*Angl.*)	677
Tomates (*Suéd.*). — *V.* Tomate	663
Tomato (*Angl.*). — *V.* Tomate	663
— Husk- (*Angl.*). — *V.* Alkékenge	4
— Strawberry- (*Angl.*). — *V.* Alkékenge	4
Tomilho (*Port.*). — *V.* Thym ordinaire	662
Tomillo (*Esp.*). — *V.* Thym ordinaire	662
Tomorokoshi (*Jap.*). — *V.* Maïs sucré	397
Topinambor (*Port.*). — *V.* Topinambour	681
TOPINAMBOUR	681
— **commun**	682
— *jaune*	682
— **patate**	682
— **rouge**	682
Topinamboux. — *V.* Topinambour	681
Topinambur (*Pol.*). — *V.* Topinambour	681
Torgon. — *V.* Estragon	239
Tornep. — *V.* Navet	434
Toronjil (*Esp.*). — *V.* Mélisse officinale	402
Torsi (*Ital.*). — *V.* Chou-rave	170
Toute-bonne. — *V.* Sauge Sclarée	655
Toute-épice. — *V.* Nigelle aromatique	454
Träagårdstimjdu (*Suéd.*).— *V.* Thym ordinaire	662
Trädgårdskrasse (*Suéd.*). — *V.* Cresson alénois	224
Trädgårdsmålla (*Suéd.*). — *V.* Arroche	11
Tragopogon porrifolius. — *V.* Salsifis	652
Trapa natans. — *V.* Macre	397
Trasi. — *V.* Souchet	659
Trętwian (*Pol.*). — *V.* Tétragone	661
Tribule aquatique. — *V.* Macre	397
Trigo de Indias (*Esp.*). — *V.* Maïs sucré	397
Tropœolum majus. — *V.* Capucine grande	49
— minus. — *V.* Capucine petite	49
— tuberosum. — *V.* Capucine tubéreuse	50
Trufelle. — *V.* Pomme de terre	573
Truffe d'eau. — *V.* Macre	397
Truffe douce. — *V.* Patate	484
Truskawki (*Pol.*). — *V.* Fraisier	250
Trybula (*Pol.*). — *V.* Cerfeuil	81
Tsikory dikÿ. — *V.* Chicorée sauvage	104
Tsikory endivia (*Russe*). — *V.* Chicorée-Endive	92

Tuinkers (*Holl.*). — *V.* Cresson alénois . . 224
Tulejka (*Pol.*). — *V.* Aneth. 7
Turban. — *V.* Courges Giraumons 209
— squash (*Angl.*). — *V.* Courges Giraumons 209
Turbanet. — *V.* Courges Giraumons . . . 209
Türkenbund- Kürbiss (*All.*). — *V.* Courges Giraumons 209
Turkish rocket (*Angl.*). — *V.* Bunias d'Orient. 48
Turk's cap. — *V.* Courges Giraumons.. . 209
Turksche Tarwe (*Flam.* et *Holl.*). — *V.* Maïs sucré. 397
Turneps. — *V.* Navet. 434
Turnip. — *V.* Navet 434
Turnip (*Angl.*). — *V.* Navet. 434
— Hungarian (*Angl.*). — *V.* Chou-rave . . 170
— Schwedischer- (*All.*). — *V.* Chou-navet. 173
— Swedish (*Angl.*). — *V.* Chou-navet . . 173
— Üngersk- (*Suéd.*). — *V.* Chou-rave . . 170
Turquie. — *V.* Maïs sucré 397
Tykva (*Russe*). — *V.* Courge 200
— gorkaïa (*Russe*). — *V.* Coloquinte . . 221
— stofountovaïa (*Russe*). — *V.* Courges Potirons 201
— voskavaïa (*Russe*). — *V.* Benincasa. . . 36
Tykwy ozdobne (*Pol.*). — *V.* Coloquinte. . 221
Tymian francuski (*Pol.*). — *V.* Thym ordinaire. 662

Udo (*Jap.*). — *V.* Aralia cordata 10
Uijen (*Holl.*). — *V.* Ognon 455
Ulluco (*Esp.*). — *V.* Olluco. 476
Ulluco potato (*Angl.*). — *V.* Olluco. . . . 476
Ullucus tuberosus. — *V.* Olluco. 476
Ulluko Kartoffel (*All.*). — *V.* Olluco. . . . 476
Ungersk turnip (*Suéd.*). — *V.* Chou-rave . 170
Unicorn plant (*Angl.*). — *V.* Martynia . . 401
Unter-Kohlrabi (*All.*). — *V.* Chou-navet . 173

Vagisco (*Esp.*). — *V.* Raifort sauvage . . . 646
VALÉRIANE D'ALGER 683
Valerianella eriocarpa. — *V.* Mâche d'Italie. 396
— Locusta. — *V.* Mâche commune 392
— olitoria. — *V.* Mâche commune 392
Vänderel (*Suéd.*). — *V.* Valériane d'Alger. 683
Vanlig-sallat (*Suéd.*). — *V.* Laitues 349
Vanlig akersalat (*Suéd.*). — *V.* Mâche . . . 392
Vatten-krasse (*Suéd.*). — *V.* Cresson de fontaine 227
Vatten-melon (*Suéd.*). — *V.* Melon d'eau. 426
Vax-kürbits (*Suéd.*). — *V.* Benincasa. . . 36
Vegetable marrow (*Angl.*). — *V.* Courge à la moelle. 214
— oyster (*Angl.*). — *V.* Salsifis. 652
Veldsalad (*Flam.* et *Holl.*). — *V.* Mâche commune. 392

Veldsla (*Holl.*). — *V.* Mâche commune . . 392
Venkel (*Flam.* et *Holl.*). — *V.* Fenouil . . 240
Verbeterde hofsnikerij (*Flam.*). — *V.* Chicorée à grosse racine de Bruxelles . . 108
Verdolaga (*Esp.*). — *V.* Pourpier. 620
— de Cuba (*Esp.*). — *V.* Claytone 179
Vérinjeane. — *V.* Aubergine. 25
VERS. 683
Verza (*Ital.*). — *V.* Choux de Milan . . . 135
Vetch chickling (*Angl.*). — *V.* Gesse cultivée. 283
Veversblad (*Flam.*). — *V.* Corne-de-cerf . 199
Viadase. — *V.* Aubergine 25
Vicia Faba. — *V.* Fève 242
— Faba L., var. — *V.* Féveroles 249
— monanthos. — *V.* Lentille d'Auvergne . 391
Viédase. — *V.* Aubergine 25
Vierhouk (*Flam.*). — *V.* Tétragone 661
Vierkaut-vrugt (*Flam.*). — *V.* Tétragone . 661
Vinette. — *V.* Oseille commune. 477
Vinjruit (*Holl.*). — *V.* Rue 651
Vinruta (*Suéd.*). — *V.* Rue. 651
Vinterkrasse. — *V.* Cresson de jardin. . . 229
Vinter-kyndel (*Suéd.*). — *V.* Sarriette vivace 653
— refva (*Suéd.*). — *V.* Navet. 434
Vintner-pumpa (*Suéd.*). — *V.* Potirons. 201
Viper's grass (*Angl.*). — *V.* Scorsonère . . 656
Virasole dei prati (*Ital.*). — *V.* Pissenlit. . 502
Vitelot. — *V.* Panais rond hâtif 483
Vodiännoï kress (*Russe*). — *V.* Cresson de fontaine 227
Voltschets (*Russe*). — *V.* Cirsium oleraceum. 179
Vrogne. — *V.* Aurone 31

Wachs-kürbis (*All.*). — *V.* Benincasa cerifera 36
Waldmeister (*All.*). — *V.* Aspérule . . . 24
Wald-Sauerklee (*All.*). — *V.* Oxalis oseille. 481
Warmoes (*Flam.* et *Holl.*). — *V.* Poirée. . 513
Warzęcha lekarska (*Pol.*). — *V.* Cochlearia. 180
Wasabi (*Jap.*). — *V.* Raifort du Japon . . 646
Wasser-Melone (*All.*). — *V.* Melon d'eau. 426
— -Nuss (*All.*). — *V.* Macre. 397
— -Rübe (*All.*). — *V.* Navet. 434
Water caltrop (*Angl.*). — *V.* Macre. . . . 397
— chestnut (*Angl.*). — *V.* Macre 397
— cress (*Angl.*). — *V.* Cresson de fontaine. 227
— melon (*Angl.*). — *V.* Melon d'eau. . . 426
Waternoot (*Flam.* et *Holl.*). — *V.* Macre . 397
Wax gourd (*Angl.*). — *V.* Benincasa . . . 36
Wegworte wilde (*All.*). — *V.* Chicorée sauvage. 104
Weissrübe (*All.*). — *V.* Navet 434
Welsche Zwiebel (*All.*). — *V.* Ciboule . . 177
Wermuth (*All.*). — *V.* Absinthe 1
Wężymord (*Pol.*). — *V.* Scorsonère. . . . 656

White gourd (*Angl.*). — *V.* Benincasa...	36
Wiesenkohl (*All.*). — *V.* Cirsium....	179
Wiesenkresse (*All.*). — *V.* Cresson des prés.	229
Wikken. — *V.* Gesse cultivée.......	283
Wilec pnący (*Pol.*). — *V.* Patate.....	484
Winter cherry (*Angl.*). — *V.* Alkékenge officinal.............	4
Winterheckezwiebel (*All.*). — *V.* Ciboule.	177
Winterkarse (*Dan.*). — *V.* Cresson de jardin	229
Winterkohl (*All.*). — *V.* Choux verts...	144
Winterkresse (*All.*). — *V.* Cresson de jardin	229
Winter postelijn (*Holl.*). — *V.* Claytone..	179
— -spinat (*All.*). — *V.* Oseille épinard..	479
— squash (*Angl.*). — *V.* Courges Potirons...............	201
— -Zwiebel (*All.*). — *V.* Ciboule.....	177
Wirsing (*All.*). — *V.* Chou de Milan....	135
Witloof. — *V.* Chicorée à grosse racine de Bruxelles.............	108
Witte-karden (*Flam.*). — *V.* Poirée blonde à carde blanche..........	514
Witte-meirapen (*Holl.*). — *V.* Navet turnep.	449
Woodruff (*Angl.*).— *V.* Aspérule odorante.	24
Wood sorrel (*Angl.*). — *V.* Oxalis oseille.	481
Worms (*Angl.*). — *V.* Vers........	683
Wormwood (*Angl.*). — *V.* Absinthe....	1
Wortel (*Flam. et Holl.*). — *V.* Carotte...	54
Woskowe Ogórki (*Pol.*). — *V.* Benincasa.	36
Wruckenrübe (*All.*). — *V.* Chou-navet..	173
Würfelerve (*All.*). — *V.* Lentille d'Auvergne.............	391
Würme (*All.*). — *V.* Vers........	683
Wurmkraut (*All.*). — *V.* Tanaisie.....	661
Wyka siewna (*Pol.*). — *V.* Gesse cultivée.	283
Yam Chinese (*Angl.*). — *V.* Igname de la Chine...............	347
Yam Chinesische- (*All.*).— *V.* Igname...	347
— — Wurzel (*All.*). — *V.* Igname...	347
Yams Kinesiska (*Suéd.*). — *V.* Igname..	347
— Kitaïsky (*Russe*). — *V.* Igname....	347
Yerba mora (*Esp.*). — *V.* Morelle de l'Ile-de-France.............	431
Yomagi (*Jap.*). — *V.* Armoise......	10
Yomogi (*Jap.*). — *V.* Absinthe......	1
Ysano (*Esp.-Bolivie*). — *V.* Capucine tubéreuse...............	50
Zafferano (*Ital.*). — *V.* Safran......	651
Zanahoria (*Esp.*). — *V.* Carotte......	54
Zapallito de tronco (*Esp.*)..........	210
Zapallo (*Esp.*). — *V.* Courge.......	200
Zatta (*Ital.*). — *V.* Melon cantaloup....	418
Zea Maïs...............	397
Zeekool (*Flam.*). — *V.* Crambé maritime..	223
Zeerenkel (*Flam. et Holl.*). — *V.* Percepierre...............	486
Zemlianika (*Russe*). *V.* Fraisier.......	250
Zemliannaïa grouscha (*Russe*). — *V.* Topinambour..............	681
Ziemniak (*Pol.*). — *V.* Pomme de terre..	573
Zierkürbiss kleiner (*All.*).— *V.* Coloquinte.	221
Zimny cress (*Russe*).— *V.* Cresson de jardin.	229
Zimowa Rzeżucha (*Pol.*). — *V.* Cresson de jardin...............	229
Zipolle (*All.*). — *V.* Ciboule........	177
Zmeïdouchenik (*Russe*). — *V.* Salsifis...	652
Żmijowiec (*Pol.*). — *V.* Estragon.....	239
Zomer-karden (*Flam.*). — *V.* Poirée blonde à carde blanche..........	514
Żórawinka (*Pol.*). — *V.* Alkékenge....	4
Zucca (*Ital.*). — *V.* Courge........	200
— pasticcina (*Ital.*).— *V.* Courges Patissons	218
— a turbante (*Ital.*). — *V.* Courges Giraumons...............	209
Zuckerwurzel (*All.*). — *V.* Chervis.....	91
Zuerklaver (*Flam.*). — *V.* Oxalis tubéreux.	480
Zuring (*Flam. et Holl.*). — *V.* Oseille...	477
Zwiebel (*All.*). — *V.* Ognon........	455
— Welsche- (*All.*). — *V.* Ciboule.....	177
— Winter- (*All.*). — *V.* Ciboule.....	177
TABLEAU RÉSUMÉ DES INDICATIONS CONCERNANT LES GRAINES POTAGÈRES....	684
CALENDRIER DES SEMIS ET PLANTATIONS DES DIVERS LÉGUMES DÉCRITS.......	690

FIN DE LA TABLE ALPHABÉTIQUE

Achevé d'imprimer le 18 octobre 1989
sur les presses de Normandie Impression S.A.
à Alençon (Orne)
N° d'imprimeur : 892127
Dépôt légal : octobre 1989